A Strategic Point

POLICE LAW

경찰법령 요해

유재두 지음

도서출판 그린

머리말

경찰학과의 강의를 한지 거의 10년이 되어간다. 그동안 다양한 교재로 공부하고 강의를 하며 더 쉽고 빠르게 이해할 수 있도록 했음에도 항상 후회를 하곤 한다.

일반적으로 우리 생활에 가장 밀접한 법률은 육법전서로서 시중에 나와 있다. 그러나 경찰 관련 법령집은 거의 없어 매번 프린트로 학생들에게 배부하던 중 한권의 책으로 만들게 되었다.

본서는 경찰학과 관련된 법률 특히 경찰 채용 시험을 준비하기에 가장 필요한 내용만을 엄선해서 구성하였다. 하지만 마지막 작업을 하면서도 처음부터 다시 시작하고 싶고 또 더 많이 간추리고 관련 내용을 더 많이 소개하고 싶은 마음뿐이다.

우리나라의 법 체계상 관련 법률의 개정과 제정이 많이 있겠지만, 그때마다 개정 작업을 하도록 하며 부족한 저자에게 항상 힘을 주시는 그린출판사 윤덕우 대표님께 감사의 말씀을 드린다.

2016년 12월 27일
도안골 연구실에서 유재두 올림

목 차

경찰법령 요해

경찰법령 요해

경찰법

제1장 총칙

제1조(목적)

이 법은 국가경찰의 민주적인 관리·운영과 효율적인 임무수행을 위하여 국가경찰의 기본조직 및 직무 범위와 그 밖에 필요한 사항을 규정함을 목적으로 한다.

제2조(국가경찰의 조직)

① 치안에 관한 사무를 관장하게 하기 위하여 안전행정부장관 소속으로 경찰청을 둔다.

② 경찰청의 사무를 지역적으로 분담하여 수행하게 하기 위하여 특별시장·광역시장 및 도지사(이하 "시·도지사"라 한다) 소속으로 지방경찰청을 두고, 지방경찰청장 소속으로 경찰서를 둔다. 이 경우 인구, 행정구역, 면적, 지리적 특성, 교통 및 그 밖의 조건을 고려하여 시·도지사 소속으로 2개의 지방경찰청을 둘 수 있다.

경찰법 제3조(국가경찰의 임무)	경찰관직무집행법 제2조(직무의 범위)
1. 국민의 생명·신체 및 재산의 보호	1. 국민의 생명·신체 및 재산의 보호
2. 범죄의 예방·진압 및 수사	2. 범죄의 예방·진압 및 수사
3. 경비·요인경호 및 대간첩작전수행	3. 경비, 주요 인사(人士) 경호 및 대간첩·대테러 작전 수행
4. 치안정보의 수집·작성 및 배포	4. 치안정보의 수집·작성 및 배포
5. 교통의 단속과 위해의 방지	5. 교통 단속과 교통 위해(危害)의 방지
6. 그 밖의 공공의 안녕과 질서유지	6. 외국 정부기관 및 국제기구와의 국제협력
	7. 그 밖에 공공의 안녕과 질서 유지

제2장 경찰위원회

제5조(경찰위원회의 설치)

① 경찰행정에 관하여 제9조제1항 각 호의 사항을 심의·의결하기 위하여 안전행정부에 경찰위원회(이하 "위원회"라 한다)를 둔다.

② 위원회는 위원장 1명을 포함한 7명의 위원으로 구성하되, 위원장 및 5명의 위원은 비상임(非常任)으로 하고, 1명의 위원은 상임(常任)으로 한다.

③ 위원 중 상임위원은 정무직으로 한다.

제6조(위원의 임명 및 결격사유)

① 위원은 안전행정부장관의 제청으로 국무총리를 거쳐 대통령이 임명한다.

② 안전행정부장관은 위원 임명을 제청할 때 국가경찰의 정치적 중립이 보장되도록 하여야 한다.

③ 위원 중 2명은 법관의 자격이 있는 사람이어야 한다.

④ 다음 각 호의 어느 하나에 해당하는 사람은 위원이 될 수 없다.

1. 당적(党籍)을 이탈한 날부터 3년이 지나지 아니한 사람
2. 선거에 의하여 취임하는 공직에서 퇴직한 날부터 3년이 지나지 아니한 사람

3. 경찰, 검찰, 국가정보원 직원 또는 군인의 직(職)에서 퇴직한 날부터 3년이 지나지 아니한 사람
4. 「국가공무원법」 제33조 각 호의 어느 하나에 해당하는 사람

국가공무원법

제33조(결격사유) 다음 각 호의 어느 하나에 해당하는 자는 공무원으로 임용될 수 없다.
1. 피성년후견인 또는 피한정후견인
2. 파산선고를 받고 복권되지 아니한 자
3. 금고 이상의 실형을 선고받고 그 집행이 종료되거나 집행을 받지 아니하기로 확정된 후 5년이 지나지 아니한 자
4. 금고 이상의 형을 선고받고 그 집행유예 기간이 끝난 날부터 2년이 지나지 아니한 자
5. 금고 이상의 형의 선고유예를 받은 경우에 그 선고유예 기간 중에 있는 자
6. 법원의 판결 또는 다른 법률에 따라 자격이 상실되거나 정지된 자
6의2. 공무원으로 재직기간 중 직무와 관련하여 「형법」 제355조(횡령배임) 및 제356조(업무상 횡령과 배임)에 규정된 죄를 범한 자로서 300만원 이상의 벌금형을 선고받고 그 형이 확정된 후 2년이 지나지 아니한 자
7. 징계로 파면처분을 받은 때부터 5년이 지나지 아니한 자
8. 징계로 해임처분을 받은 때부터 3년이 지나지 아니한 자

제7조(위원의 임기 및 신분보장)

① 위원의 임기는 3년으로 하며, 연임(連任)할 수 없다. 이 경우 보궐위원의 임기는 전임자 임기의 남은 기간으로 한다.
② 위원은 정당에 가입하거나 제6조제4항제2호 또는 제3호의 직에 취임 또는 임용되거나 제4호에 해당하게 된 때에는 당연히 퇴직된다.
③ 위원은 중대한 신체상 또는 정신상의 장애로 직무를 수행할 수 없게 된 경우를 제외하고는 그 의사에 반하여 면직되지 아니한다.

제8조(「국가공무원법」의 준용)

위원에 대하여는 「국가공무원법」 제60조 및 제65조를 준용한다.

국가공무원법

제60조(비밀 엄수의 의무)
공무원은 재직 중은 물론 퇴직 후에도 직무상 알게 된 비밀을 엄수(嚴守)하여야 한다.
제61조(청렴의 의무) ① 공무원은 직무와 관련하여 직접적이든 간접적이든 사례·증여 또는 향응을 주거나 받을 수 없다.
② 공무원은 직무상의 관계가 있든 없든 그 소속 상관에게 증여하거나 소속 공무원으로부터 증여를 받아서는 아니 된다.
제62조(외국 정부의 영예 등을 받을 경우) 공무원이 외국 정부로부터 영예나 증여를 받을 경우에는 대통령의 허가를 받아야 한다.
제63조(품위 유지의 의무) 공무원은 직무의 내외를 불문하고 그 품위가 손상되는 행위를 하여서는 아니 된다.
제64조(영리 업무 및 겸직 금지) ① 공무원은 공무 외에 영리를 목적으로 하는 업무에 종사하지 못하며 소속 기관장

의 허가 없이 다른 직무를 겸할 수 없다.
② 제1항에 따른 영리를 목적으로 하는 업무의 한계는 대통령령등으로 정한다.
제65조(정치 운동의 금지)
① 공무원은 정당이나 그 밖의 정치단체의 결성에 관여하거나 이에 가입할 수 없다.
② 공무원은 선거에서 특정 정당 또는 특정인을 지지 또는 반대하기 위한 다음의 행위를 하여서는 아니 된다.
1. 투표를 하거나 하지 아니하도록 권유 운동을 하는 것
2. 서명 운동을 기도(企圖)·주재(主宰)하거나 권유하는 것
3. 문서나 도서를 공공시설 등에 게시하거나 게시하게 하는 것
4. 기부금을 모집 또는 모집하게 하거나, 공공자금을 이용 또는 이용하게 하는 것
5. 타인에게 정당이나 그 밖의 정치단체에 가입하게 하거나 가입하지 아니하도록 권유 운동을 하는 것
③ 공무원은 다른 공무원에게 제1항과 제2항에 위배되는 행위를 하도록 요구하거나, 정치적 행위에 대한 보상 또는 보복으로서 이익 또는 불이익을 약속하여서는 아니 된다.
④ 제3항 외에 정치적 행위의 금지에 관한 한계는 국회규칙, 대법원규칙, 헌법재판소규칙, 중앙선거관리위원회규칙 또는 대통령령으로 정한다.

제9조(위원회의 심의·의결 사항)

① 다음 각 호의 사항은 위원회의 심의·의결을 거쳐야 한다.
1. 국가경찰의 인사, 예산, 장비, 통신 등에 관한 주요정책 및 국가경찰 업무 발전에 관한 사항
2. 인권보호와 관련되는 국가경찰의 운영·개선에 관한 사항
3. 국가경찰 임무 외에 다른 국가기관으로부터의 업무협조 요청에 관한 사항
4. 제주특별자치도의 자치경찰에 대한 국가경찰의 지원·협조 및 협약체결의 조정 등에 관한 주요 정책사항
5. 그 밖에 안전행정부장관 및 경찰청장이 중요하다고 인정하여 위원회의 회의에 부친 사항
② 안전행정부장관은 제1항에 따라 심의·의결된 내용이 적정하지 아니하다고 판단할 때에는 재의(再議)를 요구할 수 있다.

제10조(위원회의 운영 등)

① 위원회의 사무는 경찰청에서 수행한다.
② 위원회의 회의는 재적위원 과반수의 출석과 출석위원 과반수의 찬성으로 의결한다.

 # 경찰위원회규정

제2조(위원장)
① 위원장은 위원회를 대표하며, 그 회무를 통할한다.
② 위원장은 비상임위원중에서 호선한다.
③ 위원장이 사고가 있을 때에는 상임위원, 위원중 연장자순으로 위원장의 직무를 대리한다.
제3조(위원의 예우등)
① 위원중 상임이 아닌 위원에게는 예산의 범위안에서 수당과 여비를 지급할 수 있다.
② 상임위원은 정무직으로 한다.
제4조(위원의 면직)
① 법 제7조제3항의 규정에 의하여 위원이 중대한 심신상의 장애로 직무를 수행할 수 없게 되어 면직하는 경우에는

위원회의 의결이 있어야 한다.

② 제1항의 의결요구는 위원장 또는 안전행정부장관이 한다.

제5조(심의·의결사항의 구체적 범위)

① 법 제9조제1항제1호의 범위는 다음과 같다.

1. 경찰인사에 관계되는 법규·훈령·예규 및 운영기준에 관한 사항
2. 경찰교육 기본계획
3. 경찰장비와 통신의 개발·보강 및 운영에 관한 기본계획
4. 경찰예산편성 기본기획
5. 경찰중·장기 발전계획에 관한 사항

② 법 제9조제1항제2호의 범위는 다음 각호와 같다.

1. 국민의 권리·의무와 직접 관계되는 경찰행정 및 수사절차
2. 경찰행정과 관련되는 과태료·범칙금 기타 벌칙에 관한 사항
3. 경찰행정과 관련되는 국민의 부담에 관한 사항

제6조(재의요구)

① 법 제9조제2항의 규정에 의하여 안전행정부장관이 재의를 요구하는 경우에는 의결한 날부터 10일이내에 재의요구서를 위원회에 제출하여야 한다.

② 위원장은 재의요구가 있는 경우에는 그 요구를 받은 날부터 7일이내에 회의를 소집하여 다시 의결하여야 한다.

제7조(회의)

① 위원회의 회의는 정기회의와 임시회의로 구분한다.

② 정기회의는 특별한 사유가 있는 경우를 제외하고는 매월 1회 위원장이 소집한다.

③ 위원장은 필요한 경우 임시회의를 소집할 수 있으며, 위원 3인이상과 안전행정부장관 또는 경찰청장은 위원장에게 임시회의의 소집을 요구할 수 있다.

④ 제3항의 규정에 의한 임시회의소집 요구가 있는 경우에는 위원장은 특별한 사유가 없는 한 회의를 소집하여야 한다.

제9조(의견청취등)

① 위원장은 위원회의 심의를 위하여 필요한 경우에는 관계공무원 또는 관계전문가의 출석·발언이나 자료의 제출을 요구할 수 있다.

제3장 경찰청

제11조(경찰청장)

① 경찰청에 경찰청장을 두며, 경찰청장은 치안총감(治安總監)으로 보한다.

② 경찰청장은 경찰위원회의 동의를 받아 안전행정부장관의 제청으로 국무총리를 거쳐 대통령이 임명한다. 이 경우 국회의 인사청문을 거쳐야 한다.

③ 경찰청장은 국가경찰에 관한 사무를 총괄하고 경찰청 업무를 관장하며 소속 공무원 및 각급 국가경찰기관의 장을 지휘·감독한다.

⑤ 경찰청장의 임기는 2년으로 하고, 중임(重任)할 수 없다.

⑥ 경찰청장이 직무를 집행하면서 헌법이나 법률을 위배하였을 때에는 국회는 탄핵 소추를 의결할 수 있다.

제12조(차장)

① 경찰청에 차장을 두며, 차장은 치안정감(治安正監)으로 보한다.
② 차장은 경찰청장을 보좌하며, 경찰청장이 부득이한 사유로 직무를 수행할 수 없을 때에는 그 직무를 대행한다.

제4장 지방경찰

제14조(지방경찰청장)

① 지방경찰청에 지방경찰청장을 두며, 지방경찰청장은 치안정감·치안감(治安監) 또는 경무관(警務官)으로 보한다.
② 지방경찰청장은 경찰청장의 지휘·감독을 받아 관할구역의 국가경찰사무를 관장하고 소속 공무원 및 소속 국가경찰기관의 장을 지휘·감독한다.

제15조(차장)

① 지방경찰청에 차장을 둘 수 있다.
② 차장은 지방경찰청장을 보좌하여 소관 사무를 처리하고 지방경찰청장이 부득이한 사유로 직무를 수행할 수 없을 때에는 그 직무를 대행한다.

제16조(치안행정협의회)

① 지방행정과 치안행정의 업무조정과 그 밖에 필요한 사항을 협의·조정하기 위하여 시·도지사(제주특별자치도지사는 제외한다) 소속으로 치안행정협의회를 둔다.

제17조(경찰서장)

① 경찰서에 경찰서장을 두며, 경찰서장은 경무관, 총경(總警) 또는 경정(警正)으로 보한다.
② 경찰서장은 지방경찰청장의 지휘·감독을 받아 관할구역의 소관 사무를 관장하고 소속 공무원을 지휘·감독한다.
③ 경찰서장 소속으로 지구대 또는 파출소를 두고, 그 설치기준은 치안수요·교통·지리 등 관할구역의 특성을 고려하여 안전행정부령으로 정한다. 다만, 필요한 경우에는 출장소를 둘 수 있다.

 # 치안행정협의회규정

제1조 (목적)
이 영은 경찰법 제16조제2항의 규정에 의하여 치안행정협의회의 조직과 운영 등에 관하여 필요한 사항을 규정함을 목적으로 한다.
제2조 (기능)
협의회는 다음 사항을 협의한다.

1. 지역안정 및 질서유지에 관한 사항
2. 민방위 및 재해대책 운영에 관한 사항
3. 질서확립운동등 지역사회운동의 효율적 추진에 관한 사항
4. 지역주민과 경찰간의 협조 및 요망사항
5. 기타 지방행정과 치안행정간 상호지원에 관한 사항과 시·도지사 및 지방경찰청장이 회의에 부치는 사항

제3조 (협의회의 구성)

① 협의회는 위원장을 포함한 위원 9인으로 구성한다.

② 위원장은 서울특별시 · 직할시 또는 도(이하 "시 · 도"라 한다)의 부시장 또는 부지사가 되고, 위원은 다음 각호의 자가 된다.

1. 시 · 도소속 공무원중 서울특별시장 · 직할시장 또는 도지사(이하 "시 · 도지사"라 한다)가 임명하는 자 2인
2. 지방경찰청소속 경찰공무원중 지방경찰청장의 추천으로 시 · 도지사가 임명하는 자 3인
3. 지방행정과 치안행정에 관한 학식과 경험이 있는 자로서 지방경찰청장의 의견을 들어 시 · 도지사가 위촉하는 자 3인

③ 위원의 임기는 2년으로 한다.

제4조 (위원장)

① 위원장은 협의회를 대표하며 그 회무를 통할한다.

② 위원장이 사고가 있을 때에는 위원장이 미리 지명하는 자가 그 직무를 대행한다.

제5조 (회의)

① 협의회의 회의는 매분기 1회 개최하되, 특정사안에 관하여 지방행정과 치안행정과의 업무협조등을 위하여 필요한 경우에는 수시로 개최할 수 있다.

② 회의는 위원장이 소집한다.

제8조(운영세칙)

이 영에 규정된 사항외에 협의화의 운영에 관하여 필요한 사항은 협의회의 의결을 거쳐 위원장이 정한다.

제6장 국가경찰공무원

제23조(국가경찰공무원)

① 국가경찰공무원의 계급은 치안총감 · 치안정감 · 치안감 · 경무관 · 총경 · 경정 · 경감(警監) · 경위(警衛) · 경사(警査) · 경장(警長) · 순경(巡警)으로 한다.

제24조(직무수행)

① 국가경찰공무원은 상관의 지휘 · 감독을 받아 직무를 수행하고, 그 직무수행에 관하여 서로 협력하여야 한다.

② 국가경찰공무원은 구체적 사건수사와 관련된 제1항의 지휘 · 감독의 적법성 또는 정당성에 대하여 이견이 있을 때에는 이의를 제기할 수 있다.

③ 국가경찰공무원의 직무수행에 필요한 사항은 따로 법률로 정한다.

제7장 비상사태 시의 특별조치

제25조(비상사태 시 자치경찰에 대한 지휘 · 명령)

① 경찰청장은 전시 · 사변, 천재지변, 그 밖에 이에 준하는 국가 비상사태, 대규모의 테러 또는 소요사태가 발생하였거나 발생할 우려가 있어 전국적인 치안유지를 위하여 긴급한 조치가 필요하다고 인정할 만한 충분한 사유가 있는 경우에는 제2항에 따라 제주특별자치도의 자치경찰공무원(이하 "자치경찰공무원"이라 한다)을 직접 지휘 · 명령할 수 있다. 다만, 제주특별자치도 지역 단위의 치안유지를 위하여 필요한 경우에는 제주특별자치도지방경찰청장이 지휘 · 명령할 수 있다.

② 경찰청장 또는 제주특별자치도지방경찰청장은 제1항에 따른 조치가 필요한 경우에는 미리 제주특별자치도지

사에게 자치경찰공무원을 직접 지휘·명령하려는 사유 및 내용 등을 구체적으로 제시하여 통보하여야 한다. 이 경우 제주특별자치도지사는 정당한 사유가 없으면 즉시 소속 자치경찰공무원에게 경찰청장 또는 제주특별자치도지방경찰청장의 지휘·명령을 받을 것을 명하여야 한다.

③ 경찰청장 또는 제주특별자치도지방경찰청장이 제1항에 따라 지휘·명령권을 인수한 경우에는 경찰청장은 경찰위원회에 즉시 보고하여야 하고, 제주특별자치도지방경찰청장은 「제주특별자치도 설치 및 국제자유도시 조성을 위한 특별법」 제113조에 따른 관할 치안행정위원회에 즉시 통보하여야 한다.

④ 제3항에 따라 자치경찰공무원에 대한 지휘·명령권자가 변동된 사실을 보고받은 경찰위원회는 제1항에 규정된 사유에 해당되지 아니한다고 인정하면 그 지휘·명령권을 반환할 것을 의결할 수 있으며, 같은 사실을 통보받은 치안행정위원회는 제1항에 규정된 사유에 해당되지 아니한다고 인정하면 경찰청장 또는 제주특별자치도지방경찰청장에게 그 지휘·명령권의 반환을 건의할 수 있다.

⑤ 경찰청장 또는 제주특별자치도지방경찰청장은 제1항에 따라 경찰청장 또는 제주특별자치도지방경찰청장이 자치경찰공무원을 지휘·명령할 수 있는 사유가 해소된 때에는 자치경찰공무원에 대한 지휘·명령권을 즉시 제주특별자치도지사에게 반환하여야 한다.

⑥ 제1항 및 제2항에 따라 제주특별자치도의 자치경찰공무원이 경찰청장 또는 제주특별자치도지방경찰청장의 지휘·명령을 받는 경우 그 지휘·명령의 범위에서는 국가경찰공무원으로 본다.

경찰관 직무집행법

제1조(목적)

① 이 법은 국민의 자유와 권리를 보호하고 사회공공의 질서를 유지하기 위한 경찰관(국가경찰공무원만 해당한다. 이하 같다)의 직무 수행에 필요한 사항을 규정함을 목적으로 한다.

② 이 법에 규정된 경찰관의 직권은 그 직무 수행에 필요한 최소한도에서 행사되어야 하며 남용되어서는 아니 된다.

제2조(직무의 범위)

경찰관은 다음 각 호의 직무를 수행한다.

1. 국민의 생명·신체 및 재산의 보호
2. 범죄의 예방·진압 및 수사
3. 경비, 주요 인사(人士) 경호 및 대간첩·대테러 작전 수행
4. 치안정보의 수집·작성 및 배포
5. 교통 단속과 교통 위해(危害)의 방지
6. 외국 정부기관 및 국제기구와의 국제협력
7. 그 밖에 공공의 안녕과 질서 유지

제3조(불심검문)

① 경찰관은 다음 각 호의 어느 하나에 해당하는 사람을 정지시켜 질문할 수 있다.

1. 수상한 행동이나 그 밖의 주위 사정을 합리적으로 판단하여 볼 때 어떠한 죄를 범하였거나 범하려 하고 있다고 의심할 만한 상당한 이유가 있는 사람
2. 이미 행하여진 범죄나 행하여지려고 하는 범죄행위에 관한 사실을 안다고 인정되는 사람

② 경찰관은 사람을 정지시킨 장소에서 질문을 하는 것이 그 사람에게 불리하거나 교통에 방해가 된다고 인정될 때에는 질문을 하기 위하여 가까운 경찰서·지구대·파출소 또는 출장소(지방해양경찰관서를 포함하며, 이하 "경찰관서"라 한다)로 동행할 것을 요구할 수 있다. 이 경우 동행을 요구받은 사람은 그 요구를 거절할 수 있다.

③ 경찰관은 어느 하나에 해당하는 사람에게 질문을 할 때에 그 사람이 흉기를 가지고 있는지를 조사할 수 있다.

④ 경찰관은 질문을 하거나 동행을 요구할 경우 자신의 신분을 표시하는 증표를 제시하면서 소속과 성명을 밝히고 질문이나 동행의 목적과 이유를 설명하여야 하며, 동행을 요구하는 경우에는 동행 장소를 밝혀야 한다.

⑤ 경찰관은 동행한 사람의 가족이나 친지 등에게 동행한 경찰관의 신분, 동행 장소, 동행 목적과 이유를 알리거나 본인으로 하여금 즉시 연락할 수 있는 기회를 주어야 하며, 변호인의 도움을 받을 권리가 있음을 알려야 한다.

⑥ 경찰관은 동행한 사람을 6시간을 초과하여 경찰관서에 머물게 할 수 없다.

⑦ 질문을 받거나 동행을 요구받은 사람은 형사소송에 관한 법률에 따르지 아니하고는 신체를 구속당하지 아니하며, 그 의사에 반하여 답변을 강요당하지 아니한다.

제4조(보호조치 등)

① 경찰관은 수상한 행동이나 그 밖의 주위 사정을 합리적으로 판단해 볼 때 다음 각 호의 어느 하나에 해당하는 것이 명백하고 응급구호가 필요하다고 믿을 만한 상당한 이유가 있는 사람(이하 "구호대상자"라 한다)을 발견

하였을 때에는 보건의료기관이나 공공구호기관에 긴급구호를 요청하거나 경찰관서에 보호하는 등 적절한 조치를 할 수 있다.

1. 정신착란을 일으키거나 술에 취하여 자신 또는 다른 사람의 생명·신체·재산에 위해를 끼칠 우려가 있는 사람
2. 자살을 시도하는 사람
3. 미아, 병자, 부상자 등으로서 적당한 보호자가 없으며 응급구호가 필요하다고 인정되는 사람. 다만, 본인이 구호를 거절하는 경우는 제외한다.

② 제1항에 따라 긴급구호를 요청받은 보건의료기관이나 공공구호기관은 정당한 이유 없이 긴급구호를 거절할 수 없다.

③ 경찰관은 제1항의 조치를 하는 경우에 구호대상자가 휴대하고 있는 무기·흉기 등 위험을 일으킬 수 있는 것으로 인정되는 물건을 경찰관서에 임시로 영치(領置)하여 놓을 수 있다.

④ 경찰관은 제1항의 조치를 하였을 때에는 지체 없이 구호대상자의 가족, 친지 또는 그 밖의 연고자에게 그 사실을 알려야 하며, 연고자가 발견되지 아니할 때에는 구호대상자를 적당한 공공보건의료기관이나 공공구호기관에 즉시 인계하여야 한다.

⑤ 경찰관은 제4항에 따라 구호대상자를 공공보건의료기관이나 공공구호기관에 인계하였을 때에는 즉시 그 사실을 소속 경찰서장이나 지방해양경찰관서의 장에게 보고하여야 한다.

⑦ 제1항에 따라 구호대상자를 경찰관서에서 보호하는 기간은 24시간을 초과할 수 없고, 제3항에 따라 물건을 경찰관서에 임시로 영치하는 기간은 10일을 초과할 수 없다.

제5조(위험 발생의 방지 등)

① 경찰관은 사람의 생명 또는 신체에 위해를 끼치거나 재산에 중대한 손해를 끼칠 우려가 있는 천재(天災), 사변(事變), 인공구조물의 파손이나 붕괴, 교통사고, 위험물의 폭발, 위험한 동물 등의 출현, 극도의 혼잡, 그 밖의 위험한 사태가 있을 때에는 다음 각 호의 조치를 할 수 있다.

1. 그 장소에 모인 사람, 사물(事物)의 관리자, 그 밖의 관계인에게 필요한 경고를 하는 것
2. 매우 긴급한 경우에는 위해를 입을 우려가 있는 사람을 필요한 한도에서 억류하거나 피난시키는 것
3. 그 장소에 있는 사람, 사물의 관리자, 그 밖의 관계인에게 위해를 방지하기 위하여 필요하다고 인정되는 조치를 하게 하거나 직접 그 조치를 하는 것

② 경찰관서의 장은 대간첩 작전의 수행이나 소요(騷擾) 사태의 진압을 위하여 필요하다고 인정되는 상당한 이유가 있을 때에는 대간첩 작전지역이나 경찰관서·무기고 등 국가중요시설에 대한 접근 또는 통행을 제한하거나 금지할 수 있다.

③ 경찰관은 제1항의 조치를 하였을 때에는 지체 없이 그 사실을 소속 경찰관서의 장에게 보고하여야 한다.

제6조(범죄의 예방과 제지)

경찰관은 범죄행위가 목전(目前)에 행하여지려고 하고 있다고 인정될 때에는 이를 예방하기 위하여 관계인에게 필요한 경고를 하고, 그 행위로 인하여 사람의 생명·신체에 위해를 끼치거나 재산에 중대한 손해를 끼칠 우려가 있는 긴급한 경우에는 그 행위를 제지할 수 있다

제7조(위험 방지를 위한 출입)

① 경찰관은 제5조제1항·제2항 및 제6조에 따른 위험한 사태가 발생하여 사람의 생명·신체 또는 재산에 대한 위해가 임박한 때에 그 위해를 방지하거나 피해자를 구조하기 위하여 부득이하다고 인정하면 합리적으로 판단하여 필요한 한도에서 다른 사람의 토지·건물·배 또는 차에 출입할 수 있다.

② 흥행장(興行場), 여관, 음식점, 역, 그 밖에 많은 사람이 출입하는 장소의 관리자나 그에 준하는 관계인은 경찰관이 범죄나 사람의 생명·신체·재산에 대한 위해를 예방하기 위하여 해당 장소의 영업시간이나 해당 장소가 일반인에게 공개된 시간에 그 장소에 출입하겠다고 요구하면 정당한 이유 없이 그 요구를 거절할 수 없다.

③ 경찰관은 대간첩 작전 수행에 필요할 때에는 작전지역에서 제2항에 따른 장소를 검색할 수 있다.

④ 경찰관은 제1항부터 제3항까지의 규정에 따라 필요한 장소에 출입할 때에는 그 신분을 표시하는 증표를 제시하여야 하며, 함부로 관계인이 하는 정당한 업무를 방해해서는 아니 된다.

제8조(사실의 확인 등)

① 경찰관서의 장은 직무 수행에 필요하다고 인정되는 상당한 이유가 있을 때에는 국가기관이나 공사(公私) 단체 등에 직무 수행에 관련된 사실을 조회할 수 있다. 다만, 긴급한 경우에는 소속 경찰관으로 하여금 현장에 나가 해당 기관 또는 단체의 장의 협조를 받아 그 사실을 확인하게 할 수 있다.

② 경찰관은 다음 각 호의 직무를 수행하기 위하여 필요하면 관계인에게 출석하여야 하는 사유·일시 및 장소를 명확히 적은 출석 요구서를 보내 경찰관서에 출석할 것을 요구할 수 있다.

1. 미아를 인수할 보호자 확인
2. 유실물을 인수할 권리자 확인
3. 사고로 인한 사상자(死傷者) 확인
4. 행정처분을 위한 교통사고 조사에 필요한 사실 확인

제9조(유치장)

법률에서 정한 절차에 따라 체포·구속된 사람 또는 신체의 자유를 제한하는 판결이나 처분을 받은 사람을 수용하기 위하여 경찰서와 지방해양경찰관서에 유치장을 둔다.

제10조(경찰장비의 사용 등)

① 경찰관은 직무수행 중 경찰장비를 사용할 수 있다. 다만, 사람의 생명이나 신체에 위해를 끼칠 수 있는 경찰장비(이하 이 조에서 "위해성 경찰장비"라 한다)를 사용할 때에는 필요한 안전교육과 안전검사를 받은 후 사용하여야 한다.

② 제1항 본문에서 "경찰장비"란 무기, 경찰장구(警察裝具), 최루제(催淚劑)와 그 발사장치, 살수차, 감식기구(鑑識機具), 해안 감시기구, 통신기기, 차량·선박·항공기 등 경찰이 직무를 수행할 때 필요한 장치와 기구를 말한다.

③ 경찰관은 경찰장비를 함부로 개조하거나 경찰장비에 임의의 장비를 부착하여 일반적인 사용법과 달리 사용함으로써 다른 사람의 생명·신체에 위해를 끼쳐서는 아니 된다.

④ 위해성 경찰장비는 필요한 최소한도에서 사용하여야 한다.

⑤ 경찰청장은 위해성 경찰장비를 새로 도입하려는 경우에는 대통령령으로 정하는 바에 따라 안전성 검사를 실시하여 그 안전성 검사의 결과보고서를 국회 소관 상임위원회에 제출하여야 한다. 이 경우 안전성 검사에는 외부 전문가를 참여시켜야 한다.

⑥ 위해성 경찰장비의 종류 및 그 사용기준, 안전교육·안전검사의 기준 등은 대통령령으로 정한다.

제10조의2(경찰장구의 사용)

① 경찰관은 다음 각 호의 직무를 수행하기 위하여 필요하다고 인정되는 상당한 이유가 있을 때에는 그 사태를 합리적으로 판단하여 필요한 한도에서 경찰장구를 사용할 수 있다.

1. 현행범이나 사형·무기 또는 장기 3년 이상의 징역이나 금고에 해당하는 죄를 범한 범인의 체포 또는 도주 방지
2. 자신이나 다른 사람의 생명·신체의 방어 및 보호
3. 공무집행에 대한 항거(抗拒) 제지

② 제1항에서 "경찰장구"란 경찰관이 휴대하여 범인 검거와 범죄 진압 등의 직무 수행에 사용하는 수갑, 포승(捕繩), 경찰봉, 방패 등을 말한다.

제10조의3(분사기 등의 사용)

경찰관은 다음 각 호의 직무를 수행하기 위하여 부득이한 경우에는 현장책임자가 판단하여 필요한 최소한의 범위에서 분사기(「총포·도검·화약류 등 단속법」에 따른 분사기를 말하며, 그에 사용하는 최루 등의 작용제를 포함한다. 이하 같다) 또는 최루탄을 사용할 수 있다.

1. 범인의 체포 또는 범인의 도주 방지
2. 불법집회·시위로 인한 자신이나 다른 사람의 생명·신체와 재산 및 공공시설 안전에 대한 현저한 위해의 발생 억제

제10조의4(무기의 사용)

① 경찰관은 범인의 체포, 범인의 도주 방지, 자신이나 다른 사람의 생명·신체의 방어 및 보호, 공무집행에 대한 항거의 제지를 위하여 필요하다고 인정되는 상당한 이유가 있을 때에는 그 사태를 합리적으로 판단하여 필요한 한도에서 무기를 사용할 수 있다. 다만, 다음 각 호의 어느 하나에 해당할 때를 제외하고는 사람에게 위해를 끼쳐서는 아니 된다.

1. 「형법」에 규정된 정당방위와 긴급피난에 해당할 때
2. 다음 각 목의 어느 하나에 해당하는 때에 그 행위를 방지하거나 그 행위자를 체포하기 위하여 무기를 사용하지 아니하고는 다른 수단이 없다고 인정되는 상당한 이유가 있을 때
   가. 사형·무기 또는 장기 3년 이상의 징역이나 금고에 해당하는 죄를 범하거나 범하였다고 의심할 만한 충분한 이유가 있는 사람이 경찰관의 직무집행에 항거하거나 도주하려고 할 때
   나. 체포·구속영장과 압수·수색영장을 집행하는 과정에서 경찰관의 직무집행에 항거하거나 도주하려고 할 때
   다. 제3자가 가목 또는 나목에 해당하는 사람을 도주시키려고 경찰관에게 항거할 때
   라. 범인이나 소요를 일으킨 사람이 무기·흉기 등 위험한 물건을 지니고 경찰관으로부터 3회 이상 물건을 버리라는 명령이나 항복하라는 명령을 받고도 따르지 아니하면서 계속 항거할 때
3. 대간첩 작전 수행 과정에서 무장간첩이 항복하라는 경찰관의 명령을 받고도 따르지 아니할 때

② 제1항에서 "무기"란 사람의 생명이나 신체에 위해를 끼칠 수 있도록 제작된 권총·소총·도검 등을 말한다.

③ 대간첩·대테러 작전 등 국가안전에 관련되는 작전을 수행할 때에는 개인화기(個人火器) 외에 공용화기(共用

火器)를 사용할 수 있다.

제11조의2(손실보상)

① 국가는 경찰관의 적법한 직무집행으로 인하여 다음 각 호의 어느 하나에 해당하는 손실을 입은 자에 대하여 정당한 보상을 하여야 한다.

1. 손실발생의 원인에 대하여 책임이 없는 자가 재산상의 손실을 입은 경우(손실발생의 원인에 대하여 책임이 없는 자가 경찰관의 직무집행에 자발적으로 협조하거나 물건을 제공하여 재산상의 손실을 입은 경우를 포함한다)
2. 손실발생의 원인에 대하여 책임이 있는 자가 자신의 책임에 상응하는 정도를 초과하는 재산상의 손실을 입은 경우

② 제1항에 따른 보상을 청구할 수 있는 권리는 손실이 있음을 안 날부터 3년, 손실이 발생한 날부터 5년간 행사하지 아니하면 시효의 완성으로 소멸한다.

③ 제1항에 따른 손실보상신청 사건을 심의하기 위하여 손실보상심의위원회를 둔다.

④ 제1항에 따른 손실보상의 기준, 보상금액, 지급절차 및 방법, 손실보상심의위원회의 구성 및 운영, 그 밖에 필요한 사항은 대통령령으로 정한다.

경찰서비스 헌장

1. 범죄와 사고를 철저히 예방하고 법을 어긴 행위는 단호하고 엄정하게 처리하겠습니다.
2. 국민이 필요하다고 하면 어디든지 바로 달려가 도와드리겠습니다.
3. 모든 민원은 친절하고 신속, 공정하게 처리하겠습니다.
4. 국민의 안전과 편의를 제일 먼저 생각하며 성실히 직무를 수행하겠습니다.
5. 인권을 존중하고 권한을 남용하는 일이 없도록 하겠습니다.
6. 잘못된 업무는 즉시 확인하여 바로잡겠습니다.

1. 생활안전서비스헌장

범죄와 사고를 철저히 예방하고 법을 어긴 행위는 단호하고 엄정하게 처리하겠습니다.
국민이 필요하다고 하면 어디든지 바로 달려가 도와드리겠습니다.
모든 민원은 친절하고 신속, 공정하게 처리하겠습니다.
국민의 안전과 편의를 제일 먼저 생각하며 성실히 직무를 수행하겠습니다.
인권을 존중하고 권한을 남용하는 일이 없도록 하겠습니다.
잘못된 업무는 즉시 확인하여 바로잡겠습니다.

범죄와 사고 예방활동	범죄예방	· 도보순찰 및 『112』 기동순찰 활동을 적극 전개하여 범죄를 예방하겠습니다. · 지방경찰청, 경찰서, 파출소별로 범죄발생 추세를 정기적으로 분석하여 지역 실정에 맞는 방범활동을 하겠습니다. * 매월 전형적 생활침해범죄인 강·절도 발생현황 분석
	사고+예방 및 긴급구조	· 평상시 주민들의 생활주변에 위험한 곳은 없는지 세심하게 살펴서 안전사고를 예방하겠습니다. · 민간소유 총기류와 화약류 등을 안전하게 관리하여 사건·사고를 방지하겠습니다. · 사고가 발생하면 관계기관과 긴밀히 협조하여 신속하고 적절한 구조활동을 하겠습니다. · 정신착란자·술 취한 사람·자살기도자, 미아·병자·부상자 등 응급구호 대상자를 안전하게 보호하겠습니다.
112신고 즉응태세 확립	112 기동순찰	범죄취약 지역을 끊임없이 순찰하여 범죄를 예방하겠습니다. 항상 관내상황을 정확히 파악하여 즉각 출동·조치하겠습니다. 순찰중 범죄용의자 등에 대해서는 친절하면서도 철저하게 검문하겠습니다.
	신속·정확한 현장출동	112요원은 다음과 같은 근무수칙을 철저히 준수하겠습니다. * 전화응대는 친절하게, 상황파악은 정확하게, 보고전파는 신속하게, 현장대응은 민첩하게 신고사건은 관할을 따지지 않고 신속히 접수·처리하겠습니다. 사건발생시 112신고를 하면 즉시 출동하여 범인을 검거 하겠습니다. * 5분내 90%이상 현장도착 상황에 따라 인접 파출소의 112순찰차 2~3대가 동시에 출동하는 등 공조체제를 갖추겠습니다.
생활주변의 불법행위	기초질서 정착	홍보 및 계도활동을 강화하여 기초질서 지키기 의식을 높이도록 하겠습니다. 음주소란·오물투기·금연장소 흡연 등 기초질서 위반행위를 줄여 나가 깨끗하고 쾌적한 생

<table>
<tr><td rowspan="2">추방</td><td></td><td colspan="4">활환경을 만드는데 힘쓰겠습니다.
경미한 질서위반 행위는 계도위주로 단속하되 상습적 행위 등에 대해서는 엄정하게 단속하겠습니다.</td></tr>
<tr><td>범죄유발환경 정화</td><td colspan="4">풍속업소의 음란·윤락, 사행행위 등 고질적 불법행위를 중점 단속하겠습니다.
퇴폐·외설문화를 조장하는 신종 풍속영업을 철저히 단속하여 건전한 사회기풍을 세우도록 노력하겠습니다.
홍보 및 계도활동을 통해 업소들이 스스로 준법영업을 하도록 유도하겠습니다.</td></tr>
<tr><td rowspan="3">국민에게 친절봉사</td><td>파출소를 치안서비스센터로 운영</td><td colspan="4">경찰서를 직접 방문하지 않고도 처리 가능한 미아·가출인 신고 등은 파출소에서 접수·처리하겠습니다.
경찰업무와 관련된 민원사항을 문의하면 그 내용을 자세히 알려 드리겠습니다.
이 밖에 생활주변의 어려운 일을 신고하면 최선을 다해 도와 드리겠습니다.</td></tr>
<tr><td>다양한 외근활동</td><td colspan="4">필요한 때와 장소에 이동파출소, 임시파출소, 여름파출소 등을 운영하여 범죄예방과 질서유지에 힘쓰겠습니다.
범죄예방에 관한 홍보활동을 강화하여 주민들의 자율방범 의식을 높이겠습니다.
은행 등 현금취급소에 대한 방범진단을 실시하여 시설을 보강하겠습니다.
많은 현금을 입·출금할 때 요청하시면 언제든지 안전하게 보호하겠습니다.</td></tr>
<tr><td>유실물 처리</td><td colspan="4">물건을 줍거나 잃어버린 경우 가까운 파출소나 경찰서에 신고하면 조속히 찾을 수 있도록 도와 드리겠습니다.
특히 귀중한 물건은 방송·PC통신·인터넷 등으로 알려 주인을 찾아 주도록 하겠습니다.</td></tr>
<tr><td rowspan="8">인허가 업무의 신속 공정한 처리</td><td colspan="5">인·허가 관련 민원사무를 경찰관서 민원실에 신청하면 법령에 따라 신속·공정하게 처리하겠습니다.</td></tr>
<tr><td rowspan="7">민원사무 처리기준은</td><td>민원사무명</td><td>처리기간</td><td>신청방법</td><td>처리기관</td></tr>
<tr><td>경비업 허가신청</td><td>15일</td><td>방문·우편</td><td>지방경찰청</td></tr>
<tr><td>총포·도검·화약류·분사기·전자충격기·석궁 판매업 허가 신청</td><td>10일</td><td>방문·우편</td><td>지방경찰청</td></tr>
<tr><td>총포 등 소지 허가 신청
– 권총·소총·엽총
– 공기총, 산업용총, 가스발사총, 도검, 전자충격기, 석궁</td><td>10일
7일</td><td>방문·우편</td><td>지방경찰청
경찰서</td></tr>
<tr><td>화약류 사용 허가 신청</td><td>5일</td><td>방문·우편</td><td>경찰서</td></tr>
<tr><td>화약류 양도·양수 허가신청</td><td>7일</td><td>방문·우편</td><td>경찰서</td></tr>
<tr><td>화약류 운반신고</td><td>즉시</td><td>방문·우편</td><td>경찰서</td></tr>
</table>

2. 수사경찰서비스헌장

법과 양심에 따라 신속하고 공정하게 법 집행을 하겠습니다.
국민생활을 침해하는 범죄를 우선적으로 해결 하겠습니다.
범죄피해자 및 신고자의 신변을 철저히 보호하고 수사결과를 신속히 알려 드리겠습니다.
사건에 관련된 모든 사람의 인권을 최대한 보호하겠습니다.
잘못된 업무처리는 즉시 확인하여 바로 잡겠습니다.

국민생활 침해범죄 척결	강력범죄 척결	강도·절도 등 국민생활을 위협하는 범죄가 발생하면 철저히 수사하여 범인을 신속히 검거하겠습니다. 명절·휴가철 등 범죄 취약시기에 경찰력을 총동원하여 빈집털이, 소매치기 사범 등을 중점 단속하겠습니다.
	조직폭력 근절	『조직폭력 특별수사대』 운영 등 수사역량을 집중, 조직 폭력배에 대한 단속활동을 강화하겠습니다. 「유관기관과 협조하여 유흥업소 운영·이권개입」 등 조직 폭력배의 자금원을 끊는데 주력하겠습니다. 신고자에 대한 철저한 신변보호로 조직폭력 신고를 활성화하겠습니다. 조직폭력배들의 움직임을 꾸준히 집중 감시해 위법행위를 예방하겠습니다.
	안전한 학교주변 만들기	학교 주변에 대한 순찰을 강화하여 등·하교길을 안전하게 만들겠습니다. 학교별 담당 경찰관을 지정하고 학교와 협조하여 학교폭력을 예방하겠습니다. 경찰관서에 「학교폭력 신고센터」를 설치하여 신고 및 상담에 적극적으로 응하고 신고처리 결과를 신속히 알려드리겠습니다. 교사·학부모·민간단체 등이 참여하는 「학교폭력근절대책 협의회」 모임을 개최, 효율적인 대책을 찾아 실천해 나가겠습니다.
	경제 관련사범 단속	서민생활을 침해하는 경제사범을 지속적으로 단속하겠습니다. 지역정보지·생활정보지 광고를 악용한 각종 범죄첩보 수집을 강화하여 피해를 예방하겠습니다.
범죄로부터 여성 보호	가정폭력 제거	가정폭력 신고가 들어오면 즉시 현장에 출동하여 폭력행위를 막겠습니다. 피해자가 요청하면 보호시설에 보내 신변을 보호토록 하겠습니다.
	성폭력범죄 예방 및 피해자 보호	전국 경찰관서에 「여성상담실」을 두어 성폭력범죄에 대한 상담에 응하고 피해여성의 어려움을 해결해 드리겠습니다. 피해 여성의 사생활이 침해되지 않도록 신중을 기하겠습니다. 여자경찰관을 수사부서에 배치하여 성폭력 사범 등 여성관련 범죄수사를 맡도록 하겠습니다.
신속하고 공정한 법집행	적법절차 준수	**피의자를 체포할 때는 반드시** " ○○경찰서 ○○○순경입니다. (신분증 제시) .... 혐의로 당신을 체포하겠습니다. 지금부터 당신은 변호인의 도움을 받을 수 있고 진술을 거부할 권리가 있습니다." 라고 알려 드리겠습니다. 구속의 사유와 필요성을 신중히 판단하여 인신구속을 가급적 억제함으로써 「불구속 수사원칙」을 지키겠습니다. 피의자를 체포 또는 구속할 때는 변호인 또는 피의자가 지정한 사람에게 구속일시·장소·범죄사실의 요지 등을 지체없이 알려 드리겠습니다.
	인권보호	피의자 또는 변호인이 원하는 경우 증거인멸 등 수사에 중대한 지장을 주지 않는 범위내에서 신문과정에 변호인을 참여시키겠습니다. 각 경찰관서의 자문변호사로부터 수사활동에 필요한 자문을 받음으로써 공정성과 신뢰도를 높여 나가겠습니다. 피의자와 참고인 등 사건 관계자에 대한 비밀을 보장하고 개인정보가 유출되지 않도록 하겠습니다. 공범자 도주 및 증거인멸 등 수사에 지장을 줄 우려가 없는 한 유치인에 대한 면회를 허용하겠습니다.

<table>
<tr><td></td><td>증거위주의 과학수사체제 확립</td><td colspan="4">지문자동검색시스템과 유전자분석 등 첨단기법을 활용하여 과학수사체제를 확립하겠습니다.
범죄현장에 대한 감식을 강화하여 객관적 증거를 모으는데 힘쓰겠습니다.</td></tr>
<tr><td></td><td>국민편익 중심의 수사행정 구현</td><td colspan="4">고소·고발인이 원할 경우 즉시 담당자를 지정, 접수 당일 신속히 조사해 경찰관서에 다시 나와야 하는 번거로움이 없도록 하겠습니다.
피해자 및 참고인에 대한 소환을 최소화하고 필요하면 담당 경찰관이 방문조사나 우편·전화를 이용하여 진술을 받도록 하겠습니다.
사건 관계인을 불러 조사할 때는 미리 조사계획을 세워 신속히 끝내도록 하겠습니다.
형사사건은 정해진 기한내에 처리하고 그 결과를 알려 드리겠습니다.</td></tr>
<tr><td rowspan="9"></td><td rowspan="9">민원사무 처리기간</td><th>민원사무명</th><th>처리기간</th><th>신청방법</th><th>처리기관</th></tr>
<tr><td>고소·고발</td><td>60일</td><td>구두·서면</td><td>전국 경찰관서</td></tr>
<tr><td>수사관련 질의</td><td>7일</td><td>구두·서면</td><td>전국 경찰관서</td></tr>
<tr><td>변호인 참여 신청</td><td>즉시</td><td>서면</td><td>전국 경찰관서</td></tr>
<tr><td>즉일조사 신청</td><td>즉시</td><td>구두</td><td>지방경찰청·경찰서</td></tr>
<tr><td>유치인 면회</td><td>즉시</td><td>구두·서면</td><td>경찰서</td></tr>
<tr><td>도난신고확인원 발급신청</td><td>즉시</td><td>구두</td><td>경찰서</td></tr>
<tr><td>도난차량 수배해제 확인원 발급 신청</td><td>즉시</td><td>구두</td><td>경찰서</td></tr>
<tr><td>수사진행 사항 문의</td><td>즉시</td><td>서면</td><td>경찰서</td></tr>
</table>

3. 교통경찰서비스헌장

교통정체 지역에서는 항상 교통경찰관을 배치하겠습니다.
교통정보를 신속하게 알려드리겠습니다.
교통법규 위반행위는 엄정하게 단속하겠습니다.
교통사고는 신속하고 공정하게 처리하겠습니다.
운전면허시험시의 모든 과정에 불편이 없도록 하겠습니다.
교통민원은 친절.신속.정확하게 처리하겠습니다.
잘못된 업무는 즉시 확인하여 바로잡겠습니다.

<table>
<tr><td rowspan="2">안전하고 원활한 교통관리</td><td>원활한 소통확보</td><td>상습 교통정체 지점에는 항상 교통경찰관을 배치하여 소통이 잘 되도록 하겠습니다.
교통정보를 신속히 알려 운전자들의 궁금증을 해소하고, 목적지까지 가장 빠른 길을 선택할 수 있도록 하겠습니다.</td></tr>
<tr><td>교통단속 활동</td><td>음주, 무면허, 신호위반, 과속, 중앙선 침범 등 교통사고를 일으킬 위험이 높은 행위는 엄정하게 단속하겠습니다.
명확한 위반행위만 단속하되, 5분 이내에 처리하겠습니다.</td></tr>
<tr><td>신속·공정한 교통 사고 조사</td><td colspan="2">교통사고 현장에 신속히 출동하여 부상자를 우선적으로 구호하고, 더 이상 피해가 발생하지 않도록 최선을 다하겠습니다.
교통사고 현장보존과 목격자 확보 등 증거수집을 철저히 하겠습니다.</td></tr>
</table>

<table>
<tr><td></td><td colspan="5">합의 또는 종합보험에 가입한 물적피해 사고는 경찰서 조사만으로 종결하고, 기타 교통사고도 경찰서 출석을 최소한으로 줄여 나가겠습니다.
교통사고현장 조사시 사고 당사자의 보호자가 입회할 수 있도록 하겠습니다.
선임된 변호사가 원할 경우 조사과정에 참여시켜 피의자의 진술을 돕고, 조사내용을 열람할 수 있도록 하겠습니다.
뺑소니 운전자를 신고한 사람에게는 최고 300만원의 보상금을 지급하고, 신원을 철저히 보호하겠습니다.</td></tr>
<tr><td>운전면허시험</td><td colspan="5">수험생이 편안한 마음으로 시험을 치를 수 있도록 사전에 시험요령에 대하여 충분히 설명해 드리겠습니다.
응시원서는 우편으로도 접수하여 면허시험장을 직접 방문하는 불편을 줄이겠습니다.
기능시험용 차는 매일 정비하여 최상의 상태를 유지하겠습니다.
수험생의 편의를 위해 두 달에 한 번 이상은 일요일에도 시험을 실시하겠습니다.</td></tr>
<tr><td rowspan="13">친절하고 신속한 민원처리</td><td colspan="5">민원은 신속하게 처리하겠으며, 법규 등에 의해 수용할 수 없는 때에는 그 이유를 상세히 설명해 드리겠습니다.</td></tr>
<tr><td rowspan="12">민원처리기간</td><td>민원사무명</td><td>처리기간</td><td>신청방법</td><td>처리기관</td></tr>
<tr><td>군 운전면허증의 일반면허증 갱신 교부</td><td>즉시</td><td>방문</td><td>면허시험장</td></tr>
<tr><td>국제면허증 교부</td><td>즉시</td><td>방문</td><td>면허시험장</td></tr>
<tr><td>적성검사</td><td></td><td>방문 · 우편</td><td>면허시험장 (경찰서)</td></tr>
<tr><td>운전면허증 신규교부</td><td>즉시</td><td>방문</td><td>면허시험장</td></tr>
<tr><td>운전면허증 재교부</td><td>즉시(15일)</td><td>방문 · 우편</td><td>면허시험장 (경찰서)</td></tr>
<tr><td>긴급자동차 지정신청</td><td>5일</td><td>방문 · 우편</td><td>지방경찰청</td></tr>
<tr><td>어린이 통학버스 신고필증 교부</td><td>7일</td><td>방문 · 우편</td><td>경찰서</td></tr>
<tr><td>교통사고사실확인원 발급신청</td><td>즉시</td><td>방문 · 우편</td><td>경찰서</td></tr>
<tr><td>무사고운전자 표시장 수여 신청</td><td>1일</td><td>방문</td><td>경찰서</td></tr>
<tr><td>운전경력증명서 발급신청</td><td>즉시</td><td>방문</td><td>면허시험장 (경찰서)</td></tr>
</table>

4. 경찰민원서비스헌장

민원실에서 불편한 점이 없도록 친절하게 모시겠습니다.
민원서류는 접수한 순서대로 정해진 기한 내에 신속히 처리하겠습니다.
민원처리 과정에서 알게 된 개인정보는 철저히 보호하겠습니다.
잘못된 업무처리는 즉시 확인하여 바로 잡겠습니다.

민원인을 맞이하는 자세	민원업무 우선 처리	찾아오신 민원인의 말씀부터 먼저 듣겠습니다. 민원접수는 지체되는 일이 없도록 하겠으며 그 이상 지체되는 경우 사유를 설명해 드리겠습니다. 다른 업무 중에 방문하신 경우 하던 일을 멈추고 맞이하겠습니다.
	민원인의 불편해소	민원실 내에 「각종 편의 도구와 서식」을 비치하여 편안하게 일을 보실 수 있도록 하겠습니다. 민원서류 작성시에 도움을 요청하시면 친절히 안내하겠습니다. 민원실을 쾌적하고 안락하게 조성하겠습니다.
	친절한 민원상담	고객을 맞이할 때는 먼저 밝은 표정으로 "어서 오십시오", "무엇을 도와드릴까요"와 같은 인사말을 건네고, 방문 목적을 확인하여 친절히 안내해 드리겠습니다. 민원인과 충분히 상담을 하여 만족하고 돌아가실 수 있도록 하겠습니다.
	공손한 전화응대	전화는 신속히 받아 「소속·계급·성명」을 정확히 밝히겠습니다. 다른 부서와 관련된 민원은 해당부서를 확인하여 연결해 드리겠으며, 연결이 끊길 경우를 감안하여 담당부서 전화번호를 미리안내해 드리겠습니다. 담당자가 부재중인 때에는 전화용건, 연락처, 성명을 정리한 후 담당자에게 전달하여 고객이 원하시는 방법으로 연락 드리도록 하겠습니다.
신속·공정한 업무처리 및 편리도모	신속·공정한 민원처리	모든 민원은 접수 즉시 접수증을 교부해 드리고, 주무부서에 전달하여 신속히 처리해 드리겠습니다. 증명서류 발급은 지역 주민들의 편의를 위해 경찰시뿐만 이니라 全 지구대까지 「One-Stop 민원서비스」 시스템을 이용하여 신속히 처리해 드리겠습니다. 주40시간 근무제 시행으로 인해 행정공백과 고객불편이 없도록 「야간·휴일민원처리센터」를 운영하여 야간·휴일에도 정상적인 민원서비스를 제공하겠습니다.
	민원인의 편리 도모	직접 민원실을 방문하셔서 상담 후 민원을 신청하는 것이 가장 좋은 방법입니다. 부득이한 사유로 직접 방문하실 수 없을 경우에는 「우편·전화·FAX(모사전송), 인터넷 홈페이지」 등을 이용하여 민원을 신청하시면 신속히 처리하여 드리겠습니다.
	민원인의 편리 도모	직접 민원실을 방문하셔서 상담 후 민원을 신청하는 것이 가장 좋은 방법입니다. 부득이한 사유로 직접 방문하실 수 없을 경우에는 「우편·전화·FAX(모사전송), 인터넷 홈페이지」 등을 이용하여 민원을 신청하시면 신속히 처리하여 드리겠습니다.
	개인정보 보호	민원인의 개인정보를 철저히 보호하여 피해가 가지 않도록 하겠습니다. 업무처리 과정에서 알게 된 민원인 등의 사생활에 관한 비밀을 누설 하는 일이 없도록 하겠습니다.
잘못된 업무는 즉시 바로 잡겠습니다.	업무처리 과정에서 불편이나 불만이 있을 경우 경찰관서 민원실을 직접 방문하거나 전화, 경찰청 인터넷 홈페이지 등으로 연락주시면 잘못된 부분을 시정하겠습니다. 친절·신속·공정치 못한 경찰관에 대해서는 상응한 조치를 취하겠습니다.	
국민여러분의 협조를 바랍니다.	불친절하거나 불편하신 점에 대해서 지적하여 주시면 시정토록 하겠습니다. 민원을 제출하실 때에는 성명과 주소, 연락처를 정확히 기재해 주시기 바랍니다. - 타인과 관련된 진정이나 신고 등이 익명·가명인 때에는 처리를 하지 않을 수도 있습니다. 같은 내용의 민원을 여러 기관에 중복·반복적으로 제기하는 것은 행정낭비를 초래하니 자제해 주시기 바랍니다. 모범이 되며 자랑할 만한 공무원을 보셨을 경우 적극적으로 추천해 주시면 널리 알려 본보기가 되도록 하겠습니다. 앞으로 우리 경찰 전 직원이 서비스현장의 정성어린 실천을 통해 고객감동으로 보답할 수 있도록 많은 성원을 바랍니다.	

경찰청 공무원 행동강령

제1장 총 칙

제1조(목적) 이 규칙은 「부패방지 및 국민권익위원회의 설치와 운영에 관한 법률」 제8조 및 공무원 행동강령에 따라 경찰청(소속기관, 지방경찰청, 경찰서를 포함한다. 이하 같다)소속 공무원(이하 "공무원"이라 한다)이 준수하여야 할 행동기준을 규정하는 것을 목적으로 한다.

제2조(정의) 이 규칙에서 사용하는 용어의 뜻은 다음과 같다.

1. "직무관련자"란 공무원의 소관 업무와 관련되는 자로서 다음 각 목의 어느 하나에 해당하는 개인[공무원이 사인(私人)의 지위에 있는 경우에는 개인으로 본다] 또는 단체를 말한다.
   가. 「민원사무처리에 관한 법률 시행령」 제2조제2항제1호 및 제4호에 따른 민원사무를 신청한 상태에 있거나 신청하려는 것이 명백한 개인 또는 단체
   나. 인가·허가 등의 취소, 영업정지, 과징금 또는 과태료의 부과 등으로 이익 또는 불이익을 직접적으로 받는 개인 또는 단체
   다. 수사, 감사(監査), 감독, 검사, 단속, 행정지도 등의 대상인 개인 또는 단체
   라. 재결(裁決), 결정, 검정(檢定), 감정(鑑定), 시험, 사정(査定), 조정, 중재 등으로 이익 또는 불이익을 직접적으로 받는 개인 또는 단체
   마. 징집·소집·동원 등의 대상인 개인 또는 단체
   바. 국가 또는 지방자치단체와 계약을 체결하거나 체결하려는 것이 명백한 개인 또는 단체
   사. 장부·대장 등에의 등록·등재의 신청(신고)중에 있거나 신청(신고)하려는 것이 명백한 개인이나 단체
   아. 특정한 사실 또는 법률관계에 관한 확인 또는 증명의 신청중에 있거나 신청하려는 것이 명백한 개인이나 단체
   자. 법령해석이나 유권해석을 요구하는 개인이나 단체
   차. 경찰관서에 복무중인 전투경찰순경·의무경찰의 부모·형제자매
   카. 시책·사업 등의 결정 또는 집행으로 이익 또는 불이익을 직접적으로 받는 개인 또는 단체
   타. 그 밖에 경찰관서에 대하여 특정한 행위를 요구중인 개인이나 단체
2. "직무관련공무원"이란 공무원의 직무수행과 관련하여 이익 또는 불이익을 직접적으로 받는 다른 공무원(기관이 이익 또는 불이익을 받는 경우에는 그 기관의 관련 업무를 담당하는 공무원을 말한다) 중 다음 각 목의 어느 하나에 해당하는 공무원을 말한다.
   가. 상급자와 직무상 지휘명령을 받는 당해 업무의 하급자
   나. 인사·감사·상훈·예산·심사평가업무 담당자와 해당업무와 직접 관련된 다른 공무원
   다. 행정사무를 위임·위탁한 경우 위임·위탁사무를 관리·감독하는 공무원과 그 사무를 담당하는 공무원
   라. 그밖에 특별한 사유로 경찰청장이 정하는 경우
3. "선물"이란 대가 없이(대가가 시장가격 또는 거래관행과 비교하여 현저하게 낮은 경우를 포함한다) 제공되는 물품 또는 유가증권, 숙박권, 회원권, 입장권, 그 밖에 이에 준하는 것을 말한다.
4. "향응"이란 음식물·골프 등의 접대 또는 교통·숙박 등의 편의를 제공하는 것을 말한다.

5. “경찰유관단체”란 경찰기관에서 민관 치안협력 또는 민간전문가를 통한 치안자문활동 목적으로 조직·운영하고 있는 단체를 말한다.

제3조(적용범위) 이 규칙은 경찰청 소속 공무원과 경찰청에 파견된 공무원에게 적용한다.

제2장 공정한 직무수행

제4조(공정한 직무수행을 해치는 지시에 대한 처리) ① 공무원은 상급자가 자기 또는 타인의 부당한 이익을 위하여 공정한 직무수행을 현저하게 해치는 지시를 하였을 때에는 그 사유를 그 상급자에게 소명하고 지시에 따르지 아니하거나 제23조에 따라 지정된 공무원 행동강령에 관한 업무를 담당하는 공무원(이하 “행동강령책임관”이라 한다)과 상담할 수 있다.

② 제1항에 따라 지시를 이행하지 아니하였는데도 같은 지시가 반복될 때에는 즉시 행동강령책임관과 상담하여야 한다.

③ 제1항이나 제2항에 따라 상담 요청을 받은 행동강령책임관은 지시 내용을 확인하여 지시를 취소하거나 변경할 필요가 있다고 인정되면 소속 기관의 장에게 보고하여야 한다. 다만, 지시 내용을 확인하는 과정에서 부당한 지시를 한 상급자가 스스로 그 지시를 취소하거나 변경하였을 때에는 소속 기관의 장에게 보고하지 아니할 수 있다.

④ 제3항에 따른 보고를 받은 소속 기관의 장은 필요하다고 인정되면 지시를 취소·변경하는 등 적절한 조치를 하여야 한다. 이 경우 공정한 직무수행을 해치는 지시를 제1항에 따라 이행하지 아니하였는데도 같은 지시를 반복한 상급자에게는 징계 등 필요한 조치를 할 수 있다.

⑤ 제1항에 따른 소명은 해당 공무원의 인적사항, 지시내용, 불복종 이유 등을 명시한 별지 제1호서식의 소명서 또는 이에 상당하는 방법으로 하여야 한다.

제4조의2(부당한 수사지휘에 대한 이의제기)

① 공무원은 「범죄수사규칙」 제15조에 따른 경찰관서 내 수사 지휘에 대한 이의제기와 관련하여 행동강령책임관에게 상담을 요청할 수 있다.

② 제1항의 상담요청을 받은 행동강령책임관은 해당 지휘의 취소·변경이 필요하다고 인정되면 소속기관장에게 보고하여야 한다.

제5조(이해관계 직무의 회피) ① 공무원은 자신이 수행하는 직무가 다음 각 호의 어느 하나에 해당하는 경우에는 그 직무의 회피 여부 등에 관하여 직근 상급자 또는 행동강령책임관과 상담한 후 처리하여야 한다. 다만, 소속 기관의 장이 공정한 직무수행에 영향을 받지 아니한다고 판단하여 정하는 단순 민원업무의 경우에는 그러하지 아니하다.

1. 자신, 자신의 직계 존속·비속, 배우자 및 배우자의 직계 존속·비속의 금전적 이해와 직접적인 관련이 있는 경우
2. 친족(「민법」 제767조에 따른 친족을 말한다. 이하 같다)이 직무관련자인 경우
3. 자신이 임용이나 파견 복귀 등이 있는 때로부터 2년 이내에 재직하였던 민간단체 또는 그 단체의 대표자나 임원이 직무관련자인 경우
4. 지속적인 만남 또는 연락 등으로 친분관계가 형성되어 공정한 직무수행이 어렵다고 판단되는 자가 직무관

련자인 경우

5. 그 밖에 소속기관의 장이 공정한 직무수행이 어려운 관계에 있다고 정한 자가 직무관련자인 경우

② 제1항에 따라 상담요청을 받은 직근 상급자 또는 행동강령책임관은 해당 공무원이 그 직무를 계속 수행하는 것이 적절하지 아니하다고 판단되면 소속 기관의 장에게 보고하여야 한다. 다만, 직근 상급자가 그 권한의 범위에서 그 공무원의 직무를 일시적으로 재배정할 수 있는 경우에는 그 직무를 재배정하고 소속 기관의 장에게 보고하지 아니할 수 있다.

③ 제2항에 따라 보고를 받은 소속 기관의 장은 직무가 공정하게 처리될 수 있도록 인력을 재배치하는 등 필요한 조치를 하여야 한다.

제5조의2(수사·단속 업무의 공정성 강화)

① 공무원은 수사·단속의 대상이 되는 업소 중 경찰청장이 지정하는 유형의 업소 관계자와 부적절한 사적 접촉을 하여서는 아니 되며, 공적 또는 사적으로 접촉한 경우 경찰청장이 정하는 방법에 따라 신고하여야 한다.

② 공무원은 수사 중인 사건의 관계자(해당 사건의 처리와 법률적·경제적 이해관계가 있는 자로서 경찰청장이 지정하는 자를 말한다)와 부적절한 사적접촉을 해서는 아니 되며, 소속 경찰관서 내에서만 접촉하여야 한다. 다만, 현장 조사 등 공무상 필요한 경우 외부에서 접촉할 수 있으며, 이 경우에는 수사서류 등 공문서에 기록하여야 한다.

제6조(특혜의 배제) 공무원은 직무를 수행함에 있어 지연·혈연·학연·종교 등을 이유로 특정인에게 특혜를 주어서는 아니 된다.

제7조(예산의 목적 외 사용 금지) 공무원은 여비, 업무추진비 등 공무 활동을 위한 예산을 목적 외의 용도로 사용하여 소속 기관에 재산상 손해를 입혀서는 아니 된다.

제8조(정치인 등의 부당한 요구에 대한 처리) ① 공무원은 정치인이나 정당 등으로부터 부당한 직무수행을 강요받거나 청탁을 받은 경우에는 소속 기관의 장에게 보고하거나 행동강령책임관과 상담한 후 처리하여야 한다.

② 제1항에 따라 보고를 받은 소속 기관의 장이나 상담을 한 행동강령책임관은 그 공무원이 공정한 직무수행을 할 수 있도록 적절한 조치를 하여야 한다.

제8조의2(경찰유관단체원의 부정행위에 대한 처리) 경찰유관단체원이 다음 각 호의 어느 하나에 해당하는 행위를 한 경우 행동강령책임관은 해당 경찰유관단체 운영 부서장과 협의하여 소속기관장에게 경찰유관단체원의 해촉 등 필요한 조치를 건의하여야 하며, 보고를 받은 소속기관장은 적절한 조치를 취하여야한다.

1. 경찰 업무와 관련하여 금품을 수수 또는 경찰관에게 금품을 제공하거나, 이를 알선한 경우
2. 경찰 업무와 관련하여 부당한 청탁 또는 알선을 한 경우
3. 이권 개입 등 경찰유관단체원의 지위를 부당하게 이용한 경우
4. 직무와 관련하여 알게 된 비밀을 누설한 경우
5. 그 밖에 경찰유관단체원으로서 부적절한 처신 등으로 경찰과 소속 단체의 명예를 훼손한 경우

제9조(인사 청탁 등의 금지) ① 공무원은 자신의 임용·승진·전보 등 인사에 부당한 영향을 미치기 위하여 타인으로 하여금 인사업무 담당자에게 청탁을 하도록 해서는 아니 된다.
② 공무원은 직위를 이용하여 다른 공무원의 임용·승진·전보 등 인사에 부당하게 개입해서는 아니 된다.

제3장 부당이득의 수수 금지

제10조(이권 개입 등의 금지) 공무원은 자신의 직위를 직접 이용하여 부당한 이익을 얻거나 타인이 부당한 이익을 얻도록 해서는 아니 된다.

제10조의2(직위의 사적이용 금지) 공무원은 직무의 범위를 벗어나 사적 이익을 위하여 소속기관의 명칭이나 직위를 공표·게시하는 등의 방법으로 이용하거나 이용하게 하여서는 아니 된다.

제11조(알선·청탁 등의 금지) ① 공무원은 자기 또는 타인의 부당한 이익을 위하여 다른 공무원의 공정한 직무수행을 해치는 알선·청탁 등을 해서는 아니 된다.
② 공무원은 직무수행과 관련하여 자기 또는 타인의 부당한 이익을 위하여 직무관련자를 다른 직무관련자나 「부패방지 및 국민권익위원회의 설치와 운영에 관한 법률」 제2조제3호에 따른 공직자에게 소개해서는 아니 된다.

제12조(직무 관련 정보를 이용한 거래 등의 제한) ① 공무원은 직무수행 중 알게 된 정보를 이용하여 유가증권, 부동산 등과 관련된 재산상 거래 또는 투자를 하거나 타인에게 그러한 정보를 제공하여 재산상 거래 또는 투자를 돕는 행위를 해서는 아니 된다.

제13조(공용물 등의 사적 사용·수익의 금지) 공무원은 관용 차량·선박·항공기 등 공용물과 예산의 사용으로 제공되는 항공마일리지, 적립포인트 등 부가서비스를 정당한 사유 없이 사적인 용도로 사용·수익해서는 아니 된다.

제14조(금품등을 받는 행위의 제한) ① 공무원은 직무관련자로부터 금전, 부동산, 선물 또는 향응(이하 "금품등"이라 한다)을 받아서는 아니 된다. 다만, 다음 각 호의 어느 하나에 해당하는 경우에는 그러하지 아니하다.
1. 채무의 이행 등 정당한 권원에 의하여 제공되는 금품등
2. 직무수행상 부득이한 경우에 한하여 제공되는 1인당 가액 3만원 이내의 간소한 식사와 통신·교통 등 편의(다만, 인가·허가·수사·단속·지도등 민원 사무를 처리하는 부서의 공무원은 제외한다)
3. 직무와 관련된 공식적인 행사에서 주최자가 참석자에게 일률적으로 제공하는 교통·숙박 또는 음식물
4. 불특정 다수인에게 배포하기 위한 소액의 기념품 또는 홍보용 물품
5. 질병·재난 등으로 어려운 처지에 있는 공무원을 돕기 위하여 공개적으로 제공되는 금품등
6. 그 밖에 원활한 직무수행 등을 위하여 소속기관의 장이 허용하는 범위에서 제공되는 금품등

② 공무원은 직무관련공무원으로부터 금품등을 받아서는 아니 된다. 다만, 다음 각 호의 어느 하나에 해당하는 경우에는 그러하지 아니하다.
1. 전항 제1호, 제3호에서 제5호까지 및 제7호
2. 직무수행상 부득이한 경우에 한하여 제공되는 1인당 가액 3만원 이내의 간소한 식사 또는 교통·통신 등 편의
3. 가액 3만원을 초과하지 아니하는 범위내에서 공개적으로 제공되는 간소한 선물

4. 직원상조회 등에서 공개적으로 제공되는 금품등
5. 상급자가 하급자에게 위로, 격려, 포상 등 사기를 높일 목적으로 제공하는 금품 등

③ 공무원은 직무관련자였던 자나 직무관련공무원이었던 자로부터 당시의 직무와 관련하여 금품등을 받아서는 아니 된다. 다만, 제1항 각 호와 제2항 각 호의 어느 하나에 해당하는 경우는 제외한다.

④ 공무원은 배우자나 직계 존속·비속이 제1항부터 제3항까지의 규정에 따라 수령이 금지되는 금품등을 받지 아니하도록 하여야 한다.

제14조의2(금품등을 주는 행위의 금지) 공무원은 제14조제2항의 규정에 따라 자신으로부터 금품등을 받는 것이 금지된 공무원에게 금품등을 제공하여서는 아니 된다. 다만, 제14조제2항 각 호에서 정한 경우는 제외한다.

제4장 건전한 공직풍토의 조성

제15조(외부강의·회의등의 신고) ① 공무원은 대가를 받고 세미나, 공청회, 토론회, 발표회, 심포지엄, 교육과정, 회의 등에서 강의, 강연, 발표, 토론, 심사, 평가, 자문, 의결 등(이하 "외부강의·회의등"이라 한다)을 할 때에는 미리 외부강의·회의등의 요청자, 요청 사유, 장소, 일시 및 대가를 별지 제2호서식의 외부강의등 신고서에 따라 소속 기관의 장에게 신고하여야 한다. 다만, 외부강의·회의등의 요청자가 국가나 지방자치단체(그 소속 기관을 포함한다)인 경우는 그러하지 아니하다.

② 공무원이 제1항에 따라 외부강의·회의등을 할 때 받을 수 있는 대가는 【별표】 와 같다.

제16조(금전의 차용 금지 등) ① 공무원은 직무관련자, 직무관련공무원, 또는 경찰유관단체원으로서 4촌 이내 신족이 아닌 자에게 금전을 빌리거나 빌려주어서는 아니 되며 부동산을 무상(대여의 대가가 시장가격 또는 거래관행과 비교하여 현저하게 낮은 경우를 포함한다. 이하 이 조에서 같다)으로 대여 받아서는 아니 된다. 다만, 「금융실명거래 및 비밀보장에 관한 법률」 제2조에 따른 금융기관으로부터 통상적인 조건으로 금전을 빌리는 경우는 제외한다.

② 제1항 본문에도 불구하고 부득이한 사정으로 직무관련자, 직무관련공무원, 또는 경찰유관단체원으로서 4촌 이내 친족이 아닌 자에게 금전을 빌리거나 빌려주는 것과 부동산을 무상으로 대여받으려는 공무원은 별지 제3호서식의 금전차용(부동산대여) 신고서에 따라 소속기관의 장에게 신고하여야 한다.

제16조의2(직무관련자에게 협찬 요구 금지) 공무원은 직무관련자에게 직위를 이용하여 행사 진행에 필요한 직·간접적 경비, 장소, 인력, 또는 물품 등의 협찬을 요구하여서는 아니 된다.

제16조의3(직무관련자와 골프 및 사적여행 제한) ① 공무원은 직무관련자와는 비용 부담 여부와 관계없이 골프를 같이 하여서는 아니 된다. 다만, 다음 각 호와 같은 부득이한 사정에 따라 골프를 같이 하는 경우에는 소속관서 행동강령 책임관에게 사전에 신고하여야 하며 사전에 신고하기 어려운 특별한 사유가 있는 경우에는 사후에 즉시 신고하여야 한다.

1. 정책의 수립·시행을 위한 의견교환 또는 업무협의 등 공적인 목적을 위하여 필요한 경우
2. 직무관련자인 친족과 골프를 하는 경우
3. 동창회 등 친목단체에 직무관련자가 있어 부득이 골프를 하는 경우
4. 그 밖에 위 각 호와 유사한 사유로 부득이하다고 인정되는 경우

② 공무원은 직무관련자와 함께 사적인 여행을 하여서는 아니 된다. 다만, 제1항 각 호의 사유가 있어 같은 항 단서에 따른 신고를 한 경우에는 그러하지 아니 하다.

제16조의4(직무관련자와 사행성 오락 금지) 공무원은 직무관련자와 마작, 화투, 카드 등 우연의 결과나 불확실한 승패에 의하여 금품 등 경제적 이익을 취할 목적으로 하는 사행성 오락을 같이 하여서는 아니 된다.

제17조(경조사의 통지와 경조금품의 수수 제한 등) ① 공무원은 직무관련자나 직무관련공무원에게 경조사를 알려서는 아니 된다. 다만, 다음 각 호의 어느 하나에 해당하는 경우에는 경조사를 알릴 수 있다.

1. 친족에 대한 통지
2. 현재 근무하고 있거나 과거에 근무하였던 기관의 소속직원에 대한 통지
3. 신문, 방송 또는 제2호에 따른 직원에게만 열람이 허용되는 내부통신망 등을 통한 통지
4. 공무원 자신이 소속된 종교단체·친목단체 등의 회원에 대한 통지

② 공무원은 경조사와 관련하여 가액 5만원을 초과하는 금품 등을 주거나 받아서는 아니 된다. 다만, 다음 각 호의 어느 하나에 해당하는 경우는 제외한다.

1. 공무원과 친족간에 주고받는 경조사 관련 금품등
2. 공무원 자신이 소속된 종교단체·친목단체 등에서 그 단체 등의 정관·회칙 등에서 정하는 바에 따라 제공되는 경조사 관련 금품등
3. 공무원의 소속기관 또는 소속기관의 장의 명의로 지급되는 경조사 관련 금품등
4. 특별한 사유로 소속기관의 장이 허용하는 제2항 본문의 가액을 초과하는 경조사 관련 금품등

제5장 위반 시의 조치

제18조(위반 여부에 대한 상담) ① 공무원은 직무를 수행하면서 이 규칙을 위반하는 지가 분명하지 아니할 때에는 행동강령책임관과 상담한 후 처리하여야 한다.

② 행동강령책임관은 제1항에 따른 상담이 원활하게 이루어질 수 있도록 해당 기관의 규모등 여건을 고려하여 전용전화·상담실 설치 등 필요한 조치를 취할 수 있다.

제19조(위반행위의 신고 및 확인) ① 누구든지 공무원이 이 규칙을 위반한 사실을 알게 되었을 때에는 그 공무원이 소속된 기관의 장, 그 기관의 행동강령책임관 또는 국민권익위원회에 신고할 수 있다.

② 제1항에 따라 신고하는 자는 별지 제4호 서식의 위반행위신고서에 본인과 위반자의 인적 사항과 위반 내용을 구체적으로 제시해야 한다.

③ 제1항에 따라 위반행위를 신고받은 소속 기관의 장과 행동강령책임관은 신고인과 신고내용에 대하여 비밀을 보장하여야 하며, 신고인이 신고에 따른 불이익을 받지 아니하도록 하여야 한다.

④ 행동강령책임관은 제1항에 따라 신고된 위반행위를 확인한 후 해당 공무원으로부터 받은 소명자료를 첨부하여 소속 기관의 장에게 보고하여야 한다.

제20조(징계 등) 제19조제4항에 따른 보고를 받은 소속기관의 장은 해당 공무원을 징계하는 등 필요한 조치를 할 수 있다.

제21조(금지된 금품등의 처리) ① 제14조 또는 제17조제2항을 위반하여 금품등을 받은 공무원은 제공자에게 그 기준을 초과한 부분이나 수수가 금지된 금품등을 즉시 반환하여야 한다. 이 경우 그 공무원은 별지 제5호서식의 금품등 반환비용 청구서에 따라 그 반환 비용을 소속 기관의 장에게 청구할 수 있다.

② 제1항에 따라 반환하여야 하는 금품등이 멸실·부패·변질 등의 우려가 있거나 그 제공자나 제공자의 주소를 알 수 없거나 또는 제공자에게 반환하기 어려운 사정이 있을 때에는 다음 각호의 기준에 정한 시한내에 소속기관의 장 또는 행동강령책임관에게 신고한 후 인도하여야 한다.

1. 제14조 규정에 위반되는 금품의 경우에는 수수 또는 발견 즉시
2. 제17조 제2항의 규정에 위반되는 금품의 경우에는 경조사 종료후 7일 이내

③ 제2항에 따라 금품 등을 처리할 때에는 다음 각호의 기준에 따라 처리하여야 한다.

1. 멸실·부패·변질되어 경제적 가치가 없는 금품등은 즉시 폐기처분
2. 멸실·부패·변질될 우려가 있는 금품등은 불우이웃돕기 시설 또는 소속기관의 장이 정하는 단체등에 기증
3. 기타 금전적 가치가 있는 금품등은 15일간 소속기관 홈페이지 또는 게시판 공고를 거쳐 국고에 귀속. 다만, 제공자가 반환받는 것을 거부하는 경우에는 사유를 명시하여 즉시 국고에 귀속한다.

④ 행동강령책임관은 제3항에 따른 금품등의 처리결과를 별지 제6호서식의 금품등 접수·처리대장에 기록·관리하고 제공자에게 관련사실을 통보하여야 한다. 다만, 제공자의 주소를 알 수 없는 경우에는 통보하지 아니할 수 있다.

제6장 보칙

제22조(교육) ① 경찰청장(소속기관장, 지방경찰청장, 경찰서장 등을 포함한다)은 소속 공무원에 대하여 이 규칙의 준수를 위한 교육계획을 수립·시행하여야 하며, 매년 1회 이상 교육을 하여야 한다.

② 경무국장은 교육기관의 신임·직무교육과정에 이 규칙의 교육을 위한 계획을 수립·시행하여야 한다.

제23조(행동강령책임관의 지정) ① 경찰청, 소속기관, 지방경찰청, 경찰서에 이 규칙의 시행을 담당하는 행동강령책임관을 둔다.

② 경찰청에 감사관, 지방경찰청에 청문감사담당관, 경찰서에 청문감사관을 행동강령책임관으로 한다.(소속기관 및 청문감사관제 미운영 관서는 감사(운영지원)업무담당 과장으로 한다)

③ 행동강령책임관은 소속기관의 공무원에 대한 이 규칙의 교육·상담, 준수여부에 대한 점검 및 위반행위의 신고 접수·조사처리에 관한 업무를 담당한다.

④ 행동강령책임관은 이 규칙과 관련하여 상담한 내용에 대하여 비밀을 누설해서는 아니 된다.

⑤ 행동강령책임관은 상담내용을 별지 제7호서식의 행동강령책임관 상담기록관리부에 기록·관리하여야 한다.

제24조(행동강령 세부운영 지침) 소속기관장 및 지방경찰청장은 이 규칙의 운영에 필요한 세부사항을 따로 정하여 시행할 수 있다.

경찰공무원 직장훈련 규칙

제1조(목적)
이 규칙은 「경찰공무원 교육훈련규정」에 따른 직장훈련에 관하여 필요한 사항을 규정함을 목적으로 한다.

제2조(적용범위)
이 규칙은 경정 이하의 경찰공무원에게 적용한다.

제3조(직장훈련계획)
① 직장훈련 실시기관의 장은 경찰공무원 교육훈련규정(이하 "영"이라 한다) 제5조제3항에 따라 연도 개시 1개월 전까지 직장훈련 계획을 작성하고, 분기 개시 15일전까지 분기직장훈련계획을 작성한다.
② 이 규칙에서 "직장훈련 실시기관"이란 경찰청, 지방경찰청, 경찰대학, 경찰교육원, 중앙경찰학교, 경찰수사연수원, 경찰병원, 경찰서, 경찰기동대, 전투경찰대와 기타 경감이상의 경찰공무원을 장으로 하는 기관 중 경찰청장이 지정하는 기관을 말한다.
③ 제1항의 직장훈련 계획에는 다음 각호의 사항이 포함되어야 한다.
1. 훈련시간
2. 훈련과목
3. 교과목별 시간 배정
4. 교과내용
5. 교수요원
6. 교재

제4조(직장훈련 실시의무)
직장훈련 실시기관의 장은 소속경찰관에게 직장훈련계획에 따라 직장훈련을 시켜야 한다.

제5조(직장훈련담당관)
영 제25조에 따른 직장훈련담당관은 다음 각호의 자가 된다.
1. 경찰청 경무인사기획관, 지방경찰청의 경무부장 또는 경무과장, 경찰서의 경무과장
2. 경찰대학·경찰교육원·중앙경찰학교·경찰수사연수원의 운영지원과장 〈2010.6.30 개정〉
3. 경찰기동단 등 직할대의 경감 이상의 경찰관을 장으로 하는 경찰기관에 있어서는 차석 직위자

제6조(직장훈련 담당관의 직무)
직장훈련담당관은 그 소속 직장훈련 실시기관의 장의 지휘 ·감독하에 다음의 직무를 담당, 수행한다.
1. 직장훈련의 계획 수립과 심사 및 지도 감독
2. 직장훈련 결과에 대한 평가 및 확인
3. 직장훈련 실시를 위한 시설교재 등의 준비
4. 기타 직장훈련 실시에 필요한 사항

제7조(직장훈련의 구분 등)

① 직장훈련은 직장교육·체력단련 및 사격훈련으로 구분한다.

② 직장교육은 기관·부서·그룹단위의 업무관련 교육으로 한다.

③ 체력단련은 무도훈련(호신체포술훈련을 포함한다. 이하 같다) 및 체력검정으로 한다.

④ 사격훈련은 정례사격과 특별사격으로 구분 실시한다.

제8조(직장훈련 실시방법)

① 직장훈련은 소집, 순회, 과제, 실습, 시청각 및 직접지도 등의 방법에 의하여 실시한다.

② 전직원을 대상으로 하는 직장훈련의 경우 직장훈련담당관은 직무수행에 지장이 없도록 직원을 균등히 나누어 실시하여야 한다.

제9조(직장훈련 횟수 및 시간)

① 직장교육은 월 2회 이상 실시하되 1회는 기관단위 소집교육(사이버교육을 포함한다)으로 하여야 하며, 1회 교육 시간은 1시간 이상으로 한다.

② 무도훈련은 월 2회 이상 실시하되 1회 훈련시간은 1시간 이상으로 한다.

③ 체력검정은 매년 10월까지 연 1회 정기적으로 실시한다.

④ 사격훈련은 다음 각 호와 같이 실시한다.

1. 정례사격 : 연 2회(2, 3분기 각 1회)
2. 외근요원 특별사격 : 연 2회(1, 4분기 각 1회), 다만 사격성적 등 특별한 사정에 따라 횟수를 증감하여 실시할 수 있다.

⑤ 현장순회교육 등 연간 교육훈련계획에 따라 사전에 지정된 교육훈련기관 전문교육에 참여시 1항의 기관단위 교육에 참석한 것으로 인정할 수 있다.

제10조(교수요원)

직장훈련 실시기관의 장은 다음 각호에 해당하는 자를 교수요원으로 지명 또는 위촉하여야 한다.

1. 직장교육은 직장훈련 실시기관의 장, 해당 부서장, 연구실적이 있거나 해당 업무분야의 교육을 이수한 자 또는 외부 전문가
2. 무도훈련은 무도연구지도관, 무도사범, 무도·호신체포술 관련 교육 이수자 및 외부 전문가
3. 사격훈련은 기관별 사격통제관으로 지정된 자 또는 사격마스터로 인증된 자

제11조(직장훈련의 평가)

영 제9조의 규정에 의한 직장훈련의 평가는 직장교육·체력단련 및 사격훈련으로 구분하여 평가한다.

제12조(평가방법)

전조의 규정에 따른 직장교육·체력단련 및 사격훈련평가의 방법은 다음 각호와 같다.

1. 직장교육은 기관별, 부서별, 그룹별 직무교육 참석여부로 평가
2. 체력단련은 무도훈련 참석여부 및 「경찰공무원 체력관리 규칙」의 체력검정 기준표에 따른 등급으로 평가
4. 사격훈련은 「경찰공무원 사격 규칙」의 사격훈련 기준표에 따른 등급으로 평가. 단 경감 이하 경찰관에 한

하여 평가한다. 〈2010.6.30 제3호에서 이동, 2015.10.30 개정〉

제13조(평가실시권자) 직장훈련의 평가는 직장훈련 실시기관의 장이 한다. 다만, 경위이하 경찰관의 평가에 대하여 경찰청은 각 국장이, 서울지방경찰청은 각 부장이 실시하여 직장훈련담당관에게 제출한다.

제14조(평가의 기준 등) ① 직장훈련의 평가는 다음과 같이 배점한다.

1. 경정
   가. 직장교육평가 2점
   나. 체력단련평가 5점
2. 경감 이하
   가. 직장교육평가 2점
   나. 체력단련평가 5점
   다. 사격훈련평가 3점

제15조(평가의 시기) 직장훈련의 평가는 연 1회 실시하되 10월말일을 기준으로 한다. 다만, 교육, 해외파견 등의 사유로 정기평정이 곤란할 경우에는 전년도의 성적에 준한다.

제16조(평가기록의 관리) 직장훈련담당관은 매 평가시마다 직장훈련평가 개인기록을 별지 서식에 따라 교육통합정보시스템에 기록·관리한다.

제17조(평가결과의 반영) 직장훈련평가 결과는 경찰공무원승진임용규정 제7조제2항 및 동시행규칙 제5조의 규정에 의한 근무성적 평정의 기초로 한다.

경찰청과 그 소속기관 직제

제1장 총칙

제1조(목적)

이 영은 경찰청과 그 소속기관의 조직과 직무범위 기타 필요한 사항을 규정함을 목적으로 한다.

제2조(소속기관)

① 경찰청장의 관장사무를 지원하기 위하여 경찰청장소속하에 경찰대학·경찰교육원·중앙경찰학교 및 경찰수사연수원을 둔다.

② 경찰청장의 관장사무를 지원하기 위하여 「책임운영기관의 설치·운영에 관한 법률」 제4조제1항, 동법 시행령 제2조제1항 및 동법 시행령 별표 1의 규정에 의하여 경찰청장소속하에 책임운영기관으로 경찰병원을 둔다.

③ 「경찰법」 제2조제2항의 규정에 의하여 지방경찰청과 경찰서를 둔다.

제6장 지방경찰관서

제1절 총칙

제38조(직무)

지방경찰청은 지방에서의 치안에 관한 사무를 수행한다.

제40조(지방경찰청장)

① 지방경찰청에 청장 1인을 둔다.

② 지방경찰청장은 경찰청장의 명을 받아 소관사무를 통할하고, 소속공무원을 시휘·감독한다.

③ 서울특별시·부산광역시 및 경기도 지방경찰청장은 치안정감으로, 그 밖의 지방경찰청장은 치안감으로 보한다.

제41조(지방경찰청 차장)

① 지방경찰청장을 보조하기 위하여 서울특별시·울산광역시·강원도·충청북도·충청남도·전라북도·전라남도·경상북도 및 경상남도의 지방경찰청에 차장 각 1명을 두고, 경기도의 지방경찰청에 차장 2명을 둔다.

② 서울특별시지방경찰청 및 경기도지방경찰청의 차장은 치안감으로, 그 외의 지방경찰청 차장은 경무관으로 보한다.

제43조(경찰서)

① 지방경찰청장의 소관사무를 분장하기 위하여 지방경찰청장소속하에 250개 경찰서의 범위안에서 경찰서를 두되 기타 필요한 사항은 안전행정부령으로 정한다.

② 「경찰법」 제17조제1항에 따라 경찰서장은 경무관, 총경 또는 경정으로 보하되, 경찰서장을 경무관으로 보하는 경찰서는 별표 2의2와 같다.

제44조(지구대 등)

① 지방경찰청장은 경찰서장의 소관사무를 분장하기 위하여 안전행정부령이 정하는 바에 따라 경찰청장의 승인을 얻어 지구대 또는 파출소를 둘 수 있다.

② 지방경찰청장은 임시로 필요한 때에는 출장소를 둘 수 있다.

③ 지구대·파출소 및 출장소의 명칭·위치 및 관할구역과 기타 필요한 사항은 지방경찰청장이 정한다.

지역경찰의 조직 및 운영에 관한 규칙

제1장 총칙

제1조(목적)

이 규칙은 효율적인 지역 치안활동 수행을 위해 지역경찰의 조직 및 운영 등에 관하여 필요한 사항을 규정함을 목적으로 한다.

제2조(정의)

지역경찰관서	「경찰법」 제17조 및 「경찰청과 그 소속기관 직제」 제44조에 규정된 지구대 및 파출소를 말한다.
지역경찰	지역경찰관서 소속 경찰공무원 및 전투경찰순경을 말한다.
일근근무	「국가공무원 복무규정」 제9조제1항에 규정된 근무형태를 말한다.
상시·교대근무	「경찰기관 상시근무 공무원의 근무시간 등에 관한 규칙」 제2조에 규정된 "상시근무"와 "교대근무"를 포괄하는 형태의 근무를 말한다.

 # 경찰청과 그 소속기관 직제」

(지구대 등) ① 지방경찰청장은 경찰서장의 소관사무를 분장하기 위하여 안전행정부령이 정하는 바에 따라 경찰청장의 승인을 얻어 지구대 또는 파출소를 둘 수 있다.

② 지방경찰청장은 임시로 필요한 때에는 출장소를 둘 수 있다.

③ 지구대·파출소 및 출장소의 명칭·위치 및 관할구역과 기타 필요한 사항은 지방경찰청장이 정한다.

제2장 조직 및 구성

제1절 지역경찰관서

제4조(설치 및 폐지)

① 지방경찰청장은 인구, 면적, 행정구역, 교통·지리적 여건, 각종 사건사고 발생 등을 고려하여 경찰서의 관할구역을 나누어 지역경찰관서를 설치한다.

제5조(지역경찰관서장)

① 지역경찰관서의 사무를 통할하고 소속 지역경찰을 지휘·감독하기 위해 지역경찰관서에 지구대장 및 파출소장을 둔다.

② 지구대장은 경정 또는 경감, 파출소장은 경감 또는 경위로 보한다.

제6조(하부조직)

① 지역경찰관서에는 관리팀과 상시·교대근무로 운영하는 복수의 순찰팀을 둔다.

② 순찰팀의 수는 지역 치안수요 및 인력여건 등을 고려하여 지방경찰청장이 결정한다.

③ 관리팀 및 순찰팀의 인원은 지역 치안수요 및 인력여건 등을 고려하여 경찰서장이 결정한다.

제7조(관리팀)

관리팀은 문서의 접수 및 처리, 시설 및 장비의 관리, 예산의 집행 등 지역경찰관서의 행정업무를 담당한다.

제8조(순찰팀)

① 순찰팀은 범죄예방 순찰, 각종 사건사고에 대한 초동조치 등 현장 치안활동을 담당하며, 팀장은 경감 또는 경위로 보한다.

② 순찰팀장은 다음 각호의 직무를 수행한다.

1. 근무교대시 주요 취급사항 및 장비 등의 인수인계 확인
2. 관리팀원 및 순찰팀원에 대한 일일근무 지정 및 지휘·감독
3. 관내 중요 사건 발생시 현장 지휘
4. 지역경찰관서장 부재시 업무 대행

제2절 치안센터

제10조(설치 및 폐지)

① 지방경찰청장은 지역치안을 효율적으로 수행하기 위하여 지역경찰관서장 소속하에 치안센터를 설치할 수 있다.

② 치안센터의 명칭은 "○○지구대(파출소) ○○치안센터"로 한다.

제11조(소속 및 관할)

① 치안센터는 지역경찰관서장의 소속 하에 두며, 치안센터의 인원, 장비, 예산 등은 지역경찰관서에서 통합 관리한다.

② 치안센터의 관할구역은 소속 지역경찰관서 관할구역의 일부로 한다.

③ 치안센터 관할구역의 크기는 설치목적, 배치 인원 및 장비, 교통·지리적 요건 등을 고려하여 경찰서장이 정한다.

제12조(운영시간)

① 치안센터는 24시간 상시 운영을 원칙으로 한다.

② 경찰서장은 지역 치안여건 및 인원여건을 고려, 운영시간을 탄력적으로 조정할 수 있다.

제13조(근무자의 배치)

① 치안센터 운영시간에는 치안센터 관할구역에 근무자를 배치함을 원칙으로 한다.

② 경찰서장은 치안센터의 종류 및 지리적 여건 등을 고려하여 필요한 경우 치안센터에 전담근무자를 배치할 수 있다.

제14조(치안센터장)

① 경찰서장은 치안센터에 전담근무자를 배치하는 경우 전담근무자 중 1명을 치안센터장으로 지정할 수 있으며...

제15조(치안센터의 종류)

① 치안센터는 설치목적에 따라 검문소형과 출장소형으로 구분한다.

② 출장소형 치안센터는 지리적 여건·치안수요 등을 고려하여 필요한 경우 직주일체형으로 운영할 수 있다.

제16조(검문소형 치안센터)

① 검문소형 치안센터는 적의 침투 예상로 또는 주요 간선도로의 취약요소 등에 교통통제 요소 등을 고려하여 설치한다. 다만, 지방경찰청 및 경찰서 관할의 경계에는 인접 관서장과 협의하여 단일 치안센터를 설치하는 것을 원칙으로 한다.

② 검문소형 치안센터 근무자의 임무는 다음 각호와 같다.

1. 거점 형성에 의한 지역 경계
2. 불순분자 색출 및 제 경찰사범의 단속 및 검거
3. 관할내 각종 사건·사고 발생시 초동조치

제17조(출장소형 치안센터)

① 출장소형 치안센터는 지역 치안활동의 효율성 및 주민 편의 등을 고려하여 필요한 지역에 설치한다.

② 출장소형 치안센터 근무자의 임무는 다음 각호와 같다.

1. 범죄예방 순찰 및 위험발생 방지
2. 방문 민원 접수 및 처리
3. 관할내 각종 사건사고 발생시 초동조치
4. 관할 내 주민여론 청취 등 지역사회 경찰활동

③ 경찰서장은 노서, 접적지역 등 지리적 여건상 필요한 경우에는 출장소형 치안센터에 검문소형 치안센터의 임무를 병행토록 할 수 있다.

제18조(직주일체형 치안센터)

① 직주일체형 치안센터는 출장소형 치안센터 중 근무자가 치안센터 내에서 거주하면서 근무하는 형태의 치안센터를 말한다.

② 직주일체형 치안센터에는 배우자와 함께 거주함을 원칙으로 하며, 배우자는 근무자 부재시 방문 민원 접수·처리 등 보조 역할을 수행한다.

③ 직주일체형 치안센터에 배치된 근무자는 근무 종료 후에도 관할구역 내에 위치하며 지역경찰관서와 연락체계를 유지하여야 한다. 다만, 휴무일은 제외한다.

④ 지방경찰청장은 직주일체형 치안센터에 배우자가 함께 거주하지 않는 경우에는 전투경찰순경을 상주배치하여야 하며, 배치 기준은 별표와 같다.

제19조(직주일체형 치안센터 근무자의 특례)

① 경찰서장은 직주일체형 치안센터에서 거주하는 근무자의 배우자에게 조력사례금을 지급하여야 하며, 지급 기준 및 금액은 경찰청장이 정한다.

② 직주일체형 치안센터 근무자의 근무기간은 1년 이상으로 하며, 임기를 마친 경찰관은 희망부서로 배치하고, 차기 경비부서의 차출순서에서 1회 면제한다.

제3장 근무

제21조(근무형태 및 시간)

① 지역경찰관서장은 일근근무를 원칙으로 한다. 다만, 경찰서장은 필요하다고 인정되는 경우에는 지역경찰관서장의 근무시간을 조정하거나, 시간외·휴일 근무 등을 명할 수 있다.

② 관리팀은 일근근무를 원칙으로 한다. 다만, 지역경찰관서장은 필요하다고 인정되는 경우에는 근무시간을 조정하거나, 시간외·휴일 근무 등을 명할 수 있다.

③ 순찰팀장 및 순찰팀원은 상시·교대근무를 원칙으로 하며, 근무교대 시간 및 휴게시간, 휴무횟수 등 구체적인 사항은 「국가공무원 복무규정」 및 「경찰기관 상시근무 공무원의 근무시간 등에 관한 규칙」이 규정한 범위 안에서 지방경찰청장이 정한다.

④ 치안센터 전담근무자의 근무형태 및 근무시간은 치안센터의 종류 및 운영시간 등을 고려하여 제1항부터 제3항까지의 규정을 준용하여 경찰서장이 정한다.

⑤ 전투경찰순경의 근무형태 및 시간은 지역 치안여건 등을 고려하여 「전투경찰순경 등 관리규칙」에 규정한 범위 내에서 지역경찰관서장이 정한다.

제22조(근무의 종류)

지역경찰의 근무는 행정근무, 상황근무, 순찰근무, 경계근무, 대기근무, 기타근무로 구분한다.

제23조(행정근무)

행정근무를 지정받은 지역경찰은 지역경찰관서 내에서 다음 각 호의 업무를 수행한다.

1. 문서의 접수 및 처리
2. 시설·장비의 관리 및 예산의 집행
3. 각종 현황, 통계, 자료, 부책 관리
4. 기타 행정업무 및 지역경찰관서장이 지시한 업무

제24조(상황 근무)

① 상황근무를 지정받은 지역경찰은 지역경찰관서 및 치안센터 내에서 다음 각 호의 업무를 수행한다.

1. 시설 및 장비의 작동여부 확인
2. 방문민원 및 각종 신고사건의 접수 및 처리
3. 요보호자 또는 피의자에 대한 보호·감시
4. 중요 사건·사고 발생시 보고 및 전파
5. 기타 필요한 문서의 작성

제25조(순찰근무)

① 순찰근무는 그 수단에 따라 112 순찰, 방범오토바이 순찰, 자전거 순찰 및 도보 순찰 등으로 구분한다.

② 112 순찰근무 및 야간 순찰근무는 반드시 2인 이상 합동으로 지정하여야 한다.

③ 순찰근무를 지정받은 지역경찰은 지정된 근무구역에서 다음 각 호의 업무를 수행한다.

1. 주민여론 및 범죄첩보 수집

2. 각종 사건사고 발생시 초동조치 및 보고, 전파
3. 범죄 예방 및 위험발생 방지 활동
4. 경찰사범의 단속 및 검거
5. 경찰방문 및 방범진단
6. 통행인 및 차량에 대한 검문검색 등

④ 순찰근무를 할 때에는 다음 각호의 사항에 유의하여야 한다.
1. 문제의식을 가지고 면밀하게 관찰
2. 주민에 대한 정중하고 친절한 예우
3. 돌발 상황에 대한 대비 및 경계 철저
4. 지속적인 치안상황 확인 및 신속 대응

제26조(경계근무)

① 경계근무는 반드시 2인 이상 합동으로 지정하여야 한다.

② 경계근무를 지정받은 지역경찰은 지정된 장소에서 다음 각 호의 업무를 수행한다.
1. 불순분자 및 범법자 등 색출을 위한 통행인 및 차량, 선박 등에 대한 검문검색 및 후속조치
2. 비상 및 작전사태 등 발생시 차량, 선박 등의 통행 통제

제27조(대기근무)

① 대기 근무는 「경찰기관 상시근무 공무원의 근무시간 등에 관한 규칙」 제2조제6호의 "대기"를 뜻한다.

② 대기근무의 장소는 지역경찰관서 및 치안센터 내로 한다. 단, 시사시간을 대기 근무로 지정한 경우에는 식사 장소를 대기 근무 장소로 지정할 수 있다.

③ 대기근무를 지정받은 지역경찰은 지정된 장소에서 휴식을 취하되, 무전기를 청취하며 10분 이내 출동이 가능한 상태를 유지하여야 한다.

# 경찰기관 상시근무 공무원의 근무시간 등에 관한 규칙		
정의	상시근무	일상적으로 24시간 계속하여 대응·처리해야 하는 업무를 수행하거나 긴급하고 중대한 치안상황에 대비하기 위하여 야간, 토요일 및 공휴일에 관계없이 상시적으로 업무를 수행하는 근무형태를 말한다.
	교대근무	근무조를 나누어 일정한 계획에 의한 반복주기에 따라 교대로 업무를 수행하는 근무형태
	휴무	근무일에 해당함에도 불구하고 누적된 피로 회복 등 건강유지를 위하여 일정시간 동안 근무에서 벗어나 자유롭게 쉬는 것
	비번	교대근무자가 일정한 계획에 따라 다음 근무시작 전까지 자유롭게 쉬는 것
	휴게시간	근무도중 자유롭게 쉬는 시간을 말하며 식사시간을 포함
	대기	신고사건 출동 등 치안상황에 대응하기 위하여 일정시간 지정된 장소에서 근무태세를 갖추고 있는 형태의 근무

제29조(일일근무 지정)

② 순찰팀장은 제1항에 따라 지역경찰관서장이 정한 기준을 준수하여 당해 근무시간 내 관리팀원 및 순찰팀원의

개인별 근무 종류, 근무 장소, 중점 근무사항 등을 별지 제1호서식의 근무일지(갑지)에 구체적으로 지정하여야 한다.

③ 순찰팀장은 관리팀원에게 행정근무를 지정하고, 순찰팀원에게 상황 또는 순찰근무 지정하는 것을 원칙으로 하되, 필요한 경우에는 다른 근무를 지정하거나 병행하여 수행하도록 지정할 수 있다.

제30조(근무내용의 변경)

관리팀원 및 순찰팀원이 물품구입, 등서 등 기타 사유로 지정된 근무종류 및 근무구역 등을 변경하고자 할 때에는 순찰팀장에게 보고하여야 한다.

제31조(지역경찰의 동원)

① 지방경찰청장 또는 경찰서장은 다음 각호에 정한 사유에 해당하는 경우로서 특히 필요하다고 인정되는 때에 한하여 지역경찰의 기본근무에 지장을 초래하지 않는 범위 내에서 지역경찰을 다른 근무에 동원할 수 있다.

1. 다중범죄 진압, 대간첩작전 기타의 비상사태
2. 경호경비 또는 각종 집회 및 행사의 경비
3. 중요범인의 체포를 위한 긴급배치
4. 화재, 폭발물, 풍수설해 등 중요사고의 발생
5. 기타 다수 경찰관의 동원을 필요로 하는 행사 또는 업무

② 지역경찰 동원은 근무자 동원을 원칙으로 하되, 불가피한 경우에 한하여 휴무자를 동원할 수 있다.

③ 지방경찰청장 또는 경찰서장은 휴무자를 동원한 때에는 「경찰기관 상시근무 공무원의 근무시간 등에 관한 규칙」 제5조가 정하는 바에 따라 초과근무수당을 지급하거나 추가 휴무를 부여하여야 한다.

제34조 (112 순찰차)

② 112 순찰찰에는 신속한 현장 조치 등을 위해 필요한 장비를 탑재해야 하며 탑재 장비의 종류 및 수량 등은 경찰청장이 따로 정한다.

제5장 인사관리

제37조 (정원관리)

② 경찰서장은 지역경찰의 정원을 다른 부서에 우선하여 충원하여야 한다.

③ 지방경찰청장은 소속 지방경찰청의 지역경찰 저원 충원 현황을 연 2회 이상 점검하고 현원이 정원에 미달할 경우, 지역경찰 정원충원 대책을 수립, 시행하여야 한다.

제38조(부적격자의 배제)

① 경찰서장은 최일선 대민접점부서인 지역경찰관서의 업무 특성을 고려하여 다음 각호에 해당하는 자를 지역경찰관서에 배치하여서는 아니 된다.

1. 금품수수, 직무태만, 음주운전 등의 비위로 감봉 이상의 징계처분을 받은 날로부터 3년이 경과되지 아니한 자
2. 형사사건으로 기소된 자

3. 과도한 채무부담 등 경제적 빈곤상태가 현저하거나, 도박·사행행위·불건전한 이성관계 등으로 성실한 업무 수행을 기대하기 곤란한 자

② 경찰서장은 지역경찰 중 다음 각호에 해당하는 사유가 발생한 자는 지체 없이 교체하여야 한다.

1. 제1항 각호에 해당하는 자
2. 6월 이상의 휴직·파견근무를 명받은 자

제6장 교육 및 평가

제39조(교육)

① 지방경찰청장 및 경찰서장은 지역경찰의 올바른 직무수행 및 자질 향상을 위해 필요한 교육을 실시하여야 한다.

② 교육시간, 방법, 내용 등 지역경찰 교육과 관련된 세부적인 기준은 경찰청장이 따로 정한다.

제7장 문서 관리

제42조(근무일지의 기록·보관)

① 지역경찰관리자와 상황근무자는 근무 중 주요사항을 별지 제4호서식의 근무일지(을지)에 기재하여야 한다.

② 순찰근무자는 근무 중 주요사항을 근무수첩에 기록하고 업무에 활용하여야 한다.

③ 근무일지와 사용 종료한 근무수첩은 3년간 보관한다.

제43(정기보고 기간)

① 지역경찰 업무담당부서에서 지역경찰관서장에게 각종 현황 및 통계 등을 정기적으로 보고하도록 지시한 경우 지시의 효력은 최초 보고받은 날로부터 1년이 경과하면 자동으로 소멸한다.

② 지역경찰 업무담당부서에서는 지시의 효력을 연장할 필요가 있는 경우 소속 관서의 생활안전과장과 협의하여 1년 단위로 연장할 수 있다.

제44조(문서부책)

① 지구대와 파출소 등에는 업무수행에 필요한 최소한의 부책만을 비치하여야 한다.

② 제1항의 비치 문서와 부책은 지방경찰청장이 정한다.

경찰기관의 조직 및 정원관리규칙

제1장 총칙

제1조(목적)

이 규칙은 경찰기관의 조직 및 정원의 합리적 책정과 관리를 위한 기준을 정함으로써 효율적인 경찰조직의 운영을 기함을 목적으로 한다.

제2조(조직 및 정원의 관리목표)

① 경찰기관의 조직과 정원은 그 업무의 성질과 양에 따라 적정규모가 유지되도록 하여야 한다.
② 경찰기관의 하부조직은 당해기관내에서 기능상의 중복이 없어야 하며, 종합적이고 체계적으로 편성하여야 한다.
③ 하부조직의 기능과 업무량이 변경될 경우에는 그에 따라 하부조직과 정원도 조정하여야 한다.

제2장 조직관리

제1절 지방경찰청

제6조(직할대)

지방경찰청장은(서울지방경찰청장 제외) 특정한 경찰사무에 관하여 지방경찰청장 또는 지방경찰청차장을 보좌하기 위하여 경찰청장의 승인을 얻어 직할대를 둘 수 있다.

제7조(과의 하부조직)

① 지방경찰청 과의 하부조직으로 계(대 · 실)를 두는 경우에는 다음 각호의 요건을 갖추어야 한다.
   1. 과의 소관업무를 업무의 양이나 성질에 따라 수개로 분담하여 수행할 필요가 있을 것
   2. 업무의 한계가 분명하고 업무의 독자성과 계속성이 있을 것
② 제1항의 각호에 해당되는 경우에는 특별한 경우를 제외하고는 적어도 4인이상의 정원을 필요로 하는 업무량이 있어야 한다.
③ 계(대 · 실)장은 경정 또는 경감으로 한다.

제2절 경찰서

제8조(경찰서의 등급기준)

경찰서의 등급결정은 별표2를 기준으로 하되, 치안수요를 유발하는 총체적요인인 경찰서 관할인구 및 유동인구와 도시화 추세 등을 종합적으로 고려하여야 한다. 다만, 관할의 변경 또는 치안수요의 현저한 증감 등 특별한 사유가 있을 경우에는 예외로 한다.

제9조(과의 하부조직)

① 경찰서 과의 하부조직으로 계(대 · 팀)를 두는 경우에는 제7조제1항 및 제2항을 준용한다.
② 등급별 경찰서의 하부조직 설치기준은 별표3과 같다.

③ 경찰서의 계(대 · 팀)장은 경감 · 경위 또는 경사로 한다.

제10조(지구대, 파출소 및 출장소)

① 지방경찰청장이 지구대 또는 파출소를 설치하고자 할 때에는 경찰청장에게 승인을 요청하여야 한다.
② 지구대장은 경정 또는 경감, 파출소장은 경감 또는 경위로 한다.
③ 지방경찰청장은 임시로 필요한 때에는 출장소를 둘 수 있으며, 출장소를 설치한 때에는 경찰청장에게 보고하여야 한다.
④ 출장소장은 경위 또는 경사로 한다.
⑤ 지방경찰청장이 지구대 또는 파출소를 폐지하거나 명칭 · 위치 및 관할구역을 변경하였을 때에는 경찰청장에게 보고하여야 한다.

제10조의2(치안센터, 분소 및 초소)

① 지방경찰청장은 지역치안을 효율적으로 수행하기 위하여 치안센터, 분소 또는 초소를 둘 수 있다.
② 치안센터, 분소 또는 초소의 운영에 관한 사항은 지역경찰 조직 및운영에 관한 규칙이 정하는 바에 따른다.

(경찰청) 인권보호를 위한 경찰관 직무규칙

제1장 총칙

제1조(목적)

경찰관이 모든 사람의 기본적 인권을 보장하기 위하여 경찰활동 전 과정에서 지켜야 할 직무기준과 인권침해 사건에 대한 조사·처리, 구제업무 사항을 규정함으로써 인권의 보호와 향상에 이바지 함을 목적으로 한다.

제2조(정의)

인권	「국가인권위원회법」 제2조제1호의 인권을 말한다. 국가인권위원회법 제2조 1호: "인권"이란 「대한민국헌법」 및 법률에서 보장하거나 대한민국이 가입·비준한 국제인권조약 및 국제관습법에서 인정하는 인간으로서의 존엄과 가치 및 자유와 권리를 말한다.
인권침해	경찰관등(경찰청과 그 소속기관 공무원, 전·의경과 무기계약직을 포함한다. 이하같다)이 직무수행(수사를 포함한다)과 관련하여 모든 사람에게 보장된 인권을 침해하는 것을 말한다.
사회적 약자	장애인, 19세 미만의 자(이하 "소년"이라 한다), 여성, 노약자, 외국인, 기타 신체적·경제적·정신적·문화적인 차별 등으로 어려움을 겪고 있어 사회적 보호가 필요한 자를 말한다.
성(性)적 소수자	동성애자, 양성애자, 성전환자 등 당사자의 성 정체성을 기준으로 소수인 자를 말한다.
범죄 피해자	「범죄피해자보호법」 제3조제1항제1호의 범죄피해자를 말한다. 범죄피해자보호법 제3조 1항 1호 "범죄피해자"란 타인의 범죄행위로 피해를 당한 사람과 그 배우자(사실상의 혼인관계를 포함한다), 직계친족 및 형제자매를 말한다.
신고자등	「특정범죄신고자 등 보호법」 제2조제2호의 범죄신고 등을 한 자를 말한다. 특정범죄신고자 등 보호법 제2조제2호 "범죄신고등"이란 특정범죄에 관한 신고·진정(陳情)·고소·고발 등 수사 단서의 제공, 진술 또는 증언이나 그 밖의 자료제출행위 및 범인검거를 위한 제보 또는 검거활동을 말한다.
조사 담당자	인권침해 행위에 대한 진정의 조사 및 구제업무 등을 수행하는 경찰청 소속 공무원을 말한다.
진정인	인권을 침해당한 사람(이하 "피해자"라 한다) 또는 제3자로서 인권침해를 사유로 경찰청장에게 진정을 제기한 사람을 말한다.
피진정인	인권침해 행위를 하였다고 진정인에 의하여 특정된 경찰관 등을 말한다.
내부인권침해	경찰관 등 상호간 관계에서 인권침해가 발생한 것을 말한다.

제2장 인권보호를 위한 기본원칙

제4조(인권보호 원칙)

① 경찰관은 직무수행시 인권을 최우선 가치로 삼고 인권보장과 관련된 모든 규정과 원칙을 준수하여 모든 사람

의 인권을 존중하고 보호하여야 한다.

② 경찰관은 모든 사람이 성별, 장애, 종교, 인종, 민족, 사회적 신분, 병력(病歷), 국적 등 어떤 사유로도 차별받지 않도록 평등하게 대우하여야 한다.

제5조(범죄피해자 및 신고자 등 보호 원칙)

① 경찰관은 범죄피해자의 심정을 이해하고 그 인격을 존중하며, 신체적·정신적·경제적 피해의 회복과 권익증진을 위하여 노력하여야 한다.

② 경찰관은 범죄피해자 및 신고자 등의 생명·신체의 안전 및 비밀을 보장하여야 한다.

제6조(무죄 추정)

경찰관은 법원의 확정판결을 받기 전에는 모든 피의자에 대하여 죄가 있는 것으로 간주하는 언행이나 취급을 하여서는 아니 된다.

제7조(접견교통권 등 보장)

경찰관은 법률에 보장된 피의자의 변호인 및 변호인이 되려는 자와의 접견, 물건 등의 수수, 의료검진 등의 권리를 보장하여야 한다.

제8조(폭행·가혹행위 등 금지)

① 경찰관은 직무를 수행하는 모든 과정에서 폭행·가혹행위를 포함하여 신체에 대한 부당한 침해 또는 위협을 가하거나 이를 교사 또는 방조하여서는 아니 된다.

② 경찰관은 직무수행 중 폭언, 강압적인 어투, 비하시키는 언어 등을 사용하거나 모욕감 또는 수치심을 유발하는 언행을 하여서는 아니 된다.

제9조(개인정보 및 사생활 보호)

① 경찰관은 개인정보를 부당하게 열람·취득하거나 직무수행과 관련하여 모든 사람의 명예와 사생활이 침해되지 않도록 하여야 한다.

② 경찰관은 직무수행 중 알게 된 개인정보를 본래 목적 외에 사용하여서는 아니 되며, 본인 외의 사람에게 누설하여서는 아니 된다.

제10조(사회적 약자 보호)

① 경찰관은 직무수행 중 사회적 약자에 대하여는 그 특성에 따른 세심한 배려를 하여야 한다.

② 경찰관은 직무수행 중 사회적 약자에 대하여는 신뢰관계에 있는지 또는 의사소통이 가능한 보조인의 참여를 보장하여야 한다.

제11조(직무수단의 한계)

경찰관은 직무를 수행함에 있어서 인권을 침해하지 않도록 해당 직무의 목적 달성을 위하여 가장 적합하고도 필요 최소한의 수단과 방법을 선택하여야 한다.

제12조(부당한 명령의 금지)

① 경찰관은 다른 경찰관에게 법령이나 이 규칙을 위반하는 인권침해 행위를 명령 또는 강요하여서는 아니 된다.

② 경찰관은 구체적 직무수행과 관련하여 인권침해 행위를 명령 또는 강요받았을 때에는 이를 거부하거나 이의를 제기할 수 있다.

③ 제2항의 거부나 이의제기를 이유로 당사자에게 어떠한 불이익한 처분을 하여서는 아니 된다.

제13조(인권교육)

경찰관서의 장은 소속 경찰관의 인권의식 제고를 위하여 필요한 연간 교육계획을 수립하여 실시하여야 한다.

제3장 인권 보호 기구

제1절경찰청 인권위원회

제14조(설치)

인권을 존중하는 경찰활동을 정립하기 위해 경찰청장 소속으로 경찰청 인권위원회(이하 "위원회"라 한다)를 설치 및 운영 한다.

제15조(구성)

① 위원회는 위원장 1명을 포함하여 15명 내외의 위원으로 구성한다.

② 위원장 및 위원은 인권문제에 관하여 전문적인 지식과 경험이 있고 사회적으로 덕망이 있는 자 중에서 경찰청장이 위촉한다.

③ 위원회에 간사 1인을 두되, 간사는 경찰청 인권보호담당관으로 한다.

제16조(임기)

위원의 임기는 위촉된 날로부터 2년으로 하며 연임할 수 있다.

제17조(위원장의 직무 등)

① 위원장은 위원회를 대표하며, 위원회의 업무를 총괄한다.

② 위원장이 부득이한 사유로 그 직무를 수행할 수 없을 경우에는 위원 중에서 연장자 순으로 그 직무를 대행한다.

제18조(분과위원회)

① 위원회의 활동을 효율적으로 수행하기 위하여 위원회에 위원의 일부로 구성되는 분과위원회를 둘 수 있다.

② 분과위원회의 구성 및 기타 운영에 관하여 필요한 사항은 위원회의 의결을 거쳐 위원장이 정한다.

제20조(회의)

① 위원회의 회의는 정기회의와 임시 회의로 구분하며, 재적위원 과반수의 출석으로 개의(開議)하고, 출석위원 과반수의 찬성으로 의결한다.

② 정기회의는 월 1회, 임시회의는 필요한 경우 경찰청장, 위원장, 또는 재적위원 1/3 이상의 요구에 따라 개최한다.

③ 분과위원회는 필요한 경우 분과위원장이 요구하여 개최한다.

제20조의2(위원의 제척 · 기피 · 회피)

① 위원은 다음 각 호의 어느 하나에 해당하는 경우에는 해당 위원회의 심의 · 의결에서 제척된다.

1. 위원 또는 그 배우자나 배우자였던 자가 해당 사안의 당사자이거나 공동 권리자 또는 공동 의무자인 경우
2. 위원이 해당 사안의 당사자와 친족 관계에 있거나 있었던 경우
3. 위원이 해당 사안에 관하여 증언, 감정, 법률자문 또는 손해사정을 한 경우4. 위원이 해당 사안에 대하여 감사, 수사 또는 조사에 관여하거나 관여하였던 경우
5. 위원이 해당 사안에 관하여 대리인으로 관여하거나 관여하였던 경우

② 위원회 심의 · 의결 대상 안건의 당사자는 위원에게 공정을 기대하기 어려운 특별한 사정이 있는 경우에는 기피 신청을 할 수 있다.

③ 위원이 제1항 또는 제2항의 사유에 해당하는 경우에는 스스로 그 사안의 심의 · 의결을 회피할 수 있다.

제25조(보고서 작성 등)

① 위원회는 해마다 전년도의 활동내용과 인권상황 및 개선대책에 관한 보고서를 작성하여 경찰위원회 및 경찰청장에게 보고하여야 한다.

② 위원회는 제1항의 보고서를 공개하여야 한다. 다만, 국가안전보장, 개인의 명예 또는 사생활의 보호를 위하여 필요하거나 법률에 의하여 공개가 제한된 사항은 공개하지 아니할 수 있다.

제30조(구성 및 운영)

① 지방청 인권위원회는 지방청별로 10인 내외의 위원으로 구성한다.

② 지방청 인권위원회는 자율적으로 운영하며, 의결을 통해 지방청 인권위원회 위원장을 신임할 수 있다.

③ 지방청 인권위원회 위원장은 지방청 인권위원회를 대표하여 그 회의와 활동을 주재한다.

제34조(임무)

지방청 인권위원회의 임무는 다음 각 호와 같다.

1. 경찰의 인권시책과 관련된 본인이나 주민들의 의견 제시
2. 인권침해 사례 발견한 경우 지방청장에게 통보
3. 유치장 인권보호 실태 확인
4. 집회시위 과정의 모니터링
5. 사회적 약자의 요청이 있을 경우 수사 과정 참여
6. 인권교육 강의
7. 기타 인권보호와 관련하여 지방경찰청장과 협의한 사항

제35조(회의)

① 지방청 인권위원회의 회의 개최 주기 및 방식은 자율적으로 한다.

② 지방청장 또는 지방청 인권위원회 위원장은 필요한 경우 임시회의 소집과 개최를 요구할 수 있다.

③ 지방청 인권위원회는 회의결과 경찰업무 개선사항 등을 심의 · 의결하여 지방청장에게 개선권고를 할 수 있다.

④ 지방청 인권위원회의 회의를 통한 의결은 재적위원 과반수의 출석과 출석위원 과반수의 찬성으로 한다.

제4장 수사

제1절 수사 일반

제46조(임의수사 원칙)
수사는 원칙적으로 상대방의 자유로운 의사에 의한 동의나 승낙 하에 임의적인 방법으로 이루어져야 한다.

제47조(불구속수사 원칙)
① 수사는 불구속으로 함을 원칙으로 한다.
② 체포한 피의자라 하더라도 수사결과 명백히 불구속 사안에 해당할 경우에는 신속하게 석방하여야 한다.
③ 구속수사를 하는 경우에도 구속기간을 줄이도록 노력하여야 한다.

제48조(신속·공정한 수사의 원칙)
경찰관은 중립적인 입장에서 신속하고 공정한 수사를 하여야 한다.

제49조(사실확인할 때 유의사항)
경찰관은 사실 확인(내사)을 할 때에는 그 사실이 외부에 알려져 사건관계인이 부당한 피해를 입지 않도록 하여야 한다.

제50조(출석요구할 때 유의사항)
① 경찰관은 피해자 등에 대한 출석요구를 할 때에는 사전에 준비를 철저히 하여 잦은 출석으로 인한 피해를 주지 않도록 1회 조사를 원칙으로 한다.
② 출석요구를 할 때에는 장시간 대기하는 일이 없도록 조사시간을 고려하여 시간적 차이를 두고 출석을 요구하여야 한다.
③ 출석 요구의 방법 및 출석 시간, 장소 등을 정할 때에는 사생활이 침해되거나 명예가 훼손되지 않도록 하여야 하며, 가능한 한 상대방의 의견을 존중하여야 한다.

제51조(임의동행할 때 유의사항)
① 경찰관은 임의동행을 요구하는 경우에는 상대방에게 동행을 거부할 수 있는 권리가 있으며, 동행에 동의한 경우라 하더라도 원할 경우에는 언제든지 퇴거할 수 있음을 고지하여야 한다.
② 임의동행을 한 경우에도 필요한 확인이 끝나는 즉시 귀가시켜야 한다.
③ 임의동행을 한 경우에는 임의동행 동의서(별지 제4호 서식)를 수사기록에 편철 또는 보관하여야 한다.

제52조(영장심의 위원회)
① 구속영장 신청의 적정성을 확인하기 위하여 구속영장 신청 전에 사건관련 부서의 과장 등 3인 이상으로 구성된 영장심의 위원회를 개최하여야 한다. 다만, 긴급한 사정 등 영장심의 위원회를 개최할 수 없는 사유가 있는 경우에는 예외로 한다.
② 영장심의 위원회는 구속영장 신청 적부심사서(별지 제1호 서식)에 의해 구속영장 신청의 적정성 등에 대한 심의를 하고, 그 결과 해당사건의 처리 절차나 구속영장 신청 요건 등에 하자가 있을 경우 보완 수사토록 하여

야 한다.

제53조(체포·구속할 때 유의사항)

① 경찰관은 체포·구속할 때 상대방의 신체와 명예 등을 부당히 침해하지 않는 장소, 시간, 방법등을 선택하여야 한다.

② 경찰관은 피의자를 체포하는 경우 범죄사실의 요지, 체포의 이유, 변호인 선임권이 있다는 사실을 고지하고 변명의 기회를 주어야 한다.

③ 체포·구속영장을 집행하는 경우에는 피의자에게 영장을 제시하고 제2항의 내용을 고지하여야 한다.

④ 의사소통에 어려움이 있는 소년, 노약자, 장애인, 외국인 등에 대하여는 사후에라도 제2항 및 제3항의 고지사항에 대하여 당사자뿐 아니라 신뢰관계에 있는 자의 이해 여부를 확인하여야 한다.

⑤ 제2항 및 제3항의 고지는 전·의경이 아닌 경찰관이 하여야 하며, 피의자가 충분히 이해할 수 있도록 설명하고, 고지한 사실을 조서에 기록하거나 확인서를 받아야 한다.

제54조(무기 등 사용의 한계)

① 경찰관은 직무수행 중 무기, 경찰장구 및 물리력을 사용하는 경우라도 최소한의 정도에 그쳐야 한다. 특히 도주하는 상대방의 등뒤에서는 가급적 위해를 가하는 무기사용을 하지 않아야 한다.

② 경찰관은 체포·구속된 피의자에게 수갑 등 경찰장구를 사용하고자 할 때에는 현실적인 도주 가능성, 본인 또는 제3자에 대한 위해의 우려 등을 신중히 고려하여 최소한에 그쳐야 한다.

제55조(현행범 체포 할 때 유의사항)

① 경찰관은 형사소송법 제211조제1항 '범죄의 실행 직후인 자'의 요건에 의해 현행범을 체포할 때에는 범죄행위를 실행하여 끝마친 순간 또는 이외 접착된 시간적·장소적 범위내에 있는 자로서 죄증이 명백히 존재하는 경우에 한정하여야 한다.

② 형사소송법 제211조제2항 '누구인지 물음에 도망하려 하는 자'의 요건에 의해 현행범을 체포할 때에는 주변 상황을 합리적으로 판단하여 충분한 범죄혐의가 인정되는 경우에 한정하여야 한다.

제56조(긴급체포할 때 유의사항)

① 경찰관이 긴급체포를 하는 경우에는 범죄의 중대성과 긴급성의 요건을 엄격히 해석하여 필요 최소한의 범위 안에서만 하여야 한다.

② 부득이하게 긴급체포를 해야 할 경우에는 원칙적으로 사전에 주무과장(지구대장 포함)의 허가를 받아야 한다. 다만, 부득이한 사유가 있는 경우에는 긴급체포 후 즉시 주무과장에게 보고하여야 한다.

③ 자진출석 등 임의적으로 수사에 협조한 피의자에 대하여는 특별한 사유가 없는 한 긴급체포를 하여서는 아니된다.

제57조(체포영장에 의한 지명수배)

경찰관은 소재불명 피의자를 지명수배 하고자 할 때에는 원칙적으로 체포영장을 발부받아야 한다. 다만, 긴급을 요하는 경우에는 우선 지명수배 후 지체 없이 체포영장을 발부받아야 한다.

제58조(압수·수색할 때 유의사항)

① 경찰관은 압수·수색 영장을 신청할 경우에는 수사상 범죄혐의와 관련된 증거물의 수집이나 보전에 불가피한 범위 내에서 압수·수색할 장소 및 대상을 구체적으로 특정하여야 한다.

② 압수·수색 영장을 집행할 경우에는 사생활과 명예, 주거의 평온을 최대한 보장하여야 한다.

제59조(통지 의무)

경찰관은 각종 통지를 할 때에는 법령에서 정하는 방법으로 신속히 통지하여야 한다. 단, 긴급을 요하는 경우에는 구두 또는 통신매체를 이용하여 통지한 후 서면통지를 하여야 한다.

제60조(변호인 참여 신청권 보장)

① 피의자 또는 그 법정대리인, 배우자, 직계친족, 형제자매는 피의자 신문과정에 변호인의 참여를 신청할 수 있다.

② 경찰관은 피의자신문전에 피의자 또는 그 외의 신청권자에게 변호인을 참여시킬 수 있음을 고지하여야 하고, 신청권자가 원하는 경우에는 변호인을 참여시켜야 한다. 다만, 국가안보가 위태롭거나 공범 등의 증거인멸 또는 도주를 용이하게 할 객관적이고 현저한 이유가 있는 때에는 변호인의 참여를 제한할 수 있다.

③ 변호인이 참여를 통보받고도 상당한 시간내에 참여하지 않아 조사에 지장이 있다고 판단되는 경우 담당 경찰관이 변호인의 참여없이 피의자를 신문할 수 있다.

④ 변호인 참여 신청 여부를 피의자 신문조서에 기재하여야 하고, 변호인이 참여한 경우에는 조서 말미에 참여 변호인의 서명날인을 받아야 한다.

제61조(진술거부권 고지)

① 경찰관은 진술거부권을 고지할 때 다음 각 호의 사항을 알려주어야 한다.

1. 일체의 진술을 하지 아니하거나 개개의 질문에 대하여 진술을 하지 아니할 수 있다는 사실
2. 진술을 하지 아니하더라도 불이익을 받지 않는다는 사실
3. 진술을 거부할 권리를 포기하고 진술한 내용은 법정에서 유죄의 증거로 사용될 수 있다는 사실
4. 신문을 받을 때에는 변호인을 참여하게 하는 등 변호인의 조력을 받을 수 있다는 사실

② 신뢰관계에 있는 자가 참여한 경우에는 당사자뿐 아니라 그 참여자의 이해 여부까지 확인하여야 한다.

제62조(자백피의자에 대한 면담)

① 지방청 사건 주무계장 및 경찰서 사건 주무과장(이하 "면담관"이라 한다.)은 구속영장 신청사건중 자백 및 정황증거 외에 특별한 객관적 증거가 없는 사건의 피의자에 대하여 구속영장 신청 전에 면담을 하고 그 내용을 자백피의자 면담일지(별지 제2호 서식)에 기록·관리하여야 한다.

② 면담관은 면담 결과 자백의 임의성에 의심이 되는 경우에는 재수사를 실시하게 하거나, 수사 담당자를 교체하는 등 적절한 조치를 하여야 한다.

제63조(수사과정의 녹화 및 보존)

경찰관서의 장은 인권침해를 방지하기 위하여 필요한 경우에는 수사과정을 녹화·보존하여야 한다.

제64조(심야 조사 금지)

① 경찰관은 원칙적으로 심야 조사를 하여서는 아니 된다. 여기서 심야라 함은 자정부터 오전 6시까지를 말한다.

② 다음 각호의 어느 하나에 해당하는 경우에는 예외적으로 심야 조사를 할 수 있다.

1. 자정 이후에 조사하지 않으면 피의자 석방을 불필요하게 지연시킬 수 있는 경우
2. 사건의 성질상 심야 조사를 하지 않으면 공범자의 검거 및 증거수집에 어려움이 있거나 타인의 신체, 재산에 급박한 위해가 발생할 우려가 있는 경우
3. 야간에 현행범을 체포하거나 피의자를 긴급체포 한 후 48시간 이내에 구속영장을 신청하기 위해 불가피한 경우
4. 공소시효가 임박한 경우
5. 기타 피의자 또는 그 변호인의 서면상 동의를 받은 경우

③ 제2항의 규정에 따라 심야조사를 하는 경우에는 반드시 피의자·피해자 등 조사대상자에게 동의 여부를 물어 그 결과와 심야조사의 사유를 조서에 명확히 기재하여야 하며, 피의자를 조사하는 경우에는 조사자 이외의 경찰관을 참여시켜야 한다.

④ 소년·노약자·장애인·외국인인 피의자가 가족·친족 등 신뢰관계에 있는 자의 심야 조사 참관을 요구하는 경우에는 이를 보장해 주어야 한다. 다만, 그 외의 피의자가 가족 등의 참관을 요구하는 경우에는 수사에 지장을 초래하지 않는 범위내에서 허용할 수 있다.

제66조(전자식 장비에 의한 조사)

① 경찰관은 조사에 지장이 없는 범위 내에서 고소인, 참고인, 피의자 등에 대하여 경찰관서간 전자식 영상장비를 이용한 화상조사를 실시할 수 있다.

② 거동이 불편한 노약자 및 장애인이 제1항에 따른 화상조사를 요청하는 경우에는 특별한 사유가 없는 한 이에 응하여야 한다.

③ 제2항에 따른 화상조사의 요청이 있는 경우에도 불구하고 여건상 화상조사를 할 수 없는 부득이한 사정이 있는 때에는 출장조사를 할 수 있다.

④ 불구속 수사가 예상되는 지명수배 피의자 중 신병인수에 많은 시간이 소요되어 피의자 석방을 지연시킬 우려가 있는 경우에는 제1항의 방법에 의한 조사를 활용하여야 한다.

제2절 범죄피해자 및 신고자 등 보호

제68조(성폭력 5등 범죄피해자 조사할 때 유의사항)

① 성폭력 사건의 여성 범죄피해자를 조사할 때에는 여성경찰관이 조사 또는 입회하는 것을 원칙으로 한다. 다만, 범죄피해자 본인이 원하지 않는 경우에는 예외로 한다.

② 성매매·가정폭력·학교폭력 등의 범죄피해자가 여성경찰관에 의한 조사를 원하는 경우에는 특별한 사정이 없는 한 이에 응하여야 한다.

③ 가정폭력, 성폭력 등의 범죄피해자를 조사할 때에는 상담·치료기록을 확인하고, 필요한 경우에는 상담기록을 첨부하거나 상담원 또는 전문의 등의 소견을 참고할 수 있다.

제71조(현장진출 조사 및 지원)

경찰관서의 장은 살인·강도·강간(성폭력)등 강력범죄 피해자로서 신원 비노출을 요하거나 기타 지원이 필요한

피해자에 대하여는 특별한 사정이 없는 한 현장에 진출하여 조사 및 필요한 지원을 하여야 한다.

제71조의2(비밀누설의 금지 등)
경찰관은 성명, 연령, 주소, 직업, 용모 등에 의하여 범죄피해자 또는 신고자 등임을 미루어 알 수 있을 정도의 사실, 사진, 영상물 등 신상정보나 비밀을 제3자에게 제공하거나 누설하여서는 아니 된다. 다만, 범죄피해자 또는 신고자 등이 동의한 경우에는 그러하지 아니하다.

제72조(피해자 서포터)
경찰관서의 장은 살인·강도·강간(성폭력)등 강력범죄 및 기타 경찰관서의 장이 지정하는 범죄의 피해자를 전담 보호·지원할 수 있는 피해자 서포터를 지정·운영하여야 한다.

제3절 사회적 약자 보호

제73조(소년범 수사)
① 경찰관은 소년을 수사할 때에는 처벌보다 지도·육성·보호가 우선임을 명심하여야 한다.
② 소년의 심리·생리·성행·환경, 기타 비행의 원인 등을 이해하고 수사에 임하여야 하며, 되도록 구속을 피하고 부득이 체포·구속을 하는 경우에는 그 시기와 방법에 대하여 신중을 기하여야 한다.
③ 소년을 조사하는 경우에는 소년의 심리상태를 고려하여 친밀한 언어를 사용하여야 하며, 진술녹화실 등 안정되고 조용한 사무실에서 조사하여야 한다.

제74조(외국인 수사)
① 외국인 피의자를 체포·구속할 때에는 해당국 영사기관에 체포·구속사실의 통보와 해당 영사기관원과 접견·교통을 요청할 수 있음을 고지하고 영사기관 통보 확인서를 작성하여야 한다.
② 피의자가 영사기관 통보 및 접견을 요청한 경우에는 영사기관 체포·구속통보서를 작성하여 해당 영사기관에 지체없이 통보하여야 한다. 다만, 제1항의 규정에도 불구하고 별도 외국과의 조약에 따라 피의자 의사와 관계없이 해당 영사기관에 통보하게 되어 있는 경우에는 반드시 이를 통보하여야 한다.

제75조(장애인 수사)
① 경찰관은 장애인을 상대로 수사를 할 때에는 수사 전에 장애인 본인 또는 관련 전문기관으로부터 장애유무 및 등급 등을 미리 확인하고 장애 유형에 적합한 조사방법을 선택·실시하여야 한다.
② 정신적 장애 또는 언어장애로 인해 의사소통에 어려움이 있는 장애인을 조사할 때에는 의사소통이 가능한 보조인을 참여시켜야 하며, 이해관계가 상충되는 장애인들이 관련된 사건은 각 이해당사자별 1인 이상의 보조인 참여를 원칙으로 한다.
③ 장애인 피해자가 동성(同姓) 통역사의 참여를 원할 경우 이에 응하여야 한다.
④ 경찰관서의 장은 장애인의 불편을 최소화하도록 수사 또는 민원 사무실 위치·구조 및 편의시설, 장애유형에 적합한 의사소통 장비 등의 마련과 개선을 위해 지속적으로 노력하여야 한다.

제76조(성적 소수자 수사)
성적 소수자가 자신의 성 정체성에 대하여 공개하기를 원하지 않을 경우에는 이를 최대한 존중하여야 하며, 불가피하게 가족 등에 알려야 할 경우에도 그 사유를 충분히 설명하여야 한다.

제4절 유치인 인권보장

제77조(유치인 권리고지)

유치인 보호관은 입감할 때 유치인의 제반 권리에 대하여 고지하여야 한다.

제78조(신체검사할 때 유의사항)

신체검사를 할 때에는 동성(同姓)의 유치인 보호관이 하여야 하며, 신체검사로부터 지득한 사실을 누설하지 않도록 하여야 한다.

제79조(유치인 건강관리)

유치인 보호관은 유치장의 보건위생을 위하여 침구류 세탁 및 위생소독을 수시로 하여야 하고, 유치인의 진료 요구에는 구체적인 건강상태 등을 파악하여 의사의 진료 또는 상비약의 지급 등 그에 상응하는 조치를 신속하게 취해야 한다.

제80조(사회적 약자에 대한 배려)

① 경찰관서의 장은 여성 유치인의 정서적·생리적 특성 등을 고려하여 유치실 구조, 시설 등을 개선토록 하여야 한다.

② 노약자·장애인 유치인을 위해 목발, 휠체어 등 필요한 기구 등을 비치하고 이를 적극 활용할 수 있도록 하여야 한다.

③ 외국인 유치인에 대하여는 원칙적으로 분리 입감하여야 한다.

④ 성적 소수자인 유치인에 대하여는 당사자가 원하는 경우 독거수용 등의 조치를 취해야 한다.

제81조(유치인 호송할 때 유의사항)

① 유치인을 호송할 때에는 호송차량 탑승 장면이나 이동 중 피호송인의 모습이 외부인에게 노출되지 않도록 노력하여야 한다.

② 노약자·환자 등 도주의 위험성이 없다고 판단되는 유치인을 개별 호송하는 경우에는 수갑·포승을 사용하지 않을 수 있다.

제5절 언론 홍보

제82조(홍보관리)

① 다음 각호의 자를 홍보책임자로 한다.

1. 경찰청 : 대변인
2. 지방청 : 홍보담당관
3. 경찰서 : 경찰서장

② 언론홍보를 할 때에는 원칙적으로 홍보책임자가 전담하여야 한다. 다만, 부득이한 사유로 홍보책임자가 직접 홍보할 수 없거나 홍보책임자 이외의 자의 인터뷰 및 브리핑이 필요한 경우에는 홍보책임자가 지정하는 자가 이를 담당한다.

③ 보도자료를 배포하거나 인터뷰 및 브리핑을 할 때에는 관서장의 승인을 받아야 한다.

第83조(수사사건 언론공개의 기준)

① 경찰관은 원칙적으로 수사사건에 대하여 공판청구 전 언론공개를 하여서는 아니 된다.

② 제1항의 규정에도 불구하고 공공의 이익 및 국민의 알권리를 보장하기 위해 다음 각호의 1에 해당하는 경우 홍보책임자는 언론공개를 할 수 있다.

1. 중요범인 검거 및 참고인·증거 발견을 위해 특히 필요하다고 인정되는 경우
2. 국민의혹 또는 불안을 해소하거나 유사범죄 예방을 위해 특히 필요하다고 인정되는 경우
3. 기타 공익을 위해 특히 필요하다고 인정되는 경우

③ 제1항에 의해 언론공개를 하는 경우에도 객관적이고 정확한 증거 및 자료를 바탕으로 피요한 사항만 공개하여야 한다.

④ 개인의 신상정보 등이 기록된 모든 서류 및 부책 등은 외부로 유출되지 않도록 보안관리 하여야 한다.

第84조(수사사건 언론공개의 한계)

제83조제2항의 언론공개를 할 때에도 다음 각호의 1에 해당하는 사항은 공개하지 않아야 한다.

1. 범죄와 직접 관련이 없는 명예·사생활에 관한 사항
2. 보복 당할 우려가 있는 사건관계인의 신원에 관한 사항
3. 범죄 수법 및 검거 경위에 관한 자세한 사항
4. 기타 법령에 의하여 공개가 금지된 사항

第85조의2 (예외적 촬영 허용)

경찰관은「특정강력범죄의 처벌에 관한 특례법」 제8조의2제1항 또는「성폭력범죄의 처벌 등에 관한 특례법」 제23조제1항에 해당하는 경우에는 피의자의 얼굴, 실명, 및 나이 등 신상에 관한 정보를 공개할 수 있다.

 # 특정강력범죄의 처벌에 관한 특례법」 제8조의2제1항

8조의2(피의자의 얼굴 등 공개) ① 검사와 사법경찰관은 다음 각 호의 요건을 모두 갖춘 특정강력범죄사건의 피의자의 얼굴, 성명 및 나이 등 신상에 관한 정보를 공개할 수 있다.

1. 범행수단이 잔인하고 중대한 피해가 발생한 특정강력범죄사건일 것
2. 피의자가 그 죄를 범하였다고 믿을 만한 충분한 증거가 있을 것
3. 국민의 알권리 보장, 피의자의 재범방지 및 범죄예방 등 오로지 공공의 이익을 위하여 필요할 것
4. 피의자가 「청소년 보호법」 제2조제1호("청소년"이란 만 19세 미만인 사람을 말한다. 다만, 만 19세가 되는 해의 1월 1일을 맞이한 사람은 제외한다)의 청소년에 해당하지 아니할 것

② 제1항에 따라 공개를 할 때에는 피의자의 인권을 고려하여 신중하게 결정하고 이를 남용하여서는 아니 된다.

第86조(공개수배)

① 경찰관이 공개수배를 할 때에는 살인·강도·강간 등 흉악범으로서 그 죄증이 명백하고, 체포영장이 발부된 자 중에서 공개수배를 인한 공익상의 필요성이 현저한 경우에만 실시하여야 한다.

② 제1항의 공개수배를 하는 경우에도 그 요건과 절차를 준수하여야 하며, 객관적이고 정확한 자료를 바탕으로 필요 최소한의 사항만 공개하여야 한다.

③ 공개수배의 필요성이 소멸된 경우에는 즉시 수배를 해제하여야 한다.

제5장 집회시위시 인권보호

第88조(채증 활동)

① 경찰관서의 장은 집회시위 관련자의 인권침해의 예방과 사후 구제를 위하여 증거수집 활동을 할 수 있으며 집회시위 참가자에 의한 증거수집 활동도 보장하여야 한다.

② 수집한 증거는 제2의 초상권을 침해하거나 다른 목적으로 사용되지 않도록 철저히 관리하여야 하며, 보관의 필요성이 없어진 경우에는 즉시 폐기하여야 한다.

第96조(주관부서)

인권침해사건의 조사 · 이첩 · 촉탁 등 처리에 관한 업무는경찰청인권보호담당관실에서 주관한다.

第97조(인권침해 진정의 상담 · 처리)

① 인권침해 사건의 상담을 위하여 인권보호담당관은 몇 사람의 전담 상담원을 배치하여 운용할 수 있다.

② 인권침해 진정의 접수는 「경찰 민원봉사실 운영규칙」 제8조에 따라 민원봉사실에서 접수 · 경유하여 경찰청 인권보호담당관실에서 처리한다. 단, 진정의 내용을 확인하여 처리관서 또는 부서가 특정되거나 「경찰청 사무분장규칙」에 따른 사무가 확인될 경우 해당 부서에서 우선적으로 처리한다.

③ 내부인권침해 사건의 진정에 관한 접수 및 처리는 경찰청장의 별도 지침에 따른다.

第98조(진정의 각하)

① 경찰청장 및 그 소속기관장은 다음 각 호의 어느 하나에 해당할 경우에는 그 진정을 각하할 수 있다.

1. 진정 내용이 인권침해에 해당하지 아니하는 것이 명백한 경우
2. 진정 내용이 명백히 사실이 아니거나 이유가 없다고 인정되는 경우
3. 피해자가 아닌 자가 한 진정으로서 피해자가 조사를 원하지 않는다는 의사표시를 명백하게 한 경우
4. 진정의 원인이 된 사실에 관하여 공소시효, 징계시효 및 민사상 시효 등이 모두 완성된 경우
5. 진정의 원인이 된 사실에 관하여 법원이나 헌법재판소의 재판, 수사기관의 수사 또는 그 밖에 법률에 따른 권리 구제절차가 진행 중이거나 종결된 경우(기간의 경과 등 형식 요건을 제대로 갖추지 못하여 종결된 경우는 제외한다)
6. 진정이 익명(匿名)이나 가명(假名)으로 제출된 경우
7. 진정인이 진정을 취소한 경우
8. 기각하거나 각하된 진정과 동일한 내용으로 다시 진정한 경우
9. 진정 내용이 추상적이거나 수사 관계자를 근거 없이 비방하는 등 수사를 방해할 의도로 진정한 것으로 판단되는 경우
10. 진정의 취지가 그 진정의 원인이 된 사실에 관한 법원의 확정 판결이나 헌법재판소의 결정에 반대되는 경우
11. 진정서의 내용과 같은 내용에 대하여 이미 국가인권위원회에서 조사가 진행 중이거나 완료된 사실이 확인된 경우(진정인의 진정 취소를 이유로 각하 처리된 사건은 제외한다)
12. 경찰청 인권보호담당관실에서 이미 조사 중인 사건과 같은 내용에 대하여 진정인이 국가인권위원회에 진정을 제출한 경우

② 제1항·각 호의 어느 하나에 해당하더라도 인권침해 방지와 제도 개선을 위한 사실관계 확인을 위하여 조사가

필요한 경우에는 각하하지 아니할 수 있다.
③ 진정에 대해 조사를 시작한 후에도 제1항 각 호의 어느 하나의 사유가 확인된 경우 해당 진정을 각하할 수 있다.
④ 진정을 각하할 경우 별지 제5호 서식에 의해 지체 없이 그 사유를 분명히 밝혀 진정인에게 알려야 한다.
⑤ 진정을 각하할 경우 별지 제6호 서식의 인권침해 진정사건 결정서 결정사항란에 각하로 표시하고 결정사유란에 그 사유를 기재한 후 기록에 편철한다.

제99조(진정의 이첩)

① 접수된 진정사건에 대하여 경찰청장은 경찰청 내 다른 국·관 또는 소속기관이 직접 조사·처리하는 것이 타당하다고 판단하는 경우 사건을 이첩할 수 있다.
② 제1항에 따라 사건을 이첩받은 경찰청 내 국·관 및 경찰청 소속기관장은 자체적으로 조사하여 처리하되, 그 조사 및 처리 결과를 인권보호담당관에게 반드시 통보하여야 한다.
③ 제98조제1항제11호 및 제12호에 해당되어 국가인권위원회에 이첩할 필요가 있는 경우에는 각하하지 아니하고 국가인권위원회에 이첩할 수 있다.
④ 제3항에 따라 국가인권위원회에 이첩한 사건에 대해서는 경찰청장이 그 사건의 조사 및 처리 결과의 통보를 요청할 수 있다.
⑤ 제1항 및 제3항에 따라 진정을 이첩하는 경우에는 별지 제8호 서식에 의한 인권침해사건 결정서 결정사항란에 이첩으로 표시하고 그 사유를 기록한 후 기록에 편철 한 후 지체 없이 그 사실을 진정인에게 알려야 한다.

제100조(직접 조사)

① 제99조제1항에도 불구하고 접수된 인권침해 진정사건 중 사안이 중대하고 긴급한 구제조치가 필요한 사건은 인권보호담당관이 직접 조사할 수 있다.
② 관련 국·관 및 소속기관장이 자체 조사한 사건도 조사가 부족하여 추가 조사가 필요한 경우에는 경찰청 인권위원회의 의결로 인권보호담당관이 직접 재조사하여 처리할 수 있다.
③ 그 밖에 중요한 인권침해 사건으로 경찰청장이 직접조사를 명하는 경우에는 인권보호담당관이 직접 조사한다.

제101조(조사의 촉탁)

① 접수된 진정사건에 대하여 필요한 경우에는 별지 제7호의 서식에 의한 조사 촉탁서를 기록에 첨부하여 관계되는 부서의 장에게 사건의 조사를 촉탁할 수 있다.
② 제1항에 따라 조사를 촉탁받은 관련 부서의 장은 사건을 신속히 조사하여 1개월 이내에 그 조사 결과를 촉탁한 장에게 송부하여야 하고, 조사기간이 1개월이 초과되는 경우에는 그 사건 조사의 진행 경과를 통보하여야 한다.

제102조(사건의 인지)

조사담당자는 진정이 제기되지 아니하였더라도 경찰활동과 관련하여 수집한 자체 정보 등을 통하여 인권침해 사건의 단서가 되는 사실을 알게 되었을 경우에는 이를 조사할 수 있고, 조사 결과 인권침해 사실이 인정되면 인지(認知)하여 처리할 수 있다.

제105조(물건 등의 보관)

① 조사담당자는 사건 조사 과정에서 진정인·피진정인 또는 참고인 등이 임의로 제출한 물건 중 사건 조사에 필요한 물건은 보관할 수 있다.

② 조사담당자는 제1항에 따라 제출받은 물건의 목록을 작성하여 제출자에게 내주고 사건기록에 그 물건 등의 번호·명칭 및 내용, 제출자 및 소유자의 성명과 주소를 적고 서명 또는 기명날인하게 하여야 한다.
③ 조사담당자는 제출받은 물건에 사건번호와 표제, 제출자 성명, 물건 번호, 보관자 성명 등을 적은 표지를 붙인 후 봉투에 넣거나 포장하여 안전하게 보관하여야 한다.
④ 조사담당자는 보관 중인 물건에 대하여 제출자가 반환을 요구하는 경우에는 반환하여야 하며, 다음 각 호의 어느 하나에 해당하는 경우에는 제출자가 요구하지 않더라도 반환할 수 있다.
  1. 진정인이 진정을 취소한 사건에서 진정인이 제출한 물건이 있는 경우
  2. 사건이 종결되어 더 이상 보관할 필요가 없는 경우
  3. 그 밖에 물건을 계속 보관하는 것이 적절하지 않은 경우

제106조(사건의 병합 등)

조사담당자는 필요하다고 인정하는 경우에는 진행 중인 사건들을 분리하거나 병합하여 처리할 수 있다.

제107조(수사 개시로 인한 조사중단)

조사담당자는 사건을 조사하는 과정에서 같은 내용에 대하여 경찰·검찰 등의 수사가 시작된 경우에는 사건 조사를 즉시 중단하고 종결하거나 해당 기관에 이첩할 수 있다. 다만, 확인된 인권침해 사실에 대한 구제절차 이행은 계속할 수 있다.

제108조(조사중지)

① 조사담당자는 진정사건을 조사하는 과정에서 다음 각 호의 어느 하나에 해당하는 사유로 사건 조사를 진행할 수 없는 경우에는 조사를 중지할 수 있다.
  1. 진정인이나 피해자의 소재를 알 수 없는 경우
  2. 사건 해결과 진상 규명에 핵심적인 중요 참고인의 소재를 알 수 없는 경우
  3. 그 밖에 제1호 또는 제2호와 유사한 사정으로 더 이상 사건 조사를 진행할 수 없는 경우
② 제1항의 사유로 조사중지 하는 경우 별지 제6호 서식에 의한 인권침해사건 결정서 결정사항란에 조사중지로 표시하고 결정사유란에 그 중지의 사유를 기재하여야 한다.
③ 조사 중지 사유가 해소된 경우에는 조사담당자는 별지 제8호 서식에 의하여 사건표지에 새롭게 사건을 재개한 사유를 기재하고 즉시 조사를 다시 시작하여야 한다.

제109조(진정의 취소)

① 진정인은 진정을 취소하려는 경우에는 그 뜻을 분명히 밝힌 취소장(전자우편 등 전자문서 형식의 취소장을 포함한다. 이하 같다)을 제출하여야 한다. 다만, 진정인이 경찰관 등에게 말로 진정의 취소의사를 표시하는 경우에는 직원 등이 대신 작성하여 진정인의 서명이나 날인을 받은 취소조서를 취소장으로 갈음할 수 있으며, 전화로 진정취소 의사를 밝힌 경우에는 담당 직원의 전화통화 보고서를 취소장으로 갈음할 수 있다.
② 진정인 또는 피해자가 유치인인 경우에 진정을 취소하거나 조사를 원하지 않는다는 뜻을 표시하려면 진정인 또는 피해자가 취소장을 작성하고 서명 및 날인(손도장을 포함한다. 이하 같다)하여 제출하여야 한다. 이 경우 조사담당자는 유치인의 자유로운 의사에 따라 그 문서를 작성하여 서명 및 날인한 사실을 유치장을 관리하는 소속 공무원으로 하여금 확인하게 하고 그 공무원이 서명하거나 기명날인한 증명서를 제출하게 하여야 한다.

제110조(진정의 기각)

① 경찰청장 및 그 소속기관장은 진정 내용을 조사한 결과 다음 각 호의 어느 하나에 해당하는 경우에는 그 진정을 기각할 수 있다.

1. 진정 내용이 사실이 아니거나 사실 여부를 확인하는 것이 불가능한 경우
2. 진정 내용이 사실이라고 인정할 만한 객관적인 증거가 없는 경우
3. 진정 내용이 이미 피해회복이 이루어지는 등 따로 구제조치가 필요하지 아니하다고 인정되는 경우
4. 진정 내용은 사실이나 인권침해에 해당하지 아니하는 경우

② 제1항에 따라 기각하여야 할 경우에는 별지 제8호 서식에 의한 인권침해사건 결정서 결정사항란에 기각으로 표시하고 결정 사유란에 그 기각 사유를 기재하여야 한다.

③ 제1항에 따라 진정을 기각하는 경우에는 즉시 진정인에게 그 결과와 이유를 알려야 한다.

제111조(인용 및 구제조치)

① 경찰청장 및 그 소속기관장은 사건의 조사 결과 인권침해 사실이 인정되는 경우 관련 부서에 다음 각 호의 조치를 하거나 조치를 하도록 요구할 수 있다.

1. 조사 결과 인권침해 행위의 내용이 범죄행위에 해당하고 이에 대하여 형사처벌이 필요하다고 인정되는 경우에는 고발하거나 수사를 의뢰한다.
2. 인권침해 행위를 중지할 것을 지시하거나 이를 위한 적절한 조치를 할 것을 지시한다.
3. 피해자의 권리구제를 위하여 필요하다고 인정되는 경우에는 국가배상이나 법률구조 등을 안내한다.
4. 인권침해 행위를 한 당사자나 책임자에 대하여 관계 법령에서 정하는 바에 따라 징계의결을 요구한다.
5. 인권침해 사실과 관련된 제도 개선을 지시하거나 권고한다.

② 제1항 각 호의 조치는 함께 할 수 있다.

③ 경찰청장 및 소속기관의 장은 제1항 각 호의 조치를 하기 전에 경찰청 내 하부조직으로부터 조사 결과에 대한 의견을 들을 수 있다.

④ 경찰청장 및 소속기관의 장으로부터 제1항제2호·제4호 또는 제5호의 조치를 지시받거나 요구받은 해당 부서의 장은 즉시 조치 내용을 이행하고, 결과를 보고하여야 한다.

⑤ 인권침해 사실이 인정된 경우에는 진정인에게 인정 사실과 이에 따른 구제조치의 내용을 알려주어야 한다.

⑥ 제1항 각호의 결정을 하는 경우에는 별지 제6호 서식에 의한 인권침해사건 결정서 결정사항란에 인용·구제로 표시하고 결정사유란에 그 인용의 사유와 그에 따른 구체적인 구제조치의 내용을 기재하여야 한다.

⑦ 경찰청장 및 소속기관장은 제1항 각 호의 조치를 취하기 전에 피진정인 및 관련부서의 장에게 의견을 진술하거나 필요한 자료를 제출할 기회를 주어야 한다.

제112조(긴급구제)

① 경찰청장 및 그 소속기관장은 인권침해가 계속되고 있다는 상당한 개연성이 있고, 이를 방치하면 회복하기 어려운 피해가 발생할 우려가 있다고 인정할 경우 다음 각 호의 조치를 수행하거나 관련부서의 장에게 조치를 요구할 수 있다.

1. 의료·식사 및 옷 등의 제공
2. 유치장의 유치장소의 변경
3. 인권침해 행위의 즉시 중지 명령

4. 인권침해 행위를 일으키고 있다고 판단되는 경찰관 등의 그 직무로부터의 배제

5. 그 밖에 피해자의 생명과 신체의 안전을 위하여 필요한 사항

② 경찰청장 및 그 소속기관장으로부터 제1항 각 호의 조치를 요구받은 관련부서의 장은 즉시 요구 사항을 이행하고, 결과를 보고하여야 한다.

③ 제1항 각 호의 조치를 취한 경우 사건 처리 결과에 상관없이 그 내용을 별지 제6호 서식의 인권침해사건 결정서 비고란에 기재하여야 한다.

제7장 조치 및 평가

제118조(조치 및 징계)

① 경찰청 및 그 소속기관의 장은 이 규칙을 위반한 경찰관에 대해서는 일정 시간의 인권교육을 수강하게 하여야 한다.

② 경찰청 및 그 소속기관의 장은 인권침해의 정도가 중대하거나 반복하여 침해가 발생하는 등 인권교육만으로 재발을 방지할 수 없다고 판단되는 경우에는 인사조치 또는 징계를 요구하여야 한다.

국가인권위원회법

제1장 총칙

제1조(목적)

이 법은 국가인권위원회를 설립하여 모든 개인이 가지는 불가침의 기본적 인권을 보호하고 그 수준을 향상시킴으로써 인간으로서의 존엄과 가치를 실현하고 민주적 기본질서의 확립에 이바지함을 목적으로 한다.

제2조(정의)

인권	「대한민국헌법」 및 법률에서 보장하거나 대한민국이 가입·비준한 국제인권조약 및 국제관습법에서 인정하는 인간으로서의 존엄과 가치 및 자유와 권리를 말한다.
구금·보호시설	가. 교도소·소년교도소·구치소 및 그 지소, 보호감호소, 치료감호시설, 소년원 및 소년분류심사원 나. 경찰서 유치장 및 사법경찰관리가 직무 수행을 위하여 사람을 조사하고 유치(留置)하거나 수용하는 데에 사용하는 시설 다. 군 교도소(지소·미결수용실 및 헌병대 영창을 포함한다) 라. 외국인 보호소 마. 다수인 보호시설(많은 사람을 보호하고 수용하는 시설로서 대통령령으로 정하는 시설을 말한다)
평등권 침해의 차별행위	합리적인 이유 없이 성별, 종교, 장애, 나이, 사회적 신분, 출신 지역(출생지, 등록기준지, 성년이 되기 전의 주된 거주지 등을 말한다), 출신 국가, 출신 민족, 용모 등 신체 조건, 기혼·미혼·별거·이혼·사별·재혼·사실혼 등 혼인 여부, 임신 또는 출산, 가족 형태 또는 가족 상황, 인종, 피부색, 사상 또는 정치적 의견, 형의 효력이 실효된 전과(前科), 성적(性的) 지향, 학력, 병력(病歷) 등을 이유로 한 다음 각 목의 어느 하나에 해당하는 행위를 말한다. 다만, 현존하는 차별을 없애기 위하여 특정한 사람(특정한 사람들의 집단을 포함한다. 이하 이 조에서 같다)을 잠정적으로 우대하는 행위와 이를 내용으로 하는 법령의 제정·개정 및 정책의 수립·집행은 평등권 침해의 차별행위(이하 "차별행위"라 한다)로 보지 아니한다. 가. 고용(모집, 채용, 교육, 배치, 승진, 임금 및 임금 외의 금품 지급, 자금의 융자, 정년, 퇴직, 해고 등을 포함한다)과 관련하여 특정한 사람을 우대·배제·구별하거나 불리하게 대우하는 행위 나. 재화·용역·교통수단·상업시설·토지·주거시설의 공급이나 이용과 관련하여 특정한 사람을 우대·배제·구별하거나 불리하게 대우하는 행위 다. 교육시설이나 직업훈련기관에서의 교육·훈련이나 그 이용과 관련하여 특정한 사람을 우대·배제·구별하거나 불리하게 대우하는 행위 라. 성희롱[업무, 고용, 그 밖의 관계에서 공공기관(국가기관, 지방자치단체, 「초·중등교육법」 제2조, 「고등교육법」 제2조와 그 밖의 다른 법률에 따라 설치된 각급 학교, 「공직자윤리법」 제3조의2제1항에 따른 공직유관단체를 말한다)의 종사자, 사용자 또는 근로자가 그 직위를 이용하여 또는 업무 등과 관련하여 성적 언동 등으로 성적 굴욕감 또는 혐오감을 느끼게 하거나 성적 언동 또는 그 밖의 요구 등에 따르지 아니한다는 이유로 고용상의 불이익을 주는 것을 말한다] 행위
장애	신체적·정신적·사회적 요인으로 장기간에 걸쳐 일상생활 또는 사회생활에 상당한 제약을 받는 상태를 말한다.
시민사회단체	비영리민간단체 지원법」 제4조에 따라 중앙행정기관의 장 또는 시·도지사에게 등록을 한 비영리민간단체, 「민법」 제32조에 따라 주무관청의 허가를 받은 비영리법인, 「공익법인의 설립·운영에 관한 법률」 제4조에 따라 주무관청의 설립허가를 받은 공익법인, 그 밖에 특별법에 따라 설립된 법인을 말한다.

제4조(적용범위)

이 법은 대한민국 국민과 대한민국의 영역에 있는 외국인에 대하여 적용한다.

제5조(위원회의 구성)

① 위원회는 위원장 1명과 상임위원 3명을 포함한 11명의 인권위원(이하 "위원"이라 한다)으로 구성한다.

② 위원은 다음 각 호의 사람을 대통령이 임명한다.

1. 국회가 선출하는 4명(상임위원 2명을 포함한다)
2. 대통령이 지명하는 4명(상임위원 1명을 포함한다)
3. 대법원장이 지명하는 3명

③ 위원은 인권문제에 관하여 전문적인 지식과 경험이 있고 인권의 보장과 향상을 위한 업무를 공정하고 독립적으로 수행할 수 있다고 인정되는 사람으로서 다음 각 호의 어느 하나에 해당하는 자격을 갖추어야 한다.

1. 대학이나 공인된 연구기관에서 부교수 이상의 직이나 이에 상당하는 직에 10년 이상 있거나 있었던 사람
2. 판사·검사 또는 변호사의 직에 10년 이상 있거나 있었던 사람
3. 인권 분야 비영리 민간단체·법인·국제기구에서 근무하는 등 인권 관련 활동에 10년 이상 종사한 경력이 있는 사람
4. 그 밖에 사회적 신망이 높은 사람으로서 시민사회단체로부터 추천을 받은 사람

④ 국회, 대통령 또는 대법원장은 다양한 사회계층으로부터 후보를 추천받거나 의견을 들은 후 인권의 보호와 향상에 관련된 다양한 사회계층의 대표성이 반영될 수 있도록 위원을 선출·지명하여야 한다.

⑤ 위원장은 위원 중에서 대통령이 임명한다. 이 경우 위원장은 국회의 인사청문을 거쳐야 한다.

⑥ 위원장과 상임위원은 정무직공무원으로 임명한다.

⑦ 위원은 특정 성(性)이 10분의 6을 초과하지 아니하도록 하여야 한다.

⑧ 임기가 끝난 위원은 후임자가 임명될 때까지 그 직무를 수행한다.

제6조(위원장의 직무)

위원장은 위원회를 대표하며 위원회의 업무를 총괄한다.

② 위원장이 부득이한 사유로 직무를 수행할 수 없을 때에는 위원장이 미리 지명한 상임위원이 그 직무를 대행한다.

③ 위원장은 국회에 출석하여 위원회의 소관 사무에 관하여 의견을 진술할 수 있으며, 국회에서 요구하면 출석하여 보고하거나 답변하여야 한다.

④ 위원장은 국무회의에 출석하여 발언할 수 있으며, 소관 사무에 관하여 국무총리에게 의안(이 법의 시행에 관한 대통령령안을 포함한다) 제출을 건의할 수 있다.

⑤ 위원장은 위원회의 예산 관련 업무를 수행할 때 「국가재정법」 제6조제3항에 따른 중앙관서의 장으로 본다.

제7조(위원장 및 위원의 임기)

① 위원장과 위원의 임기는 3년으로 하고, 한 번만 연임할 수 있다.

② 위원 중 결원이 생기면 대통령은 결원된 날부터 30일 이내에 후임자를 임명하여야 한다.

③ 결원이 된 위원의 후임으로 임명된 위원의 임기는 새로 시작된다.

제8조(위원의 신분 보장)

위원은 금고 이상의 형의 선고에 의하지 아니하고는 본인의 의사에 반하여 면직되지 아니한다. 다만, 위원이 장기간의 심신쇠약으로 직무를 수행하기가 극히 곤란하게 되거나 불가능하게 된 경우에는 전체 위원 3분의 2 이상의 찬성에 의한 의결로 퇴직하게 할 수 있다.

제8조의2(위원의 책임 면제)

위원은 위원회나 제12조에 따른 상임위원회 또는 소위원회에서 직무상 행한 발언과 의결에 관하여 고의 또는 과실이 없으면 민사상 또는 형사상의 책임을 지지 아니한다.

제9조(위원의 결격사유)

① 다음 각 호의 어느 하나에 해당하는 사람은 위원이 될 수 없다.

1. 대한민국 국민이 아닌 사람
2. 「국가공무원법」 제33조 각 호의 어느 하나에 해당하는 사람
3. 정당의 당원
4. 「공직선거법」에 따라 실시하는 선거에 후보자로 등록한 사람

② 위원이 제1항 각 호의 어느 하나에 해당하게 되면 당연히 퇴직한다.

제10조(위원의 겸직금지)

① 위원은 재직 중 다음 각 호의 직을 겸하거나 업무를 할 수 없다.

1. 국회 또는 지방의회의 의원의 직
2. 다른 국가기관 또는 지방자치단체의 공무원(교육공무원은 제외한다)의 직
3. 그 밖에 위원회 규칙으로 정하는 직 또는 업무

② 위원은 정당에 가입하거나 정치운동에 관여할 수 없다.

제13조(회의 의사 및 의결정족수)

① 위원회의 회의는 위원장이 주재하며, 이 법에 특별한 규정이 없으면 재적위원 과반수의 찬성으로 의결한다.
② 상임위원회 및 소위원회의 회의는 구성위원 3명 이상의 출석과 3명 이상의 찬성으로 의결한다.

제14조(의사의 공개)

위원회의 의사는 공개한다. 다만, 위원회, 상임위원회 또는 소위원회가 필요하다고 인정하면 공개하지 아니할 수 있다.

제30조(위원회의 조사대상)

① 다음 각 호의 어느 하나에 해당하는 경우에 인권침해나 차별행위를 당한 사람(이하 "피해자"라 한다) 또는 그 사실을 알고 있는 사람이나 단체는 위원회에 그 내용을 진정할 수 있다.

1. 국가기관, 지방자치단체, 「초·중등교육법」 제2조, 「고등교육법」 제2조와 그 밖의 다른 법률에 따라 설치된 각급 학교, 「공직자윤리법」 제3조의2제1항에 따른 공직유관단체 또는 구금·보호시설의 업무 수행(국회의 입법 및 법원·헌법재판소의 재판은 제외한다)과 관련하여 「대한민국헌법」 제10조부터 제22조까지의 규

정에서 보장된 인권을 침해당하거나 차별행위를 당한 경우
2. 법인, 단체 또는 사인(私人)으로부터 차별행위를 당한 경우

③ 위원회는 제1항의 진정이 없는 경우에도 인권침해나 차별행위가 있다고 믿을 만한 상당한 근거가 있고 그 내용이 중대하다고 인정할 때에는 직권으로 조사할 수 있다.

④ 제1항에 따른 진정의 절차와 방법에 관하여 필요한 사항은 위원회 규칙으로 정한다.

제32조(진정의 각하 등)

① 위원회는 접수한 진정이 다음 각 호의 어느 하나에 해당하는 경우에는 그 진정을 각하(却下)한다.

1. 진정의 내용이 위원회의 조사대상에 해당하지 아니하는 경우
2. 진정의 내용이 명백히 거짓이거나 이유 없다고 인정되는 경우
3. 피해자가 아닌 사람이 한 진정에서 피해자가 조사를 원하지 아니하는 것이 명백한 경우
4. 진정의 원인이 된 사실이 발생한 날부터 1년 이상 지나서 진정한 경우. 다만, 진정의 원인이 된 사실에 관하여 공소시효 또는 민사상 시효가 완성되지 아니한 사건으로서 위원회가 조사하기로 결정한 경우에는 그러하지 아니하다.
5. 진정이 제기될 당시 진정의 원인이 된 사실에 관하여 법원 또는 헌법재판소의 재판, 수사기관의 수사 또는 그 밖의 법률에 따른 권리구제 절차가 진행 중이거나 종결된 경우. 다만, 수사기관이 인지하여 수사 중인 「형법」 제123조부터 제125조까지의 죄에 해당하는 사건과 같은 사안에 대하여 위원회에 진정이 접수된 경우에는 그러하지 아니하다.
6. 진정이 익명이나 가명으로 제출된 경우
7. 진정이 위원회가 조사하는 것이 적절하지 아니하다고 인정되는 경우
8. 진정인이 진정을 취하한 경우
9. 위원회가 기각한 진정과 같은 사실에 대하여 다시 진정한 경우
10. 진정의 취지가 그 진정의 원인이 된 사실에 관한 법원의 확정판결이나 헌법재판소의 결정에 반하는 경우

② 위원회는 제1항에 따라 진정을 각하하는 경우 필요하다고 인정하면 그 진정을 관계 기관에 이송할 수 있다. 이 경우 진정을 이송받은 기관은 위원회의 요청이 있으면 지체 없이 그 처리 결과를 위원회에 통지하여야 한다.

③ 위원회가 진정에 대한 조사를 시작한 후에도 그 진정이 제1항 각 호의 어느 하나에 해당하게 된 경우에는 그 진정을 각하할 수 있다.

④ 위원회는 진정을 각하하거나 이송한 경우 지체 없이 그 사유를 구체적으로 밝혀 진정인에게 통지하여야 한다.

⑤ 위원회는 제4항에 따라 진정인에게 통지하는 경우 필요하다고 인정하면 피해자 또는 진정인에게 권리를 구제받는 데에 필요한 절차와 조치에 관하여 조언할 수 있다.

제37조(질문·검사권) ① 위원회는 제36조의 조사에 필요한 자료 등이 있는 곳 또는 관계인에 관하여 파악하려면 그 내용을 알고 있다고 믿을 만한 상당한 이유가 있는 사람에게 질문하거나 그 내용을 포함하고 있다고 믿을 만한 상당한 이유가 있는 서류와 그 밖의 물건을 검사할 수 있다.

제39조(진정의 기각) ① 위원회는 진정을 조사한 결과 진정의 내용이 다음 각 호의 어느 하나에 해당하는 경우에는 그 진정을 기각한다.

1. 진정의 내용이 사실이 아님이 명백하거나 사실이라고 인정할 만한 객관적인 증거가 없는 경우
2. 조사 결과 제30조제1항에 따른 인권침해나 차별행위에 해당하지 아니하는 경우
3. 이미 피해 회복이 이루어지는 등 별도의 구제 조치가 필요하지 아니하다고 인정되는 경우

② 위원회는 진정을 기각하는 경우 진정의 당사자에게 그 결과와 이유를 통지하여야 한다.

공무원연금법

제1장 총칙

제1조(목적)
이 법은 공무원의 퇴직 또는 사망과 공무(公務)로 인한 부상·질병·장애에 대하여 적절한 급여를 지급함으로써, 공무원 및 그 유족의 생활안정과 복리 향상에 이바지함을 목적으로 한다.

제2조(관장) 이 법에 따른 공무원연금제도의 운영에 관한 사항은 인사혁신처장이 맡아서 주관한다.

제3조(정의) ① 이 법에서 사용하는 용어의 뜻은 다음과 같다.

공무원	상시 공무에 종사하는 다음 각 목의 어느 하나에 해당하는 자를 말한다. 가. 「국가공무원법」, 「지방공무원법」, 그 밖의 법률에 따른 공무원. 다만, 군인과 선거에 의하여 취임하는 공무원은 제외한다. 나. 그 밖에 대통령령으로 정하는 국가나 지방자치단체의 직원
위험직무 순직 공무원	공무원으로서 생명과 신체에 대한 고도의 위험을 무릅쓰고 직무를 수행하다가 다음 각 목의 어느 하나에 해당하는 위해(危害)를 입고 이 위해가 직접적인 원인이 되어 사망한 공무원을 말한다. 다만, 다음 각 목의 어느 하나에 해당하는 위해가 직접적인 원인이 아닌 공무상 질병으로 인하여 사망한 공무원은 제외한다. 가. 경찰관이나 수사관이 범인이나 피의자를 체포하다가 입은 위해 나. 경찰관이 「경찰관 직무집행법」 제2조제3호에 따른 경비, 주요 인사(人士) 경호 및 대간첩·대테러 작전 수행 중 입은 위해 및 같은 조 제5호에 따른 교통 단속과 교통 위해의 방지 업무 수행 중 입은 위해 다. 국민안전처나 경찰청 소속 대테러특공대원이 대테러작전 수행 중 입은 위해 라. 소방공무원이 재난·재해 현장에서 화재진압이나 인명구조작업(그 업무수행을 위한 긴급한 출동·복귀 및 부수활동을 포함한다) 중 입은 위해 또는 그 밖에 이에 준하는 위험업무 중 입은 위해 마. 공무원이 「재난 및 안전관리 기본법」에 따라 재난·재해현장에 투입되어 인명구조·진화·수방 또는 구난행위(그 업무수행을 위한 긴급한 출동·복귀 및 부수활동을 포함한다)를 하다가 입은 위해 바. 대통령경호실 직원이 「대통령 등의 경호에 관한 법률」에 따른 경호 업무를 수행하다가 입은 위해 사. 국가정보원 직원이 간첩을 체포하다가 입은 위해 아. 교도관이 「형의 집행 및 수용자의 처우에 관한 법률」 제101조제1항 각 호의 어느 하나에 해당하는 상황에서 계호(戒護) 업무를 수행하다가 입은 위해 자. 공무원이 「감염병의 예방 및 관리에 관한 법률」에 따른 감염병환자의 치료 또는 감염병의 확산 방지를 위한 직무수행 중 입은 위해 차. 산림항공헬기조종사가 현장에서 산불진화작업(그 업무수행을 위한 긴급한 출동·복귀 및 부수활동을 포함한다)을 하다가 입은 위해 카. 「산림보호법」 제39조제1항에 따라 산불진화에 동원된 공무원이 산불진화작업을 하다가 입은 위해 타. 국외에서 천재지변·전쟁·교전·폭동·납치·테러·감염병 등의 위난상황이 발생하였을 때 공무원이 대한민국 국민에 대한 보호 또는 사고수습의 업무를 하다가 입은 위해 파. 그 밖에 제75조의2에 따른 위험직무순직보상심사위원회가 가목부터 타목까지의 위해에 준한다고 인정하는, 위험한 직무를 수행하다가 입은 위해

순직공무원	무원으로서 재직 중 공무로 사망한 경우 또는 재직 중 공무상 질병 또는 부상으로 사망하거나 퇴직 후 그 질병 또는 부상으로 사망한 공무원을 말한다.
유족	공무원이거나 공무원이었던 자가 사망할 당시 그가 부양하고 있던 다음 각 목의 어느 하나에 해당하는 자를 말한다. 가. 배우자(재직 당시 혼인관계에 있던 자로 한정하며, 사실상 혼인관계에 있던 자를 포함한다) 나. 자녀(퇴직일 이후에 출생하거나 입양한 자녀는 제외하되, 퇴직 당시의 태아는 재직 중 출생한 자녀로 본다. 이하 같다) 다. 부모(퇴직일 이후에 입양된 경우의 부모는 제외한다) 라. 손자녀[1](孫子女)(퇴직일 이후에 출생하거나 입양한 손자녀는 제외하되, 퇴직 당시의 태아는 재직 중 출생한 손자녀로 본다. 이하 같다) 마. 조부모(퇴직일 이후에 입양된 경우의 조부모는 제외한다)
퇴직	면직(免職), 사직(辭職), 그 밖의 사망 외의 사유로 인한 모든 해직(解職)을 말한다. 다만, 공무원의 자격이 소멸된 날 또는 그 다음 날에 다시 자격을 취득하고 이 법에 따른 퇴직급여 및 퇴직수당을 받지 아니한 경우에는 예외로 한다.
기준소득월액	기여금 및 급여 산정의 기준이 되는 것으로서 일정 기간 재직하고 얻은 소득에서 비과세소득을 제외한 금액의 연지급합계액을 12개월로 평균한 금액을 말한다. 이 경우 소득 및 비과세소득의 범위, 기준소득월액의 결정방법 및 적용기간 등에 관한 사항은 대통령령으로 정한다.
평균기준소득월액	재직기간 중 매년 기준소득월액을 공무원보수인상률 등을 고려하여 대통령령으로 정하는 바에 따라 급여의 사유가 발생한 날(퇴직으로 급여의 사유가 발생하거나 퇴직 후에 급여의 사유가 발생한 경우에는 퇴직한 날의 전날을 말한다. 이하 같다)의 현재가치로 환산한 후 합한 금액을 재직기간으로 나눈 금액을 말한다. 다만, 제46조제1항 및 제2항에 따른 퇴직연금·조기퇴직연금 및 제56조제1항제1호에 따른 유족연금(공무원이었던 자가 퇴직연금 또는 조기퇴직연금을 받다가 사망하여 그 유족이 유족연금을 받게 되는 경우는 제외한다) 산정의 기초가 되는 평균기준소득월액은 급여의 사유가 발생한 당시의 평균기준소득월액을 공무원보수인상률 등을 고려하여 대통령령으로 정하는 바에 따라 연금 지급이 시작되는 시점의 현재가치로 환산한 금액을 말한다.
기관장	보수에 관한 예산을 집행하는 기관의 장으로서 대통령령으로 정하는 자를 말한다.
기여금	급여에 드는 비용으로 공무원이 부담하는 금액을 말한다.
부담금	급여에 드는 비용으로 국가나 지방자치단체가 부담하는 금액을 말한다.

제64조(형벌 등에 따른 급여의 제한)

① 공무원이거나 공무원이었던 자가 다음 각 호의 어느 하나에 해당하는 경우에는 대통령령으로 정하는 바에 따라 퇴직급여 및 퇴직수당의 일부를 감액하여 지급한다. 이 경우 퇴직급여액은 이미 낸 기여금의 총액에 「민법」 제379조에 따른 이자를 가산한 금액 이하로 감액할 수 없다.

1. 재직 중의 사유로 금고 이상의 형이 확정된 경우(직무와 관련이 없는 과실로 인한 경우 및 소속상관의 정당한 직무상의 명령에 따르다가 과실로 인한 경우는 제외한다)
2. 탄핵 또는 징계에 의하여 파면된 경우
3. 금품 및 향응수수, 공금의 횡령·유용으로 징계 해임된 경우

② 재직 중의 사유(직무와 관련이 없는 과실로 인한 경우 및 소속상관의 정당한 직무상의 명령에 따르다가 과실

1) 이 경우 손자녀는 그의 아버지가 없거나 아버지가 대통령령으로 정하는 정도의 장애 상태에 있는 경우로 한정한다.

로 인한 경우는 제외한다)로 금고 이상의 형에 처할 범죄행위로 인하여 수사가 진행 중이거나 형사재판이 계속 중일 때에는 퇴직급여(연금인 급여를 제외한다) 및 퇴직수당의 일부를 대통령령으로 정하는 바에 따라 지급정지할 수 있다. 이 경우 급여의 제한사유에 해당하지 아니하게 되었을 때에는 그 잔여금에 대통령령으로 정하는 이자를 가산하여 지급한다.

③ 재직 중의 사유로 「형법」 제2편제1장(내란의 죄), 제2장(외환의 죄), 군형법 제2편제1장(반란의 죄), 제2장(이적의 죄), 국가보안법(제10조는 제외한다)에 규정된 죄를 범하여 금고 이상의 형이 확정된 경우에는 이미 낸 기여금의 총액에 「민법」 제379조에 따른 이자를 가산한 금액을 반환하되 급여는 지급하지 아니한다.

 # 공무원연금법 시행령

제55조(형벌 등에 따른 퇴직급여 및 퇴직수당의 감액)

① 공무원 또는 공무원이었던 사람이 법 제64조제1항 각 호의 어느 하나에 해당하게 되었을 때에는 다음 각 호의 구분에 따라 퇴직급여 및 퇴직수당을 감액한다. 이 경우 퇴직연금 또는 조기퇴직연금은 그 감액사유에 해당하게 된 날이 속하는 달까지는 감액하지 아니한다.

1. 법 제64조제1항제1호 및 제2호에 해당하는 사람
   가. 재직기간이 5년 미만인 사람의 퇴직급여: 그 금액의 4분의 1
   나. 재직기간이 5년 이상인 사람의 퇴직급여: 그 금액의 2분의 1
   다. 퇴직수당: 그 금액의 2분의 1
2. 법 제64조제1항제3호에 해당하는 사람
   가. 재직기간이 5년 미만인 사람의 퇴직급여: 그 금액의 8분의 1
   나. 재직기간이 5년 이상인 사람의 퇴직급여: 그 금액의 4분의 1
   다. 퇴직수당: 그 금액의 4분의 1

② 공무원 또는 공무원이었던 사람에 대하여 재직 중의 사유(직무와 관련이 없는 과실로 인한 경우 및 소속 상관의 정당한 직무상의 명령에 따르다가 과실로 인한 경우는 제외한다)로 금고 이상의 형에 처할 범죄행위로 인하여 수사가 진행 중이거나 형사재판이 계속 중일 때에는 재직기간이 5년 미만인 사람의 퇴직일시금은 그 급여액의 4분의 3에 상당하는 금액만을 우선 지급하고, 퇴직수당과 재직기간이 5년 이상인 사람의 퇴직연금일시금, 퇴직연금공제일시금 또는 퇴직일시금은 그 급여액의 2분의 1에 상당하는 금액만을 우선 지급하며, 다음 각 호의 어느 하나에 해당하게 되었을 때에 그 잔여금을 지급한다.

1. 불기소처분을 받았을 때
2. 금고 이상의 형을 선고받지 아니하였을 때
3. 금고 이상의 형의 선고유예판결을 받고 그 유예기간이 지났을 때

③ 법 제64조제2항 후단에 따라 잔여금에 가산할 이자는 해당 연도마다 1월 1일 현재 전국은행이 적용하는 정기예금금리 중 가장 높은 금리를 적용하여 산정하되, 퇴직급여 및 퇴직수당의 일부를 지급한 날이 속하는 달의 다음 달부터 잔여금 지급사유가 발생한 날이 속하는 달까지의 기간에 대하여 연 단위로 그 이자를 그 잔여금에 산입하여 그 후의 이자액을 계산한다.

④ 연금취급기관장은 소속 공무원 또는 공무원이었던 사람이 법 제64조에 해당하게 된 사실을 알게 된 경우 그 사실을 지체 없이 공단에 통보하여야 한다.

⑤ 제2항에 따른 잔여금을 지급받으려는 사람은 잔여 퇴직급여 청구서 또는 잔여 퇴직수당 청구서에 다음 각 호의 구분에 따른 서류를 첨부하여 공단에 제출하여야 한다.

1. 제2항제1호에 해당하는 경우: 관할 검찰청의 장이 발행한 불기소처분결정서
2. 제2항제2호 또는 제3호에 해당하는 경우: 관할 검찰청의 장이 발행한 형사재판확정 증명서

제5장 비용부담

제65조(비용부담의 원칙)

① 제42조에 따른 급여 중 퇴직급여 및 유족급여(제56조제1항제2호·제3호에 따른 유족연금, 같은 조 제4항에 따른 위험직무순직유족연금, 제61조제1항에 따른 순직유족보상금 및 제61조제3항에 따른 위험직무순직유족보상금은 제외한다. 이하 이 항에서 같다), 제51조제2호에 따른 장해급여에 드는 비용은 공무원과 국가 또는 지방자치단체가 부담한다. 이 경우 퇴직급여 및 유족급여에 드는 비용은 적어도 5년마다 다시 계산하여 재정적 균형이 유지되도록 하여야 한다.

질서위반행위규제법

제1장 총칙

제1조(목적)
이 법은 법률상 의무의 효율적인 이행을 확보하고 국민의 권리와 이익을 보호하기 위하여 질서위반행위의 성립요건과 과태료의 부과·징수 및 재판 등에 관한 사항을 규정하는 것을 목적으로 한다.

제2조(정의) 이 법에서 사용하는 용어의 뜻은 다음과 같다.

질서위반행위	법률(지방자치단체의 조례를 포함한다. 이하 같다)상의 의무를 위반하여 과태료를 부과하는 행위를 말한다. 다만, 다음 각 목의 어느 하나에 해당하는 행위를 제외한다. 가. 대통령령으로 정하는 사법(私法)상·소송법상 의무를 위반하여 과태료를 부과하는 행위 나. 대통령령으로 정하는 법률에 따른 징계사유에 해당하여 과태료를 부과하는 행위
행정청	행정에 관한 의사를 결정하여 표시하는 국가 또는 지방자치단체의 기관, 그 밖의 법령 또는 자치법규에 따라 행정권한을 가지고 있거나 위임 또는 위탁받은 공공단체나 그 기관 또는 사인(私人)을 말한다.
당사자	질서위반행위를 한 자연인 또는 법인을 말한다.

제3조(법 적용의 시간적 범위)
① 질서위반행위의 성립과 과태료 처분은 행위 시의 법률에 따른다.
② 질서위반행위 후 법률이 변경되어 그 행위가 질서위반행위에 해당하지 아니하게 되거나 과태료가 변경되기 전의 법률보다 가볍게 된 때에는 법률에 특별한 규정이 없는 한 변경된 법률을 적용한다.
③ 행정청의 과태료 처분이나 법원의 과태료 재판이 확정된 후 법률이 변경되어 그 행위가 질서위반행위에 해당하지 아니하게 된 때에는 변경된 법률에 특별한 규정이 없는 한 과태료의 징수 또는 집행을 면제한다.

제4조(법 적용의 장소적 범위)
① 이 법은 대한민국 영역 안에서 질서위반행위를 한 자에게 적용한다.
② 이 법은 대한민국 영역 밖에서 질서위반행위를 한 대한민국의 국민에게 적용한다.
③ 이 법은 대한민국 영역 밖에 있는 대한민국의 선박 또는 항공기 안에서 질서위반행위를 한 외국인에게 적용한다.

제5조(다른 법률과의 관계) 과태료의 부과·징수, 재판 및 집행 등의 절차에 관한 다른 법률의 규정 중 이 법의 규정에 저촉되는 것은 이 법으로 정하는 바에 따른다.

제2장 질서위반행위의 성립 등

제6조(질서위반행위 법정주의)
법률에 따르지 아니하고는 어떤 행위도 질서위반행위로 과태료를 부과하지 아니한다.

제7조(고의 또는 과실)

고의 또는 과실이 없는 질서위반행위는 과태료를 부과하지 아니한다.

제8조(위법성의 착오)

자신의 행위가 위법하지 아니한 것으로 오인하고 행한 질서위반행위는 그 오인에 정당한 이유가 있는 때에 한하여 과태료를 부과하지 아니한다.

제9조(책임연령)

14세가 되지 아니한 자의 질서위반행위는 과태료를 부과하지 아니한다. 다만, 다른 법률에 특별한 규정이 있는 경우에는 그러하지 아니하다.

제10조(심신장애)

① 심신(心神)장애로 인하여 행위의 옳고 그름을 판단할 능력이 없거나 그 판단에 따른 행위를 할 능력이 없는 자의 질서위반행위는 과태료를 부과하지 아니한다.

② 심신장애로 인하여 제1항에 따른 능력이 미약한 자의 질서위반행위는 과태료를 감경한다.

③ 스스로 심신장애 상태를 일으켜 질서위반행위를 한 자에 대하여는 제1항 및 제2항을 적용하지 아니한다.

제11조(법인의 처리 등)

① 법인의 대표자, 법인 또는 개인의 대리인·사용인 및 그 밖의 종업원이 업무에 관하여 법인 또는 그 개인에게 부과된 법률상의 의무를 위반한 때에는 법인 또는 그 개인에게 과태료를 부과한다.

② 제7조부터 제10조까지의 규정은 「도로교통법」 제56조제1항에 따른 고용주등을 같은 법 제160조제3항에 따라 과태료를 부과하는 경우에는 적용하지 아니한다.

제12조(다수인의 질서위반행위 가담)

① 2인 이상이 질서위반행위에 가담한 때에는 각자가 질서위반행위를 한 것으로 본다.

② 신분에 의하여 성립하는 질서위반행위에 신분이 없는 자가 가담한 때에는 신분이 없는 자에 대하여도 질서위반행위가 성립한다.

③ 신분에 의하여 과태료를 감경 또는 가중하거나 과태료를 부과하지 아니하는 때에는 그 신분의 효과는 신분이 없는 자에게는 미치지 아니한다.

제13조(수개의 질서위반행위의 처리)

① 하나의 행위가 2 이상의 질서위반행위에 해당하는 경우에는 각 질서위반행위에 대하여 정한 과태료 중 가장 중한 과태료를 부과한다.

② 제1항의 경우를 제외하고 2 이상의 질서위반행위가 경합하는 경우에는 각 질서위반행위에 대하여 정한 과태료를 각각 부과한다. 다만, 다른 법령(지방자치단체의 조례를 포함한다. 이하 같다)에 특별한 규정이 있는 경우에는 그 법령으로 정하는 바에 따른다.

제14조(과태료의 산정)

행정청 및 법원은 과태료를 정함에 있어서 다음 각 호의 사항을 고려하여야 한다.

1. 질서위반행위의 동기 · 목적 · 방법 · 결과
2. 질서위반행위 이후의 당사자의 태도와 정황
3. 질서위반행위자의 연령 · 재산상태 · 환경
4. 그 밖에 과태료의 산정에 필요하다고 인정되는 사유

제15조(과태료의 시효)

① 과태료는 행정청의 과태료 부과처분이나 법원의 과태료 재판이 확정된 후 5년간 징수하지 아니하거나 집행하지 아니하면 시효로 인하여 소멸한다.

② 제1항에 따른 소멸시효의 중단 · 정지 등에 관하여는 「국세기본법」 제28조를 준용한다.

제3장 행정청의 과태료 부과 및 징수

제16조(사전통지 및 의견 제출 등)

① 행정청이 질서위반행위에 대하여 과태료를 부과하고자 하는 때에는 미리 당사자(제11조제2항에 따른 고용주등을 포함한다. 이하 같다)에게 대통령령으로 정하는 사항을 통지하고, 10일 이상의 기간을 정하여 의견을 제출할 기회를 주어야 한다. 이 경우 지정된 기일까지 의견 제출이 없는 경우에는 의견이 없는 것으로 본다.

② 당사자는 의견 제출 기한 이내에 대통령령으로 정하는 방법에 따라 행정청에 의견을 진술하거나 필요한 자료를 제출할 수 있다.

③ 행정청은 제2항에 따라 당사자가 제출한 의견에 상당한 이유가 있는 경우에는 과태료를 부과하지 아니하거나 통지한 내용을 변경할 수 있다.

제17조(과태료의 부과)

① 행정청은 제16조의 의견 제출 절차를 마친 후에 서면(당사자가 동의하는 경우에는 전자문서를 포함한다. 이하 이 조에서 같다)으로 과태료를 부과하여야 한다.

② 제1항에 따른 서면에는 질서위반행위, 과태료 금액, 그 밖에 대통령령으로 정하는 사항을 명시하여야 한다.

③ 과태료 납부기한의 연기 및 분할납부에 관하여는 「국세징수법」 제15조부터 제20조까지의 규정을 준용한다.

제18조(자진납부자에 대한 과태료 감경)

① 행정청은 당사자가 제16조에 따른 의견 제출 기한 이내에 과태료를 자진하여 납부하고자 하는 경우에는 대통령령으로 정하는 바에 따라 과태료를 감경할 수 있다.

② 당사자가 제1항에 따라 감경된 과태료를 납부한 경우에는 해당 질서위반행위에 대한 과태료 부과 및 징수절차는 종료한다.

제19조(과태료 부과의 제척기간)

① 행정청은 질서위반행위가 종료된 날(다수인이 질서위반행위에 가담한 경우에는 최종행위가 종료된 날을 말한다)부터 5년이 경과한 경우에는 해당 질서위반행위에 대하여 과태료를 부과할 수 없다.

② 제1항에도 불구하고 행정청은 제36조 또는 제44조에 따른 법원의 결정이 있는 경우에는 그 결정이 확정된 날부터 1년이 경과하기 전까지는 과태료를 정정부과 하는 등 해당 결정에 따라 필요한 처분을 할 수 있다.

제20조(이의제기)

① 행정청의 과태료 부과에 불복하는 당사자는 제17조제1항에 따른 과태료 부과 통지를 받은 날부터 60일 이내에 해당 행정청에 서면으로 이의제기를 할 수 있다.

② 제1항에 따른 이의제기가 있는 경우에는 행정청의 과태료 부과처분은 그 효력을 상실한다.

③ 당사자는 행정청으로부터 제21조제3항에 따른 통지를 받기 전까지는 행정청에 대하여 서면으로 이의제기를 철회할 수 있다.

제21조(법원에의 통보)

① 제20조제1항에 따른 이의제기를 받은 행정청은 이의제기를 받은 날부터 14일 이내에 이에 대한 의견 및 증빙서류를 첨부하여 관할 법원에 통보하여야 한다. 다만, 다음 각 호의 어느 하나에 해당하는 경우에는 그러하지 아니하다.

1. 당사자가 이의제기를 철회한 경우
2. 당사자의 이의제기에 이유가 있어 과태료를 부과할 필요가 없는 것으로 인정되는 경우

② 행정청은 사실상 또는 법률상 같은 원인으로 말미암아 다수인에게 과태료를 부과할 필요가 있는 경우에는 다수인 가운데 1인에 대한 관할권이 있는 법원에 제1항에 따른 이의제기 사실을 통보할 수 있다.

③ 행정청이 제1항 및 제2항에 따라 관할 법원에 통보를 하거나 통보하지 아니하는 경우에는 그 사실을 즉시 당사자에게 통지하여야 한다.

제24조(가산금 징수 및 체납처분 등) ① 행정청은 당사자가 납부기한까지 과태료를 납부하지 아니한 때에는 납부기한을 경과한 날부터 체납된 과태료에 대하여 100분의 5에 상당하는 가산금을 징수한다.

② 체납된 과태료를 납부하지 아니한 때에는 납부기한이 경과한 날부터 매 1개월이 경과할 때마다 체납된 과태료의 1천분의 12에 상당하는 가산금(이하 이 조에서 "중가산금"이라 한다)을 제1항에 따른 가산금에 가산하여 징수한다. 이 경우 중가산금을 가산하여 징수하는 기간은 60개월을 초과하지 못한다.

③ 행정청은 당사자가 제20조제1항에 따른 기한 이내에 이의를 제기하지 아니하고 제1항에 따른 가산금을 납부하지 아니한 때에는 국세 또는 지방세 체납처분의 예에 따라 징수한다.

④ 행정청의 과태료 결손처분에 관하여는 「국세징수법」 제86조를 준용한다.

제54조(고액 · 상습체납자에 대한 제재) ① 법원은 검사의 청구에 따라 결정으로 30일의 범위 이내에서 과태료의 납부가 있을 때까지 다음 각 호의 사유에 모두 해당하는 경우 체납자(법인인 경우에는 대표자를 말한다. 이하 이 조에서 같다)를 감치(監置)에 처할 수 있다.

1. 과태료를 3회 이상 체납하고 있고, 체납발생일부터 각 1년이 경과하였으며, 체납금액의 합계가 1천만원 이상인 체납자 중 대통령령으로 정하는 횟수와 금액 이상을 체납한 경우
2. 과태료 납부능력이 있음에도 불구하고 정당한 사유 없이 체납한 경우

② 행정청은 과태료 체납자가 제1항 각 호의 사유에 모두 해당하는 경우에는 관할 지방검찰청 또는 지청의 검사에게 체납자의 감치를 신청할 수 있다.

③ 제1항의 결정에 대하여는 즉시항고를 할 수 있다.
④ 제1항에 따라 감치에 처하여진 과태료 체납자는 동일한 체납사실로 인하여 재차 감치되지 아니한다.
⑤ 제1항에 따른 감치에 처하는 재판 절차 및 그 집행, 그 밖에 필요한 사항은 대법원규칙으로 정한다.

제55조(자동차 관련 과태료 체납자에 대한 자동차 등록번호판의 영치) ① 행정청은 「자동차관리법」 제2조 제1호에 따른 자동차의 운행·관리 등에 관한 질서위반행위 중 대통령령으로 정하는 질서위반행위로 부과받은 과태료(이하 "자동차 관련 과태료"라 한다)를 납부하지 아니한 자에 대하여 체납된 자동차 관련 과태료와 관계된 그 소유의 자동차의 등록번호판을 영치할 수 있다.
② 자동차 등록업무를 담당하는 주무관청이 아닌 행정청이 제1항에 따라 등록번호판을 영치한 경우에는 지체 없이 주무관청에 등록번호판을 영치한 사실을 통지하여야 한다.
③ 자동차 관련 과태료를 납부하지 아니한 자가 체납된 자동차 관련 과태료를 납부한 경우 행정청은 영치한 자동차 등록번호판을 즉시 내주어야 한다.
④ 제1항부터 제3항까지에서 규정한 사항 외에 자동차 등록번호판 영치의 요건·방법·절차 및 영치 해제의 방법·절차에 관하여 필요한 사항은 대통령령으로 정한다.

행정절차법

제1장 총칙

제1절 목적, 정의 및 적용 범위 등

제1조(목적)

이 법은 행정절차에 관한 공통적인 사항을 규정하여 국민의 행정 참여를 도모함으로써 행정의 공정성·투명성 및 신뢰성을 확보하고 국민의 권익을 보호함을 목적으로 한다.

제2조(정의) 이 법에서 사용하는 용어의 뜻은 다음과 같다.

행정청	가. 행정에 관한 의사를 결정하여 표시하는 국가 또는 지방자치단체의 기관 나. 그 밖에 법령 또는 자치법규(이하 "법령등"이라 한다)에 따라 행정권한을 가지고 있거나 위임 또는 위탁받은 공공단체 또는 그 기관이나 사인(私人)
처분	행정청이 행하는 구체적 사실에 관한 법 집행으로서의 공권력의 행사 또는 그 거부와 그 밖에 이에 준하는 행정작용(行政作用)을 말한다.
행정지도	행정기관이 그 소관 사무의 범위에서 일정한 행정목적을 실현하기 위하여 특정인에게 일정한 행위를 하거나 하지 아니하도록 지도, 권고, 조언 등을 하는 행정작용을 말한다.
당사자등	가. 행정청의 처분에 대하여 직접 그 상대가 되는 당사자 나. 행정청이 직권으로 또는 신청에 따라 행정절차에 참여하게 한 이해관계인
청문	행정청이 어떠한 처분을 하기 전에 당사자등의 의견을 직접 듣고 증거를 조사하는 절차를 말한다.
공청회	행정청이 공개적인 토론을 통하여 어떠한 행정작용에 대하여 당사자등, 전문지식과 경험을 가진 사람, 그 밖의 일반인으로부터 의견을 널리 수렴하는 절차를 말한다.
의견제출	행정청이 어떠한 행정작용을 하기 전에 당사자등이 의견을 제시하는 절차로서 청문이나 공청회에 해당하지 아니하는 절차를 말한다.

제4조(신의성실 및 신뢰보호)

① 행정청은 직무를 수행할 때 신의(信義)에 따라 성실히 하여야 한다.

② 행정청은 법령등의 해석 또는 행정청의 관행이 일반적으로 국민들에게 받아들여졌을 때에는 공익 또는 제3자의 정당한 이익을 현저히 해칠 우려가 있는 경우를 제외하고는 새로운 해석 또는 관행에 따라 소급하여 불리하게 처리하여서는 아니 된다.

제2절 행정청의 관할 및 협조

제8조(행정응원) ① 행정청은 다음 각 호의 어느 하나에 해당하는 경우에는 다른 행정청에 행정응원(行政應援)을 요청할 수 있다.

1. 법령등의 이유로 독자적인 직무 수행이 어려운 경우
2. 인원·장비의 부족 등 사실상의 이유로 독자적인 직무 수행이 어려운 경우

3. 다른 행정청에 소속되어 있는 전문기관의 협조가 필요한 경우
4. 다른 행정청이 관리하고 있는 문서(전자문서를 포함한다. 이하 같다)·통계 등 행정자료가 직무 수행을 위하여 필요한 경우
5. 다른 행정청의 응원을 받아 처리하는 것이 보다 능률적이고 경제적인 경우

② 제1항에 따라 행정응원을 요청받은 행정청은 다음 각 호의 어느 하나에 해당하는 경우에는 응원을 거부할 수 있다.
1. 다른 행정청이 보다 능률적이거나 경제적으로 응원할 수 있는 명백한 이유가 있는 경우
2. 행정응원으로 인하여 고유의 직무 수행이 현저히 지장받을 것으로 인정되는 명백한 이유가 있는 경우

③ 행정응원은 해당 직무를 직접 응원할 수 있는 행정청에 요청하여야 한다.

④ 행정응원을 요청받은 행정청은 응원을 거부하는 경우 그 사유를 응원을 요청한 행정청에 통지하여야 한다.

⑤ 행정응원을 위하여 파견된 직원은 응원을 요청한 행정청의 지휘·감독을 받는다. 다만, 해당 직원의 복무에 관하여 다른 법령등에 특별한 규정이 있는 경우에는 그에 따른다.

⑥ 행정응원에 드는 비용은 응원을 요청한 행정청이 부담하며, 그 부담금액 및 부담방법은 응원을 요청한 행정청과 응원을 하는 행정청이 협의하여 결정한다.

제3절 당사자등

제9조(당사자등의 자격) 다음 각 호의 어느 하나에 해당하는 자는 행정절차에서 당사자등이 될 수 있다.
1. 자연인
2. 법인, 법인이 아닌 사단 또는 재단(이하 "법인등"이라 한다)
3. 그 밖에 다른 법령등에 따라 권리·의무의 주체가 될 수 있는 자

제10조(지위의 승계)

① 당사자등이 사망하였을 때의 상속인과 다른 법령등에 따라 당사자등의 권리 또는 이익을 승계한 자는 당사자등의 지위를 승계한다.

② 당사자등인 법인등이 합병하였을 때에는 합병 후 존속하는 법인등이나 합병 후 새로 설립된 법인등이 당사자등의 지위를 승계한다.

③ 제1항 및 제2항에 따라 당사자등의 지위를 승계한 자는 행정청에 그 사실을 통지하여야 한다.

④ 처분에 관한 권리 또는 이익을 사실상 양수한 자는 행정청의 승인을 받아 당사자등의 지위를 승계할 수 있다.

⑤ 제3항에 따른 통지가 있을 때까지 사망자 또는 합병 전의 법인등에 대하여 행정청이 한 통지는 제1항 또는 제2항에 따라 당사자등의 지위를 승계한 자에게도 효력이 있다.

제11조(대표자) ① 다수의 당사자등이 공동으로 행정절차에 관한 행위를 할 때에는 대표자를 선정할 수 있다.

② 행정청은 제1항에 따라 당사자등이 대표자를 선정하지 아니하거나 대표자가 지나치게 많아 행정절차가 지연될 우려가 있는 경우에는 그 이유를 들어 상당한 기간 내에 3인 이내의 대표자를 선정할 것을 요청할 수 있다. 이 경우 당사자등이 그 요청에 따르지 아니하였을 때에는 행정청이 직접 대표자를 선정할 수 있다.

③ 당사자등은 대표자를 변경하거나 해임할 수 있다.

④ 대표자는 각자 그를 대표자로 선정한 당사자등을 위하여 행정절차에 관한 모든 행위를 할 수 있다. 다만, 행정절차를 끝맺는 행위에 대하여는 당사자등의 동의를 받아야 한다.

⑤ 대표자가 있는 경우에는 당사자등은 그 대표자를 통하여서만 행정절차에 관한 행위를 할 수 있다.
⑥ 다수의 대표자가 있는 경우 그중 1인에 대한 행정청의 행위는 모든 당사자등에게 효력이 있다. 다만, 행정청의 통지는 대표자 모두에게 하여야 그 효력이 있다.

제4절 송달 및 기간·기한의 특례

제14조(송달)
① 송달은 우편, 교부 또는 정보통신망 이용 등의 방법으로 하되, 송달받을 자(대표자 또는 대리인을 포함한다. 이하 같다)의 주소·거소(居所)·영업소·사무소 또는 전자우편주소(이하 "주소등"이라 한다)로 한다. 다만, 송달받을 자가 동의하는 경우에는 그를 만나는 장소에서 송달할 수 있다.
② 교부에 의한 송달은 수령확인서를 받고 문서를 교부함으로써 하며, 송달하는 장소에서 송달받을 자를 만나지 못한 경우에는 그 사무원·피용자(被傭者) 또는 동거인으로서 사리를 분별할 지능이 있는 사람(이하 이 조에서 "사무원등"이라 한다)에게 문서를 교부할 수 있다. 다만, 문서를 송달받을 자 또는 그 사무원등이 정당한 사유 없이 송달받기를 거부하는 때에는 그 사실을 수령확인서에 적고, 문서를 송달할 장소에 놓아둘 수 있다.
③ 정보통신망을 이용한 송달은 송달받을 자가 동의하는 경우에만 한다. 이 경우 송달받을 자는 송달받을 전자우편주소 등을 지정하여야 한다.
④ 다음 각 호의 어느 하나에 해당하는 경우에는 송달받을 자가 알기 쉽도록 관보, 공보, 게시판, 일간신문 중 하나 이상에 공고하고 인터넷에도 공고하여야 한다.
  1. 송달받을 자의 주소등을 통상적인 방법으로 확인할 수 없는 경우
  2. 송달이 불가능한 경우
⑤ 행정청은 송달하는 문서의 명칭, 송달받는 자의 성명 또는 명칭, 발송방법 및 발송 연월일을 확인할 수 있는 기록을 보존하여야 한다.

제15조(송달의 효력 발생)
① 송달은 다른 법령 등에 특별한 규정이 있는 경우를 제외하고는 해당 문서가 송달받을 자에게 도달됨으로써 그 효력이 발생한다.
② 제14조제3항에 따라 정보통신망을 이용하여 전자문서로 송달하는 경우에는 송달받을 자가 지정한 컴퓨터 등에 입력된 때에 도달된 것으로 본다.
③ 제14조제4항의 경우에는 다른 법령등에 특별한 규정이 있는 경우를 제외하고는 공고일부터 14일이 지난 때에 그 효력이 발생한다. 다만, 긴급히 시행하여야 할 특별한 사유가 있어 효력 발생 시기를 달리 정하여 공고한 경우에는 그에 따른다.

제16조(기간 및 기한의 특례) ① 천재지변이나 그 밖에 당사자등에게 책임이 없는 사유로 기간 및 기한을 지킬 수 없는 경우에는 그 사유가 끝나는 날까지 기간의 진행이 정지된다.
② 외국에 거주하거나 체류하는 자에 대한 기간 및 기한은 행정청이 그 우편이나 통신에 걸리는 일수(日數)를 고려하여 정하여야 한다.

제2장 처분

제1절 통칙

제17조(처분의 신청)

① 행정청에 처분을 구하는 신청은 문서로 하여야 한다. 다만, 다른 법령등에 특별한 규정이 있는 경우와 행정청이 미리 다른 방법을 정하여 공시한 경우에는 그러하지 아니하다.

② 제1항에 따라 처분을 신청할 때 전자문서로 하는 경우에는 행정청의 컴퓨터 등에 입력된 때에 신청한 것으로 본다.

③ 행정청은 신청에 필요한 구비서류, 접수기관, 처리기간, 그 밖에 필요한 사항을 게시(인터넷 등을 통한 게시를 포함한다)하거나 이에 대한 편람을 갖추어 두고 누구나 열람할 수 있도록 하여야 한다.

④ 행정청은 신청을 받았을 때에는 다른 법령등에 특별한 규정이 있는 경우를 제외하고는 그 접수를 보류 또는 거부하거나 부당하게 되돌려 보내서는 아니 되며, 신청을 접수한 경우에는 신청인에게 접수증을 주어야 한다. 다만, 대통령령으로 정하는 경우에는 접수증을 주지 아니할 수 있다.

⑤ 행정청은 신청에 구비서류의 미비 등 흠이 있는 경우에는 보완에 필요한 상당한 기간을 정하여 지체 없이 신청인에게 보완을 요구하여야 한다.

⑥ 행정청은 신청인이 제5항에 따른 기간 내에 보완을 하지 아니하였을 때에는 그 이유를 구체적으로 밝혀 접수된 신청을 되돌려 보낼 수 있다.

⑦ 행정청은 신청인의 편의를 위하여 다른 행정청에 신청을 접수하게 할 수 있다. 이 경우 행정청은 다른 행정청에 접수할 수 있는 신청의 종류를 미리 정하여 공시하여야 한다.

⑧ 신청인은 처분이 있기 전에는 그 신청의 내용을 보완·변경하거나 취하(取下)할 수 있다. 다만, 다른 법령등에 특별한 규정이 있거나 그 신청의 성질상 보완·변경하거나 취하할 수 없는 경우에는 그러하지 아니하다.

제19조(처리기간의 설정·공표)

① 행정청은 신청인의 편의를 위하여 처분의 처리기간을 종류별로 미리 정하여 공표하여야 한다.

② 행정청은 부득이한 사유로 제1항에 따른 처리기간 내에 처분을 처리하기 곤란한 경우에는 해당 처분의 처리기간의 범위에서 한 번만 그 기간을 연장할 수 있다.

③ 행정청은 제2항에 따라 처리기간을 연장할 때에는 처리기간의 연장 사유와 처리 예정 기한을 지체 없이 신청인에게 통지하여야 한다.

④ 행정청이 정당한 처리기간 내에 처리하지 아니하였을 때에는 신청인은 해당 행정청 또는 그 감독 행정청에 신속한 처리를 요청할 수 있다.

제21조(처분의 사전 통지)

② 행정청은 청문을 하려면 청문이 시작되는 날부터 10일 전까지 제1항 각 호의 사항을 당사자등에게 통지하여야 한다. 이 경우 제1항제4호부터 제6호까지의 사항은 청문 주재자의 소속·직위 및 성명, 청문의 일시 및 장소, 청문에 응하지 아니하는 경우의 처리방법 등 청문에 필요한 사항으로 갈음한다.

④ 다음 각 호의 어느 하나에 해당하는 경우에는 제1항에 따른 통지를 하지 아니할 수 있다.

1. 공공의 안전 또는 복리를 위하여 긴급히 처분을 할 필요가 있는 경우
2. 법령등에서 요구된 자격이 없거나 없어지게 되면 반드시 일정한 처분을 하여야 하는 경우에 그 자격이 없거나 없어지게 된 사실이 법원의 재판 등에 의하여 객관적으로 증명된 경우

3. 해당 처분의 성질상 의견청취가 현저히 곤란하거나 명백히 불필요하다고 인정될 만한 상당한 이유가 있는 경우

제22조(의견청취)

① 행정청이 처분을 할 때 다음 각 호의 어느 하나에 해당하는 경우에는 청문을 한다.

1. 다른 법령등에서 청문을 하도록 규정하고 있는 경우
2. 행정청이 필요하다고 인정하는 경우
3. 다음 각 목의 처분 시 제21조제1항제6호에 따른 의견제출기한 내에 당사자등의 신청이 있는 경우

가. 인허가 등의 취소

나. 신분·자격의 박탈

다. 법인이나 조합 등의 설립허가의 취소

② 행정청이 처분을 할 때 다음 각 호의 어느 하나에 해당하는 경우에는 공청회를 개최한다.

1. 다른 법령등에서 공청회를 개최하도록 규정하고 있는 경우
2. 해당 처분의 영향이 광범위하여 널리 의견을 수렴할 필요가 있다고 행정청이 인정하는 경우

③ 행정청이 당사자에게 의무를 부과하거나 권익을 제한하는 처분을 할 때 제1항 또는 제2항의 경우 외에는 당사자등에게 의견제출의 기회를 주어야 한다.

④ 제1항부터 제3항까지의 규정에도 불구하고 제21조제4항 각 호의 어느 하나에 해당하는 경우와 당사자가 의견진술의 기회를 포기한다는 뜻을 명백히 표시한 경우에는 의견청취를 하지 아니할 수 있다.

⑤ 행정청은 청문·공청회 또는 의견제출을 거쳤을 때에는 신속히 처분하여 해당 처분이 지연되지 아니하도록 하여야 한다.

⑥ 행정청은 처분 후 1년 이내에 당사자등이 요청하는 경우에는 청문·공청회 또는 의견제출을 위하여 제출받은 서류나 그 밖의 물건을 반환하여야 한다.

제2절 의견제출 및 청문

제27조(의견제출) ① 당사자등은 처분 전에 그 처분의 관할 행정청에 서면이나 말로 또는 정보통신망을 이용하여 의견제출을 할 수 있다.

② 당사자등은 제1항에 따라 의견제출을 하는 경우 그 주장을 입증하기 위한 증거자료 등을 첨부할 수 있다.

③ 행정청은 당사자등이 말로 의견제출을 하였을 때에는 서면으로 그 진술의 요지와 진술자를 기록하여야 한다.

④ 당사자등이 정당한 이유 없이 의견제출기한까지 의견제출을 하지 아니한 경우에는 의견이 없는 것으로 본다.

제27조의2(제출 의견의 반영) 행정청은 처분을 할 때에 당사자등이 제출한 의견이 상당한 이유가 있다고 인정하는 경우에는 이를 반영하여야 한다.

제28조(청문 주재자)

① 청문은 행정청이 소속 직원 또는 대통령령으로 정하는 자격을 가진 사람 중에서 선정하는 사람이 주재하되, 행정청은 청문 주재자의 선정이 공정하게 이루어지도록 노력하여야 한다.

② 행정청은 청문이 시작되는 날부터 7일 전까지 청문 주재자에게 청문과 관련한 필요한 자료를 미리 통지하여야 한다.

③ 청문 주재자는 독립하여 공정하게 직무를 수행하며, 그 직무 수행을 이유로 본인의 의사에 반하여 신분상 어떠한 불이익도 받지 아니한다.

④ 제1항에 따라 대통령령으로 정하는 사람 중에서 선정된 청문 주재자는 「형법」이나 그 밖의 다른 법률에 따른 벌칙을 적용할 때에는 공무원으로 본다.

제29조(청문 주재자의 제척·기피·회피) ① 청문 주재자가 다음 각 호의 어느 하나에 해당하는 경우에는 청문을 주재할 수 없다.

1. 자신이 당사자등이거나 당사자등과 「민법」 제777조 각 호의 어느 하나에 해당하는 친족관계에 있거나 있었던 경우
2. 자신이 해당 처분과 관련하여 증언이나 감정(鑑定)을 한 경우
3. 자신이 해당 처분의 당사자등의 대리인으로 관여하거나 관여하였던 경우
4. 자신이 해당 처분업무를 직접 처리하거나 처리하였던 경우

② 청문 주재자에게 공정한 청문 진행을 할 수 없는 사정이 있는 경우 당사자등은 행정청에 기피신청을 할 수 있다. 이 경우 행정청은 청문을 정지하고 그 신청이 이유가 있다고 인정할 때에는 해당 청문 주재자를 지체 없이 교체하여야 한다.

③ 청문 주재자는 제1항 또는 제2항의 사유에 해당하는 경우에는 행정청의 승인을 받아 스스로 청문의 주재를 회피할 수 있다.

제30조(청문의 공개) 청문은 당사자가 공개를 신청하거나 청문 주재자가 필요하다고 인정하는 경우 공개할 수 있다. 다만, 공익 또는 제3자의 정당한 이익을 현저히 해칠 우려가 있는 경우에는 공개하여서는 아니 된다.

제37조(문서의 열람 및 비밀유지)

① 당사자등은 청문의 통지가 있는 날부터 청문이 끝날 때까지 행정청에 해당 사안의 조사결과에 관한 문서와 그 밖에 해당 처분과 관련되는 문서의 열람 또는 복사를 요청할 수 있다. 이 경우 행정청은 다른 법령에 따라 공개가 제한되는 경우를 제외하고는 그 요청을 거부할 수 없다.

② 행정청은 제1항의 열람 또는 복사의 요청에 따르는 경우 그 일시 및 장소를 지정할 수 있다.

③ 행정청은 제1항 후단에 따라 열람 또는 복사의 요청을 거부하는 경우에는 그 이유를 소명(疎明)하여야 한다.

④ 제1항에 따라 열람 또는 복사를 요청할 수 있는 문서의 범위는 대통령령으로 정한다.

⑤ 행정청은 제1항에 따른 복사에 드는 비용을 복사를 요청한 자에게 부담시킬 수 있다.

⑥ 누구든지 청문을 통하여 알게 된 사생활이나 경영상 또는 거래상의 비밀을 정당한 이유 없이 누설하거나 다른 목적으로 사용하여서는 아니 된다.

제3절 공청회

제38조(공청회 개최의 알림) 행정청은 공청회를 개최하려는 경우에는 공청회 개최 14일 전까지 다음 각 호의 사항을 당사자등에게 통지하고 관보, 공보, 인터넷 홈페이지 또는 일간신문 등에 공고하는 등의 방법으로 널리 알려야 한다.

1. 제목
2. 일시 및 장소

3. 주요 내용
4. 발표자에 관한 사항
5. 발표신청 방법 및 신청기한
6. 정보통신망을 통한 의견제출
7. 그 밖에 공청회 개최에 필요한 사항

제4장 행정상 입법예고

제41조(행정상 입법예고)

① 법령등을 제정·개정 또는 폐지(이하 "입법"이라 한다)하려는 경우에는 해당 입법안을 마련한 행정청은 이를 예고하여야 한다. 다만, 다음 각 호의 어느 하나에 해당하는 경우에는 예고를 하지 아니할 수 있다.

1. 신속한 국민의 권리 보호 또는 예측 곤란한 특별한 사정의 발생 등으로 입법이 긴급을 요하는 경우
2. 상위 법령등의 단순한 집행을 위한 경우
3. 입법내용이 국민의 권리·의무 또는 일상생활과 관련이 없는 경우
4. 단순한 표현·자구를 변경하는 경우 등 입법내용의 성질상 예고의 필요가 없거나 곤란하다고 판단되는 경우
5. 예고함이 공공의 안전 또는 복리를 현저히 해칠 우려가 있는 경우

③ 법제처장은 입법예고를 하지 아니한 법령안의 심사 요청을 받은 경우에 입법예고를 하는 것이 적당하다고 판단할 때에는 해당 행정청에 입법예고를 권고하거나 직접 예고할 수 있다.

④ 입법안을 마련한 행정청은 입법예고 후 예고내용에 국민생활과 직접 관련된 내용이 추가되는 등 대통령령으로 정하는 중요한 변경이 발생하는 경우에는 해당 부분에 대한 입법예고를 다시 하여야 한다. 다만, 제1항 각 호의 어느 하나에 해당하는 경우에는 예고를 하지 아니할 수 있다.

제42조(예고방법)

① 행정청은 입법안의 취지, 주요 내용 또는 전문(全文)을 관보·공보나 인터넷·신문·방송 등을 통하여 널리 공고하여야 한다.

② 행정청은 대통령령을 입법예고하는 경우 국회 소관 상임위원회에 이를 제출하여야 한다.

③ 행정청은 입법예고를 할 때에 입법안과 관련이 있다고 인정되는 중앙행정기관, 지방자치단체, 그 밖의 단체 등이 예고사항을 알 수 있도록 예고사항을 통지하거나 그 밖의 방법으로 알려야 한다.

④ 행정청은 제1항에 따라 예고된 입법안에 대하여 전자공청회 등을 통하여 널리 의견을 수렴할 수 있다. 이 경우 제38조의2제2항부터 제4항까지의 규정을 준용한다.

⑤ 행정청은 예고된 입법안의 전문에 대한 열람 또는 복사를 요청받았을 때에는 특별한 사유가 없으면 그 요청에 따라야 한다.

⑥ 행정청은 제5항에 따른 복사에 드는 비용을 복사를 요청한 자에게 부담시킬 수 있다.

제43조(예고기간) 입법예고기간은 예고할 때 정하되, 특별한 사정이 없으면 40일(자치법규는 20일) 이상으로 한다.

제44조(의견제출 및 처리)

① 누구든지 예고된 입법안에 대하여 의견을 제출할 수 있다.

② 행정청은 의견접수기관, 의견제출기간, 그 밖에 필요한 사항을 해당 입법안을 예고할 때 함께 공고하여야 한다.

③ 행정청은 해당 입법안에 대한 의견이 제출된 경우 특별한 사유가 없으면 이를 존중하여 처리하여야 한다.

④ 행정청은 의견을 제출한 자에게 그 제출된 의견의 처리결과를 통지하여야 한다.

⑤ 제출된 의견의 처리방법 및 처리결과의 통지에 관하여는 대통령령으로 정한다.

제5장 행정예고

제46조(행정예고)

① 행정청은 다음 각 호의 어느 하나에 해당하는 사항에 대한 정책, 제도 및 계획을 수립·시행하거나 변경하려는 경우에는 이를 예고하여야 한다. 다만, 예고로 인하여 공공의 안전 또는 복리를 현저히 해칠 우려가 있거나 그 밖에 예고하기 곤란한 특별한 사유가 있는 경우에는 예고하지 아니할 수 있다.

1. 국민생활에 매우 큰 영향을 주는 사항
2. 많은 국민의 이해가 상충되는 사항
3. 많은 국민에게 불편이나 부담을 주는 사항
4. 그 밖에 널리 국민의 의견을 수렴할 필요가 있는 사항

② 제1항에도 불구하고 법령등의 입법을 포함하는 행정예고는 입법예고로 갈음할 수 있다.

③ 행정예고기간은 예고 내용의 성격 등을 고려하여 정하되, 특별한 사정이 없으면 20일 이상으로 한다.

제46조의2(행정예고 통계 작성 및 공고)

행정청은 매년 자신이 행한 행정예고의 실시 현황과 그 결과에 관한 통계를 작성하고, 이를 관보·공보 또는 인터넷 등의 방법으로 널리 공고하여야 한다.

제6장 행정지도

제48조(행정지도의 원칙)

① 행정지도는 그 목적 달성에 필요한 최소한도에 그쳐야 하며, 행정지도의 상대방의 의사에 반하여 부당하게 강요하여서는 아니 된다.

② 행정기관은 행정지도의 상대방이 행정지도에 따르지 아니하였다는 것을 이유로 불이익한 조치를 하여서는 아니 된다.

제49조(행정지도의 방식) ① 행정지도를 하는 자는 그 상대방에게 그 행정지도의 취지 및 내용과 신분을 밝혀야 한다.

② 행정지도가 말로 이루어지는 경우에 상대방이 제1항의 사항을 적은 서면의 교부를 요구하면 그 행정지도를 하는 자는 직무 수행에 특별한 지장이 없으면 이를 교부하여야 한다.

제50조(의견제출) 행정지도의 상대방은 해당 행정지도의 방식·내용 등에 관하여 행정기관에 의견제출을 할 수 있다.

제8장 보칙

제54조(비용의 부담) 행정절차에 드는 비용은 행정청이 부담한다. 다만, 당사자등이 자기를 위하여 스스로 지출한 비용은 그러하지 아니하다.

제55조(참고인 등에 대한 비용 지급)

① 행정청은 행정절차의 진행에 필요한 참고인이나 감정인 등에게 예산의 범위에서 여비와 일당을 지급할 수 있다.

국가배상법

제1조 (목적)
이 법은 국가나 지방자치단체의 손해배상(損害賠償)의 책임과 배상절차를 규정함을 목적으로 한다.

제2조(배상책임)
① 국가나 지방자치단체는 공무원 또는 공무를 위탁받은 사인이 직무를 집행하면서 고의 또는 과실로 법령을 위반하여 타인에게 손해를 입히거나, 「자동차손해배상 보장법」에 따라 손해배상의 책임이 있을 때에는 이 법에 따라 그 손해를 배상하여야 한다. 다만, 군인·군무원·경찰공무원 또는 예비군대원이 전투·훈련 등 직무 집행과 관련하여 전사(戰死)·순직(殉職)하거나 공상(公傷)을 입은 경우에 본인이나 그 유족이 다른 법령에 따라 재해보상금·유족연금·상이연금 등의 보상을 지급받을 수 있을 때에는 이 법 및 「민법」에 따른 손해배상을 청구할 수 없다.
② 제1항 본문의 경우에 공무원에게 고의 또는 중대한 과실이 있으면 국가나 지방자치단체는 그 공무원에게 구상(求償)할 수 있다.

제4조 (양도 등 금지)
생명·신체의 침해로 인한 국가배상을 받을 권리는 양도하거나 압류하지 못한다.

제5조 (공공시설 등의 하자로 인한 책임)
① 도로·하천, 그 밖의 공공의 영조물(營造物)의 설치나 관리에 하자(瑕疵)가 있기 때문에 타인에게 손해를 발생하게 하였을 때에는 국가나 지방자치단체는 그 손해를 배상하여야 한다. 이 경우 제2조제1항 단서, 제3조 및 제3조의2를 준용한다.
② 제1항을 적용할 때 손해의 원인에 대하여 책임을 질 자가 따로 있으면 국가나 지방자치단체는 그 자에게 구상할 수 있다.

제6조 (비용부담자 등의 책임) ① 제2조·제3조 및 제5조에 따라 국가나 지방자치단체가 손해를 배상할 책임이 있는 경우에 공무원의 선임·감독 또는 영조물의 설치·관리를 맡은 자와 공무원의 봉급·급여, 그 밖의 비용 또는 영조물의 설치·관리 비용을 부담하는 자가 동일하지 아니하면 그 비용을 부담하는 자도 손해를 배상하여야 한다.
② 제1항의 경우에 손해를 배상한 자는 내부관계에서 그 손해를 배상할 책임이 있는 자에게 구상할 수 있다.

제7조 (외국인에 대한 책임) 이 법은 외국인이 피해자인 경우에는 해당 국가와 상호 보증이 있을 때에만 적용한다.

제8조 (다른 법률과의 관계) 국가나 지방자치단체의 손해배상 책임에 관하여는 이 법에 규정된 사항 외에는 「민법」에 따른다. 다만, 「민법」 외의 법률에 다른 규정이 있을 때에는 그 규정에 따른다.

제9조 (소송과 배상신청의 관계) 이 법에 따른 손해배상의 소송은 배상심의회(이하 "심의회"라 한다)에 배상신

청을 하지 아니하고도 제기할 수 있다.

제10조 (배상심의회) ① 국가나 지방자치단체에 대한 배상신청사건을 심의하기 위하여 법무부에 본부심의회를 둔다. 다만, 군인이나 군무원이 타인에게 입힌 손해에 대한 배상신청사건을 심의하기 위하여 국방부에 특별심의회를 둔다.
② 본부심의회와 특별심의회는 대통령령으로 정하는 바에 따라 지구심의회(地區審議會)를 둔다.
③ 본부심의회와 특별심의회와 지구심의회는 법무부장관의 지휘를 받아야 한다.
④ 각 심의회에는 위원장을 두며, 위원장은 심의회의 업무를 총괄하고 심의회를 대표한다.
⑤ 각 심의회의 관할·구성·운영과 그 밖에 필요한 사항은 대통령령으로 정한다.

행정심판법

제1장 총칙

제1조(목적)
이 법은 행정심판 절차를 통하여 행정청의 위법 또는 부당한 처분(處分)이나 부작위(不作爲)로 침해된 국민의 권리 또는 이익을 구제하고, 아울러 행정의 적정한 운영을 꾀함을 목적으로 한다.

제2조(정의) 이 법에서 사용하는 용어의 뜻은 다음과 같다.

처분	행정청이 행하는 구체적 사실에 관한 법집행으로서의 공권력의 행사 또는 그 거부, 그 밖에 이에 준하는 행정작용을 말한다.
부작위	행정청이 당사자의 신청에 대하여 상당한 기간 내에 일정한 처분을 하여야 할 법률상 의무가 있는데도 처분을 하지 아니하는 것을 말한다.
재결(裁決)	행정심판의 청구에 대하여 제6조에 따른 행정심판위원회가 행하는 판단을 말한다.
행정청	행정에 관한 의사를 결정하여 표시하는 국가 또는 지방자치단체의 기관, 그 밖에 법령 또는 자치법규에 따라 행정권한을 가지고 있거나 위탁을 받은 공공단체나 그 기관 또는 사인(私人)을 말한다.

제3조(행정심판의 대상)
① 행정청의 처분 또는 부작위에 대하여는 다른 법률에 특별한 규정이 있는 경우 외에는 이 법에 따라 행정심판을 청구할 수 있다.
② 대통령의 처분 또는 부작위에 대하여는 다른 법률에서 행정심판을 청구할 수 있도록 정한 경우 외에는 행정심판을 청구할 수 없다.

제5조(행정심판의 종류) 행정심판의 종류는 다음 각 호와 같다.

취소심판	행정청의 위법 또는 부당한 처분을 취소하거나 변경하는 행정심판
무효등확인심판	행정청의 처분의 효력 유무 또는 존재 여부를 확인하는 행정심판
의무이행심판	당사자의 신청에 대한 행정청의 위법 또는 부당한 거부처분이나 부작위에 대하여 일정한 처분을 하도록 하는 행정심판

제2장 심판기관

제6조(행정심판위원회의 설치)
① 다음 각 호의 행정청 또는 그 소속 행정청(행정기관의 계층구조와 관계없이 그 감독을 받거나 위탁을 받은 모든 행정청을 말하되, 위탁을 받은 행정청은 그 위탁받은 사무에 관하여는 위탁한 행정청의 소속 행정청으로 본다. 이하 같다)의 처분 또는 부작위에 대한 행정심판의 청구에 대하여는 다음 각 호의 행정청에 두는 행정

심판위원회에서 심리·재결한다.

1. 감사원, 국가정보원장, 그 밖에 대통령령으로 정하는 대통령 소속기관의 장
2. 국회사무총장·법원행정처장·헌법재판소사무처장 및 중앙선거관리위원회사무총장
3. 국가인권위원회, 그 밖에 지위·성격의 독립성과 특수성 등이 인정되어 대통령령으로 정하는 행정청

② 다음 각 호의 행정청의 처분 또는 부작위에 대한 심판청구에 대하여는 「부패방지 및 국민권익위원회의 설치와 운영에 관한 법률」에 따른 국민권익위원회에 두는 중앙행정심판위원회에서 심리·재결한다.

1. 제1항에 따른 행정청 외의 국가행정기관의 장 또는 그 소속 행정청
2. 특별시장·광역시장·특별자치시장·도지사·특별자치도지사(특별시·광역시·특별자치시·도 또는 특별자치도의 교육감을 포함한다. 이하 "시·도지사"라 한다) 또는 특별시·광역시·특별자치시·도·특별자치도(이하 "시·도"라 한다)의 의회(의장, 위원회의 위원장, 사무처장 등 의회 소속 모든 행정청을 포함한다)
3. 「지방자치법」에 따른 지방자치단체조합 등 관계 법률에 따라 국가·지방자치단체·공공법인 등이 공동으로 설립한 행정청. 다만, 제3항제3호에 해당하는 행정청은 제외한다.

③ 다음 각 호의 행정청의 처분 또는 부작위에 대한 심판청구에 대하여는 시·도지사 소속으로 두는 행정심판위원회에서 심리·재결한다.

1. 시·도 소속 행정청
2. 시·도의 관할구역에 있는 시·군·자치구의 장, 소속 행정청 또는 시·군·자치구의 의회(의장, 위원회의 위원장, 사무국장, 사무과장 등 의회 소속 모든 행정청을 포함한다)
3. 시·도의 관할구역에 있는 둘 이상의 지방자치단체(시·군·자치구를 말한다)·공공법인 등이 공동으로 설립한 행정청

④ 제2항제1호에도 불구하고 대통령령으로 정하는 국가행정기관 소속 특별지방행정기관의 장의 처분 또는 부작위에 대한 심판청구에 대하여는 해당 행정청의 직근 상급행정기관에 두는 행정심판위원회에서 심리·재결한다.

제8조(중앙행정심판위원회의 구성)

① 중앙행정심판위원회는 위원장 1명을 포함하여 70명 이내의 위원으로 구성하되, 위원 중 상임위원은 4명 이내로 한다.

② 중앙행정심판위원회의 위원장은 국민권익위원회의 부위원장 중 1명이 되며, 위원장이 없거나 부득이한 사유로 직무를 수행할 수 없거나 위원장이 필요하다고 인정하는 경우에는 상임위원(상임으로 재직한 기간이 긴 위원 순서로, 재직기간이 같은 경우에는 연장자 순서로 한다)이 위원장의 직무를 대행한다.

③ 중앙행정심판위원회의 상임위원은 일반직공무원으로서 「국가공무원법」 제26조의5에 따른 임기제공무원으로 임명하되, 3급 이상 공무원 또는 고위공무원단에 속하는 일반직공무원으로 3년 이상 근무한 사람이나 그 밖에 행정심판에 관한 지식과 경험이 풍부한 사람 중에서 중앙행정심판위원회 위원장의 제청으로 국무총리를 거쳐 대통령이 임명한다.

④ 중앙행정심판위원회의 비상임위원은 제7조제4항 각 호의 어느 하나에 해당하는 사람 중에서 중앙행정심판위원회 위원장의 제청으로 국무총리가 성별을 고려하여 위촉한다.

⑤ 중앙행정심판위원회의 회의(제6항에 따른 소위원회 회의는 제외한다)는 위원장, 상임위원 및 위원장이 회의마다 지정하는 비상임위원을 포함하여 총 9명으로 구성한다.

⑥ 중앙행정심판위원회는 심판청구사건(이하 "사건"이라 한다) 중 「도로교통법」에 따른 자동차운전면허 행정처분에 관한 사건(소위원회가 중앙행정심판위원회에서 심리·의결하도록 결정한 사건은 제외한다)을 심리·의결하게 하기 위하여 4명의 위원으로 구성하는 소위원회를 둘 수 있다.

⑦ 중앙행정심판위원회 및 소위원회는 각각 제5항 및 제6항에 따른 구성원 과반수의 출석과 출석위원 과반수의 찬성으로 의결한다.

제9조(위원의 임기 및 신분보장 등) ① 제7조제4항에 따라 지명된 위원은 그 직에 재직하는 동안 재임한다.
② 제8조제3항에 따라 임명된 중앙행정심판위원회 상임위원의 임기는 3년으로 하며, 1차에 한하여 연임할 수 있다.
③ 제7조제4항 및 제8조제4항에 따라 위촉된 위원의 임기는 2년으로 하되, 2차에 한하여 연임할 수 있다. 다만, 제6조제1항제2호에 규정된 기관에 두는 행정심판위원회의 위촉위원의 경우에는 각각 국회규칙, 대법원규칙, 헌법재판소규칙 또는 중앙선거관리위원회규칙으로 정하는 바에 따른다.
④ 다음 각 호의 어느 하나에 해당하는 사람은 제6조에 따른 행정심판위원회(이하 "위원회"라 한다)의 위원이 될 수 없으며, 위원이 이에 해당하게 된 때에는 당연히 퇴직한다.
1. 대한민국 국민이 아닌 사람
2. 「국가공무원법」 제33조 각 호의 어느 하나에 해당하는 사람
⑤ 제7조제4항 및 제8조제4항에 따라 위촉된 위원은 금고(禁錮) 이상의 형을 선고받거나 부득이한 사유로 장기간 직무를 수행할 수 없게 되는 경우 외에는 임기 중 그의 의사와 다르게 해촉(解囑)되지 아니한다.

제3장 당사자와 관계인

제13조(청구인 적격)

① 취소심판은 처분의 취소 또는 변경을 구할 법률상 이익이 있는 자가 청구할 수 있다. 처분의 효과가 기간의 경과, 처분의 집행, 그 밖의 사유로 소멸된 뒤에도 그 처분의 취소로 회복되는 법률상 이익이 있는 자의 경우에도 또한 같다.
② 무효등확인심판은 처분의 효력 유무 또는 존재 여부의 확인을 구할 법률상 이익이 있는 자가 청구할 수 있다.
③ 의무이행심판은 처분을 신청한 자로서 행정청의 거부처분 또는 부작위에 대하여 일정한 처분을 구할 법률상 이익이 있는 자가 청구할 수 있다.

제17조(피청구인의 적격 및 경정)

① 행정심판은 처분을 한 행정청(의무이행심판의 경우에는 청구인의 신청을 받은 행정청)을 피청구인으로 하여 청구하여야 한다. 다만, 심판청구의 대상과 관계되는 권한이 다른 행정청에 승계된 경우에는 권한을 승계한 행정청을 피청구인으로 하여야 한다.
② 청구인이 피청구인을 잘못 지정한 경우에는 위원회는 직권으로 또는 당사자의 신청에 의하여 결정으로써 피청구인을 경정(更正)할 수 있다.
③ 위원회는 제2항에 따라 피청구인을 경정하는 결정을 하면 결정서 정본을 당사자(종전의 피청구인과 새로운 피청구인을 포함한다. 이하 제6항에서 같다)에게 송달하여야 한다.
④ 제2항에 따른 결정이 있으면 종전의 피청구인에 대한 심판청구는 취하되고 종전의 피청구인에 대한 행정심판이 청구된 때에 새로운 피청구인에 대한 행정심판이 청구된 것으로 본다.
⑤ 위원회는 행정심판이 청구된 후에 제1항 단서의 사유가 발생하면 직권으로 또는 당사자의 신청에 의하여 결정으로써 피청구인을 경정한다. 이 경우에는 제3항과 제4항을 준용한다.
⑥ 당사자는 제2항 또는 제5항에 따른 위원회의 결정에 대하여 결정서 정본을 받은 날부터 7일 이내에 위원회에 이의신청을 할 수 있다.

제4장 행정심판 청구

제23조(심판청구서의 제출)

① 행정심판을 청구하려는 자는 제28조에 따라 심판청구서를 작성하여 피청구인이나 위원회에 제출하여야 한다. 이 경우 피청구인의 수만큼 심판청구서 부본을 함께 제출하여야 한다.

② 행정청이 제58조에 따른 고지를 하지 아니하거나 잘못 고지하여 청구인이 심판청구서를 다른 행정기관에 제출한 경우에는 그 행정기관은 그 심판청구서를 지체 없이 정당한 권한이 있는 피청구인에게 보내야 한다.

③ 제2항에 따라 심판청구서를 보낸 행정기관은 지체 없이 그 사실을 청구인에게 알려야 한다.

④ 제27조에 따른 심판청구 기간을 계산할 때에는 제1항에 따른 피청구인이나 위원회 또는 제2항에 따른 행정기관에 심판청구서가 제출되었을 때에 행정심판이 청구된 것으로 본다.

제24조(피청구인의 심판청구서 등의 접수·처리)

① 피청구인이 제23조제1항·제2항 또는 제26조제1항에 따라 심판청구서를 접수하거나 송부받으면 10일 이내에 심판청구서(제23조제1항·제2항의 경우만 해당된다)와 답변서를 위원회에 보내야 한다. 다만, 청구인이 심판청구를 취하한 경우에는 그러하지 아니하다.

제27조(심판청구의 기간)

① 행정심판은 처분이 있음을 알게 된 날부터 90일 이내에 청구하여야 한다.

② 청구인이 천재지변, 전쟁, 사변(事變), 그 밖의 불가항력으로 인하여 제1항에서 정한 기간에 심판청구를 할 수 없었을 때에는 그 사유가 소멸한 날부터 14일 이내에 행정심판을 청구할 수 있다. 다만, 국외에서 행정심판을 청구하는 경우에는 그 기간을 30일로 한다.

③ 행정심판은 처분이 있었던 날부터 180일이 지나면 청구하지 못한다. 다만, 정당한 사유가 있는 경우에는 그러하지 아니하다.

④ 제1항과 제2항의 기간은 불변기간(不變期間)으로 한다.

⑤ 행정청이 심판청구 기간을 제1항에 규정된 기간보다 긴 기간으로 잘못 알린 경우 그 잘못 알린 기간에 심판청구가 있으면 그 행정심판은 제1항에 규정된 기간에 청구된 것으로 본다.

⑥ 행정청이 심판청구 기간을 알리지 아니한 경우에는 제3항에 규정된 기간에 심판청구를 할 수 있다.

⑦ 제1항부터 제6항까지의 규정은 무효등확인심판청구와 부작위에 대한 의무이행심판청구에는 적용하지 아니한다.

제28조(심판청구의 방식)

① 심판청구는 서면으로 하여야 한다.

제5장 심리

제36조(증거조사)

① 위원회는 사건을 심리하기 위하여 필요하면 직권으로 또는 당사자의 신청에 의하여 다음 각 호의 방법에 따라 증거조사를 할 수 있다.

1. 당사자나 관계인(관계 행정기관 소속 공무원을 포함한다. 이하 같다)을 위원회의 회의에 출석하게 하여 신

문(訊問)하는 방법

2. 당사자나 관계인이 가지고 있는 문서·장부·물건 또는 그 밖의 증거자료의 제출을 요구하고 영치(領置)하는 방법
3. 특별한 학식과 경험을 가진 제3자에게 감정을 요구하는 방법
4. 당사자 또는 관계인의 주소·거소·사업장이나 그 밖의 필요한 장소에 출입하여 당사자 또는 관계인에게 질문하거나 서류·물건 등을 조사·검증하는 방법

제39조(직권심리) 위원회는 필요하면 당사자가 주장하지 아니한 사실에 대하여도 심리할 수 있다.

제40조(심리의 방식)

① 행정심판의 심리는 구술심리나 서면심리로 한다. 다만, 당사자가 구술심리를 신청한 경우에는 서면심리만으로 결정할 수 있다고 인정되는 경우 외에는 구술심리를 하여야 한다.

제41조(발언 내용 등의 비공개) 위원회에서 위원이 발언한 내용이나 그 밖에 공개되면 위원회의 심리·재결의 공정성을 해칠 우려가 있는 사항으로서 대통령령으로 정하는 사항은 공개하지 아니한다.

제6장 재결

제43조(재결의 구분)

① 위원회는 심판청구가 적법하지 아니하면 그 심판청구를 각하(却下)한다.
② 위원회는 심판청구가 이유가 없다고 인정하면 그 심판청구를 기각(棄却)한다.
③ 위원회는 취소심판의 청구가 이유가 있다고 인정하면 처분을 취소 또는 다른 처분으로 변경하거나 처분을 다른 처분으로 변경할 것을 피청구인에게 명한다.
④ 위원회는 무효등확인심판의 청구가 이유가 있다고 인정하면 처분의 효력 유무 또는 처분의 존재 여부를 확인한다.
⑤ 위원회는 의무이행심판의 청구가 이유가 있다고 인정하면 지체 없이 신청에 따른 처분을 하거나 처분을 할 것을 피청구인에게 명한다.

제44조(사정재결)

① 위원회는 심판청구가 이유가 있다고 인정하는 경우에도 이를 인용(認容)하는 것이 공공복리에 크게 위배된다고 인정하면 그 심판청구를 기각하는 재결을 할 수 있다. 이 경우 위원회는 재결의 주문(主文)에서 그 처분 또는 부작위가 위법하거나 부당하다는 것을 구체적으로 밝혀야 한다.
② 위원회는 제1항에 따른 재결을 할 때에는 청구인에 대하여 상당한 구제방법을 취하거나 상당한 구제방법을 취할 것을 피청구인에게 명할 수 있다.
③ 제1항과 제2항은 무효등확인심판에는 적용하지 아니한다.

제45조(재결 기간)

① 재결은 제23조에 따라 피청구인 또는 위원회가 심판청구서를 받은 날부터 60일 이내에 하여야 한다. 다만, 부

득이한 사정이 있는 경우에는 위원장이 직권으로 30일을 연장할 수 있다.
② 위원장은 제1항 단서에 따라 재결 기간을 연장할 경우에는 재결 기간이 끝나기 7일 전까지 당사자에게 알려야 한다.

제47조(재결의 범위)
① 위원회는 심판청구의 대상이 되는 처분 또는 부작위 외의 사항에 대하여는 재결하지 못한다.
② 위원회는 심판청구의 대상이 되는 처분보다 청구인에게 불리한 재결을 하지 못한다.

제48조(재결의 송달과 효력 발생)
① 위원회는 지체 없이 당사자에게 재결서의 정본을 송달하여야 한다. 이 경우 중앙행정심판위원회는 재결 결과를 소관 중앙행정기관의 장에게도 알려야 한다.
② 재결은 청구인에게 제1항 전단에 따라 송달되었을 때에 그 효력이 생긴다.
③ 위원회는 재결서의 등본을 지체 없이 참가인에게 송달하여야 한다.
④ 처분의 상대방이 아닌 제3자가 심판청구를 한 경우 위원회는 재결서의 등본을 지체 없이 피청구인을 거쳐 처분의 상대방에게 송달하여야 한다.

제49조(재결의 기속력 등) ① 심판청구를 인용하는 재결은 피청구인과 그 밖의 관계 행정청을 기속(羈束)한다.
② 당사자의 신청을 거부하거나 부작위로 방치한 처분의 이행을 명하는 재결이 있으면 행정청은 지체 없이 이전의 신청에 대하여 재결의 취지에 따라 처분을 하여야 한다.
③ 신청에 따른 처분이 절차의 위법 또는 부당을 이유로 재결로써 취소된 경우에는 제2항을 준용한다.
④ 법령의 규정에 따라 공고하거나 고시한 처분이 재결로써 취소되거나 변경되면 처분을 한 행정청은 지체 없이 그 처분이 취소 또는 변경되었다는 것을 공고하거나 고시하여야 한다.
⑤ 법령의 규정에 따라 처분의 상대방 외의 이해관계인에게 통지된 처분이 재결로써 취소되거나 변경되면 처분을 한 행정청은 지체 없이 그 이해관계인에게 그 처분이 취소 또는 변경되었다는 것을 알려야 한다.

제51조(행정심판 재청구의 금지) 심판청구에 대한 재결이 있으면 그 재결 및 같은 처분 또는 부작위에 대하여 다시 행정심판을 청구할 수 없다.

행정소송법

제1장 총칙

제1조(목적)
이 법은 행정소송절차를 통하여 행정청의 위법한 처분 그 밖에 공권력의 행사·불행사등으로 인한 국민의 권리 또는 이익의 침해를 구제하고, 공법상의 권리관계 또는 법적용에 관한 다툼을 적정하게 해결함을 목적으로 한다.

제2조(정의) ① 이 법에서 사용하는 용어의 정의는 다음과 같다.

처분등	행정청이 행하는 구체적 사실에 관한 법집행으로서의 공권력의 행사 또는 그 거부와 그 밖에 이에 준하는 행정작용(이하 "처분"이라 한다) 및 행정심판에 대한 재결을 말한다.
부작위	행정청이 당사자의 신청에 대하여 상당한 기간내에 일정한 처분을 하여야 할 법률상 의무가 있음에도 불구하고 이를 하지 아니하는 것을 말한다.

② 이 법을 적용함에 있어서 행정청에는 법령에 의하여 행정권한의 위임 또는 위탁을 받은 행정기관, 공공단체 및 그 기관 또는 사인이 포함된다.

제3조(행정소송의 종류) 행정소송은 다음의 네가지로 구분한다.

항고소송	행정청의 처분등이나 부작위에 대하여 제기하는 소송
당사자소송	행정청의 처분등을 원인으로 하는 법률관계에 관한 소송 그 밖에 공법상의 법률관계에 관한 소송으로서 그 법률관계의 한쪽 당사자를 피고로 하는 소송
민중소송	국가 또는 공공단체의 기관이 법률에 위반되는 행위를 한 때에 직접 자기의 법률상 이익과 관계없이 그 시정을 구하기 위하여 제기하는 소송
기관소송	국가 또는 공공단체의 기관상호간에 있어서의 권한의 존부 또는 그 행사에 관한 다툼이 있을 때에 이에 대하여 제기하는 소송. 다만, 헌법재판소법 제2조의 규정에 의하여 헌법재판소의 관장사항으로 되는 소송은 제외한다.

제4조(항고소송) 항고소송은 다음과 같이 구분한다.

취소소송	행정청의 위법한 처분등을 취소 또는 변경하는 소송
무효등 확인소송	행정청의 처분등의 효력 유무 또는 존재여부를 확인하는 소송
부작위위법확인소송	행정청의 부작위가 위법하다는 것을 확인하는 소송

제2장 취소소송

제1절 재판관할

第9조(재판관할)

① 취소소송의 제1심관할법원은 피고의 소재지를 관할하는 행정법원으로 한다.

② 제1항에도 불구하고 다음 각 호의 어느 하나에 해당하는 피고에 대하여 취소소송을 제기하는 경우에는 대법원 소재지를 관할하는 행정법원에 제기할 수 있다.

1. 중앙행정기관, 중앙행정기관의 부속기관과 합의제행정기관 또는 그 장
2. 국가의 사무를 위임 또는 위탁받은 공공단체 또는 그 장

③ 토지의 수용 기타 부동산 또는 특정의 장소에 관계되는 처분등에 대한 취소소송은 그 부동산 또는 장소의 소재지를 관할하는 행정법원에 이를 제기할 수 있다.

제2절 당사자

제12조(원고적격)	제13조(피고적격)
취소소송은 처분등의 취소를 구할 법률상 이익이 있는 자가 제기할 수 있다. 처분등의 효과가 기간의 경과, 처분등의 집행 그 밖의 사유로 인하여 소멸된 뒤에도 그 처분등의 취소로 인하여 회복되는 법률상 이익이 있는 자의 경우에는 또한 같다.	① 취소소송은 다른 법률에 특별한 규정이 없는 한 그 처분등을 행한 행정청을 피고로 한다. 다만, 처분등이 있은 뒤에 그 처분등에 관계되는 권한이 다른 행정청에 승계된 때에는 이를 승계한 행정청을 피고로 한다. ② 제1항의 규정에 의한 행정청이 없게 된 때에는 그 처분등에 관한 사무가 귀속되는 국가 또는 공공단체를 피고로 한다.

第16조(제3자의 소송참가)

① 법원은 소송의 결과에 따라 권리 또는 이익의 침해를 받을 제3자가 있는 경우에는 당사자 또는 제3자의 신청 또는 직권에 의하여 결정으로써 그 제3자를 소송에 참가시킬 수 있다.

제3절 소의 제기

第18조(행정심판과의 관계)

① 취소소송은 법령의 규정에 의하여 당해 처분에 대한 행정심판을 제기할 수 있는 경우에도 이를 거치지 아니하고 제기할 수 있다. 다만, 다른 법률에 당해 처분에 대한 행정심판의 재결을 거치지 아니하면 취소소송을 제기할 수 없다는 규정이 있는 때에는 그러하지 아니하다.

② 제1항 단서의 경우에도 다음 각호의 1에 해당하는 사유가 있는 때에는 행정심판의 재결을 거치지 아니하고 취소소송을 제기할 수 있다.

1. 행정심판청구가 있은 날로부터 60일이 지나도 재결이 없는 때
2. 처분의 집행 또는 절차의 속행으로 생길 중대한 손해를 예방하여야 할 긴급한 필요가 있는 때
3. 법령의 규정에 의한 행정심판기관이 의결 또는 재결을 하지 못할 사유가 있는 때
4. 그 밖의 정당한 사유가 있는 때

③ 제1항 단서의 경우에 다음 각호의 1에 해당하는 사유가 있는 때에는 행정심판을 제기함이 없이 취소소송을 제

기할 수 있다.

1. 동종사건에 관하여 이미 행정심판의 기각재결이 있은 때
2. 서로 내용상 관련되는 처분 또는 같은 목적을 위하여 단계적으로 진행되는 처분중 어느 하나가 이미 행정심판의 재결을 거친 때
3. 행정청이 사실심의 변론종결후 소송의 대상인 처분을 변경하여 당해 변경된 처분에 관하여 소를 제기하는 때
4. 처분을 행한 행정청이 행정심판을 거칠 필요가 없다고 잘못 알린 때

④ 제2항 및 제3항의 규정에 의한 사유는 이를 소명하여야 한다.

제19조(취소소송의 대상)

취소소송은 처분등을 대상으로 한다. 다만, 재결취소소송의 경우에는 재결 자체에 고유한 위법이 있음을 이유로 하는 경우에 한한다.

제20조(제소기간)

① 취소소송은 처분등이 있음을 안 날부터 90일 이내에 제기하여야 한다. 다만, 제18조제1항 단서에 규정한 경우와 그 밖에 행정심판청구를 할 수 있는 경우 또는 행정청이 행정심판청구를 할 수 있다고 잘못 알린 경우에 행정심판청구가 있은 때의 기간은 재결서의 정본을 송달받은 날부터 기산한다.

② 취소소송은 처분등이 있은 날부터 1년(제1항 단서의 경우는 재결이 있은 날부터 1년)을 경과하면 이를 제기하지 못한다. 다만, 정당한 사유가 있는 때에는 그러하지 아니하다.

③ 제1항의 규정에 의한 기간은 불변기간으로 한다.

제21조(소의 변경) ① 법원은 취소소송을 당해 처분등에 관계되는 사무가 귀속하는 국가 또는 공공단체에 대한 당사자소송 또는 취소소송외의 항고소송으로 변경하는 것이 상당하다고 인정할 때에는 청구의 기초에 변경이 없는 한 사실심의 변론종결시까지 원고의 신청에 의하여 결정으로써 소의 변경을 허가할 수 있다.

② 제1항의 규정에 의한 허가를 하는 경우 피고를 달리하게 될 때에는 법원은 새로이 피고로 될 자의 의견을 들어야 한다.

③ 제1항의 규정에 의한 허가결정에 대하여는 즉시항고할 수 있다.

④ 제1항의 규정에 의한 허가결정에 대하여는 제14조제2항·제4항 및 제5항의 규정을 준용한다.

제23조(집행정지)

① 취소소송의 제기는 처분등의 효력이나 그 집행 또는 절차의 속행에 영향을 주지 아니한다.

② 취소소송이 제기된 경우에 처분등이나 그 집행 또는 절차의 속행으로 인하여 생길 회복하기 어려운 손해를 예방하기 위하여 긴급한 필요가 있다고 인정할 때에는 본안이 계속되고 있는 법원은 당사자의 신청 또는 직권에 의하여 처분등의 효력이나 그 집행 또는 절차의 속행의 전부 또는 일부의 정지(이하 "집행정지"라 한다)를 결정할 수 있다. 다만, 처분의 효력정지는 처분등의 집행 또는 절차의 속행을 정지함으로써 목적을 달성할 수 있는 경우에는 허용되지 아니한다.

③ 집행정지는 공공복리에 중대한 영향을 미칠 우려가 있을 때에는 허용되지 아니한다.

④ 제2항의 규정에 의한 집행정지의 결정을 신청함에 있어서는 그 이유에 대한 소명이 있어야 한다.

⑤ 제2항의 규정에 의한 집행정지의 결정 또는 기각의 결정에 대하여는 즉시항고할 수 있다. 이 경우 집행정지의 결정에 대한 즉시항고에는 결정의 집행을 정지하는 효력이 없다.

⑥ 제30조제1항의 규정은 제2항의 규정에 의한 집행정지의 결정에 이를 준용한다.

제24조(집행정지의 취소)
① 집행정지의 결정이 확정된 후 집행정지가 공공복리에 중대한 영향을 미치거나 그 정지사유가 없어진 때에는 당사자의 신청 또는 직권에 의하여 결정으로써 집행정지의 결정을 취소할 수 있다.
② 제1항의 규정에 의한 집행정지결정의 취소결정과 이에 대한 불복의 경우에는 제23조제4항 및 제5항의 규정을 준용한다.

제5절 재판
제27조(재량처분의 취소) 행정청의 재량에 속하는 처분이라도 재량권의 한계를 넘거나 그 남용이 있는 때에는 법원은 이를 취소할 수 있다.

제28조(사정판결)
① 원고의 청구가 이유있다고 인정하는 경우에도 처분등을 취소하는 것이 현저히 공공복리에 적합하지 아니하다고 인정하는 때에는 법원은 원고의 청구를 기각할 수 있다. 이 경우 법원은 그 판결의 주문에서 그 처분등이 위법함을 명시하여야 한다.
② 법원이 제1항의 규정에 의한 판결을 함에 있어서는 미리 원고가 그로 인하여 입게 될 손해의 정도와 배상방법 그 밖의 사정을 조사하여야 한다.
③ 원고는 피고인 행정청이 속하는 국가 또는 공공단체를 상대로 손해배상, 제해시설의 설치 그 밖에 적당한 구제방법의 청구를 당해 취소소송등이 계속된 법원에 병합하여 제기할 수 있다.

제29조(취소판결등의 효력) ① 처분등을 취소하는 확정판결은 제3자에 대하여도 효력이 있다.
② 제1항의 규정은 제23조의 규정에 의한 집행정지의 결정 또는 제24조의 규정에 의한 그 집행정지결정의 취소결정에 준용한다.
제30조(취소판결등의 기속력) ① 처분등을 취소하는 확정판결은 그 사건에 관하여 당사자인 행정청과 그 밖의 관계행정청을 기속한다.
② 판결에 의하여 취소되는 처분이 당사자의 신청을 거부하는 것을 내용으로 하는 경우에는 그 처분을 행한 행정청은 판결의 취지에 따라 다시 이전의 신청에 대한 처분을 하여야 한다.
③ 제2항의 규정은 신청에 따른 처분이 절차의 위법을 이유로 취소되는 경우에 준용한다.

제4장 당사자소송

제39조(피고적격)
당사자소송은 국가·공공단체 그 밖의 권리주체를 피고로 한다.

제40조(재판관할)
제9조의 규정은 당사자소송의 경우에 준용한다. 다만, 국가 또는 공공단체가 피고인 경우에는 관계행정청의 소재지를 피고의 소재지로 본다.

제41조(제소기간)

당사자소송에 관하여 법령에 제소기간이 정하여져 있는 때에는 그 기간은 불변기간으로 한다.

제43조(가집행선고의 제한)

국가를 상대로 하는 당사자소송의 경우에는 가집행선고를 할 수 없다.

경찰공무원 교육훈련규정

제1조(목적)
이 영은 경찰공무원 및 경찰공무원으로 임용될 자의 교육훈련에 관하여 필요한 사항을 규정함을 목적으로 한다.

제2조(정의) 이 영에서 사용하는 용어의 뜻은 다음과 같다.

경찰기관	국민안전처, 경찰청 및 그 소속기관등을 말한다.
소속기관등	가. 경찰청장의 경우: 경찰대학, 경찰교육원, 중앙경찰학교, 경찰수사연수원, 경찰병원, 지방경찰청, 직할대 및 경찰서 나. 국민안전처장관의 경우: 해양경비안전교육원, 지방해양경비안전본부, 직할단, 직할대, 해양경비안전서 및 해양경비안전정비창
학교교육	경찰대학·경찰교육원·중앙경찰학교·경찰수사연수원 및 해양경비안전교육원(이하 "경찰교육기관"이라 한다)에서 실시하는 교육을 말한다.
위탁교육	「경찰공무원법」(이하 "법"이라 한다) 제17조제3항에 따른 국내외의 교육기관 등에 위탁하여 행하는 교육훈련을 말한다.
직장훈련	경찰기관의 장이 소속경찰공무원의 직무수행능력을 향상시키기 위하여 일상업무를 통하여 행하는 훈련을 말한다.
기타교육훈련	제3호부터 제5호까지의 교육훈련에 속하지 아니하는 교육훈련으로서 경찰기관의 장의 명에 의하거나 경찰공무원 스스로 하는 직무 관련 학습·연구 활동을 말한다.

제4조(교육훈련의 기회)
① 교육훈련의 기회는 모든 경찰공무원에게 균등하게 부여되어야 한다.
② 경찰청장(국민안전처 소속 경찰공무원에 관한 사항의 경우에는 국민안전처장관을 말한다. 이하 같다)이 교육인원을 배정할 때에는 교육과정별 우선순위에 따라 소속기관등별로 균등히 하여야 한다.

제5조(교육계획)
① 경찰청장은 연도개시 2월전까지 다음 연도의 경찰공무원 교육훈련에 관한 일반지침을 작성하고 교육인원의 배정을 하여야 한다.
② 경찰교육기관의 장은 제1항의 일반지침 및 교육인원의 배정에 따라 연도개시1월전까지 다음 각호의 사항을 포함한 교육계획을 작성하여야 한다.
1. 당해연도의 교육훈련기본방향
2. 교육훈련과정별 교육훈련의 목표·기간 및 대상
3. 피교육자의 선발계획
4. 교육훈련과정별 각 과목의 교수요목
5. 교재편찬 및 교재심의계획
6. 교육훈련의 평가방법

7. 기타 필요한 사항

③ 경찰기관의 장은 제1항의 일반지침에 따라 직장훈련계획을 작성하여야 한다.

④ 소속기관등의 장은 제1항의 교육인원의 배정에 따라 교육대상자를 선발하고 그 순위를 정하여야 한다.

제8조(신임·기본·전문교육)

① 경찰공무원으로 신규채용된 자로서 제6조제2항의 규정에 의한 임용전 신임교육을 받지 아니한 자는 신규채용된 후 신임교육을 받아야 한다. 다만, 경사이상의 경찰공무원으로 신규채용된 자로서 제2항의 규정에 의한 해당교육을 받은 자는 그러하지 아니하다.

② 경정·경감·경위 및 경사(경찰공무원승진임용규정 제24조제1항 및 제36조제1항의 규정에 의하여 경정·경감·경위 및 경사 승진후보자명부에 등재된 자를 포함한다)는 해당 계급별 기본교육을 받아야 한다.

③ 경찰청장이 정하는 바에 의하여 교육훈련대상자로 선발된 총경(경찰공무원승진임용규정 제24조제1항의 규정에 의하여 총경승진후보자명부에 등재된 자를 포함한다)은 기본교육으로 치안정책교육을 받아야 한다

④ 경정 이하 경찰공무원은 직무와 관련된 전문교육을 받아야 한다.

제12조(위탁교육을 받을 자)

법 제17조제3항의 규정에 의한 위탁교육을 받을 자는 다음 각호에 해당하는 자중에서 경찰청장이 따로 정하는 방법으로 선발한다. 다만, 교수요원은 그러하지 아니할 수 있다.

1. 위탁교육분야에 대하여 경찰청장이 정하는 기준에 해당하는 자
2. 「공무원 인재개발법 시행령」 제32조 각호에 해당하는 자
3. 징계처분을 받은 자는 그 집행이 종료된 날부터 1년이 경과된 자
4. 휴직중이 아닌 자

제13조(위탁교육과 학교교육과의 관계)

① 경감 또는 경위로서 당해 직무와 관련된 전문분야의 위탁교육을 받은 자는 그에 상응하는 제8조제3항의 규정에 의한 전문화교육을 받은 것으로 본다.

② 위탁교육기관에서 받은 포상 또는 징계는 경찰교육기관에서 받은 포상 또는 징계로 본다.

제14조(위탁교육이수자 결과보고)

위탁교육을 이수한 자는 교육훈련결과보고서를 그 이수후 출근하는 날로부터 30일안에 경찰청장에게 제출하여야 한다.

제15조(의무복무) 경찰간부후보생과정을 졸업하고 경찰공무원으로 임용된 자는 수업연한에 해당하는 기간 경찰공무원으로 복무할 의무가 있다.

제20조(수료점수미달자에 대한 인사조치)

① 교육훈련에서 수료점수에 미달된 경찰공무원은 1회에 한하여 다시 그 과정의 교육훈련을 받게 할 수 있다.

② 임용권자는 제1항의 규정에 의하여 다시 교육훈련을 받은 경찰공무원이 재차 수료점수에 미달하고 직무수행능력 또는 성실성이 현저히 결여되어 법 제22조제1항제2호의 규정에 의한 직권면직사유에 해당된다고 인정하는

때에는 관할징계위원회에 직권면직의 동의를 요구할 수 있다

제20조의2(퇴학처분)

① 경찰교육기관의 장은 피교육자가 다음 각호의 1에 해당하게 된 때에는 퇴학처분을 하고, 해당 소속기관등의 장에게 이를 통보하여야 한다.

1. 입교명령을 받은 자가 타인으로 하여금 대리로 교육훈련을 받게 한 때
2. 정당한 이유없이 결석한 때
3. 수업을 극히 태만히 한 때
4. 생활성적이 극히 불량한 때
5. 시험중 부정한 행위를 한 때
6. 경찰교육기관의 장의 교육훈련에 관한 지시에 따르지 아니한 때
7. 질병 기타 피교육자의 특수사정으로 인하여 교육훈련을 계속 받을 수 없게 된 때

② 소속기관등의 장은 제1항제1호 내지 제6호의 사유로 인하여 퇴학처분을 당한 자 또는 정당한 이유없이 등록을 기피한 자로서 국가공무원법 제78조제1항 각호의 1에 해당한다고 인정하는 때에는 관할징계위원회에 징계의결을 요구하고, 이를 경찰교육기관의 장에게 통보하여야 한다.

③ 제1항의 규정에 의하여 퇴학처분을 받은 자는 차후 다시 교육훈련을 받아야 한다.

교육과정별 교육대상·교육기간 및 교육기관표

<table>
<tr><th colspan="2">구분
교육과정</th><th>교육대상</th><th>교육
기간
(시간)</th><th>교육
기관</th><th>비고</th></tr>
<tr><td rowspan="2">신임
교육
과정</td><td>신규채용자
교육과정</td><td>경찰공무원으로 임용될 자 또는임용된 자</td><td>34주</td><td>중앙경찰학교</td><td rowspan="7">전투경찰순경 출신자, 특수 경과(항공·통신·운전)의 경찰공무원 및 경찰청장이 지정하는 경찰공무원에 대한 신임교육과정은 최소 12주에서 최대 24주로 단축할 수 있다.</td></tr>
<tr><td>간부후보생
교육과정</td><td>간부후보생</td><td>52주</td><td>경찰교육원</td></tr>
<tr><td rowspan="5">기본
교육
과정</td><td>경사기본
교육과정</td><td>경사 및 승진후보자</td><td>30시간</td><td rowspan="2">사이버교육
(경찰교육원)</td></tr>
<tr><td>경위기본
교육과정</td><td>경위 및 승진후보자</td><td>30시간</td></tr>
<tr><td>경감기본
교육과정</td><td>경감 및 승진후보자</td><td>2주</td><td rowspan="3">경찰대학</td></tr>
<tr><td>경정기본
교육과정</td><td>경정 및 승진후보자</td><td>2주</td></tr>
<tr><td>치안정책
교육과정</td><td>총경 및 승진후보자</td><td>24주</td></tr>
</table>

경찰공무원법

제1조(목적)

이 법은 국가경찰공무원의 책임 및 직무의 중요성과 신분 및 근무 조건의 특수성에 비추어 그 임용, 교육훈련, 복무(服務), 신분보장 등에 관하여 「국가공무원법」에 대한 특례를 규정함을 목적으로 한다.

제1조의2(정의)

임용	신규채용 · 승진 · 전보 · 파견 · 휴직 · 직위해제 · 정직 · 강등 · 복직 · 면직 · 해임 및 파면
전보	경찰공무원의 동일 직위 및 자격 내에서의 근무기관이나 부서를 달리하는 임용
복직	휴직 · 직위해제 또는 정직(강등에 따른 정직을 포함한다) 중에 있는 경찰공무원을 직위에 복귀시키는 것

제2조(계급 구분)

국가경찰공무원(이하 "경찰공무원"이라 한다)의 계급은 치안총감(治安總監), 치안정감(治安正監), 치안감(治安監), 경무관(警務官), 총경(總警), 경정(警正), 경감(警監), 경위(警衛), 경사(警査), 경장(警長), 순경(巡警)으로 구분한다.

제3조(경과 구분)

① 경찰공무원은 그 직무의 종류에 따라 경과(警科)에 의하여 구분할 수 있다.
② 경과의 구분에 필요한 사항은 대통령령으로 정한다.

제4조(경찰공무원인사위원회의 설치)

① 경찰공무원의 인사(人事)에 관한 중요 사항에 대하여 경찰청장 또는 해양경찰청장의 자문에 응하게 하기 위하여 경찰청과 해양경찰청에 경찰공무원인사위원회를 둔다.

제6조(임용권자)

① 총경 이상의 경찰공무원은 경찰청장 또는 해양경찰청장의 추천을 받아 안전행정부장관 또는 해양수산부장관의 제청으로 국무총리를 거쳐 대통령이 임용한다. 다만, 해양경찰청장은 해양수산부장관의 제청으로 국무총리를 거쳐 대통령이 임명하고, 총경의 전보, 휴직, 직위해제, 강등, 정직 및 복직은 경찰청장 또는 해양경찰청장이 한다.
② 경정 이하의 경찰공무원은 경찰청장 또는 해양경찰청장이 임용한다. 다만, 경정으로의 신규채용, 승진임용 및 면직은 경찰청장 또는 해양경찰청장의 제청으로 국무총리를 거쳐 대통령이 한다.
③ 경찰청장 또는 해양경찰청장은 대통령령으로 정하는 바에 따라 경찰공무원의 임용에 관한 권한의 일부를 소속 기관의 장, 지방경찰청장 또는 지방해양경찰관서의 장에게 위임할 수 있다.

제7조(임용자격 및 결격사유)

경찰공무원법	국가공무원법
① 경찰공무원은 신체 및 사상이 건전하고 품행이 방정(方正)한 사람 중에서 임용한다.	제26조(임용의 원칙) 공무원의 임용은 시험성적·근무성적, 그 밖의 능력의 실증에 따라 행한다. 다만, 국가기관의 장은 대통령령등으로 정하는 바에 따라 장애인·이공계전공자·저소득층 등에 대한 채용·승진·전보 등 인사관리상의 우대와 실질적인 양성 평등을 구현하기 위한 적극적인 정책을 실시할 수 있다.
② 다음 각 호의 어느 하나에 해당하는 사람은 경찰공무원으로 임용될 수 없다. 1. 대한민국 국적을 가지지 아니한 사람 2. 「국적법」 제11조의2제1항에 따른 복수국적자 3. 금치산자 또는 한정치산자 4. 파산선고를 받고 복권되지 아니한 사람 5. 자격정지 이상의 형(刑)을 선고받은 사람 6. 자격정지 이상의 형의 선고유예를 선고받고 그 유예기간 중에 있는 사람 7. 징계에 의하여 파면 또는 해임처분을 받은 사람	제33조(결격사유) 다음 각 호의 어느 하나에 해당하는 자는 공무원으로 임용될 수 없다. 1. 피성년후견인 또는 피한정후견인 2. 파산선고를 받고 복권되지 아니한 자 3. 금고 이상의 실형을 선고받고 그 집행이 종료되거나 집행을 받지 아니하기로 확정된 후 5년이 지나지 아니한 자 4. 금고 이상의 형을 선고받고 그 집행유예 기간이 끝난 날부터 2년이 지나지 아니한 자 5. 금고 이상의 형의 선고유예를 받은 경우에 그 선고유예 기간 중에 있는 자 6. 법원의 판결 또는 다른 법률에 따라 자격이 상실되거나 정지된 자 6의2. 공무원으로 재직기간 중 직무와 관련하여 「형법」 제355조 및 제356조에 규정된 죄를 범한 자로서 300만원 이상의 벌금형을 선고받고 그 형이 확정된 후 2년이 지나지 아니한 자 6의3. 「형법」 제303조 또는 「성폭력범죄의 처벌 등에 관한 특례법」 제10조에 규정된 죄를 범한 사람으로서 300만원 이상의 벌금형을 선고받고 그 형이 확정된 후 2년이 지나지 아니한 사람 7. 징계로 파면처분을 받은 때부터 5년이 지나지 아니한 자 8. 징계로 해임처분을 받은 때부터 3년이 지나지 아니한 자

제8조(신규채용)

① 경정 및 순경의 신규채용은 공개경쟁시험으로 한다.

② 경위의 신규채용은 경찰대학을 졸업한 사람 및 대통령령으로 정하는 자격을 갖추고 공개경쟁시험으로 선발된 사람(이하 "경찰간부후보생"이라 한다)으로서 교육훈련을 마치고 정하여진 시험에 합격한 사람 중에서 한다.

③ 다음 각 호의 어느 하나에 해당하는 경우에는 특별채용시험으로 경찰공무원을 신규채용(이하 "특별채용"이라 한다)할 수 있다.

1. 퇴직한 경찰공무원을 퇴직한 날부터 2년 이내에 퇴직 시에 재직하였던 계급의 경찰공무원으로 재임용하는 경우
2. 공개경쟁시험으로 임용하는 것이 부적당한 경우에 임용예정 직무에 관련된 자격증 소지자를 임용하는 경우
3. 임용예정직에 상응하는 근무실적 또는 연구실적이 있거나 전문지식을 가진 사람을 임용하는 경우
4. 「국가공무원법」에 따른 5급 공무원의 공개경쟁채용시험이나 「사법시험법」에 따른 사법시험에 합격한 사람을 경정 이하의 경찰공무원으로 임용하는 경우

5. 「국가공무원법」 제85조에 따라 재학 중에 장학금을 받고 졸업한 사람을 임용하는 경우
6. 섬, 외딴곳 등 특수지역에서 근무할 사람을 임용하는 경우
7. 외국어에 능통한 사람을 임용하는 경우
8. 제주특별자치도의 자치경찰공무원(이하 "자치경찰공무원"이라 한다)을 그 계급에 상응하는 경찰공무원으로 임용하는 경우

④ 제3항에 따른 특별채용을 할 때에는 동일한 사유에 해당하는 여러 사람을 제한경쟁의 방법으로 채용할 수 있다.

⑤ 제2항에 따른 경찰간부후보생의 교육훈련, 제3항에 따라 특별채용할 수 있는 경찰공무원의 계급, 임용예정직에 관련된 자격증의 구분, 근무실적 또는 연구실적, 전보 제한 등에 관한 사항은 대통령령으로 정한다.

제8조의2(부정행위자에 대한 제재)

경찰청장 또는 해양경찰청장은 경찰공무원의 채용시험 또는 경찰간부후보생 공개경쟁선발시험에서 부정행위를 한 응시자에 대하여는 해당 시험을 정지 또는 무효로 하고, 그 처분이 있은 날부터 5년간 시험응시자격을 정지한다.

제9조(채용후보자 명부 등)

① 경찰청장 또는 해양경찰청장(제6조제3항에 따라 임용권을 위임받은 자를 포함한다)은 신규채용시험에 합격한 사람(경찰대학을 졸업한 사람과 경찰간부후보생을 포함한다)을 대통령령으로 정하는 바에 따라 성적 순위에 따라 채용후보자 명부에 등재(登載)하여야 한다.

② 경찰공무원의 신규채용은 제1항에 따른 채용후보자 명부의 등재 순위에 따른다. 다만, 채용후보자가 경찰교육기관에서 신임교육을 받은 경우에는 그 교육성적 순위에 따른다.

③ 제1항에 따른 채용후보자 명부의 유효기간은 2년의 범위에서 대통령령으로 정한다. 다만, 경찰청장 또는 해양경찰청장은 필요에 따라 1년의 범위에서 그 기간을 연장할 수 있다.

④ 경찰청장 또는 해양경찰청장은 채용후보자 명부의 유효기간을 연장하기로 결정한 경우에는 그 사실을 공고하여야 한다.

⑤ 제1항에 따른 채용후보자 명부의 작성 및 운영에 필요한 사항은 대통령령으로 정한다.

⑥ 임용권자는 경찰공무원의 결원을 보충할 때 채용후보자 명부 또는 승진후보자 명부에 등재된 후보자 수가 결원 수보다 적고, 인사행정 운영상 특히 필요하다고 인정할 때에는 그 결원된 계급에 관하여 다른 임용권자가 작성한 자치경찰공무원의 신규임용후보자 명부 또는 승진후보자 명부를 해당 기관의 채용후보자 명부 또는 승진후보자 명부로 보아 해당 자치경찰공무원을 임용할 수 있다. 이 경우 임용권자는 그 자치경찰공무원의 임용권자와 협의하여야 한다.

제10조(시보임용)

① 경정 이하의 경찰공무원을 신규채용할 때에는 1년간 시보(試補)로 임용하고, 그 기간이 만료된 다음 날에 정규 경찰공무원으로 임용한다.

② 휴직기간, 직위해제기간 및 징계에 의한 정직처분 또는 감봉처분을 받은 기간은 제1항에 따른 시보임용기간에 산입하지 아니한다.

③ 시보임용기간 중에 있는 경찰공무원이 근무성적 또는 교육훈련성적이 불량할 때에는 「국가공무원법」 제68조 및 이 법 제22조에도 불구하고 면직시키거나 면직을 제청할 수 있다.

④ 다음 각 호의 어느 하나에 해당하는 경우에는 시보임용을 거치지 아니한다.
  1. 경찰대학을 졸업한 사람 또는 경찰간부후보생으로서 정하여진 교육을 마친 사람을 경위로 임용하는 경우
  2. 경찰공무원으로서 대통령령으로 정하는 상위계급으로의 승진에 필요한 자격 요건을 갖추고 임용예정 계급에 상응하는 공개경쟁 채용시험에 합격한 사람을 해당 계급의 경찰공무원으로 임용하는 경우
  3. 퇴직한 경찰공무원으로서 퇴직 시에 재직하였던 계급의 채용시험에 합격한 사람을 재임용하는 경우
  4. 자치경찰공무원을 그 계급에 상응하는 경찰공무원으로 임용하는 경우

제10조의2(경찰공무원과 자치경찰공무원 간의 인사 교류)

① 경찰청장은 경찰공무원의 능력을 발전시키고 국가경찰과 자치경찰 사무의 연계성을 높이기 위하여 국가경찰과 자치경찰 간에 긴밀한 인사 교류가 될 수 있도록 노력하여야 한다.
② 제8조제3항제8호에 따라 자치경찰공무원을 경찰공무원으로 채용할 때에는 특별채용시험을 거치지 아니할 수 있다.

제11조(승진)

① 경찰공무원은 바로 아래 하위계급에 있는 경찰공무원 중에서 근무성적평정, 경력평정, 그 밖의 능력을 실증(實證)하여 승진임용한다.
② 경무관 이하 계급으로의 승진은 승진심사에 의하여 한다. 다만, 경정 이하 계급으로의 승진은 대통령령으로 정하는 비율에 따라 승진시험과 승진심사를 병행할 수 있다.
④ 총경 이하의 경찰공무원에 대하여는 대통령령으로 정하는 바에 따라 계급별로 승진대상자 명부를 작성하여야 한다.

제11조의2(근속승진)

① 경찰청장 또는 해양경찰청장은 제11조제2항에도 불구하고 해당 계급에서 다음 각 호의 기간 동안 재직한 사람을 경장, 경사, 경위, 경감으로 각각 근속승진임용 할 수 있다.
  1. 순경을 경장으로 근속승진임용하려는 경우: 해당 계급에서 5년 이상 근속자
  2. 경장을 경사로 근속승진임용하려는 경우: 해당 계급에서 6년 이상 근속자
  3. 경사를 경위로 근속승진임용하려는 경우: 해당 계급에서 7년 6개월 이상 근속자
  4. 경위를 경감으로 근속승진임용하려는 경우: 해당 계급에서 12년 이상 근속자
② 제1항에 따라 근속승진한 경찰공무원이 근무하는 기간에는 그에 해당하는 직급의 정원이 따로 있는 것으로 보고, 종전 직급의 정원은 감축된 것으로 본다.

제12조(승진심사위원회)

① 승진심사를 하기 위하여 경찰청과 해양경찰청에 중앙승진심사위원회를 두고, 경찰청 · 해양경찰청 · 지방경찰청과 대통령령으로 정하는 경찰기관 및 지방해양경찰관서에 보통승진심사위원회를 둔다.
② 승진심사위원회는 제11조제4항에 따라 작성된 승진대상자 명부의 선순위자(제11조제2항 단서에 따른 승진시험에 합격된 승진후보자는 제외한다) 순으로 승진시키려는 결원의 5배수의 범위에 있는 사람 중에서 승진후보자를 심사 · 선발한다.

제13조(승진후보자 명부 등)

① 경찰청장 또는 해양경찰청장(제6조제3항에 따라 임용권을 위임받은 자를 포함한다)은 제11조제2항 및 제3항에 따른 승진시험에 합격한 사람과 제12조제2항에 따라 승진후보자로 선발된 사람을 대통령령으로 정하는 바에 따라 승진후보자 명부에 등재하여야 한다.

② 경무관 이하 계급으로의 승진은 제1항에 따른 승진후보자 명부의 등재 순위에 따른다.

제14조(특별유공자 등의 특별승진)

① 경찰공무원으로서 다음 각 호의 어느 하나에 해당되는 사람에 대하여는 제11조에도 불구하고 1계급 특별승진시킬 수 있다. 다만, 경위 이하의 경찰공무원으로서 모든 경찰공무원의 귀감이 되는 공을 세우고 전사하거나 순직한 사람에 대하여는 2계급 특별승진시킬 수 있다.

1. 「국가공무원법」 제40조의4제1항제1호부터 제4호까지의 규정 중 어느 하나에 해당되는 사람
2. 전사하거나 순직한 사람
3. 직무 수행 중 현저한 공적을 세운 사람

제20조(복제 및 무기 휴대)

① 경찰공무원은 제복을 착용하여야 한다.

② 경찰공무원은 직무 수행을 위하여 필요하면 무기를 휴대할 수 있다.

제21조(당연퇴직)

경찰공무원이 제7조제2항 각 호의 어느 하나에 해당하게 된 경우에는 당연히 퇴직한다. 다만, 같은 항 제6호에 해당하게 된 경우에는 그러하지 아니하다.

제22조(직권면직)

① 임용권자는 경찰공무원이 다음 각 호의 어느 하나에 해당될 때에는 직권으로 면직시킬 수 있다.

1. 「국가공무원법」 제70조제1항제3호부터 제5호까지의 규정 중 어느 하나에 해당될 때

> **국가공무원법 제70조(직권면직)**
>
> 3. 직제와 정원의 개폐 또는 예산의 감소 등에 따라 폐직(廢職) 또는 과원(過員)이 되었을 때
> 4. 휴직 기간이 끝나거나 휴직 사유가 소멸된 후에도 직무에 복귀하지 아니하거나 직무를 감당할 수 없을 때
> 5. 제73조의3제3항에 따라 대기 명령을 받은 자가 그 기간에 능력 또는 근무성적의 향상을 기대하기 어렵다고 인정된 때

2. 경찰공무원으로는 부적합할 정도로 직무 수행능력이나 성실성이 현저하게 결여된 사람으로서 대통령령으로 정하는 사유에 해당된다고 인정될 때
3. 직무를 수행하는 데에 위험을 일으킬 우려가 있을 정도의 성격적 또는 도덕적 결함이 있는 사람으로서 대통령령으로 정하는 사유에 해당된다고 인정될 때

경찰공무원임용령

제47조(직권면직사유) ① 법 제22조제1항제2호에서 "대통령령이 정하는 사유"라 함은 다음 각호의 경우를 말한다.

1. 지능저하 또는 판단력의 부족으로 경찰업무를 감당할 수 없는 경우
2. 책임감의 결여로 직무수행에 성의가 없고 위험한 직무에 당하여 고의로 직무수행을 기피 또는 포기하는 경우

② 법 제22조제1항제3호에서 "대통령령이 정하는 사유"라 함은 다음 각호의 경우를 말한다.

1. 인격장애, 알코올·약물중독 그 밖의 정신장애로 인하여 경찰업무를 감당할 수 없는 경우
2. 사행행위 또는 재산의 낭비로 인한 채무과다, 부정한 이성관계 등 도덕적 결함이 현저하여 타인의 비난을 받는 경우

4. 해당 경과에서 직무를 수행하는 데 필요한 자격증의 효력이 상실되거나 면허가 취소되어 담당 직무를 수행할 수 없게 되었을 때

② 제1항제2호·제3호 또는 「국가공무원법」 제70조제1항제5호의 사유로 면직시키는 경우에는 제26조에 따른 징계위원회의 동의를 받아야 한다.

③ 「국가공무원법」 제70조제1항제4호의 사유로 인한 직권면직일은 휴직기간의 만료일이나 휴직 사유의 소멸일로 한다.

제24조(정년)

① 경찰공무원의 정년은 다음과 같다.

연령정년	60세
계급정년	치안감 4년, 경무관 6년, 총경 11년, 경정 14년

② 징계로 인하여 강등(경감으로 강등된 경우를 포함한다)된 경찰공무원의 계급정년은 제1항제2호에도 불구하고 다음 각 호에 따른다.

1. 강등된 계급의 계급정년은 강등되기 전 계급 중 가장 높은 계급의 계급정년으로 한다.
2. 계급정년을 산정할 때에는 강등되기 전 계급의 근무연수와 강등 이후의 근무연수를 합산한다.

③ 수사, 정보, 외사(外事), 보안 등 특수 부문에 근무하는 경찰공무원으로서 대통령령으로 정하는 바에 따라 지정을 받은 사람은 총경 및 경정의 경우에는 3년의 범위에서 대통령령으로 정하는 바에 따라 계급정년을 연장할 수 있다.

④ 경찰청장 또는 해양경찰청장은 전시·사변이나 그 밖에 이에 준하는 비상사태에서는 2년의 범위에서 계급정년을 연장할 수 있다. 이 경우 경무관 이상의 경찰공무원에 대하여는 안전행정부장관 또는 해양수산부장관과 국무총리를 거쳐 대통령의 승인을 받아야 하고, 총경·경정의 경찰공무원에 대하여는 국무총리를 거쳐 대통령의 승인을 받아야 한다.

⑤ 경찰공무원은 그 정년이 된 날이 1월에서 6월 사이에 있으면 6월 30일에 당연퇴직하고, 7월에서 12월 사이에 있으면 12월 31일에 당연퇴직한다.

⑥ 계급정년을 산정할 때 자치경찰공무원으로 근무한 경력이 있는 경찰공무원의 경우에는 그 계급에 상응하는 자치경찰공무원으로 근무한 연수(年數)를 산입한다.

국가공무원법

제74조의2(명예퇴직 등) ① 공무원으로 20년 이상 근속(勤續)한 자가 정년 전에 스스로 퇴직(임기제공무원이 아닌 경력직공무원이 임기제공무원으로 임용되어 퇴직하는 경우로서 대통령령으로 정하는 경우를 포함한다)하면 예산의 범위에서 명예퇴직 수당을 지급할 수 있다.

② 직제와 정원의 개폐 또는 예산의 감소 등에 따라 폐직 또는 과원이 되었을 때에 20년 미만 근속한 자가 정년 전에 스스로 퇴직하면 예산의 범위에서 수당을 지급할 수 있다.

③ 제1항에 따라 명예퇴직수당을 지급받은 자가 다음 각 호의 어느 하나에 해당하는 경우에는 명예퇴직수당을 지급한 국가기관의 장이 그 명예퇴직 수당을 환수하여야 한다. 다만, 제2호에 해당하는 경우로서 국가공무원으로 재임용된 경우에는 재임용한 국가기관의 장이 환수하여야 한다.

1. 재직 중의 사유로 금고 이상의 형을 받은 경우

1의2. 재직 중에 「형법」 제129조부터 제132조까지에 규정된 죄를 범하여 금고 이상의 형의 선고유예를 받은 경우

1의3. 재직 중에 직무와 관련하여 「형법」 제355조 또는 제356조에 규정된 죄를 범하여 300만원 이상의 벌금형을 선고받고 그 형이 확정되거나 금고 이상의 형의 선고유예를 받은 경우

2. 경력직공무원, 그 밖에 대통령령등으로 정하는 공무원으로 재임용되는 경우

3. 명예퇴직 수당을 초과하여 지급받거나 그 밖에 명예퇴직 수당의 지급 대상이 아닌 자가 지급받은 경우

제25조(고충심사위원회)

① 경찰공무원의 인사상담 및 고충을 심사하기 위하여 경찰청, 해양경찰청, 지방경찰청, 대통령령으로 정하는 경찰기관 및 지방해양경찰관서에 경찰공무원 고충심사위원회를 둔다.

② 경찰공무원 고충심사위원회의 심사를 거친 재심청구와 경정 이상의 경찰공무원의 인사상담 및 고충심사는 「국가공무원법」에 따라 설치된 중앙고충심사위원회에서 한다.

제26조(징계위원회)

① 경무관 이상의 경찰공무원에 대한 징계의결은 「국가공무원법」에 따라 국무총리 소속으로 설치된 징계위원회에서 한다.

② 총경 이하의 경찰공무원에 대한 징계의결을 하기 위하여 대통령령으로 정하는 경찰기관 및 해양경찰관서에 경찰공무원 징계위원회를 둔다.

제27조(징계의 절차)

경찰공무원의 징계는 징계위원회의 의결을 거쳐 징계위원회가 설치된 소속 기관의 장이 하되, 「국가공무원법」에 따라 국무총리 소속으로 설치된 징계위원회에서 의결한 징계는 경찰청장 또는 해양경찰청장이 한다. 다만, 파면·해임·강등 및 정직은 징계위원회의 의결을 거쳐 해당 경찰공무원의 임용권자가 하되, 경무관 이상의 강등 및 정직과 경정 이상의 파면 및 해임은 경찰청장 또는 해양경찰청장의 제청으로 안전행정부장관 또는 해양수산부장관과 국무총리를 거쳐 대통령이 하고, 총경 및 경정의 강등 및 정직은 경찰청장 또는 해양경찰청장이 한다.

제28조(행정소송의 피고)

징계처분, 휴직처분, 면직처분, 그 밖에 의사에 반하는 불리한 처분에 대한 행정소송의 경우에는 경찰청장 또는 해양경찰청장을 피고로 한다. 다만, 제6조제3항에 따라 임용권을 위임한 경우에는 그 위임을 받은 자를 피고로

한다.

제30조(「국가공무원법」과의 관계)

① 경찰공무원에 대하여는 「국가공무원법」 제73조의4, 제76조제2항부터 제5항까지의 규정을 적용하지 아니하며, 치안총감과 치안정감에 대하여는 「국가공무원법」 제68조 본문을 적용하지 아니한다.

② 「국가공무원법」을 경찰공무원에게 적용할 때에는 다음 각 호에 따른다.

1. 「국가공무원법」 제32조의5 및 제43조 중 "직급"은 "계급"으로 본다.
2. 「국가공무원법」 제42조제2항, 제85조제1항 및 제2항 중 "안전행정부장관"은 "경찰청장 또는 해양경찰청장"으로 본다.
3. 「국가공무원법」 제67조, 제68조, 제78조제1항제1호 및 제2항, 제80조제7항 및 제8항 중 "이 법"은 "이 법 및 「국가공무원법」"으로 본다.
4. 「국가공무원법」 제71조제2항제3호 중 "중앙인사관장기관의 장"은 "경찰청장 또는 해양경찰청장"으로 본다.

제31조(벌칙)

① 경찰공무원으로서 전시·사변, 그 밖에 이에 준하는 비상사태이거나 작전 수행 중인 경우에 제18조제2항 또는 제19조, 「국가공무원법」 제58조제1항을 위반한 사람은 3년 이상의 징역이나 금고에 처하며, 제18조제1항, 「국가공무원법」 제57조를 위반한 사람은 7년 이하의 징역이나 금고에 처한다.

② 제1항의 경우 외에 집단 살상의 위급 사태가 발생한 경우에 제18조 또는 제19조, 「국가공무원법」 제57조 및 제58조제1항을 위반한 사람은 7년 이하의 징역이나 금고에 처한다.

③ 경찰공무원으로서 「국가공무원법」 제65조를 위반한 사람은 3년 이하의 징역과 3년 이하의 자격정지에 처하고, 그 죄에 대한 공소시효의 기간은 「형사소송법」 제249조제1항에도 불구하고 10년으로 한다.

④ 경찰공무원으로서 「국가공무원법」 제44조 또는 제45조를 위반한 사람은 1년 이하의 징역 또는 100만원 이하의 벌금에 처하고, 같은 법 제66조를 위반한 사람은 2년 이하의 징역 또는 200만원 이하의 벌금에 처한다.

국가공무원법

제1조(목적)

이 법은 각급 기관에서 근무하는 모든 국가공무원에게 적용할 인사행정의 근본 기준을 확립하여 그 공정을 기함과 아울러 국가공무원에게 국민 전체의 봉사자로서 행정의 민주적이며 능률적인 운영을 기하게 하는 것을 목적으로 한다.

제2조(공무원의 구분)

① 국가공무원(이하 "공무원"이라 한다)은 경력직공무원과 특수경력직공무원으로 구분한다.
② 구분

경력직공무원	의의	실적과 자격에 따라 임용되고 그 신분이 보장되며 평생 동안(근무기간을 정하여 임용하는 공무원의 경우에는 그 기간 동안을 말한다) 공무원으로 근무할 것이 예정되는 공무원을 말하며, 그 종류는 다음 각 호와 같다.
	일반직공무원	기술·연구 또는 행정 일반에 대한 업무를 담당하는 공무원
	특정직공무원	법관, 검사, 외무공무원, 경찰공무원, 소방공무원, 교육공무원, 군인, 군무원, 헌법재판소 헌법연구관, 국가정보원의 직원과 특수 분야의 업무를 담당하는 공무원으로서 다른 법률에서 특정직공무원으로 지정하는 공무원
특수경력직 공무원	의의	경력직공무원 외의 공무원을 말하며, 그 종류는 다음 각 호와 같다.
	정무직공무원	가. 선거로 취임하거나 임명할 때 국회의 동의가 필요한 공무원 나. 고도의 정책결정 업무를 담당하거나 이러한 업무를 보조하는 공무원으로서 법률이나 대통령령(대통령비서실 및 국가안보실의 조직에 관한 대통령령만 해당한다)에서 정무직으로 지정하는 공무원
	별정직공무원	비서관·비서 등 보좌업무 등을 수행하거나 특정한 업무 수행을 위하여 법령에서 별정직으로 지정하는 공무원

제9조(소청심사위원회의 설치)

① 행정기관 소속 공무원의 징계처분, 그 밖에 그 의사에 반하는 불리한 처분이나 부작위에 대한 소청을 심사·결정하게 하기 위하여 인사혁신처에 소청심사위원회를 둔다.
② 국회, 법원, 헌법재판소 및 선거관리위원회 소속 공무원의 소청에 관한 사항을 심사·결정하게 하기 위하여 국회사무처, 법원행정처, 헌법재판소사무처 및 중앙선거관리위원회사무처에 각각 해당 소청심사위원회를 둔다.
③ 국회사무처, 법원행정처, 헌법재판소사무처 및 중앙선거관리위원회사무처에 설치된 소청심사위원회는 위원장 1명을 포함한 위원 5명 이상 7명 이하의 비상임위원으로 구성하고, 인사혁신처에 설치된 소청심사위원회는 위원장 1명을 포함한 5명 이상 7명 이하의 상임위원과 상임위원 수의 2분의 1 이상인 비상임위원으로 구성하되, 위원장은 정무직으로 보한다.
④ 제1항에 따라 설치된 소청심사위원회는 다른 법률로 정하는 바에 따라 특정직공무원의 소청을 심사·결정할 수 있다.

제10조(소청심사위원회위원의 자격과 임명)

① 소청심사위원회의 위원(위원장을 포함한다. 이하 같다)은 다음 각 호의 어느 하나에 해당하고 인사행정에 관한 식견이 풍부한 자 중에서 국회사무총장, 법원행정처장, 헌법재판소사무처장, 중앙선거관리위원회사무총장 또는 인사혁신처장의 제청으로 국회의장, 대법원장, 헌법재판소장, 중앙선거관리위원회위원장 또는 대통령이 임명한다. 이 경우 인사혁신처장이 위원을 임명제청하는 때에는 국무총리를 거쳐야 하고, 인사혁신처에 설치된 소청심사위원회의 위원 중 비상임위원은 제1호 및 제2호의 어느 하나에 해당하는 자 중에서 임명하여야 한다.

1. 법관·검사 또는 변호사의 직에 5년 이상 근무한 자
2. 대학에서 행정학·정치학 또는 법률학을 담당한 부교수 이상의 직에 5년 이상 근무한 자
3. 3급 이상 공무원 또는 고위공무원단에 속하는 공무원으로 3년 이상 근무한 자

② 소청심사위원회의 상임위원의 임기는 3년으로 하며, 한 번만 연임할 수 있다.

④ 소청심사위원회의 상임위원은 다른 직무를 겸할 수 없다. 〈개정 2008.3.28.〉

⑤ 소청심사위원회의 공무원이 아닌 위원은 「형법」이나 그 밖의 법률에 따른 벌칙을 적용할 때 공무원으로 본다.

제10조의2(소청심사위원회위원의 결격사유)

① 다음 각 호의 어느 하나에 해당하는 자는 소청심사위원회의 위원이 될 수 없다.

1. 제33조 각 호의 어느 하나에 해당하는 자
2. 「정당법」에 따른 정당의 당원
3. 「공직선거법」에 따라 실시하는 선거에 후보자로 등록한 자

② 소청심사위원회위원이 제1항 각 호의 어느 하나에 해당하게 된 때에는 당연히 퇴직한다.

제11조(소청심사위원회위원의 신분 보장)

소청심사위원회의 위원은 금고 이상의 형벌이나 장기의 심신 쇠약으로 직무를 수행할 수 없게 된 경우 외에는 본인의 의사에 반하여 면직되지 아니한다.

제12조(소청심사위원회의 심사) ① 소청심사위원회는 이 법에 따른 소청을 접수하면 지체 없이 심사하여야 한다.

② 소청심사위원회는 제1항에 따른 심사를 할 때 필요하면 검증(檢證)·감정(鑑定), 그 밖의 사실조사를 하거나 증인을 소환하여 질문하거나 관계 서류를 제출하도록 명할 수 있다.

③ 소청심사위원회가 소청 사건을 심사하기 위하여 징계 요구 기관이나 관계 기관의 소속 공무원을 증인으로 소환하면 해당 기관의 장은 이에 따라야 한다.

④ 소청심사위원회는 필요하다고 인정하면 소속 직원에게 사실조사를 하게 하거나 특별한 학식·경험이 있는 자에게 검증이나 감정을 의뢰할 수 있다.

⑤ 소청심사위원회가 증인을 소환하여 질문할 때에는 대통령령등으로 정하는 바에 따라 일당과 여비를 지급하여야 한다.

제13조(소청인의 진술권)

① 소청심사위원회가 소청 사건을 심사할 때에는 대통령령등으로 정하는 바에 따라 소청인 또는 제76조제1항 후단에 따른 대리인에게 진술 기회를 주어야 한다. 〈개정 2015.5.18.〉

② 진술 기회를 주지 아니한 결정은 무효로 한다.

제14조(소청심사위원회의 결정) ① 소청 사건의 결정은 재적 위원 3분의 2 이상의 출석과 출석 위원 과반수의 합의에 따르되, 의견이 나뉠 경우에는 출석 위원 과반수에 이를 때까지 소청인에게 가장 불리한 의견에 차례로 유리한 의견을 더하여 그 중 가장 유리한 의견을 합의된 의견으로 본다.

② 소청심사위원회의 위원은 그 위원회에 계류(繫留)된 소청 사건의 증인이 될 수 없으며, 다음 각 호의 사항에 관한 소청 사건의 심사·결정에서 제척된다.

1. 위원 본인과 관계있는 사항
2. 위원 본인과 친족 관계에 있거나 친족 관계에 있었던 자와 관계있는 사항

③ 소청 사건의 당사자는 다음 각 호의 어느 하나에 해당하는 때에는 그 이유를 구체적으로 밝혀 그 위원에 대한 기피를 신청할 수 있고, 소청심사위원회는 해당 위원의 기피 여부를 결정하여야 한다. 이 경우 기피신청을 받은 위원은 그 기피 여부에 대한 결정에 참여할 수 없다.

1. 소청심사위원회의 위원에게 제2항 각 호의 사항이 있는 경우
2. 심사·결정의 공정을 기대하기 어려운 사정이 있는 경우

④ 소청심사위원회 위원은 제3항 각 호의 어느 하나에 해당하는 때에는 스스로 그 사건의 심사·결정에서 회피할 수 있다.

⑤ 소청심사위원회의 결정은 다음과 같이 구분한다.

1. 심사 청구가 이 법이나 다른 법률에 적합하지 아니한 것이면 그 청구를 각하(却下)한다.
2. 심사 청구가 이유 없다고 인정되면 그 청구를 기각(棄却)한다.
3. 처분의 취소 또는 변경을 구하는 심사 청구가 이유 있다고 인정되면 처분을 취소 또는 변경하거나 처분 행정청에 취소 또는 변경할 것을 명한다.
4. 처분의 효력 유무 또는 존재 여부에 대한 확인을 구하는 심사 청구가 이유 있다고 인정되면 처분의 효력 유무 또는 존재 여부를 확인한다.
5. 위법 또는 부당한 거부처분이나 부작위에 대하여 의무 이행을 구하는 심사 청구가 이유 있다고 인정되면 지체 없이 청구에 따른 처분을 하거나 이를 할 것을 명한다.

⑥ 소청심사위원회의 취소명령 또는 변경명령 결정은 그에 따른 징계나 그 밖의 처분이 있을 때까지는 종전에 행한 징계처분 또는 제78조의2에 따른 징계부가금(이하 "징계부가금"이라 한다) 부과처분에 영향을 미치지 아니한다.

⑦ 소청심사위원회가 징계처분 또는 징계부가금 부과처분(이하 "징계처분등"이라 한다)을 받은 자의 청구에 따라 소청을 심사할 경우에는 원징계처분보다 무거운 징계 또는 원징계부가금 부과처분보다 무거운 징계부가금을 부과하는 결정을 하지 못한다.

제15조(결정의 효력)

소청심사위원회의 결정은 처분 행정청을 기속(羈束)한다.

제16조(행정소송과의 관계)

① 처분, 그 밖에 본인의 의사에 반한 불리한 처분이나 부작위(不作爲)에 관한 행정소송은 소청심사위원회의 심사·결정을 거치지 아니하면 제기할 수 없다.

행정소송법

제18조(행정심판과의 관계)

① 취소소송은 법령의 규정에 의하여 당해 처분에 대한 행정심판을 제기할 수 있는 경우에도 이를 거치지 아니하고 제기할 수 있다. 다만, 다른 법률에 당해 처분에 대한 행정심판의 재결을 거치지 아니하면 취소소송을 제기할 수 없다는 규정이 있는 때에는 그러하지 아니하다.

② 제1항 단서의 경우에도 다음 각호의 1에 해당하는 사유가 있는 때에는 행정심판의 재결을 거치지 아니하고 취소소송을 제기할 수 있다.

1. 행정심판청구가 있은 날로부터 60일이 지나도 재결이 없는 때
2. 처분의 집행 또는 절차의 속행으로 생길 중대한 손해를 예방하여야 할 긴급한 필요가 있는 때
3. 법령의 규정에 의한 행정심판기관이 의결 또는 재결을 하지 못할 사유가 있는 때
4. 그 밖의 정당한 사유가 있는 때

③ 제1항 단서의 경우에 다음 각호의 1에 해당하는 사유가 있는 때에는 행정심판을 제기함이 없이 취소소송을 제기할 수 있다.

1. 동종사건에 관하여 이미 행정심판의 기각재결이 있은 때
2. 서로 내용상 관련되는 처분 또는 같은 목적을 위하여 단계적으로 진행되는 처분중 어느 하나가 이미 행정심판의 재결을 거친 때
3. 행정청이 사실심의 변론종결후 소송의 대상인 처분을 변경하여 당해 변경된 처분에 관하여 소를 제기하는 때
4. 처분을 행한 행정청이 행정심판을 거칠 필요가 없다고 잘못 알린 때

제7장 복무

제55조(선서)

공무원은 취임할 때에 소속 기관장 앞에서 대통령령등으로 정하는 바에 따라 선서(宣誓)하여야 한다. 다만, 불가피한 사유가 있으면 취임 후에 선서하게 할 수 있다.

제56조(성실 의무)	모든 공무원은 법령을 준수하며 성실히 직무를 수행하여야 한다.
제57조(복종의 의무)	무원은 직무를 수행할 때 소속 상관의 직무상 명령에 복종하여야 한다.
제58조(직장 이탈 금지)	① 공무원은 소속 상관의 허가 또는 정당한 사유가 없으면 직장을 이탈하지 못한다. ② 수사기관이 공무원을 구속하려면 그 소속 기관의 장에게 미리 통보하여야 한다. 다만, 현행범은 그러하지 아니하다.
제59조(친절·공정의 의무)	공무원은 국민 전체의 봉사자로서 친절하고 공정하게 직무를 수행하여야 한다.
제59조의2(종교중립의 의무)	① 공무원은 종교에 따른 차별 없이 직무를 수행하여야 한다. ② 공무원은 소속 상관이 제1항에 위배되는 직무상 명령을 한 경우에는 이에 따르지 아니할 수 있다.
제60조(비밀 엄수의 의무)	공무원은 재직 중은 물론 퇴직 후에도 직무상 알게 된 비밀을 엄수(嚴守)하여야 한다.
제61조(청렴의 의무)	① 공무원은 직무와 관련하여 직접적이든 간접적이든 사례·증여 또는 향응을 주거나 받을 수 없다.

	② 공무원은 직무상의 관계가 있든 없든 그 소속 상관에게 증여하거나 소속 공무원으로부터 증여를 받아서는 아니 된다.
제62조(외국 정부의 영예 등을 받을 경우)	공무원이 외국 정부로부터 영예나 증여를 받을 경우에는 대통령의 허가를 받아야 한다.
제63조(품위 유지의 의무)	공무원은 직무의 내외를 불문하고 그 품위가 손상되는 행위를 하여서는 아니 된다.
제64조(영리 업무 및 겸직 금지)	① 공무원은 공무 외에 영리를 목적으로 하는 업무에 종사하지 못하며 소속 기관장의 허가 없이 다른 직무를 겸할 수 없다.
제65조(정치 운동의 금지)	① 공무원은 정당이나 그 밖의 정치단체의 결성에 관여하거나 이에 가입할 수 없다. ② 공무원은 선거에서 특정 정당 또는 특정인을 지지 또는 반대하기 위한 다음의 행위를 하여서는 아니 된다. 1. 투표를 하거나 하지 아니하도록 권유 운동을 하는 것 2. 서명 운동을 기도(企圖)·주재(主宰)하거나 권유하는 것 3. 문서나 도서를 공공시설 등에 게시하거나 게시하게 하는 것 4. 기부금을 모집 또는 모집하게 하거나, 공공자금을 이용 또는 이용하게 하는 것 5. 타인에게 정당이나 그 밖의 정치단체에 가입하게 하거나 가입하지 아니하도록 권유 운동을 하는 것
제66조(집단 행위의 금지)	① 공무원은 노동운동이나 그 밖에 공무 외의 일을 위한 집단 행위를 하여서는 아니 된다. 다만, 사실상 노무에 종사하는 공무원은 예외로 한다. ③ 제1항 단서에 규정된 공무원으로서 노동조합에 가입된 자가 조합 업무에 전임하려면 소속 장관의 허가를 받아야 한다.

제8장 신분보장

제68조(의사에 반한 신분 조치)

공무원은 형의 선고, 징계처분 또는 이 법에서 정하는 사유에 따르지 아니하고는 본인의 의사에 반하여 휴직·강임 또는 면직을 당하지 아니한다. 다만, 1급 공무원과 제23조에 따라 배정된 직무등급이 가장 높은 등급의 직위에 임용된 고위공무원단에 속하는 공무원은 그러하지 아니하다.

 # 경찰공무원법

제30조(「국가공무원법」과의 관계)

① 경찰공무원에 대하여는 「국가공무원법」 제73조의4, 제76조제2항부터 제5항까지의 규정을 적용하지 아니하며, 치안총감과 치안정감에 대하여는 「국가공무원법」 제68조 본문((의사에 반한 신분 조치)을 적용하지 아니한다.

② 「국가공무원법」을 경찰공무원에게 적용할 때에는 다음 각 호에 따른다.

1. 「국가공무원법」 제32조의5 및 제43조 중 “직급”은 “계급”으로 본다.
2. 「국가공무원법」 제42조제2항, 제85조제1항 및 제2항 중 “인사혁신처장”은 “경찰청장”으로 본다.
3. 「국가공무원법」 제67조, 제68조, 제78조제1항제1호 및 제2항, 제80조제7항 및 제8항 중 “이 법”은 “이 법 및 「국가공무원법」”으로 본다.
4. 「국가공무원법」 제71조제2항제3호 중 “중앙인사관장기관의 장”은 “경찰청장”으로 본다.

제69조(당연퇴직)

공무원이 다음 각 호의 어느 하나에 해당할 때에는 당연히 퇴직한다.

1. 제33조 각 호의 어느 하나에 해당하는 경우. 다만, 제33조제2호는 파산선고를 받은 사람으로서 「채무자 회생 및 파산에 관한 법률」에 따라 신청기한 내에 면책신청을 하지 아니하였거나 면책불허가 결정 또는 면책 취소가 확정된 경우만 해당하고, 제33조제5호는 「형법」 제129조부터 제132조까지, 제303조 또는 「성폭력범죄의 처벌 등에 관한 특례법」 제10조 및 직무와 관련하여 「형법」 제355조 또는 제356조에 규정된 죄를 범한 사람으로서 금고 이상의 형의 선고유예를 받은 경우만 해당한다.
2. 임기제공무원의 근무기간이 만료된 경우

제70조(직권 면직)

① 임용권자는 공무원이 다음 각 호의 어느 하나에 해당하면 직권으로 면직시킬 수 있다.

3. 직제와 정원의 개폐 또는 예산의 감소 등에 따라 폐직(廃職) 또는 과원(過員)이 되었을 때
4. 휴직 기간이 끝나거나 휴직 사유가 소멸된 후에도 직무에 복귀하지 아니하거나 직무를 감당할 수 없을 때
5. 제73조의3제3항에 따라 대기 명령을 받은 자가 그 기간에 능력 또는 근무성적의 향상을 기대하기 어렵다고 인정된 때
6. 전직시험에서 세 번 이상 불합격한 자로서 직무수행 능력이 부족하다고 인정된 때
7. 병역판정검사·입영 또는 소집의 명령을 받고 정당한 사유 없이 이를 기피하거나 군복무를 위하여 휴직 중에 있는 자가 군복무 중 군무(軍務)를 이탈하였을 때
8. 해당 직급·직위에서 직무를 수행하는데 필요한 자격증의 효력이 없어지거나 면허가 취소되어 담당 직무를 수행할 수 없게 된 때
9. 고위공무원단에 속하는 공무원이 제70조의2에 따른 적격심사 결과 부적격 결정을 받은 때

② 임용권자는 제1항제3호부터 제8호까지의 규정에 따라 면직시킬 경우에는 미리 관할 징계위원회의 의견을 들어야 한다. 다만, 제1항제5호에 따라 면직시킬 경우에는 징계위원회의 동의를 받아야 한다.

③ 임용권자나 임용제청권자는 제1항제3호에 따라 소속 공무원을 면직시킬 때에는 임용 형태, 업무 실적, 직무수행 능력, 징계처분 사실 등을 고려하여 면직 기준을 정하여야 한다.

④ 제3항에 따른 면직 기준을 정하거나 제1항제3호에 따라 면직 대상자를 결정할 때에는 임용권자 또는 임용제청권자(임용권자나 임용제청권자가 분명하지 아니하면 중앙인사관장기관의 장을 말한다)별로 심사위원회를 구성하여 그 심사위원회의 심의·의결을 거쳐야 한다.

⑤ 제4항에 따른 심사위원회의 위원장은 임용권자 또는 임용제청권자가 되며, 위원은 면직 대상자보다 상위 계급자 또는 고위공무원단에 속하는 일반직공무원 중에서 위원장이 지명하는 5명 이상 7명 이하로 구성하되, 면직 대상자의 상위 계급자 또는 고위공무원단에 속하는 일반직공무원을 우선하여 지명하여야 한다. 다만, 상위 계급자 또는 고위공무원단에 속하는 일반직공무원이 부족하면 4명 이내로 구성할 수 있다.

⑥ 제1항제4호에 따른 직권 면직일은 휴직 기간이 끝난 날 또는 휴직 사유가 소멸한 날로 한다.

제71조(휴직)

① 공무원이 다음 각 호의 어느 하나에 해당하면 임용권자는 본인의 의사에도 불구하고 휴직을 명하여야 한다.

1. 신체·정신상의 장애로 장기 요양이 필요할 때
3. 「병역법」에 따른 병역 복무를 마치기 위하여 징집 또는 소집된 때

4. 천재지변이나 전시·사변, 그 밖의 사유로 생사(生死) 또는 소재(所在)가 불명확하게 된 때
5. 그 밖에 법률의 규정에 따른 의무를 수행하기 위하여 직무를 이탈하게 된 때
6. 「공무원의 노동조합 설립 및 운영 등에 관한 법률」 제7조에 따라 노동조합 전임자로 종사하게 된 때

② 임용권자는 공무원이 다음 각 호의 어느 하나에 해당하는 사유로 휴직을 원하면 휴직을 명할 수 있다. 다만, 제4호의 경우에는 대통령령으로 정하는 특별한 사정이 없으면 휴직을 명하여야 한다.
1. 국제기구, 외국 기관, 국내외의 대학·연구기관, 다른 국가기관 또는 대통령령으로 정하는 민간기업, 그 밖의 기관에 임시로 채용될 때
2. 국외 유학을 하게 된 때
3. 중앙인사관장기관의 장이 지정하는 연구기관이나 교육기관 등에서 연수하게 된 때
4. 만 8세 이하 또는 초등학교 2학년 이하의 자녀를 양육하기 위하여 필요하거나 여성공무원이 임신 또는 출산하게 된 때
5. 사고나 질병 등으로 장기간 요양이 필요한 조부모, 부모(배우자의 부모를 포함한다), 배우자, 자녀 또는 손자녀를 간호하기 위하여 필요한 때. 다만, 조부모나 손자녀의 간호를 위하여 휴직할 수 있는 경우는 본인 외에는 간호할 수 있는 사람이 없는 등 대통령령등으로 정하는 요건을 갖춘 경우로 한정한다.
6. 외국에서 근무·유학 또는 연수하게 되는 배우자를 동반하게 된 때
7. 대통령령등으로 정하는 기간 동안 재직한 공무원이 직무 관련 연구과제 수행 또는 자기개발을 위하여 학습·연구 등을 하게 된 때

③ 임기제공무원에 대하여는 제1항제1호·제3호 및 제2항제4호에 한정하여 제1항 및 제2항을 적용한다. 이 경우 제2항제4호는 휴직을 시작하려는 날부터 남은 근무기간이 6개월 이상인 경우로 한정한다.
④ 임용권자는 제2항제4호에 따른 휴직을 이유로 인사에 불리한 처우를 하여서는 아니 된다.
⑤ 제1항부터 제4항까지의 규정에 따른 휴직 제도 운영에 관하여 필요한 사항은 대통령령등으로 정한다.

제73조(휴직의 효력)

① 휴직 중인 공무원은 신분은 보유하나 직무에 종사하지 못한다.
② 휴직 기간 중 그 사유가 없어지면 30일 이내에 임용권자 또는 임용제청권자에게 신고하여야 하며, 임용권자는 지체 없이 복직을 명하여야 한다.
③ 휴직 기간이 끝난 공무원이 30일 이내에 복귀 신고를 하면 당연히 복직된다.

제73조의3(직위해제)

① 임용권자는 다음 각 호의 어느 하나에 해당하는 자에게는 직위를 부여하지 아니할 수 있다.
2. 직무수행 능력이 부족하거나 근무성적이 극히 나쁜 자
3. 파면·해임·강등 또는 정직에 해당하는 징계 의결이 요구 중인 자
4. 형사 사건으로 기소된 자(약식명령이 청구된 자는 제외한다)
5. 고위공무원단에 속하는 일반직공무원으로서 제70조의2제1항제2호부터 제5호까지의 사유로 적격심사를 요구받은 자
6. 금품비위, 성범죄 등 대통령령으로 정하는 비위행위로 인하여 감사원 및 검찰·경찰 등 수사기관에서 조사나 수사 중인 자로서 비위의 정도가 중대하고 이로 인하여 정상적인 업무수행을 기대하기 현저히 어려운 자

② 제1항에 따라 직위를 부여하지 아니한 경우에 그 사유가 소멸되면 임용권자는 지체 없이 직위를 부여하여야

한다.

③ 임용권자는 제1항제2호에 따라 직위해제된 자에게 3개월의 범위에서 대기를 명한다.

④ 임용권자 또는 임용제청권자는 제3항에 따라 대기 명령을 받은 자에게 능력 회복이나 근무성적의 향상을 위한 교육훈련 또는 특별한 연구과제의 부여 등 필요한 조치를 하여야 한다.

⑤ 공무원에 대하여 제1항제2호의 직위해제 사유와 같은 항 제3호·제4호 또는 제6호의 직위해제 사유가 경합(競合)할 때에는 같은 항 제3호·제4호 또는 제6호의 직위해제 처분을 하여야 한다.

제74조의2(명예퇴직 등)

① 공무원으로 20년 이상 근속(勤續)한 자가 정년 전에 스스로 퇴직(임기제공무원이 아닌 경력직공무원이 임기제공무원으로 임용되어 퇴직하는 경우로서 대통령령으로 정하는 경우를 포함한다)하면 예산의 범위에서 명예퇴직 수당을 지급할 수 있다.

② 직제와 정원의 개폐 또는 예산의 감소 등에 따라 폐직 또는 과원이 되었을 때에 20년 미만 근속한 자가 정년 전에 스스로 퇴직하면 예산의 범위에서 수당을 지급할 수 있다.

③ 제1항에 따라 명예퇴직수당을 지급받은 자가 다음 각 호의 어느 하나에 해당하는 경우에는 명예퇴직수당을 지급한 국가기관의 장이 그 명예퇴직 수당을 환수하여야 한다. 다만, 제2호에 해당하는 경우로서 국가공무원으로 재임용된 경우에는 재임용한 국가기관의 장이 환수하여야 한다.

1. 재직 중의 사유로 금고 이상의 형을 받은 경우

1의2. 재직 중에 「형법」 제129조부터 제132조까지에 규정된 죄를 범하여 금고 이상의 형의 선고유예를 받은 경우

1의3. 재직 중에 직무와 관련하여 「형법」 제355조 또는 제356조에 규정된 죄를 범하여 300만원 이상의 벌금형을 선고받고 그 형이 확정되거나 금고 이상의 형의 선고유예를 받은 경우

2. 경력직공무원, 그 밖에 대통령령등으로 정하는 공무원으로 재임용되는 경우

3. 명예퇴직 수당을 초과하여 지급받거나 그 밖에 명예퇴직 수당의 지급 대상이 아닌 자가 지급받은 경우

④ 제3항에 따라 환수금을 내야할 사람이 기한 내에 내지 아니하면 국세 체납처분의 예에 따라 환수금을 징수할 수 있다

⑤ 제1항에 따른 명예퇴직 수당과 제2항에 따른 수당의 지급대상범위·지급액·지급절차와 제3항 및 제4항에 따른 명예퇴직 수당의 환수액·환수절차 등에 필요한 사항은 대통령령등으로 정한다.

제9장 권익의 보장

제75조(처분사유 설명서의 교부)

공무원에 대하여 징계처분등을 할 때나 강임·휴직·직위해제 또는 면직처분을 할 때에는 그 처분권자 또는 처분제청권자는 처분사유를 적은 설명서를 교부(交付)하여야 한다. 다만, 본인의 원(願)에 따른 강임·휴직 또는 면직처분은 그러하지 아니하다.

제76조(심사청구와 후임자 보충 발령)

① 제75조에 따른 처분사유 설명서를 받은 공무원이 그 처분에 불복할 때에는 그 설명서를 받은 날부터, 공무원이 제75조에서 정한 처분 외에 본인의 의사에 반한 불리한 처분을 받았을 때에는 그 처분이 있은 것을 안 날

부터 각각 30일 이내에 소청심사위원회에 이에 대한 심사를 청구할 수 있다. 이 경우 변호사를 대리인으로 선임할 수 있다.

② 본인의 의사에 반하여 파면 또는 해임이나 제70조제1항제5호에 따른 면직처분을 하면 그 처분을 한 날부터 40일 이내에는 후임자의 보충발령을 하지 못한다. 다만, 인력 관리상 후임자를 보충하여야 할 불가피한 사유가 있고, 제3항에 따른 소청심사위원회의 임시결정이 없는 경우에는 국회사무총장, 법원행정처장, 헌법재판소사무처장, 중앙선거관리위원회사무총장 또는 인사혁신처장과 협의를 거쳐 후임자의 보충발령을 할 수 있다.

③ 소청심사위원회는 제1항에 따른 소청심사청구가 파면 또는 해임이나 제70조제1항제5호에 따른 면직처분으로 인한 경우에는 그 청구를 접수한 날부터 5일 이내에 해당 사건의 최종 결정이 있을 때까지 후임자의 보충발령을 유예하게 하는 임시결정을 할 수 있다.

④ 제3항에 따라 소청심사위원회가 임시결정을 한 경우에는 임시결정을 한 날부터 20일 이내에 최종 결정을 하여야 하며 각 임용권자는 그 최종 결정이 있을 때까지 후임자를 보충발령하지 못한다.

⑤ 소청심사위원회는 제3항에 따른 임시결정을 한 경우 외에는 소청심사청구를 접수한 날부터 60일 이내에 이에 대한 결정을 하여야 한다. 다만, 불가피하다고 인정되면 소청심사위원회의 의결로 30일을 연장할 수 있다.

⑥ 공무원은 제1항의 심사청구를 이유로 불이익한 처분이나 대우를 받지 아니한다.

제76조의2(고충 처리)

① 공무원은 누구나 인사·조직·처우 등 각종 직무 조건과 그 밖에 신상 문제에 대하여 인사 상담이나 고충 심사를 청구할 수 있으며, 이를 이유로 불이익한 처분이나 대우를 받지 아니한다.

④ 중앙고충심사위원회는 보통고충심사위원회의 심사를 거친 재심청구와 5급 이상 공무원 및 고위공무원단에 속하는 일반직공무원의 고충을, 보통고충심사위원회는 소속 6급 이하의 공무원이 고충을 각각 심사한다. 다만, 6급 이하의 공무원의 고충은 임용권자를 달리하는 둘 이상의 기관에 관련된 경우에는 중앙고충심사위원회에서, 원 소속 기관의 보통고충심사위원회에서 고충을 심사하는 것이 부적당하다고 인정될 경우에는 직근 상급 기관의 보통고충심사위원회에서 각각 심사할 수 있다.

제10장 징계

제78조(징계 사유)

① 공무원이 다음 각 호의 어느 하나에 해당하면 징계 의결을 요구하여야 하고 그 징계 의결의 결과에 따라 징계처분을 하여야 한다.

1. 이 법 및 이 법에 따른 명령을 위반한 경우
2. 직무상의 의무(다른 법령에서 공무원의 신분으로 인하여 부과된 의무를 포함한다)를 위반하거나 직무를 태만히 한 때
3. 직무의 내외를 불문하고 그 체면 또는 위신을 손상하는 행위를 한 때

② 징계에 관하여 다른 법률의 적용을 받는 공무원이 이 법의 징계에 관한 규정을 적용받는 공무원으로 임용된 경우에 임용 이전의 다른 법률에 따른 징계 사유는 그 사유가 발생한 날부터 이 법에 따른 징계 사유가 발생한 것으로 본다.

③ 특수경력직공무원이 경력직공무원으로 임용된 경우에 임용 전의 해당 특수경력직공무원의 징계를 규율하는 법령상의 징계 사유는 그 사유가 발생한 날부터 이 장(章)에 따른 징계 사유가 발생한 것으로 본다.

④ 제1항의 징계 의결 요구는 5급 이상 공무원 및 고위공무원단에 속하는 일반직공무원은 소속 장관이, 6급 이

하의 공무원은 소속 기관의 장 또는 소속 상급기관의 장이 한다. 다만, 국무총리 · 인사혁신처장 및 대통령령등으로 정하는 각급 기관의 장은 다른 기관 소속 공무원이 징계 사유가 있다고 인정하면 관계 공무원에 대하여 관할 징계위원회에 직접 징계를 요구할 수 있다.

제78조의2(징계부가금)

① 제78조에 따라 공무원의 징계 의결을 요구하는 경우 그 징계 사유가

금전, 물품, 부동산, 향응 수수, 공금 횡령, 배임, 절도 사기 또는 유용한 경우

취득하거나 제공한 금전 또는 재산상 이득(금전이 아닌 재산상 이득의 경우에는 금전으로 환산한 금액을 말한다)의 5배 내의 징계부가금 부과 의결을 징계위원회에 요구하여야 한다.

제78조의3(재징계의결 등의 요구)

① 처분권자(대통령이 처분권자인 경우에는 처분 제청권자)는 다음 각 호에 해당하는 사유로 소청심사위원회 또는 법원에서 징계처분등의 무효 또는 취소(취소명령 포함)의 결정이나 판결을 받은 경우에는 다시 징계 의결 또는 징계부가금 부과 의결(이하 "징계의결등"이라 한다)을 요구하여야 한다. 다만, 제3호의 사유로 무효 또는 취소(취소명령 포함)의 결정이나 판결을 받은 감봉 · 견책처분에 대하여는 징계의결을 요구하지 아니할 수 있다.

1. 법령의 적용, 증거 및 사실 조사에 명백한 흠이 있는 경우
2. 징계위원회의 구성 또는 징계의결등, 그 밖에 절차상의 흠이 있는 경우
3. 징계양정 및 징계부가금이 과다(過多)한 경우

② 처분권자는 제1항에 따른 징계의결등을 요구하는 경우에는 소청심사위원회의 결정 또는 법원의 판결이 확정된 날부터 3개월 이내에 관할 징계위원회에 징계의결등을 요구하여야 하며, 관할 징계위원회에서는 다른 징계사건에 우선하여 징계의결 등을 하여야 한다.

제79조(징계의 종류)

징계는 파면 · 해임 · 강등 · 정직(停職) · 감봉 · 견책(譴責)으로 구분한다.

제80조(징계의 효력)

① 강등은 1계급 아래로 직급을 내리고(고위공무원단에 속하는 공무원은 3급으로 임용하고, 연구관 및 지도관은 연구사 및 지도사로 한다) 공무원신분은 보유하나 3개월간 직무에 종사하지 못하며 그 기간 중 보수는 전액을 감한다. 다만, 제4조제2항에 따라 계급을 구분하지 아니하는 공무원과 임기제공무원에 대해서는 강등을 적용하지 아니한다.

③ 정직은 1개월 이상 3개월 이하의 기간으로 하고, 정직 처분을 받은 자는 그 기간 중 공무원의 신분은 보유하나 직무에 종사하지 못하며 보수는 전액을 감한다.

④ 감봉은 1개월 이상 3개월 이하의 기간 동안 보수의 3분의 1을 감한다.

⑤ 견책(譴責)은 전과(前過)에 대하여 훈계하고 회개하게 한다.

⑥ 공무원으로서 징계처분을 받은 자에 대하여는 그 처분을 받은 날 또는 그 집행이 끝난 날부터 대통령령등으로 정하는 기간 동안 승진임용 또는 승급할 수 없다. 다만, 징계처분을 받은 후 직무수행의 공적으로 포상 등을 받은 공무원에 대하여는 대통령령등으로 정하는 바에 따라 승진임용이나 승급을 제한하는 기간을 단축하거나

면제할 수 있다.

⑦ 징계에 관하여 다른 법률의 적용을 받는 공무원이 이 법의 징계에 관한 규정을 적용받는 공무원이 된 경우에는 다른 법률에 따라 받은 징계처분은 그 처분일부터 이 법에 따른 징계처분을 받은 것으로 본다. 다만, 제79조에서 정한 징계의 종류 외의 징계처분의 효력에 관하여는 대통령령등으로 정한다.

⑧ 특수경력직공무원이 경력직공무원으로 임용된 경우에는 해당 특수경력직공무원의 징계를 규율하는 법령에 따라 받은 징계처분은 그 처분일부터 이 법에 따른 징계처분을 받은 것으로 본다. 다만, 제79조에서 정한 징계의 종류 외의 징계처분의 효력에 관하여는 대통령령등으로 정한다.

제83조(감사원의 조사와의 관계 등)

① 감사원에서 조사 중인 사건에 대하여는 제3항에 따른 조사개시 통보를 받은 날부터 징계 의결의 요구나 그 밖의 징계 절차를 진행하지 못한다.

② 검찰·경찰, 그 밖의 수사기관에서 수사 중인 사건에 대하여는 제3항에 따른 수사개시 통보를 받은 날부터 징계 의결의 요구나 그 밖의 징계 절차를 진행하지 아니할 수 있다.

③ 감사원과 검찰·경찰, 그 밖의 수사기관은 조사나 수사를 시작한 때와 이를 마친 때에는 10일 내에 소속 기관의 장에게 그 사실을 통보하여야 한다.

제83조의2(징계 및 징계부가금 부과 사유의 시효)

① 징계의결등의 요구는 징계 등의 사유가 발생한 날부터 3년이 지나면 하지 못한다.

② 제83조제1항 및 제2항에 따라 징계 절차를 진행하지 못하여 제1항의 기간이 지나거나 그 남은 기간이 1개월 미만인 경우에는 제1항의 기간은 제83조제3항에 따른 조사나 수사의 종료 통보를 받은 날부터 1개월이 지난 날에 끝나는 것으로 본다.

③ 징계위원회의 구성·징계의결등, 그 밖에 절차상의 흠이나 징계양정 및 징계부가금의 과다(過多)를 이유로 소청심사위원회 또는 법원에서 징계처분등의 무효 또는 취소의 결정이나 판결을 한 경우에는 제1항의 기간이 지나거나 그 남은 기간이 3개월 미만인 경우에도 그 결정 또는 판결이 확정된 날부터 3개월 이내에는 다시 징계의결등을 요구할 수 있다.

경찰공무원 임용령

제1장 총칙

제2조(정의) 이 영에서 "전과"란 경과(警科)를 변경하는 것을 말한다.

제3조(경과 및 특기)

① 총경 이하 경찰공무원에게 부여하는 경과는 다음 각 호와 같다. 다만, 제2호와 제3호의 경과는 경정 이하 경찰공무원에게만 부여하고, 제4호나목의 경과는 경사 이하 경찰공무원에게만 부여하며, 국민안전처 소속 경찰공무원에게 부여하는 경과는 따로 대통령령으로 정한다.

1. 일반경과 2. 수사경과 3. 보안경과 4. 특수경과

가. 해양경과 나. 운전경과 다. 항공경과 라. 정보통신경과

② 임용권자(제4조제1항의 규정에 의하여 임용권의 위임을 받은 자를 포함한다. 이하 같다) 또는 임용제청권자(경찰공무원법 제6조제1항의 규정에 의한 추천이 필요한 경우에는 국민안전처장관 또는 경찰청장을 포함한다. 이하 같다)는 경찰공무원을 신규채용 할 때에 경과를 부여하여야 한다.

③ 임용권자 또는 임용제청권자는 일정한 요건을 갖춘 경위이상 경정이하의 경찰공무원에 대하여 그 경과별 직무분야에 따라 일반특기 또는 전문특기를 부여할 수 있다.

④ 경찰청장(국민안전처 소속 경찰공무원에 관한 사항의 경우에는 국민안전처장관을 말한다. 이하 제4조제1항·제3항·제4항, 제9조제2항 및 제41조제1항제1호를 제외하고 같다)은 전시·사변 또는 이에 준하는 비상사태에 있어서 필요하다고 인정될 때에는 경과 및 특기의 일부를 폐지 또는 병합하거나 신설할 수 있다.

 # 경찰공무원임용령 시행규칙

제19조 경과별 직무의 종류

경과	일반경과	기획·감사·경무·생활안전·교통·경비·작전·정보·외사 기타의 직무로서 수사경과·보안경과 및 특수경과에 속하지 아니하는 직무
	수사경과	범죄수사에 관한 직무
	보안경과	보안경찰에 관한 직무
	특수경과	경찰항공기의 운영·관리에 관한 직무, 해양경과는 해양 관련 경찰에 관한 직무, 정보통신경과는 경찰정보통신의 운영·관리에 관한 직무, 운전경과는 경찰차량의 운전 및 정비에 관한 직무
특기	일반특기	기획·감사·경무·생활안전·형사·수사·교통·경비·작전·정보·보안 및 외사 특기로 분류한다.
	전문특기	형사, 조사, 과학수사, 정보관리, 정보분석, 보안수사공작·보안수사신문, 외사 및 기술(정보통신·항공·해양)특기로 분류한다.

경찰공무원임용령 시행규칙

제20조(특기분류)

② 전문특기를 부여하여 전문화관리를 할 수 있는 범위는 해당일반특기분야 정원의 3할 이내로 하되, 경찰교육훈련기관에 해당분야 전문화교육과정이 설치되어 있는 경우에는 그 교육을 받은 자에 한하여 전문특기를 부여한다.

제22조(경과부여)

경찰공무원을 신규채용할 때에는 채용구분에 따라 경과를 부여하되, 일반 요원으로 채용된 자에 대하여는 일반경과를, 수사요원으로 채용된 자에 대하여는 수사경과를, 보안요원으로 채용된 자에 대하여는 보안경과를, 특수기술요원으로 채용된 자에 대하여는 해당특수경과를 부여한다.

제23조(특기분류)

① 특기는 예비분류와 확정분류의 2단계를 거쳐서 분류한다.

② 예비분류단계에서는 적성에 맞는 기능분야에서 육성될 수 있도록 기능을 확정함에 앞서 미리 분류하는 것으로서 해당분야의 지식을 개발할 수 있도록 관리하여야 하며, 그 특기가 적성에 적합한지의 여부를 관찰하고 확인한다.

③ 확정분류는 예비분류 기간중 개발한 적성에 따라 기능을 확정한다.

제24조(일반특기의 예비분류 및 확정분류)

① 경위에 대한 일반특기의 예비분류는 경위로 임용되어 2년이 경과한 때에 하고, 확정분류는 예비분류후 5년이 경과하고 해당특기분야에 적성과 능력이 있다고 인정될 때 또는 경감으로 승진 임용할 때에 한다.

② 경감이상으로 신규 채용된 자에 대한 일반 특기의 예비분류는 채용후 1년이 경과한 때에 하고, 확정분류는 예비분류후 2년이 경과한 때에 한다.

제25조(전문특기의 예비분류 및 확정분류)

① 경위에 대한 전문특기의 예비분류는 다음 각호의 1에 해당하는 자에 대하여 한다.

1. 일반특기의 예비분류후 2년이상 경과된 자로서 해당특기분야에서 경험한 지식과 능력이 우수한 자
2. 「경찰공무원 교육훈련 규정」 제8조제3항 또는 제12조의 규정에 의하여 해당특기분야와 관련된 전문화 교육 또는 위탁교육을 받은 자
3. 해당특기분야와 관련된 학위 또는 기술자격소지자

② 경위에 대한 전문특기의 확정분류는 예비분류후 3년이 경과하고, 해당특기분야에의 적성과 능력이 우수하다고 인정될 때 또는 경감으로 승진임용할 때에 한다.

③ 경감이상으로 신규채용된 자에 대한 전문특기의 예비분류는 일반특기의 예비분류후 1년이 경과된 자로서 해당특기분야에 적성과 능력이 있다고 인정된 자에 대하여 하고, 확정분류는 예비분류후 2년이 경과된 때에 한다.

제26조(경력경쟁채용등으로 임용된 경찰공무원에 대한 특기분류)

해당특기분야에 근무할 것을 조건으로 법 제8조제3항 본문 및 단서에 따른 채용시험(이하 "경력경쟁채용시험등"이라 한다)을 통하여 채용(이하 "경력경쟁채용등"이라 한다)된 경찰공무원은 제24조 및 제25조의 규정에 불구하고 일반특기와 전문특기의 분류를 동시에 할 수 있으며, 예비분류는 채용 후 1년이 경과한 때에 하고, 확정분류는 예비분류 후 2년이 경과한 때에 한다.

제27조(전과 및 특기변경의 범위)

① 전과는 일반경과에서 수사경과·보안경과 또는 특수경과로 전과하는 것에 한하여 인정한다. 다만, 정원감축등으

로 인하여 부득이한 경우에는 보안경과·수사경과·정보통신경과 또는 운전경과에서 일반경과로 전과하는 것을 인정할 수 있다.

② 특기의 변경은 예비분류기간중 일반특기상호간 또는 전문특기상호간 1회에 한하여 할 수 있다. 다만, 특기분류에 중대한 흠이 있다고 인정될 때에는 재분류하여 이를 변경할 수 있다.

제28조(전과 및 특기변경의 제한등)

① 전과 또는 특기의 변경은 다음 각호의 1에 해당하는 자에 한한다.

1. 현재의 경과 또는 특기분야에서는 업무수행 능력이 현저히 부족하나 다른 경과 또는 특기분야에서는 더욱 발전할 수 있다고 인정되는 자
2. 보충을 요하는 경과 또는 특기에 필요한 직무교육을 이수한 자
3. 변경하고자 하는 경과 또는 특기분야와 관련된 자격증 소지자
4. 변경하고자 하는 경과 또는 특기와 관련된 분야의 시험(국가에서 시행하는 시험에 한한다)에 합격한 자

② 다음 각호의 1에 해당하는 자는 전과 및 특기의 변경을 할 수 없다. 다만, 제1항제3호에 해당하는 경우에는 예외로 한다.

1. 현재의 경과 및 특기분야에서 1년을 경과하지 아니한 자
2. 특수경과 또는 전문 특기분야에 근무할 것을 조건으로 채용된 자로서 5년을 경과하지 아니한 자

제29조(특기분류 심사) ① 특기를 분류할 때에는 다음 사항을 고려하여 심사한다.

1. 본인의 희망
2. 근무경험
3. 적성(전공분야 및 자격증등)
4. 전문화교육
5. 소속상사의 의견등

② 특기의 분류는 신규채용자의 임용 등 특별한 사유가 있는 경우 또는 보직의 전문화를 위하여 필요한 경우에 실시할 수 있다.

제4조(임용권의 위임)

① 「경찰공무원법」(이하 "법"이라 한다) 제6조제3항의 규정에 의하여 경찰청장은 경찰대학·경찰교육원·중앙경찰학교·경찰수사연수원·경찰병원 및 지방경찰청(이하 "소속기관등"이라 한다)의 장에게 그 소속경찰공무원중 경정의 전보·파견·휴직·직위해제 및 복직에 관한 권한과 경감이하의 임용권을 위임할 수 있다.

② 지방경찰청장은 소속경감이하의 경찰공무원에 대한 당해 경찰서안에서의 전보권을 경찰서장에게 다시 위임할 수 있다.

③ 임용권의 위임을 받은 소속기관등의 장은 경감 또는 경위를 신규채용하거나 경위 또는 경사를 승진시키고자 할 때에는 미리 경찰청장의 승인을 얻어야 한다.

제5조(임용시기)

① 경찰공무원은 임용장 또는 임용통지서에 기재된 일자에 임용된 것으로 본다. 다만, 사망으로 인한 면직은 사망한 다음날에 면직된 것으로 본다.

② 임용일자는 그 임용장이 피임용자에게 송달되는 기간 및 사무인계에 필요한 기간을 참작하여 정하여야 한다.

제6조(임용일자 소급의 금지)

경찰공무원의 임용에 있어서 다음 각호의 1에 해당되는 경우를 제외하고는 그 임용일자를 소급하여서는 아니된다.

1. 재직중 공적이 특히 현저한 자가 공무로 사망한 때에는 그 사망전일을 임용일자로 하여 추서하는 경우
2. 형사사건으로 기소된 때에 그 기소된 날을 임용일자로 하여 직위해제하는 경우
3. 「국가공무원법」 제70조제1항제4호의 규정에 의하여 직권면직하는 때에 휴직기간의 만료일 또는 휴직사유의 소멸일을 임용일자로 하여 면직하는 경우

제2장 경찰공무원인사위원회

제9조(경찰공무원인사위원회의 구성)

① 법 제4조의 규정에 의한 경찰공무원인사위원회(이하 "인사위원회"라 한다)는 위원장을 포함한 5인이상 7인이하의 위원으로 구성한다.

② 국민안전처에 두는 인사위원회의 위원장은 국민안전처 해양경비안전본부장이 되고, 위원은 국민안전처 소속 총경 이상의 경찰공무원 중에서 국민안전처장관이 임명하며, 경찰청에 두는 인사위원회의 위원장은 경찰청 인사담당국장이 되고, 위원은 경찰청 소속 총경 이상의 경찰공무원 중에서 경찰청장이 임명한다.

제10조(위원장의 직무)

① 위원장은 인사위원회를 대표하며, 인사위원회의 사무를 총괄한다.

② 위원장이 부득이한 사유로 직무를 수행할 수 없는 때에는 위원중에서 최상위계급 또는 선임의 경찰공무원이 그 직무를 대행한다.

제11조(회의)

① 위원장은 인사위원회의 회의를 소집하고 그 의장이 된다.

② 회의는 재적위원 과반수의 찬성으로 의결한다.

제12조(간사)

① 인사위원회에 간사 약간 인을 둔다.

② 간사는 국민안전처 및 경찰청 소속 경찰공무원중에서 위원장이 지명한다.

③ 간사는 위원장의 명을 받아 인사위원회의 사무를 처리한다.

제13조(심의사항의 보고)

위원장은 인사위원회에서 심의된 사항을 지체없이 경찰청장에게 보고하여야 한다.

제3장 신규채용

제17조(채용후보자의 등록)

① 법 제8조에 따른 공개경쟁채용시험, 경찰간부후보생 공개경쟁선발시험 및 경력경쟁채용시험등에 합격한 사람은 총리령 또는 행정자치부령이 정하는 바에 따라 임용권자 또는 임용제청권자에게 채용후보자등록을 하여야 한다.

② 제1항의 채용후보자등록을 하지 아니한 사람은 경찰공무원으로 임용될 의사가 없는 것으로 본다.

제18조(채용후보자명부의 작성)

① 법 제9조제1항의 규정에 의한 채용후보자명부는 임용예정계급별로 작성하되, 채용후보자의 서류를 심사하여 임용적격자만을 등재한다.

② 임용권자 또는 임용제청권자는 제1항의 규정에 의한 채용후보자명부에의 등재여부를 본인에게 알려야 한다.

③ 채용후보자명부의 유효기간은 2년으로 하되, 경찰청장은 필요에 따라 1년의 범위안에서 그 기간을 연장할 수 있다.

제19조(채용후보자의 자격상실)

채용후보자가 다음에 해당하는 경우에는 채용후보자로서의 자격을 상실한다.

1. 채용후보자가 임용 또는 임용제청에 불응한 때
2. 채용후보자로서 받아야 할 교육훈련에 불응한 때
3. 채용후보자로서 받은 교육훈련성적이 수료점수에 미달되거나 교육훈련중 질병·병역복무 기타 교육훈련을 계속할 수 없는 불가피한 사정외의 사유로 퇴학처분을 받은 때

제20조(시보임용경찰공무원)

① 임용권자 또는 임용제청권자는 시보임용기간중의 경찰공무원(이하 "시보임용경찰공무원"이라 한다)에 대하여 근무사항을 항상 지도·감독하여야 한다.

② 임용권자 또는 임용제청권자는 시보임용경찰공무원이 다음 각호의 1에 해당하여 정규경찰공무원으로 임용함이 부적당하다고 인정되는 경우에는 제3항의 규정에 의한 정규임용심사위원회의 심사를 거쳐 당해 시보임용경찰공무원을 면직시키거나 면직을 제청할 수 있다.

1. 징계사유에 해당할 때
2. 제21조제1항의 규정에 의한 교육훈련성적이 만점의 6할미만이거나 생활기록이 극히 불량할 때

3. 「경찰공무원 승진임용 규정」 제7조제2항의 규정에 의한 제2평정요소에 대한 근무성적평정점이 만점의 5할미만일 때

③ 시보임용경찰공무원을 정규경찰공무원으로 임용함에 있어서 그 적부를 심사하게 하기 위하여 임용권자 또는 임용제청권자소속하에 정규임용심사위원회를 둔다.

 # 경찰공무원임용령 시행규칙

제9조(정규임용심사위원회)

① 「경찰공무원임용령」(이하 "영"이라 한다) 제20조제3항의 규정에 의한 정규임용심사위원회(이하 "위원회"라 한

다)는 위원장1인을 포함한 위원 5인이상 7인이하로 구성한다.
② 위원장은 위원중 최상위계급 또는 선임의 경찰공무원이 된다.
③ 위원은 소속 경감이상의 경찰공무원중에서 위원회가 설치된 기관의 장이 임명하되, 심사대상자보다 상위의 계급자로 한다.
④ 위원회는 재적위원 3분의 2이상의 출석과 출석위원 과반수의 찬성으로 의결한다.
⑤ 이 규칙에서 정한 사항외에 위원회의 운영에 관하여 필요한 사항은 위원회의 의결을 거쳐 위원장이 정한다.

제21조(시보임용경찰공무원등에 대한 교육훈련)

① 임용권자 또는 임용제청권자는 시보임용경찰공무원 또는 시보임용예정자에 대하여 일정한 기간 교육훈련을 시킬 수 있다. 이 경우 시보임용예정자에 대하여는 교육훈련을 받는 기간동안 예산의 범위안에서 임용예정계급의 1호봉에 해당하는 봉급의 80퍼센트에 상당하는 금액 등을 지급할 수 있다.
② 임용권자 또는 임용제청권자는 시보임용예정자가 제1항의 규정에 의한 교육훈련성적이 만점의 6할미만이거나 생활기록이 극히 불량할 때에는 시보임용을 하지 아니할 수 있다.

제4장 보직관리

제23조(초임 경찰공무원의 보직)

① 경위이상으로 신규채용된 경찰공무원은 관리능력을 배양할 수 있도록 전공 및 적성을 고려하여 합리적으로 보직하여야 한다.
② 신규채용에 의하여 순경으로 임용된 자는 최하급 경찰기관에 보직하되, 수사 및 정보업무를 제외한 외근부서에 보직하여야 한다
.③ 특수기술요원으로 신규채용된 경찰공무원은 제2항의 규정에 불구하고 임용예정직위에 보직하여야 한다.

제24조(교육훈련이수자의 보직)

① 국외훈련·국내위탁교육등 특별훈련을 받은 경찰공무원은 특별한 사정이 없는 한 그 교육훈련내용과 관련되는 직위에 보직하여야 한다.
② 법 제17조제3항의 규정에 의한 위탁교육훈련을 받은 경찰공무원의 최초 보직은 교육훈련기관의 교수요원으로 하여야 한다. 다만, 교수요원으로 보직할 수 없거나 곤란한 경우에는 교육훈련과 관계되는 직위에 보직하여야 한다.

제25조(전문특기자의 보직)

전문특기를 부여받은 경찰공무원은 당해 전문부서 또는 당해 전문분야의 교육을 위한 교수요원으로 보직하여야 한다.

제26조(전보)

① 임용권자 또는 임용제청권자는 경찰공무원의 동일직위에서의 장기근무로 인한 직무수행의 침체현상을 방지하여 창의적이며 활력있는 직무성과의 증진을 기하도록 하는 한편, 지나치게 잦은 전보로 인한 능률저하를 방지하여 안정적인 직무수행을 기할 수 있도록 특별한 사정이 없는 한 정기적으로 전보를 실시하여야 한다.

제27조(전보의 제한)

① 임용권자 또는 임용제청권자는 소속공무원을 해당 직위에 임용된 날부터 1년 이내(감사업무를 담당하는 경찰공무원의 경우에는 2년 이내)에 다른 직위에 전보할 수 없다. 다만, 다음 각 호의 어느 하나에 해당하는 경우에는 그러하지 아니하다.

1. 직제상의 최저단위 보조기관(담당관을 포함한다)내에서의 전보
2. 국민안전처 및 경찰청과 소속기관등 또는 소속기관등 상호간의 교류를 위한 전보
3. 기구의 개편, 직제 또는 정원의 변경으로 인한 해당경찰공무원의 전보
4. 당해 경찰공무원을 승진시키는 경우
5. 특수한 기술을 가진 경찰공무원 또는 전문특기자를 당해 직무분야에 보직하는 경우
6. 징계처분을 받은 경우
7. 형사사건에 관련되어 수사기관에서 조사를 받고 있는 경우
8. 경찰기동대 기타 특수임무부서와의 정기적인 교체에 의하는 경우
9. 교육훈련기관의 교수요원으로 보직하는 경우
10. 시보임용중인 경우
11. 신규채용된 경찰공무원으로서 제22조제5항의 규정에 의한 보직관리기준에 따라 순환보직중인 자의 전보 및 이와 관련한 전보
12. 감사담당 경찰공무원 가운데 부적격자로 인정되는 경우

② 경찰대학·경찰교육원·중앙경찰학교·경찰수사연수원 또는 해양경비안전교육원의 교수요원으로 임용된 자는 그 임용일로부터 1년이상 3년이하의 범위안에서 경찰청장이 정하는 기간안에는 다른 직위에 전보할 수 없다. 다만, 기구의 개편, 직제·정원의 변경 또는 교육과정의 개폐가 있거나 교수요원으로서 부적당하다고 인정될 때에는 그러하지 아니하다.

③ 법 제8조제3항제6호에 따라 채용된 경찰공무원은 그 채용일부터 5년의 범위에서 경찰청장이 정하는 기간(휴직기간, 직위해제기간 및 정직기간은 포함하지 아니한다) 안에는 채용조건에 해당하는 기관 또는 부서 외의 기관 또는 부서로 전보할 수 없다.

제29조(특수지근무경찰공무원의 인사교류)

① 임용권자는 2년의 범위안에서 경찰청장이 정하는 기간이상 특수지에서 근무한 총경이하 경찰공무원에 대하여는 따로 인사교류계획을 수립하여 당해 지역외의 지역으로 전보를 하여야 한다. 이 경우 전보는 경찰청장이 정하는 범위안에서 본인이 희망하는 기관 또는 부서로 함을 원칙으로 한다.

② 제1항의 경우 본인이 다른 지역으로의 전보를 희망하지 아니하거나 기타 부득이한 사유가 있는 경우에는 전보대상에서 제외할 수 있다.

제30조(파견근무)

① 임용권자 또는 임용제청권자는 다음 각호의 1에 해당하는 경우에는 「국가공무원법」 제32조의4의 규정에 의하여 경찰공무원을 파견할 수 있다.

1. 국가기관외의 기관·단체에서의 국가적사업의 수행을 위하여 특히 필요한 경우
2. 다른 기관의 업무폭주로 인한 행정지원의 경우
3. 관련기관간의 긴밀한 협조를 요하는 특수업무의 공동수행을 위하여 필요한 경우

4. 「공무원 인재개발법」에 의한 교육훈련을 위하여 필요한 경우
5. 「공무원 인재개발법」에 의한 공무원교육훈련기관의 교수요원으로 선발된 경우
6. 국제기구, 외국의 정부 또는 연구기관에서의 업무수행 및 능력개발을 위하여 필요한 경우
7. 국내의 연구기관·민간기관 및 단체에서의 관련업무수행·능력개발이나 국가 정책수립과 관련된 자료수집 등을 위하여 필요한 경우

② 제1항에 따른 파견기간은 다음 각 호와 같다.
1. 제1항제1호부터 제3호까지 및 제7호에 따른 파견기간은 2년 이내로 하되, 필요한 경우에는 총 파견기간이 5년을 초과하지 않는 범위에서 파견기간을 연장할 수 있다.
2. 제1항제4호 및 제6호에 따른 파견기간은 그 교육훈련·업무수행 및 능력개발을 위하여 필요한 기간으로 한다.
3. 제1항제5호에 따른 파견기간은 1년 이내로 하되, 필요한 경우에는 총 파견기간이 2년을 초과하지 않은 범위에서 파견기간을 연장할 수 있다.

③ 제1항제1호부터 제3호까지 및 제5호에 따른 파견의 경우에는 미리 파견받을 기관 또는 단체의 장의 요청이 있어야 하며, 다음 각 호의 어느 하나에 해당하는 경우에는 인사혁신처장과 협의하여야 한다. 다만, 제5항에 따라 협의된 파견기간 범위에서 경감 이하 경찰공무원의 파견기간을 연장하거나 경감 이하 경찰공무원의 파견기간이 종료된 후 그 파견자를 교체하는 경우에는 인사혁신처장과의 협의를 생략할 수 있다.
1. 제1항제1호부터 제3호까지 및 제6호·제7호에 따른 소속 경찰공무원을 파견하거나 그 파견기간을 연장하는 경우
2. 제1호에 따른 파견 중 파견기간 종료 전에 파견자를 복귀시키는 경우로서 인사혁신처장이 정하는 사유에 해당하는 경우

④ 소속기관등의 장은 제1항제1호부터 제3호까지, 제6호 및 제7호에 따른 파견을 하거나 그 기간을 연장하고자 할 때에는 경찰청장의 승인을 얻어야 한다. 〈개정 1991.7.30, 1996.8.8, 2007.10.4, 2014.11.19.〉

⑤ 인사혁신처장은 제3항 본문에 따라 파견의 협의를 하는 경우에는 「행정기관의 조직과 정원에 관한 통칙」 제24조의2에 따라 별도정원의 계급·규모 등에 대하여 행정자치부장관과 미리 협의하여야 한다.

제47조(직권면직사유)

① 법 제22조제1항제2호에서 "대통령령이 정하는 사유"라 함은 다음 각호의 경우를 말한다.
1. 지능저하 또는 판단력의 부족으로 경찰업무를 감당할 수 없는 경우
2. 책임감의 결여로 직무수행에 성의가 없고 위험한 직무에 당하여 고의로 직무수행을 기피 또는 포기하는 경우

② 법 제22조제1항제3호에서 "대통령령이 정하는 사유"라 함은 다음 각호의 경우를 말한다.
1. 인격장애, 알코올·약물중독 그 밖의 정신장애로 인하여 경찰업무를 감당할 수 없는 경우
2. 사행행위 또는 재산의 낭비로 인한 채무과다, 부정한 이성관계 등 도덕적 결함이 현저하여 타인의 비난을 받는 경우

제48조(정년의 연장)

① 법 제24조제3항의 규정에 의한 정년의 연장은 임용권자 또는 임용제청권자가 인력수급관계, 직무의 특수성, 연장대상자의 건강상태 및 직무수행능력등을 고려하여 경찰청장이 정하는 기준에 의하여 행한다.

② 임용권자 또는 임용제청권자가 제1항의 규정에 의하여 정년의 연장을 하고자 할 때에는 제3항의 규정에 의한 정년연장심사위원회의 심사를 거쳐야 한다.

③ 경찰공무원의 정년연장에 관한 사항을 심사하게 하기 위하여 임용권자 또는 임용제청권자소속하에 경찰공무원정년연장심사위원회를 둔다.

④ 제3항의 규정에 의한 경찰공무원정년연장심사위원회의 구성 및 운영에 관하여 필요한 사항과 정년의 연장신청등에 관하여 필요한 사항은 총리령 또는 행정자치부령으로 정한다.

第49條(정년연장의 대상) 법 제24조제3항에서 "대통령령이 정하는 바에 의하여 지정을 받은 자"라 함은 제3조제3항의 규정에 의하여 전문특기를 부여받은 자를 말한다.
[전문개정 1998.12.31]

경찰공무원 징계령

경찰공무원 징계양정 등에 관한 규칙

제1조(목적)

이 규칙은 경찰공무원등의 의무위반행위에 대하여 합리적인 징계양정 기준을 마련함으로써 징계의 형평과 적정을 도모함을 목적으로 한다.

제2조(적용범위)

이 규칙은 경찰청 및 그 소속기관(이하 "경찰기관"이라 한다)에 소속하는 경찰공무원 및 의무경찰(이하 "경찰공무원등"이라 한다)에 적용한다.

제3조(용어의 정의)

의무위반행위	경찰공무원등과 경찰기관에 소속하는 일반직 공무원이 「국가공무원법」 등 관련 법령 또는 직무상 명령에 따른 각종 의무를 위반한 행위
행위자	의무위반행위를 실제 행한 자
감독자	소관업무에 대하여 행위자를 직접 관리 감독하는 위치에 있거나 직무수행상황을 확인 감독할 책임이 있는 자
업무매뉴얼	「경찰 업무매뉴얼 관리규칙」에 따른 매뉴얼(현장매뉴얼을 포함한다)
경고	「경고·주의 및 장려제도 운영 규칙」 제3조제1호에 따른 처분
주의	「경고·주의 및 장려제도 운영 규칙」 제3조제2호에 따른 처분

제4조(행위자의 징계양정 기준)

① 징계의결요구권자 또는 징계위원회는 행위자에 대한 의무위반행위의 유형·정도, 과실의 경중, 평소의 행실, 근무성적, 공적, 뉘우치는 정도 또는 그 밖의 정상을 참작하여 징계양정기준에 따라 징계의결 요구 또는 징계의결하여야 한다. 단, 징계의결요구권자는 공금횡령·유용 및 업무상 배임의 금액이 300만원 이상일 경우에는 중징계 의결을 요구하여야 한다.

② 징계요구권자 또는 징계위원회는 다음 각 호의 어느 하나에 해당하는 사유가 있을 때에는 징계책임을 감경하여 징계의결 요구 또는 징계의결하거나 징계책임을 묻지 아니할 수 있다.

1. 과실로 인하여 발생한 의무위반행위가 다른 법령에 의해 처벌사유가 되지 않고 비난가능성이 없는 때
2. 국가 또는 공공의 이익을 증진하기 위해 성실하고 능동적으로 업무를 처리하는 과정에서 부분적인 절차상 하자 또는 비효율, 손실 등의 잘못이 발생한 때
3. 업무매뉴얼에 규정된 직무상의 절차를 충실히 이행한 때
4. 의무위반행위의 발생을 방지하기 위해 최선을 다하였으나 부득이한 사유로 결과가 발생하였을 때
5. 발생한 의무위반행위에 대하여 자진신고하거나 사후조치에 최선을 다하여 원상회복에 크게 기여한 때
6. 간첩 또는 사회이목을 집중시킨 중요사건의 범인을 검거한 공로가 있을 때
7. 제9조제3항에 따른 감경 제외 대상이 아닌 의무위반행위 중 직무와 관련이 없는 사고로 인한 의무위반행위로서 사회통념에 비추어 공무원의 품위를 손상하지 아니한 때

제5조(감독자의 징계양정 기준)

① 징계요구권자 또는 징계위원회는 감독자에 대한 감독의무위반 정도 등을 고려하여 징계의결 요구 또는 징계의결하여야 한다. 다만, 감독자가 부하직원의 의무위반행위를 묵인·방조하거나 은폐·비호하였을 때에는 행위자와 동일한 양정으로 징계의결 요구 또는 징계의결하여야 한다.

② 징계요구권자 또는 징계위원회는 감독자에게 다음 각 호의 어느 하나에 해당하는 사유가 있을 때에는 징계책임을 감경하여 징계의결 요구 또는 징계의결하거나 징계책임을 묻지 아니할 수 있다.

1. 부하직원의 의무위반행위를 사전에 발견하여 적법 타당하게 조치한 때
2. 부하직원의 의무위반행위가 감독자 또는 행위자의 비번일, 휴가기간, 교육기간 등에 발생하거나, 소관업무와 직접 관련 없는 등 감독자의 실질적 감독범위를 벗어났다고 인정된 때
3. 부임기간이 1개월 미만으로 부하직원에 대한 실질적인 감독이 곤란하다고 인정된 때
4. 교정이 불가능하다고 판단된 부하직원의 사유를 명시하여 인사상 조치(전출 등)를 상신하는 등 성실히 관리한 이후에 같은 부하직원이 의무위반행위를 야기하였을 때
5. 기타 부하직원에 대하여 평소 철저한 교양감독 등 감독자로서의 임무를 성실히 수행하였다고 인정된 때

제8조(징계의 가중)

① 징계의결요구권자 또는 징계위원회는 서로 관련이 없는 2개 이상의 의무위반행위가 경합될 때에는 그 중 책임이 중한 의무위반행위에 해당하는 징계보다 1단계 위의 징계의결 요구 또는 징계의결을 할 수 있다.

② 하나의 행위가 동시에 여러 종류의 의무위반행위에 해당될 때에도 제1항과 같다.

③ 징계위원회는 징계처분을 받은 사람에 대하여 「경찰공무원 승진임용 규정」 제6조에 따른 승진임용 제한기간 중에 발생한 비위로 다시 징계의결이 요구된 경우에는 그 비위에 해당하는 징계보다 2단계 위의 징계로 의결할 수 있고, 승진임용 제한기간이 끝난 후부터 1년 이내에 발생한 비위로 징계의결이 요구된 경우에는 1단계 위의 징계로 의결할 수 있다.

제9조(징계의 감경)

① 징계위원회는 징계의결이 요구된 자가 다음 각 호의 어느 하나에 해당하는 공적이 있는 경우 징계를 감경할 수 있다.

1. 「상훈법」에 따라 훈장 또는 포장을 받은 공적
2. 「정부표창규정」에 따라 국무총리 이상의 표창을 받은 공적 다만, 경감이하의 경찰공무원등은 경찰청장 또는 중앙행정기관 차관급 이상 표창을 받은 공적

3. 「모범공무원규정」에 따라 모범공무원으로 선발된 공적

② 경찰공무원등이 징계처분 또는 징계위원회의 권고에 의한 경고를 받은 사실이 있는 경우에는 그 징계처분 또는 경고처분 전의 공적은 제1항에 따른 감경대상 공적에서 제외한다

③ 제1항에도 불구하고 의무위반행위의 내용이 다음 각 호의 어느 하나에 해당하는 경우에는 징계를 감경할 수 없다.

1. 직무와 관련한 금품 및 향응 수수, 공금횡령·유용

2. 「국가인권위원회법」 제2조제3호라목에 따른 성희롱

「국가인권 위원회법」 제2조제3호	라. 성희롱[업무, 고용, 그 밖의 관계에서 공공기관(국가기관, 지방자치단체, 「초·중등교육법」 제2조, 「고등교육법」 제2조와 그 밖의 다른 법률에 따라 설치된 각급 학교, 「공직자윤리법」 제3조의2제1항에 따른 공직유관단체를 말한다)의 종사자, 사용자 또는 근로자가 그 직위를 이용하여 또는 업무 등과 관련하여 성적 언동 등으로 성적 굴욕감 또는 혐오감을 느끼게 하거나 성적 언동 또는 그 밖의 요구 등에 따르지 아니한다는 이유로 고용상의 불이익을 주는 것을 말한다] 행위

3. 「성매매알선 등 행위의 처벌에 관한 법률」 제2조제1호의 성매매, 같은 조 제2호의 성매매 알선, 같은 조 제3호의 성매매 목적 인신매매

<table>
<tr>
<td>「성매매알선 등 행위의 처벌에 관한 법률」</td>
<td>
제2조(정의) ① 이 법에서 사용하는 용어의 뜻은 다음과 같다.
<table>
<tr><td>성매매</td><td>불특정인을 상대로 금품이나 그 밖의 재산상의 이익을 수수(收受)하거나 수수하기로 약속하고 성교행위, 구강, 항문 등 신체의 일부 또는 도구를 이용한 유사 성교행위 중 어느 하나에 해당하는 행위를 하거나 그 상대방이 되는 것</td></tr>
<tr><td>성매매 알선 등 행위</td><td>성매매를 알선, 권유, 유인 또는 강요하는 행위,성매매의 장소를 제공하는 행위, 성매매에 제공되는 사실을 알면서 자금, 토지 또는 건물을 제공하는 행위 중 어느 하나에 해당하는 행위를 하는 것</td></tr>
<tr><td>성매매 목적의 인신매매</td><td>가. 성을 파는 행위 또는 「형법」 제245조(공연음란: 공연히 음란한 행위를 한 자)에 따른 음란행위를 하게 하거나, 성교행위 등 음란한 내용을 표현하는 사진·영상물 등의 촬영 대상으로 삼을 목적으로 위계(僞計), 위력(威力), 그 밖에 이에 준하는 방법으로 대상자를 지배·관리하면서 제3자에게 인계하는 행위
나. 가목과 같은 목적으로 「청소년 보호법」 제2조제1호에 따른 청소년(이하 "청소년"이라 한다), 사물을 변별하거나 의사를 결정할 능력이 없거나 미약한 사람 또는 대통령령으로 정하는 중대한 장애가 있는 사람이나 그를 보호·감독하는 사람에게 선불금 등 금품이나 그 밖의 재산상의 이익을 제공하거나 제공하기로 약속하고 대상자를 지배·관리하면서 제3자에게 인계하는 행위
다. 가목 및 나목의 행위가 행하여지는 것을 알면서 가목과 같은 목적이나 전매를 위하여 대상자를 인계받는 행위
라. 가목부터 다목까지의 행위를 위하여 대상자를 모집·이동·은닉하는 행위</td></tr>
<tr><td>성매매피해자</td><td>위계, 위력, 그 밖에 이에 준하는 방법으로 성매매를 강요당한 사람, 업무관계, 고용관계, 그 밖의 관계로 인하여 보호 또는 감독하는 사람에 의하여 「마약류관리에 관한 법률」 제2조에 따른 마약·향정신성의약품 또는 대마(이하 "마약등"이라 한다)에 중독되어 성매매를 한 사람, 청소년, 사물을 변별하거나 의사를 결정할 능력이 없거나 미약한 사람 또는 대통령령으로 정하는 중대한 장애가 있는 사람으로서 성매매를 하도록 알선·유인된 사람, 성매매 목적의 인신매매를 당한 사람 중 어느 하나에 해당하는 사람</td></tr>
</table>
② 다음 각 호의 어느 하나에 해당하는 경우에는 대상자를 제1항제3호가목에 따른 지배·관리하에 둔 것으로 본다.
1. 선불금 제공 등의 방법으로 대상자의 동의를 받은 경우라도 그 의사에 반하여 이탈을 제지한 경우
2. 다른 사람을 고용·감독하는 사람, 출입국·직업을 알선하는 사람 또는 그를 보조하는 사람이 성을 파는 행위를 하게 할 목적으로 여권이나 여권을 갈음하는 증명서를 채무이행 확보 등의 명목으로 받은 경우
</td>
</tr>
</table>

4. 「성폭력범죄의 처벌 등에 관한 특례법」 제2조에 따른 성폭력범죄

제2조(정의) ① 이 법에서 "성폭력범죄"란 다음 각 호의 어느 하나에 해당하는 죄를 말한다. 〈개정 2013.4.5.〉

1. 「형법」 제2편제22장 성풍속에 관한 죄 중 제242조(음행매개), 제243조(음화반포등), 제244조(음화제조등) 및 제245조(공연음란)의 죄
2. 「형법」 제2편제31장 약취(略取), 유인(誘引) 및 인신매매의 죄 중 추행, 간음 또는 성매매와 성적 착취를 목적으로 범한 제288조 또는 추행, 간음 또는 성매매와 성적 착취를 목적으로 범한 제289조, 제290조(추행, 간음 또는 성매매와 성적 착취를 목적으로 제288조 또는 추행, 간음 또는 성매매와 성적 착취를 목적으로 제289조의 죄를 범하여 약취, 유인, 매매된 사람을 상해하거나 상해에 이르게 한 경우에 한정한다), 제291조(추행, 간음 또는 성매매와 성적 착취를 목적으로 제288조 또는 추행, 간음 또는 성매매와 성적 착취를 목적으로 제289조의 죄를 범하여 약취, 유인, 매매된 사람을 살해하거나 사망에 이르게 한 경우에 한정한다), 제292조[추행, 간음 또는 성매매와 성적 착취를 목적으로 한 제288조 또는 추행, 간음 또는 성매매와 성적 착취를 목적으로 한 제289조의 죄로 약취, 유인, 매매된 사람을 수수(授受) 또는 은닉한 죄, 추행, 간음 또는 성매매와 성적 착취를 목적으로 한 제288조 또는 추행, 간음 또는 성매매와 성적 착취를 목적으로 한 제289조의 죄를 범할 목적으로 사람을 모집, 운송, 전달한 경우에 한정한다] 및 제294조(추행, 간음 또는 성매매와 성적 착취를 목적으로 범한 제288조의 미수범 또는 추행, 간음 또는 성매매와 성적 착취를 목적으로 범한 제289조의 미수범, 추행, 간음 또는 성매매와 성적 착취를 목적으로 제288조 또는 추행, 간음 또는 성매매와 성적 착취를 목적으로 제289조의 죄를 범하여 발생한 제290조제1항의 미수범 또는 추행, 간음 또는 성매매와 성적 착취를 목적으로 제288조 또는 추행, 간음 또는 성매매와 성적 착취를 목적으로 제289조의 죄를 범하여 발생한 제291조제1항의 미수범 및 제292조제1항의 미수범 중 추행, 간음 또는 성매매와 성적 착취를 목적으로 약취, 유인, 매매된 사람을 수수, 은닉한 죄의 미수범으로 한정한다)의 죄
3. 「형법」 제2편제32장 강간과 추행의 죄 중 제297조(강간), 제297조의2(유사강간), 제298조(강제추행), 제299조(준강간, 준강제추행), 제300조(미수범), 제301조(강간등 상해·치상), 제301조의2(강간등 살인·치사), 제302조(미성년자등에 대한 간음), 제303조(업무상위력등에 의한 간음) 및 제305조(미성년자에 대한 간음, 추행)의 죄
4. 「형법」 제339조(강도강간)의 죄
5. 이 법 제3조(특수강도강간 등)부터 제15조(미수범)까지의 죄

② 제1항 각 호의 범죄로서 다른 법률에 따라 가중처벌되는 죄는 성폭력범죄로 본다.

5. 「도로교통법」 제44조제1항에 따른 음주운전

도로교통법」 제44조제1항	제44조(술에 취한 상태에서의 운전 금지) ① 누구든지 술에 취한 상태에서 자동차등(「건설기계관리법」 제26조제1항 단서에 따른 건설기계 외의 건설기계를 포함한다. 이하 이 조, 제45조, 제47조, 제93조제1항제1호부터 제4호까지 및 제148조의2에서 같다)을 운전하여서는 아니 된다. ② 경찰공무원은 교통의 안전과 위험방지를 위하여 필요하다고 인정하거나 제1항을 위반하여 술에 취한 상태에서 자동차등을 운전하였다고 인정할 만한 상당한 이유가 있는 경우에는 운전자가 술에 취하였는지를 호흡조사로 측정할 수 있다. 이 경우 운전자는 경찰공무원의 측정에 응하여야 한다. ③ 제2항에 따른 측정 결과에 불복하는 운전자에 대하여는 그 운전자의 동의를 받아 혈액 채취 등의 방법으로 다시 측정할 수 있다. ④ 제1항에 따라 운전이 금지되는 술에 취한 상태의 기준은 운전자의 혈중알코올농도가 0.05퍼센트 이상인 경우로 한다.

6. 「공직자윤리법」 제22조에 따른 재산등록 및 주식의 매각·신탁 관련 의무위반행위

<table>
<tr><td>공직자 윤리법
제22조</td><td>제22조(징계 등)
공직자윤리위원회는 공무원 또는 공직유관단체의 임직원이 다음 각 호의 어느 하나에 해당하면 이를 사유로 해임 또는 징계의결을 요구할 수 있다.

1. 제5조제1항을 위반하여 재산등록을 하지 아니한 경우
2. 제6조제1항(등록의무자가 된 후 3개월 이내에 같은 항에 따른 재산 변동사항을 신고하는 경우의 변동사항 신고에 관한 같은 조 제3항을 포함한다)·제8항, 제6조의2 및 제11조제1항을 위반하여 변동사항 신고 또는 주식거래내역 신고를 하지 아니하거나 소명자료의 첨부 등을 하지 아니한 경우
3. 제8조제13항에 따른 공직자윤리위원회의 소명 요구에 대하여 거짓으로 소명하거나 거짓 자료를 제출한 경우
4. 제8조제14항을 위반하여 정당한 사유 없이 소명 또는 자료 제출을 하지 아니한 경우
5. 제10조제3항(제11조제2항에서 준용하는 경우를 포함한다)을 위반하여 허가 없이 등록사항을 열람·복사하거나 이를 하게 한 경우
6. 제12조제1항(제6조의2제4항 및 제11조제2항에서 준용하는 경우를 포함한다)을 위반하여 허위등록 등 불성실하게 재산등록을 한 경우
7. 제12조제2항(제6조의2제4항 및 제11조제2항에서 준용하는 경우를 포함한다)을 위반하여 공직자윤리위원회 등의 등록사항 심사에 응하지 아니한 경우
8. 제13조(제6조의2제4항 및 제11조제2항에서 준용하는 경우를 포함한다)를 위반하여 재산등록사항을 이 법에서 정한 목적 외의 용도로 이용한 경우
9. 제14조(제6조의2제4항, 제11조제2항 및 제14조의4제6항에서 준용하는 경우를 포함한다)를 위반하여 재산등록사항을 다른 사람에게 누설한 경우
10. 제14조의4제1항을 위반하여 신고를 하지 아니한 경우
11. 제14조의6을 위반하여 주식을 취득하거나 신고를 하지 아니한 경우
12. 제14조의7제1항 본문을 위반하여 신탁재산의 관리·운용·처분에 관한 정보의 제공을 요구한 경우
13. 제14조의7제2항을 위반하여 신탁재산의 관리·운용·처분에 관여한 경우
14. 제14조의10제2항을 위반하여 주식백지신탁계약을 해지한 경우
14의2. 백지신탁한 주식 또는 보유하고 있는 주식과 관련한 직무를 회피할 수 있음에도 불구하고 제14조의11제1항을 위반하여 해당 주식과 관련한 직무에 관여하였거나 제14조의11제4항을 위반하여 신고를 하지 아니한 경우
15. 제15조를 위반하여 외국에서 받은 선물 또는 외국인에게 받은 선물을 신고 또는 인도하지 아니한 경우
16. 제18조의4제2항을 위반하여 부정한 청탁 또는 알선을 받은 사실을 소속 기관의 장에게 신고하지 아니한 경우
17. 제18조의5제1항을 위반하여 취업을 위한 청탁행위를 한 경우</td></tr>
</table>

제10조(적용 등) 이 규칙에 규정되지 않은 징계위원회에서의 의결에 관한 사항 및 기타 징계 및 징계부가금 부과 절차에 관한 사항은 「공무원 징계령 시행규칙」에 따르고, 열거되지 아니한 의무위반행위가 징계사유로 될 때에는 그 의무위반행위와 가장 유사한 항에 정한 징계의 종류를 적용한다.

경찰공무원 복무규정

제1장 총칙

제1조(목적)

이 영은 경찰공무원의 복무에 관한 사항을 규정함을 목적으로 한다.

제3조(기본강령) 경찰공무원은 다음의 기본강령에 따라 복무하여야 한다.

경찰사명	경찰공무원은 국가와 민족을 위하여 충성과 봉사를 다하며, 국민의 생명·신체 및 재산을 보호하고, 공공의 안녕과 질서를 유지함을 그 사명으로 한다.
경찰정신	경찰공무원은 국민의 수임자로서 일상의 직무수행에 있어서 국민의 자유와 권리를 존중하는 호국·봉사·정의의 정신을 그 바탕으로 삼는다.
규율	경찰공무원은 법령을 준수하고 직무상의 명령에 복종하며, 상사에 대한 존경과 부하에 대한 신애로써 규율을 지켜야 한다.
단결	경찰공무원은 주어진 사명을 다하기 위하여 긍지를 가지고 한마음 한뜻으로 굳게 뭉쳐 임무수행에 모든 역량을 기울여야 한다.
책임	경찰공무원은 창의와 노력으로써 소임을 완수하여야 하며, 직무수행의 결과에 대하여 책임을 진다.
성실·청렴	경찰공무원은 성실하고 청렴한 생활태도로써 국민의 모범이 되어야 한다.

제2장 복무자세

제4조(예절)

① 경찰공무원은 고운말을 사용하도록 노력하여야 하며, 국민에게 겸손하고 친절하여야 한다.
② 경찰공무원은 상·하급자 및 동료간에 서로 예절을 지켜야 한다.

제5조(용모·복장)

경찰공무원은 용모와 복장을 단정히 하여 품위를 유지하여야 한다.

제6조(환경정돈)

경찰공무원은 사무실과 그 주변환경을 항상 깨끗하게 정리·정돈하여 명랑한 분위기를 유지하여야 한다.

제7조(일상행동)

경찰공무원은 공·사생활을 막론하고 국민의 모범이 되어야 하며, 다음과 같이 행동하여야 한다.

1. 상·하급자 및 동료를 비난·악평하거나 서로 다투는 행위를 하여서는 아니되며, 항상 협동심과 상부상조의 동료애를 발휘하여야 한다.
2. 경솔하거나 난폭한 행동을 하여서는 아니되며, 항상 명랑·활달하여야 한다.

3. 건전하지 못한 오락행위를 하여서는 아니 된다.

제3장 복무등

제8조(지정장소외에서의 직무수행금지)

경찰공무원은 상사의 허가를 받거나 그 명령에 의한 경우를 제외하고는 직무와 관계없는 장소에서 직무수행을 하여서는 아니 된다.

제9조(근무시간중 음주금지)

경찰공무원은 근무시간중 음주를 하여서는 아니 된다. 다만, 특별한 사정이 있는 경우에는 예외로 하되, 이 경우 주기가 있는 상태에서 직무를 수행하여서는 아니 된다.

제10조(민사분쟁에의 부당개입금지)

경찰공무원은 직위 또는 직권을 이용하여 부당하게 타인의 민사분쟁에 개입하여서는 아니 된다.

제11조(상관에 대한 신고)

경찰공무원은 신규채용·승진·전보·파견·출장·연가·교육훈련기관에의 입교 기타 신분관계 또는 근무관계 또는 근무관계의 변동이 있는 때에는 소속상관에게 신고를 하여야 한다.

제12조(보고 및 통보)

경찰공무원은 치안상 필요한 상황의 보고 및 통보를 신속·정확·간결하게 하여야 한다.

제13조(여행의 제한)

경찰공무원은 휴무일 또는 근무시간외에 2시간 이내에 직무에 복귀하기 어려운 지역으로 여행을 하고자 할 때에는 소속 경찰기관의 장에게 신고를 하여야 한다. 다만, 치안상 특별한 사정이 있어 경찰청장 또는 경찰기관의 장이 지정하는 기간중에는 소속경찰기관의 장의 허가를 받아야 한다.

제14조(비상소집)

① 경찰기관의 장은 비상사태에 대처하기 위하여 필요하다고 인정할 때에는 소속경찰공무원을 긴급히 소집(이하 "비상소집"이라 한다)하거나 일정한 장소에 대기하게 할 수 있다.

② 제1항의 규정에 의한 비상소집의 요건·종류·절차등에 관하여 필요한 사항은 경찰청장(국민안전처 소속 경찰공무원에 관한 사항의 경우에는 국민안전처장관을 말한다. 이하 같다)이 정한다.

제15조(특수근무자의 근무수칙등)

① 경찰청장은 대간첩작전을 주임무로 하는 경찰공무원, 국민안전처의 해상근무경찰공무원, 경찰기동대의 대원 기타 특수근무경찰공무원에 대한 근무수칙·내무생활 기타 복무에 관하여 필요한 사항을 따로 정하여 실시할 수 있다.

② 경찰청장은 필요하다고 인정할 때에는 제1항의 규정에 의한 복무에 필요한 사항의 일부를 당해 경찰기관의 장

이 정하여 실시하게 할 수 있다.

제4장 사기진작 및 휴가등

제16조(사기진작)

경찰기관의 장은 소속 경찰공무원에 대한 인사상담·고충처리 기타의 방법으로 직무의욕을 고취시키고 사기진작에 노력하여야 한다.

제17조(건강관리)

① 경찰기관의 장은 소속 경찰공무원의 건강유지와 체력향상에 관한 보건대책을 강구하여야 한다.

② 경찰공무원은 항상 보건위생에 유의하여 건강을 유지하고 체력을 증진하는데 노력하여야 한다.

제18조(포상휴가)

경찰기관의 장은 근무성적이 탁월하거나 다른 경찰공무원의 모범이 될 공적이 있는 경찰공무원에 대하여 1회10일이내의 포상휴가를 허가할 수 있다. 이 경우의 포상휴가기간은 연가일수에 산입하지 아니한다.

제19조(연일근무자 등의 휴무)

경찰기관의 장은 특별한 사정이 없는 한 다음과 같이 휴무를 허가하여야 한다.

1. 연일근무자 및 공휴일근무자에 대하여는 그 다음날 1일의 휴무
2. 당직 또는 철야근무자에 대하여는 다음 날 오후 2시를 기준으로 하여 오전 또는 오후의 휴무

경찰공무원 승진임용 규정

제1장 총칙

제3조(승진임용의 구분)

경찰공무원의 승진임용은 심사승진임용·시험승진임용 및 특별승진임용으로 구분한다.

제4조(승진임용 예정 인원 책정)

① 경찰청장(국민안전처 소속 경찰공무원에 관한 사항의 경우에는 국민안전처장관)은 해당 연도의 실제 결원과 예상되는 결원을 고려하여 승진임용 예정 인원을 계급별, 직무 분야별로 정한다. 다만, 경무관으로의 승진임용 예정 인원은 경무관 정원의 25퍼센트를 초과할 수 없고, 총경으로의 승진임용 예정 인원은 총경 정원의 20퍼센트를 초과할 수 없다.

② 책정된 승진임용 예정 인원이 해당 연도 실제 결원과 정년퇴직으로 발생하는 결원보다 적을 때에는 책정된 승진임용 예정 인원에 그 부족한 인원을 더하여 승진임용 예정 인원을 정할 수 있다.

③ 경찰청장이 경감 이하 계급으로의 승진임용 예정 인원을 책정할 때에는 해당 계급으로의 승진임용 예정 인원의 30퍼센트 이내에서 특별승진임용 예정 인원을 따로 책정할 수 있다. 다만, 제37조제1항제1호·제4호 및 같은 조 제3항제1호·제6호에 해당하는 특별승진의 경우에는 그 비율을 초과하여 책정할 수 있다.

④ 「경찰공무원법」 제11조제2항 단서에 따라 승진심사에 의한 승진과 승진시험에 의한 승진을 병행하는 경우에 임용 예정 인원 책정은 다음 각 호의 방법에 따른다.

1. 계급별로 전체 승진임용 예정 인원에서 제3항에 따른 특별승진임용 예정 인원(특별승진임용 예정 인원을 따로 책정한 경우만 해당한다)을 뺀 인원의 50퍼센트씩을 각각 심사승진임용 예정 인원과 시험승진임용 예정 인원으로 한다.
2. 제1호에도 불구하고 승진심사를 하기 전에 승진시험을 실시한 경우에 그 최종합격자 수가 시험승진임용 예정 인원보다 적을 때에는 심사승진임용 예정 인원에 그 부족한 인원을 더하여 심사승진임용 예정 인원을 산정한다.

제5조(승진소요 최저근무연수)

① 경찰공무원이 승진하려면 다음 각 호의 구분에 따른 기간 동안 해당 계급에 재직하여야 한다.

총경: 4년 이상	경정 및 경감: 3년 이상
경위 및 경사: 2년 이상	경장 및 순경: 1년 이상

② 휴직 기간, 직위해제 기간, 징계처분 기간 및 제6조제1항제2호에 따른 승진임용 제한기간은(강등, 정직은 18개월, 감봉은 12개월, 견책은 6개월)을 포함하지 아니한다.

③ 경찰대학을 졸업하고 경위로 임용된 사람이 「전투경찰대 설치법」 제2조의3제3항에 따라 전투경찰대의 대원으로 복무한 기간은 포함하지 아니한다.

④ 경찰공무원으로 채용된 사람이 채용 전에 5급 이상 공무원(이에 상당하는 특정직공무원을 포함한다)으로 5년 이상 근무한 경우에는 그 기간의 20퍼센트에 해당하는 기간을 채용 당시의 계급에서 근무한 것으로 보아 기간에 포함한다.

⑤ 「법원조직법」 제72조에 따른 사법연수생으로 수습한 기간은 제1항에 따른 경정 이하 경찰공무원으로의 승진 소요 최저근무연수에 포함한다.
⑦ 강등되었던 사람이 강등되기 직전의 계급으로 승진한 경우 강등되기 직전의 계급에서 재직한 기간은 기간에 포함한다.
⑧ 강등된 경우 강등되기 직전의 계급에서 재직한 기간은 기간에 포함한다.

제6조(승진임용의 제한)

① 다음 각 호의 어느 하나에 해당하는 경찰공무원은 승진임용될 수 없다.
  1. 징계의결 요구, 징계처분, 직위해제, 휴직 또는 시보임용 기간 중에 있는 사람
  2. 징계처분의 집행이 끝난 날부터 다음 각 목의 구분에 따른 기간(금품 및 향응 수수, 공금의 횡령·유용에 따른 징계처분의 경우에는 각각 3개월을 더한 기간)이 지나지 아니한 사람
    가. 강등·정직: 18개월
    나. 감봉: 12개월
    다. 견책: 6개월
  3. 징계에 관하여 경찰공무원과 다른 법령을 적용받는 공무원으로 재직하다가 경찰공무원으로 임용된 사람으로서, 종전의 신분에서 징계처분을 받고 그 징계처분의 집행이 끝난 날부터 다음 각 목의 구분에 따른 기간이 지나지 아니한 사람
    가. 강등: 18개월
    나. 근신·영창 또는 그 밖에 이와 유사한 징계처분: 6개월
  4. 법 제24조제3항에 따라 계급정년이 연장된 사람
② 승진임용 제한기간 중에 있는 사람이 다시 징계처분을 받은 경우 승진임용 제한기간은 전(前) 처분에 대한 승진임용 제한기간이 끝난 날부터 계산하고, 징계처분으로 승진임용 제한기간 중에 있는 사람이 휴직하는 경우 징계처분에 따른 남은 승진임용 제한기간은 복직일부터 계산한다.
③ 경찰공무원이 징계처분을 받은 후 해당 계급에서 다음 각 호의 포상을 받은 경우에는 제1항제2호 및 제3호에 따른 승진임용 제한기간의 2분의 1을 단축할 수 있다.
  1. 훈장
  2. 포장
  3. 모범공무원 포상
  4. 국무총리 이상으로부터 받은 표창
  5. 제안이 채택·시행되어 받은 포상

제2장 경찰공무원 평정

제7조(근무성적 평정)

① 총경 이하의 경찰공무원에 대해서는 매년 근무성적을 평정하여야 하며, 근무성적 평정의 결과는 승진, 전보(轉補), 특별승급 및 특별상여금 지급 등 각종 인사관리에 반영하여야 한다.
② 근무성적은 다음 각 호의 평정 요소에 의하여 평정한다. 다만, 총경의 근무성적은 제2 평정 요소로만 평정한다.

제1 평정 요소	제2 평정 요소
가. 경찰업무 발전에 대한 기여도 나. 포상 실적 다. 그 밖에 총리령 또는 행정자치부령으로 정하는 평정 요소	가. 근무실적 나. 직무수행능력 다. 직무수행태도

③ 제2 평정 요소에 의한 근무성적 평정은 평정대상자의 계급별로 평정 결과가 다음 각 호의 분포비율에 맞도록 하여야 한다. 다만, 평정 결과 제4호에 해당하는 사람이 없는 경우에는 제4호의 비율을 제3호의 비율에 가산하여 적용한다.

1. 수 : 20퍼센트
2. 우 : 40퍼센트
3. 양 : 30퍼센트
4. 가 : 10퍼센트

④ 경찰공무원과 경찰서 수사과에서 고소·고발 등에 대한 조사업무를 직접 처리하는 경위 계급의 경찰공무원을 평정할 때에는 제3항의 비율을 적용하지 아니할 수 있다.

⑤ 근무성적 평정 결과는 공개하지 아니한다.

제3장 승진대상자 명부

제11조(승진대상자 명부의 작성)

① 총경 이하 경찰공무원에 대한 승진대상자 명부는 다음 각 호의 구분에 따른 경찰기관의 장이 계급별로 작성한다.

1. 경정 이상 경찰공무원과 경찰청 소속 경위 이상 경찰공무원: 경찰청장
2. 경감 이하 경찰공무원(제4호에 해당하는 사람은 제외한다): 경찰대학·경찰교육원·중앙경찰학교·경찰수사연수원·경찰병원 및 지방경찰청(이하 "소속기관등"이라 한다)의 장
3. 경찰청 소속 경사 이하 경찰공무원: 경찰청의 각 국(局) 단위급 부서별 국장급 부서장
4. 경찰서 소속 경사 이하 경찰공무원: 경찰서장

② 승진대상자 명부는 제7조부터 제9조까지의 규정에 따라 산정된 평정점(評定點)을 다음 각 호의 구분에 따른 비율로 반영하여 작성한다. 다만, 5급공무원 공개경쟁 채용시험 또는 사법시험에 합격하여 법 제8조제3항제4호에 따라 경정 이하의 경찰공무원으로 특별채용할 수 있는 사람으로서 「경찰공무원임용령」 제39조제1항의 응시연령에 이르지 아니한 경감 이하 경찰공무원에 대해서는 그가 경정으로 승진할 때까지 근무성적 평정만으로 승진대상자 명부를 작성할 수 있다.

1. 근무성적 평정점: 65퍼센트
2. 경력 평정점: 35퍼센트

③ 승진대상자 명부를 작성할 때에는 다음 각 호의 어느 하나에 해당하는 사람에게 총리령 또는 행정자치부령으로 정하는 바에 따라 가산점을 줄 수 있다.

1. 섬, 외딴곳 등 경찰공무원 특수지근무수당 지급대상 지역에서 근무한 사람
2. 감찰 담당 부서에서 근무한 사람

3. 자격증 소지자
4. 국어 또는 외국어 능력이 우수한 사람
5. 재직 중 학사·석사 또는 박사 학위를 취득한 사람
6. 국외연수 경력이 있거나 직무전문화교육을 이수한 사람

⑥ 승진대상자 명부는 매년 1월 1일을 기준으로 작성한다. 다만, 경무관 및 총경으로의 승진대상자 명부는 매년 11월 1일을 기준으로 작성한다.

제12조(동점자의 순위) 승진대상자 명부의 점수가 같을 때에는 다음 각 호의 순서에 따라 선순위자를 결정한다.

1. 근무성적이 우수한 사람
2. 해당 계급에서 장기간 근무한 사람
3. 바로 아래 계급에서 장기간 근무한 사람

제4장 승진심사

제14조(승진심사)

① 경찰공무원의 승진심사는 계급별로 하되, 경찰청장이 필요하다고 인정할 때에는 직무 분야별로 구분하여 실시할 수 있다.

② 경정 이하 계급으로의 승진심사는 1월 2일부터 3월 31일 사이에 연 1회 실시한다. 다만, 경찰청장이 그 기간 내에 승진심사를 할 수 없다고 인정할 때에는 기간을 연장할 수 있으며, 경찰공무원의 증원이나 그 밖에 특별한 사유가 있으면 추가로 승진심사를 할 수 있다.

제15조(중앙승진심사위원회의 구성)

① 중앙승진심사위원회는 위원장을 포함한 5명 이상 7명 이하의 위원으로 구성한다.

② 경무관으로의 승진심사를 위하여 구성되는 중앙승진심사위원회 회의에 부칠 사항을 사전에 심의하기 위하여 중앙승진심사위원회에 복수의 승진심의위원회를 둘 수 있으며, 각각의 승진심의위원회는 위원장을 포함한 5명 이상 7명 이하의 위원으로 구성한다.

③ 국민안전처에 두는 중앙승진심사위원회 및 승진심의위원회는 위원장을 포함한 3명 이상의 위원으로 구성할 수 있다.

④ 위원은 회의 소집일 전에 승진심사대상자보다 상위계급인 경찰공무원 중에서 경찰청장이 임명하되, 제2항에 따라 승진심의위원회를 두는 경우 중앙승진심사위원회 위원은 승진심의위원회 위원 중에서 임명한다.

⑤ 위원장은 위원 중 최상위계급 또는 선임인 경찰공무원이 된다.

제16조(보통승진심사위원회의 구성)

① 보통승진심사위원회는 경찰청·소속기관등·경찰서와 국민안전처·해양경비안전교육원·지방해양경비안전본부·해양경비안전서 및 정비창에 둔다.

② 보통승진심사위원회는 위원장을 포함한 5명 이상 7명 이하의 위원으로 구성한다.

③ 보통승진심사위원회 위원은 그 보통승진심사위원회가 설치된 경찰기관의 장이 승진심사대상자보다 상위계급인 경감 이상 소속 경찰공무원 중에서 임명하며, 위원장은 위원 중 최상위계급 또는 선임인 경찰공무원이 된다.

④ 보통승진심사위원회가 설치된 경찰기관에 소속된 경감 이상 경찰공무원의 수가 구성할 보통승진심사위원회의 인원보다 적을 때에는 경위 이상 경찰공무원 중에서 위원을 임명할 수 있다.

제17조(승진심사위원회의 관할)

① 승진심사위원회는 다음 각 호의 구분에 따라 경찰공무원의 승진심사를 관할한다. 다만, 경찰청장은 승진예정 인원 등을 고려하여 부득이할 때에는 제2호의 승진심사 중 경찰서의 보통승진심사위원회에서 실시할 경위 이하 계급으로의 승진심사를 지방경찰청의 보통승진심사위원회에서 하게 할 수 있다.
  1. 총경 이상 계급으로의 승진심사: 중앙승진심사위원회
  2. 경정 이하 계급으로의 승진심사: 해당 경찰관이 소속한 경찰기관의 보통승진심사위원회(제3호의 경우는 제외한다)
  3. 경찰서 소속 경찰공무원의 경감 이상 계급으로의 승진심사: 지방경찰청 보통승진심사위원회

제18조(승진심사위원회의 회의)

① 중앙승진심사위원회의 회의는 경찰청장이 소집하며, 보통승진심사위원회의 회의는 해당 경찰기관의 장이 경찰청장(경찰서 보통승진심사위원회 회의의 경우 지방경찰청장을 말한다)의 승인을 받아 소집한다.
② 승진심사위원회의 회의는 재적위원 과반수의 찬성으로 의결한다.
③ 승진심사위원회의 회의는 비공개로 한다.

제20조(승진심사대상) 승진심사는 제11조에 따른 승진대상자 명부의 선순위자(승진시험에 합격한 사람은 제외한다) 순으로 심사승진임용 예정 인원의 5배수를 대상으로 한다. 다만, 경찰청장은 부득이한 사유가 있을 때에는 승진심사대상자의 범위를 심사승진임용 예정 인원의 5배수 이하로 하게 할 수 있다.

제25조(승진후보자의 승진임용 등)

① 경찰공무원의 승진임용 시 심사승진후보자와 시험승진후보자가 있을 경우에 승진임용 인원은 각각 승진임용 인원의 50퍼센트로 한다.

제26조(근속승진)

③ 임용권자는 경감으로의 근속승진임용을 위한 심사를 연 1회 실시할 수 있고, 근속승진 심사를 할 때마다 해당 기관의 근속승진 대상자의 100분의 30에 해당하는 인원수(소수점 이하가 있는 경우에는 1명을 가산한다)를 초과하여 근속승진임용할 수 없다.
④ 임용권자는 인사의 원활한 운영을 위하여 필요하다고 인정되는 경우에는 경위 재직기간별로 승진대상자명부를 구분하여 작성할 수 있다.

제5장 승진시험

제27조(시험 실시의 원칙)

① 경찰공무원의 승진시험(이하 "시험"이라 한다)은 계급별로 실시하되, 경찰청장이 필요하다고 인정할 때에는 경과별(警科別), 직무 분야별로 구분하여 실시할 수 있다.

② 경과별, 직무 분야별로 시험을 실시하는 경우에는 승진임용 후 2년 이상 5년 이하의 범위에서 행정자치부장관이 정하는 기간 동안 경찰청장이 지정하는 직무부서에서 근무할 것을 조건으로 할 수 있다.

제28조(시험 실시권의 위임)
경찰청장은 법 제15조제1항에 따라 경감 이하 계급으로의 시험을 소속기관등의 장에게 위임할 수 있다.

제35조(부정행위자에 대한 조치) 시험에서 부정행위를 한 경찰공무원에 대해서는 그 시험을 정지하거나 무효로 하며, 5년간 이 영에 따른 시험 응시자격을 박탈한다.

제6장 특별승진

제37조(특별유공자 등의 특별승진)
① 법 제14조제1항제1호에 따른 특별승진대상자는 다음 각 호와 같다.
1. 「국가공무원법」 제40조의4제1항제1호에 해당하는 경우: 「공무원임용령」 제35조의2제1항제1호에 따른 포상을 받은 사람
2. 「국가공무원법」 제40조의4제1항제2호에 해당하는 경우: 행정 능률을 향상시키고 예산을 절감하는 등 직무수행능력이 탁월하여 경찰행정 발전에 기여한 공이 매우 크다고 소속기관등의 장이 인정하는 사람
3. 「국가공무원법」 제40조의4제1항제3호에 해당하는 경우: 「공무원제안규정」에 따른 창안등급 동상 이상을 받은 사람으로서 경찰행정 발전에 기여한 실적이 뚜렷한 사람
4. 「국가공무원법」 제40조의4제1항제4호에 해당하는 경우: 20년 이상 근속하고 정년 1년 전까지의 기간 중 자진하여 퇴직하는 사람으로서 재직 중 특별한 공적이 있다고 인정되는 사람

② 법 제14조제1항제2호에 따른 특별승진대상자는 전투, 대(對)간첩작전, 그 밖에 이에 준하는 업무수행 중 현저한 공을 세우고 사망하였거나 부상을 입어 사망한 사람 또는 직무수행 중 다른 사람의 모범이 되는 공을 세우고 사망하였거나 부상을 입어 사망한 사람으로 한다.
③ 법 제14조제1항제3호에 따른 특별승진대상자는 다음 각 호와 같다. 이 경우 제1호, 제2호 또는 제4호에 해당하는 특별승진대상자에는 첩보 제공 등 공조수사를 하여 사건 해결에 결정적인 기여를 한 사람을 포함한다.
1. 헌신적인 노력으로 간첩 또는 무장공비를 사살하거나 검거한 사람
2. 국가안전을 해치는 중한 범죄의 주모자를 검거한 사람
3. 전시·사변 또는 이에 준하는 비상사태에서 위험을 무릅쓰고 헌신·분투하여 사태 진압에 특별한 공을 세운 사람
4. 살인·강도·조직폭력 등 중한 범죄의 범인 검거에 헌신·분투하여 그 공이 특별히 현저한 사람
5. 천재지변이나 그 밖의 재난 발생 시 위험을 무릅쓰고 인명을 구조하거나 재산을 보호한 공이 특별히 현저한 사람
6. 총리령 또는 행정자치부령으로 정하는 특별경비부서에서 헌신적으로 직무를 수행한 공이 있고, 상위직의 직무수행능력이 있다고 인정되는 사람

제38조(특별승진의 계급 범위) 제37조에 따른 특별승진은 다음 각 호의 계급으로 승진하는 것으로 한정한다.

1. 제37조제1항제1호의 경우: 경정 이하 계급으로의 승진
2. 제37조제1항제2호 및 제3호의 경우: 경감 이하 계급으로의 승진
3. 제37조제1항제4호 또는 같은 조 제2항의 경우: 치안정감 이하 계급으로의 승진
4. 제37조제3항제1호부터 제5호까지의 경우: 경감 이하 계급으로의 승진
5. 제37조제3항제6호의 경우: 경위 이하 계급으로의 승진

제39조(특별승진의 실시) 경찰공무원의 특별승진은 경찰청장이 특히 필요하다고 인정하는 경우에 수시로 실시할 수 있다. 다만, 제37조제1항제2호에 해당하는 경찰공무원의 특별승진은 경찰청장이 정하는 바에 따라 매 분기 또는 매월 실시한다.

제40조(승진소요 최저근무연수 등의 적용 배제) ① 제37조제1항제4호 및 같은 조 제3항제2호부터 제5호까지의 규정에 해당하는 특별승진에 대해서는 제5조제1항을 적용하지 아니한다.
② 제37조제2항에 해당하는 특별승진에 대해서는 제5조제1항 및 제6조를 적용하지 아니한다.
③ 제37조제3항제1호에 해당하는 특별승진에 대해서는 제5조제1항 및 제6조제1항제4호를 적용하지 아니한다.

제41조(특별승진심사)
① 임용권자나 임용제청권자는 소속 경찰공무원을 특별승진시키려면 중앙승진심사위원회의 심사를 거쳐야 한다. 다만, 경위 이하 경찰공무원을 특별승진시키려는 경우에는 경찰청장이 정하는 바에 따라 보통승진심사위원회의 심사로 중앙승진심사위원회의 심사를 갈음할 수 있다.

제44조(민감정보 및 고유식별정보의 처리)
임용권자나 임용제청권자는 법 및 이 영에 따른 경찰공무원의 승진임용에 관한 사무를 수행하기 위하여 불가피한 경우 「개인정보 보호법」 제23조에 따른 건강에 관한 정보, 같은 법 시행령 제18조제2호에 따른 범죄경력자료에 해당하는 정보 및 같은 영 제19조제1호에 따른 주민등록번호가 포함된 자료를 처리할 수 있다.

경찰공무원 행동 강령

제1장 총칙

제1조(목적)

이 규칙은 「부패방지 및 국민권익위원회의 설치와 운영에 관한 법률」 제8조 및 공무원 행동강령에 따라 경찰청(소속기관, 지방경찰청, 경찰서를 포함한다. 이하 같다)소속 공무원(이하 "공무원"이라 한다)이 준수하여야 할 행동기준을 규정하는 것을 목적으로 한다.

제2조(정의) 이 규칙에서 사용하는 용어의 뜻은 다음과 같다.

용어	뜻
직무 관련자	공무원의 소관 업무와 관련되는 자로서 다음 각 목의 어느 하나에 해당하는 개인 또는 단체
	가. 민원사무를 신청한 상태에 있거나 신청하려는 것이 명백한 개인 또는 단체 나. 인가·허가 등의 취소, 영업정지, 과징금 또는 과태료의 부과 등으로 이익 또는 불이익을 직접적으로 받는 개인 또는 단체 다. 수사, 감사(監査), 감독, 검사, 단속, 행정지도 등의 대상인 개인 또는 단체 라. 재결(裁決), 결정, 검정(檢定), 감정(鑑定), 시험, 사정(査定), 조정, 중재 등으로 이익 또는 불이익을 직접적으로 받는 개인 또는 단체 마. 징집·소집·동원 등의 대상인 개인 또는 단체 바. 국가 또는 지방자치단체와 계약을 체결하거나 체결하려는 것이 명백한 개인 또는 단체 사. 장부·대장 등에의 등록·등재의 신청(신고)중에 있거나 신청(신고)하려는 것이 명백한 개인이나 단체 아. 특정한 사실 또는 법률관계에 관한 확인 또는 증명의 신청중에 있거나 신청하려는 것이 명백한 개인이나 단체 자. 법령해석이나 유권해석을 요구하는 개인이나 단체 차. 경찰관서에 복무중인 전투경찰순경·의무경찰의 부모·형제자매 카. 시책·사업 등의 결정 또는 집행으로 이익 또는 불이익을 직접적으로 받는 개인 또는 단체 타. 그 밖에 경찰관서에 대하여 특정한 행위를 요구중인 개인이나 단체
직무관련 공무원	공무원의 직무수행과 관련하여 이익 또는 불이익을 직접적으로 받는 다른 공무원(기관이 이익 또는 불이익을 받는 경우에는 그 기관의 관련 업무를 담당하는 공무원을 말한다) 중 다음 각 목의 어느 하나에 해당하는 공무원을 말한다.
	가. 상급자와 직무상 지휘명령을 받는 당해 업무의 하급자 나. 인사·감사·상훈·예산·심사평가업무 담당자와 해당업무와 직접 관련된 다른 공무원 다. 행정사무를 위임·위탁한 경우 위임·위탁사무를 관리·감독하는 공무원과 그 사무를 담당하는 공무원 라. 그밖에 특별한 사유로 경찰청장이 정하는 경우
선물	대가 없이(대가가 시장가격 또는 거래관행과 비교하여 현저하게 낮은 경우를 포함한다) 제공되는 물품 또는 유가증권, 숙박권, 회원권, 입장권, 그 밖에 이에 준하는 것을 말한다.
향응	음식물·골프 등의 접대 또는 교통·숙박 등의 편의를 제공하는 것을 말한다.
경찰유관 단체	경찰기관에서 민관 치안협력 또는 민간전문가를 통한 치안자문활동 목적으로 조직·운영하고 있는 단체를 말한다.

제3조(적용범위) 이 규칙은 경찰청 소속 공무원과 경찰청에 파견된 공무원에게 적용한다.

제2장 공정한 직무수행

제4조(공정한 직무수행을 해치는 지시에 대한 처리)

① 공무원은 상급자가 자기 또는 타인의 부당한 이익을 위하여 공정한 직무수행을 현저하게 해치는 지시를 하였을 때에는 그 사유를 그 상급자에게 소명하고 지시에 따르지 아니하거나 제23조에 따라 지정된 공무원 행동강령에 관한 업무를 담당하는 공무원과 상담할 수 있다.

② 지시를 이행하지 아니하였는데도 같은 지시가 반복될 때에는 즉시 행동강령책임관과 상담하여야 한다.

③ 상담 요청을 받은 행동강령책임관은 지시 내용을 확인하여 지시를 취소하거나 변경할 필요가 있다고 인정되면 소속 기관의 장에게 보고하여야 한다. 다만, 지시 내용을 확인하는 과정에서 부당한 지시를 한 상급자가 스스로 그 지시를 취소하거나 변경하였을 때에는 소속 기관의 장에게 보고하지 아니할 수 있다.

④ 보고를 받은 소속 기관의 장은 필요하다고 인정되면 지시를 취소·변경하는 등 적절한 조치를 하여야 한다. 이 경우 공정한 직무수행을 해치는 지시를 이행하지 아니하였는데도 같은 지시를 반복한 상급자에게는 징계 등 필요한 조치를 할 수 있다.

제4조의2(부당한 수사지휘에 대한 이의제기)

① 공무원은 「범죄수사규칙」 제15조에 따른 경찰관서 내 수사 지휘에 대한 이의제기와 관련하여 행동강령책임관에게 상담을 요청할 수 있다.

② 제1항의 상담요청을 받은 행동강령책임관은 해당 지휘의 취소·변경이 필요하다고 인정되면 소속기관장에게 보고하여야 한다.

제5조(이해관계 직무의 회피)

① 공무원은 자신이 수행하는 직무가 다음 각 호의 어느 하나에 해당하는 경우에는 그 직무의 회피 여부 등에 관하여 직근 상급자 또는 행동강령책임관과 상담한 후 처리하여야 한다. 다만, 소속기관의 장이 공정한 직무수행에 영향을 받지 아니한다고 판단하여 정하는 단순 민원업무의 경우에는 그러하지 아니하다.

1. 자신, 자신의 직계 존속·비속, 배우자 및 배우자의 직계 존속·비속의 금전적 이해와 직접적인 관련이 있는 경우
2. 친족(「민법」 제767조에 따른 친족을 말한다. 이하 같다)이 직무관련자인 경우
3. 자신이 임용이나 파견 복귀 등이 있는 때로부터 2년 이내에 재직하였던 민간단체 또는 그 단체의 대표자나 임원이 직무관련자인 경우
4. 지속적인 만남 또는 연락 등으로 친분관계가 형성되어 공정한 직무수행이 어렵다고 판단되는 자가 직무관련자인 경우
5. 그 밖에 소속기관의 장이 공정한 직무수행이 어려운 관계에 있다고 정한 자가 직무관련자인 경우

② 제1항에 따라 상담요청을 받은 직근 상급자 또는 행동강령책임관은 해당 공무원이 그 직무를 계속 수행하는 것이 적절하지 아니하다고 판단되면 소속 기관의 장에게 보고하여야 한다. 다만, 직근 상급자가 그 권한의 범위에서 그 공무원의 직무를 일시적으로 재배정할 수 있는 경우에는 그 직무를 재배정하고 소속 기관의 장에게 보고하지 아니할 수 있다.

③ 제2항에 따라 보고를 받은 소속 기관의 장은 직무가 공정하게 처리될 수 있도록 인력을 재배치하는 등 필요한 조치를 하여야 한다.

제6조(특혜의 배제)
공무원은 직무를 수행함에 있어 지연·혈연·학연·종교 등을 이유로 특정인에게 특혜를 주어서는 아니 된다.

제7조(예산의 목적 외 사용 금지)
공무원은 여비, 업무추진비 등 공무 활동을 위한 예산을 목적 외의 용도로 사용하여 소속 기관에 재산상 손해를 입혀서는 아니 된다.

제8조(정치인 등의 부당한 요구에 대한 처리)
① 공무원은 정치인이나 정당 등으로부터 부당한 직무수행을 강요받거나 청탁을 받은 경우에는 소속 기관의 장에게 보고하거나 행동강령책임관과 상담한 후 처리하여야 한다.
② 제1항에 따라 보고를 받은 소속 기관의 장이나 상담을 한 행동강령책임관은 그 공무원이 공정한 직무수행을 할 수 있도록 적절한 조치를 하여야 한다.

제8조의2(경찰유관단체원의 부정행위에 대한 처리)
경찰유관단체원이 다음 각 호의 어느 하나에 해당하는 행위를 한 경우 행동강령책임관은 해당 경찰유관단체 운영부서장과 협의하여 소속기관장에게 경찰유관단체원의 해촉 등 필요한 조치를 건의하여야 하며, 보고를 받은 소속기관장은 적절한 조치를 취하여야한다.

1. 경찰 업무와 관련하여 금품을 수수 또는 경찰관에게 금품을 제공하거나, 이를 알선한 경우
2. 경찰 업무와 관련하여 부당한 청탁 또는 알선을 한 경우
3. 이권 개입 등 경찰유관단체원의 지위를 부당하게 이용한 경우
4. 직무와 관련하여 알게 된 비밀을 누설한 경우
5. 그 밖에 경찰유관단체원으로서 부적절한 처신 등으로 경찰과 소속 단체의 명예를 훼손한 경우

제9조(인사 청탁 등의 금지)
① 공무원은 자신의 임용·승진·전보 등 인사에 부당한 영향을 미치기 위하여 타인으로 하여금 인사업무 담당자에게 청탁을 하도록 해서는 아니 된다.
② 공무원은 직위를 이용하여 다른 공무원의 임용·승진·전보 등 인사에 부당하게 개입해서는 아니 된다.

제3장 부당이득의 수수 금지

제10조(이권 개입 등의 금지)
공무원은 자신의 직위를 직접 이용하여 부당한 이익을 얻거나 타인이 부당한 이익을 얻도록 해서는 아니 된다.
제10조의2(직위의 사적이용 금지)
공무원은 직무의 범위를 벗어나 사적 이익을 위하여 소속기관의 명칭이나 직위를 공표·게시하는 등의 방법으로 이용하거나 이용하게 하여서는 아니 된다.

제11조(알선·청탁 등의 금지)

① 공무원은 자기 또는 타인의 부당한 이익을 위하여 다른 공무원의 공정한 직무수행을 해치는 알선·청탁 등을 해서는 아니 된다.

② 공무원은 직무수행과 관련하여 자기 또는 타인의 부당한 이익을 위하여 직무관련자를 다른 직무관련자나 「부패방지 및 국민권익위원회의 설치와 운영에 관한 법률」 제2조제3호에 따른 공직자에게 소개해서는 아니 된다.

제12조(직무 관련 정보를 이용한 거래 등의 제한)

① 공무원은 직무수행 중 알게 된 정보를 이용하여 유가증권, 부동산 등과 관련된 재산상 거래 또는 투자를 하거나 타인에게 그러한 정보를 제공하여 재산상 거래 또는 투자를 돕는 행위를 해서는 아니 된다.

제13조(공용물 등의 사적 사용·수익의 금지)

공무원은 관용 차량·선박·항공기 등 공용물과 예산의 사용으로 제공되는 항공마일리지, 적립포인트 등 부가서비스를 정당한 사유 없이 사적인 용도로 사용·수익해서는 아니 된다.

제14조(금품등을 받는 행위의 제한)

① 공무원은 직무관련자로부터 금전, 부동산, 선물 또는 향응(이하 "금품등"이라 한다)을 받아서는 아니 된다. 다만, 다음 각 호의 어느 하나에 해당하는 경우에는 그러하지 아니하다.

1. 채무의 이행 등 정당한 권원에 의하여 제공되는 금품등
2. 직무수행상 부득이한 경우에 한하여 제공되는 1인당 가액 3만원 이내의 간소한 식사와 통신·교통 등 편의(다만, 인가·허가·수사·단속·지도등 민원 사무를 처리하는 부서의 공무원은 제외한다)
3. 직무와 관련된 공식적인 행사에서 주최자가 참석자에게 일률적으로 제공하는 교통·숙박 또는 음식물
4. 불특정 다수인에게 배포하기 위한 소액의 기념품 또는 홍보용 물품
5. 질병·재난 등으로 어려운 처지에 있는 공무원을 돕기 위하여 공개적으로 제공되는 금품등
6. 그 밖에 원활한 직무수행 등을 위하여 소속기관의 장이 허용하는 범위에서 제공되는 금품등

② 공무원은 직무관련공무원으로부터 금품등을 받아서는 아니 된다. 다만, 다음 각 호의 어느 하나에 해당하는 경우에는 그러하지 아니하다.

1. 전항 제1호, 제3호에서 제5호까지 및 제7호
2. 직무수행상 부득이한 경우에 한하여 제공되는 1인당 가액 3만원 이내의 간소한 식사 또는 교통·통신 등 편의
3. 가액 3만원을 초과하지 아니하는 범위내에서 공개적으로 제공되는 간소한 선물
4. 직원상조회 등에서 공개적으로 제공되는 금품등
5. 상급자가 하급자에게 위로, 격려, 포상 등 사기를 높일 목적으로 제공하는 금품 등

③ 공무원은 직무관련자였던 자나 직무관련공무원이었던 자로부터 당시의 직무와 관련하여 금품등을 받아서는 아니 된다. 다만, 제1항 각 호와 제2항 각 호의 어느 하나에 해당하는 경우는 제외한다.

④ 공무원은 배우자나 직계 존속·비속이 제1항부터 제3항까지의 규정에 따라 수령이 금지되는 금품등을 받지 아니하도록 하여야 한다.

제14조의2(금품등을 주는 행위의 금지)

공무원은 제14조제2항의 규정에 따라 자신으로부터 금품등을 받는 것이 금지된 공무원에게 금품등을 제공하여서

는 아니 된다. 다만, 제14조제2항 각 호에서 정한 경우는 제외한다.

제4장 건전한 공직풍토의 조성

제15조(외부강의 · 회의등의 신고)

① 공무원은 대가를 받고 세미나, 공청회, 토론회, 발표회, 심포지엄, 교육과정, 회의 등에서 강의, 강연, 발표, 토론, 심사, 평가, 자문, 의결 등(이하 "외부강의 · 회의등"이라 한다)을 할 때에는 미리 외부강의 · 회의등의 요청자, 요청 사유, 장소, 일시 및 대가를 별지 제2호서식의 외부강의등 신고서에 따라 소속 기관의 장에게 신고하여야 한다. 다만, 외부강의 · 회의등의 요청자가 국가나 지방자치단체(그 소속 기관을 포함한다)인 경우는 그러하지 아니하다.

제16조(금전의 차용 금지 등)

① 공무원은 직무관련자, 직무관련공무원, 또는 경찰유관단체원으로서 4촌 이내 친족이 아닌 자에게 금전을 빌리거나 빌려주어서는 아니 되며 부동산을 무상(대여의 대가가 시장가격 또는 거래관행과 비교하여 현저하게 낮은 경우를 포함한다. 이하 이 조에서 같다)으로 대여 받아서는 아니 된다. 다만, 「금융실명거래 및 비밀보장에 관한 법률」 제2조에 따른 금융기관으로부터 통상적인 조건으로 금전을 빌리는 경우는 제외한다.

② 제1항 본문에도 불구하고 부득이한 사정으로 직무관련자, 직무관련공무원, 또는 경찰유관단체원으로서 4촌 이내 친족이 아닌 자에게 금전을 빌리거나 빌려주는 것과 부동산을 무상으로 대여받으려는 공무원은 별지 제3호서식의 금전차용(부동산대여) 신고서에 따라 소속기관의 장에게 신고하여야 한다.

제16조의2(직무관련자에게 협찬 요구 금지)

공무원은 직무관련자에게 직위를 이용하여 행사 진행에 필요한 직 · 간접적 경비, 장소, 인력, 또는 물품 등의 협찬을 요구하여서는 아니 된다.

제16조의3(직무관련자와 골프 및 사적여행 제한)

① 공무원은 직무관련자와는 비용 부담 여부와 관계없이 골프를 같이 하여서는 아니 된다. 다만, 다음 각 호와 같은 부득이한 사정에 따라 골프를 같이 하는 경우에는 소속관서 행동강령 책임관에게 사전에 신고하여야 하며 사전에 신고하기 어려운 특별한 사유가 있는 경우에는 사후에 즉시 신고하여야 한다.

1. 정책의 수립 · 시행을 위한 의견교환 또는 업무협의 등 공적인 목적을 위하여 필요한 경우
2. 직무관련자인 친족과 골프를 하는 경우
3. 동창회 등 친목단체에 직무관련자가 있어 부득이 골프를 하는 경우
4. 그 밖에 위 각 호와 유사한 사유로 부득이하다고 인정되는 경우

② 공무원은 직무관련자와 함께 사적인 여행을 하여서는 아니 된다. 다만, 제1항 각 호의 사유가 있어 같은 항 단서에 따른 신고를 한 경우에는 그러하지 아니 하다.

제16조의4(직무관련자와 사행성 오락 금지)

공무원은 직무관련자와 마작, 화투, 카드 등 우연의 결과나 불확실한 승패에 의하여 금품 등 경제적 이익을 취할 목적으로 하는 사행성 오락을 같이 하여서는 아니 된다.

제17조(경조사의 통지와 경조금품의 수수 제한 등)

① 공무원은 직무관련자나 직무관련공무원에게 경조사를 알려서는 아니 된다. 다만, 다음 각 호의 어느 하나에 해당하는 경우에는 경조사를 알릴 수 있다.

1. 친족에 대한 통지
2. 현재 근무하고 있거나 과거에 근무하였던 기관의 소속직원에 대한 통지
3. 신문, 방송 또는 제2호에 따른 직원에게만 열람이 허용되는 내부통신망 등을 통한 통지
4. 공무원 자신이 소속된 종교단체·친목단체 등의 회원에 대한 통지

② 공무원은 경조사와 관련하여 가액 5만원을 초과하는 금품 등을 주거나 받아서는 아니 된다. 다만, 다음 각 호의 어느 하나에 해당하는 경우는 제외한다.

1. 공무원과 친족간에 주고받는 경조사 관련 금품등
2. 공무원 자신이 소속된 종교단체·친목단체 등에서 그 단체 등의 정관·회칙 등에서 정하는 바에 따라 제공되는 경조사 관련 금품등
3. 공무원의 소속기관 또는 소속기관의 장의 명의로 지급되는 경조사 관련 금품등
4. 특별한 사유로 소속기관의 장이 허용하는 제2항 본문의 가액을 초과하는 경조사 관련 금품등

제5장 위반 시의 조치

제18조(위반 여부에 대한 상담)

① 공무원은 직무를 수행하면서 이 규칙을 위반하는 지가 분명하지 아니할 때에는 행동강령책임관과 상담한 후 처리하여야 한다.

② 행동상령책임관은 제1항에 따른 상담이 원활하게 이루어질 수 있도록 해당 기관의 규모등 여건을 고려하여 전용전화·상담실 설치 등 필요한 조치를 취할 수 있다.

제19조(위반행위의 신고 및 확인)

① 누구든지 공무원이 이 규칙을 위반한 사실을 알게 되었을 때에는 그 공무원이 소속된 기관의 장, 그 기관의 행동강령책임관 또는 국민권익위원회에 신고할 수 있다.

② 제1항에 따라 신고하는 자는 별지 제4호 서식의 위반행위신고서에 본인과 위반자의 인적 사항과 위반 내용을 구체적으로 제시해야 한다.

③ 제1항에 따라 위반행위를 신고받은 소속 기관의 장과 행동강령책임관은 신고인과 신고내용에 대하여 비밀을 보장하여야 하며, 신고인이 신고에 따른 불이익을 받지 아니하도록 하여야 한다.

④ 행동강령책임관은 제1항에 따라 신고된 위반행위를 확인한 후 해당 공무원으로부터 받은 소명자료를 첨부하여 소속 기관의 장에게 보고하여야 한다.

제21조(금지된 금품등의 처리)

① 제14조 또는 제17조제2항을 위반하여 금품등을 받은 공무원은 제공자에게 그 기준을 초과한 부분이나 수수가 금지된 금품등을 즉시 반환하여야 한다. 이 경우 그 공무원은 별지 제5호서식의 금품등 반환비용 청구서에 따라 그 반환 비용을 소속 기관의 장에게 청구할 수 있다.

② 제1항에 따라 반환하여야 하는 금품등이 멸실·부패·변질 등의 우려가 있거나 그 제공자나 제공자의 주소를 알

수 없거나 또는 제공자에게 반환하기 어려운 사정이 있을 때에는 다음 각호의 기준에 정한 시한내에 소속 기관의 장 또는 행동강령책임관에게 신고한 후 인도하여야 한다.

1. 제14조 규정에 위반되는 금품의 경우에는 수수 또는 발견 즉시
2. 제17조 제2항의 규정에 위반되는 금품의 경우에는 경조사 종료후 7일 이내

③ 제2항에 따라 금품등을 처리할 때에는 다음 각호의 기준에 따라 처리하여야 한다.

1. 멸실·부패·변질되어 경제적 가치가 없는 금품등은 즉시 폐기처분
2. 멸실·부패·변질될 우려가 있는 금품등은 불우이웃돕기 시설 또는 소속기관의 장이 정하는 단체등에 기증
3. 기타 금전적 가치가 있는 금품등은 15일간 소속기관 홈페이지 또는 게시판 공고를 거쳐 국고에 귀속. 다만, 제공자가 반환받는 것을 거부하는 경우에는 사유를 명시하여 즉시 국고에 귀속한다.

④ 행동강령책임관은 제3항에 따른 금품등의 처리결과를 별지 제6호서식의 금품등 접수·처리대장에 기록·관리하고 제공자에게 관련사실을 통보하여야 한다. 다만, 제공자의 주소를 알 수 없는 경우에는 통보하지 아니할 수 있다.

공직자 윤리법

제1장 총칙

제1조(목적)

이 법은 공직자 및 공직후보자의 재산등록, 등록재산 공개 및 재산형성과정 소명과 공직을 이용한 재산취득의 규제, 공직자의 선물신고 및 주식백지신탁, 퇴직공직자의 취업제한 및 행위제한 등을 규정함으로써 공직자의 부정한 재산 증식을 방지하고, 공무집행의 공정성을 확보하는 등 공익과 사익의 이해충돌을 방지하여 국민에 대한 봉사자로서 가져야 할 공직자의 윤리를 확립함을 목적으로 한다.

제2조(생활보장 등)

국가는 공직자가 공직에 헌신할 수 있도록 공직자의 생활을 보장하고, 공직윤리의 확립에 노력하여야 한다.

제2조의2(이해충돌 방지 의무)

① 국가 또는 지방자치단체는 공직자가 수행하는 직무가 공직자의 재산상 이해와 관련되어 공정한 직무수행이 어려운 상황이 일어나지 아니하도록 노력하여야 한다.

② 공직자는 자신이 수행하는 직무가 자신의 재산상 이해와 관련되어 공정한 직무수행이 어려운 상황이 일어나지 아니하도록 직무수행의 적정성을 확보하여 공익을 우선으로 성실하게 직무를 수행하여야 한다.

③ 공직자는 공직을 이용하여 사적 이익을 추구하거나 개인이나 기관·단체에 부정한 특혜를 주어서는 아니 되며, 재직 중 취득한 정보를 부당하게 사적으로 이용하거나 타인으로 하여금 부당하게 사용하게 하여서는 아니 된다.

④ 퇴직공직자는 재직 중인 공직자의 공정한 직무수행을 해치는 상황이 일어나지 아니하도록 노력하여야 한다.

제2장 재산등록 및 공개

제3조(등록의무자)

① 다음 각 호의 어느 하나에 해당하는 공직자(이하 "등록의무자"라 한다)는 이 법에서 정하는 바에 따라 재산을 등록하여야 한다.

1. 대통령·국무총리·국무위원·국회의원 등 국가의 정무직공무원
2. 지방자치단체의 장, 지방의회의원 등 지방자치단체의 정무직공무원
3. 4급 이상의 일반직 국가공무원(고위공무원단에 속하는 일반직공무원을 포함한다) 및 지방공무원과 이에 상당하는 보수를 받는 별정직공무원(고위공무원단에 속하는 별정직공무원을 포함한다)
4. 대통령령으로 정하는 외무공무원과 4급 이상의 국가정보원 직원 및 대통령경호실 경호공무원
5. 법관 및 검사
6. 헌법재판소 헌법연구관
7. 대령 이상의 장교 및 이에 상당하는 군무원
8. 교육공무원 중 총장·부총장·대학원장·학장(대학교의 학장을 포함한다) 및 전문대학의 장과 대학에 준하는 각종 학교의 장, 특별시·광역시·특별자치시·도·특별자치도의 교육감 및 교육장

9. 총경(자치총경을 포함한다) 이상의 경찰공무원과 소방정 및 지방소방정 이상의 소방공무원

공직자윤리법 시행령

제3조(등록의무자)

6. 국가경찰공무원 중 경정, 경감, 경위, 경사와 자치경찰공무원 중 자치경정, 자치경감, 자치경위, 자치경사

제3조의2(공직유관단체)

① 제9조제2항제8호에 따른 정부 공직자윤리위원회는 정부 또는 지방자치단체의 재정지원 규모, 임원선임 방법 등을 고려하여 다음 각 호에 해당하는 기관·단체를 공직유관단체로 지정할 수 있다.

1. 한국은행
2. 공기업
3. 정부의 출자·출연·보조를 받는 기관·단체(재출자·재출연을 포함한다), 그 밖에 정부 업무를 위탁받아 수행하거나 대행하는 기관·단체
4. 「지방공기업법」에 따른 지방공사·지방공단 및 지방자치단체의 출자·출연·보조를 받는 기관·단체(재출자·재출연을 포함한다), 그 밖에 지방자치단체의 업무를 위탁받아 수행하거나 대행하는 기관·단체
5. 임원 선임 시 중앙행정기관의 장 또는 지방자치단체의 장의 승인·동의·추천·제청 등이 필요한 기관·단체나 중앙행정기관의 장 또는 지방자치단체의 장이 임원을 선임·임명·위촉하는 기관·단체

제4조(등록대상재산)

① 등록의무자가 등록할 재산은 다음 각 호의 어느 하나에 해당하는 사람의 재산(소유 명의와 관계없이 사실상 소유하는 재산, 비영리법인에 출연한 재산과 외국에 있는 재산을 포함한다. 이하 같다)으로 한다.

1. 본인
2. 배우자(사실상의 혼인관계에 있는 사람을 포함한다. 이하 같다)
3. 본인의 직계존속·직계비속. 다만, 혼인한 직계비속인 여성과 외증조부모, 외조부모, 외손자녀 및 외증손자녀는 제외한다.

제5조(재산의 등록기관과 등록시기 등)

① 공직자는 등록의무자가 된 날부터 2개월이 되는 날이 속하는 달의 말일까지 등록의무자가 된 날 현재의 재산을 다음 각 호의 구분에 따른 기관(이하 "등록기관"이라 한다)에 등록하여야 한다. 다만, 등록의무자가 된 날부터 2개월이 되는 날이 속하는 달의 말일까지 등록의무를 면제받은 경우에는 그러하지 아니하며, 전보(轉補)·강임(降任)·강등(降等) 또는 퇴직 등으로 인하여 등록의무를 면제받은 사람이 3년(퇴직한 경우에는 1년) 이내에 다시 등록의무자가 된 경우에는 전보·강임·강등 또는 퇴직 등을 한 날 이후 또는 제11조제1항에 따른 재산변동사항 신고 이후의 변동사항을 신고함으로써 등록을 갈음할 수 있다.

1. 국회의원과 그 밖의 국회 소속 공무원: 국회사무처
2. 법관과 그 밖의 법원 소속 공무원: 법원행정처
3. 헌법재판소장, 헌법재판소재판관 및 헌법재판소 소속 공무원: 헌법재판소사무처
4. 중앙선거관리위원회 및 각급 선거관리위원회 소속 공무원: 중앙선거관리위원회사무처
5. 정부의 부·처·청(대통령령으로 정하는 위원회 등의 행정기관을 포함한다. 이하 같다) 소속 공무원: 그 부

·처·청

6. 감사원 소속 공무원: 감사원사무처
7. 국가정보원 소속 공무원: 국가정보원
8. 지방자치단체 소속 공무원: 그 지방자치단체
9. 지방의회의원과 지방의회 소속 공무원: 그 지방의회
10. 특별시·광역시·특별자치시·도·특별자치도교육청 소속 공무원: 그 특별시·광역시·특별자치시·도·특별자치도교육청
12. 공직유관단체의 임직원: 그 공직유관단체를 감독하는 부·처·청. 다만, 특별시·광역시·특별자치시·도·특별자치도 및 시·군·구(자치구를 말한다. 이하 같다)의 감독을 받는 공직유관단체의 임직원은 특별시·광역시·특별자치시·도·특별자치도 및 시·군·구에 등록한다.
13. 그 밖의 등록의무자, 제5호부터 제7호까지 및 제12호 본문에도 불구하고 정부의 부·처·청 소속 공무원과 감사원·국가정보원 소속 공무원 및 공직유관단체의 임원으로서 제10조제1항에 따라 재산등록사항을 공개하는 공직자: 인사혁신처

② 등록기관이 종전의 등록기관과 다를 때에는 종전의 등록기관의 장은 전보 등으로 인하여 등록의무를 면제받은 사람이 다시 등록의무자가 된 날부터 1개월 이내에 그 사람의 재산등록에 관한 서류를 새로운 등록기관의 장에게 이관(移管)하여야 한다. 등록의무자가 전보 등으로 인하여 등록의무를 면제받지 아니하고 등록기관이 변경된 경우에도 또한 같다.

제6조(변동사항 신고)

① 등록의무자는 매년 1월 1일부터 12월 31일까지의 재산 변동사항을 다음 해 2월 말일까지 등록기관에 신고하여야 한다. 다만, 최초의 등록 후 또는 제5조제1항 단서에 따른 신고 후 최초의 변동사항 신고의 경우에는 등록의무자가 된 날부터 그 해 12월 31일까지의 재산 변동사항을 등록기관에 신고하여야 한다.

② 퇴직한 등록의무자는 퇴직일부터 2개월이 되는 날이 속하는 달의 말일까지 그 해 1월 1일(1월 1일 이후에 등록의무자가 된 경우에는 등록의무자가 된 날)부터 퇴직일까지의 재산 변동사항을 퇴직 당시의 등록기관에 신고하여야 한다. 다만, 퇴직일부터 2개월이 되는 날이 속하는 달의 말일까지 다시 등록의무자가 된 경우에는 제1항에 따른 변동사항 신고만으로 신고를 갈음할 수 있다.

③ 등록의무자가 된 날부터 3개월 이내에 제1항에 따라 재산 변동사항을 신고하여야 하는 경우에는 등록의무자가 된 날부터 그 해 12월 31일까지의 재산 변동사항은 다음 해의 변동사항 또는 제2항에 따른 퇴직자 변동사항에 포함하여 신고할 수 있으며, 등록의무자가 1월 또는 2월 중에 퇴직한 경우에는 제1항에 따른 변동사항은 제2항에 따른 퇴직자 변동사항에 포함하여 신고할 수 있다.

제7조(등록기간의 연장)

등록기관의 장은 등록의무자가 부득이한 사유로 재산등록(신고를 포함한다. 이하 같다)의 기간 연장을 신청한 경우에 그 사유가 타당하다고 인정할 때에는 재산의 전부 또는 일부에 대한 등록기간을 연장할 수 있다. 이 경우 등록의무자는 연장된 기간 내에 등록을 하여야 한다.

제9조(공직자윤리위원회)

③ 공직자윤리위원회는 위원장과 부위원장 각 1명을 포함한 11명의 위원으로 구성하되, 위원장을 포함한 7명의

위원은 법관, 교육자, 학식과 덕망이 있는 사람 또는 시민단체에서 추천한 사람 중에서 선임하여야 한다. 다만, 시·군·구 공직자윤리위원회는 위원장과 부위원장 각 1명을 포함한 5명의 위원으로 구성하되, 위원장을 포함한 3명의 위원은 법관, 교육자, 학식과 덕망이 있는 사람 또는 시민단체에서 추천한 사람 중에서 선임하여야 한다.

제10조(등록재산의 공개)

① 공직자윤리위원회는 관할 등록의무자 중 다음 각 호의 어느 하나에 해당하는 공직자 본인과 배우자 및 본인의 직계존속·직계비속의 재산에 관한 등록사항과 제6조에 따른 변동사항 신고내용을 등록기간 또는 신고기간 만료 후 1개월 이내에 관보 또는 공보에 게재하여 공개하여야 한다.

8. 치안감 이상의 경찰공무원 및 특별시·광역시·특별자치시·도·특별자치도의 지방경찰청장

② 등록의무자가 재산등록 후 승진·전보 등으로 인하여 제1항에 따른 공개대상자가 된 경우에는 공개대상자가 된 날부터 2개월이 되는 날이 속하는 달의 말일까지 공개대상자가 된 날 현재의 재산을 제5조제1항 본문에 따라 다시 등록기관에 등록하여야 하며, 공직자윤리위원회는 제1항에 따라 이를 공개하여야 한다. 다만, 공개대상자가 공개대상이 아닌 직위로 전보되었다가 3년 이내에 다시 공개대상자가 된 경우에는 최종 공개 이후에 변동된 사항만을 공개한다.

③ 제1항과 제2항에 해당하는 경우가 아니면 누구든지 공직자윤리위원회 또는 등록기관의 장의 허가를 받지 아니하고는 등록의무자의 재산에 관한 등록사항을 열람·복사하거나 이를 하게 하여서는 아니 된다. 다만, 등록의무자가 본인의 등록사항에 대하여 열람·복사하는 경우에는 그러하지 아니하다.

제14조(비밀엄수) 재산등록업무에 종사하거나 종사하였던 사람 또는 직무상 재산등록사항을 알게 된 사람은 다른 사람에게 이를 누설하여서는 아니 된다.

제3장 선물신고

제15조(외국 정부 등으로부터 받은 선물의 신고)

① 공무원(지방의회의원을 포함한다. 이하 제22조에서 같다) 또는 공직유관단체의 임직원은 외국으로부터 선물을 받거나 그 직무와 관련하여 외국인(외국단체를 포함한다. 이하 같다)에게 선물을 받으면 지체 없이 소속 기관·단체의 장에게 신고하고 그 선물을 인도하여야 한다. 이들의 가족이 외국으로부터 선물을 받거나 그 공무원이나 공직유관단체 임직원의 직무와 관련하여 외국인에게 선물을 받은 경우에도 또한 같다.

② 제1항에 따라 신고할 선물의 가액은 대통령령으로 정한다.

#공직자윤리법 시행령

제28조(선물의 가액) ① 법 제15조제1항에 따라 신고하여야 할 선물은 그 선물 수령 당시 증정한 국가 또는 외국인이 속한 국가의 시가로 미국화폐 100달러 이상이거나 국내 시가로 10만원 이상인 선물로 한다.

② 법 제15조제1항 전단에 따른 소속 기관·단체의 장은 시장가격을 확인하기 어려운 선물의 가액을 산정하기 위하여 평가단(이하 "선물평가단"이라 한다)을 구성·운영할 수 있다.

③ 선물평가단의 구성·운영 등에 필요한 사항은 인사혁신처장이 정한다.

제16조(선물의 국고 귀속 등)

① 제15조제1항에 따라 신고된 선물은 신고 즉시 국고에 귀속된다.

제4장 퇴직공직자의 취업제한 및 행위제한 등

제17조(퇴직공직자의 취업제한)

① 등록의무자(이하 이 장에서 "취업심사대상자"라 한다)는 퇴직일부터 3년간 퇴직 전 5년 동안 소속하였던 부서 또는 기관의 업무와 밀접한 관련성이 있는 다음 각 호의 어느 하나에 해당하는 기관(이하 "취업제한기관"이라 한다)에 취업할 수 없다. 다만, 관할 공직자윤리위원회의 승인을 받은 때에는 그러하지 아니하다.

제18조(취업제한 여부의 확인 및 취업승인)

① 취업심사대상자가 퇴직일부터 3년 동안 취업제한기관에 취업을 하려는 경우에는 국회규칙, 대법원규칙, 헌법재판소규칙, 중앙선거관리위원회규칙 또는 대통령령으로 정하는 바에 따라 퇴직 당시 소속되었던 기관의 장을 거쳐 관할 공직자윤리위원회에 제17조제2항 및 제3항에 따라 취업이 제한되는지를 확인하여 줄 것을 요청하여야 한다. 다만, 제17조제1항 단서에 따라 취업승인을 받으려는 경우에는 그러하지 아니하다.

② 취업심사대상자가 취업승인을 받으려는 경우에는 국회규칙, 대법원규칙, 헌법재판소규칙, 중앙선거관리위원회규칙 또는 대통령령으로 정하는 바에 따라 퇴직 당시 소속되었던 기관의 장을 거쳐 관할 공직자윤리위원회에 취업승인을 신청하여야 한다.

③ 제1항에 따라 취업제한 여부의 확인을 요청받거나 제2항에 따라 취업승인의 신청을 받은 관할 공직자윤리위원회는 국회규칙, 대법원규칙, 헌법재판소규칙, 중앙선거관리위원회규칙 또는 대통령령으로 정하는 바에 따라 심사 결과를 통지하여야 한다.

제18조의2(퇴직공직자의 업무취급 제한)

① 모든 공무원 또는 공직유관단체 임직원은 다른 법률에 특별한 규정이 있는 경우를 제외하고는 재직 중에 직접 처리한 제17조제2항 각 호의 업무를 퇴직 후에 취급할 수 없다.

② 기관업무기준 취업심사대상자는 다른 법률에 특별한 규정이 있는 경우를 제외하고는 퇴직 전 2년부터 퇴직할 때까지 근무한 기관이 취업한 취업제한기관에 대하여 처리하는 제17조제2항 각 호의 업무를 퇴직한 날부터 2년 동안 취급할 수 없다.

③ 제1항 및 제2항에도 불구하고 국가안보상의 이유나 공공의 이익을 위한 목적 등 해당 업무를 취급하는 것이 필요하고 그 취급이 해당 업무의 공정한 처리에 영향을 미치지 아니한다고 인정되는 경우로서 관할 공직자윤리위원회의 승인을 받은 경우에는 해당 업무를 취급할 수 있다.

제18조의3(업무취급 제한 퇴직공직자의 업무내역서 제출)

① 퇴직 후 일정한 업무취급을 제한받는 기관업무기준 취업심사대상자는 퇴직 후 2년간 업무활동내역 등이 포함된 업무내역서를 매년 작성하여 소속 취업제한기관의 장의 확인을 거쳐 관할 공직자윤리위원회에 제출하여야 한다.

제18조의4(퇴직공직자 등에 대한 행위제한)

① 퇴직한 모든 공무원과 공직유관단체의 임직원은 본인 또는 제3자의 이익을 위하여 퇴직 전 소속 기관의 임직

원에게 법령을 위반하게 하거나 지위 또는 권한을 남용하게 하는 등 공정한 직무수행을 저해하는 부정한 청탁 또는 알선을 하여서는 아니 된다.

② 공무원과 공직유관단체 임직원이 제1항에 따른 부정한 청탁 또는 알선을 받은 때에는 이를 소속 기관의 장에게 신고하여야 한다.

③ 소속 기관의 장은 제2항의 신고된 사항에 대하여 수사의 필요성이 있다고 인정하는 경우 수사기관에 통보하여야 한다. 이 경우 소속 기관의 장은 신고된 사항과 수사기관에 통보한 사실을 관할 공직자윤리위원회에 통보하여야 한다.

④ 신고자의 신분은 신고자의 동의 없이 공개할 수 없다.

⑤ 신고한 공무원과 공직유관단체 임직원은 신고로 인하여 소속 기관으로부터 징계조치 등 어떠한 신분상 불이익이나 근무조건의 차별을 받지 아니한다. 다만, 거짓으로 신고한 경우는 그러하지 아니하다.

⑥ 제2항부터 제5항까지의 신고에 관하여 필요한 사항은 국회규칙, 대법원규칙, 헌법재판소규칙, 중앙선거관리위원회규칙 또는 대통령령으로 정한다.

제18조의5(재직자 등의 취업청탁 등 제한)

① 재직 중인 취업심사대상자는 퇴직 전 5년 동안 처리한 업무 중 제17조제2항 각 호에서 정하는 업무와 관련한 취업제한기관을 상대로 하여 재직 중 본인의 취업을 위한 청탁행위를 하여서는 아니 된다.

② 국가기관, 지방자치단체 또는 공직유관단체의 장은 해당 기관의 취업심사대상자를 퇴직 전 5년 동안 처리한 제17조제2항 각 호에 따른 업무와 관련된 취업제한기관으로의 취업을 알선하는 행위를 하여서는 아니 된다.

부패방지 및 국민권익위원회의 설치와 운영에 관한 법률

제1장 총칙

제1조(목적)

이 법은 국민권익위원회를 설치하여 고충민원의 처리와 이에 관련된 불합리한 행정제도를 개선하고, 부패의 발생을 예방하며 부패행위를 효율적으로 규제함으로써 국민의 기본적 권익을 보호하고 행정의 적정성을 확보하며 청렴한 공직 및 사회풍토의 확립에 이바지함을 그 목적으로 한다.

제2조(정의) 이 법에서 사용하는 용어의 뜻은 다음과 같다.

부패행위	가. 공직자가 직무와 관련하여 그 지위 또는 권한을 남용하거나 법령을 위반하여 자기 또는 제3자의 이익을 도모하는 행위 나. 공공기관의 예산사용, 공공기관 재산의 취득·관리·처분 또는 공공기관을 당사자로 하는 계약의 체결 및 그 이행에 있어서 법령에 위반하여 공공기관에 대하여 재산상 손해를 가하는 행위 다. 가목과 나목에 따른 행위나 그 은폐를 강요, 권고, 제의, 유인하는 행위
고충민원	행정기관등의 위법·부당하거나 소극적인 처분(사실행위 및 부작위를 포함한다) 및 불합리한 행정제도로 인하여 국민의 권리를 침해하거나 국민에게 불편 또는 부담을 주는 사항에 관한 민원(현역장병 및 군관련 의무복무자의 고충민원을 포함한다)을 말한다.
신청인	이 법에 따른 국민권익위원회 또는 시민고충처리위원회에 대하여 고충민원을 신청한 개인·법인 또는 단체를 말한다.
시민사회단체	주무장관 또는 시·도지사에게 등록을 한 비영리민간단체를 말한다.
시민고충처리위원회	지방자치단체 및 그 소속 기관(법령에 따라 지방자치단체나 그 소속 기관의 권한을 위임 또는 위탁받은 법인·단체 또는 그 기관이나 개인을 포함한다. 이하 같다)에 대한 고충민원의 처리와 이에 관련된 제도개선을 위하여 제32조에 따라 설치되는 기관을 말한다.

제2장 국민권익위원회

제11조(국민권익위원회의 설치)

고충민원의 처리와 이에 관련된 불합리한 행정제도를 개선하고, 부패의 발생을 예방하며 부패행위를 효율적으로 규제하도록 하기 위하여 국무총리 소속으로 국민권익위원회를 둔다.

제12조(기능) 위원회는 다음 각호의 업무를 수행한다.

1. 국민의 권리보호·권익구제 및 부패방지를 위한 정책의 수립 및 시행
2. 고충민원의 조사와 처리 및 이와 관련된 시정권고 또는 의견표명
3. 고충민원을 유발하는 관련 행정제도 및 그 제도의 운영에 개선이 필요하다고 판단되는 경우 이에 대한 권고 또는 의견표명
4. 위원회가 처리한 고충민원의 결과 및 행정제도의 개선에 관한 실태조사와 평가

5. 공공기관의 부패방지를 위한 시책 및 제도개선 사항의 수립·권고와 이를 위한 공공기관에 대한 실태조사
6. 공공기관의 부패방지시책 추진상황에 대한 실태조사·평가
7. 부패방지 및 권익구제 교육·홍보 계획의 수립·시행
8. 비영리 민간단체의 부패방지활동 지원 등 위원회의 활동과 관련된 개인·법인 또는 단체와의 협력 및 지원
9. 위원회의 활동과 관련된 국제협력
10. 부패행위 신고 안내·상담 및 접수 등
11. 신고자의 보호 및 보상
12. 법령 등에 대한 부패유발요인 검토
13. 부패방지 및 권익구제와 관련된 자료의 수집·관리 및 분석
14. 공직자 행동강령의 시행·운영 및 그 위반행위에 대한 신고의 접수·처리 및 신고자의 보호
15. 민원사항에 관한 안내·상담 및 민원사항 처리실태 확인·지도
16. 온라인 국민참여포털의 통합 운영과 정부민원안내콜센터의 설치·운영
17. 시민고충처리위원회의 활동과 관련한 협력·지원 및 교육
18. 다수인 관련 갈등 사항에 대한 중재·조정 및 기업애로 해소를 위한 기업고충민원의 조사·처리
19. 「행정심판법」에 따른 중앙행정심판위원회의 운영에 관한 사항
20. 다른 법령에 따라 위원회의 소관으로 규정된 사항
21. 그 밖에 국민권익 향상을 위하여 국무총리가 위원회에 부의하는 사항

제13조(위원회의 구성)

① 위원회는 위원장 1명을 포함한 15명의 위원(부위원장 3명과 상임위원 3명을 포함한다)으로 구성한다. 이 경우 부위원장은 각각 고충민원, 부패방지 업무 및 중앙행정심판위원회의 운영업무로 분장하여 위원장을 보좌한다. 다만, 중앙행정심판위원회의 구성에 관한 사항은 「행정심판법」에서 정하는 바에 따른다.

② 위원장, 부위원장과 위원은 고충민원과 부패방지에 관한 업무를 공정하고 독립적으로 수행할 수 있다고 인정되는 자로서 다음 각 호의 어느 하나에 해당하는 자 중에서 임명 또는 위촉한다.
1. 대학이나 공인된 연구기관에서 부교수 이상 또는 이에 상당하는 직에 8년 이상 있거나 있었던 자
2. 판사·검사 또는 변호사의 직에 10년 이상 있거나 있었던 자
3. 3급 이상 공무원 또는 고위공무원단에 속하는 공무원의 직에 있거나 있었던 자
4. 건축사·세무사·공인회계사·기술사·변리사의 자격을 소지하고 해당 직종에서 10년 이상 있거나 있었던 자
5. 제33조제1항에 따라 시민고충처리위원회 위원으로 위촉되어 그 직에 4년 이상 있었던 자
6. 그 밖에 사회적 신망이 높고 행정에 관한 식견과 경험이 있는 자로서 시민사회단체로부터 추천을 받은 자

③ 위원장 및 부위원장은 국무총리의 제청으로 대통령이 임명하고, 상임위원은 위원장의 제청으로 대통령이 임명하며, 상임이 아닌 위원은 대통령이 임명 또는 위촉한다. 이 경우 상임이 아닌 위원 중 3명은 국회가, 3명은 대법원장이 각각 추천하는 자를 임명 또는 위촉한다.

④ 위원장과 부위원장은 각각 정무직으로 보하고, 상임위원은 고위공무원단에 속하는 일반직공무원으로서 「국가공무원법」 제26조의5에 따른 임기제공무원으로 보한다.

⑤ 위원이 궐위된 때에는 지체 없이 새로운 위원을 임명 또는 위촉하여야 한다. 이 경우 후임으로 임명 또는 위촉된 위원의 임기는 새로이 개시된다.

제15조(위원의 결격사유)
① 다음 각 호의 어느 하나에 해당하는 자는 위원이 될 수 없다.
1. 대한민국 국민이 아닌 자
2. 「국가공무원법」 제33조 각 호의 어느 하나에 해당하는 자
3. 정당의 당원
4. 「공직선거법」에 따라 실시하는 선거에 후보자로 등록한 자
② 위원이 제1항 각 호의 어느 하나에 해당하게 된 때에는 당연히 퇴직된다.

제16조(직무상 독립과 신분보장)
① 위원회는 그 권한에 속하는 업무를 독립적으로 수행한다.
② 위원장과 위원의 임기는 각각 3년으로 하되 1차에 한하여 연임할 수 있다.
③ 위원은 다음 각 호의 어느 하나에 해당하는 경우를 제외하고는 그 의사에 반하여 면직 또는 해촉되지 아니한다.
1. 제15조제1항 각 호의 어느 하나에 해당하는 때
2. 심신상의 장애로 직무수행이 현저히 곤란하게 된 때
3. 제17조에 따른 겸직금지의무에 위반한 경우
④ 제3항제2호의 경우에는 전체 위원 3분의 2 이상의 찬성에 의한 의결을 거쳐 위원장의 제청으로 대통령 또는 국무총리가 면직 또는 해촉한다.

제17조(위원의 겸직금지 등) 위원은 재직 중 다음 각 호의 직을 겸할 수 없다.
1. 국회의원 또는 지방의회의원
2. 행정기관등과 대통령령으로 정하는 특별한 이해관계가 있는 개인이나 법인 또는 단체의 임·직원

제18조(위원의 제척·기피·회피) ① 위원은 다음 각 호의 어느 하나에 해당하는 경우에는 해당 위원회의 심의·의결에서 제척된다.
1. 위원 또는 그 배우자나 배우자였던 자가 당해 사안에 관하여 당사자이거나 공동권리자 또는 공동의무자인 경우
2. 위원이 당해 사안의 신청인과 친족 관계에 있거나 있었던 경우
3. 위원이 당해 사안에 관하여 증언, 감정, 법률자문 또는 손해사정을 한 경우
4. 위원이 되기 전에 당해 사안에 대하여 감사, 수사 또는 조사에 관여한 사항
5. 위원이 당해 사안에 관하여 신청인의 대리인으로 관여하거나 관여하였던 경우
② 위원회 심의·의결의 이해당사자는 위원에게 공정을 기대하기 어려운 특별한 사정이 있는 경우에는 기피신청을 할 수 있다.
③ 위원 본인이 제1항 또는 제2항의 사유에 해당하는 경우에는 스스로 그 사안의 심의·의결을 회피할 수 있다.

제19조(위원회의 의결) ① 위원회는 재적위원 과반수의 출석으로 개의하고 출석위원 과반수의 찬성으로 의결한다. 다만, 제20조제1항제4호의 사항은 재적위원 과반수의 찬성으로 의결한다.
② 제18조에 따라 심의·의결에 관여하지 못한 위원은 제19조제1항에 따른 재적위원수의 계산에 있어서 이를 제

외한다.

③ 그 밖에 위원회의 업무 및 운영에 관하여 필요한 사항은 대통령령으로 정한다.

제27조의2(공공기관 부패에 관한 조사·평가) ① 위원회는 공공기관의 부패를 계량적으로 측정할 수 있는 공정하고 객관적인 평가지표를 개발하여야 한다.

② 위원회는 제1항에 따른 평가지표를 활용하여 공공기관의 부패에 관하여 조사·평가하고 그 결과를 공표할 수 있다.

③ 위원회는 제2항에 따른 조사·평가결과를 바탕으로 공공기관에 대하여 부패방지를 위한 컨설팅 등 필요한 지원을 할 수 있다.

제27조의3(조사·평가결과의 공개)

① 위원회의 조사·평가를 받은 공공기관의 장은 그 조사·평가결과를 인터넷 홈페이지에 공개하여야 한다.

제3장 시민고충처리위원회

제32조(시민고충처리위원회의 설치)

① 지방자치단체 및 그 소속 기관에 관한 고충민원의 처리와 행정제도의 개선 등을 위하여 각 지방자치단체에 시민고충처리위원회를 둘 수 있다.

② 시민고충처리위원회는 다음 각 호의 업무를 수행한다.

1. 지방자치단체 및 그 소속 기관에 관한 고충민원의 조사와 처리
2. 고충민원과 관련된 시정권고 또는 의견표명
3. 고충민원의 처리과정에서 관련 행정제도 및 그 제도의 운영에 개선이 필요하다고 판단되는 경우 이에 대한 권고 또는 의견표명
4. 시민고충처리위원회가 처리한 고충민원의 결과 및 행정제도의 개선에 관한 실태조사와 평가
5. 민원사항에 관한 안내, 상담 및 민원처리 지원
6. 시민고충처리위원회의 활동과 관련한 교육 및 홍보
7. 시민고충처리위원회의 활동과 관련된 국제기구 또는 외국의 권익구제기관 등과의 교류 및 협력
8. 시민고충처리위원회의 활동과 관련된 개인·법인 또는 단체와의 협력 및 지원
9. 그 밖에 다른 법령에 따라 시민고충처리위원회에 위탁된 사항

제33조(시민고충처리위원회 위원의 자격요건 등)

① 시민고충처리위원회 위원은 고충민원 처리업무를 공정하고 독립적으로 수행할 수 있다고 인정되는 자로서 다음 각 호의 어느 하나에 해당하는 자 중에서 지방자치단체의 장이 지방의회의 동의를 거쳐 위촉한다.

1. 대학이나 공인된 연구기관에서 부교수 이상 또는 이에 상당하는 직에 있거나 있었던 자
2. 판사·검사 또는 변호사의 직에 있거나 있었던 자
3. 4급 이상 공무원의 직에 있거나 있었던 자
4. 건축사·세무사·공인회계사·기술사·변리사의 자격을 소지하고 해당 직종에서 5년 이상 있거나 있었던 자
5. 사회적 신망이 높고 행정에 관한 식견과 경험이 있는 자로서 시민사회단체로부터 추천을 받은 자

② 시민고충처리위원회 위원의 임기는 4년으로 하되, 연임할 수 없다.

③ 지방자치단체의 장은 시민고충처리위원회 위원의 임기가 만료되거나 임기 중 결원된 경우에는 임기만료 또는 결원된 날부터 30일 이내에 후임자를 위촉하여야 한다.

④ 결원된 시민고충처리위원회 위원의 후임으로 위촉된 시민고충처리위원회 위원의 임기는 새로이 개시된다.

제34조(활동비 지원) 시민고충처리위원회가 설치된 지방자치단체의 장은 시민고충처리위원회가 제32조제2항의 업무를 처리하는데 필요한 경비를 지원하여야 한다.

제4장 고충민원의 처리

제39조(고충민원의 신청 및 접수)

① 누구든지(국내에 거주하는 외국인을 포함한다) 위원회 또는 시민고충처리위원회(이하 이 장에서 "권익위원회"라 한다)에 고충민원을 신청할 수 있다. 이 경우 하나의 권익위원회에 대하여 고충민원을 제기한 신청인은 다른 권익위원회에 대하여도 고충민원을 신청할 수 있다.

④ 권익위원회는 고충민원의 신청이 있는 경우에는 다른 법령에 특별한 규정이 있는 경우를 제외하고는 그 접수를 보류하거나 거부할 수 없으며, 접수된 고충민원서류를 부당하게 되돌려 보내서는 아니 된다. 다만, 권익위원회가 고충민원서류를 보류·거부 또는 반려하는 경우에는 지체 없이 그 사유를 신청인에게 통보하여야 한다.

제43조(고충민원의 각하 등) ① 권익위원회는 접수된 고충민원이 다음 각 호의 어느 하나에 해당하는 경우에는 그 고충민원을 각하하거나 관계 기관에 이송할 수 있다.

1. 고도의 정치적 판단을 요하거나 국가기밀 또는 공무상 비밀에 관한 사항
2. 국회·법원·헌법재판소·선거관리위원회·감사원·지방의회에 관한 사항
3. 수사 및 형집행에 관한 사항으로서 그 관장기관에서 처리하는 것이 적당하다고 판단되는 사항 또는 감사원의 감사가 착수된 사항
4. 행정심판, 행정소송, 헌법재판소의 심판이나 감사원의 심사청구 그 밖에 다른 법률에 따른 불복구제절차가 진행 중인 사항
5. 법령에 따라 화해·알선·조정·중재 등 당사자간의 이해조정을 목적으로 행하는 절차가 진행 중인 사항
6. 판결·결정·재결·화해·조정·중재 등에 따라 확정된 권리관계에 관한 사항 또는 감사원이 처분을 요구한 사항
7. 사인간의 권리관계 또는 개인의 사생활에 관한 사항
8. 행정기관등의 직원에 관한 인사행정상의 행위에 관한 사항

② 권익위원회는 제1항에 따라 고충민원을 각하 또는 이송한 경우에는 지체 없이 그 사유를 명시하여 신청인에게 통보하여야 한다. 이 경우 필요하다고 인정하는 때에는 신청인에게 권리의 구제에 필요한 절차와 조치에 관하여 안내할 수 있다.

③ 관계 행정기관등의 장은 권익위원회의 조사가 착수된 고충민원이 제1항 각 호의 어느 하나에 해당하는 사항임을 알게 된 경우에는 지체 없이 그 사실을 권익위원회에 통보하여야 한다.

제5장 부패행위 등의 신고 및 신고자 등 보호

제55조(부패행위의 신고)

누구든지 부패행위를 알게 된 때에는 이를 위원회에 신고할 수 있다.

제56조(공직자의 부패행위 신고의무) 공직자는 그 직무를 행함에 있어 다른 공직자가 부패행위를 한 사실을 알게 되었거나 부패행위를 강요 또는 제의받은 경우에는 지체 없이 이를 수사기관·감사원 또는 위원회에 신고하여야 한다.

제57조(신고자의 성실의무)

신고자가 신고의 내용이 허위라는 사실을 알았거나 알 수 있었음에도 불구하고 신고한 경우에는 이 법의 보호를 받지 못한다.

제58조(신고의 방법)

부패행위를 신고하고자 하는 자는 신고자의 인적사항과 신고취지 및 이유를 기재한 기명의 문서로써 하여야 하며, 신고대상과 부패행위의 증거 등을 함께 제시하여야 한다.

제59조(신고의 처리)

① 위원회는 접수된 신고사항에 대하여 신고자를 상대로 다음 각 호의 사항을 확인할 수 있다.
  1. 신고자의 인적사항, 신고의 경위 및 취지 등 신고내용의 특정에 필요한 사항
  2. 신고내용이 제29조제2항 각 호의 어느 하나에 해당하는지의 여부에 관한 사항

② 위원회는 제1항의 사항에 대한 진위여부를 확인하는데 필요한 범위에서 신고자에게 필요한 자료의 제출을 요구할 수 있다.

③ 위원회는 접수된 신고사항에 대하여 조사가 필요한 경우 이를 감사원, 수사기관 또는 해당 공공기관의 감독기관(감독기관이 없는 경우에는 해당 공공기관을 말한다. 이하 "조사기관"이라 한다)에 이첩하여야 한다. 다만, 국가기밀이 포함된 신고사항에 대하여는 대통령령으로 정하는 바에 따라 처리한다.

④ 위원회에 신고가 접수된 당해 부패행위의 혐의대상자가 다음 각 호에 해당하는 고위공직자로서 부패혐의의 내용이 형사처벌을 위한 수사 및 공소제기의 필요성이 있는 경우에는 위원회의 명의로 검찰에 고발을 하여야 한다.
  1. 차관급 이상의 공직자
  2. 특별시장·광역시장 및 도지사
  3. 경무관급 이상의 경찰공무원
  4. 법관 및 검사
  5. 장관급 장교
  6. 국회의원

⑤ 제4항에 따라 고발한 경우 검찰은 수사결과를 위원회에 통보하여야 한다. 위원회가 고발한 사건이 이미 수사 중이거나 수사 중인 사건과 관련된 사건인 경우에도 또한 같다.

⑥ 위원회는 접수된 신고사항을 그 접수일부터 60일 이내에 처리하여야 한다. 이 경우 동조 제1항제1호에 따른 보완 등을 위하여 필요하다고 인정되는 경우에는 그 기간을 30일 이내에서 연장할 수 있다.

제60조(조사결과의 처리) ① 조사기관은 신고를 이첩받은 날부터 60일 이내에 감사·수사 또는 조사를 종결하여야 한다. 다만, 정당한 사유가 있는 경우에는 그 기간을 연장할 수 있으며, 위원회에 그 연장사유 및 연장기간을 통보하여야 한다.

② 제59조에 따라 신고를 이첩받은 조사기관은 감사·수사 또는 조사결과를 감사·수사 또는 조사 종료 후 10일 이내에 위원회에 통보하여야 한다. 이 경우 위원회는 통보를 받은 즉시 신고자에게 감사·수사 또는 조사결과의 요지를 통지하여야 한다.

③ 위원회는 필요하다고 인정하는 경우 조사기관에 대하여 제2항의 통보내용에 대한 설명을 요구할 수 있다.

④ 위원회는 조사기관의 감사·수사 또는 조사가 충분하지 아니하다고 인정되는 경우에는 감사·수사 또는 조사결과를 통보받은 날부터 30일 이내에 새로운 증거자료의 제출 등 합리적인 이유를 들어 조사기관에 대하여 재조사를 요구할 수 있다. 제2항 후단에 따른 통지를 받은 신고자는 위원회에 대하여 감사·수사 또는 조사결과에 대한 이의를 신청할 수 있다.

⑤ 재조사를 요구받은 조사기관은 재조사를 종료한 날부터 7일 이내에 그 결과를 위원회에 통보하여야 한다. 이 경우 위원회는 통보를 받은 즉시 신고자에게 재조사 결과의 요지를 통지하여야 한다.

제63조(불이익 추정)

신고자가 이 법에 의하여 신고한 뒤 위원회에 원상회복 등을 요구하거나 법원에 원상회복 등에 관한 소를 제기하는 경우 해당 신고와 관련하여 불이익을 당한 것으로 추정한다.

제64조(신변보호 등)

② 신고자는 신고를 한 이유로 자신과 친족 또는 동거인의 신변에 불안이 있는 경우에는 위원회에 신변보호조치를 요구할 수 있다. 이 경우 위원회는 필요하다고 인정한 때에는 경찰청장, 관할 지방경찰청장, 관할 경찰서장에게 신변보호조치를 요구할 수 있다.

제66조(책임의 감면 등)

① 이 법에 의한 신고를 함으로써 그와 관련된 자신의 범죄가 발견된 경우 그 신고자에 대하여 형을 감경 또는 면제할 수 있다.

② 제1항은 공공기관의 징계처분에 관하여 이를 준용한다.

③ 이 법에 의하여 신고한 경우에는 다른 법령, 단체협약 또는 취업규칙 등의 관련 규정에 불구하고 직무상 비밀준수의무를 위반하지 않는 것으로 본다.

제67조(준용규정) 제62조, 제62조의2, 제63조부터 제66조까지는 다음 각 호의 경우에 준용한다.

1. 피신고자가 소속된 공공기관에 부패행위를 신고한 경우
2. 피신고자의 소속기관·단체 또는 기업 등을 지도·감독하는 공공기관에 부패행위를 신고한 경우
3. 공직자 행동강령을 위반하는 행위를 신고한 경우

제68조(포상 및 보상)

① 위원회는 이 법에 따른 신고에 의하여 현저히 공공기관에 재산상 이익을 가져오거나 손실을 방지한 경우 또는 공익의 증진을 가져온 경우에는 신고를 한 자에 대하여 상훈법 등의 규정에 따라 포상을 추천할 수 있으며,

대통령령으로 정하는 바에 따라 포상금을 지급할 수 있다.

② 부패행위의 신고자는 이 법에 따른 신고로 인하여 직접적인 공공기관 수입의 회복이나 증대 또는 비용의 절감을 가져오거나 그에 관한 법률관계가 확정된 때에는 위원회에 보상금의 지급을 신청할 수 있다. 이 경우 보상금은 불이익처분에 대한 원상회복 등에 소요된 비용을 포함한다.

③ 위원회는 제2항에 따른 보상금의 지급신청을 받은 때에는 제69조에 따른 보상심의위원회의 심의·의결을 거쳐 대통령령으로 정하는 바에 따라 보상금을 지급하여야 한다. 다만, 공직자가 자기 직무와 관련하여 신고한 사항에 대하여는 보상금을 감액하거나 지급하지 아니할 수 있다.

④ 제2항에 따른 보상금의 지급신청은 공공기관 수입의 회복이나 증대 또는 비용의 절감에 관한 법률관계가 확정되었음을 안 날부터 2년 이내에 하여야 한다.

제70조(보상금의 지급결정 등) ① 위원회는 제68조에 따른 보상금의 지급신청이 있는 때에는 특별한 사유가 없는 한 신청일부터 90일 이내에 그 지급여부 및 지급금액을 결정하여야 한다.

② 위원회는 제1항에 따른 보상금 지급결정이 있은 때에는 즉시 이를 신청인에게 통지하여야 한다.

제6장 국민감사청구

제72조(감사청구권)

① 19세 이상의 국민은 공공기관의 사무처리가 법령위반 또는 부패행위로 인하여 공익을 현저히 해하는 경우 대통령령으로 정하는 일정한 수 이상의 국민의 연서로 감사원에 감사를 청구할 수 있다. 다만, 국회·법원·헌법재판소·선거관리위원회 또는 감사원의 사무에 대하여는 국회의장·대법원장·헌법재판소장·중앙선거관리위원회 위원장 또는 감사원장(이하 "당해 기관의 장"이라 한다)에게 감사를 청구하여야 한다.

② 제1항에도 불구하고 다음 각호의 어느 하나에 해당하는 사항은 감사청구의 대상에서 제외한다.

1. 국가의 기밀 및 안전보장에 관한 사항
2. 수사·재판 및 형집행(보안처분·보안관찰처분·보호처분·보호관찰처분·보호감호처분·치료감호처분·사회봉사명령을 포함한다)에 관한 사항
3. 사적인 권리관계 또는 개인의 사생활에 관한 사항
4. 다른 기관에서 감사하였거나 감사중인 사항. 다만, 다른 기관에서 감사한 사항이라도 새로운 사항이 발견되거나 중요사항이 감사에서 누락된 경우에는 그러하지 아니하다.
5. 그 밖에 감사를 실시하는 것이 적절하지 아니한 정당한 사유가 있는 경우로서 대통령령이 정하는 사항

③ 제1항에도 불구하고 지방자치단체와 그 장의 권한에 속하는 사무의 처리에 대한 감사청구는 「지방자치법」 제16조에 따른다.

제74조(감사실시의 결정) ① 제72조제1항 본문에 따라 감사청구된 사항에 대하여는 감사원규칙으로 정하는 국민감사청구심사위원회에서 감사실시 여부를 결정하여야 한다.

② 제72조제1항 단서에 따라 당해 기관의 장이 감사청구를 접수한 때에는 그 접수한 날부터 30일 이내에 국회규칙·대법원규칙·헌법재판소규칙·중앙선거관리위원회규칙 또는 감사원규칙으로 정하는 바에 따라 감사실시 여부를 결정하여야 한다.

③ 감사원 또는 당해 기관의 장은 감사청구가 이유 없다고 인정하는 때에는 이를 기각하고, 기각을 결정한 날부

터 10일 이내에 그 사실을 감사청구인에게 통보하여야 한다.

제75조(감사청구에 의한 감사) ① 감사원 또는 당해 기관의 장은 감사를 실시하기로 결정한 날부터 60일 이내에 감사를 종결하여야 한다. 다만, 정당한 사유가 있는 경우에는 그 기간을 연장할 수 있다.

② 감사원 또는 당해 기관의 장은 감사가 종결된 날부터 10일 이내에 그 결과를 감사청구인에게 통보하여야 한다.

제82조(비위면직자 등의 취업제한) ① 비위면직자 등은 다음 각 호의 어느 하나에 해당하는 자를 말한다.

1. 공직자가 재직 중 직무와 관련된 부패행위로 당연퇴직, 파면 또는 해임된 자
2. 공직자였던 자가 재직 중 직무와 관련된 부패행위로 벌금 300만원 이상의 형의 선고를 받은 자

② 비위면직자 등은 당연퇴직, 파면, 해임된 경우에는 퇴직일, 벌금 300만원 이상의 형의 선고를 받은 경우에는 그 집행이 종료(종료된 것으로 보는 경우를 포함한다)되거나 집행을 받지 아니하기로 확정된 날부터 5년 동안 다음 각 호의 취업제한기관에 취업할 수 없다. 〈신설 2016.3.29.〉

1. 공공기관
2. 대통령령으로 정하는 부패행위 관련 기관
3. 퇴직 전 5년간 소속하였던 부서 또는 기관의 업무와 밀접한 관련이 있는 영리사기업체 등(다음 각 목의 법인 등을 포함한다)
   가. 「변호사법」 제40조에 따른 법무법인, 같은 법 제58조의2에 따른 법무법인(유한), 같은 법 제58조의18에 따른 법무조합 및 같은 법 제89조의6제3항에 따른 법률사무소
   나. 「공인회계사법」 제23조제1항에 따른 회계법인
   다. 「세무사법」 제16조의3제1항에 따른 세무법인
   라. 「외국법자문사법」 제2조제4호에 따른 외국법자문법률사무소
   마. 「공공기관의 운영에 관한 법률」 제5조제3항제1호가목에 따른 시장형 공기업
   바. 안전 감독 업무, 인·허가 규제 업무 또는 조달 업무 등 대통령령으로 정하는 업무를 수행하는 공직유관단체
   사. 「고등교육법」 제2조 각 호에 따른 학교를 설립·경영하는 학교법인과 학교법인이 설립·경영하는 사립학교. 다만, 취업심사대상자가 대통령령으로 정하는 교원으로 취업하는 경우 해당 학교법인 또는 학교는 제외한다.
   아. 「의료법」 제3조의3에 따른 종합병원과 종합병원을 개설한 같은 법 제33조제2항제3호에 따른 의료법인 및 같은 항 제4호에 따른 비영리법인
   자. 「사회복지사업법」 제2조제3호에 따른 사회복지법인 및 같은 조 제4호에 따른 사회복지시설을 운영하는 비영리법인
4. 영리사기업체 등의 공동이익과 상호협력 등을 위하여 설립된 법인·단체(이하 "협회"라 한다)

③ 제2항에 따른 취업 여부를 판단하는 경우 「상법」에 따른 사외이사나 고문 또는 자문위원 등 직위나 직책 여부 또는 계약의 형식에 관계없이 취업제한기관의 업무를 처리하거나 조언·자문하는 등의 지원을 하고 주기적으로 또는 기간을 정하여 그 대가로서 임금·봉급 등을 받는 경우에는 이를 취업한 것으로 본다. 〈신설 2016.3.29.〉

④ 「공직자윤리법」 제17조제2항, 제3항, 제5항 및 제8항은 제2항제3호에 따른 퇴직 전 소속 부서 또는 기관의 업무와 영리사기업체 등 사이의 밀접한 관련성의 범위에 관하여 이를 준용한다.

제83조(취업자의 해임요구)

① 위원회는 제82조제2항에 위반하여 공공기관에 취업한 자가 있는 경우 당해 공공기관의 장에게 그의 해임을 요구하여야 하며, 해임요구를 받은 공공기관의 장은 정당한 사유가 없는 한 이에 응하여야 한다.

② 위원회는 제82조제2항에 위반하여 대통령령으로 정하는 부패행위 관련 기관, 영리사기업체 등 또는 협회에 취업한 자가 있는 경우 관계공공기관의 장에게 그 취업자에 대한 취업해제조치의 강구를 요구하여야 하며, 요구를 받은 관계공공기관의 장은 그 취업자가 취업하고 있는 부패행위 관련 기관, 영리사기업체 등 또는 협회의 장에게 그의 해임을 요구하여야 한다. 이 경우 해임요구를 받은 부패행위 관련 기관, 영리사기업체 등 또는 협회의 장은 정당한 사유가 없는 한 지체 없이 이에 응하여야 한다.

경범죄 처벌법

제1장 총칙

제1조(목적)

이 법은 경범죄의 종류 및 처벌에 필요한 사항을 정함으로써 국민의 자유와 권리를 보호하고 사회공공의 질서유지에 이바지함을 목적으로 한다.

제2장 경범죄의 종류와 처벌

제3조(경범죄의 종류)

① 다음 각 호의 어느 하나에 해당하는 사람은 10만원 이하의 벌금, 구류 또는 과료(科料)의 형으로 처벌한다.

1. (빈집 등에의 침입) 다른 사람이 살지 아니하고 관리하지 아니하는 집 또는 그 울타리·건조물(建造物)·배·자동차 안에 정당한 이유 없이 들어간 사람
2. (흉기의 은닉휴대) 칼·쇠몽둥이·쇠톱 등 사람의 생명 또는 신체에 중대한 위해를 끼치거나 집이나 그 밖의 건조물에 침입하는 데에 사용될 수 있는 연장이나 기구를 정당한 이유 없이 숨겨서 지니고 다니는 사람
3. (폭행 등 예비) 다른 사람의 신체에 위해를 끼칠 것을 공모(共謀)하여 예비행위를 한 사람이 있는 경우 그 공모를 한 사람
5. (시체 현장변경 등) 사산아(死産兒)를 감추거나 정당한 이유 없이 변사체 또는 사산아가 있는 현장을 바꾸어 놓은 사람
6. (도움이 필요한 사람 등의 신고불이행) 자기가 관리하고 있는 곳에 도움을 받아야 할 노인, 어린이, 장애인, 다친 사람 또는 병든 사람이 있거나 시체 또는 사산아가 있는 것을 알면서 이를 관계 공무원에게 지체 없이 신고하지 아니한 사람
7. (관명사칭 등) 국내외의 공직(公職), 계급, 훈장, 학위 또는 그 밖에 법령에 따라 정하여진 명칭이나 칭호 등을 거짓으로 꾸며 대거나 자격이 없으면서 법령에 따라 정하여진 제복, 훈장, 기장 또는 기념장(記念章), 그 밖의 표장(標章) 또는 이와 비슷한 것을 사용한 사람
8. (물품강매·호객행위) 요청하지 아니한 물품을 억지로 사라고 한 사람, 요청하지 아니한 일을 해주거나 재주 등을 부리고 그 대가로 돈을 달라고 한 사람 또는 여러 사람이 모이거나 다니는 곳에서 영업을 목적으로 떠들썩하게 손님을 부른 사람
9. (광고물 무단부착 등) 다른 사람 또는 단체의 집이나 그 밖의 인공구조물과 자동차 등에 함부로 광고물 등을 붙이거나 내걸거나 끼우거나 글씨 또는 그림을 쓰거나 그리거나 새기는 행위 등을 한 사람 또는 다른 사람이나 단체의 간판, 그 밖의 표시물 또는 인공구조물을 함부로 옮기거나 더럽히거나 훼손한 사람 또는 공공장소에서 광고물 등을 함부로 뿌린 사람
10. (마시는 물 사용방해) 사람이 마시는 물을 더럽히거나 사용하는 것을 방해한 사람
11. (쓰레기 등 투기) 담배꽁초, 껌, 휴지, 쓰레기, 죽은 짐승, 그 밖의 더러운 물건이나 못쓰게 된 물건을 함부로 아무 곳에나 버린 사람
12. (노상방뇨 등) 길, 공원, 그 밖에 여러 사람이 모이거나 다니는 곳에서 함부로 침을 뱉거나 대소변을 보거

나 또는 그렇게 하도록 시키거나 개 등 짐승을 끌고 와서 대변을 보게 하고 이를 치우지 아니한 사람

13. (의식방해) 공공기관이나 그 밖의 단체 또는 개인이 하는 행사나 의식을 못된 장난 등으로 방해하거나 행사나 의식을 하는 자 또는 그 밖에 관계 있는 사람이 말려도 듣지 아니하고 행사나 의식을 방해할 우려가 뚜렷한 물건을 가지고 행사장 등에 들어간 사람
14. (단체가입 강요) 싫다고 하는데도 되풀이하여 단체 가입을 억지로 강요한 사람
15. (자연훼손) 공원·명승지·유원지나 그 밖의 녹지구역 등에서 풀·꽃·나무·돌 등을 함부로 꺾거나 캔 사람 또는 바위·나무 등에 글씨를 새기거나 하여 자연을 훼손한 사람
16. (타인의 가축·기계 등 무단조작) 다른 사람 또는 단체의 소나 말, 그 밖의 짐승 또는 매어 놓은 배·뗏목 등을 함부로 풀어 놓거나 자동차 등의 기계를 조작한 사람
17. (물길의 흐름 방해) 개천·도랑이나 그 밖의 물길의 흐름에 방해될 행위를 한 사람
18. (구걸행위 등) 다른 사람에게 구걸하도록 시켜 올바르지 아니한 이익을 얻은 사람 또는 공공장소에서 구걸을 하여 다른 사람의 통행을 방해하거나 귀찮게 한 사람
19. (불안감조성) 정당한 이유 없이 길을 막거나 시비를 걸거나 주위에 모여들거나 뒤따르거나 몹시 거칠게 겁을 주는 말이나 행동으로 다른 사람을 불안하게 하거나 귀찮고 불쾌하게 한 사람 또는 여러 사람이 이용하거나 다니는 도로·공원 등 공공장소에서 고의로 험악한 문신(文身)을 드러내어 다른 사람에게 혐오감을 준 사람
20. (음주소란 등) 공회당·극장·음식점 등 여러 사람이 모이거나 다니는 곳 또는 여러 사람이 타는 기차·자동차·배 등에서 몹시 거친 말이나 행동으로 주위를 시끄럽게 하거나 술에 취하여 이유 없이 다른 사람에게 주정한 사람
21. (인근소란 등) 악기·라디오·텔레비전·전축·종·확성기·전동기(電動機) 등의 소리를 지나치게 크게 내거나 큰소리로 떠들거나 노래를 불러 이웃을 시끄럽게 한 사람
22. (위험한 불씨 사용) 충분한 주의를 하지 아니하고 건조물, 수풀, 그 밖에 불붙기 쉬운 물건 가까이에서 불을 피우거나 휘발유 또는 그 밖에 불이 옮아붙기 쉬운 물건 가까이에서 불씨를 사용한 사람
23. (물건 던지기 등 위험행위) 다른 사람의 신체나 다른 사람 또는 단체의 물건에 해를 끼칠 우려가 있는 곳에 충분한 주의를 하지 아니하고 물건을 던지거나 붓거나 또는 쏜 사람
24. (인공구조물 등의 관리소홀) 무너지거나 넘어지거나 떨어질 우려가 있는 인공구조물이나 그 밖의 물건에 대하여 관계 공무원으로부터 고칠 것을 요구받고도 필요한 조치를 게을리하여 여러 사람을 위험에 빠트릴 우려가 있게 한 사람
25. (위험한 동물의 관리 소홀) 사람이나 가축에 해를 끼치는 버릇이 있는 개나 그 밖의 동물을 함부로 풀어놓거나 제대로 살피지 아니하여 나다니게 한 사람
26. (동물 등에 의한 행패 등) 소나 말을 놀라게 하여 달아나게 하거나 개나 그 밖의 동물을 시켜 사람이나 가축에게 달려들게 한 사람
27. (무단소등) 여러 사람이 다니거나 모이는 곳에 켜 놓은 등불이나 다른 사람 또는 단체가 표시를 하기 위하여 켜 놓은 등불을 함부로 끈 사람
28. (공중통로 안전관리소홀) 여러 사람이 다니는 곳에서 위험한 사고가 발생하는 것을 막을 의무가 있으면서도 등불을 켜 놓지 아니하거나 그 밖의 예방조치를 게을리한 사람
29. (공무원 원조불응) 눈·비·바람·해일·지진 등으로 인한 재해, 화재·교통사고·범죄, 그 밖의 급작스러운 사고가 발생하였을 때에 현장에 있으면서도 정당한 이유 없이 관계 공무원 또는 이를 돕는 사람의 현장출

입에 관한 지시에 따르지 아니하거나 공무원이 도움을 요청하여도 도움을 주지 아니한 사람

30. (거짓 인적사항 사용) 성명, 주민등록번호, 등록기준지, 주소, 직업 등을 거짓으로 꾸며대고 배나 비행기를 타거나 인적사항을 물을 권한이 있는 공무원이 적법한 절차를 거쳐 묻는 경우 정당한 이유 없이 다른 사람의 인적사항을 자기의 것으로 거짓으로 꾸며댄 사람
31. (미신요법) 근거 없이 신기하고 용한 약방문인 것처럼 내세우거나 그 밖의 미신적인 방법으로 병을 진찰·치료·예방한다고 하여 사람들의 마음을 홀리게 한 사람
32. (야간통행제한 위반) 전시·사변·천재지변, 그 밖에 사회에 위험이 생길 우려가 있을 경우에 국민안전처장관이나 경찰청장이 정하는 야간통행제한을 위반한 사람
33. (과다노출) 여러 사람의 눈에 뜨이는 곳에서 공공연하게 알몸을 지나치게 내놓거나 가려야 할 곳을 내놓아 다른 사람에게 부끄러운 느낌이나 불쾌감을 준 사람
34. (지문채취 불응) 범죄 피의자로 입건된 사람의 신원을 지문조사 외의 다른 방법으로는 확인할 수 없어 경찰공무원이나 검사가 지문을 채취하려고 할 때에 정당한 이유 없이 이를 거부한 사람
35. (자릿세 징수 등) 여러 사람이 모이거나 쓸 수 있도록 개방된 시설 또는 장소에서 좌석이나 주차할 자리를 잡아 주기로 하거나 잡아주면서, 돈을 받거나 요구하거나 돈을 받으려고 다른 사람을 귀찮게 따라다니는 사람
36. (행렬방해) 공공장소에서 승차·승선, 입장·매표 등을 위한 행렬에 끼어들거나 떠밀거나 하여 그 행렬의 질서를 어지럽힌 사람
37. (무단 출입) 출입이 금지된 구역이나 시설 또는 장소에 정당한 이유 없이 들어간 사람
38. (총포 등 조작장난) 여러 사람이 모이거나 다니는 곳에서 충분한 주의를 하지 아니하고 총포, 화약류, 그 밖에 폭발의 우려가 있는 물건을 다루거나 이를 가지고 장난한 사람
39. (무임승차 및 무전취식) 영업용 차 또는 배 등을 타거나 다른 사람이 파는 음식을 먹고 정당한 이유 없이 제 값을 치르지 아니한 사람
40. (장난전화 등) 정당한 이유 없이 다른 사람에게 전화·문자메시지·편지·전자우편·전자문서 등을 여러 차례 되풀이하여 괴롭힌 사람
41. (지속적 괴롭힘) 상대방의 명시적 의사에 반하여 지속적으로 접근을 시도하여 면회 또는 교제를 요구하거나 지켜보기, 따라다니기, 잠복하여 기다리기 등의 행위를 반복하여 하는 사람

② 다음 각 호의 어느 하나에 해당하는 사람은 20만원 이하의 벌금, 구류 또는 과료의 형으로 처벌한다.

1. (출판물의 부당게재 등) 올바르지 아니한 이익을 얻을 목적으로 다른 사람 또는 단체의 사업이나 사사로운 일에 관하여 신문, 잡지, 그 밖의 출판물에 어떤 사항을 싣거나 싣지 아니할 것을 약속하고 돈이나 물건을 받은 사람
2. (거짓 광고) 여러 사람에게 물품을 팔거나 나누어 주거나 일을 해주면서 다른 사람을 속이거나 잘못 알게 할 만한 사실을 들어 광고한 사람
3. (업무방해) 못된 장난 등으로 다른 사람, 단체 또는 공무수행 중인 자의 업무를 방해한 사람
4. (암표매매) 흥행장, 경기장, 역, 나루터, 정류장, 그 밖에 정하여진 요금을 받고 입장시키거나 승차 또는 승선시키는 곳에서 웃돈을 받고 입장권·승차권 또는 승선권을 다른 사람에게 되판 사람

③ 다음 각 호의 어느 하나에 해당하는 사람은 60만원 이하의 벌금, 구류 또는 과료의 형으로 처벌한다.

1. (관공서에서의 주취소란) 술에 취한 채로 관공서에서 몹시 거친 말과 행동으로 주정하거나 시끄럽게 한 사람

2. (거짓신고) 있지 아니한 범죄나 재해 사실을 공무원에게 거짓으로 신고한 사람

제4조(교사·방조)

제3조의 죄를 짓도록 시키거나 도와준 사람은 죄를 지은 사람에 준하여 벌한다.

제5조(형의 면제와 병과)

제3조에 따라 사람을 벌할 때에는 그 사정과 형편을 헤아려서 그 형을 면제하거나 구류와 과료를 함께 과(科)할 수 있다.

제3장 경범죄 처벌의 특례

제6조(정의)

① 이 장에서 "범칙행위"란 제3조제1항 각 호 및 제2항 각 호의 어느 하나에 해당하는 위반행위를 말하며, 그 구체적인 범위는 대통령령으로 정한다.

② 이 장에서 "범칙자"란 범칙행위를 한 사람으로서 다음 각 호의 어느 하나에 해당하지 아니하는 사람을 말한다.

1. 범칙행위를 상습적으로 하는 사람
2. 죄를 지은 동기나 수단 및 결과를 헤아려볼 때 구류처분을 하는 것이 적절하다고 인정되는 사람
3. 피해자가 있는 행위를 한 사람
4. 18세 미만인 사람

③ 이 장에서 "범칙금"이란 범칙자가 제7조에 따른 통고처분에 따라 국고 또는 제주특별자치도의 금고에 납부하여야 할 금전을 말한다.

제7조(통고처분)

① 경찰서장, 해양경비안전서장, 제주특별자치도지사 또는 철도특별사법경찰대장은 범칙자로 인정되는 사람에 대하여 그 이유를 명백히 나타낸 서면으로 범칙금을 부과하고 이를 납부할 것을 통고할 수 있다. 다만, 다음 각 호의 어느 하나에 해당하는 사람에게는 통고하지 아니한다.

1. 통고처분서 받기를 거부한 사람
2. 주거 또는 신원이 확실하지 아니한 사람
3. 그 밖에 통고처분을 하기가 매우 어려운 사람

② 제1항에 따라 통고할 범칙금의 액수는 범칙행위의 종류에 따라 대통령령으로 정한다.

③ 제주특별자치도지사, 철도특별사법경찰대장은 제1항에 따라 통고처분을 한 경우에는 관할 경찰서장에게 그 사실을 통보하여야 한다.

제8조(범칙금의 납부)

① 제7조에 따라 통고처분서를 받은 사람은 통고처분서를 받은 날부터 10일 이내에 국민안전처장관·경찰청장 또는 철도특별사법경찰대장이 지정한 은행, 그 지점이나 대리점, 우체국 또는 제주특별자치도지사가 지정하는 금융기관이나 그 지점에 범칙금을 납부하여야 한다. 다만, 천재지변이나 그 밖의 부득이한 사유로 말미암아 그 기간 내에 범칙금을 납부할 수 없을 때에는 그 부득이한 사유가 없어지게 된 날부터 5일 이내에 납부하여야 한다.

② 제1항에 따른 납부기간에 범칙금을 납부하지 아니한 사람은 납부기간의 마지막 날의 다음 날부터 20일 이내에 통고받은 범칙금에 그 금액의 100분의 20을 더한 금액을 납부하여야 한다.

③ 제1항 또는 제2항에 따라 범칙금을 납부한 사람은 그 범칙행위에 대하여 다시 처벌받지 아니한다.

제8조의2(범칙금의 납부)

① 범칙금은 제8조에 따른 납부 방법 외에 대통령령으로 정하는 범칙금 납부대행기관을 통하여 신용카드, 직불카드 등(이하 "신용카드등"이라 한다)으로 낼 수 있다. 이 경우 "범칙금 납부대행기관"이란 정보통신망을 이용하여 신용카드등에 의한 결제를 수행하는 기관으로서 대통령령으로 정하는 바에 따라 범칙금 납부대행기관으로 지정받은 자를 말한다.

② 제1항에 따라 신용카드등으로 내는 경우에는 범칙금 납부대행기관의 승인일을 납부일로 본다.

③ 범칙금 납부대행기관은 납부자로부터 신용카드등에 의한 과태료 납부대행 용역의 대가로 대통령령으로 정하는 바에 따라 납부대행 수수료를 받을 수 있다.

④ 범칙금 납부대행기관의 지정 및 운영, 납부대행 수수료 등에 관하여 필요한 사항은 대통령령으로 정한다.

제9조(통고처분 불이행자 등의 처리)

① 경찰서장, 해양경비안전서장 및 제주특별자치도지사는 다음 각 호의 어느 하나에 해당하는 사람에 대하여는 지체 없이 즉결심판을 청구하여야 한다. 다만, 즉결심판이 청구되기 전까지 통고받은 범칙금에 그 금액의 100분의 50을 더한 금액을 납부한 사람에 대하여는 그러하지 아니하다.

1. 제7조제1항 각 호의 어느 하나에 해당하는 사람
2. 제8조제2항에 따른 납부기간에 범칙금을 납부하지 아니한 사람

② 제1항제2호에 따라 즉결심판이 청구된 피고인이 통고받은 범칙금에 그 금액의 100분의 50을 더한 금액을 납부하고 그 증명서류를 즉결심판 선고 전까지 제출하였을 때에는 경찰서장, 해양경비안전서장 및 제주특별자치도지사는 그 피고인에 대한 즉결심판 청구를 취소하여야 한다.

③ 제1항 단서 또는 제2항에 따라 범칙금을 납부한 사람은 그 범칙행위에 대하여 다시 처벌받지 아니한다.

④ 철도특별사법경찰대장은 제1항 각 호의 어느 하나에 해당하는 사람이 있는 경우에는 즉시 관할 경찰서장 또는 해양경비안전서장에게 그 사실을 통보하고 관련 서류를 넘겨야 한다. 이 경우 통보를 받은 경찰서장 또는 해양경비안전서장은 제1항부터 제3항까지의 규정에 따라 이를 처리하여야 한다.

즉결심판에 관한 절차법

제1조(목적)

이 법은 범증이 명백하고 죄질이 경미한 범죄사건을 신속·적정한 절차로 심판하기 위하여 즉결심판에 관한 절차를 정함을 목적으로 한다.

제2조(즉결심판의 대상)

지방법원, 지원 또는 시·군법원의 판사(이하 "판사"라 한다)는 즉결심판절차에 의하여 피고인에게 20만원 이하의 벌금, 구류 또는 과료에 처할 수 있다.

제3조(즉결심판청구)

① 즉결심판은 관할경찰서장 또는 관할해양경비안전서장(이하 경찰서장"이라 한다)이 관할법원에 이를 청구한다.
② 즉결심판을 청구함에는 즉결심판청구서를 제출하여야 하며, 즉결심판청구서에는 피고인의 성명 기타 피고인을 특정할 수 있는 사항, 죄명, 범죄사실과 적용법조를 기재하여야 한다.
③ 즉결심판을 청구할 때에는 사전에 피고인에게 즉결심판의 절차를 이해하는 데 필요한 사항을 서면 또는 구두로 알려주어야 한다.

제3조의2(관할에 대한 특례)

지방법원 또는 그 지원의 판사는 소속 지방법원장의 명령을 받아 소속 법원의 관할사무와 관계없이 즉결심판청구사건을 심판할 수 있다.

제4조(서류·증거물의 제출)

경찰서장은 즉결심판의 청구와 동시에 즉결심판을 함에 필요한 서류 또는 증거물을 판사에게 제출하여야 한다.

제5조(청구의 기각등)

① 판사는 사건이 즉결심판을 할 수 없거나 즉결심판절차에 의하여 심판함이 적당하지 아니하다고 인정할 때에는 결정으로 즉결심판의 청구를 기각하여야 한다.
② 제1항의 결정이 있는 때에는 경찰서장은 지체없이 사건을 관할지방검찰청 또는 지청의 장에게 송치하여야 한다.

제6조(심판)

즉결심판의 청구가 있는 때에는 판사는 제5조제1항의 경우를 제외하고 즉시 심판을 하여야 한다.

제7조(개정)

① 즉결심판절차에 의한 심리와 재판의 선고는 공개된 법정에서 행하되, 그 법정은 경찰관서(해양경비안전관서를 포함한다)외의 장소에 설치되어야 한다.
② 법정은 판사와 법원서기관, 법원사무관, 법원주사 또는 법원주사보(이하 "법원사무관등"이라 한다)가 열석하여 개정한다.

③ 제1항 및 제2항의 규정에 불구하고 판사는 상당한 이유가 있는 경우에는 개정없이 피고인의 진술서와 제4조의 서류 또는 증거물에 의하여 심판할 수 있다. 다만, 구류에 처하는 경우에는 그러하지 아니하다.

제8조(피고인의 출석)

피고인이 기일에 출석하지 아니한 때에는 이 법 또는 다른 법률에 특별한 규정이 있는 경우를 제외하고는 개정할 수 없다.

제8조의2(불출석심판)

① 벌금 또는 과료를 선고하는 경우에는 피고인이 출석하지 아니하더라도 심판할 수 있다.
② 피고인 또는 즉결심판출석통지서를 받은 자(이하 "피고인등"이라 한다)는 법원에 불출석심판을 청구할 수 있고, 법원이 이를 허가한 때에는 피고인이 출석하지 아니하더라도 심판할 수 있다.

제9조(기일의 심리)

① 판사는 피고인에게 피고사건의 내용과 「형사소송법」 제283조의2에 규정된 진술거부권이 있음을 알리고 변명할 기회를 주어야 한다.
② 판사는 필요하다고 인정할 때에는 적당한 방법에 의하여 재정하는 증거에 한하여 조사할 수 있다.
③ 변호인은 기일에 출석하여 제2항의 증거조사에 참여할 수 있으며 의견을 진술할 수 있다.

제10조(증거능력)

즉결심판절차에 있어서는 형사소송법 제310조, 제312조제3항 및 제313조의 규정은 적용하지 아니한다.

제11조(즉결심판의 선고)

① 즉결심판으로 유죄를 선고할 때에는 형, 범죄사실과 적용법조를 명시하고 피고인은 7일 이내에 정식재판을 청구할 수 있다는 것을 고지하여야 한다.
② 참여한 법원사무관등은 제1항의 선고의 내용을 기록하여야 한다.
③ 피고인이 판사에게 정식재판청구의 의사를 표시하였을 때에는 이를 제2항의 기록에 명시하여야 한다.
④ 제7조제3항 또는 제8조의2의 경우에는 법원사무관등은 7일 이내에 정식재판을 청구할 수 있음을 부기한 즉결심판서의 등본을 피고인에게 송달하여 고지한다. 다만, 제8조의2제2항의 경우에 피고인등이 미리 즉결심판서의 등본송달을 요하지 아니한다는 뜻을 표시한 때에는 그러하지 아니하다.
⑤ 판사는 사건이 무죄·면소 또는 공소기각을 함이 명백하다고 인정할 때에는 이를 선고·고지할 수 있다.

제12조(즉결심판서)

① 유죄의 즉결심판서에는 피고인의 성명 기타 피고인을 특정할 수 있는 사항, 주문, 범죄사실과 적용법조를 명시하고 판사가 서명·날인하여야 한다.
② 피고인이 범죄사실을 자백하고 정식재판의 청구를 포기한 경우에는 제11조의 기록작성을 생략하고 즉결심판서에 선고한 주문과 적용법조를 명시하고 판사가 기명·날인한다.

제13조(즉결심판서등의 보존)

즉결심판의 판결이 확정된 때에는 즉결심판서 및 관계서류와 증거는 관할경찰서 또는 지방해양경비안전관서가 이를 보존한다.

제14조(정식재판의 청구)

① 정식재판을 청구하고자 하는 피고인은 즉결심판의 선고·고지를 받은 날부터 7일 이내에 정식재판청구서를 경찰서장에게 제출하여야 한다. 정식재판청구서를 받은 경찰서장은 지체없이 판사에게 이를 송부하여야 한다.

② 경찰서장은 제11조제5항의 경우에 그 선고·고지를 한 날부터 7일 이내에 정식재판을 청구할 수 있다. 이 경우 경찰서장은 관할지방검찰청 또는 지청의 검사(이하 "검사"라 한다)의 승인을 얻어 정식재판청구서를 판사에게 제출하여야 한다.

③ 판사는 정식재판청구서를 받은 날부터 7일 이내에 경찰서장에게 정식재판청구서를 첨부한 사건기록과 증거물을 송부하고, 경찰서장은 지체없이 관할지방검찰청 또는 지청의 장에게 이를 송부하여야 하며, 그 검찰청 또는 지청의 장은 지체없이 관할법원에 이를 송부하여야 한다.

④ 형사소송법 제340조 내지 제342조, 제344조 내지 제352조, 제354조, 제454조, 제455조의 규정은 정식재판의 청구 또는 그 포기·취하에 이를 준용한다.

제15조(즉결심판의 실효)

즉결심판은 정식재판의 청구에 의한 판결이 있는 때에는 그 효력을 잃는다.

제16조(즉결심판의 효력)

즉결심판은 정식재판의 청구기간의 경과, 정식재판청구권의 포기 또는 그 청구의 취하에 의하여 확정판결과 동일한 효력이 생긴다. 정식재판청구를 기각하는 재판이 확정된 때에도 같다.

제17조(유치명령등)

① 판사는 구류의 선고를 받은 피고인이 일정한 주소가 없거나 또는 도망할 염려가 있을 때에는 5일을 초과하지 아니하는 기간 경찰서유치장(지방해양경비안전관서의 유치장을 포함한다. 이하 같다)에 유치할 것을 명령할 수 있다. 다만, 이 기간은 선고기간을 초과할 수 없다.

② 집행된 유치기간은 본형의 집행에 산입한다.

③ 형사소송법 제334조의 규정은 판사가 벌금 또는 과료를 선고하였을 때에 이를 준용한다.

제18조(형의 집행)

① 형의 집행은 경찰서장이 하고 그 집행결과를 지체없이 검사에게 보고하여야 한다.

② 구류는 경찰서유치장·구치소 또는 교도소에서 집행하며 구치소 또는 교도소에서 집행할 때에는 검사가 이를 지휘한다.

③ 벌금, 과료, 몰수는 그 집행을 종료하면 지체없이 검사에게 이를 인계하여야 한다. 다만, 즉결심판 확정후 상당기간내에 집행할 수 없을 때에는 검사에게 통지하여야 한다. 통지를 받은 검사는 형사소송법 제477조에 의하여 집행할 수 있다.

④ 형의 집행정지는 사전에 검사의 허가를 얻어야 한다.

총포·도검·화약류 등의 안전관리에 관한 법률

제1장 총칙

제1조(목적)

이 법은 총포·도검·화약류·분사기·전자충격기·석궁의 제조·판매·임대·운반·소지·사용과 그 밖에 안전관리에 관한 사항을 정하여 총포·도검·화약류·분사기·전자충격기·석궁으로 인한 위험과 재해를 미리 방지함으로써 공공의 안전을 유지하는 데 이바지함을 목적으로 한다.

제2조(정의)

① 이 법에서 "총포"란 권총, 소총, 기관총, 포, 엽총, 금속성 탄알이나 가스 등을 쏠 수 있는 장약총포(裝藥銃砲), 공기총(가스를 이용하는 것을 포함한다. 이하 같다) 및 총포신·기관부 등 그 부품(이하 "부품"이라 한다)으로서 대통령령으로 정하는 것을 말한다.

 # 총포·도검·화약류 등의 안전관리에 관한 법률 시행령

제3조(총포)

<table>
<tr><td rowspan="9">총</td><td colspan="2">권총(기관권총을 포함)</td></tr>
<tr><td colspan="2">기관총(구경 20밀리미터 미만의 것에 한하며, 기관권총을 제외한다)</td></tr>
<tr><td>엽총</td><td>(1) 산탄총(번경 4번 내지 32번 및 구경 0.41인치의 것에 한한다)
(2) 강선총(구경 0.22인치 내지 0.38인치의 것에 한한다)
(3) 공기총(구경 4.5밀리미터 내지 5.5밀리미터의 것에 한한다. 다만, 산탄총인 공기총의 경우에는 5.5밀리미터 내지 6.4밀리미터의 것에 한한다)
(4) 가스총(공기총의 경우와 같다)</td></tr>
<tr><td>사격총</td><td>(1) 산탄총(번경 12번 내지 20번의 것에 한한다)
(2) 강선총(구경 0.22인치 내지 0.38인치의 것에 한한다)
(3) 공기총(구경 4.5밀리미터 내지 5.5밀리미터의 것에 한한다)
(4) 가스총(공기총의 경우와 같다)</td></tr>
<tr><td>어획총</td><td>(1) 어획소총(구경 0.22인치 내지 0.38인치의 것에 한한다)
(2) 섬총</td></tr>
<tr><td>산업용총</td><td>(1) 타정총 (2) 청소총 (3) 광쇄총 (4) 쇠줄 발사총</td></tr>
<tr><td>구난 구명총</td><td>(1) 구명줄 발사총 (2) 구명신호총</td></tr>
<tr><td colspan="2">마취총, 도살총, 가스발사총, 기타 뇌관의 원리를 이용한 장약총</td></tr>
</table>

포	가. 소구경포(구경 20밀리미터 내지 40밀리미터의 것에 한한다) 나. 중구경포(구경 40밀리미터초과 90밀리미터미만의 것에 한하며, 박격포를 제외한다) 다. 대구경포(구경 90밀리미터이상의 것에 한하며, 박격포를 제외한다) 라. 박격포 마. 포경포(소구경포에 한한다)
총포의 부품	가. 총포신 및 기관부(총포외의 다른 용도에는 사용할 수 없는 부품에 한한다)와 포가 나. 산탄탄알 및 연지탄 다. 소음기 및 조준경
② 제1항에서 "공기총"이라 함은 사람·가축 또는 조류등을 살상할 수 있는 성능을 갖춘 것을 말한다.	

② 이 법에서 "도검"이란 칼날의 길이가 15센티미터 이상인 칼·검·창·치도(雉刀)·비수 등으로서 성질상 흉기로 쓰이는 것과 칼날의 길이가 15센티미터 미만이라 할지라도 흉기로 사용될 위험성이 뚜렷한 것 중에서 대통령령으로 정하는 것을 말한다.

 # 총포·도검·화약류 등의 안전관리에 관한 법률 시행령

제4조(도검) ① 법 제2조제2항의 규정에 의한 도검의 종류는 다음 각호와 같다.

1. 월도2. 장도3. 단도4. 검5. 창6. 치도7. 비수
8. 재크나이프(칼날의 길이가 6센티미터이상의 것에 한한다)
9. 비출나이프(칼날의 길이가 5.5센티미터이상이고, 45도이상 자동으로 펴지는 장치가 있는 것에 한한다)
10. 그밖의 6센티미터이상의 칼날이 있는 것으로서 흉기로 사용될 위험성이 뚜렷이 있는 도검

③ 칼끝이 둥글고 날이 서있지 아니하여 흉기로 사용될 위험성이 없는 도검은 제1항의 규정에 의한 도검으로 보지 아니한다.

③ 이 법에서 "화약류"란 다음 각 호의 화약, 폭약 및 화공품(화공품: 화약 및 폭약을 써서 만든 공작물을 말한다. 이하 같다)을 말한다.

화약	가. 흑색화약 또는 질산염을 주성분으로 하는 화약 나. 무연화약 또는 질산에스테르를 주성분으로 하는 화약
폭약	가. 뇌홍(雷汞)·아지화연·로단염류·테트라센 등의 기폭제 나. 초안폭약, 염소산칼리폭약, 카리트, 그 밖에 질산염·염소산염 또는 과염소산염을 주성분으로 하는 폭약 다. 니트로글리세린, 니트로글리콜, 그 밖에 폭약으로 사용되는 질산에스테르 라. 다이너마이트, 그 밖에 질산에스테르를 주성분으로 하는 폭약 마. 폭발에 쓰이는 트리니트로벤젠, 트리니트로톨루엔, 피크린산, 트리니트로클로로벤젠, 테트릴, 트리니트로아니졸, 핵사니트로디페닐아민, 트리메틸렌트리니트라민, 펜트리트, 그 밖에 니트로기 3 이상이 들어있는 니트로화합물과 이들을 주성분으로 하는 폭약 바. 액체산소폭약, 그 밖의 액체폭약

화공품	가. 공업용뇌관·전기뇌관·비전기뇌관·전자뇌관·총용뇌관·신호뇌관 및 그 밖에 대통령령으로 정하는 뇌관류(시그널튜브 등 부품류를 포함한다) 나. 실탄(實彈)(산탄을 포함한다. 이하 같다) 및 공포탄(空砲彈) 다. 신관 및 화관 라. 도폭선, 미진동파쇄기, 도화선 및 전기도화선 마. 신호염관, 신호화전 및 신호용 화공품 바. 시동약(始動藥) 사. 꽃불 아. 장난감용 꽃불 등으로서 행정자치부령으로 정하는 것 자. 자동차 긴급신호용 불꽃신호기 차. 자동차 에어백용 가스발생기
분사기	사람의 활동을 일시적으로 곤란하게 하는 최루(催淚) 또는 질식 등을 유발하는 작용제를 분사할 수 있는 기기
전자충격기	사람의 활동을 일시적으로 곤란하게 하거나 인명(人命)에 위해(危害)를 주는 전류를 방류할 수 있는 기기
석궁	활과 총의 원리를 이용하여 화살 등의 물체를 발사하여 인명에 위해를 줄 수 있는 것
식별표지	총포에 제조시기, 제조자명, 제조장소 또는 국가, 일련번호 등을 확인하기 쉽게 표시하는 기호, 숫자, 문자 등

제2장 총포·도검·화약류·분사기·전자충격기·석궁의 제조·판매 등

제4조(제조업의 허가)

총포·화약류의 제조업(총포의 개조·수리업과 화약류의 변형·가공업을 포함) 제조소의 위치·구조·시설 또는 설비를 변경하거나 제조하는 총포·화약류의 종류 또는 제조방법을 변경하려는 경우	제조소마다 행정자치부령으로 정하는 바에 따라 경찰청장의 허가를 받아야 한다
도검·분사기·전자충격기·석궁의 제조업을 하려는 자 제조소의 위치·구조·시설 또는 설비를 변경하거나 제조하는 도검·분사기·전자충격기·석궁의 종류 또는 제조방법을 변경하려는 경우	제조소마다 행정자치부령으로 정하는 바에 따라 제조소의 소재지를 관할하는 지방경찰청장의 허가를 받아야 한다

제4조의2(제조업자의 지위승계)

① 다음 각 호의 어느 하나에 해당하는 자는 종전 제조업자의 지위를 승계한다.

1. 제조업자가 사망한 경우 그 상속인
2. 제조업자가 제조업을 양도한 경우 그 양수인

제5조(제조업자의 결격사유)

다음 각 호의 어느 하나에 해당하는 자는 총포·도검·화약류·분사기·전자충격기·석궁 제조업의 허가를 받을 수 없다.

1. 금고 이상의 형을 선고받고 그 집행이 끝나거나 집행을 받지 아니하기로 확정된 후 3년이 지나지 아니한 자

2. 금고 이상의 형의 집행유예를 선고받고 그 유예기간이 끝난 날부터 1년이 지나지 아니한 자
3. 심신상실자, 마약·대마·향정신성의약품 또는 알코올 중독자, 그 밖에 이에 준하는 정신장애인
4. 20세 미만인 자
5. 피성년후견인 및 피한정후견인
6. 파산선고를 받고 복권되지 아니한 자

제6조(판매업의 허가)

① 총포·도검·화약류·분사기·전자충격기·석궁의 판매업을 하려는 자는 판매소마다 행정자치부령으로 정하는 바에 따라 판매소의 소재지를 관할하는 지방경찰청장의 허가를 받아야 한다. 판매소의 위치·구조·시설 또는 설비를 변경하거나 판매하는 총포·도검·화약류·분사기·전자충격기·석궁의 종류를 변경하려는 경우에도 또한 같다.

② 제1항에 따라 총포·도검·화약류·분사기·전자충격기·석궁 판매업의 허가를 받은 자(이하 "판매업자"라 한다)가 아니면 총포·도검·화약류·분사기·전자충격기·석궁을 판매(분사기 판매의 경우 분사기에 최루 또는 질식 등을 유발하는 작용제를 충전하는 것을 포함한다. 이하 같다)하지 못한다. 다만, 제조업자가 자신이 제조한 총포·도검·화약류·분사기·전자충격기·석궁을 제조소에서 직접 판매하거나 총포 판매업자가 대통령령으로 정하는 범위에서 판매허가를 받은 총포의 실탄 또는 공포탄을 판매하는 경우에는 그러하지 아니하다.

③ 지방경찰청장은 제45조제1항에 따라 허가가 취소된 후 6개월 이내에 그 영업장소에서 같은 종류의 영업을 하려는 자에 대해서는 제1항에 따른 허가를 하여서는 아니 된다.

제9조(수출입의 허가 등)

① 총포·화약류를 수출 또는 수입하려는 자는 행정자치부령으로 정하는 바에 따라 수출 또는 수입하려는 때마다 관련 증명서류 등을 경찰청장에게 제출하고 경찰청장의 허가를 받아야 한다. 이 경우 경찰청장은 수출 허가를 하기 전에 수입국이 수입 허가 등을 하였는지 여부 및 경유국이 동의하였는지 여부 등을 확인하여야 한다.

② 도검·분사기·전자충격기·석궁을 수출 또는 수입하려는 자는 행정자치부령으로 정하는 바에 따라 수출 또는 수입하려는 때마다 주된 사업장의 소재지를 관할하는 지방경찰청장의 허가를 받아야 한다.

③ 제조업자·판매업자 또는 임대업자가 아니면 제1항 또는 제2항에 따른 허가를 받아 총포·도검·화약류·분사기·전자충격기·석궁을 수출 또는 수입할 수 없다. 다만, 국가기관 또는 지방자치단체에서 사용하려는 것으로서 경찰청장의 승인을 받은 경우에는 그러하지 아니하다.

④ 경찰청장 또는 지방경찰청장은 공공의 안전유지를 위하여 필요하다고 인정되는 경우에는 총포·도검·화약류·분사기·전자충격기·석궁의 수출 또는 수입을 제한하거나 허가하지 아니할 수 있다. 다만, 식별표지가 없는 총포는 수입 또는 수출을 허가할 수 없다.

⑤ 화약류를 수입한 자는 지체 없이 행정자치부령으로 정하는 바에 따라 수입지를 관할하는 경찰서장에게 신고하여야 한다.

제3장 총포·도검·화약류·분사기·전자충격기·석궁의 소지와 사용

제10조(소지의 금지)

누구든지 다음 각 호의 어느 하나에 해당하는 경우를 제외하고는 허가 없이 총포·도검·화약류·분사기·전자충격기·석궁을 소지하여서는 아니 된다.

1. 법령에 따라 직무상 총포·도검·화약류·분사기·전자충격기·석궁을 소지하는 경우
2. 제조업자가 자신이 제조한 총포·도검·화약류·분사기·전자충격기·석궁을 소지하는 경우
3. 제4조제3항 단서에 따라 화약류를 제조한 자가 자신이 제조한 화약류를 소지하는 경우
4. 판매업자가 총포·도검·화약류·분사기·전자충격기·석궁을 소지하는 경우
5. 총포 판매업자가 제6조제2항 단서에 따라 판매하는 총포의 실탄 또는 공포탄을 소지하는 경우

5의2. 임대업자가 총포·도검·분사기·전자충격기·석궁을 소지하는 경우

6. 제9조제1항 또는 제2항에 따라 수출입허가를 받은 자가 그 총포·도검·화약류·분사기·전자충격기를 소지하는 경우
7. 제18조제1항에 따른 화약류의 사용허가를 받은 자(제18조제1항 단서에 따라 사용허가를 받지 아니하여도 되는 자를 포함한다)가 그 화약류를 소지하는 경우
8. 제21조제1항에 따른 화약류의 양수허가를 받은 자(제21조제1항 단서에 따라 양수허가를 받지 아니하여도 되는 자를 포함한다)가 그 화약류를 소지하는 경우
9. 제2호부터 제8호까지의 어느 하나에 해당하는 자의 종업원이 그 직무상 총포·도검·화약류·분사기·전자충격기·석궁을 소지하는 경우
10. 대통령령으로 정하는 자가 총포·도검·화약류·분사기·전자충격기·석궁을 소지하는 경우

제11조(모의총포의 제조·판매·소지의 금지)

① 누구든지 총포와 아주 비슷하게 보이는 것으로서 대통령령으로 정하는 것[이하 "모의총포"(模擬銃砲)라 한다]을 제조·판매 또는 소지하여서는 아니 된다. 다만, 수출하기 위한 목적인 경우에는 그러하지 아니하다.

② 제1항 단서에 따라 수출하기 위한 목적으로 모의총포를 제조하는 경우에는 행정자치부령으로 정하는 바에 따라 제조소의 소재지를 관할하는 경찰서장에게 신고하여야 한다.

제12조(총포·도검·화약류·분사기·전자충격기·석궁의 소지허가)

① 제10조 각 호의 어느 하나에 해당하지 아니하는 자가 총포·도검·화약류·분사기·전자충격기·석궁을 소지하려는 경우에는 행정자치부령으로 정하는 바에 따라 다음 각 호의 구분에 따라 허가를 받아야 한다. 다만, 제1호 및 제2호의 총포 소지허가를 받으려는 경우에는 신청인의 정신질환 또는 성격장애 등을 확인할 수 있도록 행정자치부령으로 정하는 서류를 허가관청에 제출하여야 한다. 〈개정 2015.7.24.〉

1. 총포(제2호에서 정하는 것은 제외한다): 주소지를 관할하는 지방경찰청장
2. 총포 중 엽총·가스발사총·공기총·마취총·도살총·산업용총·구난구명총 또는 그 부품: 주소지를 관할하는 경찰서장
3. 도검·화약류·분사기·전자충격기 및 석궁: 주소지를 관할하는 경찰서장

② 건설공사·경비 등을 위하여 법인의 대표자 또는 대리인, 사용인, 그 밖에 종업원이 산업용총·가스발사총·마취총·분사기 또는 전자충격기를 소지하려는 경우에는 그 법인의 대표자가 허가받으려는 산업용총·가스발사총·마취총·분사기 또는 전자충격기의 수 및 이를 소지할 사람을 특정하여 그 법인의 주된 사업장의 소재지를 관할하는 경찰서장의 허가를 받아야 한다. 이 경우 가스발사총의 소지허가는 이를 소지할 사람이 관계 법령에 따라 무기를 휴대할 수 있는 경우로 한정한다.

③ 영화·연극 등을 위한 예술소품용으로 사용할 목적으로 임대업자로부터 총포·도검·분사기·전자충격기·석궁을 빌려 연기자 등에게 일시 소지하도록 하려는 사람은 관리책임자(소지허가 받은 총포·도검·분사기·전자충

격기·석궁을 영화 촬영이나 연극 상연 등에 사용할 때마다 직접 지급하고 회수하는 등 관리책임을 지는 사람을 말한다. 이하 같다) 및 소지기간을 정하여 주소지를 관할하는 지방경찰청장의 소지허가를 받아야 한다. 이 경우 해당 영화·연극 등을 위하여 영화 촬영이나 연극 상연 중에 임대한 총포·도검·분사기·전자충격기·석궁을 일시 소지하는 사람은 모두 소지허가를 받은 것으로 본다.

제13조(총포·도검·화약류·분사기·전자충격기·석궁 소지자의 결격사유 등)

① 다음 각 호의 어느 하나에 해당하는 자는 총포·도검·화약류·분사기·전자충격기·석궁의 소지허가를 받을 수 없다. 〈개정 2015.7.24.〉

1. 20세 미만인 자. 다만, 대한체육회장이나 특별시·광역시·특별자치시·도 또는 특별자치도의 체육회장이 추천한 선수 또는 후보자가 사격경기용 총을 소지하려는 경우는 제외한다.
2. 심신상실자, 마약·대마·향정신성의약품 또는 알코올 중독자, 정신질환자 또는 뇌전증 환자로서 대통령령으로 정하는 사람
3. 금고 이상의 실형을 선고받고 그 집행이 끝나거나(집행이 끝난 것으로 보는 경우를 포함한다) 면제된 날부터 5년이 지나지 아니한 자
4. 이 법을 위반하여 벌금형을 선고받고 5년이 지나지 아니한 자
5. 「특정강력범죄의 처벌에 관한 특례법」 제2조제1항 각 호의 어느 하나에 해당하는 특정강력범죄를 범하여 벌금형의 선고 또는 징역 이상의 형의 집행유예를 선고받고 그 유예기간이 끝난 날부터 5년이 지나지 아니한 자
6. 이 법을 위반하여 금고 이상의 형의 집행유예를 선고받고 그 유예기간이 끝난 날부터 3년이 지나지 아니한 자

 6의2. 다음 각 목의 어느 하나에 해당하는 죄를 범하여 벌금형을 선고받고 5년이 지나지 아니한 사람
  가. 「형법」 제114조의 죄
  나. 「형법」 제257조제1항·제2항, 제260조 및 제261조의 죄
  다. 「아동·청소년의 성보호에 관한 법률」 제7조 및 제8조의 죄

 6의3. 「도로교통법」 제148조의2의 죄(이하 "음주운전 등"이라 한다)로 벌금 이상의 형을 선고받은 날부터 5년 이내에 다시 음주운전 등으로 벌금 이상의 형을 선고받고 그 집행이 종료(집행이 종료된 것으로 보는 경우를 포함한다)되거나 집행이 면제된 날부터 5년이 지나지 아니한 사람

7. 제45조 또는 제46조제1항에 따라 허가가 취소된 후 1년이 지나지 아니한 자

② 지방경찰청장 또는 경찰서장은 다른 사람의 생명·재산 또는 공공의 안전을 해칠 우려가 있다고 인정되는 경우에는 제1항 각 호의 어느 하나에 해당하지 아니하는 자에 대해서도 총포·도검·화약류·분사기·전자충격기·석궁의 소지허가를 하지 아니할 수 있다.

제16조(총포 소지허가의 갱신)

① 제12조에 따라 총포의 소지허가를 받은 자는 허가를 받은 날부터 3년마다 이를 갱신하여야 한다.

제17조(총포·도검·분사기·전자충격기·석궁의 휴대·운반·사용 및 개조 등의 제한)

① 제12조 또는 제14조에 따라 총포·도검·분사기·전자충격기·석궁의 소지허가를 받은 자는 허가받은 용도에 사용하기 위한 경우와 그 밖에 정당한 사유가 있는 경우 외에는 그 총포(총포의 실탄 또는 공포탄을 포함한다)

·도검·분사기·전자충격기·석궁을 지니거나 운반하여서는 아니 된다.
② 제12조 또는 제14조에 따라 총포·도검·분사기·전자충격기·석궁의 소지허가를 받은 자는 허가받은 용도나 그 밖에 정당한 사유가 있는 경우 외에는 그 총포·도검·분사기·전자충격기·석궁을 사용하여서는 아니 된다.
③ 제12조 또는 제14조에 따라 총포의 소지허가를 받은 자는 그 총포를 총집에 넣거나 포장하여 보관·휴대 또는 운반하여야 하며, 보관·휴대 또는 운반 시 그 총포에 실탄이나 공포탄을 장전하여서는 아니 된다.
④ 제12조 또는 제14조에 따라 총포의 소지허가를 받은 자는 총포의 성능을 변경하기 위하여 그 총포를 임의로 개조하여서는 아니 된다.

제38조(운반신고) ① 법 제26조제1항에 따라 화약류운반신고를 하려는 사람은 별지 제20호서식의 화약류운반신고서를 특별한 사정이 없는 한 운반개시 1시간 전까지 발송지를 관할하는 경찰서장에게 제출하여야 한다.

제18조(화약류의 사용)

① 화약류를 발파하거나 연소시키려는 자는 행정자치부령으로 정하는 바에 따라 화약류의 사용장소를 관할하는 경찰서장의 화약류 사용허가를 받아야 한다. 다만, 「광업법」에 따라 광물을 채굴하는 자와 그 밖에 대통령령으로 정하는 자는 그러하지 아니하다.
② 제1항 본문에 따른 화약류의 사용허가를 받은 자(이하 "화약류사용자"라 한다)가 그 화약류를 허가받은 용도와 다른 용도로 사용하려는 경우에는 제1항 본문에 따른 화약류의 사용허가를 다시 받아야 한다.
③ 경찰서장은 화약류 사용의 목적·장소·일시·수량 또는 방법이 적당하지 아니하거나 공공의 안전유지에 지장이 있다고 인정되는 경우에는 제1항 또는 제2항의 허가를 하여서는 아니 된다.

제19조(취급 금지)

다음 각 호의 어느 하나에 해당하는 자는 총포·도검·화약류·분사기·전자충격기·석궁을 취급(제조·판매·수수·적재·운반·저장·소지·사용·폐기 등을 말한다. 이하 같다)하여서는 아니 되며, 누구든지 그들에게 이를 취급하게 하여서는 아니 된다. 다만, 제6조의2제1항에 따른 총포·도검·분사기·전자충격기·석궁을 제12조제3항에 따라 해당 영화 또는 연극 등을 위하여 일시 소지하는 경우에는 그러하지 아니하다.

1. 18세 미만인 자. 다만, 대한체육회장이나 특별시·광역시·특별자치시·도 또는 특별자치도의 체육회장이 추천한 선수 또는 후보자가 사격경기용 총포나 석궁을 소지하는 경우는 제외한다.
2. 제5조 각 호의 어느 하나(같은 조 제4호는 제외한다)에 해당하는 자
3. 제13조제1항제2호부터 제7호까지의 어느 하나에 해당하는 자

제20조(화약류의 폐기)

① 화약류를 폐기하려는 자는 행정자치부령으로 정하는 바에 따라 그 폐기하려는 곳을 관할하는 경찰서장에게 신고하여야 한다. 다만, 제조업자가 제조과정에서 생긴 화약류를 그 제조소 안에서 폐기하는 경우에는 그러하지 아니하다.
② 경찰서장은 화약류 폐기의 장소·일시·수량 또는 방법 등이 적당하지 아니하거나 공공의 안전유지에 지장이 있다고 인정되는 경우에는 그 화약류 폐기의 중지를 명하거나 보완하여 폐기할 것을 명할 수 있다.

제22조(교육의 실시)

① 총포(엽총 및 공기총만 해당한다)·석궁의 소지허가를 받으려는 사람(제12조제3항의 경우에는 관리책임자를

말한다)과 제28조에 따른 화약류제조보안책임자 또는 화약류관리보안책임자의 면허를 받으려는 사람은 그 허가 또는 면허를 받기 전에 허가 또는 면허를 하는 지방경찰청장 또는 경찰서장이 실시하는 다음 각 호의 사항에 관한 교육을 받아야 한다. 다만, 대통령령으로 정하는 사람이 총포·석궁의 소지허가를 받으려는 경우에는 교육을 면제하거나 소지허가를 한 후에 교육을 받게 할 수 있다.

1. 총포·도검·화약류·석궁의 취급 및 관리 등에 관한 법령
2. 엽총·공기총·석궁의 사용·보관, 취급에 관한 실기 및 안전교육
3. 화약류의 제조 및 취급상의 안전관리에 관한 실기

② 제1항에 따라 교육을 실시한 지방경찰청장 또는 경찰서장은 제1항에 따른 교육과정을 마친 사람에게 수료증을 발급하여야 한다.

③ 지방경찰청장 또는 경찰서장은 제1항의 교육에 관한 사무의 전부 또는 일부를 제48조에 따른 총포·화약안전기술협회나 그 밖에 행정자치부령으로 정하는 자에게 위탁할 수 있다.

④ 총포(엽총 및 공기총에 한정한다)·석궁의 소지허가를 받은 자가 수렵을 하고자 하는 때에는 대통령령으로 정하는 바에 따라 안전교육을 받아야 한다. 다만, 제5항의 교육을 받은 연도에는 그러하지 아니하다.

⑤ 총포(엽총 및 공기총에 한정한다)·석궁의 소지허가 또는 제28조에 따른 면허를 받은 자는 5년마다 제1항 각 호의 사항에 관한 교육을 받아야 한다.

제23조(발견·습득의 신고 등)

누구든지 유실(遺失)·매몰(埋沒) 또는 정당하게 관리되고 있지 아니하는 총포·도검·화약류·분사기·전자충격기·석궁이라고 인정되는 물건을 발견하거나 습득하였을 때에는 24시간 이내에 가까운 경찰관서에 신고하여야 하며, 국가경찰공무원(의무경찰을 포함한다)의 지시 없이 이를 만지거나 옮기거나 두들기거나 해체하여서는 아니 된다.

제4장 총포·도검·화약류·분사기·전자충격기·석궁의 관리

제25조(화약류저장소 설치허가)

① 화약류저장소를 설치하려는 자는 대통령령으로 정하는 화약류저장소의 종류별 구분에 따라 그 설치하려는 곳을 관할하는 지방경찰청장 또는 경찰서장의 허가를 받아야 한다. 화약류저장소의 위치·구조·설비를 변경하려는 경우에도 또한 같다.

② 지방경찰청장 또는 경찰서장은 제1항에 따른 허가신청을 받은 경우에 그 저장소의 구조·위치 및 설비가 대통령령으로 정하는 기준에 적합하지 아니할 때에는 화약류저장소의 설치를 허가하여서는 아니 된다.

③ 화약류저장소 설치허가를 받으려는 자의 결격사유에 관하여는 제5조를 준용한다.

④ 지방경찰청장 또는 경찰서장은 제45조제2항에 따라 화약류저장소의 설치허가가 취소된 후 6개월 이내에 그 장소에 화약류저장소를 설치하려는 자에 대해서는 제1항에 따른 허가를 하여서는 아니 된다.

⑤ 화약류저장소의 설치허가를 받은 자(이하 "화약류저장소설치자"라 한다)는 화약류저장소를 다른 자에게 관리위탁하거나 빌려주어서는 아니 된다.

제30조(면허의 취소·정지) ① 제28조제1항에 따라 면허를 준 지방경찰청장(이하 "면허관청"이라 한다)은 화약류제조보안책임자면허 또는 화약류관리보안책임자면허를 받은 사람이 다음 각 호의 어느 하나에 해당하는 경우에는 그 면허를 취소하거나 6개월의 범위에서 일정한 기간을 정하여 면허의 효력을 정지할 수 있다. 다만, 제1호

부터 제4호까지의 어느 하나에 해당하는 경우에는 그 면허를 취소하여야 한다.

1. 거짓이나 그 밖의 옳지 못한 방법으로 면허를 받은 사실이 드러난 경우
2. 「국가기술자격법」에 따라 자격이 취소된 경우
3. 제29조제1항에 따른 결격사유에 해당하게 된 경우
4. 면허를 다른 사람에게 빌려준 경우
5. 화약류를 취급하면서 고의 또는 중대한 과실로 폭발 등의 사고를 일으켜 사람을 죽거나 다치게 한 경우
6. 공공의 안녕질서를 해칠 우려가 있다고 믿을 만한 상당한 이유가 있는 경우
7. 이 법 또는 이 법에 따른 명령을 위반한 경우

② 면허관청은 화약류제조보안책임자면허 또는 화약류관리보안책임자면허를 받은 사람이 「국가기술자격법」에 따라 자격이 정지되었을 때에는 그 정지기간 동안 면허의 효력을 정지하여야 한다.

국가보안법

제1장 총칙

제1조(목적등)

① 이 법은 국가의 안전을 위태롭게 하는 반국가활동을 규제함으로써 국가의 안전과 국민의 생존 및 자유를 확보함을 목적으로 한다.

② 이 법을 해석적용함에 있어서는 제1항의 목적달성을 위하여 필요한 최소한도에 그쳐야 하며, 이를 확대해석하거나 헌법상 보장된 국민의 기본적 인권을 부당하게 제한하는 일이 있어서는 아니 된다.

제2조(정의)

"반국가단체"라 함은 정부를 참칭하거나 국가를 변란할 것을 목적으로 하는 국내외의 결사 또는 집단으로서 지휘통솔체제를 갖춘 단체를 말한다.

제2장 죄와 형

제3조(반국가단체의 구성등)

① 반국가단체를 구성하거나 이에 가입한 자는 다음의 구별에 따라 처벌	(미수범 처벌)
1. 수괴의 임무에 종사한 자는 사형 또는 무기징역	(예비 또는 음모한 자는 2년 이상의 유기징역)
2. 간부 기타 지도적 임무에 종사한 자는 사형·무기 또는 5년 이상의 징역	(예비 또는 음모한 자는 2년 이상의 유기징역)
3. 그 이외의 자는 2년 이상의 유기징역	(죄를 범할 목적으로 예비 또는 음모한 자는 10년 이하의 징역에 처한다)
② 타인에게 반국가단체에 가입할 것을 권유한 자는 2년 이상의 유기징역	(미수범 처벌)

제4조(목적수행)

<table>
<tr><td>제1호</td><td colspan="3">존속살해, 외환의 죄, 강도살인, 강도치사 등의 범죄</td></tr>
<tr><td rowspan="3">제2호</td><td colspan="3">간첩죄(형법 제98조에 규정된 행위), 간첩방조죄, 국가기밀탐지·수집·누설 등의 범죄
→가장 중요한 범죄</td></tr>
<tr><td rowspan="2">간첩죄</td><td>주체</td><td>반국가단체의 구성원 또는 그 지령을 받은 자</td></tr>
<tr><td>객체</td><td>㉠ 군사상 비밀
㉡ 정치, 경제, 사회, 문화 등의 모든 기밀사항도 포함
㉢ 이미 신문·라디오 등에 보도된 공지의 사실 등은 기밀이 아니다(판례).</td></tr>
</table>

		실행 착수 시기	㉠ 국내에서 지령을 받은 경우: 기밀탐지 · 수집행위 있어야 한다. ㉡ 북한 남파간첩의 경우: 대한민국에 잠입한 때 성립 단, 국내간첩이 무인포스트를 설치하거나 암호를 해독하는 것은 실행행위가 아니라 준비행위이다. → 국내간첩이 무인포스트를 설치하거나 암호책자 해독은 준비행위로 실행의 착수가 아니다.
		기수시기	기밀을 탐지 · 수집한 때(판례), 지령자에게 도달 여부는 불문
	간첩방조죄	개념	간첩의 범의에 의한 실행행위를 용이하게 하는 일체의 행위를 함으로 성립한다.
		기수시기	방조행위자체를 완료한 때
		행위	유형방조(무기나 금품의 제공 등), 무형방조(격려 등) 모두 포함
		수단	제한이 없다.
제3호	소요, 폭발물 사용, 방화, 살인 등의 범죄		
제4호	중요시설파괴, 약취 · 유인, 항공기, 무기 등의 이동 · 취거 등의 범죄		
제5호	유가증권위조, 상해, 국가기밀서류, 물품의 손괴 · 은닉 등의 범죄		
제6호	선전 · 선동, 허위사실 날조 · 유포 등의 범죄 →금품수수, 잠입 · 탈출(X)		

제5조(자진지원 금품수수)

① 반국가단체나 그 구성원 또는 그 지령을 받은 자를 지원할 목적으로 자진하여 제4조제1항 각호에 규정된 행위를 한 자는 제4조제1항의 예에 의하여 처벌	- 죄를 범할 목적으로 예비 또는 음모한 자는 10년 이하의 징역 - 미수범 처벌
② 국가의 존립 · 안전이나 자유민주적 기본질서를 위태롭게 한다는 정을 알면서 반국가단체의 구성원 또는 그 지령을 받은 자로부터 금품을 수수한 자는 7년 이하의 징역	- 미수범 처벌

제8조(회합 · 통신등)

국가의 존립 · 안전이나 자유민주적 기본질서를 위태롭게 한다는 정을 알면서 반국가단체의 구성원 또는 그 지령을 받은 자와 회합 · 통신 기타의 방법으로 연락을 한 자는 10년 이하의 징역에 처한다	미수범은 처벌

제10조(불고지)

제3조, 제4조, 제5조제1항 · 제3항(제1항의 미수범에 한한다) · 제4항의 죄를 범한 자라는 정을 알면서 수사기관 또는 정보기관에 고지하지 아니한 자는 5년 이하의 징역 또는 200만원 이하의 벌금에 처한다. 다만, 본범과 친족관계가 있는 때에는 그 형을 감경 또는 면제한다.

-〉 대상 범죄는 ① 반국가단체구성죄, ② 목적수행죄, ③ 자진지원죄

제11조(특수직무유기)

범죄수사 또는 정보의 직무에 종사하는 공무원이 이 법의 죄를 범한 자라는 정을 알면서 그 직무를 유기한 때에는 10년 이하의 징역에 처한다. 다만, 본범과 친족관계가 있는 때에는 그 형을 감경 또는 면제할 수 있다.

제14조(자격정지의 병과)

이 법의 죄에 관하여 유기징역형을 선고할 때에는 그 형의 장기 이하의 자격정지를 병과할 수 있다.

제16조(형의 감면)

다음 각호의 1에 해당한 때에는 그 형을 감경 또는 면제한다.

1. 이 법의 죄를 범한 후 자수한 때
2. 이 법의 죄를 범한 자가 이 법의 죄를 범한 타인을 고발하거나 타인이 이 법의 죄를 범하는 것을 방해한 때

제17조(타법적용의 배제)

이 법의 죄를 범한 자에 대하여는 노동조합및노동관계조정법 제39조의 규정을 적용하지 아니한다.

제3장 특별형사소송규정

제18조(참고인의 구인·유치)

① 검사 또는 사법경찰관으로부터 이 법에 정한 죄의 참고인으로 출석을 요구받은 자가 정당한 이유없이 2회 이상 출석요구에 불응한 때에는관할법원판사의 구속영장을 발부받아 구인할 수 있다.

② 구속영장에 의하여 참고인을 구인하는 경우에 필요한 때에는 근접한 경찰서 기타 적당한 장소에 임시로 유치할 수 있다.

제19조(구속기간의 연장)

① 지방법원판사는 제3조 내지 제10조의 죄로서 사법경찰관이 검사에게 신청하여 검사의 청구가 있는 경우에 수사를 계속함에 상당한 이유가 있다고 인정한 때에는 형사소송법 제202조의 구속기간의 연장을 1차에 한하여 허가할 수 있다.

② 지방법원판사는 제1항의 죄로서 검사의 청구에 의하여 수사를 계속함에 상당한 이유가 있다고 인정한 때에는 형사소송법 제203조의 구속기간의 연장을 2차에 한하여 허가할 수 있다.

③ 제1항 및 제2항의 기간의 연장은 각 10일 이내로 한다.

제20조(공소보류)

① 검사는 이 법의 죄를 범한 자에 대하여 형법 제51조의 사항을 참작하여 공소제기를 보류할 수 있다.

② 공소보류를 받은 자가 공소의 제기없이 2년을 경과한 때에는 소추할 수 없다.

③ 공소보류를 받은 자가 법무부장관이 정한 감시·보도에 관한 규칙에 위반한 때에는 공소보류를 취소할 수 있다.

④ 공소보류가 취소된 경우에는 형사소송법 제208조의 규정에 불구하고 동일한 범죄사실로 재구속할 수 있다.

제4장 보상과 원호

제21조(상금)

① 이 법의 죄를 범한 자를 수사기관 또는 정보기관에 통보하거나 체포한 자에게는 대통령령이 정하는 바에 따라 상금을 지급한다.

② 이 법의 죄를 범한 자를 인지하여 체포한 수사기관 또는 정보기관에 종사하는 자에 대하여도 제1항과 같다.

③ 이 법의 죄를 범한 자를 체포할 때 반항 또는 교전상태하에서 부득이한 사유로 살해하거나 자살하게 한 경우에는 제1항에 준하여 상금을 지급할 수 있다.

제22조(보로금)

① 제21조의 경우에 압수물이 있는 때에는 상금을 지급하는 경우에 한하여 그 압수물 가액의 2분의 1에 상당하는 범위안에서 보로금을 지급할 수 있다.

② 반국가단체나 그 구성원 또는 그 지령을 받은 자로부터 금품을 취득하여 수사기관 또는 정보기관에 제공한 자에게는 그 가액의 2분의 1에 상당하는 범위안에서 보로금을 지급할 수 있다. 반국가단체의 구성원 또는 그 지령을 받은 자가 제공한 때에도 또한 같다.

예비 · 음모 처벌 비교

예비 · 음모처벌(O)	예비 · 음모처벌(X)
① 반국가단체구성 ② 목적수행 ③ 자진지원 ④ 잠입 · 탈출 ⑤ 이적단체구성 ⑥ 무기류 등의 편의제공 등범죄	① 금품수수 ② 찬양고무 ③ 회합통신 ④ 단순편의제공 ⑤ 불고지죄 ⑥ 특수직무유기죄 ⑦ 무고 등의 죄

감면사유 비교

임의적 감면	필요적 감면
① 특수직무유기죄(본범과친족관계가있는경우) ② 단순편의제공죄	① 타인을 고발한 때 ② 불고지죄 ③ 자수한 때 ④ 타인이 죄를범하는 것을 방해한 때

구속기간 최대 50일

① 반국가단체구성 ② 목적수행 ③ 편의제공 ④ 금품수수 ⑤ 자진지원 ⑥ 잠입 · 탈출 ⑦ 회합 · 통신

편의제공죄 비교

<table>
<tr><th colspan="2">편의제공죄해당(O)</th><th>편의제공죄해당(X)</th></tr>
<tr><td>국가보안법반국가단체구성·가입(제3조)
목적수행(제4조)
자진지원죄·금품(제5조)
잠입·탈출(제6조)
찬양고무(제7조)
회합·통신(제8조)</td><td>의 죄를 범하거나 범하려는자라는점을 알면서 금품 기타 재산상의 이익을 제공하거나 잠복·회합·통신·연락을 위한 장소를 제공하거나 기타의 방법으로 편의를 제공한자</td><td>불고지죄(제10조)
특수직무유기(제11조)
무고날죄(제12조)</td></tr>
</table>

범죄주체의 비교

<table>
<tr><td colspan="2">주체 제한없음</td><td>반국가단체구성죄, 금품수수죄, 잠입탈출죄, 이적동조죄, 이적단체구성가입죄, 회화통신죄, 불고지죄, 이적표현물제작 등 의죄, 편의제공죄</td></tr>
<tr><td rowspan="4">주체 제한 있음</td><td>반국가단체의구성원 또는 그 지령을 받은 자</td><td>목적수행죄</td></tr>
<tr><td>반국가단체의 구성원 또는 그 지령을 받은 자 이외의 자</td><td>자진지원죄</td></tr>
<tr><td>범죄수사 또는 정보의 직무에 종사하는 공무원</td><td>특수직무유기</td></tr>
<tr><td>기타</td><td>이적단체구성원의 허위사실날조·유포죄, 직권남용 무고·날조죄</td></tr>
</table>

미수범 처벌 비교

미수범처벌(O)	미수범처벌(X)
반국가단체구성·가입·가입권유죄 목적수행죄 자진지원죄 금품수수죄 잠입탈출죄 찬양고무죄 이적단체구성가입죄 안보위해문건제작등죄 회합통신죄 편의제공죄	불고지죄 특수직무유기죄 무고날조죄

제25조(군법 피적용자에 대한 준용규정)

이 법의 죄를 범한 자가 군사법원법 제2조제1항 각호의 1에 해당하는 자인 때에는 이 법의 규정중 판사는 군사법원군판사로, 검사는 군검찰부 군검사로, 사법경찰관은 군사법경찰관으로 본다.

경찰 감찰 규칙

제1장 총칙

제1조(목적)

이 규칙은 경찰공무원등의 공직기강 확립과 경찰 행정의 적정성 확보를 위한 감찰에 필요한 사항을 규정함을 목적으로 한다.

제2조(정의)

의무위반행위	경찰청 및 그 소속기관(이하 "경찰기관"이라 한다)에 소속하는 경찰공무원, 일반·기능·별정·계약·고용직 공무원, 전투경찰순경 등(이하 "경찰공무원등"이라 한다)이 「국가공무원법」 등 관련 법령 또는 직무상 명령 등에 따른 각종 의무를 위반한 행위를 말한다.
감찰	복무기강 확립과 경찰행정의 적정성을 확보하기 위해 경찰기관 또는 경찰공무원등의 제반업무와 활동 등을 조사·점검·확인하고 그 결과를 처리하는 감찰관의 직무활동을 말한다.
감찰관	감찰을 담당하는 경찰공무원을 말한다.

제3조(적용 범위)

경찰기관의 감찰업무는 다른 법령에 특별한 규정이 있는 경우를 제외하고는 이 규칙이 정하는 바에 따른다.

제2장 감찰관

제4조(감찰관의 결격사유)

다음 각 호의 어느 하나에 해당하는 사람은 감찰관이 될 수 없다.

1. 직무와 관련한 금품 및 향응 수수, 공금횡령·유용, 「성폭력범죄의 처벌 및 피해자보호 등에 관한 법률」에 따른 성폭력범죄로 징계처분을 받은 사람
2. 제1호 이외의 사유로 징계처분을 받아 말소기간이 경과하지 아니한 사람
3. 질병 등으로 감찰관으로서의 업무수행이 어려운 사람
4. 기타 감찰관으로서 적합하지 아니하다고 판단되는 사람

제5조(감찰관의 신분보장)

① 경찰기관의 장(이하 "경찰기관장"이라 한다)은 감찰관이 제4조에 따른 결격사유에 해당되는 것으로 밝혀졌을 경우와 다음 각 호의 어느 하나에 해당하는 경우를 제외하고는 3년 이내에 본인의 의사에 반하여 전보하여서는 아니 된다.

1. 징계사유가 있는 경우
2. 형사사건에 계류된 경우
3. 질병 등으로 감찰업무를 수행할 수 없거나 직무수행 능력이 현저히 부족하다고 판단되는 경우

② 경찰기관장은 1년 이상 성실히 근무한 감찰관에 대해서는 희망부서를 고려하여 전보한다.

제3장 감찰활동

제8조 (감찰활동의 관할)

감찰관은 소속 경찰기관의 관할구역 안에서 활동하는 것을 원칙으로 한다. 다만, 필요한 경우에는 관할구역 밖에서도 활동할 수 있다.

제9조(특별감찰)

의무위반행위가 자주 발생하거나 그 발생 가능성이 높다고 인정되는 시기, 업무분야 및 경찰관서 등에 대하여는 일정기간 동안 전반적인 조직관리 및 업무추진 실태 등을 집중 점검할 수 있다.

제10조(교류감찰)

감찰관은 상급 경찰기관장의 지시에 따라 일정기간 동안 소속 경찰기관이 아닌 다른 경찰기관의 소속 직원의 복무실태, 업무추진 실태 등을 점검할 수 있다.

제12조(감찰활동 결과의 보고 및 처리)

① 감찰관은 감찰활동 결과 소속 경찰공무원등의 의무위반행위, 불합리한 제도·관행, 선행·수범 직원 등을 발견한 때에는 이를 소속 경찰기관장에게 보고하여야 한다.
② 경찰기관장은 제1항의 결과에 대하여 문책 요구, 시정·개선, 포상 등 필요한 조치를 하여야 한다.

제4장 감찰조사

제13조(첩보 등의 처리)

① 감찰관은 경찰공무원등의 의무위반행위에 관한 첩보, 진정·탄원 등이 있을 때, 그 사실을 확인한 후 의무위반 혐의가 있다고 판단될 때에는 감찰업무 담당 부서장에게 보고하고 감찰조사에 착수하여야 한다.
② 감찰관은 첩보 등 제공자의 신분 등을 누설하지 않도록 하여야 한다.

제14조(감찰활동 현장에서 의무위반행위 발견시의 조치)

감찰관은 감찰활동 현장에서 의무위반행위를 발견한 경우에는 사안의 경중을 고려하여 현지시정, 감찰조사 등 필요한 조치를 취하여야 한다.

제15조(민원사건의 처리)

① 감찰관은 소속 경찰공무원등의 의무위반사실에 대한 민원을 접수하였을 때에는 접수일로부터 2개월 내에 신속히 처리하여야 한다. 다만, 부득이한 사유로 민원을 기한 내에 처리할 수 없을 때에는 감찰업무 담당 부서의 장에게 보고하여 그 처리 기간을 연장할 수 있다.
② 민원사건을 배당받은 감찰관은 민원인, 피민원인 등 관련자에 대한 감찰조사 등을 거쳐 사실관계를 명확히 하여야 한다.

③ 감찰관은 불친절 또는 경미한 복무규율위반에 관한 민원사건에 대해서는 민원인에게 정식 조사절차 또는 조정절차를 선택할 수 있음을 고지하고, 민원인이 조정절차를 선택한 때에는 해당 경찰공무원등의 사과, 해명 등의 조정절차를 진행하여야 한다. 다만, 조정이 이루어지지 아니한 때에는 지체없이 조사절차를 진행하여야 한다.

제16조(기관통보사건의 처리)

① 감찰관은 다른 경찰기관 또는 검찰, 감사원 등 다른 행정기관으로부터 통보받은 소속직원의 의무위반행위에 대해서는 통보받은 날로부터 1개월 이내에 신속히 처리하여야 한다.

② 감찰관은 검찰·경찰, 그 밖의 수사기관으로부터 수사개시 통보를 받은 경우에는 징계의결요구권자의 결재를 받아 해당 기관으로부터 수사결과의 통보를 받을 때까지 감찰조사, 징계의결요구 등의 절차를 진행하지 아니할 수 있다.

제17조(출석요구)

감찰관은 감찰조사를 위해서 의무위반행위와 관련된 경찰공무원등(이하 '조사대상자'라 한다)의 출석을 요구할 때에는 조사기일 2일 전까지 별지 제2호서식의 출석요구서 또는 구두로 조사일시, 의무위반행위사실 요지 등을 통지하여야 한다. 다만, 사안이 급박한 경우에는 즉시 조사에 착수할 수 있다.

제18조(심야조사의 금지)

감찰관은 심야(자정부터 오전 6시까지를 말한다)에 조사를 하여서는 아니 된다. 다만, 사안에 따라 신속한 조사가 필요하고, 조사대상자로부터 별지 제3호서식의 심야조사 동의서를 받은 경우에는 심야에도 조사할 수 있다.

제19조(감찰조사 전 고지)

① 감찰관은 감찰조사를 실시하기 전에 조사대상자에게 의무위반행위사실의 요지를 알리고, 다른 감찰관의 참여를 요구할 수 있음을 고지하여야 한다.

② 제1항의 경우 조사대상자가 여성일 때에는 여성 경찰공무원의 참여를 요구할 수 있음을 고지하여야 한다.

제20조(조사 참여)

감찰관은 조사대상자가 제19조에 따라 다른 감찰관 또는 여성 경찰공무원의 참여를 요구하는 때에는 1명의 감찰관 또는 여성 경찰공무원을 참여시켜야 한다.

국가인권위원회법

제1장 총칙

제1조(목적)
이 법은 국가인권위원회를 설립하여 모든 개인이 가지는 불가침의 기본적 인권을 보호하고 그 수준을 향상시킴으로써 인간으로서의 존엄과 가치를 실현하고 민주적 기본질서의 확립에 이바지함을 목적으로 한다.

제2조(정의) 이 법에서 사용하는 용어의 뜻은 다음과 같다.

1. "인권"이란 「대한민국헌법」 및 법률에서 보장하거나 대한민국이 가입·비준한 국제인권조약 및 국제관습법에서 인정하는 인간으로서의 존엄과 가치 및 자유와 권리를 말한다.
2. "구금·보호시설"이란 다음 각 목에 해당하는 시설을 말한다.
   가. 교도소·소년교도소·구치소 및 그 지소, 보호감호소, 치료감호시설, 소년원 및 소년분류심사원
   나. 경찰서 유치장 및 사법경찰관리가 직무 수행을 위하여 사람을 조사하고 유치(留置)하거나 수용하는 데에 사용하는 시설
   다. 군 교도소(지소·미결수용실 및 헌병대 영창을 포함한다)
   라. 외국인 보호소
   마. 다수인 보호시설(많은 사람을 보호하고 수용하는 시설로서 대통령령으로 정하는 시설을 말한다)
3. "평등권 침해의 차별행위"란 합리적인 이유 없이 성별, 종교, 장애, 나이, 사회적 신분, 출신 지역(출생지, 등록기준지, 성년이 되기 전의 주된 거주지 등을 말한다), 출신 국가, 출신 민족, 용모 등 신체 조건, 기혼·미혼·별거·이혼·사별·재혼·사실혼 등 혼인 여부, 임신 또는 출산, 가족 형태 또는 가족 상황, 인종, 피부색, 사상 또는 정치적 의견, 형의 효력이 실효된 전과(前科), 성적(性的) 지향, 학력, 병력(病歷) 등을 이유로 한 다음 각 목의 어느 하나에 해당하는 행위를 말한다. 다만, 현존하는 차별을 없애기 위하여 특정한 사람(특정한 사람들의 집단을 포함한다. 이하 이 조에서 같다)을 잠정적으로 우대하는 행위와 이를 내용으로 하는 법령의 제정·개정 및 정책의 수립·집행은 평등권 침해의 차별행위(이하 "차별행위"라 한다)로 보지 아니한다.
   가. 고용(모집, 채용, 교육, 배치, 승진, 임금 및 임금 외의 금품 지급, 자금의 융자, 정년, 퇴직, 해고 등을 포함한다)과 관련하여 특정한 사람을 우대·배제·구별하거나 불리하게 대우하는 행위
   나. 재화·용역·교통수단·상업시설·토지·주거시설의 공급이나 이용과 관련하여 특정한 사람을 우대·배제·구별하거나 불리하게 대우하는 행위
   다. 교육시설이나 직업훈련기관에서의 교육·훈련이나 그 이용과 관련하여 특정한 사람을 우대·배제·구별하거나 불리하게 대우하는 행위
   라. 성희롱[업무, 고용, 그 밖의 관계에서 공공기관(국가기관, 지방자치단체, 「초·중등교육법」 제2조, 「고등교육법」 제2조와 그 밖의 다른 법률에 따라 설치된 각급 학교, 「공직자윤리법」 제3조의2제1항에 따른 공직유관단체를 말한다)의 종사자, 사용자 또는 근로자가 그 직위를 이용하여 또는 업무 등과 관련하여 성적 언동 등으로 성적 굴욕감 또는 혐오감을 느끼게 하거나 성적 언동 또는 그 밖의 요구 등에 따르지 아니한다는 이유로 고용상의 불이익을 주는 것을 말한다] 행위

4. "장애"란 신체적·정신적·사회적 요인으로 장기간에 걸쳐 일상생활 또는 사회생활에 상당한 제약을 받는 상태를 말한다.
5. "시민사회단체"란 「비영리민간단체 지원법」 제4조에 따라 중앙행정기관의 장 또는 시·도지사에게 등록을 한 비영리민간단체, 「민법」 제32조에 따라 주무관청의 허가를 받은 비영리법인, 「공익법인의 설립·운영에 관한 법률」 제4조에 따라 주무관청의 설립허가를 받은 공익법인, 그 밖에 특별법에 따라 설립된 법인을 말한다.

제3조(국가인권위원회의 설립과 독립성) ① 이 법에서 정하는 인권의 보호와 향상을 위한 업무를 수행하기 위하여 국가인권위원회(이하 "위원회"라 한다)를 둔다.
② 위원회는 그 권한에 속하는 업무를 독립하여 수행한다.

제4조(적용범위) 이 법은 대한민국 국민과 대한민국의 영역에 있는 외국인에 대하여 적용한다.

제2장 위원회의 구성과 운영

제5조(위원회의 구성) ① 위원회는 위원장 1명과 상임위원 3명을 포함한 11명의 인권위원(이하 "위원"이라 한다)으로 구성한다.
② 위원은 다음 각 호의 사람을 대통령이 임명한다.
1. 국회가 선출하는 4명(상임위원 2명을 포함한다)
2. 대통령이 지명하는 4명(상임위원 1명을 포함한다)
3. 대법원장이 지명하는 3명

③ 위원은 인권문제에 관하여 전문적인 지식과 경험이 있고 인권의 보장과 향상을 위한 업무를 공정하고 독립적으로 수행할 수 있다고 인정되는 사람으로서 다음 각 호의 어느 하나에 해당하는 자격을 갖추어야 한다.
1. 대학이나 공인된 연구기관에서 부교수 이상의 직이나 이에 상당하는 직에 10년 이상 있거나 있었던 사람
2. 판사·검사 또는 변호사의 직에 10년 이상 있거나 있었던 사람
3. 인권 분야 비영리 민간단체·법인·국제기구에서 근무하는 등 인권 관련 활동에 10년 이상 종사한 경력이 있는 사람
4. 그 밖에 사회적 신망이 높은 사람으로서 시민사회단체로부터 추천을 받은 사람

④ 국회, 대통령 또는 대법원장은 다양한 사회계층으로부터 후보를 추천받거나 의견을 들은 후 인권의 보호와 향상에 관련된 다양한 사회계층의 대표성이 반영될 수 있도록 위원을 선출·지명하여야 한다.
⑤ 위원장은 위원 중에서 대통령이 임명한다. 이 경우 위원장은 국회의 인사청문을 거쳐야 한다.
⑥ 위원장과 상임위원은 정무직공무원으로 임명한다.
⑦ 위원은 특정 성(性)이 10분의 6을 초과하지 아니하도록 하여야 한다.
⑧ 임기가 끝난 위원은 후임자가 임명될 때까지 그 직무를 수행한다.

제6조(위원장의 직무) ① 위원장은 위원회를 대표하며 위원회의 업무를 총괄한다.
② 위원장이 부득이한 사유로 직무를 수행할 수 없을 때에는 위원장이 미리 지명한 상임위원이 그 직무를 대행한다.

③ 위원장은 국회에 출석하여 위원회의 소관 사무에 관하여 의견을 진술할 수 있으며, 국회에서 요구하면 출석하여 보고하거나 답변하여야 한다.
④ 위원장은 국무회의에 출석하여 발언할 수 있으며, 소관 사무에 관하여 국무총리에게 의안(이 법의 시행에 관한 대통령령안을 포함한다) 제출을 건의할 수 있다.
⑤ 위원장은 위원회의 예산 관련 업무를 수행할 때 「국가재정법」 제6조제3항에 따른 중앙관서의 장으로 본다.

제7조(위원장 및 위원의 임기) ① 위원장과 위원의 임기는 3년으로 하고, 한 번만 연임할 수 있다.
② 위원 중 결원이 생기면 대통령은 결원된 날부터 30일 이내에 후임자를 임명하여야 한다.
③ 결원이 된 위원의 후임으로 임명된 위원의 임기는 새로 시작된다.

제8조(위원의 신분 보장) 위원은 금고 이상의 형의 선고에 의하지 아니하고는 본인의 의사에 반하여 면직되지 아니한다. 다만, 위원이 장기간의 심신쇠약으로 직무를 수행하기가 극히 곤란하게 되거나 불가능하게 된 경우에는 전체 위원 3분의 2 이상의 찬성에 의한 의결로 퇴직하게 할 수 있다.

제8조의2(위원의 책임 면제) 위원은 위원회나 제12조에 따른 상임위원회 또는 소위원회에서 직무상 행한 발언과 의결에 관하여 고의 또는 과실이 없으면 민사상 또는 형사상의 책임을 지지 아니한다.

제9조(위원의 결격사유) ① 다음 각 호의 어느 하나에 해당하는 사람은 위원이 될 수 없다.
1. 대한민국 국민이 아닌 사람
2. 「국가공무원법」 제33조 각 호의 어느 하나에 해당하는 사람
3. 정당의 당원
4. 「공직선거법」에 따라 실시하는 선거에 후보자로 등록한 사람

② 위원이 제1항 각 호의 어느 하나에 해당하게 되면 당연히 퇴직한다.

제10조(위원의 겸직금지) ① 위원은 재직 중 다음 각 호의 직을 겸하거나 업무를 할 수 없다.
1. 국회 또는 지방의회의 의원의 직
2. 다른 국가기관 또는 지방자치단체의 공무원(교육공무원은 제외한다)의 직
3. 그 밖에 위원회 규칙으로 정하는 직 또는 업무

② 위원은 정당에 가입하거나 정치운동에 관여할 수 없다.

제12조(상임위원회 및 소위원회) ① 위원회는 그 업무 중 일부를 수행하게 하기 위하여 상임위원회와 침해구제위원회, 차별시정위원회 등의 소위원회(이하 "소위원회"라 한다)를 둘 수 있다.
② 상임위원회는 위원장과 상임위원으로 구성하고, 소위원회는 3명 이상 5명 이하의 위원으로 구성한다.
③ 상임위원회와 소위원회에는 심의 사항을 연구·검토하기 위하여 성·장애 등 분야별 전문위원회를 둘 수 있다.
④ 상임위원회, 소위원회 및 전문위원회의 구성·업무 및 운영과 전문위원의 자격·임기 및 위촉 등에 관하여 필요한 사항은 위원회 규칙으로 정한다.

제13조(회의 의사 및 의결정족수) ① 위원회의 회의는 위원장이 주재하며, 이 법에 특별한 규정이 없으면 재적

위원 과반수의 찬성으로 의결한다.

② 상임위원회 및 소위원회의 회의는 구성위원 3명 이상의 출석과 3명 이상의 찬성으로 의결한다.

제14조(의사의 공개) 위원회의 의사는 공개한다. 다만, 위원회, 상임위원회 또는 소위원회가 필요하다고 인정하면 공개하지 아니할 수 있다.

제15조(자문기구) ① 위원회는 그 업무 수행에 필요한 사항을 자문하기 위하여 자문기구를 둘 수 있다.

② 자문기구의 조직과 운영에 필요한 사항은 위원회 규칙으로 정한다.

제16조(사무처) ① 위원회에 위원회의 사무를 처리할 사무처를 둔다.

② 사무처에 사무총장 1명과 필요한 직원을 두되 사무총장은 위원회의 심의를 거쳐 위원장의 제청으로 대통령이 임명한다.

③ 소속 직원 중 5급 이상 공무원 또는 고위공무원단에 속하는 일반직공무원은 위원장의 제청으로 대통령이 임명하며, 6급 이하 공무원은 위원장이 임명한다.

④ 사무총장은 위원장의 지휘를 받아 사무처의 사무를 관장하고 소속 직원을 지휘·감독한다.

제17조(징계위원회의 설치) ① 위원회에 위원회 직원의 징계처분을 의결할 징계위원회를 둔다.

② 징계위원회의 구성, 권한, 심의 절차, 징계의 종류 및 효력, 그 밖에 징계에 필요한 사항은 위원회 규칙으로 정한다.

제18조(위원회의 조직과 운영) ① 이 법에 규정된 사항 외에 위원회의 조직에 관하여 필요한 사항은 위원회의 독립성을 보장하고 업무를 효과적으로 수행할 수 있도록 최대한 고려하여 대통령령으로 정한다.

② 이 법에 규정된 사항 외에 위원회의 운영에 필요한 사항은 위원회 규칙으로 정한다.

제3장 위원회의 업무와 권한

제19조(업무) 위원회는 다음 각 호의 업무를 수행한다.

1. 인권에 관한 법령(입법과정 중에 있는 법령안을 포함한다)·제도·정책·관행의 조사와 연구 및 그 개선이 필요한 사항에 관한 권고 또는 의견의 표명
2. 인권침해행위에 대한 조사와 구제
3. 차별행위에 대한 조사와 구제
4. 인권상황에 대한 실태 조사
5. 인권에 관한 교육 및 홍보
6. 인권침해의 유형, 판단 기준 및 그 예방 조치 등에 관한 지침의 제시 및 권고
7. 국제인권조약 가입 및 그 조약의 이행에 관한 연구와 권고 또는 의견의 표명
8. 인권의 옹호와 신장을 위하여 활동하는 단체 및 개인과의 협력
9. 인권과 관련된 국제기구 및 외국 인권기구와의 교류·협력
10. 그 밖에 인권의 보장과 향상을 위하여 필요하다고 인정하는 사항

제20조(관계기관등과의 협의) ① 관계 국가행정기관 또는 지방자치단체의 장은 인권의 보호와 향상에 영향을 미치는 내용을 포함하고 있는 법령을 제정하거나 개정하려는 경우 미리 위원회에 통지하여야 한다.

② 위원회는 그 업무를 수행하기 위하여 필요하다고 인정하면 국가기관, 지방자치단체, 그 밖의 공사(公私) 단체(이하 "관계기관등"이라 한다)에 협의를 요청할 수 있다.

③ 제2항에 따른 요청을 받은 관계기관등은 정당한 사유가 없으면 이에 성실히 협조하여야 한다.

제21조(정부보고서 작성 시 위원회 의견 청취) 국제인권규약에 따라 관계 국가행정기관이 정부보고서를 작성할 때에는 위원회의 의견을 들어야 한다.

제22조(자료제출 및 사실 조회) ① 위원회는 그 업무를 수행하기 위하여 필요하다고 인정하면 관계기관등에 필요한 자료 등의 제출이나 사실 조회를 요구할 수 있다.

② 위원회는 그 업무를 수행하기 위하여 필요한 사실을 알고 있거나 전문적 지식 또는 경험을 가지고 있다고 인정되는 사람에게 출석을 요구하여 그 진술을 들을 수 있다.

③ 제1항에 따른 요구를 받은 기관은 지체 없이 협조하여야 한다.

제23조(청문회) ① 위원회는 그 업무를 수행하기 위하여 필요하다고 인정하면 관계기관등의 대표자, 이해관계인 또는 학식과 경험이 있는 사람 등에게 출석을 요구하여 사실 또는 의견의 진술을 들을 수 있다.

② 제1항에 따라 위원회가 실시하는 청문회의 절차와 방법에 관하여는 위원회 규칙으로 정한다.

제24조(시설의 방문조사) ① 위원회(상임위원회와 소위원회를 포함한다. 이하 이 조에서 같다)는 필요하다고 인정하면 그 의결로써 구금·보호시설을 방문하여 조사할 수 있다.

② 제1항에 따른 방문조사를 하는 위원은 필요하다고 인정하면 소속 직원 및 전문가를 동반할 수 있으며, 구체적인 사항을 지정하여 소속 직원 및 전문가에게 조사를 위임할 수 있다. 이 경우 조사를 위임받은 전문가가 그 사항에 대하여 조사를 할 때에는 소속 직원을 동반하여야 한다.

③ 제2항에 따라 방문조사를 하는 위원, 소속 직원 또는 전문가(이하 이 조에서 "위원등"이라 한다)는 그 권한을 표시하는 증표를 지니고 이를 관계인에게 내보여야 하며, 방문 및 조사를 받는 구금·보호시설의 장 또는 관리인은 즉시 방문과 조사에 편의를 제공하여야 한다.

④ 제2항에 따라 방문조사를 하는 위원등은 구금·보호시설의 직원 및 구금·보호시설에 수용되어 있는 사람(이하 "시설수용자"라 한다)과 면담할 수 있고 구술 또는 서면으로 사실이나 의견을 진술하게 할 수 있다.

⑤ 구금·보호시설의 직원은 위원등이 시설수용자를 면담하는 장소에 참석할 수 있다. 다만, 대화 내용을 녹음하거나 녹취하지 못한다.

⑥ 구금·보호시설에 대한 방문조사의 절차와 방법 등에 관하여 필요한 사항은 대통령령으로 정한다.

제25조(정책과 관행의 개선 또는 시정 권고) ① 위원회는 인권의 보호와 향상을 위하여 필요하다고 인정하면 관계기관등에 정책과 관행의 개선 또는 시정을 권고하거나 의견을 표명할 수 있다.

② 제1항에 따라 권고를 받은 관계기관등의 장은 그 권고사항을 존중하고 이행하기 위하여 노력하여야 한다.

③ 제1항에 따라 권고를 받은 관계기관등의 장은 권고를 받은 날부터 90일 이내에 그 권고사항의 이행계획을 위원회에 통지하여야 한다.

④ 제1항에 따라 권고를 받은 관계기관등의 장은 그 권고의 내용을 이행하지 아니할 경우에는 그 이유를 위원회

에 통지하여야 한다.

⑤ 위원회는 필요하다고 인정하면 제1항에 따른 위원회의 권고와 의견 표명 및 제4항에 따라 권고를 받은 관계기관등의 장이 통지한 내용을 공표할 수 있다.

제26조(인권교육과 홍보) ① 위원회는 모든 사람의 인권 의식을 깨우치고 향상시키기 위하여 필요한 인권교육과 홍보를 하여야 한다.

② 위원회는 「초·중등교육법」 제23조에 따른 학교 교육과정에 인권에 관한 내용을 포함시키기 위하여 교육부장관과 협의할 수 있다.

③ 위원회는 인권교육과 인권에 관한 연구의 발전을 위하여 필요한 사항을 「고등교육법」 제2조에 따라 설립된 학교의 장과 협의할 수 있다.

④ 위원회는 공무원의 채용시험, 승진시험, 연수 및 교육훈련 과정에 인권에 관한 내용을 포함시키기 위하여 국가기관 및 지방자치단체의 장과 협의할 수 있다.

⑤ 위원회는 「정부출연연구기관 등의 설립·운영 및 육성에 관한 법률」 제8조 및 제18조와 「과학기술분야 정부출연연구기관 등의 설립·운영 및 육성에 관한 법률」 제8조 및 제18조에 따라 설립된 연구기관 또는 연구회의 장과 협의하여 인권에 관한 연구를 요청하거나 공동으로 연구할 수 있다.

⑥ 위원회는 「평생교육법」 제2조제2호에 따른 평생교육기관의 장에 대하여 그 교육내용에 인권 관련 사항을 포함하도록 권고할 수 있다.

제27조(인권도서관) ① 위원회는 인권도서관을 둘 수 있다.

② 인권도서관은 인권에 관한 국내외의 정보와 자료 등을 수집·정리·보존하여 일반인이 이용하도록 제공할 수 있다.

④ 인권도서관의 설치와 운영에 필요한 사항은 위원회 규칙으로 정한다.

제28조(법원 및 헌법재판소에 대한 의견 제출) ① 위원회는 인권의 보호와 향상에 중대한 영향을 미치는 재판이 계속(係屬) 중인 경우 법원 또는 헌법재판소의 요청이 있거나 필요하다고 인정할 때에는 법원의 담당 재판부 또는 헌법재판소에 법률상의 사항에 관하여 의견을 제출할 수 있다.

② 제4장에 따라 위원회가 조사하거나 처리한 내용에 관하여 재판이 계속 중인 경우 위원회는 법원 또는 헌법재판소의 요청이 있거나 필요하다고 인정할 때에는 법원의 담당 재판부 또는 헌법재판소에 사실상 및 법률상의 사항에 관하여 의견을 제출할 수 있다.

제29조(보고서 작성 등) ① 위원회는 해마다 전년도의 활동 내용과 인권 상황 및 개선 대책에 관한 보고서를 작성하여 대통령과 국회에 보고하여야 한다.

② 위원회는 제1항에 따른 보고 외에도 필요하다고 인정하면 대통령과 국회에 특별보고를 할 수 있다.

③ 관계기관등은 제1항 및 제2항에 따른 보고에 관한 의견, 조치 결과 또는 조치 계획을 위원회에 제출할 수 있다.

④ 위원회는 제1항 및 제2항에 따른 보고서를 공개하여야 한다. 다만, 국가의 안전보장, 개인의 명예 또는 사생활의 보호를 위하여 필요하거나 다른 법률에 따라 공개가 제한된 사항은 공개하지 아니할 수 있다.

제4장 인권침해 및 차별행위의 조사와 구제

제30조(위원회의 조사대상)

① 다음 각 호의 어느 하나에 해당하는 경우에 인권침해나 차별행위를 당한 사람(이하 "피해자"라 한다) 또는 그 사실을 알고 있는 사람이나 단체는 위원회에 그 내용을 진정할 수 있다.

1. 국가기관, 지방자치단체, 「초·중등교육법」 제2조, 「고등교육법」 제2조와 그 밖의 다른 법률에 따라 설치된 각급 학교, 「공직자윤리법」 제3조의2제1항에 따른 공직유관단체 또는 구금·보호시설의 업무 수행(국회의 입법 및 법원·헌법재판소의 재판은 제외한다)과 관련하여 「대한민국헌법」 제10조부터 제22조까지의 규정에서 보장된 인권을 침해당하거나 차별행위를 당한 경우
2. 법인, 단체 또는 사인(私人)으로부터 차별행위를 당한 경우

③ 위원회는 제1항의 진정이 없는 경우에도 인권침해나 차별행위가 있다고 믿을 만한 상당한 근거가 있고 그 내용이 중대하다고 인정할 때에는 직권으로 조사할 수 있다.

④ 제1항에 따른 진정의 절차와 방법에 관하여 필요한 사항은 위원회 규칙으로 정한다.

제31조(시설수용자의 진정권 보장) ① 시설수용자가 위원회에 진정하려고 하면 그 시설에 소속된 공무원 또는 직원(이하 "소속공무원등"이라 한다)은 그 사람에게 즉시 진정서 작성에 필요한 시간과 장소 및 편의를 제공하여야 한다.

② 시설수용자가 위원 또는 위원회 소속 직원 앞에서 진정하기를 원하는 경우 소속공무원등은 즉시 그 뜻을 위원회에 통지하여야 한다.

③ 소속공무원등은 제1항에 따라 시설수용자가 작성한 진정서를 즉시 위원회에 보내고 위원회로부터 접수증명원을 받아 이를 진정인에게 내주어야 한다. 제2항의 통지에 대한 위원회의 확인서 및 면담일정서는 발급받는 즉시 진정을 원하는 시설수용자에게 내주어야 한다.

④ 제2항에 따라 통지를 받은 경우 또는 시설수용자가 진정을 원한다고 믿을 만한 상당한 근거가 있는 경우 위원회는 위원 또는 소속 직원으로 하여금 구금·보호시설을 방문하게 하여 진정을 원하는 시설수용자로부터 구술 또는 서면으로 진정을 접수하게 하여야 한다. 이때 진정을 접수한 위원 또는 소속 직원은 즉시 접수증명원을 작성하여 진정인에게 내주어야 한다.

⑤ 제4항에 따른 위원 또는 소속 직원의 구금·보호시설의 방문 및 진정의 접수에 관하여는 제24조제3항 및 제4항을 준용한다.

⑥ 시설에 수용되어 있는 진정인(진정을 하려는 사람을 포함한다)과 위원 또는 위원회 소속 직원의 면담에는 구금·보호시설의 직원이 참여하거나 그 내용을 듣거나 녹취하지 못한다. 다만, 보이는 거리에서 시설수용자를 감시할 수 있다.

⑦ 소속공무원등은 시설수용자가 위원회에 제출할 목적으로 작성한 진정서 또는 서면을 열람할 수 없다.

⑧ 시설수용자의 자유로운 진정서 작성과 제출을 보장하기 위하여 구금·보호시설에서 이행하여야 할 조치와 그 밖에 필요한 절차와 방법은 대통령령으로 정한다.

제32조(진정의 각하 등) ① 위원회는 접수한 진정이 다음 각 호의 어느 하나에 해당하는 경우에는 그 진정을 각하(却下)한다.

1. 진정의 내용이 위원회의 조사대상에 해당하지 아니하는 경우

2. 진정의 내용이 명백히 거짓이거나 이유 없다고 인정되는 경우
3. 피해자가 아닌 사람이 한 진정에서 피해자가 조사를 원하지 아니하는 것이 명백한 경우
4. 진정의 원인이 된 사실이 발생한 날부터 1년 이상 지나서 진정한 경우. 다만, 진정의 원인이 된 사실에 관하여 공소시효 또는 민사상 시효가 완성되지 아니한 사건으로서 위원회가 조사하기로 결정한 경우에는 그러하지 아니하다.
5. 진정이 제기될 당시 진정의 원인이 된 사실에 관하여 법원 또는 헌법재판소의 재판, 수사기관의 수사 또는 그 밖의 법률에 따른 권리구제 절차가 진행 중이거나 종결된 경우. 다만, 수사기관이 인지하여 수사 중인 「형법」 제123조부터 제125조까지의 죄에 해당하는 사건과 같은 사안에 대하여 위원회에 진정이 접수된 경우에는 그러하지 아니하다.
6. 진정이 익명이나 가명으로 제출된 경우
7. 진정이 위원회가 조사하는 것이 적절하지 아니하다고 인정되는 경우
8. 진정인이 진정을 취하한 경우
9. 위원회가 기각한 진정과 같은 사실에 대하여 다시 진정한 경우
10. 진정의 취지가 그 진정의 원인이 된 사실에 관한 법원의 확정판결이나 헌법재판소의 결정에 반하는 경우

② 위원회는 제1항에 따라 진정을 각하하는 경우 필요하다고 인정하면 그 진정을 관계 기관에 이송할 수 있다. 이 경우 진정을 이송받은 기관은 위원회의 요청이 있으면 지체 없이 그 처리 결과를 위원회에 통지하여야 한다.

③ 위원회가 진정에 대한 조사를 시작한 후에도 그 진정이 제1항 각 호의 어느 하나에 해당하게 된 경우에는 그 진정을 각하할 수 있다.

④ 위원회는 진정을 각하하거나 이송한 경우 지체 없이 그 사유를 구체적으로 밝혀 진정인에게 통지하여야 한다.

⑤ 위원회는 제4항에 따라 진정인에게 통지하는 경우 필요하다고인정하면 피해자 또는 진정인에게 권리를 구제받는 데에 필요한 절차와 조치에 관하여 조언할 수 있다.

제33조(다른 구제 절차와 이송) ① 진정의 내용이 다른 법률에서 정한 권리구제 절차에 따라 권한을 가진 국가기관에 제출하려는 것이 명백한 경우 위원회는 지체 없이 그 진정을 그 국가기관으로 이송하여야 한다.

② 위원회가 제30조제1항에 따라 진정에 대한 조사를 시작한 후에 진정의 원인이 된 사실과 같은 사안에 관한 수사가 피해자의 진정 또는 고소에 의하여 시작된 경우에는 그 진정을 관할 수사기관으로 이송하여야 한다.

③ 제1항과 제2항에 따라 위원회가 진정을 이송한 경우 지체 없이 그 내용을 진정인에게 통지하여야 하며, 이송받은 기관은 위원회가 요청하는 경우 그 진정에 대한 처리 결과를 위원회에 통지하여야 한다.

제34조(수사기관과 위원회의 협조) ① 진정의 원인이 된 사실이 범죄행위에 해당한다고 믿을 만한 상당한 이유가 있고 그 혐의자의 도주 또는 증거 인멸 등을 방지하거나 증거 확보를 위하여 필요하다고 인정할 경우에 위원회는 검찰총장 또는 관할 수사기관의 장에게 수사의 개시와 필요한 조치를 의뢰할 수 있다.

② 제1항에 따른 의뢰를 받은 검찰총장 또는 관할 수사기관의 장은 지체 없이 그 조치 결과를 위원회에 통지하여야 한다.

제35조(조사 목적의 한계) ① 위원회는 조사를 할 때에는 국가기관의 기능 수행에 지장을 주지 아니하도록 유의하여야 한다.

② 위원회는 개인의 사생활을 침해하거나 계속 중인 재판 또는 수사 중인 사건의 소추(訴追)에 부당하게 관여할 목적으로 조사를 하여서는 아니 된다.

제36조(조사의 방법) ① 위원회는 다음 각 호에서 정한 방법으로 진정에 관하여 조사할 수 있다.

1. 진정인·피해자·피진정인(이하 "당사자"라 한다) 또는 관계인에 대한 출석 요구, 진술 청취 또는 진술서 제출 요구
2. 당사자, 관계인 또는 관계 기관 등에 대하여 조사 사항과 관련이 있다고 인정되는 자료 등의 제출 요구
3. 조사 사항과 관련이 있다고 인정되는 장소, 시설 또는 자료 등에 대한 현장조사 또는 감정(鑑定)
4. 당사자, 관계인 또는 관계 기관 등에 대하여 조사 사항과 관련이 있다고 인정되는 사실 또는 정보의 조회

② 위원회는 조사를 위하여 필요하다고 인정하면 위원 또는 소속 직원에게 일정한 장소 또는 시설을 방문하여 장소, 시설 또는 자료 등에 대하여 현장조사 또는 감정을 하게 할 수 있다. 이 경우 위원회는 그 장소 또는 시설에 당사자나 관계인의 출석을 요구하여 진술을 들을 수 있다.
③ 제1항제1호에 따라 진술서 제출을 요구받은 사람은 14일 이내에 진술서를 제출하여야 한다.
④ 제1항과 제2항에 따른 피진정인에 대한 출석 요구는 인권침해행위나 차별행위를 한 행위당사자의 진술서만으로는 사안을 판단하기 어렵고, 제30조제1항에 따른 인권침해행위나 차별행위가 있었다고 볼 만한 상당한 이유가 있는 경우에만 할 수 있다.
⑤ 제2항에 따라 조사를 하는 위원 또는 소속 직원은 그 장소 또는 시설을 관리하는 장 또는 직원에게 필요한 자료나 물건의 제출을 요구할 수 있다.
⑥ 제2항에 따라 조사를 하는 위원 또는 소속 직원은 그 권한을 표시하는 증표를 지니고 이를 그 장소 또는 시설을 관리하는 장 또는 직원에게 내보여야 한다.
⑦ 위원회가 자료나 물건의 제출을 요구하거나 그 자료, 물건 또는 시설에 대한 현장조사 또는 감정을 하려고 하는 경우 관계 국가기관의 장은 그 자료, 물건 또는 시설이 다음 각 호의 어느 하나에 해당한다는 사실을 위원회에 소명하고 그 자료나 물건의 제출 또는 그 자료, 물건, 시설에 대한 현장조사 또는 감정을 거부할 수 있다. 이 경우 위원회는 관계 국가기관의 장에게 필요한 사항의 확인을 요구할 수 있으며, 요구를 받은 관계 국가기관의 장은 이에 성실히 협조하여야 한다.

1. 국가의 안전보장 또는 외교관계에 중대한 영향을 미치는 국가기밀 사항인 경우
2. 범죄 수사나 계속 중인 재판에 중대한 지장을 줄 우려가 있는 경우

제37조(질문·검사권) ① 위원회는 제36조의 조사에 필요한 자료 등이 있는 곳 또는 관계인에 관하여 파악하려면 그 내용을 알고 있다고 믿을 만한 상당한 이유가 있는 사람에게 질문하거나 그 내용을 포함하고 있다고 믿을 만한 상당한 이유가 있는 서류와 그 밖의 물건을 검사할 수 있다.
② 제1항의 경우에는 제36조제5항부터 제7항까지를 준용한다.

제38조(위원의 제척 등) ① 위원(제41조에 따른 조정위원을 포함한다. 이하 이 조에서 같다)은 다음 각 호의 어느 하나에 해당하는 경우에는 진정의 심의·의결에서 제척된다.

1. 위원이나 그 배우자 또는 그 배우자이었던 사람이 해당 진정의 당사자이거나 그 진정에 관하여 당사자와 공동권리자 또는 공동의무자인 경우
2. 위원이 해당 진정의 당사자와 친족이거나 친족이었던 경우

3. 위원이 해당 진정에 관하여 증언이나 감정을 한 경우
4. 위원이 해당 진정에 관하여 당사자의 대리인으로 관여하거나 관여하였던 경우
5. 위원이 해당 진정에 관하여 수사, 재판 또는 다른 법률에 따른 구제 절차에 관여하였던 경우

② 당사자는 위원에게 심의·의결의 공정을 기대하기 어려운 사정이 있는 경우에는 위원장에게 기피신청을 할 수 있으며 위원장은 당사자의 기피신청에 대하여 위원회의 의결을 거치지 아니하고 결정한다. 다만, 위원장이 결정하기에 타당하지 아니하는 경우에는 위원회의 의결로 결정한다.

③ 위원이 제1항 각 호의 어느 하나의 사유 또는 제2항의 사유에 해당하는 경우에는 스스로 그 진정의 심의·의결을 회피할 수 있다.

제39조(진정의 기각) ① 위원회는 진정을 조사한 결과 진정의 내용이 다음 각 호의 어느 하나에 해당하는 경우에는 그 진정을 기각한다.

1. 진정의 내용이 사실이 아님이 명백하거나 사실이라고 인정할 만한 객관적인 증거가 없는 경우
2. 조사 결과 제30조제1항에 따른 인권침해나 차별행위에 해당하지 아니하는 경우
3. 이미 피해 회복이 이루어지는 등 별도의 구제 조치가 필요하지 아니하다고 인정되는 경우

② 위원회는 진정을 기각하는 경우 진정의 당사자에게 그 결과와 이유를 통지하여야 한다.

제40조(합의의 권고) 위원회는 조사 중이거나 조사가 끝난 진정에 대하여 사건의 공정한 해결을 위하여 필요한 구제 조치를 당사자에게 제시하고 합의를 권고할 수 있다.

제41조(조정위원회의 설치와 구성) ① 조정의 신속하고 공정한 처리를 위하여 위원회에 성·장애 등의 분야별로 조정위원회를 둘 수 있다.

② 조정위원회의 위원(이하 "조정위원"이라 한다)은 위원회의 위원과 다음 각 호의 어느 하나에 해당하는 사람 중에서 성·장애 등의 분야별로 위원장이 위촉하는 사람이 된다.

1. 인권문제에 관하여 전문적인 지식과 경험을 가진 사람으로서 국가기관 또는 민간단체에서 인권과 관련된 분야에 10년 이상 종사한 사람
2. 판사·검사·군법무관·변호사로 10년 이상 종사한 사람
3. 대학 또는 공인된 연구기관에서 조교수 이상으로 10년 이상 재직한 사람

③ 조정위원회의 회의는 다음 각 호의 사람으로 구성한다.

1. 위원회의 위원인 조정위원 중 회의마다 위원장이 지명하는 1명
2. 제2항에 따른 분야별 조정위원 중 회의마다 위원장이 지명하는 2명

④ 조정위원의 위촉 및 임기, 조정위원회의 구성·운영, 조정의 절차 등에 관하여 필요한 사항은 위원회 규칙으로 정한다.

⑤ 조정위원회의 조정 절차에 관하여 이 법 및 위원회 규칙에 규정되지 아니한 사항은 「민사조정법」을 준용한다.

제42조(조정위원회의 조정) ① 조정위원회는 인권침해나 차별행위와 관련하여 당사자의 신청이나 위원회의 직권으로 조정위원회에 회부된 진정에 대하여 조정 절차를 시작할 수 있다.

② 조정은 조정 절차가 시작된 이후 당사자가 합의한 사항을 조정서에 적은 후 당사자가 기명날인하고 조정위원회가 이를 확인함으로써 성립한다.

③ 조정위원회는 조정 절차 중에 당사자 사이에 합의가 이루어지지 아니하는 경우 사건의 공정한 해결을 위하여 조정을 갈음하는 결정을 할 수 있다.

④ 조정을 갈음하는 결정에는 다음 각 호의 어느 하나의 사항을 포함시킬 수 있다.

1. 조사대상 인권침해나 차별행위의 중지
2. 원상회복, 손해배상, 그 밖에 필요한 구제조치
3. 동일하거나 유사한 인권침해 또는 차별행위의 재발을 방지하기 위하여 필요한 조치

⑤ 조정위원회는 조정을 갈음하는 결정을 한 경우에는 지체 없이 그 결정서를 당사자에게 송달하여야 한다.

⑥ 당사자가 제5항에 따라 결정서를 송달받은 날부터 14일 이내에 이의를 신청하지 아니하면 조정을 수락한 것으로 본다.

제43조(조정위원회의 조정의 효력) 제42조제2항에 따른 조정과 같은 조 제6항에 따라 이의를 신청하지 아니하는 경우의 조정을 갈음하는 결정은 재판상 화해와 같은 효력이 있다.

제44조(구제조치 등의 권고) ① 위원회가 진정을 조사한 결과 인권침해나 차별행위가 일어났다고 판단할 때에는 피진정인, 그 소속 기관·단체 또는 감독기관(이하 "소속기관등"이라 한다)의 장에게 다음 각 호의 사항을 권고할 수 있다.

1. 제42조제4항 각 호에서 정하는 구제조치의 이행
2. 법령·제도·정책·관행의 시정 또는 개선

② 제1항에 따라 권고를 받은 소속기관등의 장에 관하여는 제25조제2항부터 제5항까지를 준용한다.

제45조(고발 및 징계권고) ① 위원회는 진정을 조사한 결과 진정의 내용이 범죄행위에 해당하고 이에 대하여 형사 처벌이 필요하다고 인정하면 검찰총장에게 그 내용을 고발할 수 있다. 다만, 피고발인이 군인이나 군무원인 경우에는 소속 군 참모총장 또는 국방부장관에게 고발할 수 있다.

② 위원회가 진정을 조사한 결과 인권침해 및 차별행위가 있다고 인정하면 피진정인 또는 인권침해에 책임이 있는 사람을 징계할 것을 소속기관등의 장에게 권고할 수 있다.

③ 제1항에 따라 고발을 받은 검찰총장, 군 참모총장 또는 국방부장관은 고발을 받은 날부터 3개월 이내에 수사를 마치고 그 결과를 위원회에 통지하여야 한다. 다만, 3개월 이내에 수사를 마치지 못할 때에는 그 사유를 밝혀야 한다.

④ 제2항에 따라 위원회로부터 권고를 받은 소속기관등의 장은 권고를 존중하여야 하며 그 결과를 위원회에 통지하여야 한다.

제46조(의견진술의 기회 부여) ① 위원회는 제44조 또는 제45조에 따른 권고 또는 조치를 하기 전에 피진정인에게 의견을 진술할 기회를 주어야 한다.

② 제1항의 경우 당사자 또는 이해관계인은 구두 또는 서면으로 위원회에 의견을 진술하거나 필요한 자료를 제출할 수 있다.

제47조(피해자를 위한 법률구조 요청) ① 위원회는 진정에 관한 위원회의 조사, 증거의 확보 또는 피해자의 권리 구제를 위하여 필요하다고 인정하면 피해자를 위하여 대한법률구조공단 또는 그 밖의 기관에 법률구조를 요

청할 수 있다.
② 제1항에 따른 법률구조 요청은 피해자의 명시한 의사에 반하여 할 수 없다.
③ 제1항에 따른 법률구조 요청의 절차·내용 및 방법에 관하여 필요한 사항은 위원회 규칙으로 정한다.

제48조(긴급구제 조치의 권고) ① 위원회는 진정을 접수한 후 조사대상 인권침해나 차별행위가 계속되고 있다는 상당한 개연성이 있고, 이를 방치할 경우 회복하기 어려운 피해가 발생할 우려가 있다고 인정하면 그 진정에 대한 결정 이전에 진정인이나 피해자의 신청에 의하여 또는 직권으로 피진정인, 그 소속기관등의 장에게 다음 각 호의 어느 하나의 조치를 하도록 권고할 수 있다.

1. 의료, 급식, 의복 등의 제공
2. 장소, 시설, 자료 등에 대한 현장조사 및 감정 또는 다른 기관이 하는 검증 및 감정에 대한 참여
3. 시설수용자의 구금 또는 수용 장소의 변경
4. 인권침해나 차별행위의 중지
5. 인권침해나 차별행위를 하고 있다고 판단되는 공무원 등을 그 직무에서 배제하는 조치
6. 그 밖에 피해자의 생명, 신체의 안전을 위하여 필요한 사항

② 위원회는 필요하다고 인정하면 당사자 또는 관계인 등의 생명과 신체의 안전, 명예의 보호, 증거의 확보 또는 증거 인멸의 방지를 위하여 필요한 조치를 하거나 관계인 및 그 소속기관등의 장에게 그 조치를 권고할 수 있다.

제49조(조사와 조정 등의 비공개) 위원회의 진정에 대한 조사·조정 및 심의는 비공개로 한다. 다만, 위원회의 의결이 있을 때에는 공개할 수 있다.

제50조(처리 결과 등의 공개) 위원회는 이 장에 따른 진정의 조사 및 조정의 내용과 처리 결과, 관계기관등에 대한 권고와 관계기관등이 한 조치 등을 공표할 수 있다. 다만, 다른 법률에 따라 공표가 제한되거나 사생활의 비밀이 침해될 우려가 있는 경우에는 그러하지 아니하다.

제5장 보칙

제51조(자격 사칭의 금지) 누구든지 위원회의 위원 또는 직원의 자격을 사칭하여 위원회의 권한을 행사하여서는 아니 된다.

제52조(비밀누설의 금지) 위원, 조정위원, 자문위원 또는 직원이거나 그 직에 재직하였던 사람 및 위원회에 파견되거나 위원회의 위촉에 의하여 위원회의 업무를 수행하거나 수행하였던 사람은 업무상 알게 된 비밀을 누설하여서는 아니 된다.

제53조(유사명칭 사용의 금지) 위원회가 아닌 자는 국가인권위원회 또는 이와 유사한 명칭을 사용하지 못한다.

제54조(공무원 등의 파견) ① 위원회는 그 업무 수행을 위하여 필요하다고 인정하면 관계기관등의 장에게 그 소속 공무원 또는 직원의 파견을 요청할 수 있다.

② 제1항에 따른 요청을 받은 관계기관등의 장은 위원회와 협의하여 소속 공무원 또는 직원을 위원회에 파견할 수 있다.
③ 제2항에 따라 위원회에 파견된 공무원 또는 직원은 그 소속 기관으로부터 독립하여 위원회의 업무를 수행한다.
④ 제2항에 따라 위원회에 공무원 또는 직원을 파견한 관계기관등의 장은 위원회에 파견된 공무원 또는 직원에 대하여 인사 및 처우 등에서 불리한 조치를 하여서는 아니 된다.

제55조(불이익 금지와 지원) ① 누구든지 이 법에 따라 위원회에 진정, 진술, 증언, 자료 등의 제출 또는 답변을 하였다는 이유만으로 해고, 전보, 징계, 부당한 대우, 그 밖에 신분이나 처우와 관련하여 불이익을 받지 아니한다.
② 위원회는 인권침해나 차별행위의 진상을 밝히거나 증거 또는 자료 등을 발견하거나 제출한 사람에게 필요한 지원 또는 보상을 할 수 있다.
③ 제2항에 따른 지원 또는 보상의 내용, 절차, 그 밖에 필요한 사항은 위원회 규칙으로 정한다.

제6장 벌칙

제56조(인권옹호 업무방해) ① 다음 각 호의 어느 하나에 해당하는 사람은 5년 이하의 징역 또는 3천만원 이하의 벌금에 처한다.
1. 위원회의 업무를 수행하는 위원 또는 직원을 폭행하거나 협박한 사람
2. 위원 또는 직원에게 그 업무상의 행위를 강요 또는 저지하거나 그 직을 사퇴하게 할 목적으로 폭행하거나 협박한 사람
3. 위계(僞計)로써 위원 또는 직원의 업무 수행을 방해한 사람
4. 이 법 제4장에 따라 위원회의 조사 대상이 되는 다른 사람의 인권침해나 차별행위 사건에 관한 증거를 인멸, 위조 또는 변조하거나 위조 또는 변조한 증거를 사용한 사람

② 친족이 본인을 위하여 제1항제4호의 죄를 범한 때에는 처벌하지 아니한다.

제57조(진정서 작성 등의 방해) 제31조를 위반하여 진정을 허가하지 아니하거나 방해한 사람은 3년 이하의 징역 또는 3천만원 이하의 벌금에 처한다.
제58조(자격 사칭) 제51조를 위반하여 위원회의 위원 또는 직원의 자격을 사칭하여 위원회의 권한을 행사한 사람은 2년 이하의 징역 또는 700만원 이하의 벌금에 처한다.

제59조(비밀누설) 제52조를 위반하여 업무상 알게 된 비밀을 누설한 사람은 2년 이하의 징역, 5년 이하의 자격정지 또는 2천만원 이하의 벌금에 처한다.
제60조(긴급구제 조치 방해) 제48조제1항 또는 제2항에 따라 위원회가 하는 조치를 방해한 사람은 1년 이하의 징역 또는 500만원 이하의 벌금에 처한다.

제61조(비밀침해) 제31조제6항 또는 제7항을 위반하여 비밀을 침해한 사람은 1년 이하의 징역 또는 3천만원 이하의 벌금에 처한다.

제62조(벌칙 적용 시의 공무원 의제) 위원회의 위원 중 공무원이 아닌 사람은 「형법」과 그 밖의 법률에 따른 벌칙을 적용할 때에는 공무원으로 본다.

제63조(과태료) ① 다음 각호의 1에 해당하는 자는 1천만원 이하의 과태료에 처한다.

1. 정당한 이유없이 제24조제1항의 규정에 의한 방문조사 또는 제36조의 규정에 의한 실지조사를 거부, 방해 또는 기피한 자
2. 정당한 이유없이 제36조제1항제1호 또는 제2항의 규정에 의한 위원회의 진술서 제출요구 또는 출석요구에 응하지 아니한 자
3. 정당한 이유없이 제36조제1항제2호 및 제4호 또는 제5항의 규정에 의한 자료 등의 제출요구 및 사실조회에 응하지 아니하거나 거짓의 자료 등을 제출한 자

② 제53조의 규정에 위반한 자는 300만원 이하의 과태료에 처한다.

③ 제1항 및 제2항의 규정에 의한 과태료는 대통령령이 정하는 바에 따라 위원장이 부과한다.

④ 제3항의 규정에 의한 과태료 처분에 불복이 있는 자는 그 처분의 고지를 받은 날부터 30일 이내에 위원장에게 이의를 제기할 수 있다.

⑤ 제3항의 규정에 의한 과태료 처분을 받은 자가 제4항의 규정에 의하여 이의를 제기한 때에는 부과권자는 지체없이 관할법원에 그 사실을 통보하여야 하며, 그 통보를 받은 관할법원은 「비송사건절차법」에 의한 과태료의 재판을 한다.

⑥ 제4항의 규정에 의한 기간 이내에 이의를 제기하지 아니하고 과태료를 납부하지 아니한 때에는 국세체납처분의 예에 의하여 이를 징수한다.

경찰비상업무규칙

경찰장비관리규칙

제1장 총칙

제1조(목적)
이 규칙은 「물품관리법」, 「경찰관직무집행법」 및 「경찰장비의 사용기준 등에 관한 규정」의 시행을 위하여 필요한 사항을 정하고 기타 경찰장비의 관리에 관한 기본적인 사항을 규정함으로써 경찰장비의 합리적 운용 및 관리를 도모함을 목적으로 한다.

제2조(정의) 이 규칙에서 사용하는 용어의 정의는 다음과 같다.

물품	「물품관리법」 제2조제1항에 따른 물품 중 경찰청과 그 소속기관에서 관리하는 물품을 말한다.
소모품	일반적인 사용용법에 따라 사용할 경우 1년 이내에 소모되어 없어지거나 다시 사용할 수 없는 물품을 말하며, 세부 해당기준은 조달청 「물품분류고시」에 따른다.
비소모품	일반적으로 1년 이상 사용할 수 있는 물품으로서 계획적인 수급관리가 필요한 물품을 말하며, 세부 해당기준은 조달청 「물품분류고시」에 따른다.
경찰장비	무기, 경찰장구, 최루제 및 그 발사장치, 과학수사기구, 해안감시기구, 정보통신기기, 차량·선박·항공기 등 경찰의 직무 수행을 위해 필요한 장치와 기구를 말한다.

제5장 물품의 불용처분

제25조(불용품의 결정기준)
① 불용품이란 물품 중 사용할 필요가 없거나 사용할 수 없는 물품을 말한다.
② 물품관리관이 불용결정을 할 수 있는 물품은 다음 각 호와 같다.
1. 사용할 필요가 없게 된 물품으로서 앞으로도 사용할 전망이 없는 물품
2. 정수관리 물품으로 정수를 초과하였거나, 일반물품 중 적정 수요를 초과하여 필요이상 재고로 보유하고 있는 물품
3. 원장비가 사용 불가능하거나 불용된 경우로서, 이를 새로이 취득할 필요성이나 가능성이 없는 경우의 그 관련 부분품
4. 규격 또는 모형이 달라져 정비가 곤란하거나 정비하여도 본래의 목적에 사용할 수 없는 물품
5. 훼손 또는 마모되어 본래의 목적에 사용 할 수 없게 되었거나, 수리하여 사용하는 것이 비경제적인 물품

제26조(불용품의 상태 분류) 물품관리관은 물품의 불용결정을 할 때에는 활용가능품과 활용불가능품으로 구분하여 다음과 같이 그 상태를 분류하여야 한다.

활용가능품	신품	사용되지 아니한 물품으로서 수리를 요하지 아니하는 물품
	중고품	사용된 물품으로서 수리를 요하지 아니하는 물품
	요정비품	수리하여 사용함이 경제적인 물품
활용불가능품	폐품	수리하여 사용하는 것이 비경제적인 물품

제29조(불용결정 및 승인) ① 물품관리관은 취득단가 500만원 이상의 물품 및 정수관리 물품을 불용할 때에는 물품마다 별지 제9호서식의 불용결정서를 작성하여야 한다.

② 물품관리관은 불용결정 승인요청을 받은 물품의 내용연수, 수리실적 등을 검토한 후 처분방법을 정하여야 하며, 별지 제10호서식의 불용결정(승인)통보서를 작성하여 불용을 승인한다.

③ 물품관리관은 재물조사 및 물품현황 파악과정에서 사용불가능품이 재고량으로 반영되어 물품수급에 차질이 발생하지 않도록 사용불가능품은 즉시 불용처분하여야 한다.

제35조(변상명령) ① 각 경찰기관의 장은 제34조제3항의 통보에 대한 감사원의 판정이 있기 전에도 「회계관계직원 등의 책임에 관한 법률」 제6조제2항의 기관별·직위별 위임한도 범위 내에서 다음 각호의 어느 하나에 해당하는 경우에는 변상책임자에게 변상명령할 수 있다.

1. 「회계관계직원 등의 책임에 관한 법률」 제2조제1항바목 및 타목의 회계관계직원(이하 "회계관계직원"이라 한다)이 고의 또는 중대한 과실로 법령 및 그 밖의 관계규정을 위반하여 국가의 재산에 손해를 끼친 경우
2. 물품을 출납·보관하는 회계관계직원이 선량한 관리자로서의 주의를 게을리 하여 그가 보관하는 물품이 망실되거나 훼손된 경우

② 변상액 평가는 「회계관계직원 등의 책임에 관한 법률 시행령」 제2조의 변상기준에 따른다.

③ 각 경찰기관의 장은 변상명령을 한 경우 그 결과를 경찰청장에게 보고하여야 한다.

④ 제1항의 변상명령을 받은 회계관계직원은 그 책임을 면할 사유가 있는 때에는 그 이유를 명백히 한 서류에 이를 증명하는 서류를 첨부하여 경찰청장을 거쳐 감사원에 송부하고 그 판정을 구할 수 있다.

제71조(관리) ① 경찰장비는 해당 경찰기관안에 설치된 보관시설에 집중관리하는 것이 원칙이며, 손·망실 등을 방지하기 위하여 관리에 만전을 기하여야 한다.

② 경찰장비를 보관하는 장소에는 인화성 물질을 보관하여서는 아니되며, 습기를 예방하여야 한다.

③ 경찰장비를 관리하는 자는 반드시 관리요령에 관한 교육을 받아야 한다.

제73조(물품의 관리감독) 경찰기관의 장은 분기 1회 이상, 물품관리관 또는 장비담당 주무과장은 월 1회 이상, 장비담당 주무계장급은 주1회 이상 장비 보관창고의 상태, 장비의 현황 및 관리상태 등을 점검하여야 한다.

제2절 경찰장구류

제75조(구분)

경찰장구류는 경찰관이 휴대하여 범인검거와 범죄진압 등 직무수행에 사용하는 장비로서, 수갑, 포승, 호송용 포승, 경찰봉, 호신용경봉, 전자충격기, 방패, 전자방패 등을 말한다.

제76조(수갑)

① 수갑은 개인이 관리·운용할 수 있다.

④ 물품관리관은 반기 1회 이상 수갑의 보유현황을 점검하여야 한다.

제77조(포승, 호송용 포승)

① 포승, 호송용 포승은 운용부서에서 운용부서장의 책임 하에 관리·운용한다.

② 운용부서장은 운용부서 내에 견고한 보관시설 또는 보관함을 만들어 보관하고, 보관함 열쇠는 운용부서장이 관리한다.

제78조(경찰봉, 호신용경봉)

① 경찰봉, 호신용경봉은 물품관리관의 책임 하에 집중관리한다. 다만, 운용부서에 대여하여 그 부서장의 책임 하에 관리·운용하게 할 수 있다.

② 지구대 등에서 관리·운용하는 경찰봉, 호신용경봉은 지역경찰관리자의 책임하에 관리·운용한다.

③ 경찰관이 직무수행을 위하여 경찰봉, 호신용경봉을 사용할 경우에는 다음 각 호의 안전수칙을 준수하여야 한다.

1. 범인의 검거 및 제압 등 정당한 공무수행을 위해서만 사용하여야 한다.
2. 손상 등으로 날카롭게 된 경찰봉을 사용하지 않도록 사전점검을 실시하여야 한다.
3. 위해를 가할 수 있는 물질을 경찰봉에 삽입하거나 부착하는 등의 임의적인 변형을 하지 않아야 한다.
4. 상대방의 머리, 얼굴, 흉·복부 등을 직접 가격하는 것은 자제하여야 한다.

제79조(전자충격기)

① 전자충격기는 물품관리관의 책임 하에 집중관리함을 원칙으로 하나, 운용부서에 대여하여 그 부서장의 책임하에 관리·운용하게 할 수 있다.

② 경찰관이 직무수행을 위하여 전자충격기를 사용할 경우에는 다음 각 호의 안전수칙을 준수하여야 한다.

1. 사용 전 배터리 충전여부를 확인한다.
2. 전극침이 발사되는 전자충격기의 경우 안면을 향해 발사해서는 아니 된다.
3. 14세미만의 자 또는 임산부에 대하여 사용하여서는 아니 된다.

제80조(방패, 전자방패)

① 방패, 전자방패는 각급 경찰기관의 보관시설에 집중관리함을 원칙으로 한다. 다만, 신속한 출동을 위해 출동버스에 보관할 수 있다.

② 경찰관이 직무수행을 위하여 방패, 전자방패를 사용할 경우에는 다음 각 호의 안전수칙을 준수하여야 한다.

1. 방패
   가. 모서리 등이 파손되어 가장자리가 날카롭지 않도록 사전점검을 철저히 하여야 한다.
   나. 가장자리로 상대의 머리 등 중요부위에 사용하지 않도록 주의하여야 한다.
2. 전자방패
   가. 누전 여부를 확인 후 사용하여야 한다. 특히, 우천 등으로 피복이 젖은 경우에는 사용을 자제하여야 한다.

나. 14세 미만자나 임산부임이 명백한 경우에는 사용하지 않아야 한다.

제81조(특별관리)

① 이 절의 장비 중 경찰봉, 호신용경봉, 방패, 전자방패는 그 종류별로 구분하여 별도의 보관창고에 보관하여야 한다. 다만, 별도의 보관창고를 설치하지 못한 경우에는 다른 경찰장비와 함께 보관하되 종류별로 구분하고 표찰을 부착하여 보관할 수 있다.

제3절 안전·보호장비

제83조(구분)

안전·보호장비는 직무수행시 안전을 위해 착용 또는 휴대하는 장비로서, 다음과 같이 구분한다.

착용장비	방석모, 진압복, 방독면, 호신용조끼, 방검장갑, 방탄복, 방탄헬멧 등
휴대장비	개인소화기, 휴대용소화기, 소화포, 후레쉬봉, 안전매트 등

제4절 기동장비

기동장비	차량, 항공기, 선박, 자전거를 말한다.
차량	자동차와 원동기를 장치한 이륜차를 말한다.
항공기	경찰항공대에서 관리·운용하는 헬리콥터(이하 "헬기"라 한다)를 말하며, 그 운용에 필요한 부수장비는 다음과 같이 구분한다. 가. 헬기 : 단발헬기, 쌍발헬기 나. 부수장비 : 시동발전기, 항공기 견인차, 견인봉, 화물 고리, 인양기, 구조망, 화물망, 물탱크, 대지방송장비, 탐조등, 진동측정장비, 헬기용 카메라, 엔진 세척기, 열풍기, 기타 부수장비
선박	범죄예방 업무수행을 위하여 운영되는 순찰정을 말한다.
차량정수	경찰기관별로 인가되어 정하여진 차량의 수를 말한다.

제87조(정의) 이 장에서 사용하는 용어의 정의는 다음과 같다.

제88조(차량의 구분)

① 차량의 차종은 승용·승합·화물·특수용으로 구분하고, 차형은 차종별로 대형·중형·소형·경형·다목적형으로 구분한다.

② 차량은 용도별로 다음 각호와 같이 전용·지휘용·업무용·순찰용·특수용 차량으로 구분한다.

1. 전용 : 「공용차량관리규정」 제4조 제1항에 따른 차량(경찰청장 및 경찰위원회 상임위원용 차량)
2. 지휘용 : 치안현장 점검·지휘 등 상시 지휘체제 유지를 위해 경찰기관장이 운용하는 차량
3. 업무용 : 각 경찰부서의 인력 및 물자 수송 등 통상적인 경찰 업무와 경찰위원회 업무에 공통으로 사용할 수 있는 일반적인 차량
4. 순찰용 : 112순찰·교통·고속도로 및 형사순찰차량 등 기동순찰 목적으로 별도 제작 운용중인 차량
5. 특수용 : 경비·작전·피의자호송·과학수사·구급·식당·위생·견인, 특수진압차, 사다리차, 폭발물검색

차, 방송차, 살수차(군중의 해산을 목적으로 고압의 물줄기를 분사하는 장비. 이하 같다), 물보급차, 가스차, 조명차, 페이로다 등 특수한 업무에 적합하도록 필요한 설비를 부착하는 등 별도 제작된 차량. 다만, 특수업무용 승용차량은 「공용차량관리규정」 제4조 제1항에 따른다.〈2014. 4. 28 개정〉

제94조(교체대상차량의 불용처리)
① 차량교체를 위한 불용 대상차량은 부속기관 및 지방경찰청에 배정되는 수량의 범위 내에서 내용연수 경과 여부 등 차량사용기간을 최우선적으로 고려하여 선정한다.
② 사용기간이 동일한 경우에는 주행거리와 차량의 노후상태, 사용부서 등을 종합적으로 검토 예산낭비 요인이 없도록 신중하게 선정한다.
③ 단순한 내용연수 경과를 이유로 일괄교체 또는 불용처분하는 것을 지양하고 성능이 양호하여 운행가능한 차량은 교체순위에 불구하고 연장 사용할 수 있다.
④ 불용처분된 차량은 부속기관 및 지방경찰청별로 실정에 맞게 공개매각을 원칙으로 하되, 공개매각이 불가능한 때에는 폐차처분을 할 수 있다. 다만, 매각을 할 때에는 경찰표시도색을 제거하는 등 필요한 조치를 하여야 한다.

제95조(차량의 집중관리)
① 각 경찰기관의 업무용차량은 운전요원의 부족 등 불가피한 사유가 없는 한 집중관리를 원칙으로 한다.
② 특수용 차량 등도 필요하다고 인정되는 경우에는 집중관리할 수 있다.
③ 집중관리대상 차량 및 운전자는 관리 주무부서 소속으로 한다.

제96조(차량의 관리) ① 차량열쇠는 지정된 열쇠함에 집중보관하여 주간에는 정보화장비담당관(정보화장비과장, 운영지원과장, 총무과장, 경찰서는 경무과장), 일과 후 및 공휴일에는 상황관리(담당)관(경찰서는 상황(부)실장, 지구대는 지역경찰관리자)이 관리하고, 예비열쇠의 확보 등을 위한 무단복제와 전·의경 운전원의 임의 소지 및 보관을 금한다.

제97조(특별관리)
① 각급 경찰기관의 장은 특수진압차, 가스차, 살수차 등 사람의 생명·신체에 위해를 가할 우려가 있는 장비는 특별한 관리를 하여야 한다.
② 제1항의 장비를 사용할 때에는 다음 각호의 안전수칙을 준수하여야 한다.
1. 특수진압차
가. 최루탄 발사대의 각도가 15도 이상인지 확인 후 사용하여야 한다.
나. 가스액류는 화기에 주의한다.
2. 가스차
가. 최루탄 발사대의 발사각도가 15도 이상에서 발사되는지 확인 후 사용한다.
나. 다연발탄 발사시는 시위대 상공으로 발사하여야 한다.
다. 가스액류는 인화성 물질이므로 화기에 주의하여야 한다.
라. 최루액과 연막액은 3:1로 혼합하여 사용하는 것을 원칙으로 한다.
마. 가스차는 항상 진압부대의 보호 속에서 운용되어야 하며 후진시에는 유도요원의 유도에 따라 운용한다.

3. 살수차

가. 살수차를 사용하기 전에 경고방송과 경고살수를 통하여 자진해산을 유도하여야 한다.

나. 살수차 사용시 시위대의 거리와 수압 등은 제반 현장상황을 고려하여 집회시위관리에 필요한 최소한도로 하여야 한다.

제98조(차량의 관리책임)

③ 차량운행시 책임자는 1차 운전자, 2차 선임탑승자(사용자), 3차 경찰기관의 장으로 한다.

제5절 무기류

제112조(정의) 이 장에서 사용하는 용어의 정의는 다음과 같다.

무기	인명 또는 신체에 위해를 가할 수 있도록 제작된 권총·소총·도검 등을 말한다.
집중무기고	경찰인력 및 경찰기관별 무기책정기준에 따라 배정된 개인화기와 공용화기를 집중보관·관리하기 위하여 각 경찰기관에 설치된 시설을 말한다.
탄약고	경찰탄약을 집중 보관하기 위하여 타용도의 사무실, 무기고 등과 분리 설치된 보관시설을 말한다.
간이무기고	경찰기관의 각 기능별 운용부서에서 효율적 사용을 위하여 집중무기고로부터 무기·탄약의 일부를 대여받아 별도로 보관·관리하는 시설을 말한다.
무기·탄약 관리책임자	경찰기관의 장으로부터 무기·탄약 관리 업무를 위임받아 집중무기고 및 간이무기고에 보관된 무기·탄약을 총괄하여 관리·감독하는 자를 말한다.
무기·탄약 취급담당자	무기·탄약 관리에 관한 업무를 분장받아 해당 경찰기관의 무기·탄약의 보관·운반·수리·입출고 등 무기·탄약 관리사무에 종사하는 자를 말한다.

제115조(무기고 및 탄약고 설치)

③ 탄약고는 무기고와 분리되어야 하며 가능한 본 청사와 격리된 독립 건물로 하여야 한다.

④ 무기고와 탄약고의 환기통 등에는 손이 들어가지 않도록 쇠창살 시설을 하고, 출입문은 2중으로 하여 각 1개소 이상씩 자물쇠를 설치하여야 한다.

⑤ 무기·탄약고 비상벨은 상황실과 숙직실 등 초동조치 가능장소와 연결하고, 외곽에는 철조망장치와 조명등 및 순찰함을 설치하여야 한다.

⑥ 간이무기고는 근무자가 24시간 상주하는 지구대, 파출소, 상황실 및 112타격대(이하 "지구대 및 상황실 등"이라 한다) 등 경찰기관의 장이 필요하다고 인정하는 상당한 이유가 있는 장소에 설치할 수 있다.

⑤ 탄약고 내에는 전기시설을 하여서는 아니되며, 조명은 건전지 등으로 하고 방화시설을 완비하여야 한다. 단, 방폭설비를 갖춘 경우 전기시설을 설치할 수 있다.

제116조(무기·탄약의 보관)

① 무기·탄약은 종류별, 제조년도별로 구분 관리하며, 그 품명과 수량이 표시된 현황판과 격납배치도, 무기출입 및 점검확인부를 비치하여야 한다.

② 간이무기고에 권총과 소총을 함께 보관할 경우에는 견고한 분리보관 장치를 하고, 소총은 별도 잠금장치를 설치하여야 한다.

③ 무기고에는 가스발사총(분사기)을 보관할 수 있고, 최루탄은 보관함에 넣어 탄약고에 함께 보관할 수 있으나, 무기·탄약고에 인화물질 및 기타 장비를 보관하여서는 아니 된다.

④ 간이무기고에 탄약을 함께 보관할 경우에는 반드시 튼튼한 상자에 넣어 잠금장치를 하고 분리보관 하여야 한다.

第117条(무기·탄약고 열쇠의 보관)

① 무기고와 탄약고의 열쇠는 관리 책임자가 보관한다.

② 집중무기고의 경우 일과시간은 정보화장비담당관(정보화장비과장, 운영지원과장, 경찰서는 경무과장), 일과후는 상황관리(담당)관, 상황실 간이무기고는 상황(부)실장, 지구대 등 간이무기고는 지역경찰관리자, 기타 간이무기고는 설치부서 책임자(야간은 당직관 등 열쇠 인수 책임자)가 보관 관리한다. 다만, 휴가·비번 등으로 관리책임자 공백시는 별도 관리책임자를 지정하여야 한다.

③ 간이무기고 소총용 열쇠는 관리책임자가 별도 관리하여야 하고, 지구대 등 무기고의 경우 관리책임자 부재시는 이중문 열쇠를 소내 근무자 등에게 관리상 책임을 알린 뒤 각각 분리 보관하게 하여야 한다.

第120条(무기·탄약의 회수 및 보관)

① 경찰기관의 장은 무기를 휴대한 자 중에서 다음 각 호에 해당하는 자가 발생한 때에는 즉시 대여한 무기·탄약을 회수하여야 한다.	1. 직무상의 비위 등으로 인하여 징계대상이 된 자 2. 형사사건의 조사의 대상이 된 자 3. 사의를 표명한 자
② 경찰기관의 장은 무기를 휴대한 자 중에서 다음 각 호에 해당하는 자가 있을 때에는 대여한 무기·탄약을 회수 또는 보관할 수 있다.	1. 평소에 불평이 심하고 염세비관하는 자 2. 주벽이 심한 자 3. 변태성벽이 있는 자 4. 가정환경이 불화한 자 5. 기타 경찰기관의 장이 부적합하다고 판단한 자
③ 경찰기관의 장은 무기를 휴대한 자 중에서 다음 각 호에 해당하는 경우에는 대여한 무기·탄약을 무기고에 보관하도록 하여야 한다.	1. 술자리 또는 연회장소에 출입할 경우 2. 상사의 사무실을 출입할 경우 3. 기타 정황을 판단하여 필요하다고 인정되는 경우

第123条(무기·탄약 취급상의 안전관리) ① 경찰관은 권총·소총 등 총기를 휴대·사용하는 경우 다음의 안전수칙을 준수하여야 한다.

권총	가. 총구는 공중 또는 지면(안전지역)을 향한다. 나. 실탄 장전시 반드시 안전장치(방아쇠울에 설치 사용)를 장착한다. 다. 1탄은 공포탄, 2탄 이하는 실탄을 장전한다. 다만, 대간첩작전, 살인 강도 등 중요범인이나 무기·흉기 등을 사용하는 범인의 체포 및 위해의 방호를 위하여 불가피한 경우에 1탄부터 실탄을 장전할 수 있다. 라. 조준시는 대퇴부 이하를 향한다.
소총, 기관총, 유탄발사기	가. 실탄은 분리 휴대한다. 나. 실탄 장전시 조정간을 안전위치로 한다. 다. 사용 후 보관시 약실과 총강을 점검한다.

	라. 노리쇠 뭉치나 구성품은 다른 총기의 부품과 교환하지 않도록 한다. 마. 공포 탄약은 총구에서 6m 이내의 사람을 향해 사격해서는 아니 된다.
수류탄, 탄약류	가. 수류탄을 투척할 경우 항상 철모를 착용한다. 나. 실탄 및 폭발류 등을 임의로 변형해서는 아니 된다. 다. 수류탄 등은 투척준비가 될 때까지는 안전핀을 뽑아서는 아니 된다. 라. 마찰 및 충격을 가해서는 아니 된다. 마. 불발탄 발생시 폭발물처리반에 인계하여야 한다.
석궁	가. 사격 목적 이외에 화살을 장전하지 않도록 한다. 나. 화살의 장착유무를 막론하고 사격목표 이외에 겨냥하지 않도록 한다. 다. 석궁을 놓아둘 때에는 반드시 장전을 해제하여야 한다. 라. 화살의 방향은 언제나 지면을 향해야 한다. 마. 공중을 향해 사격하지 않는다.
다목적 발사기	가. 휴대시 안전자물쇠 안전위치를 확인하여야 한다. 나. 안전위치에서 격발여부를 확인하여야 한다. 다. 안전자물쇠가 안전위치임을 확인한 뒤에 실탄을 장전한다.
물발사 분쇄기	가. 특별한 경우를 제외하고는 폭발물처리 목적에만 사용하여야 한다. 나. 보호벽을 설치하고 사용하여야 한다.

② 총기 손질시는 총구를 공중 또는 지면을 향하여 검사 총을 실시하여야 한다.
③ 무기·탄약고 출입시는 화재요인이 되는 성냥·라이터 등을 휴대하여서는 아니 된다.
④ 무기·탄약 등 위험물을 수송할 때에는 반드시 무장경찰관 1명 이상을 동승시켜야 하고, 과속운행과 흡연을 하여서는 아니 된다.
⑤ 개인이 휴내 운반시에는 견고한 운반 전용대를 이용하여야 하며, 승차시에는 분실 등 제반사고 예방을 위하여 항상 몸에 지니도록 하고, 다른 업무를 병행하여서는 아니 된다.

제6절 최루제 및 그 발사장치

제129조(정의) 이 장에서 사용하는 용어의 정의는 다음과 같다.

최루장비	화학적 성질에 의하여 최루·자극·연막 또는 신호 등의 효과를 일으키거나 이를 제거하는 최루작용제를 장착하여 사용하는 장비 및 작용제를 말한다.
분사기	사람의 활동을 일시적으로 곤란하게 하는 최루 또는 자극(질식) 등의 작용제를 내장된 압축가스의 힘으로 분사할 수 있는 기기를 말한다.
가스발사총	장약을 이용한 추진력에 의하여 가스작용제 또는 고무탄 등을 발사할 수 있는 장비를 말한다.
최루탄 발사기	장전탄통에 최루탄을 장착하여 추진탄에 의한 가스방출력으로 발사할 수 있도록 장치된 장비를 말한다.

제133조(최루장비의 안전관리)

경찰관은 최루탄발사기, 분사기 등 최루장비를 휴대·사용하는 경우 다음의 안전수칙을 준수하여야 한다.

최루탄 발사기	가. 현장 지휘관의 지휘에 따라 발사하되 인화성 물질에 발사해서는 아니 된다. 다. 밀폐된 공간에서는 사용을 피해야 한다. 라. 최루탄 발사기는 30도 미만 각도에서 방아쇠가 격발되지 않도록 한다. 마. 최루탄은 물 또는 습기에 젖어 있는지 확인 후 이상이 없을 때에만 사용한다. 바. 장전탄통 고정 조임나사를 완전히 조인 후 사용하여야 한다. 사. 상황출동 등으로 정비하지 못하거나 추가정비를 요하는 발사기는 자체정비 또는 무기창에 입고하여 수리 정비하여야 한다. 아. 발사기는 훈련탄 실사훈련을 실시하여 안전장치(30도 이상 발사) 등 고장 여부를 수시 점검 각종 상황에 대비할 수 있도록 하여야 한다. 자. 발사기는 사용 후 총구 및 약실 내부의 가스를 완전히 제거하여 보관하고, 장전탄통은 가스방출구 막힘을 방지하는 등 손질을 철저히 하여야 한다.
분사기	가. 범인 검거 및 제압 등 유사시 정당한 공무수행 목적에 한하여 필요한 최소한도로 사용하여야 한다. 나. 분사기를 사용하고자 할 때에는 사용에 관하여 미리 경고한 후 분사하여야 한다. 다만, 범인의 체포 등을 위해 긴급을 요하는 경우에는 그러하지 아니한다. 다. 밀폐된 공간에서의 사용을 자제하여야 한다. 라. 분사기의 사용 등에 관하여 이 장에서 정하지 아니한 사항은 「분사기 운용지침」에 따른다.
가스발사총 (고무탄 발사 포함)	가. 1m 이내의 거리에서 발사해서는 아니 된다. 나. 사용시에는 반드시 안전장치 확인 후 발사하여야 한다. 다. 밀폐된 공간에서의 사용을 자제해야 한다.

제11장 특별관리대상 장비 관리

제157조(구분) 특별관리대상 장비는 경찰관의 직무수행 중 통상 용법대로 사용하는 경우 사람에게 위해를 가할 우려가 있어 관리 및 사용상 특별한 주의가 필요한 장비로, 다음과 같이 구분한다.

경찰장구	수갑, 포승, 호송용포승, 경찰봉, 호신용경봉, 전자충격기, 진압봉, 방패 및 전자방패
무기	권총, 소총, 기관총, 산탄총, 유탄발사기, 박격포, 3인치포, 클레이모어, 수류탄, 폭약류 및 도검
분사기 등	근접분사기, 가스분사기, 가스발사총, 가스분사겸용경봉, 최루탄발사기 및 최루탄
기타장비	가스차, 살수차, 특수진압차, 석궁, 다목적발사기(스펀지탄·고무탄·페인트탄·조명탄을 사용하는 경우)

위해성 경찰장비의 사용기준 등에 관한 규정

제1조(목적)

이 영은 「경찰관 직무집행법」 제10조에 따라 국가경찰공무원이 직무를 수행할 때 사용할 수 있는 사람의 생명이나 신체에 위해를 끼칠 수 있는 경찰장비의 종류·사용기준 및 안전관리 등에 관한 사항을 규정함을 목적으로 한다.

#경찰관직무집행법

제10조(경찰장비의 사용 등)

① 경찰관은 직무수행 중 경찰장비를 사용할 수 있다. 다만, 사람의 생명이나 신체에 위해를 끼칠 수 있는 경찰장비(이하 이 조에서 "위해성 경찰장비"라 한다)를 사용할 때에는 필요한 안전교육과 안전검사를 받은 후 사용하여야 한다.

② 제1항 본문에서 "경찰장비"란 무기, 경찰장구(警察裝具), 최루제(催淚劑)와 그 발사장치, 살수차, 감식기구(鑑識機具), 해안 감시기구, 통신기기, 차량·선박·항공기 등 경찰이 직무를 수행할 때 필요한 장치와 기구를 말한다.

③ 경찰관은 경찰장비를 함부로 개조하거나 경찰장비에 임의의 장비를 부착하여 일반적인 사용법과 달리 사용함으로써 다른 사람의 생명·신체에 위해를 끼쳐서는 아니 된다.

④ 위해성 경찰장비는 필요한 최소한도에서 사용하여야 한다.

⑤ 경찰청장은 위해성 경찰장비를 새로 도입하려는 경우에는 대통령령으로 정하는 바에 따라 안전성 검사를 실시하여 그 안전성 검사의 결과보고서를 국회 소관 상임위원회에 제출하여야 한다. 이 경우 안전성 검사에는 외부 전문가를 참여시켜야 한다.

제2조(위해성 경찰장비의 종류)

「경찰관 직무집행법」 제10조제1항 난서에 따른 사람의 생명이나 신체에 위해를 끼칠 수 있는 경찰장비(이하 "위해성 경찰장비"라 한다)의 종류는 다음 각 호와 같다.

경찰장구	수갑·포승(捕繩)·호송용포승·경찰봉·호신용경봉·전자충격기·방패 및 전자방패
무기	권총·소총·기관총(기관단총을 포함한다. 이하 같다)·산탄총·유탄발사기·박격포·3인치포·함포·크레모아·수류탄·폭약류 및 도검
분사기·최루탄등	근접분사기·가스분사기·가스발사총(고무탄 발사겸용을 포함한다. 이하 같다) 및 최루탄(그 발사장치를 포함한다. 이하 같다)
기타장비	가스차·살수차·특수진압차·물포·석궁·다목적발사기 및 도주차량차단장비

제5조(자살방지등을 위한 수갑등의 사용기준 및 사용보고)

경찰관은 범인·주취자 또는 정신착란자의 자살 또는 자해기도를 방지하기 위하여 필요한 때에는 수갑·포승 또는 호송용포승을 사용할 수 있다. 이 경우 경찰관은 소속 국가경찰관서의 장(국민안전처장관·경찰청장·지방경찰청장·경찰서장 또는 해양경비안전서장 기타 경무관·총경·경정 또는 경감을 장으로 하는 국가경찰관서의 장을 말한다. 이하 같다)에게 그 사실을 보고하여야 한다.

제6조(불법집회등에서의 경찰봉·호신용경봉의 사용기준)
경찰관은 불법집회·시위로 인하여 발생할 수 있는 타인 또는 경찰관의 생명·신체의 위해와 재산·공공시설의 위험을 방지하기 위하여 필요한 때에는 최소한의 범위안에서 경찰봉 또는 호신용경봉을 사용할 수 있다.

제8조(전자충격기등의 사용제한)
① 경찰관은 14세미만의 자 또는 임산부에 대하여 전자충격기 또는 전자방패를 사용하여서는 아니 된다.
② 경찰관은 전극침(電極針) 발사장치가 있는 전자충격기를 사용하는 경우 상대방의 얼굴을 향하여 전극침을 발사하여서는 아니 된다.

제9조(총기사용의 경고)
경찰관은 법 제10조의4에 따라 사람을 향하여 권총 또는 소총을 발사하고자 하는 때에는 미리 구두 또는 공포탄에 의한 사격으로 상대방에게 경고하여야 한다. 다만, 다음 각 호의 어느 하나에 해당하는 경우로서 부득이한 때에는 경고하지 아니할 수 있다.
1. 경찰관을 급습하거나 타인의 생명·신체에 대한 중대한 위험을 야기하는 범행이 목전에 실행되고 있는 등 상황이 급박하여 특히 경고할 시간적 여유가 없는 경우
2. 인질·간첩 또는 테러사건에 있어서 은밀히 작전을 수행하는 경우

제10조(권총 또는 소총의 사용제한)
① 경찰관은 법 제10조의4의 규정에 의하여 권총 또는 소총을 사용하는 경우에 있어서 범죄와 무관한 다중의 생명·신체에 위해를 가할 우려가 있는 때에는 이를 사용하여서는 아니 된다. 다만, 권총 또는 소총을 사용하지 아니하고는 타인 또는 경찰관의 생명·신체에 대한 중대한 위험을 방지할 수 없다고 인정되는 때에는 필요한 최소한의 범위안에서 이를 사용할 수 있다.
② 경찰관은 총기 또는 폭발물을 가지고 대항하는 경우를 제외하고는 14세미만의 자 또는 임산부에 대하여 권총 또는 소총을 발사하여서는 아니 된다.

제11조(동물의 사살)
경찰관은 공공의 안전을 위협하는 동물을 사살하기 위하여 부득이한 때에는 권총 또는 소총을 사용할 수 있다.

제12조(가스발사총등의 사용제한)
① 경찰관은 범인의 체포 또는 도주방지, 타인 또는 경찰관의 생명·신체에 대한 방호, 공무집행에 대한 항거의 억제를 위하여 필요한 때에는 최소한의 범위안에서 가스발사총을 사용할 수 있다. 이 경우 경찰관은 1미터이내의 거리에서 상대방의 얼굴을 향하여 이를 발사하여서는 아니 된다.
② 경찰관은 최루탄발사기로 최루탄을 발사하는 경우 30도이상의 발사각을 유지하여야 하고, 가스차·살수차 또는 특수진압차의 최루탄발사대로 최루탄을 발사하는 경우에는 15도이상의 발사각을 유지하여야 한다.

제13조(가스차·살수차·특수진압차·물포의 사용기준)
① 경찰관은 불법집회·시위 또는 소요사태로 인하여 발생할 수 있는 타인 또는 경찰관의 생명·신체의 위해와 재산·공공시설의 위험을 억제하기 위하여 부득이한 경우에는 현장책임자의 판단에 의하여 필요한 최소한의 범

위안에서 가스차 또는 살수차를 사용할 수 있다.

② 경찰관은 소요사태의 진압, 대간첩·대테러작전의 수행을 위하여 부득이한 경우에는 필요한 최소한의 범위안에서 특수진압차를 사용할 수 있다.

③ 경찰관은 불법해상시위를 해산시키거나 정선명령에 불응하고 도주하는 선박을 정지시키기 위하여 부득이한 경우에는 현장책임자의 판단에 의하여 필요한 최소한의 범위안에서 경비함정의 물포를 사용할 수 있다. 다만, 사람을 향하여 직접 물포를 발사하여서는 아니 된다.

제14조(석궁의 사용기준)

경찰관은 총기·폭발물 기타 위험물로 무장한 범인 또는 인질범의 체포, 대간첩·대테러작전등 국가안전에 관련되는 작전을 은밀히 수행하거나 총기를 사용할 경우에는 화재·폭발의 위험이 있는 등 부득이한 때에 한하여 현장책임자의 판단에 의하여 필요한 최소한의 범위안에서 석궁을 사용할 수 있다.

제20조(사용기록의 보관 등)

① 제2조제2호부터 제4호까지의 위해성 경찰장비(제4호의 경우에는 살수차만 해당한다)를 사용하는 경우 그 현장책임자 또는 사용자는 별지 서식의 사용보고서를 작성하여 직근상급 감독자에게 보고하고, 직근상급 감독자는 이를 3년간 보관하여야 한다.

② 제1항의 규정에 의하여 제2조제2호의 무기 사용보고를 받은 직근상급 감독자는 지체없이 지휘계통을 거쳐 경찰청장(국민안전처 소속 경찰공무원의 무기 사용보고의 경우에는 국민안전처장관을 말한다)에게 보고하여야 한다.

제21조(부상자에대한 긴급조치)

경찰관이 위해성 경찰장비를 사용하여 부상자가 발생한 경우에는 즉시 구호, 그 밖에 필요한 긴급조치를 하여야 한다.

보안업무규정

제1장 총칙

제1조(목적)

이 영은 「국가정보원법」 제3조제2항에 따라 보안 업무 수행에 필요한 사항을 규정함을 목적으로 한다.

국가정보원법

제3조(직무)

① 국정원은 다음 각 호의 직무를 수행한다.

1. 국외 정보 및 국내 보안정보[대공(對共), 대정부전복(對政府顚覆), 방첩(防諜), 대테러 및 국제범죄조직]의 수집·작성 및 배포
2. 국가 기밀에 속하는 문서·자재·시설 및 지역에 대한 보안 업무. 다만, 각급 기관에 대한 보안감사는 제외한다.
3. 「형법」 중 내란(內亂)의 죄, 외환(外患)의 죄, 「군형법」 중 반란의 죄, 암호 부정사용의 죄, 「군사기밀 보호법」에 규정된 죄, 「국가보안법」에 규정된 죄에 대한 수사
4. 국정원 직원의 직무와 관련된 범죄에 대한 수사
5. 정보 및 보안 업무의 기획·조정

② 제1항제1호 및 제2호의 직무 수행을 위하여 필요한 사항과 같은 항 제5호에 따른 기획·조정의 범위와 대상 기관 및 절차 등에 관한 사항은 대통령령으로 정한다.

제2조(정의) 이 영에서 사용하는 용어의 뜻은 다음과 같다.

용어	뜻
비밀	그 내용이 누설될 경우 국가안전보장에 해를 끼칠 우려가 있는 국가 기밀로서 이 영에 따라 비밀로 분류된 것을 말한다.
각급기관	「대한민국헌법」, 「정부조직법」 또는 그 밖의 법령에 따라 설치된 국가기관(군기관 및 교육기관을 포함한다)과 지방자치단체 및 「공공기록물 관리에 관한 법률 시행령」 제3조에 따른 공공기관을 말한다.
중앙행정기관	「정부조직법」 제2조제2항에 따른 부·처·청(이에 준하는 위원회를 포함한다)과 대통령 소속·보좌·경호기관 및 국무총리 보좌기관을 말한다.
암호자재	정보통신 보안을 위하여 암호기술을 적용하여 만들어진 장치나 수단으로서 Ⅰ·Ⅱ급비밀 및 Ⅲ급비밀 소통용 암호자재로 구분하는 장치나 수단을 말한다.

제2장 비밀보호

제4조(비밀의 구분)

비밀은 그 중요성과 가치의 정도에 따라 다음 각 호와 같이 구분한다.

Ⅰ급비밀	누설될 경우 대한민국과 외교관계가 단절되고 전쟁을 일으키며, 국가의 방위계획·정보활동 및 국가방위에 반드시 필요한 과학과 기술의 개발을 위태롭게 하는 등의 우려가 있는 비밀
Ⅱ급비밀	누설될 경우 국가안전보장에 막대한 지장을 끼칠 우려가 있는 비밀
Ⅲ급비밀	누설될 경우 국가안전보장에 해를 끼칠 우려가 있는 비밀

제5조(비밀의 보호와 관리 원칙)
각급기관의 장은 비밀의 분류·취급·유통 및 이관 등의 모든 과정에서 비밀이 누설되거나 유출되지 아니하도록 보안대책을 수립하여 시행하여야 한다.

#보안업무규정 시행규칙

제3조(암호자재의 제작)
① 각급기관에서 공통으로 사용할 암호자재나 각급기관의 장이 제작을 요청하는 암호자재는 국가정보원장이 제작·배부한다.
② 각급기관에서 사용하는 Ⅲ급비밀 소통용 암호자재는 국가정보원장이 인가하는 암호체계에 따라 그 기관의 장이 제작·배부할 수 있다.
③ 각급기관의 장은 제2항에 따라 Ⅲ급비밀 소통용 암호자재를 제작하거나 변경한 때에는 1부를 국가정보원장에게 제출하여야 한다.

제33조(보관기준)
① 비밀은 일반문서나 암호자재와 혼합하여 보관하여서는 아니 된다.
② Ⅰ급비밀은 반드시 금고에 보관하여야 하며, 다른 비밀과 혼합하여 보관하여서는 아니 된다.
③ Ⅱ급비밀 및 Ⅲ급비밀은 금고 또는 이중 철제캐비닛 등 잠금장치가 있는 안전한 용기에 보관하여야 하며, 보관책임자가 Ⅱ급비밀 취급 인가를 받은 때에는 Ⅱ급비밀과 Ⅲ급비밀을 같은 용기에 혼합하여 보관할 수 있다.
④ 보관용기에 넣을 수 없는 비밀은 제한구역 또는 통제구역에 보관하는 등 그 내용이 노출되지 아니하도록 특별한 보호대책을 마련하여야 한다.

제54조(보호구역의 구분)
① 규정 제32조제2항에 따른 제한지역, 제한구역 및 통제구역이란 각각 다음 각 호의 지역 또는 구역을 말한다.
  1. 제한지역: 비밀 또는 국·공유재산의 보호를 위하여 울타리 또는 방호·경비인력에 의하여 일반인의 출입에 대한 감시가 필요한 지역
  2. 제한구역: 비인가자가 비밀, 주요시설 및 Ⅲ급 비밀 소통용 암호자재에 접근하는 것을 방지하기 위하여 안내를 받아 출입하여야 하는 구역
  3. 통제구역: 보안상 매우 중요한 구역으로서 비인가자의 출입이 금지되는 구역
② 보호구역에 대해서는 일반인의 출입을 제한할 수 있는 보안대책을 수립·시행하여야 하며, 제한구역 및 통제구역에는 그 구역의 기능 및 구조에 따라 다음 각 호의 대책이 마련되어야 한다.
  1. 출입 허가자의 지정과 출입 허가를 받지 아니한 사람에 대한 출입 통제대책
  2. 주야간 경계대책
  3. 외부로부터의 투시, 도청 및 파괴물질의 투척 방지 대책

4. 방화대책
5. 경보대책
6. 그 밖에 필요한 보안대책

제56조(조사기관 및 조사대상)
① 국가정보원장은 다음 각 호에 해당하는 사람에 대한 신원조사를 한다.
1. 중앙행정기관의 3급 이상의 공무원 및 동등한 직급 이상의 공무원 임용예정자
2. 광역시·세종특별자치시의 행정부시장 및 각 도(제주특별자치도를 포함한다)의 행정부지사
3. 판사 신규 임용예정자
4. 검사 신규 임용예정자
5. 국·공립대학교 총장 및 학장
6. 공무원 임용예정자인 외국인
7. 그 밖에 제1호부터 제6호까지 외의 사람으로서 각급기관의 장이 국가보안상 필요하다고 인정하여 요청하는 사람

② 국방부장관은 군인, 군무원, 「방위사업법」에 따른 방위산업체 및 연구기관의 종사자와 그 밖의 군사보안에 관련된 사람에 대한 신원조사를 실시한다.
③ 경찰청장은 제1항 및 제2항에 따른 신원조사의 대상인 사람을 제외한 사람에 대하여 신원조사를 하되, 여권 발급 신청자 중 신원특이사항이 있는 경우에는 그 신원조사서와 신원조사 월별통계를 국가정보원장에게 통보하여야 한다.
④ 국가정보원장은 제1항부터 제3항까지에도 불구하고 필요한 사람에 대한 신원조사를 관계 조사기관에 요청할 수 있다.

제58조(신원조사 사항) 신원조사사항에는 다음 각 호의 사항이 포함되어야 한다. 다만, 임용분야 및 취급업무에 따라 신원조사 사항을 생략할 수 있다.
1. 이름 및 주민등록번호
2. 등록기준지 및 주소
3. 친교 인물
4. 정당 및 사회단체 관련 사항
5. 국적 변동 내역
6. 학력 및 경력
7. 가족관계
8. 재산(「공직자윤리법」 제4조에 따른 등록대상재산을 포함한다)
9. 범죄경력 및 상벌 내역
10. 인품 및 소행
11. 병역사항(「공직자 등의 병역사항 신고 및 공개에 관한 법률」 제3조에 따른 병역사항을 포함한다)
12. 해외 거주 사실
13. 그 밖의 참고사항

제8조(비밀의 취급) 비밀은 해당 등급의 비밀취급 인가를 받은 사람만 취급할 수 있다.

제9조(비밀취급 인가권자)

Ⅰ급비밀 취급 인가권자와 Ⅰ·Ⅱ급비밀 소통용 암호자재 취급 인가권자	Ⅱ급 및 Ⅲ급비밀 취급 인가권자와 Ⅲ급비밀 소통용 암호자재 취급 인가권자
1. 대통령 2. 국무총리 3. 감사원장 4. 국가인권위원회 위원장 5. 각 부·처의 장 6. 국무조정실장, 방송통신위원회 위원장, 공정거래위원회 위원장, 금융위원회 위원장, 국민권익위원회 위원장 및 원자력안전위원회 위원장 7. 대통령 비서실장 8. 국가안보실장 9. 대통령 경호실장 10. 국가정보원장 11. 검찰총장 12. 합동참모의장, 각군 참모총장, 육군의 1·3군 사령관 및 2작전사령관 13. 국방부장관이 지정하는 각군 부대장	1. 제1항 각 호의 사람(Ⅰ급비밀 취급 인가권자와 Ⅰ·Ⅱ급비밀 소통용 암호자재 취급 인가권자) 2. 중앙행정기관인 청의 장 3. 지방자치단체의 장 4. 특별시·광역시·도 및 특별자치시·특별자치도의 교육감 5. 제1호부터 제4호까지의 사람이 지정한 기관의 장

① 는 다음 각 호와 같다.

② 는 다음 각 호와 같다.

제10조(비밀취급의 인가 및 인가해제)

① 비밀취급 인가권자는 비밀을 취급하거나 비밀에 접근할 사람에게 해당 등급의 비밀취급을 인가하고, 필요한 경우에는 인가 등급을 변경한다.

② 비밀취급 인가는 인가 대상자의 직책에 따라 필요한 최소한의 인원으로 제한하여야 한다.

③ 비밀취급 인가를 받은 사람이 다음 각 호의 어느 하나에 해당하는 경우에는 그 인가를 해제하여야 한다.

1. 고의 또는 중대한 과실로 보안사고를 저질렀거나 이 영을 위반하여 보안업무에 지장을 주는 경우
2. 비밀취급이 불필요하게 되었을 경우

④ 비밀취급의 인가와 인가 등급의 변경 및 인가 해제는 문서로 하여야 하며, 직원의 인사기록사항에 그 사실을 포함하여야 한다.

제11조(비밀의 분류)

① 비밀취급 인가를 받은 사람은 인가받은 비밀 및 그 이하 등급 비밀의 분류권을 가진다.

제12조(분류원칙)

① 비밀은 적절히 보호할 수 있는 최저등급으로 분류하되, 과도하거나 과소하게 분류해서는 아니 된다.

② 비밀은 그 자체의 내용과 가치의 정도에 따라 분류하여야 하며, 다른 비밀과 관련하여 분류해서는 아니 된다.

③ 외국 정부나 국제기구로부터 접수한 비밀은 그 생산기관이 필요로 하는 정도로 보호할 수 있도록 분류하여야 한다.

제15조(재분류 등)

① 비밀을 효율적으로 보호하기 위하여 비밀등급 또는 예고문 변경 등의 재분류를 한다.

② 비밀의 재분류는 그 비밀의 예고문에 따르거나 생산자의 직권으로 한다. 다만, 다음 각 호의 어느 하나에 해당하는 경우에는 예고문의 비밀 보호기간 및 보존기간과 관계없이 비밀을 파기할 수 있다.

1. 전시·천재지변 등 긴급하고 부득이한 사정으로 비밀을 계속 보관할 수 없거나 안전하게 반출할 수 없는 경우
2. 국가정보원장의 요청이 있는 경우
3. 비밀 재분류를 통하여 예고문에 따른 파기 시기까지 계속 보관할 필요가 없게 된 경우로서 해당 비밀취급 인가권자의 사전 승인을 받은 경우

③ 외국 정부나 국제기구로부터 접수된 비밀 중 예고문이 없거나 기재된 예고문이 비밀 관리에 적당하지 아니하다고 인정되는 경우에는 접수한 기관의 장이 그 비밀을 최대한 보호할 수 있는 범위에서 재분류할 수 있다.

제23조(비밀의 복제·복사 제한)

① 비밀의 일부 또는 전부나 암호자재에 대해서는 모사(模寫)·타자(打字)·인쇄·조각·녹음·촬영·인화(印畵)·확대 등 그 원형을 재현(再現)하는 행위를 할 수 없다. 다만, 다음 각 호의 구분에 따른 비밀의 경우에는 그러하지 아니하다.

1. Ⅰ급비밀: 그 생산자의 허가를 받은 경우
2. Ⅱ급비밀 및 Ⅲ급비밀: 그 생산자가 특정한 제한을 하지 아니한 것으로서 해당 등급의 비밀취급 인가를 받은 사람이 공용(共用)으로 사용하는 경우
3. 전자적 방법으로 관리되는 비밀: 해당 비밀을 보관하기 위한 용도인 경우

② 각급기관의 장은 보안 업무의 효율적인 수행을 위하여 필요하다고 인정되는 경우에는 해당 비밀의 보존기간 내에서 제1항 단서에 따라 그 사본을 제작하여 보관할 수 있다.

③ 제2항에 따라 비밀의 사본을 보관할 때에는 그 예고문이나 비밀등급을 변경해서는 아니 된다. 다만, 「공공기록물 관리에 관한 법률 시행령」 제68조제6항에 따라 비밀을 재분류하는 경우에는 그러하지 아니하다.

④ 비밀을 복제하거나 복사한 경우에는 그 원본과 동일한 비밀등급과 예고문을 기재하고, 사본 번호를 매겨야 한다.

⑤ 제4항에 따른 예고문에 재분류 구분이 "파기"로 되어 있을 때에는 원본의 파기 시기보다 그 시기를 앞당길 수 있다.

제24조(비밀의 열람) ① 비밀은 해당 등급의 비밀취급 인가를 받은 사람 중 그 비밀과 업무상 직접 관계가 있는 사람만 열람할 수 있다.

② 비밀취급 인가를 받지 아니한 사람에게 비밀을 열람하거나 취급하게 할 때에는 국가정보원장이 정하는 바에 따라 소속 기관의 장(비밀이 군사와 관련된 사항인 경우에는 국방부장관)이 미리 열람자의 인적사항과 열람하려는 비밀의 내용 등을 확인하고 열람 시 비밀 보호에 필요한 자체 보안대책을 마련하는 등의 보안조치를 하여야 한다. 다만, Ⅰ급비밀의 보안조치에 관하여는 국가정보원장과 미리 협의하여야 한다.

제25조(비밀의 공개)

① 중앙행정기관의 장은 다음 각 호의 어느 하나에 해당하는 사유가 있을 때에는 그가 생산한 비밀을 제26조에 따른 보안심사위원회의 심의를 거쳐 공개할 수 있다. 다만, Ⅰ급비밀의 공개에 관하여는 국가정보원장과 미리 협의하여야 한다.

1. 국가안전보장을 위하여 국민에게 긴급히 알려야 할 필요가 있다고 판단될 때
2. 공개함으로써 국가안전보장 또는 국가이익에 현저한 도움이 된다고 판단될 때

② 공무원 또는 공무원이었던 사람은 법률에서 정하는 경우를 제외하고는 소속 기관의 장이나 소속되었던 기관의 장의 승인 없이 비밀을 공개해서는 아니 된다.

제26조(보안심사위원회) ① 중앙행정기관에 비밀의 공개에 관한 사항을 심의하기 위하여 보안심사위원회를 둔다.

② 제1항에 따른 보안심사위원회의 구성·운영 등에 필요한 세부사항은 국가정보원장이 정한다.

제27조(비밀의 반출) 비밀은 보관하고 있는 시설 밖으로 반출해서는 아니 된다. 다만, 공무상 반출이 필요할 때에는 소속 기관의 장의 승인을 받아야 한다.

제32조(보호구역)

① 파괴, 기능 마비 또는 비밀누설로 인하여 전략적으로 또는 군사적으로 막대한 손해를 끼치거나 국가안전보장에 연쇄적 혼란을 일으킬 우려가 있는 시설 또는 지역(이하 "국가보안시설"이라 한다)이나 선박·항공기 등 중요장비(이하 "보호장비"라 한다)를 관리하는 기관 등의 장과 각급기관의 장은 국가비밀·암호자재와 국가보안시설·보호장비의 보호를 위하여 필요한 장소에 일정한 범위의 보호구역을 설정할 수 있다.

② 제1항에 따른 보호구역은 그 중요도에 따라 제한지역, 제한구역 및 통제구역으로 나눈다.

③ 제1항에 따른 보호구역에 접근하거나 출입하려는 사람은 각급기관의 장 또는 국가보안시설·보호장비를 관리하는 기관 등의 장의 허가를 받아야 한다.

④ 보호구역을 관리하는 사람은 제3항에 따른 허가를 받지 아니한 사람의 보호구역 접근이나 출입을 제한하거나 금지할 수 있다.

제3장 신원조사

제33조(신원조사)

① 국가정보원장은 국가보안을 위하여 국가에 대한 충성심·성실성 및 신뢰성을 조사하기 위하여 신원조사를 한다.

② 신원조사는 국가정보원장이 직권으로 하거나 관계 기관의 장의 요청에 따라 한다.

③ 신원조사의 대상이 되는 사람은 다음 각 호와 같다.

1. 공무원 임용 예정자
2. 비밀취급 인가 예정자
3. 해외여행을 위하여 「여권법」에 따른 여권이나 「선원법」에 따른 선원수첩 등 신분증서 또는 「출입국관리법」에 따른 사증(査証) 등을 발급받으려는 사람(입국하는 교포를 포함한다)

4. 국가보안시설 · 보호장비를 관리하는 기관 등의 장(해당 국가보안시설 등의 관리 업무를 수행하는 소속 직원을 포함한다)
5. 임직원을 임명할 때 정부의 승인이나 동의가 필요한 공공기관의 임직원
6. 그 밖에 다른 법령에서 정하는 사람이나 각급기관의 장이 국가보안상 필요하다고 인정하는 사람

제45조(권한의 위탁)

① 국가정보원장은 제33조에 따른 신원조사와 관련한 권한의 일부를 국방부장관과 경찰청장에게 위탁할 수 있다. 다만, 국방부장관에 대한 위탁은 군인 · 군무원, 「방위사업법」에 따른 방위산업체 및 연구기관의 종사자와 그 밖에 군사보안에 관련된 인원의 신원조사로 한정한다.

보안업무규정 시행 세부규칙

제1장총칙

제1조(목적)
이 규칙은 「보안업무규정」 및 「보안업무규정 시행규칙」의 시행에 관하여 필요한 사항을 규정함을 목적으로 한다.

제2조(적용범위) 이 규칙은 경찰청과 그 소속기관에 적용한다.

제5조(보안심사위원회 설치)
① 각 경찰기관의 장은 보안업무의 효율적인 운영과 중요 보안사항을 심의·결정하기 위하여 보안심사위원회(이하 "위원회"라 한다)를 설치·운영한다.
② 위원회의 구성은 다음 각 호와 같으며, 그 직에 임명됨과 동시에 당연직으로 한다.

<table>
<tr><th></th><th>위원장</th><th>위원</th><th>간사</th></tr>
<tr><td>경찰청</td><td>차장</td><td>5명 이상 7명 이하의 국·관</td><td>경무담당관</td></tr>
<tr><td>경찰대학</td><td>교수부장</td><td>3명 이상의 과장급</td><td>총무계장</td></tr>
<tr><td>경찰교육원
중앙경찰학교
경찰수사연수원</td><td>운영지원과장</td><td>5명 이상 7명 이하의 계장급</td><td>총무계장</td></tr>
<tr><td rowspan="2">지방경찰청</td><td>차장</td><td>5명 이상 7명 이하의 부장 또는 과장급</td><td>경무계장</td></tr>
<tr><td colspan="3">다만, 차장이 없는 지방경찰청의 경우에는 경무과장을 위원장으로 하고, 5명 이상 7명 이하의 계장급을 위원으로 하며, 간사는 경무계장</td></tr>
<tr><td>경찰병원</td><td>총무과장</td><td>5명 이상 7명 이하의 계장급</td><td>총무계장</td></tr>
<tr><td>경찰서등</td><td>해당 기관장</td><td>과장급</td><td>경무계장 또는 서무계장</td></tr>
</table>

③ 위원장은 위원회를 총괄하고, 위원장이 불가피한 사유로 직무를 수행할 수 없을 때에는 직제상 선임인 위원이 그 직무를 대행한다.
④ 위원장은 위원회에서 심의·결정된 사항을 해당 기관의 장에게 보고하여야 한다.
⑤ 제2항의 규정에도 불구하고 정보통신분야의 심의사항에 대해서는 해당 사업을 주관하는 부서의 분임보안담당관이 위원회의 업무를 주관하며, 간사는 해당 사업을 주관하는 부서의 과장, 계장 또는 담당자가 된다.

제6조(위원회의 운영)
① 위원회의 회의는 재적위원 과반수의 출석으로 개의하고, 출석위원 과반수의 찬성으로 의결한다. 다만, 가부동수일 경우에는 위원장이 결정권을 갖는다.

제2장 인원보안

제10조(인원보안업무의 취급)

① 인원보안에 관한 업무는 각급 경찰기관의 인사업무 담당부서에서 맡아 처리한다.

② 전투경찰순경에 대한 인원 보안업무는 전투경찰순경의 인사업무를 담당하는 부서에서 처리한다.

제11조(Ⅱ급 및 Ⅲ급 비밀취급인가)

① Ⅱ급 및 Ⅲ급 비밀취급 인가권자	1. 경찰청장	2. 경찰대학장
	3. 경찰교육원장	4. 중앙경찰학교장
	5. 경찰수사연수원장	6. 경찰병원장
	7. 지방경찰청장	
② 지방경찰청장은 규정 제7조제2항제5호에 따라 경찰서장, 기동대장에게, Ⅱ급 및 Ⅲ급 비밀취급인가권을 위임한다. 이 경우 경정 이상의 경찰공무원을 장으로 하는 경찰기관의 장에게도 Ⅱ급 및 Ⅲ급 비밀취급인가권을 위임할 수 있다.		
③ 제1항 및 제2항의 규정에 따라 Ⅱ급 및 Ⅲ급 비밀취급인가권을 위임받은 기관의 장은 이를 다시 위임할 수 없다.		

제15조(특별인가)

① 모든 경찰공무원(전투경찰순경을 포함한다)은 임용과 동시 Ⅲ급 비밀취급권을 가진다.

② 경찰공무원 중 다음 각 호의 부서에 근무하는 자(전투경찰순경을 포함한다)는 그 보직발령과 동시에 Ⅱ급 비밀취급권을 인가받은 것으로 한다.

1. 경비, 경호, 작전, 항공, 정보통신 담당부서(기동대, 전경대의 경우는 행정부서에 한한다)
2. 정보, 보안, 외사부서
3. 감찰, 감사 담당부서
4. 치안상황실, 발간실, 문서수발실
5. 경찰청 각 과의 서무담당자 및 비밀을 관리하는 보안업무 담당자
6. 부속기관, 지방경찰청, 경찰서 각 과의 서무담당자 및 비밀을 관리하는 보안업무 담당자

③ 제1항 및 제2항에 따라 비밀의 취급인가를 받은 자에 대하여는 별도로 비밀취급인가증을 발급하지 않는다. 다만, 업무상 필요한 경우에는 발급할 수 있다.

제22조(신원특이자의 관리)

각 경찰기관의 장은 신원조사회보서에 신원특이 내용이 있는 자에 대하여는 임용, 보직 결정 등 보안상 적성을 판단하는 자료로 활용할 수 있도록 신원조사회보서를 인사기록카드와 함께 보관·관리한다.

제3장 문서보안

제54조(비밀문서의 분리)

① 비밀문서는 공람의 시간적 여유가 없을 때를 제외하고는 이를 분리 처리할 수 없다.

② 긴급처리를 위하여 분야별로 분리하였을 때에는 처리가 끝난 즉시 원상태로 취합하여야 한다.

③ 비밀은 이를 보존하는 경우를 제외하고는 내용의 일부 또는 전부를 잘라 따로 스크랩하거나 보관할 수 없다.

제5장 시설보안

제60조(보호구역 설정) ① 보호구역의 설정기준은 다음과 같다.

제한구역	통제구역
가. 전자교환기(통합장비)실, 정보통신실 나. 발간실 다. 송신 및 중계소, 정보통신관제센터 라. 경찰청 및 지방경찰청 항공대 마. 작전·경호·정보·보안업무 담당부서 전역 바. 과학수사센터	가. 암호취급소 나. 정보보안기록실 다. 무기창·무기고 및 탄약고 라. 종합상황실·치안상황실 마. 암호장비관리실 바. 정보상황실 사. 비밀발간실 아. 종합조회처리실

제8장 을지연습

제71조(을지연습장 및 참여자 보안관리)

① 각 기관별 을지연습 주무과장은 을지연습장(場)에 대한 비인가자의 출입통제, 임시비밀 보관 및 문서 세단기 설치 등 보안대책을 수립하여 시행하여야 한다.

② 을지연습 참여자의 소속과장(급)은 비밀취급인가 여부를 확인하여 참여자 중 비인가자에 대해서는 한시적 비밀취급인가를 받도록 조치하여야 한다.

제72조(을지연습비밀의 관리)

① 업무참고를 위해 을지연습 비밀을 다음 연도까지 보관하고자 할 때는 을지연습 비밀 보관목록을 작성하여 목록과 함께 해당 등급의 비밀함에 보관하되, 일반 비밀과는 위치를 구분하여 보관하여야 한다.

② 을지연습 비밀관리기록부는 1년간(다음연도 말까지를 의미한다) 보관하되, 다음해 을지연습 비밀관리기록부에 옮겨 적는 절차는 생략한다.

③ 보존 중인 을지연습 비밀은 제31조의 비밀소유현황 조사 및 시행규칙 제10조에 따른 재분류 검토 대상에서 제외한다.

④ 을지연습 비밀은 실무담당자간에 인계인수하며, 보존목록에 인계인수사항의 기재 및 서명날인 후 보관책임자의 확인을 받는다.

공공기관의 정보공개에 관한 법률(舊. 정보공개법)

제1장 총칙

제1조(목적)

이 법은 공공기관이 보유·관리하는 정보에 대한 국민의 공개 청구 및 공공기관의 공개 의무에 관하여 필요한 사항을 정함으로써 국민의 알권리를 보장하고 국정(國政)에 대한 국민의 참여와 국정 운영의 투명성을 확보함을 목적으로 한다.

제2조(정의) 이 법에서 사용하는 용어의 뜻은 다음과 같다.

정보	공공기관이 직무상 작성 또는 취득하여 관리하고 있는 문서(전자문서를 포함한다. 이하 같다)·도면·사진·필름·테이프·슬라이드 및 그 밖에 이에 준하는 매체 등에 기록된 사항
공개	공공기관이 이 법에 따라 정보를 열람하게 하거나 그 사본·복제물을 제공하는 것 또는 「전자정부법」 제2조제10호에 따른 정보통신망(이하 "정보통신망"이라 한다)을 통하여 정보를 제공하는 것 등
공공기관	가. 국가기관 1) 국회, 법원, 헌법재판소, 중앙선거관리위원회 2) 중앙행정기관(대통령 소속 기관과 국무총리 소속 기관을 포함한다) 및 그 소속 기관 3) 「행정기관 소속 위원회의 설치·운영에 관한 법률」에 따른 위원회 나. 지방자치단체 다. 「공공기관의 운영에 관한 법률」 제2조에 따른 공공기관 라. 그 밖에 대통령령으로 정하는 기관

제3조(정보공개의 원칙)

공공기관이 보유·관리하는 정보는 국민의 알권리 보장 등을 위하여 이 법에서 정하는 바에 따라 적극적으로 공개하여야 한다.

제2장 정보공개 청구권자와 공공기관의 의무

제5조(정보공개 청구권자)

① 모든 국민은 정보의 공개를 청구할 권리를 가진다.

② 외국인의 정보공개 청구에 관하여는 대통령령으로 정한다.

 # 공공기관의 정보공개에 관한 법률

제3조(외국인의 정보공개 청구) 법 제5조제2항에 따라 정보공개를 청구할 수 있는 외국인은 다음 각 호의 어느 하나에 해당하는 자로 한다.

1. 국내에 일정한 주소를 두고 거주하거나 학술·연구를 위하여 일시적으로 체류하는 사람
2. 국내에 사무소를 두고 있는 법인 또는 단체

제6조(공공기관의 의무)

① 공공기관은 정보의 공개를 청구하는 국민의 권리가 존중될 수 있도록 이 법을 운영하고 소관 관계 법령을 정비하여야 한다.

② 공공기관은 정보의 적절한 보존과 신속한 검색이 이루어지도록 정보관리체계를 정비하고, 정보공개 업무를 주관하는 부서 및 담당하는 인력을 적정하게 두어야 하며, 정보통신망을 활용한 정보공개시스템 등을 구축하도록 노력하여야 한다.

제7조(행정정보의 공표 등)

① 공공기관은 다음 각 호의 어느 하나에 해당하는 정보에 대해서는 공개의 구체적 범위와 공개의 주기·시기 및 방법 등을 미리 정하여 공표하고, 이에 따라 정기적으로 공개하여야 한다. 다만, 제9조제1항 각 호의 어느 하나에 해당하는 정보에 대해서는 그러하지 아니하다.

1. 국민생활에 매우 큰 영향을 미치는 정책에 관한 정보
2. 국가의 시책으로 시행하는 공사(工事) 등 대규모 예산이 투입되는 사업에 관한 정보
3. 예산집행의 내용과 사업평가 결과 등 행정감시를 위하여 필요한 정보
4. 그 밖에 공공기관의 장이 정하는 정보

② 공공기관은 제1항에 규정된 사항 외에도 국민이 알아야 할 필요가 있는 정보를 국민에게 공개하도록 적극적으로 노력하여야 한다.

제8조(정보목록의 작성·비치 등)

① 공공기관은 그 기관이 보유·관리하는 정보에 대하여 국민이 쉽게 알 수 있도록 정보목록을 작성하여 갖추어 두고, 그 목록을 정보통신망을 활용한 정보공개시스템 등을 통하여 공개하여야 한다. 다만, 정보목록 중 제9조제1항에 따라 공개하지 아니할 수 있는 정보가 포함되어 있는 경우에는 해당 부분을 갖추어 두지 아니하거나 공개하지 아니할 수 있다.

제8조의2(공개대상 정보의 원문공개)

공공기관 중 중앙행정기관 및 대통령령으로 정하는 기관은 전자적 형태로 보유·관리하는 정보 중 공개대상으로 분류된 정보를 국민의 정보공개 청구가 없더라도 정보통신망을 활용한 정보공개시스템 등을 통하여 공개하여야 한다.

제3장 정보공개의 절차

제9조(비공개 대상 정보)

① 공공기관이 보유·관리하는 정보는 공개 대상이 된다. 다만, 다음 각 호의 어느 하나에 해당하는 정보는 공개하지 아니할 수 있다.

1. 다른 법률 또는 법률에서 위임한 명령(국회규칙·대법원규칙·헌법재판소규칙·중앙선거관리위원회규칙·대통령령 및 조례로 한정한다)에 따라 비밀이나 비공개 사항으로 규정된 정보
2. 국가안전보장·국방·통일·외교관계 등에 관한 사항으로서 공개될 경우 국가의 중대한 이익을 현저히 해칠

우려가 있다고 인정되는 정보

3. 공개될 경우 국민의 생명·신체 및 재산의 보호에 현저한 지장을 초래할 우려가 있다고 인정되는 정보
4. 진행 중인 재판에 관련된 정보와 범죄의 예방, 수사, 공소의 제기 및 유지, 형의 집행, 교정(矯正), 보안처분에 관한 사항으로서 공개될 경우 그 직무수행을 현저히 곤란하게 하거나 형사피고인의 공정한 재판을 받을 권리를 침해한다고 인정할 만한 상당한 이유가 있는 정보
5. 감사·감독·검사·시험·규제·입찰계약·기술개발·인사관리에 관한 사항이나 의사결정 과정 또는 내부검토 과정에 있는 사항 등으로서 공개될 경우 업무의 공정한 수행이나 연구·개발에 현저한 지장을 초래한다고 인정할 만한 상당한 이유가 있는 정보. 다만, 의사결정 과정 또는 내부검토 과정을 이유로 비공개할 경우에는 의사결정 과정 및 내부검토 과정이 종료되면 제10조에 따른 청구인에게 이를 통지하여야 한다.
6. 해당 정보에 포함되어 있는 성명·주민등록번호 등 개인에 관한 사항으로서 공개될 경우 사생활의 비밀 또는 자유를 침해할 우려가 있다고 인정되는 정보. 다만, 다음 각 목에 열거한 개인에 관한 정보는 제외한다.
   가. 법령에서 정하는 바에 따라 열람할 수 있는 정보
   나. 공공기관이 공표를 목적으로 작성하거나 취득한 정보로서 사생활의 비밀 또는 자유를 부당하게 침해하지 아니하는 정보
   다. 공공기관이 작성하거나 취득한 정보로서 공개하는 것이 공익이나 개인의 권리 구제를 위하여 필요하다고 인정되는 정보
   라. 직무를 수행한 공무원의 성명·직위
   마. 공개하는 것이 공익을 위하여 필요한 경우로서 법령에 따라 국가 또는 지방자치단체가 업무의 일부를 위탁 또는 위촉한 개인의 성명·직업
7. 법인·단체 또는 개인(이하 "법인등"이라 한다)의 경영상·영업상 비밀에 관한 사항으로서 공개될 경우 법인등의 정당한 이익을 현저히 해칠 우려가 있다고 인정되는 정보. 다만, 다음 각 목에 열거한 정보는 제외한다.
   가. 사업활동에 의하여 발생하는 위해(危害)로부터 사람의 생명·신체 또는 건강을 보호하기 위하여 공개할 필요가 있는 정보
   나. 위법·부당한 사업활동으로부터 국민의 재산 또는 생활을 보호하기 위하여 공개할 필요가 있는 정보
8. 공개될 경우 부동산 투기, 매점매석 등으로 특정인에게 이익 또는 불이익을 줄 우려가 있다고 인정되는 정보

② 공공기관은 제1항 각 호의 어느 하나에 해당하는 정보가 기간의 경과 등으로 인하여 비공개의 필요성이 없어진 경우에는 그 정보를 공개 대상으로 하여야 한다.

③ 공공기관은 제1항 각 호의 범위에서 해당 공공기관의 업무 성격을 고려하여 비공개 대상 정보의 범위에 관한 세부 기준을 수립하고 이를 공개하여야 한다.

제10조(정보공개의 청구방법)

① 정보의 공개를 청구하는 자는 해당 정보를 보유하거나 관리하고 있는 공공기관에 다음 각 호의 사항을 적은 정보공개 청구서를 제출하거나 말로써 정보의 공개를 청구할 수 있다.

1. 청구인의 성명·주민등록번호·주소 및 연락처(전화번호·전자우편주소 등을 말한다)
2. 공개를 청구하는 정보의 내용 및 공개방법

② 제1항에 따라 청구인이 말로써 정보의 공개를 청구할 때에는 담당 공무원 또는 담당 임직원의 앞에서 진술하여야 하고, 담당공무원등은 정보공개 청구조서를 작성하여 이에 청구인과 함께 기명날인하거나 서명하여야 한다.

제11조(정보공개 여부의 결정)

① 공공기관은 정보공개의 청구를 받으면 그 청구를 받은 날부터 10일 이내에 공개 여부를 결정하여야 한다.

② 공공기관은 부득이한 사유로 제1항에 따른 기간 이내에 공개 여부를 결정할 수 없을 때에는 그 기간이 끝나는 날의 다음 날부터 기산(起算)하여 10일의 범위에서 공개 여부 결정기간을 연장할 수 있다. 이 경우 공공기관은 연장된 사실과 연장 사유를 청구인에게 지체 없이 문서로 통지하여야 한다.

③ 공공기관은 공개 청구된 공개 대상 정보의 전부 또는 일부가 제3자와 관련이 있다고 인정할 때에는 그 사실을 제3자에게 지체 없이 통지하여야 하며, 필요한 경우에는 그의 의견을 들을 수 있다.

④ 공공기관은 다른 공공기관이 보유·관리하는 정보의 공개 청구를 받았을 때에는 지체 없이 이를 소관 기관으로 이송하여야 하며, 이송한 후에는 지체 없이 소관 기관 및 이송 사유 등을 분명히 밝혀 청구인에게 문서로 통지하여야 한다.

제12조(정보공개심의회)

① 국가기관, 지방자치단체 및 「공공기관의 운영에 관한 법률」 제5조에 따른 공기업은 제11조에 따른 정보공개 여부 등을 심의하기 위하여 정보공개심의회를 설치·운영한다.

② 심의회는 위원장 1명을 포함하여 5명 이상 7명 이하의 위원으로 구성한다.

③ 심의회의 위원장을 제외한 위원은 소속 공무원, 임직원 또는 외부 전문가로 지명하거나 위촉하되, 그 중 2분의 1은 해당 국가기관등의 업무 또는 정보공개의 업무에 관한 지식을 가진 외부 전문가로 위촉하여야 한다. 다만, 제9조제1항제2호 및 제4호에 해당하는 업무를 주로 하는 국가기관은 그 국가기관의 장이 외부 전문가의 위촉 비율을 따로 정하되, 최소한 3분의 1 이상은 외부 전문가로 위촉하여야 한다.

제13조(정보공개 여부 결정의 통지)

① 공공기관은 제11조에 따라 정보의 공개를 결정한 경우에는 공개의 일시 및 장소 등을 분명히 밝혀 청구인에게 통지하여야 한다.

② 공공기관은 청구인이 사본 또는 복제물의 교부를 원하는 경우에는 이를 교부하여야 한다. 다만, 공개 대상 정보의 양이 너무 많아 정상적인 업무수행에 현저한 지장을 초래할 우려가 있는 경우에는 정보의 사본·복제물을 일정 기간별로 나누어 제공하거나 열람과 병행하여 제공할 수 있다.

③ 공공기관은 제1항에 따라 정보를 공개하는 경우에 그 정보의 원본이 더럽혀지거나 파손될 우려가 있거나 그 밖에 상당한 이유가 있다고 인정할 때에는 그 정보의 사본·복제물을 공개할 수 있다.

④ 공공기관은 제11조에 따라 정보의 비공개 결정을 한 경우에는 그 사실을 청구인에게 지체 없이 문서로 통지하여야 한다. 이 경우 비공개 이유와 불복(不服)의 방법 및 절차를 구체적으로 밝혀야 한다.

제14조(부분 공개)

공개 청구한 정보가 제9조제1항 각 호의 어느 하나에 해당하는 부분과 공개 가능한 부분이 혼합되어 있는 경우로서 공개 청구의 취지에 어긋나지 아니하는 범위에서 두 부분을 분리할 수 있는 경우에는 제9조제1항 각 호의 어느 하나에 해당하는 부분을 제외하고 공개하여야 한다.

제16조(즉시 처리가 가능한 정보의 공개)

다음 각 호의 어느 하나에 해당하는 정보로서 즉시 또는 말로 처리가 가능한 정보에 대해서는 제11조에 따른 절차를 거치지 아니하고 공개하여야 한다.

1. 법령 등에 따라 공개를 목적으로 작성된 정보
2. 일반국민에게 알리기 위하여 작성된 각종 홍보자료
3. 공개하기로 결정된 정보로서 공개에 오랜 시간이 걸리지 아니하는 정보
4. 그 밖에 공공기관의 장이 정하는 정보

제17조(비용 부담)

① 정보의 공개 및 우송 등에 드는 비용은 실비(實費)의 범위에서 청구인이 부담한다.
② 공개를 청구하는 정보의 사용 목적이 공공복리의 유지·증진을 위하여 필요하다고 인정되는 경우에는 제1항에 따른 비용을 감면할 수 있다.
③ 제1항에 따른 비용 및 그 징수 등에 필요한 사항은 국회규칙·대법원규칙·헌법재판소규칙·중앙선거관리위원회규칙 및 대통령령으로 정한다.

제4장 불복 구제 절차

제18조(이의신청)

① 청구인이 정보공개와 관련한 공공기관의 비공개 결정 또는 부분 공개 결정에 대하여 불복이 있거나 정보공개 청구 후 20일이 경과하도록 정보공개 결정이 없는 때에는 공공기관으로부터 정보공개 여부의 결정 통지를 받은 날 또는 정보공개 청구 후 20일이 경과한 날부터 30일 이내에 해당 공공기관에 문서로 이의신청을 할 수 있다.
② 국가기관등은 제1항에 따른 이의신청이 있는 경우에는 심의회를 개최하여야 한다. 다만, 다음 각 호의 어느 하나에 해당하는 경우에는 개최하지 아니할 수 있다.
  1. 심의회의 심의를 이미 거친 사항
  2. 단순·반복적인 청구
  3. 법령에 따라 비밀로 규정된 정보에 대한 청구
③ 공공기관은 이의신청을 받은 날부터 7일 이내에 그 이의신청에 대하여 결정하고 그 결과를 청구인에게 지체 없이 문서로 통지하여야 한다. 다만, 부득이한 사유로 정하여진 기간 이내에 결정할 수 없을 때에는 그 기간이 끝나는 날의 다음 날부터 기산하여 7일의 범위에서 연장할 수 있으며, 연장 사유를 청구인에게 통지하여야 한다.
④ 공공기관은 이의신청을 각하(却下) 또는 기각(棄却)하는 결정을 한 경우에는 청구인에게 행정심판 또는 행정소송을 제기할 수 있다는 사실을 제3항에 따른 결과 통지와 함께 알려야 한다.

제19조(행정심판)

① 청구인이 정보공개와 관련한 공공기관의 결정에 대하여 불복이 있거나 정보공개 청구 후 20일이 경과하도록 정보공개 결정이 없는 때에는 「행정심판법」에서 정하는 바에 따라 행정심판을 청구할 수 있다. 이 경우 국가기관 및 지방자치단체 외의 공공기관의 결정에 대한 감독행정기관은 관계 중앙행정기관의 장 또는 지방자치단체의 장으로 한다.
② 청구인은 제18조에 따른 이의신청 절차를 거치지 아니하고 행정심판을 청구할 수 있다.
③ 행정심판위원회의 위원 중 정보공개 여부의 결정에 관한 행정심판에 관여하는 위원은 재직 중은 물론 퇴직 후

에도 그 직무상 알게 된 비밀을 누설하여서는 아니 된다.

④ 제3항의 위원은 「형법」이나 그 밖의 법률에 따른 벌칙을 적용할 때에는 공무원으로 본다.

제20조(행정소송)

① 청구인이 정보공개와 관련한 공공기관의 결정에 대하여 불복이 있거나 정보공개 청구 후 20일이 경과하도록 정보공개 결정이 없는 때에는 「행정소송법」에서 정하는 바에 따라 행정소송을 제기할 수 있다.

② 재판장은 필요하다고 인정하면 당사자를 참여시키지 아니하고 제출된 공개 청구 정보를 비공개로 열람·심사할 수 있다.

③ 재판장은 행정소송의 대상이 제9조제1항제2호에 따른 정보 중 국가안전보장·국방 또는 외교관계에 관한 정보의 비공개 또는 부분 공개 결정처분인 경우에 공공기관이 그 정보에 대한 비밀 지정의 절차, 비밀의 등급·종류 및 성질과 이를 비밀로 취급하게 된 실질적인 이유 및 공개를 하지 아니하는 사유 등을 입증하면 해당 정보를 제출하지 아니하게 할 수 있다.

제21조(제3자의 비공개 요청 등)

① 제11조제3항에 따라 공개 청구된 사실을 통지받은 제3자는 그 통지를 받은 날부터 3일 이내에 해당 공공기관에 대하여 자신과 관련된 정보를 공개하지 아니할 것을 요청할 수 있다.

② 제1항에 따른 비공개 요청에도 불구하고 공공기관이 공개 결정을 할 때에는 공개 결정 이유와 공개 실시일을 분명히 밝혀 지체 없이 문서로 통지하여야 하며, 제3자는 해당 공공기관에 문서로 이의신청을 하거나 행정심판 또는 행정소송을 제기할 수 있다. 이 경우 이의신청은 통지를 받은 날부터 7일 이내에 하여야 한다.

③ 공공기관은 제2항에 따른 공개 결정일과 공개 실시일 사이에 최소한 30일의 간격을 두어야 한다.

제5장 정보공개위원회 등

제22조(정보공개위원회의 설치)

다음 각 호의 사항을 심의·조정하기 위하여 행정자치부장관 소속으로 정보공개위원회를 둔다.

1. 정보공개에 관한 정책 수립 및 제도 개선에 관한 사항
2. 정보공개에 관한 기준 수립에 관한 사항
3. 제24조제2항 및 제3항에 따른 공공기관의 정보공개 운영실태 평가 및 그 결과 처리에 관한 사항
4. 그 밖에 정보공개에 관하여 대통령령으로 정하는 사항

제23조(위원회의 구성 등)

① 위원회는 위원장과 부위원장 각 1명을 포함한 9명의 위원으로 구성한다.

② 위원회의 위원은 다음 각 호의 사람이 된다. 이 경우 위원장을 포함한 5명은 공무원이 아닌 사람으로 위촉하여야 한다.

1. 대통령령으로 정하는 관계 중앙행정기관의 차관급 공무원이나 고위공무원단에 속하는 일반직공무원
2. 정보공개에 관하여 학식과 경험이 풍부한 사람으로서 행정자치부장관이 위촉하는 사람
3. 시민단체(「비영리민간단체 지원법」 제2조에 따른 비영리민간단체를 말한다)에서 추천한 사람으로서 행정자치부장관이 위촉하는 사람

③ 위원장·부위원장 및 위원(제2항제1호의 위원은 제외한다)의 임기는 2년으로 하며, 연임할 수 있다.
④ 위원장·부위원장 및 위원은 정보공개 업무와 관련하여 알게 된 정보를 누설하거나 그 정보를 이용하여 본인 또는 타인에게 이익 또는 불이익을 주는 행위를 하여서는 아니 된다.
⑤ 위원장·부위원장 및 위원 중 공무원이 아닌 사람은 「형법」이나 그 밖의 법률에 따른 벌칙을 적용할 때에는 공무원으로 본다.
⑥ 위원회의 구성과 의결 절차 등 위원회 운영에 필요한 사항은 대통령령으로 정한다.

제24조(제도 총괄 등)

① 행정자치부장관은 이 법에 따른 정보공개제도의 정책 수립 및 제도 개선 사항 등에 관한 기획·총괄 업무를 관장한다.
② 행정자치부장관은 위원회가 정보공개제도의 효율적 운영을 위하여 필요하다고 요청하면 공공기관(국회·법원·헌법재판소 및 중앙선거관리위원회는 제외한다)의 정보공개제도 운영실태를 평가할 수 있다.
③ 행정자치부장관은 제2항에 따른 평가를 실시한 경우에는 그 결과를 위원회를 거쳐 국무회의에 보고한 후 공개하여야 하며, 위원회가 개선이 필요하다고 권고한 사항에 대해서는 해당 공공기관에 시정 요구 등의 조치를 하여야 한다.
④ 행정자치부장관은 정보공개에 관하여 필요할 경우에 공공기관(국회·법원·헌법재판소 및 중앙선거관리위원회는 제외한다)의 장에게 정보공개 처리 실태의 개선을 권고할 수 있다. 이 경우 권고를 받은 공공기관은 이를 이행하기 위하여 성실하게 노력하여야 하며, 그 조치 결과를 행정자치부장관에게 알려야 한다.
⑤ 국회·법원·헌법재판소·중앙선거관리위원회·중앙행정기관 및 지방자치단체는 그 소속 기관 및 소관 공공기관에 대하여 정보공개에 관한 의견을 제시하거나 지도·점검을 할 수 있다.

제25조(자료의 제출 요구)

국회사무총장·법원행정처장·헌법재판소사무처장·중앙선거관리위원회사무총장 및 행정자치부장관은 필요하다고 인정하면 관계 공공기관에 정보공개에 관한 자료 제출 등의 협조를 요청할 수 있다.

제26조(국회에의 보고)

① 행정자치부장관은 전년도의 정보공개 운영에 관한 보고서를 매년 정기국회 개회 전까지 국회에 제출하여야 한다.
② 제1항에 따른 보고서 작성에 필요한 사항은 대통령령으로 정한다.

제27조(위임규정)

이 법 시행에 필요한 사항은 국회규칙·대법원규칙·헌법재판소규칙·중앙선거관리위원회규칙 및 대통령령으로 정한다.

제28조(신분보장)

누구든지 이 법에 따른 정당한 정보공개를 이유로 징계조치 등 어떠한 신분상 불이익이나 근무조건상의 차별을 받지 아니한다.

개인정보 보호법

제1장 총칙

제1조(목적)

이 법은 개인정보의 처리 및 보호에 관한 사항을 정함으로써 개인의 자유와 권리를 보호하고, 나아가 개인의 존엄과 가치를 구현함을 목적으로 한다.

제2조(정의)

용어	정의
개인정보	살아 있는 개인에 관한 정보로서 성명, 주민등록번호 및 영상 등을 통하여 개인을 알아볼 수 있는 정보(해당 정보만으로는 특정 개인을 알아볼 수 없더라도 다른 정보와 쉽게 결합하여 알아볼 수 있는 것을 포함)
처리	개인정보의 수집, 생성, 연계, 연동, 기록, 저장, 보유, 가공, 편집, 검색, 출력, 정정(訂正), 복구, 이용, 제공, 공개, 파기(破棄), 그 밖에 이와 유사한 행위
정보주체	처리되는 정보에 의하여 알아볼 수 있는 사람으로서 그 정보의 주체가 되는 사람
개인정보 파일	개인정보를 쉽게 검색할 수 있도록 일정한 규칙에 따라 체계적으로 배열하거나 구성한 개인정보의 집합물(集合物)
개인정보 처리자	업무를 목적으로 개인정보파일을 운용하기 위하여 스스로 또는 다른 사람을 통하여 개인정보를 처리하는 공공기관, 법인, 단체 및 개인 등
공공기관	가. 국회, 법원, 헌법재판소, 중앙선거관리위원회의 행정사무를 처리하는 기관, 중앙행정기관(대통령 소속 기관과 국무총리 소속 기관을 포함한다) 및 그 소속 기관, 지방자치단체 나. 그 밖의 국가기관 및 공공단체 중 대통령령으로 정하는 기관
영상정보 처리기기	일정한 공간에 지속적으로 설치되어 사람 또는 사물의 영상 등을 촬영하거나 이를 유·무선망을 통하여 전송하는 장치로서 대통령령으로 정하는 장치

제3조(개인정보 보호 원칙)

① 개인정보처리자는 개인정보의 처리 목적을 명확하게 하여야 하고 그 목적에 필요한 범위에서 최소한의 개인정보만을 적법하고 정당하게 수집하여야 한다.

② 개인정보처리자는 개인정보의 처리 목적에 필요한 범위에서 적합하게 개인정보를 처리하여야 하며, 그 목적 외의 용도로 활용하여서는 아니 된다.

③ 개인정보처리자는 개인정보의 처리 목적에 필요한 범위에서 개인정보의 정확성, 완전성 및 최신성이 보장되도록 하여야 한다.

④ 개인정보처리자는 개인정보의 처리 방법 및 종류 등에 따라 정보주체의 권리가 침해받을 가능성과 그 위험 정도를 고려하여 개인정보를 안전하게 관리하여야 한다.

⑤ 개인정보처리자는 개인정보 처리방침 등 개인정보의 처리에 관한 사항을 공개하여야 하며, 열람청구권 등 정보주체의 권리를 보장하여야 한다.

⑥ 개인정보처리자는 정보주체의 사생활 침해를 최소화하는 방법으로 개인정보를 처리하여야 한다.

⑦ 개인정보처리자는 개인정보의 익명처리가 가능한 경우에는 익명에 의하여 처리될 수 있도록 하여야 한다.
⑧ 개인정보처리자는 이 법 및 관계 법령에서 규정하고 있는 책임과 의무를 준수하고 실천함으로써 정보주체의 신뢰를 얻기 위하여 노력하여야 한다.

제5조(국가 등의 책무)

① 국가와 지방자치단체는 개인정보의 목적 외 수집, 오용·남용 및 무분별한 감시·추적 등에 따른 폐해를 방지하여 인간의 존엄과 개인의 사생활 보호를 도모하기 위한 시책을 강구하여야 한다.
② 국가와 지방자치단체는 제4조에 따른 정보주체의 권리를 보호하기 위하여 법령의 개선 등 필요한 시책을 마련하여야 한다.
③ 국가와 지방자치단체는 개인정보의 처리에 관한 불합리한 사회적 관행을 개선하기 위하여 개인정보처리자의 자율적인 개인정보 보호활동을 존중하고 촉진·지원하여야 한다.
④ 국가와 지방자치단체는 개인정보의 처리에 관한 법령 또는 조례를 제정하거나 개정하는 경우에는 이 법의 목적에 부합되도록 하여야 한다.

제2장 개인정보 보호정책의 수립 등

제7조(개인정보 보호위원회)

① 개인정보 보호에 관한 사항을 심의·의결하기 위하여 대통령 소속으로 개인정보 보호위원회(이하 "보호위원회"라 한다)를 둔다. 보호위원회는 그 권한에 속하는 업무를 독립하여 수행한다.
② 보호위원회는 위원장 1명, 상임위원 1명을 포함한 15명 이내의 위원으로 구성하되, 상임위원은 정무직 공무원으로 임명한다.
③ 위원장은 위원 중에서 공무원이 아닌 사람으로 대통령이 위촉한다.
④ 위원은 다음 각 호의 어느 하나에 해당하는 사람을 대통령이 임명하거나 위촉한다. 이 경우 위원 중 5명은 국회가 선출하는 자를, 5명은 대법원장이 지명하는 자를 각각 임명하거나 위촉한다.
  1. 개인정보 보호와 관련된 시민사회단체 또는 소비자단체로부터 추천을 받은 사람
  2. 개인정보처리자로 구성된 사업자단체로부터 추천을 받은 사람
  3. 그 밖에 개인정보에 관한 학식과 경험이 풍부한 사람
⑤ 위원장과 위원의 임기는 3년으로 하되, 1차에 한하여 연임할 수 있다.
⑥ 보호위원회의 회의는 위원장이 필요하다고 인정하거나 재적위원 4분의 1 이상의 요구가 있는 경우에 위원장이 소집한다.
⑦ 보호위원회는 재적위원 과반수의 출석과 출석위원 과반수의 찬성으로 의결한다.
⑧ 보호위원회의 사무를 지원하기 위하여 보호위원회에 사무국을 둔다.
⑨ 제1항부터 제8항까지에서 규정한 사항 외에 보호위원회의 조직과 운영에 필요한 사항은 대통령령으로 정한다.

제9조(기본계획)

① 보호위원회는 개인정보의 보호와 정보주체의 권익 보장을 위하여 3년마다 개인정보 보호 기본계획(이하 "기본계획"이라 한다)을 관계 중앙행정기관의 장과 협의하여 수립한다.

제10조(시행계획)

① 중앙행정기관의 장은 기본계획에 따라 매년 개인정보 보호를 위한 시행계획을 작성하여 보호위원회에 제출하고, 보호위원회의 심의 · 의결을 거쳐 시행하여야 한다.

② 시행계획의 수립 · 시행에 필요한 사항은 대통령령으로 정한다.

제3장 개인정보의 처리

제1절 개인정보의 수집, 이용, 제공 등

제15조(개인정보의 수집 · 이용)

① 개인정보처리자는 다음 각 호의 어느 하나에 해당하는 경우에는 개인정보를 수집할 수 있으며 그 수집 목적의 범위에서 이용할 수 있다.

1. 정보주체의 동의를 받은 경우
2. 법률에 특별한 규정이 있거나 법령상 의무를 준수하기 위하여 불가피한 경우
3. 공공기관이 법령 등에서 정하는 소관 업무의 수행을 위하여 불가피한 경우
4. 정보주체와의 계약의 체결 및 이행을 위하여 불가피하게 필요한 경우
5. 정보주체 또는 그 법정대리인이 의사표시를 할 수 없는 상태에 있거나 주소불명 등으로 사전 동의를 받을 수 없는 경우로서 명백히 정보주체 또는 제3자의 급박한 생명, 신체, 재산의 이익을 위하여 필요하다고 인정되는 경우
6. 개인정보처리자의 정당한 이익을 달성하기 위하여 필요한 경우로서 명백하게 정보주체의 권리보다 우선하는 경우. 이 경우 개인정보처리자의 정당한 이익과 상당한 관련이 있고 합리적인 범위를 초과하지 아니하는 경우에 한한다.

② 개인정보처리자는 제1항제1호에 따른 동의를 받을 때에는 다음 각 호의 사항을 정보주체에게 알려야 한다. 다음 각 호의 어느 하나의 사항을 변경하는 경우에도 이를 알리고 동의를 받아야 한다.

1. 개인정보의 수집 · 이용 목적
2. 수집하려는 개인정보의 항목
3. 개인정보의 보유 및 이용 기간
4. 동의를 거부할 권리가 있다는 사실 및 동의 거부에 따른 불이익이 있는 경우에는 그 불이익의 내용

제16조(개인정보의 수집 제한)

① 개인정보처리자는 개인정보를 수집하는 경우에는 그 목적에 필요한 최소한의 개인정보를 수집하여야 한다. 이 경우 최소한의 개인정보 수집이라는 입증책임은 개인정보처리자가 부담한다.

② 개인정보처리자는 정보주체의 동의를 받아 개인정보를 수집하는 경우 필요한 최소한의 정보 외의 개인정보 수집에는 동의하지 아니할 수 있다는 사실을 구체적으로 알리고 개인정보를 수집하여야 한다.

③ 개인정보처리자는 정보주체가 필요한 최소한의 정보 외의 개인정보 수집에 동의하지 아니한다는 이유로 정보주체에게 재화 또는 서비스의 제공을 거부하여서는 아니 된다.

제18조(개인정보의 목적 외 이용 · 제공 제한)

① 개인정보처리자는 개인정보를 제15조제1항에 따른 범위를 초과하여 이용하거나 제17조제1항 및 제3항에 따른

범위를 초과하여 제3자에게 제공하여서는 아니 된다.

② 제1항에도 불구하고 개인정보처리자는 다음 각 호의 어느 하나에 해당하는 경우에는 정보주체 또는 제3자의 이익을 부당하게 침해할 우려가 있을 때를 제외하고는 개인정보를 목적 외의 용도로 이용하거나 이를 제3자에게 제공할 수 있다. 다만, 제5호부터 제9호까지의 경우는 공공기관의 경우로 한정한다.

1. 정보주체로부터 별도의 동의를 받은 경우
2. 다른 법률에 특별한 규정이 있는 경우
3. 정보주체 또는 그 법정대리인이 의사표시를 할 수 없는 상태에 있거나 주소불명 등으로 사전 동의를 받을 수 없는 경우로서 명백히 정보주체 또는 제3자의 급박한 생명, 신체, 재산의 이익을 위하여 필요하다고 인정되는 경우
4. 통계작성 및 학술연구 등의 목적을 위하여 필요한 경우로서 특정 개인을 알아볼 수 없는 형태로 개인정보를 제공하는 경우
5. 개인정보를 목적 외의 용도로 이용하거나 이를 제3자에게 제공하지 아니하면 다른 법률에서 정하는 소관 업무를 수행할 수 없는 경우로서 보호위원회의 심의·의결을 거친 경우
6. 조약, 그 밖의 국제협정의 이행을 위하여 외국정부 또는 국제기구에 제공하기 위하여 필요한 경우
7. 범죄의 수사와 공소의 제기 및 유지를 위하여 필요한 경우
8. 법원의 재판업무 수행을 위하여 필요한 경우
9. 형(刑) 및 감호, 보호처분의 집행을 위하여 필요한 경우

③ 개인정보처리자는 제2항제1호에 따른 동의를 받을 때에는 다음 각 호의 사항을 정보주체에게 알려야 한다. 다음 각 호의 어느 하나의 사항을 변경하는 경우에도 이를 알리고 동의를 받아야 한다.

1. 개인정보를 제공받는 자
2. 개인정보의 이용 목적(제공 시에는 제공받는 자의 이용 목적을 말한다)
3. 이용 또는 제공하는 개인정보의 항목
4. 개인정보의 보유 및 이용 기간(제공 시에는 제공받는 자의 보유 및 이용 기간을 말한다)
5. 동의를 거부할 권리가 있다는 사실 및 동의 거부에 따른 불이익이 있는 경우에는 그 불이익의 내용

④ 공공기관은 제2항제2호부터 제6호까지, 제8호 및 제9호에 따라 개인정보를 목적 외의 용도로 이용하거나 이를 제3자에게 제공하는 경우에는 그 이용 또는 제공의 법적 근거, 목적 및 범위 등에 관하여 필요한 사항을 행정자치부령으로 정하는 바에 따라 관보 또는 인터넷 홈페이지 등에 게재하여야 한다.

⑤ 개인정보처리자는 제2항 각 호의 어느 하나의 경우에 해당하여 개인정보를 목적 외의 용도로 제3자에게 제공하는 경우에는 개인정보를 제공받는 자에게 이용 목적, 이용 방법, 그 밖에 필요한 사항에 대하여 제한을 하거나, 개인정보의 안전성 확보를 위하여 필요한 조치를 마련하도록 요청하여야 한다. 이 경우 요청을 받은 자는 개인정보의 안전성 확보를 위하여 필요한 조치를 하여야 한다.

제20조(정보주체 이외로부터 수집한 개인정보의 수집 출처 등 고지)

① 개인정보처리자가 정보주체 이외로부터 수집한 개인정보를 처리하는 때에는 정보주체의 요구가 있으면 즉시 다음 각 호의 모든 사항을 정보주체에게 알려야 한다.

1. 개인정보의 수집 출처
2. 개인정보의 처리 목적
3. 제37조에 따른 개인정보 처리의 정지를 요구할 권리가 있다는 사실

② 제1항에도 불구하고 처리하는 개인정보의 종류·규모, 종업원 수 및 매출액 규모 등을 고려하여 대통령령으로 정하는 기준에 해당하는 개인정보처리자가 제17조제1항제1호에 따라 정보주체 이외로부터 개인정보를 수집하여 처리하는 때에는 제1항 각 호의 모든 사항을 정보주체에게 알려야 한다. 다만, 개인정보처리자가 수집한 정보에 연락처 등 정보주체에게 알릴 수 있는 개인정보가 포함되지 아니한 경우에는 그러하지 아니하다.
③ 제2항 본문에 따라 알리는 경우 정보주체에게 알리는 시기·방법 및 절차 등 필요한 사항은 대통령령으로 정한다.
④ 제1항과 제2항 본문은 다음 각 호의 어느 하나에 해당하는 경우에는 적용하지 아니한다. 다만, 이 법에 따른 정보주체의 권리보다 명백히 우선하는 경우에 한한다.

1. 고지를 요구하는 대상이 되는 개인정보가 제32조제2항 각 호의 어느 하나에 해당하는 개인정보파일에 포함되어 있는 경우
2. 고지로 인하여 다른 사람의 생명·신체를 해할 우려가 있거나 다른 사람의 재산과 그 밖의 이익을 부당하게 침해할 우려가 있는 경우

제21조(개인정보의 파기)

① 개인정보처리자는 보유기간의 경과, 개인정보의 처리 목적 달성 등 그 개인정보가 불필요하게 되었을 때에는 지체 없이 그 개인정보를 파기하여야 한다. 다만, 다른 법령에 따라 보존하여야 하는 경우에는 그러하지 아니하다.
② 개인정보처리자가 제1항에 따라 개인정보를 파기할 때에는 복구 또는 재생되지 아니하도록 조치하여야 한다.
③ 개인정보처리자가 제1항 단서에 따라 개인정보를 파기하지 아니하고 보존하여야 하는 경우에는 해당 개인정보 또는 개인정보파일을 다른 개인정보와 분리하여서 저장·관리하여야 한다.
④ 개인정보의 파기방법 및 절차 등에 필요한 사항은 대통령령으로 정한다.

제22조(동의를 받는 방법)

① 개인정보처리자는 이 법에 따른 개인정보의 처리에 대하여 정보주체(제5항에 따른 법정대리인을 포함한다. 이하 이 조에서 같다)의 동의를 받을 때에는 각각의 동의 사항을 구분하여 정보주체가 이를 명확하게 인지할 수 있도록 알리고 각각 동의를 받아야 한다.
② 개인정보처리자는 제15조제1항제1호, 제17조제1항제1호, 제23조제1항제1호 및 제24조제1항제1호에 따라 개인정보의 처리에 대하여 정보주체의 동의를 받을 때에는 정보주체와의 계약 체결 등을 위하여 정보주체의 동의 없이 처리할 수 있는 개인정보와 정보주체의 동의가 필요한 개인정보를 구분하여야 한다. 이 경우 동의 없이 처리할 수 있는 개인정보라는 입증책임은 개인정보처리자가 부담한다.
③ 개인정보처리자는 정보주체에게 재화나 서비스를 홍보하거나 판매를 권유하기 위하여 개인정보의 처리에 대한 동의를 받으려는 때에는 정보주체가 이를 명확하게 인지할 수 있도록 알리고 동의를 받아야 한다.
④ 개인정보처리자는 정보주체가 제2항에 따라 선택적으로 동의할 수 있는 사항을 동의하지 아니하거나 제3항 및 제18조제2항제1호에 따른 동의를 하지 아니한다는 이유로 정보주체에게 재화 또는 서비스의 제공을 거부하여서는 아니 된다.
⑤ 개인정보처리자는 만 14세 미만 아동의 개인정보를 처리하기 위하여 이 법에 따른 동의를 받아야 할 때에는 그 법정대리인의 동의를 받아야 한다. 이 경우 법정대리인의 동의를 받기 위하여 필요한 최소한의 정보는 법정대리인의 동의 없이 해당 아동으로부터 직접 수집할 수 있다.
⑥ 제1항부터 제5항까지에서 규정한 사항 외에 정보주체의 동의를 받는 세부적인 방법 및 제5항에 따른 최소한의

정보의 내용에 관하여 필요한 사항은 개인정보의 수집매체 등을 고려하여 대통령령으로 정한다.

제2절 개인정보의 처리 제한

제23조(민감정보의 처리 제한)

① 개인정보처리자는 사상·신념, 노동조합·정당의 가입·탈퇴, 정치적 견해, 건강, 성생활 등에 관한 정보, 그 밖에 정보주체의 사생활을 현저히 침해할 우려가 있는 개인정보로서 대통령령으로 정하는 정보(이하 "민감정보"라 한다)를 처리하여서는 아니 된다. 다만, 다음 각 호의 어느 하나에 해당하는 경우에는그러하지 아니하다.

1. 정보주체에게 제15조제2항 각 호 또는 제17조제2항 각 호의 사항을 알리고 다른 개인정보의 처리에 대한 동의와 별도로 동의를 받은 경우
2. 법령에서 민감정보의 처리를 요구하거나 허용하는 경우

② 개인정보처리자가 제1항 각 호에 따라 민감정보를 처리하는 경우에는 그 민감정보가 분실·도난·유출·위조·변조 또는 훼손되지 아니하도록 제29조에 따른 안전성 확보에 필요한 조치를 하여야 한다.

 # 개인정보보호법 시행령

제18조(민감정보의 범위) 법 제23조 각 호 외의 부분 본문에서 "대통령령으로 정하는 정보"란 다음 각 호의 어느 하나에 해당하는 정보를 말한다. 다만, 공공기관이 법 제18조제2항제5호부터 제9호까지의 규정에 따라 다음 각 호의 어느 하나에 해당하는 정보를 처리하는 경우의 해당 정보는 제외한다.

1. 유전자검사 등의 결과로 얻어진 유전정보
2. 「형의 실효 등에 관한 법률」 제2조제5호에 따른 범죄경력자료에 해당하는 정보

제24조(고유식별정보의 처리 제한) ① 개인정보처리자는 다음 각 호의 경우를 제외하고는 법령에 따라 개인을 고유하게 구별하기 위하여 부여된 식별정보로서 대통령령으로 정하는 정보(이하 "고유식별정보"라 한다)를 처리할 수 없다.

1. 정보주체에게 제15조제2항 각 호 또는 제17조제2항 각 호의 사항을 알리고 다른 개인정보의 처리에 대한 동의와 별도로 동의를 받은 경우
2. 법령에서 구체적으로 고유식별정보의 처리를 요구하거나 허용하는 경우

③ 개인정보처리자가 제1항 각 호에 따라 고유식별정보를 처리하는 경우에는 그 고유식별정보가 분실·도난·유출·위조·변조 또는 훼손되지 아니하도록 대통령령으로 정하는 바에 따라 암호화 등 안전성 확보에 필요한 조치를 하여야 한다.

④ 행정자치부장관은 처리하는 개인정보의 종류·규모, 종업원 수 및 매출액 규모 등을 고려하여 대통령령으로 정하는 기준에 해당하는 개인정보처리자가 제3항에 따라 안전성 확보에 필요한 조치를 하였는지에 관하여 대통령령으로 정하는 바에 따라 정기적으로 조사하여야 한다.

⑤ 행정자치부장관은 대통령령으로 정하는 전문기관으로 하여금 제4항에 따른 조사를 수행하게 할 수 있다.

 # 개인정보보호법 시행령

제19조(고유식별정보의 범위) 법 제24조제1항 각 호 외의 부분에서 "대통령령으로 정하는 정보"란 다음 각 호의 어느 하나에 해당하는 정보(이하 "고유식별정보"라 한다)를 말한다. 다만, 공공기관이 법 제18조제2항제5호부터 제

9호까지의 규정에 따라 다음 각 호의 어느 하나에 해당하는 정보를 처리하는 경우의 해당 정보는 제외한다.

1. 「주민등록법」 제7조제3항에 따른 주민등록번호
2. 「여권법」 제7조제1항제1호에 따른 여권번호
3. 「도로교통법」 제80조에 따른 운전면허의 면허번호
4. 「출입국관리법」 제31조제4항에 따른 외국인등록번호

제24조의2(주민등록번호 처리의 제한)

① 제24조제1항에도 불구하고 개인정보처리자는 다음 각 호의 어느 하나에 해당하는 경우를 제외하고는 주민등록번호를 처리할 수 없다.

1. 법률 · 대통령령 · 국회규칙 · 대법원규칙 · 헌법재판소규칙 · 중앙선거관리위원회규칙 및 감사원규칙에서 구체적으로 주민등록번호의 처리를 요구하거나 허용한 경우
2. 정보주체 또는 제3자의 급박한 생명, 신체, 재산의 이익을 위하여 명백히 필요하다고 인정되는 경우
3. 제1호 및 제2호에 준하여 주민등록번호 처리가 불가피한 경우로서 안전행정부령으로 정하는 경우

제25조(영상정보처리기기의 설치 · 운영 제한)

① 누구든지 다음 각 호의 경우를 제외하고는 공개된 장소에 영상정보처리기기를 설치 · 운영하여서는 아니 된다.

1. 법령에서 구체적으로 허용하고 있는 경우
2. 범죄의 예방 및 수사를 위하여 필요한 경우
3. 시설안전 및 화재 예방을 위하여 필요한 경우
4. 교통단속을 위하여 필요한 경우
5. 교통정보의 수집 · 분석 및 제공을 위하여 필요한 경우

② 누구든지 불특정 다수가 이용하는 목욕실, 화장실, 발한실(發汗室), 탈의실 등 개인의 사생활을 현저히 침해할 우려가 있는 장소의 내부를 볼 수 있도록 영상정보처리기기를 설치 · 운영하여서는 아니 된다. 다만, 교도소, 정신보건 시설 등 법령에 근거하여 사람을 구금하거나 보호하는 시설로서 대통령령으로 정하는 시설에 대하여는 그러하지 아니하다.

③ 제1항 각 호에 따라 영상정보처리기기를 설치 · 운영하려는 공공기관의 장과 제2항 단서에 따라 영상정보처리기기를 설치 · 운영하려는 자는 공청회 · 설명회의 개최 등 대통령령으로 정하는 절차를 거쳐 관계 전문가 및 이해관계인의 의견을 수렴하여야 한다.

④ 제1항 각 호에 따라 영상정보처리기기를 설치 · 운영하는 자(이하 "영상정보처리기기운영자"라 한다)는 정보주체가 쉽게 인식할 수 있도록 다음 각 호의 사항이 포함된 안내판을 설치하는 등 필요한 조치를 하여야 한다. 다만, 「군사기지 및 군사시설 보호법」 제2조제2호에 따른 군사시설, 「통합방위법」 제2조제13호에 따른 국가중요시설, 그 밖에 대통령령으로 정하는 시설에 대하여는 그러하지 아니하다.

1. 설치 목적 및 장소
2. 촬영 범위 및 시간
3. 관리책임자 성명 및 연락처
4. 그 밖에 대통령령으로 정하는 사항

⑤ 영상정보처리기기운영자는 영상정보처리기기의 설치 목적과 다른 목적으로 영상정보처리기기를 임의로 조작하거나 다른 곳을 비춰서는 아니 되며, 녹음기능은 사용할 수 없다.

⑥ 영상정보처리기기운영자는 개인정보가 분실 · 도난 · 유출 · 위조 · 변조 또는 훼손되지 아니하도록 제29조에 따

라 안전성 확보에 필요한 조치를 하여야 한다.

⑦ 영상정보처리기기운영자는 대통령령으로 정하는 바에 따라 영상정보처리기기 운영·관리 방침을 마련하여야 한다. 이 경우 제30조에 따른 개인정보 처리방침을 정하지 아니할 수 있다.

⑧ 영상정보처리기기운영자는 영상정보처리기기의 설치·운영에 관한 사무를 위탁할 수 있다. 다만, 공공기관이 영상정보처리기기 설치·운영에 관한 사무를 위탁하는 경우에는 대통령령으로 정하는 절차 및 요건에 따라야 한다.

제5장 정보주체의 권리 보장

제35조(개인정보의 열람)

① 정보주체는 개인정보처리자가 처리하는 자신의 개인정보에 대한 열람을 해당 개인정보처리자에게 요구할 수 있다.

② 정보주체가 자신의 개인정보에 대한 열람을 공공기관에 요구하고자 할 때에는 공공기관에 직접 열람을 요구하거나 대통령령으로 정하는 바에 따라 행정자치부장관을 통하여 열람을 요구할 수 있다.

③ 개인정보처리자는 열람을 요구받았을 때에는 대통령령으로 정하는 기간 내에 정보주체가 해당 개인정보를 열람할 수 있도록 하여야 한다. 이 경우 해당 기간 내에 열람할 수 없는 정당한 사유가 있을 때에는 정보주체에게 그 사유를 알리고 열람을 연기할 수 있으며, 그 사유가 소멸하면 지체 없이 열람하게 하여야 한다.

④ 개인정보처리자는 다음 각 호의 어느 하나에 해당하는 경우에는 정보주체에게 그 사유를 알리고 열람을 제한하거나 거절할 수 있다.

1. 법률에 따라 열람이 금지되거나 제한되는 경우
2. 다른 사람의 생명·신체를 해할 우려가 있거나 다른 사람의 재산과 그 밖의 이익을 부당하게 침해할 우려가 있는 경우
3. 공공기관이 다음 각 목의 어느 하나에 해당하는 업무를 수행할 때 중대한 지장을 초래하는 경우
   가. 조세의 부과·징수 또는 환급에 관한 업무
   나. 「초·중등교육법」 및 「고등교육법」에 따른 각급 학교, 「평생교육법」에 따른 평생교육시설, 그 밖의 다른 법률에 따라 설치된 고등교육기관에서의 성적 평가 또는 입학자 선발에 관한 업무
   다. 학력·기능 및 채용에 관한 시험, 자격 심사에 관한 업무
   라. 보상금·급부금 산정 등에 대하여 진행 중인 평가 또는 판단에 관한 업무
   마. 다른 법률에 따라 진행 중인 감사 및 조사에 관한 업무

제36조(개인정보의 정정·삭제)

① 제35조에 따라 자신의 개인정보를 열람한 정보주체는 개인정보처리자에게 그 개인정보의 정정 또는 삭제를 요구할 수 있다. 다만, 다른 법령에서 그 개인정보가 수집 대상으로 명시되어 있는 경우에는 그 삭제를 요구할 수 없다.

② 개인정보처리자는 제1항에 따른 정보주체의 요구를 받았을 때에는 개인정보의 정정 또는 삭제에 관하여 다른 법령에 특별한 절차가 규정되어 있는 경우를 제외하고는 지체 없이 그 개인정보를 조사하여 정보주체의 요구에 따라 정정·삭제 등 필요한 조치를 한 후 그 결과를 정보주체에게 알려야 한다.

③ 개인정보처리자가 제2항에 따라 개인정보를 삭제할 때에는 복구 또는 재생되지 아니하도록 조치하여야 한다.

④ 개인정보처리자는 정보주체의 요구가 제1항 단서에 해당될 때에는 지체 없이 그 내용을 정보주체에게 알려야 한다.

⑤ 개인정보처리자는 제2항에 따른 조사를 할 때 필요하면 해당 정보주체에게 정정·삭제 요구사항의 확인에 필요한 증거자료를 제출하게 할 수 있다.

제37조(개인정보의 처리정지 등)

① 정보주체는 개인정보처리자에 대하여 자신의 개인정보 처리의 정지를 요구할 수 있다. 이 경우 공공기관에 대하여는 제32조에 따라 등록 대상이 되는 개인정보파일 중 자신의 개인정보에 대한 처리의 정지를 요구할 수 있다.

② 개인정보처리자는 제1항에 따른 요구를 받았을 때에는 지체 없이 정보주체의 요구에 따라 개인정보 처리의 전부를 정지하거나 일부를 정지하여야 한다. 다만, 다음 각 호의 어느 하나에 해당하는 경우에는 정보주체의 처리정지 요구를 거절할 수 있다.

1. 법률에 특별한 규정이 있거나 법령상 의무를 준수하기 위하여 불가피한 경우
2. 다른 사람의 생명·신체를 해할 우려가 있거나 다른 사람의 재산과 그 밖의 이익을 부당하게 침해할 우려가 있는 경우
3. 공공기관이 개인정보를 처리하지 아니하면 다른 법률에서 정하는 소관 업무를 수행할 수 없는 경우
4. 개인정보를 처리하지 아니하면 정보주체와 약정한 서비스를 제공하지 못하는 등 계약의 이행이 곤란한 경우로서 정보주체가 그 계약의 해지 의사를 명확하게 밝히지 아니한 경우

③ 개인정보처리자는 제2항 단서에 따라 처리정지 요구를 거절하였을 때에는 정보주체에게 지체 없이 그 사유를 알려야 한다.

④ 개인정보처리자는 정보주체의 요구에 따라 처리가 정지된 개인정보에 대하여 지체 없이 해당 개인정보의 파기 등 필요한 조치를 하여야 한다.

⑤ 제1항부터 제3항까지의 규정에 따른 처리정지의 요구, 처리정지의 거절, 통지 등의 방법 및 절차에 필요한 사항은 대통령령으로 정한다.

제38조(권리행사의 방법 및 절차) ① 정보주체는 제35조에 따른 열람, 제36조에 따른 정정·삭제, 제37조에 따른 처리정지 등의 요구(이하 "열람등요구"라 한다)를 문서 등 대통령령으로 정하는 방법·절차에 따라 대리인에게 하게 할 수 있다.

② 만 14세 미만 아동의 법정대리인은 개인정보처리자에게 그 아동의 개인정보 열람등요구를 할 수 있다.

③ 개인정보처리자는 열람등요구를 하는 자에게 대통령령으로 정하는 바에 따라 수수료와 우송료(사본의 우송을 청구하는 경우에 한한다)를 청구할 수 있다.

④ 개인정보처리자는 정보주체가 열람등요구를 할 수 있는 구체적인 방법과 절차를 마련하고, 이를 정보주체가 알 수 있도록 공개하여야 한다.

⑤ 개인정보처리자는 정보주체가 열람등요구에 대한 거절 등 조치에 대하여 불복이 있는 경우 이의를 제기할 수 있도록 필요한 절차를 마련하고 안내하여야 한다.

제39조(손해배상책임)

① 정보주체는 개인정보처리자가 이 법을 위반한 행위로 손해를 입으면 개인정보처리자에게 손해배상을 청구할 수 있다. 이 경우 그 개인정보처리자는 고의 또는 과실이 없음을 입증하지 아니하면 책임을 면할 수 없다.

③ 개인정보처리자의 고의 또는 중대한 과실로 인하여 개인정보가 분실·도난·유출·위조·변조 또는 훼손된 경우로서 정보주체에게 손해가 발생한 때에는 법원은 그 손해액의 3배를 넘지 아니하는 범위에서 손해배상액을 정할 수 있다. 다만, 개인정보처리자가 고의 또는 중대한 과실이 없음을 증명한 경우에는 그러하지 아니하다.
④ 법원은 제3항의 배상액을 정할 때에는 다음 각 호의 사항을 고려하여야 한다.
1. 고의 또는 손해 발생의 우려를 인식한 정도
2. 위반행위로 인하여 입은 피해 규모
3. 위법행위로 인하여 개인정보처리자가 취득한 경제적 이익
4. 위반행위에 따른 벌금 및 과징금
5. 위반행위의 기간·횟수 등
6. 개인정보처리자의 재산상태
7. 개인정보처리자가 정보주체의 개인정보 분실·도난·유출 후 해당 개인정보를 회수하기 위하여 노력한 정도
8. 개인정보처리자가 정보주체의 피해구제를 위하여 노력한 정도

제39조의2(법정손해배상의 청구)

① 제39조제1항에도 불구하고 정보주체는 개인정보처리자의 고의 또는 과실로 인하여 개인정보가 분실·도난·유출·위조·변조 또는 훼손된 경우에는 300만원 이하의 범위에서 상당한 금액을 손해액으로 하여 배상을 청구할 수 있다. 이 경우 해당 개인정보처리자는 고의 또는 과실이 없음을 입증하지 아니하면 책임을 면할 수 없다.
② 법원은 제1항에 따른 청구가 있는 경우에 변론 전체의 취지와 증거조사의 결과를 고려하여 제1항의 범위에서 상당한 손해액을 인정할 수 있다.
③ 제39조에 따라 손해배상을 청구한 정보주체는 사실심(事實審)의 변론이 종결되기 전까지 그 청구를 제1항에 따른 청구로 변경할 수 있다.

제6장 개인정보 분쟁조정위원회

제40조(설치 및 구성)

① 개인정보에 관한 분쟁의 조정(調停)을 위하여 개인정보 분쟁조정위원회(이하 "분쟁조정위원회"라 한다)를 둔다.
② 분쟁조정위원회는 위원장 1명을 포함한 20명 이내의 위원으로 구성하며, 위원은 당연직위원과 위촉위원으로 구성한다.
③ 위촉위원은 다음 각 호의 어느 하나에 해당하는 사람 중에서 보호위원회 위원장이 위촉하고, 대통령령으로 정하는 국가기관 소속 공무원은 당연직위원이 된다.
1. 개인정보 보호업무를 관장하는 중앙행정기관의 고위공무원단에 속하는 공무원으로 재직하였던 사람 또는 이에 상당하는 공공부문 및 관련 단체의 직에 재직하고 있거나 재직하였던 사람으로서 개인정보 보호업무의 경험이 있는 사람
2. 대학이나 공인된 연구기관에서 부교수 이상 또는 이에 상당하는 직에 재직하고 있거나 재직하였던 사람
3. 판사·검사 또는 변호사로 재직하고 있거나 재직하였던 사람
4. 개인정보 보호와 관련된 시민사회단체 또는 소비자단체로부터 추천을 받은 사람

5. 개인정보처리자로 구성된 사업자단체의 임원으로 재직하고 있거나 재직하였던 사람

④ 위원장은 위원 중에서 공무원이 아닌 사람으로 보호위원회 위원장이 위촉한다.

⑤ 위원장과 위촉위원의 임기는 2년으로 하되, 1차에 한하여 연임할 수 있다.

⑥ 분쟁조정위원회는 분쟁조정 업무를 효율적으로 수행하기 위하여 필요하면 대통령령으로 정하는 바에 따라 조정사건의 분야별로 5명 이내의 위원으로 구성되는 조정부를 둘 수 있다. 이 경우 조정부가 분쟁조정위원회에서 위임받아 의결한 사항은 분쟁조정위원회에서 의결한 것으로 본다.

⑦ 분쟁조정위원회 또는 조정부는 재적위원 과반수의 출석으로 개의하며 출석위원 과반수의 찬성으로 의결한다.

⑧ 보호위원회는 분쟁조정 접수, 사실 확인 등 분쟁조정에 필요한 사무를 처리할 수 있다.

제41조(위원의 신분보장) 위원은 자격정지 이상의 형을 선고받거나 심신상의 장애로 직무를 수행할 수 없는 경우를 제외하고는 그의 의사에 반하여 면직되거나 해촉되지 아니한다.

제44조(처리기간)

① 분쟁조정위원회는 분쟁조정 신청을 받은 날부터 60일 이내에 이를 심사하여 조정안을 작성하여야 한다. 다만, 부득이한 사정이 있는 경우에는 분쟁조정위원회의 의결로 처리기간을 연장할 수 있다.

② 분쟁조정위원회는 제1항 단서에 따라 처리기간을 연장한 경우에는 기간연장의 사유와 그 밖의 기간연장에 관한 사항을 신청인에게 알려야 한다.

제47조(분쟁의 조정) ① 분쟁조정위원회는 다음 각 호의 어느 하나의 사항을 포함하여 조정안을 작성할 수 있다.

1. 조사 대상 침해행위의 중지
2. 원상회복, 손해배상, 그 밖에 필요한 구제조치
3. 같거나 비슷한 침해의 재발을 방지하기 위하여 필요한 조치

② 분쟁조정위원회는 제1항에 따라 조정안을 작성하면 지체 없이 각 당사자에게 제시하여야 한다.

③ 제1항에 따라 조정안을 제시받은 당사자가 제시받은 날부터 15일 이내에 수락 여부를 알리지 아니하면 조정을 거부한 것으로 본다.

④ 당사자가 조정내용을 수락한 경우 분쟁조정위원회는 조정서를 작성하고, 분쟁조정위원회의 위원장과 각 당사자가 기명날인하여야 한다.

⑤ 제4항에 따른 조정의 내용은 재판상 화해와 동일한 효력을 갖는다.

제7장 개인정보 단체소송

제58조(적용의 일부 제외)

① 다음 각 호의 어느 하나에 해당하는 개인정보에 관하여는 제3장부터 제7장까지를 적용하지 아니한다.

1. 공공기관이 처리하는 개인정보 중 「통계법」에 따라 수집되는 개인정보
2. 국가안전보장과 관련된 정보 분석을 목적으로 수집 또는 제공 요청되는 개인정보
3. 공중위생 등 공공의 안전과 안녕을 위하여 긴급히 필요한 경우로서 일시적으로 처리되는 개인정보
4. 언론, 종교단체, 정당이 각각 취재·보도, 선교, 선거 입후보자 추천 등 고유 목적을 달성하기 위하여 수집

· 이용하는 개인정보

② 제25조제1항 각 호에 따라 공개된 장소에 영상정보처리기기를 설치·운영하여 처리되는 개인정보에 대하여는 제15조, 제22조, 제27조제1항·제2항, 제34조 및 제37조를 적용하지 아니한다.

③ 개인정보처리자가 동창회, 동호회 등 친목 도모를 위한 단체를 운영하기 위하여 개인정보를 처리하는 경우에는 제15조, 제30조 및 제31조를 적용하지 아니한다.

제59조(금지행위)

개인정보를 처리하거나 처리하였던 자는 다음 각 호의 어느 하나에 해당하는 행위를 하여서는 아니 된다.

1. 거짓이나 그 밖의 부정한 수단이나 방법으로 개인정보를 취득하거나 처리에 관한 동의를 받는 행위
2. 업무상 알게 된 개인정보를 누설하거나 권한 없이 다른 사람이 이용하도록 제공하는 행위
3. 정당한 권한 없이 또는 허용된 권한을 초과하여 다른 사람의 개인정보를 훼손, 멸실, 변경, 위조 또는 유출하는 행위

제60조(비밀유지 등)

다음 각 호의 업무에 종사하거나 종사하였던 자는 직무상 알게 된 비밀을 다른 사람에게 누설하거나 직무상 목적 외의 용도로 이용하여서는 아니 된다. 다만, 다른 법률에 특별한 규정이 있는 경우에는 그러하지 아니하다.

1. 제8조에 따른 보호위원회의 업무
2. 제33조에 따른 영향평가 업무
3. 제40조에 따른 분쟁조정위원회의 분쟁조정 업무

국가정보자료관리규정

제2조 (정의)

국가정보자료	국가정보정책의 수립에 기여할 수 있는 국내외 정치·경제·사회·문화·군사·과학·지지·통신등 각 분야별 기본정보와 각 분야에 영향을 미칠 수 있는 인적·물적 정보등의 내용이 수록된 자료
전담관리기관	국가정보자료중 특정분야의 자료를 종합관리하는 기관

제3조 (국가정보자료관리협의회)

국가정보자료의 효율적인 관리와 공동활용에 관하여 필요한 사항을 심의하기 위하여 국가정보원(이하 "국정원"이라 한다)에 국가정보자료관리협의회(이하 "협의회"라 한다)를 둔다.

제6조 (자료의 전담관리)

① 전담관리기관과 당해 전담관리기관이 종합관리할 국가정보자료의 범위는 협의회의 심의를 거쳐 국정원장이 정한다.

② 전담관리기관은 소관 국가정보자료를 원본화일화·마이크로필름화 또는 전산화등의 방법으로 장기간 보존이 가능하도록 관리하고, 비상사태에 대비하여 부본을 제작, 안전지역에 소산하여야 한다.

③ 각급기관의 장은 전담관리대상 국가정보자료를 생산하거나 수집한 때에는 이를 지체없이 소관전담관리기관에 제공하여야 하며, 전담관리기관의 장은 각급기관에 소장하는 국가정보자료의 제공을 요청할 수 있다.

④ 각급기관의 장은 전담관리기관에 제공한 국가정보자료의 내용에 추가·삭제 또는 정정하여야 할 사항이 생긴 때에는 지체없이 전담관리기관에 이를 통보하여야 한다.

⑤ 전담관리기관의 장은 소관 국가정보자료의 효율적인 관리와 각급기관간의 공동활용을 위한 세부규칙을 정하여 시행하여야 한다. 이 경우 세부규칙의 내용에 대하여는 미리 국정원장과 협의하여야 한다.

⑥ 전담관리기관의 장은 소관 정부투자기관 또는 정부출연기관에서 보유하고 있는 소관 전담관리대상자료의 효율적인 관리와 각급기관간의 공동활용을 위하여 필요한 사항을 제5항의 규정에 의한 세부규칙에 정하여 시행할 수 있다.

제8조 (자료의 열람 및 지원)

① 각급기관 기타 정부기관의 장은 공무수행상 필요하다고 인정하는 경우에는 다른 기관에서 보유하고 있는 국가정보자료의 열람 또는 지원을 요청할 수 있다.

② 제1항의 규정에 의하여 열람 또는 지원을 요청받은 기관의 장은 당해자료가 보안유지상 고도의 통제대상인 경우를 제외하고는 이를 열람하게 하거나 지원하여야 한다.

경찰방문 및 방범진단규칙

제1조(목적)

이 규칙은 경찰관이 관할구역내의 각 가정 등을 방문하여 범죄예방, 청소년선도, 안전사고방지 등의 지도·상담·홍보 등을 행하고, 민원사항을 청취하며 주민의 협력을 얻어 예방경찰활동의 기초자료를 수집하는데 필요한 사항을 규정함을 목적으로 한다.

제2조(용어의 정의) 이 규칙에서 사용하는 용어의 정의는 다음 각 호와 같다.

경찰방문	경찰관이 관할구역내의 각 가정, 상가 및 기타시설 등을 방문하여 청소년선도, 소년소녀가장 및 독거노인·장애인 등 사회적 약자 보호활동 및 안전사고방지 등의 지도·상담·홍보 등을 행하며 민원사항을 청취하고, 필요시 주민의 협조를 받아 방범진단을 하는 등 예방경찰활동
방범진단	범죄예방 및 안전사고방지를 위하여 관내 주택, 고층빌딩, 금융기관 등 현금다액취급업소 및 상가·여성운영업소 등에 대하여 방범시설 및 안전설비의 설치상황, 자위방범역량 등을 점검하여 미비점을 보완하도록 지도하거나 경찰력 운용상의 문제점을 보완하는 활동

제3조(방문구역)

① 경찰서장은 지구대, 파출소(이하 "지구대"라 한다.)별로 경찰방문구역을 정하고 지역경찰관으로 하여금 그 구역내의 주택(아파트 포함)과 건조물(기업체·학교·금융기관·병원·선박 등)에 거주하는 내국인 및 외국인에 대하여 경찰방문을 행하게 할 수 있다.

② 외국대사관·공사관 및 영사관원과 그 관내 거주자, 주한미군·군속 등 치외법권자에 대하여는 경찰관의 방문을 특별히 서면으로 요청한 경우에만 제1항의 경찰방문을 할 수 있다.

제4조(경찰방문대상)

경찰방문은 다음 각 호의 1에 해당하는 대상에 대하여 실시한다.

1. 경찰관의 방문을 요청하는 주민
2. 지구대장 또는 파출소장(이하 "지구대장"이라 한다.)이 범죄의 예방, 청소년선도, 안전사고방지상 지도·상담·홍보 등이 필요하다고 인정하는 가정, 기업체 등
3. 기타 경찰서장이 치안유지상 특히 필요하다고 인정하는 지역

제5조(방문절차)

경찰방문은 방문요청이 있거나 경찰서장 또는 지구대장이 필요하다고 인정할 때 상대방의 동의를 얻어 실시한다.

제6조(방문시간)

경찰방문은 일출 후부터 일몰시간 전에 함을 원칙으로 한다. 다만, 주민으로부터 야간방문 요청이 있거나 특별한 사유로 인해 경찰서장의 사전허가와 상대방의 동의를 얻은 때에는 야간에도 실시할 수 있다.

제9조(유의사항)

경찰방문을 할 때에는 특히 다음 사항에 유의하여야 한다.

1. 상대방의 동의 또는 자발적인 협조를 바탕으로 실시하여야 한다.
2. 용모, 복장, 태도를 단정히 하고, 부드럽고 공손한 언어를 사용하여야 한다.
3. 상대방의 입장을 충분히 존중하고 방문시간, 질문내용 등에 대한 신중한 배려로 주민에게 불편과 부담을 주는 일이 없도록 하여야 한다.
4. 답변을 강요하거나경찰업무와 직접 관련이 없는 내용을 질문하여 사생활을 간섭하는 등 인권을 침해하지 않아야 한다.
5. 방문으로 인해 알게 된 개인정보 등에 대해서는 보안을 유지하여야 한다
6. 「개인정보보호법」 제2조제1호의 개인정보수집시 사전동의절차를 반드시 지키고 그 사실을 진단카드에 기재하며 원하지 않을시 성명, 연락처 란은 빈칸으로 두어야 한다(주소만 기재)

제10조(카드보관)

① 방범진단카드는 담당구역별로 구분하여 방문순서대로 편철, 3년간 보관한다. 단, 중요업무용 방범진단카드는 중요행사 종료 즉시 파기하여야 한다.

② 제1항의 경우 카드 맨앞 페이지에 별지 제2호 서식의 색인표를 붙여야 한다.

제12조(보고)

① 지구대장은 별표 제3호 서식에 따라 분기 마지막 날마다현재의 방범진단통계표를 작성하여 다음 달 5일까지 경찰서장에게 제출하여야 한다.

② 경찰서장은 제1항의 방범진단통계표를 집계하며 같은 달 10일까지 지방경찰청장에게 보고하여야 한다.

112신고센터 운영 및 신고처리 규칙

제1장 총칙

제1조(목적)

이 규칙은 112신고센터의 운영 및 신고처리 등에 관한 기본적인 사항을 규정하여 범죄로부터 신속하게 국민의 생명과 재산을 보호함을 목적으로 한다.

제3조(정의) 이 규칙에 사용되는 용어의 정의는 다음과 같다.

112신고	범죄피해자 또는 범죄를 인지한 자가 유·무선전화, 문자메시지 등 다양한 통신수단을 활용하여 특수전화번호인 112로 신속한 경찰력의 발동을 요청하는 것
112신고처리	112신고의 목적 달성을 위하여 이루어지는 접수·지령·현장출동·현장조치·종결·수배·추적·해제 등 일련의 처리과정
112센터	112신고의 즉응·적정 처리를 위해 지방경찰청 또는 경찰서에 설치·운영하는 부서
지령	무선망을 통해 112신고사항을 출동요소에 전파하여 처리토록 하는 것
출동요소	112순찰차, 형사기동대차(이하 "형기차"라 한다), 지구대·파출소의 근무자 및 인접 경찰관서의 근무자
112요원	112센터에 근무하는 운영실장·계장과 행정·운영 및 112신고처리 업무에 종사하는 자

제2장 112신고센터의 설치

제4조(112센터의 설치)

① 112신고의 효율적인 처리를 위해 각 지방경찰청 및 경찰서 생활안전과장(생활안전교통과장을 포함한다) 소속하에 112센터를 설치한다. 다만, 지방경찰청장 또는 경찰서장은 관내 특성상 112센터 운영의 필요성이 없다고 인정되는 때에는 112센터를 설치하지 않을 수 있다.

② 경찰서의 112센터는 치안상황실 안에 설치하는 것을 원칙으로 한다.

제5조(운영 책임)

112센터는 지방경찰청장 및 경찰서장 지휘하에 주간에는 생활안전과장이 운영하며, 일과후 및 토요일·공휴일에는 상황관리관·담당관이 운영한다.

제6조(편성 및 인원)

① 112센터에는 112신고처리 업무의 지휘 및 112요원의 근무감독을 위해 운영실장·계장을 둔다.

② 112센터에는 112신고의 접수·지령 등을 위해 112요원을 두되 배치인원은 112신고건수 등 업무량을 고려하여 해당 경찰관서장이 결정한다.

③ 경찰관서장은 치안수요 등을 고려하여 필요하다고 판단되는 경우에는 전투경찰순경을 112센터에 배치하여 업무를 보조하게 할 수 있다.

제7조(기능) 112센터는 다음의 업무를 수행한다.

1. 112신고의 접수와 지령
2. 지령사건에 대한 추적·종결·수배 및 해제
3. 112센터에서 접수·처리되는 모든 신고사항에 대한 기록유지
4. 112신고 관련 각종 통계의 작성 및 보고

제3장 112요원의 근무

제8조(근무자 선발 원칙)

① 지방경찰청장 및 경찰서장은 112요원을 배치할 때에는 관할구역 내 지리감각 및 언어 능력이 뛰어나고 친절하며 국가관이 확고한 경찰공무원을 선발·배치하여야 한다.

② 관내에 외국인 상주지역이나 공항·항만지역이 포함된 경우에는 영어 등 외국어 회화가 가능한 자를 배치하여 외국인의 신고를 접수·처리할 수 있도록 하여야 한다.

제9조(근무기간)

① 112요원의 근무기간은 1년 이상으로 한다.

② 112요원으로 제1항의 규정에 따른 임기를 마친 경찰공무원은 희망부서로 배치하고, 차기 경비부서의 차출순서에서 1회 면제한다.

제10조(근무방법 등)

① 112요원은 3~4개조로 나누어 교대 근무를 실시하는 것을 원칙으로 한다.

② 운영실장·계장은 근무수행에 지장이 없는 범위 내에서 112요원에 대한 휴게를 지정할 수 있으며, 휴게로 지정된 112요원은 숙직실 등 지정된 장소에서 휴식하여야 한다.

③ 112요원은 근무복을 착용하는 것을 원칙으로 하며, 지방경찰청장 또는 경찰서장은 상황에 따라 다른 복장의 착용을 지시할 수 있다.

제11조(근무지침)

① 112요원은 다음의 근무수칙을 준수하여야 한다.

1. 전화응대는 정중하게
2. 상황파악은 정확하게
3. 보고전파는 신속하게
4. 현장대응은 민첩하게

제4장 112신고의 처리

제12조(신고의 접수)

① 112신고는 6하원칙에 따라 별지 제1호서식의 112범죄신고 접수처리표를 작성하여 접수한다.

② 112신고는 현장출동이 필요한 지역의 관할과 관계없이 신고를 받은 112센터에서 접수한다.

③ 112신고자가 그 처리 결과를 통보받고자 희망하는 경우에는 신고처리 종료 후 그 결과를 통보하여야 한다.

제13조(112신고의 유형)

① 112신고는 그 긴급성과 출동필요성에 따라 다음 각호와 같이 구분하며, 경찰청장은 각 유형의 세부 기준을 따로 정할 수 있다.

1. code 1 신고 : 다음 각목의 사유로 인해 최우선 출동이 필요한 경우
   가. 범죄로부터 인명·신체·재산 보호
   나. 심각한 공공의 위험 제거 및 방지
   다. 신속한 범인검거
2. code 2 신고 : 경찰 출동요소에 의한 현장조치 필요성은 있으나 제1호의 code1 신고에 속하지 않는 경우
3. code 3 신고 : 경찰 출동요소에 의한 현장조치 필요성이 없는 경우

② 112요원은 신고내용을 합리적으로 판단하여 신고유형을 구분하여 업무처리를 하여야 한다.

제14조(지령)

① 112요원은 접수한 신고 내용이 code 1 및 code 2의 유형에 해당하는 경우에는 1개 이상의 출동요소에 출동장소, 신고내용, 신고유형 등을 고지하고 처리하도록 지령하여야 한다.

② 112요원은 접수한 신고의 내용이 code 3의 유형에 해당하는 경우에는 출동요소에 지령하지 않고, 소관기관이나 담당 부서에 신고내용을 통보하여 처리하도록 조치하여야 한다.

제15조(신고의 이첩)

① 112요원은 다른 관할 지역에서의 출동조치가 필요한 112신고를 접수한 때에는 별지 제1호서식의 112범죄신고 접수처리표를 작성하여 지체 없이 관할 112센터에 통보한다.

② 제1항의 통보를 받은 관할 112센터에서는 이첩된 112신고를 제12조에 따라 접수된 것과 동일하게 처리한다.

제16조(현장출동)

① 제14조제1항의 지령을 받은 출동요소는 신고유형에 따라 다음 각 호의 기준에 따라 현장에 출동하여야 한다.

1. code 1 신고 : code 2신고의 처리 및 다른 업무에 우선하여 최우선 출동
2. code 2 신고 : code 1 신고의 처리 및 다른 중요한 업무에 지장을 초래하지 않는 범위 내에서 가능한 신속하게 출동

② 출동요소는 112신고 현장에 도착한 때에는 도착 사실을 112센터에 즉시 보고하여야 한다. 다만, 긴급한 상황처리 등의 사유로 보고하지 못한 경우에는 그 사유와 함께 추후에 보고할 수 있다.

제17조(현장조치)

① 출동요소가 112신고를 현장조치할 때에는 다음 각 호의 사항을 준수하여야 한다.

1. 신고사건은 내용에 따라 「경찰관직무집행법」 등 관련법령 및 규정에 따라 엄정하게 처리
2. 돌발상황에 대비하여 철저한 현장 경계
3. 다수의 경찰공무원이 필요하다고 판단되는 경우 112센터에 지원요청 또는 인접 출동요소에 직접 지원요청
4. 구급차·소방차 등의 지원이 필요한 사안은 즉시 112센터에 유·무선 보고하여 해당기관에 통보

② 출동요소는 제1항제3호에 따른 112센터의 지원지시 또는 다른 출동요소의 지원요청을 받은 경우 특별한 사유가 없는 한 신속히 현장으로 출동하여야 하며, 긴급한 경우 지원요청이 없더라도 현장조치중인 출동요소를 지원하여야 한다.
③ 출동요소는 현장조치가 완료되면 조치결과를 112센터에 보고하여야 한다.

제18조(광역사건의 처리)
① 112요원은 광역성·이동성 범죄와 같이 동시에 여러 장소로 현장출동이 필요한 112신고가 접수된 경우 복수의 출동요소에 지령할 수 있다.
② 제1항의 112신고가 인근 지역까지 수배·차단·검문을 필요로 하는 경우 상급관서의 112센터에 보고해야 하며, 보고를 받은 상급관서는 그 상황을 판단, 수배·차단·검문 확대 대상구역을 정하여 조치하여야 한다.
③ 중요사건에 대한 수배를 하는 경우에는 「치안상황실 운영규칙」 별표 9의 중요사건 수배한계 기준표에 따라 조치하여야 한다.
④ 제2항에 따른 수배·차단·검문을 할 때에는 지속적으로 대상을 추적하고, 상황이 종료된 때에는수배·차단·검문을 해제한다.

제19조(신고처리시 유의사항)
112요원은 신고의 접수 및 처리를 하는 경우 다음 각호의 사항에 유의하여야 한다.

1. 지령 등 무선통신은 음어 또는 약호사용을 원칙으로 하며 통신보안에 저촉되는 행위를 하여서는 아니 된다.
2. 지령은 정확하고 간결히게 하여야 하며 무선망의 순위를 고려하여 타 무선망에 장애가 되지 않도록 유의하여야 한다.
3. 누구든지 법률에 특별히 규정한 것을 제외하고는 교신의 직접 대상이 아닌 자가 타인의 교신내용을 무단 수신 또는 발신하거나 지득한 내용을 누설하여서는 아니 된다.
4. 112신고자의 개인정보 보호를 위하여 신고자의 인적사항을 함부로 공개하여서는 아니 된다.

경찰수사사건 보고 규칙

제1장 총칙

제1조(목적)
이 규칙은 경찰공무원이 수사 또는 내사를 하는 경우에 준수하여야 할 중요사건 보고절차와 방법 등을 규정함으로써 보고업무의 적정한 운영을 기하는 것을 목적으로 한다.

제2조(정의)

중요사건	「범죄수사규칙」 별표1에 규정된 보고 및 수사지휘 대상 사건
사건담당자	수사 또는 내사하는 경찰공무원
보고책임자	상급 경찰관서에 대한 중요사건 보고업무를 수행하는 수사부서의 장

제3조(보고원칙)
① 중요사건 보고는 적극적이고 신속하게 하여야 한다.
② 중요사건 보고는 객관적 사실을 바탕으로 과장·축소·은폐되지 않도록 하여야 한다.
③ 중요사건 보고업무로 사건담당자의 사건처리업무에 지장을 주어서는 아니 된다.
④ 경찰서장은 지방경찰청장에게 간략하게 보고서를 작성하여 보고하고, 지방경찰청장이 보고서에 추가로 필요한 부분을 보완하여 경찰청장에게 보고하여야 한다.

제2장 보고절차 등

제5조(보고대상)
① 경찰서장은 다음의 중요사건을 지방경찰청장에게 보고하여야 한다.
1. 경찰공무원의 범죄
2. 장·차관, 국회의원·지방의회의원, 자치단체장, 시·도 교육감, 대학총장, 4급 이상 공무원 및 이에 준하는 저명인사의 범죄
3. 외교사절·수행원 및 그 밖에 이에 준하는 외국 저명인사의 범죄, 외국군대의 군인·군속의 범죄, 주한 미합중국 군대의 구성원·외국인군무원 및 가족이나 초청 계약자의 범죄
4. 판사, 검사, 변호사의 범죄
5. 다른 경찰관서 또는 검찰·국방부·국세청·국정원 등 다른 기관 간의 협력·합동수사가 필요한 사건
6. 내란·외환·국기·국교에 관한 범죄
7. 대공·선거(정당과 관련한 범죄를 포함한다)·노동·집단행동·집회시위·출입국·테러 및 이에 준하는 공안 관련 범죄
8. 상급 경찰관서의 지휘·조정이 필요하거나 법률적·전문적 지원 및 대응이 필요한 사건으로서 피의자·피내사자 또는 피해자가 다수인 사건

9. 19세 미만의 아동·청소년, 장애인에 대한 범죄 중 사회적 반향이 큰 사건
10. 그 밖에 형사사건 중 범죄수사규칙 별표1에 규정된 사회적 반향이 큰 사건
11. 경찰청장 또는 지방경찰청장이 지정한 사건

② 제1항 제9호 및 제10호에서 "사회적 반향이 큰 사건"이란 피의자(피내사자) 또는 피해자의 신분, 범행방법, 피해규모, 광역성, 연쇄성, 신종범죄, 언론보도 여부 등에 비추어 사회적 이목을 끌만한 사건을 말한다.

제8조(보고절차)

① 사건담당자는 중요사건과 관계가 있다고 인정되는 사항이나 중요사건 수사(내사)상 참고가 될 만한 사항을 인지한 경우에는 신속히 소속 수사부서 상관에게 이를 보고하여야 한다. 이 경우, 사건담당자의 보고를 받은 소속 수사부서 상관은 이를 경찰서장에게 보고하여야 한다.

② 경찰서장은 관할구역 내에서 중요사건이 발생하였거나, 범인을 검거하였을 경우에는 지방경찰청장에게 신속히 보고하여야 한다. 다만, 각 지방경찰청 간 수사공조 등 경찰청장의 조치가 필요한 사항은 지방경찰청장과 경찰청장에게 동시에 보고할 수 있다.

제9조(보고방법)

① 경찰서장은 지방경찰청장에게 형사사법정보시스템을 통해 서면으로(전자문서 포함) 중요사건을 보고하여야 한다. 다만, 전산장애·보고지연 등이 우려되는 경우에는 통합포털시스템 또는 팩시밀리를 통해 서면으로 보고할 수 있다.

② 경찰서장은 긴급하거나 수사보안이 필요하다고 인정되는 경우에는 유·무선 전화를 이용하여 지방경찰청장에게 보고하고, 사후에 서면으로 보고할 수 있다. 이 경우, 지방경찰청장이 지정하는 때에는 서면보고를 생략할 수 있다.

제10조(보고종류) ① 경찰서장이 지방경찰청장에게 하여야 할 보고종류는 다음과 같다.

중요사건이 발생하였거나 접수되었을 경우	발생(접수)보고
피의자를 검거하였을 경우	검거보고
중요사건에 관하여 수사(내사)를 착수할 경우	수사(내사)착수보고
압수수색검증·체포·구속영장신청, 수사(내사)종결 등 중요수사(내사)진행사항이 있을 경우	수사(내사)진행사항보고
중요사건에 관하여 언론보도가 예상되는 경우	언론보도 예상보고
보고하지 않은 중요사건이 언론에 보도되거나 언론에 보도된 내용이 사실과 다른 경우	언론보도 진상보고

② 지방경찰청장은 사건 진행 단계에 따라 경찰서장에게 필요한 보고를 요구할 수 있다.

제4장 교육

제14조(보고교육)

① 경찰관서의 장은 수사부서에서 근무하는 전체 경찰공무원을 대상으로 연 1회 이상 중요사건 보고에 관한 사항을 교육하여야 한다.

② 수사부서의 장은 소속 수사부서에서 근무하는 전체 경찰공무원을 대상으로 반기 1회 이상 중요사건 보고에 관한 사항을 교육하여야 하고, 신규 전입자들에 대해 별도 교육을 실시하여야 한다.

아동안전지킴이 운영규칙

제1장 총칙

제1조(목적)
이 규정은 「아동복지법」 제4조 및 같은 법 제33조에 따라 아동 성폭력, 학교 폭력, 실종·유괴 등 아동대상 범죄 예방을 위한 순찰활동 및 아동안전 지도업무를 수행하는 아동안전지킴이 업무처리 및 운영에 필요한 사항을 규정하고 아동의 안전한 성장환경 조성에 기여하는 것을 목적으로 한다.

제2조(설치) 아동안전지킴이는 각 경찰서 지구대(팀)장 및 파출소장 소속 하에 둔다.

제2장 아동안전지킴이 모집 및 선발

제7조(구성)
① 위원회는 위원장 2명을 포함하여 5명 내외의 위원으로 구성하며, 위원회의 위원장은 해당지역의 대한민국재향경우회 지역회장 및 대한노인회 지회장을 공동위원장으로 하고, 위원은 관할경찰서의 여성청소년과장 또는 생활안전과장 및 아동안전지킴이 운영관서(이하"지구대 및 파출소"라 한다)의 장으로 한다.
② 위원회의 업무를 수행하기 위해 관할 경찰서의 여성청소년계장을 간사로 한다.

제8조(선발 대상)
① 위원회는 다음 각 호의 요건을 갖춘 사람 중에서 아동안전지킴이 업무 수행 대상자를 선발한다.
  1. 75세 이하일 것
  2. 건강상태가 양호할 것
  3. 다음 각 목의 어느 하나에 해당 할 것
    가. 대한민국 재향경우회 회원
    나. 군·소방·교정·학교 등의 시설에서 근무한 경험이 있거나 아동·청소년 관련 분야 경력이 있는 대한노인회 회원
    다. 그 밖에 아동범죄 예방을 위한 봉사에 열의가 있고 직무능력을 겸비한 사람
② 제1항 제1호에도 불구하고 선발대상자의 수가 부족한 경우에는 75세를 초과하는 사람을 선발할 수 있다.

제9조(결격 사유) 다음 각 호에 해당하는 사람은 아동안전지킴이 선발 대상에서 제외한다.
  1. 「아동복지법 시행령」 제33조제3항 별표 4에 따른 범죄 경력이 있는 사람
  2. 「청소년보호법」 제2조제5호에 따른 청소년 유해업소의 운영자 및 종사자
  3. 국가, 지방자치단체, 공공기관 등에서 시행하는 다른 일자리사업에 참여하고 있는 사람
  4. 그 밖에 지역 내 여론 등을 고려할 때 아동안전 보호인력으로서 부적절하다고 판단되는 사람

제10조(위촉)
④ 신분증의 유효기간은 위촉한 날부터 그 해 12월까지로 한다.

제11조(인력 구성) 아동안전지킴이 선발 시 대한민국재향경우회 및 대한노인회 소속 회원은 같은 비율로 선발하는 것을 원칙으로 한다. 다만 필요하다고 인정되는 경우 위원회에서 인력 구성의 비율을 조정할 수 있다.

제12조(해촉)

② 경찰서장은 다음 각 호의 어느 하나에 해당하는 경우에는 위원회의 심의를 거쳐 해촉할 수 있다.

1. 사회적 물의를 야기한 경우 또는 품위유지에 반하는 행위를 한 경우
2. 정당한 사유 없이 3회 이상 결근하는 등 근무태도가 불성실한 경우
3. 그 밖에 건강상태의 악화 등으로 근무를 수행할 수 없는 이유가 생긴 경우

제3장 아동안전지킴이 임무 및 관리 감독

제13조(임무)

아동안전지킴이는 관할 지구대 및 파출소를 거점으로 지구대(팀)장 및 파출소장이 근무를 지정한 곳에서 각 호와 같은 임무를 수행하며, 별지 제7호 서식의 근무일지에 활동사항과 실적을 기록한다.

1. 아동보호구역과 통학로, 놀이터·공원 주변 등에 대한 순찰 및 아동 지도
2. 위험에 처한 아동에 대한 일시적 보호 및 안전사고 예방을 위한 임시조치
3. 통학로 주변 아동긴급 보호소(아동안전지킴이집)등과 연계 활동
4. 비행 청소년 선도 및 범죄예방을 위한 교육·홍보 등 기타 취급 사항
5. 그 밖에 성폭력·학교폭력, 실종 및 유괴 등 아동 대상 범죄 예방을 위하여 필요한 조치 등

제15조(근무지 지정) 지구대(팀)장 및 파출소장은 다음 각 호의 장소에 아동안전지킴이를 배치하여야 한다. 이 경우, 다른 기관에서 운영 중인 아동안전보호인력과 중복해서 배치되지 않도록 하여야 한다.

1. 학교 통학로 주변·공원·놀이터 등 아동이 빈번하게 활동하는 곳
2. 학교장이나 시·군·구청장이 아동안전지킴이 순찰을 요청하는 곳
3. 시·군·구에서 지정·운영하는 아동보호구역
4. 그 밖에 아동 대상 범죄예방을 위하여 배치가 필요한 곳

제16조(근무 시간)

① 아동안전지킴이의 근무시간은 평일 3시간 이내 범위에서 아동이 빈번하게 활동하는 시간대로 지정한다.

② 지구대(팀)장 및 파출소장은 아동안전지킴이가 활동하는 학교의 학교장 등의 요청이 있거나 하교시간의 변동, 기상여건 등을 고려하여 아동안전지킴이의 근무시간을 조정할 수 있다.

제20조(점검 및 실적 보고) ① 경찰서장은 아동안전지킴이 운영에 대한 활동실적 등을 관리하고 매월 5일까지 지방경찰청장을 거쳐 경찰청장에게 보고한다.

② 아동안전지킴이 운영실태 점검은 상·하반기로 나누어서 실시한다.

지역경찰의 조직 및 운영에 관한 규칙

제1장 총칙

제1조(목적)

이 규칙은 효율적인 지역 치안활동 수행을 위해 지역경찰의 조직 및 운영 등에 관하여 필요한 사항을 규정함을 목적으로 한다.

제2조(정의) 이 규칙에서 사용하는 용어의 정의는 다음과 같다.

지역경찰관서	「경찰법」 제17조 및 「경찰청과 그 소속기관 직제」 제44조에 규정된 지구대 및 파출소를 말한다.
지역경찰	지역경찰관서 소속 경찰공무원 및 전투경찰순경
지역경찰업무 담당부서	지역경찰관서 및 지역경찰과 관련된 사무를 처리하는 경찰청, 지방경찰청, 경찰서 소속의 모든 부서
일근근무	「국가공무원 복무규정」 제9조제1항에 규정된 근무형태
상시·교대근무	「경찰기관 상시근무 공무원의 근무시간 등에 관한 규칙」 제2조에 규정된 "상시근무"와 "교대근무"를 포괄하는 형태의 근무

제2장 조직 및 구성

제1절 지역경찰관서

제4조(설치 및 폐지)

① 지방경찰청장은 인구, 면적, 행정구역, 교통·지리적 여건, 각종 사건사고 발생 등을 고려하여 경찰서의 관할구역을 나누어 지역경찰관서를 설치한다.

제5조(지역경찰관서장)

① 지역경찰관서의 사무를 통할하고 소속 지역경찰을 지휘·감독하기 위해 지역경찰관서에 지구대장 및 파출소장을 둔다.

② 지구대장은 경정 또는 경감, 파출소장은 경감 또는 경위로 보한다.

③ 지역경찰관서장은 다음 각 호의 직무를 수행한다.

1. 관내 치안상황의 분석 및 대책 수립
2. 지역경찰관서의 시설·예산·장비의 관리
3. 소속 지역경찰의 근무와 관련된 제반사항에 대한 지휘 및 감독
4. 경찰 중요 시책의 홍보 및 협력치안 활동

제6조(하부조직)

① 지역경찰관서에는 관리팀과 상시·교대근무로 운영하는 복수의 순찰팀을 둔다.

② 순찰팀의 수는 지역 치안수요 및 인력여건 등을 고려하여 지방경찰청장이 결정한다.
③ 관리팀 및 순찰팀의 인원은 지역 치안수요 및 인력여건 등을 고려하여 경찰서장이 결정한다.

제7조(관리팀)
관리팀은 문서의 접수 및 처리, 시설 및 장비의 관리, 예산의 집행 등 지역경찰관서의 행정업무를 담당한다.

제8조(순찰팀)
① 순찰팀은 범죄예방 순찰, 각종 사건사고에 대한 초동조치 등 현장 치안활동을 담당하며, 팀장은 경감 또는 경위로 보한다.
② 순찰팀장은 다음 각호의 직무를 수행한다.
1. 근무교대시 주요 취급사항 및 장비 등의 인수인계 확인
2. 관리팀원 및 순찰팀원에 대한 일일근무 지정 및 지휘·감독
3. 관내 중요 사건 발생시 현장 지휘
4. 지역경찰관서장 부재시 업무 대행
③ 순찰팀장을 보좌하고 순찰팀장 부재시 업무를 대행하기 위해 순찰팀별로 부팀장을 둘 수 있다.

제2절 치안센터
제10조(설치 및 폐지)
① 지방경찰청장은 지역치안을 효율적으로 수행하기 위하여 지역경찰관서장 소속하에 치안센터를 설치할 수 있다.
② 치안센터의 명칭은 "○○지구대(파출소) ○○치안센터"로 한다.

제11조(소속 및 관할)
① 치안센터는 지역경찰관서장의 소속 하에 두며, 치안센터의 인원, 장비, 예산 등은 지역경찰관서에서 통합 관리한다.
② 치안센터의 관할구역은 소속 지역경찰관서 관할구역의 일부로 한다.
③ 치안센터 관할구역의 크기는 설치목적, 배치 인원 및 장비, 교통·지리적 요건 등을 고려하여 경찰서장이 정한다.

제12조(운영시간)
① 치안센터는 24시간 상시 운영을 원칙으로 한다.
② 경찰서장은 지역 치안여건 및 인원여건을 고려, 운영시간을 탄력적으로 조정할 수 있다.

제13조(근무자의 배치) ① 치안센터 운영시간에는 치안센터 관할구역에 근무자를 배치함을 원칙으로 한다.
② 경찰서장은 치안센터의 종류 및 지리적 여건 등을 고려하여 필요한 경우 치안센터에 전담근무자를 배치할 수 있다.

제14조(치안센터장) ① 경찰서장은 치안센터에 전담근무자를 배치하는 경우 전담근무자 중 1명을 치안센터장으

로 지정할 수 있으며, 치안센터장의 임무는 다음 각 호와 같다.

1. 경찰 민원 접수 및 처리
2. 관할지역 내 주민 여론 수렴 및 보고
3. 타기관 협조 등 협력방범활동
4. 기타 치안센터 운영과 관련된 문제점 및 개선대책 수립 및 보고

② 치안센터장은 제20조에 따른 복장 외에 별도 1의 표시장을 패용한다.

③ 치안센터장은 민원인의 편의를 위해 별도 2의 확인용 인장을 제작하여 사용할 수 있다.

제15조(치안센터의 종류)

① 치안센터는 설치목적에 따라 검문소형과 출장소형으로 구분한다.

② 출장소형 치안센터는 지리적 여건·치안수요 등을 고려하여 필요한 경우 직주일체형으로 운영할 수 있다.

제16조(검문소형 치안센터)	제17조(출장소형 치안센터)	제18조(직주일체형 치안센터)
① 검문소형 치안센터는 적의 침투 예상로 또는 주요 간선도로의 취약요소 등에 교통통제 요소 등을 고려하여 설치한다. 다만, 지방경찰청 및 경찰서 관할의 경계에는 인접 관서장과 협의하여 단일 치안센터를 설치하는 것을 원칙으로 한다.	① 출장소형 치안센터는 지역 치안활동의 효율성 및 주민 편의 등을 고려하여 필요한 지역에 설치한다.	① 직주일체형 치안센터는 출장소형 치안센터 중 근무자가 치안센터 내에서 거주하면서 근무하는 형태의 치안센터를 말한다. ② 직주일체형 치안센터에는 배우자와 함께 거주함을 원칙으로 하며, 배우자는 근무자 부재시 방문 민원 접수·처리 등 보조 역할을 수행한다. ③ 직주일체형 치안센터에 배치된 근무자는 근무 종료 후에도 관할구역 내에 위치하며 지역경찰관서와 연락체계를 유지하여야 한다. 다만, 휴무일은 제외한다. ④ 지방경찰청장은 직주일체형 치안센터에 배우자가 함께 거주하지 않는 경우에는 전투경찰순경을 상주배치하여야 하며, 배치 기준은 별표와 같다.
② 검문소형 치안센터 근무자의 임무는 다음 각호와 같다. 1. 거점 형성에 의한 지역 경계 2. 불순분자 색출 및 제 경찰사범의 단속 및 검거 3. 관할내 각종 사건·사고 발생시 초동조치	② 출장소형 치안센터 근무자의 임무는 다음 각호와 같다. 1. 범죄예방 순찰 및 위험발생 방지 2. 방문 민원 접수 및 처리 3. 관할내 각종 사건사고 발생시 초동조치 4. 관할 내 주민여론 청취 등 지역사회 경찰활동	

③ 경찰서장은 도서, 접적지역 등 지리적 여건상 필요한 경우에는 출장소형 치안센터에 검문소형 치안센터의 임무를 병행토록 할 수 있다..

제19조(직주일체형 치안센터 근무자의 특례)

① 경찰서장은 직주일체형 치안센터에서 거주하는 근무자의 배우자에게 조력사례금을 지급하여야 하며, 지급 기준 및 금액은 경찰청장이 정한다.

② 직주일체형 치안센터 근무자의 근무기간은 1년 이상으로 하며, 임기를 마친 경찰관은 희망부서로 배치하고, 차기 경비부서의 차출순서에서 1회 면제한다.

제3장 근무

제20조(복장 및 휴대장비)

① 지역경찰은 근무 중 「경찰복제에 관한 규칙」 제15조제1항에 규정된 근무장을 착용하는 것을 원칙으로 한다.
② 지역경찰은 근무 중 근무수행에 필요한 경찰봉, 수갑 등 경찰장구, 무기 및 무전기 등을 휴대하여야 한다.
③ 지역경찰관서장 및 순찰팀장(이하 "지역경찰관리자"라 한다.)은 필요한 경우 지역경찰의 복장 및 휴대장비를 조정할 수 있다.

제21조(근무형태 및 시간)

① 지역경찰관서장은 일근근무를 원칙으로 한다. 다만, 경찰서장은 필요하다고 인정되는 경우에는 지역경찰관서장의 근무시간을 조정하거나, 시간외·휴일 근무 등을 명할 수 있다.
② 관리팀은 일근근무를 원칙으로 한다. 다만, 지역경찰관서장은 필요하다고 인정되는 경우에는 근무시간을 조정하거나, 시간외·휴일 근무 등을 명할 수 있다.
③ 순찰팀장 및 순찰팀원은 상시·교대근무를 원칙으로 하며, 근무교대 시간 및 휴게시간, 휴무횟수 등 구체적인 사항은 「국가공무원 복무규정」 및 「경찰기관 상시근무 공무원의 근무시간 등에 관한 규칙」 이 규정한 범위 안에서 지방경찰청장이 정한다.
④ 치안센터 전담근무자의 근무형태 및 근무시간은 치안센터의 종류 및 운영시간 등을 고려하여 제1항부터 제3항까지의 규정을 준용하여 경찰서장이 정한다.
⑤ 전투경찰순경의 근무형태 및 시간은 지역 치안여건 등을 고려하여 「전투경찰순경 등 관리규칙」에 규정한 범위 내에서 지역경찰관서장이 정한다.

제22조(근무의 종류)

지역경찰의 근무는 행정근무, 상황근무, 순찰근무, 경계근무, 대기근무, 기타근무로 구분한다.

제23조 (행정근무)	행정근무를 지정받은 지역경찰은 지역경찰관서 내에서 다음 각 호의 업무를 수행한다. 1. 문서의 접수 및 처리 2. 시설·장비의 관리 및 예산의 집행 3. 각종 현황, 통계, 자료, 부책 관리 4. 기타 행정업무 및 지역경찰관서장이 지시한 업무
제24조 (상황 근무)	① 상황근무를 지정받은 지역경찰은 지역경찰관서 및 치안센터 내에서 다음 각 호의 업무를 수행한다. 1. 시설 및 장비의 작동여부 확인 2. 방문민원 및 각종 신고사건의 접수 및 처리 3. 요보호자 또는 피의자에 대한 보호·감시 4. 중요 사건·사고 발생시 보고 및 전파 5. 기타 필요한 문서의 작성
제25조 (순찰근무)	① 순찰근무는 그 수단에 따라 112 순찰, 방범오토바이 순찰, 자전거 순찰 및 도보 순찰 등으로 구분한다. ② 112 순찰근무 및 야간 순찰근무는 반드시 2인 이상 합동으로 지정하여야 한다. ③ 순찰근무를 지정받은 지역경찰은 지정된 근무구역에서 다음 각 호의 업무를 수행한다.

	1. 주민여론 및 범죄첩보 수집 2. 각종 사건사고 발생시 초동조치 및 보고, 전파 3. 범죄 예방 및 위험발생 방지 활동 4. 경찰사범의 단속 및 검거 5. 경찰방문 및 방범진단 6. 통행인 및 차량에 대한 검문검색 등 ④ 순찰근무를 할 때에는 다음 각호의 사항에 유의하여야 한다. 1. 문제의식을 가지고 면밀하게 관찰 2. 주민에 대한 정중하고 친절한 예우 3. 돌발 상황에 대한 대비 및 경계 철저 4. 지속적인 치안상황 확인 및 신속 대응
제26조 (경계근무)	① 경계근무는 반드시 2인 이상 합동으로 지정하여야 한다. ② 경계근무를 지정받은 지역경찰은 지정된 장소에서 다음 각 호의 업무를 수행한다. 1. 불순분자 및 범법자 등 색출을 위한 통행인 및 차량, 선박 등에 대한 검문검색 및 후속조치 2. 비상 및 작전사태 등 발생시 차량, 선박 등의 통행 통제
제27조 (대기근무)	① 대기 근무는 「경찰기관 상시근무 공무원의 근무시간 등에 관한 규칙」 제2조제6호의 "대기"를 뜻한다. ② 대기근무의 장소는 지역경찰관서 및 치안센터 내로 한다. 단, 식사시간을 대기 근무로 지정한 경우에는 식사 장소를 대기 근무 장소로 지정할 수 있다. ③ 대기근무를 지정받은 지역경찰은 지정된 장소에서 휴식을 취하되, 무전기를 청취하며 10분 이내 출동이 가능한 상태를 유지하여야 한다.
제28조 (기타근무)	① 기타근무는 치안상황에 효과적으로 대응하기 위하여 지역경찰 관리자가 지정하는 근무로써 제23조부터 제27조까지 규정한 근무에 해당하지 않는 형태의 근무를 말한다. ② 기타근무의 근무내용 및 방법 등은 지역경찰관리자가 정한다.
제29조(일일근무 지정)	① 지역경찰관서장은 지역경찰관서 및 치안센터의 설치목적, 근무인원, 치안수요, 기타 업무량 등을 고려하여 근무의 종류 및 실시 기준을 정한다. ② 순찰팀장은 제1항에 따라 지역경찰관서장이 정한 기준을 준수하여 당해 근무시간 내 관리팀원 및 순찰팀원의 개인별 근무 종류, 근무 장소, 중점 근무사항 등을 별지 제1호서식의 근무일지(갑지)에 구체적으로 지정하여야 한다. ③ 순찰팀장은 관리팀원에게 행정근무를 지정하고, 순찰팀원에게 상황 또는 순찰근무 지정하는 것을 원칙으로 하되, 필요한 경우에는 다른 근무를 지정하거나 병행하여 수행하도록 지정할 수 있다. ④ 순찰근무의 근무종류 및 근무구역은 지역 치안이 효율적으로 수행될 수 있도록 다음 각 호의 사항을 고려하여 지정하여야 한다. 1. 시간대별·장소별 치안수요 2. 각종 사건사고 발생 3. 순찰 인원 및 가용 장비 4. 관할 면적 및 교통·지리적 여건 ⑤ 치안센터 전담근무자는 제1항에 따라 지역경찰관서장이 정한 기준을 준수하여 별지 제2호서식의 근무일지에 자율적으로 근무지정을 하고 근무를 수행한다. ⑥ 지역경찰관리자는 신고출동태세 유지 등을 위해 필요한 경우에는 휴게 및 식사시간도 대기 근무로 지정할 수 있다.

제31조(지역경찰의 동원)

① 지방경찰청장 또는 경찰서장은 다음 각호에 정한 사유에 해당하는 경우로서 특히 필요하다고 인정되는 때에 한하여 지역경찰의 기본근무에 지장을 초래하지 않는 범위 내에서 지역경찰을 다른 근무에 동원할 수 있다.

1. 다중범죄 진압, 대간첩작전 기타의 비상사태
2. 경호경비 또는 각종 집회 및 행사의 경비
3. 중요범인의 체포를 위한 긴급배치
4. 화재, 폭발물, 풍수설해 등 중요사고의 발생
5. 기타 다수 경찰관의 동원을 필요로 하는 행사 또는 업무

② 지역경찰 동원은 근무자 동원을 원칙으로 하되, 불가피한 경우에 한하여 휴무자를 동원할 수 있다.

③ 지방경찰청장 또는 경찰서장은 휴무자를 동원한 때에는 「경찰기관 상시근무 공무원의 근무시간 등에 관한 규칙」 제5조가 정하는 바에 따라 초과근무수당을 지급하거나 추가 휴무를 부여하여야 한다.

제4장 시설 및 장비

제34조(112 순찰차)

① 112 순찰 근무자는 차량의 적정관리를 위해 운행사항 등을 112 순찰일지에 매일 기록하여야 한다.

② 112 순찰차에는 신속한 현장조치 등을 위해 필요한 장비를 탑재해야 하며 경찰서장은 지역 실정에 맞게 탑재장비의 종류 및 수량 등을 정해야 한다.

제5장 인사관리

제37조(정원관리)

① 경찰서장은 지역경찰관서의 관할면적, 치안수요 등을 고려하여 지역경찰관서에 적정한 인원을 배치하여야 한다.

② 경찰서장은 지역경찰의 정원을 다른 부서에 우선하여 충원하여야 한다.

③ 지방경찰청장은 소속 지방경찰청의 지역경찰 정원 충원 현황을 연 2회 이상 점검하고 현원이 정원에 미달할 경우, 지역경찰 정원충원 대책을 수립, 시행하여야 한다.

제38조(부적격자의 배제)

① 경찰서장은 최일선 대민접점부서인 지역경찰관서의 업무 특성을 고려하여 다음 각호에 해당하는 자를 지역경찰관서에 배치하여서는 아니 된다.

1. 금품수수, 직무태만, 음주운전 등의 비위로 감봉 이상의 징계처분을 받은 날로부터 3년이 경과되지 아니한 자
2. 형사사건으로 기소된 자
3. 과도한 채무부담 등 경제적 빈곤상태가 현저하거나, 도박·사행행위·불건전한 이성관계 등으로 성실한 업무 수행을 기대하기 곤란한 자

② 경찰서장은 지역경찰 중 다음 각호에 해당하는 사유가 발생한 자는 지체 없이 교체하여야 한다.

1. 제1항 각호에 해당하는 자

2. 6월 이상의 휴직·파견근무를 명받은 자

제6장 교육 및 평가

제39조(교육)

① 지방경찰청장 및 경찰서장은 지역경찰의 올바른 직무수행 및 자질 향상을 위해 필요한 교육을 실시하여야 한다.

② 교육시간, 방법, 내용 등 지역경찰 교육과 관련된 세부적인 기준은 경찰청장이 따로 정한다.

제40조(지도방문)

지방경찰청장 및 경찰서장은 소속 지역경찰의 업무 지도 및 현장 의견 수렴, 사기관리 등을 위해 지도방문 계획을 수립·시행하여야 한다.

제7장 문서 관리

제42조(근무일지의 기록·보관)

① 지역경찰관리자와 상황근무자는 근무 중 주요사항을근무일지(을지)에 기재하여야 한다.

② 순찰근무자는 근무 중 주요사항을 근무수첩에 기록하고 업무에 활용하여야 한다.

③ 근무일지와 사용 종료한 근무수첩은 3년간 보관한다.

제43(정기보고 기간)

① 지역경찰 업무담당부서에서 지역경찰관서장에게 각종 현황 및 통계 등을 정기적으로 보고하도록 지시한 경우 지시의 효력은 최초 보고받은 날로부터 1년이 경과하면 자동으로 소멸한다.

② 지역경찰 업무담당부서에서는 지시의 효력을 연장할 필요가 있는 경우 소속 관서의 생활안전과장과 협의하여 1년 단위로 연장할 수 있다.

제44조(문서부책) ① 지구대와 파출소 등에는 업무수행에 필요한 최소한의 부책만을 비치하여야 한다.

② 제1항의 비치 문서와 부책은 지방경찰청장이 정한다.

풍속영업의 규제에 관한 법률

제1조(목적)

이 법은 풍속영업(風俗營業)을 하는 장소에서 선량한 풍속을 해치거나 청소년의 건전한 성장을 저해하는 행위 등을 규제하여 미풍양속을 보존하고 청소년을 유해한 환경으로부터 보호함을 목적으로 한다.

제2조(풍속영업의 범위) 이 법에서 "풍속영업"이란 다음 각 호의 어느 하나에 해당하는 영업을 말한다.

「게임산업진흥에 관한 법률」	복합유통게임제공업
「영화 및 비디오물의 진흥에 관한 법률」	비디오물감상실업
「음악산업진흥에 관한 법률」	노래연습장업
「공중위생관리법」	숙박업 목욕장업 이용업 중 대통령령으로 정하는 것
「식품위생법」	식품접객업 중 대통령령으로 정하는 것 단란주점영업 유흥주점영업
「체육시설의 설치·이용에 관한 법률」	무도학원업 및 무도장업
청소년보호법	

제3조(준수 사항)

풍속영업을 하는 자(허가나 인가를 받지 아니하거나 등록이나 신고를 하지 아니하고 풍속영업을 하는 자를 포함한다) 및 대통령령으로 정하는 종사자는 풍속영업을 하는 장소(이하 "풍속영업소"라 한다)에서 다음 각 호의 행위를 하여서는 아니 된다.

1. 「성매매알선 등 행위의 처벌에 관한 법률」 제2조제1항제2호에 따른 성매매알선등행위
2. 음란행위를 하게 하거나 이를 알선 또는 제공하는 행위
3. 음란한 문서·도화(図画)·영화·음반·비디오물, 그 밖의 음란한 물건에 대한 다음 각 목의 행위
   가. 반포(頒布)·판매·대여하거나 이를 하게 하는 행위
   나. 관람·열람하게 하는 행위
   다. 반포·판매·대여·관람·열람의 목적으로 진열하거나 보관하는 행위
4. 도박이나 그 밖의 사행(射倖)행위를 하게 하는 행위

제4조(풍속영업의 통보)

① 다른 법률에 따라 풍속영업의 허가를 한 자(인가를 하거나 등록·신고를 접수한 자를 포함한다. 이하 "허가관청"이라 한다)는 풍속영업소의 소재지를 관할하는 경찰서장(이하 "경찰서장"이라 한다)에게 다음 각 호의 사항을 알려야 한다.

1. 풍속영업자의 성명 및 주소(법인인 경우에는 대표자의 성명과 주소를 포함한다)
2. 풍속영업소의 명칭 및 주소
3. 풍속영업의 종류

② 허가관청은 풍속영업자가 휴업·폐업하거나 그 영업내용이 변경된 경우와 그 밖에 대통령령으로 정하는 사유가 발생한 경우에는 경찰서장에게 그 사실을 알려야 한다.

제6조(위반사항의 통보 등)

① 경찰서장은 풍속영업자나 대통령령으로 정하는 종사자가 제3조를 위반하면 그 사실을 허가관청에 알리고 과세에 필요한 자료를 국세청장에게 통보하여야 한다.

② 제1항에 따른 통보를 받은 허가관청은 그 내용에 따라 허가취소·영업정지·시설개수 명령 등 필요한 행정처분을 한 후 그 결과를 경찰서장에게 알려야 한다.

제9조(출입)

① 경찰서장은 특별히 필요한 경우 국가경찰공무원에게 풍속영업소에 출입하여 풍속영업자와 대통령령으로 정하는 종사자가 제3조의 준수 사항을 지키고 있는지를 검사하게 할 수 있다.

② 제1항에 따라 풍속영업소에 출입하여 검사하는 국가경찰공무원은 그 권한을 표시하는 증표를 지니고 이를 관계인에게 내보여야 한다.

제10조(벌칙)

① 제3조제1호를 위반하여 풍속영업소에서 성매매알선등행위를 한 자는 3년 이하의 징역 또는 3천만원 이하의 벌금에 처한다.

② 제3조제2호부터 제4호까지의 규정을 위반하여 음란행위를 하게 하는 등 풍속영업소에서 준수할 사항을 지키지 아니한 자는 3년 이하의 징역 또는 2천만원 이하의 벌금에 처한다.

제12조(양벌규정) 법인의 대표자나 법인 또는 개인의 대리인, 사용인, 그 밖의 종업원이 그 법인 또는 개인의 업무에 관하여 제10조의 위반행위를 하면 그 행위자를 벌하는 외에 그 법인 또는 개인에게도 해당 조문의 벌금형을 과(科)한다. 다만, 법인 또는 개인이 그 위반행위를 방지하기 위하여 해당 업무에 관하여 상당한 주의와 감독을 게을리하지 아니한 경우에는 그러하지 아니하다.

영화 및 비디오물의 진흥에 관한 법률

제1장 총칙

제1조(목적)

이 법은 영화 및 비디오물의 질적 향상을 도모하고 영상문화 및 영상산업의 진흥을 촉진함으로써 국민의 문화생활 향상과 민족문화의 창달에 이바지함을 목적으로 한다.

제2조(정의) 이 법에서 사용하는 용어의 정의는 다음과 같다.

<table>
<tr><td>영화</td><td colspan="2">연속적인 영상이 필름 또는 디스크 등의 디지털 매체에 담긴 저작물로서 영화상영관 등의 장소 또는 시설에서 공중(公衆)에게 관람하게 할 목적으로 제작한 것</td></tr>
<tr><td>영화산업</td><td colspan="2">영화의 제작·활용·유통·보급·수출·수입 등에 관련된 산업</td></tr>
<tr><td>한국영화</td><td colspan="2">국내에 주된 사업소를 둔 자(법인을 포함한다)가 제작한 영화와 제27조의 규정에 의하여 한국영화로 인정받은 영화</td></tr>
<tr><td>공동제작영화</td><td colspan="2">한국영화제작업자와 외국영화제작업자가 공동으로 제작한 영화 중 문화체육관광부령이 정하는 바에 따라 공동으로 제작비용을 출자하여 제작한 영화</td></tr>
<tr><td>애니메이션
(animation) 영화</td><td colspan="2">실물의 세계 또는 상상의 세계를 가공하여 현실과 유사한 동적 감각을 느낄 수 있도록 인력 또는 기술력을 이용하여 표현한 영화</td></tr>
<tr><td>소형영화</td><td colspan="2">16밀리미터 이하의 필름을 사용하여 제작한 영화 및 디지털 매체를 사용하여 제작한 영화로서 문화체육관광부령이 정하는 영화</td></tr>
<tr><td>단편영화</td><td colspan="2">상영시간이 40분을 넘지 아니하는 영화</td></tr>
<tr><td>상영</td><td colspan="2">영화를 공중에게 관람하도록 하는 행위</td></tr>
<tr><td rowspan="5">비디오물
시청
제공업</td><td>비디오물
감상실업</td><td>다수의 구획된 시청실과 비디오물 시청기자재를 갖추고 비디오물을 공중의 시청에 제공(이용자가 직접 시청시설을 작동하여 이용하는 경우를 포함한다)하는 영업</td></tr>
<tr><td>비디오물
소극장업</td><td>영사막 및 다수의 객석과 비디오물 시청기자재를 갖추고 비디오물만을 전용으로 공중의 시청에 제공하는 영업</td></tr>
<tr><td>제한관람가
비디오물소극장업</td><td>영사막 및 다수의 객석과 비디오물 시청기자재를 갖추고 제한관람가 등급의 비디오물만을 전용으로 공중의 시청에 제공하는 영업</td></tr>
<tr><td>복합영상물제공업</td><td>비디오물감상실업을 하면서 부수적으로 게임물을 이용할 수 있는 시설 또는 노래를 할 수 있는 시설을 갖추어 공중에 제공하는 영업</td></tr>
<tr><td>그 밖의 비디오물
시청제공업</td><td>공중이 숙박·휴게 등의 목적으로 이용하는 장소 또는 시설에서 비디오물 시청기자재를 갖추고 비디오물을 공중의 시청에 제공하는 영업</td></tr>
<tr><td>청소년</td><td colspan="2">18세 미만의 자(「초·중등교육법」 제2조의 규정에 따른 고등학교에 재학 중인 학생을 포함한다)를 말한다.</td></tr>
</table>

제3장 비디오물

제3절 영업의 신고·등록·운영

제57조(비디오물제작업 등의 신고)

① 비디오물제작업 또는 비디오물배급업을 하려는 자는 시장·군수·구청장에게 신고하여야 한다. 다만, 다음 각 호의 어느 하나에 해당하는 경우에는 신고하지 아니하고 이를 할 수 있다.

1. 국가 또는 지방자치단체가 제작하는 경우
2. 법령에 의하여 설립된 교육기관 또는 연수기관이 자체교육 또는 연수의 목적으로 사용하기 위하여 제작하는 경우
3. 「방송법」에 의한 방송사업자가 방송의 목적에 사용하기 위하여 제작하는 경우
4. 「공공기관의 운영에 관한 법률」에 따른 공공기관이 그 사업의 홍보에 사용하기 위하여 제작하는 경우
5. 관혼상제 또는 종교의식 등의 행사를 기념으로 남기기 위한 목적으로 제작하는 경우. 다만, 공중에게 유통시키거나 시청에 제공하는 경우를 제외한다.
6. 정보통신망만을 이용하여 시청에 제공할 목적으로 제작·배급하는 경우
7. 불특정 다수인을 대상으로 유통하거나 시청에 제공할 목적 외의 다른 목적으로 제작하는 경우
8. 제50조제1항 각 호의 규정에 해당하는 비디오물을 제작하는 경우

제58조(비디오물시청제공업의 등록)

① 비디오물시청제공업을 영위하고자 하는 자는 문화체육관광부령이 정하는 시설을 갖추어 시장·군수·구청장에게 등록하여야 한다. 다만, 다음 각 호의 어느 하나에 해당하는 경우에는 등록하지 아니하고 이를 할 수 있다.

1. 「게임산업진흥에 관한 법률」에 의한 인터넷컴퓨터게임시설제공업에 해당하는 경우
2. 정보통신망만을 이용하여 비디오물을 시청에 제공하는 경우

제59조(영업의 제한)

제57조 및 제58조의 규정에 의하여 신고 또는 등록을 하고자 하는 자가 다음 각 호의 어느 하나에 해당하는 때에는 제57조 또는 제58조의 규정에 의한 신고 또는 등록을 할 수 없다.

1. 제67조제1항 또는 제2항의 규정에 의하여 영업의 폐쇄명령 또는 등록의 취소처분을 받은 후 1년이 경과되지 아니하거나 영업정지처분을 받은 후 그 기간이 종료되지 아니한 자(법인의 경우에는 그 대표자 또는 임원을 포함한다)가 같은 업종을 다시 영위하고자 하는 때
2. 제67조제1항 또는 제2항의 규정에 의하여 영업의 폐쇄명령 또는 등록의 취소처분을 받은 후 1년이 경과되지 아니하거나 영업정지처분을 받은 후 그 기간이 종료되지 아니한 경우에 같은 장소에서 같은 업종을 영위하고자 하는 때(비디오물제작업을 제외한다)

제60조(신고증·등록증의 교부)

시장·군수·구청장은 제57조 또는 제58조에 따른 신고를 받거나 등록을 한 경우에는 문화체육관광부령으로 정하는 바에 따라 신청인에게 신고증 또는 등록증을 교부하여야 한다.

제61조(신고 또는 등록사항의 변경)

① 제57조 또는 제58조에 따라 신고 또는 등록을 한 자가 문화체육관광부령으로 정하는 중요사항을 변경하려는 경우에는 시장·군수·구청장에게 변경신고 또는 변경등록을 하여야 한다.

② 시장·군수·구청장은 제1항에 따라 변경신고 또는 변경등록을 한 경우에는 문화체육관광부령으로 정하는 바에 따라 신고증 또는 등록증을 갱신하여 교부하여야 한다.

③ 제1항 및 제2항의 규정에 의한 변경신고·변경등록의 절차·방법 및 신고증·등록증 갱신 등에 관하여 필요한 사항은 문화체육관광부령으로 정한다.

제62조(비디오물시청제공업자의 준수사항)

비디오물시청제공업을 영위하는 자는 다음 각 호의 사항을 지켜야 한다.

1. 영업소 안에 화재 또는 안전사고 예방을 위한 조치를 할 것
2. 비디오물소극장업의 경우에는 대통령령이 정하는 출입시간에 한하여 청소년을 출입시킬 것. 다만, 부모 등 보호자를 동반하거나 그의 출입동의서를 받은 경우 그 밖에 대통령령이 정하는 경우에는 그러하지 아니하다.
3. 비디오물감상실업 및 복합영상물제공업의 경우에는 다음 각 목에 해당하는 행위를 하지 아니할 것
   가. 주류를 판매·제공하는 행위
   나. 접대부(남녀를 불문한다)를 고용·알선하는 행위
4. 비디오물감상실업, 제한관람가비디오물소극장업 및 복합영상물제공업의 경우에는 출입자의 연령을 확인하고 청소년의 출입을 금지시킬 것
5. 문화체육관광부령이 정하는 바에 따라 영업소에 등록증을 게시할 것

제5절 등록취소 등 행정조치

제70조(폐쇄 및 수거)

① 시장·군수·구청장은 제57조 또는 제58조에 따른 신고 또는 등록을 하지 아니하고 영업을 하는 자와 제67조제1항 또는 제2항에 따른 영업의 폐쇄명령 또는 등록의 취소처분을 받고 계속 영업을 하는 자에 대하여는 관계공무원으로 하여금 그 영업소를 폐쇄하기 위하여 다음 각 호의 조치를 하게 할 수 있다.

1. 당해 영업 또는 영업소의 간판 및 그 밖의 영업표지물의 제거
2. 당해 영업 또는 영업소가 위법한 것임을 알리는 게시물의 부착
3. 영업을 위하여 필요한 기구 또는 시설물을 사용할 수 없게 하는 봉인

제4장 영상물등급위원회

제71조(영상물등급위원회)

영화 및 비디오물과 그 광고·선전물(이하 "영상물등"이라 한다)의 윤리성 및 공공성을 확보하고 청소년을 보호하기 위하여 영상물등급위원회를 둔다.

제91조(벌칙 적용에서의 공무원 의제) 다음 각 호에 해당하는 자는 「형법」 제129조 내지 제132조에 의한 벌칙의 적용에 있어서는 이를 공무원으로 본다.

1. 영화진흥위원회의 위원과 그 사무국의 직원
2. 영상물등급위원회의 위원과 그 사무국의 직원
3. 영상물등급위원회 소위원회의 위원·사후관리위원회의 위원
4. 제92조제2항의 규정에 의하여 위탁받은 업무에 종사하는 자

음악산업진흥에 관한 법률

제1장 총칙

제1조(목적)
이 법은 음악산업의 진흥에 필요한 사항을 정하여 관련 산업의 발전을 촉진함으로써 국민의 문화적 삶의 질을 높이고 국민경제의 발전에 이바지함을 목적으로 한다.

제2조(정의) 이 법에서 사용하는 용어의 정의는 다음과 같다.

음악	소리를 소재로 박자·선율·화성·음색 등을 일정한 법칙과 형식으로 종합하여 사상과 감정을 나타낸 것
음악산업	음악의 창작·공연·교육, 음반·음악파일·음악영상물·음악영상파일의 제작·유통·수출·수입, 악기·음향기기 제조 및 노래연습장업 등과 이와 관련된 산업
음원	음 또는 음의 표현으로서 유형물에 고정시킬 수 있거나 전자적 형태로 수록할 수 있는 것
음반	음원이 유형물에 고정되어 재생하여 들을 수 있도록 제작된 것
음악파일	음원이 복제·전송·송신·수신될 수 있도록 전자적 형태로 제작되거나 전자적 기기에 수록된 것
음악영상물	음원의 내용을 표현하기 위하여 당해 음원에 영상이 포함되어 제작된 것을 말하며 음악의 실연(實演)에 대한 영상물을 포함
음악영상파일	음악영상물이 복제·전송·송신·수신될 수 있도록 전자적 형태로 제작되거나 전자적 기기에 수록된 것
음반·음악영상물 제작업	음반, 음악파일, 음악영상물, 음악영상파일(이하 "음반등"이라 한다)을 기획제작하거나 복제제작하는 영업
음반·음악영상물 배급업	음반 등을 수입(원판수입을 포함한다)하거나 그 저작권을 소유·관리하여 음반·음악영상물판매업자 또는 온라인음악서비스제공업자에게 공급하는 영업
음반·음악영상물 판매업	음반 및 음악영상물을 소비자에게 직접 판매하는 영업
온라인음악 서비스제공업	정보통신망 이용촉진 및 정보보호 등에 관한 법률」 제2조제1항제1호의 규정에 따른 정보통신망을 이용하여 음악파일·음악영상파일을 소비자의 이용에 제공하는 영업
식별표시	음반등의 유통통계·검색·검증 등에 활용하기 위하여 「콘텐츠산업 진흥법」 제23조에 따라 문화체육관광부장관이 음반 등에 부여한 식별번호·기호
노래연습장업	연주자를 두지 아니하고 반주에 맞추어 노래를 부를 수 있도록 하는 영상 또는 무영상 반주장치 등의 시설을 갖추고 공중의 이용에 제공하는 영업
청소년	18세 미만의 자(「초·중등교육법」 제2조의 규정에 따른 고등학교에 재학 중인 학생을 포함한다)를 말한다.

제3장 영업의 신고·등록 및 음반등의 유통 등

제1절 영업의 신고·등록·운영 등

제16조(음반·음악영상물제작업 등의 신고)

① 음반·음악영상물제작업 또는 음반·음악영상물배급업을 영위하고자 하는 자는 특별시장·광역시장·도지사(이하 "시·도지사"라 한다)에게 신고하여야 한다. 다만, 다음 각 호의 어느 하나에 해당하는 경우에는 신고하지 아니하고 이를 할 수 있다.

1. 국가 또는 지방자치단체가 제작하는 경우
2. 법령에 따라 설립된 교육기관 또는 연수기관이 자체교육 또는 연수의 목적으로 사용하기 위하여 제작하는 경우
3. 「방송법」에 따른 방송사업자가 방송의 목적에 사용하기 위하여 제작하는 경우
4. 「공공기관의 운영에 관한 법률」에 따른 공공기관이 그 사업의 홍보에 사용하기 위하여 제작하는 경우
5. 관혼상제 또는 종교의식 등의 행사를 기념하기 위한 목적으로 제작하는 경우. 다만, 공중에게 유통하거나 시청 또는 이용에 제공하는 경우를 제외한다.
6. 그 밖에 대통령령이 정하는 경우

② 온라인음악서비스제공업을 영위하고자 하는 자는 시장·군수·구청장에게 신고하여야 한다. 다만, 대통령령으로 정하는 온라인음악서비스제공업의 경우에는 그러하지 아니하다.

제17조(음악영상물 등의 등급분류 등)

① 음악영상물과 음악영상파일을 제작 또는 배급(수입을 포함한다)하는 자는 당해 음악영상물과 음악영상파일을 공급하기 전에 그 내용에 관하여 「영화 및 비디오물의 진흥에 관한 법률」 제71조의 규정에 따른 영상물등급위원회로부터 등급분류를 받아야 한다.

제18조(노래연습장업의 등록)

① 노래연습장업을 영위하고자 하는 자는 문화체육관광부령으로 정하는 노래연습장 시설을 갖추어 시장·군수·구청장에게 등록하여야 한다.

제22조(노래연습장업자의 준수사항 등) ① 노래연습장업자는 다음 각 호의 사항을 지켜야 한다.

1. 영업소 안에 화재 또는 안전사고 예방을 위한 조치를 할 것
2. 당해 영업장소에 대통령령이 정하는 출입시간외에 청소년이 출입하지 아니하도록 할 것. 다만, 부모 등 보호자를 동반하거나 그의 출입동의서를 받은 경우 그 밖에 대통령령이 정하는 경우에는 그러하지 아니하다.
3. 주류를 판매·제공하지 아니할 것
4. 접대부(남녀를 불문한다)를 고용·알선하거나 호객행위를 하지 아니할 것
5. 「성매매알선 등 행위의 처벌에 관한 법률」 제2조제1항의 규정에 따른 성매매 등의 행위를 하게 하거나 이를 알선·제공하는 행위를 하지 아니할 것
6. 건전한 영업질서의 유지 등에 관하여 대통령령이 정하는 사항을 준수할 것

② 누구든지 영리를 목적으로 노래연습장에서 손님과 함께 술을 마시거나 노래 또는 춤으로 손님의 유흥을 돋우는 접객행위를 하거나 타인에게 그 행위를 알선하여서는 아니 된다.

게임산업진흥에 관한 법률

제1장 총칙

제1조(목적)

이 법은 게임산업의 기반을 조성하고 게임물의 이용에 관한 사항을 정하여 게임산업의 진흥 및 국민의 건전한 게임문화를 확립함으로써 국민경제의 발전과 국민의 문화적 삶의 질 향상에 이바지함을 목적으로 한다.

제2조(정의) 이 법에서 사용하는 용어의 정의는 다음과 같다.

게임물	컴퓨터프로그램 등 정보처리 기술이나 기계장치를 이용하여 오락을 할 수 있게 하거나 이에 부수하여 여가선용, 학습 및 운동효과 등을 높일 수 있도록 제작된 영상물 또는 그 영상물의 이용을 주된 목적으로 제작된 기기 및 장치를 말한다. 다만, 다음 각 목의 어느 하나에 해당하는 것을 제외한다. 가. 사행성게임물 나. 「관광진흥법」 제3조의 규정에 의한 관광사업의 규율대상이 되는 것 다. 게임물과 게임물이 아닌 것이 혼재되어 있는 것으로서 문화체육관광부장관이 정하여 고시하는 것
사행성 게임물	다음 각 목에 해당하는 게임물로서, 그 결과에 따라 재산상 이익 또는 손실을 주는 것을 말한다. 가. 베팅이나 배당을 내용으로 하는 게임물 나. 우연적인 방법으로 결과가 결정되는 게임물 다. 「한국마사회법」에서 규율하는 경마와 이를 모사한 게임물 라. 「경륜·경정법」에서 규율하는 경륜·경정과 이를 모사한 게임물 마. 「관광진흥법」에서 규율하는 카지노와 이를 모사한 게임물 바. 그 밖에 대통령령이 정하는 게임물
게임물 내용정보	게임물의 내용에 대한 폭력성·선정성(煽情性) 또는 사행성(射倖性)의 여부 또는 그 정도와 그 밖에 게임물의 운영에 관한 정보
게임 제작업	게임물을 기획하거나 복제하여 제작하는 영업
게임 제공업	공중이 게임물을 이용할 수 있도록 이를 제공하는 영업을 말한다. 다만, 다음 각 목의 어느 하나에 해당하는 경우를 제외한다. 가. 「관광진흥법」에 의한 카지노업을 하는 경우 나. 「사행행위 등 규제 및 처벌특례법」에 의한 사행기구를 갖추어 사행행위를 하는 경우 다. 제4호 내지 제8호에 규정한 영업 외의 영업을 하면서 고객의 유치 또는 광고 등을 목적으로 당해 영업소의 고객이 게임물을 이용할 수 있도록 하는 경우로서 대통령령이 정하는 종류 및 방법 등에 의하여 게임물을 제공하는 경우 라. 제7호의 규정에 의한 인터넷컴퓨터게임시설제공업의 경우 마. 제22조제2항의 규정에 따라 사행성게임물에 해당되어 등급분류 거부결정을 받은 게임물을 제공하는 경우 6의2. 제6호의 게임제공업 중 일정한 물리적 장소에서 필요한 설비를 갖추고 게임물을 제공하는 영업은 다음 각 호와 같다.

	가. 청소년게임제공업 : 제21조의 규정에 따라 등급분류된 게임물 중 전체이용가 게임물을 설치하여 공중의 이용에 제공하는 영업 나. 일반게임제공업 : 제21조의 규정에 따라 등급분류된 게임물 중 청소년이용불가 게임물과 전체이용가 게임물을 설치하여 공중의 이용에 제공하는 영업
인터넷컴퓨터게임시설제공업	컴퓨터 등 필요한 기자재를 갖추고 공중이 게임물을 이용하게 하거나 부수적으로 그 밖의 정보제공물을 이용할 수 있도록 하는 영업을 말한다
복합유통게임제공	청소년게임제공업 또는 인터넷컴퓨터게임시설제공업과 이 법에 의한 다른 영업 또는 다른 법률에 의한 영업을 동일한 장소에서 함께 영위하는 영업
청소년	18세 미만의 자(「초·중등교육법」 제2조의 규정에 의한 고등학교에 재학 중인 학생을 포함한다)를 말한다.

제5장 영업질서 확립

제1절 영업의 신고·등록·운영

제25조(게임제작업 등의 등록) ① 게임제작업 또는 게임배급업을 영위하고자 하는 자는 문화체육관광부령이 정하는 바에 따라 시장·군수·구청장에게 등록하여야 한다. 다만, 다음 각 호의 어느 하나에 해당하는 경우에는 등록하지 아니하고 이를 할 수 있다.

1. 국가 또는 지방자치단체가 제작하는 경우
2. 법령에 의하여 설립된 교육기관 또는 연수기관이 자체교육 또는 연수의 목적으로 사용하기 위하여 제작하는 경우
3. 「정부투자기관 관리기본법」 제2조의 규정에 의한 정부투자기관 또는 정부출연기관이 그 사업의 홍보에 사용하기 위하여 제작하는 경우
4. 그 밖에 게임기기 자체만으로는 오락을 할 수 없는 기기를 제작하는 경우 등 대통령령이 정하는 경우

② 제1항의 규정에 의하여 등록한 자가 문화체육관광부령이 정하는 중요사항을 변경하고자 하는 경우에는 변경등록을 하여야 한다.

③ 시장·군수·구청장은 제1항 또는 제2항의 규정에 의한 등록 또는 변경등록을 받은 경우에는 신청인에게 등록증을 교부하여야 한다.

④ 제1항 내지 제3항의 규정에 의한 등록 및 변경등록의 절차 및 방법, 등록증의 교부 등에 관하여 필요한 사항은 문화체육관광부령으로 정한다.

제26조(게임제공업 등의 허가 등) ① 일반게임제공업을 영위하고자 하는 자는 허가의 기준·절차 등에 관하여 대통령령이 정하는 바에 따라 시장·군수·구청장의 허가를 받아 영업을 할 수 있다. 다만, 「국토의 계획 및 이용에 관한 법률」 제36조제1항제1호가목의 주거지역에 위치하여서는 아니 된다.

② 청소년게임제공업 또는 인터넷컴퓨터게임시설제공업을 영위하고자 하는 자는 문화체육관광부령이 정하는 시설을 갖추어 시장·군수·구청장에게 등록하여야 한다. 다만, 정보통신망을 통하여 게임물을 제공하는 자로서 「전기통신사업법」에 따라 허가를 받거나 신고 또는 등록을 한 경우에는 이 법에 의하여 등록한 것으로 본다.

③ 복합유통게임제공업을 영위하고자 하는 자는 문화체육관광부령이 정하는 바에 따라 시장·군수·구청장에게

등록하여야 한다. 다만, 제2항에 따라 청소년게임제공업 또는 인터넷컴퓨터게임시설제공업의 등록을 한 자가 복합유통게임제공업을 영위하고자 하는 때에는 시장·군수·구청장에게 신고하여야 한다.

④ 제1항 내지 제3항의 규정에 따라 허가를 받거나 등록 또는 신고를 한 자가 문화체육관광부령이 정하는 중요사항을 변경하고자 하는 경우에는 변경허가를 하거나 변경등록 또는 변경신고를 하여야 한다.

⑤ 시장·군수·구청장은 제1항 내지 제4항의 규정에 따른 허가·변경허가를 하거나 등록·변경등록 또는 신고·변경신고를 받은 경우에는 문화체육관광부령이 정하는 바에 따라 신청인에게 허가증 또는 등록증·신고증을 교부하여야 한다.

제28조(게임물 관련사업자의 준수사항) 게임물 관련사업자는 다음 각 호의 사항을 지켜야 한다.

1. 제9조제3항의 규정에 의한 유통질서 등에 관한 교육을 받을 것
2. 게임물을 이용하여 도박 그 밖의 사행행위를 하게 하거나 이를 하도록 내버려 두지 아니할 것

   2의2. 게임머니의 화폐단위를 한국은행에서 발행되는 화폐단위와 동일하게 하는 등 게임물의 내용구현과 밀접한 관련이 있는 운영방식 또는 기기·장치 등을 통하여 사행성을 조장하지 아니할 것
3. 경품 등을 제공하여 사행성을 조장하지 아니할 것. 다만, 청소년게임제공업의 전체이용가 게임물에 대하여 대통령령이 정하는 경품의 종류(완구류 및 문구류 등. 다만, 현금, 상품권 및 유가증권은 제외한다)·지급기준·제공방법 등에 의한 경우에는 그러하지 아니하다.
4. 제2조제6호의2가목의 규정에 따른 청소년게임제공업을 영위하는 자는 청소년이용불가 게임물을 제공하지 아니할 것
5. 제2조제6호의2나목의 규정에 따른 일반게임제공업 또는 제2조제8호에 따른 복합유통게임제공업(「청소년보호법」에 따라 청소년 출입을 허용하는 경우는 제외한다)을 영위하는 자는 게임장에 청소년을 출입시키지 아니할 것
6. 게임물 및 컴퓨터 설비 등에 문화체육관광부장관이 고시하는 음란물 및 사행성게임물 차단 프로그램 또는 장치를 설치할 것. 다만, 음란물 및 사행성게임물 차단 프로그램 또는 장치를 설치하지 아니하여도 음란물 및 사행성게임물을 접속할 수 없게 되어 있는 경우에는 그러하지 아니하다.
7. 대통령령이 정하는 영업시간 및 청소년의 출입시간을 준수할 것
8. 그 밖에 영업질서의 유지 등에 관하여 필요한 사항으로서 대통령령이 정하는 사항을 준수할 것

 # 게임산업진흥에 관한 법률 시행령

제16조(영업시간 및 청소년 출입시간제한 등) 법 제28조제7호에 따른 영업시간 및 청소년의 출입시간은 다음 각 호와 같다.

1. 영업시간

   가. 일반게임제공업자, 복합유통게임제공업자의 영업시간은 오전 9시부터 오후 12시까지로 한다. 다만, 전체이용가 게임물만을 제공하는 영업자는 영업시간의 제한을 받지 아니한다.

   나. 청소년게임제공업자의 영업시간은 오전 9시부터 오후 12시까지로 한다. 다만, 청소년게임제공업자 중 게임이용에 따라 획득된 결과물(법 제28조제3호 단서에 따라 제공하는 경품을 포함한다)의 제공이 가능한 전체이용가 게임물의 대수 및 설치면적이 전체 대수 및 설치면적의 100분의 20을 초과하지 않는 경우에는 영업시간의 제한을 받지 아니한다.

   다. 가목 및 나목 외의 게임물 관련사업자는 영업시간의 제한을 받지 아니한다.

2. 청소년의 출입시간

가. 청소년게임제공업자, 복합유통게임제공업자(「청소년 보호법 시행령」 제5조제1항제2호 단서에 따라 청소년의 출입이 허용되는 경우만 해당한다), 인터넷컴퓨터게임시설제공업자의 청소년 출입시간은 오전 9시부터 오후 10시까지로 한다. 다만, 청소년이 친권자·후견인·교사 또는 직장의 감독자 그 밖에 당해 청소년을 보호·감독할 만한 실질적인 지위에 있는 자를 동반한 경우에는 청소년 출입시간 외의 시간에도 청소년을 출입시킬 수 있다.

나. 가목 외의 게임물 관련사업자는 청소년 출입시간의 적용을 받지 아니한다.

사행행위 등 규제 및 처벌 특례법

제1장 총칙

제1조(목적)

이 법은 건전한 국민생활을 해치는 지나친 사행심(射倖心)의 유발을 방지하고 선량한 풍속을 유지하기 위하여 사행행위 관련 영업에 대한 지도와 규제에 관한 사항, 사행행위 관련 영업 외에 투전기(投錢機)나 사행성(射倖性) 유기기구(遊技機具)로 사행행위를 하는 자 등에 대한 처벌의 특례에 관한 사항을 규정함을 목적으로 한다.

제2조(정의)

① 이 법에서 사용하는 용어의 뜻은 다음과 같다.

<table>
<tr><td>사행행위</td><td colspan="2">여러 사람으로부터 재물이나 재산상의 이익(이하 "재물등"이라 한다)을 모아 우연적(偶然的) 방법으로 득실(得失)을 결정하여 재산상의 이익이나 손실을 주는 행위</td></tr>
<tr><td rowspan="3">사행행위영업</td><td>복권발행업
(福券發行業)</td><td>특정한 표찰(컴퓨터프로그램 등 정보처리능력을 가진 장치에 의한 전자적 형태를 포함한다)을 이용하여 여러 사람으로부터 재물등을 모아 추첨 등의 방법으로 당첨자에게 재산상의 이익을 주고 다른 참가자에게 손실을 주는 행위를 하는 영업</td></tr>
<tr><td>현상업
(懸賞業)</td><td>특정한 설문 또는 예측에 대하여 그 답을 제시하거나 예측이 적중하면 이익을 준다는 조건으로 응모자로부터 재물등을 모아 그 정답자나 적중자의 전부 또는 일부에게 재산상의 이익을 주고 다른 참가자에게 손실을 주는 행위를 하는 영업</td></tr>
<tr><td>그 밖의
사행행위업</td><td>가목 및 나목 외에 영리를 목적으로 회전판돌리기, 추첨, 경품(景品) 등 사행심을 유발할 우려가 있는 기구 또는 방법 등을 이용하는 영업으로서 대통령령으로 정하는 영업</td></tr>
<tr><td>사행기구
제조업</td><td colspan="2">사행행위영업에 이용되는 기계, 기판(機板), 용구(用具) 또는 컴퓨터프로그램(이하 "사행기구"라 한다)을 제작·개조하거나 수리하는 영업</td></tr>
<tr><td>사행기구
판매업</td><td colspan="2">사행기구를 판매하거나 수입(輸入)하는 영업</td></tr>
<tr><td>투전기</td><td colspan="2">동전·지폐 또는 그 대용품(代用品)을 넣으면 우연의 결과에 따라 재물등이 배출되어 이용자에게 재산상 이익이나 손실을 주는 기기</td></tr>
<tr><td>사행성
유기기구</td><td colspan="2">제5호의 투전기 외에 기계식 구슬치기 기구와 사행성 전자식 유기기구 등 사행심을 유발할 우려가 있는 기계·기구</td></tr>
</table>

#사행행위 등 규제 및 처벌 특례법 시행령 제1조의 2

회전판돌리기업	참가자에게 금품을 걸게한 후 그림이나 숫자등의 기호가 표시된 회전판이 돌고 있는 상태에서 화살등을 쏘거나 던지게 하여 회전판이 정지되었을 때 그 화살등이 명중시킨 기호에 따라 당첨금을 교부하는 행위를 하는 영업

추첨업	참가자에게 번호를 기입한 증표를 제공하고 지정일시에 추첨등으로 당첨자를 선정하여 일정한 지급기준에 따라 당첨금을 교부하는 행위를 하는 영업
경품업	참가자에게 등수를 기입한 증표를 제공하여 당해 증표에 표시된 등수 및 당첨금의 지급기준에 따라 당첨금을 교부하는 행위를 하는 영업

제2장 사행행위영업

제1절 영업의 시설 및 허가 등

제4조(허가 등)

① 사행행위영업을 하려는 자는 제3조에 따른 시설 등을 갖추어 행정자치부령으로 정하는 바에 따라 지방경찰청장의 허가를 받아야 한다. 다만, 그 영업의 대상 범위가 둘 이상의 특별시·광역시·도 또는 특별자치도에 걸치는 경우에는 경찰청장의 허가를 받아야 한다.

② 제1항에 따른 허가를 받은 자가 대통령령으로 정하는 중요 사항을 변경하려면 행정자치부령으로 정하는 바에 따라 경찰청장이나 지방경찰청장의 허가를 받아야 한다.

③ 국가기관이나 지방자치단체가 사행행위영업을 하려면 경찰청장의 승인을 받아야 한다.

제5조(허가의 요건)

① 경찰청장이나 지방경찰청장은 제4조제1항에 따른 사행행위영업의 허가신청을 받으면 다음 각 호의 어느 하나에 해당하는 경우에만 그 영업을 허가할 수 있다.

1. 공공복리의 증진을 위하여 특별히 필요하다고 인정되는 경우
2. 상품을 판매·선전하기 위하여 특별히 필요하다고 인정되는 경우
3. 관광 진흥과 관광객 유치를 위하여 특별히 필요하다고 인정되는 경우

제6조(허가의 제한)

경찰청장이나 지방경찰청장은 다음 각 호의 어느 하나에 해당하는 경우에는 제4조제1항에 따른 사행행위영업의 허가(이하 "영업허가"라 한다)를 할 수 없다.

1. 제21조제2항에 따라 영업허가가 취소되거나 제24조제1항에 따라 영업소가 폐쇄된 후 2년이 지나지 아니한 장소에서 그 영업과 같은 종류의 영업을 하려는 경우
2. 사행행위영업을 하려는 자가 다음 각 목의 어느 하나에 해당하는 경우
   가. 미성년자, 피성년후견인 또는 피한정후견인
   나. 파산선고를 받고 복권(復權)되지 아니한 사람
   다. 「정신보건법」 제3조제1호에 따른 정신질환자. 다만, 정신과전문의가 영업을 하기에 적합하다고 인정하는 사람은 그러하지 아니하다.
   라. 「폭력행위 등 처벌에 관한 법률」 제4조에 따른 단체 또는 집단을 구성하거나 그 단체 또는 집단에 자금을 제공하는 사람
   마. 금고 이상의 형을 선고받고 그 집행이 끝나거나 집행을 받지 아니하기로 확정된 날부터 2년이 지나지 아니한 사람

바. 금고 이상의 형의 집행유예를 선고받고 그 유예기간 중에 있는 사람
사. 금고 이상의 형의 선고유예를 받고 그 유예기간 중에 있는 사람
아. 임원 중에 가목부터 사목까지의 어느 하나에 해당하는 사람이 있는 법인

3. 그 밖에 다른 법령에서 사행행위영업을 할 수 없도록 규정하고 있는 경우

제7조(영업허가의 유효기간)

① 영업허가의 유효기간은 사행행위영업의 종류별로 대통령령으로 정하되, 3년을 초과할 수 없다.
② 영업허가의 유효기간이 지난 후 계속하여 영업을 하려는 자는 행정자치부령으로 정하는 바에 따라 다시 허가를 받아야 한다.

제8조(조건부 영업허가)

① 경찰청장이나 지방경찰청장은 영업허가를 할 때 대통령령으로 정하는 기간에 제3조에 따른 시설 및 사행기구를 갖출 것을 조건으로 허가할 수 있다.
② 경찰청장이나 지방경찰청장은 제1항에 따라 허가를 받은 자가 정당한 사유 없이 정하여진 기간에 시설 및 사행기구를 갖추지 아니하면 그 허가를 취소하여야 한다.

#사행행위 등 규제 및 처벌 특례법 시행령 제5조

제5조(조건부 영업허가기간등)
① 법 제8조제1항의 규정에 의한 조건부 영업허가의 기간은 그 허가를 받은 날부터 2월이내로 한다. 다만, 부득이한 사정이 있다고 인정되는 경우에는 1회에 한하여 2월을 넘지 아니하는 범위내에서 그 기간을 연장할 수 있다.

제2절 영업의 운영

제12조(영업자의 준수사항) 영업자(대통령령으로 정하는 종사자를 포함한다)는 다음 각 호의 사항과 제11조에 따른 영업의 방법 및 당첨금에 관하여 대통령령으로 정하는 사항, 영업시간 등의 제한 사항을 지켜야 한다.

1. 영업명의(營業名義)를 다른 사람에게 빌려주지 말 것
2. 법령을 위반하는 사행기구를 설치하거나 사용하지 아니할 것
3. 법령을 위반하여 사행기구를 변조하지 아니할 것
4. 행정자치부령으로 정하는 사행행위영업의 영업소에 청소년(「청소년 보호법」 제2조제1호에 따른 청소년을 말한다. 이하 같다)을 입장시키거나 인터넷 등 정보통신망을 이용하는 사행행위영업에 청소년이 참가하는 것을 허용하지 아니할 것
5. 지나친 사행심을 유발하는 등 선량한 풍속을 해칠 우려가 있는 광고 또는 선전을 하지 아니할 것

제4장 영업자에 대한 지도 · 감독 등

제18조(출입 · 검사) ① 경찰청장이나 지방경찰청장은 특별히 필요한 경우 영업자 및 사행기구제조 · 판매업자(이하 "영업자등"이라 한다)에 대하여 필요한 보고를 하게 하거나, 관계 공무원으로 하여금 영업소에 출입하여 영업자등이 지켜야 할 사항의 준수 상태, 영업시설, 사행기구, 관계 서류나 장부 등을 검사하게 할 수 있다. 이 경우 인터넷 등 정보통신망을 이용한 사행행위영업에 관하여도 검사할 수 있다.

② 제1항에 따라 영업소에 출입하여 검사하는 관계 공무원은 그 권한을 표시하는 증표를 지니고 이를 관계인에게 내보여야 한다.

제19조(행정지도 및 시정명령 등) ① 경찰청장이나 지방경찰청장은 공익을 위하여 필요하거나 지나친 사행심 유발의 방지 등 선량한 풍속을 유지하기 위하여 필요한 경우 영업자등에게 필요한 지도와 명령을 할 수 있다.
② 경찰청장이나 지방경찰청장은 다음 각 호의 어느 하나에 해당하는 경우에는 즉시 또는 기간을 정하여 영업의 시설 등을 고치거나 개선 또는 시정할 것을 명령할 수 있다.

1. 영업의 시설 등이 제3조 또는 제13조제1항에 따른 기준에 맞지 아니한 경우
2. 영업자등이 이 법 또는 이 법에 따른 명령을 위반한 경우

식품위생법

제1장 총칙

제1조(목적)
이 법은 식품으로 인하여 생기는 위생상의 위해(危害)를 방지하고 식품영양의 질적 향상을 도모하며 식품에 관한 올바른 정보를 제공하여 국민보건의 증진에 이바지함을 목적으로 한다.

제2조(정의) 이 법에서 사용하는 용어의 뜻은 다음과 같다.

용어	정의
식품	모든 음식물(의약으로 섭취하는 것은 제외한다)
식품 첨가물	식품을 제조·가공·조리 또는 보존하는 과정에서 감미(甘味), 착색(着色), 표백(漂白) 또는 산화방지 등을 목적으로 식품에 사용되는 물질을 말한다. 이 경우 기구(器具)·용기·포장을 살균·소독하는 데에 사용되어 간접적으로 식품으로 옮아갈 수 있는 물질을 포함한다.
위해	식품, 식품첨가물, 기구 또는 용기·포장에 존재하는 위험요소로서 인체의 건강을 해치거나 해칠 우려가 있는 것
영업	식품 또는 식품첨가물을 채취·제조·가공·조리·저장·소분·운반 또는 판매하거나 기구 또는 용기·포장을 제조·운반·판매하는 업(농업과 수산업에 속하는 식품 채취업은 제외한다)을 말한다.
집단 급식소	영리를 목적으로 하지 아니하면서 특정 다수인에게 계속하여 음식물을 공급하는 다음 각 목의 어느 하나에 해당하는 곳의 급식시설로서 대통령령으로 정하는 시설을 말한다. 가. 기숙사 나. 학교 다. 병원 라. 「사회복지사업법」 제2조제4호의 사회복지시설 마. 산업체 바. 국가, 지방자치단체 및 「공공기관의 운영에 관한 법률」 제4조제1항에 따른 공공기관 사. 그 밖의 후생기관 등
식품이력 추적관리	제조·가공단계부터 판매단계까지 각 단계별로 정보를 기록·관리하여 그 식품의 안전성 등에 문제가 발생할 경우 그 식품을 추적하여 원인을 규명하고 필요한 조치를 할 수 있도록 관리하는 것
식중독	식품 섭취로 인하여 인체에 유해한 미생물 또는 유독물질에 의하여 발생하였거나 발생한 것으로 판단되는 감염성 질환 또는 독소형 질환

제12조의2(유전자변형식품등의 표시)
① 다음 각 호의 어느 하나에 해당하는 생명공학기술을 활용하여 재배·육성된 농산물·축산물·수산물 등을 원재료로 하여 제조·가공한 식품 또는 식품첨가물(이하 "유전자변형식품등"이라 한다)은 유전자변형식품임을 표시하여야 한다. 다만, 제조·가공 후에 유전자변형 디엔에이(DNA, Deoxyribonucleic acid) 또는 유전자변형 단백질이 남아 있는 유전자변형식품등에 한정한다.

1. 인위적으로 유전자를 재조합하거나 유전자를 구성하는 핵산을 세포 또는 세포 내 소기관으로 직접 주입하는 기술

2. 분류학에 따른 과(科)의 범위를 넘는 세포융합기술

② 제1항에 따라 표시하여야 하는 유전자변형식품등은 표시가 없으면 판매하거나 판매할 목적으로 수입·진열·운반하거나 영업에 사용하여서는 아니 된다.

제7장 영업

제40조(건강진단) ① 총리령으로 정하는 영업자 및 그 종업원은 건강진단을 받아야 한다. 다만, 다른 법령에 따라 같은 내용의 건강진단을 받는 경우에는 이 법에 따른 건강진단을 받은 것으로 본다.

② 제1항에 따라 건강진단을 받은 결과 타인에게 위해를 끼칠 우려가 있는 질병이 있다고 인정된 자는 그 영업에 종사하지 못한다.

③ 영업자는 제1항을 위반하여 건강진단을 받지 아니한 자나 제2항에 따른 건강진단 결과 타인에게 위해를 끼칠 우려가 있는 질병이 있는 자를 그 영업에 종사시키지 못한다.

④ 제1항에 따른 건강진단의 실시방법 등과 제2항 및 제3항에 따른 타인에게 위해를 끼칠 우려가 있는 질병의 종류는 총리령으로 정한다.

제41조(식품위생교육)

① 대통령령으로 정하는 영업자 및 유흥종사자를 둘 수 있는 식품접객업 영업자의 종업원은 매년 식품위생에 관한 교육(이하 "식품위생교육"이라 한다)을 받아야 한다.

② 제36조제1항 각 호에 따른 영업을 하려는 자는 미리 식품위생교육을 받아야 한다. 다만, 부득이한 사유로 미리 식품위생교육을 받을 수 없는 경우에는 영업을 시작한 뒤에 식품의약품안전처장이 정하는 바에 따라 식품위생교육을 받을 수 있다.

③ 제1항 및 제2항에 따라 교육을 받아야 하는 자가 영업에 직접 종사하지 아니하거나 두 곳 이상의 장소에서 영업을 하는 경우에는 종업원 중에서 식품위생에 관한 책임자를 지정하여 영업자 대신 교육을 받게 할 수 있다. 다만, 집단급식소에 종사하는 조리사 및 영양사(「국민영양관리법」 제15조에 따라 영양사 면허를 받은 사람을 말한다. 이하 같다)가 식품위생에 관한 책임자로 지정되어 제56조제1항 단서에 따라 교육을 받은 경우에는 제1항 및 제2항에 따른 해당 연도의 식품위생교육을 받은 것으로 본다.

④ 제2항에도 불구하고 다음 각 호의 어느 하나에 해당하는 면허를 받은 자가 제36조제1항제3호에 따른 식품접객업을 하려는 경우에는 식품위생교육을 받지 아니하여도 된다.

1. 제53조에 따른 조리사 면허
2. 「국민영양관리법」 제15조에 따른 영양사 면허
3. 「공중위생관리법」 제6조의2에 따른 위생사 면허

⑤ 영업자는 특별한 사유가 없는 한 식품위생교육을 받지 아니한 자를 그 영업에 종사하게 하여서는 아니 된다.

⑥ 제1항 및 제2항에 따른 교육의 내용, 교육비 및 교육 실시 기관 등에 관하여 필요한 사항은 총리령으로 정한다.

식품위생법 시행령

제21조(영업의 종류)
8. 식품접객업

휴게음식점 영업	주로 다류(茶類), 아이스크림류 등을 조리·판매하거나 패스트푸드점, 분식점 형태의 영업 등 음식류를 조리·판매하는 영업으로서 음주행위가 허용되지 아니하는 영업. 다만, 편의점, 슈퍼마켓, 휴게소, 그 밖에 음식류를 판매하는 장소(만화가게 및 「게임산업진흥에 관한 법률」 제2조제7호에 따른 인터넷컴퓨터게임시설제공업을 하는 영업소 등 음식류를 부수적으로 판매하는 장소를 포함한다)에서 컵라면, 일회용 다류 또는 그 밖의 음식류에 물을 부어 주는 경우는 제외한다.
일반음식점 영업	음식류를 조리·판매하는 영업으로서 식사와 함께 부수적으로 음주행위가 허용되는 영업
단란주점영업	주로 주류를 조리·판매하는 영업으로서 손님이 노래를 부르는 행위가 허용되는 영업
유흥주점영업	주로 주류를 조리·판매하는 영업으로서 유흥종사자를 두거나 유흥시설을 설치할 수 있고 손님이 노래를 부르거나 춤을 추는 행위가 허용되는 영업
위탁급식영업	집단급식소를 설치·운영하는 자와의 계약에 따라 그 집단급식소에서 음식류를 조리하여 제공하는 영업
제과점영업	주로 빵, 떡, 과자 등을 제조·판매하는 영업으로서 음주행위가 허용되지 아니하는 영업

제22조(유흥종사자의 범위)
① 제21조제8호라목에서 "유흥종사자"란 손님과 함께 술을 마시거나 노래 또는 춤으로 손님의 유흥을 돋우는 부녀자인 유흥접객원을 말한다.
② 제21조제8호라목에서 "유흥시설"이란 유흥종사자 또는 손님이 춤을 출 수 있도록 설치한 무도장을 말한다.

제43조(영업 제한)

① 시·도지사는 영업 질서와 선량한 풍속을 유지하는 데에 필요한 경우에는 영업자 중 식품접객영업자와 그 종업원에 대하여 영업시간 및 영업행위를 제한할 수 있다.

제44조(영업자 등의 준수사항)

① 식품접객영업자 등 대통령령으로 정하는 영업자와 그 종업원은 영업의 위생관리와 질서유지, 국민의 보건위생 증진을 위하여 영업의 종류에 따라 다음 각 호에 해당하는 사항을 지켜야 한다.

1. 「축산물 위생관리법」 제12조에 따른 검사를 받지 아니한 축산물 또는 실험 등의 용도로 사용한 동물은 운반·보관·진열·판매하거나 식품의 제조·가공에 사용하지 말 것
2. 「야생생물 보호 및 관리에 관한 법률」을 위반하여 포획·채취한 야생생물은 이를 식품의 제조·가공에 사용하거나 판매하지 말 것
3. 유통기한이 경과된 제품·식품 또는 그 원재료를 조리·판매의 목적으로 소분·운반·진열·보관하거나 이를 판매 또는 식품의 제조·가공에 사용하지 말 것
4. 수돗물이 아닌 지하수 등을 먹는 물 또는 식품의 조리·세척 등에 사용하는 경우에는 「먹는물관리법」 제43조에 따른 먹는물 수질검사기관에서 총리령으로 정하는 바에 따라 검사를 받아 마시기에 적합하다고 인정

된 물을 사용할 것. 다만, 둘 이상의 업소가 같은 건물에서 같은 수원(水源)을 사용하는 경우에는 하나의 업소에 대한 시험결과로 나머지 업소에 대한 검사를 갈음할 수 있다.

5. 제15조제2항에 따라 위해평가가 완료되기 전까지 일시적으로 금지된 식품등을 제조·가공·판매·수입·사용 및 운반하지 말 것
6. 식중독 발생 시 보관 또는 사용 중인 식품은 역학조사가 완료될 때까지 폐기하거나 소독 등으로 현장을 훼손하여서는 아니 되고 원상태로 보존하여야 하며, 식중독 원인규명을 위한 행위를 방해하지 말 것
7. 손님을 꾀어서 끌어들이는 행위를 하지 말 것
8. 그 밖에 영업의 원료관리, 제조공정 및 위생관리와 질서유지, 국민의 보건위생 증진 등을 위하여 총리령으로 정하는 사항

② 식품접객영업자는 「청소년 보호법」 제2조에 따른 청소년(이하 이 항에서 "청소년"이라 한다)에게 다음 각 호의 어느 하나에 해당하는 행위를 하여서는 아니 된다.

1. 청소년을 유흥접객원으로 고용하여 유흥행위를 하게 하는 행위
2. 「청소년 보호법」 제2조제5호가목3)에 따른 청소년출입·고용 금지업소에 청소년을 출입시키거나 고용하는 행위
3. 「청소년 보호법」 제2조제5호나목3)에 따른 청소년고용금지업소에 청소년을 고용하는 행위
4. 청소년에게 주류(酒類)를 제공하는 행위

③ 누구든지 영리를 목적으로 제36조제1항제3호의 식품접객업을 하는 장소(유흥종사자를 둘 수 있도록 대통령령으로 정하는 영업을 하는 장소는 제외한다)에서 손님과 함께 술을 마시거나 노래 또는 춤으로 손님의 유흥을 돋우는 접객행위(공연을 목적으로 하는 가수, 악사, 댄서, 무용수 등이 하는 행위는 제외한다)를 하거나 다른 사람에게 그 행위를 알선하여서는 아니 된다.

④ 제3항에 따른 식품접객영업자는 유흥종사자를 고용·알선하거나 호객행위를 하여서는 아니 된다.

성매매알선 등 행위의 처벌에 관한 법률

제1장 총칙

제1조(목적)

이 법은 성매매, 성매매알선 등 행위 및 성매매 목적의 인신매매를 근절하고, 성매매피해자의 인권을 보호함을 목적으로 한다.

제2조(정의)

① 이 법에서 사용하는 용어의 뜻은 다음과 같다.

성매매	불특정인을 상대로 금품이나 그 밖의 재산상의 이익을 수수(收受)하거나 수수하기로 약속하고 다음 각 목의 어느 하나에 해당하는 행위를 하거나 그 상대방이 되는 것을 말한다. 가. 성교행위 나. 구강, 항문 등 신체의 일부 또는 도구를 이용한 유사 성교행위
성매매 알선 등 행위	다음 각 목의 어느 하나에 해당하는 행위를 하는 것을 말한다. 가. 성매매를 알선, 권유, 유인 또는 강요하는 행위 나. 성매매의 장소를 제공하는 행위 다. 성매매에 제공되는 사실을 알면서 자금, 토지 또는 건물을 제공하는 행위
성매매 목적의 인신매매	가. 성을 파는 행위 또는 「형법」 제245조에 따른 음란행위를 하게 하거나, 성교행위 등 음란한 내용을 표현하는 사진·영상물 등의 촬영 대상으로 삼을 목적으로 위계(僞計), 위력(威力), 그 밖에 이에 준하는 방법으로 대상자를 지배·관리하면서 제3자에게 인계하는 행위 나. 가목과 같은 목적으로 「청소년 보호법」 제2조제1호에 따른 청소년(이하 "청소년"이라 한다), 사물을 변별하거나 의사를 결정할 능력이 없거나 미약한 사람 또는 대통령령으로 정하는 중대한 장애가 있는 사람이나 그를 보호·감독하는 사람에게 선불금 등 금품이나 그 밖의 재산상의 이익을 제공하거나 제공하기로 약속하고 대상자를 지배·관리하면서 제3자에게 인계하는 행위 다. 가목 및 나목의 행위가 행하여지는 것을 알면서 가목과 같은 목적이나 전매를 위하여 대상자를 인계받는 행위 라. 가목부터 다목까지의 행위를 위하여 대상자를 모집·이동·은닉하는 행위
성매매 피해자	음 각 목의 어느 하나에 해당하는 사람을 말한다. 가. 위계, 위력, 그 밖에 이에 준하는 방법으로 성매매를 강요당한 사람 나. 업무관계, 고용관계, 그 밖의 관계로 인하여 보호 또는 감독하는 사람에 의하여 「마약류관리에 관한 법률」 제2조에 따른 마약·향정신성의약품 또는 대마(이하 "마약등"이라 한다)에 중독되어 성매매를 한 사람 다. 청소년, 사물을 변별하거나 의사를 결정할 능력이 없거나 미약한 사람 또는 대통령령으로 정하는 중대한 장애가 있는 사람으로서 성매매를 하도록 알선·유인된 사람 라. 성매매 목적의 인신매매를 당한 사람

② 다음 각 호의 어느 하나에 해당하는 경우에는 대상자를 제1항제3호가목에 따른 지배·관리하에 둔 것으로 본다.

1. 선불금 제공 등의 방법으로 대상자의 동의를 받은 경우라도 그 의사에 반하여 이탈을 제지한 경우
2. 다른 사람을 고용·감독하는 사람, 출입국·직업을 알선하는 사람 또는 그를 보조하는 사람이 성을 파는 행위를 하게 할 목적으로 여권이나 여권을 갈음하는 증명서를 채무이행 확보 등의 명목으로 받은 경우

제4조(금지행위)

누구든지 다음 각 호의 어느 하나에 해당하는 행위를 하여서는 아니 된다.

1. 성매매
2. 성매매알선 등 행위
3. 성매매 목적의 인신매매
4. 성을 파는 행위를 하게 할 목적으로 다른 사람을 고용·모집하거나 성매매가 행하여진다는 사실을 알고 직업을 소개·알선하는 행위
5. 제1호, 제2호 및 제4호의 행위 및 그 행위가 행하여지는 업소에 대한 광고행위

제2장 성매매피해자 등의 보호

제6조(성매매피해자에 대한 처벌특례와 보호)

① 성매매피해자의 성매매는 처벌하지 아니한다.

② 검사 또는 사법경찰관은 수사과정에서 피의자 또는 참고인이 성매매피해자에 해당한다고 볼 만한 상당한 이유가 있을 때에는 지체 없이 법정대리인, 친족 또는 변호인에게 통지하고, 신변보호, 수사의 비공개, 친족 또는 지원시설·성매매피해상담소에의 인계 등 그 보호에 필요한 조치를 하여야 한다. 다만, 피의자 또는 참고인의 사생활 보호 등 부득이한 사유가 있는 경우에는 통지하지 아니할 수 있다.

제7조(신고의무 등)

① 「성매매방지 및 피해자보호 등에 관한 법률」 제5조제1항에 따른 지원시설 및 같은 법 제10조에 따른 성매매피해상담소의 장이나 종사자가 업무와 관련하여 성매매 피해사실을 알게 되었을 때에는 지체 없이 수사기관에 신고하여야 한다.

② 누구든지 이 법에 규정된 범죄를 신고한 사람에게 그 신고를 이유로 불이익을 주어서는 아니 된다.

③ 다른 법률에 규정이 있는 경우를 제외하고는 신고자등의 인적사항이나 사진 등 그 신원을 알 수 있는 정보나 자료를 인터넷 또는 출판물에 게재하거나 방송매체를 통하여 방송하여서는 아니 된다.

제8조(신뢰관계에 있는 사람의 동석)

① 법원은 신고자등을 증인으로 신문할 때에는 직권으로 또는 본인·법정대리인이나 검사의 신청에 의하여 신뢰관계에 있는 사람을 동석하게 할 수 있다.

② 수사기관은 신고자등을 조사할 때에는 직권으로 또는 본인·법정대리인의 신청에 의하여 신뢰관계에 있는 사람을 동석하게 할 수 있다.

③ 법원 또는 수사기관은 청소년, 사물을 변별하거나 의사를 결정할 능력이 없거나 미약한 사람 또는 대통령령으로 정하는 중대한 장애가 있는 사람에 대하여 제1항 및 제2항에 따른 신청을 받은 경우에는 재판이나 수사에 지장을 줄 우려가 있는 등 특별한 사유가 없으면 신뢰관계에 있는 사람을 동석하게 하여야 한다.

④ 신문이나 조사에 동석하는 사람은 진술을 대리하거나 유도하는 등의 행위로 수사나 재판에 부당한 영향을 끼

쳐서는 아니 된다.

제9조(심리의 비공개)

① 법원은 신고자등의 사생활이나 신변을 보호하기 위하여 필요하면 결정으로 심리를 공개하지 아니할 수 있다.

② 증인으로 소환받은 신고자등과 그 가족은 사생활이나 신변을 보호하기 위하여 증인신문의 비공개를 신청할 수 있다.

제10조(불법원인으로 인한 채권무효)

① 다음 각 호의 어느 하나에 해당하는 사람이 그 행위와 관련하여 성을 파는 행위를 하였거나 할 사람에게 가지는 채권은 그 계약의 형식이나 명목에 관계없이 무효로 한다. 그 채권을 양도하거나 그 채무를 인수한 경우에도 또한 같다.

1. 성매매알선 등 행위를 한 사람
2. 성을 파는 행위를 할 사람을 고용·모집하거나 그 직업을 소개·알선한 사람
3. 성매매 목적의 인신매매를 한 사람

② 검사 또는 사법경찰관은 제1항의 불법원인과 관련된 것으로 의심되는 채무의 불이행을 이유로 고소·고발된 사건을 수사할 때에는 금품이나 그 밖의 재산상의 이익 제공이 성매매의 유인·강요 수단이나 성매매 업소로부터의 이탈방지 수단으로 이용되었는지를 확인하여 수사에 참작하여야 한다.

제11조(외국인여성에 대한 특례)

① 외국인여성이 이 법에 규정된 범죄를 신고한 경우나 외국인여성을 성매매피해자로 수사하는 경우에는 해당 사건을 불기소처분하거나 공소를 제기할 때까지 「출입국관리법」 제46조에 따른 강제퇴거명령 또는 같은 법 제51조에 따른 보호의 집행을 하여서는 아니 된다. 이 경우 수사기관은 지방출입국·외국인관서에 해당 외국인여성의 인적사항과 주거를 통보하는 등 출입국 관리에 필요한 조치를 하여야 한다.

② 검사는 제1항의 사건에 대하여 공소를 제기한 후에는 성매매피해 실태, 증언 또는 배상의 필요성, 그 밖의 정황을 고려하여 지방출입국·외국인관서의 장 등 관계 기관의 장에게 일정한 기간을 정하여 제1항에 따른 강제퇴거명령의 집행을 유예하거나 보호를 일시해제할 것을 요청할 수 있다.

③ 제1항 및 제2항에 따라 강제퇴거명령의 집행을 유예하거나 보호의 일시해제를 하는 기간에는 해당 외국인여성에게 지원시설 등을 이용하게 할 수 있다.

제3장 보호사건

제12조(보호사건의 처리)

① 검사는 성매매를 한 사람에 대하여 사건의 성격·동기, 행위자의 성행(性行) 등을 고려하여 이 법에 따른 보호처분을 하는 것이 적절하다고 인정할 때에는 특별한 사정이 없으면 보호사건으로 관할법원에 송치하여야 한다.

② 법원은 성매매 사건의 심리 결과 이 법에 따른 보호처분을 하는 것이 적절하다고 인정할 때에는 결정으로 사건을 보호사건의 관할법원에 송치할 수 있다.

제14조(보호처분의 결정 등)

① 판사는 심리 결과 보호처분이 필요하다고 인정할 때에는 결정으로 다음 각 호의 어느 하나에 해당하는 처분을 할 수 있다.

1. 성매매가 이루어질 우려가 있다고 인정되는 장소나 지역에의 출입금지
2. 「보호관찰 등에 관한 법률」에 따른 보호관찰
3. 「보호관찰 등에 관한 법률」에 따른 사회봉사·수강명령
4. 「성매매방지 및 피해자보호 등에 관한 법률」 제10조에 따른 성매매피해상담소에의 상담위탁
5. 「성폭력방지 및 피해자보호 등에 관한 법률」 제27조제1항에 따른 전담의료기관에의 치료위탁

② 제1항 각 호의 처분은 병과(倂科)할 수 있다.

③ 법원은 보호처분의 결정을 한 경우에는 지체 없이 검사, 보호처분을 받은 사람, 보호관찰관 또는 보호처분을 위탁받아 행하는 지원시설·성매매피해상담소 또는 의료기관(이하 "수탁기관"이라 한다)의 장에게 통지하여야 한다. 다만, 국가가 운영하지 아니하는 수탁기관에 보호처분을 위탁할 때에는 그 기관의 장으로부터 수탁에 대한 동의를 받아야 한다.

④ 법원은 제1항제2호부터 제5호까지의 처분을 한 경우에는 교육, 상담, 치료 또는 보호관찰에 필요한 자료를 보호관찰관 또는 수탁기관의 장에게 송부하여야 한다.

⑤ 보호관찰, 사회봉사·수강명령에 관하여 이 법에서 정한 사항 외의 사항에 관하여는 「보호관찰 등에 관한 법률」을 준용한다.

제15조(보호처분의 기간) 제14조제1항제1호·제2호 및 제4호에 따른 보호처분 기간은 6개월을, 같은 항 제3호에 따른 사회봉사·수강명령은 100시간을 각각 초과할 수 없다.

제16조(보호처분의 변경) ① 법원은 검사, 보호관찰관 또는 수탁기관의 장이 청구하면 결정으로 한 번만 보호처분의 종류와 기간을 변경할 수 있다.

② 제1항에 따라 보호처분의 종류와 기간을 변경할 때에는 종전의 처분기간을 합산하여 제14조제1항제1호·제2호·제4호·제5호에 따른 보호처분 기간은 1년을, 같은 항 제3호에 따른 사회봉사·수강명령은 200시간을 각각 초과할 수 없다.

성폭력범죄의 수사 및 피해자 보호에 관한 규칙

제1장 총칙

제1조(목적)

이 규칙은 성폭력범죄 수사의 전문성을 제고하고 피해자 보호를 강화하는 것을 목적으로 한다.

제2조(정의)

성폭력범죄	「성폭력범죄의 처벌 등에 관한 특례법」 제2조의 성폭력범죄
아동·청소년대상 성폭력범죄	「아동·청소년의 성보호에 관한 법률」 제2조제3호의 아동·청소년대상 성폭력범죄
"피해아동·청소년	아동·청소년의 성보호에 관한 법률」 제2조제6호의 피해아동·청소년
범죄신고자등	「특정범죄신고자 등 보호법」 제2조제3호의 범죄신고자
피해자등	성폭력범죄의 피해자와 그 법정대리인
통합지원센터	「성폭력방지 및 피해자보호 등에 관한 법률」 제18조의 통합지원센터
성폭력 전담의료기관	「성폭력방지 및 피해자보호 등에 관한 법률」 제27조제1항의 전담의료기관

제2장 전담수사제

제5조(전담수사부서의 운영)

① 경찰서장은 성폭력범죄 전담수사부서에서 성폭력범죄의 수사를 전담하게 한다. 다만, 성폭력범죄 전담수사부서가 설치되지 않은 경우 다른 수사부서에서 성폭력범죄의 수사를 담당하게 한다.

② 지방경찰청장은 제1항의 규정에도 불구하고 피해자가 13세 미만이거나 신체적인 또는 정신적인 장애로 사물을 변별하거나 의사를 결정할 능력이 미약한 경우에는 특별한 사정이 없는 한 지방경찰청에 설치된 성폭력범죄 전담수사부서에서 성폭력범죄의 수사를 담당하게 한다.

제6조(전담조사관의 지정)

① 지방경찰청장 및 경찰서장은 소속 경찰공무원 중에서 성폭력범죄 전담조사관을 지정하여 성폭력범죄 피해자의 조사를 전담하게 한다.

② **지방경찰청장 및 경찰서장은 특별한 사정이 없는 한 수사경과자 중에서 제7조제1항의 성폭력**수사 전문화 교육을 이수한 사람에 한해서 성폭력범죄 전담조사관을 지정하되, 1인 이상을 여성경찰관으로 지정하여야 한다.

③ 성폭력범죄 전담수사부서가 설치되지 않은 경찰서의 경찰서장은 수사를 담당하는 부서에 근무하는 경찰관 중에서 성폭력범죄 전담조사관을 지정한다.

제7조(교육)

① 경찰수사연수원장은 성폭력범죄의 수사에 필요한 수사기법과 피해자 보호를 위한 수사방법 및 절차 등에 관한 성폭력수사 전문화 교육과정을 운영한다.

② 지방경찰청장 및 경찰서장은 제1항에서 규정한 교육을 이수하지 않은 사람을 성폭력범죄 전담조사관으로 지정한 경우에는 지정한 날부터 6개월 이내에 교육을 이수하도록 한다.

③ 지방경찰청장은 해당 지방경찰청 및 경찰서 소속 성폭력범죄 전담조사관을 대상으로, 경찰서장은 해당 경찰서 소속 경찰관을 대상으로 매년 1회 이상 성폭력범죄의 수사 및 피해자 보호에 관하여 교육한다.

④ 성폭력범죄 전담조사관은 제6조에 의하여 지정된 날부터 1개월 이내에 경찰청에서 운영하는 사이버교육 중 성폭력 수사 교육을 이수하여야 한다.

제8조(피해자 보호지원관의 운영)

① 지방경찰청장 및 경찰서장은 소속 지방경찰청 및 경찰서에 근무하는 성폭력범죄 전담조사관 중에서 1인을 피해자 보호지원관으로 지정한다.

제3장 현장 조치

제9조(현장 임장)

성폭력범죄 전담조사관은 특별한 사정이 없는 한 성폭력 사건이 발생한 경우 지체없이 현장에 임장한다.

제10조(현장출동 시 유의사항)

① 경찰관은 피해자의 성폭력 피해사실이 제3자에게 알려지지 않도록 출동 시 신속성을 저해하지 않는 범위에서 경광등을 소등하거나 인근에서 하차하여 도보로 이동하는 등 피해자 보호를 위하여 노력하여야 한다.

② 경찰관은 현장에서 성폭력범죄 피의자를 검거한 경우에는 즉시 피해자와 분리조치하고, 경찰관서로 동행할 때에도 분리하여 이동한다.

③ 경찰관은 친족에 의한 아동성폭력 사건의 피의자를 체포할 경우에는 특별한 사정이 없는 한 피해자와 분리조치 후 체포하여야 한다.

④ 경찰관은 용의자를 신속히 검거하기 위하여 제11조의 조치에 지장이 없는 범위에서 피해자로부터 간이진술을 청취하거나 피해자와 동행하여 현장 주변을 수색할 수 있다. 이 경우 경찰관은 반드시 피해자의 명시적 동의를 받아야 한다.

제11조(피해자 후송)

① 경찰관은 피해자의 치료가 필요한 경우에는 즉시 피해자를 가까운 통합지원센터 또는 성폭력 전담의료기관으로 후송한다. 다만, 피해자가 원하지 않는 경우에는 그러하지 아니하다.

② 경찰관은 성폭력범죄의 피해자가 13세 미만이거나 신체적인 또는 정신적인 장애로 사물을 변별하거나 의사를 결정할 능력이 미약한 경우에는 통합지원센터나 성폭력 전담의료기관과 연계하여 치료, 상담 및 조사를 병행한다. 다만, 피해자가 원하지 않는 경우에는 그러하지 아니하다.

③ 제1항 및 제2항에도 불구하고 통합지원센터나 성폭력 전담의료기관의 거리가 멀어 신속한 치료가 어려운 경우에는 가까운 의료기관과 연계할 수 있다.

제12조(신변안전조치)

① 지방경찰청장 및 경찰서장은 성폭력범죄의 피해자·신고자 및 그 친족 또는 동거인, 그 밖의 밀접한 인적 관계에 있는 사람이 보복을 당할 우려가 있는 경우에는 소속 경찰관으로 하여금 안전을 위하여 필요한 조치를 하도록 하여야 한다.

② 경찰관은 성폭력범죄의 수사·조사 및 상담 과정에서 성폭력범죄의 피해자·신고자 및 그 친족 또는 동거인, 그 밖의 사람이 보복을 당할 우려가 있는 경우에는 신변안전에 필요한 조치를 하거나 대상자의 주거지 또는 현재지를 관할하는 경찰서의 경찰서장에게 신변안전조치를 요청하여야 한다. 다만, 대상자가 원하지 않는 경우에는 그러하지 아니하다.

③ 신변안전조치의 종류는 다음 각 호의 어느 하나와 같다.

1. 일정기간 동안의 특정시설에서의 보호
2. 일정기간 동안의 신변경호
3. 참고인 또는 증인으로 출석·귀가 시 동행
4. 대상자의 주거·직장에 대한 주기적 순찰
5. 비상연락망 구축 등 그 밖의 신변안전에 필요하다고 인정되는 조치

제13조(피해아동·청소년의 보호)

① 경찰관은 아동·청소년대상 성폭력범죄를 저지른 자가 피해아동·청소년과 「가정폭력범죄의 처벌 등에 관한 특례법」 제2조제2호의 가정구성원인 관계이면서 피해아동·청소년을 보호할 필요가 있는 때에는 피해아동·청소년 또는 그 법정대리인의 신청에 의하거나 직권으로 성폭력범죄를 저지른 자에 대하여 같은 법 제29조제1항 제1호부터 제3호의 임시조치를 검사에게 신청할 수 있다.

② 경찰관은 성폭력범죄를 저지른 자가 제1항의 임시조치를 위반하여 다시 성폭력범죄를 저지를 우려가 있다고 인정하는 경우에는 「가정폭력범죄의 처벌 등에 관한 특례법」 제29조제1항제5호의 임시조치를 검사에게 신청할 수 있다.

제14조(권리고지)

① 경찰관은 성폭력범죄의 피해자등과 상담하거나 피해자를 조사할 때 국선변호인 선임, 피해자와 신뢰관계에 있는 자(이하 '신뢰관계자'라 한다)의 동석, 진술조력인 참여, 신분·사생활 비밀보장, 신변안전조치 및 상담·법률·의료지원에 관한 사항을 피해자등에게 고지하여야 한다.

② 경찰관은 제1항의 내용을 고지할 때 피해자등의 인지능력·생활환경·심리상태 등을 감안하여 구체적인 내용을 설명하여 피해자등이 권리·지원내용을 충분히 이해할 수 있도록 하여야 한다.

제15조(인적사항의 공개 금지)

경찰관은 성폭력 사건의 피해자나 범죄신고자등의 성명, 나이, 주소, 직업, 용모 등에 의하여 그가 피해자나 범죄신고자등임을 미루어 알 수 있는 정도의 사실이나 사진 등 또는 사생활에 관한 비밀을 공개하거나 제3자에게 누설하여서는 아니 된다.

제16조(증거수집)

경찰관은 피해자의 신체에서 증거를 채취할 때에는 반드시 피해자의 명시적인 동의를 받아야 하며, 특별한 사정이 없는 한 의사 또는 간호사의 도움을 받아 증거를 수집하여야 한다.

제4장 조사

제17조(조사의 준비)

① 경찰관은 피해자를 조사하기 전에 피해자의 연령, 인지능력, 가족관계 및 생활환경 등을 확인하여야 한다.

② 경찰관은 제1항과 같이 확인한 결과를 토대로 피해자의 의견, 건강 및 심리 상태 등을 충분히 고려하여 조사의 시기·장소 및 방법 을 결정하여야 한다.

③ 경찰관은 조사의 시기·장소 및 방법을 결정할 때 제27조의 전문가 및 제28조의 진술조력인의 의견을 들을 수 있다.

제18조(조사 시 유의사항)

① 지방경찰청장 및 경찰서장은 특별한 사정이 없는 한 성폭력 피해여성을 여성 성폭력범죄 전담조사관이 조사하도록 하여야 한다. 다만, 피해자가 원하는 경우에는 신뢰관계자, 진술조력인 또는 다른 경찰관으로 하여금 입회하게 하고 별지 제1호 서식에 의해 서면으로 동의를 받아 남성 성폭력범죄 전담조사관으로 하여금 조사하게 할 수 있다.

② 경찰관은 성폭력 피해자를 조사할 때에는 제17조의 준비를 거쳐 1회에 수사상 필요한 모든 내용을 조사하는 등 조사 횟수를 최소화하기 위하여 노력하여야 한다.

③ 경찰관은 피해자의 입장을 최대한 존중하여 가급적 피해자가 원하는 시간에 진술녹화실 등 평온하고 공개되지 않은 장소에서 조사하고, 공개된 장소에서의 조사로 인하여 신분이 노출되지 않도록 유의하여야 한다.

④ 경찰관은 성폭력 피해자에 대한 조사와 피의자에 대한 신문을 분리하여 실시하고, 대질신문은 반드시 필요한 경우에만 예외적으로 실시하되, 시기·장소 및 방법에 관하여 피해자의 의사를 최대한 존중하여야 한다.

⑤ 경찰관은 피해자로 하여금 가해자를 확인하게 할 때는 반드시 범인식별실 또는 진술녹화실을 활용하여 피해자와 가해자가 대면하지 않도록 하고, 동시에 다수의 사람 중에서 가해자를 확인하도록 하여야 한다.

제19조(변호사 선임의 특례)

① 경찰관은 성폭력범죄의 피해자등에게 변호사를 선임할 수 있고 국선변호사 선정을 요청할 수 있음을 고지하여야 한다.

② 경찰관은 피해자등이 국선변호사 선정을 요청한 때에는 검사에게 통보하여야 한다.

③ 경찰관은 성폭력범죄의 피해자가 변호사를 선임하거나 검사가 국선변호사를 선정한 경우 변호사가 조사과정에 참여하게 하여야 한다.

④ 경찰관은 조사 중에 변호사가 의견 진술을 요청할 경우, 조사를 방해하는 등의 특별한 사정이 없는 한 승인하여야 한다.

제20조(인적사항의 기재 생략)

① 경찰관은 성폭력 사건처리와 관련하여 조서나 그 밖의 서류를 작성할 때 피해자 또는 범죄신고자등의 신원이 알려질 수 있는 사항에 대해서는 그 전부 또는 일부를 기재하지 아니할 수 있고, 이 때 범죄신고자등 신원관리카드에 인적사항을 등재한다.

② 제1항에 따라 인적사항을 기재하지 않을 때에는 피해자, 범죄신고자등의 서명은 가명(假名)으로, 간인(間印) 및 날인(捺印)은 무인(拇印)으로 하게 하여야 한다.

제21조(신뢰관계자의 동석)

① 경찰관은 피해자를 조사할 때 신뢰관계자를 동석하게 할 수 있다. 이 경우 신뢰관계자로부터 신뢰관계자 동석 확인서 및 피해자와의 관계를 소명할 서류를 제출받아 이를 기록에 편철한다.

② 경찰관은 아동·청소년대상 성폭력범죄의 피해자나 법정대리인이 신청하는 경우와 「성폭력범죄의 처벌 등에 관한 특례법」 제3조부터 제8조, 같은 법 제10조 및 제15조(같은 법 제9조의 미수범은 제외한다)의 범죄의 피해자를 조사하는 경우에는 수사에 지장을 줄 우려가 있는 부득이한 경우가 아니면 신뢰관계자를 동석하게 하여야 한다.

③ 경찰관은 피해자가 19세 미만이거나 신체적인 또는 정신적인 장애가 있는 경우에 피해자의 동의를 받아 성폭력 상담을 지원하는 상담소의 상담원 등을 신뢰관계자로 동석하게 할 수 있다.

④ 제1항부터 제3항에 해당하는 경우 경찰관은 신뢰관계자라도 피해자에게 불리한 영향을 미칠 우려가 현저하거나 피해자가 원하지 아니하는 경우에는 동석하게 하여서는 아니 된다.

제22조(영상물의 촬영·보존)

① 경찰관은 성폭력범죄의 피해자를 조사할 때에는 진술내용과 조사과정을 영상물 녹화장치로 촬영·보존할 수 있다. 다만, 피해자가 19세 미만이거나 신체적인 또는 정신적인 장애로 사물을 변별하거나 의사를 결정할 능력이 미약한 경우에는 반드시 촬영·보존하여야 한다.

② 경찰관은 영상녹화를 할 때에는 피해자등에게 영상녹화의 취지 등을 설명하고 동의 여부를 확인하여야 하며, 피해자등이 녹화를 원하지 않는 의사를 표시한 때에는 촬영을 하여서는 아니 된다. 다만, 가해자가 친권자 중 일방인 경우에는 그러하지 아니하다.

제23조(영상녹화의 방법)

경찰관은 영상물을 녹화할 때에는 조사의 시작부터 조서에 기명날인 또는 서명을 마치는 시점까지의 모든 과정을 영상녹화하고, 녹화완료 시 그 원본을 피해자 또는 변호사 앞에서 봉인하고 피해자로 하여금 기명날인 또는 서명하게 하여야 한다.

제24조(영상녹화 시 유의사항)

경찰관은 피해자등의 진술을 녹화하는 경우에 다음 각 호의 사항에 유의하여야 한다.

1. 피해자의 신원에 관한 사항은 녹화 전에 서면으로 작성하고 녹화 시 진술하지 않게 하여 영상물에 포함되지 않도록 한다.
2. 신뢰관계자 또는 진술조력인이 동석하여 녹화를 할 때에는, 신뢰관계자 또는 진술조력인이 조사실을 이탈할 경우 녹화를 일시적으로 중단하고 조사실로 돌아온 후 녹화를 재개한다.
3. 피해자등이 신청하는 경우 영상물 촬영과정에서 작성한 조서의 사본을 발급하거나 영상물을 재생하여 시청하게 하고, 그 내용에 대하여 이의를 진술하는 때에는 그 취지를 기재한 서면을 첨부한다.

제28조(진술조력인의 참여)

① 경찰관은 성폭력범죄의 피해자가 13세 미만이거나 신체적인 또는 정신적인 장애로 의사소통이나 의사표현에 어려움이 있는 경우 직권이나 피해자등 또는 변호사의 신청에 따라 진술조력인이 조사과정에 참여하게 할 수 있다. 다만, 피해자등이 이를 원하지 않을 때는 그러하지 아니하다.

② 경찰관은 제1항의 피해자를 조사하기 전에 피해자등 또는 변호사에게 진술조력인에 의한 의사소통 중개나 보조를 신청할 수 있음을 고지하여야 한다.

③ 경찰관은 피의자 또는 피해자의 친족이거나 친족이었던 사람, 법정대리인, 대리인 또는 변호사를 진술조력인으로 선정해서는 아니 된다.

④ 경찰관은 「성폭력범죄의 처벌 등에 관한 특례법 시행규칙」 제13조제1항제1호·제2호에 해당할 때에는 해당 사건의 진술조력인 선정을 취소하여야 하고, 같은항 제3호부터 제6호에 해당할 때에는 취소할 수 있다.

⑤ 경찰관은 진술조력인이 조사에 참여한 경우에는 진술조서에 그 취지를 기재하고, 진술조력인으로 하여금 진술조서 및 영상녹화물에 기명날인 또는 서명을 하도록 하여야 한다.

아동·청소년의 성보호에 관한 법률

제1장 총칙

제1조(목적)
이 법은 아동·청소년대상 성범죄의 처벌과 절차에 관한 특례를 규정하고 피해아동·청소년을 위한 구제 및 지원 절차를 마련하며 아동·청소년대상 성범죄자를 체계적으로 관리함으로써 아동·청소년을 성범죄로부터 보호하고 아동·청소년이 건강한 사회구성원으로 성장할 수 있도록 함을 목적으로 한다.

제2조(정의) 이 법에서 사용하는 용어의 뜻은 다음과 같다.

아동·청소년	19세 미만의 자를 말한다. 다만, 19세에 도달하는 연도의 1월 1일을 맞이한 자는 제외한다.
아동·청소년대상 성범죄	다음 각 목의 어느 하나에 해당하는 죄를 말한다. 가. 제7조부터 제15조까지의 죄 나. 아동·청소년에 대한 「성폭력범죄의 처벌 등에 관한 특례법」 제3조부터 제15조까지의 죄 다. 아동·청소년에 대한 「형법」 제297조, 제297조의2 및 제298조부터 제301조까지, 제301조의2, 제302조, 제303조, 제305조 및 제339조의 죄 라. 아동·청소년에 대한 「아동복지법」 제17조제2호의 죄
아동·청소년대상 성폭력범죄	아동·청소년대상 성범죄에서 제11조부터 제15조까지의 죄를 제외한 죄
아동·청소년의 성을 사는 행위	아동·청소년, 아동·청소년의 성(性)을 사는 행위를 알선한 자 또는 아동·청소년을 실질적으로 보호·감독하는 자 등에게 금품이나 그 밖의 재산상 이익, 직무·편의제공 등 대가를 제공하거나 약속하고 다음 각 목의 어느 하나에 해당하는 행위를 아동·청소년을 대상으로 하거나 아동·청소년으로 하여금 하게 하는 것을 말한다. 가. 성교 행위 나. 구강·항문 등 신체의 일부나 도구를 이용한 유사 성교 행위 다. 신체의 전부 또는 일부를 접촉·노출하는 행위로서 일반인의 성적 수치심이나 혐오감을 일으키는 행위 라. 자위 행위
아동·청소년이용 음란물	아동·청소년 또는 아동·청소년으로 명백하게 인식될 수 있는 사람이나 표현물이 등장하여 제4호의 어느 하나에 해당하는 행위를 하거나 그 밖의 성적 행위를 하는 내용을 표현하는 것으로서 필름·비디오물·게임물 또는 컴퓨터나 그 밖의 통신매체를 통한 화상·영상 등의 형태로 된 것을 말한다.
피해아동·청소년	제2호나목부터 라목까지, 제7조부터 제14조(제13조제1항의 죄는 제외한다)까지의 죄의 피해자가 된 아동·청소년을 말한다.
대상아동·청소년	제13조제1항의 죄의 상대방이 된 아동·청소년을 말한다.
온라인서비스 제공자	다른 사람들이 정보통신망(「정보통신망 이용촉진 및 정보보호 등에 관한 법률」 제2조제1항제1호의 정보통신망을 말한다. 이하 같다)을 통하여 온라인 자료를 이용할 수 있도록 서비스를 제공하는 자로서 대통령령으로 정하는 자를 말한다.

등록정보	법무부장관이 「성폭력범죄의 처벌 등에 관한 특례법」 제42조제1항의 등록대상자에 대하여 같은 법 제44조제1항에 따라 등록한 정보를 말한다.

제2장 아동·청소년대상 성범죄의 처벌과 절차에 관한 특례

제7조(아동·청소년에 대한 강간·강제추행 등)

① 폭행 또는 협박으로 아동·청소년을 강간

② 아동·청소년에 대하여 폭행이나 협박으로 다음 각 호의 어느 하나에 해당하는 행위

1. 구강·항문 등 신체(성기는 제외한다)의 내부에 성기를 넣는 행위
2. 성기·항문에 손가락 등 신체(성기는 제외한다)의 일부나 도구를 넣는 행위

③ 아동·청소년에 대하여 「형법」 제298조의 죄를 범한 자(강제추행: 폭행 또는 협박으로 사람에 대하여 추행을 한 자)

④ 아동·청소년에 대하여 「형법」 제299조의 죄를 범한 자(준강간, 준강제추행: 사람의 심신상실 또는 항거불능의 상태를 이용하여 간음 또는 추행을 한 자)

제8조(장애인인 아동·청소년에 대한 간음 등)

① 19세 이상의 사람이 장애 아동·청소년(「장애인복지법」 제2조제1항에 따른 장애인으로서 신체적인 또는 정신적인 장애로 사물을 변별하거나 의사를 결정할 능력이 미약한 13세 이상의 아동·청소년을 말한다. 이하 이 조에서 같다)을 간음하거나 장애 아동·청소년으로 하여금 다른 사람을 간음하게 하는 경우

② 19세 이상의 사람이 장애 아동·청소년을 추행한 경우 또는 장애 아동·청소년으로 하여금 다른 사람을 추행하게 하는 경우

제9조(강간 등 상해·치상)

제7조의 죄를 범한 사람이 다른 사람을 상해하거나 상해에 이르게 한 때

제10조(강간 등 살인·치사)

① 제7조의 죄를 범한 사람이 다른 사람을 살해한 때

② 제7조의 죄를 범한 사람이 다른 사람을 사망에 이르게 한 때

제11조(아동·청소년이용음란물의 제작·배포 등)

① 아동·청소년이용음란물을 제작·수입 또는 수출한 자는 무기징역 또는 5년 이상의 유기징역에 처한다.

② 영리를 목적으로 아동·청소년이용음란물을 판매·대여·배포·제공하거나 이를 목적으로 소지·운반하거나 공연히 전시 또는 상영한 자는 10년 이하의 징역에 처한다.

③ 아동·청소년이용음란물을 배포·제공하거나 공연히 전시 또는 상영한 자는 7년 이하의 징역 또는 5천만원 이하의 벌금에 처한다.

④ 아동·청소년이용음란물을 제작할 것이라는 정황을 알면서 아동·청소년을 아동·청소년이용음란물의 제작자에게 알선한 자는 3년 이상의 징역에 처한다.

⑤ 아동·청소년이용음란물임을 알면서 이를 소지한 자는 1년 이하의 징역 또는 2천만원 이하의 벌금에 처한다.

⑥ 제1항의 미수범은 처벌한다

제12조(아동·청소년 매매행위)

① 아동·청소년의 성을 사는 행위 또는 아동·청소년이용음란물을 제작하는 행위의 대상이 될 것을 알면서 아동·청소년을 매매 또는 국외에 이송하거나 국외에 거주하는 아동·청소년을 국내에 이송한 자는 무기징역 또는 5년 이상의 징역에 처한다.

② 제1항의 미수범은 처벌한다.

제13조(아동·청소년의 성을 사는 행위 등)

① 아동·청소년의 성을 사는 행위를 한 자

② 아동·청소년의 성을 사기 위하여 아동·청소년을 유인하거나 성을 팔도록 권유한 자

제14조(아동·청소년에 대한 강요행위 등)

① 다음 각 호의 어느 하나에 해당하는 자는 5년 이상의 유기징역에 처한다.

1. 폭행이나 협박으로 아동·청소년으로 하여금 아동·청소년의 성을 사는 행위의 상대방이 되게 한 자
2. 선불금(先払金), 그 밖의 채무를 이용하는 등의 방법으로 아동·청소년을 곤경에 빠뜨리거나 위계 또는 위력으로 아동·청소년으로 하여금 아동·청소년의 성을 사는 행위의 상대방이 되게 한 자
3. 업무·고용이나 그 밖의 관계로 자신의 보호 또는 감독을 받는 것을 이용하여 아동·청소년으로 하여금 아동·청소년의 성을 사는 행위의 상대방이 되게 한 자
4. 영업으로 아동·청소년을 아동·청소년의 성을 사는 행위의 상대방이 되도록 유인·권유한 자

② 제1항제1호부터 제3호까지의 죄를 범한 자가 그 대가의 전부 또는 일부를 받거나 이를 요구 또는 약속한 때에는 7년 이상의 유기징역에 처한다.

③ 아동·청소년의 성을 사는 행위의 상대방이 되도록 유인·권유한 자는 7년 이하의 징역 또는 5천만원 이하의 벌금에 처한다.

④ 제1항과 제2항의 미수범은 처벌한다.

제15조(알선영업행위 등)

① 다음 각 호의 어느 하나에 해당하는 자는 7년 이상의 유기징역	② 다음 각 호의 어느 하나에 해당하는 자는 7년 이하의 징역 또는 5천만원 이하의 벌금
1. 아동·청소년의 성을 사는 행위의 장소를 제공하는 행위를 업으로 하는 자 2. 아동·청소년의 성을 사는 행위를 알선하거나 정보통신망에서 알선정보를 제공하는 행위를 업으로 하는 자 3. 제1호 또는 제2호의 범죄에 사용되는 사실을 알면서 자금·토지 또는 건물을 제공한 자 4. 영업으로 아동·청소년의 성을 사는 행위의 장소를 제공·알선하는 업소에 아동·청소년을 고용하도록 한 자	1. 영업으로 아동·청소년의 성을 사는 행위를 하도록 유인·권유 또는 강요한 자 2. 아동·청소년의 성을 사는 행위의 장소를 제공한 자 3. 아동·청소년의 성을 사는 행위를 알선하거나 정보통신망에서 알선정보를 제공한 자 4. 영업으로 제2호 또는 제3호의 행위를 약속한 자

③ 아동·청소년의 성을 사는 행위를 하도록 유인·권유 또는 강요한 자는 5년 이하의 징역 또는 3천만원 이하의 벌금에 처한다.

제16조(피해자 등에 대한 강요행위)

폭행이나 협박으로 아동·청소년대상 성범죄의 피해자 또는 보호자를 상대로 합의를 강요한 자

미수범을 처벌하는 경우	미수범 처벌하지 않는 경우
① 아동·청소년에 대한 강간·강제추행 등(제7조) ② 아동·청소년이용음란물 제작·수입·수출 ③ 아동·청소년 매매행위(제12조) ④ 아동·청소년에 대한 강요행위(제14조① ② 항, ③ 항은 제외) * 단, 아동·청소년의 성을 사는 행위의 상대방이 되도록 유인·권유한 자는 미수범 처벌(X)	① 아동·청소년의 성을 사는 행위 ② 아동·청소년의 성을 사는 행위의 상대방이 되도록 유인·권유하는 행위 ③ 아동·청소년의 성을 사는 행위의 알선영업행위 ④ (영리를 목적으로)아동·청소년이용음란물을 판매·대여·배포·제공·소지·운반·전시·상영(아동·청소년이용음란물을 제작·수입·수출은 미수범 처벌)

제18조(신고의무자의 성범죄에 대한 가중처벌)

기관·시설 또는 단체의 장과 그 종사자가 자기의 보호·감독 또는 진료를 받는 아동·청소년을 대상으로 성범죄를 범한 경우에는 그 죄에 정한 형의 2분의 1까지 가중처벌한다.

제19조(「형법」상 감경규정에 관한 특례)

음주 또는 약물로 인한 심신장애 상태에서 아동·청소년대상 성폭력범죄를 범한 때에는 「형법」 제10조제1항·제2항 및 제11조를 적용하지 아니할 수 있다.

제20조(공소시효에 관한 특례)

① 아동·청소년대상 성범죄의 공소시효는 해당 성범죄로 피해를 당한 아동·청소년이 성년에 달한 날부터 진행한다.

② 제7조의 죄는 디엔에이(DNA)증거 등 그 죄를 증명할 수 있는 과학적인 증거가 있는 때에는 공소시효가 10년 연장된다.

③ 13세 미만의 사람 및 신체적인 또는 정신적인 장애가 있는 사람에 대하여 다음 각 호의 죄를 범한 경우에는 제1항과 제2항에도 불구하고 「형사소송법」 제249조부터 제253조까지 및 「군사법원법」 제291조부터 제295조까지에 규정된 공소시효를 적용하지 아니한다.

1. 「형법」 제297조(강간), 제298조(강제추행), 제299조(준강간, 준강제추행), 제301조(강간등 상해·치상) 또는 제301조의2(강간등 살인·치사)의 죄
2. 제9조 및 제10조의 죄
3. 「성폭력범죄의 처벌 등에 관한 특례법」 제6조제2항, 제7조제2항, 제8조, 제9조의 죄

④ 다음 각 호의 죄를 범한 경우에는 제1항과 제2항에도 불구하고 「형사소송법」 제249조부터 제253조까지 및 「군사법원법」 제291조부터 제295조까지에 규정된 공소시효를 적용하지 아니한다.

1. 「형법」 제301조의2(강간등 살인·치사)의 죄(강간등 살인에 한정한다)
2. 제10조제1항의 죄

3. 「성폭력범죄의 처벌 등에 관한 특례법」 제9조제1항의 죄

제21조(형벌과 수강명령 등의 병과)

① 법원은 아동·청소년대상 성범죄를 범한 소년에 대하여 형의 선고를 유예하는 경우에는 반드시 보호관찰을 명하여야 한다.

② 법원은 아동·청소년대상 성범죄를 범한 자에 대하여 유죄판결을 선고하는 경우에는 500시간의 범위에서 재범예방에 필요한 수강명령 또는 성폭력 치료프로그램의 이수명령을 병과(倂科)하여야 한다. 다만, 수강명령 또는 이수명령을 부과할 수 없는 특별한 사정이 있는 경우에는 그러하지 아니하다.

③ 아동·청소년대상 성범죄를 범한 자에 대하여 수강명령은 형의 집행을 유예할 경우에 그 집행유예기간 내에서 병과하고, 이수명령은 벌금 이상의 형을 선고할 경우에 병과한다. 다만, 이수명령은 아동·청소년대상 성범죄자가 「특정 범죄자에 대한 보호관찰 및 전자장치 부착 등에 관한 법률」 제9조의2제1항제4호에 따른 성폭력 치료 프로그램의 이수명령을 부과받은 경우에는 병과하지 아니한다.

④ 법원이 아동·청소년대상 성범죄를 범한 사람에 대하여 형의 집행을 유예하는 경우에는 수강명령 외에 그 집행유예기간 내에서 보호관찰 또는 사회봉사 중 하나 이상의 처분을 병과할 수 있다.

⑤ 수강명령 또는 이수명령은 형의 집행을 유예할 경우에는 그 집행유예기간 내에, 벌금형을 선고할 경우에는 형 확정일부터 6개월 이내에, 징역형 이상의 실형(實刑)을 선고할 경우에는 형기 내에 각각 집행한다. 다만, 수강명령 또는 이수명령은 아동·청소년대상 성범죄를 범한 사람이 「성폭력범죄의 처벌 등에 관한 특례법」 제16조에 따른 수강명령 또는 이수명령을 부과받은 경우에는 병과하지 아니한다.

⑥ 수강명령 또는 이수명령이 형의 집행유예 또는 벌금형과 병과된 경우에는 보호관찰소의 장이 집행하고, 징역형 이상의 실형과 병과된 경우에는 교정시설의 장이 집행한다. 다만, 징역형 이상의 실형과 병과된 수강명령 또는 이수명령을 모두 이행하기 전에 석방 또는 가석방되거나 미결구금일수 산입 등의 사유로 형을 집행할 수 없게 된 경우에는 보호관찰소의 장이 남은 수강명령 또는 이수명령을 집행한다.

⑦ 제2항에 따른 수강명령 또는 이수명령은 다음 각 호의 내용으로 한다.

1. 일탈적 이상행동의 진단·상담
2. 성에 대한 건전한 이해를 위한 교육
3. 그 밖에 성범죄를 범한 사람의 재범예방을 위하여 필요한 사항

⑧ 보호관찰소의 장 또는 교정시설의 장은 제2항에 따른 수강명령 또는 이수명령 집행의 전부 또는 일부를 여성가족부장관에게 위탁할 수 있다.

⑨ 보호관찰, 사회봉사, 수강명령 및 이수명령에 관하여 이 법에 규정한 사항 외의 사항에 대하여는 「보호관찰 등에 관한 법률」을 준용한다.

제22조(판결 전 조사)

① 법원은 피고인에 대하여 제21조에 따른 보호관찰, 사회봉사, 수강명령 또는 이수명령을 부과하기 위하여 필요하다고 인정하면 그 법원의 소재지 또는 피고인의 주거지를 관할하는 보호관찰소의 장에게 피고인의 신체적·심리적 특성 및 상태, 정신성적 발달과정, 성장배경, 가정환경, 직업, 생활환경, 교우관계, 범행동기, 병력(病歷), 피해자와의 관계, 재범위험성 등 피고인에 관한 사항의 조사를 요구할 수 있다.

제23조(친권상실청구 등)

① 아동·청소년대상 성범죄 사건을 수사하는 검사는 그 사건의 가해자가 피해아동·청소년의 친권자나 후견인인

경우에 법원에 「민법」 제924조의 친권상실선고 또는 같은 법 제940조의 후견인 변경 결정을 청구하여야 한다. 다만, 친권상실선고 또는 후견인 변경 결정을 하여서는 아니 될 특별한 사정이 있는 경우에는 그러하지 아니하다.

② 다음 각 호의 기관·시설 또는 단체의 장은 검사에게 제1항의 청구를 하도록 요청할 수 있다. 이 경우 청구를 요청받은 검사는 요청받은 날부터 30일 내에 해당 기관·시설 또는 단체의 장에게 그 처리 결과를 통보하여야 한다.

1. 「아동복지법」 제45조에 따른 아동보호전문기관
2. 「성폭력방지 및 피해자보호 등에 관한 법률」 제10조의 성폭력피해상담소 및 같은 법 제12조의 성폭력피해자보호시설
3. 「청소년복지 지원법」 제29조제1항에 따른 청소년상담복지센터 및 같은 법 제31조제1호에 따른 청소년쉼터

③ 제2항 각 호 외의 부분 후단에 따라 처리 결과를 통보받은 기관·시설 또는 단체의 장은 그 처리 결과에 대하여 이의가 있을 경우 통보받은 날부터 30일 내에 직접 법원에 제1항의 청구를 할 수 있다.

제24조(피해아동·청소년의 보호조치 결정)

법원은 아동·청소년대상 성범죄 사건의 가해자에게 「민법」 제924조에 따라 친권상실선고를 하는 경우에는 피해아동·청소년을 다른 친권자 또는 친족에게 인도하거나 제45조 또는 제46조의 기관·시설 또는 단체에 인도하는 등의 보호조치를 결정할 수 있다. 이 경우 그 아동·청소년의 의견을 존중하여야 한다.

제25조(수사 및 재판 절차에서의 배려)

① 수사기관과 법원 및 소송관계인은 아동·청소년대상 성범죄를 당한 피해자의 나이, 심리 상태 또는 후유장애의 유무 등을 신중하게 고려하여 조사 및 심리·재판 과정에서 피해자의 인격이나 명예가 손상되거나 사적인 비밀이 침해되지 아니하도록 주의하여야 한다.

② 수사기관과 법원은 아동·청소년대상 성범죄의 피해자를 조사하거나 심리·재판할 때 피해자가 편안한 상태에서 진술할 수 있는 환경을 조성하여야 하며, 조사 및 심리·재판 횟수는 필요한 범위에서 최소한으로 하여야 한다.

제26조(영상물의 촬영·보존 등)

① 아동·청소년대상 성범죄 피해자의 진술내용과 조사과정은 비디오녹화기 등 영상물 녹화장치로 촬영·보존하여야 한다.

② 영상물 녹화는 피해자 또는 법정대리인이 이를 원하지 아니하는 의사를 표시한 때에는 촬영을 하여서는 아니 된다. 다만, 가해자가 친권자 중 일방인 경우는 그러하지 아니하다.

③ 영상물 녹화는 조사의 개시부터 종료까지의 전 과정 및 객관적 정황을 녹화하여야 하고, 녹화가 완료된 때에는 지체 없이 그 원본을 피해자 또는 변호사 앞에서 봉인하고 피해자로 하여금 기명날인 또는 서명하게 하여야 한다.

제28조(신뢰관계에 있는 사람의 동석)

① 법원은 아동·청소년대상 성범죄의 피해자를 증인으로 신문하는 경우에 검사, 피해자 또는 법정대리인이 신청하는 경우에는 재판에 지장을 줄 우려가 있는 등 부득이한 경우가 아니면 피해자와 신뢰관계에 있는 사람을 동석하게 하여야 한다.

② 제1항은 수사기관이 제1항의 피해자를 조사하는 경우에 관하여 준용한다.
③ 제1항 및 제2항의 경우 법원과 수사기관은 피해자와 신뢰관계에 있는 사람이 피해자에게 불리하거나 피해자가 원하지 아니하는 경우에는 동석하게 하여서는 아니 된다.

제29조(서류·증거물의 열람·등사)

아동·청소년대상 성범죄의 피해자, 그 법정대리인 또는 변호사는 재판장의 허가를 받아 소송계속 중의 관계 서류 또는 증거물을 열람하거나 등사할 수 있다.

제31조(비밀누설 금지)

① 아동·청소년대상 성범죄의 수사 또는 재판을 담당하거나 이에 관여하는 공무원 또는 그 직에 있었던 사람은 피해아동·청소년 또는 대상아동·청소년의 주소·성명·연령·학교 또는 직업·용모 등 그 아동·청소년을 특정할 수 있는 인적사항이나 사진 등 또는 그 아동·청소년의 사생활에 관한 비밀을 공개하거나 타인에게 누설하여서는 아니 된다.
② 제45조 및 제46조의 기관·시설 또는 단체의 장이나 이를 보조하는 자 또는 그 직에 있었던 자는 직무상 알게 된 비밀을 타인에게 누설하여서는 아니 된다.
③ 누구든지 피해아동·청소년 및 대상아동·청소년의 주소·성명·연령·학교 또는 직업·용모 등 그 아동·청소년을 특정하여 파악할 수 있는 인적사항이나 사진 등을 신문 등 인쇄물에 싣거나 「방송법」 제2조제1호에 따른 방송(이하 "방송"이라 한다) 또는 정보통신망을 통하여 공개하여서는 아니 된다.
④ 제1항부터 제3항까지를 위반한 자는 7년 이하의 징역 또는 5천만원 이하의 벌금에 처한다. 이 경우 징역형과 벌금형은 병과할 수 있다.

제33조(내국인의 국외범 처벌)

국가는 국민이 대한민국 영역 외에서 아동·청소년대상 성범죄를 범하여 「형법」 제3조(내국인의 국외범: 대한민국영역외에서 죄를 범한 내국인에게 적용한다)에 따라 형사처벌하여야 할 경우에는 외국으로부터 범죄정보를 신속히 입수하여 처벌하도록 노력하여야 한다.

제3장 아동·청소년대상 성범죄의 신고·응급조치와 지원

제34조(아동·청소년대상 성범죄의 신고)

① 누구든지 아동·청소년대상 성범죄의 발생 사실을 알게 된 때에는 수사기관에 신고할 수 있다.
② 다음 각 호의 어느 하나에 해당하는 기관·시설 또는 단체의 장과 그 종사자는 직무상 아동·청소년대상 성범죄의 발생 사실을 알게 된 때에는 즉시 수사기관에 신고하여야 한다.
1. 「유아교육법」 제2조제2호의 유치원
2. 「초·중등교육법」 제2조의 학교
3. 「의료법」 제3조의 의료기관
4. 「아동복지법」 제3조제10호의 아동복지시설
5. 「장애인복지법」 제58조의 장애인복지시설
6. 「영유아보육법」 제2조제3호의 어린이집

7. 「학원의 설립·운영 및 과외교습에 관한 법률」 제2조제1호의 학원 및 같은 조 제2호의 교습소
8. 「성매매방지 및 피해자보호 등에 관한 법률」 제5조의 성매매피해자등을 위한 지원시설 및 같은 법 제10조의 성매매피해상담소
9. 「한부모가족지원법」 제19조에 따른 한부모가족복지시설
10. 「가정폭력방지 및 피해자보호 등에 관한 법률」 제5조의 가정폭력 관련 상담소 및 같은 법 제7조의 가정폭력피해자 보호시설
11. 「성폭력방지 및 피해자보호 등에 관한 법률」 제10조의 성폭력피해상담소 및 같은 법 제12조의 성폭력피해자보호시설
12. 「청소년활동 진흥법」 제2조제2호의 청소년활동시설
13. 「청소년복지 지원법」 제29조제1항에 따른 청소년상담복지센터 및 같은 법 제31조제1호에 따른 청소년쉼터
14. 「청소년 보호법」 제35조의 청소년 보호·재활센터

③ 다른 법률에 규정이 있는 경우를 제외하고는 누구든지 신고자 등의 인적사항이나 사진 등 그 신원을 알 수 있는 정보나 자료를 출판물에 게재하거나 방송 또는 정보통신망을 통하여 공개하여서는 아니 된다.

제4장 아동·청소년의 선도보호 등

제38조(대상아동·청소년에 대한 수사 등)

① 「성매매알선 등 행위의 처벌에 관한 법률」 제21조제1항에도 불구하고 대상아동·청소년에 대하여는 보호 및 재활을 위하여 처벌하지 아니한다.

② 사법경찰관은 대상아동·청소년을 발견한 경우 신속하게 사건을 수사한 후 「소년법」 에 따라 가정법원소년부 또는 지방법원소년부(이하 "법원 소년부"라 한다)의 보호사건으로 처리하는 것이 상당한지에 관한 의견을 첨부하여 지체 없이 검사에게 송치하여야 한다.

③ 검사 또는 사법경찰관은 대상아동·청소년을 발견한 경우 특별한 사정이 없으면 그 사실을 대상아동·청소년의 법정대리인 또는 사실상 그 아동·청소년을 보호하는 자(이하 "법정대리인 등"이라 한다)에게 통지하여야 한다.

④ 대상아동·청소년의 법정대리인 등 또는 제34조제2항 각 호에 해당하는 기관·시설 또는 단체의 장은 대상아동·청소년을 발견한 경우에는 이를 관할 법원 소년부에 통고를 할 수 있다.

제39조(소년부 송치)

① 검사는 제38조제2항에 따라 송치된 사건의 성질·동기 및 결과와 행위자의 성행(性行) 등을 고려하여 대상아동·청소년에게 「소년법」에 따른 보호처분을 하는 것이 상당하다고 인정하는 때에는 그 사건을 관할 법원 소년부에 송치할 수 있다.

② 검사는 제1항에 따른 소년부 송치 여부를 검토한 결과 소년부 송치가 적절하지 아니한 경우 대상아동·청소년에 대한 보호 또는 재활이 필요하다고 인정하는 때에는 대상아동·청소년으로 하여금 필요한 교육과정이나 상담과정을 마치게 하여야 한다.

제40조(대상아동·청소년 등에 대한 보호처분)
① 제39조제1항 또는 제44조제1항에 따라 사건을 송치받은 법원 소년부 판사는 그 아동·청소년에게 다음 각 호의 어느 하나에 해당하는 보호처분을 할 수 있다.
1. 「소년법」 제32조제1항 각 호의 보호처분
2. 「청소년 보호법」 제35조의 청소년 보호·재활센터에 선도보호를 위탁하는 보호처분

② 제1항제1호에 따라 대상아동·청소년에 대하여 「소년법」 제32조제1항제4호 또는 제5호의 보호관찰처분을 하는 경우에는 수강명령을 동시에 명할 수 있다.
③ 제1항제2호에 따른 위탁의 기간은 6개월로 하되, 법원 소년부 판사는 결정으로 6개월의 범위에서 1차에 한하여 그 기간을 연장할 수 있다.
④ 법원 소년부 판사는 제3항에 따른 위탁기간이 만료하지 아니하는 경우에도 필요하다고 인정하는 때에는 결정으로써 그 위탁을 종료할 수 있다.
⑤ 제2항에 따라 법원이 수강명령을 병과한 경우 보호관찰소의 장은 수강명령 집행을 여성가족부장관에게 위탁할 수 있다.

제41조(피해아동·청소년 등을 위한 조치의 청구) 검사는 성범죄의 피해를 받은 아동·청소년을 위하여 지속적으로 위해의 배제와 보호가 필요하다고 인정하는 경우 법원에 제1호의 보호관찰과 함께 제2호부터 제5호까지의 조치를 청구할 수 있다. 다만, 「특정 범죄자에 대한 보호관찰 및 전자장치 부착 등에 관한 법률」 제9조의2제1항제2호 및 제3호에 따라 가해자에게 특정지역 출입금지 등의 준수사항을 부과하는 경우에는 그러하지 아니하다.
1. 가해자에 대한 「보호관찰 등에 관한 법률」에 따른 보호관찰
2. 피해를 받은 아동·청소년의 주거 등으로부터 가해자를 분리하거나 퇴거하는 조치
3. 피해를 받은 아동·청소년의 주거, 학교 등으로부터 100미터 이내에 가해자 또는 가해자의 대리인의 접근을 금지하는 조치
4. 「전기통신기본법」 제2조제1호의 전기통신이나 우편물을 이용하여 가해자가 피해를 받은 아동·청소년 또는 그 보호자와 접촉을 하는 행위의 금지
5. 제45조에 따른 보호시설에 대한 보호위탁결정 등 피해를 받은 아동·청소년의 보호를 위하여 필요한 조치

제42조(피해아동·청소년 등에 대한 보호처분의 판결 등) ① 법원은 제41조에 따른 보호처분의 청구가 이유있다고 인정할 때에는 6개월의 범위에서 기간을 정하여 판결로 보호처분을 선고하여야 한다.
② 제41조 각 호의 보호처분은 병과할 수 있다.
③ 검사는 제1항에 따른 보호처분 기간의 연장이 필요하다고 인정하는 경우 법원에 그 기간의 연장을 청구할 수 있다. 이 경우 보호처분 기간의 연장 횟수는 3회 이내로 하고, 연장기간은 각각 6개월 이내로 한다.
④ 보호처분 청구사건의 판결은 아동·청소년대상 성범죄 사건의 판결과 동시에 선고하여야 한다.
⑤ 피해자 또는 법정대리인은 제41조제1호 및 제2호의 보호처분 후 주거 등을 옮긴 때에는 관할 법원에 보호처분 결정의 변경을 신청할 수 있다.
⑥ 법원은 제1항에 따른 보호처분을 결정한 때에는 검사, 피해자, 가해자, 보호관찰관 및 보호처분을 위탁받아 행하는 보호시설의 장에게 각각 통지하여야 한다. 다만, 보호시설이 민간에 의하여 운영되는 기관인 경우에는 그 시설의 장으로부터 수탁에 대한 동의를 받아야 한다.
⑦ 보호처분 결정의 집행에 관하여 필요한 사항은 「가정폭력범죄의 처벌 등에 관한 특례법」 제43조를 준용한다.

제43조(피해아동·청소년 등에 대한 보호처분의 변경과 종결) ① 검사는 제42조에 따른 보호처분에 대하여 그 내용의 변경 또는 종결을 법원에 청구할 수 있다.

② 법원은 제1항에 따른 청구가 있는 경우 해당 보호처분이 피해를 받은 아동·청소년의 보호에 적절한지 여부에 대하여 심사한 후 보호처분의 변경 또는 종결이 필요하다고 인정하는 경우에는 이를 변경 또는 종결하여야 한다.

제44조(가해아동·청소년의 처리)

① 10세 이상 14세 미만의 아동·청소년이 제2조제2호나목 및 다목의 죄와 제7조의 죄를 범한 경우에 수사기관은 신속히 수사하고, 그 사건을 관할 법원 소년부에 송치하여야 한다.

② 14세 이상 16세 미만의 아동·청소년이 제1항의 죄를 범하여 그 사건이 관할 법원 소년부로 송치된 경우 송치받은 법원 소년부 판사는 그 아동·청소년에게 다음 각 호의 어느 하나에 해당하는 보호처분을 할 수 있다.

1. 「소년법」 제32조제1항 각 호의 보호처분
2. 「청소년 보호법」 제35조의 청소년 보호·재활센터에 선도보호를 위탁하는 보호처분

③ 사법경찰관은 제1항에 따른 가해아동·청소년을 발견한 경우 특별한 사정이 없으면 그 사실을 가해아동·청소년의 법정대리인 등에게 통지하여야 한다.

④ 판사는 제1항 및 제2항에 따라 관할 법원 소년부에 송치된 가해아동·청소년에 대하여 「소년법」 제32조제1항 제4호 또는 제5호의 처분을 하는 경우 재범예방에 필요한 수강명령을 하여야 한다.

⑤ 검사는 가해아동·청소년에 대하여 소년부 송치 여부를 검토한 결과 소년부 송치가 적절하지 아니한 경우 가해아동·청소년으로 하여금 재범예방에 필요한 교육과정이나 상담과정을 마치게 하여야 한다.

⑥ 제5항에 따른 교육과정이나 상담과정에 관하여 필요한 사항은 대통령령으로 정한다.

제45조(보호시설) 「성매매방지 및 피해자보호 등에 관한 법률」 제5조제1항제2호의 청소년 지원시설, 「청소년복지 지원법」 제29조제1항에 따른 청소년상담복지센터 및 같은 법 제31조제1호에 따른 청소년쉼터 또는 「청소년 보호법」 제35조의 청소년 보호·재활센터는 다음 각 호의 업무를 수행할 수 있다.

1. 제46조제1항 각 호의 업무
2. 대상아동·청소년의 보호·자립지원
3. 장기치료가 필요한 대상아동·청소년의 다른 기관과의 연계 및 위탁

제46조(상담시설) ① 「성매매방지 및 피해자보호 등에 관한 법률」 제10조의 성매매피해상담소 및 「청소년복지 지원법」 제29조제1항에 따른 청소년상담복지센터는 다음 각 호의 업무를 수행할 수 있다.

1. 제7조부터 제18조까지의 범죄 신고의 접수 및 상담
2. 대상아동·청소년과 병원 또는 관련 시설과의 연계 및 위탁
3. 그 밖에 아동·청소년 성매매 등과 관련한 조사·연구

② 「성폭력방지 및 피해자보호 등에 관한 법률」 제10조의 성폭력피해상담소 및 같은 법 제12조의 성폭력피해자 보호시설은 다음 각 호의 업무를 수행할 수 있다.

1. 제1항 각 호의 업무
2. 아동·청소년대상 성폭력범죄로 인하여 정상적인 생활이 어렵거나 그 밖의 사정으로 긴급히 보호를 필요로 하는 피해아동·청소년을 병원이나 성폭력피해자보호시설로 데려다 주거나 일시 보호하는 업무

3. 피해아동·청소년의 신체적·정신적 안정회복과 사회복귀를 돕는 업무
4. 가해자에 대한 민사상·형사상 소송과 피해배상청구 등의 사법처리절차에 관하여 대한변호사협회·대한법률구조공단 등 관계 기관에 필요한 협조와 지원을 요청하는 업무
5. 아동·청소년대상 성폭력범죄의 예방과 방지를 위한 홍보
6. 아동·청소년대상 성폭력범죄 및 그 피해에 관한 조사·연구
7. 그 밖에 피해아동·청소년의 보호를 위하여 필요한 업무

제47조(아동·청소년대상 성교육 전문기관의 설치·운영) ① 국가와 지방자치단체는 아동·청소년의 건전한 성가치관 조성과 성범죄 예방을 위하여 아동·청소년대상 성교육 전문기관(이하 "성교육 전문기관"이라 한다)을 설치하거나 해당 업무를 전문단체에 위탁할 수 있다.

② 제1항에 따른 위탁 관련 사항, 성교육 전문기관에 두는 종사자 등 직원의 자격 및 설치기준과 운영에 관하여 필요한 사항은 대통령령으로 정한다.

제48조(교육프로그램 운영 등) ① 아동·청소년을 성적 착취와 학대 행위로부터 보호하기 위하여 제45조와 제46조에 따른 보호시설과 상담시설은 다음 각 호의 업무를 수행할 수 있다.

1. 제39조제2항에 따른 교육·상담 등 대상아동·청소년의 선도보호
2. 피해아동·청소년과 대상아동·청소년의 치료·안정회복과 사회복귀를 돕는 프로그램 운영
3. 피해아동·청소년과 대상아동·청소년의 법정대리인 등을 위한 교육·상담 프로그램 운영
4. 아동·청소년대상 성폭력범죄의 가해아동·청소년과 그 법정대리인 등의 교육·상담 프로그램 운영
5. 아동·청소년 성보호 전문가 교육
6. 그 밖에 아동·청소년을 아동·청소년대상 성범죄로부터 보호하기 위하여 대통령령으로 정하는 업무

② 국가와 지방자치단체는 제1항에 따른 보호시설이나 상담시설의 업무에 대하여 예산의 범위에서 그 경비의 일부를 보조할 수 있다.

제5장 성범죄로 유죄판결이 확정된 자의 신상정보 공개와 취업제한 등

제49조(등록정보의 공개) ① 법원은 다음 각 호의 어느 하나에 해당하는 자에 대하여 판결로 제3항의 공개정보를 「성폭력범죄의 처벌 등에 관한 특례법」 제45조제1항의 등록기간 동안 정보통신망을 이용하여 공개하도록 하는 명령(이하 "공개명령"이라 한다)을 등록대상 사건의 판결과 동시에 선고하여야 한다. 다만, 피고인이 아동·청소년인 경우, 그 밖에 신상정보를 공개하여서는 아니 될 특별한 사정이 있다고 판단하는 경우에는 그러하지 아니하다.

1. 아동·청소년대상 성폭력범죄를 저지른 자
2. 「성폭력범죄의 처벌 등에 관한 특례법」 제2조제1항제3호·제4호, 같은 조 제2항(제1항제3호·제4호에 한정한다), 제3조부터 제15조까지의 범죄를 저지른 자
3. 13세 미만의 아동·청소년을 대상으로 아동·청소년대상 성범죄를 저지른 자로서 13세 미만의 아동·청소년을 대상으로 아동·청소년대상 성범죄를 다시 범할 위험성이 있다고 인정되는 자
4. 제1호 또는 제2호의 죄를 범하였으나 「형법」 제10조제1항에 따라 처벌할 수 없는 자로서 제1호 또는 제2호의 죄를 다시 범할 위험성이 있다고 인정되는 자

② 제1항에 따른 등록정보의 공개기간(「형의 실효 등에 관한 법률」 제7조에 따른 기간을 초과하지 못한다)은 판결이 확정된 때부터 기산한다. 다만, 공개명령을 받은 자(이하 "공개대상자"라 한다)가 실형 또는 치료감호를 선고받은 경우에는 그 형 또는 치료감호의 전부 또는 일부의 집행을 종료하거나 집행이 면제된 때부터 기산하고, 제1항에 따른 등록정보의 등록 원인이 된 성범죄(이하 이 조에서 "등록대상 성범죄"라 한다)와 경합된 범죄, 등록대상 성범죄로 수용되어 있는 도중 재판을 받게 된 다른 범죄, 다른 범죄로 수용되어 있는 도중 등록대상 성범죄로 재판을 받게 된 경우 다른 범죄로 교정시설 또는 치료감호시설에 수용된 기간은 공개기간에 넣어 계산하지 아니한다.

③ 제1항에 따라 공개하도록 제공되는 등록정보는 다음 각 호와 같다.

1. 성명
2. 나이
3. 주소 및 실제거주지(「도로명주소법」 제2조제5호의 도로명 및 같은 조 제7호의 건물번호까지로 한다)
4. 신체정보(키와 몸무게)
5. 사진
6. 등록대상 성범죄 요지(판결일자, 죄명, 선고형량을 포함한다)
7. 성폭력범죄 전과사실(죄명 및 횟수)
8. 「특정 범죄자에 대한 보호관찰 및 전자장치 부착 등에 관한 법률」에 따른 전자장치 부착 여부

④ 공개정보의 구체적인 형태와 내용에 관하여는 대통령령으로 정한다.

⑤ 공개정보를 정보통신망을 이용하여 열람하고자 하는 자는 실명인증 절차를 거쳐야 한다.

⑥ 실명인증, 공개정보 유출 방지를 위한 기술 및 관리에 관한 구체적인 방법과 절차는 대통령령으로 정한다.

제50조(등록정보의 고지) ① 법원은 공개대상자 중 다음 각 호의 어느 하나에 해당하는 자에 대하여 판결로 제49조에 따른 공개명령 기간 동안 제4항에 따른 고지정보를 제5항에 규정된 사람에 대하여 고지하도록 하는 명령(이하 "고지명령"이라 한다)을 등록대상 성범죄 사건의 판결과 동시에 선고하여야 한다. 다만, 피고인이 아동·청소년인 경우, 그 밖에 신상정보를 고지하여서는 아니 될 특별한 사정이 있다고 판단하는 경우에는 그러하지 아니하다.

1. 아동·청소년대상 성폭력범죄를 저지른 자
2. 「성폭력범죄의 처벌 등에 관한 특례법」 제2조제1항제3호·제4호, 같은 조 제2항(제1항제3호·제4호에 한정한다), 제3조부터 제15조까지의 범죄를 저지른 자
3. 제1호 또는 제2호의 죄를 범하였으나 「형법」 제10조제1항에 따라 처벌할 수 없는 자로서 제1호 또는 제2호의 죄를 다시 범할 위험성이 있다고 인정되는 자

② 고지명령을 선고받은 자(이하 "고지대상자"라 한다)는 공개명령을 선고받은 자로 본다.

③ 고지명령은 다음 각 호의 기간 내에 하여야 한다.

1. 집행유예를 선고받은 고지대상자는 신상정보 최초 등록일부터 1개월 이내
2. 금고 이상의 실형을 선고받은 고지대상자는 출소 후 거주할 지역에 전입한 날부터 1개월 이내
3. 고지대상자가 다른 지역으로 전출하는 경우에는 변경정보 등록일부터 1개월 이내

④ 제1항에 따라 고지하여야 하는 고지정보는 다음 각 호와 같다.

1. 고지대상자가 이미 거주하고 있거나 전입하는 경우에는 제49조제3항의 공개정보. 다만, 제49조제3항제3호에 따른 주소 및 실제거주지는 상세주소를 포함한다.

2. 고지대상자가 전출하는 경우에는 제1호의 고지정보와 그 대상자의 전출 정보

⑤ 제4항의 고지정보는 고지대상자가 거주하는 읍·면·동의 아동·청소년의 친권자 또는 법정대리인이 있는 가구, 「영유아보육법」에 따른 어린이집의 원장, 「유아교육법」에 따른 유치원의 장, 「초·중등교육법」 제2조에 따른 학교의 장, 읍·면사무소와 동 주민자치센터의 장(경계를 같이 하는 읍·면 또는 동을 포함한다), 「학원의 설립·운영 및 과외교습에 관한 법률」 제2조의2에 따른 학교교과교습학원의 장과 「아동복지법」 제52조제1항제8호에 따른 지역아동센터 및 「청소년활동 진흥법」 제10조제1호에 따른 청소년수련시설의 장에게 고지한다.

제51조(고지명령의 집행) ① 고지명령의 집행은 여성가족부장관이 한다.

② 법원은 고지명령의 판결이 확정되면 판결문 등본을 판결이 확정된 날부터 14일 이내에 법무부장관에게 송달하여야 하며, 법무부장관은 제50조제3항에 따른 기간 내에 고지명령이 집행될 수 있도록 최초등록 및 변경등록 시 고지대상자, 고지기간 및 같은 조 제4항 각 호에 규정된 고지정보를 지체 없이 여성가족부장관에게 송부하여야 한다.

③ 법무부장관은 고지대상자가 출소하는 경우 출소 1개월 전까지 다음 각 호의 정보를 여성가족부장관에게 송부하여야 한다.

1. 고지대상자의 출소 예정일
2. 고지대상자의 출소 후 거주지 상세주소

④ 여성가족부장관은 제50조제4항에 따른 고지정보를 관할구역에 거주하는 아동·청소년의 친권자 또는 법정대리인이 있는 가구, 「영유아보육법」에 따른 어린이집의 원장 및 「유아교육법」에 따른 유치원의 장과 「초·중등교육법」 제2조에 따른 학교의 장, 읍·면사무소와 동 주민자치센터의 장, 「학원의 설립·운영 및 과외교습에 관한 법률」 제2조의2에 따른 학교교과교습학원의 장과 「아동복지법」 제52조제1항제8호에 따른 지역아동센터 및 「청소년활동 진흥법」 제10조제1호에 따른 청소년수련시설의 장에게 우편으로 송부하고, 읍·면 사무소 또는 동(경계를 같이 하는 읍·면 또는 동을 포함한다) 주민자치센터 게시판에 30일간 게시하는 방법으로 고지명령을 집행한다.

⑤ 여성가족부장관은 제4항에 따른 고지명령의 집행 이후 관할구역에 출생신고·입양신고·전입신고가 된 아동·청소년의 친권자 또는 법정대리인이 있는 가구 및 관할구역에 설립·설치된 「영유아보육법」에 따른 어린이집의 원장, 「유아교육법」에 따른 유치원의 장 및 「초·중등교육법」 제2조에 따른 학교의 장, 「학원의 설립·운영 및 과외교습에 관한 법률」 제2조의2에 따른 학교교과교습학원의 장과 「아동복지법」 제52조제1항제8호에 따른 지역아동센터 및 「청소년활동 진흥법」 제10조제1호에 따른 청소년수련시설의 장으로서 고지대상자의 고지정보를 우편으로 송부받지 못한 자에 대하여 제50조제4항에 따른 고지정보를 우편으로 송부하여야 한다.

⑥ 여성가족부장관은 고지명령의 집행에 관한 업무 중 제4항 및 제5항에 따른 우편송부 및 게시판 게시 업무를 고지대상자가 실제 거주하는 읍·면사무소의 장 또는 동 주민자치센터의 장에게 위임할 수 있다.

⑦ 제6항에 따른 위임을 받은 읍·면사무소의 장 또는 동 주민자치센터의 장은 우편송부 및 게시판 게시 업무를 집행하여야 한다.

⑧ 여성가족부장관은 제4항에 따른 고지 외에도 그 밖의 방법에 의하여 고지명령을 집행할 수 있다.

⑨ 고지명령의 집행 및 고지절차 등에 필요한 사항은 여성가족부령으로 정한다.

제52조(공개명령의 집행) ① 공개명령은 여성가족부장관이 정보통신망을 이용하여 집행한다.

② 법원은 공개명령의 판결이 확정되면 판결문 등본을 판결이 확정된 날부터 14일 이내에 법무부장관에게 송달하여야 하며, 법무부장관은 제49조제2항에 따른 공개기간 동안 공개명령이 집행될 수 있도록 최초등록 및 변경

등록 시 공개대상자, 공개기간 및 같은 조 제3항 각 호에 규정된 공개정보를 지체 없이 여성가족부장관에게 송부하여야 한다.

③ 공개명령의 집행·공개절차·관리 등에 관한 세부사항은 대통령령으로 정한다.

제53조(계도 및 범죄정보의 공표)

① 여성가족부장관은 아동·청소년대상 성범죄의 발생추세와 동향, 그 밖에 계도에 필요한 사항을 연 2회 이상 공표하여야 한다.

② 여성가족부장관은 제1항에 따른 성범죄 동향 분석 등을 위하여 성범죄로 유죄판결이 확정된 자에 대한 자료를 관계 행정기관에 요청할 수 있다.

제56조(아동·청소년 관련기관 등에의 취업제한 등) ① 아동·청소년대상 성범죄 또는 성인대상 성범죄(이하 "성범죄"라 한다)로 형 또는 치료감호를 선고받아 확정된 자(제11조제5항에 따라 벌금형을 선고받은 자는 제외한다)는 그 형 또는 치료감호의 전부 또는 일부의 집행을 종료하거나 집행이 유예·면제된 날부터 10년 동안 다음 각 호에 따른 시설·기관 또는 사업장(이하 "아동·청소년 관련기관 등"이라 한다)을 운영하거나 아동·청소년 관련기관 등에 취업 또는 사실상 노무를 제공할 수 없다. 다만, 제10호 및 제14호 경우에는 경비업무에 종사하는 사람, 제12호의 경우에는 「의료법」 제2조의 의료인, 제18호의 경우에는 아동·청소년에게 직접교육서비스를 제공하는 사람에 한한다.

1. 「유아교육법」 제2조제2호의 유치원
2. 「초·중등교육법」 제2조의 학교 및 같은 법 제28조와 같은 법 시행령 제54조에 따른 위탁 교육기관
3. 「학원의 설립·운영 및 과외교습에 관한 법률」 제2조제1호의 학원, 같은 조 제2호의 교습소 및 같은 조 제3호의 개인과외교습자(아동·청소년의 이용이 제한되지 아니하는 학원·교습소로서 교육부장관이 지정하는 학원·교습소 및 아동·청소년을 대상으로 하는 개인과외교습자를 말한다)
4. 「청소년 보호법」 제35조의 청소년 보호·재활센터
5. 「청소년활동 진흥법」 제2조제2호의 청소년활동시설
6. 「청소년복지 지원법」 제29조제1항에 따른 청소년상담복지센터 및 같은 법 제31조제1호에 따른 청소년쉼터
7. 「영유아보육법」 제2조제3호의 어린이집
8. 「아동복지법」 제3조제10호의 아동복지시설
9. 「성매매방지 및 피해자보호 등에 관한 법률」 제5조제1항제2호의 청소년 지원시설과 같은 법 제10조의 성매매피해상담소
10. 「주택법」 제2조제3호의 공동주택의 관리사무소
11. 「체육시설의 설치·이용에 관한 법률」에 따라 설립된 체육시설 중 아동·청소년의 이용이 제한되지 아니하는 체육시설로서 문화체육관광부장관이 지정하는 체육시설
12. 「의료법」 제3조의 의료기관
13. 「게임산업진흥에 관한 법률」에 따른 다음 각 목의 영업을 하는 사업장

가. 「게임산업진흥에 관한 법률」 제2조제7호의 인터넷컴퓨터게임시설제공업

나. 「게임산업진흥에 관한 법률」 제2조제8호의 복합유통게임제공업

14. 「경비업법」 제2조제1호의 경비업을 행하는 법인
15. 영리의 목적으로 「청소년기본법」 제3조제3호의 청소년활동의 기획·주관·운영을 하는 사업장(이하 "청소

년활동기획업소"라 한다)
16. 영리의 목적으로 연기·무용·연주·가창·낭독, 그 밖의 예능과 관련한 용역을 제공하는 자 또는 제공하려는 의사를 가진 자를 위하여 훈련·지도 또는 상담을 하는 사업장(이하 "대중문화예술기획업소"라 한다)
17. 아동·청소년의 고용 또는 출입이 허용되는 다음 각 목의 어느 하나에 해당하는 기관·시설 또는 사업장(이하 이 호에서 "시설등"이라 한다)으로서 대통령령으로 정하는 유형의 시설등
    가. 아동·청소년과 해당 시설등의 운영자·근로자 또는 사실상 노무 제공자 사이에 업무상 또는 사실상 위력 관계가 존재하거나 존재할 개연성이 있는 시설등
    나. 아동·청소년이 선호하거나 자주 출입하는 시설등으로서 해당 시설등의 운영 과정에서 운영자·근로자 또는 사실상 노무 제공자에 의한 아동·청소년대상 성범죄의 발생이 우려되는 시설등
18. 가정을 방문하거나 아동·청소년이 찾아오는 방식 등으로 아동·청소년에게 직접교육서비스를 제공하는 사람을 모집하거나 채용하는 사업장(이하 "가정방문 등 학습교사 사업장"이라 한다)

② 제1항 각 호(제10호는 제외한다)의 아동·청소년 관련기관 등의 설치 또는 설립 인가·신고를 관할하는 지방자치단체의 장, 교육감 또는 교육장은 아동·청소년 관련기관 등을 운영하려는 자에 대한 성범죄 경력 조회를 관계 기관의 장에게 요청하여야 한다. 다만, 아동·청소년 관련기관 등을 운영하려는 자가 성범죄 경력 조회 회신서를 지방자치단체의 장, 교육감 또는 교육장에게 직접 제출한 경우에는 성범죄 경력 조회를 한 것으로 본다.

③ 아동·청소년 관련기관 등의 장은 그 기관에 취업 중이거나 사실상 노무를 제공 중인 자 또는 취업하려 하거나 사실상 노무를 제공하려는 자(이하 "취업자등"이라 한다)에 대하여 성범죄의 경력을 확인하여야 하며, 이 경우 본인의 동의를 받아 관계 기관의 장에게 성범죄의 경력 조회를 요청하여야 한다. 다만, 취업자등이 성범죄 경력 조회 회신서를 아동·청소년 관련기관 등의 장에게 직접 제출한 경우에는 성범죄 경력 조회를 한 것으로 본다.

④ 제2항 및 제3항에 따라 성범죄 경력 조회 요청을 받은 관계 기관의 장은 성범죄 경력 조회 회신서를 발급하여야 한다.

⑤ 제2항부터 제4항까지에 따른 성범죄경력 조회의 요청 절차·범위 등에 관하여 필요한 사항은 대통령령으로 정한다.

제57조(성범죄의 경력자 점검·확인)

① 여성가족부장관 또는 관계 중앙행정기관의 장은 다음 각 호의 구분에 따라 성범죄로 유죄판결이 확정된 자가 아동·청소년 관련기관 등을 운영하거나 아동·청소년 관련 기관 등에 취업 또는 사실상 노무를 제공하고 있는지를 직접 또는 관계 기관 조회 등의 방법으로 연 1회 이상 점검·확인하여야 한다. 이 경우 제56조제1항제17호에 따른 아동·청소년 관련기관 등에 관하여는 대통령령으로 정하는 관계 중앙행정기관의 장이 점검·확인하여야 한다.
1. 교육부장관: 제56조제1항제1호의 유치원, 같은 항 제2호의 학교 및 위탁 교육기관, 같은 항 제3호의 아동·청소년의 이용이 제한되지 아니하는 학원·교습소로서 교육부장관이 지정하는 학원·교습소 및 아동·청소년을 대상으로 하는 개인과외교습자
2. 문화체육관광부장관: 제56조제1항제11호의 아동·청소년의 이용이 제한되지 아니하는 체육시설로서 문화체육관광부장관이 지정하는 체육시설, 같은 항 제13호 각 목의 인터넷컴퓨터게임시설제공업·복합유통게임제공업의 영업을 하는 사업장 및 같은 항 제16호의 대중문화예술기획업소

3. 보건복지부장관: 제56조제1항제7호의 어린이집, 같은 항 제8호의 아동복지시설 및 같은 항 제12호의 의료기관
4. 여성가족부장관: 제56조제1항제4호의 청소년 보호·재활센터, 같은 항 제5호의 청소년활동시설, 같은 항 제6호의 청소년상담복지센터와 청소년쉼터, 같은 항 제9호의 청소년 지원시설과 성매매피해상담소, 같은 항 제15호의 청소년활동기획업소 및 같은 항 제18호의 가정방문 등 학습교사 사업장
5. 국토교통부장관: 제56조제1항제10호의 공동주택의 관리사무소
6. 경찰청장: 제56조제1항제14호의 경비업을 행하는 법인

② 제1항 각 호에 따른 중앙행정기관의 장은 같은 항에 따른 점검·확인을 위하여 필요한 경우에는 아동·청소년 관련기관 등의 장 또는 관련 감독기관에 해당 자료의 제출을 요구할 수 있다.
③ 여성가족부장관 또는 관계 중앙행정기관의 장은 제1항에 따른 점검·확인 결과를 대통령령으로 정하는 바에 따라 인터넷 홈페이지 등을 이용하여 공개하여야 한다.

④ 제3항에 따른 폐쇄, 등록·허가 등의 취소요구에 대하여는 대통령령으로 정하는 바에 따른다.

제59조(포상금)

① 여성가족부장관은 제8조 및 제13조부터 제15조까지에 해당하는 범죄를 저지른 사람을 수사기관에 신고한 사람에 대하여는 예산의 범위에서 포상금을 지급할 수 있다.

제6장 보호관찰

제61조(보호관찰)

① 검사는 아동·청소년대상 성범죄를 범하고 재범의 위험성이 있다고 인정되는 사람에 대하여는 형의 집행이 종료한 때부터 「보호관찰 등에 관한 법률」에 따른 보호관찰을 받도록 하는 명령을 법원에 청구하여야 한다. 다만, 검사가 「특정 범죄자에 대한 보호관찰 및 전자장치 부착 등에 관한 법률」 제21조의2에 따른 보호관찰명령을 청구한 경우에는 그러하지 아니하다.
② 법원은 공소가 제기된 아동·청소년대상 성범죄 사건을 심리한 결과 보호관찰명령을 선고할 필요가 있다고 인정하는 때에는 검사에게 보호관찰명령의 청구를 요청할 수 있다.
③ 법원은 아동·청소년대상 성범죄를 범한 사람이 금고 이상의 선고형에 해당하고 보호관찰명령 청구가 이유있다고 인정하는 때에는 2년 이상 5년 이하의 범위에서 기간을 정하여 보호관찰명령을 병과하여 선고하여야 한다.
④ 법원은 보호관찰을 명하기 위하여 필요한 때에는 피고인의 주거지 또는 소속 법원(지원을 포함한다. 이하 같다) 소재지를 관할하는 보호관찰소(지소를 포함한다. 이하 같다)의 장에게 범죄 동기, 피해자와의 관계, 심리상태, 재범의 위험성 등 피고인에 관하여 필요한 사항의 조사를 요청할 수 있다. 이 경우 보호관찰소의 장은 지체 없이 이를 조사하여 서면으로 해당 법원에 통보하여야 한다.
⑤ 보호관찰 기간은 보호관찰을 받을 자(이하 "보호관찰 대상자"라 한다)의 형의 집행이 종료한 날부터 기산하되, 보호관찰 대상자가 가석방된 경우에는 가석방된 날부터 기산한다.

第62조(보호관찰 대상자의 보호관찰 기간 연장 등)

① 보호관찰 대상자가 보호관찰 기간 중에 「보호관찰 등에 관한 법률」 제32조에 따른 준수사항을 위반하는 등 재범의 위험성이 증대한 경우에 법원은 보호관찰소의 장의 신청에 따른 검사의 청구로 제61조제3항에 따른 5년을 초과하여 보호관찰의 기간을 연장할 수 있다.

② 제1항의 준수사항은 재판장이 재판정에서 설명하고 서면으로도 알려 주어야 한다.

第63조(보호관찰 대상자의 신고 의무)

① 보호관찰 대상자는 출소 후의 거주 예정지, 근무 예정지, 교우(交友) 관계, 그 밖에 보호관찰을 위하여 필요한 사항으로서 대통령령으로 정하는 사항을 출소 전에 미리 교도소·소년교도소·구치소·군교도소 또는 치료감호시설의 장에게 신고하여야 한다.

② 보호관찰 대상자는 출소 후 10일 이내에 거주지, 직업 등 보호관찰을 위하여 필요한 사항으로서 대통령령으로 정하는 사항을 보호관찰관에게 서면으로 신고하여야 한다.

第64조(보호관찰의 종료)

「보호관찰 등에 관한 법률」에 따른 보호관찰 심사위원회는 보호관찰 대상자의 관찰성적이 양호하여 재범의 위험성이 없다고 판단하는 경우 보호관찰 기간이 끝나기 전이라도 보호관찰의 종료를 결정할 수 있다.

아동복지법

제1장 총칙

제1조(목적)
이 법은 아동이 건강하게 출생하여 행복하고 안전하게 자랄 수 있도록 아동의 복지를 보장하는 것을 목적으로 한다.

제2조(기본 이념)
① 아동은 자신 또는 부모의 성별, 연령, 종교, 사회적 신분, 재산, 장애유무, 출생지역, 인종 등에 따른 어떠한 종류의 차별도 받지 아니하고 자라나야 한다.
② 아동은 완전하고 조화로운 인격발달을 위하여 안정된 가정환경에서 행복하게 자라나야 한다.
③ 아동에 관한 모든 활동에 있어서 아동의 이익이 최우선적으로 고려되어야 한다.
④ 아동은 아동의 권리보장과 복지증진을 위하여 이 법에 따른 보호와 지원을 받을 권리를 가진다.

제3조(정의) 이 법에서 사용하는 용어의 뜻은 다음과 같다.

아동	18세 미만인 사람
보호자	아동이 행복한 삶을 누릴 수 있는 기본적인 여건을 조성하고 조화롭게 성장·발달할 수 있도록 하기 위한 경제적·사회적·정서적 지원
보호자	친권자, 후견인, 아동을 보호·양육·교육하거나 그러한 의무가 있는 자 또는 업무·고용 등의 관계로 사실상 아동을 보호·감독하는 자
보호대상 아동	보호자가 없거나 보호자로부터 이탈된 아동 또는 보호자가 아동을 학대하는 경우 등 그 보호자가 아동을 양육하기에 적당하지 아니하거나 양육할 능력이 없는 경우의 아동을 말한다
지원대상 아동	아동이 조화롭고 건강하게 성장하는 데에 필요한 기초적인 조건이 갖추어지지 아니하여 사회적·경제적·정서적 지원이 필요한 아동을 말한다.
가정위탁	보호대상아동의 보호를 위하여 성범죄, 가정폭력, 아동학대, 정신질환 등의 전력이 없는 보건복지부령으로 정하는 기준에 적합한 가정에 보호대상아동을 일정 기간 위탁하는 것
아동학대	보호자를 포함한 성인이 아동의 건강 또는 복지를 해치거나 정상적 발달을 저해할 수 있는 신체적·정신적·성적 폭력이나 가혹행위를 하는 것과 아동의 보호자가 아동을 유기하거나 방임하는 것
피해아동	아동학대로 인하여 피해를 입은 아동
아동학대 관련범죄	가. 「아동학대범죄의 처벌 등에 관한 특례법」 제2조제4호에 따른 아동학대범죄 나. 아동에 대한 「형법」 제2편제24장 살인의 죄 중 제250조부터 제255조까지의 죄
아동복지 시설	제50조에 따라 설치된 시설
아동복지 시설 종사자	아동복지시설에서 아동의 상담·지도·치료·양육, 그 밖에 아동의 복지에 관한 업무를 담당하는 사람

제4조(국가와 지방자치단체의 책무)

① 국가와 지방자치단체는 아동의 안전·건강 및 복지 증진을 위하여 아동과 그 보호자 및 가정을 지원하기 위한 정책을 수립·시행하여야 한다.

② 국가와 지방자치단체는 보호대상아동 및 지원대상아동의 권익을 증진하기 위한 정책을 수립·시행하여야 한다.

③ 국가와 지방자치단체는 아동이 태어난 가정에서 성장할 수 있도록 지원하고, 아동이 태어난 가정에서 성장할 수 없을 때에는 가정과 유사한 환경에서 성장할 수 있도록 조치하며, 아동을 가정에서 분리하여 보호할 경우에는 신속히 가정으로 복귀할 수 있도록 지원하여야 한다.

④ 국가와 지방자치단체는 장애아동의 권익을 보호하기 위하여 필요한 시책을 강구하여야 한다.

⑤ 국가와 지방자치단체는 아동이 자신 또는 부모의 성별, 연령, 종교, 사회적 신분, 재산, 장애유무, 출생지역 또는 인종 등에 따른 어떠한 종류의 차별도 받지 아니하도록 필요한 시책을 강구하여야 한다.

⑥ 국가와 지방자치단체는 「아동의 권리에 관한 협약」에서 규정한 아동의 권리 및 복지 증진 등을 위하여 필요한 시책을 수립·시행하고, 이에 필요한 교육과 홍보를 하여야 한다.

⑦ 국가와 지방자치단체는 아동의 보호자가 아동을 행복하고 안전하게 양육하기 위하여 필요한 교육을 지원하여야 한다.

제5조(보호자 등의 책무)

① 아동의 보호자는 아동을 가정에서 그의 성장시기에 맞추어 건강하고 안전하게 양육하여야 한다.

② 아동의 보호자는 아동에게 신체적 고통이나 폭언 등의 정신적 고통을 가하여서는 아니 된다.

③ 모든 국민은 아동의 권익과 안전을 존중하여야 하며, 아동을 건강하게 양육하여야 한다.

제6조(어린이날 및 어린이주간)

어린이에 대한 사랑과 보호의 정신을 높임으로써 이들을 옳고 아름답고 슬기로우며 씩씩하게 자라나도록 하기 위하여 매년 5월 5일을 어린이날로 하며, 5월 1일부터 5월 7일까지를 어린이주간으로 한다.

제2장 아동복지정책의 수립 및 시행 등

제7조(아동정책기본계획의 수립)

① 보건복지부장관은 아동정책의 효율적인 추진을 위하여 5년마다 아동정책기본계획을 수립하여야 한다.

② 기본계획은 다음 각 호의 사항을 포함하여야 한다.

1. 이전의 기본계획에 관한 분석·평가
2. 아동정책에 관한 기본방향 및 추진목표
3. 주요 추진과제 및 추진방법
4. 재원조달방안
5. 그 밖에 아동정책을 시행하기 위하여 특히 필요하다고 인정되는 사항

④ 기본계획은 제10조에 따른 아동정책조정위원회의 심의를 거쳐 확정한다. 이 경우 보건복지부장관은 확정된 기본계획을 관계 중앙행정기관의 장 및 특별시장·광역시장·도지사·특별자치도지사(이하 "시·도지사"라 한다)에게 알려야 한다.

제10조(아동정책조정위원회)

① 아동의 권리증진과 건강한 출생 및 성장을 위하여 종합적인 아동정책을 수립하고 관계 부처의 의견을 조정하며 그 정책의 이행을 감독하고 평가하기 위하여 국무총리 소속으로 아동정책조정위원회(이하 "위원회"라 한다)를 둔다.

② 위원회는 다음 각 호의 사항을 심의·조정한다.

1. 기본계획의 수립에 관한 사항
2. 아동의 권익 및 복지 증진을 위한 기본방향에 관한 사항
3. 아동정책의 개선과 예산지원에 관한 사항
4. 아동 관련 국제조약의 이행 및 평가·조정에 관한 사항
5. 아동정책에 관한 관련 부처 간 협조에 관한 사항
6. 그 밖에 위원장이 부의하는 사항

③ 위원회는 위원장을 포함한 25명 이내의 위원으로 구성하되, 위원장은 국무총리가 되고 위원은 다음 각 호의 사람이 된다.

1. 기획재정부장관·교육부장관·법무부장관·행정자치부장관·문화체육관광부장관·산업통상자원부장관·보건복지부장관·고용노동부장관·여성가족부장관
2. 아동 관련 단체의 장이나 아동에 대한 학식과 경험이 풍부한 사람 중 위원장이 위촉하는 15명 이내의 위원

④ 위원회는 제2항제4호에 따른 국제조약의 이행확인을 위하여 필요한 업무를 관계 전문기관 또는 단체에게 위탁할 수 있다.

⑤ 위원회는 필요하다고 인정하는 때에는 관계 행정기관에 대하여 그 소속 직원의 출석·설명과 자료의 제출을 요구할 수 있다.

제11조(아동종합실태조사)

① 보건복지부장관은 5년마다 아동의 양육 및 생활환경, 언어 및 인지 발달, 정서적·신체적 건강, 아동안전, 아동학대 등 아동의 종합실태를 조사하여 그 결과를 공표하고, 이를 기본계획과 시행계획에 반영하여야 한다. 다만, 보건복지부장관은 필요한 경우 보건복지부령으로 정하는 바에 따라 분야별 실태조사를 할 수 있다.

② 보건복지부장관은 제1항에 따른 실태조사를 위하여 관계 기관·법인·단체·시설의 장에게 필요한 자료의 제출 또는 의견의 진술을 요청할 수 있다. 이 경우 요청을 받은 자는 정당한 사유가 없으면 이에 협조하여야 한다.

③ 제1항에 따른 아동종합실태조사의 내용과 방법 등에 필요한 사항은 보건복지부령으로 정한다.

제11조의2(아동정책영향평가)

① 국가와 지방자치단체는 대통령령으로 정하는 바에 따라 아동 관련 정책이 아동복지에 미치는 영향을 분석·평가(이하 "아동정책영향평가"라 한다)하고, 그 결과를 아동 관련 정책의 수립·시행에 반영하여야 한다.

제12조(아동복지심의위원회)

① 시·도지사, 시장·군수·구청장은 다음 각 호의 사항을 심의하기 위하여 그 소속으로 아동복지심의위원회를 각각 둔다.

1. 제8조에 따른 시행계획 수립 및 시행에 관한 사항
2. 제15조에 따른 보호조치에 관한 사항

3. 제16조에 따른 퇴소조치에 관한 사항
4. 제18조에 따른 친권행사의 제한이나 친권상실 선고 청구에 관한 사항
5. 제19조에 따른 아동의 후견인의 선임이나 변경 청구에 관한 사항
6. 지원대상아동의 선정과 그 지원에 관한 사항
7. 그 밖에 아동의 보호 및 지원서비스를 위하여 시·도지사 또는 시장·군수·구청장이 필요하다고 인정하는 사항

제14조(아동위원)

① 시·군·구에 아동위원을 둔다.
② 아동위원은 그 관할 구역의 아동에 대하여 항상 그 생활상태 및 가정환경을 상세히 파악하고 아동복지에 필요한 원조와 지도를 행하며 전담공무원 및 관계 행정기관과 협력하여야 한다.
③ 아동위원은 그 업무의 원활한 수행을 위하여 적절한 교육을 받을 수 있다.
④ 아동위원은 명예직으로 하되, 아동위원에 대하여는 수당을 지급할 수 있다.
⑤ 그 밖에 아동위원에 관한 사항은 해당 시·군·구의 조례로 정한다.

제3장 아동에 대한 보호서비스 및 아동학대의 예방 및 방지

제1절 아동보호서비스

제15조(보호조치)

① 시·도지사 또는 시장·군수·구청장은 그 관할 구역에서 보호대상아동을 발견하거나 보호자의 의뢰를 받은 때에는 아동의 최상의 이익을 위하여 대통령령으로 정하는 바에 따라 다음 각 호에 해당하는 보호조치를 하여야 한다.
1. 전담공무원 또는 아동위원에게 보호대상아동 또는 그 보호자에 대한 상담·지도를 수행하게 하는 것
2. 보호자 또는 대리양육을 원하는 연고자에 대하여 그 가정에서 아동을 보호·양육할 수 있도록 필요한 조치를 하는 것
3. 아동의 보호를 희망하는 사람에게 가정위탁하는 것
4. 보호대상아동을 그 보호조치에 적합한 아동복지시설에 입소시키는 것
5. 약물 및 알콜 중독, 정서·행동·발달 장애, 성폭력·아동학대 피해 등으로 특수한 치료나 요양 등의 보호를 필요로 하는 아동을 전문치료기관 또는 요양소에 입원 또는 입소시키는 것
6. 「입양특례법」에 따른 입양과 관련하여 필요한 조치를 하는 것

② 시·도지사 또는 시장·군수·구청장은 제1항제1호 및 제2호의 보호조치가 적합하지 아니한 보호대상아동에 대하여 제1항제3호부터 제6호까지의 보호조치를 할 수 있다. 이 경우 제1항제3호부터 제5호까지의 보호조치를 하기 전에 보호대상아동에 대한 상담, 건강검진, 심리검사 및 가정환경에 대한 조사를 실시하여야 한다.
③ 시·도지사 또는 시장·군수·구청장은 제1항에 따른 보호조치를 하려는 경우 보호대상아동의 개별 보호·관리 계획을 세워 보호하여야 하며, 그 계획을 수립할 때 해당 보호대상아동의 보호자를 참여시킬 수 있다.
④ 시·도지사 또는 시장·군수·구청장은 제1항제3호부터 제6호까지의 보호조치를 함에 있어서 해당 보호대상아동의 의사를 존중하여야 하며, 보호자가 있을 때에는 그 의견을 들어야 한다. 다만, 아동의 보호자가 「아동학대범죄의 처벌 등에 관한 특례법」 제2조제5호의 아동학대행위자인 경우에는 그러하지 아니하다.

⑤ 시·도지사 또는 시장·군수·구청장은 제1항제3호부터 제6호까지의 보호조치를 할 때까지 필요하면 제52조제1항제2호에 따른 아동일시보호시설에 보호대상아동을 입소시켜 보호하거나, 적합한 위탁가정 또는 적당하다고 인정하는 자에게 일시 위탁하여 보호하게 할 수 있다. 이 경우 보호기간 동안 보호대상아동에 대한 상담, 건강검진, 심리검사 및 가정환경에 대한 조사를 실시하고 그 결과를 보호조치 시에 고려하여야 한다.

⑥ 시·도지사 또는 시장·군수·구청장은 그 관할 구역에서 약물 및 알콜 중독, 정서·행동·발달 장애 등의 문제를 일으킬 가능성이 있는 아동의 가정에 대하여 예방차원의 적절한 조치를 강구하여야 한다.

⑦ 누구든지 제1항에 따른 보호조치와 관련하여 그 대상이 되는 아동복지시설의 종사자를 신체적·정신적으로 위협하는 행위를 하여서는 아니 된다.

⑧ 시·도지사 또는 시장·군수·구청장은 아동의 가정위탁보호를 희망하는 사람에 대하여 범죄경력을 확인하여야 한다. 이 경우 본인의 동의를 받아 관계 기관의 장에게 범죄의 경력 조회를 요청하여야 한다.

⑨ 가정위탁지원센터의 장은 위탁아동, 가정위탁보호를 희망하는 사람, 위탁아동의 부모 등의 신원확인 등의 조치를 시·도지사 또는 시장·군수·구청장에게 협조 요청할 수 있으며, 요청을 받은 시·도지사 또는 시장·군수·구청장은 정당한 사유가 없는 한 이에 응하여야 한다.

⑩ 제2항 및 제5항에 따른 상담, 건강검진, 심리검사 및 가정환경에 대한 조사, 제8항에 따른 범죄경력 조회 및 제9항에 따른 신원확인의 요청 절차·범위 등에 필요한 사항은 대통령령으로 정한다.

제15조의2(사회보장정보시스템의 이용)

시·도지사 또는 시장·군수·구청장은 「사회보장기본법」 제37조제2항에 따라 설치된 사회보장정보시스템을 이용하여 제15조에 따른 보호대상아동에 대한 상담, 건강검진, 심리검사, 가정환경에 대한 조사 및 개별 보호·관리 계획 등 보호조치에 필요한 정보를 관리하여야 한다.

제15조의3(보호대상아동의 양육상황 점검)

① 시·도지사 또는 시장·군수·구청장은 제15조제1항제2호부터 제6호까지의 보호조치 중인 보호대상아동의 양육상황을 보건복지부령으로 정하는 바에 따라 매년 점검하여야 한다.

② 시·도지사 또는 시장·군수·구청장은 제1항에 따른 양육상황을 점검한 결과에 따라 보호대상아동의 복리를 보호할 필요가 있거나 해당 보호조치가 적절하지 아니하다고 판단되는 경우에는 지체 없이 보호조치를 변경하여야 한다.

제16조(보호대상아동의 퇴소조치 등)

① 제15조제1항제3호부터 제5호까지의 보호조치 중인 보호대상아동의 연령이 18세에 달하였거나, 보호 목적이 달성되었다고 인정되면 해당 시·도지사, 시장·군수·구청장은 대통령령으로 정하는 절차와 방법에 따라 그 보호 중인 아동의 보호조치를 종료하거나 해당 시설에서 퇴소시켜야 한다.

② 제15조제1항제2호부터 제4호까지의 보호조치 중인 보호대상아동의 친권자, 후견인 등 보건복지부령으로 정하는 자는 관할 시·도지사 또는 시장·군수·구청장에게 해당 보호대상아동의 가정 복귀를 신청할 수 있다.

③ 시·도지사 또는 시장·군수·구청장은 제2항에 따른 가정 복귀 신청을 받은 경우에는 아동복지시설의 장의 의견을 들은 후 보호조치의 종료 또는 퇴소조치가 보호대상아동의 복리에 반하지 아니한다고 인정되면 해당 보호대상아동을 가정으로 복귀시킬 수 있다.

④ 제1항에도 불구하고 제15조에 따라 보호조치 중인 아동이 다음각 호의 어느 하나에 해당하면 시·도지사, 시장·군수·구청장은 해당 아동의 보호기간을 연장할 수 있다.

1. 「고등교육법」 제2조에 따른 대학 이하의 학교(대학원은 제외한다)에 재학 중인 경우
2. 제52조제1항제1호의 아동양육시설 또는 「근로자직업능력 개발법」 제2조제3호에 따른 직업능력개발훈련시설에서 직업 관련 교육·훈련을 받고 있는 경우
3. 그 밖에 위탁가정 및 각종 아동복지시설에서 해당 아동을 계속하여 보호·양육할 필요가 있다고 대통령령으로 정하는 경우

제16조의2(보호대상아동의 사후관리)

시·도지사 또는 시장·군수·구청장은 전담공무원 등 관계 공무원으로 하여금 보호조치의 종료로 가정으로 복귀한 보호대상아동의 가정을 방문하여 해당 아동의 복지 증진을 위하여 필요한 지도·관리를 제공하게 하여야 한다.

제17조(금지행위)

누구든지 다음 각 호의 어느 하나에 해당하는 행위를 하여서는 아니 된다.

1. 아동을 매매하는 행위
2. 아동에게 음란한 행위를 시키거나 이를 매개하는 행위 또는 아동에게 성적 수치심을 주는 성희롱 등의 성적 학대행위
3. 아동의 신체에 손상을 주거나 신체의 건강 및 발달을 해치는 신체적 학대행위
5. 아동의 정신건강 및 발달에 해를 끼치는 정서적 학대행위
6. 자신의 보호·감독을 받는 아동을 유기하거나 의식주를 포함한 기본적 보호·양육·치료 및 교육을 소홀히 하는 방임행위
7. 장애를 가진 아동을 공중에 관람시키는 행위
8. 아동에게 구걸을 시키거나 아동을 이용하여 구걸하는 행위
9. 공중의 오락 또는 흥행을 목적으로 아동의 건강 또는 안전에 유해한 곡예를 시키는 행위 또는 이를 위하여 아동을 제3자에게 인도하는 행위
10. 정당한 권한을 가진 알선기관 외의 자가 아동의 양육을 알선하고 금품을 취득하거나 금품을 요구 또는 약속하는 행위
11. 아동을 위하여 증여 또는 급여된 금품을 그 목적 외의 용도로 사용하는 행위

제18조(친권상실 선고의 청구 등)

① 시·도지사, 시장·군수·구청장 또는 검사는 아동의 친권자가 그 친권을 남용하거나 현저한 비행이나 아동학대, 그 밖에 친권을 행사할 수 없는 중대한 사유가 있는 것을 발견한 경우 아동의 복지를 위하여 필요하다고 인정할 때에는 법원에 친권행사의 제한 또는 친권상실의 선고를 청구하여야 한다.

② 아동복지시설의 장 및 「초·중등교육법」에 따른 학교의 장(이하 "학교의 장"이라 한다)은 제1항의 사유에 해당하는 경우 시·도지사, 시장·군수·구청장 또는 검사에게 법원에 친권행사의 제한 또는 친권상실의 선고를 청구하도록 요청할 수 있다.

③ 시·도지사, 시장·군수·구청장 또는 검사는 제1항 및 제2항에 따라 친권행사의 제한 또는 친권상실의 선고 청구를 할 경우 해당 아동의 의견을 존중하여야 한다.

④ 시·도지사, 시장·군수·구청장 또는 검사는 제2항에 따라 친권행사의 제한 또는 친권상실의 선고 청구를 요청받은 경우에는 요청받은 날부터 30일 내에 청구 여부를 결정한 후 해당 요청기관에 청구 또는 미청구 요지 및

이유를 서면으로 알려야 한다.

⑤ 제4항에 따라 처리결과를 통보받은 아동복지시설의 장 및 학교의 장은 그 처리결과에 대하여 이의가 있을 경우 통보받은 날부터 30일 내에 직접 법원에 친권행사의 제한 또는 친권상실의 선고를 청구할 수 있다.

제19조(아동의 후견인의 선임 청구 등)

① 시·도지사, 시장·군수·구청장, 아동복지시설의 장 및 학교의 장은 친권자 또는 후견인이 없는 아동을 발견한 경우 그 복지를 위하여 필요하다고 인정할 때에는 법원에 후견인의 선임을 청구하여야 한다.

② 시·도지사, 시장·군수·구청장, 아동복지시설의 장, 학교의 장 또는 검사는 후견인이 해당 아동을 학대하는 등 현저한 비행을 저지른 경우에는 후견인 변경을 법원에 청구하여야 한다.

③ 제1항에 따른 후견인의 선임 및 제2항에 따른 후견인의 변경 청구를 할 때에는 해당 아동의 의견을 존중하여야 한다.

④ 아동복지시설에 입소 중인 보호대상아동에 대하여는 「보호시설에 있는 미성년자의 후견직무에 관한 법률」을 적용한다.

제20조(아동의 후견인 선임)

① 법원은 제19조제1항 및 제2항에 따른 청구에 따라 후견인을 선임하거나 변경할 경우 「민법」 제932조 및 제935조에도 불구하고 해당 아동의 후견에 적합한 사람을 후견인으로 선임할 수 있다.

② 법원은 후견인이 없는 아동에 대하여 제1항에 따라 후견인을 선임하기 전까지 시·도지사, 시장·군수·구청장, 아동보호전문기관의 장 및 가정위탁지원센터의 장으로 하여금 임시로 그 아동의 후견인 역할을 하게 할 수 있다. 이 경우 해당 아동의 의견을 존중하여야 한다.

제21조(보조인의 선임 등)

① 법원의 심리과정에서 변호사, 법정대리인, 직계 친족, 형제자매, 아동보호전문기관의 상담원은 학대아동사건의 심리에 있어서 보조인이 될 수 있다. 다만, 변호사가 아닌 경우에는 법원의 허가를 받아야 한다.

② 법원은 피해아동을 증인으로 신문하는 경우 검사, 피해아동과 그 보호자 또는 아동보호전문기관의 신청이 있는 경우에는 피해아동과 신뢰관계에 있는 사람의 동석을 허가할 수 있다.

③ 수사기관이 피해아동을 조사하는 경우에도 제1항 및 제2항과 같다.

제2절 아동학대의 예방 및 방지

제22조(아동학대의 예방과 방지 의무)

① 국가와 지방자치단체는 아동학대의 예방과 방지를 위하여 다음 각 호의 조치를 취하여야 한다.

1. 아동학대의 예방과 방지를 위한 각종 정책의 수립 및 시행
2. 아동학대의 예방과 방지를 위한 연구·교육·홍보 및 아동학대 실태조사
3. 아동학대에 관한 신고체제의 구축·운영
4. 피해아동의 보호와 치료 및 피해아동의 가정에 대한 지원
5. 그 밖에 대통령령으로 정하는 아동학대의 예방과 방지를 위한 사항

② 지방자치단체는 아동학대를 예방하고 수시로 신고를 받을 수 있도록 긴급전화를 설치하여야 한다.

제22조의2(피해아동 등에 대한 신분조회 등 조치)

아동보호전문기관의 장은 피해아동의 보호, 치료 등을 수행함에 있어서 피해아동, 그 보호자 또는 아동학대행위자에 대한 다음 각 호의 조치를 관계 중앙행정기관의 장, 시·도지사 또는 시장·군수·구청장에게 협조 요청할 수 있으며, 요청을 받은 관계 중앙행정기관의 장, 시·도지사 또는 시장·군수·구청장은 정당한 사유가 없으면 이에 따라야 한다.

1. 「출입국관리법」에 따른 외국인등록 사실증명의 열람 및 발급
2. 「가족관계의 등록 등에 관한 법률」 제15조제1항제1호부터 제4호까지에 따른 증명서의 발급
3. 「주민등록법」에 따른 주민등록표 등본·초본의 열람 및 발급
4. 「국민기초생활 보장법」에 따른 수급자 여부의 확인
5. 「장애인복지법」에 따른 장애인등록증의 열람 및 발급

제23조(아동학대예방의 날)

① 아동의 건강한 성장을 도모하고, 범국민적으로 아동학대의 예방과 방지에 관한 관심을 높이기 위하여 매년 11월 19일을 아동학대예방의 날로 지정하고, 아동학대예방의 날부터 1주일을 아동학대예방주간으로 한다.

② 국가와 지방자치단체는 아동학대예방의 날의 취지에 맞는 행사와 홍보를 실시하도록 노력하여야 한다.

제24조(홍보영상의 제작·배포·송출)

① 보건복지부장관은 아동학대의 예방과 방지, 위반행위자의 계도를 위한 교육 등에 관한 홍보영상을 제작하여 「방송법」 제2조제23호의 방송편성책임자에게 배포하여야 한다.

② 보건복지부장관은 「방송법」 제2조제3호가목의 지상파방송사업자에게 같은 법 제73조제4항에 따라 대통령령으로 정하는 비상업적 공익광고 편성비율의 범위에서 제1항의 홍보영상을 채널별로 송출하도록 요청할 수 있다.

③ 제2항에 따른 지상파방송사업자는 제1항의 홍보영상 외에 독자적인 홍보영상을 제작하여 송출할 수 있다. 이 경우 보건복지부장관에게 필요한 협조 및 지원을 요청할 수 있다.

제26조(아동학대 신고의무자에 대한 교육)

① 관계 중앙행정기관의 장은 「아동학대범죄의 처벌 등에 관한 특례법」 제10조제2항 각 호의 어느 하나에 해당하는 사람(이하 "아동학대 신고의무자"라 한다)의 자격 취득 과정이나 보수교육 과정에 아동학대 예방 및 신고의무와 관련된 교육 내용을 포함하도록 하여야 한다.

② 관계 중앙행정기관의 장 및 시·도지사는 아동학대 신고의무자에게 본인이 아동학대 신고의무자라는 사실을 고지할 수 있고, 아동학대 예방 및 신고의무와 관련한 교육(이하 이 조에서 "신고의무 교육"이라 한다)을 실시할 수 있다.

③ 아동학대 신고의무자가 소속된 다음 각 호의 기관의 장은 소속 아동학대 신고의무자에게 신고의무 교육을 실시하고, 그 결과를 관계 중앙행정기관의 장에게 제출하여야 한다.

1. 「영유아보육법」에 따른 어린이집
2. 「유아교육법」에 따른 유치원
3. 「초·중등교육법」에 따른 학교
4. 그 밖에 대통령령으로 정하는 기관

④ 제1항부터 제3항까지에 따른 교육 내용·시간 및 방법 등 그 밖에 필요한 사항은 대통령령으로 정한다.

제27조의2(아동학대 등의 통보)

① 사법경찰관리는 아동 사망 및 상해사건, 가정폭력 사건 등에 관한 직무를 행하는 경우 아동학대가 있었다고 의심할 만한 사유가 있는 때에는 아동보호전문기관에 그 사실을 통보하여야 한다.

② 사법경찰관 또는 보호관찰관은 「아동학대범죄의 처벌 등에 관한 특례법」 제14조제1항에 따라 임시조치의 청구를 신청하였을 때에는 아동보호전문기관에 그 사실을 통보하여야 한다.

③ 제1항 및 제2항의 통보를 받은 아동보호전문기관은 피해아동 보호조치 등 필요한 조치를 하여야 한다.

제27조의3(피해아동 응급조치에 대한 거부금지)

「아동학대범죄의 처벌 등에 관한 특례법」 제12조제1항제3호 또는 제4호에 따라사법경찰관리 또는 아동보호전문기관의 직원이 피해아동을 인도하는 경우에는 아동학대 관련 보호시설이나 의료기관은 정당한 사유 없이 이를 거부하여서는 아니 된다.

제28조(사후관리 등)

① 아동보호전문기관의 장은 아동학대가 종료된 이후에도 가정방문, 전화상담 등을 통하여 아동학대의 재발 여부를 확인하여야 한다.

② 아동보호전문기관의 장은 아동학대가 종료된 이후에도 아동학대의 재발 방지 등을 위하여 필요하다고 인정하는 경우 피해아동 및 보호자를 포함한 피해아동의 가족에게 필요한 지원을 제공할 수 있다.

③ 아동보호전문기관이 제1항 및 제2항에 따라 업무를 수행하는 경우 보호자는 정당한 사유 없이 이를 거부하거나 방해하여서는 아니 된다.

제28조의2(국가아동학대정보시스템)

① 보건복지부장관은 아동학대 관련 정보를 공유하고 아동학대를 예방하기 위하여 대통령령으로 정하는 바에 따라 국가아동학대정보시스템을 구축·운영하여야 한다.

② 보건복지부장관은 피해아동, 그 가족 및 학대행위자에 관한 정보와 아동학대예방사업에 관한 정보를 제1항에 따른 국가아동학대정보시스템에 입력·관리하여야 한다. 이 경우 보건복지부장관은 관계 중앙행정기관의 장, 시·도지사, 시장·군수·구청장, 아동보호전문기관 등에 필요한 자료를 요청할 수 있다.

③ 보건복지부장관은 중앙아동보호전문기관에게 제1항에 따른 국가아동학대정보시스템 운영을 위탁할 수 있다.

제29조(피해아동 및 그 가족 등에 대한 지원)

① 아동보호전문기관의 장은 아동의 안전 확보와 재학대 방지, 건전한 가정기능의 유지 등을 위하여 피해아동 및 보호자를 포함한 피해아동의 가족에게 상담, 교육 및 의료적·심리적 치료 등의 필요한 지원을 제공하여야 한다.

② 아동보호전문기관의 장은 제1항의 지원을 위하여 관계 기관에 협조를 요청할 수 있다.

③ 보호자를 포함한 피해아동의 가족은 아동보호전문기관이 제1항에 따라 제공하는 지원에 성실하게 참여하여야 한다.

④ 아동보호전문기관의 장은 제1항의 지원 여부의 결정 및 지원의 제공 등 모든 과정에서 피해아동의 이익을 최우선으로 고려하여야 한다.

⑤ 국가와 지방자치단체는 「초·중등교육법」 제2조 각 호의 학교에 재학 중인 피해아동 및 피해아동의 가족이 주소지 외의 지역에서 취학(입학·재입학·전학·편입학을 포함한다. 이하 같다)할 필요가 있을 때에는 그 취학이

원활하게 이루어 질 수 있도록 지원하여야 한다.

제29조의2(아동학대행위자에 대한 상담·교육 등의 권고)

아동보호전문기관의 장은 아동학대행위자에 대하여 상담·교육 및 심리적 치료 등 필요한 지원을 받을 것을 권고할 수 있다. 이 경우 아동학대행위자는 정당한 사유가 없으면 상담·교육 및 심리적 치료 등에 성실히 참여하여야 한다.

제29조의3(아동관련기관의 취업제한 등)

① 아동학대관련범죄로 형 또는 치료감호를 선고받아 확정된 사람(이하 "아동학대관련범죄전력자"라 한다)은 그 확정된 때부터 형 또는 치료감호의 전부 또는 일부의 집행이 종료(종료된 것으로 보는 경우를 포함한다)되거나 집행을 받지 아니하기로 확정된 후 10년까지의 기간 동안 다음 각 호에 해당하는 시설 또는 기관(이하 "아동관련기관"이라 한다)을 운영하거나 아동관련기관에 취업 또는 사실상 노무를 제공할 수 없다.

1. 제37조에 따른 취약계층 아동 통합서비스 수행기관, 제45조의 아동보호전문기관, 제48조의 가정위탁지원센터 및 제52조의 아동복지시설
2. 「가정폭력방지 및 피해자보호 등에 관한 법률」 제4조의6의 긴급전화센터, 같은 법 제5조의 가정폭력 관련 상담소 및 같은 법 제7조의2의 가정폭력피해자 보호시설
3. 「건강가정기본법」 제35조의 건강가정지원센터
4. 「다문화가족지원법」 제12조의 다문화가족지원센터
5. 「성매매방지 및 피해자보호 등에 관한 법률」 제5조의 성매매피해자등을 위한 지원시설 및 같은 법 제10조의 성매매피해상담소
6. 「성폭력방지 및 피해자보호 등에 관한 법률」 제10조의 성폭력피해상담소 및 같은 법 제12조의 성폭력피해자보호시설 및 같은 법 제18조의 성폭력피해자통합지원센터
7. 「영유아보육법」 제2조제3호의 어린이집
8. 「유아교육법」 제2조제2호의 유치원
9. 「의료법」 제3조의 의료기관(같은 법 제2조의 의료인에 한정한다)
10. 「장애인복지법」 제58조의 장애인복지시설
11. 「정신건강증진 및 정신질환자 복지서비스 지원에 관한 법률」 제3조에 따른 정신건강복지센터, 정신건강증진시설, 정신요양시설 및 정신재활시설
12. 「주택법」 제2조제3호의 공동주택의 관리사무소(경비업무 종사자에 한정한다)
13. 「청소년기본법」 제3조에 따른 청소년시설, 청소년단체
14. 「청소년활동진흥법」 제2조제2호의 청소년활동시설
15. 「청소년복지 지원법」 제29조제1항의 청소년상담복지센터, 같은 법 제30조의 이주배경청소년지원센터 및 같은 법 제31조 각 호의 청소년쉼터, 청소년자립지원관, 청소년치료재활센터
16. 「청소년 보호법」 제35조의 청소년 보호·재활센터
17. 「체육시설의 설치·이용에 관한 법률」 제2조제1호의 체육시설 중 아동의 이용이 제한되지 아니하는 체육시설로서 문화체육관광부장관이 지정하는 체육시설
18. 「초·중등교육법」 제2조 각 호의 학교
19. 「학원의 설립·운영 및 과외교습에 관한 법률」 제2조제1호의 학원 및 같은 조 제2호의 교습소 중 아동의

이용이 제한되지 아니하는 학원과 교습소로서 교육부장관이 지정하는 학원·교습소

20. 「한부모가족지원법」 제19조의 한부모가족복지시설

21. 아동보호전문기관 또는 학대피해아동쉼터를 운영하는 법인

② 제1항 각 호(제12호는 제외한다)의 아동관련기관의 설치 또는 설립인가·신고를 관할하는 지방자치단체의 장, 교육감 또는 교육장은 아동관련기관을 운영하려는 자에 대하여 본인의 동의를 받아 관계 기관의 장에게 아동학대관련범죄 전력 조회를 요청하여야 한다.

③ 아동관련기관의 장은 그 기관에 취업 중이거나 사실상 노무를 제공 중인 사람 또는 취업하려 하거나 사실상 노무를 제공하려는 사람에 대하여 아동학대관련범죄 전력을 확인하여야 한다. 이 경우 본인의 동의를 받아 관계 기관의 장에게 아동학대관련범죄 전력 조회를 요청하여야 한다.

④ 제2항 및 제3항에 따라 아동학대관련범죄 전력 조회를 요청받은 관계 기관의 장은 정당한 사유가 없으면 이에 따라야 한다.

⑤ 제2항 및 제3항에 따른 아동학대관련범죄 전력 조회의 요청 절차·범위 등에 관한 사항은 대통령령으로 정한다.

제29조의4(아동학대관련범죄전력자 취업의 점검·확인)

① 보건복지부장관 또는 관계 중앙행정기관의 장은 아동학대관련범죄전력자가 제29조의3제1항을 위반하여 다음 각 호의 아동관련기관에 취업 또는 사실상 노무를 제공하고 있는지를 직접 또는 관계 기관 조회 등의 방법으로 점검·확인하여야 한다.

1. 교육부장관: 제29조의3제1항제8호·제18호·제19호에 따른 아동관련기관
2. 문화체육관광부장관: 제29조의3제1항제17호에 따른 아동관련기관
3. 보건복지부장관: 제29조의3제1항제1호·제7호·제9호·제10호·제11호에 따른 아동관련기관
4. 여성가족부장관: 제29조의3제1항제2호·제3호·제4호·제5호·제6호·제13호·제14호·제15호·제16호·제20호에 따른 아동관련기관
5. 국토교통부장관: 제29조의3제1항제12호에 따른 아동관련기관

② 보건복지부장관 또는 관계 중앙행정기관의 장은 제1항에 따른 점검·확인을 위하여 필요한 경우에는 아동관련기관의 장 또는 그 감독기관에 관련 자료의 제출을 요구할 수 있다.

③ 보건복지부장관 또는 관계 중앙행정기관의 장은 제1항에 따른 점검·확인 결과를 대통령령으로 정하는 바에 따라 인터넷 홈페이지 등을 이용하여 공개하여야 한다.

제29조의5(취업자의 해임요구 등)

① 제29조의4제1항 각 호의 중앙행정기관의 장은 제29조의3제1항을 위반하여 취업하거나 사실상 노무를 제공하는 사람에 대하여 아동관련기관의 장에게 그의 해임을 요구하여야 한다.

② 제29조의4제1항 각 호의 중앙행정기관의 장은 아동관련기관의 장에게 제29조의3제1항을 위반하여 운영 중인 아동관련기관의 폐쇄를 요구하여야 한다.

③ 제29조의4제1항 각 호의 중앙행정기관의 장은 아동관련기관의 장이 제2항에 따른 폐쇄요구를 정당한 사유 없이 거부하거나 1개월 이내에 요구사항을 이행하지 아니하는 경우에는 대통령령으로 정하는 바에 따라 해당 아동관련기관을 폐쇄하거나 그 등록·허가 등을 취소하거나 관계 행정기관의 장에게 이를 요구할 수 있다.

제4장 아동에 대한 지원서비스

제1절 아동 안전 및 건강지원

제30조(안전기준의 설정)

국가는 대통령령으로 정하는 바에 따라 아동복지시설과 아동용품에 대한 안전기준을 정하고 아동용품을 제작·설치·관리하는 자에게 이를 준수하도록 하여야 한다.

제31조(아동의 안전에 대한 교육)

① 아동복지시설의 장, 「영유아보육법」에 따른 어린이집의 원장, 「유아교육법」에 따른 유치원의 원장 및 「초·중등교육법」에 따른 학교의 장은 교육대상 아동의 연령을 고려하여 대통령령으로 정하는 바에 따라 매년 다음 각 호의 사항에 관한 교육계획을 수립하여 교육을 실시하여야 한다.

1. 성폭력 및 아동학대 예방
2. 실종·유괴의 예방과 방지
3. 감염병 및 약물의 오남용 예방 등 보건위생관리
4. 재난대비 안전
5. 교통안전

② 아동복지시설의 장, 「영유아보육법」에 따른 어린이집의 원장은 제1항에 따른 교육계획 및 교육실시 결과를 관할 시장·군수·구청장에게 매년 1회 보고하여야 한다.

③ 「유아교육법」에 따른 유치원의 원장 및 「초·중등교육법」에 따른 학교의 장은 제1항에 따른 교육계획 및 교육실시 결과를 대통령령으로 정하는 바에 따라 관할 교육감에게 매년 1회 보고하여야 한다.

제32조(아동보호구역에서의 영상정보처리기기 설치 등)

① 국가와 지방자치단체는 유괴 등 범죄의 위험으로부터 아동을 보호하기 위하여 필요하다고 인정하는 경우에는 다음 각 호의 어느 하나에 해당되는 시설의 주변구역을 아동보호구역으로 지정하여 범죄의 예방을 위한 순찰 및 아동지도 업무 등 필요한 조치를 할 수 있다.

1. 「도시공원 및 녹지 등에 관한 법률」 제15조에 따른 도시공원
2. 「영유아보육법」 제10조에 따른 어린이집
3. 「초·중등교육법」 제38조 따른 초등학교 및 같은 법 제55조에 따른 특수학교
4. 「유아교육법」 제2조에 따른 유치원

③ 국가와 지방자치단체는 제1항에 따라 지정된 아동보호구역에 「개인정보 보호법」 제2조제7호에 따른 영상정보처리기기를 설치하여야 한다.

④ 이 법에서 정한 것 외에 영상정보처리기기의 설치 등에 관한 사항은 「개인정보 보호법」에 따른다.

제33조(아동안전 보호인력의 배치 등)

① 국가와 지방자치단체는 실종 및 유괴 등 아동에 대한 범죄의 예방을 위하여 순찰활동 및 아동지도 업무 등을 수행하는 아동안전 보호인력을 배치·활용할 수 있다.

② 제1항에 따라 순찰활동 및 아동지도 업무 등을 수행하는 아동안전 보호인력은 그 권한을 표시하는 증표를 지니고 이를 관계인에게 내보여야 한다.

③ 국가와 지방자치단체는 아동안전 보호인력으로 배치하고자 하는 사람에 대하여 본인의 동의를 받아 범죄경력

을 확인하여야 한다.

제34조(아동긴급보호소 지정 및 운영)

① 경찰청장은 유괴 등의 위험에 처한 아동을 보호하기 위하여 아동긴급보호소를 지정·운영할 수 있다.

② 경찰청장은 제1항에 따른 아동긴급보호소의 지정을 원하는 자에 대하여 본인의 동의를 받아 범죄경력을 확인하여야 한다.

제35조(건강한 심신의 보존)

① 아동의 보호자는 아동의 건강 유지와 향상을 위하여 최선의 주의와 노력을 하여야 한다.

② 국가와 지방자치단체는 아동의 건강 증진과 체력 향상을 위하여 다음 각 호에 해당하는 사항을 지원하여야 한다.

1. 신체적 건강 증진에 관한 사항
2. 자살 및 각종 중독의 예방 등 정신적 건강 증진에 관한 사항
3. 급식지원 등을 통한 결식예방 및 영양개선에 관한 사항
4. 비만 방지 등 체력 및 여가 증진에 관한 사항

③ 국가와 지방자치단체는 아동의 신체적·정신적 문제를 미리 발견하여 아동이 제때에 상담과 치료를 받을 수 있는 기반을 마련하여야 한다.

제36조(보건소) 보건소는 이 법에 따라 다음 각 호의 업무를 행한다.

1. 아동의 전염병 예방조치
2. 아동의 건강상담, 신체검사와 보건위생에 관한 지도
3. 아동의 영양개선

제2절 취약계층 아동 통합서비스지원 및 자립지원 등

제37조(취약계층 아동에 대한 통합서비스지원)

① 국가와 지방자치단체는 아동의 건강한 성장과 발달을 도모하기 위하여 대통령령으로 정하는 바에 따라 아동의 성장 및 복지 여건이 취약한 가정을 선정하여 그 가정의 지원대상아동과 가족을 대상으로 보건, 복지, 보호, 교육, 치료 등을 종합적으로 지원하는 통합서비스를 실시한다.

제38조(자립지원)

① 국가와 지방자치단체는 보호대상아동의 위탁보호 종료 또는 아동복지시설 퇴소 이후의 자립을 지원하기 위하여 다음 각 호에 해당하는 조치를 시행하여야 한다.

1. 자립에 필요한 주거·생활·교육·취업 등의 지원
2. 자립에 필요한 자산의 형성 및 관리 지원(이하 "자산형성지원"이라 한다)
3. 자립에 관한 실태조사 및 연구
4. 사후관리체계 구축 및 운영
5. 그 밖에 자립지원에 필요하다고 대통령령으로 정하는 사항

제39조(자립지원계획의 수립 등)

① 가정위탁지원센터의 장 및 아동복지시설의 장은 보호하고 있는 15세 이상의 아동을 대상으로 매년 개별 아동에 대한 자립지원계획을 수립하고, 그 계획을 수행하는 종사자를 대상으로 자립지원에 관한 교육을 실시하여야 한다.

제40조(자립지원전담기관의 설치·운영 등)

국가와 지방자치단체는 자립지원 관련 데이터베이스 구축 및 운영, 자립지원 프로그램의 개발 및 보급, 사례관리 등의 업무를 전담할 기관을 설치·운영하거나, 그 운영의 전부 또는 일부를 법인, 단체 등에 위탁할 수 있다.

제41조(아동자립지원추진협의회)

① 보건복지부장관은 지원대상아동의 자립지원 정책을 효율적으로 수행하기 위하여 관계 행정기관의 공무원으로 구성되는 아동자립지원추진협의회를 둘 수 있다.

제42조(자산형성지원사업)

① 국가와 지방자치단체는 아동이 건전한 사회인으로 성장·발전할 수 있도록 자산형성지원사업을 실시할 수 있다.

제43조(자산형성지원사업 관련 업무)

① 보건복지부장관은 제42조에 따른 자산형성지원사업을 효율적으로 추진하기 위하여 자산형성지원사업 운영업무 및 금융자산관리업무를 하여야 한다.

② 제1항에 따른 자산형성지원사업의 운영업무는 다음 각 호와 같다.

1. 자산형성지원사업 대상 아동의 관리
2. 자산형성지원사업의 후원자 발굴 및 관리
3. 자산형성지원사업에 관한 교육 및 홍보
4. 자산형성지원사업에 관한 조사·연구 및 평가
5. 그 밖에 자산형성지원사업과 관련하여 보건복지부령으로 정하는 사항

③ 제1항에 따른 금융자산관리업무는 다음 각 호와 같다.

1. 자산형성지원사업을 위한 금융상품의 개발 및 관리
2. 자산형성지원사업을 위한 금융상품의 운영에 관한 사항

제44조(자산형성지원사업 관련 업무의 위탁)

① 보건복지부장관은 제43조제2항에 따른 자산형성지원사업의 운영업무를 「사회복지사업법」에 따른 사회복지법인 등 대통령령으로 정하는 법인 또는 단체에 위탁할 수 있다.

② 보건복지부장관은 제43조제3항에 따른 금융자산관리업무를 「은행법」에 따른 은행, 「우체국예금·보험에 관한 법률」에 따른 체신관서, 「농업협동조합법」에 따른 농업협동조합중앙회, 「수산업협동조합법」에 따른 수산업협동조합중앙회 또는 「중소기업은행법」에 따른 중소기업은행에 위탁할 수 있다.

제5장 아동복지시설

제45조(아동보호전문기관의 설치 등)

① 국가는 아동학대예방사업을 활성화하고 지역 간 연계체계를 구축하기 위하여 중앙아동보호전문기관을 둔다.

② 지방자치단체는 학대받은 아동의 발견, 보호, 치료에 대한 신속처리 및 아동학대예방을 담당하는 지역아동보호전문기관을 시·도 및 시·군·구에 1개소 이상 두어야 한다. 다만, 시·도지사는 관할 구역의 아동 수 및 지리적 요건을 고려하여 조례로 정하는 바에 따라 둘 이상의 시·군·구를 통합하여 하나의 지역아동보호전문기관을 설치·운영할 수 있다.

③ 제2항 단서에 따라 지역아동보호전문기관을 통합하여 설치·운영하는 경우 시·도지사는 지역아동보호전문기관의 설치·운영에 필요한 비용을 관할 구역의 아동의 수 등을 고려하여 시장·군수·구청장에게 공동으로 부담하게 할 수 있다.

④ 보건복지부장관, 시·도지사 및 시장·군수·구청장은 아동학대예방사업을 목적으로 하는 비영리법인을 지정하여 제1항에 따른 중앙아동보호전문기관 및 제2항에 따른 지역아동보호전문기관의 운영을 위탁할 수 있다.

제46조(아동보호전문기관의 업무)

① 중앙아동보호전문기관은 다음 각 호의 업무를 수행한다.

1. 지역아동보호전문기관에 대한 지원
2. 아동학대예방사업과 관련된 연구 및 자료 발간
3. 효율적인 아동학대예방사업을 위한 연계체제 구축
4. 아동학대예방사업을 위한 프로그램 개발 및 평가
5. 상담원 직무교육, 아동학대예방 관련 교육 및 홍보
6. 아동보호전문기관 전산시스템 구축 및 운영

6의2. 제28조의2제3항에 따라 위탁받은 아동학대정보시스템의 운영

7. 그 밖에 대통령령으로 정하는 아동학대예방사업과 관련된 업무

② 지역아동보호전문기관은 다음 각 호의 업무를 수행한다.

1. 아동학대 신고접수, 현장조사 및 응급보호
2. 피해아동 상담·조사를 위한 진술녹화실 설치·운영
3. 피해아동, 피해아동의 가족 및 아동학대행위자를 위한 상담·치료 및 교육
4. 아동학대예방 교육 및 홍보
5. 피해아동 가정의 사후관리
6. 아동학대사례전문위원회 설치·운영 및 자체사례회의 운영
7. 그 밖에 대통령령으로 정하는 아동학대예방사업과 관련된 업무

제47조(아동보호전문기관의 성과평가 등)

① 보건복지부장관은 아동보호전문기관의 업무 실적에 대하여 3년마다 성과평가를 실시하여야 한다.

제48조(가정위탁지원센터의 설치 등)

① 국가는 가정위탁사업을 활성화하고 지역 간 연계체계를 구축하기 위하여 중앙가정위탁지원센터를 둔다.

② 지방자치단체는 보호대상아동에 대한 가정위탁사업을 활성화하기 위하여 시·도 및 시·군·구에 지역가정위탁지원센터를 둔다. 다만, 시·도지사는 조례로 정하는 바에 따라 둘 이상의 시·군·구를 통합하여 하나의 지역가정위탁지원센터를 설치·운영할 수 있다.
③ 제2항 단서에 따라 지역가정위탁지원센터를 통합하여 설치·운영하는 경우 시·도지사는 지역가정위탁지원센터의 설치·운영에 필요한 비용을 관할 구역의 아동의 수 등을 고려하여 시장·군수·구청장에게 공동으로 부담하게 할 수 있다.
④ 보건복지부장관, 시·도지사 및 시장·군수·구청장은 가정위탁지원을 목적으로 하는 비영리법인을 지정하여 제1항 및 제2항에 따른 중앙가정위탁지원센터 및 지역가정위탁지원센터의 운영을 위탁할 수 있다.

제49조(가정위탁지원센터의 업무)

① 중앙가정위탁지원센터는 다음 각 호의 업무를 수행한다.
1. 지역가정위탁지원센터에 대한 지원
2. 효과적인 가정위탁사업을 위한 연계체계 구축
3. 가정위탁사업과 관련된 연구 및 자료발간
4. 가정위탁사업을 위한 프로그램의 개발 및 평가
5. 상담원에 대한 교육 등 가정위탁에 관한 교육 및 홍보
6. 가정위탁사업을 위한 정보기반 구축 및 정보제공
7. 그 밖에 대통령령으로 정하는 가정위탁사업과 관련된 업무

② 지역가정위탁지원센터는 다음 각 호의 업무를 수행한다.
1. 가정위탁사업의 홍보 및 가정위탁을 하고자 하는 가정의 발굴
2. 가정위탁을 하고자 하는 가정에 대한 조사 및 가정위탁 대상 아동에 대한 상담
3. 가정위탁을 하고자 하는 사람과 위탁가정 부모에 대한 교육
4. 위탁가정의 사례관리
5. 친부모 가정으로의 복귀 지원
6. 가정위탁 아동의 자립계획 및 사례 관리
7. 관할 구역 내 가정위탁 관련 정보 제공
8. 그 밖에 대통령령으로 정하는 가정위탁과 관련된 업무

제50조(아동복지시설의 설치)

① 국가 또는 지방자치단체는 아동복지시설을 설치할 수 있다.
② 국가 또는 지방자치단체 외의 자는 관할 시장·군수·구청장에게 신고하고 아동복지시설을 설치할 수 있다.

제51조(휴업·폐업 등의 신고)

① 제50조제2항에 따라 신고한 아동복지시설을 폐업 또는 휴업하거나 그 운영을 재개하고자 하는 자는 보건복지부령으로 정하는 바에 따라 미리 시장·군수·구청장에게 신고하여야 한다.
② 아동복지시설의 장은 아동복지시설이 폐업 또는 휴업하는 경우에는 대통령령으로 정하는 바에 따라 해당 아동복지시설을 이용하는 아동이 다른 아동복지시설로 옮길 수 있도록 하는 등 보호대상아동의 권익을 보호하기 위한 조치를 취하여야 한다.

③ 시장·군수·구청장은 제1항에 따라 아동복지시설의 폐업 또는 휴업의 신고를 받은 경우 아동복지시설의 장이 제2항에 따른 보호대상아동의 권익을 보호하기 위한 조치를 취하였는지 여부를 확인하는 등 보건복지부령으로 정하는 조치를 하여야 한다.

제52조(아동복지시설의 종류)

① 아동복지시설의 종류는 다음과 같다.

아동양육시설	보호대상아동을 입소시켜 보호, 양육 및 취업훈련, 자립지원 서비스 등을 제공하는 것을 목적으로 하는 시설
아동일시 보호시설	보호대상아동을 일시보호하고 아동에 대한 향후의 양육대책수립 및 보호조치를 행하는 것을 목적으로 하는 시설
아동보호 치료시설	아동에게 보호 및 치료 서비스를 제공하는 다음 각 목의 시설 가. 불량행위를 하거나 불량행위를 할 우려가 있는 아동으로서 보호자가 없거나 친권자나 후견인이 입소를 신청한 아동 또는 가정법원, 지방법원소년부지원에서 보호위탁된 19세 미만인 사람을 입소시켜 치료와 선도를 통하여 건전한 사회인으로 육성하는 것을 목적으로 하는 시설 나. 정서적·행동적 장애로 인하여 어려움을 겪고 있는 아동 또는 학대로 인하여 부모로부터 일시 격리되어 치료받을 필요가 있는 아동을 보호·치료하는 시설
공동생활가정	보호대상아동에게 가정과 같은 주거여건과 보호, 양육, 자립지원 서비스를 제공하는 것을 목적으로 하는 시설
자립지원시설	아동복지시설에서 퇴소한 사람에게 취업준비기간 또는 취업 후 일정 기간 동안 보호함으로써 자립을 지원하는 것을 목적으로 하는 시설
아동상담소	아동과 그 가족의 문제에 관한 상담, 치료, 예방 및 연구 등을 목적으로 하는 시설
아동전용시설	어린이공원, 어린이놀이터, 아동회관, 체육·연극·영화·과학실험전시 시설, 아동휴게숙박시설, 야영장 등 아동에게 건전한 놀이·오락, 그 밖의 각종 편의를 제공하여 심신의 건강유지와 복지증진에 필요한 서비스를 제공하는 것을 목적으로 하는 시설
지역아동센터	지역사회 아동의 보호·교육, 건전한 놀이와 오락의 제공, 보호자와 지역사회의 연계 등 아동의 건전육성을 위하여 종합적인 아동복지서비스를 제공하는 시설
9. 제45조에 따른 아동보호전문기관 10. 제48조에 따른 가정위탁지원센터	

② 제1항에 따른 아동복지시설은 통합하여 설치할 수 있다.

③ 제1항에 따른 아동복지시설은 각 시설 고유의 목적 사업을 해치지 아니하고 각 시설별 설치기준 및 운영기준을 충족하는 경우 다음 각 호의 사업을 추가로 실시할 수 있다.

아동가정지원사업	지역사회아동의 건전한 발달을 위하여 아동, 가정, 지역주민에게 상담, 조언 및 정보를 제공하여 주는 사업
아동주간보호사업	부득이한 사유로 가정에서 낮 동안 보호를 받을 수 없는 아동을 대상으로 개별적인 보호와 교육을 통하여 아동의 건전한 성장을 도모하는 사업

아동전문상담사업	학교부적응아동 등을 대상으로 올바른 인격형성을 위한 상담, 치료 및 학교폭력예방을 실시하는 사업
학대아동보호사업	학대아동의 발견, 보호, 치료 및 아동학대의 예방 등을 전문적으로 실시하는 사업
공동생활가정사업	보호대상아동에게 가정과 같은 주거여건과 보호를 제공하는 것을 목적으로 하는 사업
방과 후 아동지도사업	저소득층 아동을 대상으로 방과 후 개별적인 보호와 교육을 통하여 건전한 인격형성을 목적으로 하는 사업

제53조(아동전용시설의 설치)

① 국가와 지방자치단체는 아동이 항상 이용할 수 있는 아동전용시설을 설치하도록 노력하여야 한다.

② 아동이 이용할 수 있는 문화·오락 시설, 교통시설, 그 밖의 서비스시설 등을 설치·운영하는 자는 대통령령으로 정하는 바에 따라 아동의 이용편의를 고려한 편익설비를 갖추고 아동에 대한 입장료와 이용료 등을 감면할 수 있다.

제53조의2(학대피해아동쉼터의 지정)

시장·군수·구청장은 제52조제1항제4호에 따른 공동생활가정 중에서 피해아동에 대한 보호, 치료, 양육 서비스 등을 제공하는 학대피해아동쉼터를 지정할 수 있다.

제56조(시설의 개선, 사업의 정지, 시설의 폐쇄 등)

① 보건복지부장관, 시·도지사 또는 시장·군수·구청장은 아동복지시설과 교육훈련시설(대학 및 전문대학은 제외한다)이 다음 각 호의 어느 하나에 해당하는 경우에는 소관에 따라 그 시설의 개선, 6개월 이내의 사업의 정지, 위탁의 취소 또는 해당 시설의 장의 교체를 명하거나 시설의 폐쇄를 명할 수 있다.

1. 시설이 설치기준에 미달하게 된 경우
2. 사회복지법인 또는 비영리법인이 설치·운영하는 시설로서 그 사회복지법인이나 비영리법인의 설립허가가 취소된 경우
3. 설치목적의 달성이나 그 밖의 사유로 계속하여 운영될 필요가 없다고 인정할 때
4. 보호대상아동에 대한 아동학대행위가 확인된 경우
5. 거짓이나 그 밖의 부정한 방법으로 경비의 지원을 받은 경우
6. 아동복지시설의 사업정지기간 중에 사업을 한 경우
7. 그 밖에 이 법 또는 이 법에 따른 명령을 위반한 경우

② 보건복지부장관, 시·도지사 또는 시장·군수·구청장은 아동복지시설과 교육훈련시설(대학 및 전문대학은 제외한다)이 제1항에 따라 사업 정지, 위탁 취소 또는 시설 폐쇄되는 경우에는 해당 시설을 이용하는 아동을 다른 시설로 옮기도록 하는 등 보호대상아동의 권익을 보호하기 위하여 필요한 조치를 하여야 한다.

③ 제1항에 따른 시설의 개선, 사업의 정지, 위탁의 취소 또는 해당 시설의 장의 교체나 시설의 폐쇄 처분의 기준은 위반행위의 유형 및 그 사유와 위반의 정도 등을 고려하여 대통령령으로 정한다.

제58조(아동복지단체의 육성) 국가 및 지방자치단체는 아동복지단체를 지도·육성할 수 있다.

제6장 보칙

제59조(비용 보조)

국가 또는 지방자치단체는 대통령령으로 정하는 바에 따라 다음 각 호의 어느 하나에 해당하는 비용의 전부 또는 일부를 보조할 수 있다.

1. 아동복지시설의 설치 및 운영과 프로그램의 운용에 필요한 비용 또는 수탁보호 중인 아동의 양육 및 보호관리에 필요한 비용
2. 보호대상아동의 대리양육이나 가정위탁 보호에 따른 비용
3. 아동복지사업의 지도, 감독, 계몽 및 홍보에 필요한 비용

4의2. 제26조에 따른 신고의무 교육에 소요되는 비용

5. 제37조에 따른 취약계층 아동에 대한 통합서비스지원에 필요한 비용
6. 제38조에 따른 보호대상아동의 자립지원에 필요한 비용
7. 제42조에 따른 자산형성지원사업에 필요한 비용
8. 제58조에 따른 아동복지단체의 지도·육성에 필요한 비용

제60조(비용 징수) 시·도지사, 시장·군수·구청장 또는 아동복지시설의 장은 제15조제1항제3호부터 제5호까지 및 같은 조 제5항 및 제6항에 따른 보호조치에 필요한 비용의 전부 또는 일부를 대통령령으로 정하는 바에 따라 각각 그 아동의 부양의무자로부터 징수할 수 있다.

제61조(보조금의 반환명령) 국가 또는 지방자치단체는 아동복지시설의 장 등 보호수탁자, 가정위탁지원센터의 장, 대리양육자 및 아동복지단체의 장이 다음 각 호의 어느 하나에 해당하는 경우에는 이미 교부한 보조금의 전부 또는 일부의 반환을 명할 수 있다.

1. 보조금의 교부조건을 위반한 경우
2. 거짓이나 그 밖의 부정한 방법으로 보조금의 교부를 받은 경우
3. 아동복지시설의 경영에 관하여 개인의 영리를 도모하는 행위를 한 경우
4. 보조금의 사용잔액이 있는 경우
5. 이 법 또는 이 법에 따른 명령을 위반한 경우

제63조(면세)

아동복지시설에서 그 보호아동을 위하여 사용하는 건물 및 토지, 시설설치 및 운영에 소요되는 비용에 대하여는 「조세특례제한법」, 그 밖의 관계 법령에서 정하는 바에 따라 조세, 그 밖의 공과금을 면제할 수 있다.

제64조(압류 금지) 이 법에 따라 지급된 금품과 이를 받을 권리는 압류하지 못한다.

아동학대범죄의 처벌 등에 관한 특례법

제1장 총칙

제1조(목적)
이 법은 아동학대범죄의 처벌 및 그 절차에 관한 특례와 피해아동에 대한 보호절차 및 아동학대행위자에 대한 보호처분을 규정함으로써 아동을 보호하여 아동이 건강한 사회 구성원으로 성장하도록 함을 목적으로 한다.

제2조(정의) 이 법에서 사용하는 용어의 뜻은 다음과 같다.

1. "아동"이란 「아동복지법」 제3조제1호에 따른 아동을 말한다.
2. "보호자"란 「아동복지법」 제3조제3호에 따른 보호자를 말한다.
3. "아동학대"란 「아동복지법」 제3조제7호에 따른 아동학대를 말한다.
4. "아동학대범죄"란 보호자에 의한 아동학대로서 다음 각 목의 어느 하나에 해당하는 죄를 말한다.
   가. 「형법」 제2편제25장 상해와 폭행의 죄 중 제257조(상해)제1항·제3항, 제258조의2(특수상해)제1항(제257조제1항의 죄에만 해당한다)·제3항(제1항 중 제257조제1항의 죄에만 해당한다), 제260조(폭행)제1항, 제261조(특수폭행) 및 제262조(폭행치사상)(상해에 이르게 한 때에만 해당한다)의 죄
   나. 「형법」 제2편제28장 유기와 학대의 죄 중 제271조(유기)제1항, 제272조(영아유기), 제273조(학대)제1항, 제274조(아동혹사) 및 제275조(유기등 치사상)(상해에 이르게 한 때에만 해당한다)의 죄
   다. 「형법」 제2편제29장 체포와 감금의 죄 중 제276조(체포, 감금)제1항, 제277조(중체포, 중감금)제1항, 제278조(특수체포, 특수감금), 제280조(미수범) 및 제281조(체포·감금등의 치사상)(상해에 이르게 한 때에만 해당한다)의 죄
   라. 「형법」 제2편제30장 협박의 죄 중 제283조(협박)제1항, 제284조(특수협박) 및 제286조(미수범)의 죄
   마. 「형법」 제2편제31장 약취, 유인 및 인신매매의 죄 중 제287조(미성년자 약취, 유인), 제288조(추행 등 목적 약취, 유인 등), 제289조(인신매매) 및 제290조(약취, 유인, 매매, 이송 등 상해·치상)의 죄
   바. 「형법」 제2편제32장 강간과 추행의 죄 중 제297조(강간), 제297조의2(유사강간), 제298조(강제추행), 제299조(준강간, 준강제추행), 제300조(미수범), 제301조(강간등 상해·치상), 제301조의2(강간등 살인·치사), 제302조(미성년자등에 대한 간음), 제303조(업무상위력 등에 의한 간음) 및 제305조(미성년자에 대한 간음, 추행)의 죄
   사. 「형법」 제2편제33장 명예에 관한 죄 중 제307조(명예훼손), 제309조(출판물등에 의한 명예훼손) 및 제311조(모욕)의 죄
   아. 「형법」 제2편제36장 주거침입의 죄 중 제321조(주거·신체 수색)의 죄
   자. 「형법」 제2편제37장 권리행사를 방해하는 죄 중 제324조(강요) 및 제324조의5(미수범)(제324조의 죄에만 해당한다)의 죄
   차. 「형법」 제2편제39장 사기와 공갈의 죄 중 제350조(공갈), 제350조의2(특수공갈) 및 제352조(미수범)(제350조, 제350조의2의 죄에만 해당한다)의 죄
   카. 「형법」 제2편제42장 손괴의 죄 중 제366조(재물손괴등)의 죄
   타. 「아동복지법」 제71조제1항 각 호의 죄(제3호의 죄는 제외한다)

파. 가목부터 타목까지의 죄로서 다른 법률에 따라 가중처벌되는 죄

하. 제4조(아동학대치사), 제5조(아동학대중상해) 및 제6조(상습범)의 죄

4의2. "아동학대범죄신고등"이란 아동학대범죄에 관한 신고·진정·고소·고발 등 수사 단서의 제공, 진술 또는 증언이나 그 밖의 자료제출행위 및 범인검거를 위한 제보 또는 검거활동을 말한다.

4의3. "아동학대범죄신고자등"이란 아동학대범죄신고등을 한 자를 말한다.

5. "아동학대행위자"란 아동학대범죄를 범한 사람 및 그 공범을 말한다.
6. "피해아동"이란 아동학대범죄로 인하여 직접적으로 피해를 입은 아동을 말한다.
7. "아동보호사건"이란 아동학대범죄로 인하여 제36조제1항에 따른 보호처분(이하 "보호처분"이라 한다)의 대상이 되는 사건을 말한다.
8. "피해아동보호명령사건"이란 아동학대범죄로 인하여 제47조에 따른 피해아동보호명령의 대상이 되는 사건을 말한다.
9. "아동보호전문기관"이란 「아동복지법」 제45조에 따른 아동보호전문기관을 말한다.

9의2. "가정위탁지원센터"란 「아동복지법」 제48조에 따른 가정위탁지원센터를 말한다.

10. "아동복지시설"이란 「아동복지법」 제50조에 따라 설치된 시설을 말한다.
11. "아동복지시설의 종사자"란 아동복지시설에서 아동의 상담·지도·치료·양육, 그 밖에 아동의 복지에 관한 업무를 담당하는 사람을 말한다.

제3조(다른 법률과의 관계)

아동학대범죄에 대하여는 이 법을 우선 적용한다. 다만, 「성폭력범죄의 처벌 등에 관한 특례법」, 「아동·청소년의 성보호에 관한 법률」에서 가중처벌되는 경우에는 그 법에서 정한 바에 따른다.

제2장 아동학대범죄의 처벌에 관한 특례

제4조(아동학대치사)

제2조제4호가목부터 다목까지의 아동학대범죄를 범한 사람이 아동을 사망에 이르게 한 때에는 무기 또는 5년 이상의 징역에 처한다.

제5조(아동학대중상해)

제2조제4호가목부터 다목까지의 아동학대범죄를 범한 사람이 아동의 생명에 대한 위험을 발생하게 하거나 불구 또는 난치의 질병에 이르게 한 때에는 3년 이상의 징역에 처한다.

제6조(상습범)

상습적으로 제2조제4호가목부터 파목까지의 아동학대범죄를 범한 자는 그 죄에 정한 형의 2분의 1까지 가중한다. 다만, 다른 법률에 따라 상습범으로 가중처벌되는 경우에는 그러하지 아니하다.

제7조(아동복지시설의 종사자 등에 대한 가중처벌)

제10조제2항 각 호에 따른 아동학대 신고의무자가 보호하는 아동에 대하여 아동학대범죄를 범한 때에는 그 죄에 정한 형의 2분의 1까지 가중한다.

제8조(형벌과 수강명령 등의 병과)

① 법원은 아동학대행위자에 대하여 유죄판결(선고유예는 제외한다)을 선고하면서 200시간의 범위에서 재범예방에 필요한 수강명령(「보호관찰 등에 관한 법률」에 따른 수강명령을 말한다. 이하 같다) 또는 아동학대 치료프로그램의 이수명령(이하 "이수명령"이라 한다)을 병과할 수 있다.

② 아동학대행위자에 대하여 제1항의 수강명령은 형의 집행을 유예할 경우에 그 집행유예기간 내에서 병과하고, 이수명령은 벌금형 또는 징역형의 실형(實刑)을 선고할 경우에 병과한다.

③ 법원이 아동학대행위자에 대하여 형의 집행을 유예하는 경우에는 제1항에 따른 수강명령 외에 그 집행유예기간 내에서 보호관찰 또는 사회봉사 중 하나 이상의 처분을 병과할 수 있다.

④ 제1항에 따른 수강명령 또는 이수명령은 형의 집행을 유예할 경우에는 그 집행유예기간 내에, 벌금형을 선고할 경우에는 형 확정일로부터 6개월 이내에, 징역형의 실형을 선고할 경우에는 형기 내에 각각 집행한다.

⑤ 제1항에 따른 수강명령 또는 이수명령이 벌금형 또는 형의 집행유예와 병과된 경우에는 보호관찰소의 장이 집행하고, 징역형의 실형과 병과된 경우에는 교정시설의 장이 집행한다. 다만, 징역형의 실형과 병과된 이수명령을 모두 이행하기 전에 석방 또는 가석방되거나 미결구금일수 산입 등의 사유로 형을 집행할 수 없게 된 경우에는 보호관찰소의 장이 남은 이수명령을 집행한다.

⑥ 제1항에 따른 수강명령 또는 이수명령은 다음 각 호의 내용으로 한다.

1. 아동학대 행동의 진단·상담
2. 보호자로서의 기본 소양을 갖추게 하기 위한 교육
3. 그 밖에 아동학대행위자의 재범예방을 위하여 필요한 사항

⑦ 형벌과 병과하는 보호관찰, 사회봉사, 수강명령 및 이수명령에 관하여 이 법에서 규정한 사항 외에는 「보호관찰 등에 관한 법률」을 준용한다.

제9조(친권상실청구 등)

① 아동학대행위자가 제5조 또는 제6조의 범죄를 저지른 때에는 검사는 그 사건의 아동학대행위자가 피해아동의 친권자나 후견인인 경우에 법원에 「민법」 제924조의 친권상실의 선고 또는 같은 법 제940조의 후견인의 변경 심판을 청구하여야 한다. 다만, 친권상실의 선고 또는 후견인의 변경 심판을 하여서는 아니 될 특별한 사정이 있는 경우에는 그러하지 아니하다.

② 검사가 제1항에 따른 청구를 하지 아니한 때에는 아동보호전문기관의 장은 검사에게 제1항의 청구를 하도록 요청할 수 있다. 이 경우 청구를 요청받은 검사는 요청받은 날부터 30일 내에 그 처리 결과를 아동보호전문기관의 장에게 통보하여야 한다.

③ 제2항 후단에 따라 처리 결과를 통보받은 아동보호전문기관의 장은 그 처리 결과에 대하여 이의가 있을 경우 통보받은 날부터 30일 내에 직접 법원에 제1항의 청구를 할 수 있다.

제3장 아동학대범죄의 처리절차에 관한 특례

제10조(아동학대범죄 신고의무와 절차)

① 누구든지 아동학대범죄를 알게 된 경우나 그 의심이 있는 경우에는 아동보호전문기관 또는 수사기관에 신고할 수 있다.

② 다음 각 호의 어느 하나에 해당하는 사람이 직무를 수행하면서 아동학대범죄를 알게 된 경우나 그 의심이 있는 경우에는 아동보호전문기관 또는 수사기관에 즉시 신고하여야 한다.

1. 가정위탁지원센터의 장과 그 종사자
2. 아동복지시설의 장과 그 종사자(아동보호전문기관의 장과 그 종사자는 제외한다)
3. 「아동복지법」 제13조에 따른 아동복지전담공무원
4. 「가정폭력방지 및 피해자보호 등에 관한 법률」 제5조에 따른 가정폭력 관련 상담소 및 같은 법 제7조의2에 따른 가정폭력피해자 보호시설의 장과 그 종사자
5. 「건강가정기본법」 제35조에 따른 건강가정지원센터의 장과 그 종사자
6. 「다문화가족지원법」 제12조에 따른 다문화가족지원센터의 장과 그 종사자
7. 「사회복지사업법」 제14조에 따른 사회복지 전담공무원 및 같은 법 제34조에 따른 사회복지시설의 장과 그 종사자
8. 「성매매방지 및 피해자보호 등에 관한 법률」 제5조에 따른 지원시설 및 같은 법 제10조에 따른 성매매피해상담소의 장과 그 종사자
9. 「성폭력방지 및 피해자보호 등에 관한 법률」 제10조에 따른 성폭력피해상담소, 같은 법 제12조에 따른 성폭력피해자보호시설의 장과 그 종사자 및 같은 법 제18조에 따른 성폭력피해자통합지원센터의 장과 그 종사자
10. 「소방기본법」 제34조에 따른 구급대의 대원
11. 「응급의료에 관한 법률」 제2조제7호에 따른 응급의료기관등에 종사하는 응급구조사
12. 「영유아보육법」 제7조에 따른 육아종합지원센터의 장과 그 종사자 및 제10조에 따른 어린이집의 원장 등 보육교직원
13. 「유아교육법」 제20조에 따른 교직원 및 같은 법 제23조에 따른 강사 등
15. 「의료법」 제3조제1항에 따른 의료기관의 장과 그 의료기관에 종사하는 의료인 및 의료기사
16. 「장애인복지법」 제58조에 따른 장애인복지시설의 장과 그 종사자로서 시설에서 장애아동에 대한 상담·치료·훈련 또는 요양 업무를 수행하는 사람
17. 「정신건강증진 및 정신질환자 복지서비스 지원에 관한 법률」 제3조제3호에 따른 정신건강복지센터, 같은 조 제5호에 따른 정신의료기관, 같은 조 제6호에 따른 정신요양시설 및 같은 조 제7호에 따른 정신재활시설의 장과 그 종사자
18. 「청소년기본법」 제3조제6호에 따른 청소년시설 및 같은 조 제8호에 따른 청소년단체의 장과 그 종사자
19. 「청소년 보호법」 제35조에 따른 청소년 보호·재활센터의 장과 그 종사자
20. 「초·중등교육법」 제19조에 따른 교직원, 같은 법 제19조의2에 따른 전문상담교사 및 같은 법 제22조에 따른 산학겸임교사 등
21. 「한부모가족지원법」 제19조에 따른 한부모가족복지시설의 장과 그 종사자
22. 「학원의 설립·운영 및 과외교습에 관한 법률」 제6조에 따른 학원의 운영자·강사·직원 및 같은 법 제14조에 따른 교습소의 교습자·직원
23. 「아이돌봄 지원법」 제2조제4호에 따른 아이돌보미
24. 「아동복지법」 제37조에 따른 취약계층 아동에 대한 통합서비스지원 수행인력
25. 「입양특례법」 제20조에 따른 입양기관의 장과 그 종사자

③ 누구든지 제1항 및 제2항에 따른 신고인의 인적 사항 또는 신고인임을 미루어 알 수 있는 사실을 다른 사람에게 알려주거나 공개 또는 보도하여서는 아니 된다.

제10조의2(불이익조치의 금지)

누구든지 아동학대범죄신고자등에게 아동학대범죄신고등을 이유로 불이익조치를 하여서는 아니 된다.

제10조의3(아동학대범죄신고자등에 대한 보호조치)

아동학대범죄신고자등에 대하여는 「특정범죄신고자 등 보호법」 제7조부터 제13조까지의 규정을 준용한다.

제10조의4(고소에 대한 특례)

① 피해아동 또는 그 법정대리인은 아동학대행위자를 고소할 수 있다. 피해아동의 법정대리인이 아동학대행위자인 경우 또는 아동학대행위자와 공동으로 아동학대범죄를 범한 경우에는 피해아동의 친족이 고소할 수 있다.

② 피해아동은 「형사소송법」 제224조에도 불구하고 아동학대행위자가 자기 또는 배우자의 직계존속인 경우에도 고소할 수 있다. 법정대리인이 고소하는 경우에도 또한 같다.

③ 피해아동에게 고소할 법정대리인이나 친족이 없는 경우에 이해관계인이 신청하면 검사는 10일 이내에 고소할 수 있는 사람을 지정하여야 한다.

제11조(현장출동)

① 아동학대범죄 신고를 접수한 사법경찰관리나 아동보호전문기관의 직원은 지체 없이 아동학대범죄의 현장에 출동하여야 한다. 이 경우 수사기관의 장이나 아동보호전문기관의 장은 서로 동행하여 줄 것을 요청할 수 있으며, 그 요청을 받은 수사기관의 장이나 아동보호전문기관의 장은 정당한 사유가 없으면 사법경찰관리나 그 소속 직원이 아동학대범죄 현장에 동행하도록 조치하여야 한다.

② 아동학대범죄 신고를 접수한 사법경찰관리나 아동보호전문기관의 직원은 아동학대범죄가 행하여지고 있는 것으로 신고된 현장에 출입하여 아동 또는 아동학대행위자 등 관계인에 대하여 조사를 하거나 질문을 할 수 있다. 다만, 아동보호전문기관의 직원은 피해아동의 보호를 위한 범위에서만 아동학대행위자 등 관계인에 대하여 조사 또는 질문을 할 수 있다.

③ 제2항에 따라 출입이나 조사를 하는 사법경찰관리나 아동보호전문기관의 직원은 그 권한을 표시하는 증표를 지니고 이를 관계인에게 내보여야 한다.

④ 누구든지 제1항에 따라 현장에 출동한 사법경찰관리나 아동보호전문기관의 직원이 제2항에 따른 업무를 수행할 때에 폭행·협박이나 현장조사를 거부하는 등 그 업무 수행을 방해하는 행위를 하여서는 아니 된다.

제12조(피해아동에 대한 응급조치)

① 제11조제1항에 따라 현장에 출동하거나 아동학대범죄 현장을 발견한 사법경찰관리 또는 아동보호전문기관의 직원은 피해아동 보호를 위하여 즉시 다음 각 호의 조치(이하 "응급조치"라 한다)를 하여야 한다. 이 경우 제3호의 조치를 하는 때에는 피해아동의 의사를 존중하여야 한다(다만, 피해아동을 보호하여야 할 필요가 있는 등 특별한 사정이 있는 경우에는 그러하지 아니하다).

1. 아동학대범죄 행위의 제지
2. 아동학대행위자를 피해아동으로부터 격리
3. 피해아동을 아동학대 관련 보호시설로 인도
4. 긴급치료가 필요한 피해아동을 의료기관으로 인도

② 사법경찰관리나 아동보호전문기관의 직원은 제1항제3호 및 제4호 규정에 따라 피해아동을 분리·인도하여 보호하는 경우 지체 없이 피해아동을 인도받은 보호시설·의료시설을 관할하는 특별시장·광역시장·특별자치시

장·도지사·특별자치도지사 또는 시장·군수·구청장에게 그 사실을 통보하여야 한다.

③ 제1항제2호부터 제4호까지의 규정에 따른 응급조치는 72시간을 넘을 수 없다. 다만, 검사가 제15조제2항에 따라 임시조치를 법원에 청구한 경우에는 법원의 임시조치 결정 시까지 연장된다.

④ 사법경찰관리 또는 아동보호전문기관의 직원이 제1항에 따라 응급조치를 한 경우에는 즉시 응급조치결과보고서를 작성하여야 하며, 아동보호전문기관의 직원이 응급조치를 한 경우 아동보호전문기관의 장은 작성된 응급조치결과보고서를 지체 없이 관할 경찰서의 장에게 송부하여야 한다.

⑤ 제4항에 따른 응급조치결과보고서에는 피해사실의 요지, 응급조치가 필요한 사유, 응급조치의 내용 등을 기재하여야 한다.

⑥ 누구든지 아동보호전문기관의 직원이나 사법경찰관리가 제1항에 따른 업무를 수행할 때에 폭행·협박이나 응급조치를 저지하는 등 그 업무 수행을 방해하는 행위를 하여서는 아니 된다.

제13조(아동학대행위자에 대한 긴급임시조치)

① 사법경찰관은 제12조제1항에 따른 응급조치에도 불구하고 아동학대범죄가 재발될 우려가 있고, 긴급을 요하여 제19조제1항에 따른 법원의 임시조치 결정을 받을 수 없을 때에는 직권이나 피해아동, 그 법정대리인(아동학대행위자를 제외한다. 이하 같다), 변호사(제16조에 따른 변호사를 말한다. 제48조 및 제49조를 제외하고는 이하 같다) 또는 아동보호전문기관의 장의 신청에 따라 제19조제1항제1호부터 제3호까지의 어느 하나에 해당하는 조치를 할 수 있다.

② 사법경찰관은 제1항에 따른 조치(이하 "긴급임시조치"라 한다)를 한 경우에는 즉시 긴급임시조치결정서를 작성하여야 한다.

③ 제2항에 따른 긴급임시조치결정서에는 범죄사실의 요지, 긴급임시조치가 필요한 사유, 긴급임시조치의 내용 등을 기재하여야 한다.

제14조(임시조치의 청구)

① 검사는 아동학대범죄가 재발될 우려가 있다고 인정하는 경우에는 직권으로 또는 사법경찰관이나 보호관찰관의 신청에 따라 법원에 제19조제1항 각 호의 임시조치를 청구할 수 있다.

② 피해아동, 그 법정대리인, 변호사 또는 아동보호전문기관의 장은 검사 또는 사법경찰관에게 제1항에 따른 임시조치의 청구 또는 그 신청을 요청하거나 이에 관하여 의견을 진술할 수 있다.

③ 제2항에 따른 요청을 받은 사법경찰관은 제1항에 따른 임시조치를 신청하지 아니하는 경우에는 검사에게 그 사유를 보고하여야 한다.

제15조(응급조치·긴급임시조치 후 임시조치의 청구)

① 사법경찰관이 제12조제1항제2호부터 제4호까지의 규정에 따른 응급조치 또는 제13조제1항에 따른 긴급임시조치를 하였거나 아동보호전문기관의 장으로부터 제12조제1항제2호부터 제4호까지의 규정에 따른 응급조치가 행하여졌다는 통지를 받은 때에는 지체 없이 검사에게 제19조에 따른 임시조치의 청구를 신청하여야 한다.

② 제1항의 신청을 받은 검사는 임시조치를 청구하는 때에는 응급조치가 있었던 때부터 72시간 이내에, 긴급임시조치가 있었던 때부터 48시간 이내에 하여야 한다. 이 경우 제12조제4항에 따라 작성된 응급조치결과보고서 및 제13조제2항에 따라 작성된 긴급임시조치결정서를 첨부하여야 한다.

③ 사법경찰관은 검사가 제2항에 따라 임시조치를 청구하지 아니하거나 법원이 임시조치의 결정을 하지 아니한 때에는 즉시 그 긴급임시조치를 취소하여야 한다.

제16조(피해아동에 대한 변호사 선임의 특례)

아동학대범죄사건의 피해아동에 대한 변호사 선임 등에 관하여는 「성폭력범죄의 처벌 등에 관한 특례법」 제27조를 준용한다. 이 경우 "성폭력범죄"는 "아동학대범죄"로, "형사절차"는 "형사 및 아동보호 절차"로, "피해자"는 "피해아동"으로 본다.

제17조(준용)

아동학대범죄의 조사·심리에 관하여는 「성폭력범죄의 처벌 등에 관한 특례법」 제29조부터 제32조까지, 제34조부터 제41조까지 및 「아동·청소년의 성보호에 관한 법률」 제29조를 각각 준용한다. 이 경우 "성폭력" 또는 "아동·청소년대상 성범죄"는 "아동학대범죄"로, "피해자"는 "피해아동"으로 본다.

제4장 아동보호사건

제18조(관할)

① 아동보호사건의 관할은 아동학대행위자의 행위지, 거주지 또는 현재지를 관할하는 가정법원으로 한다. 다만, 가정법원이 설치되지 아니한 지역에서는 해당 지역의 지방법원(지원을 포함한다. 이하 같다)으로 한다.

② 아동보호사건의 심리와 결정은 단독판사(이하 "판사"라 한다)가 한다.

제19조(아동학대행위자에 대한 임시조치)

① 판사는 아동학대범죄의 원활한 조사·심리 또는 피해아동 보호를 위하여 필요하다고 인정하는 경우에는 결정으로 아동학대행위자에게 다음 각 호의 어느 하나에 해당하는 조치(이하 "임시조치"라 한다)를 할 수 있다.

1. 피해아동 또는 가정구성원(「가정폭력범죄의 처벌 등에 관한 특례법」 제2조제2호에 따른 가정구성원을 말한다. 이하 같다)의 주거로부터 퇴거 등 격리
2. 피해아동 또는 가정구성원의 주거, 학교 또는 보호시설 등에서 100미터 이내의 접근 금지
3. 피해아동 또는 가정구성원에 대한 「전기통신기본법」 제2조제1호의 전기통신을 이용한 접근 금지
4. 친권 또는 후견인 권한 행사의 제한 또는 정지
5. 아동보호전문기관 등에의 상담 및 교육 위탁
6. 의료기관이나 그 밖의 요양시설에의 위탁
7. 경찰관서의 유치장 또는 구치소에의 유치

② 제1항 각 호의 처분은 병과할 수 있다.

③ 판사는 피해아동에 대하여 제12조제1항제2호부터 제4호까지의 규정에 따른 응급조치가 행하여진 경우에는 임시조치가 청구된 때로부터 24시간 이내에 임시조치 여부를 결정하여야 한다.

④ 제1항 각 호의 규정에 따른 임시조치기간은 2개월을 초과할 수 없다. 다만, 피해아동의 보호를 위하여 그 기간을 연장할 필요가 있다고 인정하는 경우에는 결정으로 제1항제1호부터 제3호까지의 규정에 따른 임시조치는 두 차례만, 같은 항 제4호부터 제7호까지의 규정에 따른 임시조치는 한 차례만 각 기간의 범위에서 연장할 수 있다.

⑤ 제1항제6호에 따라 위탁을 하는 경우에는 의료기관 등의 장에게 아동학대행위자를 보호하는 데에 필요한 사항을 부과할 수 있다.

⑥ 제1항제6호에 따라 민간이 운영하는 의료기관 등에 아동학대행위자를 위탁하려는 경우에는 제5항에 따라 부

과할 사항을 그 의료기관 등의 장에게 미리 고지하고 동의를 받아야 한다.

⑦ 법원은 제1항에 따른 임시조치를 결정한 경우에는 검사 및 피해아동, 그 법정대리인, 변호사 또는 피해아동을 보호하고 있는 기관의 장에게 통지하여야 한다.

⑧ 제1항제5호에 따른 상담 및 교육을 행한 아동보호전문기관의 장 등은 그 결과보고서를 판사와 검사에게 제출하여야 한다.

⑨ 제1항 각 호의 위탁 대상이 되는 상담소, 의료기관, 요양시설 등의 기준과 위탁의 절차 및 제7항에 따른 통지의 절차 등 그 밖에 필요한 사항은 대법원규칙으로 정한다.

제20조(임시조치의 고지)

법원은 제19조제1항제6호 및 제7호의 조치를 한 경우에는 그 사실을 아동학대행위자의 보조인(제44조에서 준용하는 「가정폭력범죄의 처벌 등에 관한 특례법」 제28조에 따른 보조인을 말한다. 이하 같다)이 있는 경우에는 보조인에게, 보조인이 없는 경우에는 아동학대행위자가 지정한 사람에게 통지하여야 한다. 이 경우 제19조제1항제7호의 조치를 하였을 때에는 아동학대행위자에게 변호사 등 보조인을 선임할 수 있으며 항고를 제기할 수 있음을 고지하여야 한다.

제21조(임시조치의 집행)

① 판사는 제19조제1항 각 호에 규정된 임시조치의 결정을 한 경우에는 가정보호사건조사관, 법원공무원, 사법경찰관리 또는 구치소 소속 교정직공무원으로 하여금 집행하게 할 수 있다.

② 피해아동 또는 가정구성원은 제19조제1항제1호 및 제2호의 임시조치 후 주거, 학교 또는 보호시설 등을 옮긴 경우에는 관할 법원에 임시조치 결정의 변경을 신청할 수 있다.

제22조(임시조치의 변경)

① 아동학대행위자, 그 법정대리인이나 보조인은 제19조제1항 각 호에 따른 임시조치 결정의 취소 또는 그 종류의 변경을 관할 법원에 신청할 수 있다.

② 판사는 정당한 이유가 있다고 인정하는 경우에는 직권 또는 제1항의 신청에 따라 결정으로 해당 임시조치를 취소하거나 그 종류를 변경할 수 있다.

③ 판사는 임시조치를 받은 아동학대행위자가 제19조제1항제5호 및 제6호의 임시조치 결정을 이행하지 아니하거나 그 집행에 따르지 아니하면 직권 또는 검사, 피해아동, 그 법정대리인이나 변호사 또는 제19조제1항 각 호의 위탁 대상이 되는 기관의 장의 청구에 따라 결정으로 그 임시조치를 변경할 수 있다.

제23조(임시로 후견인의 임무를 수행할 사람)

① 판사는 제19조제1항제4호의 임시조치로 인하여 피해아동에게 친권을 행사하거나 후견인의 임무를 수행할 사람이 없는 경우 그 임시조치의 기간 동안 특별시장·광역시장·특별자치시장·도지사·특별자치도지사·시장·군수·구청장·아동보호전문기관의 장 및 가정위탁지원센터의 장으로 하여금 임시로 후견인의 임무를 수행하게 하거나 그 임무를 수행할 사람을 선임하여야 한다.

② 제1항의 경우 판사는 해당 피해아동의 의견을 존중하여야 하며, 피해아동, 변호사, 아동보호전문기관의 장 및 가정위탁지원센터의 장 등 피해아동을 보호하고 있는 사람은 그 선임에 관하여 의견을 제시할 수 있다.

③ 법원이 제1항에 따른 조치를 한 경우에는 그 사실을 피해아동, 변호사, 아동보호전문기관의 장 및 가정위탁지원센터의 장 등 피해아동을 보호하고 있는 사람에게 고지하여야 한다.

④ 제1항에 따라 임시로 후견인의 임무를 수행하는 사람은 피해아동 소유 재산의 보존 및 피해아동의 보호를 위한 범위에서만 후견인의 임무를 수행할 수 있다.
⑤ 임시로 후견인의 임무를 수행하는 사람에 대해서는 「민법」 제949조를 준용한다.
⑥ 임시로 후견인의 임무를 수행하는 사람에 대한 선임, 사임 및 변경의 절차 등에 필요한 사항은 대법원규칙으로 정한다.

제24조(사법경찰관의 사건송치)

사법경찰관은 아동학대범죄를 신속히 수사하여 사건을 검사에게 송치하여야 한다. 이 경우 사법경찰관은 해당 사건을 아동보호사건으로 처리하는 것이 적절한 지에 관한 의견을 제시할 수 있다.

제25조(검사의 결정 전 조사)

① 검사는 아동학대범죄에 대하여 아동보호사건 송치, 공소제기 또는 기소유예 등의 처분을 결정하기 위하여 필요하다고 인정하면 아동학대행위자의 주거지 또는 검찰청 소재지를 관할하는 보호관찰소의 장에게 아동학대행위자의 경력, 생활환경, 양육능력이나 그 밖에 필요한 사항에 관한 조사를 요구할 수 있다.
② 제1항의 요구를 받은 보호관찰소의 장은 지체 없이 이를 조사하여 서면으로 해당 검사에게 통보하여야 하며, 조사를 위하여 필요한 경우에는 소속 보호관찰관에게 아동학대행위자 또는 관계인을 출석하게 하여 진술요구를 하는 등의 방법으로 필요한 사항을 조사하게 할 수 있다.
③ 제2항에 따른 조사를 할 때에는 미리 아동학대행위자 또는 관계인에게 조사의 취지를 설명하여야 하고, 그 인권을 존중하며, 직무상 비밀을 엄수하여야 한다.
④ 검사는 아동학대범죄에 관하여 필요한 경우 아동보호전문기관의 장에 대하여 제1항의 결정에 필요한 자료의 제출을 요구할 수 있다.
⑤ 검사는 제1항의 결정을 할 때에는 보호관찰소의 장으로부터 통보받은 조사 결과 및 아동보호전문기관의 장으로부터 제출 받은 자료 등을 참고하여 피해아동 보호와 아동학대행위자의 교화·개선에 가장 적합한 결정을 하여야 한다.

제26조(조건부 기소유예)

검사는 아동학대범죄를 수사한 결과 다음 각 호의 사유를 고려하여 필요하다고 인정하는 경우에는 아동학대행위자에 대하여 상담, 치료 또는 교육 받는 것을 조건으로 기소유예를 할 수 있다.

1. 사건의 성질·동기 및 결과
2. 아동학대행위자와 피해아동과의 관계
3. 아동학대행위자의 성행(性行) 및 개선 가능성
4. 원가정보호의 필요성
5. 피해아동 또는 그 법정대리인의 의사

제27조(아동보호사건의 처리)

① 검사는 아동학대범죄로서 제26조 각 호의 사유를 고려하여 제36조에 따른 보호처분을 하는 것이 적절하다고 인정하는 경우에는 아동보호사건으로 처리할 수 있다.
② 다음 각 호의 경우에는 제1항을 적용할 수 있다.
1. 피해자의 고소가 있어야 공소를 제기할 수 있는 아동학대범죄에서 고소가 없거나 취소된 경우

2. 피해자의 명시적인 의사에 반하여 공소를 제기할 수 없는 아동학대범죄에서 피해자가 처벌을 희망하지 아니한다는 명시적 의사표시를 하였거나 처벌을 희망하는 의사표시를 철회한 경우

제28조(검사의 송치)

① 검사는 제27조에 따라 아동보호사건으로 처리하는 경우에는 그 사건을 제18조제1항에 따른 관할 법원(이하 "관할 법원"이라 한다)에 송치하여야 한다.

② 검사는 아동학대범죄와 그 외의 범죄가 경합(競合)하는 경우에는 아동학대범죄에 대한 사건만을 분리하여 관할 법원에 송치할 수 있다.

제29조(법원의 송치)

법원은 아동학대행위자에 대한 피고사건을 심리한 결과 제36조에 따른 보호처분을 하는 것이 적절하다고 인정하는 경우에는 결정으로 사건을 관할 법원에 송치할 수 있다.

제30조(송치 시의 아동학대행위자 처리)

① 제28조 또는 제29조에 따른 송치결정이 있는 경우 아동학대행위자를 구금하고 있는 시설의 장은 검사의 이송지휘를 받은 때부터 관할 법원이 있는 시(특별시, 광역시, 특별자치시 및 「제주특별자치도 설치 및 국제자유도시 조성을 위한 특별법」 제10조제2항에 따른 행정시를 포함한다. 이하 같다)·군에서는 24시간 이내에, 그 밖의 시·군에서는 48시간 이내에 아동학대행위자를 관할 법원에 인도하여야 한다. 이 경우 법원은 아동학대행위자에 대하여 제19조에 따른 임시조치 여부를 결정하여야 한다.

② 제1항에 따른 인도와 결정은 「형사소송법」 제92조, 제203조 또는 제205조의 구속기간 내에 이루어져야 한다.

③ 아동학대행위자에 대한 구속영장의 효력은 제1항 후단에 따라 임시조치 여부를 결정한 때에 상실된 것으로 본다.

제31조(송치서) ① 제28조 또는 제29조에 따라 사건을 아동보호사건으로 송치하는 경우에는 송치서를 보내야 한다.

② 제1항의 송치서에는 아동학대행위자의 성명, 주소, 생년월일, 직업, 피해아동과의 관계 및 행위의 개요와 가정 상황을 적고 그 밖의 참고자료를 첨부하여야 한다.

제32조(이송) ① 아동보호사건을 송치 받은 법원은 사건이 그 관할에 속하지 아니하거나 적정한 조사·심리를 위하여 필요하다고 인정하는 경우에는 결정으로 그 사건을 즉시 다른 관할 법원에 이송하여야 한다.

② 법원은 제1항에 따른 이송결정을 한 경우에는 지체 없이 그 사유를 첨부하여 아동학대행위자와 피해아동, 그 법정대리인, 변호사 및 검사에게 통지하여야 한다.

제33조(보호처분의 효력) 제36조에 따른 보호처분이 확정된 경우에는 그 아동학대행위자에 대하여 같은 범죄사실로 다시 공소를 제기할 수 없다. 다만, 제41조제1호에 따라 송치된 경우에는 그러하지 아니하다.

제34조(공소시효의 정지와 효력)

① 아동학대범죄의 공소시효는 「형사소송법」 제252조에도 불구하고 해당 아동학대범죄의 피해아동이 성년에 달한 날부터 진행한다.

② 아동학대범죄에 대한 공소시효는 해당 아동보호사건이 법원에 송치된 때부터 시효 진행이 정지된다. 다만, 다음 각 호의 어느 하나에 해당하는 경우에는 그 때부터 진행된다.

1. 해당 아동보호사건에 대하여 제44조에 따라 준용되는 「가정폭력범죄의 처벌 등에 관한 특례법」 제37조제1항제1호에 따른 처분을 하지 아니한다는 결정이 확정된 때
2. 해당 아동보호사건이 제41조 또는 제44조에 따라 준용되는 「가정폭력범죄의 처벌 등에 관한 특례법」 제27조제2항 및 제37조제2항에 따라 송치된 때

③ 공범 중 1명에 대한 제2항의 시효정지는 다른 공범자에게도 효력을 미친다.

제35조(비밀엄수 등의 의무)

① 아동학대범죄의 수사 또는 아동보호사건의 조사·심리 및 그 집행을 담당하거나 이에 관여하는 공무원, 보조인, 진술조력인, 아동보호전문기관 직원과 그 기관장, 상담소 등에 근무하는 상담원과 그 기관장 및 제10조제2항 각 호에 규정된 사람(그 직에 있었던 사람을 포함한다)은 그 직무상 알게 된 비밀을 누설하여서는 아니 된다.

② 신문의 편집인·발행인 또는 그 종사자, 방송사의 편집책임자, 그 기관장 또는 종사자, 그 밖의 출판물의 저작자와 발행인은 아동보호사건에 관련된 아동학대행위자, 피해아동, 고소인, 고발인 또는 신고인의 주소, 성명, 나이, 직업, 용모, 그 밖에 이들을 특정하여 파악할 수 있는 인적 사항이나 사진 등을 신문 등 출판물에 싣거나 방송매체를 통하여 방송할 수 없다.

③ 피해아동의 교육 또는 보육을 담당하는 학교의 교직원 또는 보육교직원은 정당한 사유가 없으면 해당 아동의 취학, 진학, 전학 또는 입소(그 변경을 포함한다)의 사실을 아동학대행위자인 친권자를 포함하여 누구에게든지 누설하여서는 아니 된다.

제36조(보호처분의 결정 등)

① 판사는 심리의 결과 보호처분이 필요하다고 인정하는 경우에는 결정으로 다음 각 호의 어느 하나에 해당하는 보호처분을 할 수 있다.

1. 아동학대행위자가 피해아동 또는 가정구성원에게 접근하는 행위의 제한
2. 아동학대행위자가 피해아동 또는 가정구성원에게 「전기통신기본법」 제2조제1호의 전기통신을 이용하여 접근하는 행위의 제한
3. 피해아동에 대한 친권 또는 후견인 권한 행사의 제한 또는 정지
4. 「보호관찰 등에 관한 법률」에 따른 사회봉사·수강명령
5. 「보호관찰 등에 관한 법률」에 따른 보호관찰
6. 법무부장관 소속으로 설치한 감호위탁시설 또는 법무부장관이 정하는 보호시설에의 감호위탁
7. 의료기관에의 치료위탁
8. 아동보호전문기관, 상담소 등에의 상담위탁

② 제1항 각 호의 처분은 병과할 수 있다.

③ 제1항제3호의 처분을 하는 경우에는 피해아동을 아동학대행위자가 아닌 다른 친권자나 친족 또는 아동복지시설 등으로 인도할 수 있다.

④ 판사가 제1항제3호의 보호처분을 하는 경우 보호처분의 기간 동안 임시로 후견인의 임무를 수행할 사람의 선임 등에 대하여는 제23조를 준용한다.

⑤ 법원은 제1항에 따라 보호처분의 결정을 한 경우에는 지체 없이 그 사실을 검사, 아동학대행위자, 피해아동, 법정대리인, 변호사, 보호관찰관 및 보호처분을 위탁받아 하는 보호시설, 의료기관, 아동보호전문기관 또는 상담소 등(이하 "수탁기관"이라 한다)의 장에게 통지하여야 한다. 다만, 수탁기관이 국가나 지방자치단체가 운영하는 기관이 아닌 경우에는 그 기관의 장으로부터 수탁에 대한 동의를 받아야 한다.

⑥ 제1항제4호부터 제8호까지의 규정에 따라 처분을 한 경우에는 법원은 아동학대행위자의 교정에 필요한 참고자료를 보호관찰관 또는 수탁기관의 장에게 보내야 한다.

⑦ 제1항제6호의 감호위탁기관은 아동학대행위자에 대하여 그 성행을 교정하기 위한 교육을 하여야 한다.

제37조(보호처분의 기간)

제36조제1항제1호부터 제3호까지 및 제5호부터 제8호까지의 규정에 따른 보호처분의 기간은 1년을 초과할 수 없으며, 같은 항 제4호의 사회봉사·수강명령의 시간은 각각 200시간을 초과할 수 없다.

제38조(보호처분 결정의 집행)

① 법원은 가정보호사건조사관, 법원공무원, 사법경찰관리, 보호관찰관 또는 수탁기관 소속 직원으로 하여금 보호처분의 결정을 집행하게 할 수 있다.

② 보호처분의 집행에 관하여 이 법에서 정하지 아니한 사항에 대하여는 아동보호사건의 성질에 위배되지 아니하는 범위에서 「형사소송법」, 「보호관찰 등에 관한 법률」 및 「정신건강증진 및 정신질환자 복지서비스 지원에 관한 법률」을 준용한다.

제39조(보고와 의견 제출 등)

① 법원은 제36조제1항제4호부터 제8호까지의 규정에 따른 보호처분을 결정한 경우에는 보호관찰관 또는 수탁기관의 장에게 아동학대행위자에 관한 보고서 또는 의견서 제출을 요구할 수 있고, 그 집행에 대하여 필요한 지시를 할 수 있다.

② 보호관찰관 또는 수탁기관의 장은 제1항의 경우 외에도 아동학대행위자가 제36조제1항제4호부터 제8호까지의 규정에 따른 보호처분을 이행하지 아니하거나 그 집행에 따르지 아니하는 경우에는 보호처분의 이행 실태에 대한 보고서 또는 의견서를 법원에 제출하여야 한다.

제40조(보호처분의 변경)

① 법원은 보호처분이 진행되는 동안 필요하다고 인정하는 경우에는 직권 또는 검사, 보호관찰관 또는 수탁기관의 장의 청구에 의하여 결정으로 1회에 한정하여 보호처분의 종류와 기간을 변경할 수 있다.

② 제1항에 따라 보호처분의 종류와 기간을 변경하는 경우 종전의 처분기간을 합산하여 제36조제1항제1호부터 제3호까지 및 제5호부터 제8호까지의 규정에 따른 보호처분의 기간은 2년을, 같은 항 제4호의 규정에 따른 사회봉사·수강명령의 시간은 400시간을 각각 초과할 수 없다.

③ 법원은 제1항에 따라 처분변경 결정을 한 경우에는 지체 없이 그 사실을 검사, 아동학대행위자, 피해아동, 법정대리인, 변호사, 보조인, 보호관찰관 및 수탁기관의 장에게 통지하여야 한다.

제41조(보호처분의 취소)

법원은 보호처분을 받은 아동학대행위자가 제36조제1항제4호부터 제8호까지의 규정에 따른 보호처분 결정을 이행하지 아니하거나 그 집행에 따르지 아니하면 직권 또는 검사, 피해아동, 그 법정대리인, 변호사, 보호관찰관이나 수탁기관의 장의 청구에 의하여 결정으로 그 보호처분을 취소하고 다음 각 호에 따라 처리하여야 한다.

1. 제28조에 따라 검사가 송치한 사건인 경우에는 관할 법원에 대응하는 검찰청의 검사에게 송치
2. 제29조에 따라 법원이 송치한 사건인 경우에는 송치한 법원에 이송

제42조(보호처분의 종료)

법원은 아동학대행위자의 성행이 교정되어 정상적인 가정생활이 유지될 수 있다고 판단되거나 그 밖에 보호처분을 계속할 필요가 없다고 인정하는 경우에는 직권 또는 검사, 피해아동, 그 법정대리인, 변호사, 보호관찰관이나 수탁기관의 장의 청구에 의하여 결정으로 보호처분의 전부 또는 일부를 종료할 수 있다.

제43조(비용의 부담)

① 제19조제1항제6호에 따른 임시조치 또는 제36조제1항제7호 및 제8호에 따른 보호처분을 받은 아동학대행위자는 위탁 또는 보호처분에 필요한 비용을 부담한다. 다만, 아동학대행위자가 지급할 능력이 없는 경우에는 국가가 부담할 수 있다.

② 판사는 아동학대행위자에게 제1항 본문에 따른 비용의 예납(豫納)을 명할 수 있다.

③ 제1항에 따라 아동학대행위자가 부담할 비용의 계산, 청구 및 지급 절차, 그 밖에 필요한 사항은 대법원규칙으로 정한다.

제44조(준용)

아동보호사건의 조사·심리·보호처분 및 민사처리에 관한 특례 등에 대하여는 「가정폭력범죄의 처벌 등에 관한 특례법」 제18조의2, 제19조부터 제28조까지, 제30조부터 제39조까지, 제42조, 제56조부터 제62조까지의 규정을 준용한다. 이 경우 "가정보호사건"은 "아동보호사건"으로, "가정폭력행위자"는 "아동학대행위자"로, "피해자"는 "피해아동"으로, "가정폭력범죄"는 "아동학대범죄"로 본다.

제45조(항고와 재항고)

① 제19조의 임시조치(연장 또는 변경의 결정을 포함한다. 이하 같다), 제36조의 보호처분, 제40조의 보호처분의 변경 및 제41조의 보호처분의 취소에 있어서 그 결정에 영향을 미칠 법령 위반이 있거나 중대한 사실 오인이 있는 경우 또는 그 결정이 현저히 부당한 경우에는 검사, 아동학대행위자, 법정대리인 또는 보조인은 가정법원본원합의부에 항고할 수 있다. 다만, 가정법원이 설치되지 아니한 지역에서는 지방법원본원합의부에 하여야 한다.

② 법원이 제44조가 준용하는 「가정폭력범죄의 처벌 등에 관한 특례법」 제37조에 따라 처분을 하지 아니한다는 결정을 한 경우 그 결정이 현저히 부당할 때에는 검사, 피해아동, 그 법정대리인 또는 변호사는 항고할 수 있다. 이 경우 항고법원에 관하여는 제1항을 준용한다.

③ 항고는 그 결정을 고지받은 날부터 7일 이내에 하여야 한다.

④ 임시조치·보호처분의 항고·재항고에 관하여는 「가정폭력범죄의 처벌 등에 관한 특례법」 제50조부터 제54조까지의 규정을 준용한다. 이 경우 "가정보호사건"은 "아동보호사건"으로 본다.

제5장 피해아동보호명령

제46조(피해아동보호명령사건의 관할)

① 피해아동보호명령사건의 관할은 아동학대행위자의 행위지·거주지 또는 현재지 및 피해아동의 거주지 또는 현재지를 관할하는 가정법원으로 한다. 다만, 가정법원이 설치되지 아니하는 지역에 있어서는 해당 지역의 지방법원으로 한다.

② 피해아동보호명령사건의 심리와 결정은 판사가 한다.

제47조(가정법원의 피해아동에 대한 보호명령)

① 판사는 직권 또는 피해아동, 그 법정대리인, 변호사, 아동보호전문기관의 장의 청구에 따라 결정으로 피해아동의 보호를 위하여 다음 각 호의 피해아동보호명령을 할 수 있다.

1. 아동학대행위자를 피해아동의 주거지 또는 점유하는 방실(房室)로부터의 퇴거 등 격리
2. 아동학대행위자가 피해아동 또는 가정구성원에게 접근하는 행위의 제한
3. 아동학대행위자가 피해아동 또는 가정구성원에게 「전기통신기본법」 제2조제1호의 전기통신을 이용하여 접근하는 행위의 제한
4. 피해아동을 아동복지시설 또는 장애인복지시설로의 보호위탁
5. 피해아동을 의료기관으로의 치료위탁
6. 피해아동을 연고자 등에게 가정위탁
7. 친권자인 아동학대행위자의 피해아동에 대한 친권 행사의 제한 또는 정지
8. 후견인인 아동학대행위자의 피해아동에 대한 후견인 권한의 제한 또는 정지
9. 친권자 또는 후견인의 의사표시를 갈음하는 결정

② 제1항 각 호의 처분은 병과할 수 있다.

③ 판사가 제1항 각 호의 피해아동보호명령을 하는 경우 피해아동, 그 법정대리인, 변호사 또는 아동보호전문기관의 장은 관할 법원에 내하여 필요한 의견을 진술할 수 있다.

④ 판사가 제1항제7호 및 제8호의 피해아동보호명령을 하는 경우 피해아동보호명령의 기간 동안 임시로 후견인의 임무를 수행할 자의 선임 등에 대하여는 제23조를 준용한다.

⑤ 제1항제4호부터 제6호까지의 규정에 따른 위탁 대상이 되는 아동복지시설, 의료기관, 연고자 등의 기준과 위탁의 절차 및 집행 등에 관하여 필요한 사항은 대법원규칙으로 정한다.

제48조(보조인)

① 피해아동 및 아동학대행위자는 피해아동보호명령사건에 대하여 각자 보조인을 선임할 수 있다.

② 피해아동 및 아동학대행위자의 법정대리인·배우자·직계친족·형제자매, 아동보호전문기관의 상담원과 그 기관장 및 제16조에 따른 변호사는 보조인이 될 수 있다.

③ 변호사(「변호사법」에 따른 변호사를 말한다. 이하 제49조에서 같다)가 아닌 사람을 보조인으로 선임하거나 제2항에 따른 보조인이 되려면 법원의 허가를 받아야 한다.

④ 판사는 언제든지 제3항의 허가를 취소할 수 있다.

⑤ 제1항에 따른 보조인의 선임은 심급마다 보조인과 연명날인한 서면으로 제출하여야 한다.

⑥ 제2항에 따른 보조인이 되고자 하는 자는 심급별로 그 취지를 신고하여야 한다. 이 경우 보조인이 되고자 하

는 자와 피해아동·아동학대행위자 사이의 신분관계 또는 보조인이 되고자 하는 자의 직위를 소명하는 서면을 첨부하여야 한다.

⑦ 제1항에 따른 보조인은 독립하여 절차행위를 할 수 있고, 제2항에 따른 보조인은 독립하여 피해아동 또는 아동학대행위자의 명시한 의사에 반하지 아니하는 절차행위를 할 수 있다. 다만, 법률에 다른 규정이 있는 때에는 예외로 한다.

제49조(국선보조인)

① 다음 각 호의 어느 하나에 해당하는 경우 법원은 직권에 의하거나 피해아동 또는 피해아동의 법정대리인·직계친족·형제자매, 아동보호전문기관의 상담원과 그 기관장의 신청에 따라 변호사를 피해아동의 보조인으로 선정할 수 있다.

1. 피해아동에게 신체적·정신적 장애가 의심되는 경우
2. 빈곤이나 그 밖의 사유로 보조인을 선임할 수 없는 경우
3. 그 밖에 판사가 보조인이 필요하다고 인정하는 경우

② 법원은 아동학대행위자가 「형사소송법」 제33조제1항 각 호의 어느 하나에 해당하는 경우에는 직권으로 변호사를 아동학대행위자의 보조인으로 선정할 수 있다.

③ 제1항과 제2항에 따라 선정된 보조인에게 지급하는 비용에 대하여는 「형사소송비용 등에 관한 법률」을 준용한다.

제50조(피해아동보호명령의 집행 및 취소와 변경)

① 관할 법원의 판사는 제47조제1항제1호부터 제6호까지의 규정에 따른 피해아동보호명령을 하는 경우, 가정보호사건조사관, 법원공무원, 사법경찰관리 또는 구치소 소속 교정직공무원으로 하여금 이를 집행하게 하거나, 특별시장·광역시장·특별자치시장·도지사·특별자치도지사 또는 시장·군수·구청장에게 그 집행을 위임할 수 있다.

② 피해아동, 그 법정대리인, 변호사 또는 아동보호전문기관의 장은 제47조제1항에 따른 보호명령의 취소 또는 그 종류의 변경을 신청할 수 있다.

③ 판사는 상당한 이유가 있다고 인정하는 때에는 직권 또는 제2항의 신청에 따라 결정으로 해당 피해아동보호명령을 취소하거나 그 종류를 변경할 수 있다.

제51조(피해아동보호명령의 기간)

① 제47조제1항제1호부터 제8호까지의 피해아동보호명령의 기간은 1년을 초과할 수 없다. 다만, 관할 법원의 판사는 피해아동의 보호를 위하여 그 기간의 연장이 필요하다고 인정하는 경우 직권 또는 피해아동, 그 법정대리인, 변호사의 청구에 따른 결정으로 3개월 단위로 그 기간을 연장할 수 있다.

② 제1항에 따라 기간을 연장하더라도 피해아동보호명령의 총 기간은 4년을 초과할 수 없다.

제52조(피해아동에 대한 임시보호명령)

① 관할 법원의 판사는 제47조에 따른 피해아동보호명령의 청구가 있는 경우에 피해아동 보호를 위하여 필요하다고 인정하는 때에는 결정으로 임시로 제47조제1항 각 호의 어느 하나에 해당하는 조치(이하 "임시보호명령"이라 한다)를 할 수 있다.

② 임시보호명령의 기간은 피해아동보호명령의 결정 시까지로 한다. 다만, 판사는 필요하다고 인정하는 경우에는

그 기간을 제한할 수 있다.

③ 판사가 제47조제1항제7호 및 제8호에 따라 임시보호명령을 한 경우 그 임시보호명령의 기간 동안 임시로 후견인의 임무를 수행할 자의 선임 등에 대하여는 제23조를 준용한다.

④ 임시보호명령의 집행 및 취소와 변경에 대하여는 제50조를 준용한다. 이 경우 "피해아동보호명령"은 "임시보호명령"으로 본다.

제53조(이행실태의 조사) ① 관할 법원은 가정보호사건조사관, 법원공무원, 사법경찰관리 또는 보호관찰관 등으로 하여금 임시보호명령 및 피해아동보호명령의 이행실태에 대하여 수시로 조사하게 하고, 지체 없이 그 결과를 보고하도록 할 수 있다.

② 관할 법원은 임시보호명령 및 피해아동보호명령을 받은 아동학대행위자가 그 결정을 이행하지 아니하거나 집행에 따르지 아니하는 때에는 그 사실을 관할 법원에 대응하는 검찰청 검사에게 통보할 수 있다.

제54조(병합심리)

법원은 사건의 관련성이 인정되어 병합하여 심리할 필요성이 있는 경우에는 피해아동보호명령사건과 아동보호사건을 병합하여 심리할 수 있다.

제55조(아동보호전문기관에 대한 교육)

관계 행정기관의 장은 아동보호전문기관의 종사자에게 아동학대사건의 조사에 필요한 전문지식과 피해아동 보호를 위한 조사방법 등에 관하여 교육을 실시하여야 한다.

제56조(준용)

① 피해아동보호명령사건의 조사·심리에 관하여는 「가정폭력범죄의 처벌 등에 관한 특례법」 제19조부터 제22조까지, 제30조부터 제32조까지 및 제34조부터 제36조까지의 규정을 준용한다. 이 경우 "가정보호사건"은 "아동보호사건"으로, "가정폭력행위자"는 "아동학대행위자"로, "피해자"는 "피해아동"으로, "가정폭력범죄"는 "아동학대범죄"로, "보호처분"은 "피해아동보호명령"으로 본다.

제57조(항고와 재항고)

① 제47조에 따른 피해아동보호명령(제51조에 따른 연장의 결정을 포함한다) 및 제50조에 따른 그 취소 또는 종류의 변경, 제52조에 따른 임시보호명령 및 그 취소 또는 종류의 변경에 있어서 그 결정에 영향을 미칠 법령 위반이 있거나 중대한 사실오인이 있는 때 또는 그 결정이 현저히 부당한 때에는 피해아동, 아동학대행위자, 법정대리인, 변호사, 아동보호전문기관의 장 또는 보조인은 가정법원본원합의부에 항고할 수 있다. 다만, 가정법원이 설치되지 아니한 지역에서는 지방법원본원합의부에 하여야 한다.

② 판사가 피해아동보호명령의 청구를 기각한 경우 피해아동, 그 법정대리인, 변호사 또는 아동보호전문기관의 장은 항고할 수 있다. 이 경우 항고법원에 관하여는 제1항을 준용한다.

③ 제1항 및 제2항에 따른 피해아동보호명령 등의 항고 및 재항고에 관하여는 「가정폭력범죄의 처벌 등에 관한 특례법」 제49조제3항 및 제50조부터 제53조까지의 규정을 준용한다.

제6장 벌칙

제59조(보호처분 등의 불이행죄)

① 다음 각 호의 어느 하나에 해당하는 아동학대행위자는 2년 이하의 징역 또는 2천만원 이하의 벌금 또는 구류에 처한다.
  1. 제19조제1항제1호부터 제4호까지의 어느 하나에 해당하는 임시조치를 이행하지 아니한 아동학대행위자
  2. 제36조제1항제1호부터 제3호까지의 어느 하나에 해당하는 보호처분이 확정된 후에 이를 이행하지 아니한 아동학대행위자
  3. 제47조에 따른 피해아동보호명령, 제52조에 따른 임시보호명령이 결정된 후에 이를 이행하지 아니한 아동학대행위자

② 상습적으로 제1항의 죄를 범한 아동학대행위자는 5년 이하의 징역이나 3천만원 이하의 벌금에 처한다.

③ 제8조제1항에 따라 이수명령을 부과받은 사람이 보호관찰소의 장 또는 교정시설의 장의 이수명령 이행에 관한 지시에 불응하여 「보호관찰 등에 관한 법률」 또는 「형의 집행 및 수용자의 처우에 관한 법률」에 따른 경고를 받은 후 재차 정당한 사유 없이 이수명령 이행에 관한 지시에 불응한 경우 다음 각 호에 따른다.
  1. 벌금형과 병과된 경우에는 500만원 이하의 벌금에 처한다.
  2. 징역형의 실형과 병과된 경우에는 1년 이하의 징역 또는 500만원 이하의 벌금에 처한다.

제60조(피해자 등에 대한 강요행위)

폭행이나 협박으로 아동학대범죄의 피해아동 또는 제2조제2호에 따른 보호자를 상대로 합의를 강요한 사람은 7년 이하의 징역에 처한다.

제61조(업무수행 등의 방해죄)

① 제11조제2항, 제12조제1항, 제19조제1항 각 호 또는 제36조제1항 각 호에 따른 업무를 수행 중인 아동보호전문기관의 직원에 대하여 폭행 또는 협박하거나 위계 또는 위력으로써 그 업무수행을 방해한 사람은 5년 이하의 징역 또는 1천500만원 이하의 벌금에 처한다.

② 단체 또는 다중의 위력을 보이거나 위험한 물건을 휴대하여 제1항의 죄를 범한 때에는 그 정한 형의 2분의 1까지 가중한다.

③ 제1항의 죄를 범하여 아동보호전문기관의 직원을 상해에 이르게 한 때에는 3년 이상의 유기징역에 처한다. 사망에 이르게 한 때에는 무기 또는 5년 이상의 징역에 처한다.

제62조(비밀엄수 등 의무의 위반죄)

① 제35조제1항에 따른 비밀엄수 의무를 위반한 보조인, 진술조력인, 아동보호전문기관 직원과 그 기관장, 상담소 등에 근무하는 상담원과 그 기관장 및 제10조제2항 각 호에 규정된 사람(그 직에 있었던 사람을 포함한다)은 3년 이하의 징역이나 5년 이하의 자격정지 또는 3천만원 이하의 벌금에 처한다. 다만, 보조인인 변호사에 대하여는 「형법」 제317조제1항을 적용한다.

② 제10조제3항을 위반하여 신고인의 인적사항 또는 신고인임을 미루어 알 수 있는 사실을 다른 사람에게 알려주거나 공개 또는 보도한 자는 3년 이하의 징역이나 3천만원 이하의 벌금에 처한다.

③ 제35조제2항의 보도 금지 의무를 위반한 신문의 편집인·발행인 또는 그 종사자, 방송사의 편집책임자, 그 기

관장 또는 종사자, 그 밖의 출판물의 저작자와 발행인은 500만원 이하의 벌금에 처한다.

제62조의2(불이익조치 금지 위반죄)

① 제10조의2를 위반하여 아동학대범죄신고자등에게 파면, 해임, 해고, 그 밖에 신분상실에 해당하는 신분상의 불이익조치를 한 자는 2년 이하의 징역 또는 2천만원 이하의 벌금에 처한다.

② 제10조의2를 위반하여 아동학대범죄신고자등에게 다음 각 호의 어느 하나에 해당하는 불이익조치를 한 자는 1년 이하의 징역 또는 1천만원 이하의 벌금에 처한다.

1. 징계, 정직, 감봉, 강등, 승진 제한, 그 밖에 부당한 인사조치
2. 전보, 전근, 직무 미부여, 직무 재배치, 그 밖에 본인의 의사에 반하는 인사조치
3. 성과평가 또는 동료평가 등에서의 차별과 그에 따른 임금 또는 상여금 등의 차별 지급
4. 교육 또는 훈련 등 자기계발 기회의 취소, 예산 또는 인력 등 가용자원의 제한 또는 제거, 보안정보 또는 비밀정보 사용의 정지 또는 취급 자격의 취소, 그 밖에 근무조건 등에 부정적 영향을 미치는 차별 또는 조치
5. 주의 대상자 명단 작성 또는 그 명단의 공개, 집단 따돌림, 폭행 또는 폭언, 그 밖에 정신적·신체적 손상을 가져오는 행위
6. 직무에 대한 부당한 감사 또는 조사나 그 결과의 공개

제63조(과태료) ① 다음 각 호의 어느 하나에 해당하는 사람에게는 500만원 이하의 과태료를 부과한다.

1. 정당한 사유 없이 판사의 아동보호사건의 조사·심리를 위한 소환에 따르지 아니한 사람
2. 정당한 사유 없이 제10조제2항에 따른 신고를 하지 아니한 사람
3. 정당한 사유 없이 제13조제1항에 따른 긴급임시조치를 이행하지 아니한 사람
4. 정당한 사유 없이 제36조제1항제4호부터 제8호까지의 보호처분이 확정된 후 이를 이행하지 아니하거나 집행에 따르지 아니한 사람
5. 정당한 사유 없이 제39조에 따른 보고서 또는 의견서 제출 요구에 따르지 아니한 사람

② 제1항에 따른 과태료는 대통령령으로 정하는 바에 따라 관계 행정기관의 장이 부과·징수한다.

제64조(벌칙적용에 있어서 공무원의 의제) 아동보호전문기관의 장과 그 직원 및 진술조력인은 「형법」 제129조부터 제132조까지의 규정에 따른 벌칙의 적용에서는 공무원으로 본다.

청소년보호법

제1장 총칙

제1조(목적)

이 법은 청소년에게 유해한 매체물과 약물 등이 청소년에게 유통되는 것과 청소년이 유해한 업소에 출입하는 것 등을 규제하고 청소년을 유해한 환경으로부터 보호·구제함으로써 청소년이 건전한 인격체로 성장할 수 있도록 함을 목적으로 한다.

제2조(정의) 이 법에서 사용하는 용어의 뜻은 다음과 같다.

<table>
<tr><td>청소년</td><td colspan="2">만 19세 미만인 사람을 말한다. 다만, 만 19세가 되는 해의 1월 1일을 맞이한 사람은 제외한다.</td></tr>
<tr><td>청소년
유해
매체물</td><td colspan="2">가. 청소년보호위원회가 청소년에게 유해한 것으로 결정하거나 확인하여 여성가족부장관이 고시한 매체물
나. 각 심의기관이 청소년에게 유해한 것으로 심의하거나 확인하여 여성가족부장관이 고시한 매체물</td></tr>
<tr><td rowspan="3">청소년
유해
약물등</td><td colspan="2">청소년에게 유해한 것으로 인정되는 다음 가목의 약물(이하 "청소년유해약물"이라 한다)과 청소년에게 유해한 것으로 인정되는 다음 나목의 물건(이하 "청소년유해물건"이라 한다)을 말한다.</td></tr>
<tr><td>청소년
유해약물[2]</td><td>1) 「주세법」에 따른 주류
2) 「담배사업법」에 따른 담배
3) 「마약류 관리에 관한 법률」에 따른 마약류
4) 「화학물질관리법」에 따른 환각물질
5) 그 밖에 중추신경에 작용하여 습관성, 중독성, 내성 등을 유발하여 인체에 유해하게 작용할 수 있는 약물 등 청소년의 사용을 제한하지 아니하면 청소년의 심신을 심각하게 손상시킬 우려가 있는 약물로서 대통령령으로 정하는 기준에 따라 관계 기관의 의견을 들어 제36조에 따른 청소년보호위원회(이하 "청소년보호위원회"라 한다)가 결정하고 여성가족부장관이 고시한 것</td></tr>
<tr><td>청소년
유해물건[3]</td><td>1) 청소년에게 음란한 행위를 조장하는 성기구 등 청소년의 사용을 제한하지 아니하면 청소년의 심신을 심각하게 손상시킬 우려가 있는 성 관련 물건으로서 대통령령으로 정하는 기준에 따라 청소년보호위원회가 결정하고 여성가족부장관이 고시한 것
2) 청소년에게 음란성·포악성·잔인성·사행성 등을 조장하는 완구류 등 청소년의 사용을 제한하지 아니하면 청소년의 심신을 심각하게 손상시킬 우려가 있는 물건으로서 대통령령으로 정하는 기준에 따라 청소년보호위원회가 결정하고 여성가족부장관이 고시한 것</td></tr>
<tr><td>청소년
유해업소</td><td colspan="2">청소년의 출입과 고용이 청소년에게 유해한 것으로 인정되는 다음 가목의 업소(이하 "청소년 출입·고용금지업소"라 한다)와 청소년의 출입은 가능하나 고용이 청소년에게 유해한 것으로 인정되는 다음 나목의 업소(이하 "청소년고용금지업소"라 한다)를 말한다. 이 경우 업소의 구분은 그 업소가 영업을 할 때 다른 법령에 따라 요구되는 허가·인가·등록·신고 등의 여부와 관계없이 실제로 이루어지고 있는 영업행위를 기준으로 한다.</td></tr>
</table>

	청소년 출입·고용 금지업소[4]	1) 「게임산업진흥에 관한 법률」에 따른 일반게임제공업 및 복합유통게임제공업 중 대통령령으로 정하는 것 2) 「사행행위 등 규제 및 처벌 특례법」에 따른 사행행위영업 3) 「식품위생법」에 따른 식품접객업 중 대통령령으로 정하는 것 4) 「영화 및 비디오물의 진흥에 관한 법률」 제2조제16호에 따른 비디오물감상실업·제한관람가비디오물소극장업 및 복합영상물제공업 5) 「음악산업진흥에 관한 법률」에 따른 노래연습장업 중 대통령령으로 정하는 것 6) 「체육시설의 설치·이용에 관한 법률」에 따른 무도학원업 및 무도장업 7) 전기통신설비를 갖추고 불특정한 사람들 사이의 음성대화 또는 화상대화를 매개하는 것을 주된 목적으로 하는 영업. 다만, 「전기통신사업법」 등 다른 법률에 따라 통신을 매개하는 영업은 제외한다. 8) 불특정한 사람 사이의 신체적인 접촉 또는 은밀한 부분의 노출 등 성적 행위가 이루어지거나 이와 유사한 행위가 이루어질 우려가 있는 서비스를 제공하는 영업으로서 청소년보호위원회가 결정하고 여성가족부장관이 고시한 것 9) 청소년유해매체물 및 청소년유해약물등을 제작·생산·유통하는 영업 등 청소년의 출입과 고용이 청소년에게 유해하다고 인정되는 영업으로서 대통령령으로 정하는 기준에 따라 청소년보호위원회가 결정하고 여성가족부장관이 고시한 것 10) 「한국마사회법」 제6조제2항에 따른 장외발매소(경마가 개최되는 날에 한정한다) 11) 「경륜·경정법」 제9조제2항에 따른 장외매장(경륜·경정이 개최되는 날에 한정한다)
	청소년고용금 지업소[5]	1) 「게임산업진흥에 관한 법률」에 따른 청소년게임제공업 및 인터넷컴퓨터게임시설제공업 2) 「공중위생관리법」에 따른 숙박업, 목욕장업, 이용업 중 대통령령으로 정하는 것 3) 「식품위생법」에 따른 식품접객업 중 대통령령으로 정하는 것 4) 「영화 및 비디오물의 진흥에 관한 법률」에 따른 비디오물소극장업 5) 「화학물질관리법」에 따른 유해화학물질 영업. 다만, 유해화학물질 사용과 직접 관련이 없는 영업으로서 대통령령으로 정하는 영업은 제외한다. 6) 회비 등을 받거나 유료로 만화를 빌려 주는 만화대여업 7) 청소년유해매체물 및 청소년유해약물등을 제작·생산·유통하는 영업 등 청소년의 고용이 청소년에게 유해하다고 인정되는 영업으로서 대통령령으로 정하는 기준에 따라 청소년보호위원회가 결정하고 여성가족부장관이 고시한 것
유통	매체물 또는 약물 등을 판매·대여·배포·방송·공연·상영·전시·진열·광고하거나 시청 또는 이용하도록 제공하는 행위와 이러한 목적으로 매체물 또는 약물 등을 인쇄·복제 또는 수입하는 행위	
청소년 폭력·학대	폭력이나 학대를 통하여 청소년에게 신체적·정신적 피해를 발생하게 하는 행위	
청소년 유해환경	청소년유해매체물, 청소년유해약물등, 청소년유해업소 및 청소년폭력·학대	

2) 제3조(청소년유해약물의 결정기준) 법 제2조제4호가목5)에서 "대통령령으로 정하는 기준"이란 다음 각 호의 어느 하나에 해당하는 것을 말한다.
1. 청소년의 정신기능에 영향을 미쳐 판단력 장애 등 일시적 또는 영구적 정신장애를 초래할 수 있는 약물일 것
2. 청소년의 신체기능에 영향을 미쳐 정상적인 신체발육에 장애를 초래할 수 있는 약물일 것.

제2장 청소년유해매체물의 결정 및 유통 규제

제12조(청소년유해매체물의 재심의)

---

3. 습관성, 중독성, 내성(耐性) 또는 금단증상 등을 유발함으로써 청소년의 정상적인 심신발달에 장애를 초래할 수 있는 약물일 것

3) 제4조(청소년유해물건의 결정기준)

① 법 제2조제4호나목1)에서 "대통령령으로 정하는 기준"이란 다음 각 호의 어느 하나에 해당하는 것을 말한다.

1. 청소년이 사용할 경우 성 관련 신체부위의 훼손 등 신체적 부작용을 초래할 우려가 있는 물건일 것
2. 청소년에게 인격 비하, 수간(獸姦) 등 반인륜적 성의식을 조장할 우려가 있는 물건일 것
3. 청소년에게 음란성이나 비정상적인 성적 호기심을 유발할 우려가 있거나 지나치게 성적 자극에 빠지게 할 우려가 있는 물건일 것

② 법 제2조제4호나목2)에서 "대통령령으로 정하는 기준"이란 다음 각 호의 어느 하나에 해당하는 것을 말한다.

1. 물건의 형상·구조·기능 등이 청소년의 사용을 제한하지 아니하면 청소년의 생명·신체·재산에 해를 끼칠 우려가 있는 물건일 것
2. 물건의 형상·구조·기능 등이 청소년에게 포악성 또는 범죄의 충동을 일으킬 수 있는 것 또는 성적인 욕구를 자극하는 선정적이거나 음란한 것으로서 청소년의 건전한 심신발달에 장애를 초래할 우려가 있는 물건일 것

4) 제5조(청소년 출입·고용금지업소의 범위)

① 법 제2조제5호가목1)에서 "대통령령으로 정하는 것"이란 다음 각 호의 어느 하나에 해당하는 영업을 말한다.

1. 일반게임제공업
2. 복합유통게임제공업. 다만, 둘 이상의 업종(1개의 기기에서 게임, 노래연습, 영화감상 등 다양한 콘텐츠를 제공하는 경우는 제외한다)을 같은 장소에서 영업하는 경우로서 제1호의 업소 및 법 제2조제5호가목2)부터 9)까지의 청소년 출입·고용금지업소가 포함되지 아니한 업소는 청소년의 출입을 허용한다.

② 법 제2조제5호가목3)에서 "대통령령으로 정하는 것"이란 단란주점영업 및 유흥주점영업을 말한다.

③ 법 제2조제5호가목5)에서 "대통령령으로 정하는 것"이란 노래연습장업을 말한다. 다만, 청소년실을 갖춘 노래연습장업의 경우에는 청소년실에 한정하여 청소년의 출입을 허용한다.

④ 법 제2조제5호가목9)에서 "청소년의 출입과 고용이 청소년에게 유해하다고 인정되는 영업으로서 대통령령으로 정하는 기준"이란 다음 각 호의 어느 하나에 해당하는 것을 말한다.

1. 영업의 형태나 목적이 주로 성인을 대상으로 한 술·노래·춤의 제공 등 유흥접객행위가 이루어지는 영업일 것
2. 주로 성인용의 매체물을 유통하는 영업일 것
3. 청소년유해매체물·청소년유해약물등을 제작·생산·유통하는 영업 중 청소년의 출입·고용이 청소년의 심신발달에 장애를 초래할 우려가 있는 영업일 것

5) 제6조(청소년고용금지업소의 범위)

① 법 제2조제5호나목2)에서 "대통령령으로 정하는 것"이란 다음 각 호의 어느 하나에 해당하는 영업을 말한다.

1. 숙박업. 다만, 「관광진흥법」 제3조제1항제2호나목에 따른 휴양 콘도미니엄업과 「농어촌정비법」 또는 「국제회의산업 육성에 관한 법률」을 적용받는 숙박시설에 의한 숙박업은 제외한다.
2. 목욕장업 중 안마실을 설치하여 영업을 하거나 개별실(個別室)로 구획하여 하는 영업
3. 이용업. 다만, 다른 법령에 따라 취업이 금지되지 아니한 남자 청소년을 고용하는 경우는 제외한다.

② 법 제2조제5호나목3)에서 "대통령령으로 정하는 것"이란 다음 각 호의 어느 하나에 해당하는 영업을 말한다.

1. 휴게음식점영업으로서 주로 차 종류를 조리·판매하는 영업 중 종업원에게 영업장을 벗어나 차 종류 등을 배달·판매하게 하면서 소요 시간에 따라 대가를 받게 하거나 이를 조장 또는 묵인하는 형태로 운영되는 영업
2. 일반음식점영업 중 음식류의 조리·판매보다는 주로 주류의 조리·판매를 목적으로 하는 소주방·호프·카페 등의 형태로 운영되는 영업

③ 법 제2조제5호나목5)에서 "대통령령으로 정하는 영업"이란 「화학물질관리법」 제27조제5호에 따른 유해화학물질 사용업 중 유해화학물질을 직접 사용하지 아니하는 장소에서 이루어지는 영업을 말한다.〈개정 2014.12.9.〉

④ 법 제2조제5호나목7)에서 "대통령령으로 정하는 기준"이란 다음 각 호의 어느 하나에 해당하는 것을 말한다.

1. 청소년유해매체물 또는 청소년유해약물등을 제작·생산·유통하는 영업으로서 청소년이 고용되어 근로할 경우에 청소년유해매체물 또는 청소년유해약물등에 쉽게 접촉되어 고용 청소년의 건전한 심신발달에 장애를 초래할 우려가 있는 영업일 것
2. 외관상 영업행위가 성인·청소년 모두를 대상으로 하지만 성인 대상의 영업이 이루어짐으로써 고용 청소년에게 유해한 근로행위를 요구할 것이 우려되는 영업일 것

① 매체물의 제작자·발행자나 유통행위자는 제7조에 따른 청소년보호위원회의 심의·결정에 이의가 있는 경우 심의·결정의 결과를 통지받은 날부터 30일 이내에 청소년보호위원회에 재심의를 청구할 수 있다.
③ 청소년보호위원회는 제1항에 따른 재심의 청구를 받은 날부터 30일 이내에 심의·결정하여 그 결과를 청구인에게 통보하여야 한다. 다만, 30일 이내에 재심의 결정을 하기 어려운 경우에는 청소년보호위원회의 의결을 거쳐 30일의 범위에서 그 기간을 연장할 수 있다.

제18조(방송시간 제한)

청소년유해매체물로서 제2조제2호바목에 해당하는 매체물과 같은 호 차목·카목에 해당하는 매체물 중 방송을 이용하는 매체물은 대통령령으로 정하는 시간에는 방송하여서는 아니 된다.

 # 청소년보호법 시행령

제19조(청소년 시청 보호시간대)
① 법 제18조에 따라 청소년유해매체물을 방송해서는 아니 되는 방송시간은 평일은 오전 7시부터 오전 9시까지와 오후 1시부터 오후 10시까지로 하고, 토요일과 「관공서의 공휴일에 관한 규정」 제2조에 따른 공휴일 및 여성가족부장관이 정하여 고시하는 「초·중등교육법」 제2조에 따른 초등학교·중학교·고등학교의 방학기간에는 오전 7시부터 오후 10시까지로 한다. 다만, 「방송법」 에 따른 방송 중 시청자와의 계약에 의하여 채널별로 대가를 받고 제공하는 방송의 경우에는 오후 6시부터 오후 10시까지로 한다.
② 제1항에 따른 방송시간에 방송되는 청소년유해매체물의 예고 방송에는 법 제9조제1항 각 호에 따른 내용을 포함해서는 아니 된다.

제3장 청소년의 인터넷게임 중독 예방

제24조(인터넷게임 이용자의 친권자등의 동의)

① 정보통신망을 통하여 실시간으로 제공되는 게임물(이하 "인터넷게임"이라 한다)의 제공자는 회원으로 가입하려는 사람이 16세 미만의 청소년일 경우에는 친권자등의 동의를 받아야 한다.

제25조(인터넷게임 제공자의 고지 의무)

① 인터넷게임의 제공자는 16세 미만의 청소년 회원가입자의 친권자등에게 해당 청소년과 관련된 다음 각 호의 사항을 알려야 한다.
1. 제공되는 게임의 특성·등급(「게임산업진흥에 관한 법률」 제21조에 따른 게임물의 등급을 말한다)·유료화 정책 등에 관한 기본적인 사항
2. 인터넷게임 이용시간
3. 인터넷게임 이용 등에 따른 결제정보

제26조(심야시간대의 인터넷게임 제공시간 제한)

① 인터넷게임의 제공자는 16세 미만의 청소년에게 오전 0시부터 오전 6시까지 인터넷게임을 제공하여서는 아니 된다.
② 여성가족부장관은 문화체육관광부장관과 협의하여 제1항에 따른 심야시간대 인터넷게임의 제공시간 제한대

상 게임물의 범위가 적절한지를 대통령령으로 정하는 바에 따라 2년마다 평가하여 개선 등의 조치를 하여야 한다.

제4장 청소년유해약물등, 청소년유해행위 및 청소년유해업소 등의 규제

제28조(청소년유해약물등의 판매·대여 등의 금지)

① 누구든지 청소년을 대상으로 청소년유해약물등을 판매·대여·배포하거나 무상으로 제공하여서는 아니 된다. 다만, 교육·실험 또는 치료를 위한 경우로서 대통령령으로 정하는 경우는 예외로 한다.

② 누구든지 청소년의 의뢰를 받아 청소년유해약물등을 구입하여 청소년에게 제공하여서는 아니 된다.

③ 청소년유해약물등을 판매·대여·배포하고자 하는 자는 그 상대방의 나이를 확인하여야 한다.

④ 다음 각 호의 어느 하나에 해당하는 자가 청소년유해약물 중 주류나 담배(이하 "주류등"이라 한다)를 판매·대여·배포하는 경우 그 업소(자동기계장치·무인판매장치를 포함한다)에 청소년을 대상으로 주류등의 판매·대여·배포를 금지하는 내용을 표시하여야 한다. 다만, 청소년 출입·고용금지업소는 제외한다.

1. 「주세법」에 따른 주류소매업의 영업자
2. 「담배사업법」에 따른 담배소매업의 영업자
3. 그 밖에 대통령령으로 정하는 업소의 영업자

⑤ 여성가족부장관은 청소년유해약물등 목록표를 작성하여 청소년유해약물등과 관련이 있는 관계기관등에 통보하여야 하고, 필요한 경우 약물 유통을 업으로 하는 개인·법인·단체에 통보할 수 있으며, 친권자등의 요청이 있는 경우 친권자등에게 통지할 수 있다.

⑥ 다음 각 호의 어느 하나에 해당하는 자는 청소년유해약물등에 대하여 청소년유해표시를 하여야 한다.

1. 청소년유해약물을 제조·수입한 자
2. 청소년유해물건을 제작·수입한 자

제29조(청소년 고용 금지 및 출입 제한 등)

① 청소년유해업소의 업주는 청소년을 고용하여서는 아니 된다. 청소년유해업소의 업주가 종업원을 고용하려면 미리 나이를 확인하여야 한다.

② 청소년 출입·고용금지업소의 업주와 종사자는 출입자의 나이를 확인하여 청소년이 그 업소에 출입하지 못하게 하여야 한다.

③ 청소년유해업소의 업주와 종사자는 제1항 및 제2항에 따른 나이 확인을 위하여 필요한 경우 주민등록증이나 그 밖에 나이를 확인할 수 있는 증표(이하 이 항에서 "증표"라 한다)의 제시를 요구할 수 있으며, 증표 제시를 요구받고도 정당한 사유 없이 증표를 제시하지 아니하는 사람에게는 그 업소의 출입을 제한할 수 있다.

④ 제2항에도 불구하고 청소년이 친권자등을 동반할 때에는 대통령령으로 정하는 바에 따라 출입하게 할 수 있다. 다만, 「식품위생법」에 따른 식품접객업 중 대통령령으로 정하는 업소의 경우에는 출입할 수 없다.

⑤ 청소년유해업소의 업주와 종사자는 그 업소에 대통령령으로 정하는 바에 따라 청소년의 출입과 고용을 제한하는 내용을 표시하여야 한다.

제30조(청소년유해행위의 금지)

누구든지 청소년에게 다음 각 호의 어느 하나에 해당하는 행위를 하여서는 아니 된다.

1. 영리를 목적으로 청소년으로 하여금 신체적인 접촉 또는 은밀한 부분의 노출 등 성적 접대행위를 하게 하거

나 이러한 행위를 알선·매개하는 행위

2. 영리를 목적으로 청소년으로 하여금 손님과 함께 술을 마시거나 노래 또는 춤 등으로 손님의 유흥을 돋우는 접객행위를 하게 하거나 이러한 행위를 알선·매개하는 행위
3. 영리나 흥행을 목적으로 청소년에게 음란한 행위를 하게 하는 행위
4. 영리나 흥행을 목적으로 청소년의 장애나 기형 등의 모습을 일반인들에게 관람시키는 행위
5. 청소년에게 구걸을 시키거나 청소년을 이용하여 구걸하는 행위
6. 청소년을 학대하는 행위
7. 영리를 목적으로 청소년으로 하여금 거리에서 손님을 유인하는 행위를 하게 하는 행위
8. 청소년을 남녀 혼숙하게 하는 등 풍기를 문란하게 하는 영업행위를 하거나 이를 목적으로 장소를 제공하는 행위
9. 주로 차 종류를 조리·판매하는 업소에서 청소년으로 하여금 영업장을 벗어나 차 종류를 배달하는 행위를 하게 하거나 이를 조장하거나 묵인하는 행위

제31조(청소년 통행금지·제한구역의 지정 등)

① 특별자치시장·특별자치도지사·시장·군수·구청장은 청소년 보호를 위하여 필요하다고 인정할 경우 청소년의 정신적·신체적 건강을 해칠 우려가 있는 구역을 청소년 통행금지구역 또는 청소년 통행제한구역으로 지정하여야 한다.

② 시장·군수·구청장은 청소년 범죄 또는 탈선의 예방 등 특별한 이유가 있으면 대통령령으로 정하는 바에 따라 시간을 정하여 제1항에 따라 지정된 구역에 청소년이 통행하는 것을 금지하거나 제한할 수 있다.

제32조(청소년에 대하여 가지는 채권의 효력 제한) ① 제30조에 따른 행위를 한 자가 그 행위와 관련하여 청소년에 대하여 가지는 채권은 그 계약의 형식이나 명목에 관계없이 무효로 한다.

② 제2조제5호가목3) 및 나목3)에 따른 업소의 업주가 고용과 관련하여 청소년에 대하여 가지는 채권은 그 계약의 형식이나 명목에 관계없이 무효로 한다.

제5장 청소년 보호 사업의 추진

제33조(청소년보호종합대책의 수립 등)

① 여성가족부장관은 3년마다 관계 중앙행정기관의 장 및 지방자치단체의 장과 협의하여 청소년유해환경으로부터 청소년을 보호하기 위한 종합대책을 수립·시행하여야 한다.

제6장 청소년보호위원회

제36조(청소년보호위원회의 설치)

다음 각 호의 사항에 관하여 심의·결정하기 위하여 여성가족부장관 소속으로 청소년보호위원회(이하 이 장에서 "위원회"라 한다)를 둔다.

1. 청소년유해매체물, 청소년유해약물등, 청소년유해업소 등의 심의·결정 등에 관한 사항
2. 제54조제1항에 따른 과징금 부과에 관한 사항

3. 여성가족부장관이 청소년보호를 위하여 필요하다고 인정하여 심의를 요청한 사항
4. 그 밖에 다른 법률에서 위원회가 심의·결정하도록 정한 사항

제37조(위원회의 구성)

① 위원회는 위원장 1명을 포함한 11명 이내의 위원으로 구성하되, 고위공무원단에 속하는 공무원 중 여성가족부장관이 지명하는 청소년 업무 담당 공무원 1명을 당연직 위원으로 한다.

② 위원회의 위원장은 청소년 관련 경험과 식견이 풍부한 사람 중에서 여성가족부장관의 제청으로 대통령이 임명하고, 그 밖의 위원은 다음 각 호의 어느 하나에 해당하는 사람 중에서 위원장의 추천을 받아 여성가족부장관의 제청으로 대통령이 임명하거나 위촉한다.

1. 판사, 검사 또는 변호사로 5년 이상 재직한 사람
2. 대학이나 공인된 연구기관에서 부교수 이상 또는 이에 상당하는 직에 있거나 있었던 사람으로서 청소년 관련 분야를 전공한 사람
3. 3급 또는 3급 상당 이상의 공무원이나 고위공무원단에 속하는 공무원과 공공기관에서 이에 상당하는 직에 있거나 있었던 사람으로서 청소년 관련 업무에 실무 경험이 있는 사람
4. 청소년 시설·단체 및 각급 교육기관 등에서 청소년 관련 업무를 10년 이상 담당한 사람

제38조(위원장의 직무 및 회의) ① 위원장은 위원회를 대표하고 위원회의 업무를 총괄한다.

② 위원장이 부득이한 사유로 직무를 수행할 수 없을 때에는 위원장이 지명한 위원이 그 직무를 대행한다.

③ 위원장은 위원회의 회의를 소집하고 그 의장이 된다.

④ 위원회의 회의는 재적위원 과반수의 출석으로 개의하고, 출석위원 과반수의 찬성으로 의결한다.

제39조(위원의 임기) ① 위원의 임기는 2년으로 하며, 연임할 수 있다.

② 당연직 위원이 아닌 위원에 결원이 생겼을 때에는 결원된 날부터 30일 이내에 보궐위원을 임명하거나 위촉하여야 하며, 보궐위원의 임기는 전임자 임기의 남은 기간으로 한다. 다만, 전임자 임기의 남은 기간이 3개월 미만이고 재임 중인 위원의 수가 8명 이상인 경우에는 보궐위원을 선임하지 아니할 수 있다.

제40조(위원의 직무상 독립과 신분보장) ① 위원은 직무와 관련하여 외부의 지시나 간섭을 받지 아니한다.

② 위원은 다음 각 호의 어느 하나에 해당하는 경우가 아니면 본인의 의사에 반하여 면직되지 아니한다.

1. 금고 이상의 형을 선고받은 경우
2. 장기간의 심신쇠약으로 직무를 수행할 수 없게 된 경우

소년업무규칙

제1장 총칙

제1조(목적)
이 규칙은 경찰의 사전 예방 활동을 통해 소년의 비행을 방지하고 비행소년을 합리적으로 처우·선도함으로써 소년이 건전하게 성장하도록 지원하는 것을 목적으로 한다.

제2조(정의) 이 규칙에서 사용하는 용어의 정의는 다음과 같다.

<table>
<tr><th colspan="2">구분</th><th>대상</th><th>처리</th></tr>
<tr><td rowspan="3">비행소년</td><td>범죄소년</td><td>14세 이상 19세 미만의 자로서 죄를 범한 자</td><td>형사사건이므로 경찰서장은 검사에게 송치</td></tr>
<tr><td>촉법소년</td><td>10세 이상 14세 미만의 자로서 형벌법령에 저촉되는 행위를 한자</td><td rowspan="2">보호사건이므로 사안이 경미한 경우를 제외하고 경찰서장은 검사를 거치지 않고 직접 관할법원 소년부에 송치한다.</td></tr>
<tr><td>우범소년</td><td>아래의 사유가 있고 그의 성격 또는 환경에 비추어 장래 형벌법령에 저촉되는 행위를 할 우려가 있는 10세 이상 19세 미만의 자
① 집단적으로 몰려다니며 주위 사람들에게 불안감을 조성하는 경벽이 있는 것
② 정당한 이유 없이 가출하는 것
③ 술을 마시고 소란을 피우거나 유해환경에 접하는 성벽이 있는 것</td></tr>
<tr><td>불량행위소년</td><td colspan="3">비행소년은 아니나 음주·흡연·싸움 기타 자기 또는 타인의 덕성을 해하는 행위를 하는 소년</td></tr>
<tr><td>보호자</td><td colspan="3">법률상 감호교육(監護敎育)을 할 의무가 있는 사람 또는 현재 감호하는 사람</td></tr>
<tr><td>죄질이 경미한 범죄소년</td><td colspan="3">즉결심판의 대상에 해당하는 범죄소년</td></tr>
<tr><td>학교 밖 청소년</td><td colspan="3">① 초등학교·중학교 또는 이와 동일한 과정을 교육하는 학교에 입학한 후 3개월 이상 결석하거나 취학의무를 유예한 청소년
② 나. 고등학교 또는 이와 동일한 과정을 교육하는 학교에서제적·퇴학처분을 받거나 자퇴한 청소년
③ 고등학교 또는 이와 동일한 과정을 교육하는 학교에 진학하지 아니한 청소년</td></tr>
<tr><td>요보호소년</td><td colspan="3">비행소년은 아니나 학대·혹사·방임된 소년 또는 보호자로부터 유기·이탈되었거나, 그 보호자가 양육할 수 없는 경우 기타 경찰관직무집행법 제4조 또는 아동복지법에 의하여 보호를 요하는 자</td></tr>
</table>

제2장 사전예방활동

제3절 학교전담경찰관

제12조(학교전담경찰관의 운영)

지방경찰청장 또는 경찰서장은 학교폭력 예방 및 신속한 대응을 위하여 학교폭력 업무를 전담하는 경찰관을 둘 수 있다.

제13조(학교전담경찰관 선발)

학교전담경찰관은 청소년상담 관련 학위·자격증 소지자 및 소년업무 경력자 등 전문성을 갖춘 경찰관으로 선발한다.

제14조(학교전담경찰관의 임무) 학교전담경찰관은 다음 각 호의 임무를 수행한다.

1. 학교폭력 예방교육 등 사전 예방 활동
2. 학교폭력대책자치위원회 위원으로 참석
3. 학교 내 일진 등 폭력써클에 대한 정보 수집 및 해체·선도·관리
4. 학교폭력 피해사례 접수 및 가·피해학생 상담을 통한 지원 및 선도
5. 학교와 경찰서간 연락체계 구축
6. 배움터지킴이·학교보안관·아동안전지킴이 등 학생보호인력과의 협력·연계를 통한 학교 내외에서의 학생 보호 활동
7. 학교 밖 청소년 탐색 및 학교 밖 청소년 지원센터 연계 등 지원
8. 아동학대·소년범죄 등 정보수집 및 가·피해 청소년 선도·지원

제15조(학교와의 협력) 학교전담경찰관은 담당 학교를 주기적으로 방문하여 학교폭력 사안에 대해 학교와 유기적으로 협력하고 필요한 조치를 취한다.

제3장 비행소년 처리

제1절일반 사건처리 절차

제16조(보호자와의 연락)

경찰관은 비행소년에 대한 출석요구나 조사를 할 때에는 지체없이 그 소년의 보호자 또는 보호자를 대신하여 소년을 보호할 수 있는 사람에게 연락하여야 한다. 다만, 연락하는 것이 그 소년의 복리상 부적당하다고 인정될 때에는 그러하지 아니하다.

제17조(범죄의 원인 등과 환경조사)

경찰관은 소년사건을 수사할 때에는 범죄의 원인 및 동기와 그 소년의 성격·태도·경력·교육정도·가정상황·교우관계와 그 밖의 환경 등을 상세히 조사하여 별지 제1호 서식의 소년환경조사서를 작성하여야 한다.

제18조(조사시의 유의사항)

경찰관은 소년사건을 조사할 때에는 다음 각 호의 사항에 유의하여야 한다.

1. 선입견과 속단을 피하고 정확한 자료를 수집하여야 한다.
2. 폭언, 강압적인 어투, 비하시키는 언어 등을 사용하거나 모욕감 또는 수치심을 유발하는 언행을 하여서는 아니 된다.
3. 진술의 대가로 이익을 제공할 것을 약속하는 등 진술의 진실성을 잃게 할 우려가 있는 방법을 사용해서는 아니 된다.
4. 소년의 학교 또는 직장에서 공공연하게 소환하는 일은 가급적 피하되 소년 또는 보호자가 요청할 때에는 소년의 가정, 학교 또는 직장 등을 방문하여 조사할 수 있다.
5. 소년의 심신에 이상이 있다고 인정할 때에는 지체없이 의사의 진단을 받도록 하여야 한다.

제19조(체포 · 구속시의 주의사항)

경찰관은 소년에 대해서는 가급적 구속을 피하고 부득이 구속, 체포 또는 동행하는 경우에는 그 시기와 방법에 특히 주의하여야 한다.

제20조(피해자 및 신고자의 보호)

① 경찰관은 피해 소년의 심정을 이해하고 그 인격을 존중하며, 신체적 · 정신적 · 경제적 피해의 회복과 권익증진을 위하여 노력하여야 한다.

② 경찰관은 피해자 및 신고자의 비밀을 보장하여야 한다. 다만, 피해자 등이 동의한 경우에는 그러하지 아니하다.

제21조(비행소년 사건 송치)

① 경찰관은 범죄소년 사건을 입건하여 수사를 종결하였을 때에는 관할지방검찰청 검사장 또는 지청장에게 송치하여야 한다.

② 경찰서장은 촉법소년과 우범소년에 대해서는 소년보호사건으로 하여 관할 소년부에 송치하여야 한다.

제22조(보도상의 주의)

경찰관은 소년사건을 조사할 때에는 소년의 주거 · 성명 · 연령 · 직업 · 용모 등에 의하여 본인을 알 수 있을 정도의 사실이나 사진이 보도되지 않도록 특히 주의하여야 한다.

제2절 전문가 참여

제23조(전문가의 참여)

경찰관은 소년의 재비행 위험성 판단과 그에 맞는 선도 교육 등을 위하여 조사 과정에 전문가를 참여시킬 수 있다. 다만, 당해 소년 및 보호자가 동의하지 않을 경우에는 그러하지 아니한다.

제24조(전문가 선정 및 지도 · 감독)

경찰서장은 범죄심리사 등 청소년비행연구 및 선도활동에 학식과 경험이 풍부한 자로 전문가를 선정하고, 전문가가 조사 과정에 성실하게 참여할 수 있도록 지도 · 감독하여야 한다.

第25조(임무)

① 참여 전문가는 소년사건을 조사하는 과정에 참여하여 해당 소년에 대한 별지 제2호 서식의 비행성예측자료표를 작성하여 제출하여야 한다.

② 경찰관은 참여 전문가가 제출한 비행성예측자료표를 참고하여 선도프로그램 연계 등을 결정하고, 검찰·법원 송치시 첨부하여 비행소년 처우 결정의 기초자료로 제공하여야 한다.

제3절 선도심사위원회

第26조(선도심사위원회의 설치)

죄질이 경미한 범죄소년의 처우 및 선도 방안을 공정하고 합리적으로 심의하기 위해 경찰서장 소속으로 선도심사위원회(이하 '위원회'라 한다)를 둔다.

第27조(위원회의 기능)

① 위원회는 다음 각 호의 사항을 심의한다.

1. 죄질이 경미한 범죄소년에 대한 즉결심판 청구 여부
2. 해당 소년에 대한 선도프로그램 연계 등 맞춤형 선도 방안

② 위원회는 제1항의 내용에 대해 심의시 다음 각 호의 사항을 고려하여야 한다.

1. 비행의 내용, 동기, 원인, 방법 및 비행 후 정황
2. 상습성, 재비행의 위험성
3. 소년의 인성, 보호자 및 주거 환경
4. 피해자에 대한 피해회복 노력, 피해자의 처벌 의사

第28조(위원회의 구성)

① 위원회는 위원장 1명을 포함하여 5명 이상으로 구성하고, 이 중 외부 위원을 2명 이상으로 한다.

② 위원장은 경찰서장으로 하고, 내부위원은 경찰서 여성청소년·생활안전·형사·수사과장 및 청문감사관 중에서 경찰서장이 지정하며, 외부위원은 의사, 변호사, 교사, 소년에 대한 조사시 참여 전문가, 청소년단체의 장 및 종사자 등 소년 선도에 학식과 경험이 풍부한 전문가 중에서 경찰서장이 위촉한다.

③ 외부위원의 임기는 1년으로 하며, 연임할 수 있다.

④ 위원회의 사무를 처리하기 위해 경찰서 소년업무 담당 부서의 계장을 간사로 둔다.

第29조(위원회의 운영)

① 위원회는 월 1회 이상 개최하는 것을 원칙으로 한다. 다만, 심의할 안건의 양에 따라 필요한 경우 위원장의 결정으로 일정을 조정할 수 있다.

② 위원장이 부득이한 사정으로 직무를 수행할 수 없을 때에는 위원장이 미리 지명한 위원이 그 직무를 대행한다.

③ 위원회 회의에 출석한 외부 위원에게는 예산의 범위에서 수당을 지급할 수 있다.

④ 위원회는 회의를 개최할 때마다 회의의 일시, 장소, 출석위원, 심의한 내용을 기록한다.

第30조(즉결심판 청구)

경찰서장은 죄질이 경미한 범죄소년에 대하여 선도심사위원회의 심의 내용을 반영하여 즉결심판을 청구할 수 있다.

제4절 선도프로그램

제31조(선도프로그램의 운영)

① 지방경찰청장 또는 경찰서장은 비행소년의 재비행 방지를 위해 지역 공동체와 협력하여 선도프로그램을 운영할 수 있다.

② 지방경찰청장 또는 경찰서장은 외부기관을 선정하여 선도프로그램을 위탁 운영할 수 있으며, 이때 비행소년의 재비행 방지에 적합한 프로그램이 진행되도록 지도·감독하여야 한다.

제32조(선도프로그램의 대상)

선도프로그램은 비행소년 및 학교 등으로부터 위탁받은 소년을 대상으로 실시한다. 다만, 해당 소년 또는 보호자가 동의하지 않는 경우에는 그러하지 아니한다.

제33조(선도프로그램의 내용) ① 선도프로그램은 비행소년의 재비행 방지를 위한 인성교육, 심리치료, 봉사활동 등으로 구성한다.

② 대상 소년의 연령·죄종에 따라 분야별 전문가가 참여하여 선도프로그램의 전문성을 제고한다.

학교폭력예방 및 대책에 관한 법률

제1조(목적)
이 법은 학교폭력의 예방과 대책에 필요한 사항을 규정함으로써 피해학생의 보호, 가해학생의 선도·교육 및 피해학생과 가해학생 간의 분쟁조정을 통하여 학생의 인권을 보호하고 학생을 건전한 사회구성원으로 육성함을 목적으로 한다.

제2조(정의) 이 법에서 사용하는 용어의 정의는 다음 각 호와 같다.

학교폭력	학교 내외에서 학생을 대상으로 발생한 상해, 폭행, 감금, 협박, 약취·유인, 명예훼손·모욕, 공갈, 강요·강제적인 심부름 및 성폭력, 따돌림, 사이버 따돌림, 정보통신망을 이용한 음란·폭력 정보 등에 의하여 신체·정신 또는 재산상의 피해를 수반하는 행위
따돌림	학교 내외에서 2명 이상의 학생들이 특정인이나 특정집단의 학생들을 대상으로 지속적이거나 반복적으로 신체적 또는 심리적 공격을 가하여 상대방이 고통을 느끼도록 하는 일체의 행위
사이버 따돌림	인터넷, 휴대전화 등 정보통신기기를 이용하여 학생들이 특정 학생들을 대상으로 지속적, 반복적으로 심리적 공격을 가하거나, 특정 학생과 관련된 개인정보 또는 허위사실을 유포하여 상대방이 고통을 느끼도록 하는 일체의 행위
학교	「초·중등교육법」 제2조에 따른 초등학교·중학교·고등학교·특수학교 및 각종학교와 같은 법 제61조에 따라 운영하는 학교
가해학생	가해자 중에서 학교폭력을 행사하거나 그 행위에 가담한 학생
피해학생	학교폭력으로 인하여 피해를 입은 학생
장애학생	신체적·정신적·지적 장애 등으로 「장애인 등에 대한 특수교육법」 제15조에서 규정하는 특수교육을 필요로 하는 학생

제4조(국가 및 지방자치단체의 책무)
① 국가 및 지방자치단체는 학교폭력을 예방하고 근절하기 위하여 조사·연구·교육·계도 등 필요한 법적·제도적 장치를 마련하여야 한다.
② 국가 및 지방자치단체는 청소년 관련 단체 등 민간의 자율적인 학교폭력 예방활동과 피해학생의 보호 및 가해학생의 선도·교육활동을 장려하여야 한다.
③ 국가 및 지방자치단체는 제2항에 따른 청소년 관련 단체 등 민간이 건의한 사항에 대하여는 관련 시책에 반영하도록 노력하여야 한다.
④ 국가 및 지방자치단체는 제1항부터 제3항까지의 규정에 따른 책무를 다하기 위하여 필요한 행정적·재정적 지원을 하여야 한다.

제5조(다른 법률과의 관계)
① 학교폭력의 규제, 피해학생의 보호 및 가해학생에 대한 조치에 있어서 다른 법률에 특별한 규정이 있는 경우를 제외하고는 이 법을 적용한다.

② 제2조제1호 중 성폭력은 다른 법률에 규정이 있는 경우에는 이 법을 적용하지 아니한다.

제6조(기본계획의 수립 등)

① 교육부장관은 이 법의 목적을 효율적으로 달성하기 위하여 학교폭력의 예방 및 대책에 관한 정책 목표·방향을 설정하고, 이에 따른 학교폭력의 예방 및 대책에 관한 기본계획(이하 "기본계획"이라 한다)을 제7조에 따른 학교폭력대책위원회의 심의를 거쳐 수립·시행하여야 한다.

② 기본계획은 다음 각 호의 사항을 포함하여 5년마다 수립하여야 한다. 이 경우 교육부장관은 관계 중앙행정기관 등의 의견을 수렴하여야 한다.

1. 학교폭력의 근절을 위한 조사·연구·교육 및 계도
2. 피해학생에 대한 치료·재활 등의 지원
3. 학교폭력 관련 행정기관 및 교육기관 상호 간의 협조·지원
4. 제14조제1항에 따른 전문상담교사의 배치 및 이에 대한 행정적·재정적 지원
5. 학교폭력의 예방과 피해학생 및 가해학생의 치료·교육을 수행하는 청소년 관련 단체(이하 "전문단체"라 한다) 또는 전문가에 대한 행정적·재정적 지원
6. 그 밖에 학교폭력의 예방 및 대책을 위하여 필요한 사항

③ 교육부장관은 대통령령으로 정하는 바에 따라 특별시·광역시·특별자치시·도 및 특별자치도(이하 "시·도"라 한다) 교육청의 학교폭력 예방 및 대책과 그에 대한 성과를 평가하고, 이를 공표하여야 한다.

제7조(학교폭력대책위원회의 설치·기능)

학교폭력의 예방 및 대책에 관한 다음 각 호의 사항을 심의하기 위하여 국무총리 소속으로 학교폭력대책위원회(이하 "대책위원회"라 한다)를 둔다.

1. 학교폭력의 예방 및 대책에 관한 기본계획의 수립 및 시행에 대한 평가
2. 학교폭력과 관련하여 관계 중앙행정기관 및 지방자치단체의 장이 요청하는 사항
3. 학교폭력과 관련하여 교육청, 제9조에 따른 학교폭력대책지역위원회, 제10조의2에 따른 학교폭력대책지역협의회, 제12조에 따른 학교폭력대책자치위원회, 전문단체 및 전문가가 요청하는 사항

제8조(대책위원회의 구성)

① 대책위원회는 위원장 2명을 포함하여 20명 이내의 위원으로 구성한다.

② 위원장은 국무총리와 학교폭력 대책에 관한 전문지식과 경험이 풍부한 전문가 중에서 대통령이 위촉하는 사람이 공동으로 되고, 위원장 모두가 부득이한 사유로 직무를 수행할 수 없을 때에는 국무총리가 지명한 위원이 그 직무를 대행한다.

③ 위원은 다음 각 호의 사람 중에서 대통령이 위촉하는 사람으로 한다. 다만, 제1호의 경우에는 당연직 위원으로 한다.

1. 기획재정부장관, 교육부장관, 미래창조과학부장관, 법무부장관, 행정자치부장관, 문화체육관광부장관, 보건복지부장관, 여성가족부장관, 국민안전처장관, 방송통신위원회 위원장, 경찰청장
2. 학교폭력 대책에 관한 전문지식과 경험이 풍부한 전문가 중에서 제1호의 위원이 각각 1명씩 추천하는 사람
3. 관계 중앙행정기관에 소속된 3급 공무원 또는 고위공무원단에 속하는 공무원으로서 청소년 또는 의료 관련 업무를 담당하는 사람

4. 대학이나 공인된 연구기관에서 조교수 이상 또는 이에 상당한 직에 있거나 있었던 사람으로서 학교폭력 문제 및 이에 따른 상담 또는 심리에 관하여 전문지식이 있는 사람
5. 판사·검사·변호사
6. 전문단체에서 청소년보호활동을 5년 이상 전문적으로 담당한 사람
7. 의사의 자격이 있는 사람
8. 학교운영위원회 활동 및 청소년보호활동 경험이 풍부한 학부모

④ 위원장을 포함한 위원의 임기는 2년으로 하되, 1차에 한하여 연임할 수 있다.
⑤ 위원회의 효율적 운영 및 지원을 위하여 간사 1명을 두되, 간사는 교육부장관이 된다.
⑥ 위원회에 상정할 안건을 미리 검토하는 등 안건 심의를 지원하고, 위원회가 위임한 안건을 심의하기 위하여 대책위원회에 학교폭력대책실무위원회(이하 "실무위원회"라 한다)를 둔다.
⑦ 그 밖에 대책위원회의 운영과 실무위원회의 구성·운영에 필요한 사항은 대통령령으로 정한다.

제9조(학교폭력대책지역위원회의 설치)
① 지역의 학교폭력 문제를 해결하기 위하여 시·도에 학교폭력대책지역위원회(이하 "지역위원회"라 한다)를 둔다.
② 특별시장·광역시장·특별자치시장·도지사 및 특별자치도지사는 지역위원회의 운영 및 활동에 관하여 시·도의 교육감(이하 "교육감"이라 한다)과 협의하여야 하며, 그 효율적인 운영을 위하여 실무위원회를 둘 수 있다.
③ 지역위원회는 위원장 1인을 포함한 11인 이내의 위원으로 구성한다.
④ 지역위원회 및 제2항에 따른 실무위원회의 구성·운영에 필요한 사항은 대통령령으로 정한다.

제10조(학교폭력대책지역위원회의 기능 등) ① 지역위원회는 기본계획에 따라 지역의 학교폭력 예방대책을 매년 수립한다.
② 지역위원회는 해당 지역에서 발생한 학교폭력에 대하여 교육감 및 지방경찰청장에게 관련 자료를 요청할 수 있다.
③ 교육감은 지역위원회의 의견을 들어 제16조제1항제1호부터 제3호까지나 제17조제1항제5호에 따른 상담·치료 및 교육을 담당할 상담·치료·교육 기관을 지정하여야 한다.
④ 교육감은 제3항에 따른 상담·치료·교육 기관을 지정한 때에는 해당 기관의 명칭, 소재지, 업무를 인터넷 홈페이지에 게시하고, 그 밖에 다양한 방법으로 학부모에게 알릴 수 있도록 노력하여야 한다.

제10조의2(학교폭력대책지역협의회의 설치·운영) ① 학교폭력예방 대책을 수립하고 기관별 추진계획 및 상호 협력·지원 방안 등을 협의하기 위하여 시·군·구에 학교폭력대책지역협의회(이하 "지역협의회"라 한다)를 둔다.
② 지역협의회는 위원장 1명을 포함한 20명 내외의 위원으로 구성한다.
③ 그 밖에 지역협의회의 구성·운영에 필요한 사항은 대통령령으로 정한다.

제11조(교육감의 임무) ① 교육감은 시·도교육청에 학교폭력의 예방과 대책을 담당하는 전담부서를 설치·운영하여야 한다.
② 교육감은 관할 구역 안에서 학교폭력이 발생한 때에는 해당 학교의 장 및 관련 학교의 장에게 그 경과 및 결과의 보고를 요구할 수 있다.

③ 교육감은 관할 구역 안의 학교폭력이 관할 구역 외의 학교폭력과 관련이 있는 때에는 그 관할 교육감과 협의하여 적절한 조치를 취하여야 한다.

④ 교육감은 학교의 장으로 하여금 학교폭력의 예방 및 대책에 관한 실시계획을 수립·시행하도록 하여야 한다.

⑤ 교육감은 제12조에 따른 자치위원회가 처리한 학교의 학교폭력빈도를 학교의 장에 대한 업무수행 평가에 부정적 자료로 사용하여서는 아니 된다.

⑥ 교육감은 제17조제1항제8호에 따른 전학의 경우 그 실현을 위하여 필요한 조치를 취하여야 하며, 제17조제1항제9호에 따른 퇴학처분의 경우 해당 학생의 건전한 성장을 위하여 다른 학교 재입학 등의 적절한 대책을 강구하여야 한다.

⑦ 교육감은 대책위원회 및 지역위원회에 관할 구역 안의 학교폭력의 실태 및 대책에 관한 사항을 보고하고 공표하여야 한다. 관할 구역 밖의 학교폭력 관련 사항 중 관할 구역 안의 학교와 관련된 경우에도 또한 같다.

⑧ 교육감은 학교폭력의 실태를 파악하고 학교폭력에 대한 효율적인 예방대책을 수립하기 위하여 학교폭력 실태조사를 연 2회 이상 실시하고 그 결과를 공표하여야 한다.

⑨ 교육감은 학교폭력 등에 관한 조사, 상담, 치유프로그램 운영 등을 위한 전문기관을 설치·운영할 수 있다.

⑩ 교육감은 관할 구역에서 학교폭력이 발생한 때에 해당 학교의 장 또는 소속 교원이 그 경과 및 결과를 보고함에 있어 축소 및 은폐를 시도한 경우에는 「교육공무원법」 제50조 및 「사립학교법」 제62조에 따른 징계위원회에 징계의결을 요구하여야 한다.

⑪ 교육감은 관할 구역에서 학교폭력의 예방 및 대책 마련에 기여한 바가 큰 학교 또는 소속 교원에게 상훈을 수여하거나 소속 교원의 근무성적 평정에 가산점을 부여할 수 있다.

⑫ 제1항에 따라 설치되는 전담부서의 구성과 제8항에 따라 실시하는 학교폭력 실태조사 및 제9항에 따른 전문기관의 설치에 필요한 사항은 대통령령으로 정한다.

제11조의2(학교폭력 조사·상담 등) ① 교육감은 학교폭력 예방과 사후조치 등을 위하여 다음 각 호의 조사·상담 등을 수행할 수 있다.

1. 학교폭력 피해학생 상담 및 가해학생 조사
2. 필요한 경우 가해학생 학부모 조사
3. 학교폭력 예방 및 대책에 관한 계획의 이행 지도
4. 관할 구역 학교폭력서클 단속
5. 학교폭력 예방을 위하여 민간 기관 및 업소 출입·검사
6. 그 밖에 학교폭력 등과 관련하여 필요로 하는 사항

② 교육감은 제1항의 조사·상담 등의 업무를 대통령령으로 정하는 기관 또는 단체에 위탁할 수 있다.

③ 교육감 및 제2항에 따른 위탁 기관 또는 단체의 장은 제1항에 따른 조사·상담 등의 업무를 수행함에 있어 필요한 경우 관계 기관의 장에게 협조를 요청할 수 있다.

④ 제1항에 따라 조사·상담 등을 하는 관계 직원은 그 권한을 표시하는 증표를 지니고 이를 관계인에게 보여주어야 한다.

⑤ 제1항제1호 및 제4호의 조사 등의 결과는 학교의 장 및 보호자에게 통보하여야 한다.

제11조의3(관계 기관과의 협조 등)

① 교육부장관, 교육감, 지역 교육장, 학교의 장은 학교폭력과 관련한 개인정보 등을 경찰청장, 지방경찰청장, 관할 경찰서장 및 관계 기관의 장에게 요청할 수 있다.

② 제1항에 따라 정보제공을 요청받은 경찰청장, 지방경찰청장, 관할 경찰서장 및 관계 기관의 장은 특별한 사정

이 없으면 이에 응하여야 한다.

③ 제1항 및 제2항에 따른 관계 기관과의 협조 사항 및 절차 등에 필요한 사항은 대통령령으로 정한다.

제12조(학교폭력대책자치위원회의 설치·기능) ① 학교폭력의 예방 및 대책에 관련된 사항을 심의하기 위하여 학교에 학교폭력대책자치위원회(이하 "자치위원회"라 한다)를 둔다. 다만, 자치위원회 구성에 있어 대통령령으로 정하는 사유가 있는 경우에는 교육감의 보고를 거쳐 둘 이상의 학교가 공동으로 자치위원회를 구성할 수 있다.

② 자치위원회는 학교폭력의 예방 및 대책 등을 위하여 다음 각 호의 사항을 심의한다.

1. 학교폭력의 예방 및 대책수립을 위한 학교 체제 구축
2. 피해학생의 보호
3. 가해학생에 대한 선도 및 징계
4. 피해학생과 가해학생 간의 분쟁조정
5. 그 밖에 대통령령으로 정하는 사항

③ 자치위원회는 해당 지역에서 발생한 학교폭력에 대하여 학교장 및 관할 경찰서장에게 관련 자료를 요청할 수 있다.

④ 자치위원회의 설치·운영 등에 필요한 사항은 지역 및 학교의 규모 등을 고려하여 대통령령으로 정한다.

제13조(자치위원회의 구성·운영) ① 자치위원회는 위원장 1인을 포함하여 5인 이상 10인 이하의 위원으로 구성하되, 대통령령으로 정하는 바에 따라 전체위원의 과반수를 학부모전체회의에서 직접 선출된 학부모대표로 위촉하여야 한다. 다만, 학부모전체회의에서 학부모대표를 선출하기 곤란한 사유가 있는 경우에는 학급별 대표로 구성된 학부모대표회의에서 선출된 학부모대표로 위촉할 수 있다.

② 자치위원회는 분기별 1회 이상 회의를 개최하고, 자치위원회의 위원장은 다음 각 호의 어느 하나에 해당하는 경우에 회의를 소집하여야 한다.

1. 자치위원회 재적위원 4분의 1 이상이 요청하는 경우
2. 학교의 장이 요청하는 경우
3. 피해학생 또는 그 보호자가 요청하는 경우
4. 학교폭력이 발생한 사실을 신고받거나 보고받은 경우
5. 가해학생이 협박 또는 보복한 사실을 신고받거나 보고받은 경우
6. 그 밖에 위원장이 필요하다고 인정하는 경우

③ 자치위원회는 회의의 일시, 장소, 출석위원, 토의내용 및 의결사항 등이 기록된 회의록을 작성·보존하여야 한다.

④ 그 밖에 자치위원회의 구성·운영에 필요한 사항은 대통령령으로 정한다.

제14조(전문상담교사 배치 및 전담기구 구성) ① 학교의 장은 학교에 대통령령으로 정하는 바에 따라 상담실을 설치하고, 「초·중등교육법」 제19조의2에 따라 전문상담교사를 둔다.

② 전문상담교사는 학교의 장 및 자치위원회의 요구가 있는 때에는 학교폭력에 관련된 피해학생 및 가해학생과의 상담결과를 보고하여야 한다.

③ 학교의 장은 교감, 전문상담교사, 보건교사 및 책임교사(학교폭력문제를 담당하는 교사를 말한다) 등으로 학

교폭력문제를 담당하는 전담기구(이하 "전담기구"라 한다)를 구성하며, 학교폭력 사태를 인지한 경우 지체 없이 전담기구 또는 소속 교원으로 하여금 가해 및 피해 사실 여부를 확인하도록 한다.

④ 전담기구는 학교폭력에 대한 실태조사(이하 "실태조사"라 한다)와 학교폭력 예방 프로그램을 구성·실시하며, 학교의 장 및 자치위원회의 요구가 있는 때에는 학교폭력에 관련된 조사결과 등 활동결과를 보고하여야 한다.

⑤ 피해학생 또는 피해학생의 보호자는 피해사실 확인을 위하여 전담기구에 실태조사를 요구할 수 있다.

⑥ 국가 및 지방자치단체는 실태조사에 관한 예산을 지원하고, 관계 행정기관은 실태조사에 협조하여야 하며, 학교의 장은 전담기구에 행정적·재정적 지원을 할 수 있다.

⑦ 전담기구는 성폭력 등 특수한 학교폭력사건에 대한 실태조사의 전문성을 확보하기 위하여 필요한 경우 전문기관에 그 실태조사를 의뢰할 수 있다. 이 경우 그 의뢰는 자치위원회 위원장의 심의를 거쳐 학교의 장 명의로 하여야 한다.

⑧ 그 밖에 전담기구 운영 등에 필요한 사항은 대통령령으로 정한다.

제15조(학교폭력 예방교육 등) ① 학교의 장은 학생의 육체적·정신적 보호와 학교폭력의 예방을 위한 학생들에 대한 교육(학교폭력의 개념·실태 및 대처방안 등을 포함하여야 한다)을 학기별로 1회 이상 실시하여야 한다.

② 학교의 장은 학교폭력의 예방 및 대책 등을 위한 교직원 및 학부모에 대한 교육을 학기별로 1회 이상 실시하여야 한다.

③ 학교의 장은 제1항에 따른 학교폭력 예방교육 프로그램의 구성 및 그 운용 등을 전담기구와 협의하여 전문단체 또는 전문가에게 위탁할 수 있다.

④ 교육장은 제1항부터 제3항까지의 규정에 따른 학교폭력 예방교육 프로그램의 구성과 운용계획을 학부모가 쉽게 확인할 수 있도록 인터넷 홈페이지에 게시하고, 그 밖에 다양한 방법으로 학부모에게 알릴 수 있도록 노력하여야 한다.

⑤ 그 밖에 학교폭력 예방교육의 실시와 관련한 사항은 대통령령으로 정한다.

제16조(피해학생의 보호) ① 자치위원회는 피해학생의 보호를 위하여 필요하다고 인정하는 때에는 피해학생에 대하여 다음 각 호의 어느 하나에 해당하는 조치(수 개의 조치를 병과하는 경우를 포함한다)를 할 것을 학교의 장에게 요청할 수 있다. 다만, 학교의 장은 피해학생의 보호를 위하여 긴급하다고 인정하거나 피해학생이 긴급보호의 요청을 하는 경우에는 자치위원회의 요청 전에 제1호, 제2호 및 제6호의 조치를 할 수 있다. 이 경우 자치위원회에 즉시 보고하여야 한다.

1. 심리상담 및 조언
2. 일시보호
3. 치료 및 치료를 위한 요양
4. 학급교체
6. 그 밖에 피해학생의 보호를 위하여 필요한 조치

② 자치위원회는 제1항에 따른 조치를 요청하기 전에 피해학생 및 그 보호자에게 의견진술의 기회를 부여하는 등 적정한 절차를 거쳐야 한다.

③ 제1항에 따른 요청이 있는 때에는 학교의 장은 피해학생의 보호자의 동의를 받아 7일 이내에 해당 조치를 하여야 하고 이를 자치위원회에 보고하여야 한다.

④ 제1항의 조치 등 보호가 필요한 학생에 대하여 학교의 장이 인정하는 경우 그 조치에 필요한 결석을 출석일수에 산입할 수 있다.

⑤ 학교의 장은 성적 등을 평가함에 있어서 제3항에 따른 조치로 인하여 학생에게 불이익을 주지 아니하도록 노력하여야 한다.

⑥ 피해학생이 전문단체나 전문가로부터 제1항제1호부터 제3호까지의 규정에 따른 상담 등을 받는 데에 사용되는 비용은 가해학생의 보호자가 부담하여야 한다. 다만, 피해학생의 신속한 치료를 위하여 학교의 장 또는 피해학생의 보호자가 원하는 경우에는 「학교안전사고 예방 및 보상에 관한 법률」 제15조에 따른 학교안전공제회 또는 시·도교육청이 부담하고 이에 대한 구상권을 행사할 수 있다.

⑦ 학교의 장 또는 피해학생의 보호자는 필요한 경우 「학교안전사고 예방 및 보상에 관한 법률」 제34조의 공제급여를 학교안전공제회에 직접 청구할 수 있다.

⑧ 피해학생의 보호 및 제6항에 따른 지원범위, 구상범위, 지급절차 등에 필요한 사항은 대통령령으로 정한다.

제16조의2(장애학생의 보호) ① 누구든지 장애 등을 이유로 장애학생에게 학교폭력을 행사하여서는 아니 된다.

② 자치위원회는 학교폭력으로 피해를 입은 장애학생의 보호를 위하여 장애인전문 상담가의 상담 또는 장애인전문 치료기관의 요양 조치를 학교의 장에게 요청할 수 있다.

③ 제2항에 따른 요청이 있는 때에는 학교의 장은 해당 조치를 하여야 한다. 이 경우 제16조제6항을 준용한다.

제17조(가해학생에 대한 조치) ① 자치위원회는 피해학생의 보호와 가해학생의 선도·교육을 위하여 가해학생에 대하여 다음 각 호의 어느 하나에 해당하는 조치(수 개의 조치를 병과하는 경우를 포함한다)를 할 것을 학교의 장에게 요청하여야 하며, 각 조치별 적용 기준은 대통령령으로 정한다. 다만, 퇴학처분은 의무교육과정에 있는 가해학생에 대하여는 적용하지 아니한다.

1. 피해학생에 대한 서면사과
2. 피해학생 및 신고·고발 학생에 대한 접촉, 협박 및 보복행위의 금지
3. 학교에서의 봉사
4. 사회봉사
5. 학내외 전문가에 의한 특별 교육이수 또는 심리치료
6. 출석정지
7. 학급교체
8. 전학
9. 퇴학처분

② 제1항에 따라 자치위원회가 학교의 장에게 가해학생에 대한 조치를 요청할 때 그 이유가 피해학생이나 신고·고발 학생에 대한 협박 또는 보복 행위일 경우에는 같은 항 각 호의 조치를 병과하거나 조치 내용을 가중할 수 있다.

③ 제1항제2호부터 제4호까지 및 제6호부터 제8호까지의 처분을 받은 가해학생은 교육감이 정한 기관에서 특별교육을 이수하거나 심리치료를 받아야 하며, 그 기간은 자치위원회에서 정한다.

④ 학교의 장은 가해학생에 대한 선도가 긴급하다고 인정할 경우 우선 제1항제1호부터 제3호까지, 제5호 및 제6호의 조치를 할 수 있으며, 제5호와 제6호는 병과조치할 수 있다. 이 경우 자치위원회에 즉시 보고하여 추인을 받아야 한다.

⑤ 자치위원회는 제1항 또는 제2항에 따른 조치를 요청하기 전에 가해학생 및 보호자에게 의견진술의 기회를 부여하는 등 적정한 절차를 거쳐야 한다.

⑥ 제1항에 따른 요청이 있는 때에는 학교의 장은 14일 이내에 해당 조치를 하여야 한다.

⑦ 학교의 장이 제4항에 따른 조치를 한 때에는 가해학생과 그 보호자에게 이를 통지하여야 하며, 가해학생이 이를 거부하거나 회피하는 때에는 「초·중등교육법」 제18조에 따라 징계하여야 한다.

⑧ 가해학생이 제1항제3호부터 제5호까지의 규정에 따른 조치를 받은 경우 이와 관련된 결석은 학교의 장이 인정하는 때에는 이를 출석일수에 산입할 수 있다.

⑨ 자치위원회는 가해학생이 특별교육을 이수할 경우 해당 학생의 보호자도 함께 교육을 받게 하여야 한다.

⑩ 가해학생이 다른 학교로 전학을 간 이후에는 전학 전의 피해학생 소속 학교로 다시 전학올 수 없도록 하여야 한다.

⑪ 제1항제2호부터 제9호까지의 처분을 받은 학생이 해당 조치를 거부하거나 기피하는 경우 자치위원회는 제7항에도 불구하고 대통령령으로 정하는 바에 따라 추가로 다른 조치를 할 것을 학교의 장에게 요청할 수 있다.

⑫ 가해학생에 대한 조치 및 제11조제6항에 따른 재입학 등에 관하여 필요한 사항은 대통령령으로 정한다.

제17조의2(재심청구) ① 자치위원회 또는 학교의 장이 제16조제1항 및 제17조제1항에 따라 내린 조치에 대하여 이의가 있는 피해학생 또는 그 보호자는 그 조치를 받은 날부터 15일 이내, 그 조치가 있음을 안 날부터 10일 이내에 지역위원회에 재심을 청구할 수 있다.

② 자치위원회가 제17조제1항제8호와 제9호에 따라 내린 조치에 대하여 이의가 있는 학생 또는 그 보호자는 그 조치를 받은 날부터 15일 이내, 그 조치가 있음을 안 날로부터 10일 이내에 「초·중등교육법」 제18조의3에 따른 시·도학생징계조정위원회에 재심을 청구할 수 있다.

③ 지역위원회가 제1항에 따른 재심청구를 받은 때에는 30일 이내에 이를 심사·결정하여 청구인에게 통보하여야 한다.

④ 제3항의 결정에 이의가 있는 청구인은 그 통보를 받은 날부터 60일 이내에 행정심판을 제기할 수 있다.

⑤ 제1항에 따른 재심청구, 제3항에 따른 심사 절차 및 결정 통보 등에 필요한 사항은 대통령령으로 정한다.

⑥ 제2항에 따른 재심청구, 심사절차, 결정통보 등은 「초·중등교육법」 제18조의2제2항부터 제4항까지의 규정을 준용한다.

제18조(분쟁조정) ① 자치위원회는 학교폭력과 관련하여 분쟁이 있는 경우에는 그 분쟁을 조정할 수 있다.

② 제1항에 따른 분쟁의 조정기간은 1개월을 넘지 못한다.

③ 학교폭력과 관련한 분쟁조정에는 다음 각 호의 사항을 포함한다.

1. 피해학생과 가해학생간 또는 그 보호자 간의 손해배상에 관련된 합의조정
2. 그 밖에 자치위원회가 필요하다고 인정하는 사항

④ 자치위원회는 분쟁조정을 위하여 필요하다고 인정하는 때에는 관계 기관의 협조를 얻어 학교폭력과 관련한 사항을 조사할 수 있다.

⑤ 자치위원회가 분쟁조정을 하고자 할 때에는 이를 피해학생·가해학생 및 그 보호자에게 통보하여야 한다.

⑥ 시·도교육청 관할 구역 안의 소속 학교가 다른 학생 간에 분쟁이 있는 경우에는 교육감이 해당 학교의 자치위원회위원장과의 협의를 거쳐 직접 분쟁을 조정한다. 이 경우 제2항부터 제5항까지의 규정을 준용한다.

⑦ 관할 구역을 달리하는 시·도교육청 소속 학교의 학생 간에 분쟁이 있는 경우에는 피해학생을 감독하는 교육감이 가해학생을 감독하는 교육감 및 관련 해당 학교의 자치위원회위원장과의 협의를 거쳐 직접 분쟁을 조정한다. 이 경우 제2항부터 제5항까지의 규정을 준용한다.

제19조(학교의 장의 의무) 학교의 장은 교육감에게 학교폭력이 발생한 사실 및 제16조, 제16조의2, 제17조, 제

17조의2 및 제18조에 따른 조치 및 그 결과를 보고하고, 관계 기관과 협력하여 교내 학교폭력 단체의 결성예방 및 해체에 노력하여야 한다.

제20조(학교폭력의 신고의무) ① 학교폭력 현장을 보거나 그 사실을 알게 된 자는 학교 등 관계 기관에 이를 즉시 신고하여야 한다.

② 제1항에 따라 신고를 받은 기관은 이를 가해학생 및 피해학생의 보호자와 소속 학교의 장에게 통보하여야 한다.

③ 제2항에 따라 통보받은 소속 학교의 장은 이를 자치위원회에 지체 없이 통보하여야 한다.

④ 누구라도 학교폭력의 예비·음모 등을 알게 된 자는 이를 학교의 장 또는 자치위원회에 고발할 수 있다. 다만, 교원이 이를 알게 되었을 경우에는 학교의 장에게 보고하고 해당 학부모에게 알려야 한다.

⑤ 누구든지 제1항부터 제4항까지에 따라 학교폭력을 신고한 사람에게 그 신고행위를 이유로 불이익을 주어서는 아니 된다.

제20조의2(긴급전화의 설치 등) ① 국가 및 지방자치단체는 학교폭력을 수시로 신고받고 이에 대한 상담에 응할 수 있도록 긴급전화를 설치하여야 한다.

② 국가와 지방자치단체는 제1항에 따른 긴급전화의 설치·운영을 대통령령으로 정하는 기관 또는 단체에 위탁할 수 있다.

③ 제1항과 제2항에 따른 긴급전화의 설치·운영·위탁에 필요한 사항은 대통령령으로 정한다.

제20조의3(정보통신망에 의한 학교폭력 등) 제2조제1호에 따른 정보통신망을 이용한 음란·폭력 정보 등에 의한 신체상·정신상 피해에 관하여 필요한 사항은 따로 법률로 정한다.

제20조의4(정보통신망의 이용 등) ① 국가·지방자치단체 또는 교육감은 학교폭력 예방 업무 등을 효과적으로 수행하기 위하여 필요한 경우 정보통신망을 이용할 수 있다.

② 국가·지방자치단체 또는 교육감은 제1항에 따라 정보통신망을 이용하여 학교 또는 학생(학부모를 포함한다)이 학교폭력 예방 업무 등을 수행하는 경우 다음 각 호의 어느 하나에 해당하는 비용의 전부 또는 일부를 지원할 수 있다.

1. 학교 또는 학생(학부모를 포함한다)이 전기통신설비를 구입하거나 이용하는 데 소요되는 비용
2. 학교 또는 학생(학부모를 포함한다)에게 부과되는 전기통신역무 요금

③ 그 밖에 정보통신망의 이용 등에 관하여 필요한 사항은 대통령령으로 정한다.

제20조의5(학생보호인력의 배치 등) ① 국가·지방자치단체 또는 학교의 장은 학교폭력을 예방하기 위하여 학교 내에 학생보호인력을 배치하여 활용할 수 있다.

② 다음 각 호의 어느 하나에 해당하는 사람은 학생보호인력이 될 수 없다.

1. 「국가공무원법」 제33조 각 호의 어느 하나에 해당하는 사람
2. 「아동·청소년의 성보호에 관한 법률」에 따른 아동·청소년대상 성범죄 또는 「성폭력범죄의 처벌 등에 관한 특례법」에 따른 성폭력범죄를 범하여 벌금형을 선고받고 그 형이 확정된 날부터 10년이 지나지 아니하였거나, 금고 이상의 형이나 치료감호를 선고받고 그 집행이 끝나거나 집행이 유예·면제된 날부터 10년이 지나지 아니한 사람

3. 「청소년 보호법」 제2조제5호가목3) 및 같은 목 7)부터 9)까지의 청소년 출입·고용금지업소의 업주나 종사자

③ 국가·지방자치단체 또는 학교의 장은 제1항에 따른 학생보호인력의 배치 및 활용 업무를 관련 전문기관 또는 단체에 위탁할 수 있다.

④ 제3항에 따라 학생보호인력의 배치 및 활용 업무를 위탁받은 전문기관 또는 단체는 그 업무를 수행함에 있어 학교의 장과 충분히 협의하여야 한다.

⑤ 국가·지방자치단체 또는 학교의 장은 학생보호인력으로 배치하고자 하는 사람의 동의를 받아 경찰청장에게 그 사람의 범죄경력을 조회할 수 있다.

⑥ 제3항에 따라 학생보호인력의 배치 및 활용 업무를 위탁받은 전문기관 또는 단체는 해당 업무를 위탁한 국가·지방자치단체 또는 학교의 장에게 학생보호인력으로 배치하고자 하는 사람의 범죄경력을 조회할 것을 신청할 수 있다.

⑦ 학생보호인력이 되려는 사람은 국가·지방자치단체 또는 학교의 장에게 제2항 각 호의 어느 하나에 해당하지 아니한다는 확인서를 제출하여야 한다.

제20조의6(영상정보처리기기의 통합 관제) ① 국가 및 지방자치단체는 학교폭력 예방 업무를 효과적으로 수행하기 위하여 교육감과 협의하여 학교 내외에 설치된 영상정보처리기기(「개인정보 보호법」 제2조제7호에 따른 영상정보처리기기를 말한다. 이하 이 조에서 같다)를 통합하여 관제할 수 있다. 이 경우 국가 및 지방자치단체는 통합 관제 목적에 필요한 범위에서 최소한의 개인정보만을 처리하여야 하며, 그 목적 외의 용도로 활용하여서는 아니 된다.

② 제1항에 따라 영상정보처리기기를 통합 관제하려는 국가 및 지방자치단체는 공청회·설명회의 개최 등 대통령령으로 정하는 절차를 거쳐 관계 전문가 및 이해관계인의 의견을 수렴하여야 한다.

③ 제1항에 따라 학교 내외에 설치된 영상정보처리기기가 통합 관제되는 경우 해당 학교의 영상정보처리기기운영자는 「개인정보 보호법」 제25조제4항에 따른 조치를 통하여 그 사실을 정보주체에게 알려야 한다.

④ 통합 관제에 관하여 이 법에서 규정한 것을 제외하고는 「개인정보 보호법」을 적용한다.

⑤ 그 밖에 영상정보처리기기의 통합 관제에 필요한 사항은 대통령령으로 정한다.

제21조(비밀누설금지 등) ① 이 법에 따라 학교폭력의 예방 및 대책과 관련된 업무를 수행하거나 수행하였던 자는 그 직무로 인하여 알게 된 비밀 또는 가해학생·피해학생 및 제20조에 따른 신고자·고발자와 관련된 자료를 누설하여서는 아니 된다.

② 제1항에 따른 비밀의 구체적인 범위는 대통령령으로 정한다.

③ 제16조, 제16조의2, 제17조, 제17조의2, 제18조에 따른 자치위원회의 회의는 공개하지 아니한다. 다만, 피해학생·가해학생 또는 그 보호자가 회의록의 열람·복사 등 회의록 공개를 신청한 때에는 학생과 그 가족의 성명, 주민등록번호 및 주소, 위원의 성명 등 개인정보에 관한 사항을 제외하고 공개하여야 한다.

제22조(벌칙) ① 제21조제1항을 위반한 자는 1년 이하의 징역 또는 1천만원 이하의 벌금에 처한다.

② 제17조제9항에 따른 자치위원회의 교육 이수 조치를 따르지 아니한 보호자에게는 300만원 이하의 과태료를 부과한다.

학교 밖 청소년 지원에 관한 법률

제1조(목적)

이 법은 「청소년 기본법」 제49조제4항에 따라 학교 밖 청소년 지원에 관한 사항을 규정함으로써 학교 밖 청소년이 건강한 사회구성원으로 성장할 수 있도록 함을 목적으로 한다.

제2조(정의) 이 법에서 사용하는 용어의 뜻은 다음과 같다.

청소년	「청소년 기본법」 제3조제1호 본문(9세 이상 24세 이하인 사람을 말한다. 다만, 다른 법률에서 청소년에 대한 적용을 다르게 할 필요가 있는 경우에는 따로 정할 수 있다)에 해당하는 사람
학교 밖 청소년	가. 초등학교·중학교 또는 이와 동일한 과정을 교육하는 학교에 입학한 후 3개월 이상 결석하거나 취학의무를 유예한 청소년 나. 고등학교 또는 이와 동일한 과정을 교육하는 학교에서제적·퇴학처분을 받거나 자퇴한 청소년 다. 고등학교 또는 이와 동일한 과정을 교육하는 학교에 진학하지 아니한 청소년
학교 밖 청소년 지원 프로그램	학교 밖 청소년의 개인적 특성과 수요를 고려한 상담지원, 교육지원, 직업체험 및 취업지원, 자립지원 등의 프로그램

제6조(실태조사)

① 여성가족부장관은 학교 밖 청소년의 현황 및 실태 파악과 학교 밖 청소년 지원 정책수립을 위한 기초자료로 활용하기 위하여 3년마다 학교 밖 청소년에 대한 실태조사를 실시하고, 그 결과를 공표하여야 한다.

제7조(학교 밖 청소년 지원 위원회)

② 지원위원회는 위원장 1명과 부위원장 1명을 포함한 15명 이내의 위원으로 구성하고, 위원은 당연직 위원과 위촉직 위원으로 구성한다.

제8조(상담지원)

① 국가와 지방자치단체는 학교 밖 청소년에 대하여 효율적이고 적합한 지원을 할 수 있도록 심리상담, 진로상담, 가족상담 등 상담을 제공할 수 있다.

제9조(교육지원)

① 국가와 지방자치단체는 학교 밖 청소년이 학업에 복귀하고 자립할 수 있도록 다음 각 호의 사항을 지원할 수 있다.

1. 「초·중등교육법」 제2조의 초등학교·중학교로의 재취학 또는 고등학교로의 재입학
2. 「초·중등교육법」 제60조의3의 대안학교로의 진학
3. 「초·중등교육법」 제27조의2에 따라 초등학교·중학교 또는 고등학교를 졸업한 사람과 동등한 학력이 인정되는 시험의 준비

제10조(직업체험 및 취업지원)

① 국가와 지방자치단체는 학교 밖 청소년이 자신의 적성과 능력에 맞는 직업의 체험과 훈련을 할 수 있도록 다음 각 호의 사항을 지원할 수 있다.

1. 직업적성 검사 및 진로상담프로그램
2. 직업체험 및 훈련프로그램
3. 직업소개 및 관리
4. 그 밖에 학교 밖 청소년의 직업체험 및 훈련에 필요한 사항

② 국가와 지방자치단체는 학교 밖 청소년을 대상으로 취업 및 직무수행에 필요한 지식·기술 및 태도를 습득·향상시키기 위하여 직업교육 훈련을 실시할 수 있다.

소년법

제1장 총칙

제1조(목적)

이 법은 반사회성(反社會性)이 있는 소년의 환경 조정과 품행 교정(矯正)을 위한 보호처분 등의 필요한 조치를 하고, 형사처분에 관한 특별조치를 함으로써 소년이 건전하게 성장하도록 돕는 것을 목적으로 한다.

제2조(소년 및 보호자)

이 법에서 "소년"이란 19세 미만인 자를 말하며, "보호자"란 법률상 감호교육(監護敎育)을 할 의무가 있는 자 또는 현재 감호하는 자를 말한다.

제2장 보호사건

제1절 통칙

제3조(관할 및 직능)

① 소년 보호사건의 관할은 소년의 행위지, 거주지 또는 현재지로 한다.
② 소년 보호사건은 가정법원소년부 또는 지방법원소년부[이하 "소년부(少年部)"라 한다]에 속한다.
③ 소년 보호사건의 심리(審理)와 처분 결정은 소년부 단독판사가 한다.

제4조(보호의 대상과 송치 및 통고)

다음 각 호의 어느 하나에 해당하는 소년은 한다.

<table>
<tr><td rowspan="3">① 소년부의 보호사건으로 심리</td><td>1. 죄를 범한 소년</td><td></td></tr>
<tr><td>2. 형벌 법령에 저촉되는 행위를 한 10세 이상 14세 미만인 소년</td><td rowspan="2">② 경찰서장은 직접 관할 소년부에 송치</td></tr>
<tr><td>3. 다음 각 목에 해당하는 사유가 있고 그의 성격이나 환경에 비추어 앞으로 형벌 법령에 저촉되는 행위를 할 우려가 있는 10세 이상인 소년
가. 집단적으로 몰려다니며 주위 사람들에게 불안감을 조성하는 성벽(性癖)이 있는 것
나. 정당한 이유 없이 가출하는 것
다. 술을 마시고 소란을 피우거나 유해환경에 접하는 성벽이 있는 것</td></tr>
</table>

③ 제1항 각 호의 어느 하나에 해당하는 소년을 발견한 보호자 또는 학교·사회복리시설·보호관찰소의 장은 이를 관할 소년부에 통고할 수 있다.

제6조(이송)

① 보호사건을 송치받은 소년부는 보호의 적정을 기하기 위하여 필요하다고 인정하면 결정(決定)으로써 사건을

다른 관할 소년부에 이송할 수 있다.
② 소년부는 사건이 그 관할에 속하지 아니한다고 인정하면 결정으로써 그 사건을 관할 소년부에 이송하여야 한다.

제7조(형사처분 등을 위한 관할 검찰청으로의 송치)
① 소년부는 조사 또는 심리한 결과 금고 이상의 형에 해당하는 범죄 사실이 발견된 경우 그 동기와 죄질이 형사처분을 할 필요가 있다고 인정하면 결정으로써 사건을 관할 지방법원에 대응한 검찰청 검사에게 송치하여야 한다.
② 소년부는 조사 또는 심리한 결과 사건의 본인이 19세 이상인 것으로 밝혀진 경우에는 결정으로써 사건을 관할 지방법원에 대응하는 검찰청 검사에게 송치하여야 한다. 다만, 제51조에 따라 법원에 이송하여야 할 경우에는 그러하지 아니하다.

제8조(통지) 소년부는 제6조와 제7조에 따른 결정을 하였을 때에는 지체 없이 그 사유를 사건 본인과 그 보호자에게 알려야 한다.

제2절 조사와 심리

제14조(긴급동행영장)
소년부 판사는 사건 본인을 보호하기 위하여 긴급조치가 필요하다고 인정하면 제13조제1항에 따른 소환 없이 동행영장을 발부할 수 있다.

제16조(동행영장의 집행)
① 동행영장은 조사관이 집행한다.
② 소년부 판사는 소년부 법원서기관·법원사무관·법원주사·법원주사보나 보호관찰관 또는 사법경찰관리에게 동행영장을 집행하게 할 수 있다.
③ 동행영장을 집행하면 지체 없이 보호자나 보조인에게 알려야 한다.

제17조(보조인 선임)
① 사건 본인이나 보호자는 소년부 판사의 허가를 받아 보조인을 선임할 수 있다.
② 보호자나 변호사를 보조인으로 선임하는 경우에는 제1항의 허가를 받지 아니하여도 된다.
③ 보조인을 선임함에 있어서는 보조인과 연명날인한 서면을 제출하여야 한다. 이 경우 변호사가 아닌 사람을 보조인으로 선임할 경우에는 위 서면에 소년과 보조인과의 관계를 기재하여야 한다.
④ 소년부 판사는 보조인이 심리절차를 고의로 지연시키는 등 심리진행을 방해하거나 소년의 이익에 반하는 행위를 할 우려가 있다고 판단하는 경우에는 보조인 선임의 허가를 취소할 수 있다.
⑤ 보조인의 선임은 심급마다 하여야 한다.
⑥ 「형사소송법」 중 변호인의 권리의무에 관한 규정은 소년 보호사건의 성질에 위배되지 아니하는 한 보조인에 대하여 준용한다.

제17조의2(국선보조인)
① 소년이 소년분류심사원에 위탁된 경우 보조인이 없을 때에는 법원은 변호사 등 적정한 자를 보조인으로 선정

하여야 한다.

② 소년이 소년분류심사원에 위탁되지 아니하였을 때에도 다음의 경우 법원은 직권에 의하거나 소년 또는 보호자의 신청에 따라 보조인을 선정할 수 있다.

1. 소년에게 신체적·정신적 장애가 의심되는 경우
2. 빈곤이나 그 밖의 사유로 보조인을 선임할 수 없는 경우
3. 그 밖에 소년부 판사가 보조인이 필요하다고 인정하는 경우

③ 제1항과 제2항에 따라 선정된 보조인에게 지급하는 비용에 대하여는 「형사소송비용 등에 관한 법률」을 준용한다.

제18조(임시조치)

① 소년부 판사는 사건을 조사 또는 심리하는 데에 필요하다고 인정하면 소년의 감호에 관하여 결정으로써 다음 각 호의 어느 하나에 해당하는 조치를 할 수 있다.

1. 보호자, 소년을 보호할 수 있는 적당한 자 또는 시설에 위탁
2. 병원이나 그 밖의 요양소에 위탁
3. 소년분류심사원에 위탁

② 동행된 소년 또는 제52조제1항에 따라 인도된 소년에 대하여는 도착한 때로부터 24시간 이내에 제1항의 조치를 하여야 한다.

③ 제1항제1호 및 제2호의 위탁기간은 3개월을, 제1항제3호의 위탁기간은 1개월을 초과하지 못한다. 다만, 특별히 계속 조치할 필요가 있을 때에는 한 번에 한하여 결정으로써 연장할 수 있다.

④ 제1항제1호 및 제2호의 조치를 할 때에는 보호자 또는 위탁받은 자에게 소년의 감호에 관한 필요 사항을 지시할 수 있다.

⑤ 소년부 판사는 제1항의 결정을 하였을 때에는 소년부 법원서기관·법원사무관·법원주사·법원주사보, 소년분류심사원 소속 공무원, 교도소 또는 구치소 소속 공무원, 보호관찰관 또는 사법경찰관리에게 그 결정을 집행하게 할 수 있다.

⑥ 제1항의 조치는 언제든지 결정으로써 취소하거나 변경할 수 있다.

제25조의2(피해자 등의 진술권)

소년부 판사는 피해자 또는 그 법정대리인·변호인·배우자·직계친족·형제자매(이하 이 조에서 "대리인등"이라 한다)가 의견진술을 신청할 때에는 피해자나 그 대리인등에게 심리 기일에 의견을 진술할 기회를 주어야 한다. 다만, 다음 각 호의 어느 하나에 해당하는 경우에는 그러하지 아니하다.

1. 신청인이 이미 심리절차에서 충분히 진술하여 다시 진술할 필요가 없다고 인정되는 경우
2. 신청인의 진술로 심리절차가 현저하게 지연될 우려가 있는 경우

제3절 보호처분

제32조(보호처분의 결정)

① 소년부 판사는 심리 결과 보호처분을 할 필요가 있다고 인정하면 결정으로써 다음 각 호의 어느 하나에 해당하는 처분을 하여야 한다.

조문 내용	보호처분 기간 등
1. 보호자 또는 보호자를 대신하여 소년을 보호할 수 있는 자에게 감호 위탁	6월, 6월 1회 연장 가능
2. 수강명령	12세 이상의 소년에게만 할 수 있다, 100시간
3. 사회봉사명령	14세 이상의 소년에게만 할 수 있다, 200시간
4. 보호관찰관의 단기(短期) 보호관찰	1년
5. 보호관찰관의 장기(長期) 보호관찰	2년
6. 「아동복지법」에 따른 아동복지시설이나 그 밖의 소년보호시설에 감호 위탁	6월, 6월 1회 연장 가능
7. 병원, 요양소 또는 「보호소년 등의 처우에 관한 법률」에 따른 소년의료보호시설에 위탁	6월, 6월 1회 연장 가능
8. 1개월 이내의 소년원 송치	
9. 단기 소년원 송치	보호기간 6월
10. 장기 소년원 송치(12세 이상의 소년에게만 할 수 있다)	12세 이상의 소년에게만 할 수 있다, 보호기간 2년

⑥ 소년의 보호처분은 그 소년의 장래 신상에 어떠한 영향도 미치지 아니한다.

제32조제1항제6호부터 제10호까지의 어느 하나에 해당하는 처분을 받은 소년이 시설위탁이나 수용 이후 그 시설을 이탈하였을 때에는 위 처분기간은 진행이 정지되고, 재위탁 또는 재수용된 때로부터 다시 진행한다.

제3장 형사사건

제1절 통칙

제49조(검사의 송치)

① 검사는 소년에 대한 피의사건을 수사한 결과 보호처분에 해당하는 사유가 있다고 인정한 경우에는 사건을 관할 소년부에 송치하여야 한다.

② 소년부는 제1항에 따라 송치된 사건을 조사 또는 심리한 결과 그 동기와 죄질이 금고 이상의 형사처분을 할 필요가 있다고 인정할 때에는 결정으로써 해당 검찰청 검사에게 송치할 수 있다.

③ 제2항에 따라 송치한 사건은 다시 소년부에 송치할 수 없다.

제49조의3(조건부 기소유예) 검사는 피의자에 대하여 다음 각 호에 해당하는 선도(善導) 등을 받게 하고, 피의사건에 대한 공소를 제기하지 아니할 수 있다. 이 경우 소년과 소년의 친권자·후견인 등 법정대리인의 동의를 받아야 한다.

1. 범죄예방자원봉사위원의 선도
2. 소년의 선도·교육과 관련된 단체·시설에서의 상담·교육·활동 등

제50조(법원의 송치) 법원은 소년에 대한 피고사건을 심리한 결과 보호처분에 해당할 사유가 있다고 인정하면 결정으로써 사건을 관할 소년부에 송치하여야 한다.

제51조(이송) 소년부는 제50조에 따라 송치받은 사건을 조사 또는 심리한 결과 사건의 본인이 19세 이상인 것으로 밝혀지면 결정으로써 송치한 법원에 사건을 다시 이송하여야 한다.

제52조(소년부 송치 시의 신병 처리)

① 제49조제1항이나 제50조에 따른 소년부 송치결정이 있는 경우에는 소년을 구금하고 있는 시설의 장은 검사의 이송 지휘를 받은 때로부터 법원 소년부가 있는 시·군에서는 24시간 이내에, 그 밖의 시·군에서는 48시간 이내에 소년을 소년부에 인도하여야 한다. 이 경우 구속영장의 효력은 소년부 판사가 제18조제1항에 따른 소년의 감호에 관한 결정을 한 때에 상실한다.

② 제1항에 따른 인도와 결정은 구속영장의 효력기간 내에 이루어져야 한다.

제53조(보호처분의 효력)

제32조의 보호처분을 받은 소년에 대하여는 그 심리가 결정된 사건은 다시 공소를 제기하거나 소년부에 송치할 수 없다. 다만, 제38조제1항제1호의 경우에는 공소를 제기할 수 있다.

제54조(공소시효의 정지)

제20조에 따른 심리 개시 결정이 있었던 때로부터 그 사건에 대한 보호처분의 결정이 확정될 때까지 공소시효는 그 진행이 정지된다.

제55조(구속영장의 제한)

① 소년에 대한 구속영장은 부득이한 경우가 아니면 발부하지 못한다.

② 소년을 구속하는 경우에는 특별한 사정이 없으면 다른 피의자나 피고인과 분리하여 수용하여야 한다.

제2절 심판

제59조(사형 및 무기형의 완화) 죄를 범할 당시 18세 미만인 소년에 대하여 사형 또는 무기형(無期刑)으로 처할 경우에는 15년의 유기징역으로 한다.

제60조(부정기형) ① 소년이 법정형으로 장기 2년 이상의 유기형(有期刑)에 해당하는 죄를 범한 경우에는 그 형의 범위에서 장기와 단기를 정하여 선고한다. 다만, 장기는 10년, 단기는 5년을 초과하지 못한다.

② 소년의 특성에 비추어 상당하다고 인정되는 때에는 그 형을 감경할 수 있다.

③ 형의 집행유예나 선고유예를 선고할 때에는 제1항을 적용하지 아니한다.

④ 소년에 대한 부정기형을 집행하는 기관의 장은 형의 단기가 지난 소년범의 행형(行刑) 성적이 양호하고 교정의 목적을 달성하였다고 인정되는 경우에는 관찰 검찰청 검사의 지휘에 따라 그 형의 집행을 종료시킬 수 있다.

제62조(환형처분의 금지) 18세 미만인 소년에게는 「형법」 제70조에 따른 유치선고를 하지 못한다. 다만, 판결 선고 전 구속되었거나 제18조제1항제3호의 조치가 있었을 때에는 그 구속 또는 위탁의 기간에 해당하는 기간은

노역장(勞役場)에 유치된 것으로 보아 「형법」 제57조를 적용할 수 있다.

제63조(징역·금고의 집행)

징역 또는 금고를 선고받은 소년에 대하여는 특별히 설치된 교도소 또는 일반 교도소 안에 특별히 분리된 장소에서 그 형을 집행한다. 다만, 소년이 형의 집행 중에 23세가 되면 일반 교도소에서 집행할 수 있다.

제64조(보호처분과 형의 집행)

보호처분이 계속 중일 때에 징역, 금고 또는 구류를 선고받은 소년에 대하여는 먼저 그 형을 집행한다.

제65조(가석방)

징역 또는 금고를 선고받은 소년에 대하여는 다음 각 호의 기간이 지나면 가석방(假釋放)을 허가할 수 있다.

1. 무기형의 경우에는 5년
2. 15년 유기형의 경우에는 3년
3. 부정기형의 경우에는 단기의 3분의 1

폭력행위 등 처벌에 관한 법률

제1조(목적)

이 법은 집단적 또는 상습적으로 폭력행위 등을 범하거나 흉기 또는 그 밖의 위험한 물건을 휴대하여 폭력행위 등을 범한 사람 등을 처벌함을 목적으로 한다.

제2조(폭행 등)

② 2명 이상이 공동하여 다음 각 호의 죄를 범한 사람은 「형법」 각 해당 조항에서 정한 형의 2분의 1까지 가중한다. 〈개정 2016.1.6.〉

1. 「형법」 제260조제1항(폭행), 제283조제1항(협박), 제319조(주거침입, 퇴거불응) 또는 제366조(재물손괴 등)의 죄
2. 「형법」 제260조제2항(존속폭행), 제276조제1항(체포, 감금), 제283조제2항(존속협박) 또는 제324조제1항(강요)의 죄
3. 「형법」 제257조제1항(상해)·제2항(존속상해), 제276조제2항(존속체포, 존속감금) 또는 제350조(공갈)의 죄

③ 이 법(「형법」 각 해당 조항 및 각 해당 조항의 상습범, 특수범, 상습특수범, 각 해당 조항의 상습범의 미수범, 특수범의 미수범, 상습특수범의 미수범을 포함한다)을 위반하여 2회 이상 징역형을 받은 사람이 다시 제2항 각 호에 규정된 죄를 범하여 누범(累犯)으로 처벌할 경우에는 다음 각 호의 구분에 따라 가중처벌한다.

1. 제2항제1호에 규정된 죄를 범한 사람: 7년 이하의 징역
2. 제2항제2호에 규정된 죄를 범한 사람: 1년 이상 12년 이하의 징역
3. 제2항제3호에 규정된 죄를 범한 사람: 2년 이상 20년 이하의 징역

④ 제2항과 제3항의 경우에는 「형법」 제260조제3항 및 제283조제3항을 적용하지 아니한다.

제3조(집단적 폭행 등)

④ 이 법(「형법」 각 해당 조항 및 각 해당 조항의 상습범, 특수범, 상습특수범, 각 해당 조항의 상습범의 미수범, 특수범의 미수범, 상습특수범의 미수범을 포함한다)을 위반하여 2회 이상 징역형을 받은 사람이 다시 다음 각 호의 죄를 범하여 누범으로 처벌할 경우에는 다음 각 호의 구분에 따라 가중처벌한다.

1. 「형법」 제261조(특수폭행)(제260조제1항의 죄를 범한 경우에 한정한다), 제284조(특수협박)(제283조제1항의 죄를 범한 경우에 한정한다), 제320조(특수주거침입) 또는 제369조제1항(특수손괴)의 죄: 1년 이상 12년 이하의 징역
2. 「형법」 제261조(특수폭행)(제260조제2항의 죄를 범한 경우에 한정한다), 제278조(특수체포, 특수감금)(제276조제1항의 죄를 범한 경우에 한정한다), 제284조(특수협박)(제283조제2항의 죄를 범한 경우에 한정한다) 또는 제324조제2항(강요)의 죄: 2년 이상 20년 이하의 징역
3. 「형법」 제258조의2제1항(특수상해), 제278조(특수체포, 특수감금)(제276조제2항의 죄를 범한 경우에 한정한다) 또는 제350조의2(특수공갈)의 죄: 3년 이상 25년 이하의 징역

제4조(단체 등의 구성·활동)

① 이 법에 규정된 범죄를 목적으로 하는 단체 또는 집단을 구성하거나 그러한 단체 또는 집단에 가입하거나 그 구성원으로 활동한 사람은 다음 각 호의 구분에 따라 처벌한다.

1. 수괴(首魁): 사형, 무기 또는 10년 이상의 징역
2. 간부: 무기 또는 7년 이상의 징역
3. 수괴·간부 외의 사람: 2년 이상의 유기징역

② 제1항의 단체 또는 집단을 구성하거나 그러한 단체 또는 집단에 가입한 사람이 단체 또는 집단의 위력을 과시하거나 단체 또는 집단의 존속·유지를 위하여 다음 각 호의 어느 하나에 해당하는 죄를 범하였을 때에는 그 죄에 대한 형의 장기(長期) 및 단기(短期)의 2분의 1까지 가중한다.

1. 「형법」에 따른 죄 중 다음 각 목의 죄
   가. 「형법」 제8장 공무방해에 관한 죄 중 제136조(공무집행방해), 제141조(공용서류 등의 무효, 공용물의 파괴)의 죄
   나. 「형법」 제24장 살인의 죄 중 제250조제1항(살인), 제252조(촉탁, 승낙에 의한 살인 등), 제253조(위계 등에 의한 촉탁살인 등), 제255조(예비, 음모)의 죄
   다. 「형법」 제34장 신용, 업무와 경매에 관한 죄 중 제314조(업무방해), 제315조(경매, 입찰의 방해)의 죄
   라. 「형법」 제38장 절도와 강도의 죄 중 제333조(강도), 제334조(특수강도), 제335조(준강도), 제336조(인질강도), 제337조(강도상해, 치상), 제339조(강도강간), 제340조제1항(해상강도)·제2항(해상강도상해 또는 치상), 제341조(상습범), 제343조(예비, 음모)의 죄
2. 제2조 또는 제3조의 죄(「형법」 각 해당 조항의 상습범, 특수범, 상습특수범을 포함한다)

③ 타인에게 제1항의 단체 또는 집단에 가입할 것을 강요하거나 권유한 사람은 2년 이상의 유기징역에 처한다.

④ 제1항의 단체 또는 집단을 구성하거나 그러한 단체 또는 집단에 가입하여 그 단체 또는 집단의 존속·유지를 위하여 금품을 모집한 사람은 3년 이상의 유기징역에 처한다.

제5조(단체 등의 이용·지원)

① 제4조제1항의 단체 또는 집단을 이용하여 이 법이나 그 밖의 형벌 법규에 규정된 죄를 범하게 한 사람은 그 죄에 대한 형의 장기 및 단기의 2분의 1까지 가중한다.

② 제4조제1항의 단체 또는 집단을 구성하거나 그러한 단체 또는 집단에 가입하지 아니한 사람이 그러한 단체 또는 집단의 구성·유지를 위하여 자금을 제공하였을 때에는 3년 이상의 유기징역에 처한다.

제6조(미수범) 제2조, 제3조, 제4조제2항[「형법」 제136조, 제255조, 제314조, 제315조, 제335조, 제337조(강도치상의 죄에 한정한다), 제340조제2항(해상강도치상의 죄에 한정한다) 또는 제343조의 죄를 범한 경우는 제외한다] 및 제5조의 미수범은 처벌한다.

제7조(우범자)

정당한 이유 없이 이 법에 규정된 범죄에 공용(供用)될 우려가 있는 흉기나 그 밖의 위험한 물건을 휴대하거나 제공 또는 알선한 사람은 3년 이하의 징역 또는 300만원 이하의 벌금에 처한다.

제8조(정당방위 등)

① 이 법에 규정된 죄를 범한 사람이 흉기나 그 밖의 위험한 물건 등으로 사람에게 위해(危害)를 가하거나 가하려 할 때 이를 예방하거나 방위(防衛)하기 위하여 한 행위는 벌하지 아니한다.

② 제1항의 경우에 방위 행위가 그 정도를 초과한 때에는 그 형을 감경한다.

③ 제2항의 경우에 그 행위가 야간이나 그 밖의 불안한 상태에서 공포·경악·흥분 또는 당황으로 인한 행위인 때에는 벌하지 아니한다.

제9조(사법경찰관리의 직무유기)

① 사법경찰관리(司法警察官吏)로서 이 법에 규정된 죄를 범한 사람을 수사하지 아니하거나 범인을 알면서 체포하지 아니하거나 수사상 정보를 누설하여 범인의 도주를 용이하게 한 사람은 1년 이상의 유기징역에 처한다.

② 뇌물을 수수(收受), 요구 또는 약속하고 제1항의 죄를 범한 사람은 2년 이상의 유기징역에 처한다.

제10조(사법경찰관리의 행정적 책임)

① 관할 지방검찰청 검사장은 제2조부터 제6조까지의 범죄가 발생하였는데도 그 사실을 자신에게 보고하지 아니하거나 수사를 게을리하거나 수사능력 부족 또는 그 밖의 이유로 사법경찰관리로서 부적당하다고 인정하는 사람에 대해서는 그 임명권자에게 징계, 해임 또는 교체임용을 요구할 수 있다.

② 제1항의 요구를 받은 임명권자는 2주일 이내에 해당 사법경찰관리에 대하여 행정처분을 한 후 그 사실을 관할 지방검찰청 검사장에게 통보하여야 한다.

특정범죄 가중처벌 등에 관한 법률

제1조(목적)

이 법은 「형법」, 「관세법」, 「조세범 처벌법」, 「지방세기본법」, 「산림자원의 조성 및 관리에 관한 법률」 및 「마약류관리에 관한 법률」에 규정된 특정범죄에 대한 가중처벌 등을 규정함으로써 건전한 사회질서의 유지와 국민경제의 발전에 이바지함을 목적으로 한다.

제2조(뇌물죄의 가중처벌)

① 「형법」 제129조·제130조 또는 제132조에 규정된 죄를 범한 사람은 그 수수(收受)·요구 또는 약속한 뇌물의 가액(價額)(이하 이 조에서 "수뢰액"이라 한다)에 따라 다음 각 호와 같이 가중처벌한다.

1. 수뢰액이 1억원 이상인 경우에는 무기 또는 10년 이상의 징역에 처한다.
2. 수뢰액이 5천만원 이상 1억원 미만인 경우에는 7년 이상의 유기징역에 처한다.
3. 수뢰액이 3천만원 이상 5천만원 미만인 경우에는 5년 이상의 유기징역에 처한다.

② 「형법」 제129조·제130조 또는 제132조에 규정된 죄를 범한 사람은 그 죄에 대하여 정한 형(제1항의 경우를 포함한다)에 수뢰액의 2배 이상 5배 이하의 벌금을 병과(倂科)한다.

제3조(알선수재)

공무원의 직무에 속한 사항의 알선에 관하여 금품이나 이익을 수수·요구 또는 약속한 사람은 5년 이하의 징역 또는 1천만원 이하의 벌금에 처한다.

제4조(뇌물죄 적용대상의 확대)

① 다음 각 호의 어느 하나에 해당하는 기관 또는 단체로서 대통령령으로 정하는 기관 또는 단체의 간부직원은 「형법」 제129조부터 제132조(수뢰·사전수뢰, 제삼자뇌물제공, 수뢰후부정처사·사후수뢰, 알선수뢰)까지의 규정을 적용할 때에는 공무원으로 본다.

1. 국가 또는 지방자치단체가 직접 또는 간접으로 자본금의 2분의 1 이상을 출자하였거나 출연금·보조금 등 그 재정지원의 규모가 그 기관 또는 단체 기본재산의 2분의 1 이상인 기관 또는 단체
2. 국민경제 및 산업에 중대한 영향을 미치고 있고 업무의 공공성(公共性)이 현저하여 국가 또는 지방자치단체가 법령에서 정하는 바에 따라 지도·감독하거나 주주권의 행사 등을 통하여 중요 사업의 결정 및 임원의 임면(任免) 등 운영 전반에 관하여 실질적인 지배력을 행사하고 있는 기관 또는 단체

② 제1항의 간부직원의 범위는 제1항의 기관 또는 단체의 설립목적, 자산, 직원의 규모 및 해당 직원의 구체적인 업무 등을 고려하여 대통령령으로 정한다.

제4조의2(체포·감금 등의 가중처벌)

① 「형법」 제124조·제125조(불법체포·불법감금, 폭행가혹행위)에 규정된 죄를 범하여 사람을 상해(傷害)에 이르게 한 경우에는 1년 이상의 유기징역에 처한다.

② 「형법」 제124조·제125조에 규정된 죄를 범하여 사람을 사망에 이르게 한 경우에는 무기 또는 3년 이상의 징역에 처한다.

제4조의3(공무상 비밀누설의 가중처벌)

「국회법」 제54조의2제2항을 위반한 사람은 5년 이하의 징역 또는 500만원 이하의 벌금에 처한다.

제5조(국고 등 손실)

「회계관계직원 등의 책임에 관한 법률」 제2조제1호 · 제2호 또는 제4호(제1호 또는 제2호에 규정된 사람의 보조자로서 그 회계사무의 일부를 처리하는 사람만 해당한다)에 규정된 사람이 국고(國庫) 또는 지방자치단체에 손실을 입힐 것을 알면서 그 직무에 관하여 「형법」 제355조의 죄를 범한 경우에는 다음 각 호의 구분에 따라 가중처벌한다.

1. 국고 또는 지방자치단체의 손실이 5억원 이상인 경우에는 무기 또는 5년 이상의 징역에 처한다.
2. 국고 또는 지방자치단체의 손실이 1억원 이상 5억원 미만인 경우에는 3년 이상의 유기징역에 처한다.

제5조의2(약취 · 유인죄의 가중처벌)

① 13세 미만의 미성년자에 대하여 「형법」 제287조(미성년자 약구치, 유인)의 죄를 범한 사람은 그 약취(略取) 또는 유인(誘引)의 목적에 따라 다음 각 호와 같이 가중처벌한다.

1. 약취 또는 유인한 미성년자의 부모나 그 밖에 그 미성년자의 안전을 염려하는 사람의 우려를 이용하여 재물이나 재산상의 이익을 취득할 목적인 경우에는 무기 또는 5년 이상의 징역에 처한다.
2. 약취 또는 유인한 미성년자를 살해할 목적인 경우에는 사형, 무기 또는 7년 이상의 징역에 처한다.

② 13세 미만의 미성년자에 대하여 「형법」 제287조의 죄를 범한 사람이 다음 각 호의 어느 하나에 해당하는 행위를 한 경우에는 다음 각 호와 같이 가중처벌한다.

1. 약취 또는 유인한 미성년자의 부모나 그 밖에 그 미성년자의 안전을 염려하는 사람의 우려를 이용하여 재물이나 재산상의 이익을 취득하거나 이를 요구한 경우에는 무기 또는 10년 이상의 징역에 처한다.
2. 약취 또는 유인한 미성년자를 살해한 경우에는 사형 또는 무기징역에 처한다.
3. 약취 또는 유인한 미성년자를 폭행 · 상해 · 감금 또는 유기(遺棄)하거나 그 미성년자에게 가혹한 행위를 한 경우에는 무기 또는 5년 이상의 징역에 처한다.
4. 제3호의 죄를 범하여 미성년자를 사망에 이르게 한 경우에는 사형, 무기 또는 7년 이상의 징역에 처한다.

③ 제1항 또는 제2항의 죄를 범한 사람을 방조(幇助)하여 약취 또는 유인된 미성년자를 은닉하거나 그 밖의 방법으로 귀가하지 못하게 한 사람은 5년 이상의 유기징역에 처한다.

⑥ 제1항 및 제2항(제2항제4호는 제외한다)에 규정된 죄의 미수범은 처벌한다.

⑦ 제1항부터 제3항까지 및 제6항의 죄를 범한 사람을 은닉하거나 도피하게 한 사람은 3년 이상 25년 이하의 징역에 처한다.

⑧ 제1항 또는 제2항제1호 · 제2호의 죄를 범할 목적으로 예비하거나 음모한 사람은 1년 이상 10년 이하의 징역에 처한다.

제5조의3(도주차량 운전자의 가중처벌)

① 「도로교통법」 제2조에 규정된 자동차 · 원동기장치자전거의 교통으로 인하여 「형법」 제268조의 죄를 범한 해당 차량의 운전자(이하 "사고운전자"라 한다)가 피해자를 구호(救護)하는 등 「도로교통법」 제54조제1항에 따른 조치를 하지 아니하고 도주한 경우에는 다음 각 호의 구분에 따라 가중처벌한다.

1. 피해자를 사망에 이르게 하고 도주하거나, 도주 후에 피해자가 사망한 경우에는 무기 또는 5년 이상의 징역

에 처한다.

2. 피해자를 상해에 이르게 한 경우에는 1년 이상의 유기징역 또는 500만원 이상 3천만원 이하의 벌금에 처한다.

② 사고운전자가 피해자를 사고 장소로부터 옮겨 유기하고 도주한 경우에는 다음 각 호의 구분에 따라 가중처벌한다.

1. 피해자를 사망에 이르게 하고 도주하거나, 도주 후에 피해자가 사망한 경우에는 사형, 무기 또는 5년 이상의 징역에 처한다.
2. 피해자를 상해에 이르게 한 경우에는 3년 이상의 유기징역에 처한다.

제5조의4(상습 강도 · 절도죄 등의 가중처벌)

② 5명 이상이 공동하여 상습적으로 「형법」 제329조부터 제331조까지의 죄 또는 그 미수죄를 범한 사람은 2년 이상 20년 이하의 징역에 처한다.

⑤ 「형법」 제329조부터 제331조까지, 제333조부터 제336조까지 및 제340조 · 제362조의 죄 또는 그 미수죄로 세 번 이상 징역형을 받은 사람이 다시 이들 죄를 범하여 누범(累犯)으로 처벌하는 경우에는 다음 각 호의 구분에 따라 가중처벌한다.

1. 「형법」 제329조부터 제331조까지의 죄(미수범을 포함한다)를 범한 경우에는 2년 이상 20년 이하의 징역에 처한다.
2. 「형법」 제333조부터 제336조까지의 죄 및 제340조제1항의 죄(미수범을 포함한다)를 범한 경우에는 무기 또는 10년 이상의 징역에 처한다.
3. 「형법」 제362조의 죄를 범한 경우에는 2년 이상 20년 이하의 징역에 처한다.

⑥ 상습적으로 「형법」 제329조부터 제331조까지의 죄나 그 미수죄 또는 제2항의 죄로 두 번 이상 실형을 선고받고 그 집행이 끝나거나 면제된 후 3년 이내에 다시 상습적으로 「형법」 제329조부터 제331조까지의 죄나 그 미수죄 또는 제2항의 죄를 범한 경우에는 3년 이상 25년 이하의 징역에 처한다.

제5조의5(강도상해 등 재범자의 가중처벌) 「형법」 제337조 · 제339조의 죄 또는 그 미수죄로 형을 선고받고 그 집행이 끝나거나 면제된 후 3년 내에 다시 이들 죄를 범한 사람은 사형, 무기 또는 10년 이상의 징역에 처한다.

제5조의9(보복범죄의 가중처벌 등)

① 자기 또는 타인의 형사사건의 수사 또는 재판과 관련하여 고소 · 고발 등 수사단서의 제공, 진술, 증언 또는 자료제출에 대한 보복의 목적으로 「형법」 제250조제1항의 죄를 범한 사람은 사형, 무기 또는 10년 이상의 징역에 처한다. 고소 · 고발 등 수사단서의 제공, 진술, 증언 또는 자료제출을 하지 못하게 하거나 고소 · 고발을 취소하게 하거나 거짓으로 진술 · 증언 · 자료제출을 하게 할 목적인 경우에도 또한 같다.

② 제1항과 같은 목적으로 「형법」 제257조제1항 · 제260조제1항 · 제276조제1항 또는 제283조제1항의 죄를 범한 사람은 1년 이상의 유기징역에 처한다.

③ 제2항의 죄 중 「형법」 제257조제1항 · 제260조제1항 또는 제276조제1항의 죄를 범하여 사람을 사망에 이르게 한 경우에는 무기 또는 3년 이상의 징역에 처한다.

④ 자기 또는 타인의 형사사건의 수사 또는 재판과 관련하여 필요한 사실을 알고 있는 사람 또는 그 친족에게 정당한 사유 없이 면담을 강요하거나 위력(威力)을 행사한 사람은 3년 이하의 징역 또는 300만원 이하의 벌금에 처한다.

제5조의10(운행 중인 자동차 운전자에 대한 폭행 등의 가중처벌)

① 운행 중(「여객자동차 운수사업법」 제2조제3호에 따른 여객자동차운송사업을 위하여 사용되는 자동차를 운행하는 중 운전자가 여객의 승차·하차 등을 위하여 일시 정차한 경우를 포함한다)인 자동차의 운전자를 폭행하거나 협박한 사람은 5년 이하의 징역 또는 2천만원 이하의 벌금에 처한다.

② 제1항의 죄를 범하여 사람을 상해에 이르게 한 경우에는 3년 이상의 유기징역에 처하고, 사망에 이르게 한 경우에는 무기 또는 5년 이상의 징역에 처한다.

제5조의11(위험운전 치사상)

음주 또는 약물의 영향으로 정상적인 운전이 곤란한 상태에서 자동차(원동기장치자전거를 포함한다)를 운전하여 사람을 상해에 이르게 한 사람은 10년 이하의 징역 또는 500만원 이상 3천만원 이하의 벌금에 처하고, 사망에 이르게 한 사람은 1년 이상의 유기징역에 처한다.

제5조의12(도주선박의 선장 또는 승무원에 대한 가중처벌)

「해사안전법」 제2조에 따른 선박의 교통으로 인하여 「형법」 제268조의 죄를 범한 해당 선박의 선장 또는 승무원이 피해자를 구호하는 등 「수상에서의 수색·구조 등에 관한 법률」 제18조제1항 단서에 따른 조치를 하지 아니하고 도주한 경우에는 다음 각 호의 구분에 따라 가중 처벌한다.

1. 피해자를 사망에 이르게 하고 도주하거나, 도주 후에 피해자가 사망한 경우에는 무기 또는 5년 이상의 징역에 처한다.
2. 피해자를 상해에 이르게 한 경우에는 1년 이상의 유기징역 또는 1천만원 이상 1억원 이하의 벌금에 처한다.

제6조(「관세법」 위반행위의 가중처벌)

① 「관세법」 제269조제1항에 규정된 죄를 범한 사람은 다음 각 호의 구분에 따라 가중처벌한다.

1. 수출 또는 수입한 물품의 가액(이하 이 조에서 "물품가액"이라 한다)이 1억원 이상인 경우에는 무기 또는 7년 이상의 징역에 처한다.
2. 물품가액이 3천만원 이상 1억원 미만인 경우에는 3년 이상의 유기징역에 처한다.

② 「관세법」 제269조제2항에 규정된 죄를 범한 사람은 다음 각 호의 구분에 따라 가중처벌한다.

1. 수입한 물품의 원가가 5억원 이상인 경우에는 무기 또는 5년 이상의 징역에 처한다.
2. 수입한 물품의 원가가 2억원 이상 5억원 미만인 경우에는 3년 이상의 유기징역에 처한다.

③ 「관세법」 제269조제3항에 규정된 죄를 범한 사람이 수출하거나 반송한 물품의 원가가 5억원 이상인 경우에는 1년 이상의 유기징역에 처한다.

④ 「관세법」 제270조제1항제1호 또는 같은 조 제4항·제5항에 규정된 죄를 범한 사람은 다음 각 호의 구분에 따라 가중처벌한다.

1. 포탈(逋脫)·면탈(免脫)하거나 감면(減免)·환급받은 세액이 2억원 이상인 경우에는 무기 또는 5년 이상의 징역에 처한다.
2. 포탈·면탈하거나 감면·환급받은 세액이 5천만원 이상 2억원 미만인 경우에는 3년 이상의 유기징역에 처한다.

⑤ 「관세법」 제270조제1항제2호 또는 같은 조 제2항에 규정된 죄를 범한 사람은 다음 각 호의 구분에 따라 가중처벌한다.

1. 수입한 물품의 원가가 5억원 이상인 경우에는 3년 이상의 유기징역에 처한다.
2. 수입한 물품의 원가가 2억원 이상 5억원 미만인 경우에는 1년 이상의 유기징역에 처한다.

⑥ 제1항부터 제5항까지의 경우에는 다음 각 호의 구분에 따른 벌금을 병과한다.
1. 제1항의 경우: 물품가액의 2배 이상 10배 이하
2. 제2항의 경우: 수입한 물품 원가의 2배
3. 제3항의 경우: 수출하거나 반송한 물품의 원가
4. 제4항의 경우: 포탈·면탈하거나 감면·환급받은 세액의 2배 이상 10배 이하
5. 제5항의 경우: 수입한 물품의 원가

⑦ 「관세법」 제271조에 규정된 죄를 범한 사람은 제1항부터 제6항까지의 예에 따른 그 정범(正犯) 또는 본죄(本罪)에 준하여 처벌한다.

⑧ 단체 또는 집단을 구성하거나 상습적으로 「관세법」 제269조부터 제271조까지 또는 제274조에 규정된 죄를 범한 사람은 무기 또는 10년 이상의 징역에 처한다.

제7조(관계 공무원의 무기 사용)

「관세법」 위반사범을 단속할 권한이 있는 공무원은 해상(海上)에서 「관세법」 제269조 또는 제270조에 규정된 죄를 범한 사람이 정지명령을 받고 도피하는 경우에 이를 제지(制止)하기 위하여 필요하다고 인정되는 상당한 이유가 있을 때에는 총기(銃器)를 사용할 수 있다.

제8조(조세 포탈의 가중처벌)

① 「조세범 처벌법」 제3조제1항, 제4조 및 제5조, 「지방세기본법」 제129조제1항에 규정된 죄를 범한 사람은 다음 각 호의 구분에 따라 가중처벌한다.
1. 포탈하거나 환급받은 세액 또는 징수하지 아니하거나 납부하지 아니한 세액(이하 "포탈세액등"이라 한다)이 연간 10억원 이상인 경우에는 무기 또는 5년 이상의 징역에 처한다.
2. 포탈세액등이 연간 5억원 이상 10억원 미만인 경우에는 3년 이상의 유기징역에 처한다.

② 제1항의 경우에는 그 포탈세액등의 2배 이상 5배 이하에 상당하는 벌금을 병과한다.

제8조의2(세금계산서 교부의무 위반 등의 가중처벌)

① 영리를 목적으로 「조세범 처벌법」 제10조제3항 및 제4항 전단의 죄를 범한 사람은 다음 각 호의 구분에 따라 가중처벌한다.
1. 세금계산서 및 계산서에 기재된 공급가액이나 매출처별세금계산서합계표·매입처별세금계산서합계표에 기재된 공급가액 또는 매출·매입금액의 합계액(이하 이 조에서 "공급가액등의 합계액"이라 한다)이 50억원 이상인 경우에는 3년 이상의 유기징역에 처한다.
2. 공급가액등의 합계액이 30억원 이상 50억원 미만인 경우에는 1년 이상의 유기징역에 처한다.

② 제1항의 경우에는 공급가액등의 합계액에 부가가치세의 세율을 적용하여 계산한 세액의 2배 이상 5배 이하의 벌금을 병과한다.

제9조(「산림자원의 조성 및 관리에 관한 법률」 등 위반행위의 가중처벌)

① 「산림자원의 조성 및 관리에 관한 법률」 제73조 및 제74조에 규정된 죄를 범한 사람은 다음 각 호의 구분에

따라 가중처벌한다.

1. 임산물(林産物)의 원산지 가격이 1억원 이상이거나 산림 훼손면적이 5만제곱미터 이상인 경우에는 3년 이상 25년 이하의 징역에 처한다.
2. 임산물의 원산지 가격이 1천만원 이상 1억원 미만이거나 산림 훼손면적이 5천제곱미터 이상 5만제곱미터 미만인 경우에는 2년 이상 20년 이하의 징역에 처한다.

제11조(마약사범 등의 가중처벌)

① 「마약류관리에 관한 법률」 제58조제1항제1호부터 제4호까지 및 제6호 · 제7호에 규정된 죄(매매, 수수 및 제공에 관한 죄와 매매목적, 매매 알선목적 또는 수수목적의 소지 · 소유에 관한 죄는 제외한다) 또는 그 미수죄를 범한 사람은 다음 각 호의 구분에 따라 가중처벌한다.

1. 수출입 · 제조 · 소지 · 소유 등을 한 마약이나 향정신성의약품 등의 가액이 5천만원 이상인 경우에는 무기 또는 10년 이상의 징역에 처한다.
2. 수출입 · 제조 · 소지 · 소유 등을 한 마약이나 향정신성의약품 등의 가액이 500만원 이상 5천만원 미만인 경우에는 무기 또는 7년 이상의 징역에 처한다.

② 「마약류관리에 관한 법률」 제59조제1항부터 제3항까지 및 제60조에 규정된 죄(마약 및 향정신성의약품에 관한 죄만 해당한다)를 범한 사람은 다음 각 호의 구분에 따라 가중처벌한다.

1. 소지 · 소유 · 재배 · 사용 · 수출입 · 제조 등을 한 마약 및 향정신성의약품의 가액이 5천만원 이상인 경우에는 무기 또는 7년 이상의 징역에 처한다.
2. 소지 · 소유 · 재배 · 사용 · 수출입 · 제조 등을 한 마약 및 향정신성의약품의 가액이 500만원 이상 5천만원 미만인 경우에는 무기 또는 3년 이상의 징역에 처한다.

제12조(외국인을 위한 탈법행위) 외국인에 의한 취득이 금지 또는 제한된 재산권을 외국인을 위하여 외국인의 자금으로 취득한 사람은 다음 각 호의 구분에 따라 처벌한다.

1. 재산권의 가액이 1억원 이상인 경우에는 무기 또는 10년 이상의 징역에 처한다.
2. 재산권의 가액이 1억원 미만인 경우에는 무기 또는 3년 이상의 유기징역에 처한다.

제13조(몰수) 제3조 또는 제12조의 죄를 범하여 범인이 취득한 해당 재산은 몰수하며, 몰수할 수 없을 때에는 그 가액을 추징(追徵)한다.

제14조(무고죄) 이 법에 규정된 죄에 대하여 「형법」 제156조에 규정된 죄를 범한 사람은 3년 이상의 유기징역에 처한다.

제15조(특수직무유기) 범죄 수사의 직무에 종사하는 공무원이 이 법에 규정된 죄를 범한 사람을 인지하고 그 직무를 유기한 경우에는 1년 이상의 유기징역에 처한다.

제16조(소추에 관한 특례) 제6조 및 제8조의 죄에 대한 공소(公訴)는 고소 또는 고발이 없는 경우에도 제기할 수 있다.

가정폭력범죄의 처벌 등에 관한 특례법

제1장 총칙

제1조(목적)

이 법은 가정폭력범죄의 형사처벌 절차에 관한 특례를 정하고 가정폭력범죄를 범한 사람에 대하여 환경의 조정과 성행(性行)의 교정을 위한 보호처분을 함으로써 가정폭력범죄로 파괴된 가정의 평화와 안정을 회복하고 건강한 가정을 가꾸며 피해자와 가족구성원의 인권을 보호함을 목적으로 한다.

제2조(정의) 이 법에서 사용하는 용어의 뜻은 다음과 같다.

가정폭력	가정구성원 사이의 신체적, 정신적 또는 재산상 피해를 수반하는 행위
가정구성원	가. 배우자(사실상 혼인관계에 있는 사람을 포함한다. 이하 같다) 또는 배우자였던 사람 나. 자기 또는 배우자와 직계존비속관계(사실상의 양친자관계를 포함한다. 이하 같다)에 있거나 있었던 사람 다. 계부모와 자녀의 관계 또는 적모(嫡母)와 서자(庶子)의 관계에 있거나 있었던 사람 라. 동거하는 친족
가정폭력범죄	가. 「형법」 제2편제25장 상해와 폭행의 죄 중 제257조(상해, 존속상해), 제258조(중상해, 존속중상해), 제258조의2(특수상해), 제260조(폭행, 존속폭행)제1항·제2항, 제261조(특수폭행) 및 제264조(상습범)의 죄 나. 「형법」 제2편제28장 유기와 학대의 죄 중 제271조(유기, 존속유기)제1항·제2항, 제272조(영아유기), 제273조(학대, 존속학대) 및 제274조(아동혹사)의 죄 다. 「형법」 제2편제29장 체포와 감금의 죄 중 제276조(체포, 감금, 존속체포, 존속감금), 제277조(중체포, 중감금, 존속중체포, 존속중감금), 제278조(특수체포, 특수감금), 제279조(상습범) 및 제280조(미수범)의 죄 라. 「형법」 제2편제30장 협박의 죄 중 제283조(협박, 존속협박)제1항·제2항, 제284조(특수협박), 제285조(상습범)(제283조의 죄에만 해당한다) 및 제286조(미수범)의 죄 마. 「형법」 제2편제32장 강간과 추행의 죄 중 제297조(강간), 제297조의2(유사강간), 제298조(강제추행), 제299조(준강간, 준강제추행), 제300조(미수범), 제301조(강간등 상해·치상), 제301조의2(강간등 살인·치사), 제302조(미성년자등에 대한 간음), 제305조(미성년자에 대한 간음, 추행), 제305조의2(상습범)(제297조, 제297조의2, 제298조부터 제300조까지의 죄에 한한다)의 죄 바. 「형법」 제2편제33장 명예에 관한 죄 중 제307조(명예훼손), 제308조(사자의 명예훼손), 제309조(출판물등에 의한 명예훼손) 및 제311조(모욕)의 죄 사. 「형법」 제2편제36장 주거침입의 죄 중 제321조(주거·신체 수색)의 죄 아. 「형법」 제2편제37장 권리행사를 방해하는 죄 중 제324조(강요) 및 제324조의5(미수범)(제324조의 죄에만 해당한다)의 죄 자. 「형법」 제2편제39장 사기와 공갈의 죄 중 제350조(공갈), 제350조의2(특수공갈) 및 제352조(미수범)(제350조, 제350조의2의 죄에만 해당한다)의 죄 차. 「형법」 제2편제42장 손괴의 죄 중 제366조(재물손괴등)의 죄 카. 가목부터 차목까지의 죄로서 다른 법률에 따라 가중처벌되는 죄

가정폭력행위자	가정폭력범죄를 범한 사람 및 가정구성원인 공범
피해자	가정폭력범죄로 인하여 직접적으로 피해를 입은 사람
가정보호사건	가정폭력범죄로 인하여 이 법에 따른 보호처분의 대상이 되는 사건
보호처분	법원이 가정보호사건에 대하여 심리를 거쳐 가정폭력행위자에게 하는 제40조에 따른 처분
피해자보호 명령사건	가정폭력범죄로 인하여 제55조의2에 따른 피해자보호명령의 대상이 되는 사건
아동	「아동복지법」 제3조제1호에 따른 18세 미만인 사람

제3조(다른 법률과의 관계)

가정폭력범죄에 대하여는 이 법을 우선 적용한다. 다만, 아동학대범죄에 대하여는 「아동학대범죄의 처벌 등에 관한 특례법」을 우선 적용한다.

제2장 가정보호사건

제1절 통칙

제4조(신고의무 등)

① 누구든지 가정폭력범죄를 알게 된 경우에는 수사기관에 신고할 수 있다.

② 다음 각 호의 어느 하나에 해당하는 사람이 직무를 수행하면서 가정폭력범죄를 알게 된 경우에는 정당한 사유가 없으면 즉시 수사기관에 신고하여야 한다.

1. 아동의 교육과 보호를 담당하는 기관의 종사자와 그 기관장
2. 아동, 60세 이상의 노인, 그 밖에 정상적인 판단 능력이 결여된 사람의 치료 등을 담당하는 의료인 및 의료기관의 장
3. 「노인복지법」에 따른 노인복지시설, 「아동복지법」에 따른 아동복지시설, 「장애인복지법」에 따른 장애인복지시설의 종사자와 그 기관장
4. 「다문화가족지원법」에 따른 다문화가족지원센터의 전문인력과 그 장
5. 「결혼중개업의 관리에 관한 법률」에 따른 국제결혼중개업자와 그 종사자
6. 「소방기본법」에 따른 구조대·구급대의 대원
7. 「사회복지사업법」에 따른 사회복지 전담공무원
8. 「건강가정기본법」에 따른 건강가정지원센터의 종사자와 그 센터의 장

③ 「아동복지법」에 따른 아동상담소, 「가정폭력방지 및 피해자보호 등에 관한 법률」에 따른 가정폭력 관련 상담소 및 보호시설, 「성폭력범죄의 피해자보호 등에 관한 법률」에 따른 성폭력피해상담소 및 보호시설(이하 "상담소등"이라 한다)에 근무하는 상담원과 그 기관장은 피해자 또는 피해자의 법정대리인 등과의 상담을 통하여 가정폭력범죄를 알게 된 경우에는 가정폭력피해자의 명시적인 반대의견이 없으면 즉시 신고하여야 한다.

④ 누구든지 제1항부터 제3항까지의 규정에 따라 가정폭력범죄를 신고한 사람(이하 "신고자"라 한다)에게 그 신고행위를 이유로 불이익을 주어서는 아니 된다.

제5조(가정폭력범죄에 대한 응급조치)
진행 중인 가정폭력범죄에 대하여 신고를 받은 사법경찰관리는 즉시 현장에 나가서 다음 각 호의 조치를 하여야 한다.

1. 폭력행위의 제지, 가정폭력행위자·피해자의 분리 및 범죄수사
2. 피해자를 가정폭력 관련 상담소 또는 보호시설로 인도(피해자가 동의한 경우만 해당한다)
3. 긴급치료가 필요한 피해자를 의료기관으로 인도
4. 폭력행위 재발 시 제8조에 따라 임시조치를 신청할 수 있음을 통보

제6조(고소에 관한 특례)
① 피해자 또는 그 법정대리인은 가정폭력행위자를 고소할 수 있다. 피해자의 법정대리인이 가정폭력행위자인 경우 또는 가정폭력행위자와 공동으로 가정폭력범죄를 범한 경우에는 피해자의 친족이 고소할 수 있다.
② 피해자는 「형사소송법」 제224조에도 불구하고 가정폭력행위자가 자기 또는 배우자의 직계존속인 경우에도 고소할 수 있다. 법정대리인이 고소하는 경우에도 또한 같다.
③ 피해자에게 고소할 법정대리인이나 친족이 없는 경우에 이해관계인이 신청하면 검사는 10일 이내에 고소할 수 있는 사람을 지정하여야 한다.

제8조(임시조치의 청구 등)
① 검사는 가정폭력범죄가 재발될 우려가 있다고 인정하는 경우에는 직권으로 또는 사법경찰관의 신청에 의하여 법원에 제29조제1항제1호·제2호 또는 제3호의 임시조치를 청구할 수 있다.
② 검사는 가정폭력행위자가 제1항의 청구에 의하여 결정된 임시조치를 위반하여 가정폭력범죄가 재발될 우려가 있다고 인정하는 경우에는 직권으로 또는 사법경찰관의 신청에 의하여 법원에 제29조제1항제5호의 임시조치를 청구할 수 있다.
③ 제1항 및 제2항의 경우 피해자 또는 그 법정대리인은 검사 또는 사법경찰관에게 제1항 및 제2항에 따른 임시조치의 청구 또는 그 신청을 요청하거나 이에 관하여 의견을 진술할 수 있다.
④ 제3항에 따른 요청을 받은 사법경찰관은 제1항 및 제2항에 따른 임시조치를 신청하지 아니하는 경우에는 검사에게 그 사유를 보고하여야 한다.

제8조의2(긴급임시조치)
① 사법경찰관은 제5조에 따른 응급조치에도 불구하고 가정폭력범죄가 재발될 우려가 있고, 긴급을 요하여 법원의 임시조치 결정을 받을 수 없을 때에는 직권 또는 피해자나 그 법정대리인의 신청에 의하여 제29조제1항제1호부터 제3호까지의 어느 하나에 해당하는 조치(이하 "긴급임시조치"라 한다)를 할 수 있다.
② 사법경찰관은 제1항에 따라 긴급임시조치를 한 경우에는 즉시 긴급임시조치결정서를 작성하여야 한다.
③ 제2항에 따른 긴급임시조치결정서에는 범죄사실의 요지, 긴급임시조치가 필요한 사유 등을 기재하여야 한다.

제8조의3(긴급임시조치와 임시조치의 청구)
① 사법경찰관이 제8조의2제1항에 따라 긴급임시조치를 한 때에는 지체 없이 검사에게 제8조에 따른 임시조치를 신청하고, 신청받은 검사는 법원에 임시조치를 청구하여야 한다. 이 경우 임시조치의 청구는 긴급임시조치를 한 때부터 48시간 이내에 청구하여야 하며, 제8조의2제2항에 따른 긴급임시조치결정서를 첨부하여야 한다.
② 제1항에 따라 임시조치를 청구하지 아니하거나 법원이 임시조치의 결정을 하지 아니한 때에는 즉시 긴급임시

조치를 취소하여야 한다.

제9조(가정보호사건의 처리)

① 검사는 가정폭력범죄로서 사건의 성질·동기 및 결과, 가정폭력행위자의 성행 등을 고려하여 이 법에 따른 보호처분을 하는 것이 적절하다고 인정하는 경우에는 가정보호사건으로 처리할 수 있다. 이 경우 검사는 피해자의 의사를 존중하여야 한다.

② 다음 각 호의 경우에는 제1항을 적용할 수 있다.

1. 피해자의 고소가 있어야 공소를 제기할 수 있는 가정폭력범죄에서 고소가 없거나 취소된 경우
2. 피해자의 명시적인 의사에 반하여 공소를 제기할 수 없는 가정폭력범죄에서 피해자가 처벌을 희망하지 아니한다는 명시적 의사표시를 하였거나 처벌을 희망하는 의사표시를 철회한 경우

제9조의2(상담조건부 기소유예)

검사는 가정폭력사건을 수사한 결과 가정폭력행위자의 성행 교정을 위하여 필요하다고 인정하는 경우에는 상담조건부 기소유예를 할 수 있다.

제10조(관할)

① 가정보호사건의 관할은 가정폭력행위자의 행위지, 거주지 또는 현재지를 관할하는 가정법원으로 한다. 다만, 가정법원이 설치되지 아니한 지역에서는 해당 지역의 지방법원(지원을 포함한다. 이하 같다)으로 한다.

② 가정보호사건의 심리와 결정은 단독판사(이하 "판사"라 한다)가 한다.

제11조(검사의 송치)

① 검사는 제9조에 따라 가정보호사건으로 처리하는 경우에는 그 사건을 관할 가정법원 또는 지방법원(이하 "법원"이라 한다)에 송치하여야 한다.

② 검사는 가정폭력범죄와 그 외의 범죄가 경합(競合)하는 경우에는 가정폭력범죄에 대한 사건만을 분리하여 관할 법원에 송치할 수 있다.

제12조(법원의 송치)

법원은 가정폭력행위자에 대한 피고사건을 심리한 결과 이 법에 따른 보호처분을 하는 것이 적절하다고 인정하는 경우에는 결정으로 사건을 가정보호사건의 관할 법원에 송치할 수 있다. 이 경우 법원은 피해자의 의사를 존중하여야 한다.

제16조(보호처분의 효력)

제40조에 따른 보호처분이 확정된 경우에는 그 가정폭력행위자에 대하여 같은 범죄사실로 다시 공소를 제기할 수 없다. 다만, 제46조에 따라 송치된 경우에는 그러하지 아니하다.

제2절 조사·심리

제25조(긴급동행영장) 판사는 가정폭력행위자가 소환에 응하지 아니할 우려가 있거나 피해자 보호를 위하여 긴급히 필요하다고 인정하는 경우에는 제24조제1항에 따른 소환 없이 동행영장을 발부할 수 있다.

제29조(임시조치)

판사는 가정보호사건의 원활한 조사·심리 또는 피해자 보호를 위하여 필요하다고 인정하는 경우에는 결정으로 가정폭력행위자에게 다음 각 호의 어느 하나에 해당하는 임시조치를 할 수 있다.

조치	기간
1. 피해자 또는 가정구성원의 주거 또는 점유하는 방실(房室)로부터의 퇴거 등 격리 2. 피해자 또는 가정구성원의 주거, 직장 등에서 100미터 이내의 접근 금지 3. 피해자 또는 가정구성원에 대한 「전기통신기본법」 제2조제1호의 전기통신을 이용한 접근 금지	임시조치기간은 2개월 초과할 수 없다. 2회 연장 가능
4. 의료기관이나 그 밖의 요양소에의 위탁 5. 국가경찰관서의 유치장 또는 구치소에의 유치	임시조치기간은 1개월을 초과할 수 없다. 1회 연장 가능

② 동행영장에 의하여 동행한 가정폭력행위자 또는 제13조에 따라 인도된 가정폭력행위자에 대하여는 가정폭력행위자가 법원에 인치된 때부터 24시간 이내에 제1항의 조치 여부를 결정하여야 한다.

③ 법원은 제1항에 따른 조치를 결정한 경우에는 검사와 피해자에게 통지하여야 한다.

④ 법원은 제1항제4호 또는 제5호의 조치를 한 경우에는 그 사실을 가정폭력행위자의 보조인이 있는 경우에는 보조인에게, 보조인이 없는 경우에는 법정대리인 또는 가정폭력행위자가 지정한 사람에게 통지하여야 한다. 이 경우 제1항제5호의 조치를 하였을 때에는 가정폭력행위자에게 변호사 등 보조인을 선임할 수 있으며 제49조제1항의 항고를 제기할 수 있음을 고지하여야 한다.

⑤ 제1항제1호부터 제3호까지의 임시조치기간은 2개월, 같은 항 제4호 및 제5호의 임시조치기간은 1개월을 초과할 수 없다. 다만, 피해자의 보호를 위하여 그 기간을 연장할 필요가 있다고 인정하는 경우에는 결정으로 제1항제1호부터 제3호까지의 임시조치는 두 차례만, 같은 항 제4호 및 제5호의 임시조치는 한 차례만 각 기간의 범위에서 연장할 수 있다.

⑥ 제1항제4호의 위탁을 하는 경우에는 의료기관 등의 장에게 가정폭력행위자를 보호하는 데에 필요한 사항을 부과할 수 있다.

⑦ 민간이 운영하는 의료기관 등에 위탁하려는 경우에는 제6항에 따라 부과할 사항을 그 의료기관 등의 장에게 미리 고지하고 동의를 받아야 한다.

⑧ 판사는 제1항 각 호에 규정된 임시조치의 결정을 한 경우에는 가정보호사건조사관, 법원공무원, 사법경찰관리 또는 구치소 소속 교정직공무원으로 하여금 집행하게 할 수 있다.

⑨ 가정폭력행위자, 그 법정대리인이나 보조인은 제1항에 따른 임시조치 결정의 취소 또는 그 종류의 변경을 신청할 수 있다.

⑩ 판사는 직권으로 또는 제9항에 따른 신청에 정당한 이유가 있다고 인정하는 경우에는 결정으로 해당 임시조치를 취소하거나 그 종류를 변경할 수 있다.

⑪ 제1항제4호의 위탁의 대상이 되는 의료기관 및 요양소의 기준과 그 밖에 필요한 사항은 대법원규칙으로 정한다.

제32조(심리의 비공개)

① 판사는 가정보호사건을 심리할 때 사생활 보호나 가정의 평화와 안정을 위하여 필요하거나 선량한 풍속을 해

칠 우려가 있다고 인정하는 경우에는 결정으로 심리를 공개하지 아니할 수 있다.
② 증인으로 소환된 피해자 또는 가정구성원은 사생활 보호나 가정의 평화와 안정의 회복을 이유로 하여 판사에게 증인신문(證人訊問)의 비공개를 신청할 수 있다. 이 경우 판사는 그 허가 여부와 공개법정 외의 장소에서의 신문 등 증인신문의 방식 및 장소에 관하여 결정을 할 수 있다.

제38조(처분의 기간 등)
가정보호사건은 다른 쟁송보다 우선하여 신속히 처리하여야 한다. 이 경우 처분의 결정은 특별한 사유가 없으면 송치받은 날부터 3개월 이내에, 이송받은 경우에는 이송받은 날부터 3개월 이내에 하여야 한다.

제3절 보호처분

제40조(보호처분의 결정 등)
① 판사는 심리의 결과 보호처분이 필요하다고 인정하는 경우에는 결정으로 다음 각 호의 어느 하나에 해당하는 처분을 할 수 있다.
1. 가정폭력행위자가 피해자 또는 가정구성원에게 접근하는 행위의 제한
2. 가정폭력행위자가 피해자 또는 가정구성원에게 「전기통신기본법」 제2조제1호의 전기통신을 이용하여 접근하는 행위의 제한
3. 가정폭력행위자가 친권자인 경우 피해자에 대한 친권 행사의 제한
4. 「보호관찰 등에 관한 법률」에 따른 사회봉사·수강명령
5. 「보호관찰 등에 관한 법률」에 따른 보호관찰
6. 「가정폭력방지 및 피해자보호 등에 관한 법률」에서 정하는 보호시설에의 감호위탁
7. 의료기관에의 치료위탁
8. 상담소등에의 상담위탁

② 제1항 각 호의 처분은 병과(倂科)할 수 있다.
③ 제1항제3호의 처분을 하는 경우에는 피해자를 다른 친권자나 친족 또는 적당한 시설로 인도할 수 있다.
④ 법원은 보호처분의 결정을 한 경우에는 지체 없이 그 사실을 검사, 가정폭력행위자, 피해자, 보호관찰관 및 보호처분을 위탁받아 하는 보호시설, 의료기관 또는 상담소등(이하 "수탁기관"이라 한다)의 장에게 통지하여야 한다. 다만, 수탁기관이 민간에 의하여 운영되는 기관인 경우에는 그 기관의 장으로부터 수탁에 대한 동의를 받아야 한다.
⑤ 제1항제4호부터 제8호까지의 처분을 한 경우에는 가정폭력행위자의 교정에 필요한 참고자료를 보호관찰관 또는 수탁기관의 장에게 보내야 한다.
⑥ 제1항제6호의 감호위탁기관은 가정폭력행위자에 대하여 그 성행을 교정하기 위한 교육을 하여야 한다.

제41조(보호처분의 기간) 제40조제1항제1호부터 제3호까지 및 제5호부터 제8호까지의 보호처분의 기간은 6개월을 초과할 수 없으며, 같은 항 제4호의 사회봉사·수강명령의 시간은 200시간을 각각 초과할 수 없다.
집행에 대하여 필요한 지시를 할 수 있다.

제45조(보호처분의 변경) ① 법원은 보호처분이 진행되는 동안 필요하다고 인정하는 경우에는 직권으로 또는 검사, 보호관찰관 또는 수탁기관의 장의 청구에 의하여 결정으로 한 차례만 보호처분의 종류와 기간을 변경할 수

있다.

② 제1항에 따라 보호처분의 종류와 기간을 변경하는 경우 종전의 처분기간을 합산하여 제40조제1항제1호부터 제3호까지 및 제5호부터 제8호까지의 보호처분의 기간은 1년을, 같은 항 제4호의 사회봉사·수강명령의 시간은 400시간을 각각 초과할 수 없다.

③ 제1항의 처분변경 결정을 한 경우에는 지체 없이 그 사실을 검사, 가정폭력행위자, 법정대리인, 보조인, 피해자, 보호관찰관 및 수탁기관에 통지하여야 한다.

제47조(보호처분의 종료)

법원은 가정폭력행위자의 성행이 교정되어 정상적인 가정생활이 유지될 수 있다고 판단되거나 그 밖에 보호처분을 계속할 필요가 없다고 인정하는 경우에는 직권으로 또는 검사, 피해자, 보호관찰관 또는 수탁기관의 장의 청구에 의하여 결정으로 보호처분의 전부 또는 일부를 종료할 수 있다.

제3장 피해자보호명령

제55조(피해자보호명령사건의 관할) ① 피해자보호명령사건의 관할은 가정폭력행위자의 행위지·거주지 또는 현재지 및 피해자의 거주지 또는 현재지를 관할하는 가정법원으로 한다. 다만, 가정법원이 설치되지 아니하는 지역에 있어서는 해당 지역의 지방법원으로 한다.

② 피해자보호명령사건의 심리와 결정은 판사가 한다.

제55조의2(피해자보호명령 등)

① 판사는 피해자의 보호를 위하여 필요하다고 인정하는 때에는 피해자 또는 그 법정대리인의 청구에 따라 결정으로 가정폭력행위자에게 다음 각 호의 어느 하나에 해당하는 피해자보호명령을 할 수 있다.

1. 피해자 또는 가정구성원의 주거 또는 점유하는 방실로부터의 퇴거 등 격리
2. 피해자 또는 가정구성원의 주거, 직장 등에서 100미터 이내의 접근금지
3. 피해자 또는 가정구성원에 대한 「전기통신사업법」 제2조제1호의 전기통신을 이용한 접근금지
4. 친권자인 가정폭력행위자의 피해자에 대한 친권행사의 제한

② 제1항 각 호의 피해자보호명령은 이를 병과할 수 있다.

③ 피해자 또는 그 법정대리인은 제1항에 따른 피해자보호명령의 취소 또는 그 종류의 변경을 신청할 수 있다.

④ 판사는 직권 또는 제3항에 따른 신청에 상당한 이유가 있다고 인정하는 때에는 결정으로 해당 피해자보호명령을 취소하거나 그 종류를 변경할 수 있다.

⑤ 법원은 피해자의 보호를 위하여 필요하다고 인정하는 경우에는 피해자 또는 그 법정대리인의 청구 또는 직권으로 일정 기간 동안 검사에게 피해자에 대하여 다음 각 호의 어느 하나에 해당하는 신변안전조치를 하도록 요청할 수 있다. 이 경우 검사는 피해자의 주거지 또는 현재지를 관할하는 경찰서장에게 신변안전조치를 하도록 요청할 수 있으며, 해당 경찰서장은 특별한 사유가 없으면 이에 따라야 한다.

1. 가정폭력행위자를 상대방 당사자로 하는 가정보호사건, 피해자보호명령사건 및 그 밖의 가사소송절차에 참석하기 위하여 법원에 출석하는 피해자에 대한 신변안전조치
2. 자녀에 대한 면접교섭권을 행사하는 피해자에 대한 신변안전조치
3. 그 밖에 피해자의 신변안전을 위하여 대통령령으로 정하는 조치

⑥ 제5항에 따른 신변안전조치의 집행방법, 기간, 절차, 그 밖에 필요한 사항은 대통령령으로 정한다.

제55조의3(피해자보호명령의 기간)

① 제55조의2제1항 각 호의 피해자보호명령의 기간은 6개월을 초과할 수 없다. 다만, 피해자의 보호를 위하여 그 기간의 연장이 필요하다고 인정하는 경우에는 직권이나 피해자 또는 그 법정대리인의 청구에 따른 결정으로 2개월 단위로 연장할 수 있다.

② 제1항 및 제55조의2제3항에 따라 피해자보호명령의 기간을 연장하거나 그 종류를 변경하는 경우 종전의 처분기간을 합산하여 2년을 초과할 수 없다.

제55조의4(임시보호명령)

① 판사는 제55조의2제1항에 따른 피해자보호명령의 청구가 있는 경우에 피해자의 보호를 위하여 필요하다고 인정하는 경우에는 결정으로 제55조의2제1항 각 호의 어느 하나에 해당하는 임시보호명령을 할 수 있다.

② 임시보호명령의 기간은 피해자보호명령의 결정 시까지로 한다. 다만, 판사는 필요하다고 인정하는 경우에 그 기간을 제한할 수 있다.

③ 임시보호명령의 취소 또는 그 종류의 변경에 대하여는 제55조의2제3항 및 제4항을 준용한다. 이 경우 "피해자보호명령"은 "임시보호명령"으로 본다.

제55조의5(이행실태의 조사)

① 법원은 가정보호사건조사관, 법원공무원, 사법경찰관리 또는 보호관찰관 등으로 하여금 임시보호명령 및 피해자보호명령의 이행실태에 대하여 수시로 조사하게 하고, 지체 없이 그 결과를 보고하도록 할 수 있다.

② 법원은 임시보호명령 또는 피해자보호명령을 받은 가정폭력행위자가 그 결정을 이행하지 아니하거나 집행에 따르지 아니하는 때에는 그 사실을 관할법원에 대응하는 검찰청 검사에게 통보할 수 있다.

성폭력범죄의 처벌 등에 관한 특례법

제1장 총칙

제1조(목적)

이 법은 성폭력범죄의 처벌 및 그 절차에 관한 특례를 규정함으로써 성폭력범죄 피해자의 생명과 신체의 안전을 보장하고 건강한 사회질서의 확립에 이바지함을 목적으로 한다.

제2조(정의)

① 이 법에서 "성폭력범죄"란 다음 각 호의 어느 하나에 해당하는 죄를 말한다.

1. 「형법」 제2편제22장 성풍속에 관한 죄 중 제242조(음행매개), 제243조(음화반포등), 제244조(음화제조등) 및 제245조(공연음란)의 죄
2. 「형법」 제2편제31장 약취(略取), 유인(誘引) 및 인신매매의 죄 중 추행, 간음 또는 성매매와 성적 착취를 목적으로 범한 제288조 또는 추행, 간음 또는 성매매와 성적 착취를 목적으로 범한 제289조, 제290조(추행, 간음 또는 성매매와 성적 착취를 목적으로 제288조 또는 추행, 간음 또는 성매매와 성적 착취를 목적으로 제289조의 죄를 범하여 약취, 유인, 매매된 사람을 상해하거나 상해에 이르게 한 경우에 한정한다), 제291조(추행, 간음 또는 성매매와 성적 착취를 목적으로 제288조 또는 추행, 간음 또는 성매매와 성적 착취를 목적으로 제289조의 죄를 범하여 약취, 유인, 매매된 사람을 살해하거나 사망에 이르게 한 경우에 한정한다), 제292조[추행, 간음 또는 성매매와 성적 착취를 목적으로 한 제288조 또는 추행, 간음 또는 성매매와 성적 착취를 목적으로 한 제289조의 죄로 약취, 유인, 매매된 사람을 수수(授受) 또는 은닉한 죄, 추행, 간음 또는 성매매와 성적 착취를 목적으로 한 제288조 또는 추행, 간음 또는 성매매와 성적 착취를 목적으로 한 제289조의 죄를 범할 목적으로 사람을 모집, 운송, 전달한 경우에 한정한다] 및 제294조(추행, 간음 또는 성매매와 성적 착취를 목적으로 범한 제288조의 미수범 또는 추행, 간음 또는 성매매와 성적 착취를 목적으로 범한 제289조의 미수범, 추행, 간음 또는 성매매와 성적 착취를 목적으로 제288조 또는 추행, 간음 또는 성매매와 성적 착취를 목적으로 제289조의 죄를 범하여 발생한 제290조제1항의 미수범 또는 추행, 간음 또는 성매매와 성적 착취를 목적으로 제288조 또는 추행, 간음 또는 성매매와 성적 착취를 목적으로 제289조의 죄를 범하여 발생한 제291조제1항의 미수범 및 제292조제1항의 미수범 중 추행, 간음 또는 성매매와 성적 착취를 목적으로 약취, 유인, 매매된 사람을 수수, 은닉한 죄의 미수범으로 한정한다)의 죄
3. 「형법」 제2편제32장 강간과 추행의 죄 중 제297조(강간), 제297조의2(유사강간), 제298조(강제추행), 제299조(준강간, 준강제추행), 제300조(미수범), 제301조(강간등 상해 · 치상), 제301조의2(강간등 살인 · 치사), 제302조(미성년자등에 대한 간음), 제303조(업무상위력등에 의한 간음) 및 제305조(미성년자에 대한 간음, 추행)의 죄
4. 「형법」 제339조(강도강간)의 죄
5. 이 법 제3조(특수강도강간 등)부터 제15조(미수범)까지의 죄

② 제1항 각 호의 범죄로서 다른 법률에 따라 가중처벌되는 죄는 성폭력범죄로 본다.

제2장 성폭력범죄의 처벌 및 절차에 관한 특례

제3조(특수강도강간 등)

① 「형법」 제319조제1항(주거침입), 제330조(야간주거침입절도), 제331조(특수절도) 또는 제342조(미수범. 다만, 제330조 및 제331조의 미수범으로 한정한다)의 죄를 범한 사람이 같은 법 제297조(강간), 제297조의2(유사강간), 제298조(강제추행) 및 제299조(준강간, 준강제추행)의 죄를 범한 경우에는 무기징역 또는 5년 이상의 징역에 처한다.

② 「형법」 제334조(특수강도) 또는 제342조(미수범. 다만, 제334조의 미수범으로 한정한다)의 죄를 범한 사람이 같은 법 제297조(강간), 제297조의2(유사강간), 제298조(강제추행) 및 제299조(준강간, 준강제추행)의 죄를 범한 경우에는 사형, 무기징역 또는 10년 이상의 징역에 처한다.

제4조(특수강간 등)

① 흉기나 그 밖의 위험한 물건을 지닌 채 또는 2명 이상이 합동하여 「형법」 제297조(강간)의 죄를 범한 사람은 무기징역 또는 5년 이상의 징역에 처한다.

제5조(친족관계에 의한 강간 등)

① 친족관계인 사람이 폭행 또는 협박으로 사람을 강간한 경우에는 7년 이상의 유기징역에 처한다.

② 친족관계인 사람이 폭행 또는 협박으로 사람을 강제추행한 경우에는 5년 이상의 유기징역에 처한다.

③ 친족관계인 사람이 사람에 대하여 「형법」 제299조(준강간, 준강제추행)의 죄를 범한 경우에는 제1항 또는 제2항의 예에 따라 처벌한다.

④ 제1항부터 제3항까지의 친족의 범위는 4촌 이내의 혈족·인척과 동거하는 친족으로 한다.

⑤ 제1항부터 제3항까지의 친족은 사실상의 관계에 의한 친족을 포함한다.

제6조(장애인에 대한 강간·강제추행 등)

① 신체적인 또는 정신적인 장애가 있는 사람에 대하여 「형법」 제297조(강간)의 죄를 범한 사람은 무기징역 또는 7년 이상의 징역에 처한다.

② 신체적인 또는 정신적인 장애가 있는 사람에 대하여 폭행이나 협박으로 다음 각 호의 어느 하나에 해당하는 행위를 한 사람은 5년 이상의 유기징역에 처한다.

1. 구강·항문 등 신체(성기는 제외한다)의 내부에 성기를 넣는 행위
2. 성기·항문에 손가락 등 신체(성기는 제외한다)의 일부나 도구를 넣는 행위

③ 신체적인 또는 정신적인 장애가 있는 사람에 대하여 「형법」 제298조(강제추행)의 죄를 범한 사람은 3년 이상의 유기징역 또는 2천만원 이상 5천만원 이하의 벌금에 처한다.

④ 신체적인 또는 정신적인 장애로 항거불능 또는 항거곤란 상태에 있음을 이용하여 사람을 간음하거나 추행한 사람은 제1항부터 제3항까지의 예에 따라 처벌한다.

⑤ 위계(僞計) 또는 위력(威力)으로써 신체적인 또는 정신적인 장애가 있는 사람을 간음한 사람은 5년 이상의 유기징역에 처한다.

⑥ 위계 또는 위력으로써 신체적인 또는 정신적인 장애가 있는 사람을 추행한 사람은 1년 이상의 유기징역 또는 1천만원 이상 3천만원 이하의 벌금에 처한다.

⑦ 장애인의 보호, 교육 등을 목적으로 하는 시설의 장 또는 종사자가 보호, 감독의 대상인 장애인에 대하여 제1

항부터 제6항까지의 죄를 범한 경우에는 그 죄에 정한 형의 2분의 1까지 가중한다.

제7조(13세 미만의 미성년자에 대한 강간, 강제추행 등)

① 13세 미만의 사람에 대하여 「형법」 제297조(강간)의 죄를 범한 사람은 무기징역 또는 10년 이상의 징역에 처한다.

② 13세 미만의 사람에 대하여 폭행이나 협박으로 다음 각 호의 어느 하나에 해당하는 행위를 한 사람은 7년 이상의 유기징역에 처한다.

1. 구강·항문 등 신체(성기는 제외한다)의 내부에 성기를 넣는 행위
2. 성기·항문에 손가락 등 신체(성기는 제외한다)의 일부나 도구를 넣는 행위

제9조(강간 등 살인·치사)

① 제3조부터 제7조까지, 제15조(제3조부터 제7조까지의 미수범으로 한정한다)의 죄 또는 「형법」 제297조(강간), 제297조의2(유사강간) 및 제298조(강제추행)부터 제300조(미수범)까지의 죄를 범한 사람이 다른 사람을 살해한 때에는 사형 또는 무기징역에 처한다.

제10조(업무상 위력 등에 의한 추행)

① 업무, 고용이나 그 밖의 관계로 인하여 자기의 보호, 감독을 받는 사람에 대하여 위계 또는 위력으로 추행한 사람은 2년 이하의 징역 또는 500만원 이하의 벌금에 처한다.

② 법률에 따라 구금된 사람을 감호하는 사람이 그 사람을 추행한 때에는 3년 이하의 징역 또는 1천500만원 이하의 벌금에 처한다.

제11조(공중 밀집 장소에서의 추행)

대중교통수단, 공연·집회 장소, 그 밖에 공중(公衆)이 밀집하는 장소에서 사람을 추행한 사람은 1년 이하의 징역 또는 300만원 이하의 벌금에 처한다.

제12조(성적 목적을 위한 공공장소 침입행위)

자기의 성적 욕망을 만족시킬 목적으로 「공중화장실 등에 관한 법률」 제2조제1호부터 제5호까지에 따른 공중화장실 등 및 「공중위생관리법」 제2조제1항제3호에 따른 목욕장업의 목욕장 등 대통령령으로 정하는 공공장소에 침입하거나 같은 장소에서 퇴거의 요구를 받고 응하지 아니하는 사람은 1년 이하의 징역 또는 300만원 이하의 벌금에 처한다.

제13조(통신매체를 이용한 음란행위)

자기 또는 다른 사람의 성적 욕망을 유발하거나 만족시킬 목적으로 전화, 우편, 컴퓨터, 그 밖의 통신매체를 통하여 성적 수치심이나 혐오감을 일으키는 말, 음향, 글, 그림, 영상 또는 물건을 상대방에게 도달하게 한 사람은 2년 이하의 징역 또는 500만원 이하의 벌금에 처한다.

제14조(카메라 등을 이용한 촬영)

① 카메라나 그 밖에 이와 유사한 기능을 갖춘 기계장치를 이용하여 성적 욕망 또는 수치심을 유발할 수 있는 다른 사람의 신체를 그 의사에 반하여 촬영하거나 그 촬영물을 반포·판매·임대·제공 또는 공공연하게 전시·상영한 자는 5년 이하의 징역 또는 1천만원 이하의 벌금에 처한다.

② 제1항의 촬영이 촬영 당시에는 촬영대상자의 의사에 반하지 아니하는 경우에도 사후에 그 의사에 반하여 촬영물을 반포·판매·임대·제공 또는 공공연하게 전시·상영한 자는 3년 이하의 징역 또는 500만원 이하의 벌금에 처한다.
③ 영리를 목적으로 제1항의 촬영물을 「정보통신망 이용촉진 및 정보보호 등에 관한 법률」 제2조제1항제1호의 정보통신망(이하 "정보통신망"이라 한다)을 이용하여 유포한 자는 7년 이하의 징역 또는 3천만원 이하의 벌금에 처한다.

제15조(미수범) 제3조부터 제9조까지 및 제14조의 미수범은 처벌한다.

제16조(형벌과 수강명령 등의 병과)
① 법원이 성폭력범죄를 범한 사람에 대하여 형의 선고를 유예하는 경우에는 1년 동안 보호관찰을 받을 것을 명할 수 있다. 다만, 성폭력범죄를 범한 「소년법」 제2조에 따른 소년에 대하여 형의 선고를 유예하는 경우에는 반드시 보호관찰을 명하여야 한다.
② 법원이 성폭력범죄를 범한 사람에 대하여 유죄판결(선고유예는 제외한다)을 선고하는 경우에는 500시간의 범위에서 재범예방에 필요한 수강명령 또는 성폭력 치료프로그램의 이수명령(이하 "이수명령"이라 한다)을 병과하여야 한다. 다만, 수강명령 또는 이수명령을 부과할 수 없는 특별한 사정이 있는 경우에는 그러하지 아니하다.
③ 성폭력범죄를 범한 자에 대하여 제2항의 수강명령은 형의 집행을 유예할 경우에 그 집행유예기간 내에서 병과하고, 이수명령은 벌금 이상의 형을 선고할 경우에 병과한다. 다만, 이수명령은 성폭력범죄자가 「특정 범죄자에 대한 보호관찰 및 전자장치 부착 등에 관한 법률」 제9조의2제1항제4호에 따른 이수명령을 부과받은 경우에는 병과하지 아니한다.
④ 법원이 성폭력범죄를 범한 사람에 대하여 형의 집행을 유예하는 경우에는 제2항에 따른 수강명령 외에 그 집행유예기간 내에서 보호관찰 또는 사회봉사 중 하나 이상의 처분을 병과할 수 있다.
⑤ 제2항에 따른 수강명령 또는 이수명령은 형의 집행을 유예할 경우에는 그 집행유예기간 내에, 벌금형을 선고할 경우에는 형 확정일부터 6개월 이내에, 징역형 이상의 실형(實刑)을 선고할 경우에는 형기 내에 각각 집행한다. 다만, 수강명령 또는 이수명령은 성폭력범죄를 범한 사람이 「아동·청소년의 성보호에 관한 법률」 제21조에 따른 수강명령 또는 이수명령을 부과받은 경우에는 병과하지 아니한다.
⑥ 제2항에 따른 수강명령 또는 이수명령이 벌금형 또는 형의 집행유예와 병과된 경우에는 보호관찰소의 장이 집행하고, 징역형 이상의 실형과 병과된 경우에는 교정시설의 장이 집행한다. 다만, 징역형 이상의 실형과 병과된 이수명령을 모두 이행하기 전에 석방 또는 가석방되거나 미결구금일수 산입 등의 사유로 형을 집행할 수 없게 된 경우에는 보호관찰소의 장이 남은 이수명령을 집행한다.
⑦ 제2항에 따른 수강명령 또는 이수명령은 다음 각 호의 내용으로 한다.
  1. 일탈적 이상행동의 진단·상담
  2. 성에 대한 건전한 이해를 위한 교육
  3. 그 밖에 성폭력범죄를 범한 사람의 재범예방을 위하여 필요한 사항
⑧ 성폭력범죄를 범한 사람으로서 형의 집행 중에 가석방된 사람은 가석방기간 동안 보호관찰을 받는다. 다만, 가석방을 허가한 행정관청이 보호관찰을 할 필요가 없다고 인정한 경우에는 그러하지 아니하다.
⑨ 보호관찰, 사회봉사, 수강명령 및 이수명령에 관하여 이 법에서 규정한 사항 외의 사항에 대하여는 「보호관찰 등에 관한 법률」을 준용한다.

제17조(판결 전 조사)

① 법원은 성폭력범죄를 범한 피고인에 대하여 제16조에 따른 보호관찰, 사회봉사, 수강명령 또는 이수명령을 부과하기 위하여 필요하다고 인정하면 그 법원의 소재지 또는 피고인의 주거지를 관할하는 보호관찰소의 장에게 피고인의 신체적·심리적 특성 및 상태, 정신성적 발달과정, 성장배경, 가정환경, 직업, 생활환경, 교우관계, 범행동기, 병력(病歷), 피해자와의 관계, 재범위험성 등 피고인에 관한 사항의 조사를 요구할 수 있다.

② 제1항의 요구를 받은 보호관찰소의 장은 지체 없이 이를 조사하여 서면으로 해당 법원에 알려야 한다. 이 경우 필요하다고 인정하면 피고인이나 그 밖의 관계인을 소환하여 심문하거나 소속 보호관찰관에게 필요한 사항을 조사하게 할 수 있다.

③ 법원은 제1항의 요구를 받은 보호관찰소의 장에게 조사진행상황에 관한 보고를 요구할 수 있다

제18조(고소 제한에 대한 예외)

성폭력범죄에 대하여는 「형사소송법」 제224조(고소의 제한) 및 「군사법원법」 제266조에도 불구하고 자기 또는 배우자의 직계존속을 고소할 수 있다.

제20조(「형법」상 감경규정에 관한 특례)

음주 또는 약물로 인한 심신장애 상태에서 성폭력범죄(제2조제1항제1호의 죄는 제외한다)를 범한 때에는 「형법」 제10조제1항·제2항 및 제11조를 적용하지 아니할 수 있다.

제21조(공소시효에 관한 특례)

① 미성년자에 대한 성폭력범죄의 공소시효는 「형사소송법」 제252조제1항 및 「군사법원법」 제294조제1항에도 불구하고 해당 성폭력범죄로 피해를 당한 미성년자가 성년에 달한 날부터 진행한다.

② 제2조제3호 및 제4호의 죄와 제3조부터 제9조까지의 죄는 디엔에이(DNA)증거 등 그 죄를 증명할 수 있는 과학적인 증거가 있는 때에는 공소시효가 10년 연장된다.

③ 13세 미만의 사람 및 신체적인 또는 정신적인 장애가 있는 사람에 대하여 다음 각 호의 죄를 범한 경우에는 제1항과 제2항에도 불구하고 「형사소송법」 제249조부터 제253조까지 및 「군사법원법」 제291조부터 제295조까지에 규정된 공소시효를 적용하지 아니한다.

1. 「형법」 제297조(강간), 제298조(강제추행), 제299조(준강간, 준강제추행), 제301조(강간등 상해·치상) 또는 제301조의2(강간등 살인·치사)의 죄
2. 제6조제2항, 제7조제2항, 제8조, 제9조의 죄
3. 「아동·청소년의 성보호에 관한 법률」 제9조 또는 제10조의 죄

④ 다음 각 호의 죄를 범한 경우에는 제1항과 제2항에도 불구하고 「형사소송법」 제249조부터 제253조까지 및 「군사법원법」 제291조부터 제295조까지에 규정된 공소시효를 적용하지 아니한다.

1. 「형법」 제301조의2(강간등 살인·치사)의 죄(강간등 살인에 한정한다)
2. 제9조제1항의 죄
3. 「아동·청소년의 성보호에 관한 법률」 제10조제1항의 죄
4. 「군형법」 제92조의8의 죄(강간 등 살인에 한정한다)

제22조(「특정강력범죄의 처벌에 관한 특례법」의 준용)

성폭력범죄에 대한 처벌절차에는 「특정강력범죄의 처벌에 관한 특례법」 제7조(증인에 대한 신변안전조치), 제8조(출판물 게재 등으로부터의 피해자 보호), 제9조(소송 진행의 협의), 제12조(간이공판절차의 결정) 및 제13조(판결선고)를 준용한다.

제23조(피해자, 신고인 등에 대한 보호조치) 법원 또는 수사기관이 성폭력범죄의 피해자, 성폭력범죄를 신고(고소·고발을 포함한다)한 사람을 증인으로 신문하거나 조사하는 경우에는 「특정범죄신고자 등 보호법」 제5조 및 제7조부터 제13조까지의 규정을 준용한다. 이 경우 「특정범죄신고자 등 보호법」 제9조와 제13조를 제외하고는 보복을 당할 우려가 있음을 요하지 아니한다.

제24조(피해자의 신원과 사생활 비밀 누설 금지)

① 성폭력범죄의 수사 또는 재판을 담당하거나 이에 관여하는 공무원 또는 그 직에 있었던 사람은 피해자의 주소, 성명, 나이, 직업, 학교, 용모, 그 밖에 피해자를 특정하여 파악할 수 있게 하는 인적사항과 사진 등 또는 그 피해자의 사생활에 관한 비밀을 공개하거나 다른 사람에게 누설하여서는 아니 된다.

② 누구든지 제1항에 따른 피해자의 주소, 성명, 나이, 직업, 학교, 용모, 그 밖에 피해자를 특정하여 파악할 수 있는 인적사항이나 사진 등을 피해자의 동의를 받지 아니하고 신문 등 인쇄물에 싣거나 「방송법」 제2조제1호에 따른 방송 또는 정보통신망을 통하여 공개하여서는 아니 된다.

제25조(피의자의 얼굴 등 공개)

① 검사와 사법경찰관은 성폭력범죄의 피의자가 죄를 범하였다고 믿을 만한 충분한 증거가 있고, 국민의 알권리 보장, 피의자의 재범 방지 및 범죄예방 등 오로지 공공의 이익을 위하여 필요할 때에는 얼굴, 성명 및 나이 등 피의자의 신상에 관한 정보를 공개할 수 있다. 다만, 피의자가 「청소년 보호법」 제2조제1호의 청소년에 해당하는 경우에는 공개하지 아니한다.

② 제1항에 따라 공개를 할 때에는 피의자의 인권을 고려하여 신중하게 결정하고 이를 남용하여서는 아니 된다.

제26조(성폭력범죄의 피해자에 대한 전담조사제)

① 검찰총장은 각 지방검찰청 검사장으로 하여금 성폭력범죄 전담 검사를 지정하도록 하여 특별한 사정이 없으면 이들로 하여금 피해자를 조사하게 하여야 한다.

② 경찰청장은 각 경찰서장으로 하여금 성폭력범죄 전담 사법경찰관을 지정하도록 하여 특별한 사정이 없으면 이들로 하여금 피해자를 조사하게 하여야 한다.

③ 국가는 제1항의 검사 및 제2항의 사법경찰관에게 성폭력범죄의 수사에 필요한 전문지식과 피해자보호를 위한 수사방법 및 수사절차 등에 관한 교육을 실시하여야 한다.

제27조(성폭력범죄 피해자에 대한 변호사 선임의 특례)

① 성폭력범죄의 피해자 및 그 법정대리인(이하 "피해자등"이라 한다)은 형사절차상 입을 수 있는 피해를 방어하고 법률적 조력을 보장하기 위하여 변호사를 선임할 수 있다.

② 제1항에 따른 변호사는 검사 또는 사법경찰관의 피해자등에 대한 조사에 참여하여 의견을 진술할 수 있다. 다만, 조사 도중에는 검사 또는 사법경찰관의 승인을 받아 의견을 진술할 수 있다.

③ 제1항에 따른 변호사는 피의자에 대한 구속 전 피의자심문, 증거보전절차, 공판준비기일 및 공판절차에 출석하여 의견을 진술할 수 있다. 이 경우 필요한 절차에 관한 구체적 사항은 대법원규칙으로 정한다.

④ 제1항에 따른 변호사는 증거보전 후 관계 서류나 증거물, 소송계속 중의 관계 서류나 증거물을 열람하거나 등

사할 수 있다.

⑤ 제1항에 따른 변호사는 형사절차에서 피해자등의 대리가 허용될 수 있는 모든 소송행위에 대한 포괄적인 대리권을 가진다.

⑥ 검사는 피해자에게 변호사가 없는 경우 국선변호사를 선정하여 형사절차에서 피해자의 권익을 보호할 수 있다.

제28조(성폭력범죄에 대한 전담재판부)

지방법원장 또는 고등법원장은 특별한 사정이 없으면 성폭력범죄 전담재판부를 지정하여 성폭력범죄에 대하여 재판하게 하여야 한다.

제29조(수사 및 재판절차에서의 배려)

① 수사기관과 법원 및 소송관계인은 성폭력범죄를 당한 피해자의 나이, 심리 상태 또는 후유장애의 유무 등을 신중하게 고려하여 조사 및 심리·재판 과정에서 피해자의 인격이나 명예가 손상되거나 사적인 비밀이 침해되지 아니하도록 주의하여야 한다.

② 수사기관과 법원은 성폭력범죄의 피해자를 조사하거나 심리·재판할 때 피해자가 편안한 상태에서 진술할 수 있는 환경을 조성하여야 하며, 조사 및 심리·재판 횟수는 필요한 범위에서 최소한으로 하여야 한다.

제30조(영상물의 촬영·보존 등)

① 성폭력범죄의 피해자가 19세 미만이거나 신체적인 또는 정신적인 장애로 사물을 변별하거나 의사를 결정할 능력이 미약한 경우에는 피해자의 진술 내용과 조사 과정을 비디오녹화기 등 영상물 녹화장치로 촬영·보존하여야 한다.

② 제1항에 따른 영상물 녹화는 피해자 또는 법정대리인이 이를 원하지 아니하는 의사를 표시한 경우에는 촬영을 하여서는 아니 된다. 다만, 가해자가 친권자 중 일방인 경우는 그러하지 아니하다.

③ 제1항에 따른 영상물 녹화는 조사의 개시부터 종료까지의 전 과정 및 객관적 정황을 녹화하여야 하고, 녹화가 완료된 때에는 지체 없이 그 원본을 피해자 또는 변호사 앞에서 봉인하고 피해자로 하여금 기명날인 또는 서명하게 하여야 한다.

④ 검사 또는 사법경찰관은 피해자가 제1항의 녹화장소에 도착한 시각, 녹화를 시작하고 마친 시각, 그 밖에 녹화 과정의 진행경과를 확인하기 위하여 필요한 사항을 조서 또는 별도의 서면에 기록한 후 수사기록에 편철하여야 한다.

⑤ 검사 또는 사법경찰관은 피해자 또는 법정대리인이 신청하는 경우에는 영상물 촬영과정에서 작성한 조서의 사본을 신청인에게 발급하거나 영상물을 재생하여 시청하게 하여야 한다.

⑥ 제1항에 따라 촬영한 영상물에 수록된 피해자의 진술은 공판준비기일 또는 공판기일에 피해자나 조사 과정에 동석하였던 신뢰관계에 있는 사람 또는 진술조력인의 진술에 의하여 그 성립의 진정함이 인정된 경우에 증거로 할 수 있다.

⑦ 누구든지 제1항에 따라 촬영한 영상물을 수사 및 재판의 용도 외에 다른 목적으로 사용하여서는 아니 된다.

제31조(심리의 비공개)

① 성폭력범죄에 대한 심리는 그 피해자의 사생활을 보호하기 위하여 결정으로써 공개하지 아니할 수 있다.

② 증인으로 소환받은 성폭력범죄의 피해자와 그 가족은 사생활보호 등의 사유로 증인신문의 비공개를 신청할 수

있다.

③ 재판장은 제2항에 따른 신청을 받으면 그 허가 및 공개 여부, 법정 외의 장소에서의 신문 등 증인의 신문 방식 및 장소에 관하여 결정할 수 있다.

④ 제1항 및 제3항의 경우에는 「법원조직법」 제57조(재판의 공개)제2항·제3항 및 「군사법원법」 제67조제2항·제3항을 준용한다.

제32조(증인지원시설의 설치·운영 등)

① 각급 법원은 증인으로 법원에 출석하는 피해자등이 재판 전후에 피고인이나 그 가족과 마주치지 아니하도록 하고, 보호와 지원을 받을 수 있는 적절한 시설을 설치한다.

② 각급 법원은 제1항의 시설을 관리·운영하고 피해자등의 보호와 지원을 담당하는 직원(이하 "증인지원관"이라 한다)을 둔다.

③ 법원은 증인지원관에 대하여 인권 감수성 향상에 필요한 교육을 정기적으로 실시한다.

④ 증인지원관의 업무·자격 및 교육 등에 필요한 사항은 대법원규칙으로 정한다.

제33조(전문가의 의견 조회)

① 법원은 정신건강의학과의사, 심리학자, 사회복지학자, 그 밖의 관련 전문가로부터 행위자 또는 피해자의 정신·심리 상태에 대한 진단 소견 및 피해자의 진술 내용에 관한 의견을 조회할 수 있다.

② 법원은 성폭력범죄를 조사·심리할 때에는 제1항에 따른 의견 조회의 결과를 고려하여야 한다.

③ 법원은 법원행정처장이 정하는 관련 전문가 후보자 중에서 제1항에 따른 전문가를 지정하여야 한다.

④ 제1항부터 제3항까지의 규정은 수사기관이 성폭력범죄를 수사하는 경우에 준용한다. 다만, 피해자가 13세 미만이거나 신체적인 또는 정신적인 장애로 사물을 변별하거나 의사를 결정할 능력이 미약한 경우에는 관련 전문가에게 피해자의 정신·심리 상태에 대한 진단 소견 및 진술 내용에 관한 의견을 조회하여야 한다.

⑤ 제4항에 따라 준용할 경우 "법원행정처장"은 "검찰총장 또는 경찰청장"으로 본다.

제34조(신뢰관계에 있는 사람의 동석)

① 법원은 제3조부터 제8조까지, 제10조 및 제15조(제9조의 미수범은 제외한다)의 범죄의 피해자를 증인으로 신문하는 경우에 검사, 피해자 또는 법정대리인이 신청할 때에는 재판에 지장을 줄 우려가 있는 등 부득이한 경우가 아니면 피해자와 신뢰관계에 있는 사람을 동석하게 하여야 한다.

② 제1항은 수사기관이 같은 항의 피해자를 조사하는 경우에 관하여 준용한다.

③ 제1항 및 제2항의 경우 법원과 수사기관은 피해자와 신뢰관계에 있는 사람이 피해자에게 불리하거나 피해자가 원하지 아니하는 경우에는 동석하게 하여서는 아니 된다.

제36조(진술조력인의 수사과정 참여)

① 검사 또는 사법경찰관은 성폭력범죄의 피해자가 13세 미만의 아동이거나 신체적인 또는 정신적인 장애로 의사소통이나 의사표현에 어려움이 있는 경우 원활한 조사를 위하여 직권이나 피해자, 그 법정대리인 또는 변호사의 신청에 따라 진술조력인으로 하여금 조사과정에 참여하여 의사소통을 중개하거나 보조하게 할 수 있다. 다만, 피해자 또는 그 법정대리인이 이를 원하지 아니하는 의사를 표시한 경우에는 그러하지 아니하다.

② 검사 또는 사법경찰관은 제1항의 피해자를 조사하기 전에 피해자, 법정대리인 또는 변호사에게 진술조력인에 의한 의사소통 중개나 보조를 신청할 수 있음을 고지하여야 한다.

③ 진술조력인은 조사 전에 피해자를 면담하여 진술조력인 조력 필요성에 관하여 평가한 의견을 수사기관에 제출할 수 있다.
④ 제1항에 따라 조사과정에 참여한 진술조력인은 피해자의 의사소통이나 표현 능력, 특성 등에 관한 의견을 수사기관이나 법원에 제출할 수 있다.
⑤ 제1항부터 제4항까지의 규정은 검증에 관하여 준용한다.
⑥ 그 밖에 진술조력인의 수사절차 참여에 관한 절차와 방법 등 필요한 사항은 법무부령으로 정한다.

제37조(진술조력인의 재판과정 참여)
① 법원은 성폭력범죄의 피해자가 13세 미만 아동이거나 신체적인 또는 정신적인 장애로 의사소통이나 의사표현에 어려움이 있는 경우 원활한 증인 신문을 위하여 직권 또는 검사, 피해자, 그 법정대리인 및 변호사의 신청에 의한 결정으로 진술조력인으로 하여금 증인 신문에 참여하여 중개하거나 보조하게 할 수 있다.
② 법원은 증인이 제1항에 해당하는 경우에는 신문 전에 피해자, 법정대리인 및 변호사에게 진술조력인에 의한 의사소통 중개나 보조를 신청할 수 있음을 고지하여야 한다.
③ 진술조력인의 소송절차 참여에 관한 구체적 절차와 방법은 대법원규칙으로 정한다.

제40조(비디오 등 중계장치에 의한 증인신문)
① 법원은 제2조제1항제3호부터 제5호까지의 범죄의 피해자를 증인으로 신문하는 경우 검사와 피고인 또는 변호인의 의견을 들어 비디오 등 중계장치에 의한 중계를 통하여 신문할 수 있다.

제41조(증거보전의 특례)
① 피해자나 그 법정대리인 또는 경찰은 피해자가 공판기일에 출석하여 증언하는 것에 현저히 곤란한 사정이 있을 때에는 그 사유를 소명(疏明)하여 제30조에 따라 촬영된 영상물 또는 그 밖의 다른 증거에 대하여 해당 성폭력범죄를 수사하는 검사에게 「형사소송법」 제184조(증거보전의 청구와 그 절차)제1항에 따른 증거보전의 청구를 할 것을 요청할 수 있다. 이 경우 피해자가 16세 미만이거나 신체적인 또는 정신적인 장애로 사물을 변별하거나 의사를 결정할 능력이 미약한 경우에는 공판기일에 출석하여 증언하는 것에 현저히 곤란한 사정이 있는 것으로 본다.
② 제1항의 요청을 받은 검사는 그 요청이 타당하다고 인정할 때에는 증거보전의 청구를 할 수 있다.

제3장 신상정보 등록 등

제42조(신상정보 등록대상자)
① 제2조제1항제3호·제4호, 같은 조 제2항(제1항제3호·제4호에 한정한다), 제3조부터 제15조까지의 범죄 및 「아동·청소년의 성보호에 관한 법률」 제2조제2호의 범죄(이하 "등록대상 성범죄"라 한다)로 유죄판결이 확정된 자 또는 같은 법 제49조제1항제4호에 따라 공개명령이 확정된 자는 신상정보 등록대상자(이하 "등록대상자"라 한다)가 된다. 다만, 「아동·청소년의 성보호에 관한 법률」 제11조제5항의 범죄로 벌금형을 선고받은 자는 제외한다.
② 법원은 등록대상 성범죄로 제1항의 판결을 선고할 경우에 등록대상자라는 사실과 제43조에 따른 신상정보 제출 의무가 있음을 등록대상자에게 알려 주어야 한다.
③ 법원은 제1항의 판결이 확정된 날부터 14일 이내에 제2항의 고지사항을 서면으로 판결문 등본에 첨부하여 법

무부장관에게 송달하여야 한다.

제43조(신상정보의 제출 의무)

① 등록대상자는 제42조제1항의 판결이 확정된 날부터 30일 이내에 다음 각 호의 신상정보를 자신의 주소지를 관할하는 경찰관서의 장(이하 "관할경찰관서의 장"이라 한다)에게 제출하여야 한다. 다만, 등록대상자가 교정시설 또는 치료감호시설에 수용된 경우에는 그 교정시설의 장 또는 치료감호시설의 장(이하 "교정시설등의 장"이라 한다)에게 신상정보를 제출함으로써 이를 갈음할 수 있다.

1. 성명
2. 주민등록번호
3. 주소 및 실제거주지
4. 직업 및 직장 등의 소재지
5. 연락처(전화번호, 전자우편주소를 말한다)
6. 신체정보(키와 몸무게)
7. 소유차량의 등록번호

② 관할경찰관서의 장 또는 교정시설등의 장은 제1항에 따라 등록대상자가 신상정보를 제출할 때에 등록대상자의 정면·좌측·우측 상반신 및 전신 컬러사진을 촬영하여 전자기록으로 저장·보관하여야 한다.

③ 등록대상자는 제1항에 따라 제출한 신상정보(이하 "제출정보"라 한다)가 변경된 경우에는 그 사유와 변경내용(이하 "변경정보"라 한다)을 변경사유가 발생한 날부터 20일 이내에 제1항에 따라 제출하여야 한다.

④ 등록대상자는 최초 등록일부터 1년마다 주소지를 관할하는 경찰관서에 출석하여 경찰관서의 장으로 하여금 자신의 정면·좌측·우측 상반신 및 전신 컬러사진을 촬영하여 전자기록으로 저장·보관하도록 하여야 한다. 다만, 교정시설등의 장은 등록대상자가 교정시설 등에 수용된 경우에는 석방 또는 치료감호 종료 전에 등록대상자의 정면·좌측·우측 상반신 및 전신 컬러사진을 새로 촬영하여 전자기록으로 저장·보관하여야 한다.

⑤ 관할경찰관서의 장 또는 교정시설등의 장은 등록대상자로부터 제출받은 제출정보 및 변경정보와 제2항 및 제4항에 따라 저장·보관하는 전자기록을 지체 없이 법무부장관에게 송달하여야 한다.

⑥ 제5항에 따라 등록대상자에 대한 제출정보를 송달할 때에 관할경찰관서의 장은 등록대상자에 대한 「형의 실효 등에 관한 법률」 제2조제5호에 따른 범죄경력자료를 함께 송달하여야 한다.

⑦ 제출정보 및 변경정보의 송달, 등록에 관한 절차와 방법 등 필요한 사항은 대통령령으로 정한다.

제44조(등록대상자의 신상정보 등록 등)

① 법무부장관은 제43조제5항 및 제6항에 따라 송달받은 정보와 다음 각 호의 등록대상자 정보를 등록하여야 한다.

1. 등록대상 성범죄 경력정보
2. 성범죄 전과사실(죄명, 횟수)
3. 「특정 범죄자에 대한 보호관찰 및 전자장치 부착 등에 관한 법률」에 따른 전자장치 부착 여부

② 법무부장관은 제1항에 따라 등록한 정보(이하 "등록정보"라 한다)에 대하여는 등록일자를 밝혀 등록대상자에게 통지하여야 한다.

③ 법무부장관은 제1항에 따른 등록에 필요한 정보의 조회(「형의 실효 등에 관한 법률」 제2조제8호에 따른 범죄경력조회를 포함한다)를 관계 행정기관의 장에게 요청할 수 있다.

④ 법무부장관은 등록대상자가 제출정보 또는 변경정보를 정당한 사유 없이 제출하지 아니한 경우에는 신상정보의 등록에 필요한 사항을 관계 행정기관의 장에게 조회를 요청하여 등록할 수 있다.
⑤ 제3항 및 제4항의 요청을 받은 관계 행정기관의 장은 지체 없이 조회 결과를 법무부장관에게 송부하여야 한다.

제45조(등록정보의 관리)

① 법무부장관은 등록정보를 최초 등록일(등록대상자에게 통지한 등록일을 말한다)부터 20년간 보존·관리하여야 한다.
② 제1항의 기간(이하 "등록기간"이라 한다)이 끝나면 등록정보를 즉시 폐기하고 그 사실을 등록대상자에게 통지하여야 한다. 이 경우 등록대상자가 등록 원인이 된 등록대상 성범죄, 이와 경합된 범죄, 등록대상 성범죄로 수용되어 있는 도중 재판을 받게 된 다른 범죄, 다른 범죄로 수용되어 있는 도중 등록대상 성범죄로 재판을 받게 된 경우 다른 범죄로 교정시설에 수용된 기간은 등록기간에 넣어 계산하지 아니한다.
③ 법무부장관은 제44조제1항에 따른 등록 당시 등록대상자가 교정시설 또는 치료감호시설에 수용된 경우에는 등록대상자가 석방된 후 지체 없이 등록정보를 등록대상자의 관할경찰관서의 장에게 송부하여야 한다.
④ 관할경찰관서의 장은 등록기간 중 반기 1회 직접 대면 등의 방법으로 등록정보의 진위와 변경 여부를 확인하여 그 결과를 법무부장관에게 송부하여야 한다.

제47조(등록정보의 공개)

① 등록정보의 공개에 관하여는 「아동·청소년의 성보호에 관한 법률」 제49조, 제50조, 제52조, 제54조, 제55조 및 제65조를 적용한다.
② 등록정보의 공개는 여성가족부장관이 집행한다.
③ 법무부장관은 등록정보의 공개에 필요한 정보를 여성가족부장관에게 송부하여야 한다.
④ 제3항에 따른 정보 송부에 관하여 필요한 사항은 대통령령으로 정한다.

제48조(비밀준수)

등록대상자의 신상정보의 등록·보존 및 관리 업무에 종사하거나 종사하였던 자는 직무상 알게 된 등록정보를 누설하여서는 아니 된다.

제49조(등록정보의 고지)

① 등록정보의 고지에 관하여는 「아동·청소년의 성보호에 관한 법률」 제50조 및 제51조를 적용한다.
② 등록정보의 고지는 여성가족부장관이 집행한다.
③ 법무부장관은 등록정보의 고지에 필요한 정보를 여성가족부장관에게 송부하여야 한다.
④ 제3항에 따른 정보 송부에 관한 세부사항은 대통령령으로 정한다.

제4장 벌칙

제50조(벌칙) ① 다음 각 호의 어느 하나에 해당하는 자는 5년 이하의 징역 또는 5천만원 이하의 벌금에 처한다.

1. 제48조를 위반하여 직무상 알게 된 등록정보를 누설한 자

2. 정당한 권한 없이 등록정보를 변경하거나 말소한 자

② 다음 각 호의 어느 하나에 해당하는 자는 2년 이하의 징역 또는 500만원 이하의 벌금에 처한다.

1. 제24조제1항 또는 제38조제2항에 따른 피해자의 신원과 사생활 비밀 누설 금지 의무를 위반한 자
2. 제24조제2항을 위반하여 피해자의 인적사항과 사진 등을 공개한 자

③ 다음 각 호의 어느 하나에 해당하는 자는 1년 이하의 징역 또는 500만원 이하의 벌금에 처한다.

1. 제43조제1항을 위반하여 정당한 사유 없이 제출정보를 제출하지 아니하거나 거짓으로 제출한 자 및 같은 조 제2항에 따른 관할경찰관서 또는 교정시설의 장의 사진촬영에 정당한 사유 없이 응하지 아니한 자
2. 제43조제3항을 위반하여 변경정보를 제출하지 아니하거나 거짓으로 제출한 자
3. 제43조제4항을 위반하여 정당한 사유 없이 관할 경찰관서에 출석하지 아니하거나 촬영에 응하지 아니한 자

④ 제2항제2호의 죄는 피해자의 명시한 의사에 반하여 공소를 제기할 수 없다.

⑤ 제16조제2항에 따라 이수명령을 부과받은 자(형의 집행유예와 함께 이수명령을 부과받은 자는 제외한다)가 보호관찰소의 장 또는 교정시설의 장의 이수명령 이행에 관한 지시에 불응하여 「보호관찰 등에 관한 법률」 또는 「형의 집행 및 수용자의 처우에 관한 법률」에 따른 경고를 받은 후 재차 정당한 사유 없이 이수명령 이행에 관한 지시에 불응한 경우 다음 각 호에 따른다.

1. 벌금형과 병과된 경우는 500만원 이하의 벌금에 처한다.
2. 징역형 이상의 실형과 병과된 경우에는 1년 이하의 징역 또는 5백만원 이하의 벌금에 처한다.

제51조(양벌규정) 법인의 대표자나 법인 또는 개인의 대리인, 사용인, 그 밖의 종업원이 그 법인 또는 개인의 업무에 관하여 제13조 또는 제43조의 위반행위를 하면 그 행위자를 벌하는 외에 그 법인 또는 개인에게도 해당 조문의 벌금형을 과(科)한다. 다만, 법인 또는 개인이 그 위반행위를 방지하기 위하여 해당 업무에 관하여 상당한 주의와 감독을 게을리하지 아니한 경우에는 그러하지 아니하다.

성폭력범죄자의 성충동 약물치료에 관한 법률

제1장 총칙

제1조(목적) 이 법은 사람에 대하여 성폭력범죄를 저지른 성도착증 환자로서 성폭력범죄를 다시 범할 위험성이 있다고 인정되는 사람에 대하여 성충동 약물치료를 실시하여 성폭력범죄의 재범을 방지하고 사회복귀를 촉진하는 것을 목적으로 한다.

제2조(정의) 이 법에서 사용하는 용어의 뜻은 다음과 같다.

1. "성도착증 환자"란 「치료감호법」 제2조제1항제3호에 해당하는 사람 및 정신건강의학과 전문의의 감정에 의하여 성적 이상 습벽으로 인하여 자신의 행위를 스스로 통제할 수 없다고 판명된 사람을 말한다.
2. "성폭력범죄"란 다음 각 목의 범죄를 말한다.
   가. 「아동·청소년의 성보호에 관한 법률」 제7조(아동·청소년에 대한 강간·강제추행 등)의 죄
   나. 「성폭력범죄의 처벌 등에 관한 특례법」 제3조(특수강도강간 등)부터 제13조(통신매체를 이용한 음란행위)까지의 죄 및 제15조(미수범)의 죄(제3조부터 제9조까지의 미수범만을 말한다)
   다. 「형법」 제297조(강간)·제297조의2(유사강간)·제298조(강제추행)·제299조(준강간, 준강제추행)·제300조(미수범)·제301조(강간등 상해·치상)·제301조의2(강간등 살인·치사)·제302조(미성년자등에 대한 간음)·제303조(업무상위력등에 의한 간음)·제305조(미성년자에 대한 간음, 추행)·제339조(강도강간) 및 제340조(해상강도)제3항(사람을 강간한 죄만을 말한다)의 죄
   라. 가목부터 다목까지의 죄로서 다른 법률에 따라 가중 처벌되는 죄
3. "성충동 약물치료"란 비정상적인 성적 충동이나 욕구를 억제하기 위한 조치로서 성도착증 환자에게 약물 투여 및 심리치료 등의 방법으로 도착적인 성기능을 일정기간 동안 약화 또는 정상화하는 치료를 말한다.

제3조(약물치료의 요건) 약물치료는 다음 각 호의 요건을 모두 갖추어야 한다.

1. 비정상적 성적 충동이나 욕구를 억제하거나 완화하기 위한 것으로서 의학적으로 알려진 것일 것
2. 과도한 신체적 부작용을 초래하지 아니할 것
3. 의학적으로 알려진 방법대로 시행될 것

제2장 약물치료명령의 청구 및 판결

제4조(치료명령의 청구)

① 검사는 사람에 대하여 성폭력범죄를 저지른 성도착증 환자로서 성폭력범죄를 다시 범할 위험성이 있다고 인정되는 19세 이상의 사람에 대하여 약물치료명령을 법원에 청구할 수 있다.

② 검사는 치료명령 청구대상자(이하 "치료명령 피청구자"라 한다)에 대하여 정신건강의학과 전문의의 진단이나 감정을 받은 후 치료명령을 청구하여야 한다.

③ 제1항에 따른 치료명령의 청구는 공소가 제기되거나 치료감호가 독립청구된 성폭력범죄사건(이하 "피고사건"이라 한다)의 항소심 변론종결 시까지 하여야 한다.

④ 법원은 피고사건의 심리결과 치료명령을 할 필요가 있다고 인정하는 때에는 검사에게 치료명령의 청구를 요구할 수 있다.
⑤ 피고사건에 대하여 판결의 확정 없이 공소가 제기되거나 치료감호가 독립청구된 때부터 15년이 지나면 치료명령을 청구할 수 없다.
⑥ 제2항에 따른 정신건강의학과 전문의의 진단이나 감정에 필요한 사항은 대통령령으로 정한다.

제5조(조사)

① 검사는 치료명령을 청구하기 위하여 필요하다고 인정하는 때에는 치료명령 피청구자의 주거지 또는 소속 검찰청(지청을 포함한다. 이하 같다) 소재지를 관할하는 보호관찰소(지소를 포함한다. 이하 같다)의 장에게 범죄의 동기, 피해자와의 관계, 심리상태, 재범의 위험성 등 치료명령 피청구자에 관하여 필요한 사항의 조사를 요청할 수 있다.
② 제1항의 요청을 받은 보호관찰소의 장은 조사할 보호관찰관을 지명하여야 한다.
③ 제2항에 따라 지명된 보호관찰관은 검사의 지휘를 받아 지체 없이 필요한 사항을 조사한 후 검사에게 조사보고서를 제출하여야 한다.

제6조(치료명령 청구사건의 관할)

① 치료명령 청구사건의 관할은 치료명령 청구사건과 동시에 심리하는 피고사건의 관할에 따른다.
② 치료명령 청구사건의 제1심 재판은 지방법원 합의부(지방법원지원 합의부를 포함한다. 이하 같다)의 관할로 한다.

제7조(치료명령 청구서의 기재사항)

① 치료명령 청구서에는 다음 각 호의 사항을 적어야 한다.
  1. 치료명령 피청구자의 성명과 그 밖에 치료명령 피청구자를 특정할 수 있는 사항
  2. 청구의 원인이 되는 사실
  3. 적용 법조
  4. 그 밖에 대통령령으로 정하는 사항
② 법원은 치료명령 청구를 받으면 지체 없이 치료명령 청구서의 부본을 치료명령 피청구자 또는 그 변호인에게 송달하여야 한다. 이 경우 공소제기 또는 치료감호의 독립청구와 동시에 치료명령 청구가 있는 때에는 제1회 공판기일 5일 전까지, 피고사건 심리 중에 치료명령 청구가 있는 때에는 다음 공판기일 5일 전까지 송달하여야 한다.

제8조(치료명령의 판결 등)

① 법원은 치료명령 청구가 이유 있다고 인정하는 때에는 15년의 범위에서 치료기간을 정하여 판결로 치료명령을 선고하여야 한다.
② 치료명령을 선고받은 사람(이하 "치료명령을 받은 사람"이라 한다)은 치료기간 동안 「보호관찰 등에 관한 법률」에 따른 보호관찰을 받는다.
③ 법원은 다음 각 호의 어느 하나에 해당하는 때에는 판결로 치료명령 청구를 기각하여야 한다.
  1. 치료명령 청구가 이유 없다고 인정하는 때
  2. 피고사건에 대하여 무죄(심신상실을 이유로 치료감호가 선고된 경우는 제외한다)·면소·공소기각의 판결

또는 결정을 선고하는 때

3. 피고사건에 대하여 벌금형을 선고하는 때

4. 피고사건에 대하여 선고를 유예하거나 집행유예를 선고하는 때

④ 치료명령 청구사건의 판결은 피고사건의 판결과 동시에 선고하여야 한다.

⑤ 치료명령 선고의 판결 이유에는 요건으로 되는 사실, 증거의 요지 및 적용 법조를 명시하여야 한다.

⑥ 치료명령의 선고는 피고사건의 양형에 유리하게 참작되어서는 아니 된다.

⑦ 피고사건의 판결에 대하여 「형사소송법」에 따른 상소 및 상소의 포기·취하가 있는 때에는 치료명령 청구사건의 판결에 대하여도 상소 및 상소의 포기·취하가 있는 것으로 본다. 상소권회복 또는 재심의 청구나 비상상고가 있는 때에도 또한 같다.

⑧ 검사 또는 치료명령 피청구자 및 「형사소송법」 제340조·제341조에 규정된 사람은 치료명령에 대하여 독립하여 「형사소송법」에 따른 상소 및 상소의 포기·취하를 할 수 있다. 상소권회복 또는 재심의 청구나 비상상고의 경우에도 또한 같다.

제9조(전문가의 감정 등)

법원은 제4조제2항에 따른 정신건강의학과 전문의의 진단 또는 감정의견만으로 치료명령 피청구자의 성도착증 여부를 판단하기 어려울 때에는 다른 정신건강의학과 전문의에게 다시 진단 또는 감정을 명할 수 있다.

제10조(준수사항)

① 치료명령을 받은 사람은 치료기간 동안 「보호관찰 등에 관한 법률」 제32조제2항 각 호(제4호는 제외한다)의 준수사항과 다음 각 호의 준수사항을 이행하여야 한다.

1. 보호관찰관의 지시에 따라 성실히 약물치료에 응할 것
2. 보호관찰관의 지시에 따라 정기적으로 호르몬 수치 검사를 받을 것
3. 보호관찰관의 지시에 따라 인지행동 치료 등 심리치료 프로그램을 성실히 이수할 것

② 법원은 제8조제1항에 따라 치료명령을 선고하는 경우 「보호관찰 등에 관한 법률」 제32조제3항 각 호의 준수사항을 부과할 수 있다.

③ 법원은 치료명령을 선고할 때에 치료명령을 받은 사람에게 치료명령의 취지를 설명하고 준수사항을 적은 서면을 교부하여야 한다.

④ 제1항제3호의 인지행동 치료 등 심리치료 프로그램에 관하여 필요한 사항은 대통령령으로 정한다.

제11조(치료명령 판결 등의 통지)

① 법원은 제8조제1항에 따라 치료명령을 선고한 때에는 그 판결이 확정된 날부터 3일 이내에 치료명령을 받은 사람의 주거지를 관할하는 보호관찰소의 장에게 판결문의 등본과 준수사항을 적은 서면을 송부하여야 한다.

② 교도소, 소년교도소, 구치소 및 치료감호시설의 장은 치료명령을 받은 사람이 석방되기 3개월 전까지 치료명령을 받은 사람의 주거지를 관할하는 보호관찰소의 장에게 그 사실을 통보하여야 한다.

제12조(국선변호인 등)

치료명령 청구사건에 관하여는 「형사소송법」 제282조 및 제283조를 준용한다.

제3장 치료명령의 집행

제13조(집행지휘)

① 치료명령은 검사의 지휘를 받아 보호관찰관이 집행한다.
② 제1항에 따른 지휘는 판결문 등본을 첨부한 서면으로 한다.

제14조(치료명령의 집행)

① 치료명령은 「의료법」에 따른 의사의 진단과 처방에 의한 약물 투여, 「정신건강증진 및 정신질환자 복지서비스 지원에 관한 법률」에 따른 정신보건전문요원 등 전문가에 의한 인지행동 치료 등 심리치료 프로그램의 실시 등의 방법으로 집행한다.
② 보호관찰관은 치료명령을 받은 사람에게 치료명령을 집행하기 전에 약물치료의 효과, 부작용 및 약물치료의 방법·주기·절차 등에 관하여 충분히 설명하여야 한다.
③ 치료명령을 받은 사람이 형의 집행이 종료되거나 면제·가석방 또는 치료감호의 집행이 종료·가종료 또는 치료위탁으로 석방되는 경우 보호관찰관은 석방되기 전 2개월 이내에 치료명령을 받은 사람에게 치료명령을 집행하여야 한다.
④ 다음 각 호의 어느 하나에 해당하는 때에는 치료명령의 집행이 정지된다.
  1. 치료명령의 집행 중 구속영장의 집행을 받아 구금된 때
  2. 치료명령의 집행 중 금고 이상의 형의 집행을 받게 된 때
  3. 가석방 또는 가종료·가출소된 자에 대하여 치료기간 동안 가석방 또는 가종료·가출소가 취소되거나 실효된 때
⑤ 제4항에 따라 집행이 정지된 치료명령의 잔여기간에 대하여는 다음 각 호의 구분에 따라 집행한다.
  1. 제4항제1호의 경우에는 구금이 해제되거나 금고 이상의 형의 집행을 받지 아니하는 것으로 확정된 때부터 그 잔여기간을 집행한다.
  2. 제4항제2호의 경우에는 그 형의 집행이 종료되거나 면제된 후 또는 가석방된 때부터 그 잔여기간을 집행한다.
  3. 제4항제3호의 경우에는 그 형이나 치료감호 또는 보호감호의 집행이 종료되거나 면제된 후 그 잔여기간을 집행한다.
⑥ 그 밖에 치료명령의 집행 및 정지에 관하여 필요한 사항은 대통령령으로 정한다.

제15조(치료명령을 받은 사람의 의무)

① 치료명령을 받은 사람은 치료기간 중 상쇄약물의 투약 등의 방법으로 치료의 효과를 해하여서는 아니 된다.
② 치료명령을 받은 사람은 형의 집행이 종료되거나 면제·가석방 또는 치료감호의 집행이 종료·가종료 또는 치료위탁되는 날부터 10일 이내에 주거지를 관할하는 보호관찰소에 출석하여 서면으로 신고하여야 한다.
③ 치료명령을 받은 사람은 주거 이전 또는 7일 이상의 국내여행을 하거나 출국할 때에는 미리 보호관찰관의 허가를 받아야 한다.

제16조(치료기간의 연장 등)

① 치료 경과 등에 비추어 치료명령을 받은 사람에 대한 약물치료를 계속 하여야 할 상당한 이유가 있거나 다음

각 호의 어느 하나에 해당하는 사유가 있으면 법원은 보호관찰소의 장의 신청에 따른 검사의 청구로 치료기간을 결정으로 연장할 수 있다. 다만, 종전의 치료기간을 합산하여 15년을 초과할 수 없다.

1. 정당한 사유 없이 「보호관찰 등에 관한 법률」 제32조제2항(제4호는 제외한다) 또는 제3항에 따른 준수사항을 위반한 경우
2. 정당한 사유 없이 제15조제2항을 위반하여 신고하지 아니한 경우
3. 정당한 사유 없이 제15조제3항을 위반하여 허가를 받지 아니하고 주거 이전, 국내여행 또는 출국을 하거나 거짓으로 허가를 받은 경우

② 법원은 치료명령을 받은 사람이 제1항 각 호의 어느 하나에 해당하는 경우에는 보호관찰소의 장의 신청에 따른 검사의 청구로 제10조제2항의 준수사항을 추가 또는 변경하는 결정을 할 수 있다.

③ 제1항 각 호에 규정된 사항 외의 사정변경이 있는 경우에도 법원은 상당한 이유가 있다고 인정되면 보호관찰소의 장의 신청에 따른 검사의 청구로 제10조제2항의 준수사항을 추가, 변경 또는 삭제하는 결정을 할 수 있다.

제17조(치료명령의 가해제 신청 등)

① 보호관찰소의 장 또는 치료명령을 받은 사람 및 그 법정대리인은 해당 보호관찰소를 관할하는 「보호관찰 등에 관한 법률」 제5조에 따른 보호관찰 심사위원회(이하 "심사위원회"라 한다)에 치료명령의 가해제를 신청할 수 있다.

② 제1항의 신청은 치료명령의 집행이 개시된 날부터 6개월이 지난 후에 하여야 한다. 신청이 기각된 경우에는 기각된 날부터 6개월이 지난 후에 다시 신청할 수 있다.

③ 가해제의 신청을 할 때에는 신청서에 가해제의 심사에 참고가 될 자료를 첨부하여 제출하여야 한다.

제18조(치료명령 가해제의 심사 및 결정)

① 심사위원회는 가해제를 심사할 때에는 치료명령을 받은 사람의 인격, 생활태도, 치료명령 이행상황 및 재범의 위험성에 대한 전문가의 의견 등을 고려하여야 한다.

② 심사위원회는 가해제의 심사를 위하여 필요한 때에는 보호관찰소의 장으로 하여금 필요한 사항을 조사하게 하거나 치료명령을 받은 사람이나 그 밖의 관계인을 직접 소환·심문 또는 조사할 수 있다.

③ 제2항의 요구를 받은 보호관찰소의 장은 필요한 사항을 조사하여 심사위원회에 통보하여야 한다.

④ 심사위원회는 치료명령을 받은 사람이 치료명령이 계속 집행될 필요가 없을 정도로 개선되어 죄를 다시 범할 위험성이 없다고 인정하는 때에는 치료명령의 가해제를 결정할 수 있다.

⑤ 심사위원회는 치료명령의 가해제를 하지 아니하기로 결정한 때에는 결정서에 그 이유를 명시하여야 한다.

⑥ 제4항에 따라 치료명령이 가해제된 경우에는 제10조제1항 각 호 및 같은 조 제2항에 따른 준수사항이 가해제된 것으로 본다.

제19조(가해제의 취소 등)

① 보호관찰소의 장은 치료명령이 가해제된 사람이 성폭력범죄를 저지르거나 주거 이전 상황 등의 보고에 불응하는 등 재범의 위험성이 있다고 판단되는 때에는 심사위원회에 가해제의 취소를 신청할 수 있다. 이 경우 심사위원회는 가해제된 사람의 재범의 위험성이 현저하다고 인정될 때에는 가해제를 취소하여야 한다.

② 가해제가 취소된 사람은 잔여 치료기간 동안 약물치료를 받아야 한다. 이 경우 가해제기간은 치료기간에 산입하지 아니한다.

제20조(치료명령 집행의 종료)

제8조제1항에 따라 선고된 치료명령은 다음 각 호의 어느 하나에 해당하는 때에 그 집행이 종료된다.

1. 치료기간이 지난 때
2. 치료명령과 함께 선고한 형이 사면되어 그 선고의 효력을 상실하게 된 때
3. 치료명령이 가해제된 사람이 그 가해제가 취소됨이 없이 잔여 치료기간을 지난 때

제21조(치료명령의 시효)

① 치료명령을 받은 사람은 그 판결이 확정된 후 집행을 받지 아니하고 함께 선고된 피고사건의 형의 시효 또는 치료감호의 시효가 완성되면 그 집행이 면제된다.

② 치료명령의 시효는 치료명령을 받은 사람을 체포함으로써 중단된다.

제4장 수형자·가종료자 등에 대한 치료명령

제22조(성폭력 수형자에 대한 치료명령 청구)

① 검사는 사람에 대하여 성폭력범죄를 저질러 징역형 이상의 형이 확정되었으나 제8조제1항에 따른 치료명령이 선고되지 아니한 수형자(이하 "성폭력 수형자"라 한다) 중 성도착증 환자로서 성폭력범죄를 다시 범할 위험성이 있다고 인정되고 약물치료를 받는 것을 동의하는 사람에 대하여 그의 주거지 또는 현재지를 관할하는 지방법원(지원을 포함한다. 이하 같다)에 치료명령을 청구할 수 있다.

② 제1항의 수형자에 대한 치료명령의 절차는 다음 각 호에 따른다.

1. 교도소·구치소(이하 "수용시설"이라 한다)의 장은 「형법」 제72조제1항의 가석방 요건을 갖춘 성폭력 수형자에 대하여 약물치료의 내용, 방법, 절차, 효과, 부작용, 비용부담 등에 관하여 충분히 설명하고 동의 여부를 확인하여야 한다.
2. 제1호의 성폭력 수형자가 약물치료에 동의한 경우 수용시설의 장은 지체 없이 수용시설의 소재지를 관할하는 지방검찰청의 검사에게 인적사항과 교정성적 등 필요한 사항을 통보하여야 한다.
3. 검사는 소속 검찰청 소재지 또는 성폭력 수형자의 주소를 관할하는 보호관찰소의 장에게 성폭력 수형자에 대하여 제5조제1항에 따른 조사를 요청할 수 있다.
4. 보호관찰소의 장은 제3호의 요청을 접수한 날부터 2개월 이내에 제5조제3항의 조사보고서를 제출하여야 한다.
5. 검사는 성폭력 수형자에 대하여 약물치료의 내용, 방법, 절차, 효과, 부작용, 비용부담 등에 관하여 설명하고 동의를 확인한 후 정신건강의학과 전문의의 진단이나 감정을 받아 법원에 치료명령을 청구할 수 있다. 이 때 검사는 치료명령 청구서에 제7조제1항 각 호의 사항 외에 치료명령 피청구자의 동의사실을 기재하여야 한다.
6. 법원은 제5호의 치료명령 청구가 이유 있다고 인정하는 때에는 결정으로 치료명령을 고지하고 치료명령을 받은 사람에게 준수사항 기재서면을 송부하여야 한다.

③ 제2항제6호의 결정에 따른 치료기간은 15년을 초과할 수 없다.

④ 검사는 제2항제5호에 따른 정신건강의학과 전문의의 진단이나 감정을 위하여 필요한 경우 수용시설의 장에게 성폭력 수형자를 치료감호시설 등에 이송하도록 할 수 있다.

⑤ 제2항제6호의 결정이 다음 각 호의 어느 하나에 해당하면 결정을 고지받은 날부터 7일 이내에 검사, 성폭력

수형자 본인 또는 그 법정대리인은 고등법원에 항고할 수 있다.

1. 해당 결정에 영향을 미칠 법령위반이 있거나 중대한 사실오인이 있는 경우
2. 처분이 현저히 부당한 경우

⑥ 항고를 할 때에는 항고장을 원심법원에 제출하여야 하며, 항고장을 제출받은 법원은 3일 이내에 의견서를 첨부하여 기록을 항고법원에 송부하여야 한다.

⑦ 항고법원은 항고 절차가 법률에 위반되거나 항고가 이유 없다고 인정한 경우에는 결정으로써 항고를 기각하여야 한다.

⑧ 항고법원은 항고가 이유 있다고 인정한 경우에는 원결정을 파기하고 스스로 결정을 하거나 다른 관할 법원에 이송하여야 한다.

⑨ 항고법원의 결정에 대하여는 그 결정이 법령에 위반된 때에만 대법원에 재항고를 할 수 있다.

⑩ 재항고의 제기기간은 항고기각 결정을 고지받은 날부터 7일로 한다.

⑪ 항고와 재항고는 결정의 집행을 정지하는 효력이 없다.

⑫ 수용시설의 장은 성폭력 수형자가 석방되기 5일 전까지 그의 주소를 관할하는 보호관찰소의 장에게 그 사실을 통보하여야 한다.

⑬ 제2항제6호에 따라 고지된 치료명령은 성폭력 수형자에게 선고된 제1항의 징역형 이상의 형이 사면되어 그 선고의 효력을 상실하게 된 때에 그 집행이 종료된다.

⑭ 치료명령을 받은 사람은 치료명령 결정이 확정된 후 집행을 받지 아니하고 10년이 경과하면 시효가 완성되어 집행이 면제된다.

제23조(가석방)

① 수용시설의 장은 제22조제2항제6호의 결정이 확정된 성폭력 수형자에 대하여 법무부령으로 정하는 바에 따라 「형의 집행 및 수용자의 처우에 관한 법률」 제119조의 가석방심사위원회에 가석방 적격심사를 신청하여야 한다.

② 가석방심사위원회는 성폭력 수형자의 가석방 적격심사를 할 때에는 치료명령이 결정된 사실을 고려하여야 한다.

제24조(비용부담)

① 제22조제2항제6호의 치료명령의 결정을 받은 사람은 치료기간 동안 치료비용을 부담하여야 한다. 다만, 치료비용을 부담할 경제력이 없는 사람의 경우에는 국가가 비용을 부담할 수 있다.

② 비용부담에 관하여 필요한 사항은 대통령령으로 정한다.

제25조(가종료 등과 치료명령)

① 「치료감호법」 제37조에 따른 치료감호심의위원회(이하 "치료감호심의위원회"라 한다)는 성폭력범죄자 중 성도착증 환자로서 치료감호의 집행 중 가종료 또는 치료위탁되는 피치료감호자나 보호감호의 집행 중 가출소되는 피보호감호자(이하 "가종료자 등"이라 한다)에 대하여 보호관찰 기간의 범위에서 치료명령을 부과할 수 있다.

② 치료감호심의위원회는 제1항에 따라 치료명령을 부과하는 결정을 할 경우에는 결정일 전 6개월 이내에 실시한 정신건강의학과 전문의의 진단 또는 감정 결과를 반드시 참작하여야 한다.

③ 치료감호심의위원회는 제1항에 따라 치료명령을 부과하는 결정을 한 경우에는 즉시 가종료자 등의 주거지를 관할하는 보호관찰소의 장에게 통보하여야 한다.

제26조(준수사항)
치료감호심의위원회는 제25조에 따른 치료명령을 부과하는 경우 치료기간의 범위에서 준수기간을 정하여 「보호관찰 등에 관한 법률」 제32조제3항 각 호의 준수사항 중 하나 이상을 부과할 수 있다.

제27조(치료명령의 집행)
보호관찰관은 가종료자 등이 가종료·치료위탁 또는 가출소 되기 전 2개월 이내에 치료명령을 집행하여야 한다. 다만, 치료감호와 형이 병과된 가종료자의 경우 집행할 잔여 형기가 있는 때에는 그 형의 집행이 종료되거나 면제되어 석방되기 전 2개월 이내에 치료명령을 집행하여야 한다.

제28조(치료명령 집행의 종료)
제25조에 따른 약물치료는 다음 각 호의 어느 하나에 해당하는 때에 그 집행이 종료된다.
1. 치료기간이 지난 때
2. 가출소·가종료·치료위탁으로 인한 보호관찰 기간이 경과하거나 보호관찰이 종료된 때

제5장 보칙

제30조(치료기간의 계산)
치료기간은 최초로 성 호르몬 조절약물을 투여한 날부터 기산하되, 초일은 시간을 계산함이 없이 1일로 산정한다.

제31조(치료명령 등 집행전담 보호관찰관의 지정)
보호관찰소의 장은 소속 보호관찰관 중에서 다음 각 호의 사항을 전담하는 보호관찰관을 지정하여야 한다.
1. 치료명령을 청구하기 위하여 필요한 치료명령 피청구자에 대한 조사
2. 치료명령의 집행
3. 치료명령을 받은 사람의 재범방지와 건전한 사회복귀를 위한 치료 등 필요한 조치의 부과
4. 그 밖에 치료명령을 받은 사람의 「보호관찰 등에 관한 법률」 등에 따른 준수사항 이행 여부 확인 등 치료명령을 받은 사람에 대한 지도·감독 및 원호

제32조(수용시설의 장 등의 협조) 제14조제3항 및 제27조에 따른 보호관찰관의 치료명령 집행에 수용시설의 장, 치료감호시설의 장, 보호감호시설의 장은 약물의 제공, 의사·간호사 등 의료인력 지원 등의 협조를 하여야 한다.

제33조(군법 피적용자에 대한 특칙) 이 법을 적용함에 있어서 「군사법원법」 제2조제1항 각 호의 어느 하나에 해당하는 자에 대하여는 군사법원은 법원의, 군검사는 검사의, 군사법경찰관리는 사법경찰관리의, 군교도소장은 교도소장의 이 법에 따른 직무를 각각 행한다.
제34조(다른 법률의 준용) 이 법을 적용함에 있어서 이 법에 규정이 있는 경우를 제외하고는 그 성질에 반하지 아니하는 범위에서 「형사소송법」 및 「보호관찰 등에 관한 법률」을 준용한다.

제6장 벌칙

제35조(벌칙) ① 이 법에 따른 약물치료를 받아야 하는 사람이 도주하거나 정당한 사유 없이 제15조제1항의 의무를 위반한 때에는 7년 이하의 징역 또는 2천만원 이하의 벌금에 처한다.

② 이 법에 따른 약물치료를 받아야 하는 사람이 정당한 사유 없이 제10조제1항 각 호의 준수사항을 위반한 때에는 3년 이하의 징역 또는 1천만원 이하의 벌금에 처한다.

③ 이 법에 따른 약물치료를 받아야 하는 사람이 정당한 사유 없이 제10조제2항에 따른 준수사항을 위반한 때에는 1천만원 이하의 벌금에 처한다.

특정 범죄자에 대한 보호관찰 및 전자장치 부착 등에 관한 법률

제1장 총칙

제1조(목적)
이 법은 특정범죄를 저지른 사람의 재범방지를 위하여 형기를 마친 뒤에 보호관찰 등을 통하여 지도하고 보살피며 도움으로써 건전한 사회복귀를 촉진하고 위치추적 전자장치를 신체에 부착하게 하는 부가적인 조치를 취함으로써 특정범죄로부터 국민을 보호함을 목적으로 한다.

제2조(정의) 이 법에서 사용하는 용어의 정의는 다음과 같다.

특정범죄	성폭력범죄, 미성년자 대상 유괴범죄, 살인범죄 및 강도범죄
"성폭력범죄"란	다음 각 목의 범죄를 말한다. 가. 「형법」 제2편제32장 강간과 추행의 죄 중 제297조(강간)·제298조(강제추행)·제299조(준강간, 준강제추행)·제300조(미수범)·제301조(강간등 상해·치상)·제301조의2(강간등 살인·치사)·제302조(미성년자등에 대한 간음)·제303조(업무상위력등에 의한 간음)·제305조(미성년자에 대한 간음, 추행)·제305조의2(상습범), 제2편제38장 절도와 강도의 죄 중 제339조(강도강간)·제340조(해상강도)제3항(부녀를 강간한 죄만을 말한다) 및 제342조(미수범)의 죄(제339조 및 제340조제3항 중 부녀를 강간한 죄의 미수범만을 말한다) 나. 「성폭력범죄의 처벌 등에 관한 특례법」 제3조(특수강도강간 등)부터 제10조(업무상 위력 등에 의한 추행)까지의 죄 및 제15조(미수범)의 죄(제3조부터 제9조까지의 미수범만을 말한다) 다. 「아동·청소년의 성보호에 관한 법률」 제7조(아동·청소년에 대한 강간, 강제추행등)의 죄 라. 가목부터 다목까지의 죄로서 다른 법률에 따라 가중 처벌되는 죄
미성년자 대상 유괴범죄	다음 각 목의 범죄를 말한다. 가. 미성년자에 대한 「형법」 제287조부터 제292조까지, 제294조, 제296조, 제324조의2 및 제336조의 죄 나. 미성년자에 대한 「특정범죄가중처벌 등에 관한 법률」 제5조의2(약취·유인죄의 가중처벌)의 죄 다. 가목과 나목의 죄로서 다른 법률에 따라 가중 처벌되는 죄
살인범죄	가. 「형법」 제2편제1장 내란의 죄 중 제88조(내란목적의 살인)·제89조(미수범)의 죄(제88조의 미수범만을 말한다), 제2편제24장 살인의 죄 중 제250조(살인, 존속살해)·제251조(영아살해)·제252조(촉탁, 승낙에 의한 살인등)·제253조(위계등에 의한 촉탁살인등)·제254조(미수범)·제255조(예비, 음모), 제2편제32장 강간과 추행의 죄 중 제301조의2(강간등 살인·치사) 전단, 제2편제37장 권리행사를 방해하는 죄 중 제324조의4(인질살해·치사) 전단·제324조의5(미수범)의 죄(제324조의4 전단의 미수범만을 말한다), 제2편제38장 절도와 강도의 죄 중 제338조(강도살인·치사) 전단·제340조(해상강도)제3항(사람을 살해한 죄만을 말한다) 및 제342조(미수범)의 죄(제338조 전단 및 제340조제3항 중 사람을 살해한 죄의 미수범만을 말한다) 나. 「성폭력범죄의 처벌 등에 관한 특례법」 제9조(강간 등 살인·치사)제1항의 죄 및 제15조(미수범)의 죄(제9조제1항의 미수범만을 말한다)

	다. 「특정범죄 가중처벌 등에 관한 법률」 제5조의2(약취·유인죄의 가중처벌)제2항제2호의 죄 및 같은 조 제6항의 죄(같은 조 제2항제2호의 미수범만을 말한다) 라. 가목부터 다목까지의 죄로서 다른 법률에 따라 가중처벌되는 죄
강도범죄	가. 「형법」 제2편제38장 절도와 강도의 죄 중 제333조(강도)·제334조(특수강도)·제335조(준강도)·제336조(인질강도)·제337조(강도상해, 치상)·제338조(강도살인·치사)·제339조(강도강간)·제340조(해상강도)·제341조(상습범)·제342조(미수범)의 죄(제333조부터 제341조까지의 미수범만을 말한다) 및 제343조(예비, 음모)의 죄 나. 「성폭력범죄의 처벌 등에 관한 특례법」 제3조(특수강도강간 등)제2항 및 제15조(미수범)의 죄(제3조제2항의 미수범만을 말한다) 다. 가목과 나목의 죄로서 다른 법률에 따라 가중처벌되는 죄
위치추적 전자장치	전자파를 발신하고 추적하는 원리를 이용하여 위치를 확인하거나 이동경로를 탐지하는 일련의 기계적 설비로서 대통령령으로 정하는 것

제4조(적용 범위) 만 19세 미만의 자에 대하여 부착명령을 선고한 때에는 19세에 이르기까지 이 법에 따른 전자장치를 부착할 수 없다.

제2장 형 집행 종료 후의 전자장치 부착

제5조(전자장치 부착명령의 청구)

① 검사는 다음 각 호의 어느 하나에 해당하고, 성폭력범죄를 다시 범할 위험성이 있다고 인정되는 사람에 대하여 전자장치를 부착하도록 하는 명령(이하 "부착명령"이라 한다)을 법원에 청구할 수 있다.

1. 성폭력범죄로 징역형의 실형을 선고받은 사람이 그 집행을 종료한 후 또는 집행이 면제된 후 10년 이내에 성폭력범죄를 저지른 때
2. 성폭력범죄로 이 법에 따른 전자장치를 부착받은 전력이 있는 사람이 다시 성폭력범죄를 저지른 때
3. 성폭력범죄를 2회 이상 범하여(유죄의 확정판결을 받은 경우를 포함한다) 그 습벽이 인정된 때
4. 19세 미만의 사람에 대하여 성폭력범죄를 저지른 때
5. 신체적 또는 정신적 장애가 있는 사람에 대하여 성폭력범죄를 저지른 때

② 검사는 미성년자 대상 유괴범죄를 저지른 사람으로서 미성년자 대상 유괴범죄를 다시 범할 위험성이 있다고 인정되는 사람에 대하여 부착명령을 법원에 청구할 수 있다. 다만, 유괴범죄로 징역형의 실형 이상의 형을 선고받아 그 집행이 종료 또는 면제된 후 다시 유괴범죄를 저지른 경우에는 부착명령을 청구하여야 한다.

③ 검사는 살인범죄를 저지른 사람으로서 살인범죄를 다시 범할 위험성이 있다고 인정되는 사람에 대하여 부착명령을 법원에 청구할 수 있다. 다만, 살인범죄로 징역형의 실형 이상의 형을 선고받아 그 집행이 종료 또는 면제된 후 다시 살인범죄를 저지른 경우에는 부착명령을 청구하여야 한다.

④ 검사는 다음 각 호의 어느 하나에 해당하고 강도범죄를 다시 범할 위험성이 있다고 인정되는 사람에 대하여 부착명령을 법원에 청구할 수 있다.

1. 강도범죄로 징역형의 실형을 선고받은 사람이 그 집행을 종료한 후 또는 집행이 면제된 후 10년 이내에 다시 강도범죄를 저지른 때
2. 강도범죄로 이 법에 따른 전자장치를 부착하였던 전력이 있는 사람이 다시 강도범죄를 저지른 때

3. 강도범죄를 2회 이상 범하여(유죄의 확정판결을 받은 경우를 포함한다) 그 습벽이 인정된 때

⑤ 제1항부터 제4항까지의 규정에 따른 부착명령의 청구는 공소가 제기된 특정범죄사건의 항소심 변론종결 시까지 하여야 한다.

⑥ 법원은 공소가 제기된 특정범죄사건을 심리한 결과 부착명령을 선고할 필요가 있다고 인정하는 때에는 검사에게 부착명령의 청구를 요구할 수 있다.

⑦ 제1항부터 제4항까지의 규정에 따른 특정범죄사건에 대하여 판결의 확정 없이 공소가 제기된 때부터 15년이 경과한 경우에는 부착명령을 청구할 수 없다.

제6조(조사)

① 검사는 부착명령을 청구하기 위하여 필요하다고 인정하는 때에는 피의자의 주거지 또는 소속 검찰청(지청을 포함한다. 이하 같다) 소재지를 관할하는 보호관찰소(지소를 포함한다. 이하 같다)의 장에게 범죄의 동기, 피해자와의 관계, 심리상태, 재범의 위험성 등 피의자에 관하여 필요한 사항의 조사를 요청할 수 있다.

② 제1항의 요청을 받은 보호관찰소의 장은 조사할 보호관찰관을 지명하여야 한다.

③ 제2항에 따라 지명된 보호관찰관은 지체 없이 필요한 사항을 조사한 후 검사에게 조사보고서를 제출하여야 한다.

④ 검사는 제1항의 요청을 받은 보호관찰소의 장에게 조사진행상황의 보고를 요구할 수 있다.

⑤ 검사는 부착명령을 청구함에 있어서 필요한 경우에는 피의자에 대한 정신감정이나 그 밖에 전문가의 진단 등의 결과를 참고하여야 한다.

제7조(부착명령 청구사건의 관할) ① 부착명령 청구사건의 관할은 부착명령 청구사건과 동시에 심리하는 특정범죄사건의 관할에 따른다.

② 부착명령 청구사건의 제1심 재판은 지방법원 합의부(지방법원지원 합의부를 포함한다. 이하 같다)의 관할로 한다.

제8조(부착명령 청구서의 기재사항 등) ① 부착명령 청구서에는 다음 각 호의 사항을 기재하여야 한다.

1. 부착명령 청구대상자(이하 "피부착명령청구자"라 한다)의 성명과 그 밖에 피부착명령청구자를 특정할 수 있는 사항
2. 청구의 원인이 되는 사실
3. 적용 법조
4. 그 밖에 대통령령으로 정하는 사항

② 법원은 부착명령 청구가 있는 때에는 지체 없이 부착명령 청구서의 부본을 피부착명령청구자 또는 그의 변호인에게 송부하여야 한다. 이 경우 특정범죄사건에 대한 공소제기와 동시에 부착명령 청구가 있는 때에는 제1회 공판기일 5일 전까지, 특정범죄사건의 심리 중에 부착명령 청구가 있는 때에는 다음 공판기일 5일 전까지 송부하여야 한다.

제9조(부착명령의 판결 등) ① 법원은 부착명령 청구가 이유 있다고 인정하는 때에는 다음 각 호에 따른 기간의 범위 내에서 부착기간을 정하여 판결로 부착명령을 선고하여야 한다. 다만, 19세 미만의 사람에 대하여 특정범죄를 저지른 경우에는 부착기간 하한을 다음 각 호에 따른 부착기간 하한의 2배로 한다.

1. 법정형의 상한이 사형 또는 무기징역인 특정범죄: 10년 이상 30년 이하

2. 법정형 중 징역형의 하한이 3년 이상의 유기징역인 특정범죄(제1호에 해당하는 특정범죄는 제외한다): 3년 이상 20년 이하
3. 법정형 중 징역형의 하한이 3년 미만의 유기징역인 특정범죄(제1호 또는 제2호에 해당하는 특정범죄는 제외한다): 1년 이상 10년 이하

② 여러 개의 특정범죄에 대하여 동시에 부착명령을 선고할 때에는 법정형이 가장 중한 죄의 부착기간 상한의 2분의 1까지 가중하되, 각 죄의 부착기간의 상한을 합산한 기간을 초과할 수 없다. 다만, 하나의 행위가 여러 특정범죄에 해당하는 경우에는 가장 중한 죄의 부착기간을 부착기간으로 한다.

③ 부착명령을 선고받은 사람은 부착기간 동안 「보호관찰 등에 관한 법률」에 따른 보호관찰을 받는다.

④ 법원은 다음 각 호의 어느 하나에 해당하는 때에는 판결로 부착명령 청구를 기각하여야 한다.
1. 부착명령 청구가 이유 없다고 인정하는 때
2. 특정범죄사건에 대하여 무죄(심신상실을 이유로 치료감호가 선고된 경우는 제외한다)·면소·공소기각의 판결 또는 결정을 선고하는 때
3. 특정범죄사건에 대하여 벌금형을 선고하는 때
4. 특정범죄사건에 대하여 선고유예 또는 집행유예를 선고하는 때(제28조제1항에 따라 전자장치 부착을 명하는 때를 제외한다)

⑤ 부착명령 청구사건의 판결은 특정범죄사건의 판결과 동시에 선고하여야 한다.

⑥ 부착명령 선고의 판결이유에는 요건으로 되는 사실, 증거의 요지 및 적용 법조를 명시하여야 한다.

⑦ 부착명령의 선고는 특정범죄사건의 양형에 유리하게 참작되어서는 아니 된다.

⑧ 특정범죄사건의 판결에 대하여 상소 및 상소의 포기·취하가 있는 때에는 부착명령 청구사건의 판결에 대하여도 상소 및 상소의 포기·취하가 있는 것으로 본다. 상소권회복 또는 재심의 청구나 비상상고가 있는 때에도 또한 같다.

⑨ 제8항에도 불구하고 검사 또는 피부착명령청구자 및 「형사소송법」 제340조·제341조에 규정된 자는 부착명령에 대하여 독립하여 상소 및 상소의 포기·취하를 할 수 있다. 상소권회복 또는 재심의 청구나 비상상고의 경우에도 또한 같다.

제9조의2(준수사항) ① 법원은 제9조제1항에 따라 부착명령을 선고하는 경우 부착기간의 범위에서 준수기간을 정하여 다음 각 호의 준수사항 중 하나 이상을 부과할 수 있다. 다만, 제4호의 준수사항은 500시간의 범위에서 그 기간을 정하여야 한다.
1. 야간 등 특정 시간대의 외출제한
2. 특정지역·장소에의 출입금지
   2의2. 주거지역의 제한
3. 피해자 등 특정인에의 접근금지
4. 특정범죄 치료 프로그램의 이수
5. 그 밖에 부착명령을 선고받는 사람의 재범방지와 성행교정을 위하여 필요한 사항

제10조(부착명령 판결 등의 통지) ① 법원은 제9조에 따라 부착명령을 선고한 때에는 그 판결이 확정된 날부터 3일 이내에 부착명령을 선고받은 자(이하 "피부착명령자"라 한다)의 주거지를 관할하는 보호관찰소의 장에게 판결문의 등본을 송부하여야 한다.

② 교도소, 소년교도소, 구치소, 치료감호소 및 군교도소의 장(이하 "교도소장등"이라 한다)은 피부착명령자가 석방되기 5일 전까지 피부착명령자의 주거지를 관할하는 보호관찰소의 장에게 그 사실을 통보하여야 한다.

제11조(국선변호인 등) 부착명령 청구사건에 관하여는 「형사소송법」 제282조 및 제283조를 준용한다.

제12조(집행지휘) ① 부착명령은 검사의 지휘를 받아 보호관찰관이 집행한다.
② 제1항에 따른 지휘는 판결문 등본을 첨부한 서면으로 한다.

제13조(부착명령의 집행) ① 부착명령은 특정범죄사건에 대한 형의 집행이 종료되거나 면제·가석방되는 날 또는 치료감호의 집행이 종료·가종료되는 날 석방 직전에 피부착명령자의 신체에 전자장치를 부착함으로써 집행한다. 다만, 부착명령의 원인이 된 특정범죄사건이 아닌 다른 범죄사건으로 형이나 치료감호의 집행이 계속될 경우에는 부착명령의 원인이 된 특정범죄사건이 아닌 다른 범죄사건에 대한 형의 집행이 종료되거나 면제·가석방되는 날 또는 치료감호의 집행이 종료·가종료되는 날부터 집행한다.
② 부착명령의 집행은 신체의 완전성을 해하지 아니하는 범위 내에서 이루어져야 한다.
③ 부착명령이 여러 개인 경우 확정된 순서에 따라 집행한다.
④ 다음 각 호의 어느 하나에 해당하는 때에는 부착명령의 집행이 정지된다.
  1. 부착명령의 집행 중 다른 죄를 범하여 구속영장의 집행을 받아 구금된 때
  2. 부착명령의 집행 중 다른 죄를 범하여 금고 이상의 형의 집행을 받게 된 때
  3. 가석방 또는 가종료된 자에 대하여 전자장치 부착기간 동안 가석방 또는 가종료가 취소되거나 실효된 때
⑤ 제4항에 따라 집행이 정지된 부착명령의 잔여기간에 대하여는 다음 각 호의 구분에 따라 집행한다.
  1. 제4항제1호의 경우에는 구금이 해제되거나 금고 이상의 형의 집행을 받지 아니하게 확정된 때부터 그 잔여기간을 집행한다.
  2. 제4항제2호의 경우에는 그 형의 집행이 종료되거나 면제된 후 또는 가석방된 때부터 그 잔여기간을 집행한다.
  3. 제4항제3호의 경우에는 그 형이나 치료감호의 집행이 종료되거나 면제된 후 그 잔여기간을 집행한다.
⑥ 그 밖에 부착명령의 집행 및 정지에 관하여 필요한 사항은 대통령령으로 정한다.

제14조(피부착자의 의무) ① 전자장치가 부착된 자(이하 "피부착자"라 한다)는 전자장치의 부착기간 중 전자장치를 신체에서 임의로 분리·손상, 전파 방해 또는 수신자료의 변조, 그 밖의 방법으로 그 효용을 해하여서는 아니 된다.
② 피부착자는 특정범죄사건에 대한 형의 집행이 종료되거나 면제·가석방되는 날부터 10일 이내에 주거지를 관할하는 보호관찰소에 출석하여 서면으로 신고하여야 한다.
③ 피부착자는 주거를 이전하거나 7일 이상의 국내여행을 하거나 출국할 때에는 미리 보호관찰관의 허가를 받아야 한다.

제14조의2(부착기간의 연장 등) ① 피부착자가 다음 각 호의 어느 하나에 해당하는 경우에는 법원은 보호관찰소의 장의 신청에 따른 검사의 청구로 1년의 범위에서 부착기간을 연장하거나 제9조의2제1항의 준수사항을 추가 또는 변경하는 결정을 할 수 있다.

1. 정당한 사유 없이 「보호관찰 등에 관한 법률」 제32조에 따른 준수사항을 위반한 경우
2. 정당한 사유 없이 제14조제2항을 위반하여 신고하지 아니한 경우
3. 정당한 사유 없이 제14조제3항을 위반하여 허가를 받지 아니하고 주거 이전·국내여행 또는 출국을 하거나, 거짓으로 허가를 받은 경우

② 제1항 각 호에 규정된 사항 외의 사정변경이 있는 경우에도 법원은 상당한 이유가 있다고 인정되면 보호관찰소의 장의 신청에 따른 검사의 청구로 제9조의2제1항의 준수사항을 추가, 변경 또는 삭제하는 결정을 할 수 있다.

제15조(보호관찰관의 임무) ① 보호관찰관은 피부착자의 재범방지와 건전한 사회복귀를 위하여 필요한 지도와 원호를 한다.

② 보호관찰관은 전자장치 부착기간 중 피부착자의 소재지 인근 의료기관에서의 치료, 상담시설에서의 상담치료 등 피부착자의 재범방지 및 수치심으로 인한 과도한 고통의 방지를 위하여 필요한 조치를 할 수 있다.

③ 보호관찰관은 필요한 경우 부착명령의 집행을 개시하기 전에 교도소장등에게 요청하여 「형의 집행 및 수용자의 처우에 관한 법률」 제63조의 교육, 제64조의 교화프로그램 및 제107조의 징벌에 관한 자료 등 피부착자의 형 또는 치료감호 집행 중의 생활실태를 확인할 수 있는 자료를 확보하고, 형 또는 치료감호의 집행을 받고 있는 피부착자를 면접할 수 있다. 이 경우 교도소장등은 보호관찰관에게 협조하여야 한다.

제16조(수신자료의 보존·사용·폐기 등) ① 보호관찰소의 장은 피부착자의 전자장치로부터 발신되는 전자파를 수신하여 그 자료(이하 "수신자료"라 한다)를 보존하여야 한다.

② 수신자료는 다음 각 호의 경우 외에는 열람·조회 또는 공개할 수 없다.
1. 피부착자의 특정범죄 혐의에 대한 수사 또는 재판자료로 사용하는 경우
2. 보호관찰관이 지도·원호를 목적으로 사용하는 경우
3. 「보호관찰 등에 관한 법률」 제5조에 따른 보호관찰심사위원회(이하 "심사위원회"라 한다)의 부착명령 가해제와 그 취소에 관한 심사를 위하여 사용하는 경우

④ 검사 또는 사법경찰관은 수신자료를 열람 또는 조회하는 경우 관할 지방법원(보통군사법원을 포함한다) 또는 지원의 허가를 받아야 한다. 다만, 관할 지방법원 또는 지원의 허가를 받을 수 없는 긴급한 사유가 있는 때에는 수신자료 열람 또는 조회를 요청한 후 지체 없이 그 허가를 받아 보호관찰소의 장에게 송부하여야 한다.

⑤ 검사 또는 사법경찰관은 제4항 단서에 따라 긴급한 사유로 수신자료를 열람 또는 조회하였으나 지방법원 또는 지원의 허가를 받지 못한 경우에는 지체 없이 열람 또는 조회한 수신자료를 폐기하고, 그 사실을 보호관찰소의 장에게 통지하여야 한다.

⑥ 보호관찰소의 장은 다음 각 호의 어느 하나에 해당하는 때에는 수신자료를 폐기하여야 한다.
1. 부착명령과 함께 선고된 형이 「형법」 제81조에 따라 실효된 때
2. 부착명령과 함께 선고된 형이 사면으로 인하여 그 효력을 상실한 때
3. 전자장치 부착이 종료된 자가 자격정지 이상의 형 또는 이 법에 따른 전자장치 부착을 받음이 없이 전자장치 부착을 종료한 날부터 5년이 경과한 때

⑦ 그 밖에 수신자료의 보존·사용·열람·조회·폐기 등에 관하여 필요한 사항은 대통령령으로 정한다.

제16조의2(피부착자의 신상정보 제공 등) ① 보호관찰소의 장은 피부착자가 제14조제2항에 따라 신고한 신상

정보를 범죄예방 및 수사에 활용하게 하기 위하여 피부착자의 주거지를 관할하는 경찰관서의 장 등 수사기관에 제공할 수 있다.

② 제1항에 따라 신상정보를 제공받은 수사기관은 범죄예방 및 수사활동 중 인지한 사실이 피부착자 지도·감독에 활용할 만한 자료라고 판단할 경우 이를 보호관찰소의 장에게 제공할 수 있다.

③ 보호관찰소의 장은 피부착자가 범죄를 저질렀거나 저질렀다고 의심할만한 상당한 이유가 있을 때에는 이를 수사기관에 통보하여야 한다.

④ 수사기관은 체포 또는 구속한 사람이 피부착자임을 알게 된 경우에는 피부착자의 주거지를 관할하는 보호관찰소의 장에게 그 사실을 통보하여야 한다.

⑤ 제1항부터 제4항에 따른 제공 및 통보의 절차와 관리 등에 필요한 사항은 대통령령으로 정한다.

제17조(부착명령의 가해제 신청 등) ① 보호관찰소의 장 또는 피부착자 및 그 법정대리인은 해당 보호관찰소를 관할하는 심사위원회에 부착명령의 가해제를 신청할 수 있다.

② 제1항의 신청은 부착명령의 집행이 개시된 날부터 3개월이 경과한 후에 하여야 한다. 신청이 기각된 경우에는 기각된 날부터 3개월이 경과한 후에 다시 신청할 수 있다.

③ 제2항에 따라 가해제의 신청을 할 때에는 신청서에 가해제의 심사에 참고가 될 자료를 첨부하여 제출하여야 한다.

제18조(부착명령 가해제의 심사 및 결정) ① 심사위원회는 가해제를 심사할 때에는 피부착자의 인격, 생활태도, 부착명령 이행상황 및 재범의 위험성에 대하여 보호관찰관 등 전문가의 의견을 고려하여야 한다.

② 심사위원회는 가해제의 심사를 위하여 필요한 때에는 보호관찰소의 장으로 하여금 필요한 사항을 조사하게 하거나 피부착자나 그 밖의 관계인을 직접 소환·심문 또는 조사할 수 있다.

③ 제2항의 요구를 받은 보호관찰소의 장은 필요한 사항을 조사하여 심사위원회에 통보하여야 한다.

④ 심사위원회는 피부착자가 부착명령이 계속 집행될 필요가 없을 정도로 개선되어 재범의 위험성이 없다고 인정하는 때에는 부착명령의 가해제를 결정할 수 있다. 이 경우 피부착자로 하여금 주거이전 상황 등을 보호관찰소의 장에게 정기적으로 보고하도록 할 수 있다.

⑤ 심사위원회는 부착명령의 가해제를 하지 아니하기로 결정한 때에는 결정서에 그 이유를 명시하여야 한다.

⑥ 제4항에 따라 부착명령이 가해제된 경우에는 제9조제3항에 따른 보호관찰과 제9조의2에 따른 준수사항 및 「아동·청소년의 성보호에 관한 법률」 제61조제3항에 따른 보호관찰이 가해제된 것으로 본다.

제19조(가해제의 취소 등) ① 보호관찰소의 장은 부착명령이 가해제된 자가 특정범죄를 저지르거나 주거이전 상황 등의 보고에 불응하는 등 재범의 위험성이 있다고 판단되는 때에는 심사위원회에 가해제의 취소를 신청할 수 있다. 이 경우 심사위원회는 가해제된 자의 재범의 위험성이 현저하다고 인정될 때에는 가해제를 취소하여야 한다.

② 제1항에 따라 가해제가 취소된 자는 잔여 부착명령기간 동안 전자장치를 부착하여야 한다. 이 경우 가해제기간은 부착명령기간에 산입하지 아니한다.

제20조(부착명령 집행의 종료) 제9조에 따라 선고된 부착명령은 다음 각 호의 어느 하나에 해당하는 때에 그 집행이 종료된다.

1. 부착명령기간이 경과한 때

2. 부착명령과 함께 선고한 형이 사면되어 그 선고의 효력을 상실하게 된 때
4. 부착명령이 가해제된 자가 그 가해제가 취소됨이 없이 잔여 부착명령기간을 경과한 때

제21조(부착명령의 시효) ① 피부착명령자는 그 판결이 확정된 후 집행을 받지 아니하고 함께 선고된 특정범죄사건의 형의 시효가 완성되면 그 집행이 면제된다.
② 부착명령의 시효는 피부착명령자를 체포함으로써 중단된다.

제2장의2 형 집행 종료 후의 보호관찰

제21조의2(보호관찰명령의 청구) ① 검사는 다음 각 호의 어느 하나에 해당하는 사람에 대하여 형의 집행이 종료한 때부터 「보호관찰 등에 관한 법률」에 따른 보호관찰을 받도록 하는 명령(이하 "보호관찰명령"이라 한다)을 법원에 청구할 수 있다.
1. 성폭력범죄를 저지른 사람으로서 성폭력범죄를 다시 범할 위험성이 있다고 인정되는 사람
2. 미성년자 대상 유괴범죄를 저지른 사람으로서 미성년자 대상 유괴범죄를 다시 범할 위험성이 있다고 인정되는 사람
3. 살인범죄를 저지른 사람으로서 살인범죄를 다시 범할 위험성이 있다고 인정되는 사람
4. 강도범죄를 저지른 사람으로서 강도범죄를 다시 범할 위험성이 있다고 인정되는 사람
② 법원은 부착명령이 청구된 사건에 대하여 부착명령보다 보호관찰명령을 선고할 필요가 있다고 인정하는 때에는 검사에게 보호관찰명령의 청구를 요청할 수 있다.

제21조의3(보호관찰명령의 판결) 법원은 제21조의2제1항 각 호의 어느 하나에 해당하는 사람이 금고 이상의 선고형에 해당하고 보호관찰명령의 청구가 이유 있다고 인정하는 때에는 2년 이상 5년 이하의 범위에서 기간을 정하여 보호관찰명령을 선고하여야 한다.

제21조의4(준수사항) 법원은 제21조의3에 따라 보호관찰명령을 선고하는 경우 제9조의2제1항 각 호의 준수사항 중 하나 이상을 부과할 수 있다. 다만, 제9조의2제1항제4호의 준수사항은 300시간의 범위에서 그 기간을 정하여야 한다.

제21조의5(보호관찰명령의 집행) 보호관찰명령은 특정범죄사건에 대한형의 집행이 종료되거나 면제·가석방되는 날 또는 치료감호 집행이 종료·가종료되는 날부터 집행한다. 다만, 보호관찰명령의 원인이 된 특정범죄사건이 아닌 다른 범죄사건으로 형이나 치료감호의 집행이 계속될 경우에는 보호관찰명령의 원인이 된 특정범죄사건이 아닌 다른 범죄사건에 대한 형의 집행이 종료되거나 면제·가석방되는 날 또는 치료감호의 집행이 종료·가종료되는 날부터 집행한다.

제21조의6(보호관찰대상자의 의무) ① 보호관찰대상자는 특정범죄사건에 대한 형의 집행이 종료되거나 면제·가석방되는 날부터 10일 이내에 주거지를 관할하는 보호관찰소에 출석하여 서면으로 신고하여야 한다.
② 보호관찰대상자는 주거를 이전하거나 7일 이상의 국내여행을 하거나 출국할 때에는 미리 보호관찰관의 허가를 받아야 한다.

제21조의7(보호관찰 기간의 연장 등) ① 보호관찰대상자가 정당한 사유 없이 제21조의4 또는 「보호관찰 등에 관한 법률」 제32조에 따른 준수사항을 위반하거나 제21조의6에 따른 의무를 위반한 때에는 법원은 보호관찰소의 장의 신청에 따른 검사의 청구로 다음 각 호의 결정을 할 수 있다.

1. 1년의 범위에서 보호관찰 및 부착기간의 연장
2. 제21조의4에 따른 준수사항의 추가 또는 변경

② 제1항 각 호의 처분은 병과할 수 있다.

③ 제1항에 규정된 사항 외의 사정변경이 있는 경우에도 법원은 상당한 이유가 있다고 인정하면 보호관찰소의 장의 신청에 따른 검사의 청구로 제21조의4에 따른 준수사항을 추가, 변경 또는 삭제하는 결정을 할 수 있다.

제21조의8(준용규정) 보호관찰대상자에 대하여는 제5조제5항 및 제7항, 제6조부터 제8조까지, 제9조제2항부터 제9항까지, 제9조의2, 제10조부터 제12조까지, 제13조제3항부터 제6항까지, 제15조, 제17조부터 제21조까지의 규정을 준용하되, "부착명령"은 "보호관찰명령"으로, "부착기간"은 "보호관찰기간"으로, "피부착명령청구자"는 "피보호관찰명령청구자"로, "피부착자"는 "보호관찰대상자"로, "전자장치 부착"은 "보호관찰"로 본다.

제3장 가석방 및 가종료 등과 전자장치 부착

제22조(가석방과 전자장치 부착) ① 제9조에 따른 부착명령 판결을 선고받지 아니한 특정 범죄자로서 형의 집행 중 가석방되어 보호관찰을 받게 되는 자는 준수사항 이행 여부 확인 등을 위하여 가석방기간 동안 전자장치를 부착하여야 한다. 다만, 심사위원회가 전자장치 부착이 필요하지 아니하다고 결정한 경우에는 그러하지 아니하다.

② 심사위원회는 제1항에 따라 전자장치를 부착하게 되는 자의 주거지를 관할하는 보호관찰소의 장에게 가석방자의 인적사항 등 전자장치 부착에 필요한 사항을 즉시 통보하여야 한다.

③ 교도소장등은 가석방 예정자가 석방되기 5일 전까지 그의 주거지를 관할하는 보호관찰소의 장에게 그 사실을 통보하여야 한다.

제23조(가종료 등과 전자장치 부착) ① 「치료감호법」 제37조에 따른 치료감호심의위원회(이하 "치료감호심의위원회"라 한다)는 제9조에 따른 부착명령 판결을 선고받지 아니한 특정 범죄자로서 치료감호의 집행 중 가종료 또는 치료위탁되는 피치료감호자나 보호감호의 집행 중 가출소되는 피보호감호자(이하 "가종료자등"이라 한다)에 대하여 「치료감호법」 또는 「사회보호법」(법률 제7656호로 폐지되기 전의 법률을 말한다)에 따른 준수사항 이행 여부 확인 등을 위하여 보호관찰기간의 범위에서 기간을 정하여 전자장치를 부착하게 할 수 있다.

② 치료감호심의위원회는 제1항에 따라 전자장치 부착을 결정한 경우에는 즉시 피부착결정자의 주거지를 관할하는 보호관찰소의 장에게 통보하여야 한다.

③ 치료감호시설의 장·보호감호시설의 장 또는 교도소의 장은 가종료자등이 가종료 또는 치료위탁되거나 가출소되기 5일 전까지 가종료자등의 주거지를 관할하는 보호관찰소의 장에게 그 사실을 통보하여야 한다.

제24조(전자장치의 부착) ① 전자장치 부착은 보호관찰관이 집행한다.

② 전자장치는 다음 각 호의 어느 하나에 해당하는 때 석방 직전에 부착한다.

1. 가석방되는 날

2. 가종료 또는 치료위탁되거나 가출소되는 날. 다만, 치료감호와 형이 병과된 가종료자의 경우 집행할 잔여 형기가 있는 때에는 그 형의 집행이 종료되거나 면제되는 날 부착한다.

③ 전자장치 부착집행 중 보호관찰 준수사항 위반으로 유치허가장의 집행을 받아 유치된 때에는 부착집행이 정지된다. 이 경우 심사위원회가 보호관찰소의 장의 가석방 취소신청을 기각한 날 또는 법무부장관이 심사위원회의 허가신청을 불허한 날부터 그 잔여기간을 집행한다.

제25조(부착집행의 종료) 제22조 및 제23조에 따른 전자장치 부착은 다음 각 호의 어느 하나에 해당하는 때에 그 집행이 종료된다.

1. 가석방 기간이 경과하거나 가석방이 실효 또는 취소된 때
2. 가종료자등의 부착기간이 경과하거나 보호관찰이 종료된 때
3. 가석방된 형이 사면되어 형의 선고의 효력을 상실하게 된 때

제26조(수신자료의 활용) 보호관찰관은 수신자료를 준수사항 이행여부 확인 등 「보호관찰 등에 관한 법률」에 따른 보호관찰대상자의 지도·감독 및 원호에 활용할 수 있다.

제27조(준용) 이 장에 따른 전자장치 부착에 관하여는 제13조제2항·제4항제1호·제5항제1호·제6항, 제14조 및 제15조부터 제19조까지의 규정을 준용한다.

제4장 형의 집행유예와 부착명령

제28조(형의 집행유예와 부착명령) ① 법원은 특정범죄를 범한 자에 대하여 형의 집행을 유예하면서 보호관찰을 받을 것을 명할 때에는 보호관찰기간의 범위 내에서 기간을 정하여 준수사항의 이행여부 확인 등을 위하여 전자장치를 부착할 것을 명할 수 있다.

② 법원은 제1항에 따른 부착명령기간 중 소재지 인근 의료기관에서의 치료, 지정 상담시설에서의 상담치료 등 대상자의 재범방지를 위하여 필요한 조치들을 과할 수 있다.

③ 법원은 제1항에 따른 전자장치 부착을 명하기 위하여 필요하다고 인정하는 때에는 피고인의 주거지 또는 그 법원의 소재지를 관할하는 보호관찰소의 장에게 범죄의 동기, 피해자와의 관계, 심리상태, 재범의 위험성 등 피고인에 관하여 필요한 사항의 조사를 요청할 수 있다.

제29조(부착명령의 집행) ① 부착명령은 전자장치 부착을 명하는 법원의 판결이 확정된 때부터 집행한다.

② 부착명령의 집행 중 보호관찰 준수사항 위반으로 유치허가장의 집행을 받아 유치된 때에는 부착명령 집행이 정지된다. 이 경우 검사가 보호관찰소의 장의 집행유예 취소신청을 기각한 날 또는 법원이 검사의 집행유예취소청구를 기각한 날부터 그 잔여기간을 집행한다.

제30조(부착명령 집행의 종료) 제28조의 부착명령은 다음 각 호의 어느 하나에 해당하는 때에 그 집행이 종료된다.

1. 부착명령기간이 경과한 때
2. 집행유예가 실효 또는 취소된 때
3. 집행유예된 형이 사면되어 형의 선고의 효력을 상실하게 된 때

제31조(준용) 이 장에 따른 부착명령에 관하여는 제6조, 제9조제5항부터 제7항까지, 제10조제1항, 제12조, 제13조제2항·제4항제1호·제5항제1호·제6항, 제14조, 제15조제1항, 제16조부터 제19조까지 및 제26조를 준용한다.

제5장 보칙

제32조(전자장치 부착기간의 계산) ① 전자장치 부착기간은 이를 집행한 날부터 기산하되, 초일은 시간을 계산함이 없이 1일로 산정한다.

② 피부착자가 전자장치를 그의 신체로부터 분리하거나 손상하는 등 그 효용을 해한 기간은 그 전자장치 부착기간에 산입하지 아니한다. 다만, 보호관찰이 부과된 자의 전자장치 부착기간은 보호관찰기간을 초과할 수 없다.

제32조의2(부착명령 등 집행전담 보호관찰관의 지정) 보호관찰소의 장은 소속 보호관찰관 중에서 다음 각 호의 사항을 전담하는 보호관찰관을 지정하여야 한다.

1. 부착명령 및 보호관찰명령을 청구하기 위하여 필요한 피의자에 대한 조사
2. 부착명령 및 보호관찰명령의 집행
3. 피부착자 및 보호관찰대상자의 재범방지와 건전한 사회복귀를 위한 치료 등 필요한 조치의 부과
4. 그 밖에 피부착자 및 보호관찰대상자의 「보호관찰 등에 관한 법률」 등에 따른 준수사항 이행 여부 확인 등 피부착자 및 보호관찰대상자에 대한 지도·감독 및 원호

제33조(전자장치 부착 가해제의 의제) 보호관찰이 가해제된 경우에는 전자장치 부착이 가해제된 것으로 본다.

제34조(군법 피적용자에 대한 특칙) 이 법을 적용함에 있어서 「군사법원법」 제2조제1항 각 호의 어느 하나에 해당하는 자에 대하여는 군사법원은 법원의, 군검사는 검사의, 군사법경찰관리는 사법경찰관리의, 군교도소장은 교도소장의 이 법에 따른 직무를 각각 행한다.

제35조(다른 법률의 준용) 이 법을 적용함에 있어서 이 법에 규정이 있는 경우를 제외하고는 그 성질에 반하지 아니하는 범위 안에서 「형사소송법」 및 「보호관찰 등에 관한 법률」의 규정을 준용한다.

제6장 벌칙

제36조(벌칙) ① 전자장치 부착 업무를 담당하는 자가 정당한 사유 없이 피부착자의 전자장치를 해제하거나 손상한 때에는 1년 이상의 유기징역에 처한다.

② 전자장치 부착 업무를 담당하는 자가 금품을 수수·요구 또는 약속하고 제1항의 죄를 범한 때에는 2년 이상의 유기징역에 처한다.

③ 수신자료를 관리하는 자가 제16조제2항을 위반한 때에는 1년 이상의 유기징역에 처한다.

제37조(벌칙) ① 타인으로 하여금 부착명령 또는 보호관찰명령을 받게 할 목적으로 공무소 또는 공무원에 대하여 허위의 사실을 신고하거나 「형법」 제152조제1항의 죄를 범한 때에는 10년 이하의 징역에 처한다.

② 제2장의 부착명령 또는 보호관찰명령 청구사건에 관하여 피부착명령청구자 또는 피보호관찰명령청구자를 모해할 목적으로 「형법」 제154조·제233조 또는 제234조(허위작성진단서의 행사에 한한다)의 죄를 범한 때에는 10년 이하의 징역에 처한다. 이 경우 10년 이하의 자격정지를 병과한다.

제38조(벌칙) 피부착자가 제14조(제27조 및 제31조에 따라 준용되는 경우를 포함한다)를 위반하여 전자장치의 부착기간 중 전자장치를 신체에서 임의로 분리·손상, 전파 방해 또는 수신자료의 변조, 그 밖의 방법으로 그 효용을 해한 때에는 7년 이하의 징역 또는 2천만원 이하의 벌금에 처한다.

제39조(벌칙) ① 피부착자 또는 보호관찰대상자가 제9조의2제1항제3호 또는 제4호의 준수사항을 정당한 사유없이 위반한 때에는 3년 이하의 징역 또는 1천만원 이하의 벌금에 처한다.

② 피부착자 또는 보호관찰대상자가 정당한 사유 없이 「보호관찰 등에 관한 법률」 제32조제2항 또는 제3항에 따른 준수사항을 위반하여 같은 법 제38조에 따른 경고를 받은 후 다시 정당한 사유 없이 같은 법 제32조제2항 또는 제3항에 따른 준수사항을 위반한 경우 1년 이하의 징역 또는 5백만원 이하의 벌금에 처한다.

③ 피부착자 또는 보호관찰대상자가 제9조의2제1항제1호·제2호·제2호의2 또는 제5호의 준수사항을 정당한 사유 없이 위반한 때에는 1천만원 이하의 벌금에 처한다.

특정범죄 가중처벌 등에 관한 법률

제1조(목적)

이 법은 「형법」, 「관세법」, 「조세범 처벌법」, 「지방세기본법」, 「산림자원의 조성 및 관리에 관한 법률」 및 「마약류관리에 관한 법률」에 규정된 특정범죄에 대한 가중처벌 등을 규정함으로써 건전한 사회질서의 유지와 국민경제의 발전에 이바지함을 목적으로 한다.

제2조(뇌물죄의 가중처벌)

① 「형법」 제129조(수뢰, 사전수뢰)·제130조(제삼자뇌물제공) 또는 제132조(알선수뢰)에 규정된 죄를 범한 사람은 그 수수(收受)·요구 또는 약속한 뇌물의 가액(價額)(이하 이 조에서 "수뢰액"이라 한다)에 따라 다음 각 호와 같이 가중처벌한다.

1. 수뢰액이 1억원 이상인 경우에는 무기 또는 10년 이상의 징역에 처한다.
2. 수뢰액이 5천만원 이상 1억원 미만인 경우에는 7년 이상의 유기징역에 처한다.
3. 수뢰액이 3천만원 이상 5천만원 미만인 경우에는 5년 이상의 유기징역에 처한다.

② 「형법」 제129조·제130조 또는 제132조에 규정된 죄를 범한 사람은 그 죄에 대하여 정한 형(제1항의 경우를 포함한다)에 수뢰액의 2배 이상 5배 이하의 벌금을 병과(倂科)한다.

제3조(알선수재)

공무원의 직무에 속한 사항의 알선에 관하여 금품이나 이익을 수수·요구 또는 약속한 사람은 5년 이하의 징역 또는 1천만원 이하의 벌금에 처한다.

제4조(뇌물죄 적용대상의 확대)

① 다음 각 호의 어느 하나에 해당하는 기관 또는 단체로서 대통령령으로 정하는 기관 또는 단체의 간부직원은 「형법」 제129조부터 제132조까지의 규정을 적용할 때에는 공무원으로 본다.

1. 국가 또는 지방자치단체가 직접 또는 간접으로 자본금의 2분의 1 이상을 출자하였거나 출연금·보조금 등 그 재정지원의 규모가 그 기관 또는 단체 기본재산의 2분의 1 이상인 기관 또는 단체
2. 국민경제 및 산업에 중대한 영향을 미치고 있고 업무의 공공성(公共性)이 현저하여 국가 또는 지방자치단체가 법령에서 정하는 바에 따라 지도·감독하거나 주주권의 행사 등을 통하여 중요 사업의 결정 및 임원의 임면(任免) 등 운영 전반에 관하여 실질적인 지배력을 행사하고 있는 기관 또는 단체

② 제1항의 간부직원의 범위는 제1항의 기관 또는 단체의 설립목적, 자산, 직원의 규모 및 해당 직원의 구체적인 업무 등을 고려하여 대통령령으로 정한다.

제4조의2(체포·감금 등의 가중처벌)

① 「형법」 제124조·제125조에 규정된 죄를 범하여 사람을 상해(傷害)에 이르게 한 경우에는 1년 이상의 유기징역에 처한다.

② 「형법」 제124조·제125조에 규정된 죄를 범하여 사람을 사망에 이르게 한 경우에는 무기 또는 3년 이상의 징역에 처한다.

제4조의3(공무상 비밀누설의 가중처벌)

「국회법」 제54조의2제2항을 위반한 사람은 5년 이하의 징역 또는 500만원 이하의 벌금에 처한다.

제5조(국고 등 손실)

「회계관계직원 등의 책임에 관한 법률」 제2조제1호·제2호 또는 제4호(제1호 또는 제2호에 규정된 사람의 보조자로서 그 회계사무의 일부를 처리하는 사람만 해당한다)에 규정된 사람이 국고(國庫) 또는 지방자치단체에 손실을 입힐 것을 알면서 그 직무에 관하여 「형법」 제355조의 죄를 범한 경우에는 다음 각 호의 구분에 따라 가중처벌한다.

1. 국고 또는 지방자치단체의 손실이 5억원 이상인 경우에는 무기 또는 5년 이상의 징역에 처한다.
2. 국고 또는 지방자치단체의 손실이 1억원 이상 5억원 미만인 경우에는 3년 이상의 유기징역에 처한다.

제5조의2(약취·유인죄의 가중처벌) ① 13세 미만의 미성년자에 대하여 「형법」 제287조의 죄를 범한 사람은 그 약취(略取) 또는 유인(誘引)의 목적에 따라 다음 각 호와 같이 가중처벌한다.

1. 약취 또는 유인한 미성년자의 부모나 그 밖에 그 미성년자의 안전을 염려하는 사람의 우려를 이용하여 재물이나 재산상의 이익을 취득할 목적인 경우에는 무기 또는 5년 이상의 징역에 처한다.
2. 약취 또는 유인한 미성년자를 살해할 목적인 경우에는 사형, 무기 또는 7년 이상의 징역에 처한다.

② 13세 미만의 미성년자에 대하여 「형법」 제287조의 죄를 범한 사람이 다음 각 호의 어느 하나에 해당하는 행위를 한 경우에는 다음 각 호와 같이 가중처벌한다.

1. 약취 또는 유인한 미성년자의 부모나 그 밖에 그 미성년자의 안전을 염려하는 사람의 우려를 이용하여 재물이나 재산상의 이익을 취득하거나 이를 요구한 경우에는 무기 또는 10년 이상의 징역에 처한다.
2. 약취 또는 유인한 미성년자를 살해한 경우에는 사형 또는 무기징역에 처한다.
3. 약취 또는 유인한 미성년자를 폭행·상해·감금 또는 유기(遺棄)하거나 그 미성년자에게 가혹한 행위를 한 경우에는 무기 또는 5년 이상의 징역에 처한다.
4. 제3호의 죄를 범하여 미성년자를 사망에 이르게 한 경우에는 사형, 무기 또는 7년 이상의 징역에 처한다.

③ 제1항 또는 제2항의 죄를 범한 사람을 방조(幇助)하여 약취 또는 유인된 미성년자를 은닉하거나 그 밖의 방법으로 귀가하지 못하게 한 사람은 5년 이상의 유기징역에 처한다.

⑥ 제1항 및 제2항(제2항제4호는 제외한다)에 규정된 죄의 미수범은 처벌한다.

⑦ 제1항부터 제3항까지 및 제6항의 죄를 범한 사람을 은닉하거나 도피하게 한 사람은 3년 이상 25년 이하의 징역에 처한다.

⑧ 제1항 또는 제2항제1호·제2호의 죄를 범할 목적으로 예비하거나 음모한 사람은 1년 이상 10년 이하의 징역에 처한다.

제5조의3(도주차량 운전자의 가중처벌)

① 「도로교통법」 제2조에 규정된 자동차·원동기장치자전거의 교통으로 인하여 「형법」 제268조의 죄를 범한 해당 차량의 운전자(이하 "사고운전자"라 한다)가 피해자를 구호(救護)하는 등 「도로교통법」 제54조제1항에 따른 조치를 하지 아니하고 도주한 경우에는 다음 각 호의 구분에 따라 가중처벌한다.

1. 피해자를 사망에 이르게 하고 도주하거나, 도주 후에 피해자가 사망한 경우에는 무기 또는 5년 이상의 징역에 처한다.
2. 피해자를 상해에 이르게 한 경우에는 1년 이상의 유기징역 또는 500만원 이상 3천만원 이하의 벌금에 처한다.

② 사고운전자가 피해자를 사고 장소로부터 옮겨 유기하고 도주한 경우에는 다음 각 호의 구분에 따라 가중처벌한다.

1. 피해자를 사망에 이르게 하고 도주하거나, 도주 후에 피해자가 사망한 경우에는 사형, 무기 또는 5년 이상의 징역에 처한다.
2. 피해자를 상해에 이르게 한 경우에는 3년 이상의 유기징역에 처한다.

제5조의4(상습 강도·절도죄 등의 가중처벌)

② 5명 이상이 공동하여 상습적으로 「형법」 제329조부터 제331조까지의 죄 또는 그 미수죄를 범한 사람은 2년 이상 20년 이하의 징역에 처한다.

⑤ 「형법」 제329조부터 제331조까지, 제333조부터 제336조까지 및 제340조·제362조의 죄 또는 그 미수죄로 세 번 이상 징역형을 받은 사람이 다시 이들 죄를 범하여 누범(累犯)으로 처벌하는 경우에는 다음 각 호의 구분에 따라 가중처벌한다.

1. 「형법」 제329조부터 제331조까지의 죄(미수범을 포함한다)를 범한 경우에는 2년 이상 20년 이하의 징역에 처한다.
2. 「형법」 제333조부터 제336조까지의 죄 및 제340조제1항의 죄(미수범을 포함한다)를 범한 경우에는 무기 또는 10년 이상의 징역에 처한다.
3. 「형법」 제362조의 죄를 범한 경우에는 2년 이상 20년 이하의 징역에 처한다.

⑥ 상습적으로 「형법」 제329조부터 제331조까지의 죄나 그 미수죄 또는 제2항의 죄로 두 번 이상 실형을 선고받고 그 집행이 끝나거나 면제된 후 3년 이내에 다시 상습적으로 「형법」 제329조부터 제331조까지의 죄나 그 미수죄 또는 제2항의 죄를 범한 경우에는 3년 이상 25년 이하의 징역에 처한다.

제5조의5(강도상해 등 재범자의 가중처벌) 「형법」 제337조·제339조의 죄 또는 그 미수죄로 형을 선고받고 그 집행이 끝나거나 면제된 후 3년 내에 다시 이들 죄를 범한 사람은 사형, 무기 또는 10년 이상의 징역에 처한다.

제5조의9(보복범죄의 가중처벌 등)

① 자기 또는 타인의 형사사건의 수사 또는 재판과 관련하여 고소·고발 등 수사단서의 제공, 진술, 증언 또는 자료제출에 대한 보복의 목적으로 「형법」 제250조제1항의 죄를 범한 사람은 사형, 무기 또는 10년 이상의 징역에 처한다. 고소·고발 등 수사단서의 제공, 진술, 증언 또는 자료제출을 하지 못하게 하거나 고소·고발을 취소하게 하거나 거짓으로 진술·증언·자료제출을 하게 할 목적인 경우에도 또한 같다.

② 제1항과 같은 목적으로 「형법」 제257조제1항·제260조제1항·제276조제1항 또는 제283조제1항의 죄를 범한 사람은 1년 이상의 유기징역에 처한다.

③ 제2항의 죄 중 「형법」 제257조제1항 · 제260조제1항 또는 제276조제1항의 죄를 범하여 사람을 사망에 이르게 한 경우에는 무기 또는 3년 이상의 징역에 처한다.

④ 자기 또는 타인의 형사사건의 수사 또는 재판과 관련하여 필요한 사실을 알고 있는 사람 또는 그 친족에게 정당한 사유 없이 면담을 강요하거나 위력(威力)을 행사한 사람은 3년 이하의 징역 또는 300만원 이하의 벌금에 처한다.

제5조의10(운행 중인 자동차 운전자에 대한 폭행 등의 가중처벌)

① 운행 중(「여객자동차 운수사업법」 제2조제3호에 따른 여객자동차운송사업을 위하여 사용되는 자동차를 운행하는 중 운전자가 여객의 승차 · 하차 등을 위하여 일시 정차한 경우를 포함한다)인 자동차의 운전자를 폭행하거나 협박한 사람은 5년 이하의 징역 또는 2천만원 이하의 벌금에 처한다.

② 제1항의 죄를 범하여 사람을 상해에 이르게 한 경우에는 3년 이상의 유기징역에 처하고, 사망에 이르게 한 경우에는 무기 또는 5년 이상의 징역에 처한다.

제5조의11(위험운전 치사상)

음주 또는 약물의 영향으로 정상적인 운전이 곤란한 상태에서 자동차(원동기장치자전거를 포함한다)를 운전하여 사람을 상해에 이르게 한 사람은 10년 이하의 징역 또는 500만원 이상 3천만원 이하의 벌금에 처하고, 사망에 이르게 한 사람은 1년 이상의 유기징역에 처한다.

제5조의12(도주선박의 선장 또는 승무원에 대한 가중처벌)

「해사안전법」 제2조에 따른 선박의 교통으로 인하여 「형법」 제268조의 죄를 범한 해당 선박의 선장 또는 승무원이 피해자를 구호하는 등 「수상에서의 수색 · 구조 등에 관한 법률」 제18조제1항 단서에 따른 조치를 하지 아니하고 도주한 경우에는 다음 각 호의 구분에 따라 가중 처벌한다.

1. 피해자를 사망에 이르게 하고 도주하거나, 도주 후에 피해자가 사망한 경우에는 무기 또는 5년 이상의 징역에 처한다.
2. 피해자를 상해에 이르게 한 경우에는 1년 이상의 유기징역 또는 1천만원 이상 1억원 이하의 벌금에 처한다.

제6조(「관세법」 위반행위의 가중처벌) ① 「관세법」 제269조제1항에 규정된 죄를 범한 사람은 다음 각 호의 구분에 따라 가중처벌한다.

1. 수출 또는 수입한 물품의 가액(이하 이 조에서 "물품가액"이라 한다)이 1억원 이상인 경우에는 무기 또는 7년 이상의 징역에 처한다.
2. 물품가액이 3천만원 이상 1억원 미만인 경우에는 3년 이상의 유기징역에 처한다.

② 「관세법」 제269조제2항에 규정된 죄를 범한 사람은 다음 각 호의 구분에 따라 가중처벌한다.

1. 수입한 물품의 원가가 5억원 이상인 경우에는 무기 또는 5년 이상의 징역에 처한다.
2. 수입한 물품의 원가가 2억원 이상 5억원 미만인 경우에는 3년 이상의 유기징역에 처한다.

③ 「관세법」 제269조제3항에 규정된 죄를 범한 사람이 수출하거나 반송한 물품의 원가가 5억원 이상인 경우에는 1년 이상의 유기징역에 처한다.

④ 「관세법」 제270조제1항제1호 또는 같은 조 제4항 · 제5항에 규정된 죄를 범한 사람은 다음 각 호의 구분에 따라 가중처벌한다.

1. 포탈(逋脫)·면탈(免脫)하거나 감면(減免)·환급받은 세액이 2억원 이상인 경우에는 무기 또는 5년 이상의 징역에 처한다.
2. 포탈·면탈하거나 감면·환급받은 세액이 5천만원 이상 2억원 미만인 경우에는 3년 이상의 유기징역에 처한다.

⑤ 「관세법」 제270조제1항제2호 또는 같은 조 제2항에 규정된 죄를 범한 사람은 다음 각 호의 구분에 따라 가중처벌한다.

1. 수입한 물품의 원가가 5억원 이상인 경우에는 3년 이상의 유기징역에 처한다.
2. 수입한 물품의 원가가 2억원 이상 5억원 미만인 경우에는 1년 이상의 유기징역에 처한다.

⑥ 제1항부터 제5항까지의 경우에는 다음 각 호의 구분에 따른 벌금을 병과한다.

1. 제1항의 경우: 물품가액의 2배 이상 10배 이하
2. 제2항의 경우: 수입한 물품 원가의 2배
3. 제3항의 경우: 수출하거나 반송한 물품의 원가
4. 제4항의 경우: 포탈·면탈하거나 감면·환급받은 세액의 2배 이상 10배 이하
5. 제5항의 경우: 수입한 물품의 원가

⑦ 「관세법」 제271조에 규정된 죄를 범한 사람은 제1항부터 제6항까지의 예에 따른 그 정범(正犯) 또는 본죄(本罪)에 준하여 처벌한다.

⑧ 단체 또는 집단을 구성하거나 상습적으로 「관세법」 제269조부터 제271조까지 또는 제274조에 규정된 죄를 범한 사람은 무기 또는 10년 이상의 징역에 처한다.

제7조(관계 공무원의 무기 사용) 「관세법」 위반사범을 단속할 권한이 있는 공무원은 해상(海上)에서 「관세법」 제269조 또는 제270조에 규정된 죄를 범한 사람이 정지명령을 받고 도피하는 경우에 이를 제지(制止)하기 위하여 필요하다고 인정되는 상당한 이유가 있을 때에는 총기(銃器)를 사용할 수 있다.

제8조(조세 포탈의 가중처벌) ① 「조세범 처벌법」 제3조제1항, 제4조 및 제5조, 「지방세기본법」 제129조제1항에 규정된 죄를 범한 사람은 다음 각 호의 구분에 따라 가중처벌한다.

1. 포탈하거나 환급받은 세액 또는 징수하지 아니하거나 납부하지 아니한 세액(이하 "포탈세액등"이라 한다)이 연간 10억원 이상인 경우에는 무기 또는 5년 이상의 징역에 처한다.
2. 포탈세액등이 연간 5억원 이상 10억원 미만인 경우에는 3년 이상의 유기징역에 처한다.

② 제1항의 경우에는 그 포탈세액등의 2배 이상 5배 이하에 상당하는 벌금을 병과한다.

제8조의2(세금계산서 교부의무 위반 등의 가중처벌) ① 영리를 목적으로 「조세범 처벌법」 제10조제3항 및 제4항 전단의 죄를 범한 사람은 다음 각 호의 구분에 따라 가중처벌한다.

1. 세금계산서 및 계산서에 기재된 공급가액이나 매출처별세금계산서합계표·매입처별세금계산서합계표에 기재된 공급가액 또는 매출·매입금액의 합계액(이하 이 조에서 "공급가액등의 합계액"이라 한다)이 50억원 이상인 경우에는 3년 이상의 유기징역에 처한다.
2. 공급가액등의 합계액이 30억원 이상 50억원 미만인 경우에는 1년 이상의 유기징역에 처한다.

② 제1항의 경우에는 공급가액등의 합계액에 부가가치세의 세율을 적용하여 계산한 세액의 2배 이상 5배 이하의 벌금을 병과한다.

제9조(「산림자원의 조성 및 관리에 관한 법률」 등 위반행위의 가중처벌) ① 「산림자원의 조성 및 관리에 관한 법률」 제73조 및 제74조에 규정된 죄를 범한 사람은 다음 각 호의 구분에 따라 가중처벌한다.

1. 임산물(林産物)의 원산지 가격이 1억원 이상이거나 산림 훼손면적이 5만제곱미터 이상인 경우에는 3년 이상 25년 이하의 징역에 처한다.
2. 임산물의 원산지 가격이 1천만원 이상 1억원 미만이거나 산림 훼손면적이 5천제곱미터 이상 5만제곱미터 미만인 경우에는 2년 이상 20년 이하의 징역에 처한다.

제11조(마약사범 등의 가중처벌) ① 「마약류관리에 관한 법률」 제58조제1항제1호부터 제4호까지 및 제6호·제7호에 규정된 죄(매매, 수수 및 제공에 관한 죄와 매매목적, 매매 알선목적 또는 수수목적의 소지·소유에 관한 죄는 제외한다) 또는 그 미수죄를 범한 사람은 다음 각 호의 구분에 따라 가중처벌한다.

1. 수출입·제조·소지·소유 등을 한 마약이나 향정신성의약품 등의 가액이 5천만원 이상인 경우에는 무기 또는 10년 이상의 징역에 처한다.
2. 수출입·제조·소지·소유 등을 한 마약이나 향정신성의약품 등의 가액이 500만원 이상 5천만원 미만인 경우에는 무기 또는 7년 이상의 징역에 처한다.

② 「마약류관리에 관한 법률」 제59조제1항부터 제3항까지 및 제60조에 규정된 죄(마약 및 향정신성의약품에 관한 죄만 해당한다)를 범한 사람은 다음 각 호의 구분에 따라 가중처벌한다.

1. 소지·소유·재배·사용·수출입·제조 등을 한 마약 및 향정신성의약품의 가액이 5천만원 이상인 경우에는 무기 또는 7년 이상의 징역에 처한다.
2. 소지·소유·재배·사용·수출입·제조 등을 한 마약 및 향정신성의약품의 가액이 500만원 이상 5천만원 미만인 경우에는 무기 또는 3년 이상의 징역에 처한다.

제12조(외국인을 위한 탈법행위) 외국인에 의한 취득이 금지 또는 제한된 재산권을 외국인을 위하여 외국인의 자금으로 취득한 사람은 다음 각 호의 구분에 따라 처벌한다.

1. 재산권의 가액이 1억원 이상인 경우에는 무기 또는 10년 이상의 징역에 처한다.
2. 재산권의 가액이 1억원 미만인 경우에는 무기 또는 3년 이상의 유기징역에 처한다.

제13조(몰수) 제3조 또는 제12조의 죄를 범하여 범인이 취득한 해당 재산은 몰수하며, 몰수할 수 없을 때에는 그 가액을 추징(追徵)한다.

제14조(무고죄) 이 법에 규정된 죄에 대하여 「형법」 제156조에 규정된 죄를 범한 사람은 3년 이상의 유기징역에 처한다.

제15조(특수직무유기) 범죄 수사의 직무에 종사하는 공무원이 이 법에 규정된 죄를 범한 사람을 인지하고 그 직무를 유기한 경우에는 1년 이상의 유기징역에 처한다.

제16조(소추에 관한 특례) 제6조 및 제8조의 죄에 대한 공소(公訴)는 고소 또는 고발이 없는 경우에도 제기할 수 있다.

범죄피해자 보호법

제1장 총칙

제1조(목적)
이 법은 범죄피해자 보호·지원의 기본 정책 등을 정하고 타인의 범죄행위로 인하여 생명·신체에 피해를 받은 사람을 구조(救助)함으로써 범죄피해자의 복지 증진에 기여함을 목적으로 한다.

제2조(기본이념)
① 범죄피해자는 범죄피해 상황에서 빨리 벗어나 인간의 존엄성을 보장받을 권리가 있다.
② 범죄피해자의 명예와 사생활의 평온은 보호되어야 한다.
③ 범죄피해자는 해당 사건과 관련하여 각종 법적 절차에 참여할 권리가 있다.

제3조(정의) ① 이 법에서 사용하는 용어의 뜻은 다음과 같다.
1. "범죄피해자"란 타인의 범죄행위로 피해를 당한 사람과 그 배우자(사실상의 혼인관계를 포함한다), 직계친족 및 형제자매를 말한다.
2. "범죄피해자 보호·지원"이란 범죄피해자의 손실 복구, 정당한 권리 행사 및 복지 증진에 기여하는 행위를 말한다. 다만, 수사·변호 또는 재판에 부당한 영향을 미치는 행위는 포함되지 아니한다.
3. "범죄피해자 지원법인"이란 범죄피해자 보호·지원을 주된 목적으로 설립된 비영리법인을 말한다.
4. "구조대상 범죄피해"란 대한민국의 영역 안에서 또는 대한민국의 영역 밖에 있는 대한민국의 선박이나 항공기 안에서 행하여진 사람의 생명 또는 신체를 해치는 죄에 해당하는 행위(「형법」 제9조, 제10조제1항, 제12조, 제22조제1항에 따라 처벌되지 아니하는 행위를 포함하며, 같은 법 제20조 또는 제21조제1항에 따라 처벌되지 아니하는 행위 및 과실에 의한 행위는 제외한다)로 인하여 사망하거나 장해 또는 중상해를 입은 것을 말한다.
5. "장해"란 범죄행위로 입은 부상이나 질병이 치료(그 증상이 고정된 때를 포함한다)된 후에 남은 신체의 장해로서 대통령령으로 정하는 경우를 말한다.
6. "중상해"란 범죄행위로 인하여 신체나 그 생리적 기능에 손상을 입은 것으로서 대통령령으로 정하는 경우를 말한다.

② 제1항제1호에 해당하는 사람 외에 범죄피해 방지 및 범죄피해자 구조 활동으로 피해를 당한 사람도 범죄피해자로 본다.

제4조(국가의 책무) 국가는 범죄피해자 보호·지원을 위하여 다음 각 호의 조치를 취하고 이에 필요한 재원을 조달할 책무를 진다.
1. 범죄피해자 보호·지원 체제의 구축 및 운영
2. 범죄피해자 보호·지원을 위한 실태조사, 연구, 교육, 홍보
3. 범죄피해자 보호·지원을 위한 관계 법령의 정비 및 각종 정책의 수립·시행

제5조(지방자치단체의 책무) ① 지방자치단체는 범죄피해자 보호·지원을 위하여 적극적으로 노력하고, 국가의 범죄피해자 보호·지원 시책이 원활하게 시행되도록 협력하여야 한다.

② 지방자치단체는 제1항에 따른 책무를 다하기 위하여 필요한 재원을 조달하여야 한다.

제6조(국민의 책무) 국민은 범죄피해자의 명예와 사생활의 평온을 해치지 아니하도록 유의하여야 하고, 국가 및 지방자치단체가 실시하는 범죄피해자를 위한 정책의 수립과 추진에 최대한 협력하여야 한다.

제2장 범죄피해자 보호·지원의 기본 정책

제7조(손실 복구 지원 등) ① 국가 및 지방자치단체는 범죄피해자의 피해정도 및 보호·지원의 필요성 등에 따라 상담, 의료제공(치료비 지원을 포함한다), 구조금 지급, 법률구조, 취업 관련 지원, 주거지원, 그 밖에 범죄피해자의 보호에 필요한 대책을 마련하여야 한다.

② 국가는 범죄피해자와 그 가족에게 신체적·정신적 안정을 제공하고 사회복귀를 돕기 위하여 일시적 보호시설(이하 "보호시설"이라 한다)을 설치·운영하여야 한다. 이 경우 국가는 보호시설의 운영을 범죄피해자 지원법인, 「의료법」에 따른 종합병원, 「고등교육법」에 따른 학교를 설립·운영하는 학교법인, 그 밖에 대통령령으로 정하는 기관 또는 단체에 위탁할 수 있다.

③ 국가는 범죄피해자와 그 가족의 정신적 회복을 위한 상담 및 치료 프로그램을 운영하여야 한다.

④ 보호시설의 설치·운영 기준, 입소·퇴소의 기준 및 절차, 위탁운영의 절차, 감독의 기준 및 절차와 제3항에 따른 상담 및 치료 프로그램의 운영 등에 관한 사항은 대통령령으로 정한다.

제8조(형사절차 참여 보장 등) ① 국가는 범죄피해자가 해당 사건과 관련하여 수사담당자와 상담하거나 재판절차에 참여하여 진술하는 등 형사절차상의 권리를 행사할 수 있도록 보장하여야 한다.

② 국가는 범죄피해자가 요청하면 가해자에 대한 수사 결과, 공판기일, 재판 결과, 형 집행 및 보호관찰 집행 상황 등 형사절차 관련 정보를 대통령령으로 정하는 바에 따라 제공할 수 있다.

제8조의2(범죄피해자에 대한 정보 제공 등) ① 국가는 수사 및 재판 과정에서 다음 각 호의 정보를 범죄피해자에게 제공하여야 한다.

1. 범죄피해자의 해당 재판절차 참여 진술권 등 형사절차상 범죄피해자의 권리에 관한 정보
2. 범죄피해 구조금 지급 및 범죄피해자 보호·지원 단체 현황 등 범죄피해자의 지원에 관한 정보
3. 그 밖에 범죄피해자의 권리보호 및 복지증진을 위하여 필요하다고 인정되는 정보

② 제1항에 따른 정보 제공의 구체적인 방법 및 절차 등에 필요한 사항은 대통령령으로 정한다.

제9조(사생활의 평온과 신변의 보호 등) ① 국가 및 지방자치단체는 범죄피해자의 명예와 사생활의 평온을 보호하기 위하여 필요한 조치를 하여야 한다.

② 국가 및 지방자치단체는 범죄피해자가 형사소송절차에서 한 진술이나 증언과 관련하여 보복을 당할 우려가 있는 등 범죄피해자를 보호할 필요가 있을 경우에는 적절한 조치를 마련하여야 한다.

제10조(교육·훈련) 국가 및 지방자치단체는 범죄피해자에 대한 이해 증진과 효율적 보호·지원 업무 수행을 위하여 범죄 수사에 종사하는 자, 범죄피해자에 관한 상담·의료 제공 등의 업무에 종사하는 자, 그 밖에 범죄피해자

보호·지원 활동과 관계가 있는 자에 대하여 필요한 교육과 훈련을 실시하여야 한다.

제11조(홍보 및 조사연구) ① 국가 및 지방자치단체는 범죄피해자에 대한 이해와 관심을 높이기 위하여 필요한 홍보를 하여야 한다.

② 국가 및 지방자치단체는 범죄피해자에 대하여 전문적 지식과 경험을 바탕으로 한 적절한 지원이 이루어질 수 있도록 범죄피해의 실태 조사, 지원정책 개발 등을 위하여 노력하여야 한다.

제3장 범죄피해자 보호·지원의 기본계획 등

제12조(기본계획 수립) ① 법무부장관은 제15조에 따른 범죄피해자 보호위원회의 심의를 거쳐 범죄피해자 보호·지원에 관한 기본계획(이하 "기본계획"이라 한다)을 5년마다 수립하여야 한다.

② 기본계획에는 다음 각 호의 사항이 포함되어야 한다.

1. 범죄피해자 보호·지원 정책의 기본방향과 추진목표
2. 범죄피해자 보호·지원을 위한 실태조사, 연구, 교육과 홍보
3. 범죄피해자 보호·지원 단체에 대한 지원과 감독
4. 범죄피해자 보호·지원과 관련된 재원의 조달과 운용
5. 그 밖에 범죄피해자를 보호·지원하기 위하여 법무부장관이 필요하다고 인정한 사항

제13조(연도별 시행계획의 수립) ① 법무부장관, 관계 중앙행정기관의 장과 특별시장·광역시장·도지사·특별자치도지사(이하 "시·도지사"라 한다)는 기본계획에 따라 연도별 시행계획(이하 "시행계획"이라 한다)을 수립·시행하여야 한다.

② 관계 중앙행정기관의 장과 시·도지사는 다음 연도의 시행계획과 전년도 추진 실적을 매년 법무부장관에게 제출하여야 한다. 이 경우 법무부장관은 그 시행계획이 부적합하다고 판단할 때에는 그 시행계획을 수립한 장에게 시행계획의 보완·조정을 요구할 수 있다.

③ 제1항 및 제2항에서 정한 사항 외에 시행계획의 수립과 시행에 필요한 사항은 대통령령으로 정한다.

제14조(관계 기관의 협조) ① 법무부장관은 기본계획과 시행계획을 수립·시행하기 위하여 필요하면 관계 중앙행정기관의 장, 지방자치단체의 장 또는 관계 공공기관의 장에게 협조를 요청할 수 있다.

② 중앙행정기관의 장 또는 시·도지사는 시행계획을 수립·시행하기 위하여 필요하면 관계 중앙행정기관의 장, 지방자치단체의 장 또는 공공기관의 장에게 협조를 요청할 수 있다.

③ 제1항과 제2항에 따른 협조요청을 받은 기관의 장이나 지방자치단체의 장은 특별한 사유가 없으면 협조하여야 한다.

제15조(범죄피해자보호위원회) ① 범죄피해자 보호·지원에 관한 기본계획 및 주요 사항 등을 심의하기 위하여 법무부장관 소속으로 범죄피해자보호위원회(이하 "보호위원회"라 한다)를 둔다.

② 보호위원회는 다음 각 호의 사항을 심의한다.

1. 기본계획 및 시행계획에 관한 사항
2. 범죄피해자 보호·지원을 위한 주요 정책의 수립·조정에 관한 사항

3. 범죄피해자 보호·지원 단체에 대한 지원·감독에 관한 사항
4. 그 밖에 위원장이 심의를 요청한 사항

③ 보호위원회는 위원장을 포함하여 20명 이내의 위원으로 구성한다.

④ 제1항부터 제3항까지의 규정에서 정한 사항 외에 보호위원회의 구성 및 운영 등에 관한 사항은 대통령령으로 정한다.

제4장 구조대상 범죄피해에 대한 구조

제16조(구조금의 지급요건) 국가는 구조대상 범죄피해를 받은 사람(이하 "구조피해자"라 한다)이 다음 각 호의 어느 하나에 해당하면 구조피해자 또는 그 유족에게 범죄피해 구조금(이하 "구조금"이라 한다)을 지급한다.

1. 구조피해자가 피해의 전부 또는 일부를 배상받지 못하는 경우
2. 자기 또는 타인의 형사사건의 수사 또는 재판에서 고소·고발 등 수사단서를 제공하거나 진술, 증언 또는 자료제출을 하다가 구조피해자가 된 경우

제17조(구조금의 종류 등) ① 구조금은 유족구조금·장해구조금 및 중상해구조금으로 구분하며, 일시금으로 지급한다.

② 유족구조금은 구조피해자가 사망하였을 때 제18조에 따라 맨 앞의 순위인 유족에게 지급한다. 다만, 순위가 같은 유족이 2명 이상이면 똑같이 나누어 지급한다.

③ 장해구조금 및 중상해구조금은 해당 구조피해자에게 지급한다.

제18조(유족의 범위 및 순위) ① 유족구조금을 지급받을 수 있는 유족은 다음 각 호의 어느 하나에 해당하는 사람으로 한다.

1. 배우자(사실상 혼인관계를 포함한다) 및 구조피해자의 사망 당시 구조피해자의 수입으로 생계를 유지하고 있는 구조피해자의 자녀
2. 구조피해자의 사망 당시 구조피해자의 수입으로 생계를 유지하고 있는 구조피해자의 부모, 손자·손녀, 조부모 및 형제자매
3. 제1호 및 제2호에 해당하지 아니하는 구조피해자의 자녀, 부모, 손자·손녀, 조부모 및 형제자매

② 제1항에 따른 유족의 범위에서 태아는 구조피해자가 사망할 때 이미 출생한 것으로 본다.

③ 유족구조금을 받을 유족의 순위는 제1항 각 호에 열거한 순서로 하고, 같은 항 제2호 및 제3호에 열거한 사람 사이에서는 해당 각 호에 열거한 순서로 하며, 부모의 경우에는 양부모를 선순위로 하고 친부모를 후순위로 한다.

④ 유족이 다음 각 호의 어느 하나에 해당하면 유족구조금을 받을 수 있는 유족으로 보지 아니한다.

1. 구조피해자를 고의로 사망하게 한 경우
2. 구조피해자가 사망하기 전에 그가 사망하면 유족구조금을 받을 수 있는 선순위 또는 같은 순위의 유족이 될 사람을 고의로 사망하게 한 경우
3. 구조피해자가 사망한 후 유족구조금을 받을 수 있는 선순위 또는 같은 순위의 유족을 고의로 사망하게 한 경우

제19조(구조금을 지급하지 아니할 수 있는 경우) ① 범죄행위 당시 구조피해자와 가해자 사이에 다음 각 호의 어느 하나에 해당하는 친족관계가 있는 경우에는 구조금을 지급하지 아니한다.

1. 부부(사실상의 혼인관계를 포함한다)
2. 직계혈족
3. 4촌 이내의 친족
4. 동거친족

② 범죄행위 당시 구조피해자와 가해자 사이에 제1항 각 호의 어느 하나에 해당하지 아니하는 친족관계가 있는 경우에는 구조금의 일부를 지급하지 아니한다.

③ 구조피해자가 다음 각 호의 어느 하나에 해당하는 행위를 한 때에는 구조금을 지급하지 아니한다.

1. 해당 범죄행위를 교사 또는 방조하는 행위
2. 과도한 폭행·협박 또는 중대한 모욕 등 해당 범죄행위를 유발하는 행위
3. 해당 범죄행위와 관련하여 현저하게 부정한 행위
4. 해당 범죄행위를 용인하는 행위
5. 집단적 또는 상습적으로 불법행위를 행할 우려가 있는 조직에 속하는 행위(다만, 그 조직에 속하고 있는 것이 해당 범죄피해를 당한 것과 관련이 없다고 인정되는 경우는 제외한다)
6. 범죄행위에 대한 보복으로 가해자 또는 그 친족이나 그 밖에 가해자와 밀접한 관계가 있는 사람의 생명을 해치거나 신체를 중대하게 침해하는 행위

④ 구조피해자가 다음 각 호의 어느 하나에 해당하는 행위를 한 때에는 구조금의 일부를 지급하지 아니한다.

1. 폭행·협박 또는 모욕 등 해당 범죄행위를 유발하는 행위
2. 해당 범죄피해의 발생 또는 증대에 가공(加功)한 부주의한 행위 또는 부적절한 행위

⑤ 유족구조금을 지급할 때에는 제1항부터 제4항까지의 규정을 적용할 때 "구조피해자"는 "구조피해자 또는 맨 앞의 순위인 유족"으로 본다.

⑥ 구조피해자 또는 그 유족과 가해자 사이의 관계, 그 밖의 사정을 고려하여 구조금의 전부 또는 일부를 지급하는 것이 사회통념에 위배된다고 인정될 때에는 구조금의 전부 또는 일부를 지급하지 아니할 수 있다.

⑦ 제1항부터 제6항까지의 규정에도 불구하고 구조금의 실질적인 수혜자가 가해자로 귀착될 우려가 없는 경우 등 구조금을 지급하지 아니하는 것이 사회통념에 위배된다고 인정할 만한 특별한 사정이 있는 경우에는 구조금의 전부 또는 일부를 지급할 수 있다.

제20조(다른 법령에 따른 급여 등과의 관계) 구조피해자나 유족이 해당 구조대상 범죄피해를 원인으로 하여 「국가배상법」이나 그 밖의 법령에 따른 급여 등을 받을 수 있는 경우에는 대통령령으로 정하는 바에 따라 구조금을 지급하지 아니한다.

제21조(손해배상과의 관계) ① 국가는 구조피해자나 유족이 해당 구조대상 범죄피해를 원인으로 하여 손해배상을 받았으면 그 범위에서 구조금을 지급하지 아니한다.

② 국가는 지급한 구조금의 범위에서 해당 구조금을 받은 사람이 구조대상 범죄피해를 원인으로 하여 가지고 있는 손해배상청구권을 대위한다.

③ 국가는 제2항에 따라 손해배상청구권을 대위할 때 대통령령으로 정하는 바에 따라 가해자인 수형자나 보호감호대상자의 작업장려금 또는 근로보상금에서 손해배상금을 받을 수 있다.

제22조(구조금액) ① 유족구조금은 구조피해자의 사망 당시(신체에 손상을 입고 그로 인하여 사망한 경우에는 신체에 손상을 입은 당시를 말한다)의 월급액이나 월실수입액 또는 평균임금에 24개월 이상 48개월 이하의 범위에서 유족의 수와 연령 및 생계유지상황 등을 고려하여 대통령령으로 정하는 개월 수를 곱한 금액으로 한다.

② 장해구조금과 중상해구조금은 구조피해자가 신체에 손상을 입은 당시의 월급액이나 월실수입액 또는 평균임금에 2개월 이상 48개월 이하의 범위에서 피해자의 장해 또는 중상해의 정도와 부양가족의 수 및 생계유지상황 등을 고려하여 대통령령으로 정한 개월 수를 곱한 금액으로 한다.

③ 제1항 및 제2항에 따른 월급액이나 월실수입액 또는 평균임금 등은 피해자의 주소지를 관할하는 세무서장, 시장·군수·구청장(자치구의 구청장을 말한다) 또는 피해자의 근무기관의 장(長)의 증명이나 그 밖에 대통령령으로 정하는 공신력 있는 증명에 따른다.

④ 제1항 및 제2항에서 구조피해자의 월급액이나 월실수입액이 평균임금의 2배를 넘는 경우에는 평균임금의 2배에 해당하는 금액을 구조피해자의 월급액이나 월실수입액으로 본다.

제23조(외국인에 대한 구조) 이 법은 외국인이 구조피해자이거나 유족인 경우에는 해당 국가의 상호보증이 있는 경우에만 적용한다.

제24조(범죄피해구조심의회 등) ① 구조금 지급에 관한 사항을 심의·결정하기 위하여 각 지방검찰청에 범죄피해구조심의회(이하 "지구심의회"라 한다)를 두고 법무부에 범죄피해구조본부심의회(이하 "본부심의회"라 한다)를 둔다.

② 지구심의회는 설치된 지방검찰청 관할 구역(지청이 있는 경우에는 지청의 관할 구역을 포함한다)의 구조금 지급에 관한 사항을 심의·결정한다.

③ 본부심의회는 다음 각 호의 사항을 심의·결정한다.

1. 제27조에 따른 재심신청사건
2. 그 밖에 법령에 따라 그 소관에 속하는 사항

④ 지구심의회 및 본부심의회는 법무부장관의 지휘·감독을 받는다.

⑤ 지구심의회 및 본부심의회의 구성 및 운영 등에 관한 사항은 대통령령으로 정한다.

제25조(구조금의 지급신청) ① 구조금을 받으려는 사람은 법무부령으로 정하는 바에 따라 그 주소지, 거주지 또는 범죄 발생지를 관할하는 지구심의회에 신청하여야 한다.

② 제1항에 따른 신청은 해당 구조대상 범죄피해의 발생을 안 날부터 3년이 지나거나 해당 구조대상 범죄피해가 발생한 날부터 10년이 지나면 할 수 없다.

제26조(구조결정) 지구심의회는 제25조제1항에 따른 신청을 받으면 신속하게 구조금을 지급하거나 지급하지 아니한다는 결정(지급한다는 결정을 하는 경우에는 그 금액을 정하는 것을 포함한다)을 하여야 한다.

제27조(재심신청) ① 지구심의회에서 구조금 지급신청을 기각(일부기각된 경우를 포함한다) 또는 각하하면 신청인은 결정의 정본이 송달된 날부터 2주일 이내에 그 지구심의회를 거쳐 본부심의회에 재심을 신청할 수 있다.

② 제1항의 재심신청이 있으면 지구심의회는 1주일 이내에 구조금 지급신청 기록 일체를 본부심의회에 송부하여야 한다.

③ 본부심의회는 제1항의 신청에 대하여 심의를 거쳐 4주일 이내에 다시 구조결정을 하여야 한다.

④ 본부심의회는 구조금 지급신청을 각하한 지구심의회의 결정이 법령에 위반되면 사건을 그 지구심의회에 환송

할 수 있다.

⑤ 본부심의회는 구조금 지급신청이 각하된 신청인이 잘못된 부분을 보정하여 재심신청을 하면 사건을 해당 지구심의회에 환송할 수 있다.

제28조(긴급구조금의 지급 등) ① 지구심의회는 제25조제1항에 따른 신청을 받았을 때 구조피해자의 장해 또는 중상해 정도가 명확하지 아니하거나 그 밖의 사유로 인하여 신속하게 결정을 할 수 없는 사정이 있으면 신청 또는 직권으로 대통령령으로 정하는 금액의 범위에서 긴급구조금을 지급하는 결정을 할 수 있다.

② 제1항에 따른 긴급구조금 지급신청은 법무부령으로 정하는 바에 따라 그 주소지, 거주지 또는 범죄 발생지를 관할하는 지구심의회에 할 수 있다.

③ 국가는 지구심의회가 긴급구조금 지급 결정을 하면 긴급구조금을 지급한다.

④ 긴급구조금을 받은 사람에 대하여 구조금을 지급하는 결정이 있으면 국가는 긴급구조금으로 지급된 금액 내에서 구조금을 지급할 책임을 면한다.

⑤ 긴급구조금을 받은 사람은 지구심의회에서 결정된 구조금의 금액이 긴급구조금으로 받은 금액보다 적을 때에는 그 차액을 국가에 반환하여야 하며, 지구심의회에서 구조금을 지급하지 아니한다는 결정을 하면 긴급구조금으로 받은 금액을 모두 반환하여야 한다.

제29조(결정을 위한 조사 등) ① 지구심의회는 구조금 지급에 관한 사항을 심의하기 위하여 필요하면 신청인이나 그 밖의 관계인을 조사하거나 의사의 진단을 받게 할 수 있고 행정기관, 공공기관이나 그 밖의 단체에 조회하여 필요한 사항을 보고하게 할 수 있다.

② 지구심의회는 신청인이 정당한 이유 없이 제1항에 따른 조사에 따르지 아니하거나 의사의 진단을 거부하면 그 신청을 기각할 수 있다.

제30조(구조금의 환수) ① 국가는 이 법에 따라 구조금을 받은 사람이 다음 각 호의 어느 하나에 해당하면 지구심의회 또는 본부심의회의 결정을 거쳐 그가 받은 구조금의 전부 또는 일부를 환수할 수 있다.

1. 거짓이나 그 밖의 부정한 방법으로 구조금을 받은 경우
2. 구조금을 받은 후 제19조에 규정된 사유가 발견된 경우
3. 구조금이 잘못 지급된 경우

② 국가가 제1항에 따라 환수를 할 때에는 국세징수의 예에 따르고, 그 환수의 우선순위는 국세 및 지방세 다음으로 한다.

제31조(소멸시효) 구조금을 받을 권리는 그 구조결정이 해당 신청인에게 송달된 날부터 2년간 행사하지 아니하면 시효로 인하여 소멸된다.

제32조(구조금 수급권의 보호) 구조금을 받을 권리는 양도하거나 담보로 제공하거나 압류할 수 없다.

제5장 범죄피해자 보호·지원사업의 지원 및 감독

제33조(범죄피해자 지원법인의 등록 등) ① 범죄피해자 지원법인이 이 법에 따른 지원을 받으려면 자산 및

인적 구성 등 대통령령으로 정하는 요건을 갖추고 대통령령으로 정하는 절차에 따라 법무부장관에게 등록하여야 한다.

② 범죄피해자 지원법인의 설립·운영에 관하여 이 법에 규정이 없는 사항에 대하여는 「민법」과 「공익법인의 설립·운영에 관한 법률」을 적용한다.

제34조(보조금) ① 국가 또는 지방자치단체는 제33조에 따라 등록한 범죄피해자 지원법인(이하 "등록법인"이라 한다)의 건전한 육성과 발전을 위하여 필요한 경우에는 예산의 범위에서 등록법인에 보조금을 교부할 수 있다.

② 국가는 제7조제2항 후단에 따른 위탁기관(범죄피해자 지원법인을 제외한다. 이하 "위탁기관"이라 한다)의 보호시설 운영에 필요한 경비를 보조할 수 있다.

③ 법무부장관으로부터 보조금을 받으려는 등록법인과 위탁기관은 대통령령으로 정하는 바에 따라 사업의 목적과 내용, 보조사업에 드는 경비 등 필요한 사항을 적은 신청서와 첨부서류를 법무부장관에게 제출하여야 한다.

제35조(보조금의 목적 외 사용금지 및 반환) ① 등록법인 또는 위탁기관은 제34조에 따라 교부받은 보조금을 범죄피해자 보호·지원 또는 보호시설 운영을 위한 용도로만 사용할 수 있다.

② 법무부장관은 등록법인 또는 위탁기관이 제34조제3항에 따른 신청서 등에 거짓 사실을 적거나 그 밖의 부정한 방법으로 보조금을 받은 경우 또는 교부받은 보조금을 다른 용도에 사용한 경우에는 교부한 보조금의 전부 또는 일부를 반환하게 할 수 있다.

제36조(감독 등) ① 법무부장관은 필요하다고 인정하면 등록법인 또는 위탁기관에 대하여 그 업무·회계 및 재산에 관한 사항을 보고하게 하거나 자료의 제출이나 그 밖에 필요한 명령을 할 수 있으며, 소속 공무원으로 하여금 그 운영 실태를 조사하게 할 수 있다.

② 법무부장관은 등록법인 또는 위탁기관의 임직원이 다음 각 호의 어느 하나에 해당하면 해당 등록법인 또는 위탁기관의 대표자에게 이를 시정하게 하거나 해당 임원의 직무정지 또는 직원의 징계를 요구할 수 있으며, 해당 법인의 등록을 취소하거나 보호시설의 운영 위탁을 취소할 수 있다.

1. 제1항에 따라 법무부장관이 요구하는 보고서 또는 자료를 거짓으로 작성하거나 그 보고 또는 제출을 거부한 경우
2. 제1항에 따른 검사를 거부, 방해 또는 기피한 경우
3. 법무부장관의 시정명령, 직무정지 또는 징계요구에 대한 이행을 게을리한 경우

③ 법무부장관은 제2항에 따라 등록법인의 등록을 취소할 경우 청문을 하여야 한다.

제37조(등록법인 오인 표시의 금지) 누구든지 등록법인이 아니면서 등록법인으로 표시하거나 등록법인으로 오인하게 할 수 있는 명칭을 사용하여서는 아니 된다.

제38조(재판 등에 대한 영향력 행사 금지) 범죄피해자 보호·지원 업무에 종사하는 자는 형사절차에서 가해자에 대한 처벌을 요구하거나 소송관계인에게 위력을 가하는 등 수사, 변호 또는 재판에 부당한 영향을 미치기 위한 행위를 하여서는 아니 된다.

제39조(비밀누설의 금지) 범죄피해자 보호·지원 업무에 종사하고 있거나 종사하였던 자는 그 업무를 수행하는 과정에서 알게 된 타인의 사생활에 관한 비밀을 누설하여서는 아니 되며, 범죄피해자를 보호하고 지원하는 목적으로만 그 비밀을 사용하여야 한다.

제40조(수수료 등의 금품 수수 금지) 범죄피해자 보호·지원 업무에 종사하고 있거나 종사하였던 자는 범죄피해자를 보호·지원한다는 이유로 수수료 등의 명목으로 금품을 요구하거나 받아서는 아니 된다. 다만, 다른 법률에 규정이 있는 경우에는 그러하지 아니하다.

제6장 형사조정

제41조(형사조정 회부) ① 검사는피의자와 범죄피해자(이하 "당사자"라 한다) 사이에 형사분쟁을 공정하고 원만하게 해결하여 범죄피해자가 입은 피해를 실질적으로 회복하는 데 필요하다고 인정하면 당사자의 신청 또는 직권으로 수사 중인 형사사건을 형사조정에 회부할 수 있다.

② 형사조정에 회부할 수 있는 형사사건의 구체적인 범위는 대통령령으로 정한다. 다만, 다음 각 호의 어느 하나에 해당하는 경우에는 형사조정에 회부하여서는 아니 된다.

1. 피의자가 도주하거나 증거를 인멸할 염려가 있는 경우
2. 공소시효의 완성이 임박한 경우
3. 불기소처분의 사유에 해당함이 명백한 경우(다만, 기소유예처분의 사유에 해당하는 경우는 제외한다)

제42조(형사조정위원회) ① 제41조에 따른 형사조정을 담당하기 위하여 각급 지방검찰청 및 지청에 형사조정위원회를 둔다.

② 형사조정위원회는 2명 이상의 형사조정위원으로 구성한다.

③ 형사조정위원은 형사조정에 필요한 법적 지식 등 전문성과 덕망을 갖춘 사람 중에서 관할 지방검찰청 또는 지청의 장이 미리 위촉한다.

④ 「국가공무원법」 제33조 각 호의 어느 하나에 해당하는 사람은 형사조정위원으로 위촉될 수 없다.

⑤ 형사조정위원의 임기는 2년으로 하며, 연임할 수 있다.

⑥ 형사조정위원회의 위원장은 관할 지방검찰청 또는 지청의 장이 형사조정위원 중에서 위촉한다.

⑦ 형사조정위원에게는 예산의 범위에서 법무부령으로 정하는 바에 따라 수당을 지급할 수 있으며, 필요한 경우에는 여비, 일당 및 숙박료를 지급할 수 있다.

⑧ 제1항부터 제7항까지에서 정한 사항 외에 형사조정위원회의 구성과 운영 및 형사조정위원의 임면(任免) 등에 관한 사항은 대통령령으로 정한다.

제43조(형사조정의 절차) ① 형사조정위원회는 당사자 사이의 공정하고 원만한 화해와 범죄피해자가 입은 피해의 실질적인 회복을 위하여 노력하여야 한다.

② 형사조정위원회는 형사조정이 회부되면 지체 없이 형사조정 절차를 진행하여야 한다.

③ 형사조정위원회는 필요하다고 인정하면 형사조정의 결과에 이해관계가 있는 사람의 신청 또는 직권으로 이해관계인을 형사조정에 참여하게 할 수 있다.

④ 제1항부터 제3항까지에서 정한 사항 외에 형사조정의 절차에 관한 사항은 대통령령으로 정한다.

제44조(관련 자료의 송부 등) ① 형사조정위원회는 형사사건을 형사조정에 회부한 검사에게 해당 형사사건에 관하여 당사자가 제출한 서류, 수사서류 및 증거물 등 관련 자료의 사본을 보내 줄 것을 요청할 수 있다.

② 제1항의 요청을 받은 검사는 그 관련 자료가 형사조정에 필요하다고 판단하면 형사조정위원회에 보낼 수 있다. 다만, 당사자 또는 제3자의 사생활의 비밀이나 명예를 침해할 우려가 있거나 수사상 비밀을 유지할 필요가 있다고 인정하는 부분은 제외할 수 있다.

③ 당사자는 해당 형사사건에 관한 사실의 주장과 관련된 자료를 형사조정위원회에 제출할 수 있다.

④ 형사조정위원회는 제1항부터 제3항까지의 규정에 따른 자료의 제출자 또는 진술자의 동의를 받아 그 자료를 상대방 당사자에게 열람하게 하거나 사본을 교부 또는 송부할 수 있다.

⑤ 관련 자료의 송부나 제출 절차 및 열람 등에 대한 동의의 확인 방법 등에 관한 사항은 대통령령으로 정한다.

제45조(형사조정절차의 종료) ① 형사조정위원회는 조정기일마다 형사조정의 과정을 서면으로 작성하고, 형사조정이 성립되면 그 결과를 서면으로 작성하여야 한다.

② 형사조정위원회는 조정 과정에서 증거위조나 거짓 진술 등의 사유로 명백히 혐의가 없는 것으로 인정하는 경우에는 조정을 중단하고 담당 검사에게 회송하여야 한다.

③ 형사조정위원회는 형사조정 절차가 끝나면 제1항의 서면을 붙여 해당 형사사건을 형사조정에 회부한 검사에게 보내야 한다.

④ 검사는 형사사건을 수사하고 처리할 때 형사조정 결과를 고려할 수 있다. 다만, 형사조정이 성립되지 아니하였다는 사정을 피의자에게 불리하게 고려하여서는 아니 된다.

⑤ 형사조정의 과정 및 그 결과를 적은 서면의 서식 등에 관한 사항은 법무부령으로 정한다.

제46조(준용규정) 형사조정위원이나 형사조정위원이었던 사람에 관하여는 제38조부터 제40조까지의 규정을 준용한다.

제7장 보칙

제46조의2(경찰관서의 협조) 범죄피해자 지원법인의 장 또는 보호시설의 장은 피해자나 피해자의 가족구성원을 긴급히 구조할 필요가 있을 때에는 경찰관서(지구대·파출소 및 출장소를 포함한다)의 장에게 그 소속 직원의 동행을 요청할 수 있으며, 요청을 받은 경찰관서의 장은 특별한 사유가 없으면 이에 따라야 한다.

특정범죄신고자 등 보호법

제1조(목적)
이 법은 특정범죄에 관한 형사절차에서 국민이 안심하고 자발적으로 협조할 수 있도록 그 범죄신고자 등을 실질적으로 보호함으로써 범죄로부터 사회를 방위(防衛)하는 데에 이바지함을 목적으로 한다.

제2조(정의) 이 법에서 사용하는 용어의 뜻은 다음과 같다.
가. 「특정강력범죄의 처벌에 관한 특례법」 제2조의 범죄

특정범죄	「형법」 살인의 죄 중	제250조[살인·존속살해(尊屬殺害)], 제253조[위계(僞計)등에 의한 촉탁살인(囑託殺人)등] 및 제254조(미수범. 다만, 제251조 및 제252조의 미수범은 제외한다)의 죄
	「형법」 약취(略取), 유인(誘引) 및 인신매매의 죄 중	제287조부터 제291조(미성년자의 약취, 유인, 추행 등 목적 약취, 유인 등, 인신매매, 약취, 유인, 매매, 이송 등 상해·치상, 약취, 유인, 매매, 이송 등 살인·치사)까지 및 제294조(제292조제1항의 미수범은 제외한다)의 죄
	「형법」 강간과 추행의 죄 중	제301조(강간등 상해·치상), 제301조의2(강간등 살인·치사)의 죄 및 흉기나 그 밖의 위험한 물건을 휴대하거나 2명 이상이 합동하여 범한 제297조(강간), 제297조의2(유사강간), 제298조(강제추행), 제299조(준강간·준강제추행), 제300조(미수범) 및 제305조(미성년자에 대한 간음, 추행)의 죄
	「형법」 제2편제32장 강간과 추행의 죄	
	「성폭력범죄의 처벌 등에 관한 특례법」 제3조부터 제10조	제3조(특수강도강간 등) 제4조(특수강간 등) 제5조(친족관계에 의한 강간 등) 제6조(장애인에 대한 강간·강제추행 등) 제7조(13세 미만의 미성년자에 대한 강간, 강제추행 등) 제8조(강간 등 상해·치상) 제9조(강간 등 살인·치사) 제10조(업무상 위력 등에 의한 추행) 및 제15조(제13조의 미수범은 제외한다)의 죄
	「아동·청소년의 성보호에 관한 법률」	제13조의 죄(아동·청소년의 성을 사는 행위 등)로 두 번 이상 실형을 선고받은 사람이 범한 「형법」 제297조(강간), 제297조의2(유사강간), 제298조(강제추행), 제299조(준강간·준강제추행), 제300조(미수범), 제305조(미성년자에 대한 간음, 추행)의 죄 및 「아동·청소년의 성보호에 관한 법률」 제13조(아동·청소년의 성을 사는 행위 등)의 죄
	「형법」 제2편제38장 절도와 강도의 죄 중	제333조(강도), 제334조(특수강도), 제335조(준강도), 제336조(인질강도), 제337조(강도상해·치상), 제338조(강도살인·치사), 제339조(강도강간), 제340조(해상강도), 제341조(상습범) 및 제342조(미수범. 다만, 제329조(절도), 제330조(야간주거침입절도), 제331조(특수절도)까지, 제331조의2(자동차 등 불법ㅂ사용) 및 제332조(상습범)의 미수범은 제외한다)의 죄
	「폭력행위 등 처벌에 관한 법률」 제4조(단체 등의 구성·활동)의 죄	

나. 「마약류 불법거래 방지에 관한 특례법」 제2조제2항의 범죄

마약류 불법거래 방지에 관한 특례법 제2조(정의)

② 이 법에서 "마약류범죄"란 다음 각 호의 죄[그 죄와 다른 죄가 상상적 경합(想像的 競合) 관계에 있는 경우에는 그 다른 죄를 포함한다]를 말한다.

1. 제6조(업으로서 한 불법수입)·제9조(마약류 물품의 수입) 또는 제10조(선동)의 죄
2. 「마약류관리에 관한 법률」 제58조부터 제61조까지(벌칙)의 죄

다. 「폭력행위 등 처벌에 관한 법률」 제4조 및 「특정범죄 가중처벌 등에 관한 법률」 제5조의8의 단체 구성원의 그 단체의 활동과 관련된 범죄

폭력행위 등 처벌에 관한 법률」 제4조	제4조(단체 등의 구성·활동) ① 이 법에 규정된 범죄를 목적으로 하는 단체 또는 집단을 구성하거나 그러한 단체 또는 집단에 가입하거나 그 구성원으로 활동한 사람은 다음 각 호의 구분에 따라 처벌한다. 1. 수괴(首魁) : 사형, 무기 또는 10년 이상의 징역 2. 간부 : 무기 또는 7년 이상의 징역 3. 수괴·간부 외의 사람 : 2년 이상의 유기징역 ② 제1항의 단체 또는 집단을 구성하거나 그러한 단체 또는 집단에 가입한 사람이 단체 또는 집단의 위력을 과시하거나 단체 또는 집단의 존속·유지를 위하여 다음 각 호의 어느 하나에 해당하는 죄를 범하였을 때에는 그 죄에 대한 형의 장기(長期) 및 단기(短期)의 2분의 1까지 가중한다. 1. 「형법」에 따른 죄 중 다음 각 목의 죄 가. 「형법」 제8장 공무방해에 관한 죄 중 제136조(공무집행방해), 제141조(공용서류 등의 무효, 공용물의 파괴)의 죄 나. 「형법」 제24장 살인의 죄 중 제250조제1항(살인), 제252조(촉탁, 승낙에 의한 살인 등), 제253조(위계 등에 의한 촉탁살인 등), 제255조(예비, 음모)의 죄 다. 「형법」 제34장 신용, 업무와 경매에 관한 죄 중 제314조(업무방해), 제315조(경매, 입찰의 방해)의 죄
폭력행위 등 처벌에 관한 법률」 제4조	라. 「형법」 제38장 절도와 강도의 죄 중 제333조(강도), 제334조(특수강도), 제335조(준강도), 제336조(인질강도), 제337조(강도상해, 치상), 제339조(강도강간), 제340조제1항(해상강도)·제2항(해상강도상해 또는 치상), 제341조(상습범), 제343조(예비, 음모)의 죄 2. 제2조 또는 제3조의 죄(「형법」 각 해당 조항의 상습범, 특수범, 상습특수범을 포함한다) ③ 타인에게 제1항의 단체 또는 집단에 가입할 것을 강요하거나 권유한 사람은 2년 이상의 유기징역에 처한다. ④ 제1항의 단체 또는 집단을 구성하거나 그러한 단체 또는 집단에 가입하여 그 단체 또는 집단의 존속·유지를 위하여 금품을 모집한 사람은 3년 이상의 유기징역에 처한다.

라. 「국제형사재판소 관할 범죄의 처벌 등에 관한 법률」 제8조부터 제16조까지의 죄

「국제형사재판소 관할 범죄의 처벌 등에 관한 법률」 제8조 – 제16조

제8조(집단살해죄)

제9조(인도에 반한 죄)

제10조(사람에 대한 전쟁범죄)

제11조(재산 및 권리에 대한 전쟁범죄)
제12조(인도적 활동이나 식별표장 등에 관한 전쟁범죄)
제13조(금지된 방법에 의한 전쟁범죄)
제14조(금지된 무기를 사용한 전쟁범죄)
제15조(지휘관 등의 직무태만죄)
제16조(사법방해죄)

마. 「특정범죄 가중처벌 등에 관한 법률」 제5조의9의 죄

제5조의9(보복범죄의 가중처벌 등)
① 자기 또는 타인의 형사사건의 수사 또는 재판과 관련하여 고소·고발 등 수사단서의 제공, 진술, 증언 또는 자료제출에 대한 보복의 목적으로 「형법」 제250조제1항의 죄를 범한 사람은 사형, 무기 또는 10년 이상의 징역에 처한다. 고소·고발 등 수사단서의 제공, 진술, 증언 또는 자료제출을 하지 못하게 하거나 고소·고발을 취소하게 하거나 거짓으로 진술·증언·자료제출을 하게 할 목적인 경우에도 또한 같다.
② 제1항과 같은 목적으로 「형법」 제257조제1항·제260조제1항·제276조제1항 또는 제283조제1항의 죄를 범한 사람은 1년 이상의 유기징역에 처한다.
③ 제2항의 죄 중 「형법」 제257조제1항·제260조제1항 또는 제276조제1항의 죄를 범하여 사람을 사망에 이르게 한 경우에는 무기 또는 3년 이상의 징역에 처한다.
④ 자기 또는 타인의 형사사건의 수사 또는 재판과 관련하여 필요한 사실을 알고 있는 사람 또는 그 친족에게 정당한 사유 없이 면담을 강요하거나 위력(威力)을 행사한 사람은 3년 이하의 징역 또는 300만원 이하의 벌금에 처한다.

바. 「국민보호와 공공안전을 위한 테러방지법」 제17조의 죄

제17조(테러단체 구성죄 등) ① 테러단체를 구성하거나 구성원으로 가입한 사람은 다음 각 호의 구분에 따라 처벌한다.
1. 수괴(首魁)는 사형·무기 또는 10년 이상의 징역
2. 테러를 기획 또는 지휘하는 등 중요한 역할을 맡은 사람은 무기 또는 7년 이상의 징역
3. 타국의 외국인테러전투원으로 가입한 사람은 5년 이상의 징역
4. 그 밖의 사람은 3년 이상의 징역

② 테러자금임을 알면서도 자금을 조달·알선·보관하거나 그 취득 및 발생원인에 관한 사실을 가장하는 등 테러단체를 지원한 사람은 10년 이하의 징역 또는 1억원 이하의 벌금에 처한다.
③ 테러단체 가입을 지원하거나 타인에게 가입을 권유 또는 선동한 사람은 5년 이하의 징역에 처한다.
④ 제1항 및 제2항의 미수범은 처벌한다.
⑤ 제1항 및 제2항에서 정한 죄를 범할 목적으로 예비 또는 음모한 사람은 3년 이하의 징역에 처한다.
⑥ 「형법」 등 국내법에 죄로 규정된 행위가 제2조의 테러에 해당하는 경우 해당 법률에서 정한 형에 따라 처벌한다.

2. "범죄신고등"이란 특정범죄에 관한 신고·진정(陳情)·고소·고발 등 수사 단서의 제공, 진술 또는 증언이나 그 밖의 자료제출행위 및 범인검거를 위한 제보 또는 검거활동을 말한다.

3. "범죄신고자등"이란 범죄신고등을 한 자를 말한다.
4. "친족등"이란 범죄신고자등의 친족 또는 동거인, 그 밖의 밀접한 인적 관계에 있는 자를 말한다.
5. "보복을 당할 우려가 있는 경우"란 범죄신고등과 관련하여 생명 또는 신체에 대한 위해(危害)나 재산 등에 대한 피해를 입거나 입을 우려가 있다고 인정할 만한 충분한 이유가 있는 경우를 말한다.

제3조(적용 범위)

이 법은 특정범죄에 관한 범죄신고자등이나 그 친족등이 보복을 당할 우려가 있는 경우에 한정하여 적용한다.

제4조(국가의 책무)

① 국가는 범죄신고자등을 보호하고, 이들에 대한 보복범죄를 예방하기 위한 법적·제도적 장치를 마련하고, 필요한 재원을 조달하여야 한다.
② 수사기관 등은 이 법을 적용할 때 피의자·피고인의 방어권 및 변호인의 변론권을 부당하게 침해하지 아니하도록 주의하여야 한다.

제5조(불이익 처우의 금지)

범죄신고자등을 고용하고 있는 자(고용주를 위하여 근로자에 관한 업무를 행하는 자를 포함한다)는 피고용자가 범죄신고등을 하였다는 이유로 해고나 그 밖의 불이익한 처우를 하여서는 아니 된다.

제6조(범죄신고자등보좌인)

① 사법경찰관, 검사 또는 법원은 범죄신고자등이나 그 친족등이 보복을 당할 우려가 있는 경우에는 직권으로 또는 범죄신고자등, 그 법정대리인이나 친족등의 신청에 의하여 범죄신고자등보좌인(이하 "보좌인"이라 한다)을 지정할 수 있다.
② 보좌인은 범죄신고자등의 법정대리인, 친족 또는 대통령령으로 정하는 자 중에서 지정한다. 다만, 수사기관 종사자는 보좌인이 될 수 없다.
③ 보좌인은 범죄신고자등을 위하여 해당 형사사건의 수사·공판 과정에 동행하거나 조언하는 등 필요한 조력(助力)을 할 수 있다.
④ 보좌인은 거짓 진술을 유도하는 등 범죄신고자등의 진술이나 증언 등에 부당한 영향을 주어서는 아니 된다.
⑤ 보좌인이 다음 각 호의 어느 하나에 해당하는 경우에는 그 지정을 취소할 수 있다.
  1. 범죄신고자등, 그 법정대리인이나 친족등으로부터 취소 또는 교체 신청이 있을 때
  2. 범죄신고자등의 진술이나 증언 등에 부당한 영향을 주는 등 범죄신고자등을 보좌하는 데 부적당하다고 인정될 때
⑥ 제5항에 따른 지정의 취소는 해당 사건의 진행 경과에 따라 사법경찰관, 검사 또는 법원이 결정한다.
⑦ 사법경찰관이 보좌인을 지정하거나 취소하려면 지체 없이 검사에게 보고하여 허가를 받아야 한다.
⑧ 제6항에 따른 취소 결정에 대하여는 이의를 제기할 수 없다.
⑨ 보좌인의 지정은 제5항에 따라 취소되지 아니하는 한 해당 사건이 종결될 때까지 효력을 가진다.
⑩ 보좌인에게는 대통령령으로 정하는 바에 따라 여비나 그 밖의 실비(實費)를 지급할 수 있다.

제7조(인적 사항의 기재 생략)

① 검사 또는 사법경찰관은 범죄신고등과 관련하여 조서나 그 밖의 서류(이하 "조서등"이라 한다)를 작성할 때 범죄신고자등이나 그 친족등이 보복을 당할 우려가 있는 경우에는 그 취지를 조서등에 기재하고 범죄신고자등의 성명·연령·주소·직업 등 신원을 알 수 있는 사항(이하 "인적 사항"이라 한다)은 기재하지 아니한다.

② 사법경찰관이 조서등에 범죄신고자등의 인적 사항의 전부 또는 일부를 기재하지 아니한 경우에는 즉시 검사에게 보고하여야 한다.

③ 제1항의 경우 검사 또는 사법경찰관은 조서등에 기재하지 아니한 인적 사항을 범죄신고자등 신원관리카드(이하 "신원관리카드"라 한다)에 등재하여야 한다.

④ 제1항에 따라 조서등에 성명을 기재하지 아니하는 경우에는 범죄신고자등으로 하여금 조서등에 서명은 가명(假名)으로, 간인(間印) 및 날인(捺印)은 무인(拇印)으로 하게 하여야 한다. 이 경우 가명으로 된 서명은 본명(本名)의 서명과 동일한 효력이 있다.

⑤ 범죄신고자등은 진술서 등을 작성할 때 검사 또는 사법경찰관의 승인을 받아 인적 사항의 전부 또는 일부를 기재하지 아니할 수 있다. 이 경우 제2항부터 제4항까지의 규정을 준용한다.

⑥ 범죄신고자등이나 그 법정대리인은 검사 또는 사법경찰관에게 제1항에 따른 조치를 하도록 신청할 수 있다. 이 경우 검사 또는 사법경찰관은 특별한 사유가 없으면 그 조치를 하여야 한다.

⑦ 신원관리카드는 검사가 관리한다.

⑧ 신원관리카드의 작성 및 관리 등에 필요한 사항은 대통령령으로 정한다.

제8조(인적 사항의 공개 금지)

이 법에 규정된 경우를 제외하고는 누구든지 이 법에 따라 보호되고 있는 범죄신고자등이라는 정황을 알면서 그 인적 사항 또는 범죄신고자등임을 미루어 알 수 있는 사실을 다른 사람에게 알려주거나 공개 또는 보도하여서는 아니 된다.

제9조(신원관리카드의 열람)

① 법원은 다른 사건의 재판에 필요한 경우에는 검사에게 신원관리카드의 열람을 요청할 수 있다. 이 경우 요청을 받은 검사는 범죄신고자등이나 그 친족등이 보복을 당할 우려가 있는 경우 외에는 그 열람을 허용하여야 한다.

② 다음 각 호의 어느 하나에 해당하는 경우에는 그 사유를 소명(疏明)하고 검사의 허가를 받아 신원관리카드를 열람할 수 있다. 다만, 범죄신고자등이나 그 친족등이 보복을 당할 우려가 있는 경우에는 열람을 허가하여서는 아니 된다.

1. 검사나 사법경찰관이 다른 사건의 수사에 필요한 경우
2. 변호인이 피고인의 변호에 필요한 경우
3. 제14조에 따른 범죄신고자등 구조금 지급에 관한 심의 등 공무상 필요한 경우

③ 피의자 또는 피고인이나 그 변호인 또는 법정대리인, 배우자, 직계친족과 형제자매는 피해자와의 합의를 위하여 필요한 경우에 검사에게 범죄신고자등과의 면담을 신청할 수 있다.

④ 제3항의 면담 신청을 받은 검사는 즉시 그 사실을 범죄신고자등에게 통지하고, 범죄신고자등이 이를 승낙한 경우에는 검사실 등 적당한 장소에서 범죄신고자등이나 그 대리인과 면담을 할 수 있도록 조치할 수 있다.

⑤ 제2항제2호에 따라 신원관리카드의 열람을 신청한 변호인과 제3항에 따라 면담 신청을 한 자는 검사의 거부처분에 대하여 이의신청을 할 수 있다.

⑥ 제5항의 이의신청은 그 검사가 소속된 지방검찰청검사장(지청의 경우에는 지청장)에게 서면으로 제출하여야 한다. 이의신청을 받은 검사장 또는 지청장은 이의신청이 이유가 있다고 인정하는 경우에는 신원관리카드의 열람을 허가하거나 범죄신고자등이나 그 대리인과 면담할 수 있도록 조치하여야 한다.

제10조(영상물 촬영)

① 범죄신고자등에 대하여 「형사소송법」 제184조(증거보전의 청구와 그 절차) 또는 제221조의2(증인신문의 청구)에 따른 증인신문을 하는 경우 판사는 직권으로 또는 검사의 신청에 의하여 그 과정을 비디오테이프 등 영상물로 촬영할 것을 명할 수 있다.
② 제1항에 따른 영상물의 촬영비용 및 복사에 관하여는 「형사소송법」 제56조의2(공판정에서의 속기·녹음 및 영상녹화)제2항 및 제3항을 준용한다.
③ 제1항에 따라 촬영한 영상물에 수록된 범죄신고자등의 진술은 이를 증거로 할 수 있다.

제11조(증인 소환 및 신문의 특례 등)

① 제7조에 따라 조서등에 인적 사항을 기재하지 아니한 범죄신고자등을 증인으로 소환할 때에는 검사에게 소환장을 송달한다.
② 재판장 또는 판사는 소환된 증인 또는 그 친족등이 보복을 당할 우려가 있는 경우에는 참여한 법원서기관 또는 서기로 하여금 공판조서에 그 취지를 기재하고 해당 증인의 인적 사항의 전부 또는 일부를 기재하지 아니하게 할 수 있다. 이 경우 재판장 또는 판사는 검사에게 신원관리카드가 작성되지 아니한 증인에 대한 신원관리카드의 작성 및 관리를 요청할 수 있다.
③ 제2항의 경우 재판장 또는 판사는 증인의 인적 사항이 신원확인, 증인선서, 증언 등 증인신문의 모든 과정에서 공개되지 아니하도록 하여야 한다. 이 경우 제1항에 따라 소환된 증인의 신원확인은 검사가 제시하는 신원관리카드로 한다.
④ 제2항에 따라 공판조서에 인적 사항을 기재하지 아니하는 경우 재판장 또는 판사는 범죄신고자등으로 하여금 선서서(宣誓書)에 가명으로 서명·무인하게 하여야 한다. 이 경우 제7조제4항 후단을 준용한다.
⑤ 증인으로 소환된 범죄신고자등이나 그 친족등이 보복을 당할 우려가 있는 경우에는 검사, 범죄신고자등 또는 그 법정대리인은 법원에 피고인이나 방청인을 퇴정(退廷)시키거나 공개법정 외의 장소에서 증인신문을 할 것을 신청할 수 있다.
⑥ 재판장 또는 판사는 직권으로 또는 제5항에 따른 신청이 상당한 이유가 있다고 인정할 때에는 피고인이나 방청인을 퇴정시키거나 공개법정 외의 장소에서 증인신문 등을 할 수 있다. 이 경우 변호인이 없을 때에는 국선변호인을 선임하여야 한다.
⑦ 제6항의 경우에는 「법원조직법」 제57조(재판의 공개)제2항·제3항 및 「형사소송법」 제297조(피고인등의 퇴정)제2항을 준용한다.

제12조(소송진행의 협의 등)

① 법원은 범죄신고자등이나 그 친족등이 보복을 당할 우려가 있는 경우에는 검사 및 변호인과 해당 피고인에 대한 공판기일의 지정이나 그 밖의 소송 진행에 필요한 사항을 협의할 수 있다.
② 제1항에 따른 협의는 소송진행에 필요한 최소한에 그쳐야 하며, 판결에 영향을 주어서는 아니 된다.
③ 제1항의 경우에는 「특정강력범죄의 처벌에 관한 특례법」 제10조(집중심리) 및 제13조(판결선고)를 준용한다.

제13조(신변안전조치) ① 검사 또는 경찰서장은 범죄신고자등이나 그 친족등이 보복을 당할 우려가 있는 경우에는 일정 기간 동안 해당 검찰청 또는 경찰서 소속 공무원으로 하여금 신변안전을 위하여 필요한 조치(이하 "신변안전조치"라 한다)를 하게 하거나 대상자의 주거지 또는 현재지(現在地)를 관할하는 경찰서장에게 신변안전조치를 하도록 요청할 수 있다. 이 경우 요청을 받은 경찰서장은 특별한 사유가 없으면 즉시 신변안전조치를 하여야 한다.

② 재판장 또는 판사는 공판준비 또는 공판진행 과정에서 검사에게 제1항에 따른 조치를 하도록 요청할 수 있다.

③ 범죄신고자등, 그 법정대리인 또는 친족등은 재판장·검사 또는 주거지나 현재지를 관할하는 경찰서장에게 제1항에 따른 조치를 하여 줄 것을 신청할 수 있다.

④ 경찰서장이 신변안전조치를 한 경우에는 대통령령으로 정하는 바에 따라 그 사실을 검사에게 통보하여야 한다.

제13조의2(신변안전조치의 종류) 신변안전조치의 종류는 다음과 같다.

1. 일정 기간 동안의 특정시설에서의 보호
2. 일정 기간 동안의 신변경호
3. 참고인 또는 증인으로 출석·귀가 시 동행
4. 대상자의 주거에 대한 주기적 순찰이나 폐쇄회로 텔레비전의 설치 등 주거에 대한 보호
5. 그 밖에 신변안전에 필요하다고 인정되어 대통령령으로 정하는 조치

제14조(범죄신고자등 구조금) ① 국가는 범죄신고자등이나 그 친족등이 보복을 당할 우려가 있는 경우로서 그로 인하여 중대한 경제적 손실 또는 정신적 고통을 받았거나 이사·전직(轉職) 등으로 비용을 지출하였거나 지출할 필요가 있을 때에는 범죄신고자등, 그 법정대리인 또는 친족등의 신청에 의하여 범죄신고자등 구조금(이하 "구조금"이라 한다)을 지급할 수 있다.

② 구조금의 금액은 보복의 위험성, 지급대상자의 직업·신분·생활수준, 경제적 손실과 정신적 고통의 정도, 지출비용, 그 밖의 필요한 사항을 고려하여 대통령령으로 정하는 한도에서 결정한다.

③ 구조금 지급에 관한 사항을 심의·결정하기 위하여 지방검찰청에 범죄신고자등 구조심의회(이하 "심의회"라 한다)를 둔다.

④ 심의회는 법무부장관의 지휘·감독을 받는다.

⑤ 심의회는 구조금 지급에 관한 사항을 심의·결정하기 위하여 필요할 때에는 신청인이나 그 밖의 관계인을 조사하거나 행정기관 또는 공·사단체(公·私團體)에 필요한 사항을 알아볼 수 있다. 이 경우 행정기관 및 공·사단체는 특별한 사유가 없으면 이에 따라야 한다.

제15조(피고인 등과 관련된 주요 변동 상황 통지) 범죄신고자등이나 그 친족등이 보복을 당할 우려가 있는 경우에는 검사 또는 사법경찰관은 직권으로 또는 범죄신고자등, 그 법정대리인이나 친족등의 신청에 의하여 피의자 또는 피고인의 체포·구속 및 석방과 관련된 사법경찰관·검사 및 법원의 처분 내용, 재판선고기일이나 선고내용 및 가석방·형집행정지·형기만료나 보안처분종료 등으로 인한 교정시설 등에서의 출소사실이나 도주사실 등 재판 및 신병(身柄)에 관련된 변동 상황을 범죄신고자등, 그 법정대리인 또는 친족등에게 통지할 수 있다.
제16조(범죄신고자등에 대한 형의 감면) 범죄신고등을 함으로써 그와 관련된 자신의 범죄가 발견된 경우 그 범죄신고자등에 대하여 형을 감경하거나 면제할 수 있다.

제17조(벌칙) 제8조를 위반한 자는 3년 이하의 징역 또는 500만원 이하의 벌금에 처한다.

특정강력범죄의 처벌에 관한 특례법

제1조(목적) 이 법은 기본적 윤리와 사회질서를 침해하는 특정강력범죄에 대한 처벌과 그 절차에 관한 특례를 규정함으로써 국민의 생명과 신체의 안전을 보장하고 범죄로부터 사회를 지키는 것을 목적으로 한다.

제2조(적용 범위) ① 이 법에서 "특정강력범죄"란 다음 각 호의 어느 하나에 해당하는 죄를 말한다.

1. 「형법」 제2편제24장 살인의 죄 중 제250조[살인·존속살해(尊屬殺害)], 제253조[위계(僞計)등에 의한 촉탁살인(囑託殺人)등] 및 제254조(미수범. 다만, 제251조 및 제252조의 미수범은 제외한다)의 죄
2. 「형법」 제2편제31장 약취(略取), 유인(誘引) 및 인신매매의 죄 중 제287조부터 제291조까지 및 제294조(제292조제1항의 미수범은 제외한다)의 죄
3. 「형법」 제2편제32장 강간과 추행의 죄 중 제301조(강간등 상해·치상), 제301조의2(강간등 살인·치사)의 죄 및 흉기나 그 밖의 위험한 물건을 휴대하거나 2명 이상이 합동하여 범한 제297조(강간), 제297조의2(유사강간), 제298조(강제추행), 제299조(준강간·준강제추행), 제300조(미수범) 및 제305조(미성년자에 대한 간음, 추행)의 죄
4. 「형법」 제2편제32장 강간과 추행의 죄, 「성폭력범죄의 처벌 등에 관한 특례법」 제3조부터 제10조까지 및 제15조(제13조의 미수범은 제외한다)의 죄 또는 「아동·청소년의 성보호에 관한 법률」 제13조의 죄로 두 번 이상 실형을 선고받은 사람이 범한 「형법」 제297조, 제297조의2, 제298조부터 제300조까지, 제305조 및 「아동·청소년의 성보호에 관한 법률」 제13조의 죄
5. 「형법」 제2편제38장 절도와 강도의 죄 중 제333조(강도), 제334조(특수강도), 제335조(준강도), 제336조(인질강도), 제337조(강도상해·치상), 제338조(강도살인·치사), 제339조(강도강간), 제340조(해상강도), 제341조(상습범) 및 제342조(미수범. 다만, 제329조부터 제331조까지, 제331조의2 및 제332조의 미수범은 제외한다)의 죄
6. 「폭력행위 등 처벌에 관한 법률」 제4조(단체 등의 구성·활동)의 죄

② 제1항 각 호의 범죄로서 다른 법률에 따라 가중처벌하는 죄는 특정강력범죄로 본다.

제3조(누범의 형) 특정강력범죄로 형(刑)을 선고받고 그 집행이 끝나거나 면제된 후 3년 이내에 다시 특정강력범죄를 범한 경우(「형법」 제337조의 죄 및 그 미수(未遂)의 죄를 범하여 「특정범죄 가중처벌 등에 관한 법률」 제5조의5에 따라 가중처벌되는 경우는 제외한다)에는 그 죄에 대하여 정하여진 형의 장기(長期) 및 단기(短期)의 2배까지 가중한다.

제4조(소년에 대한 형) ① 특정강력범죄를 범한 당시 18세 미만인 소년을 사형 또는 무기형에 처하여야 할 때에는 「소년법」 제59조에도 불구하고 그 형을 20년의 유기징역으로 한다.

② 특정강력범죄를 범한 소년에 대하여 부정기형(不定期刑)을 선고할 때에는 「소년법」 제60조제1항 단서에도 불구하고 장기는 15년, 단기는 7년을 초과하지 못한다.

제5조(집행유예의 결격기간) 특정강력범죄로 형을 선고받고 그 집행이 끝나거나 면제된 후 10년이 지나지 아니한 사람이 다시 특정강력범죄를 범한 경우에는 형의 집행을 유예하지 못한다.

제6조(보석 등의 취소) 법원은 특정강력범죄사건의 피고인이 피해자나 그 밖에 사건의 재판에 필요한 사실을 알고 있다고 인정되는 사람 또는 그 친족의 생명·신체나 재산에 해를 끼치거나 끼칠 염려가 있다고 믿을 만한 충분한 이유가 있을 때에는 법원의 직권 또는 검사의 청구에 의하여 결정으로 보석 또는 구속의 집행정지를 취소할 수 있다.

제7조(증인에 대한 신변안전조치) ① 검사는 특정강력범죄사건의 증인이 피고인 또는 그 밖의 사람으로부터 생명·신체에 해를 입거나 입을 염려가 있다고 인정될 때에는 관할 경찰서장에게 증인의 신변안전을 위하여 필요한 조치를 할 것을 요청하여야 한다.

② 증인은 검사에게 제1항의 조치를 하도록 청구할 수 있다.

③ 재판장은 검사에게 제1항의 조치를 하도록 요청할 수 있다.

④ 제1항의 요청을 받은 관할 경찰서장은 즉시 증인의 신변안전을 위하여 필요한 조치를 하고 그 사실을 검사에게 통보하여야 한다.

제8조(출판물 게재 등으로부터의 피해자 보호) 특정강력범죄 중 제2조제1항제2호부터 제6호까지 및 같은 조 제2항(제1항제1호는 제외한다)에 규정된 범죄로 수사 또는 심리(審理) 중에 있는 사건의 피해자나 특정강력범죄로 수사 또는 심리 중에 있는 사건을 신고하거나 고발한 사람에 대하여는 성명, 나이, 주소, 직업, 용모 등에 의하여 그가 피해자이거나 신고 또는 고발한 사람임을 미루어 알 수 있는 정도의 사실이나 사진을 신문 또는 그 밖의 출판물에 싣거나 방송 또는 유선방송하지 못한다. 다만, 피해자, 신고하거나 고발한 사람 또는 그 법정대리인(피해자, 신고 또는 고발한 사람이 사망한 경우에는 그 배우자, 직계친족 또는 형제자매)이 명시적으로 동의한 경우에는 그러하지 아니하다.

제8조의2(피의자의 얼굴 등 공개) ① 검사와 사법경찰관은 다음 각 호의 요건을 모두 갖춘 특정강력범죄사건의 피의자의 얼굴, 성명 및 나이 등 신상에 관한 정보를 공개할 수 있다.

1. 범행수단이 잔인하고 중대한 피해가 발생한 특정강력범죄사건일 것
2. 피의자가 그 죄를 범하였다고 믿을 만한 충분한 증거가 있을 것
3. 국민의 알권리 보장, 피의자의 재범방지 및 범죄예방 등 오로지 공공의 이익을 위하여 필요할 것
4. 피의자가 「청소년 보호법」 제2조제1호의 청소년에 해당하지 아니할 것

② 제1항에 따라 공개를 할 때에는 피의자의 인권을 고려하여 신중하게 결정하고 이를 남용하여서는 아니 된다.

제9조(소송 진행의 협의) ① 법원은 특정강력범죄에 관하여 검사 및 변호인과 공판기일의 지정이나 그 밖에 소송의 진행에 필요한 사항을 협의할 수 있다.

② 제1항의 협의는 소송 진행에 필요한 최소한의 범위에서 하여야 하며, 판결에 영향을 주어서는 아니 된다.

③ 특정강력범죄에 관하여 증거서류 또는 증거물의 조사를 청구하는 경우에는 상대방에게 미리 열람할 기회를 주어야 한다. 다만, 상대방이 이의를 제기하지 아니하는 경우에는 그러하지 아니하다.

제10조(집중심리) ① 법원은 특정강력범죄사건의 심리를 하는 데에 2일 이상이 걸리는 경우에는 가능하면 매일 계속 개정(開廷)하여 집중심리(集中審理)를 하여야 한다.

② 재판장은 특별한 사정이 없으면 직전 공판기일부터 7일 이내로 다음 공판기일을 지정하여야 한다.

③ 재판장은 소송 관계인이 공판기일을 준수하도록 요청하여야 하며, 이에 필요한 조치를 할 수 있다.

제11조(공판정에서의 신체구속) 재판장은 특정강력범죄로 공소제기된 피고인이 폭력을 행사하거나 도망할 염려가 있다고 인정할 때에는 공판정에서 피고인의 신체를 구속할 것을 명하거나 그 밖에 필요한 조치를 할 수 있다.

제12조(간이공판절차의 결정) ① 특정강력범죄의 피고인이 공판정에서 공소사실을 자백한 경우에는 법원은 간이공판절차에 따라 심판할 것을 결정할 수 있다. 특정강력범죄와 다른 죄가 병합(倂合)된 경우에도 같다.

② 제1항의 결정이 있는 사건에 대하여는 「형사소송법」 제286조의3, 제297조의2, 제301조의2 및 제318조의3을 준용한다.

제13조(판결선고) 법원은 특정강력범죄사건에 관하여 변론을 종결한 때에는 신속하게 판결을 선고하여야 한다. 복잡한 사건이거나 그 밖에 특별한 사정이 있는 경우에도 판결의 선고는 변론 종결일부터 14일을 초과하지 못한다.

마약류 관리에 관한 법률

제1장 총칙

제1조(목적) 이 법은 마약·향정신성의약품(向精神性醫藥品)·대마(大麻) 및 원료물질의 취급·관리를 적정하게 함으로써 그 오용 또는 남용으로 인한 보건상의 위해(危害)를 방지하여 국민보건 향상에 이바지함을 목적으로 한다.

제2조(정의) 이 법에서 사용하는 용어의 뜻은 다음과 같다.

<table>
<tr><td>마약류</td><td colspan="2">마약·향정신성의약품 및 대마</td></tr>
<tr><td rowspan="7">마약</td><td colspan="2">다음 각 목의 어느 하나에 해당하는 것을 말한다.</td></tr>
<tr><td>양귀비</td><td>양귀비과(科)의파파베르 솜니페룸 엘(Papaver somniferum L) 또는 파파베르 세티게름 디·시(Papaver setigerum D·C)</td></tr>
<tr><td>아편</td><td>양귀비의 액즙(液汁)이 응결(凝結)된 것과 이를 가공한 것. 다만, 의약품으로 가공한 것은 제외</td></tr>
<tr><td>코카 잎[엽] :
코카 관목[(灌木)</td><td>에리드록시론속(屬)의 모든 식물을 말한다]의 잎. 다만, 엑고닌·코카인 및 엑고닌 알칼로이드 성분이 모두 제거된 잎은 제외</td></tr>
<tr><td colspan="2">양귀비, 아편 또는 코카 잎에서 추출되는 모든 알카로이드 및 그와 동일한 화학적 합성품으로서 대통령령으로 정하는 것</td></tr>
<tr><td colspan="2">이 외에 그와 동일하게 남용되거나 해독(害毒) 작용을 일으킬 우려가 있는 화학적 합성품으로서 대통령령으로 정하는 것</td></tr>
<tr><td colspan="2">가목부터 마목까지에 열거된 것을 함유하는 혼합물질 또는 혼합제제. 다만, 다른 약물이나 물질과 혼합되어 가목부터 마목까지에 열거된 것으로 다시 제조하거나 제제(製劑)할 수 없고, 그것에 의하여 신체적 또는 정신적 의존성을 일으키지 아니하는 것으로서 총리령으로 정하는 것[이하 "한외마약"(限外麻藥)이라 한다]은 제외한다.</td></tr>
<tr><td>향정신성
의약품</td><td colspan="2">인간의 중추신경계에 작용하는 것으로서 이를 오용하거나 남용할 경우 인체에 심각한 위해가 있다고 인정되는 다음 각 목의 어느 하나에 해당하는 것으로서 대통령령으로 정하는 것을 말한다.
가. 오용하거나 남용할 우려가 심하고 의료용으로 쓰이지 아니하며 안전성이 결여되어 있는 것으로서 이를 오용하거나 남용할 경우 심한 신체적 또는 정신적 의존성을 일으키는 약물 또는 이를 함유하는 물질
나. 오용하거나 남용할 우려가 심하고 매우 제한된 의료용으로만 쓰이는 것으로서 이를 오용하거나 남용할 경우 심한 신체적 또는 정신적 의존성을 일으키는 약물 또는 이를 함유하는 물질
다. 가목과 나목에 규정된 것보다 오용하거나 남용할 우려가 상대적으로 적고 의료용으로 쓰이는 것으로서 이를 오용하거나 남용할 경우 그리 심하지 아니한 신체적 의존성을 일으키거나 심한 정신적 의존성을 일으키는 약물 또는 이를 함유하는 물질
라. 다목에 규정된 것보다 오용하거나 남용할 우려가 상대적으로 적고 의료용으로 쓰이는 것으로서 이를 오용하거나 남용할 경우 다목에 규정된 것보다 신체적 또는 정신적 의존성을 일으킬 우려가 적은 약물 또</td></tr>
</table>

	는 이를 함유하는 물질 마. 가목부터 라목까지에 열거된 것을 함유하는 혼합물질 또는 혼합제제. 다만, 다른 약물 또는 물질과 혼합되어 가목부터 라목까지에 열거된 것으로 다시 제조하거나 제제할 수 없고, 그것에 의하여 신체적 또는 정신적 의존성을 일으키지 아니하는 것으로서 총리령으로 정하는 것은 제외한다.
대마	다음 각 목의 어느 하나에 해당하는 것을 말한다. 다만, 대마초[칸나비스 사티바 엘(Cannabis sativa L)을 말한다. 이하 같다]의 종자(種子)·뿌리 및 성숙한 대마초의 줄기와 그 제품은 제외한다. 가. 대마초와 그 수지(樹脂) 나. 대마초 또는 그 수지를 원료로 하여 제조된 모든 제품 다. 가목 또는 나목에 규정된 것과 동일한 화학적 합성품으로서 대통령령으로 정하는 것 라. 가목부터 다목까지에 규정된 것을 함유하는 혼합물질 또는 혼합제제
마약류 취급자	다음 가목부터 사목까지의 어느 하나에 해당하는 자로서 이 법에 따라 허가 또는 지정을 받은 자와 아목 및 자목에 해당하는 자를 말한다. 가. 마약류수출입업자: 마약 또는 향정신성의약품의 수출입을 업(業)으로 하는 자 나. 마약류제조업자: 마약 또는 향정신성의약품의 제조[제제 및 소분(小分)을 포함한다. 이하 같다]를 업으로 하는 자 다. 마약류원료사용자: 한외마약 또는 의약품을 제조할 때 마약 또는 향정신성의약품을 원료로 사용하는 자 라. 대마재배자: 섬유 또는 종자를 채취할 목적으로 대마초를 재배하는 자 마. 마약류도매업자: 마약류소매업자, 마약류취급의료업자, 마약류관리자 또는 마약류취급학술연구자에게 마약 또는 향정신성의약품을 판매하는 것을 업으로 하는 자 바. 마약류관리자: 「의료법」에 따른 의료기관(이하 "의료기관"이라 한다)에 종사하는 약사로서 그 의료기관에서 환자에게 투약하거나 투약하기 위하여 제공하는 마약 또는 향정신성의약품을 조제·수수(授受)하고 관리하는 책임을 진 자 사. 마약류취급학술연구자: 학술연구를 위하여 마약 또는 향정신성의약품을 사용하거나, 대마초를 재배하거나 대마를 수입하여 사용하는 자 아. 마약류소매업자: 「약사법」에 따라 등록한 약국개설자로서 마약류취급의료업자의 처방전에 따라 마약 또는 향정신성의약품을 조제하여 판매하는 것을 업으로 하는 자 자. 마약류취급의료업자: 의료기관에서 의료에 종사하는 의사·치과의사·한의사 또는 「수의사법」에 따라 동물 진료에 종사하는 수의사로서 의료나 동물 진료를 목적으로 마약 또는 향정신성의약품을 투약하거나 투약하기 위하여 제공하거나 마약 또는 향정신성의약품을 기재한 처방전을 발급하는 자
원료물질	마약류가 아닌 물질 중 마약 또는 향정신성의약품의 제조에 사용되는 물질로서 대통령령으로 정하는 것
원료물질 취급자	원료물질의 제조·수출입·매매에 종사하거나 이를 사용하는 자
군수용 마약류	국방부 및 그 직할 기관과 육군·해군·공군에서 관리하는 마약류
치료보호	마약류 중독자의 마약류에 대한 정신적·신체적 의존성을 극복시키고 재발을 예방하여 건강한 사회인으로 복귀시키기 위한 입원 치료와 통원(通院) 치료

제2조의2(국가 등의 책임) ① 국가와 지방자치단체는 국민이 마약류 등을 남용하는 것을 예방하고, 마약류 중독자에 대한 치료보호와 사회복귀 촉진을 위하여 연구·조사 등 필요한 조치를 하여야 한다.

② 국민은 마약류 중독자에 대하여 치료의 대상으로 인식하고 건강한 사회구성원으로 자립할 수 있도록 협조하여야 한다.

제3조(일반 행위의 금지) 누구든지 다음 각 호의 어느 하나에 해당하는 행위를 하여서는 아니 된다.

1. 이 법에 따르지 아니한 마약류의 사용
2. 마약의 원료가 되는 식물을 재배하거나 그 성분을 함유하는 원료·종자·종묘(種苗)를 소지, 소유, 관리, 수출입, 수수, 매매 또는 매매의 알선을 하거나 그 성분을 추출하는 행위. 다만, 대통령령으로 정하는 바에 따라 식품의약품안전처장의 승인을 받은 경우는 제외한다.
3. 헤로인, 그 염류(塩類) 또는 이를 함유하는 것을 소지, 소유, 관리, 수입, 제조, 매매, 매매의 알선, 수수, 운반, 사용, 투약하거나 투약하기 위하여 제공하는 행위. 다만, 대통령령으로 정하는 바에 따라 식품의약품안전처장의 승인을 받은 경우는 제외한다.
4. 마약 또는 향정신성의약품을 제조할 목적으로 원료물질을 제조, 수출입, 매매, 매매의 알선, 수수, 소지, 소유 또는 사용하는 행위. 다만, 대통령령으로 정하는 바에 따라 식품의약품안전처장의 승인을 받은 경우는 제외한다.
5. 제2조제3호가목의 향정신성의약품 또는 이를 함유하는 향정신성의약품을 소지, 소유, 사용, 관리, 수출입, 제조, 매매, 매매의 알선 또는 수수하는 행위. 다만, 대통령령으로 정하는 바에 따라 식품의약품안전처장의 승인을 받은 경우는 제외한다.
6. 제2조제3호가목의 향정신성의약품의 원료가 되는 식물 또는 버섯류에서 그 성분을 추출하거나 그 식물 또는 버섯류를 수출입, 매매, 매매의 알선, 수수, 흡연 또는 섭취하거나 흡연 또는 섭취할 목적으로 그 식물 또는 버섯류를 소지·소유하는 행위. 다만, 대통령령으로 정하는 바에 따라 식품의약품안전처장의 승인을 받은 경우는 제외한다.
7. 대마를 수출입·제조·매매하거나 매매를 알선하는 행위. 다만, 공무상 마약류를 취급하는 공무원 또는 마약류취급학술연구자가 대통령령으로 정하는 바에 따라 식품의약품안전처장의 승인을 받은 경우는 제외한다.

10. 다음 각 목의 어느 하나에 해당하는 행위
    가. 대마 또는 대마초 종자의 껍질을 흡연 또는 섭취하는 행위
    나. 가목의 행위를 할 목적으로 대마, 대마초 종자 또는 대마초 종자의 껍질을 소지하는 행위
    다. 가목 또는 나목의 행위를 하려 한다는 정(情)을 알면서 대마초 종자나 대마초 종자의 껍질을 매매하거나 매매를 알선하는 행위
11. 제4조제1항 또는 제1호부터 제10호까지의 규정에서 금지한 행위를 하기 위한 장소·시설·장비·자금 또는 운반 수단을 타인에게 제공하는 행위

제4조(마약류취급자가 아닌 자의 마약류 취급 금지)

① 마약류취급자가 아니면 다음 각 호의 어느 하나에 해당하는 행위를 하여서는 아니 된다.

1. 마약 또는 향정신성의약품을 소지, 소유, 사용, 운반, 관리, 수입, 수출, 제조, 조제, 투약, 수수, 매매, 매매의 알선 또는 제공하는 행위
2. 대마를 재배·소지·소유·수수·운반·보관 또는 사용하는 행위

3. 마약 또는 향정신성의약품을 기재한 처방전을 발급하는 행위
4. 한외마약을 제조하는 행위

② 제1항에도 불구하고 다음 각 호의 어느 하나에 해당하는 경우에는 마약류취급자가 아닌 자도 마약류를 취급할 수 있다.
1. 이 법에 따라 마약 또는 향정신성의약품을 마약류취급의료업자로부터 투약받아 소지하는 경우
2. 이 법에 따라 마약 또는 향정신성의약품을 마약류소매업자로부터 구입하거나 양수(讓受)하여 소지하는 경우
3. 이 법에 따라 마약류취급자를 위하여 마약류를 운반·보관·소지 또는 관리하는 경우
4. 공무상(公務上) 마약류를 압류·수거 또는 몰수하여 관리하는 경우
5. 제13조에 따라 마약류 취급 자격 상실자 등이 마약류취급자에게 그 마약류를 인계하기 전까지 소지하는 경우
6. 그 밖에 총리령으로 정하는 바에 따라 식품의약품안전처장의 승인을 받은 경우

③ 마약류취급자는 이 법에 따르지 아니하고는 마약류를 취급하여서는 아니 된다. 다만, 대통령령으로 정하는 바에 따라 식품의약품안전처장의 승인을 받은 경우에는 그러하지 아니하다.

④ 제2항제3호에 따라 대마를 운반·보관 또는 소지하려는 자는 특별자치시장·시장(「제주특별자치도 설치 및 국제자유도시 조성을 위한 특별법」에 따른 행정시장을 포함한다. 이하 같다)·군수 또는 구청장(자치구의 구청장을 말한다. 이하 같다)에게 신고하여야 한다.

제5조(마약류 취급의 제한)

① 마약류취급자는 그 업무 외의 목적을 위하여 제4조제1항 각 호에 규정된 행위를 하여서는 아니 된다.

② 이 법에 따라 마약류를 소지·소유·운반 또는 관리하는 자는 다른 목적을 위하여 이를 사용하여서는 아니 된다.

③ 식품의약품안전처장은 공익을 위하여 필요하다고 인정하는 때에는 다음 각 호의 어느 하나에 해당하는 경우 마약 및 향정신성의약품의 수입·수출·제조·판매 또는 사용을 금지 또는 제한하거나 그 밖의 필요한 조치를 할 수 있다.
1. 국내의 수요량 및 보유량을 고려하여 마약 또는 향정신성의약품을 제조·수입 또는 수출할 필요가 없다고 인정하는 경우
2. 이미 제조 또는 수입된 품종 또는 품목의 마약 또는 향정신성의약품과 동일한 품종 또는 품목의 마약 또는 향정신성의약품을 국내의 수급여건 등을 고려하여 다른 제조업자 또는 수입업자가 제조 또는 수입할 필요가 없다고 인정하는 경우
3. 마약류 품목허가증에 기재된 용량 이상의 마약 또는 향정신성의약품을 남용하였다고 인정하는 경우
4. 마약 또는 향정신성의약품에 대한 신체적·정신적 의존성을 야기하게 할 염려가 있을 정도로 마약 또는 향정신성의약품을 장기 또는 계속 투약하거나 투약하기 위하여 제공하는 경우

제5조의2(임시마약류 지정 등)

① 식품의약품안전처장은 마약류가 아닌 물질·약물·제제·제품 등(이하 이 조에서 "물질등"이라 한다) 중 오용 또는 남용으로 인한 보건상의 위해가 우려되어 긴급히 마약류에 준하여 취급·관리할 필요가 있다고 인정하는 물질등을 임시마약류로 지정할 수 있다. 다만, 다음 각 호의 어느 하나에 해당하는 의약품은 지정 대상에서 제외한다.

1. 「약사법」 제31조제2항 및 제3항에 따라 식품의약품안전처장으로부터 의약품 품목허가를 받거나 품목신고를 한 의약품
2. 「약사법」 제34조제1항에 따라 식품의약품안전처장으로부터 승인을 받은 임상시험용 의약품

② 식품의약품안전처장이 임시마약류를 지정하려는 때에는 미리 대통령령으로 정하는 관계 기관과의 협의를 거쳐 다음 각 호의 사항을 1개월 이상 관보 및 인터넷 홈페이지에 예고하여야 하고, 임시마약류를 지정한 때에는 다음 제1호부터 제3호까지 및 제5호의 사항을 관보 및 인터넷 홈페이지에 공고하여야 한다.
1. 임시마약류의 지정 사유
2. 임시마약류의 명칭
3. 임시마약, 임시향정신성의약품 또는 임시대마의 구분
4. 임시마약류 지정의 예고 기간 등 임시마약류의 지정 예고에 관한 사항
5. 임시마약류 지정 기간 등 임시마약류의 지정에 관한 사항

③ 제2항에 따라 지정 전에 예고한 임시마약류(이하 "예고임시마약류"라 한다)에 대한 효력은 임시마약류로 예고한 날부터 임시마약류 지정 공고 전날까지로 하며, 예고임시마약류를 임시마약류로 지정하려는 때에는 3년의 범위에서 기간을 정하여 지정하여야 한다. 다만, 마약류 지정을 검토할 필요가 있는 임시마약류에 대하여는 그 지정기간이 끝나기 전에 제2항에 따라 예고하여 임시마약류로 다시 지정할 수 있다.

④ 누구든지 예고임시마약류 또는 임시마약류를 재배 · 소지 · 소유 · 사용 · 운반 · 관리 · 수입 · 수출 · 제조 · 조제 · 투약 · 매매 · 매매의 알선 · 수수 · 보관 또는 제공하거나, 이를 기재한 처방전을 발급하여서는 아니 된다. 다만, 다음 각 호의 어느 하나에 해당하는 경우에는 그러하지 아니하다.
1. 공무상 예고임시마약류 또는 임시마약류를 압류 · 수거 또는 몰수하여 관리하는 경우
2. 그 밖에 공무상 마약류를 취급하는 공무원 또는 마약류취급학술연구자가 대통령령으로 정하는 바에 따라 식품의약품안전처장의 승인을 받아 예고임시마약류 또는 임시마약류를 취급하는 경우

⑤ 예고임시마약류의 처분에 관하여는 제47조를 준용하며, 임시마약류의 취급 및 처분 등에 관하여는 제3조, 제5조제2항 및 제3항, 제41조 및 제47조를 준용한다. 이 경우 "마약류"는 "예고임시마약류" 또는 "임시마약류"로, "마약"은 "임시마약"으로, "향정신성의약품"은 "임시향정신성의약품"으로, "대마"는 "임시대마"로 각각 본다.

제3장 마약류의 관리

제9조(수수 등의 제한)

① 마약류취급자 또는 마약류취급승인자(제3조제2호부터 제7호까지 또는 제4조제2항제6호에 따라 마약류 취급의 승인을 받은 자를 말한다. 이하 같다)는 마약류취급자 또는 마약류취급승인자가 아닌 자로부터 마약류를 양수할 수 없다. 다만, 제13조에 따라 허가관청의 승인을 받은 경우에는 그러하지 아니하다.

② 마약류취급자 또는 마약류취급승인자는 이 법에서 정한 경우 외에는 마약류를 양도할 수 없다. 다만, 다음 각 호의 어느 하나에 해당하여 식품의약품안전처장의 승인을 받은 경우에는 그러하지 아니하다.
1. 품목허가가 취소되어 소지 · 소유 또는 관리하는 마약 및 향정신성의약품을 다른 마약류취급자에게 양도하려는 경우
2. 마약류취급학술연구자, 마약류취급승인자 또는 제4조제3항 단서에 따라 승인을 받은 마약류취급자에게 마약류를 양도하려는 경우
3. 소유 또는 관리하던 마약 및 향정신성의약품을 사용중단 등의 사유로 원소유자 등인 마약류취급자 · 마약류

취급승인자 또는 외국의 원소유자 등에게 반품하려는 경우

③ 마약류제조업자, 마약류원료사용자 또는 마약류취급학술연구자가 다른 마약류제조업자, 마약류원료사용자 또는 마약류취급학술연구자에게 마약류(제제는 제외한다)를 양도하려면 총리령으로 정하는 바에 따라 식품의약품안전처장의 승인을 받아야 한다.

제10조(마약구입서 및 마약판매서) ① 마약류취급자는 다른 마약류취급자와 마약을 매매하거나 수수하려면 시·도지사가 발행하는 마약구입서 및 마약판매서의 용지에 필요한 사항을 적고 서명 또는 날인하여 교환하여야 한다.

② 제1항에 따른 마약구입서 및 마약판매서는 교환한 날부터 2년간 보존하여야 한다.

제17조(용기 등의 기재사항) ① 마약, 향정신성의약품 및 한외마약의 용기·포장 또는 첨부 문서에는 총리령으로 정하는 사항을 기재하여야 한다.

② 마약 및 향정신성의약품의 용기·포장 및 첨부 문서에는 총리령으로 정하는 바에 따라 붉은색으로 표시된 "마약" 또는 "향정신성"이라는 문자를 다른 문자·기사·그림 또는 도안보다 쉽게 볼 수 있는 부분에 표시하여야 한다.

제35조(마약류취급학술연구자) ① 마약류취급학술연구자가 아니면 마약류를 학술연구의 목적에 사용하지 못한다.

② 마약류취급학술연구자가 대마초를 재배하거나 대마를 수입하여 학술연구에 사용하였을 때에는 총리령으로 정하는 바에 따라 그 사용(대마초 재배 현황을 포함한다) 및 연구에 관한 장부를 작성하고, 그 내용을 식품의약품안전처장에게 보고하여야 한다.

③ 마약류취급학술연구자가 마약 또는 향정신성의약품을 학술연구에 사용하였을 때에는 총리령으로 정하는 바에 따라 그 연구에 관한 장부를 작성하여야 한다.

④ 마약류취급학술연구자는 제2항과 제3항에 따라 작성한 장부를 2년간 보존하여야 한다.

제5장 마약류 중독자 〈개정 2011.6.7.〉

제39조(마약 사용의 금지) 마약류취급의료업자는 마약 중독자에게 그 중독 증상을 완화시키거나 치료하기 위하여 다음 각 호의 어느 하나에 해당하는 행위를 하여서는 아니 된다. 다만, 제40조에 따른 치료보호기관에서 보건복지부장관 또는 시·도지사의 허가를 받은 경우에는 그러하지 아니하다.

1. 마약을 투약하는 행위
2. 마약을 투약하기 위하여 제공하는 행위
3. 마약을 기재한 처방전을 발급하는 행위

[전문개정 2011.6.7.]

제40조(마약류 중독자의 치료보호) ① 보건복지부장관 또는 시·도지사는 마약류 사용자의 마약류 중독 여부를 판별하거나 마약류 중독자로 판명된 사람을 치료보호하기 위하여 치료보호기관을 설치·운영하거나 지정할 수 있다.

② 보건복지부장관 또는 시·도지사는 마약류 사용자에 대하여 제1항에 따른 치료보호기관에서 마약류 중독 여부의 판별검사를 받게 하거나 마약류 중독자로 판명된 사람에 대하여 치료보호를 받게 할 수 있다. 이 경우 판별검사 기간은 1개월 이내로 하고, 치료보호 기간은 12개월 이내로 한다.

③ 보건복지부장관 또는 시·도지사는 제2항에 따른 판별검사 또는 치료보호를 하려면 치료보호심사위원회의 심의를 거쳐야 한다.

④ 제3항에 따른 판별검사 및 치료보호에 관한 사항을 심의하기 위하여 보건복지부, 특별시, 광역시, 특별자치시, 도 및 특별자치도에 치료보호심사위원회를 둔다. 〈개정 2016.2.3.〉

⑤ 제1항부터 제4항까지의 규정에 따른 치료보호기관의 설치·운영 및 지정, 판별검사 및 치료보호, 치료보호심사위원회의 구성·운영·직무 등에 관하여 필요한 사항은 대통령령으로 정한다.

제51조의3(실태조사) ① 보건복지부장관은 이 법의 적절한 시행을 위하여 마약류 중독자에 대한 실태조사를 5년마다 하여야 한다.

제53조(몰수 마약류의 처분방법 등)

① 이 법이나 그 밖의 법령에서 정하는 바에 따라 몰수된 마약류는 시·도지사에게 인계하여야 한다.

② 시·도지사는 제1항의 마약류를 인수하였을 때에는 이를 폐기하거나 그 밖에 필요한 처분을 하여야 한다.

제59조(벌칙) ① 다음 각 호의 어느 하나에 해당하는 자는 1년 이상의 유기징역에 처한다.

1. 제3조제2호를 위반하여 수출입·매매 또는 제조할 목적으로 마약의 원료가 되는 식물을 재배하거나 그 성분을 함유하는 원료·종자·종묘를 소지·소유한 자
2. 제3조제2호를 위반하여 마약의 성분을 함유하는 원료·종자·종묘를 관리·수수하거나 그 성분을 추출하는 행위를 한 자
3. 제3조제3호를 위반하여 헤로인이나 그 염류 또는 이를 함유하는 것을 소지·소유·관리·수수·운반·사용 또는 투약하거나 투약하기 위하여 제공하는 행위를 한 자
4. 제3조제4호를 위반하여 마약 또는 향정신성의약품을 제조할 목적으로 그 원료가 되는 물질을 매매하거나 매매를 알선하거나 수수한 자 또는 그러할 목적으로 소지·소유 또는 사용한 자
5. 제3조제5호를 위반하여 제2조제3호가목에 해당하는 향정신성의약품 또는 그 물질을 함유하는 향정신성의약품을 소지·소유·사용·관리한 자
6. 제3조제6호를 위반하여 제2조제3호가목에 해당하는 향정신성의약품의 원료가 되는 식물 또는 버섯류를 매매하거나 매매를 알선하거나 수수한 자 또는 그러할 목적으로 소지·소유한 자
7. 제3조제7호를 위반하여 대마를 제조하거나 매매·매매의 알선을 한 자 또는 그러할 목적으로 대마를 소지·소유한 자
8. 제3조제10호 또는 제4조제1항을 위반하여 미성년자에게 대마를 수수·제공하거나 대마 또는 대마초 종자의 껍질을 흡연 또는 섭취하게 한 자
9. 제4조제1항 또는 제5조의2제4항을 위반하여 마약이나 임시마약을 소지·소유·관리 또는 수수하거나 제24조제1항을 위반하여 한외마약을 제조한 자
10. 제4조제1항을 위반하여 제2조제3호다목에 해당하는 향정신성의약품 또는 그 물질을 함유하는 향정신성의약품을 제조 또는 수출입하거나 그러할 목적으로 소지·소유한 자

11. 제4조제1항 또는 제5조의2제4항을 위반하여 대마나 임시대마의 수출·매매 또는 제조할 목적으로 대마초나 임시대마초를 재배한 자
12. 제4조제3항을 위반하여 마약류(대마는 제외한다)를 취급한 자
13. 제18조제1항·제21조제1항 또는 제24조제1항을 위반하여 향정신성의약품을 수출입 또는 제조하거나 의약품을 제조한 자

② 상습적으로 제1항의 죄를 범한 자는 3년 이상의 유기징역에 처한다.

③ 제1항(제5호는 제외한다) 및 제2항에 규정된 죄의 미수범은 처벌한다.

④ 제1항제7호의 죄를 범할 목적으로 예비 또는 음모한 자는 10년 이하의 징역에 처한다.

[전문개정 2011.6.7.]

[시행일 : 2016.11.4.] 제59조제1항제7호

제60조(벌칙) ① 다음 각 호의 어느 하나에 해당하는 자는 10년 이하의 징역 또는 1억원 이하의 벌금에 처한다.

1. 제3조제1호를 위반하여 마약 또는 제2조제3호가목에 해당하는 향정신성의약품을 사용하거나 제3조제11호를 위반하여 마약 또는 제2조제3호가목에 해당하는 향정신성의약품과 관련된 금지된 행위를 하기 위한 장소·시설·장비·자금 또는 운반 수단을 타인에게 제공한 자
2. 제4조제1항을 위반하여 제2조제3호나목 및 다목에 해당하는 향정신성의약품 또는 그 물질을 함유하는 향정신성의약품을 매매, 매매의 알선, 수수, 소지, 소유, 사용, 관리, 조제, 투약, 제공한 자 또는 향정신성의약품을 기재한 처방전을 발급한 자
3. 제4조제1항을 위반하여 제2조제3호라목에 해당하는 향정신성의약품 또는 그 물질을 함유하는 향정신성의약품을 제조 또는 수출입하거나 그러할 목적으로 소지·소유한 자
4. 제5조제1항·제2항(제5조의2제5항에서 준용하는 경우를 포함한다), 제9조제1항, 제28조제1항, 제30조, 제35조제1항 또는 제39조를 위반하여 마약을 취급하거나 그 처방전을 발급한 자

② 상습적으로 제1항의 죄를 범한 자는 그 죄에 대하여 정하는 형의 2분의 1까지 가중(加重)한다.

③ 제1항과 제2항에 규정된 죄의 미수범은 처벌한다.

제61조(벌칙) ① 다음 각 호의 어느 하나에 해당하는 자는 5년 이하의 징역 또는 5천만원 이하의 벌금에 처한다.

1. 제3조제1호를 위반하여 향정신성의약품(제2조제3호가목에 해당하는 향정신성의약품은 제외한다) 또는 대마를 사용하거나 제3조제11호를 위반하여 향정신성의약품(제2조제3호가목에 해당하는 향정신성의약품은 제외한다) 및 대마와 관련된 금지된 행위를 하기 위한 장소·시설·장비·자금 또는 운반 수단을 타인에게 제공한 자
2. 제3조제2호를 위반하여 마약의 원료가 되는 식물을 재배하거나 그 성분을 함유하는 원료·종자·종묘를 소지·소유한 자
3. 제3조제6호를 위반하여 제2조제3호가목에 해당하는 향정신성의약품의 원료가 되는 식물 또는 버섯류를 흡연·섭취하거나 그러할 목적으로 소지·소유한 자 또는 다른 사람에게 흡연·섭취하게 할 목적으로 소지·소유한 자
4. 제3조제10호를 위반하여 다음 각 목의 어느 하나에 해당하는 행위를 한 자
   가. 대마 또는 대마초 종자의 껍질을 흡연하거나 섭취한 자
   나. 가목의 행위를 할 목적으로 대마, 대마초 종자 또는 대마초 종자의 껍질을 소지하고 있는 자

다. 가목 또는 나목의 행위를 하려 한다는 정을 알면서 대마초 종자나 대마초 종자의 껍질을 매매하거나 매매를 알선한 자

5. 제4조제1항을 위반하여 제2조제3호라목에 해당하는 향정신성의약품 또는 그 물질을 함유하는 향정신성의약품을 매매, 매매의 알선, 수수, 소지, 소유, 사용, 관리, 조제, 투약, 제공한 자 또는 향정신성의약품을 기재한 처방전을 발급한 자
6. 제4조제1항 또는 제5조의2제4항을 위반하여 대마나 임시대마를 재배·소지·소유·수수·운반·보관하거나 이를 사용한 자
7. 제5조제1항·제2항(제5조의2제5항에서 준용하는 경우를 포함한다), 제9조제1항 또는 제35조제1항을 위반하여 향정신성의약품이나 대마를 취급한 자
8. 제6조의2를 위반하여 원료물질을 수출입하거나 제조한 자
9. 제28조제1항 또는 제30조를 위반하여 향정신성의약품을 취급하거나 그 처방전을 발급한 자
10. 제28조제3항을 위반하여 마약 또는 향정신성의약품을 전자거래를 통하여 판매한 자

② 상습적으로 제1항의 죄를 범한 자는 그 죄에 대하여 정하는 형의 2분의 1까지 가중한다.

③ 제1항(제2호·제3호 및 제8호는 제외한다) 및 제2항(제1항제2호·제3호 및 제8호를 위반한 경우는 제외한다)에 규정된 죄의 미수범은 처벌한다.

제62조(벌칙) ① 다음 각 호의 어느 하나에 해당하는 자는 3년 이하의 징역 또는 3천만원 이하의 벌금에 처한다.

1. 제8조제1항을 위반하여 마약의 취급에 관한 허가증 또는 지정서를 타인에게 빌려주거나 양도한 자 또는 제9조제2항·제3항, 제18조제2항, 제20조, 제21조제2항, 제22조제1항, 제24조제2항, 제26조제1항을 위반하여 마약을 취급한 자
2. 제9조제2항, 제20조, 제22조제1항, 제26조제1항의 위반행위의 상대방이 되어 마약을 취급한 자

② 상습적으로 제1항의 죄를 범한 자는 그 죄에 대하여 정하는 형의 2분의 1까지 가중한다.

③ 제1항과 제2항에 규정된 죄의 미수범은 처벌한다.

제63조(벌칙) ① 다음 각 호의 어느 하나에 해당하는 자는 2년 이하의 징역 또는 2천만원 이하의 벌금에 처한다.

1. 제6조의2제1항을 위반하여 허가를 받지 아니한 자 또는 제51조제1항부터 제4항까지의 규정을 위반한 자
2. 제8조제1항을 위반하여 향정신성의약품의 취급에 관한 허가증 또는 지정서를 타인에게 빌려주거나 양도한 자 또는 제9조제2항·제3항, 제20조·제22조제2항 또는 제28조제2항을 위반하여 향정신성의약품을 취급한 자
3. 제8조제1항을 위반하여 대마의 취급에 관한 허가증을 타인에게 빌려주거나 양도한 자 또는 제9조제2항·제3항을 위반하여 대마를 취급한 자
4. 제9조제2항, 제20조 및 제22조제2항의 위반행위의 상대방이 되어 향정신성의약품을 취급한 자
5. 제9조제2항의 위반행위의 상대방이 되어 대마를 취급한 자
6. 제11조제1항부터 제4항까지, 제16조, 제28조제2항, 제32조제1항 및 제2항, 제33조제1항, 제34조를 위반하여 마약을 취급한 자
7. 제11조제1항부터 제4항까지의 규정에 따른 보고 또는 변경보고를 거짓으로 하거나 제32조제2항에 따른 처

방전에 거짓으로 기재하여 마약을 취급한 자

8. 제17조를 위반하여 기재하지 아니하거나 거짓으로 기재하여 마약을 취급한 자

8의2. 제43조에 따른 명령을 위반하여 보고하지 아니하거나 거짓된 보고를 하여 마약을 취급한 자

9. 제12조제1항을 위반하여 거짓으로 보고하여 마약을 취급하거나 제12조제2항을 위반하여 마약을 폐기한 자

10. 제13조제1항, 제33조제2항을 위반하여 마약을 취급한 자(제69조제1항제8호에 해당하는 자는 제외한다)

11. 제18조제2항 또는 제21조제2항을 위반하여 향정신성의약품을 취급한 자

12. 제40조제1항에 따른 치료보호기관을 정당한 이유 없이 이탈한 자 또는 이탈한 자를 은닉한 자

13. 제40조제2항에 따른 중독 판별검사 또는 치료보호를 정당한 이유 없이 거부·방해 또는 기피한 자

14. 마약을 취급하는 자로서 정당한 이유 없이 제41조제1항(제5조의2제5항에서 준용하는 경우를 포함한다)에 따른 출입, 검사, 수거 등을 거부·방해 또는 기피한 자 또는 제47조(제5조의2제5항에서 준용하는 경우를 포함한다)에 따른 처분을 거부·방해 또는 기피한 자

15. 제44조에 따른 업무정지기간에 그 업무를 하여 마약을 취급한 자

16. 제51조제2항에 따른 기록작성의 의무를 회피할 목적으로 소량으로 나누어 원료물질을 거래한 자

② 상습적으로 제1항제2호부터 제5호까지, 제11호·제12호의 죄를 범한 자는 그 죄에 대하여 정하는 형의 2분의 1까지 가중한다.

③ 제1항제2호부터 제5호까지, 제11호·제12호와 제2항에 규정된 죄의 미수범은 처벌한다.

[전문개정 2011.6.7.]

[시행일 미지정] 제63조

제64조(벌칙) 다음 각 호의 어느 하나에 해당하는 자는 1년 이하의 징역 또는 1천만원 이하의 벌금에 처한다.

1. 제8조제2항·제3항에 따른 신고를 거짓으로 한 자

2. 제11조제2항, 제35조제3항에 따른 장부 또는 수급대장을 작성·비치하지 아니하거나 이를 거짓으로 작성하여 향정신성의약품을 취급한 자

3. 제12조제1항, 제17조, 제19조, 제23조, 제25조에 따른 기재를 하지 아니하거나 거짓된 보고·신고 또는 기재를 하여 향정신성의약품을 취급한 자

4. 제36조 또는 제43조에 따른 명령을 위반하거나 보고 또는 신고를 하지 아니한 자 또는 명령을 위반하거나 거짓된 보고 또는 신고를 하여 대마를 취급한 자

5. 제12조제2항을 위반하여 향정신성의약품을 폐기한 자

6. 제12조제2항을 위반하여 대마를 폐기한 자

7. 제13조를 위반하여 대마를 취급한 자

8. 제13조, 제16조, 제26조제2항, 제32조제1항, 제33조제2항, 제34조 또는 제35조제3항을 위반하여 향정신성의약품을 취급한 자

9. 제13조, 제33조제2항을 위반하여 마약류취급자에게 향정신성의약품을 양도 또는 인계하지 아니한 자

10. 제14조를 위반한 자

11. 제15조를 위반하여 마약류(향정신성의약품은 제외한다)를 저장한 자

12. 제26조제2항의 위반행위의 상대방이 되어 향정신성의약품을 취급한 자

13. 제35조제2항을 위반하여 장부를 작성하지 아니한 자

14. 제36조제2항 또는 제42조제2항을 위반하여 대마를 폐기하지 아니하거나 처분을 거부·방해 또는 기피한

자
15. 제38조제2항을 위반하여 마약류를 판매하거나 사용한 자
16. 향정신성의약품을 취급하는 자 또는 원료물질취급자로서 정당한 이유 없이 제41조제1항(제5조의2제5항에서 준용하는 경우를 포함한다), 제42조 또는 제43조에 따른 명령을 위반하거나 거짓된 보고를 하거나 검사·수거·압류 또는 처분을 거부·방해 또는 기피한 자
17. 대마를 취급하는 자로서 정당한 이유 없이 제41조제1항(제5조의2제5항에서 준용하는 경우를 포함한다)에 따른 출입·검사 또는 수거를 거부·방해 또는 기피한 자
18. 제44조에 따른 업무정지기간에 그 업무를 하여 향정신성의약품을 취급한 자
19. 제44조에 따른 업무정지기간에 그 업무를 하여 대마를 취급한 자
20. 제51조제7항에 따른 보고를 거짓으로 한 자

제64조(벌칙) 다음 각 호의 어느 하나에 해당하는 자는 1년 이하의 징역 또는 1천만원 이하의 벌금에 처한다.
1. 제8조제2항·제3항에 따른 신고를 거짓으로 한 자
2. 제11조제1항부터 제4항까지를 위반하여 보고 또는 변경보고를 하지 아니하거나 거짓으로 보고하여 향정신성의약품을 취급한 자
3. 제12조제1항을 위반하여 거짓으로 보고하여 향정신성의약품을 취급하거나 또는 제17조에 따른 기재를 하지 아니하거나 거짓으로 기재하여 향정신성의약품을 취급한 자
4. 제36조 또는 제43조에 따른 명령을 위반하거나 보고 또는 신고를 하지 아니한 자 또는 명령을 위반하거나 거짓된 보고 또는 신고를 하여 대마를 취급한 자
5. 제12조제2항을 위반하여 향정신성의약품을 폐기한 자
6. 제12조제2항을 위반하여 대마를 폐기한 자
7. 제13조제1항을 위반하여 대마를 취급한 자
8. 제13조제1항, 제16조, 제26조제2항, 제32조제1항, 제33조제2항 또는 제34조를 위반하여 향정신성의약품을 취급한 자
9. 제13조제1항, 제33조제2항을 위반하여 마약류취급자에게 향정신성의약품을 양도 또는 인계하지 아니한 자
10. 제14조를 위반한 자
11. 제15조를 위반하여 마약류(향정신성의약품은 제외한다)를 저장한 자
12. 제26조제2항의 위반행위의 상대방이 되어 향정신성의약품을 취급한 자
13. 제35조제2항 및 제3항을 위반하여 장부를 작성하지 아니하거나 거짓으로 작성하거나 보고한 자
14. 제36조제2항 또는 제42조제2항을 위반하여 대마를 폐기하지 아니하거나 처분을 거부·방해 또는 기피한 자
15. 제38조제2항을 위반하여 마약류를 판매하거나 사용한 자
16. 향정신성의약품을 취급하는 자 또는 원료물질취급자로서 정당한 이유 없이 제41조제1항(제5조의2제5항에서 준용하는 경우를 포함한다), 제42조 또는 제43조에 따른 명령을 위반하거나 거짓된 보고를 하거나 검사·수거·압류 또는 처분을 거부·방해 또는 기피한 자
17. 대마를 취급하는 자로서 정당한 이유 없이 제41조제1항(제5조의2제5항에서 준용하는 경우를 포함한다)에 따른 출입·검사 또는 수거를 거부·방해 또는 기피한 자
18. 제44조에 따른 업무정지기간에 그 업무를 하여 향정신성의약품을 취급한 자

19. 제44조에 따른 업무정지기간에 그 업무를 하여 대마를 취급한 자
20. 제51조제7항에 따른 보고를 거짓으로 한 자

제66조(자격정지 또는 벌금의 병과) ① 제58조 및 제59조에서 정한 죄에 대하여는 10년 이하의 자격정지 또는 1억원 이하의 벌금을 병과(倂科)할 수 있다.
② 제60조부터 제64조까지의 규정에서 정한 죄를 범한 자에 대하여는 5년 이하의 자격정지 또는 각 해당 조문의 벌금(징역에 처하는 경우만 해당한다)을 병과할 수 있다.
[전문개정 2011.6.7.]

제67조(몰수) 이 법에 규정된 죄에 제공한 마약류 · 임시마약류 및 시설 · 장비 · 자금 또는 운반 수단과 그로 인한 수익금은 몰수한다. 다만, 이를 몰수할 수 없는 경우에는 그 가액(價額)을 추징한다.
[전문개정 2011.6.7.]

국민보호와 공공안전을 위한 테러방지법

제1조(목적)

이 법은 테러의 예방 및 대응 활동 등에 관하여 필요한 사항과 테러로 인한 피해보전 등을 규정함으로써 테러로부터 국민의 생명과 재산을 보호하고 국가 및 공공의 안전을 확보하는 것을 목적으로 한다.

제2조(정의) 이 법에서 사용하는 용어의 뜻은 다음과 같다.

테러	국가·지방자치단체 또는 외국 정부(외국 지방자치단체와 조약 또는 그 밖의 국제적인 협약에 따라 설립된 국제기구를 포함한다)의 권한행사를 방해하거나 의무 없는 일을 하게 할 목적 또는 공중을 협박할 목적으로 하는 다음 각 목의 행위를 말한다. 가. 사람을 살해하거나 사람의 신체를 상해하여 생명에 대한 위험을 발생하게 하는 행위 또는 사람을 체포·감금·약취·유인하거나 인질로 삼는 행위 나. 항공기(「항공법」 제2조제1호의 항공기를 말한다. 이하 이 목에서 같다)와 관련된 다음 각각의 어느 하나에 해당하는 행위 1) 운항중(「항공보안법」 제2조제1호의 운항중을 말한다. 이하 이 목에서 같다)인 항공기를 추락시키거나 전복·파괴하는 행위, 그 밖에 운항중인 항공기의 안전을 해칠 만한 손괴를 가하는 행위 2) 폭행이나 협박, 그 밖의 방법으로 운항중인 항공기를 강탈하거나 항공기의 운항을 강제하는 행위 3) 항공기의 운항과 관련된 항공시설을 손괴하거나 조작을 방해하여 항공기의 안전운항에 위해를 가하는 행위 다. 선박(「선박 및 해상구조물에 대한 위해행위의 처벌 등에 관한 법률」 제2조제1호 본문의 선박을 말한다. 이하 이 목에서 같다) 또는 해상구조물(같은 법 제2조제5호의 해상구조물을 말한다. 이하 이 목에서 같다)과 관련된 다음 각각의 어느 하나에 해당하는 행위 1) 운항(같은 법 제2조제2호의 운항을 말한다. 이하 이 목에서 같다) 중인 선박 또는 해상구조물을 파괴하거나, 그 안전을 위태롭게 할 만한 정도의 손상을 가하는 행위(운항 중인 선박이나 해상구조물에 실려 있는 화물에 손상을 가하는 행위를 포함한다) 2) 폭행이나 협박, 그 밖의 방법으로 운항 중인 선박 또는 해상구조물을 강탈하거나 선박의 운항을 강제하는 행위 3) 운항 중인 선박의 안전을 위태롭게 하기 위하여 그 선박 운항과 관련된 기기·시설을 파괴하거나 중대한 손상을 가하거나 기능장애 상태를 야기하는 행위 라. 사망·중상해 또는 중대한 물적 손상을 유발하도록 제작되거나 그러한 위력을 가진 생화학·폭발성·소이성(燒夷性) 무기나 장치를 다음 각각의 어느 하나에 해당하는 차량 또는 시설에 배치하거나 폭발시키거나 그 밖의 방법으로 이를 사용하는 행위 1) 기차·전차·자동차 등 사람 또는 물건의 운송에 이용되는 차량으로서 공중이 이용하는 차량 2) 1)에 해당하는 차량의 운행을 위하여 이용되는 시설 또는 도로, 공원, 역, 그 밖에 공중이 이용하는 시설 3) 전기나 가스를 공급하기 위한 시설, 공중의 음용수를 공급하는 수도, 전기통신을 이용하기 위한 시설 및 그 밖의 시설로서 공용으로 제공되거나 공중이 이용하는 시설 4) 석유, 가연성 가스, 석탄, 그 밖의 연료 등의 원료가 되는 물질을 제조 또는 정제하거나 연료로 만들기 위하여 처리·수송 또는 저장하는 시설 5) 공중이 출입할 수 있는 건조물·항공기·선박으로서 1)부터 4)까지에 해당하는 것을 제외한 시설

	마. 핵물질(「원자력시설 등의 방호 및 방사능 방재 대책법」 제2조제1호의 핵물질을 말한다. 이하 이 목에서 같다), 방사성물질(「원자력안전법」 제2조제5호의 방사성물질을 말한다. 이하 이 목에서 같다) 또는 원자력시설(「원자력시설 등의 방호 및 방사능 방재 대책법」 제2조제2호의 원자력시설을 말한다. 이하 이 목에서 같다)과 관련된 다음 각각의 어느 하나에 해당하는 행위 1) 원자로를 파괴하여 사람의 생명·신체 또는 재산을 해하거나 그 밖에 공공의 안전을 위태롭게 하는 행위 2) 방사성물질 등과 원자로 및 관계 시설, 핵연료주기시설 또는 방사선발생장치를 부당하게 조작하여 사람의 생명이나 신체에 위험을 가하는 행위 3) 핵물질을 수수·소지·소유·보관·사용·운반·개조·처분 또는 분산하는 행위 4) 핵물질이나 원자력시설을 파괴·손상 또는 그 원인을 제공하거나 원자력시설의 정상적인 운전을 방해하여 방사성물질을 배출하거나 방사선을 노출하는 행위
테러단체	국제연합(UN)이 지정한 테러단체
테러위험인물	테러단체의 조직원이거나 테러단체 선전, 테러자금 모금·기부, 그 밖에 테러 예비·음모·선전·선동을 하였거나 하였다고 의심할 상당한 이유가 있는 사람
외국인 테러전투원	테러를 실행·계획·준비하거나 테러에 참가할 목적으로 국적국이 아닌 국가의 테러단체에 가입하거나 가입하기 위하여 이동 또는 이동을 시도하는 내국인·외국인
테러자금	공중 등 협박목적 및 대량살상무기확산을 위한 자금조달행위의 금지에 관한 법률」 제2조제1호에 따른 공중 등 협박목적을 위한 자금
대테러활동	제1호의 테러 관련 정보의 수집, 테러위험인물의 관리, 테러에 이용될 수 있는 위험물질 등 테러수단의 안전관리, 인원·시설·장비의 보호, 국제행사의 안전확보, 테러위협에의 대응 및 무력진압 등 테러 예방과 대응에 관한 제반 활동
관계기관	대테러활동을 수행하는 국가기관, 지방자치단체, 그 밖에 대통령령으로 정하는 기관
대테러조사	대테러활동에 필요한 정보나 자료를 수집하기 위하여 현장조사·문서열람·시료채취 등을 하거나 조사대상자에게 자료제출 및 진술을 요구하는 활동

제5조(국가테러대책위원회)

① 대테러활동에 관한 정책의 중요사항을 심의·의결하기 위하여 국가테러대책위원회(이하 "대책위원회"라 한다)를 둔다.

② 대책위원회는 국무총리 및 관계기관의 장 중 대통령령으로 정하는 사람으로 구성하고 위원장은 국무총리로 한다.

③ 대책위원회는 다음 각 호의 사항을 심의·의결한다.

1. 대테러활동에 관한 국가의 정책 수립 및 평가
2. 국가 대테러 기본계획 등 중요 중장기 대책 추진사항
3. 관계기관의 대테러활동 역할 분담·조정이 필요한 사항
4. 그 밖에 위원장 또는 위원이 대책위원회에서 심의·의결할 필요가 있다고 제의하는 사항

제6조(대테러센터)

① 대테러활동과 관련하여 다음 각 호의 사항을 수행하기 위하여 국무총리 소속으로 관계기관 공무원으로 구성되는 대테러센터를 둔다.

1. 국가 대테러활동 관련 임무분담 및 협조사항 실무 조정
2. 장단기 국가대테러활동 지침 작성·배포
3. 테러경보 발령
4. 국가 중요행사 대테러안전대책 수립
5. 대책위원회의 회의 및 운영에 필요한 사무의 처리
6. 그 밖에 대책위원회에서 심의·의결한 사항

② 대테러센터의 조직·정원 및 운영에 관한 사항은 대통령령으로 정한다.
③ 대테러센터 소속 직원의 인적사항은 공개하지 아니할 수 있다.

제7조(대테러 인권보호관)

① 관계기관의 대테러활동으로 인한 국민의 기본권 침해 방지를 위하여 대책위원회 소속으로 대테러 인권보호관(이하 "인권보호관"이라 한다) 1명을 둔다.

제8조(전담조직의 설치)

① 관계기관의 장은 테러 예방 및 대응을 위하여 필요한 전담조직을 둘 수 있다.

제9조(테러위험인물에 대한 정보 수집 등)

① 국가정보원장은 테러위험인물에 대하여 출입국·금융거래 및 통신이용 등 관련 정보를 수집할 수 있다. 이 경우 출입국·금융거래 및 통신이용 등 관련 정보의 수집에 있어서는 「출입국관리법」, 「관세법」, 「특정 금융거래정보의 보고 및 이용 등에 관한 법률」, 「통신비밀보호법」의 절차에 따른다.
② 국가정보원장은 제1항에 따른 정보 수집 및 분석의 결과 테러에 이용되었거나 이용될 가능성이 있는 금융거래에 대하여 지급정지 등의 조치를 취하도록 금융위원회 위원장에게 요청할 수 있다.
③ 국가정보원장은 테러위험인물에 대한 개인정보(「개인정보 보호법」상 민감정보를 포함한다)와 위치정보를 「개인정보 보호법」 제2조의 개인정보처리자와 「위치정보의 보호 및 이용 등에 관한 법률」 제5조의 위치정보사업자에게 요구할 수 있다.
④ 국가정보원장은 대테러활동에 필요한 정보나 자료를 수집하기 위하여 대테러조사 및 테러위험인물에 대한 추적을 할 수 있다. 이 경우 사전 또는 사후에 대책위원회 위원장에게 보고하여야 한다.

제10조(테러예방을 위한 안전관리대책의 수립)

① 관계기관의 장은 대통령령으로 정하는 국가중요시설과 많은 사람이 이용하는 시설 및 장비(이하 "테러대상시설"이라 한다)에 대한 테러예방대책과 테러의 수단으로 이용될 수 있는 폭발물·총기류·화생방물질(이하 "테러이용수단"이라 한다), 국가 중요행사에 대한 안전관리대책을 수립하여야 한다.

제11조(테러취약요인 사전제거)

① 테러대상시설 및 테러이용수단의 소유자 또는 관리자는 보안장비를 설치하는 등 테러취약요인 제거를 위하여

노력하여야 한다.

② 국가는 제1항의 테러대상시설 및 테러이용수단의 소유자 또는 관리자에게 필요한 경우 그 비용의 전부 또는 일부를 지원할 수 있다.

제12조(테러선동·선전물 긴급 삭제 등 요청)

① 관계기관의 장은 테러를 선동·선전하는 글 또는 그림, 상징적 표현물, 테러에 이용될 수 있는 폭발물 등 위험물 제조법 등이 인터넷이나 방송·신문, 게시판 등을 통해 유포될 경우 해당 기관의 장에게 긴급 삭제 또는 중단, 감독 등의 협조를 요청할 수 있다.

② 제1항의 협조를 요청받은 해당 기관의 장은 필요한 조치를 취하고 그 결과를 관계기관의 장에게 통보하여야 한다.

제13조(외국인테러전투원에 대한 규제)

① 관계기관의 장은 외국인테러전투원으로 출국하려 한다고 의심할 만한 상당한 이유가 있는 내국인·외국인에 대하여 일시 출국금지를 법무부장관에게 요청할 수 있다.

② 제1항에 따른 일시 출국금지 기간은 90일로 한다. 다만, 출국금지를 계속할 필요가 있다고 판단할 상당한 이유가 있는 경우에 관계기관의 장은 그 사유를 명시하여 연장을 요청할 수 있다.

③ 관계기관의 장은 외국인테러전투원으로 가담한 사람에 대하여 「여권법」 제13조에 따른 여권의 효력정지 및 같은 법 제12조제3항에 따른 재발급 거부를 외교부장관에게 요청할 수 있다.

제14조(신고자 보호 및 포상금) ① 국가는 「특정범죄신고자 등 보호법」에 따라 테러에 관한 신고자, 범인검거를 위하여 제보하거나 검거활동을 한 사람 또는 그 친족 등을 보호하여야 한다.

② 관계기관의 장은 테러의 계획 또는 실행에 관한 사실을 관계기관에 신고하여 테러를 사전에 예방할 수 있게 하였거나, 테러에 가담 또는 지원한 사람을 신고하거나 체포한 사람에 대하여 대통령령으로 정하는 바에 따라 포상금을 지급할 수 있다.

제15조(테러피해의 지원)

① 테러로 인하여 신체 또는 재산의 피해를 입은 국민은 관계기관에 즉시 신고하여야 한다. 다만, 인질 등 부득이한 사유로 신고할 수 없을 때에는 법률관계 또는 계약관계에 의하여 보호의무가 있는 사람이 이를 알게 된 때에 즉시 신고하여야 한다.

② 국가 또는 지방자치단체는 제1항의 피해를 입은 사람에 대하여 대통령령으로 정하는 바에 따라 치료 및 복구에 필요한 비용의 전부 또는 일부를 지원할 수 있다. 다만, 「여권법」 제17조제1항 단서에 따른 외교부장관의 허가를 받지 아니하고 방문 및 체류가 금지된 국가 또는 지역을 방문·체류한 사람에 대해서는 그러하지 아니하다.

③ 제2항에 따른 비용의 지원 기준·절차·금액 및 방법 등에 관하여 필요한 사항은 대통령령으로 정한다.

제16조(특별위로금)

① 테러로 인하여 생명의 피해를 입은 사람의 유족 또는 신체상의 장애 및 장기치료를 요하는 피해를 입은 사람에 대해서는 그 피해의 정도에 따라 등급을 정하여 특별위로금을 지급할 수 있다. 다만, 「여권법」 제17조제1항 단서에 따른 외교부장관의 허가를 받지 아니하고 방문 및 체류가 금지된 국가 또는 지역을 방문·체류한

사람에 대해서는 그러하지 아니하다.
② 제1항에 따른 특별위로금의 지급 기준·절차·금액 및 방법 등에 관하여 필요한 사항은 대통령령으로 정한다.

제17조(테러단체 구성죄 등)
① 테러단체를 구성하거나 구성원으로 가입한 사람은 다음 각 호의 구분에 따라 처벌한다.
1. 수괴(首魁)는 사형·무기 또는 10년 이상의 징역
2. 테러를 기획 또는 지휘하는 등 중요한 역할을 맡은 사람은 무기 또는 7년 이상의 징역
3. 타국의 외국인테러전투원으로 가입한 사람은 5년 이상의 징역
4. 그 밖의 사람은 3년 이상의 징역

② 테러자금임을 알면서도 자금을 조달·알선·보관하거나 그 취득 및 발생원인에 관한 사실을 가장하는 등 테러단체를 지원한 사람은 10년 이하의 징역 또는 1억원 이하의 벌금에 처한다.
③ 테러단체 가입을 지원하거나 타인에게 가입을 권유 또는 선동한 사람은 5년 이하의 징역에 처한다.
④ 제1항 및 제2항의 미수범은 처벌한다.
⑤ 제1항 및 제2항에서 정한 죄를 범할 목적으로 예비 또는 음모한 사람은 3년 이하의 징역에 처한다.
⑥ 「형법」 등 국내법에 죄로 규정된 행위가 제2조의 테러에 해당하는 경우 해당 법률에서 정한 형에 따라 처벌한다.

제18조(무고, 날조)
① 타인으로 하여금 형사처분을 받게 할 목적으로 제17조의 죄에 대하여 무고 또는 위증을 하거나 증거를 날조·인멸·은닉한 사람은 「형법」 제152조부터 제157조까지에서 정한 형에 2분의 1을 가중하여 처벌한다.
② 범죄수사 또는 정보의 직무에 종사하는 공무원이나 이를 보조하는 사람 또는 이를 지휘하는 사람이 직권을 남용하여 제1항의 행위를 한 때에도 제1항의 형과 같다. 다만, 그 법정형의 최저가 2년 미만일 때에는 이를 2년으로 한다.

제19조(세계주의) 제17조의 죄는 대한민국 영역 밖에서 범한 외국인에게도 국내법을 적용한다.

재난 및 안전관리 기본법

제1장 총칙

제1조(목적)

이 법은 각종 재난으로부터 국토를 보존하고 국민의 생명·신체 및 재산을 보호하기 위하여 국가와 지방자치단체의 재난 및 안전관리체제를 확립하고, 재난의 예방·대비·대응·복구와 안전문화활동, 그 밖에 재난 및 안전관리에 필요한 사항을 규정함을 목적으로 한다.

제2조(기본이념)

이 법은 재난을 예방하고 재난이 발생한 경우 그 피해를 최소화하는 것이 국가와 지방자치단체의 기본적 의무임을 확인하고, 모든 국민과 국가·지방자치단체가 국민의 생명 및 신체의 안전과 재산보호에 관련된 행위를 할 때에는 안전을 우선적으로 고려함으로써 국민이 재난으로부터 안전한 사회에서 생활할 수 있도록 함을 기본이념으로 한다.

제3조(정의) 이 법에서 사용하는 용어의 뜻은 다음과 같다.

1. " "이란

재난	국민의 생명·신체·재산과 국가에 피해를 주거나 줄 수 있는 것으로서 다음 각 목의 것을 말한다. 가. 자연재난: 태풍, 홍수, 호우(豪雨), 강풍, 풍랑, 해일(海溢), 대설, 낙뢰, 가뭄, 지진, 황사(黃砂), 조류(藻類) 대발생, 조수(潮水), 화산활동, 소행성·유성체 등 자연우주물체의 추락·충돌, 그 밖에 이에 준하는 자연현상으로 인하여 발생하는 재해 나. 사회재난: 화재·붕괴·폭발·교통사고(항공사고 및 해상사고를 포함한다)·화생방사고·환경오염사고 등으로 인하여 발생하는 대통령령으로 정하는 규모 이상의 피해와 에너지·통신·교통·금융·의료·수도 등 국가기반체계의 마비, 「감염병의 예방 및 관리에 관한 법률」에 따른 감염병 또는 「가축전염병예방법」에 따른 가축전염병의 확산 등으로 인한 피해
해외재난	대한민국의 영역 밖에서 대한민국 국민의 생명·신체 및 재산에 피해를 주거나 줄 수 있는 재난으로서 정부차원에서 대처할 필요가 있는 재난
재난관리	재난의 예방·대비·대응 및 복구를 위하여 하는 모든 활동
안전관리	재난이나 그 밖의 각종 사고로부터 사람의 생명·신체 및 재산의 안전을 확보하기 위하여 하는 모든 활동
안전기준	각종 시설 및 물질 등의 제작, 유지관리 과정에서 안전을 확보할 수 있도록 적용하여야 할 기술적 기준을 체계화한 것을 말하며, 안전기준의 분야, 범위 등
재난관리책임기관	재난관리업무를 하는 다음 각 목의 기관을 말한다. 가. 중앙행정기관 및 지방자치단체(「제주특별자치도 설치 및 국제자유도시 조성을 위한 특별법」 제10조제2항에 따른 행정시를 포함한다) 나. 지방행정기관·공공기관·공공단체(공공기관 및 공공단체의 지부 등 지방조직을 포함한다) 및 재난관리의 대상이 되는 중요시설의 관리기관 등으로서 대통령령으로 정하는 기관

재난관리주관기관	재난이나 그 밖의 각종 사고에 대하여 그 유형별로 예방·대비·대응 및 복구 등의 업무를 주관하여 수행하도록 대통령령으로 정하는 관계 중앙행정기관
긴급구조	재난이 발생할 우려가 현저하거나 재난이 발생하였을 때에 국민의 생명·신체 및 재산을 보호하기 위하여 긴급구조기관과 긴급구조지원기관이 하는 인명구조, 응급처치, 그 밖에 필요한 모든 긴급한 조치
긴급구조기관	다음 각 목의 어느 하나에 해당하는 기관을 말한다. 가. 국민안전처 나. 소방본부 및 지방해양경비안전본부 다. 소방서 및 해양경비안전서
긴급구조지원기관	긴급구조에 필요한 인력·시설 및 장비, 운영체계 등 긴급구조능력을 보유한 기관이나 단체로서 대통령령으로 정하는 기관과 단체
국가재난관리기준	모든 유형의 재난에 공통적으로 활용할 수 있도록 재난관리의 전 과정을 통일적으로 단순화·체계화한 것으로서 국민안전처장관이 고시한 것
안전문화활동	안전교육, 안전훈련, 홍보 등을 통하여 안전에 관한 가치와 인식을 높이고 안전을 생활화하도록 하는 등 재난이나 그 밖의 각종 사고로부터 안전한 사회를 만들어가기 위한 활동을
재난관리정보	재난관리를 위하여 필요한 재난상황정보, 동원가능 자원정보, 시설물정보, 지리정보
재난안전통신망	재난관리책임기관·긴급구조기관 및 긴급구조지원기관이 재난관리업무에 이용하거나 재난현장에서의 통합지휘에 활용하기 위하여 구축·운영하는 무선통신망

제21조(해외재난상황의 보고 및 관리)

① 재외공관의 장은 관할 구역에서 해외재난이 발생하거나 발생할 우려가 있으면 즉시 그 상황을 외교부장관에게 보고하여야 한다.

② 제1항의 보고를 받은 외교부장관은 지체 없이 해외재난 발생 또는 발생 우려 지역에 거주하거나 체류하는 대한민국 국민(이하 이 조에서 "해외재난국민"이라 한다)의 생사확인 등 안전 여부를 확인하고, 국민안전처장관 및 관계 중앙행정기관의 장과 협의하여 해외재난국민의 보호를 위한 방안을 마련하여 시행하여야 한다.

③ 해외재난국민의 가족 등은 외교부장관에게 해외재난국민의 생사확인 등 안전 여부 확인을 요청할 수 있다. 이 경우 외교부장관은 특별한 사유가 없으면 그 요청에 따라야 한다.

④ 제2항 및 제3항에 따른 안전 여부 확인과 가족 등의 범위는 대통령령으로 정한다.

제3장 안전관리계획

제22조(국가안전관리기본계획의 수립 등) ① 국무총리는 대통령령으로 정하는 바에 따라 국가의 재난 및 안전관리업무에 관한 기본계획(이하 "국가안전관리기본계획"이라 한다)의 수립지침을 작성하여 관계 중앙행정기관의 장에게 시달하여야 한다.

② 제1항에 따른 수립지침에는 부처별로 중점적으로 추진할 안전관리기본계획의 수립에 관한 사항과 국가재난관리체계의 기본방향이 포함되어야 한다.

③ 관계 중앙행정기관의 장은 제1항에 따른 수립지침에 따라 그 소관에 속하는 재난 및 안전관리업무에 관한 기

본계획을 작성한 후 국무총리에게 제출하여야 한다.
④ 국무총리는 제3항에 따라 관계 중앙행정기관의 장이 제출한 기본계획을 종합하여 국가안전관리기본계획을 작성하여 중앙위원회의 심의를 거쳐 확정한 후 이를 관계 중앙행정기관의 장에게 시달하여야 한다.
⑤ 중앙행정기관의 장은 제4항에 따라 확정된 국가안전관리기본계획 중 그 소관 사항을 관계 재난관리책임기관(중앙행정기관과 지방자치단체는 제외한다)의 장에게 시달하여야 한다.
⑥ 국가안전관리기본계획을 변경하는 경우에는 제1항부터 제5항까지를 준용한다.
⑦ 국가안전관리기본계획과 제23조의 집행계획, 제24조의 시·도안전관리계획 및 제25조의 시·군·구안전관리계획은 「민방위기본법」에 따른 민방위계획 중 재난관리분야의 계획으로 본다.
⑧ 국가안전관리기본계획의 구체적인 내용은 대통령령으로 정한다.
[전문개정 2010.6.8.]

제6장 재난의 대응

제1절 응급조치 등

제36조(재난사태 선포) ① 국민안전처장관은 대통령령으로 정하는 재난이 발생하거나 발생할 우려가 있는 경우 사람의 생명·신체 및 재산에 미치는 중대한 영향이나 피해를 줄이기 위하여 긴급한 조치가 필요하다고 인정하면 중앙위원회의 심의를 거쳐 재난사태를 선포할 수 있다. 다만, 국민안전처장관은 재난상황이 긴급하여 중앙위원회의 심의를 거칠 시간적 여유가 없다고 인정하는 경우에는 중앙위원회의 심의를 거치지 아니하고 재난사태를 선포할 수 있다.
② 국민안전처장관은 제1항 단서에 따라 재난사태를 선포한 경우에는 지체 없이 중앙위원회의 승인을 받아야 하고, 승인을 받지 못하면 선포된 재난사태를 즉시 해제하여야 한다.
③ 국민안전처장관 및 지방자치단체의 장은 제1항에 따라 재난사태가 선포된 지역에 대하여 다음 각 호의 조치를 할 수 있다.
1. 재난경보의 발령, 인력·장비 및 물자의 동원, 위험구역 설정, 대피명령, 응급지원 등 이 법에 따른 응급조치
2. 해당 지역에 소재하는 행정기관 소속 공무원의 비상소집
3. 해당 지역에 대한 여행 등 이동 자제 권고
4. 그 밖에 재난예방에 필요한 조치
④ 국민안전처장관은 재난으로 인한 위험이 해소되었다고 인정하는 경우 또는 재난이 추가적으로 발생할 우려가 없어진 경우에는 선포된 재난사태를 즉시 해제하여야 한다

제38조(위기경보의 발령 등)
① 재난관리주관기관의 장은 대통령령으로 정하는 재난에 대한 징후를 식별하거나 재난발생이 예상되는 경우에는 그 위험 수준, 발생 가능성 등을 판단하여 그에 부합되는 조치를 할 수 있도록 위기경보를 발령할 수 있다. 다만, 제34조의5제1항제1호 단서의 상황인 경우에는 국민안전처장관이 위기경보를 발령할 수 있다.
② 제1항에 따른 위기경보는 재난 피해의 전개 속도, 확대 가능성 등 재난상황의 심각성을 종합적으로 고려하여 관심·주의·경계·심각으로 구분할 수 있다. 다만, 다른 법령에서 재난 위기경보의 발령 기준을 따로 정하고 있는 경우에는 그 기준을 따른다.

제41조(위험구역의 설정)

① 시장·군수·구청장과 지역통제단장(대통령령으로 정하는 권한을 행사하는 경우에만 해당한다. 이하 이 조에서 같다)은 재난이 발생하거나 발생할 우려가 있는 경우에 사람의 생명 또는 신체에 대한 위해 방지나 질서의 유지를 위하여 필요하면 위험구역을 설정하고, 응급조치에 종사하지 아니하는 사람에게 다음 각 호의 조치를 명할 수 있다.

1. 위험구역에 출입하는 행위나 그 밖의 행위의 금지 또는 제한
2. 위험구역에서의 퇴거 또는 대피

제2절 특별재난지역 선포 및 지원

제60조(특별재난지역의 선포)

① 중앙대책본부장은 대통령령으로 정하는 규모의 재난이 발생하여 국가의 안녕 및 사회질서의 유지에 중대한 영향을 미치거나 피해를 효과적으로 수습하기 위하여 특별한 조치가 필요하다고 인정하거나 제3항에 따른 지역대책본부장의 요청이 타당하다고 인정하는 경우에는 중앙위원회의 심의를 거쳐 해당 지역을 특별재난지역으로 선포할 것을 대통령에게 건의할 수 있다.

② 제1항에 따라 특별재난지역의 선포를 건의받은 대통령은 해당 지역을 특별재난지역으로 선포할 수 있다.

③ 지역대책본부장은 관할지역에서 발생한 재난으로 인하여 제1항에 따른 사유가 발생한 경우에는 중앙대책본부장에게 특별재난지역의 선포 건의를 요청할 수 있다.

제61조(특별재난지역에 대한 지원)

국가나 지방자치단체는 제60조에 따라 특별재난지역으로 선포된 지역에 대하여는 제66조제3항에 따른 지원을 하는 외에 대통령령으로 정하는 바에 따라 응급대책 및 재난구호와 복구에 필요한 행정상·재정상·금융상·의료상의 특별지원을 할 수 있다.

제66조의3(국민안전의 날 등)

① 국가는 국민의 안전의식 수준을 높이기 위하여 매년 4월 16일을 국민안전의 날로 정하여 필요한 행사 등을 한다.

경찰비상업무규칙

제1장 총 칙

제1조(목적)

이 훈령은 경찰공무원복무규정 제14조제2항 및 국가공무원당직및비상근무규칙 제30조제2항의 규정에 의거 치안상의 비상상황에 대하여 정황에 따른 지역별, 기능별 경찰력의 운용과 활동체계를 규정함으로써 비상상황에 효율적으로 대응함을 목적으로 한다.

제2조(정의)

비상상황	대간첩·테러, 대규모 재난 등의 긴급 상황이 발생하거나 발생할 우려가 있는 경우 또는 다수의 경력을 동원해야 할 치안수요가 발생하여 치안활동을 강화할 필요가 있는 때
지휘선상 위치 근무	비상연락체계를 유지하며 유사시 1시간 이내에 현장지휘 및 현장근무가 가능한 장소에 위치하는 것
정위치 근무	감독순시·현장근무 및 사무실 대기 등 관할구역 내에 위치하는 것
정착근무	사무실 또는 상황과 관련된 현장에 위치하는 것
필수요원	전 경찰관 및 일반직공무원(이하 "경찰관 등"이라 한다) 중 경찰기관의 장이 지정한 자로 비상소집시 1시간 이내에 응소하여야 할 자
일반요원	필수요원을 제외한 경찰관 등으로 비상소집시 2시간 이내에 응소하여야 할 자
가용경력	총원에서 병가·휴가·출장·교육·파견 등을 제외하고 실제 동원될 수 있는 모든 인원
소집관	비상근무발령권자로부터 권한을 위임받아 비상근무발령에 따른 비상소집을 지휘·감독하는 주무참모 또는 상황관리관(치안상황실장)

제2장 비상근무

제3조(근무방침)

① 비상근무는 비상상황 하에서 업무수행의 효율화를 도모하기 위해서 발령한다.
② 비상근무 대상은 경비, 작전, 정보(보안), 수사, 교통 업무 중 비상상황에 국한한다. 다만, 2개 이상의 기능에 관련되는 상황에 대하여는 경비비상으로 통합 단일화하여 실시한다.
③ 적용지역은 전국 또는 일정지역(지방경찰청 및 경찰서 관할)으로 구분한다. 다만, 2개 이상의 지역에 관련되는 상황은 차상급 기관에서 주관하여 실시한다.

제4조(비상근무의 종류 및 등급)

① 비상근무는 그 상황의 유형에 따라 다음과 같이 구분하여 발령한다.
  1. 경비 소관 : 경비, 작전비상

2. 정보(보안) 소관 : 정보비상
3. 수사 소관 : 수사비상
4. 교통 소관 : 교통비상

② 기능별 상황의 긴급성 및 중요도에 따라 비상등급을 다음과 같이 구분하여 실시한다.

1. 갑호 비상
2. 을호 비상
3. 병호 비상
4. 경계 강화

③ 비상근무의 종류에 따른 등급별 정황은 별표 1과 같다.

[별표 1]

비상근무의 종류별 정황

경비비상	
갑호	1. 계엄이 선포되기 전의 치안상태 2. 대규모 집단사태·테러·재난 등의 발생으로 치안질서가 극도로 혼란하게 되었거나 그 징후가 현저한 경우 3. 국제행사·기념일 등을 전후하여 치안수요의 급증으로 가용경력을 100% 동원할 필요가 있는 경우
을호	1. 대규모 집단사태·테러·재난 등의 발생으로 치안질서가 혼란하게 되었거나 그 징후가 예견되는 경우 2. 국제행사·기념일 등을 전후하여 치안수요가 증가하여 가용경력의 50%를 동원할 필요가 있는 경우
병호	1. 집단사태·테러·재난 등의 발생으로 치안질서의 혼란이 예견되는 경우 2. 국제행사·기념일 등을 전후하여 치안수요가 증가하여 가용경력의 30%를 동원할 필요가 있는 경우
작전비상	
갑호	대규모 적정이 발생하였거나 발생 징후가 현저한 경우
을호	적정이 발생하였거나 일부 적의 침투가 예상되는 경우
병호	정·첩보에 의해 적 침투에 대비한 고도의 경계강화가 필요한 경우
정보비상	
갑호	간첩 또는 정보사범 색출을 위한 경계지역 내 검문검색 필요시
을호	상기 상황하에서 특정지역·요지에 대한 검문검색 필요시
수사비상	
갑호	사회이목을 집중시킬만한 중대범죄 발생시
을호	중요범죄 사건발생시
교통비상	
갑호	농무, 풍수설해 및 화재로 극도의 교통혼란 및 사고발생시
을호	상기 징후가 예상될 시

경계강화 (기능 공통)
"병호"비상보다는 낮은 단계로, 별도의 경력동원없이 평상시보다 치안활동을 강화할 필요가 있을 때

제5조(발령)

① 비상근무의 발령권자는 다음과 같다.

1. 전국 또는 2개 이상 지방경찰청 관할지역 : 경찰청장
2. 지방경찰청 또는 2개 이상 경찰서 관할지역 : 지방경찰청장
3. 단일 경찰서 관할지역 : 경찰서장

② 비상근무의 발령권자는 비상상황이 발생하여 비상근무를 실시하고자 할 경우에는 비상근무의 목적, 지역, 기간 및 동원대상 등을 특정하여 별지 제1호 서식의 비상근무발령서에 의하여 비상근무를 발령한다.

③ 제1항제2호 · 제3호의 경우 비상근무 발령권자는 비상구분, 실시목적, 기간 및 범위, 경력 및 장비동원사항 등을 차상급 기관의 장에게 보고하여 사전에 승인을 얻어야 한다. 다만, 긴급을 요하는 경우에는 비상근무를 발령하고, 사후에 승인을 얻을 수 있다.

④ 제3항의 규정에도 불구하고 '경계강화'를 발령한 경우에는 승인을 요하지 아니한다.

⑤ 비상근무를 발령할 경우에는 정황의 특수성을 감안하여 비상근무의 목적이 원활히 달성될 수 있도록 적정한 인원, 계급, 부서를 동원하여 불필요한 동원이 없도록 하여야 한다.

제6조(해제)

① 비상근무의 발령권자는 비상상황이 종료되는 즉시 비상근무를 해제하고, 비상근무 해제시 제5조제1항제2호 · 제3호의 발령권자는 6시간 이내에 해제일시, 사유 및 비상근무결과 등을 차상급 기관의 장에게 보고한다.

② 제5조제2항 · 제3항에 의해 비상근무를 발령한 경우 차상급 기관의 장은 비상근무의 적정성을 판단하여 비상근무의 해제를 지시할 수 있으며 지시를 받은 비상근무발령권자는 즉시 비상근무를 해제하여야 한다.

제7조(근무요령)

① 비상근무 발령권자는 비상상황을 판단하여 다음의 기준에 따라 비상근무를 실시한다.

갑호 비상	가. 비상근무 갑호가 발령된 때에는 연가를 중지하고 가용경력100%까지 동원할 수 있다. 나. 지휘관(지구대장, 파출소장은 지휘관에 준한다. 이하 같다)과 참모는 정착 근무를 원칙으로 한다.
을호 비상	가. 비상근무 을호가 발령된 때에는 연가를 중지하고 가용경력50%까지 동원할 수 있다. 나. 지휘관과 참모는 정위치 근무를 원칙으로 한다.
병호 비상	가. 비상근무 병호가 발령된 때에는 부득이한 경우를 제외하고는 연가를 억제하고 가용경력 30%까지 동원할 수 있다. 나. 지휘관과 참모는 정위치 근무 또는 지휘선상 위치 근무를 원칙으로 한다.
경계 강화	가. 별도의 경력동원 없이 특정분야의 근무를 강화한다. 나. 전 경찰관은 비상연락체계를 유지하고 경찰작전부대는 상황발생시 즉각 출동이 가능하도록 출동대기 태세를 유지한다. 다. 지휘관과 참모는 지휘선상 위치 근무를 원칙으로 한다.

② 비상근무발령권자는 비상근무에 동원된 경찰관 등을 비상근무의목적과 인원 등을 감안하여 현장배치, 대기근무 등으로 편성하여운용한다.
③ 비상근무가 장기간 유지될 경우에는 비상근무의 목적과 기간 등을 종합적으로 판단하여 지휘관과 참모 및 동원 경찰관은 기본근무 복귀 또는 귀가하여 비상연락체제를 갖추도록 할 수 있다.
④ 비상등급별로 연가를 중지 또는 억제하되 경조사 휴가, 공가, 병가, 출산휴가 등 특별한 사유가 있는 경우에는 그러하지 아니하다.

제8조(연습상황의 부여금지)
비상근무기간 중에는 비상근무 발령자의 지시 또는 승인 없이 연습상황을 부여하여서는 아니 된다. 다만, 경계강화의 경우에는 그러하지 아니하다.

제3장 비상소집

제10조(비상소집)
① 정상근무시간이 아닌 때에 제5조·제6조의 규정에 의하여 비상근무를 발령하고자 할 경우 비상근무발령권자는 이를 상황관리관(치안상황실장을 포함)에게 지시하여 신속히 해당기능 및 산하경찰기관 등에 연락하도록 한다.
② 제1항의 연락을 받은 해당 기관의 치안상황실장 또는 당직 근무자는 즉시 지휘관에게 보고 후 경찰관 등의 전부 또는 일부를 지역별 또는 계급별, 기능별로 구분하여 소집되도록 연락하여야 한다.
③ 비상소집을 명할 때에는 비상근무발령서에 의하되, 비상소집 자동전파장치, 유·무선 전화, 팩스, 방송 기타 신속한 방법을 사용한다.
④ 비상근무발령권자가 아닌 경찰기관(경찰기관은 경찰공무원임용령 제26조제3항에 의한다)의 장은 자체 비상상황의 발생으로 소속 경찰관 등을 비상소집하여야 할 필요가 있다고 판단되는 경우 해당 기관의 소속 경찰관 등을 비상소집할 수 있다.

제12조(응소)
① 경찰기관의 장은 별지 제3호 서식의 응소자 명부를 작성, 비치하여야 한다.

② 비상소집명령을 전달받은 자와 이를 알게 된 경찰관 등은 소집 장소로 응소하되, 필수요원은 1시간 이내에 일반요원은 2시간 이내에 응소함을 원칙으로 한다. 다만, 교통수단이 두절되거나 없을 때에는 가까운 경찰서에 응소 후 지시에 따른다.

제4장 지휘본부의 운영

제17조(설치)
① 비상상황에서 경찰청, 지방경찰청, 경찰서 등에 경찰지휘본부를 둘 수 있다.
② 경찰지휘본부는 당해 지휘본부장이 필요하다고 인정할 때에 설치하며 경찰청 및 지방경찰청은 치안상황실에 설치함을 원칙으로 한다.
③ 각종 상황발생시 상황의 효율적인 관리를 위해 필요한 경우 현장인근에 현장지휘본부를 설치할 수 있다.

도로교통법

제1장 총칙

제1조(목적)
이 법은 도로에서 일어나는 교통상의 모든 위험과 장해를 방지하고 제거하여 안전하고 원활한 교통을 확보함을 목적으로 한다.

제2조(정의) 이 법에서 사용하는 용어의 뜻은 다음과 같다.

도로	가. 「도로법」에 따른 도로 나. 「유료도로법」에 따른 유료도로 다. 「농어촌도로 정비법」에 따른 농어촌도로 라. 그 밖에 현실적으로 불특정 다수의 사람 또는 차마(車馬)가 통행할 수 있도록 공개된 장소로서 안전하고 원활한 교통을 확보할 필요가 있는 장소
자동차 전용도로	자동차만 다닐 수 있도록 설치된 도로
고속도로	자동차의 고속 운행에만 사용하기 위하여 지정된 도로
차도	연석선(차도와 보도를 구분하는 돌 등으로 이어진 선을 말한다), 안전표지 또는 그와 비슷한 인공구조물을 이용하여 경계(境界)를 표시하여 모든 차가 통행할 수 있도록 설치된 도로의 부분
중앙선	차마의 통행 방향을 명확하게 구분하기 위하여 도로에 황색 실선(實線)이나 황색 점선 등의 안전표지로 표시한 선 또는 중앙분리대나 울타리 등으로 설치한 시설물을 말한다. 다만, 제14조제1항 후단에 따라 가변차로(可變車路)가 설치된 경우에는 신호기가 지시하는 진행방향의 가장 왼쪽에 있는 황색 점선
차로	차마가 한 줄로 도로의 정하여진 부분을 통행하도록 차선(車線)으로 구분한 차도의 부분
차선	차로와 차로를 구분하기 위하여 그 경계지점을 안전표지로 표시한 선
자전거도로	안전표지, 위험방지용 울타리나 그와 비슷한 인공구조물로 경계를 표시하여 자전거가 통행할 수 있도록 설치된 「자전거 이용 활성화에 관한 법률」 제3조 각 호의 도로
자전거횡단도	자전거가 일반도로를 횡단할 수 있도록 안전표지로 표시한 도로의 부분
보도	연석선, 안전표지나 그와 비슷한 인공구조물로 경계를 표시하여 보행자(유모차와 행정자치부령으로 정하는 보행보조용 의자차를 포함한다. 이하 같다)가 통행할 수 있도록 한 도로의 부분
길가장자리 구역	보도와 차도가 구분되지 아니한 도로에서 보행자의 안전을 확보하기 위하여 안전표지 등으로 경계를 표시한 도로의 가장자리 부분
횡단보도	보행자가 도로를 횡단할 수 있도록 안전표지로 표시한 도로의 부분
교차로	'십'자로, 'T'자로나 그 밖에 둘 이상의 도로(보도와 차도가 구분되어 있는 도로에서는 차도를 말한다)가 교차하는 부분

안전지대	도로를 횡단하는 보행자나 통행하는 차마의 안전을 위하여 안전표지나 이와 비슷한 인공구조물로 표시한 도로의 부분
신호기	도로교통에서 문자·기호 또는 등화(燈火)를 사용하여 진행·정지·방향전환·주의 등의 신호를 표시하기 위하여 사람이나 전기의 힘으로 조작하는 장치
안전표지	교통안전에 필요한 주의·규제·지시 등을 표시하는 표지판이나 도로의 바닥에 표시하는 기호·문자 또는 선 등

 # 도로교통법 시행령

제8조(안전표지) ① 법 제4조에 따른 안전표지는 다음 각 호와 같이 구분한다.

주의표지	도로상태가 위험하거나 도로 또는 그 부근에 위험물이 있는 경우에 필요한 안전조치를 할 수 있도록 이를 도로사용자에게 알리는 표지
규제표지	도로교통의 안전을 위하여 각종 제한·금지 등의 규제를 하는 경우에 이를 도로사용자에게 알리는 표지
지시표지	도로의 통행방법·통행구분 등 도로교통의 안전을 위하여 필요한 지시를 하는 경우에 도로사용자가 이에 따르도록 알리는 표지
보조표지	주의표지·규제표지 또는 지시표지의 주기능을 보충하여 도로사용자에게 알리는 표지
노면표시	도로교통의 안전을 위하여 각종 주의·규제·지시 등의 내용을 노면에 기호·문자 또는 선으로 도로사용자에게 알리는 표지

차마	가. "차"란 다음의 어느 하나에 해당하는 것을 말한다. 1) 자동차 2) 건설기계 3) 원동기장치자전거 4) 자전거 5) 사람 또는 가축의 힘이나 그 밖의 동력(動力)으로 도로에서 운전되는 것. 다만, 철길이나 가설(架設)된 선을 이용하여 운전되는 것, 유모차와 행정자치부령으로 정하는 보행보조용 의자차는 제외한다. 나. "우마"란 교통이나 운수(運輸)에 사용되는 가축을 말한다.
자동차	철길이나 가설된 선을 이용하지 아니하고 원동기를 사용하여 운전되는 차(견인되는 자동차도 자동차의 일부로 본다)로서 다음 각 목의 차를 말한다. 가. 「자동차관리법」 제3조에 따른 다음의 자동차. 다만, 원동기장치자전거는 제외한다. 1) 승용자동차 2) 승합자동차 3) 화물자동차 4) 특수자동차 5) 이륜자동차 나. 「건설기계관리법」 제26조제1항 단서에 따른 건설기계

원동기장치 자전거	가. 「자동차관리법」 제3조에 따른 이륜자동차 가운데 배기량 125시시 이하의 이륜자동차 나. 배기량 50시시 미만(전기를 동력으로 하는 경우에는 정격출력 0.59킬로와트 미만)의 원동기를 단 차
자전거	「자전거 이용 활성화에 관한 법률」 제2조제1호에 따른 자전거
자동차등	자동차와 원동기장치자전거
긴급자동차	다음 각 목의 자동차로서 그 본래의 긴급한 용도로 사용되고 있는 자동차를 말한다. 가. 소방차 나. 구급차 다. 혈액 공급차량 라. 그 밖에 대통령령으로 정하는 자동차
어린이 통학버스	다음 각 목의 시설 가운데 어린이(13세 미만인 사람을 말한다. 이하 같다)를 교육 대상으로 하는 시설에서 어린이의 통학 등에 이용되는 자동차와 「여객자동차 운수사업법」 제4조제3항에 따른 여객자동차운송사업의 한정면허를 받아 어린이를 여객대상으로 하여 운행되는 운송사업용 자동차를 말한다. 가. 「유아교육법」에 따른 유치원, 「초·중등교육법」에 따른 초등학교 및 특수학교 나. 「영유아보육법」에 따른 어린이집 다. 「학원의 설립·운영 및 과외교습에 관한 법률」에 따라 설립된 학원 라. 「체육시설의 설치·이용에 관한 법률」에 따라 설립된 체육시설

 # 도로교통법 시행령

제2조(긴급자동차의 종류)

① 「도로교통법」(이하 "법"이라 한다) 제2조제22호라목에서 "대통령령으로 정하는 자동차"란 긴급한 용도로 사용되는 다음 각 호의 어느 하나에 해당하는 자동차를 말한다. 다만, 제6호부터 제11호까지의 자동차는 이를 사용하는 사람 또는 기관 등의 신청에 의하여 지방경찰청장이 지정하는 경우로 한정한다.

법정긴급 자동차	1. 경찰용 자동차 중 범죄수사, 교통단속, 그 밖의 긴급한 경찰업무 수행에 사용되는 자동차 2. 국군 및 주한 국제연합군용 자동차 중 군 내부의 질서 유지나 부대의 질서 있는 이동을 유도(誘導)하는 데 사용되는 자동차 3. 수사기관의 자동차 중 범죄수사를 위하여 사용되는 자동차 4. 다음 각 목의 어느 하나에 해당하는 시설 또는 기관의 자동차 중 도주자의 체포 또는 수용자, 보호관찰 대상자의 호송·경비를 위하여 사용되는 자동차 가. 교도소·소년교도소 또는 구치소 나. 소년원 또는 소년분류심사원 다. 보호관찰소 5. 국내외 요인(要人)에 대한 경호업무 수행에 공무(公務)로 사용되는 자동차
지방경찰청장 지정	6. 전기사업, 가스사업, 그 밖의 공익사업을 하는 기관에서 위험 방지를 위한 응급작업에 사용되는 자동차 7. 민방위업무를 수행하는 기관에서 긴급예방 또는 복구를 위한 출동에 사용되는 자동차 8. 도로관리를 위하여 사용되는 자동차 중 도로상의 위험을 방지하기 위한 응급작업에 사용되거나 운행이 제한되는 자동차를 단속하기 위하여 사용되는 자동차 9. 전신·전화의 수리공사 등 응급작업에 사용되는 자동차

	10. 긴급한 우편물의 운송에 사용되는 자동차 11. 전파감시업무에 사용되는 자동차
준긴급 자동차	1. 제1항제1호에 따른 경찰용 긴급자동차에 의하여 유도되고 있는 자동차 2. 제1항제2호에 따른 국군 및 주한 국제연합군용의 긴급자동차에 의하여 유도되고 있는 국군 및 주한 국제연합군의 자동차 3. 생명이 위급한 환자 또는 부상자나 수혈을 위한 혈액을 운송 중인 자동차

제3조(긴급자동차의 준수 사항)
① 긴급자동차(제2조제2항에 따라 긴급자동차로 보는 자동차는 제외한다)는 다음 각 호의 사항을 준수하여야 한다. 다만, 법 제17조제3항의 속도에 관한 규정을 위반하는 자동차등을 단속하는 긴급자동차와 제2조제1항제5호에 따른 긴급자동차는 그러하지 아니하다.

1. 「자동차관리법」 제29조에 따른 자동차의 안전 운행에 필요한 기준(이하 "자동차안전기준"이라 한다)에서 정한 긴급자동차의 구조를 갖출 것

2. 사이렌을 울리거나 경광등을 켤 것(법 제29조에 따른 우선 통행, 법 제30조에 따른 특례 및 그 밖에 법에 규정된 특례를 적용받으려는 경우에만 해당한다)

② 제2조제1항제5호의 긴급자동차와 같은 조 제2항에 따라 긴급자동차로 보는 자동차는 전조등 또는 비상표시등을 켜거나 그 밖의 적당한 방법으로 긴급한 목적으로 운행되고 있음을 표시하여야 한다.

주차	운전자가 승객을 기다리거나 화물을 싣거나 차가 고장 나거나 그 밖의 사유로 차를 계속 정지 상태에 두는 것 또는 운전자가 차에서 떠나서 즉시 그 차를 운전할 수 없는 상태에 두는 것
정차	운전자가 5분을 초과하지 아니하고 차를 정지시키는 것으로서 주차 외의 정지 상태
운전	도로(제44조·제45조·제54조제1항·제148조 및 제148조의2의 경우에는 도로 외의 곳을 포함한다)에서 차마를 그 본래의 사용방법에 따라 사용하는 것(조종을 포함한다)을 말한다.
초보운전자	처음 운전면허를 받은 날(처음 운전면허를 받은 날부터 2년이 지나기 전에 운전면허의 취소처분을 받은 경우에는 그 후 다시 운전면허를 받은 날을 말한다)부터 2년이 지나지 아니한 사람을 말한다. 이 경우 원동기장치자전거면허만 받은 사람이 원동기장치자전거면허 외의 운전면허를 받은 경우에는 처음 운전면허를 받은 것으로 본다.
서행	운전자가 차를 즉시 정지시킬 수 있는 정도의 느린 속도로 진행하는 것
앞지르기	차의 운전자가 앞서가는 다른 차의 옆을 지나서 그 차의 앞으로 나가는 것
일시정지	차의 운전자가 그 차의 바퀴를 일시적으로 완전히 정지시키는 것
보행자 전용도로	보행자만 다닐 수 있도록 안전표지나 그와 비슷한 인공구조물로 표시한 도로
자동차운전 학원	자동차등의 운전에 관한 지식·기능을 교육하는 시설로서 다음 각 목의 시설 외의 시설을 말한다. 가. 교육 관계 법령에 따른 학교에서 소속 학생 및 교직원의 연수를 위하여 설치한 시설 나. 사업장 등의 시설로서 소속 직원의 연수를 위한 시설 다. 전산장치에 의한 모의운전 연습시설

	라. 지방자치단체 등이 신체장애인의 운전교육을 위하여 설치하는 시설 가운데 지방경찰청장이 인정하는 시설 마. 대가(代價)를 받지 아니하고 운전교육을 하는 시설 바. 운전면허를 받은 사람을 대상으로 다양한 운전경험을 체험할 수 있도록 하기 위하여 도로가 아닌 장소에서 운전교육을 하는 시설
모범운전자	제146조에 따라 무사고운전자 또는 유공운전자의 표시장을 받거나 2년 이상 사업용 자동차 운전에 종사하면서 교통사고를 일으킨 전력이 없는 사람으로서 경찰청장이 정하는 바에 따라 선발되어 교통안전 봉사활동에 종사하는 사람

제3조(신호기 등의 설치 및 관리)

① 특별시장·광역시장·제주특별자치도지사 또는 시장·군수(광역시의 군수는 제외한다. 이하 "시장등"이라 한다)는 도로에서의 위험을 방지하고 교통의 안전과 원활한 소통을 확보하기 위하여 필요하다고 인정하는 경우에는 신호기 및 안전표지를 설치·관리하여야 한다. 다만, 「유료도로법」 제6조에 따른 유료도로에서는 시장등의 지시에 따라 그 도로관리자가 교통안전시설을 설치·관리하여야 한다.

② 도(道)는 제1항에 따라 시장이나 군수가 교통안전시설을 설치·관리하는 데에 드는 비용의 전부 또는 일부를 시(市)나 군(郡)에 보조할 수 있다.

③ 시장등은 대통령령으로 정하는 사유로 도로에 설치된 교통안전시설을 철거하거나 원상회복이 필요한 경우에는 그 사유를 유발한 사람으로 하여금 해당 공사에 드는 비용의 전부 또는 일부를 부담하게 할 수 있다.

④ 제3항에 따른 부담금의 부과기준 및 환급에 관하여 필요한 사항은 대통령령으로 정한다.

⑤ 시장등은 제3항에 따라 부담금을 납부하여야 하는 사람이 지정된 기간에 이를 납부하지 아니하면 지방세 체납처분의 예에 따라 징수한다.

도로교통법 시행령

제86조(위임 및 위탁)

① 법 제147조제1항에 따라 특별시장·광역시장은 지방경찰청장에게 위임하고, 시장·군수(광역시의 군수는 제외한다. 이하 이 항에서 같다)는 경찰서장에게 위탁한다. 다만, 광역교통신호체계의 구성을 위하여 필요하다고 인정되는 경우 관계 시장·군수는 상호 협의하여 제1호에 따른 권한을 지방경찰청장에게 공동으로 위탁할 수 있다.	1. 교통안전시설의 설치·관리에 관한 권한 2. 유료도로 관리자에 대한 지시 권한
② 특별시장·광역시장은 다음 각 호의 권한을 관할 구역의 구청장 및 군수에게 위임	1. 구 및 군 소속 단속담당공무원의 임면권(任免權) 2. 주차위반 차에 대한 조치 권한 3. 차의 견인·보관 및 반환 업무를 대행하게 하는 권한 및 같은 조 제3항에 따른 대행 업무 수행에 필요한 조치와 교육을 명하는 권한 4. 과태료의 부과 및 징수 권한(법 제29조제4항·제5항 및 제32조부터 제34조까지의 규정을 위반한 경우만 해당한다)

③ 지방경찰청장은 법 제147조제3항에 따라 다음 각 호의 권한을 관할 경찰서장에게 위임한다.	1. 원동기장치자전거 운전면허시험 2. 임시운전증명서 발급 3. 운전면허효력 정지처분 4. 운전면허 취소처분을 위한 사전 통지 5. 자동차등의 운전 금지 6. 자격정지처분 7. 과태료(법 제160조제1항에 따른 과태료는 제외한다)의 부과 및 징수
④ 지방경찰청장은 법 제147조제3항에 따라 법 제76조제5항 및 제109조제1항에 따른 연수교육을 공단에 위탁한다.	
⑤ 지방경찰청장 또는 경찰청장은 법 제147조제5항 및 제6항에 따라 다음 각 호의 업무를 공단으로 하여금 대행하게 할 수 있다.	1. 운전면허증의 발급. 다만, 관할 경찰서장이 실시하는 원동기장치자전거 운전면허시험에 따른 운전면허증 발급은 제외한다. 2. 운전면허증의 재발급 3. 운전면허증의 갱신발급 4. 운전면허증의 반납 접수 5. 국제운전면허증의 신청 접수 및 발급 6. 강사자격증 발급 및 법 제107조제2항에 따른 기능검정원자격증의 발급

 # 도로교통법 시행령

제6조(경찰공무원을 보조하는 사람의 범위)
1. 모범운전자
2. 군사훈련 및 작전에 동원되는 부대의 이동을 유도하는 헌병
3. 본래의 긴급한 용도로 운행하는 소방차·구급차를 유도하는 소방공무원

제4조(교통안전시설의 종류 등)

교통안전시설의 종류, 교통안전시설을 만드는 방식과 설치하는 곳, 그 밖에 교통안전시설에 관하여 필요한 사항은 행정자치부령으로 정한다.

제4조의2(무인 교통단속용 장비의 설치 및 관리) ① 지방경찰청장, 경찰서장 또는 시장등은 이 법을 위반한 사실을 기록·증명하기 위하여 무인(無人) 교통단속용 장비를 설치·관리할 수 있다.

제5조(신호 또는 지시에 따를 의무)

① 도로를 통행하는 보행자와 차마의 운전자는 교통안전시설이 표시하는 신호 또는 지시와 다음 각 호의 어느 하나에 해당하는 사람이 하는 신호 또는 지시를 따라야 한다.
  1. 교통정리를 하는 국가경찰공무원(의무경찰을 포함한다. 이하 같다) 및 제주특별자치도의 자치경찰공무원(이하 "자치경찰공무원"이라 한다)
  2. 국가경찰공무원 및 자치경찰공무원(이하 "경찰공무원"이라 한다)을 보조하는 사람으로서 대통령령으로 정

하는 사람(이하 "경찰보조자"라 한다)

② 도로를 통행하는 보행자와 모든 차마의 운전자는 제1항에 따른 교통안전시설이 표시하는 신호 또는 지시와 교통정리를 하는 국가경찰공무원·자치경찰공무원 또는 경찰보조자(이하 "경찰공무원등"이라 한다)의 신호 또는 지시가 서로 다른 경우에는 경찰공무원등의 신호 또는 지시에 따라야 한다.

제5조의3(모범운전자에 대한 지원 등)

① 국가는 예산의 범위에서 모범운전자에게 대통령령으로 정하는 바에 따라 교통정리 등의 업무를 수행하는 데 필요한 복장 및 장비를 지원할 수 있다.

② 국가는 모범운전자가 교통정리 등의 업무를 수행하는 도중 부상을 입거나 사망한 경우에 이를 보상할 수 있도록 보험에 가입할 수 있다.

③ 지방자치단체는 예산의 범위에서 제5조의2에 따라 설립된 모범운전자연합회의 사업에 필요한 보조금을 지원할 수 있다.

제6조(통행의 금지 및 제한)

① 지방경찰청장은 도로에서의 위험을 방지하고 교통의 안전과 원활한 소통을 확보하기 위하여 필요하다고 인정할 때에는 구간(區間)을 정하여 보행자나 차마의 통행을 금지하거나 제한할 수 있다. 이 경우 지방경찰청장은 보행자나 차마의 통행을 금지하거나 제한한 도로의 관리청에 그 사실을 알려야 한다.

② 경찰서장은 도로에서의 위험을 방지하고 교통의 안전과 원활한 소통을 확보하기 위하여 필요하다고 인정할 때에는 우선 보행자나 차마의 통행을 금지하거나 제한한 후 그 도로관리자와 협의하여 금지 또는 제한의 대상과 구간 및 기간을 정하여 도로의 통행을 금지하거나 제한할 수 있다.

③ 지방경찰청장이나 경찰서장은 제1항이나 제2항에 따른 금지 또는 제한을 하려는 경우에는 행정자치부령으로 정하는 바에 따라 그 사실을 공고하여야 한다.

④ 경찰공무원은 도로의 파손, 화재의 발생이나 그 밖의 사정으로 인한 도로에서의 위험을 방지하기 위하여 긴급히 조치할 필요가 있을 때에는 필요한 범위에서 보행자나 차마의 통행을 일시 금지하거나 제한할 수 있다.

제2장 보행자의 통행방법

제8조(보행자의 통행)

① 보행자는 보도와 차도가 구분된 도로에서는 언제나 보도로 통행하여야 한다. 다만, 차도를 횡단하는 경우, 도로공사 등으로 보도의 통행이 금지된 경우나 그 밖의 부득이한 경우에는 그러하지 아니하다.

② 보행자는 보도와 차도가 구분되지 아니한 도로에서는 차마와 마주보는 방향의 길가장자리 또는 길가장자리구역으로 통행하여야 한다. 다만, 도로의 통행방향이 일방통행인 경우에는 차마를 마주보지 아니하고 통행할 수 있다.

③ 보행자는 보도에서는 우측통행을 원칙으로 한다.

제9조(행렬등의 통행)

① 학생의 대열과 그 밖에 보행자의 통행에 지장을 줄 우려가 있다고 인정하여 대통령령으로 정하는 사람이나 행렬(이하 "행렬등"이라 한다)은 제8조제1항 본문에도 불구하고 차도로 통행할 수 있다. 이 경우 행렬등은 차도의 우측으로 통행하여야 한다.

② 행렬등은 사회적으로 중요한 행사에 따라 시가를 행진하는 경우에는 도로의 중앙을 통행할 수 있다.
③ 경찰공무원은 도로에서의 위험을 방지하고 교통의 안전과 원활한 소통을 확보하기 위하여 필요하다고 인정할 때에는 행렬등에 대하여 구간을 정하고 그 구간에서 행렬등이 도로 또는 차도의 우측(자전거도로가 설치되어 있는 차도에서는 자전거도로를 제외한 부분의 우측을 말한다)으로 붙어서 통행할 것을 명하는 등 필요한 조치를 할 수 있다.

제10조(도로의 횡단)

① 지방경찰청장은 도로를 횡단하는 보행자의 안전을 위하여 행정자치부령으로 정하는 기준에 따라 횡단보도를 설치할 수 있다.
② 보행자는 제1항에 따른 횡단보도, 지하도, 육교나 그 밖의 도로 횡단시설이 설치되어 있는 도로에서는 그 곳으로 횡단하여야 한다. 다만, 지하도나 육교 등의 도로 횡단시설을 이용할 수 없는 지체장애인의 경우에는 다른 교통에 방해가 되지 아니하는 방법으로 도로 횡단시설을 이용하지 아니하고 도로를 횡단할 수 있다.
③ 보행자는 제1항에 따른 횡단보도가 설치되어 있지 아니한 도로에서는 가장 짧은 거리로 횡단하여야 한다.
④ 보행자는 모든 차의 바로 앞이나 뒤로 횡단하여서는 아니 된다. 다만, 횡단보도를 횡단하거나 신호기 또는 경찰공무원등의 신호나 지시에 따라 도로를 횡단하는 경우에는 그러하지 아니하다.
⑤ 보행자는 안전표지 등에 의하여 횡단이 금지되어 있는 도로의 부분에서는 그 도로를 횡단하여서는 아니 된다.

 # 도로교통법시행규칙

제11조(횡단보도의 설치기준)
지방경찰청장은 법 제10조제1항에 따라 횡단보도를 설치하고자 하는 때에는 다음 각 호의 기준에 적합하도록 하여야 한다.
1. 횡단보도에는 횡단보도표시와 횡단보도표지판을 설치할 것
2. 횡단보도를 설치하고자 하는 장소에 횡단보행자용 신호기가 설치되어 있는 경우에는 횡단보도표시를 설치할 것
3. 횡단보도를 설치하고자 하는 도로의 표면이 포장이 되지 아니하여 횡단보도표시를 할 수 없는 때에는 횡단보도표지판을 설치할 것. 이 경우 그 횡단보도표지판에 횡단보도의 너비를 표시하는 보조표지를 설치하여야 한다.
4. 횡단보도는 육교·지하도 및 다른 횡단보도로부터 200미터 이내에는 설치하지 아니할 것. 다만, 어린이 보호구역, 노인 보호구역 또는 장애인 보호구역으로 지정된 구간인 경우 또는 보행자의 안전이나 통행을 위하여 특히 필요하다고 인정되는 경우에는 그러하지 아니하다.

제11조(어린이 등에 대한 보호)

① 어린이의 보호자는 교통이 빈번한 도로에서 어린이를 놀게 하여서는 아니 되며, 영유아(6세 미만인 사람을 말한다. 이하 같다)의 보호자는 교통이 빈번한 도로에서 영유아가 혼자 보행하게 하여서는 아니 된다.
② 앞을 보지 못하는 사람(이에 준하는 사람을 포함한다. 이하 같다)의 보호자는 그 사람이 도로를 보행할 때에는 흰색 지팡이를 갖고 다니도록 하거나 앞을 보지 못하는 사람에게 길을 안내하는 개로서 행정자치부령으로 정하는 개(이하 "장애인보조견"이라 한다)를 동반하도록 하는 등 필요한 조치를 하여야 한다.
③ 어린이의 보호자는 도로에서 어린이가 자전거를 타거나 행정자치부령으로 정하는 위험성이 큰 움직이는 놀이기구를 타는 경우에는 어린이의 안전을 위하여 행정자치부령으로 정하는 인명보호 장구(裝具)를 착용하도록 하여야 한다.
④ 경찰공무원은 신체에 장애가 있는 사람이 도로를 통행하거나 횡단하기 위하여 도움을 요청하거나 도움이 필요

하다고 인정하는 경우에는 그 사람이 안전하게 통행하거나 횡단할 수 있도록 필요한 조치를 하여야 한다.

⑤ 경찰공무원은 다음 각 호의 어느 하나에 해당하는 사람을 발견한 경우에는 그들의 안전을 위하여 적절한 조치를 하여야 한다.

1. 교통이 빈번한 도로에서 놀고 있는 어린이
2. 보호자 없이 도로를 보행하는 영유아
3. 앞을 보지 못하는 사람으로서 흰색 지팡이를 가지지 아니하거나 장애인보조견을 동반하지 아니하는 등 필요한 조치를 하지 아니하고 다니는 사람
4. 횡단보도나 교통이 빈번한 도로에서 보행에 어려움을 겪고 있는 노인(65세 이상인 사람을 말한다. 이하 같다)

제12조(어린이 보호구역의 지정 및 관리)

① 시장등은 교통사고의 위험으로부터 어린이를 보호하기 위하여 필요하다고 인정하는 경우에는 다음 각 호의 어느 하나에 해당하는 시설의 주변도로 가운데 일정 구간을 어린이 보호구역으로 지정하여 자동차등의 통행속도를 시속 30킬로미터 이내로 제한할 수 있다.

1. 「유아교육법」 제2조에 따른 유치원, 「초·중등교육법」 제38조 및 제55조에 따른 초등학교 또는 특수학교
2. 「영유아보육법」 제10조에 따른 어린이집 가운데 행정자치부령으로 정하는 어린이집
3. 「학원의 설립·운영 및 과외교습에 관한 법률」 제2조에 따른 학원 가운데 행정자치부령으로 정하는 학원
4. 「초·중등교육법」 제60조의2 또는 제60조의3에 따른 외국인학교 또는 대안학교, 「제주특별자치도 설치 및 국제자유도시 조성을 위한 특별법」 제223조에 따른 국제학교 및 「경제자유구역 및 제주국제자유도시의 외국교육기관 설립·운영에 관한 특별법」 제2조제2호에 따른 외국교육기관 중 유치원·초등학교 교과과정이 있는 학교

제12조의2(노인 및 장애인 보호구역의 지정 및 관리)

① 시장등은 교통사고의 위험으로부터 노인 또는 장애인을 보호하기 위하여 필요하다고 인정하는 경우에는 제1호부터 제3호까지 및 제3호의2에 따른 시설의 주변도로 가운데 일정 구간을 노인 보호구역으로, 제4호에 따른 시설의 주변도로 가운데 일정 구간을 장애인 보호구역으로 각각 지정하여 차마의 통행을 제한하거나 금지하는 등 필요한 조치를 할 수 있다.

1. 「노인복지법」 제31조에 따른 노인복지시설 중 행정자치부령으로 정하는 시설
2. 「자연공원법」 제2조제1호에 따른 자연공원 또는 「도시공원 및 녹지 등에 관한 법률」 제2조제3호에 따른 도시공원
3. 「체육시설의 설치·이용에 관한 법률」 제6조에 따른 생활체육시설
   3의2. 그 밖에 노인이 자주 왕래하는 곳으로서 조례로 정하는 시설
4. 「장애인복지법」 제58조에 따른 장애인복지시설 중 행정자치부령으로 정하는 시설

② 제1항에 따른 노인 보호구역 또는 장애인 보호구역의 지정절차 및 기준 등에 관하여 필요한 사항은 국민안전처장관과 협의하여 보건복지부, 행정자치부 및 국토교통부의 공동부령으로 정한다.

③ 차마의 운전자는 노인 보호구역 또는 장애인 보호구역에서 제1항에 따른 조치를 준수하고 노인 또는 장애인의 안전에 유의하면서 운행하여야 한다.

제3장 차마의 통행방법 등

제13조(차마의 통행)

① 차마의 운전자는 보도와 차도가 구분된 도로에서는 차도로 통행하여야 한다. 다만, 도로 외의 곳으로 출입할 때에는 보도를 횡단하여 통행할 수 있다.

② 제1항 단서의 경우 차마의 운전자는 보도를 횡단하기 직전에 일시정지하여 좌측과 우측 부분 등을 살핀 후 보행자의 통행을 방해하지 아니하도록 횡단하여야 한다.

③ 차마의 운전자는 도로(보도와 차도가 구분된 도로에서는 차도를 말한다)의 중앙(중앙선이 설치되어 있는 경우에는 그 중앙선을 말한다. 이하 같다) 우측 부분을 통행하여야 한다.

④ 차마의 운전자는 제3항에도 불구하고 다음 각 호의 어느 하나에 해당하는 경우에는 도로의 중앙이나 좌측 부분을 통행할 수 있다.

1. 도로가 일방통행인 경우
2. 도로의 파손, 도로공사나 그 밖의 장애 등으로 도로의 우측 부분을 통행할 수 없는 경우
3. 도로 우측 부분의 폭이 6미터가 되지 아니하는 도로에서 다른 차를 앞지르려는 경우. 다만, 다음 각 목의 어느 하나에 해당하는 경우에는 그러하지 아니하다.
   가. 도로의 좌측 부분을 확인할 수 없는 경우
   나. 반대 방향의 교통을 방해할 우려가 있는 경우
   다. 안전표지 등으로 앞지르기를 금지하거나 제한하고 있는 경우
4. 도로 우측 부분의 폭이 차마의 통행에 충분하지 아니한 경우
5. 가파른 비탈길의 구부러진 곳에서 교통의 위험을 방지하기 위하여 지방경찰청장이 필요하다고 인정하여 구간 및 통행방법을 지정하고 있는 경우에 그 지정에 따라 통행하는 경우

⑤ 차마의 운전자는 안전지대 등 안전표지에 의하여 진입이 금지된 장소에 들어가서는 아니 된다.

⑥ 차마(자전거는 제외한다)의 운전자는 안전표지로 통행이 허용된 장소를 제외하고는 자전거도로 또는 길가장자리구역으로 통행하여서는 아니 된다. 다만, 「자전거 이용 활성화에 관한 법률」 제3조제4호에 따른 자전거 우선도로의 경우에는 그러하지 아니하다.

제13조의2(자전거의 통행방법의 특례)

① 자전거의 운전자는 자전거도로(제15조제1항에 따라 자전거만 통행할 수 있도록 설치된 전용차로를 포함한다. 이하 이 조에서 같다)가 따로 있는 곳에서는 그 자전거도로로 통행하여야 한다.

② 자전거의 운전자는 자전거도로가 설치되지 아니한 곳에서는 도로 우측 가장자리에 붙어서 통행하여야 한다.

③ 자전거의 운전자는 길가장자리구역(안전표지로 자전거의 통행을 금지한 구간은 제외한다)을 통행할 수 있다. 이 경우 자전거의 운전자는 보행자의 통행에 방해가 될 때에는 서행하거나 일시정지하여야 한다.

④ 자전거의 운전자는 제1항 및 제13조제1항에도 불구하고 다음 각 호의 어느 하나에 해당하는 경우에는 보도를 통행할 수 있다. 이 경우 자전거의 운전자는 보도 중앙으로부터 차도 쪽 또는 안전표지로 지정된 곳으로 서행하여야 하며, 보행자의 통행에 방해가 될 때에는 일시정지하여야 한다.

1. 어린이, 노인, 그 밖에 행정자치부령으로 정하는 신체장애인이 자전거를 운전하는 경우
2. 안전표지로 자전거 통행이 허용된 경우
3. 도로의 파손, 도로공사나 그 밖의 장애 등으로 도로를 통행할 수 없는 경우

⑤ 자전거의 운전자는 안전표지로 통행이 허용된 경우를 제외하고는 2대 이상이 나란히 차도를 통행하여서는 아니 된다.

⑥ 자전거의 운전자가 횡단보도를 이용하여 도로를 횡단할 때에는 자전거에서 내려서 자전거를 끌고 보행하여야 한다.

제14조(차로의 설치 등)

① 지방경찰청장은 차마의 교통을 원활하게 하기 위하여 필요한 경우에는 도로에 행정자치부령으로 정하는 차로를 설치할 수 있다. 이 경우 지방경찰청장은 시간대에 따라 양방향의 통행량이 뚜렷하게 다른 도로에는 교통량이 많은 쪽으로 차로의 수가 확대될 수 있도록 신호기에 의하여 차로의 진행방향을 지시하는 가변차로를 설치할 수 있다.

② 차마의 운전자는 차로가 설치되어 있는 도로에서는 이 법이나 이 법에 따른 명령에 특별한 규정이 있는 경우를 제외하고는 그 차로를 따라 통행하여야 한다. 다만, 지방경찰청장이 통행방법을 따로 지정한 경우에는 그 방법으로 통행하여야 한다.

③ 차로가 설치된 도로를 통행하려는 경우로서 차의 너비가 행정자치부령으로 정하는 차로의 너비보다 넓어 교통의 안전이나 원활한 소통에 지장을 줄 우려가 있는 경우 그 차의 운전자는 도로를 통행하여서는 아니 된다. 다만, 행정자치부령으로 정하는 바에 따라 그 차의 출발지를 관할하는 경찰서장의 허가를 받은 경우에는 그러하지 아니하다.

④ 경찰서장은 제3항 단서에 따른 허가를 받으려는 차가 「도로법」 제77조제1항 단서에 따른 운행허가를 받아야 하는 차에 해당하는 경우에는 대통령령으로 정하는 바에 따라 그 차가 통행하려는 도로의 관리청과 미리 협의하여야 하며, 이러한 협의를 거쳐 경찰서장의 허가를 받은 차는 「도로법」 제77조제1항 단서에 따른 운행허가를 받은 것으로 본다

⑤ 차마의 운전자는 안전표지가 설치되어 특별히 진로 변경이 금지된 곳에서는 차마의 진로를 변경하여서는 아니 된다. 다만, 도로의 파손이나 도로공사 등으로 인하여 장애물이 있는 경우에는 그러하지 아니하다.

제15조(전용차로의 설치)

① 시장등은 원활한 교통을 확보하기 위하여 특히 필요한 경우에는 지방경찰청장이나 경찰서장과 협의하여 도로에 전용차로(차의 종류나 승차 인원에 따라 지정된 차만 통행할 수 있는 차로를 말한다. 이하 같다)를 설치할 수 있다.

② 전용차로의 종류, 전용차로로 통행할 수 있는 차와 그 밖에 전용차로의 운영에 필요한 사항은 대통령령으로 정한다.

③ 제2항에 따라 전용차로로 통행할 수 있는 차가 아니면 전용차로로 통행하여서는 아니 된다. 다만, 긴급자동차가 그 본래의 긴급한 용도로 운행되고 있는 경우 등 대통령령으로 정하는 경우에는 그러하지 아니하다.

제15조의2(자전거횡단도의 설치 등)

① 지방경찰청장은 도로를 횡단하는 자전거 운전자의 안전을 위하여 행정자치부령으로 정하는 기준에 따라 자전거횡단도를 설치할 수 있다.

② 자전거 운전자가 자전거를 타고 자전거횡단도가 따로 있는 도로를 횡단할 때에는 자전거횡단도를 이용하여야 한다.

③ 차마의 운전자는 자전거가 자전거횡단도를 통행하고 있을 때에는 자전거의 횡단을 방해하거나 위험하게 하지

아니하도록 그 자전거횡단도 앞(정지선이 설치되어 있는 곳에서는 그 정지선을 말한다)에서 일시정지하여야 한다.

제17조(자동차등의 속도)

① 자동차등의 도로 통행 속도는 행정자치부령으로 정한다.

② 경찰청장이나 지방경찰청장은 도로에서 일어나는 위험을 방지하고 교통의 안전과 원활한 소통을 확보하기 위하여 필요하다고 인정하는 경우에는 다음 각 호의 구분에 따라 구역이나 구간을 지정하여 제1항에 따라 정한 속도를 제한할 수 있다.

1. 경찰청장: 고속도로
2. 지방경찰청장: 고속도로를 제외한 도로

③ 자동차등의 운전자는 제1항과 제2항에 따른 최고속도보다 빠르게 운전하거나 최저속도보다 느리게 운전하여서는 아니 된다. 다만, 교통이 밀리거나 그 밖의 부득이한 사유로 최저속도보다 느리게 운전할 수밖에 없는 경우에는 그러하지 아니하다.

 # 속도위반과 처벌

구 분		처벌(일반도로 승용차 기준)		
		범칙금	과태료	벌점
속도 위반	60km/h 초과	12만 원	13만 원	60점
	40~60km/h	9만 원	10만 원	30점
	20~40km/h	6만 원	7만 원	15점
	20km/h 이하	3만 원	4만 원	-

제18조(횡단 등의 금지)

① 차마의 운전자는 보행자나 다른 차마의 정상적인 통행을 방해할 우려가 있는 경우에는 차마를 운전하여 도로를 횡단하거나 유턴 또는 후진하여서는 아니 된다.

② 지방경찰청장은 도로에서의 위험을 방지하고 교통의 안전과 원활한 소통을 확보하기 위하여 특히 필요하다고 인정하는 경우에는 도로의 구간을 지정하여 차마의 횡단이나 유턴 또는 후진을 금지할 수 있다.

③ 차마의 운전자는 길가의 건물이나 주차장 등에서 도로에 들어갈 때에는 일단 정지한 후에 안전한지 확인하면서 서행하여야 한다.

제19조(안전거리 확보 등)

① 모든 차의 운전자는 같은 방향으로 가고 있는 앞차의 뒤를 따르는 경우에는 앞차가 갑자기 정지하게 되는 경우 그 앞차와의 충돌을 피할 수 있는 필요한 거리를 확보하여야 한다.

② 자동차등의 운전자는 같은 방향으로 가고 있는 자전거 운전자에 주의하여야 하며, 그 옆을 지날 때에는 자전거와의 충돌을 피할 수 있는 필요한 거리를 확보하여야 한다.

③ 모든 차의 운전자는 차의 진로를 변경하려는 경우에 그 변경하려는 방향으로 오고 있는 다른 차의 정상적인

통행에 장애를 줄 우려가 있을 때에는 진로를 변경하여서는 아니 된다.

④ 모든 차의 운전자는 위험방지를 위한 경우와 그 밖의 부득이한 경우가 아니면 운전하는 차를 갑자기 정지시키거나 속도를 줄이는 등의 급제동을 하여서는 아니 된다.

제20조(진로 양보의 의무)

① 모든 차(긴급자동차는 제외한다)의 운전자는 뒤에서 따라오는 차보다 느린 속도로 가려는 경우에는 도로의 우측 가장자리로 피하여 진로를 양보하여야 한다. 다만, 통행 구분이 설치된 도로의 경우에는 그러하지 아니하다.

② 좁은 도로에서 긴급자동차 외의 자동차가 서로 마주보고 진행할 때에는 다음 각 호의 구분에 따른 자동차가 도로의 우측 가장자리로 피하여 진로를 양보하여야 한다.

1. 비탈진 좁은 도로에서 자동차가 서로 마주보고 진행하는 경우에는 올라가는 자동차
2. 비탈진 좁은 도로 외의 좁은 도로에서 사람을 태웠거나 물건을 실은 자동차와 동승자(同乘者)가 없고 물건을 싣지 아니한 자동차가 서로 마주보고 진행하는 경우에는 동승자가 없고 물건을 싣지 아니한 자동차

제21조(앞지르기 방법 등)

① 모든 차의 운전자는 다른 차를 앞지르려면 앞차의 좌측으로 통행하여야 한다.

② 자전거의 운전자는 서행하거나 정지한 다른 차를 앞지르려면 제1항에도 불구하고 앞차의 우측으로 통행할 수 있다. 이 경우 자전거의 운전자는 정지한 차에서 승차하거나 하차하는 사람의 안전에 유의하여 서행하거나 필요한 경우 일시정지하여야 한다.

③ 제1항과 제2항의 경우 앞지르려고 하는 모든 차의 운전자는 반대방향의 교통과 앞차 앞쪽의 교통에도 주의를 충분히 기울여야 하며, 앞차의 속도·진로와 그 밖의 도로상황에 따라 방향지시기·등화 또는 경음기(警音機)를 사용하는 등 안전한 속도와 방법으로 앞지르기를 하여야 한다.

④ 모든 차의 운전자는 제1항부터 제3항까지 또는 제60조제2항에 따른 방법으로 앞지르기를 하는 차가 있을 때에는 속도를 높여 경쟁하거나 그 차의 앞을 가로막는 등의 방법으로 앞지르기를 방해하여서는 아니 된다.

제22조(앞지르기 금지의 시기 및 장소)

① 모든 차의 운전자는 다음 각 호의 어느 하나에 해당하는 경우에는 앞차를 앞지르지 못한다.	1. 앞차의 좌측에 다른 차가 앞차와 나란히 가고 있는 경우 2. 앞차가 다른 차를 앞지르고 있거나 앞지르려고 하는 경우
② 모든 차의 운전자는 다음 각 호의 어느 하나에 해당하는 다른 차를 앞지르지 못한다.	1. 이 법이나 이 법에 따른 명령에 따라 정지하거나 서행하고 있는 차 2. 경찰공무원의 지시에 따라 정지하거나 서행하고 있는 차 3. 위험을 방지하기 위하여 정지하거나 서행하고 있는 차
③ 모든 차의 운전자는 다음 각 호의 어느 하나에 해당하는 곳에서는 다른 차를 앞지르지 못한다.	1. 교차로 2. 터널 안 3. 다리 위 4. 도로의 구부러진 곳, 비탈길의 고갯마루 부근 또는 가파른 비탈길의 내리막 등 지방경찰청장이 도로에서의 위험을 방지하고 교통의 안전과 원활한 소통을 확보하기 위하여 필요하다고 인정하는 곳으로서 안전표지로 지정한 곳

第23조(끼어들기의 금지)

모든 차의 운전자는 제22조제2항 각 호의 어느 하나에 해당하는 다른 차 앞으로 끼어들지 못한다.

第24조(철길 건널목의 통과)

① 모든 차의 운전자는 철길 건널목(이하 "건널목"이라 한다)을 통과하려는 경우에는 건널목 앞에서 일시정지하여 안전한지 확인한 후에 통과하여야 한다. 다만, 신호기 등이 표시하는 신호에 따르는 경우에는 정지하지 아니하고 통과할 수 있다.

② 모든 차의 운전자는 건널목의 차단기가 내려져 있거나 내려지려고 하는 경우 또는 건널목의 경보기가 울리고 있는 동안에는 그 건널목으로 들어가서는 아니 된다.

③ 모든 차의 운전자는 건널목을 통과하다가 고장 등의 사유로 건널목 안에서 차를 운행할 수 없게 된 경우에는 즉시 승객을 대피시키고 비상신호기 등을 사용하거나 그 밖의 방법으로 철도공무원이나 경찰공무원에게 그 사실을 알려야 한다.

第25조(교차로 통행방법)

① 모든 차의 운전자는 교차로에서 우회전을 하려는 경우에는 미리 도로의 우측 가장자리를 서행하면서 우회전하여야 한다. 이 경우 우회전하는 차의 운전자는 신호에 따라 정지하거나 진행하는 보행자 또는 자전거에 주의하여야 한다.

② 모든 차의 운전자는 교차로에서 좌회전을 하려는 경우에는 미리 도로의 중앙선을 따라 서행하면서 교차로의 중심 안쪽을 이용하여 좌회전하여야 한다. 다만, 지방경찰청장이 교차로의 상황에 따라 특히 필요하다고 인정하여 지정한 곳에서는 교차로의 중심 바깥쪽을 통과할 수 있다.

③ 제2항에도 불구하고 자전거의 운전자는 교차로에서 좌회전하려는 경우에는 미리 도로의 우측 가장자리로 붙어 서행하면서 교차로의 가장자리 부분을 이용하여 좌회전하여야 한다.

④ 제1항부터 제3항까지의 규정에 따라 우회전이나 좌회전을 하기 위하여 손이나 방향지시기 또는 등화로써 신호를 하는 차가 있는 경우에 그 뒤차의 운전자는 신호를 한 앞차의 진행을 방해하여서는 아니 된다.

⑤ 모든 차의 운전자는 신호기로 교통정리를 하고 있는 교차로에 들어가려는 경우에는 진행하려는 진로의 앞쪽에 있는 차의 상황에 따라 교차로(정지선이 설치되어 있는 경우에는 그 정지선을 넘은 부분을 말한다)에 정지하게 되어 다른 차의 통행에 방해가 될 우려가 있는 경우에는 그 교차로에 들어가서는 아니 된다.

⑥ 모든 차의 운전자는 교통정리를 하고 있지 아니하고 일시정지나 양보를 표시하는 안전표지가 설치되어 있는 교차로에 들어가려고 할 때에는 다른 차의 진행을 방해하지 아니하도록 일시정지하거나 양보하여야 한다.

第26조(교통정리가 없는 교차로에서의 양보운전)

① 교통정리를 하고 있지 아니하는 교차로에 들어가려고 하는 차의 운전자는 이미 교차로에 들어가 있는 다른 차가 있을 때에는 그 차에 진로를 양보하여야 한다.

② 교통정리를 하고 있지 아니하는 교차로에 들어가려고 하는 차의 운전자는 그 차가 통행하고 있는 도로의 폭보다 교차하는 도로의 폭이 넓은 경우에는 서행하여야 하며, 폭이 넓은 도로로부터 교차로에 들어가려고 하는 다른 차가 있을 때에는 그 차에 진로를 양보하여야 한다.

③ 교통정리를 하고 있지 아니하는 교차로에 동시에 들어가려고 하는 차의 운전자는 우측도로의 차에 진로를 양보하여야 한다.

④ 교통정리를 하고 있지 아니하는 교차로에서 좌회전하려고 하는 차의 운전자는 그 교차로에서 직진하거나 우회

전하려는 다른 차가 있을 때에는 그 차에 진로를 양보하여야 한다.

제27조(보행자의 보호)

① 모든 차의 운전자는 보행자(제13조의2제6항에 따라 자전거에서 내려서 자전거를 끌고 통행하는 자전거 운전자를 포함한다)가 횡단보도를 통행하고 있을 때에는 보행자의 횡단을 방해하거나 위험을 주지 아니하도록 그 횡단보도 앞(정지선이 설치되어 있는 곳에서는 그 정지선을 말한다)에서 일시정지하여야 한다.

② 모든 차의 운전자는 교통정리를 하고 있는 교차로에서 좌회전이나 우회전을 하려는 경우에는 신호기 또는 경찰공무원등의 신호나 지시에 따라 도로를 횡단하는 보행자의 통행을 방해하여서는 아니 된다.

③ 모든 차의 운전자는 교통정리를 하고 있지 아니하는 교차로 또는 그 부근의 도로를 횡단하는 보행자의 통행을 방해하여서는 아니 된다.

④ 모든 차의 운전자는 도로에 설치된 안전지대에 보행자가 있는 경우와 차로가 설치되지 아니한 좁은 도로에서 보행자의 옆을 지나는 경우에는 안전한 거리를 두고 서행하여야 한다.

⑤ 모든 차의 운전자는 보행자가 제10조제3항에 따라 횡단보도가 설치되어 있지 아니한 도로를 횡단하고 있을 때에는 안전거리를 두고 일시정지하여 보행자가 안전하게 횡단할 수 있도록 하여야 한다.

제28조(보행자전용도로의 설치)

① 지방경찰청장이나 경찰서장은 보행자의 통행을 보호하기 위하여 특히 필요한 경우에는 도로에 보행자전용도로를 설치할 수 있다.

② 차마의 운전자는 제1항에 따른 보행자전용도로를 통행하여서는 아니 된다. 다만, 지방경찰청장이나 경찰서장은 특히 필요하다고 인정하는 경우에는 보행자전용도로에 차마의 통행을 허용할 수 있다.

③ 제2항 단서에 따라 보행자전용도로의 통행이 허용된 차마의 운전자는 보행자를 위험하게 하거나 보행자의 통행을 방해하지 아니하도록 차마를 보행자의 걸음 속도로 운행하거나 일시정지하여야 한다.

제29조(긴급자동차의 우선 통행)

① 긴급자동차는 긴급하고 부득이한 경우에는 도로의 중앙이나 좌측 부분을 통행할 수 있다.

② 긴급자동차는 이 법이나 이 법에 따른 명령에 따라 정지하여야 하는 경우에도 불구하고 긴급하고 부득이한 경우에는 정지하지 아니할 수 있다.

④ 모든 차의 운전자는 교차로나 그 부근에서 긴급자동차가 접근하는 경우에는 교차로를 피하여 도로의 우측 가장자리에 일시정지하여야 한다. 다만, 일방통행으로 된 도로에서 우측 가장자리로 피하여 정지하는 것이 긴급자동차의 통행에 지장을 주는 경우에는 좌측 가장자리로 피하여 정지할 수 있다.

⑤ 모든 차의 운전자는 제4항에 따른 곳 외의 곳에서 긴급자동차가 접근한 경우에는 도로의 우측 가장자리로 피하여 진로를 양보하여야 한다. 다만, 일방통행으로 된 도로에서 우측 가장자리로 피하는 것이 긴급자동차의 통행에 지장을 주는 경우에는 좌측 가장자리로 피하여 양보할 수 있다.

⑥ 제2조제22호 각 목의 자동차 운전자는 해당 자동차를 그 본래의 긴급한 용도로 운행하지 아니하는 경우에는 「자동차관리법」에 따라 설치된 경광등을 켜거나 사이렌을 작동하여서는 아니 된다. 다만, 대통령령으로 정하는 바에 따라 범죄 및 화재 예방 등을 위한 순찰·훈련 등을 실시하는 경우에는 그러하지 아니하다.

제30조(긴급자동차에 대한 특례)

긴급자동차에 대하여는 다음 각 호의 사항을 적용하지 아니한다.

1. 속도 제한. 다만, 제17조에 따라 긴급자동차에 대하여 속도를 제한한 경우에는 같은 조의 규정을 적용한다.
2. 앞지르기의 금지
3. 끼어들기의 금지

제31조(서행 또는 일시정지할 장소) – 제32조(정차 및 주차의 금지)

① 모든 차의 운전자는 다음 각 호의 어느 하나에 해당하는 곳에서는 서행하여야 한다.	1. 교통정리를 하고 있지 아니하는 교차로 2. 도로가 구부러진 부근 3. 비탈길의 고갯마루 부근 4. 가파른 비탈길의 내리막 5. 지방경찰청장이 도로에서의 위험을 방지하고 교통의 안전과 원활한 소통을 확보하기 위하여 필요하다고 인정하여 안전표지로 지정한 곳
② 모든 차의 운전자는 다음 각 호의 어느 하나에 해당하는 곳에서는 일시정지하여야 한다.	1. 교통정리를 하고 있지 아니하고 좌우를 확인할 수 없거나 교통이 빈번한 교차로 2. 지방경찰청장이 도로에서의 위험을 방지하고 교통의 안전과 원활한 소통을 확보하기 위하여 필요하다고 인정하여 안전표지로 지정한 곳
제32조 (정차 및 주차의 금지)	모든 차의 운전자는 다음 각 호의 어느 하나에 해당하는 곳에서는 차를 정차하거나 주차하여서는 아니 된다. 다만, 이 법이나 이 법에 따른 명령 또는 경찰공무원의 지시를 따르는 경우와 위험방지를 위하여 일시정지하는 경우에는 그러하지 아니하다. 1. 교차로·횡단보도·건널목이나 보도와 차도가 구분된 도로의 보도(「주차장법」에 따라 차도와 보도에 걸쳐서 설치된 노상주차장은 제외한다) 2. 교차로의 가장자리나 도로의 모퉁이로부터 5미터 이내인 곳 3. 안전지대가 설치된 도로에서는 그 안전지대의 사방으로부터 각각 10미터 이내인 곳 4. 버스여객자동차의 정류지(停留地)임을 표시하는 기둥이나 표지판 또는 선이 설치된 곳으로부터 10미터 이내인 곳. 다만, 버스여객자동차의 운전자가 그 버스여객자동차의 운행시간 중에 운행노선에 따르는 정류장에서 승객을 태우거나 내리기 위하여 차를 정차하거나 주차하는 경우에는 그러하지 아니하다. 5. 건널목의 가장자리 또는 횡단보도로부터 10미터 이내인 곳 6. 지방경찰청장이 도로에서의 위험을 방지하고 교통의 안전과 원활한 소통을 확보하기 위하여 필요하다고 인정하여 지정한 곳

제33조(주차금지의 장소)

모든 차의 운전자는 다음 각 호의 어느 하나에 해당하는 곳에 차를 주차하여서는 아니 된다.

1. 터널 안 및 다리 위
2. 화재경보기로부터 3미터 이내인 곳
3. 다음 각 목의 곳으로부터 5미터 이내인 곳
   가. 소방용 기계·기구가 설치된 곳

나. 소방용 방화(防火) 물통
다. 소화전(消火栓) 또는 소화용 방화 물통의 흡수구나 흡수관(吸 水管)을 넣는 구멍
라. 도로공사를 하고 있는 경우에는 그 공사 구역의 양쪽 가장자리
4. 지방경찰청장이 도로에서의 위험을 방지하고 교통의 안전과 원활한 소통을 확보하기 위하여 필요하다고 인정하여 지정한 곳

제39조(승차 또는 적재의 방법과 제한) ① 모든 차의 운전자는 승차 인원, 적재중량 및 적재용량에 관하여 대통령령으로 정하는 운행상의 안전기준을 넘어서 승차시키거나 적재한 상태로 운전하여서는 아니 된다. 다만, 출발지를 관할하는 경찰서장의 허가를 받은 경우에는 그러하지 아니하다.
⑥ 지방경찰청장은 도로에서의 위험을 방지하고 교통의 안전과 원활한 소통을 확보하기 위하여 필요하다고 인정하는 경우에는 차의 운전자에 대하여 승차 인원, 적재중량 또는 적재용량을 제한할 수 있다.

제4장 운전자 및 고용주 등의 의무

제44조(술에 취한 상태에서의 운전 금지)
① 누구든지 술에 취한 상태에서 자동차등(「건설기계관리법」 제26조제1항 단서에 따른 건설기계 외의 건설기계를 포함한다. 이하 이 조, 제45조, 제47조, 제93조제1항제1호부터 제4호까지 및 제148조의2에서 같다)을 운전하여서는 아니 된다.
② 경찰공무원은 교통의 안전과 위험방지를 위하여 필요하다고 인정하거나 제1항을 위반하여 술에 취한 상태에서 자동차등을 운전하였다고 인정할 만한 상당한 이유가 있는 경우에는 운전자가 술에 취하였는지를 호흡조사로 측정할 수 있다. 이 경우 운전자는 경찰공무원의 측정에 응하여야 한다.
③ 제2항에 따른 측정 결과에 불복하는 운전자에 대하여는 그 운전자의 동의를 받아 혈액 채취 등의 방법으로 다시 측정할 수 있다.
④ 제1항에 따라 운전이 금지되는 술에 취한 상태의 기준은 운전자의 혈중알코올농도가 0.05퍼센트 이상인 경우로 한다.

제45조(과로한 때 등의 운전 금지)
자동차등의 운전자는 제44조에 따른 술에 취한 상태 외에 과로, 질병 또는 약물(마약, 대마 및 향정신성의약품과 그 밖에 행정자치부령으로 정하는 것을 말한다. 이하 같다)의 영향과 그 밖의 사유로 정상적으로 운전하지 못할 우려가 있는 상태에서 자동차등을 운전하여서는 아니 된다.

제46조(공동 위험행위의 금지) ① 자동차등의 운전자는 도로에서 2명 이상이 공동으로 2대 이상의 자동차등을 정당한 사유 없이 앞뒤로 또는 좌우로 줄지어 통행하면서 다른 사람에게 위해(危害)를 끼치거나 교통상의 위험을 발생하게 하여서는 아니 된다.
② 자동차등의 동승자는 제1항에 따른 공동 위험행위를 주도하여서는 아니 된다.

제46조의2(교통단속용 장비의 기능방해 금지) 누구든지 교통단속을 회피할 목적으로 교통단속용 장비의 기능을 방해하는 장치를 제작·수입·판매 또는 장착하여서는 아니 된다.

제46조의3(난폭운전 금지) 자동차등의 운전자는 다음 각 호 중 둘 이상의 행위를 연달아 하거나, 하나의 행위를 지속 또는 반복하여 다른 사람에게 위협 또는 위해를 가하거나 교통상의 위험을 발생하게 하여서는 아니 된다.

1. 제5조에 따른 신호 또는 지시 위반
2. 제13조제3항에 따른 중앙선 침범
3. 제17조제3항에 따른 속도의 위반
4. 제18조제1항에 따른 횡단·유턴·후진 금지 위반
5. 제19조에 따른 안전거리 미확보, 진로변경 금지 위반, 급제동 금지 위반
6. 제21조제1항·제3항 및 제4항에 따른 앞지르기 방법 또는 앞지르기의 방해금지 위반
7. 제49조제1항제8호에 따른 정당한 사유 없는 소음 발생
8. 제60조제2항에 따른 고속도로에서의 앞지르기 방법 위반
9. 제62조에 따른 고속도로등에서의 횡단·유턴·후진 금지 위반

제47조(위험방지를 위한 조치) ① 경찰공무원은 자동차등의 운전자가 제43조부터 제45조까지의 규정을 위반하여 자동차등을 운전하고 있다고 인정되는 경우에는 차를 일시정지시키고 그 운전자에게 자동차 운전면허증(이하 "운전면허증"이라 한다)을 제시할 것을 요구할 수 있다.

② 경찰공무원은 제44조 및 제45조를 위반하여 자동차등을 운전하는 사람에 대하여는 정상적으로 운전할 수 있는 상태가 될 때까지 운전의 금지를 명하고 그 밖의 필요한 조치를 할 수 있다.

제48조(안전운전 및 친환경 경제운전의 의무)

① 모든 차의 운전자는 차의 조향장치(操向裝置)와 제동장치, 그 밖의 장치를 정확하게 조작하여야 하며, 도로의 교통상황과 차의 구조 및 성능에 따라 다른 사람에게 위험과 장해를 주는 속도나 방법으로 운전하여서는 아니 된다.

② 모든 차의 운전자는 차를 친환경적이고 경제적인 방법으로 운전하여 연료소모와 탄소배출을 줄이도록 노력하여야 한다.

제49조(모든 운전자의 준수사항 등)

① 모든 차의 운전자는 다음 각 호의 사항을 지켜야 한다.

1. 물이 고인 곳을 운행할 때에는 고인 물을 튀게 하여 다른 사람에게 피해를 주는 일이 없도록 할 것
2. 다음 각 목의 어느 하나에 해당하는 경우에는 일시정지할 것
   가. 어린이가 보호자 없이 도로를 횡단할 때, 어린이가 도로에서 앉아 있거나 서 있을 때 또는 어린이가 도로에서 놀이를 할 때 등 어린이에 대한 교통사고의 위험이 있는 것을 발견한 경우
   나. 앞을 보지 못하는 사람이 흰색 지팡이를 가지거나 장애인보조견을 동반하는 등의 조치를 하고 도로를 횡단하고 있는 경우
   다. 지하도나 육교 등 도로 횡단시설을 이용할 수 없는 지체장애인이나 노인 등이 도로를 횡단하고 있는 경우
3. 자동차의 앞면 창유리와 운전석 좌우 옆면 창유리의 가시광선(可視光線)의 투과율이 대통령령으로 정하는 기준보다 낮아 교통안전 등에 지장을 줄 수 있는 차를 운전하지 아니할 것. 다만, 요인(要人) 경호용, 구급용 및 장의용(葬儀用) 자동차는 제외한다.
4. 교통단속용 장비의 기능을 방해하는 장치를 한 차나 그 밖에 안전운전에 지장을 줄 수 있는 것으로서 행정

자치부령으로 정하는 기준에 적합하지 아니한 장치를 한 차를 운전하지 아니할 것

5. 도로에서 자동차등을 세워둔 채 시비·다툼 등의 행위를 하여 다른 차마의 통행을 방해하지 아니할 것
6. 운전자가 운전석을 떠나는 경우에는 원동기를 끄고 제동장치를 철저하게 작동시키는 등 차의 정지 상태를 안전하게 유지하고 다른 사람이 함부로 운전하지 못하도록 필요한 조치를 할 것
7. 운전자는 안전을 확인하지 아니하고 차의 문을 열거나 내려서는 아니 되며, 동승자가 교통의 위험을 일으키지 아니하도록 필요한 조치를 할 것
8. 운전자는 정당한 사유 없이 다음 각 목의 어느 하나에 해당하는 행위를 하여 다른 사람에게 피해를 주는 소음을 발생시키지 아니할 것
   가. 자동차등을 급히 출발시키거나 속도를 급격히 높이는 행위
   나. 자동차등의 원동기 동력을 차의 바퀴에 전달시키지 아니하고 원동기의 회전수를 증가시키는 행위
   다. 반복적이거나 연속적으로 경음기를 울리는 행위
9. 운전자는 승객이 차 안에서 안전운전에 현저히 장해가 될 정도로 춤을 추는 등 소란행위를 하도록 내버려두고 차를 운행하지 아니할 것
10. 운전자는 자동차등의 운전 중에는 휴대용 전화(자동차용 전화를 포함한다)를 사용하지 아니할 것. 다만, 다음 각 목의 어느 하나에 해당하는 경우에는 그러하지 아니하다.
    가. 자동차등이 정지하고 있는 경우
    나. 긴급자동차를 운전하는 경우
    다. 각종 범죄 및 재해 신고 등 긴급한 필요가 있는 경우
    라. 안전운전에 장애를 주지 아니하는 장치로서 대통령령으로 정하는 장치를 이용하는 경우
11. 자동차등의 운전 중에는 방송 등 영상물을 수신하거나 재생하는 장치(운전자가 휴대하는 것을 포함하며, 이하 "영상표시장치"라 한다)를 통하여 운전자가 운전 중 볼 수 있는 위치에 영상이 표시되지 아니하도록 할 것. 다만, 다음 각 목의 어느 하나에 해당하는 경우에는 그러하지 아니하다.
    가. 자동차등이 정지하고 있는 경우
    나. 자동차등에 장착하거나 거치하여 놓은 영상표시장치에 다음의 영상이 표시되는 경우
       1) 지리안내 영상 또는 교통정보안내 영상
       2) 국가비상사태·재난상황 등 긴급한 상황을 안내하는 영상
       3) 운전을 할 때 자동차등의 좌우 또는 전후방을 볼 수 있도록 도움을 주는 영상

11의2. 자동차등의 운전 중(자동차등이 정지하고 있는 경우는 제외한다)에는 영상표시장치를 조작하지 아니할 것

12. 운전자는 자동차의 화물 적재함에 사람을 태우고 운행하지 아니할 것
13. 그 밖에 지방경찰청장이 교통안전과 교통질서 유지에 필요하다고 인정하여 지정·공고한 사항에 따를 것

② 경찰공무원은 제1항제3호 및 제4호를 위반한 자동차를 발견한 경우에는 그 현장에서 운전자에게 위반사항을 제거하게 하거나 필요한 조치를 명할 수 있다. 이 경우 운전자가 그 명령을 따르지 아니할 때에는 경찰공무원이 직접 위반사항을 제거하거나 필요한 조치를 할 수 있다.

제50조(특정 운전자의 준수사항)

① 자동차(이륜자동차는 제외한다)의 운전자는 자동차를 운전할 때에는 좌석안전띠를 매어야 하며, 그 옆 좌석의 동승자에게도 좌석안전띠(영유아인 경우에는 유아보호용 장구를 장착한 후의 좌석안전띠를 말한다. 이하 같

다)를 매도록 하여야 한다. 다만, 질병 등으로 인하여 좌석안전띠를 매는 것이 곤란하거나 행정자치부령으로 정하는 사유가 있는 경우에는 그러하지 아니하다.

② 자동차(이륜자동차는 제외한다)의 운전자는 그 옆 좌석 외의 좌석의 동승자에게도 좌석안전띠를 매도록 주의를 환기하여야 하며, 승용자동차의 운전자는 영유아가 운전자 옆 좌석 외의 좌석에 승차하는 경우에는 좌석안전띠를 매도록 하여야 한다.

③ 이륜자동차와 원동기장치자전거의 운전자는 행정자치부령으로 정하는 인명보호 장구를 착용하고 운행하여야 하며, 동승자에게도 착용하도록 하여야 한다.

④ 자전거의 운전자는 자전거에 어린이를 태우고 운전할 때에는 그 어린이에게 행정자치부령으로 정하는 인명보호 장구를 착용하도록 하여야 한다.

⑤ 운송사업용 자동차나 화물자동차 등으로서 행정자치부령으로 정하는 자동차의 운전자는 다음 각 호의 어느 하나에 해당하는 행위를 하여서는 아니 된다. 다만, 제3호는 사업용 승합자동차의 운전자에 한정한다.

1. 운행기록계가 설치되어 있지 아니하거나 고장 등으로 사용할 수 없는 운행기록계가 설치된 자동차를 운전하는 행위
2. 운행기록계를 원래의 목적대로 사용하지 아니하고 자동차를 운전하는 행위
3. 승차를 거부하는 행위

⑥ 사업용 승용자동차의 운전자는 합승행위 또는 승차거부를 하거나 신고한 요금을 초과하는 요금을 받아서는 아니 된다.

⑦ 자전거의 운전자는 행정자치부령으로 정하는 크기와 구조를 갖추지 아니하여 교통안전에 위험을 초래할 수 있는 자전거를 운전하여서는 아니 된다.

⑧ 자전거의 운전자는 술에 취한 상태 또는 약물의 영향과 그 밖의 사유로 정상적으로 운전하지 못할 우려가 있는 상태에서 자전거를 운전하여서는 아니 된다.

⑨ 자전거의 운전자는 밤에 도로를 통행하는 때에는 전조등과 미등을 켜거나 야광띠 등 발광장치를 착용하여야 한다.

제51조(어린이통학버스의 특별보호)

① 어린이통학버스가 도로에 정차하여 어린이나 영유아가 타고 내리는 중임을 표시하는 점멸등 등의 장치를 작동 중일 때에는 어린이통학버스가 정차한 차로와 그 차로의 바로 옆 차로로 통행하는 차의 운전자는 어린이통학버스에 이르기 전에 일시정지하여 안전을 확인한 후 서행하여야 한다.

② 제1항의 경우 중앙선이 설치되지 아니한 도로와 편도 1차로인 도로에서는 반대방향에서 진행하는 차의 운전자도 어린이통학버스에 이르기 전에 일시정지하여 안전을 확인한 후 서행하여야 한다.

③ 모든 차의 운전자는 어린이나 영유아를 태우고 있다는 표시를 한 상태로 도로를 통행하는 어린이통학버스를 앞지르지 못한다.

제52조(어린이통학버스의 신고 등) ① 어린이통학버스(「여객자동차 운수사업법」 제4조제3항에 따른 한정면허를 받아 어린이를 여객대상으로 하여 운행되는 운송사업용 자동차는 제외한다)를 운영하려는 자는 행정자치부령으로 정하는 바에 따라 미리 관할 경찰서장에게 신고하고 신고증명서를 발급받아야 한다.

② 어린이통학버스를 운영하는 자는 어린이통학버스 안에 제1항에 따라 발급받은 신고증명서를 항상 갖추어 두어야 한다.

③ 어린이통학버스로 사용할 수 있는 자동차는 행정자치부령으로 정하는 자동차로 한정한다. 이 경우 그 자동차

는 도색·표지, 보험가입, 소유 관계 등 대통령령으로 정하는 요건을 갖추어야 한다.

④ 누구든지 제1항에 따른 신고를 하지 아니하거나 「여객자동차 운수사업법」 제4조제3항에 따라 어린이를 여객 대상으로 하는 한정면허를 받지 아니하고 어린이통학버스와 비슷한 도색 및 표지를 하거나 이러한 도색 및 표지를 한 자동차를 운전하여서는 아니 된다.

제53조(어린이통학버스 운전자 및 운영자 등의 의무)

① 어린이통학버스를 운전하는 사람은 어린이나 영유아가 타고 내리는 경우에만 제51조제1항에 따른 점멸등 등의 장치를 작동하여야 하며, 어린이나 영유아를 태우고 운행 중인 경우에만 제51조제3항에 따른 표시를 하여야 한다.

② 어린이통학버스를 운전하는 사람은 어린이나 영유아가 어린이통학버스를 탈 때에는 제50조 제2항에도 불구하고 승차한 모든 어린이나 영유아가 좌석안전띠(어린이나 영유아의 신체구조에 따라 적합하게 조절될 수 있는 안전띠를 말한다. 이하 이 조 및 제156조제1호, 제160조제2항제4호의2에서 같다)를 매도록 한 후에 출발하여야 하며, 내릴 때에는 보도나 길가장자리구역 등 자동차로부터 안전한 장소에 도착한 것을 확인한 후에 출발하여야 한다. 다만, 좌석안전띠 착용과 관련하여 질병 등으로 인하여 좌석안전띠를 매는 것이 곤란하거나 행정자치부령으로 정하는 사유가 있는 경우에는 그러하지 아니하다.

③ 어린이통학버스를 운영하는 자는 어린이통학버스에 어린이나 영유아를 태울 때에는 다음 각 호의 어느 하나에 해당하는 보호자를 함께 태우고 운행하여야 하며, 동승한 보호자는 어린이나 영유아가 승차 또는 하차하는 때에는 자동차에서 내려서 어린이나 영유아가 안전하게 승하차하는 것을 확인하고 운행 중에는 어린이나 영유아가 좌석에 앉아 좌석안전띠를 매고 있도록 하는 등 어린이 보호에 필요한 조치를 하여야 한다.

1. 「유아교육법」에 따른 유치원이나 「초·중등교육법」에 따른 초등학교 또는 특수학교의 교직원
2. 「영유아보육법」 제2조제5호에 따른 보육교직원
3. 「학원의 설립·운영 및 과외교습에 관한 법률」 제13조제1항에 따른 강사
4. 「체육시설의 설치·이용에 관한 법률」에 따른 체육시설의 종사자
5. 그 밖에 어린이통학버스를 운영하는 자가 지명한 사람

제53조의2(보호자가 동승하지 아니한 어린이통학버스 운전자의 의무)

어린이의 승차 또는 하차를 도와주는 보호자를 태우지 아니한 어린이통학버스를 운전하는 사람은 어린이가 승차 또는 하차하는 때에 자동차에서 내려서 어린이나 영유아가 안전하게 승하차하는 것을 확인하여야 한다.

제53조의3(어린이통학버스 운영자 등에 대한 안전교육)

① 어린이통학버스를 운영하는 사람과 운전하는 사람은 어린이통학버스의 안전운행 등에 관한 교육(이하 "어린이통학버스 안전교육"이라 한다)을 받아야 한다.

② 어린이통학버스 안전교육은 다음 각 호의 구분에 따라 실시한다.

신규 안전교육	어린이통학버스를 운영하려는 사람과 운전하려는 사람을 대상으로 그 운영 또는 운전을 하기 전에 실시하는 교육
정기 안전교육	어린이통학버스를 계속하여 운영하는 사람과 운전하는 사람을 대상으로 2년마다 정기적으로 실시하는 교육

③ 어린이통학버스를 운영하는 사람은 어린이통학버스 안전교육을 받지 아니한 사람에게 어린이통학버스를 운전하게 하여서는 아니 된다.

④ 그 밖에 어린이통학버스 안전교육의 방법·절차 등에 관하여 필요한 사항은 대통령령으로 정한다.

제54조(사고발생 시의 조치)

① 차의 운전 등 교통으로 인하여 사람을 사상하거나 물건을 손괴한 경우에는 그 차의 운전자나 그 밖의 승무원은 즉시 정차하여 사상자를 구호하는 등 필요한 조치를 하여야 한다.

② 제1항의 경우 그 차의 운전자등은 경찰공무원이 현장에 있을 때에는 그 경찰공무원에게, 경찰공무원이 현장에 없을 때에는 가장 가까운 국가경찰관서(지구대, 파출소 및 출장소를 포함한다. 이하 같다)에 다음 각 호의 사항을 지체 없이 신고하여야 한다. 다만, 운행 중인 차만 손괴된 것이 분명하고 도로에서의 위험방지와 원활한 소통을 위하여 필요한 조치를 한 경우에는 그러하지 아니하다.

1. 사고가 일어난 곳
2. 사상자 수 및 부상 정도
3. 손괴한 물건 및 손괴 정도
4. 그 밖의 조치사항 등

③ 제2항에 따라 신고를 받은 국가경찰관서의 경찰공무원은 부상자의 구호와 그 밖의 교통위험 방지를 위하여 필요하다고 인정하면 경찰공무원(자치경찰공무원은 제외한다)이 현장에 도착할 때까지 신고한 운전자등에게 현장에서 대기할 것을 명할 수 있다.

④ 경찰공무원은 교통사고를 낸 차의 운전자등에 대하여 그 현장에서 부상자의 구호와 교통안전을 위하여 필요한 지시를 명할 수 있다.

⑤ 긴급자동차, 부상자를 운반 중인 차 및 우편물자동차 등의 운전자는 긴급한 경우에는 동승자로 하여금 제1항에 따른 조치나 제2항에 따른 신고를 하게 하고 운전을 계속할 수 있다.

제5장 고속도로 및 자동차전용도로에서의 특례

제59조(교통안전시설의 설치 및 관리)

① 고속도로의 관리자는 고속도로에서 일어나는 위험을 방지하고 교통의 안전과 원활한 소통을 확보하기 위하여 교통안전시설을 설치·관리하여야 한다. 이 경우 고속도로의 관리자가 교통안전시설을 설치하려면 경찰청장과 협의하여야 한다.

② 경찰청장은 고속도로의 관리자에게 교통안전시설의 관리에 필요한 사항을 지시할 수 있다.

제60조(갓길 통행금지 등)

① 자동차의 운전자는 고속도로등에서 자동차의 고장 등 부득이한 사정이 있는 경우를 제외하고는 행정자치부령으로 정하는 차로에 따라 통행하여야 하며, 갓길(「도로법」에 따른 길어깨를 말한다)로 통행하여서는 아니 된다. 다만, 긴급자동차와 고속도로등의 보수·유지 등의 작업을 하는 자동차를 운전하는 경우에는 그러하지 아니하다.

② 자동차의 운전자는 고속도로에서 다른 차를 앞지르려면 방향지시기, 등화 또는 경음기를 사용하여 행정자치부령으로 정하는 차로로 안전하게 통행하여야 한다.

제61조(고속도로 전용차로의 설치)
① 경찰청장은 고속도로의 원활한 소통을 위하여 특히 필요한 경우에는 고속도로에 전용차로를 설치할 수 있다.

제63조(통행 등의 금지) 자동차(이륜자동차는 긴급자동차만 해당한다) 외의 차마의 운전자 또는 보행자는 고속도로등을 통행하거나 횡단하여서는 아니 된다.

제64조(고속도로등에서의 정차 및 주차의 금지) 자동차의 운전자는 고속도로등에서 차를 정차하거나 주차시켜서는 아니 된다. 다만, 다음 각 호의 어느 하나에 해당하는 경우에는 그러하지 아니하다.

1. 법령의 규정 또는 경찰공무원(자치경찰공무원은 제외한다)의 지시에 따르거나 위험을 방지하기 위하여 일시 정차 또는 주차시키는 경우
2. 정차 또는 주차할 수 있도록 안전표지를 설치한 곳이나 정류장에서 정차 또는 주차시키는 경우
3. 고장이나 그 밖의 부득이한 사유로 길가장자리구역(갓길을 포함한다)에 정차 또는 주차시키는 경우
4. 통행료를 내기 위하여 통행료를 받는 곳에서 정차하는 경우
5. 도로의 관리자가 고속도로등을 보수·유지 또는 순회하기 위하여 정차 또는 주차시키는 경우
6. 경찰용 긴급자동차가 고속도로등에서 범죄수사, 교통단속이나 그 밖의 경찰임무를 수행하기 위하여 정차 또는 주차시키는 경우
7. 교통이 밀리거나 그 밖의 부득이한 사유로 움직일 수 없을 때에 고속도로등의 차로에 일시 정차 또는 주차시키는 경우

 # 도로교통법 시행규칙

제40조(고장자동차의 표지)
① 법 제66조에 따른 고장자동차의 표지는 별표 15와 같다.
② 밤에는 제1항에 따른 표지와 함께 사방 500미터 지점에서 식별할 수 있는 적색의 섬광신호·전기제등 또는 불꽃신호를 추가로 설치하여야 한다.
③ 제1항에 따른 표지는 그 자동차로부터 100미터 이상의 뒤쪽 도로상에, 제2항에 따른 표지는 그 자동차로부터 200미터 이상의 뒤쪽 도로상에 각각 설치하여야 한다.

제67조(운전자 및 동승자의 고속도로등에서의 준수사항)
① 고속도로등을 운행하는 자동차 가운데 행정자치부령으로 정하는 자동차의 운전자는 제50조제2항에도 불구하고 모든 동승자에게 좌석안전띠를 매도록 하여야 한다. 다만, 질병 등으로 인하여 좌석안전띠를 매는 것이 곤란하거나 행정자치부령으로 정하는 사유가 있는 경우에는 그러하지 아니하다.
② 고속도로등을 운행하는 자동차의 운전자는 교통의 안전과 원활한 소통을 확보하기 위하여 제66조에 따른 고장자동차의 표지를 항상 비치하며, 고장이나 그 밖의 부득이한 사유로 자동차를 운행할 수 없게 되었을 때에는 자동차를 도로의 우측 가장자리에 정지시키고 행정자치부령으로 정하는 바에 따라 그 표지를 설치하여야 한다.

제6장 도로의 사용

제68조(도로에서의 금지행위 등)

① 누구든지 함부로 신호기를 조작하거나 교통안전시설을 철거·이전하거나 손괴하여서는 아니 되며, 교통안전시설이나 그와 비슷한 인공구조물을 도로에 설치하여서는 아니 된다.

② 누구든지 교통에 방해가 될 만한 물건을 도로에 함부로 내버려두어서는 아니 된다.

③ 누구든지 다음 각 호의 어느 하나에 해당하는 행위를 하여서는 아니 된다.

1. 술에 취하여 도로에서 갈팡질팡하는 행위
2. 도로에서 교통에 방해되는 방법으로 눕거나 앉거나 서있는 행위
3. 교통이 빈번한 도로에서 공놀이 또는 썰매타기 등의 놀이를 하는 행위
4. 돌·유리병·쇳조각이나 그 밖에 도로에 있는 사람이나 차마를 손상시킬 우려가 있는 물건을 던지거나 발사하는 행위
5. 도로를 통행하고 있는 차마에서 밖으로 물건을 던지는 행위
6. 도로를 통행하고 있는 차마에 뛰어오르거나 매달리거나 차마에서 뛰어내리는 행위
7. 그 밖에 지방경찰청장이 교통상의 위험을 방지하기 위하여 필요하다고 인정하여 지정·공고한 행위

제69조(도로공사의 신고 및 안전조치 등)

② 관할 경찰서장은 공사장 주변의 교통정체가 예상하지 못한 수준까지 현저히 증가하고, 교통의 안전과 원활한 소통에 미치는 영향이 중대하다고 판단하면 해당 도로관리청과 사전 협의하여 제1항에 따른 공사시행자에 대하여 공사시간의 제한 등 필요한 조치를 할 수 있다.

③ 공사시행자는 공사기간 중 차마의 통행을 유도하거나 지시 등을 할 필요가 있을 때에는 관할 경찰서장의 지시에 따라 교통안전시설을 설치하여야 한다.

④ 공사시행자는 공사로 인하여 교통안전시설을 훼손한 경우에는 행정자치부령으로 정하는 바에 따라 원상회복하고 그 결과를 관할 경찰서장에게 신고하여야 한다.

제70조(도로의 점용허가 등에 관한 통보 등)

① 도로관리청이 도로에서 다음 각 호의 어느 하나에 해당하는 행위를 하였을 때에는 고속도로의 경우에는 경찰청장에게 그 내용을 즉시 통보하고, 고속도로 외의 도로의 경우에는 관할 경찰서장에게 그 내용을 즉시 통보하여야 한다.

1. 「도로법」 제61조에 따른 도로의 점용허가
2. 「도로법」 제76조에 따른 통행의 금지나 제한 또는 같은 법 제77조에 따른 차량의 운행제한

제7장 교통안전교육

제73조(교통안전교육)

① 운전면허를 받으려는 사람은 대통령령으로 정하는 바에 따라 시험에 응시하기 전에 다음 각 호의 사항에 관한 교통안전교육을 받아야 한다. 다만, 제2항제1호에 따라 특별한 교통안전교육을 받은 사람 또는 제104조제1항에 따른 자동차운전 전문학원에서 학과교육을 수료한 사람은 그러하지 아니하다.

1. 운전자가 갖추어야 하는 기본예절
2. 도로교통에 관한 법령과 지식
3. 안전운전 능력
4. 어린이·장애인 및 노인의 교통사고 예방에 관한 사항
5. 친환경 경제운전에 필요한 지식과 기능
6. 긴급자동차에 길 터주기 요령
7. 그 밖에 교통안전의 확보를 위하여 필요한 사항

② 자동차등의 운전자 또는 운전면허 취소처분이나 운전면허효력 정지처분을 받은 사람으로서 다음 각 호의 어느 하나에 해당하는 사람은 대통령령으로 정하는 바에 따라 특별한 교통안전교육을 받아야 한다. 이 경우 제2호 또는 제3호에 해당하는 경우로서 부득이한 사유가 있으면 대통령령으로 정하는 바에 따라 교육의 연기(延期)를 받을 수 있다.

1. 운전면허 취소처분을 받은 사람(제93조제1항제9호 또는 제20호에 해당하여 운전면허 취소처분을 받은 사람은 제외한다)으로서 운전면허를 다시 받으려는 사람
2. 공동 위험행위, 제46조의3에 따른 난폭운전, 교통사고나 술에 취한 상태에서의 운전으로 운전면허효력 정지처분을 받게 되거나 받은 사람으로서 그 정지기간이 끝나지 아니한 사람
3. 운전면허효력 정지처분을 받게 되거나 받은 초보운전자로서 그 정지기간이 끝나지 아니한 사람
4. 교통법규 위반 등 제2호 및 제3호에 따른 사유 외의 사유로 운전면허효력 정지처분을 받게 되거나 받은 사람 가운데 교육받기를 원하는 사람
5. 교통법규 위반 등으로 인하여 운전면허효력 정지처분을 받을 가능성이 있는 사람 가운데 교육받기를 원하는 사람

제8장 운전면허

제80조(운전면허)

① 자동차등을 운전하려는 사람은 지방경찰청장으로부터 운전면허를 받아야 한다. 다만, 제2조제19호나목의 원동기를 단 차 중 「교통약자의 이동편의 증진법」 제2조제1호에 따른 교통약자가 최고속도 시속 20킬로미터 이하로만 운행될 수 있는 차를 운전하는 경우에는 그러하지 아니하다.

② 지방경찰청장은 운전을 할 수 있는 차의 종류를 기준으로 다음 각 호와 같이 운전면허의 범위를 구분하고 관리하여야 한다. 이 경우 운전면허의 범위에 따라 운전할 수 있는 차의 종류는 행정자치부령으로 정한다.

1. 제1종 운전면허	2. 제2종 운전면허	3. 연습운전면허
가. 대형면허 나. 보통면허 다. 소형면허 라. 특수면허 1) 대형견인차면허 2) 소형견인차면허 3) 구난차면허	가. 보통면허 나. 소형면허 다. 원동기장치자전거면허	가. 제1종 보통연습면허 나. 제2종 보통연습면허

운전면허 구분

운전면허		운전할 수 있는 차의 종류
종별	구분	
제1종	대형면허	승용자동차 · 승합자동차 · 화물자동차 · 긴급자동차 · 특수자동차(트레일러 및 래커 제외) · 원동기장치자전거 · 건설기계 – 덤프트럭, 아스팔트살포기, 노상안정기 – 콘크리트믹서트럭, 콘크리트펌프 – 천공기(트럭적재식) – 특수건설기계 중 국토건설부 장관이 지정하는 건설기계 – 도로를 운행하는 3톤 미만의 지게차
	보통면허	· 승용자동차 · 승차정원 15인 이하의 승합자동차 · 승차정원 13인 이하의 긴급자동차(승용 및 승합자동차에 한한다) · 적재중량 12톤 미만의 화물자동차 · 건설기계(도로를 운행하는 3톤 미만의 지게차에 한한다) · 원동기장치자전거
	소형면허	· 3륜화물자동차 · 3륜승용자동차 · 원동기장치자전거
	특수면허	· 트레일러 · 래커 · 제2종 보통면허로 운전할 수 있는 차량
제2종	보통면허	· 승용자동차(승차정원 10인 이하의 승합자동차 포함) · 적재중량 4톤 이하의 화물자동차 · 원동기자치자전거
	소형면허	· 이륜자동차(측차부 포함) · 원동기장치자전거
	원동기장치자전거면허	· 원동기장치자전거

제81조(연습운전면허의 효력)

연습운전면허는 그 면허를 받은 날부터 1년 동안 효력을 가진다. 다만, 연습운전면허를 받은 날부터 1년 이전이라도 연습운전면허를 받은 사람이 제1종 보통면허 또는 제2종 보통면허를 받은 경우 연습운전면허는 그 효력을 잃는다.

제82조(운전면허의 결격사유)

① 다음 각 호의 어느 하나에 해당하는 사람은 운전면허를 받을 수 없다.

1. 18세 미만(원동기장치자전거의 경우에는 16세 미만)인 사람
2. 교통상의 위험과 장해를 일으킬 수 있는 정신질환자 또는 뇌전증 환자로서 대통령령으로 정하는 사람

3. 듣지 못하는 사람(제1종 운전면허 중 대형면허·특수면허만 해당한다), 앞을 보지 못하는 사람(한쪽 눈만 보지 못하는 사람의 경우에는 제1종 운전면허 중 대형면허·특수면허만 해당한다)이나 그 밖에 대통령령으로 정하는 신체장애인
4. 양쪽 팔의 팔꿈치관절 이상을 잃은 사람이나 양쪽 팔을 전혀 쓸 수 없는 사람. 다만, 본인의 신체장애 정도에 적합하게 제작된 자동차를 이용하여 정상적인 운전을 할 수 있는 경우에는 그러하지 아니하다.
5. 교통상의 위험과 장해를 일으킬 수 있는 마약·대마·향정신성의약품 또는 알코올 중독자로서 대통령령으로 정하는 사람
6. 제1종 대형면허 또는 제1종 특수면허를 받으려는 경우로서 19세 미만이거나 자동차(이륜자동차는 제외한다)의 운전경험이 1년 미만인 사람

② 다음 각 호의 어느 하나의 경우에 해당하는 사람은 해당 각 호에 규정된 기간이 지나지 아니하면 운전면허를 받을 수 없다. 다만, 다음 각 호의 사유로 인하여 벌금 미만의 형이 확정되거나 선고유예의 판결이 확정된 경우 또는 기소유예나 「소년법」 제32조에 따른 보호처분의 결정이 있는 경우에는 각 호에 규정된 기간 내라도 운전면허를 받을 수 있다.

1. 제43조 또는 제96조제3항을 위반하여 자동차등을 운전한 경우에는 그 위반한 날(운전면허효력 정지기간에 운전하여 취소된 경우에는 그 취소된 날을 말하며, 이하 이 조에서 같다)부터 1년(원동기장치자전거면허를 받으려는 경우에는 6개월로 하되, 제46조를 위반한 경우에는 그 위반한 날부터 1년). 다만, 사람을 사상한 후 제54조제1항에 따른 필요한 조치 및 제2항에 따른 신고를 하지 아니한 경우에는 그 위반한 날부터 5년으로 한다.
2. 제43조 또는 제96조제3항을 3회 이상 위반하여 자동차등을 운전한 경우에는 그 위반한 날부터 2년
3. 제44조, 제45조 또는 제46조를 위반하여 사람을 사상한 후 제54조제1항 및 제2항에 따른 필요한 조치 및 신고를 하지 아니한 경우에는 운전면허가 취소된 날부터 5년
4. 제43조부터 제46조까지의 규정에 따른 사유가 아닌 다른 사유로 사람을 사상한 후 제54조제1항 및 제2항에 따른 필요한 조치 및 신고를 하지 아니한 경우에는 운전면허가 취소된 날부터 4년
5. 제44조제1항 또는 제2항을 위반(제43조 또는 제96조제3항을 함께 위반한 경우도 포함한다)하여 운전을 하다가 3회 이상 교통사고를 일으킨 경우에는 운전면허가 취소된 날(제43조 또는 제96조제3항을 함께 위반한 경우에는 그 위반한 날을 말한다)부터 3년, 자동차등을 이용하여 범죄행위를 하거나 다른 사람의 자동차등을 훔치거나 빼앗은 사람이 제43조를 위반하여 그 자동차등을 운전한 경우에는 그 위반한 날부터 3년
6. 제44조제1항 또는 제2항을 3회 이상 위반(제43조 또는 제96조제3항을 함께 위반한 경우도 포함한다) 또는 제46조를 2회 이상 위반(제43조 또는 제96조제3항을 함께 위반한 경우도 포함한다)한 경우나 제93조제1항 제8호·제12호 또는 제13호의 사유로 운전면허가 취소된 경우에는 운전면허가 취소된 날(제43조 또는 제96조제3항을 함께 위반한 경우에는 그 위반한 날을 말한다)부터 2년
7. 제1호부터 제6호까지의 규정에 따른 경우가 아닌 다른 사유로 운전면허가 취소된 경우에는 운전면허가 취소된 날부터 1년(원동기장치자전거면허를 받으려는 경우에는 6개월로 하되, 제46조를 위반하여 운전면허가 취소된 경우에는 1년). 다만, 제93조제1항제9호의 사유로 운전면허가 취소된 사람 또는 제1종 운전면허를 받은 사람이 적성검사에 불합격되어 다시 제2종 운전면허를 받으려는 경우에는 그러하지 아니하다.
8. 운전면허효력 정지처분을 받고 있는 경우에는 그 정지기간

③ 제93조에 따라 운전면허 취소처분을 받은 사람은 제2항에 따른 운전면허 결격기간이 끝났다 하여도 그 취소처분을 받은 이후에 제73조제2항에 따른 특별한 교통안전교육을 받지 아니하면 운전면허를 받을 수 없다.

운전면허 행정처분 결과에 따른 결격대상자 및 결격기간

대 상 자	결격 기간
· 무면허 운전(정지 기간 중 운전 포함) – 원동기장치자전거 면허를 받고자 할 경우 · 무면허 운전(정지 기간 중 운전 포함) 3회 이상 위반시	· 위반(취소) 후 1년 – 위반(취소) 후 6월 – 최초 취소시 1년, 2회 이상 취소시 2년 · 위반(취소) 후2년
· 무면허 운전, 음주운전 및 약물·과로운전 중 사람을 사상한 후 구호조치 없이 도주한 경우	· 위반한 날(무면허) 및 취소된 날(음주,과로)부터 5년
· 위 3가지(무면허, 음주, 약물·과로운전) 외의 사유로 사람을 사상한 후 구호조치 없이 도주한 경우	· 취소된 날로부터 4년
· 음주운전으로 3회 이상 교통사고 야기한 경우 · 자동차 등을 이용하여 범죄행위를 하거나 다른 사람의 자동차를 절취 또는 빼앗은 사람이 무면허로 운전한 경우	· 취소된 날부터 3년 · 위반한 날부터 3년
· 다음 사유로 운전면허가 취소된 경우 – 운전면허 결격자가 운전면허를 받거나, 허위·부정한 수단으로 운전면허를 받거나, 정지 기간 중 운전면허증을 교부 받은 때 – 다른 사람의 자동차를 훔치거나 빼앗은 때 – 다른 사람이 부정하게 운전면허를 받도록 하기 위하여 운전면허시험에 대리 응시한 경우 – 3회 이상 음주운전 또는 측정거부로 운전면허가 취소 된 경우	· 취소된 날부터 2년
· 그 외의 사유로 운전면허가 취소된 경우 단, 적성검사기간 경과 면허취소 또는 제1종 적정기준 불합격으로 제2종 면허를 받고자 하는 사람 제외 ※ 원동기장치자전거 면허의 경우	· 취소된 날부터 1년 · 취소된 날부터 6월
· 운전면허의 효력이 정지처분을 받고 있는 경우	· 정지처분기간 중

제83조(운전면허시험 등)

① 운전면허시험(제1종 보통면허시험 및 제2종 보통면허시험은 제외한다)은 제120조에 따른 도로교통공단이 다음 각 호의 사항에 대하여 제80조제2항에 따른 운전면허의 구분에 따라 실시한다. 다만, 대통령령으로 정하는 운전면허시험은 대통령령으로 정하는 바에 따라 지방경찰청장이나 도로교통공단이 실시한다.

1. 자동차등의 운전에 필요한 적성
2. 자동차등 및 도로교통에 관한 법령에 대한 지식
3. 자동차등의 관리방법과 안전운전에 필요한 점검의 요령
4. 자동차등의 운전에 필요한 기능

5. 친환경 경제운전에 필요한 지식과 기능

② 제1종 보통면허시험과 제2종 보통면허시험은 도로교통공단이 응시자가 도로에서 자동차를 운전할 능력이 있는지에 대하여 실시한다. 이 경우 제1종 보통면허시험은 제1종 보통연습면허를 받은 사람을 대상으로 하고, 제2종 보통면허시험은 제2종 보통연습면허를 받은 사람을 대상으로 한다.

③ 제82조에 따라 운전면허를 받을 수 없는 사람은 운전면허시험에 응시할 수 없다.

④ 제1항제2호 및 제3호에 따른 운전면허시험에 응시하려는 사람은 그 운전면허시험에 응시하기 전에 제73조제1항에 따른 교통안전교육 또는 제104조제1항에 따른 자동차운전 전문학원에서 학과교육을 받아야 한다.

⑤ 제1항과 제2항에 따른 운전면허시험의 방법, 절차와 그 밖에 필요한 사항은 대통령령으로 정한다.

제84조의2(부정행위자에 대한 조치)

① 경찰청장은 제106조에 따른 전문학원의 강사자격시험 및 제107조에 따른 기능검정원 자격시험에서, 지방경찰청장 또는 도로교통공단은 제83조에 따른 운전면허시험에서 부정행위를 한 사람에 대하여는 해당 시험을 각각 무효로 처리한다.

② 제1항에 따라 시험이 무효로 처리된 사람은 그 처분이 있은 날부터 2년간 해당 시험에 응시하지 못한다.

제85조(운전면허증의 발급 등)

① 운전면허를 받으려는 사람은 운전면허시험에 합격하여야 한다.

② 지방경찰청장은 운전면허시험에 합격한 사람에 대하여 행정자치부령으로 정하는 운전면허증을 발급하여야 한다.

③ 지방경찰청장은 운전면허를 받은 사람이 다른 범위의 운전면허를 추가로 취득하는 경우에는 운전면허의 범위를 확대하여 운전면허증을 발급하여야 한다.

④ 지방경찰청장은 운전면허를 받은 사람이 운전면허의 범위를 축소하기를 원하는 경우에는 운전면허의 범위를 축소하여 운전면허증을 발급할 수 있다.

⑤ 운전면허의 효력은 본인 또는 대리인이 제2항부터 제4항까지에 따른 운전면허증을 발급받은 때부터 발생한다. 이 경우 제3항 또는 제4항에 따라 운전면허의 범위를 확대하거나 축소하는 경우에도 제93조에 따라 받게 되거나 받은 운전면허 취소·정지처분의 효력과 벌점은 그대로 승계된다.

제87조(운전면허증의 갱신과 정기 적성검사)

① 운전면허를 받은 사람은 다음 각 호의 구분에 따른 기간 이내에 대통령령으로 정하는 바에 따라 지방경찰청장으로부터 운전면허증을 갱신하여 발급받아야 한다.

1. 최초의 운전면허증 갱신기간은 제83조제1항 또는 제2항에 따른 운전면허시험에 합격한 날부터 기산하여 10년(운전면허시험 합격일에 65세 이상인 사람은 5년, 한쪽 눈만 보지 못하는 사람으로서 제1종 운전면허 중 보통면허를 취득한 사람은 3년)이 되는 날이 속하는 해의 1월 1일부터 12월 31일까지
2. 제1호 외의 운전면허증 갱신기간은 직전의 운전면허증 갱신일부터 기산하여 매 10년(직전의 운전면허증 갱신일에 65세 이상인 사람은 5년, 한쪽 눈만 보지 못하는 사람으로서 제1종 운전면허 중 보통면허를 취득한 사람은 3년)이 되는 날이 속하는 해의 1월 1일부터 12월 31일까지

② 다음 각 호의 어느 하나에 해당하는 사람은 제1항에 따른 운전면허증 갱신기간에 대통령령으로 정하는 바에 따라 도로교통공단이 실시하는 정기(定期) 적성검사(適性檢査)를 받아야 한다.

1. 제1종 운전면허를 받은 사람

2. 제2종 운전면허를 받은 사람 중 운전면허증 갱신기간에 70세 이상인 사람

③ 제2항에 따른 정기 적성검사를 받지 아니하거나 이에 합격하지 못한 사람은 운전면허증을 갱신하여 받을 수 없다.

④ 제1항 또는 제2항에 따라 운전면허증을 갱신하여 발급받거나 정기 적성검사를 받아야 하는 사람이 해외여행 또는 군 복무 등 대통령령으로 정하는 사유로 그 기간 이내에 운전면허증을 갱신하여 발급받거나 정기 적성검사를 받을 수 없는 때에는 대통령령으로 정하는 바에 따라 이를 미리 받거나 그 연기를 받을 수 있다.

제88조(수시 적성검사) ① 제1종 운전면허 또는 제2종 운전면허를 받은 사람(제96조제1항에 따른 국제운전면허증을 받은 사람을 포함한다)이 안전운전에 장애가 되는 후천적 신체장애 등 대통령령으로 정하는 사유에 해당되는 경우에는 도로교통공단이 실시하는 수시(隨時) 적성검사를 받아야 한다.

② 제1항에 따른 수시 적성검사의 기간·통지와 그 밖에 수시 적성검사의 실시에 필요한 사항은 대통령령으로 정한다.

제90조(정신 질환 등이 의심되는 사람에 대한 조치)

도로교통공단은 다음 각 호의 어느 하나에 해당하는 사람이 제82조제1항제2호 또는 제5호에 해당한다고 인정할 만한 상당한 사유가 있는 경우에는 해당 분야 전문의(專門醫)의 정밀진단을 받게 할 수 있다.

1. 제83조에 따른 운전면허시험 중인 사람
2. 제87조제2항 또는 제88조제1항에 따른 적성검사를 받는 사람

제91조(임시운전증명서)

① 지방경찰청장은 다음 각 호의 어느 하나의 경우에 해당하는 사람이 임시운전증명서 발급을 신청하면 행정자치부령으로 정하는 바에 따라 임시운전증명서를 발급할 수 있다. 다만, 제2호의 경우에는 소지하고 있는 운전면허증에 행정자치부령으로 정하는 사항을 기재하여 발급함으로써 임시운전증명서 발급을 갈음할 수 있다.

1. 운전면허증을 받은 사람이 제86조에 따른 재발급 신청을 한 경우
2. 제87조에 따른 정기 적성검사 또는 운전면허증 갱신 발급 신청을 하거나 제88조에 따른 수시 적성검사를 신청한 경우
3. 제93조에 따른 운전면허의 취소처분 또는 정지처분 대상자가 운전면허증을 제출한 경우

② 제1항의 임시운전증명서는 그 유효기간 중에는 운전면허증과 같은 효력이 있다.

제93조(운전면허의 취소·정지)

① 지방경찰청장은 운전면허(연습운전면허는 제외한다. 이하 이 조에서 같다)를 받은 사람이 다음 각 호의 어느 하나에 해당하면 행정자치부령으로 정하는 기준에 따라 운전면허(운전자가 받은 모든 범위의 운전면허를 포함한다. 이하 이 조에서 같다)를 취소하거나 1년 이내의 범위에서 운전면허의 효력을 정지시킬 수 있다. 다만, 제2호, 제3호, 제7호부터 제9호까지(정기 적성검사 기간이 지난 경우는 제외한다), 제12호, 제14호, 제16호부터 제18호까지, 제20호의 규정에 해당하는 경우에는 운전면허를 취소하여야 한다.

1. 제44조제1항을 위반하여 술에 취한 상태에서 자동차등을 운전한 경우
2. 제44조제1항 또는 제2항 후단을 2회 이상 위반한 사람이 다시 같은 조 제1항을 위반하여 운전면허 정지 사유에 해당된 경우

3. 제44조제2항 후단을 위반하여 술에 취한 상태에 있다고 인정할 만한 상당한 이유가 있음에도 불구하고 경찰공무원의 측정에 응하지 아니한 경우
4. 제45조를 위반하여 약물의 영향으로 인하여 정상적으로 운전하지 못할 우려가 있는 상태에서 자동차등을 운전한 경우
5. 제46조제1항을 위반하여 공동 위험행위를 한 경우
5의2. 제46조의3을 위반하여 난폭운전을 한 경우
6. 교통사고로 사람을 사상한 후 제54조제1항 또는 제2항에 따른 필요한 조치 또는 신고를 하지 아니한 경우
7. 제82조제1항제2호부터 제5호까지의 규정에 따른 운전면허를 받을 수 없는 사람에 해당된 경우
8. 제82조에 따라 운전면허를 받을 수 없는 사람이 운전면허를 받거나 거짓이나 그 밖의 부정한 수단으로 운전면허를 받은 경우 또는 운전면허효력의 정지기간 중 운전면허증 또는 운전면허증을 갈음하는 증명서를 발급받은 사실이 드러난 경우
9. 제87조제2항 또는 제88조제1항에 따른 적성검사를 받지 아니하거나 그 적성검사에 불합격한 경우
10. 운전 중 고의 또는 과실로 교통사고를 일으킨 경우
10의2. 운전면허를 받은 사람이 자동차등을 이용하여 「형법」 제258조의2(특수상해)·제261조(특수폭행)·제284조(특수협박) 또는 제369조(특수손괴)를 위반하는 행위를 한 경우
11. 운전면허를 받은 사람이 자동차등을 이용하여 살인 또는 강간 등 행정자치부령으로 정하는 범죄행위를 한 경우
12. 다른 사람의 자동차등을 훔치거나 빼앗은 경우
13. 다른 사람이 부정하게 운전면허를 받도록 하기 위하여 제83조에 따른 운전면허시험에 대신 응시한 경우
14. 이 법에 따른 교통단속 임무를 수행하는 경찰공무원등 및 시·군공무원을 폭행한 경우
15. 운전면허증을 다른 사람에게 빌려주어 운전하게 하거나 다른 사람의 운전면허증을 빌려서 사용한 경우
16. 「자동차관리법」에 따라 등록되지 아니하거나 임시운행허가를 받지 아니한 자동차(이륜자동차는 제외한다)를 운전한 경우
17. 제1종 보통면허 및 제2종 보통면허를 받기 전에 연습운전면허의 취소 사유가 있었던 경우
18. 다른 법률에 따라 관계 행정기관의 장이 운전면허의 취소처분 또는 정지처분을 요청한 경우
18의2. 제39조제1항 또는 제4항을 위반하여 화물자동차를 운전한 경우
19. 이 법이나 이 법에 따른 명령 또는 처분을 위반한 경우
20. 운전면허를 받은 사람이 자신의 운전면허를 실효(失效)시킬 목적으로 지방경찰청장에게 자진하여 운전면허를 반납하는 경우. 다만, 실효시키려는 운전면허가 취소처분 또는 정지처분의 대상이거나 효력정지 기간 중인 경우는 제외한다.

② 지방경찰청장은 제1항에 따라 운전면허를 취소하거나 운전면허의 효력을 정지하려고 할 때 그 기준으로 활용하기 위하여 교통법규를 위반하거나 교통사고를 일으킨 사람에 대하여는 행정자치부령으로 정하는 바에 따라 위반 및 피해의 정도 등에 따라 벌점을 부과할 수 있으며, 그 벌점이 행정자치부령으로 정하는 기간 동안 일정한 점수를 초과하는 경우에는 행정자치부령으로 정하는 바에 따라 운전면허를 취소 또는 정지할 수 있다.

③ 지방경찰청장은 연습운전면허를 발급받은 사람이 운전 중 고의 또는 과실로 교통사고를 일으키거나 이 법이나 이 법에 따른 명령 또는 처분을 위반한 경우에는 연습운전면허를 취소하여야 한다. 다만, 본인에게 귀책사유(歸責事由)가 없는 경우 등 대통령령으로 정하는 경우에는 그러하지 아니하다.

④ 지방경찰청장은 제1항 또는 제2항에 따라 운전면허의 취소처분 또는 정지처분을 하려고 하거나 제3항에 따라

연습운전면허 취소처분을 하려면 그 처분을 하기 전에 미리 행정자치부령으로 정하는 바에 따라 처분의 당사자에게 처분 내용과 의견제출 기한 등을 통지하여야 하며, 그 처분을 하는 때에는 행정자치부령으로 정하는 바에 따라 처분의 이유와 행정심판을 제기할 수 있는 기간 등을 통지하여야 한다. 다만, 제87조제2항 또는 제88조제1항에 따른 적성검사를 받지 아니하였다는 이유로 운전면허를 취소하려면 행정자치부령으로 정하는 바에 따라 처분의 당사자에게 적성검사를 할 수 있는 날의 만료일 전까지 적성검사를 받지 아니하면 운전면허가 취소된다는 사실의 조건부 통지를 함으로써 처분의 사전 및 사후 통지를 갈음할 수 있다.

제95조(운전면허증의 반납)

① 운전면허증을 받은 사람이 다음 각 호의 어느 하나에 해당하면 그 사유가 발생한 날부터 7일 이내(제4호 및 제5호의 경우 새로운 운전면허증을 받기 위하여 운전면허증을 제출한 때)에 주소지를 관할하는 지방경찰청장에게 운전면허증을 반납하여야 한다.

1. 운전면허 취소처분을 받은 경우
2. 운전면허효력 정지처분을 받은 경우
3. 운전면허증을 잃어버리고 다시 발급받은 후 그 잃어버린 운전면허증을 찾은 경우
4. 연습운전면허증을 받은 사람이 제1종 보통면허증 또는 제2종 보통면허증을 받은 경우
5. 운전면허증 갱신을 받은 경우

② 경찰공무원은 제1항을 위반하여 운전면허증을 반납하지 아니한 사람이 소지한 운전면허증을 직접 회수할 수 있다.

③ 지방경찰청장이 제1항제2호에 따라 운전면허증을 반납받았거나 제2항에 따라 제1항제2호에 해당하는 사람으로부터 운전면허증을 회수하였을 때에는 이를 보관하였다가 정지기간이 끝난 즉시 돌려주어야 한다.

제9장 국제운전면허증

제96조(국제운전면허증에 의한 자동차등의 운전) ① 외국의 권한 있는 기관에서 다음 각 호의 어느 하나에 해당하는 협약에 따른 운전면허증(이하 "국제운전면허증"이라 한다)을 발급받은 사람은 제80조제1항에도 불구하고 국내에 입국한 날부터 1년 동안만 그 국제운전면허증으로 자동차등을 운전할 수 있다. 이 경우 운전할 수 있는 자동차의 종류는 그 국제운전면허증에 기재된 것으로 한정한다.

1. 1949년 제네바에서 체결된 「도로교통에 관한 협약」
2. 1968년 비엔나에서 체결된 「도로교통에 관한 협약」

② 국제운전면허증을 외국에서 발급받은 사람은 「여객자동차 운수사업법」 또는 「화물자동차 운수사업법」에 따른 사업용 자동차를 운전할 수 없다. 다만, 「여객자동차 운수사업법」에 따른 대여사업용 자동차를 임차(賃借)하여 운전하는 경우에는 그러하지 아니하다.

③ 제82조제2항에 따른 운전면허 결격사유에 해당하는 사람으로서 같은 항 각 호의 구분에 따른 기간이 지나지 아니한 사람은 제1항에도 불구하고 자동차등을 운전하여서는 아니 된다.

제97조(자동차등의 운전 금지) ① 제96조에 따라 국제운전면허증을 가지고 국내에서 자동차등을 운전하는 사람이 다음 각 호의 어느 하나에 해당하는 경우에는 그 사람의 주소지를 관할하는 지방경찰청장은 행정자치부령으로 정한 기준에 따라 1년을 넘지 아니하는 범위에서 국제운전면허증에 의한 자동차등의 운전을 금지할 수 있다.

1. 제88조제1항에 따른 적성검사를 받지 아니하였거나 적성검사에 불합격한 경우
2. 운전 중 고의 또는 과실로 교통사고를 일으킨 경우
3. 대한민국 국적을 가진 사람이 제93조제1항 또는 제2항에 따라 운전면허가 취소되거나 효력이 정지된 후 제82조제2항 각 호에 규정된 기간이 지나지 아니한 경우
4. 자동차등의 운전에 관하여 이 법이나 이 법에 따른 명령 또는 처분을 위반한 경우

② 제1항에 따라 자동차등의 운전이 금지된 사람은 지체 없이 국제운전면허증에 의한 운전을 금지한 지방경찰청장에게 그 국제운전면허증을 제출하여야 한다.

③ 지방경찰청장은 제1항에 따른 금지기간이 끝난 경우 또는 금지처분을 받은 사람이 그 금지기간 중에 출국하는 경우에는 그 사람의 반환청구가 있으면 지체 없이 보관 중인 국제운전면허증을 돌려주어야 한다.

제98조(국제운전면허증의 발급 등) ① 제80조에 따라 운전면허를 받은 사람이 국외에서 운전을 하기 위하여 제96조제1항제1호의 「도로교통에 관한 협약」에 따른 국제운전면허증을 발급받으려면 지방경찰청장에게 신청하여야 한다.

② 제1항에 따른 국제운전면허증의 유효기간은 발급받은 날부터 1년으로 한다.

③ 제1항에 따른 국제운전면허증은 이를 발급받은 사람의 국내운전면허의 효력이 없어지거나 취소된 때에는 그 효력을 잃는다.

④ 제1항에 따른 국제운전면허증을 발급받은 사람의 국내운전면허의 효력이 정지된 때에는 그 정지기간 동안 그 효력이 정지된다.

제142조(행정소송과의 관계) 이 법에 따른 처분으로서 해당 처분에 대한 행정소송은 행정심판의 재결(裁決)을 거치지 아니하면 제기할 수 없다.

제143조(전용차로 운행 등에 대한 시·군공무원의 단속)

① 시·군공무원은 제15조제3항에 따른 전용차로 통행 금지 의무, 제29조제4항·제5항에 따른 긴급자동차에 대한 진로양보 의무 또는 제32조부터 제34조까지의 규정에 따른 정차 및 주차 금지 의무를 위반한 운전자가 있으면 행정자치부령으로 정하는 바에 따라 현장에서 위반행위의 요지와 경찰서장(제주특별자치도의 경우 제주특별자치도지사로 한다. 이하 이 조에서 같다)에게 출석할 기일 및 장소 등을 구체적으로 밝힌 고지서를 발급하고, 운전면허증의 제출을 요구하여 이를 보관할 수 있다. 이 경우 그 고지서는 출석기일까지 운전면허증과 같은 효력이 있다.

② 시·군공무원은 제1항에 따라 고지서를 발급한 때에는 지체 없이 관할 경찰서장에게 운전면허증을 첨부하여 통보하여야 한다.

③ 경찰서장은 제2항에 따른 통보를 받으면 위반행위를 확인하여야 한다.

④ 시·군공무원은 제1항에 따라 고지서를 발급하거나 조치를 할 때에는 본래의 목적에서 벗어나 직무상 권한을 남용하여서는 아니 된다.

제145조(교통정보의 제공)

경찰청장은 교통의 안전과 원활한 소통을 확보하기 위하여 필요한 정보를 수집하여 분석하고 그 결과를 신속하게 일반에게 제공하여야 한다.

제146조(무사고 또는 유공운전자의 표시장)
① 경찰청장은 운전면허를 받은 사람으로서 운전에 종사하면서 일정 기간 교통사고를 일으키지 아니한 사람과 정부의 표창에 관한 법령에 따라 경찰 기관의 장의 표창을 받은 사람에게 무사고운전자 또는 유공운전자의 표시장을 수여할 수 있다.
② 제1항에 따른 표시장의 종류, 표시장 수여의 대상, 그 밖에 표시장 수여에 필요한 사항은 행정자치부령으로 정한다.

제147조(위임 및 위탁 등) ① 시장등은 이 법에 따른 권한 또는 사무의 일부를 대통령령으로 정하는 바에 따라 지방경찰청장이나 경찰서장에게 위임 또는 위탁할 수 있다.
② 특별시장 및 광역시장은 이 법에 따른 권한의 일부를 대통령령으로 정하는 바에 따라 관할구역의 구청장(자치구의 구청장을 말한다)과 군수에게 위임할 수 있다.
③ 지방경찰청장은 이 법에 따른 권한 또는 사무의 일부를 대통령령으로 정하는 바에 따라 관할 경찰서장에게 위임하거나 교통 관련 전문교육기관 또는 전문연구기관 등에 위탁할 수 있다.
④ 지방경찰청장 또는 경찰서장은 제1항에 따라 시장등으로부터 위임받거나 위탁받은 사무의 일부를 대통령령으로 정하는 바에 따라 교통 관련 전문교육기관 또는 전문연구기관에 위탁할 수 있다.
⑤ 지방경찰청장은 이 법에 따른 운전면허와 관련된 업무의 일부를 대통령령으로 정하는 바에 따라 공단으로 하여금 대행하게 할 수 있다.
⑥ 경찰청장은 제106조와 제107조에 따른 강사 및 기능검정원에 대한 자격시험과 자격증 발급 업무를 공단으로 하여금 대행하게 할 수 있다.

제147조의2(규제의 재검토) 경찰청장은 다음 각 호의 사항에 대하여 다음 각 호의 기준일을 기준으로 3년마다(매 3년이 되는 해의 기준일과 같은 날 전까지를 말한다) 폐지, 완화 또는 유지 등의 타당성을 검토하여야 한다.
1. 제12조에 따른 어린이 보호구역의 지정 및 관리: 2014년 1월 1일
2. 제12조의2에 따른 노인 및 장애인 보호구역의 지정 및 관리: 2014년 1월 1일

제13장 벌칙

제148조의2(벌칙) ① 다음 각 호의 어느 하나에 해당하는 사람은 1년 이상 3년 이하의 징역이나 500만원 이상 1천만원 이하의 벌금에 처한다.
1. 제44조제1항을 2회 이상 위반한 사람으로서 다시 같은 조 제1항을 위반하여 술에 취한 상태에서 자동차등을 운전한 사람
2. 술에 취한 상태에 있다고 인정할 만한 상당한 이유가 있는 사람으로서 제44조제2항에 따른 경찰공무원의 측정에 응하지 아니한 사람

② 제44조제1항을 위반하여 술에 취한 상태에서 자동차등을 운전한 사람은 다음 각 호의 구분에 따라 처벌한다.
1. 혈중알콜농도가 0.2퍼센트 이상인 사람은 1년 이상 3년 이하의 징역이나 500만원 이상 1천만원 이하의 벌금
2. 혈중알콜농도가 0.1퍼센트 이상 0.2퍼센트 미만인 사람은 6개월 이상 1년 이하의 징역이나 300만원 이상 500만원 이하의 벌금

3. 혈중알콜농도가 0.05퍼센트 이상 0.1퍼센트 미만인 사람은 6개월 이하의 징역이나 300만원 이하의 벌금

③ 제45조를 위반하여 약물로 인하여 정상적으로 운전하지 못할 우려가 있는 상태에서 자동차등을 운전한 사람은 3년 이하의 징역이나 1천만원 이하의 벌금에 처한다.

속도위반 처리

구 분		처벌(일반도로 승용차 기준)		
		범칙금	과태료	벌점
속도 위반	60km/h 초과	12만 원	13만 원	60점
	40~60km/h	9만 원	10만 원	30점
	20~40km/h	6만 원	7만 원	15점
	20km/h 이하	3만 원	4만 원	-

음주운전단속 및 처벌 기준

	위반 횟수	처벌 기준		
음주단속	1회	0.2% 이상	1~3년 / 500만 원~ 1천만 원	
		0.1%~0.2%	6개월~1년 / 300만 원~ 500만 원	
		0.05~0.1%	6개월 이하 / 300만 원 이하	
	2회 위반	1회 위반 시와 동일		
	3회 이상 위반	1~3년 / 500만 원~ 1천만 원		
	측정거부	1~3년 / 500만 원~ 1천만 원		
음주사고 처벌기준	혈중알콜농도	대물사고	대인사고	행정처분
	0.05~0.1%	불구속	구속	100일 면허정지
	0.1%~0.36% 미만	불구속	구속	면허취소
	0.36%이상	구속	구속	면허취소
	혈중알콜 농도와 무관하게 전치 3~4주 이상의 상해 및 사망시 : 구속			면허취소

제161조의3(과태료 · 범칙금수납정보시스템 운영계획의 수립 · 시행)

경찰청장은 누구든지 과태료 및 범칙금의 내용을 편리하게 조회하고 전자납부(인터넷이나 전화통신장치 또는 자동입출금기의 연계방식을 통한 납부를 말한다)할 수 있도록 하기 위하여 다음 각 호의 사항을 포함하는 과태료 · 범칙금수납정보시스템 운영계획을 수립 · 시행할 수 있다.

1. 과태료 · 범칙금 납부대행기관 정보통신망과 수납통합처리시스템의 연계

2. 과태료 및 범칙금 납부의 실시간 처리 및 안전한 관리와 수납통합처리시스템의 운영
3. 그 밖에 대통령령으로 정하는 운영계획의 수립·시행에 필요한 사항

제14장 범칙행위의 처리에 관한 특례

제162조(통칙)

① 이 장에서 "범칙행위"란 제156조 각 호 또는 제157조 각 호의 죄에 해당하는 위반행위를 말하며, 그 구체적인 범위는 대통령령으로 정한다.

② 이 장에서 "범칙자"란 범칙행위를 한 사람으로서 다음 각 호의 어느 하나에 해당하지 아니하는 사람을 말한다.

1. 범칙행위 당시 제92조제1항에 따른 운전면허증등 또는 이를 갈음하는 증명서를 제시하지 못하거나 경찰공무원의 운전자 신원 및 운전면허 확인을 위한 질문에 응하지 아니한 운전자
2. 범칙행위로 교통사고를 일으킨 사람. 다만, 「교통사고처리 특례법」 제3조제2항 및 제4조에 따라 업무상과실치상죄·중과실치상죄 또는 이 법 제151조의 죄에 대한 벌을 받지 아니하게 된 사람은 제외한다.

③ 이 장에서 "범칙금"이란 범칙자가 제163조에 따른 통고처분에 따라 국고(國庫) 또는 제주특별자치도의 금고에 내야 할 금전을 말하며, 범칙금의 액수는 범칙행위의 종류 및 차종(車種) 등에 따라 대통령령으로 정한다.

제163조(통고처분)

① 경찰서장이나 제주특별자치도지사(제주특별자치도지사의 경우에는 제6조제1항·제2항, 제61조제2항에 따라 준용되는 제15조제3항, 제39조제6항, 제60조, 제62조, 제64조부터 제66조까지, 제73조제2항제2호·제3호 및 제95조제1항의 위반행위는 제외한다)는 범칙자로 인정하는 사람에 대하여는 이유를 분명하게 밝힌 범칙금 납부통고서로 범칙금을 낼 것을 통고할 수 있다. 다만, 다음 각 호의 어느 하나에 해당하는 사람에 대하여는 그러하지 아니하다.

1. 성명이나 주소가 확실하지 아니한 사람
2. 달아날 우려가 있는 사람
3. 범칙금 납부통고서 받기를 거부한 사람

② 제주특별자치도지사가 제1항에 따라 통고처분을 한 경우에는 관할 경찰서장에게 그 사실을 통보하여야 한다.

제164조(범칙금의 납부) ① 제163조에 따라 범칙금 납부통고서를 받은 사람은 10일 이내에 경찰청장이 지정하는 국고은행, 지점, 대리점, 우체국 또는 제주특별자치도지사가 지정하는 금융회사 등이나 그 지점에 범칙금을 내야 한다. 다만, 천재지변이나 그 밖의 부득이한 사유로 말미암아 그 기간에 범칙금을 낼 수 없는 경우에는 부득이한 사유가 없어지게 된 날부터 5일 이내에 내야 한다.

② 제1항에 따른 납부기간에 범칙금을 내지 아니한 사람은 납부기간이 끝나는 날의 다음 날부터 20일 이내에 통고받은 범칙금에 100분의 20을 더한 금액을 내야 한다.

③ 제1항이나 제2항에 따라 범칙금을 낸 사람은 범칙행위에 대하여 다시 벌 받지 아니한다.

제164조의2(범칙금 납부방법 등) 범칙금 납부방법에 대해서는 제161조의2의 규정을 준용한다. 이 경우 "과태료"는 "범칙금"으로 본다.

제165조(통고처분 불이행자 등의 처리) ① 경찰서장은 다음 각 호의 어느 하나에 해당하는 사람에 대하여는 지체 없이 즉결심판을 청구하여야 한다. 다만, 제2호에 해당하는 사람으로서 즉결심판이 청구되기 전까지 통고받은 범칙금액에 100분의 50을 더한 금액을 납부한 사람에 대하여는 그러하지 아니하다.

1. 제163조제1항 각 호의 어느 하나에 해당하는 사람
2. 제164조제2항에 따른 납부기간에 범칙금을 납부하지 아니한 사람

② 제1항제2호에 따라 즉결심판이 청구된 피고인이 즉결심판의 선고 전까지 통고받은 범칙금액에 100분의 50을 더한 금액을 내고 납부를 증명하는 서류를 제출하면 경찰서장은 피고인에 대한 즉결심판 청구를 취소하여야 한다.

③ 제1항 각 호 외의 부분 단서 또는 제2항에 따라 범칙금을 납부한 사람은 그 범칙행위에 대하여 다시 벌 받지 아니한다.

④ 제주특별자치도지사는 제1항 각 호의 어느 하나에 해당하는 사람이 있는 경우에는 즉시 관할 경찰서장에게 그 사실을 통보하고 관련 서류를 보내야 한다. 이 경우 통보를 받은 경찰서장은 제1항부터 제3항까지의 규정에 따라 이를 처리하여야 한다.

제166조(직권 남용의 금지) 이 장의 규정에 따른 통고처분을 할 때에 교통을 단속하는 경찰공무원은 본래의 목적에서 벗어나 직무상의 권한을 함부로 남용하여서는 아니 된다.

교통사고조사규칙

제1장 총칙

제1조(목적)
이 규칙은 교통사고가 발생했을 때에 경찰공무원이 처리해야 할 절차와 기준을 구체적으로 정함으로써 교통사고 조사업무의 신속·명확한 처리를 목적으로 한다.

제2조(용어의 정의) ① 이 규칙에서 사용되는 용어의 정의는 다음과 같다.

교통	차를 운전하여 사람 또는 화물을 이동시키거나 운반하는 등 차를 그 본래의 용법에 따라 사용하는 것
교통사고	차의 교통으로 인하여 사람을 사상하거나 물건을 손괴한 것
대형사고	3명 이상이 사망(교통사고 발생일부터 30일 이내에 사망한 것을 말한다)하거나 20명 이상의 사상자가 발생한 사고
교통조사관	교통사고를 조사하여 검찰에 송치하는 등 교통사고 조사업무를 처리하는 경찰공무원
스키드마크 (Skid mark)	차의 급제동으로 인하여 타이어의 회전이 정지된 상태에서 노면에 미끄러져 생긴 타이어 마모흔적 또는 활주흔적
요마크 (Yaw mark)	급핸들 등으로 인하여 차의 바퀴가 돌면서 차축과 평행하게 옆으로 미끄러진 타이어의 마모흔적
충돌	차가 반대방향 또는 측방에서 진입하여 그 차의 정면으로 다른 차의 정면 또는 측면을 충격한 것
추돌	2대 이상의 차가 동일방향으로 주행 중 뒤차가 앞차의 후면을 충격한 것
접촉	차가 추월, 교행 등을 하려다가 차의 좌우측면을 서로 스친 것
전도	차가 주행 중 도로 또는 도로 이외의 장소에 차체의 측면이 지면에 접하고 있는 상태(좌측면이 지면에 접해 있으면 좌전도, 우측면이 지면에 접해 있으면 우전도)
전복	차가 주행 중 도로 또는 도로 이외의 장소에 뒤집혀 넘어진 것
추락	차가 도로변 절벽 또는 교량 등 높은 곳에서 떨어진 것
뺑소니	교통사고를 야기한 차의 운전자가 피해자를 구호하는 등 「도로교통법」 제54조제1항의 규정에 따른 조치를 취하지 아니하고 도주한 것

제4조(초동조치)
① 교통사고를 인지하거나 신고를 접수한 경찰공무원은 관할 또는 근무시간 여부와 관계없이 신속히 현장에 출동하여야 한다. 이 경우 소방 등 구호기관에도 통보하여 구급차 출동 등 사상자 구호활동이 이루어지도록 하여야 한다.
② 경찰공무원은 교통사고 신고를 접수할 때에는 상황판단, 출동경찰관 소요인원 판단 및 사고조사 보조 등을 위하여 신고자로부터 다음 각 호의 사항을 확인하여 기록하여야 한다.

1. 사고일시 및 장소
2. 피해정도 및 내용
3. 신고자의 성명, 연락처 및 사고 목격 여부
4. 신고자가 사고 당사자인 경우 사고차량 번호 및 차종

③ 사고현장에 출동한 경찰공무원은 다음 각 호의 초동조치를 취하여야 한다.

1. 수신호 또는 고장자동차 표지 설치 등 2차사고 예방을 위한 안전조치
2. 사상자에 대한 응급 구호조치
3. 사상자의 인적사항·피해정도 파악, 사상자가 차량 밖에 넘어져 있는 경우 넘어져 있는 위치 표시, 사상자 후송병원 기록
4. 사고차량 최종 정지지점 표시, 현장 유류품·타이어 흔적 등 증거수집 및 사진촬영
5. 사망·의식불명인 사람이 있는 경우 보호자 등에 통보
6. 사고 당사자 및 목격자 연락처 확보

④ 사망사고, 대형사고, 사회이목이 집중될 만한 사고는 반드시 경위 이상의 간부가 현장에 출동하여 초동조치를 지휘하여야 한다.

⑤ 다른 경찰서 관내의 교통사고 현장에 출동한 경찰공무원은 필요한 초동조치를 취한 후 신속히 해당 경찰서에 통보하여 그 경찰서에서 출동·조사하게 하여야 한다.

제5조(사상자 구호)

① 사고현상에 출동한 경찰공무원이 부상자의 응급구호를 할 때(사상자의 상태 및 현장상황을 합리적으로 판단하여 신속하게 처리)	1. 부상자에 대한 응급조치는 119구조대 또는 의료기관 응급구호요원이 없는 경우로써 부상자가 의식이 없거나 호흡이 정지한 때 등 긴급한 경우에 한하여 심폐소생술에 따라 조치 2. 부상자를 병·의원으로 후송하는 경우에는 본인 또는 보호자가 특정병원을 지정하는 경우를 제외하고는 부상정도가 심각한 사람부터 최단거리 병원 순으로 후송 3. 중상자를 안전한 장소로 옮기기 위하여 무리하게 이동시켜 부상정도가 악화되지 않도록 주의 4. 사상자 수에 비하여 출동한 경찰공무원이 소수인 경우에는 현장 가까이 있는 사람에게 협력 요청 5. 사고현장에서 응급구호요원이나 일반인이 구호활동에 참여하는 경우에는 증거자료가 변형되지 않도록 교양 등 조치
② 교통사고 현장에 사망한 사람이 있는 경우	1. 단순히 의식이 없거나 호흡이 정지하였다는 사유로 사망한 것으로 판단하지 말고, 의료전문가의 판단이 있을 때 까지는 중상자와 동일하게 취급 2. 사망한 것이 명백한 사람에 대해서는 신속히 사진촬영 등 증거확보 및 보존 조치를 취하고 사람의 눈에 띄지 않는 적당한 장소로 이동하되, 사망자에 대한 예의에 어긋나지 않도록 조치 3. 사망자의 소지품은 현장에 출동한 경찰공무원이 관련자가 입회한 가운데 목록을 작성하여 목록과 함께 보관 4. 검시 및 사체에 대한 수속이 종료된 된 때에는 신속히 의사의 검안서를 첨부하여 소지품과 함께 사체를 유족에게 인계. 이 경우 유족이 없거나 유족이 사체의 인수를 거부하는 경우에는 이를 시장·군수·구청장에게 인계

제6조(교통통제 및 회복 등)

① 경찰공무원은 교통사고 현장에서 사상자 구호, 현장보존 등 부득이한 경우에는 일시적으로 교통을 통제하거나

일방통행 등의 조치를 취할 수 있다.

② 제1항의 규정에 따라 교통을 통제하거나 일방통행의 조치를 취할 경우에는"교통사고 조사 중" 표지판을 사고현장 전·후 적합한 위치에 설치하고, 반드시 1명 이상의 경찰공무원이 차량과 군중을 정리하여 2차 사고를 예방하여야 한다.

③ 경찰공무원은 사상자 구호 및 현장조사가 종료한 때에는 즉시 교통통제 등의 조치를 해제하여 정상적인 교통소통이 될 수 있도록 하여야 한다.

제2장 교통사고조사

제7조(사고조사의 목적)

교통사고 조사의 목적은 다음 각 호와 같다.

1. 부상자의 구호 및 사체의 처리
2. 사고확대방지와 교통소통의 회복
3. 사고방지 대책을 위한 정확한 원인조사
4. 형사책임의 규명
5. 그 밖의 사고와 관련된 자료의 수집 등

제9조(목격자 확보 및 조사)

① 교통조사관은 사고현장에 목격자가 있는 경우에는 즉석에서 그의 성명·주소, 연락할 전화번호 등을 확인하고 현장조사에 협조해 줄 것을 요청하여야 하며, 목격자는 가능한 한 다수인을 확보하여야 한다.

② 목격자에 대하여는 현장에서 다음 각 호의 사항을 확인·조사하여야 한다.

1. 목격자가 목격한 위치
2. 가해차량의 사고 전·후 진행경로, 속도, 경음기 사용여부, 충돌상황, 피해상황, 피해자 구호여부 등
3. 피해자 또는 피해차량의 사고 전·후 진행경로, 자세, 휴대품, 차량상태, 보행자인 경우 넘어져 있는 상태·방향, 피해상황 등
4. 가해자 및 피해자와의 관계

제17조(피해자 조사) 교통조사관은 목격자 조사 및 현장조사를 마치는 즉시 피해자에 대하여 다음 각 호의 사항을 조사하여야 한다.

1. 피해자의 신분 및 특수한 사정이 있는지 유무
2. 심신장애의 유무
3. 이동경로, 보행자세, 자전거 승차 여부 및 방향
4. 충돌 전 가해차량의 진행을 인식하였는지 여부와 인식하였다면 인식한 위치 및 가해차량과의 위치관계
5. 넘어진 지점, 방향 및 상황
6. 상해의 부분과 그 정도
7. 가해자에 대한 처벌희망 여부
8. 그 밖의 음주 또는 약물복용 여부, 질병유무와 고민 등 정신상태, 사고 직전의 행태 등 참고사항

제3장 교통사고처리

제20조(사고처리 기준)

① 사람을 사망하게 하거나 다치게 한 교통사고(인피사고)–〉 사고 처리기간은 접수한 날부터 2주 이내	1. 사람을 사망하게 한 교통사고의 가해자는 기소의견으로 송치 2. 사람을 다치게 한 교통사고(부상사고)의 피해자가 가해자에 대하여 처벌을 희망하지 아니하는 의사표시를 한 때에는 불기소 의견으로 송치. 다만, 사고의 원인행위에 대하여는 「도로교통법」 적용하여 통고처분 또는 즉결심판 청구 3. 부상사고로써 피해자가 가해자에 대하여 처벌을 희망하지 아니하는 의사표시가 없거나 교특법 제3조제2항 단서에 해당하는 경우에는 같은 법 제3조제1항을 적용하여 기소의견으로 송치 4. 부상사고로써 피해자가 가해자에 대하여 처벌을 희망하지 아니하는 의사표시가 없는 경우라도 교특법 제4조제1항의 규정에 따른 보험 또는 공제(이하 "보험등"이라 한다)에 가입된 경우에는 다음 각 목에 해당하는 경우를 제외하고 같은 조항을 적용하여 불기소의견으로 송치. 다만, 사고의 원인행위에 대하여는 「도로교통법」을 적용하여 통고처분 또는 즉결심판 청구 가. 교특법 제3조제2항 단서에 해당하는 경우 나. 피해자가 생명의 위험이 발생하거나 불구·불치·난치의 질병(이하 "중상해"라 한다)에 이르게 된 경우 다. 보험등의 계약이 해지되거나 보험사 등의 보험금 등 지급의무가 없어진 경우 5. 제4호 각 목의 어느 하나에 해당하는 경우에는 제2호·제3호의 기준에 따라 처리
② 다른 사람의 건조물이나 그 밖의 재물을 손괴한 교통사고(물피사고)는 다음 각 호의 기준에 따라 처리한다.	1. 피해자가 가해자에 대하여 처벌을 희망하지 아니하는 의사표시가 있는 경우 또는 보험등에 가입된 경우에는 「도로교통법 시행규칙」의 "단순 물적피해 교통사고 조사보고서"를 작성하고, 교통경찰업무관리시스템(TCS)의 교통사고접수처리대장에 입력한 후 종결(–〉 접수일 기준 지체없이 처리) 2. 피해자가 가해자에 대하여 처벌을 희망하지 아니하는 의사표시가 없거나 보험등에 가입되지 아니한 경우에는 「도로교통법」 제151조를 적용하여 기소의견으로 송치. 다만, 피해액이 20만원 미만인 경우에는 즉결심판을 청구하고 대장에 입력한 후 종결(–〉접수한 날부터 2주 이내)
③ 뺑소니 사고에 대하여는 다음 각 호의 기준에 따라 처	1. 인피사고는 「특정범죄가중처벌 등에 관한 법률」(이하 "특가법"이라 한다) 제5조의3을 적용하여 기소의견으로 송치 2. 물피사고는 「도로교통법」 제148조를 적용하여 기소의견으로 송치 ④ 교통사고를 야기한 후 사상자 구호 등 사후조치는 하였으나 경찰공무원이나 경찰관서에 신고하지 아니한 때에는 제1항, 제2항 및 「도로교통법」 제154조제4호의 규정을 적용하여 처리한다. 다만, 도로에서의 위험방지와 원활한 소통을 위하여 필요한 조치를 한 경우에는 「도로교통법」 제154조제4

	호의 규정은 적용하지 아니한다. ⑤ 「도로교통법」 제44조제1항의 규정을 위반하여 주취운전 중 인피사고를 일으킨 운전자에 대하여는 다음 각 호의 사항을 종합적으로 고려하여 특가법 제5조의11의 규정의 위험운전치사상죄를 적용한다. 1. 가해자가 마신 술의 양 2. 사고발생 경위, 사고위치 및 피해정도 3. 비정상적 주행 여부, 똑바로 걸을 수 있는지 여부, 말할 때 혀가 꼬였는지 여부, 횡설수설하는지 여부, 사고 상황을 기억하는지 여부 등 사고 전·후의 운전자 행태 ⑥ 교통조사관은 부상사고로써 교특법 제3조제2항 단서에 해당하지 아니하는 사고를 일으킨 운전자가 보험등에 가입되지 아니한 경우 또는 중상해 사고를 야기한 운전자에게는 특별한 사유가 없는 한 사고를 접수한 날부터 2주간 피해자와 손해배상에 합의할 수 있는 기간을 주어야 한다. ⑦ 교통조사관은 제6항의 규정에 따른 합의기간 안에 가해자와 피해자가 손해배상에 합의한 경우에는 가해자와 피해자로부터 별지 제1호서식의 자동차교통사고합의서를 제출받아 교통사고조사 기록에 첨부하여야 한다.

교통사고특례법

제3조(처벌의 특례)

① 차의 운전자가 교통사고로 인하여 「형법」 제268조의 죄를 범한 경우에는 5년 이하의 금고 또는 2천만원 이하의 벌금에 처한다.

② 차의 교통으로 제1항의 죄 중 업무상과실치상죄(業務上過失致傷罪) 또는 중과실치상죄(重過失致傷罪)와 「도로교통법」 제151조의 죄를 범한 운전자에 대하여는 피해자의 명시적인 의사에 반하여 공소(公訴)를 제기할 수 없다. 다만, 차의 운전자가 제1항의 죄 중 업무상과실치상죄 또는 중과실치상죄를 범하고도 피해자를 구호(救護)하는 등 「도로교통법」 제54조제1항에 따른 조치를 하지 아니하고 도주하거나 피해자를 사고 장소로부터 옮겨 유기(遺棄)하고 도주한 경우, 같은 죄를 범하고 「도로교통법」 제44조제2항을 위반하여 음주측정 요구에 따르지 아니한 경우(운전자가 채혈 측정을 요청하거나 동의한 경우는 제외한다)와 다음 각 호의 어느 하나에 해당하는 행위로 인하여 같은 죄를 범한 경우에는 그러하지 아니하다.〈개정 2016.1.27.〉

1. 「도로교통법」 제5조에 따른 신호기가 표시하는 신호 또는 교통정리를 하는 경찰공무원등의 신호를 위반하거나 통행금지 또는 일시정지를 내용으로 하는 안전표지가 표시하는 지시를 위반하여 운전한 경우
2. 「도로교통법」 제13조제3항을 위반하여 중앙선을 침범하거나 같은 법 제62조를 위반하여 횡단, 유턴 또는 후진한 경우
3. 「도로교통법」 제17조제1항 또는 제2항에 따른 제한속도를 시속 20킬로미터 초과하여 운전한 경우
4. 「도로교통법」 제21조제1항, 제22조, 제23조에 따른 앞지르기의 방법·금지시기·금지장소 또는 끼어들기의 금지를 위반하거나 같은 법 제60조제2항에 따른 고속도로에서의 앞지르기 방법을 위반하여 운전한 경우
5. 「도로교통법」 제24조에 따른 철길건널목 통과방법을 위반하여 운전한 경우
6. 「도로교통법」 제27조제1항에 따른 횡단보도에서의 보행자 보호의무를 위반하여 운전한 경우
7. 「도로교통법」 제43조, 「건설기계관리법」 제26조 또는 「도로교통법」 제96조를 위반하여 운전면허 또는 건설기계조종사면허를 받지 아니하거나 국제운전면허증을 소지하지 아니하고 운전한 경우. 이 경우 운전면허

또는 건설기계조종사면허의 효력이 정지 중이거나 운전의 금지 중인 때에는 운전면허 또는 건설기계조종사면허를 받지 아니하거나 국제운전면허증을 소지하지 아니한 것으로 본다.

8. 「도로교통법」 제44조제1항을 위반하여 술에 취한 상태에서 운전을 하거나 같은 법 제45조를 위반하여 약물의 영향으로 정상적으로 운전하지 못할 우려가 있는 상태에서 운전한 경우
9. 「도로교통법」 제13조제1항을 위반하여 보도(步道)가 설치된 도로의 보도를 침범하거나 같은 법 제13조제2항에 따른 보도 횡단방법을 위반하여 운전한 경우
10. 「도로교통법」 제39조제3항에 따른 승객의 추락 방지의무를 위반하여 운전한 경우
11. 「도로교통법」 제12조제3항에 따른 어린이 보호구역에서 같은 조 제1항에 따른 조치를 준수하고 어린이의 안전에 유의하면서 운전하여야 할 의무를 위반하여 어린이의 신체를 상해(傷害)에 이르게 한 경우

교통사고 처리기준(교통사고조사규칙 제20조)

<table>
<tr><td>치사사고</td><td colspan="2">기소의견으로 송치(교통사고처리 특례법 제 3조 제1항을 적용)</td></tr>
<tr><td rowspan="2">치상사고</td><td>피해자의 불벌의사가 있는 경우(합의 성립)</td><td>- 교특법 제3조 제2항을 적용하여 불기소 의견으로 송치하되, 사고의 원인행위에 대하여는 도로교통법을 적용하여 통고처분 또는 즉결심판 청구
- 다만, 사고의 원인행위가 교특법 제3조 제2항 단서(특례 11개 조항)에 해당하는 경우, 합의 여부와 관계없이 교특법 제3조 제1항을 적용하여 기소의견으로 송치</td></tr>
<tr><td>피해자의 불벌의사가 없는 경우(합의 불성립)</td><td>- 교특법 제3조 제1항을 적용하여 기소의견으로 송치</td></tr>
<tr><td>물피 사고</td><td colspan="2">① 피해자의 불벌의사가 있는 경우 내사종결로 처리
② 피해자의 불벌의사가 없는 경우 도로교통법 제151조를 적용하여 기소의견으로 송치, 다만, 피해액이 20만원 미안인 경우에는 즉결심판 청구</td></tr>
<tr><td>교통사고 야기 후 도주</td><td colspan="2">① 인파사고는 「특정범죄가중처벌 등에 관한 법률」(이하 "특가법"이라 한다) 제5조의3을 적용하여 기소의견으로 송치
② 물피사고는 「도로교통법」 제148조를 적용하여 기소의견으로 송치</td></tr>
<tr><td>음주·약물을 복용하고 교통사고를 야기한 경우</td><td colspan="2">음주 또는 약물의 영향으로 정상적인 운전이 곤란한 상태에서 자동차 등을 운전하여 사람을 상해에 이르게 한 사람은 특정범죄 가중처벌 등에 관한 법률 제5조의11(위험운전 치사상) 적용</td></tr>
</table>

제20조의2(교통사고의 수)

① 교통조사관은 교통사고와 관련된 차가 2대 이하인 경우로서 충돌, 추돌, 접촉 등 사고의 원인이 된 행위가 하나인 경우 1건의 사고로 처리한다.

② 교통조사관은 교통사고와 관련된 차가 3대 이상인 경우로서 하나의 원인행위로 인하여 시간·장소적으로 밀접한 연속선상에서 발생한 경우 1건으로 처리하고, 그 이외에는 수 건(數 件)으로 처리한다.

제20조의4(당사자 순위의 결정)

교통조사관은 다음 각 호의 기준에 따라 1건의 교통사고와 관련된 당사자의 순위를 결정한다.

1. 차대차 사고로서 당사자 간의 과실이 차이가 있는 경우	과실이 중한 당사자를 선순위로 지정
2. 차대차 사고로서 당사자 간의 과실이 동일한 경우	피해가 경한 당사자를 선순위로 지정
3. 차대사람 사고	운전자를 선순위로 지정
4. 동승자가 있는 차대차 사고	제1호부터 제3호에 따라 당사자의 순위를 정한 후 선순위의 차에 동승한 자를 다음 순위로, 후 순위의 차에 동승한 자를 그 다음 순위로 지정
5. 제1호부터 제4호 이외의 당사자	그 다음 순위로 지정

제21조(안전사고 등)

① 교통조사관은 다음 각 호의 어느 하나에 해당하는 사고의 경우에는 교통사고로 처리하지 아니하고 업무 주무기능에 인계하여야 한다.

1. 자살·자해(自害)행위로 인정되는 경우
2. 확정적 고의(故意)에 의하여 타인을 사상하거나 물건을 손괴한 경우
3. 낙하물에 의하여 차량 탑승자가 사상하였거나 물건이 손괴된 경우
4. 축대, 절개지 등이 무너져 차량 탑승자가 사상하였거나 물건이 손괴된 경우
5. 사람이 건물, 육교 등에서 추락하여 진행중인 차량과 충돌 또는 접촉하여 사상한 경우
6. 그 밖의 차의 교통으로 발생하였다고 인정되지 아니한 안전사고의 경우

② 교통조사관은 제1항 각 호에 해당하는 사고의 경우라도 운전자가 이를 피할 수 있었던 경우에는 교통사고로 처리하여야 한다.

제22조(고속도로순찰대 초동조치 등)

② 고속도로에서 발생한 교통사고는 고속도로순찰대 지구대장이 별표 2의 서류(사건송치서, 기록목록, 의견서 및 범죄경력조회서는 제외한다)를 작성하여 사고를 접수한 날부터 10일 이내에 관할 경찰서장에게 인계한다. 다만, 대형사고인 경우에는 즉시 관할 경찰서장에게 통보하여 경찰서장 주관하에 합동으로 조사·처리한다.

제22조의2(이의 제기된 사고의 처리)

① 지방경찰청장은 경찰서장(고속도로순찰대 지구대장을 포함한다. 이하 이 조에서 제22조의4까지에서 같다)이 처리한 교통사고 조사결과에 대하여 이의가 제기된 사고(이하 "이의사고"라 한다)를 재조사할 수 있도록 지방경찰청에 이의조사팀을 운영하여야 한다.

② 이의사고의 접수 및 처리는 제1항의 이의조사팀이 담당한다. 다만, 지방경찰청장은 이의의 내용이 이의제기의 원인이 된 사고(이하 "본래사고"라 한다)의 조사결과를 그 내용으로 하지 않는 등 본래사고와 병합하여 처리하는 것이 타당하거나 그 밖에 특별한 사유가 있는 경우에는 본래사고 조사관서가 담당하게 할 수 있다.

③ 경찰청 또는 다른 부처에서 접수한 이의사고는 본래사고를 처리한 관서가 속한 지방경찰청 이의조사팀이 인수하여 처리한다. 이 경우 이의조사팀의 재조사 결과에 대하여 다시 이의가 제기된 사고는 「교통사고민간심의위원회」가 심의하여 처리한다.

④ 이의사고의 처리기간은 제23조의 규정에 의한 본래사고 처리기간과는 관계없이 이의사고를 접수한 날부터 4주 이내에 처리하여야 한다. 다만, 제23조제2항에 해당하는 경우에는 그에 따른다.

교통사고처리 특례법

제1조(목적)
이 법은 업무상과실(業務上過失) 또는 중대한 과실로 교통사고를 일으킨 운전자에 관한 형사처벌 등의 특례를 정함으로써 교통사고로 인한 피해의 신속한 회복을 촉진하고 국민생활의 편익을 증진함을 목적으로 한다.

제3조(처벌의 특례)
① 차의 운전자가 교통사고로 인하여 「형법」 제268조의 죄를 범한 경우에는 5년 이하의 금고 또는 2천만원 이하의 벌금에 처한다.

 # 형법 제268조

제268조(업무상과실·중과실 치사상) 업무상과실 또는 중대한 과실로 인하여 사람을 사상에 이르게 한 자는 5년 이하의 금고 또는 2천만원 이하의 벌금에 처한다.

② 차의 교통으로 제1항의 죄 중 업무상과실치상죄(業務上過失致傷罪) 또는 중과실치상죄(重過失致傷罪)와 「도로교통법」 제151조의 죄를 범한 운전자에 대하여는 피해자의 명시적인 의사에 반하여 공소(公訴)를 제기할 수 없다.

 # 도로교통법

제151조(벌칙) 차의 운전자가 업무상 필요한 주의를 게을리하거나 중대한 과실로 다른 사람의 건조물이나 그 밖의 재물을 손괴한 경우에는 2년 이하의 금고나 500만원 이하의 벌금에 처한다.

다만, 차의 운전자가 제1항의 죄 중 업무상과실치상죄 또는 중과실치상죄를 범하고도 피해자를 구호(救護)하는 등 「도로교통법」 제54조제1항에 따른 조치를 하지 아니하고 도주하거나

 # 도로교통법

제54조(사고발생 시의 조치) ① 차의 운전 등 교통으로 인하여 사람을 사상하거나 물건을 손괴(이하 "교통사고"라 한다)한 경우에는 그 차의 운전자나 그 밖의 승무원(이하 "운전자등"이라 한다)은 즉시 정차하여 사상자를 구호하는 등 필요한 조치를 하여야 한다.

피해자를 사고 장소로부터 옮겨 유기(遺棄)하고 도주한 경우, 같은 죄를 범하고 「도로교통법」 제44조제2항을 위반하여 음주측정 요구에 따르지 아니한 경우(운전자가 채혈 측정을 요청하거나 동의한 경우는 제외한다)와 다음 각 호의 어느 하나에 해당하는 행위로 인하여 같은 죄를 범한 경우에는 그러하지 아니하다.

도로교통법

제44조(술에 취한 상태에서의 운전 금지)

② 경찰공무원은 교통의 안전과 위험방지를 위하여 필요하다고 인정하거나 제1항을 위반하여 술에 취한 상태에서 자동차등을 운전하였다고 인정할 만한 상당한 이유가 있는 경우에는 운전자가 술에 취하였는지를 호흡조사로 측정할 수 있다. 이 경우 운전자는 경찰공무원의 측정에 응하여야 한다.

1. 신호 및 지시위반	「도로교통법」 제5조에 따른 신호기가 표시하는 신호 또는 교통정리를 하는 경찰공무원등의 신호를 위반하거나 통행금지 또는 일시정지를 내용으로 하는 안전표지가 표시하는 지시를 위반하여 운전한 경우
2. 중앙선 위반	「도로교통법」 제13조제3항(차마의 통행)을 위반하여 중앙선을 침범하거나 같은 법 제62조(횡단 등의 금지)를 위반하여 횡단, 유턴 또는 후진한 경우
3. 과속	「도로교통법」 제17조제1항 또는 제2항(자동차등의 속도)에 따른 제한속도를 시속 20킬로미터 초과하여 운전한 경우
4. 앞지르기, 끼어들기 등	「도로교통법」 제21조제1항(앞지르기 방법), 제22조(앞지르기 금지의 시기 및 장소), 제23조(끼어들기의 금지)에 따른 앞지르기의 방법·금지시기·금지장소 또는 끼어들기의 금지를 위반하거나 같은 법 제60조제2항(자동차의 운전자는 고속도로에서 다른 차를 앞지르려면 방향지시기, 등화 또는 경음기를 사용하여 행정자치부령으로 정하는 차로로 안전하게 통행하여야 한다)에 따른 고속도로에서의 앞지르기 방법을 위반하여 운전한 경우
5. 철길건널목	「도로교통법」 제24조(철길건널목의 통과)에 따른 철길건널목 통과방법을 위반하여 운전한 경우
6. 횡단보도 보행자	「도로교통법」 제27조제1항(보행자등의 보행)에 따른 횡단보도에서의 보행자 보호의무를 위반하여 운전한 경우
7. 음주운전	「도로교통법」 제43조(무면허운전 등의 금지), 「건설기계관리법」 제26조 또는 「도로교통법」 제96조(국제운전면허증에 의한 자동차등의 운전)를 위반하여 운전면허 또는 건설기계조종사면허를 받지 아니하거나 국제운전면허증을 소지하지 아니하고 운전한 경우. 이 경우 운전면허 또는 건설기계조종사면허의 효력이 정지 중이거나 운전의 금지 중인 때에는 운전면허 또는 건설기계조종사면허를 받지 아니하거나 국제운전면허증을 소지하지 아니한 것으로 본다.
8. 무면허 운전	「도로교통법」 제44조제1항을 위반하여 술에 취한 상태에서 운전을 하거나 같은 법 제45조를 위반하여 약물의 영향으로 정상적으로 운전하지 못할 우려가 있는 상태에서 운전한 경우
9. 보도침범·횡단방법	「도로교통법」 제13조제1항을 위반하여 보도(步道)가 설치된 도로의 보도를 침범하거나 같은 법 제13조제2항에 따른 보도 횡단방법을 위반하여 운전한 경우
10. 승객 추락 방지 의무	「도로교통법」 제39조제2항에 따른 승객의 추락 방지의무를 위반하여 운전한 경우
11. 어린이 보호구역	「도로교통법」 제12조제3항에 따른 어린이 보호구역에서 같은 조 제1항에 따른 조치를 준수하고 어린이의 안전에 유의하면서 운전하여야 할 의무를 위반하여 어린이의 신체를 상해(傷害)에 이르게 한 경우

도로교통법

제5조(신호 또는 지시에 따를 의무)

① 도로를 통행하는 보행자와 차마의 운전자는 교통안전시설이 표시하는 신호 또는 지시와 다음 각 호의 어느 하나에 해당하는 사람이 하는 신호 또는 지시를 따라야 한다.

1. 교통정리를 하는 국가경찰공무원(의무경찰을 포함한다. 이하 같다) 및 제주특별자치도의 자치경찰공무원
2. 국가경찰공무원 및 자치경찰공무원을 보조하는 사람으로서 대통령령으로 정하는 사람

② 도로를 통행하는 보행자와 모든 차마의 운전자는 제1항에 따른 교통안전시설이 표시하는 신호 또는 지시와 교통정리를 하는 국가경찰공무원·자치경찰공무원 또는 경찰보조자의 신호 또는 지시가 서로 다른 경우에는 경찰공무원등의 신호 또는 지시에 따라야 한다.

제4조(보험 등에 가입된 경우의 특례)

① 교통사고를 일으킨 차가 「보험업법」 제4조, 제126조, 제127조 및 제128조, 「여객자동차 운수사업법」 제60조, 제61조 또는 「화물자동차 운수사업법」 제51조에 따른 보험 또는 공제에 가입된 경우에는 제3조제2항 본문에 규정된 죄를 범한 차의 운전자에 대하여 공소를 제기할 수 없다. 다만, 다음 각 호의 어느 하나에 해당하는 경우에는 그러하지 아니하다.

1. 제3조제2항 단서에 해당하는 경우
2. 피해자가 신체의 상해로 인하여 생명에 대한 위험이 발생하거나 불구(不具)가 되거나 불치(不治) 또는 난치(難治)의 질병이 생긴 경우
3. 보험계약 또는 공제계약이 무효로 되거나 해지되거나 계약상의 면책 규정 등으로 인하여 보험회사, 공제조합 또는 공제사업자의 보험금 또는 공제금 지급의무가 없어진 경우

보안관찰법

제1조(목적)

이 법은 특정범죄를 범한 자에 대하여 재범의 위험성을 예방하고 건전한 사회복귀를 촉진하기 위하여 보안관찰처분을 함으로써 국가의 안전과 사회의 안녕을 유지함을 목적으로 한다.

제2조(보안관찰해당범죄)

	형법	군형법	국가보안법
해당 범죄	① 여적죄(93조) ② 시설파괴이적죄(96조) ③ 간첩죄(98조) ④ 내란목적살인죄(88조) ⑤ 외환유치죄(92조) ⑥ 모병이적죄(94조) ⑦ 시설제공이적죄(95조) ⑧ 물건제공이적죄(97조)	① 일반이적죄(14조) ② 반란목적의군용물탈취(6조) ③ 반란죄(5조) ④ 반란불보고죄(9조② 항) ⑤ 군대및군용시설제공죄(11조) ⑥ 군용시설등파괴죄(12조) ⑦ 간첩죄(13조)	① 총포·탄약·무기등편의제공죄 (9조① 항) ② 잠입·탈출죄(6조) ③ 자진지원죄(5조1항) ④ 금품수수죄(5조2항) ⑤ 목적수행죄(4조) → 국가보안법은 보안관찰대상범죄에 대해 명시하고 있으나,보안관찰처분에 대한 내용은 없다.
제외 범죄	① 내란죄(87조) ② 일반이적죄(99조) ③ 전시군수계약불이행죄 (107조)	단순반란불보고죄(9조① 항)	① 회합·통신죄(8조) ② 반국가단체구성·가입·권유죄 (3조) ③ 찬양·고무죄(7조) ④ 기타편의제공죄(제9조② 항)

제3조(보안관찰처분대상자)

보안관찰처분대상자라 함은 보안관찰해당범죄 또는 이와 경합된 범죄로 금고 이상의 형의 선고를 받고 그 형기합계가 3년 이상인 자로서 형의 전부 또는 일부의 집행을 받은 사실이 있는 자를 말한다.

제4조(보안관찰처분)

① 보안관찰처분대상자 중 보안관찰해당범죄를 다시 범할 위험성이 있다고 인정할 충분한 이유가 있어 재범의 방지를 위한 관찰이 필요한 자에 대하여는 보안관찰처분을 한다.

② 보안관찰처분을 받은 자는 이 법이 정하는 바에 따라 소정의 사항을 주거지 관할경찰서장에게 신고하고, 재범방지에 필요한 범위안에서 그 지시에 따라 보안관찰을 받아야 한다.

제5조(보안관찰처분의 기간)

① 보안관찰처분의 기간은 2년으로 한다.

② 법무부장관은 검사의 청구가 있는 때에는 보안관찰처분심의위원회의 의결을 거쳐 그 기간을 갱신할 수 있다.

제6조(보안관찰처분대상자의 신고)

① 보안관찰처분대상자는 대통령령이 정하는 바에 따라 그 형의 집행을 받고 있는 교도소, 소년교도소, 구치소, 유치장, 군교도소 또는 영창에서 출소전에 거주예정지 기타 대통령령으로 정하는 사항을 교도소등의 장을 경유하여 거주예정지 관할경찰서장에게 신고하고, 출소후 7일이내에 그 거주예정지 관할경찰서장에게 출소사실을 신고하여야 한다. 제20조제3항에 해당하는 경우에는 법무부장관이 제공하는 거주할 장소를 거주예정지로 신고하여야 한다.

② 보안관찰처분대상자는 교도소등에서 출소한 후 신고사항에 변동이 있을 때에는 변동이 있는 날부터 7일이내에 그 변동된 사항을 관할경찰서장에게 신고하여야 한다. 다만, 제20조제3항에 의하여 거소제공을 받은 자가 주거지를 이전하고자 할 때에는 미리 관할경찰서장에게 제18조제4항 단서에 의한 신고를 하여야 한다.

③ 교도소등의 장은 제3조에 해당하는 자가 생길 때에는 지체없이 보안관찰처분심의위원회와 거주예정지를 관할하는 검사 및 경찰서장에게 통고하여야 한다.

제7조(보안관찰처분의 청구)

보안관찰처분청구는 검사가 행한다.

제8조(청구의 방법)

① 제7조의 규정에 의한 보안관찰처분청구는 검사가 보안관찰처분청구서를 법무부장관에게 제출함으로써 행한다.

④ 검사는 보안관찰처분청구를 한 때에는 지체없이 처분청구서등본을 피청구자에게 송달하여야 한다. 이 경우 송달에 관하여는 민사소송법중 송달에 관한 규정을 준용한다.

제11조(보안관찰처분의 면제)

① 법무부장관은 보안관찰처분대상자중 다음 각호의 요건을 갖춘 자에 대하여는 보안관찰처분을 하지 아니하는 결정을 할 수 있다.

1. 준법정신이 확립되어 있을 것
2. 일정한 주거와 생업이 있을 것
3. 대통령령이 정하는 신원보증이 있을 것

② 법무부장관은 제1항의 요건을 갖춘 보안관찰처분대상자의 신청이 있을 때에는 부득이한 사유가 있는 경우를 제외하고는 3월내에 보안관찰처분면제여부를 결정하여야 한다.

③ 검사는 제1항제1호 및 제2호의 요건을 갖춘 보안관찰처분대상자의 정상을 참작하여 위험성이 없다고 인정되는 때에는 법무부장관에게 면제결정을 청구할 수 있다.

④ 면제결정을 받은 자가 그 면제결정요건에 해당하지 아니하게 된 때에는 검사의 청구에 의하여 법무부장관은 면제결정을 취소할 수 있다.

⑤ 면제결정과 면제결정청구, 면제결정취소청구 및 그 결정에 대하여는 보안관찰처분청구 및 심사결정에 관한 규정을 준용한다.

⑥ 보안관찰처분의 면제결정을 받은 자는 그때부터 이 법에 의한 보안관찰처분대상자 또는 피보안관찰자로서의 의무를 면한다.

제12조(보안관찰처분심의위원회)

① 보안관찰처분에 관한 사안을 심의·의결하기 위하여 법무부에 보안관찰처분심의위원회(이하 "위원회"라 한다)를 둔다.

② 위원회는 위원장 1인과 6인의 위원으로 구성한다.

③ 위원장은 법무부차관이 되고, 위원은 학식과 덕망이 있는 자로 하되, 그 과반수는 변호사의 자격이 있는 자이어야 한다.

④ 위원은 법무부장관의 제청으로 대통령이 임명 또는 위촉한다.

⑤ 위촉된 위원의 임기는 2년으로 한다. 다만, 공무원인 위원은 그 직을 면한 때에는 위원의 을 상실한다.

⑥ 위원중 공무원이 아닌 위원도 이 법 기타 다른 법률의 규정에 의한 벌칙의 적용에 있어서는 공무원으로 본다.

⑦ 위원장은 위원회의 회무를 총괄하고 위원회를 대표하며, 위원회의 회의를 소집하고 그 의장이 된다.

⑧ 위원장이 사고가 있을 때에는 미리 그가 지정한 위원이 그 직무를 대행한다.

⑨ 위원회는 다음 각호의 사안을 심의·의결한다.

1. 보안관찰처분 또는 그 기각의 결정
2. 면제 또는 그 취소결정
3. 보안관찰처분의 취소 또는 기간의 갱신결정

⑩ 위원회의 회의는 위원장을 포함한 재적위원 과반수의 출석으로 개의하고 출석위원 과반수의 찬성으로 의결한다.

제13조(피청구자의 자료제출등)

① 피청구자는 처분청구서등본을 송달받은 날부터 7일 이내에 법무부장관 또는 위원회에 서면으로 자기에게 이익된 사실을 진술하고 자료를 제출할 수 있다.

제14조(결정)

① 보안관찰처분에 관한 결정은 위원회의 의결을 거쳐 법무부장관이 행한다.

② 법무부장관은 위원회의 의결과 다른 결정을 할 수 없다. 다만, 보안관찰처분대상자에 대하여 위원회의 의결보다 유리한 결정을 하는 때에는 그러하지 아니하다.

제16조(결정의 취소등)

① 검사는 법무부장관에게 보안관찰처분의 취소 또는 기간의 갱신을 청구할 수 있다.

② 법무부장관은 제1항의 규정에 의한 청구를 받은 때에는 위원회의 의결을 거쳐 이를 심사·결정하여야 한다.

제17조(보안관찰처분의 집행)

① 보안관찰처분의 집행은 검사가 지휘한다.

③ 검사는 피보안관찰자가 도주하거나 1월 이상 그 소재가 불명한 때에는 보안관찰처분의 집행중지결정을 할 수 있다. 그 사유가 소멸된 때에는 지체없이 그 결정을 취소하여야 한다.

제18조(신고사항)

① 보안관찰처분을 받은 자는 보안관찰처분결정고지를 받은 날부터 7일 이내에 다음 각호의 사항을 주거지를 관

할하는 지구대 또는 파출소의 장을 거쳐 관할경찰서장에게 신고하여야 한다. 제20조제3항에 해당하는 경우에는 법무부장관이 제공하는 거소를 주거지로 신고하여야 한다.

1. 등록기준지, 주거(실제로 생활하는 거처), 성명, 생년월일, 성별, 주민등록번호
2. 가족 및 동거인 상황과 교우관계
3. 직업, 월수, 본인 및 가족의 재산상황
4. 학력, 경력
5. 종교 및 가입한 단체
6. 직장의 소재지 및 연락처
7. 보안관찰처분대상자 신고를 행한 관할경찰서 및 신고일자
8. 기타 대통령령이 정하는 사항

② 피보안관찰자는 보안관찰처분결정고지를 받은 날이 속한 달부터 매3월이 되는 달의 말일까지 다음 각호의 사항을 지구대·파출소장을 거쳐 관할경찰서장에게 신고하여야 한다.

1. 3월간의 주요활동사항
2. 통신·회합한 다른 보안관찰처분대상자의 인적사항과 그 일시, 장소 및 내용
3. 3월간에 행한 여행에 관한 사항(신고를 마치고 중지한 여행에 관한 사항을 포함한다)
4. 관할경찰서장이 보안관찰과 관련하여 신고하도록 지시한 사항

③ 피보안관찰자는 제1항의 신고사항에 변동이 있을 때에는 7일 이내에 지구대·파출소장을 거쳐 관할경찰서장에게 신고하여야 한다. 피보안관찰자가 제1항의 신고를 한 후 제20조제3항에 의하여 거소제공을 받거나 제20조제5항에 의하여 거소가 변경된 때에는 제공 또는 변경된 거소로 이전한 후 7일 이내에 지구대·파출소장을 거쳐 관할경찰서장에게 신고하여야 한다.

④ 피보안관찰자가 주거지를 이전하거나 국외여행 또는 10일 이상 주거를 이탈하여 여행하고자 할 때에는 미리 거주예정지, 여행예정지 기타 대통령령이 정하는 사항을 지구대·파출소장을 거쳐 관할경찰서장에게 신고하여야 한다. 다만, 제20조제3항에 의하여 거소제공을 받은 자가 주거지를 이전하고자 할 때에는 제20조제5항에 의하여 거소변경을 신청하여 변경결정된 거소를 거주예정지로 신고하여야 한다.

실종아동 등의 보호 및 지원에 관한 법률

제1조(목적)
이 법은 실종아동등의 발생을 예방하고 조속한 발견과 복귀를 도모하며 복귀 후의 사회 적응을 지원함으로써 실종아동등과 가정의 복지증진에 이바지함을 목적으로 한다.

제2조(정의) 이 법에서 사용하는 용어의 정의는 다음과 같다.

아동 등	가. 실종 당시 18세 미만인 아동 나. 장애인 중 지적장애인, 자폐성장애인 또는 정신장애인 다. 치매환자
실종아동등	약취(略取)·유인(誘引) 또는 유기(遺棄)되거나 사고를 당하거나 가출하거나 길을 잃는 등의 사유로 인하여 보호자로부터 이탈(離脫)된 아동
보호자	친권자, 후견인이나 그 밖에 다른 법률에 따라 아동등을 보호하거나 부양할 의무가 있는 사람(보호시설의 장 또는 종사자는 제외한다)
보호시설	사회복지시설 및 인가·신고 등이 없이 아동등을 보호하는 시설로서 사회복지시설에 준하는 시설
유전자검사	개인 식별(識別)을 목적으로 혈액·머리카락·침 등의 검사대상물로부터 유전자를 분석하는 행위
유전정보	유전자검사의 결과로 얻어진 정보
신상정보	이름·나이·사진 등 특정인(特定人)임을 식별하기 위한 정보

제3조(국가의 책무)

보건 복지부 장관	실종아동등의 발생예방, 조속한 발견·복귀와 복귀 후 사회 적응을 위하여 다음 각 호의 사항을 시행하여야 한다. 1. 실종아동등을 위한 정책 수립 및 시행 2. 실종아동등과 관련한 실태조사 및 연구 3. 실종아동등의 발생예방을 위한 연구·교육 및 홍보 4. 제8조에 따른 정보연계시스템 및 데이터베이스의 구축·운영 5. 실종아동등의 가족지원 6. 실종아동등의 복귀 후 사회 적응을 위한 상담 및 치료서비스 제공 7. 그 밖에 실종아동등의 보호 및 지원에 필요한 사항
경찰청장	실종아동등의 조속한 발견과 복귀를 위하여 다음 각 호의 사항을 시행하여야 한다. 1. 실종아동등에 대한 신고체계의 구축 및 운영 2. 실종아동등의 발견을 위한 수색 및 수사 3. 제11조에 따른 유전자검사대상물의 채취 4. 그 밖에 실종아동등의 발견을 위하여 필요한 사항
아동정책조정 위원회	실종아동등과 관련한 국가의 책무수행을 종합·조정

제6조(신고의무 등)

① 다음 각 호의 어느 하나에 해당하는 사람은 그 직무를 수행하면서 실종아동등임을 알게 되었을 때에는 제3조제2항제1호에 따라 경찰청장이 구축하여 운영하는 신고체계(이하 “경찰신고체계”라 한다)로 지체 없이 신고하여야 한다.

1. 보호시설의 장 또는 그 종사자
2. 「아동복지법」 제13조에 따른 아동복지전담공무원
3. 「청소년 보호법」 제35조에 따른 청소년 보호·재활센터의 장 또는 그 종사자
4. 「사회복지사업법」 제14조에 따른 사회복지전담공무원
5. 「의료법」 제3조에 따른 의료기관의 장 또는 의료인
6. 업무·고용 등의 관계로 사실상 아동등을 보호·감독하는 사람

② 지방자치단체의 장이 관계 법률에 따라 아동등을 보호조치할 때에는 아동등의 신상을 기록한 신고접수서를 작성하여 경찰신고체계로 제출하여야 한다.

③ 보호시설의 장 또는 「정신건강증진 및 정신질환자 복지서비스 지원에 관한 법률」 제3조제5호에 따른 정신의료기관의 장이 보호자가 확인되지 아니한 아동등을 보호하게 되었을 때에는 지체 없이 아동등의 신상을 기록한 카드를 작성하여 지방자치단체의 장과 전문기관의 장에게 각각 제출하여야 한다.

④ 지방자치단체의 장은 출생 후 6개월이 경과된 아동의 출생신고를 접수하였을 때에는 지체 없이 해당 아동의 신상카드를 작성하여 그 사본을 경찰청장에게 보내야 하며, 경찰청장은 실종아동등인지 여부를 확인하여 그 결과를 해당 지방자치단체의 장에게 보내야 한다. 지방자치단체의 장은 경찰청장이 해당 아동을 실종아동등으로 확인한 경우 전문기관의 장에게 해당 실종아동등의 신상카드의 사본을 보내야한다.

제7조(미신고 보호행위의 금지)

누구든지 정당한 사유 없이 실종아동등을 경찰관서의 장에게 신고하지 아니하고 보호할 수 없다.

제7조의2(실종아동등의 조기발견을 위한 사전신고증 발급)

① 경찰청장은 실종아동등의 조속한 발견과 복귀를 위하여 아동등의 보호자가 신청하는 경우 아동등의 지문 및 얼굴 등에 관한 정보를 등록하고 아동등의 보호자에게 사전신고증을 발급할 수 있다.

② 경찰청장은 제1항에 따라 등록된 지문등정보를 데이터베이스로 구축·운영할 수 있다.

제7조의3(실종아동등의 지문등정보의 등록·관리)

① 경찰청장은 보호시설의 입소자 중 보호자가 확인되지 아니한 아동등으로부터 서면동의를 받아 아동등의 지문등정보를 등록·관리할 수 있다. 이 경우 해당 아동등이 미성년자·심신상실자 또는 심신미약자인 때에는 본인 외에 법정대리인의 동의를 받아야 한다. 다만, 심신상실·심신미약 또는 의사무능력 등의 사유로 본인의 동의를 얻을 수 없는 때에는 본인의 동의를 생략할 수 있다.

② 경찰청장은 제1항에 따른 지문등정보의 등록·관리를위하여 제7조의2제2항에 따른 데이터베이스를 활용할 수 있다.

제9조(수색 또는 수사의 실시 등)

① 경찰관서의 장은 실종아동등의 발생 신고를 접수하면 지체 없이 수색 또는 수사의 실시 여부를 결정하여야

한다.

② 경찰관서의 장은 실종아동등(범죄로 인한 경우를 제외한다. 이하 이 조에서 같다)의 조속한 발견을 위하여 필요한 때에는 「위치정보의 보호 및 이용 등에 관한 법률」 제5조에 따른 위치정보사업자에게 실종아동등의 개인위치정보의 제공을 요청할 수 있다.

③ 제2항의 요청을 받은 위치정보사업자는 그 실종아동등의 동의 없이 개인위치정보를 수집할 수 있으며, 실종아동등의 동의가 없음을 이유로 경찰관서의 장의 요청을 거부하여서는 아니 된다.

④ 경찰관서와 경찰관서에 종사하거나 종사하였던 자는 실종아동등을 찾기 위한 목적으로 제공받은 개인위치정보를 실종아동등을 찾기 위한 목적 외의 용도로 이용하여서는 아니 된다.

⑤ 제1항의 수색 또는 수사 등에 필요한 사항은 행정자치부령으로 정하고, 제2항에 따른 개인위치정보의 제공을 요청하는 방법 및 절차 등에 필요한 사항은 대통령령으로 정한다.

제9조의3(실종아동등 조기발견 지침 등) ① 보건복지부장관은 불특정 다수인이 이용하는 시설에서 실종아동등을 빨리 발견하기 위하여 다음 각 호의 사항을 포함한 실종아동등 발생예방 및 조기발견을 위한 지침(이하 "실종아동등 조기발견 지침"이라 한다)을 마련하여 고시하여야 한다.

1. 보호자의 신고에 관한 사항
2. 실종아동등 발생 상황 전파와 경보발령 절차
3. 출입구 감시 및 수색 절차
4. 실종아동등 미발견 시 경찰 신고 절차
5. 경찰 도착 후 경보발령 해제에 관한 사항
6. 그 밖에 실종아동등 발생예방과 찾기에 관한 사항

② 다음 각 호의 어느 하나에 해당하는 시설·장소 중 대통령령으로 정하는 규모의 시설·장소의 소유자·점유자 또는 관리자(이하 이 조에서 "관리주체"라 한다)는 실종아동등이 신고되는 경우 실종아동등 조기발견 지침에 따라 즉시 경보발령, 수색, 출입구 감시 등의 조치를 하여야 한다.

1. 「유통산업발전법」에 따른 대규모점포
2. 「관광진흥법」에 따른 유원시설
3. 「도시철도법」에 따른 도시철도의 역사(출입통로·대합실·승강장 및 환승통로와 이에 딸린 시설을 포함한다)
4. 「여객자동차 운수사업법」에 따른 여객자동차터미널
5. 「공항시설법」에 따른 공항시설 중 여객터미널
6. 「항만법」에 따른 항만시설 중 여객이용시설
7. 「철도산업발전기본법」에 따른 철도시설 중 역시설(물류시설은 제외한다)
8. 「체육시설의 설치·이용에 관한 법률」에 따른 전문체육시설
9. 「공연법」에 따른 공연이 행하여지는 공연장 등 시설 또는 장소
10. 「박물관 및 미술관 진흥법」에 따른 박물관 및 미술관
11. 지방자치단체가 문화체육관광 진흥 목적으로 주최하는 지역축제가 행하여지는 장소
12. 그 밖에 대통령령으로 정하는 시설·장소

③ 관리주체는 제2항에 따른 시설·장소의 종사자에게 실종아동등 조기발견 지침에 관한 교육·훈련을 연 1회 실시하고, 그 결과를 관할 경찰관서의 장에게 보고하여야 한다.

④ 관할 경찰관서의 장은 실종아동등 조기발견 지침이 준수되도록 제2항에 따른 조치와 제3항에 따른 교육·훈련의 실시에 관한 사항을 지도·감독하여야 한다.

제11조(유전자검사의 실시)

① 경찰청장은 실종아동등의 발견을 위하여 다음 각 호의 어느 하나에 해당하는 자로부터 유전자검사대상물(이하 "검사대상물"이라 한다)을 채취할 수 있다.

1. 보호시설의 입소자나 정신의료기관의 입원환자 중 보호자가 확인되지 아니한 아동등
2. 실종아동등을 찾고자 하는 가족
3. 그 밖에 보호시설의 입소자였던 무연고아동

② 유전자검사를 전문으로 하는 기관으로서 대통령령으로 정하는 기관(이하 "검사기관"이라 한다)은 유전자검사를 실시하고 그 결과를 데이터베이스로 구축·운영할 수 있다.

③ 검사대상물의 채취와 유전자검사를 실시하려면 데이터베이스를 활용하여 실종아동등인지 여부를 확인한 후에 하여야 한다.

④ 경찰청장은 검사대상물을 채취하려면 미리 검사대상자의 서면동의를 받아야 한다. 이 경우 검사대상자가 미성년자, 심신상실자 또는 심신미약자일 때에는 본인 외에 법정대리인의 동의를 받아야 한다. 다만, 심신상실, 심신미약 또는 의사무능력 등의 사유로 본인의 동의를 받을 수 없을 때에는 본인의 동의를 생략할 수 있다.

⑤ 유전정보 데이터베이스를 구축·운영하는 경우 유전정보는 검사기관의 장이, 신상정보는 전문기관의 장이 각각 구분하여 관리하여야 한다.

⑥ 검사대상물의 채취, 유전자검사의 실시, 데이터베이스 구축, 유전자검사의 동의 및 유전정보와 신상정보의 구분·관리 등에 필요한 사항은 대통령령으로 정한다.

제13조(검사대상물 및 유전정보의 폐기)

② 검사기관의 장은 다음 각 호의 어느 하나에 해당할 때에는 해당 유전정보를 지체 없이 폐기하여야 한다. 다만, 제3호에도 불구하고 검사대상자 또는 법정대리인이 제3호에서 정한 기간(이하 "보존기간"이라 한다)의 연장을 요청하는 경우에는 실종아동등의 보호자를 확인할 때까지 그 기간을 연장할 수 있다.

1. 실종아동등이 보호자를 확인하였을 때
2. 검사대상자 또는 법정대리인이 요청할 때
3. 유전자검사일부터 10년이 경과되었을 때

③ 검사기관의 장은 검사대상물·유전정보의 폐기 및 유전정보의 보존기간 연장에 관한 사항을 기록·보관하여야 한다.

④ 검사대상물·유전정보의 폐기절차 및 방법, 유전정보의 보존기간 연장, 기록 및 보관 등에 필요한 사항은 행정자치부령으로 정한다.

실종아동등 및 가출인 업무처리 규칙

제1장 총칙

제1조(목적)

이 규칙은 실종아동등 및 가출인의 신속한 발견 등을 위한 업무를 효율적으로 처리하기 위해 필요한 사항을 규정함을 목적으로 한다.

제2조(정의)

아동등	실종 당시 18세 미만 아동, 지적·자폐성·정신장애인, 치매환
실종아동등	보호자로부터 이탈된 아동등
찾는실종아동등	보호자가 찾고 있는 실종아동등
보호실종아동등	보호자가 확인되지 않아 경찰관이 보호하고 있는 실종아동등
장기실종아동등	보호자로부터 신고를 접수한 지 48시간이 경과한 후에도 발견되지 않은 찾는실종아동등
가출인	신고 당시 보호자로부터 이탈된 18세 이상의 사람
발생지	실종아동등 및 가출인이 실종·가출 전 최종적으로 목격되었거나 목격되었을 것으로 추정하여 신고자 등이 진술한 장소를 말하며, 신고자 등이 최종 목격 장소를 진술하지 못하거나, 목격되었을 것으로 추정되는 장소가 대중교통시설 등일 경우 또는 실종·가출 발생 후 1개월이 경과한 때에는 실종아동등 및 가출인의 실종 전 최종 주거지
발견지	실종아동등 또는 가출인을 발견하여 보호 중인 장소를 말하며, 발견한 장소와 보호 중인 장소가 서로 다른 경우에는 보호 중인 장소
강력범죄	살인·강도·변사사건 등을 말하며, 약취·유인·체포·감금은 제외

제4조(실종아동찾기센터)

① 실종아동등의 조속한 발견 등 관련 업무를 효율적으로 수행하기 위해 경찰청에 실종아동찾기센터를 설치한다.

② 실종아동찾기센터는 다음 각 호의 업무를 수행한다.

1. 전국에서 발생하는 실종아동등의 신고접수·등록·조회 및 등록해제 등 실종아동등 발견·보호·지원을 위한 업무
2. 실종·가출 신고용 특수번호 "182"의 운영
3. 그 밖의 실종아동등과 관련하여 경찰청장이 지시하는 사항

제5조(장기실종자 추적팀)

① 장기실종아동등에 대한 전담 추적·조사를 위해 경찰청 또는 지방경찰청에 장기실종자 추적팀을 설치할 수 있다.

제6조(정보시스템의 운영)

① 경찰청 생활안전국장은 법 제8조의2제1항에 따른 정보시스템으로 실종아동등 프로파일링시스템 및 실종아동 찾기센터 홈페이지(이하 "인터넷 안전드림"이라 한다)를 운영한다.

② 실종아동등 프로파일링시스템은 경찰관서 내에서만 사용할 수 있도록 제한하고, 인터넷 안전드림은 누구든 사용할 수 있도록 공개 하는 등 분리하여 운영한다. 다만, 자료의 전송 등을 위해 필요한 경우 상호 연계할 수 있다.

제7조(정보시스템 입력 대상 및 정보 관리)

① 실종아동등 프로파일링시스템에 입력하는 대상은 다음 각 호와 같다.

1. 실종아동등
2. 가출인
3. 보호시설 입소자 중 보호자가 확인되지 않는 사람(이하 "보호시설 무연고자"라 한다)

② 경찰관서의 장은 실종아동등 또는 가출인에 대한 신고를 접수한 후 신고대상자가 다음 각 호의 어느 하나에 해당하는 경우에는 신고 내용을 실종아동등 프로파일링시스템에 입력하지 않을 수 있다.

1. 채무관계 해결, 형사사건 당사자 소재 확인 등 실종아동등 및 가출인 발견 외 다른 목적으로 신고된 사람
2. 수사기관으로부터 지명수배 또는 지명통보된 사람
3. 허위로 신고된 사람
4. 보호자가 가출 시 동행한 아동등
5. 그 밖에 신고 내용을 종합하였을 때 명백히 제1항에 따른 입력 대상이 아니라고 판단되는 사람

③ 실종아동등 프로파일링시스템에 등록된 자료의 보존기간은 다음 각 호와 같다. 다만, 대상자가 사망하거나 보호자가 삭제를 요구한 경우는 즉시 삭제하여야 한다.

발견된 18세 미만 아동 및 가출인	수배 해제 후로부터 5년간 보관
발견된 지적·자폐성·정신장애인 등 및 치매환자	수배 해제 후로부터 10년간 보관
미발견자	소재 발견 시까지 보관
보호시설 무연고자	본인 요청 시

④ 경찰관서의 장은 본인 또는 보호자의 동의를 받아 실종아동등 프로파일링시스템에서 데이터베이스로 관리하는 실종아동등 및 보호시설 무연고자 자료를 인터넷 안전드림에 공개할 수 있다.

⑤ 경찰관서의 장은 다음 각 호의 어느 하나에 해당하는 때에는 지체 없이 인터넷 안전드림에 공개된 자료를 삭제하여야 한다.

1. 찾는실종아동등을 발견한 때
2. 보호실종아동등 또는 보호시설 무연고자의 보호자를 확인한 때
3. 본인 또는 보호자가 공개된 자료의 삭제를 요청하는 때

⑥ 실종아동등 또는 가출인에 대한 신고를 접수하거나, 실종아동등 프로파일링시스템에 신고 내용이 입력되어 있는 것을 확인한 경찰관은 보호자가 요청하는 경우에는 별지 제1호서식의 신고접수증을 발급할 수 있다.

제8조(실종아동등 프로파일링시스템 등록)

① 경찰관서의 장은 제7조제1항 각 호의 대상에 대하여 별지 제2호서식의 실종아동등 프로파일링시스템 입력자료를 시스템에 등록한다.

③ 경찰관서의 장은 다음 각 호의 어느 하나에 해당하는 경우에는 별지 제3호서식에 따른 수정·해제자료를 작성하여 실종아동등 프로파일링시스템에 등록된 자료를 해제하여야 한다. 다만, 제6호에 해당하는 경우에는 해제 요청 사유의 진위(眞僞) 여부를 확인한 후 해제한다.

1. 찾는실종아동등 및 가출인의 소재를 발견한 경우
2. 보호실종아동등의 신원을 확인하거나 보호자를 확인한 경우
4. 허위 또는 오인신고인 경우
5. 지명수배 또는 지명통보 대상자임을 확인한 경우
6. 보호자가 해제를 요청한 경우

④ 실종아동등에 대한 해제는 실종아동찾기센터에서 하며, 지방경찰청장 및 경찰서장이 해제하려면 실종아동찾기센터로 요청하여야 한다.

제2장 실종아동등

제10조(신고 접수)

① 실종아동등 신고는 관할에 관계 없이 실종아동찾기센터, 각 지방경찰청 및 경찰서에서 전화, 서면, 구술 등의 방법으로 접수하며, 신고를 접수한 경찰관은 범죄와의 관련 여부 등을 확인해야 한다.

② 경찰청 실종아동찾기센터는 실종아동등에 대한 신고를 접수하거나, 신고 접수에 대한 보고를 받은 때에는 즉시 실종아동등 프로파일링시스템에 입력, 관할 경찰관서를 지정하는 등 필요한 조치를 하여야 한다. 이 경우 관할 경찰관서는 발생지 관할 경찰관서 등 실종아동등을 신속히 발견할 수 있는 관서로 지정해야 한다.

제11조(신고에 대한 조치 등)

① 경찰관서의 장은 찾는실종아동등에 대한 신고를 접수한 때에는 정보시스템의 자료를 조회하는 등의 방법으로 실종아동등을 찾기 위한 조치를 취하고, 실종아동등을 발견한 경우에는 즉시 보호자에게 인계하는 등 필요한 조치를 하여야 한다.

② 경찰관서의 장은 보호실종아동등에 대한 신고를 접수한 때에는 제1항의 절차에 따라 보호자를 찾기 위한 조치를 취하고, 보호자가 확인된 경우에는 즉시 보호자에게 인계하는 등 필요한 조치를 하여야 한다.

③ 경찰관서의 장은 제2항에 따른 조치에도 불구하고 보호자를 발견하지 못한 경우에는 관할 지방자치단체의 장에게 보호실종아동등을 인계한다.

④ 경찰관서의 장은 정보시스템 검색, 다른 자료와의 대조, 주변인물과의 연락 등 실종아동등의 조속한 발견을 위하여 지속적인 추적을 하여야 한다.

⑤ 경찰관서의 장은 실종아동등에 대하여 제18조의 현장 탐문 및 수색 후 그 결과를 즉시 보호자에게 통보하여야 한다. 이후에는 실종아동등 프로파일링시스템에 등록한 날로부터 1개월까지는 15일에 1회, 1개월이 경과한 후부터는 분기별 1회 보호자에게 추적 진행사항을 통보한다.

⑥ 경찰관서의 장은 찾는실종아동등을 발견하거나, 보호실종아동등의 보호자를 발견한 경우에는 실종아동등 프로파일링시스템에서 등록 해제하고, 해당 실종아동등에 대한 발견 관서와 관할 관서가 다른 경우에는 발견과 관련된 사실을 관할 경찰관서의 장에게 지체 없이 알려야 한다.

제12조(출생 신고 지연 아동의 확인)

경찰관서의 장은 지방자치단체의 장으로부터 출생 후 6개월이 경과한 아동의 신상카드 사본을 제출받은 경우에는 지체 없이 정보시스템에서 관리하는 자료와의 비교·검색 등을 통해 해당 아동이 실종아동인지를 확인하여 그 결과를 지방자치단체의 장에게 통보하여야 한다.

제13조(아동등 지문 등 정보의 사전등록 및 관리)

① 경찰관서의 장은 보호자가 사전등록을 신청하는 때에는 신청서를 제출받아 실종아동 등 프로파일링시스템에 등록한 후 「개인정보보호법」 제21조제1항에 따라 지체없이 폐기한다.

② 경찰관서의 장은 가족관계 기록사항에 관한 증명서, 장애인등록증 등 필요한 서류를 확인하는 등의 방법으로 아동등이 사전등록 대상에 해당하는지 확인하여야 한다.

③ 경찰관서의 장은 보호자의 신청을 받아 아동등의 지문·얼굴사진정보를 수집 및 인적사항 등 신청서상 기재된 개인정보를 확인하여 사전등록시스템에 입력할 수 있다. 다만, 보호자가 지문 또는 얼굴사진 정보의 수집을 거부하는 때에는 그 의사에 반하여 정보를 수집할 수 없다.

④ 경찰관서의 장은 보호실종아동등을 발견한 때에는 해당 아동등의 지문·얼굴사진정보를 수집 및 신체특징을 확인한 후 사전등록시스템의 데이터베이스와 비교 검색하는 등의 방법으로 신원을 확인하기 위한 조치를 하여야 한다. 다만, 해당 아동등이 지문 또는 얼굴사진 정보의 수집을 진정한 의사에 의해 명시적으로 거부할 때에는 그 의사에 반하여 정보를 수집할 수 없다.

⑤ 경찰관서의 장은 제4항의 조치에도 불구하고 보호실종아동등의 신원을 확인하지 못한 때에는 제11조의 규정에 따른 조치를 하여야 한다.

⑥ 경찰관서의 장은 영 제3조의3제2항에 따라 사전등록된 데이터베이스를 폐기하는 때에는 어떠한 방법으로도 복구할 수 없도록 기술적 조치를 하여야 한다.

⑦ 경찰관서의 장은 영 제3조의3제2항제2호에 따라 보호자가 사전등록된 데이터베이스의 폐기를 요청하는 때에는 즉시 해당 데이터베이스를 폐기하고, 제출받은 요청서는 10년간 보관하여야 한다.

제14조(실종아동등의 위치정보를 요청하는 방법 및 절차)

① 찾는실종아동등의 신고를 접수하여 현장에 출동한 경찰관은 보호자·목격자의 진술, 실종 당시의 정황 등을 종합하여 실종아동등의 조속한 발견을 위해 법 제9조에 따른 위치정보 제공 요청의 필요 여부를 판단하여야 한다.

② 현장 출동 경찰관은 신고자로부터 가족관계 등록사항에 관한 증명서, 장애인등록증 등 필요한 서류를 확인하는 등의 방법으로 신고대상자가 실종아동등에 해당하는지와 신고자가 실종아동등의 보호자가 맞는지 확인하여야 한다. 다만, 현장에서 관련 서류를 확인하기 어려운 때에는 신고자의 진술로 이를 확인할 수 있다.

③ 경찰관이 법 제9조에 따른 위치정보 제공을 요청하는 때에는 다음 각 호에 따른 결재권자의 결재를 받아 요청하여야 한다. 다만, 야간 또는 공석 등의 이유로 즉시 결재를 받기 어려운 때에는 사후에 보고하도록 해야 한다.

1. 지구대·파출소 지역경찰관 : 지구대장 또는 파출소장
2. 경찰서 여성청소년부서 담당 경찰관 : 소속 과장
3. 지방청 여성청소년과 담당 경찰관 : 소속 계장

④ 담당 경찰관은 찾는실종아동등의 위치정보를 제공받아 수색하는 과정에서 해당 실종아동등이 범죄 피해로 인해 실종되었다고 확인되는 때에는 즉시 해당 위치정보를 폐기하여야 한다.

⑤ 경찰관서의 장은 위치정보가 실종아동등 찾기 이외의 목적으로 오·남용되지 않도록 관리하여야 한다.

제3장 가출인

제15조(신고 접수)

① 가출인 신고는 관할에 관계없이 접수하여야 하며, 신고를 접수한 경찰관은 범죄와 관련 여부를 확인하여야 한다.

② 경찰서장은 가출인에 대한 신고를 접수한 때에는 정보시스템의 자료 조회, 신고자의 진술을 청취하는 방법 등으로 가출인을 발견하기 위한 조치를 하여야 하며, 가출인을 발견하지 못한 경우에는 즉시 실종아동등 프로파일링시스템에 가출인에 대한 사항을 입력한다.

③ 경찰서장은 접수한 가출인 신고가 다른 관할인 경우 제2항의 조치 후 지체 없이 가출인의 발생지를 관할하는 경찰서장에게 이첩하여야 한다.

제16조(신고에 대한 조치 등)

① 가출인 사건을 관할하는 경찰서장은 정보시스템 자료의 조회, 다른 자료와의 대조, 주변인물과의 연락 등 가출인을 발견하기 위해 지속적으로 추적하고, 실종아동등 프로파일링시스템에 등록한 날로부터 반기별 1회 보호자에게 귀가 여부를 확인한다.

② 경찰서장은 가출인을 발견한 때에는 등록을 해제하고, 해당 가출인을 발견한 경찰서와 관할하는 경찰서가 다른 경우에는 발견 사실을 관할 경찰서장에게 지체 없이 알려야 한다.

④ 경찰서장은 가출인을 발견한 경우에는 가출신고가 되어 있음을 고지하고, 보호자에게 통보한다. 다만, 가출인이 거부하는 때에는 보호자에게 가출인의 소재(所在)를 알 수 있는 사항을 통보하여서는 아니 된다.

제4장 보호시설 무연고자 등록·해제

제17조(보호시설 무연고자 등록·해제) ① 경찰관서의 장은 관내 보호시설을 방문하였을 때에 보호시설 무연고자의 자료가 실종아동등 프로파일링시스템에 있는 지 확인한 후 없는 경우에는 별지 제5호서식의 보호시설 무연고자 실종아동등 프로파일링시스템 입력자료를 작성하여 실종아동등 프로파일링시스템에 등록하고, 변경사항이 있거나, 보호자가 확인된 경우에는 별지 제6호서식의 보호시설 무연고자 실종아동등 프로파일링시스템 수정·해제자료를 작성하여 변경하거나 등록을 해제한다.

제5장 초동조치 및 추적·수사

제18조(현장 탐문 및 수색)

① 찾는실종아동등 및 가출인발생신고를 접수 또는 이첩 받은 발생지 관할 경찰서장은 즉시 현장출동 경찰관을 지정하여 탐문·수색하도록 하여야 한다. 다만, 경찰관서장이 판단하여 수색의 실익이 없거나 현저히 곤란한 경우에는 탐문·수색을 생략하거나 중단할 수 있다.

② 경찰서장은 제1항의 규정에 따라 현장을 탐문·수색한 결과, 정밀수색이 필요하다고 인정될 경우에는 추가로 필요한 경찰관 등을 출동시킬 수 있다.

③ 현장출동 경찰관은 제1항의 규정에 따라 현장을 탐문·수색한 결과에 대해 필요한 보고서를 작성하여 실종아

동등 프로파일링시스템에 등록하고 경찰서장에게 보고하여야 한다.

제19조(추적 및 수사)

① 찾는실종아동등 및 가출인에 대한 발생지 관할 경찰서장은 신고자·목격자 조사, 최종 목격지 및 주거지 수색, 위치추적 등 통신수사, 유전자검사, 실종아동등 프로파일링시스템 정보조회 등의 방법을 통해 실종아동등 및 가출인을 발견하기 위한 추적에 착수한다.

② 경찰서장은 실종아동등 및 가출인이 범죄관련 여부가 의심되는 경우, 신속히 수사에 착수하여야 한다.

제20조(실종수사 조정위원회)

① 경찰서장은 실종아동등 및 가출인의 수색·추적 중 인지된 강력범죄의 업무를 조정하기 위하여 실종수사 조정위원회를 구성하여 운영할 수 있다.

1. 위원회는 위원장을 경찰서장으로 하고, 위원은 여성청소년과장(미직제시 생활안전과장), 형사과장(미직제시 수사과장) 등 과장 3인 이상으로 구성한다.
2. 위원회는 경찰서 여성청소년과장이 회부한 강력범죄 의심 사건의 범죄관련성 여부 판단 및 담당부서를 결정한다.

② 위원회는 경찰서 여성청소년과장의 안건 회부 후 24시간 내에 서면으로 결정하여야 한다.

③ 경찰서장은 위원회 결정에 따라 실종아동등 및 가출인 발견을 위해 신속히 추적 또는 수사에 착수하여야 한다.

제4장 실종·유괴경보의 발령

제23조(실종경보·유괴경보의 발령)

③ 지방경찰청장은 실종·유괴경보를 발령하는 경우, 실종아동등의 발견 및 복귀를 위하여 필요한 최소한의 정보만을 공개하고, 실종·유괴경보의 발령과 해제사실을 지체없이 경찰청장에게 보고하여야 한다.

④ 지방경찰청장은 필요한 경우 인접 지방경찰청장에게 같은 내용의 실종·유괴경보의 발령을 요청할 수 있고, 경보발령을 요청받은 지방경찰청장은 고유의 직무수행에 현저히 지장을 받을 것이 명백한 경우가 아닌 한 이에 협조하여야 한다.

공공기관의 정보공개에 관한 법률(舊. 정보공개법)

제1장 총칙

제1조(목적)

이 법은 공공기관이 보유·관리하는 정보에 대한 국민의 공개 청구 및 공공기관의 공개 의무에 관하여 필요한 사항을 정함으로써 국민의 알권리를 보장하고 국정(國政)에 대한 국민의 참여와 국정 운영의 투명성을 확보함을 목적으로 한다.

제2조(정의) 이 법에서 사용하는 용어의 뜻은 다음과 같다.

정보	공공기관이 직무상 작성 또는 취득하여 관리하고 있는 문서(전자문서를 포함한다. 이하 같다)·도면·사진·필름·테이프·슬라이드 및 그 밖에 이에 준하는 매체 등에 기록된 사항
공개	공공기관이 이 법에 따라 정보를 열람하게 하거나 그 사본·복제물을 제공하는 것 또는 「전자정부법」 제2조제10호에 따른 정보통신망(이하 "정보통신망"이라 한다)을 통하여 정보를 제공하는 것 등
공공기관	가. 국가기관 1) 국회, 법원, 헌법재판소, 중앙선거관리위원회 2) 중앙행정기관(대통령 소속 기관과 국무총리 소속 기관을 포함한다) 및 그 소속 기관 3) 「행정기관 소속 위원회의 설치·운영에 관한 법률」에 따른 위원회 나. 지방자치단체 다. 「공공기관의 운영에 관한 법률」 제2조에 따른 공공기관 라. 그 밖에 대통령령으로 정하는 기관

제3조(정보공개의 원칙)

공공기관이 보유·관리하는 정보는 국민의 알권리 보장 등을 위하여 이 법에서 정하는 바에 따라 적극적으로 공개하여야 한다.

제2장 정보공개 청구권자와 공공기관의 의무

제5조(정보공개 청구권자)

① 모든 국민은 정보의 공개를 청구할 권리를 가진다.
② 외국인의 정보공개 청구에 관하여는 대통령령으로 정한다.

공공기관의 정보공개에 관한 법률

제3조(외국인의 정보공개 청구) 법 제5조제2항에 따라 정보공개를 청구할 수 있는 외국인은 다음 각 호의 어느 하나에 해당하는 자로 한다.
1. 국내에 일정한 주소를 두고 거주하거나 학술·연구를 위하여 일시적으로 체류하는 사람
2. 국내에 사무소를 두고 있는 법인 또는 단체

제6조(공공기관의 의무)

① 공공기관은 정보의 공개를 청구하는 국민의 권리가 존중될 수 있도록 이 법을 운영하고 소관 관계 법령을 정비하여야 한다.

② 공공기관은 정보의 적절한 보존과 신속한 검색이 이루어지도록 정보관리체계를 정비하고, 정보공개 업무를 주관하는 부서 및 담당하는 인력을 적정하게 두어야 하며, 정보통신망을 활용한 정보공개시스템 등을 구축하도록 노력하여야 한다.

제7조(행정정보의 공표 등)

① 공공기관은 다음 각 호의 어느 하나에 해당하는 정보에 대해서는 공개의 구체적 범위와 공개의 주기·시기 및 방법 등을 미리 정하여 공표하고, 이에 따라 정기적으로 공개하여야 한다. 다만, 제9조제1항 각 호의 어느 하나에 해당하는 정보에 대해서는 그러하지 아니하다.

1. 국민생활에 매우 큰 영향을 미치는 정책에 관한 정보
2. 국가의 시책으로 시행하는 공사(工事) 등 대규모 예산이 투입되는 사업에 관한 정보
3. 예산집행의 내용과 사업평가 결과 등 행정감시를 위하여 필요한 정보
4. 그 밖에 공공기관의 장이 정하는 정보

② 공공기관은 제1항에 규정된 사항 외에도 국민이 알아야 할 필요가 있는 정보를 국민에게 공개하도록 적극적으로 노력하여야 한다.

제8조(정보목록의 작성·비치 등)

① 공공기관은 그 기관이 보유·관리하는 정보에 대하여 국민이 쉽게 알 수 있도록 정보목록을 작성하여 갖추어 두고, 그 목록을 정보통신망을 활용한 정보공개시스템 등을 통하여 공개하여야 한다. 다만, 정보목록 중 제9조제1항에 따라 공개하지 아니할 수 있는 정보가 포함되어 있는 경우에는 해당 부분을 갖추어 두지 아니하거나 공개하지 아니할 수 있다.

제8조의2(공개대상 정보의 원문공개)

공공기관 중 중앙행정기관 및 대통령령으로 정하는 기관은 전자적 형태로 보유·관리하는 정보 중 공개대상으로 분류된 정보를 국민의 정보공개 청구가 없더라도 정보통신망을 활용한 정보공개시스템 등을 통하여 공개하여야 한다.

제3장 정보공개의 절차

제9조(비공개 대상 정보)

① 공공기관이 보유·관리하는 정보는 공개 대상이 된다. 다만, 다음 각 호의 어느 하나에 해당하는 정보는 공개하지 아니할 수 있다.

1. 다른 법률 또는 법률에서 위임한 명령(국회규칙·대법원규칙·헌법재판소규칙·중앙선거관리위원회규칙·대통령령 및 조례로 한정한다)에 따라 비밀이나 비공개 사항으로 규정된 정보
2. 국가안전보장·국방·통일·외교관계 등에 관한 사항으로서 공개될 경우 국가의 중대한 이익을 현저히 해칠

우려가 있다고 인정되는 정보
3. 공개될 경우 국민의 생명·신체 및 재산의 보호에 현저한 지장을 초래할 우려가 있다고 인정되는 정보
4. 진행 중인 재판에 관련된 정보와 범죄의 예방, 수사, 공소의 제기 및 유지, 형의 집행, 교정(矯正), 보안처분에 관한 사항으로서 공개될 경우 그 직무수행을 현저히 곤란하게 하거나 형사피고인의 공정한 재판을 받을 권리를 침해한다고 인정할 만한 상당한 이유가 있는 정보
5. 감사·감독·검사·시험·규제·입찰계약·기술개발·인사관리에 관한 사항이나 의사결정 과정 또는 내부검토 과정에 있는 사항 등으로서 공개될 경우 업무의 공정한 수행이나 연구·개발에 현저한 지장을 초래한다고 인정할 만한 상당한 이유가 있는 정보. 다만, 의사결정 과정 또는 내부검토 과정을 이유로 비공개할 경우에는 의사결정 과정 및 내부검토 과정이 종료되면 제10조에 따른 청구인에게 이를 통지하여야 한다.
6. 해당 정보에 포함되어 있는 성명·주민등록번호 등 개인에 관한 사항으로서 공개될 경우 사생활의 비밀 또는 자유를 침해할 우려가 있다고 인정되는 정보. 다만, 다음 각 목에 열거한 개인에 관한 정보는 제외한다.
   가. 법령에서 정하는 바에 따라 열람할 수 있는 정보
   나. 공공기관이 공표를 목적으로 작성하거나 취득한 정보로서 사생활의 비밀 또는 자유를 부당하게 침해하지 아니하는 정보
   다. 공공기관이 작성하거나 취득한 정보로서 공개하는 것이 공익이나 개인의 권리 구제를 위하여 필요하다고 인정되는 정보
   라. 직무를 수행한 공무원의 성명·직위
   마. 공개하는 것이 공익을 위하여 필요한 경우로서 법령에 따라 국가 또는 지방자치단체가 업무의 일부를 위탁 또는 위촉한 개인의 성명·직업
7. 법인·단체 또는 개인(이하 "법인등"이라 한다)의 경영상·영업상 비밀에 관한 사항으로서 공개될 경우 법인등의 정당한 이익을 현저히 해칠 우려가 있다고 인정되는 정보. 다만, 다음 각 목에 열거한 정보는 제외한다.
   가. 사업활동에 의하여 발생하는 위해(危害)로부터 사람의 생명·신체 또는 건강을 보호하기 위하여 공개할 필요가 있는 정보
   나. 위법·부당한 사업활동으로부터 국민의 재산 또는 생활을 보호하기 위하여 공개할 필요가 있는 정보
8. 공개될 경우 부동산 투기, 매점매석 등으로 특정인에게 이익 또는 불이익을 줄 우려가 있다고 인정되는 정보

② 공공기관은 제1항 각 호의 어느 하나에 해당하는 정보가 기간의 경과 등으로 인하여 비공개의 필요성이 없어진 경우에는 그 정보를 공개 대상으로 하여야 한다.
③ 공공기관은 제1항 각 호의 범위에서 해당 공공기관의 업무 성격을 고려하여 비공개 대상 정보의 범위에 관한 세부 기준을 수립하고 이를 공개하여야 한다.

제10조(정보공개의 청구방법)

① 정보의 공개를 청구하는 자는 해당 정보를 보유하거나 관리하고 있는 공공기관에 다음 각 호의 사항을 적은 정보공개 청구서를 제출하거나 말로써 정보의 공개를 청구할 수 있다.
1. 청구인의 성명·주민등록번호·주소 및 연락처(전화번호·전자우편주소 등을 말한다)
2. 공개를 청구하는 정보의 내용 및 공개방법

② 제1항에 따라 청구인이 말로써 정보의 공개를 청구할 때에는 담당 공무원 또는 담당 임직원의 앞에서 진술하여야 하고, 담당공무원등은 정보공개 청구조서를 작성하여 이에 청구인과 함께 기명날인하거나 서명하여야

한다.

제11조(정보공개 여부의 결정)

① 공공기관은 정보공개의 청구를 받으면 그 청구를 받은 날부터 10일 이내에 공개 여부를 결정하여야 한다.

② 공공기관은 부득이한 사유로 제1항에 따른 기간 이내에 공개 여부를 결정할 수 없을 때에는 그 기간이 끝나는 날의 다음 날부터 기산(起算)하여 10일의 범위에서 공개 여부 결정기간을 연장할 수 있다. 이 경우 공공기관은 연장된 사실과 연장 사유를 청구인에게 지체 없이 문서로 통지하여야 한다.

③ 공공기관은 공개 청구된 공개 대상 정보의 전부 또는 일부가 제3자와 관련이 있다고 인정할 때에는 그 사실을 제3자에게 지체 없이 통지하여야 하며, 필요한 경우에는 그의 의견을 들을 수 있다.

④ 공공기관은 다른 공공기관이 보유·관리하는 정보의 공개 청구를 받았을 때에는 지체 없이 이를 소관 기관으로 이송하여야 하며, 이송한 후에는 지체 없이 소관 기관 및 이송 사유 등을 분명히 밝혀 청구인에게 문서로 통지하여야 한다.

제12조(정보공개심의회)

① 국가기관, 지방자치단체 및 「공공기관의 운영에 관한 법률」 제5조에 따른 공기업은 제11조에 따른 정보공개 여부 등을 심의하기 위하여 정보공개심의회를 설치·운영한다.

② 심의회는 위원장 1명을 포함하여 5명 이상 7명 이하의 위원으로 구성한다.

③ 심의회의 위원장을 제외한 위원은 소속 공무원, 임직원 또는 외부 전문가로 지명하거나 위촉하되, 그 중 2분의 1은 해당 국가기관등의 업무 또는 정보공개의 업무에 관한 지식을 가진 외부 전문가로 위촉하여야 한다. 다만, 제9조제1항제2호 및 제4호에 해당하는 업무를 주로 하는 국가기관은 그 국가기관의 장이 외부 전문가의 위촉 비율을 따로 정하되, 최소한 3분의 1 이상은 외부 전문가로 위촉하여야 한다.

제13조(정보공개 여부 결정의 통지)

① 공공기관은 제11조에 따라 정보의 공개를 결정한 경우에는 공개의 일시 및 장소 등을 분명히 밝혀 청구인에게 통지하여야 한다.

② 공공기관은 청구인이 사본 또는 복제물의 교부를 원하는 경우에는 이를 교부하여야 한다. 다만, 공개 대상 정보의 양이 너무 많아 정상적인 업무수행에 현저한 지장을 초래할 우려가 있는 경우에는 정보의 사본·복제물을 일정 기간별로 나누어 제공하거나 열람과 병행하여 제공할 수 있다.

③ 공공기관은 제1항에 따라 정보를 공개하는 경우에 그 정보의 원본이 더럽혀지거나 파손될 우려가 있거나 그 밖에 상당한 이유가 있다고 인정할 때에는 그 정보의 사본·복제물을 공개할 수 있다.

④ 공공기관은 제11조에 따라 정보의 비공개 결정을 한 경우에는 그 사실을 청구인에게 지체 없이 문서로 통지하여야 한다. 이 경우 비공개 이유와 불복(不服)의 방법 및 절차를 구체적으로 밝혀야 한다.

제14조(부분 공개)

공개 청구한 정보가 제9조제1항 각 호의 어느 하나에 해당하는 부분과 공개 가능한 부분이 혼합되어 있는 경우로서 공개 청구의 취지에 어긋나지 아니하는 범위에서 두 부분을 분리할 수 있는 경우에는 제9조제1항 각 호의 어느 하나에 해당하는 부분을 제외하고 공개하여야 한다.

제16조(즉시 처리가 가능한 정보의 공개)

다음 각 호의 어느 하나에 해당하는 정보로서 즉시 또는 말로 처리가 가능한 정보에 대해서는 제11조에 따른 절차를 거치지 아니하고 공개하여야 한다.

1. 법령 등에 따라 공개를 목적으로 작성된 정보
2. 일반국민에게 알리기 위하여 작성된 각종 홍보자료
3. 공개하기로 결정된 정보로서 공개에 오랜 시간이 걸리지 아니하는 정보
4. 그 밖에 공공기관의 장이 정하는 정보

제17조(비용 부담)

① 정보의 공개 및 우송 등에 드는 비용은 실비(實費)의 범위에서 청구인이 부담한다.

② 공개를 청구하는 정보의 사용 목적이 공공복리의 유지·증진을 위하여 필요하다고 인정되는 경우에는 제1항에 따른 비용을 감면할 수 있다.

③ 제1항에 따른 비용 및 그 징수 등에 필요한 사항은 국회규칙·대법원규칙·헌법재판소규칙·중앙선거관리위원회규칙 및 대통령령으로 정한다.

제4장 불복 구제 절차

제18조(이의신청)

① 청구인이 정보공개와 관련한 공공기관의 비공개 결정 또는 부분 공개 결정에 대하여 불복이 있거나 정보공개 청구 후 20일이 경과하도록 정보공개 결정이 없는 때에는 공공기관으로부터 정보공개 여부의 결정 통지를 받은 날 또는 정보공개 청구 후 20일이 경과한 날부터 30일 이내에 해당 공공기관에 문서로 이의신청을 할 수 있다.

② 국가기관등은 제1항에 따른 이의신청이 있는 경우에는 심의회를 개최하여야 한다. 다만, 다음 각 호의 어느 하나에 해당하는 경우에는 개최하지 아니할 수 있다.

1. 심의회의 심의를 이미 거친 사항
2. 단순·반복적인 청구
3. 법령에 따라 비밀로 규정된 정보에 대한 청구

③ 공공기관은 이의신청을 받은 날부터 7일 이내에 그 이의신청에 대하여 결정하고 그 결과를 청구인에게 지체 없이 문서로 통지하여야 한다. 다만, 부득이한 사유로 정하여진 기간 이내에 결정할 수 없을 때에는 그 기간이 끝나는 날의 다음 날부터 기산하여 7일의 범위에서 연장할 수 있으며, 연장 사유를 청구인에게 통지하여야 한다.

④ 공공기관은 이의신청을 각하(却下) 또는 기각(棄却)하는 결정을 한 경우에는 청구인에게 행정심판 또는 행정소송을 제기할 수 있다는 사실을 제3항에 따른 결과 통지와 함께 알려야 한다.

제19조(행정심판)

① 청구인이 정보공개와 관련한 공공기관의 결정에 대하여 불복이 있거나 정보공개 청구 후 20일이 경과하도록 정보공개 결정이 없는 때에는 「행정심판법」에서 정하는 바에 따라 행정심판을 청구할 수 있다. 이 경우 국가기관 및 지방자치단체 외의 공공기관의 결정에 대한 감독행정기관은 관계 중앙행정기관의 장 또는 지방자치단체의 장으로 한다.

② 청구인은 제18조에 따른 이의신청 절차를 거치지 아니하고 행정심판을 청구할 수 있다.

③ 행정심판위원회의 위원 중 정보공개 여부의 결정에 관한 행정심판에 관여하는 위원은 재직 중은 물론 퇴직 후에도 그 직무상 알게 된 비밀을 누설하여서는 아니 된다.
④ 제3항의 위원은 「형법」이나 그 밖의 법률에 따른 벌칙을 적용할 때에는 공무원으로 본다.

제20조(행정소송)

① 청구인이 정보공개와 관련한 공공기관의 결정에 대하여 불복이 있거나 정보공개 청구 후 20일이 경과하도록 정보공개 결정이 없는 때에는 「행정소송법」에서 정하는 바에 따라 행정소송을 제기할 수 있다.
② 재판장은 필요하다고 인정하면 당사자를 참여시키지 아니하고 제출된 공개 청구 정보를 비공개로 열람·심사할 수 있다.
③ 재판장은 행정소송의 대상이 제9조제1항제2호에 따른 정보 중 국가안전보장·국방 또는 외교관계에 관한 정보의 비공개 또는 부분 공개 결정처분인 경우에 공공기관이 그 정보에 대한 비밀 지정의 절차, 비밀의 등급·종류 및 성질과 이를 비밀로 취급하게 된 실질적인 이유 및 공개를 하지 아니하는 사유 등을 입증하면 해당 정보를 제출하지 아니하게 할 수 있다.

제21조(제3자의 비공개 요청 등)

① 제11조제3항에 따라 공개 청구된 사실을 통지받은 제3자는 그 통지를 받은 날부터 3일 이내에 해당 공공기관에 대하여 자신과 관련된 정보를 공개하지 아니할 것을 요청할 수 있다.
② 제1항에 따른 비공개 요청에도 불구하고 공공기관이 공개 결정을 할 때에는 공개 결정 이유와 공개 실시일을 분명히 밝혀 지체 없이 문서로 통지하여야 하며, 제3자는 해당 공공기관에 문서로 이의신청을 하거나 행정심판 또는 행정소송을 제기할 수 있다. 이 경우 이의신청은 통지를 받은 날부터 7일 이내에 하여야 한다.
③ 공공기관은 제2항에 따른 공개 결정일과 공개 실시일 사이에 최소한 30일의 간격을 두어야 한다.

제5장 정보공개위원회 등

제22조(정보공개위원회의 설치)

다음 각 호의 사항을 심의·조정하기 위하여 행정자치부장관 소속으로 정보공개위원회를 둔다.

1. 정보공개에 관한 정책 수립 및 제도 개선에 관한 사항
2. 정보공개에 관한 기준 수립에 관한 사항
3. 제24조제2항 및 제3항에 따른 공공기관의 정보공개 운영실태 평가 및 그 결과 처리에 관한 사항
4. 그 밖에 정보공개에 관하여 대통령령으로 정하는 사항

제23조(위원회의 구성 등)

① 위원회는 위원장과 부위원장 각 1명을 포함한 9명의 위원으로 구성한다.
② 위원회의 위원은 다음 각 호의 사람이 된다. 이 경우 위원장을 포함한 5명은 공무원이 아닌 사람으로 위촉하여야 한다.

1. 대통령령으로 정하는 관계 중앙행정기관의 차관급 공무원이나 고위공무원단에 속하는 일반직공무원
2. 정보공개에 관하여 학식과 경험이 풍부한 사람으로서 행정자치부장관이 위촉하는 사람

3. 시민단체(「비영리민간단체 지원법」 제2조에 따른 비영리민간단체를 말한다)에서 추천한 사람으로서 행정자치부장관이 위촉하는 사람

③ 위원장·부위원장 및 위원(제2항제1호의 위원은 제외한다)의 임기는 2년으로 하며, 연임할 수 있다.

④ 위원장·부위원장 및 위원은 정보공개 업무와 관련하여 알게 된 정보를 누설하거나 그 정보를 이용하여 본인 또는 타인에게 이익 또는 불이익을 주는 행위를 하여서는 아니 된다.

⑤ 위원장·부위원장 및 위원 중 공무원이 아닌 사람은 「형법」이나 그 밖의 법률에 따른 벌칙을 적용할 때에는 공무원으로 본다.

⑥ 위원회의 구성과 의결 절차 등 위원회 운영에 필요한 사항은 대통령령으로 정한다.

제24조(제도 총괄 등)

① 행정자치부장관은 이 법에 따른 정보공개제도의 정책 수립 및 제도 개선 사항 등에 관한 기획·총괄 업무를 관장한다.

② 행정자치부장관은 위원회가 정보공개제도의 효율적 운영을 위하여 필요하다고 요청하면 공공기관(국회·법원·헌법재판소 및 중앙선거관리위원회는 제외한다)의 정보공개제도 운영실태를 평가할 수 있다.

③ 행정자치부장관은 제2항에 따른 평가를 실시한 경우에는 그 결과를 위원회를 거쳐 국무회의에 보고한 후 공개하여야 하며, 위원회가 개선이 필요하다고 권고한 사항에 대해서는 해당 공공기관에 시정 요구 등의 조치를 하여야 한다.

④ 행정자치부장관은 정보공개에 관하여 필요할 경우에 공공기관(국회·법원·헌법재판소 및 중앙선거관리위원회는 제외한다)의 장에게 정보공개 처리 실태의 개선을 권고할 수 있다. 이 경우 권고를 받은 공공기관은 이를 이행하기 위하여 성실하게 노력하여야 하며, 그 조치 결과를 행정자치부장관에게 알려야 한다.

⑤ 국회·법원·헌법재판소·중앙선거관리위원회·중앙행정기관 및 지방자치단체는 그 소속 기관 및 소관 공공기관에 대하여 정보공개에 관한 의견을 제시하거나 지도·점검을 할 수 있다.

제25조(자료의 제출 요구)

국회사무총장·법원행정처장·헌법재판소사무처장·중앙선거관리위원회사무총장 및 행정자치부장관은 필요하다고 인정하면 관계 공공기관에 정보공개에 관한 자료 제출 등의 협조를 요청할 수 있다.

제26조(국회에의 보고)

① 행정자치부장관은 전년도의 정보공개 운영에 관한 보고서를 매년 정기국회 개회 전까지 국회에 제출하여야 한다.

② 제1항에 따른 보고서 작성에 필요한 사항은 대통령령으로 정한다.

제27조(위임규정)

이 법 시행에 필요한 사항은 국회규칙·대법원규칙·헌법재판소규칙·중앙선거관리위원회규칙 및 대통령령으로 정한다.

제28조(신분보장)

누구든지 이 법에 따른 정당한 정보공개를 이유로 징계조치 등 어떠한 신분상 불이익이나 근무조건상의 차별을 받지 아니한다.

집회 및 시위에 관한 법률

제1조(목적) 이 법은 적법한 집회(集會) 및 시위(示威)를 최대한 보장하고 위법한 시위로부터 국민을 보호함으로써 집회 및 시위의 권리 보장과 공공의 안녕질서가 적절히 조화를 이루도록 하는 것을 목적으로 한다.

제2조(정의) 이 법에서 사용하는 용어의 뜻은 다음과 같다.

옥외집회	천장이 없거나 사방이 폐쇄되지 아니한 장소에서 여는 집회를 말한다.
시위	여러 사람이 공동의 목적을 가지고 도로, 광장, 공원 등 일반인이 자유로이 통행할 수 있는 장소를 행진하거나 위력(威力) 또는 기세(氣勢)를 보여, 불특정한 여러 사람의 의견에 영향을 주거나 제압(制壓)을 가하는 행위를 말한다.
주최자(主催者)	자기 이름으로 자기 책임 아래 집회나 시위를 여는 사람이나 단체를 말한다. 주최자는 주관자(主管者)를 따로 두어 집회 또는 시위의 실행을 맡아 관리하도록 위임할 수 있다. 이 경우 주관자는 그 위임의 범위 안에서 주최자로 본다.
질서유지인	주최자가 자신을 보좌하여 집회 또는 시위의 질서를 유지하게 할 목적으로 임명한 자를 말한다.
질서유지선	관할 경찰서장이나 지방경찰청장이 적법한 집회 및 시위를 보호하고 질서유지나 원활한 교통 소통을 위하여 집회 또는 시위의 장소나 행진 구간을 일정하게 구획하여 설정한 띠, 방책(防柵), 차선(車線) 등의 경계 표지(標識)를 말한다.
경찰관서	국가경찰관서를 말한다.

제3조(집회 및 시위에 대한 방해 금지)

① 누구든지 폭행, 협박, 그 밖의 방법으로 평화적인 집회 또는 시위를 방해하거나 질서를 문란하게 하여서는 아니 된다.

② 누구든지 폭행, 협박, 그 밖의 방법으로 집회 또는 시위의 주최자나 질서유지인의 이 법의 규정에 따른 임무 수행을 방해하여서는 아니 된다.

③ 집회 또는 시위의 주최자는 평화적인 집회 또는 시위가 방해받을 염려가 있다고 인정되면 관할 경찰관서에 그 사실을 알려 보호를 요청할 수 있다. 이 경우 관할 경찰관서의 장은 정당한 사유 없이 보호 요청을 거절하여서는 아니 된다.

제4조(특정인 참가의 배제)

집회 또는 시위의 주최자 및 질서유지인은 특정한 사람이나 단체가 집회나 시위에 참가하는 것을 막을 수 있다. 다만, 언론사의 기자는 출입이 보장되어야 하며, 이 경우 기자는 신분증을 제시하고 기자임을 표시한 완장(腕章)을 착용하여야 한다.

제6조(옥외집회 및 시위의 신고 등)

① 옥외집회나 시위를 주최하려는 자는 그에 관한 다음 각 호의 사항 모두를 적은 신고서를 옥외집회나 시위를 시작하기 720시간 전부터 48시간 전에 관할 경찰서장에게 제출하여야 한다. 다만, 옥외집회 또는 시위 장소가 두 곳 이상의 경찰서의 관할에 속하는 경우에는 관할 지방경찰청장에게 제출하여야 하고, 두 곳 이상의 지

방경찰청 관할에 속하는 경우에는 주최지를 관할하는 지방경찰청장에게 제출하여야 한다.

② 관할 경찰서장 또는 지방경찰청장(이하 "관할경찰관서장"이라 한다)은 제1항에 따른 신고서를 접수하면 신고자에게 접수 일시를 적은 접수증을 즉시 내주어야 한다.

③ 주최자는 제1항에 따라 신고한 옥외집회 또는 시위를 하지 아니하게 된 경우에는 신고서에 적힌 집회 일시 24시간 전에 그 철회사유 등을 적은 철회신고서를 관할경찰관서장에게 제출하여야 한다.

④ 철회신고서를 받은 관할경찰관서장은 제8조제3항에 따라 금지 통고를 한 집회나 시위가 있는 경우에는 그 금지 통고를 받은 주최자에게 제3항에 따른 사실을 즉시 알려야 한다.

⑤ 제4항에 따라 통지를 받은 주최자는 그 금지 통고된 집회 또는 시위를 최초에 신고한 대로 개최할 수 있다. 다만, 금지 통고 등으로 시기를 놓친 경우에는 일시를 새로 정하여 집회 또는 시위를 시작하기 24시간 전에 관할경찰관서장에게 신고서를 제출하고 집회 또는 시위를 개최할 수 있다.

제7조(신고서의 보완 등)

① 관할경찰관서장은 신고서의 기재 사항에 미비한 점을 발견하면 접수증을 교부한 때부터 12시간 이내에 주최자에게 24시간을 기한으로 그 기재 사항을 보완할 것을 통고할 수 있다.

② 제1항에 따른 보완 통고는 보완할 사항을 분명히 밝혀 서면으로 주최자 또는 연락책임자에게 송달하여야 한다.

제8조(집회 및 시위의 금지 또는 제한 통고)

① 신고서를 접수한 관할경찰관서장은 신고된 옥외집회 또는 시위가 다음 각 호의 어느 하나에 해당하는 때에는 신고서를 접수한 때부터 48시간 이내에 집회 또는 시위를 금지할 것을 주최자에게 통고할 수 있다. 다만, 집회 또는 시위가 집단적인 폭행, 협박, 손괴, 방화 등으로 공공의 안녕 질서에 직접적인 위험을 초래한 경우에는 남은 기간의 해당 집회 또는 시위에 대하여 신고서를 접수한 때부터 48시간이 지난 경우에도 금지 통고를 할 수 있다.

1. 제5조제1항(집회 및 시위의 금지), 제10조 본문(옥외집회와 시위의 금지 시간) 또는 제11조(옥외집회와 시위의 금지 장소)에 위반된다고 인정될 때
2. 제7조제1항(신고서의 보완 등)에 따른 신고서 기재 사항을 보완하지 아니한 때
3. 제12조(교통 소통을 위한 제한) 에 따라 금지할 집회 또는 시위라고 인정될 때

② 관할경찰관서장은 집회 또는 시위의 시간과 장소가 중복되는 2개 이상의 신고가 있는 경우 그 목적으로 보아 서로 상반되거나 방해가 된다고 인정되면 각 옥외집회 또는 시위 간에 시간을 나누거나 장소를 분할하여 개최하도록 권유하는 등 각 옥외집회 또는 시위가 서로 방해되지 아니하고 평화적으로 개최·진행될 수 있도록 노력하여야 한다.

③ 관할경찰관서장은 제2항에 따른 권유가 받아들여지지 아니하면 뒤에 접수된 옥외집회 또는 시위에 대하여 제1항에 준하여 그 집회 또는 시위의 금지를 통고할 수 있다. 〈

④ 제3항에 따라 뒤에 접수된 옥외집회 또는 시위가 금지 통고된 경우 먼저 신고를 접수하여 옥외집회 또는 시위를 개최할 수 있는 자는 집회 시작 1시간 전에 관할경찰관서장에게 집회 개최 사실을 통지하여야 한다.

⑤ 다음 각 호의 어느 하나에 해당하는 경우로서 그 거주자나 관리자가 시설이나 장소의 보호를 요청하는 경우에는 집회나 시위의 금지 또는 제한을 통고할 수 있다. 이 경우 집회나 시위의 금지 통고에 대하여는 제1항을 준용한다.

1. 제6조제1항의 신고서에 적힌 장소(이하 이 항에서 "신고장소"라 한다)가 다른 사람의 주거지역이나 이와 유

사한 장소로서 집회나 시위로 재산 또는 시설에 심각한 피해가 발생하거나 사생활의 평온(平穩)을 뚜렷하게 해칠 우려가 있는 경우

2. 신고장소가 「초·중등교육법」 제2조에 따른 학교의 주변 지역으로서 집회 또는 시위로 학습권을 뚜렷이 침해할 우려가 있는 경우

3. 신고장소가 「군사기지 및 군사시설 보호법」 제2조제2호에 따른 군사시설의 주변 지역으로서 집회 또는 시위로 시설이나 군 작전의 수행에 심각한 피해가 발생할 우려가 있는 경우

⑥ 집회 또는 시위의 금지 또는 제한 통고는 그 이유를 분명하게 밝혀 서면으로 주최자 또는 연락책임자에게 송달하여야 한다.

제9조(집회 및 시위의 금지 통고에 대한 이의 신청 등)

① 집회 또는 시위의 주최자는 제8조에 따른 금지 통고를 받은 날부터 10일 이내에 해당 경찰관서의 바로 위의 상급경찰관서의 장에게 이의를 신청할 수 있다.

② 이의 신청을 받은 경찰관서의 장은 접수 일시를 적은 접수증을 이의 신청인에게 즉시 내주고 접수한 때부터 24시간 이내에 재결(裁決)을 하여야 한다. 이 경우 접수한 때부터 24시간 이내에 재결서를 발송하지 아니하면 관할경찰관서장의 금지 통고는 소급하여 그 효력을 잃는다.

③ 이의 신청인은 금지 통고가 위법하거나 부당한 것으로 재결되거나 그 효력을 잃게 된 경우 처음 신고한 대로 집회 또는 시위를 개최할 수 있다. 다만, 금지 통고 등으로 시기를 놓친 경우에는 일시를 새로 정하여 집회 또는 시위를 시작하기 24시간 전에 관할경찰관서장에게 신고함으로써 집회 또는 시위를 개최할 수 있다.

제10조(옥외집회와 시위의 금지 시간)

누구든지 해가 뜨기 전이나 해가 진 후에는 옥외집회 또는 시위를 하여서는 아니 된다. 다만, 집회의 성격상 부득이하여 주최자가 질서유지인을 두고 미리 신고한 경우에는 관할경찰관서장은 질서 유지를 위한 조건을 붙여 해가 뜨기 전이나 해가 진 후에도 옥외집회를 허용할 수 있다.

제11조(옥외집회와 시위의 금지 장소)

누구든지 다음 각 호의 어느 하나에 해당하는 청사 또는 저택의 경계 지점으로부터 100 미터 이내의 장소에서는 옥외집회 또는 시위를 하여서는 아니 된다.

1. 국회의사당, 각급 법원, 헌법재판소
2. 대통령 관저(官邸), 국회의장 공관, 대법원장 공관, 헌법재판소장 공관
3. 국무총리 공관. 다만, 행진의 경우에는 해당하지 아니한다.
4. 국내 주재 외국의 외교기관이나 외교사절의 숙소. 다만, 다음 각 목의 어느 하나에 해당하는 경우로서 외교기관 또는 외교사절 숙소의 기능이나 안녕을 침해할 우려가 없다고 인정되는 때에는 해당하지 아니한다.
   가. 해당 외교기관 또는 외교사절의 숙소를 대상으로 하지 아니하는 경우
   나. 대규모 집회 또는 시위로 확산될 우려가 없는 경우
   다. 외교기관의 업무가 없는 휴일에 개최하는 경우

제12조(교통 소통을 위한 제한)

① 관할경찰관서장은 대통령령으로 정하는 주요 도시의 주요 도로에서의 집회 또는 시위에 대하여 교통 소통을

위하여 필요하다고 인정하면 이를 금지하거나 교통질서 유지를 위한 조건을 붙여 제한할 수 있다.

② 집회 또는 시위의 주최자가 질서유지인을 두고 도로를 행진하는 경우에는 제1항에 따른 금지를 할 수 없다. 다만, 해당 도로와 주변 도로의 교통 소통에 장애를 발생시켜 심각한 교통 불편을 줄 우려가 있으면 제1항에 따른 금지를 할 수 있다.

제13조(질서유지선의 설정)

① 제6조제1항(옥외집회 및 시위의 신고 등)에 따른 신고를 받은 관할경찰관서장은 집회 및 시위의 보호와 공공의 질서 유지를 위하여 필요하다고 인정하면 최소한의 범위를 정하여 질서유지선을 설정할 수 있다.

② 제1항에 따라 경찰관서장이 질서유지선을 설정할 때에는 주최자 또는 연락책임자에게 이를 알려야 한다.

 # 집회 및 시위에 관한 법률 시행령

제13조(질서유지선의 설정 · 고지 등)

① 관할 경찰관서장은 집회 및 시위의 보호와 공공의 질서 유지를 위하여 다음 각 호의 어느 하나에 해당하는 경우에는 법 제13조제1항에 따라 질서유지선을 설정할 수 있다.

1. 집회 · 시위의 장소를 한정하거나 집회 · 시위의 참가자와 일반인을 구분할 필요가 있을 경우
2. 집회 · 시위의 참가자를 일반인이나 차량으로부터 보호할 필요가 있을 경우
3. 일반인의 통행 또는 교통 소통 등을 위하여 필요할 경우
4. 다음 각 목의 어느 하나의 시설 등에 접근하거나 행진하는 것을 금지하거나 제한할 필요가 있을 경우
   가. 법 제11조에 따른 집회 또는 시위가 금지되는 장소
   나. 통신시설 등 중요시설
   다. 위험물시설
   라. 그 밖에 안전 유지 또는 보호가 필요한 재산 · 시설 등
5. 집회 · 시위의 행진로를 확보하거나 이를 위한 임시횡단보도를 설치할 필요가 있을 경우
6. 그 밖에 집회 · 시위의 보호와 공공의 질서 유지를 위하여 필요할 경우

② 법 제13조제2항에 따른 질서유지선의 설정 고지는 서면으로 하여야 한다. 다만, 집회 또는 시위 장소의 상황에 따라 질서유지선을 새로 설정하거나 변경하는 경우에는 집회 또는 시위의 장소에 있는 국가경찰공무원이 구두로 알릴 수 있다.

제14조(확성기등 사용의 제한)

① 집회 또는 시위의 주최자는 확성기, 북, 징, 꽹과리 등의 기계 · 기구를 사용하여 타인에게 심각한 피해를 주는 소음으로서 대통령령으로 정하는 기준을 위반하는 소음을 발생시켜서는 아니 된다.

② 관할경찰관서장은 집회 또는 시위의 주최자가 제1항에 따른 기준을 초과하는 소음을 발생시켜 타인에게 피해를 주는 경우에는 그 기준 이하의 소음 유지 또는 확성기등의 사용 중지를 명하거나 확성기 등의 일시보관 등 필요한 조치를 할 수 있다.

대상지역 / 시간대	주간 (해 뜬 후~해 지기 전)	야간 (해 진 후~해 뜨기 전)
주거지역, 학교	65 이하	60 이하
기타지역	75 이하	65 이하

제15조(적용의 배제)

학문, 예술, 체육, 종교, 의식, 친목, 오락, 관혼상제(冠婚喪祭) 및 국경행사(國慶行事)에 관한 집회에는 제6조부터 제12조까지의 규정을 적용하지 아니한다.

제16조(주최자의 준수 사항)

① 집회 또는 시위의 주최자는 집회 또는 시위에 있어서의 질서를 유지하여야 한다.
② 집회 또는 시위의 주최자는 집회 또는 시위의 질서 유지에 관하여 자신을 보좌하도록 18세 이상의 사람을 질서유지인으로 임명할 수 있다.
③ 집회 또는 시위의 주최자는 제1항에 따른 질서를 유지할 수 없으면 그 집회 또는 시위의 종결(終結)을 선언하여야 한다.
④ 집회 또는 시위의 주최자는 다음 각 호의 어느 하나에 해당하는 행위를 하여서는 아니 된다.
  1. 총포, 폭발물, 도검(刀劍), 철봉, 곤봉, 돌덩이 등 다른 사람의 생명을 위협하거나 신체에 해를 끼칠 수 있는 기구(器具)를 휴대하거나 사용하는 행위 또는 다른 사람에게 이를 휴대하게 하거나 사용하게 하는 행위
  2. 폭행, 협박, 손괴, 방화 등으로 질서를 문란하게 하는 행위
  3. 신고한 목적, 일시, 장소, 방법 등의 범위를 뚜렷이 벗어나는 행위
⑤ 옥내집회의 주최자는 확성기를 설치하는 등 주변에서의 옥외 참가를 유발하는 행위를 하여서는 아니 된다.

제17조(질서유지인의 준수 사항 등)

① 질서유지인은 주최자의 지시에 따라 집회 또는 시위 질서가 유지되도록 하여야 한다.
② 질서유지인은 제16조제4항 각호의 어느 하나에 해당하는 행위를 하여서는 아니 된다.
③ 질서유지인은 참가자 등이 질서유지인임을 쉽게 알아볼 수 있도록 완장, 모자, 어깨띠, 상의 등을 착용하여야 한다.
④ 관할경찰관서장은 집회 또는 시위의 주최자와 협의하여 질서유지인의 수(數)를 적절하게 조정할 수 있다.
⑤ 집회나 시위의 주최자는 제4항에 따라 질서유지인의 수를 조정한 경우 집회 또는 시위를 개최하기 전에 조정된 질서유지인의 명단을 관할경찰관서장에게 알려야 한다.

제19조(경찰관의 출입)

① 경찰관은 집회 또는 시위의 주최자에게 알리고 그 집회 또는 시위의 장소에 정복(正服)을 입고 출입할 수 있다. 다만, 옥내집회 장소에 출입하는 것은 직무 집행을 위하여 긴급한 경우에만 할 수 있다.
② 집회나 시위의 주최자, 질서유지인 또는 장소관리자는 질서를 유지하기 위한 경찰관의 직무집행에 협조하여야 한다.

제20조(집회 또는 시위의 해산)

① 관할경찰관서장은 다음 각 호의 어느 하나에 해당하는 집회 또는 시위에 대하여는 상당한 시간 이내에 자진(自進) 해산할 것을 요청하고 이에 따르지 아니하면 해산(解散)을 명할 수 있다.
  1. 제5조제1항, 제10조 본문 또는 제11조를 위반한 집회 또는 시위
  2. 제6조제1항에 따른 신고를 하지 아니하거나 제8조 또는 제12조에 따라 금지된 집회 또는 시위
  3. 제8조제5항에 따른 제한, 제10조 단서 또는 제12조에 따른 조건을 위반하여 교통 소통 등 질서 유지에 직접

적인 위험을 명백하게 초래한 집회 또는 시위

4. 제16조제3항에 따른 종결 선언을 한 집회 또는 시위
5. 제16조제4항 각 호의 어느 하나에 해당하는 행위로 질서를 유지할 수 없는 집회 또는 시위

② 집회 또는 시위가 제1항에 따른 해산 명령을 받았을 때에는 모든 참가자는 지체 없이 해산하여야 한다.

③ 제1항에 따른 자진 해산의 요청과 해산 명령의 고지(告知) 등에 필요한 사항은 대통령령으로 정한다.

제22조(벌칙)

① 제3조제1항 또는 제2항을 위반한 자는 3년 이하의 징역 또는 300만원 이하의 벌금에 처한다. 다만, 군인·검사 또는 경찰관이 제3조제1항 또는 제2항을 위반한 경우에는 5년 이하의 징역에 처한다.

④ 그 사실을 알면서 제5조제1항을 위반한 집회 또는 시위에 참가한 자는 6개월 이하의 징역 또는 50만원 이하의 벌금·구류 또는 과료에 처한다.

 # 집회 및 시위에 관한 법률

제5조(집회 및 시위의 금지) ① 누구든지 다음 각 호의 어느 하나에 해당하는 집회나 시위를 주최하여서는 아니 된다.

1. 헌법재판소의 결정에 따라 해산된 정당의 목적을 달성하기 위한 집회 또는 시위
2. 집단적인 폭행, 협박, 손괴(損壞), 방화 등으로 공공의 안녕 질서에 직접적인 위협을 끼칠 것이 명백한 집회 또는 시위

제24조(벌칙)

다음 각 호의 어느 하나에 해당하는 자는 6개월 이하의 징역 또는 50만원 이하의 벌금·구류 또는 과료에 처한다.

1. 제4조에 따라 주최자 또는 질서유지인이 참가를 배제했는데도 그 집회 또는 시위에 참가한 자
2. 제6조제1항에 따른 신고를 거짓으로 하고 집회 또는 시위를 개최한 자
3. 제13조에 따라 설정한 질서유지선을 경찰관의 경고에도 불구하고 정당한 사유 없이 상당 시간 침범하거나 손괴·은닉·이동 또는 제거하거나 그 밖의 방법으로 그 효용을 해친 자
4. 제14조제2항에 따른 명령을 위반하거나 필요한 조치를 거부·방해한 자
5. 제16조제5항, 제17조제2항, 제18조제2항 또는 제20조제2항을 위반한 자

공직선거법

제1장 총칙

제1조 (목적)

이 법은 「대한민국헌법」과 「지방자치법」에 의한 선거가 국민의 자유로운 의사와 민주적인 절차에 의하여 공정히 행하여지도록 하고, 선거와 관련한 부정을 방지함으로써 민주정치의 발전에 기여함을 목적으로 한다.

제9조(공무원의 중립의무 등)

① 공무원 기타 정치적 중립을 지켜야 하는 자(機關·團體를 포함한다)는 선거에 대한 부당한 영향력의 행사 기타 선거결과에 영향을 미치는 행위를 하여서는 아니 된다.

② 검사(군검사를 포함한다) 또는 국가경찰공무원(檢察搜査官 및 軍司法警察官吏를 포함한다)은 이 법의 규정에 위반한 행위가 있다고 인정되는 때에는 신속·공정하게 단속·수사를 하여야 한다.[시행일 : 2017.7.7.]

제11조(후보자 등의 신분보장)

① 대통령선거의 후보자는 후보자의 등록이 끝난 때부터 개표종료시까지 사형·무기 또는 장기 7년 이상의 징역이나 금고에 해당하는 죄를 범한 경우를 제외하고는 현행범인이 아니면 체포 또는 구속되지 아니하며, 병역소집의 유예를 받는다.

② 국회의원선거, 지방의회의원 및 지방자치단체의 장의 선거의 후보자는 후보자의 등록이 끝난 때부터 개표종료시까지 사형·무기 또는 장기 5년 이상의 징역이나 금고에 해당하는 죄를 범하였거나 제16장 벌칙에 규정된 죄를 범한 경우를 제외하고는 현행범인이 아니면 체포 또는 구속되지 아니하며, 병역소집의 유예를 받는다.

③ 선거사무장·선거연락소장·선거사무원·회계책임자·투표참관인·사전투표참관인과 개표참관인(예비후보자가 선임한 선거사무장·선거사무원 및 회계책임자는 제외한다)은 해당 신분을 취득한 때부터 개표종료시까지 사형·무기 또는 장기 3년 이상의 징역이나 금고에 해당하는 죄를 범하였거나 제230조부터 제235조까지 및 제237조부터 제259조까지의 죄를 범한 경우를 제외하고는 현행범인이 아니면 체포 또는 구속되지 아니하며, 병역소집의 유예를 받는다.

제2장 선거권과 피선거권

제15조(선거권)

① 19세 이상의 국민은 대통령 및 국회의원의 선거권이 있다. 다만, 지역구국회의원의 선거권은 19세 이상의 국민으로서 제37조제1항에 따른 선거인명부작성기준일 현재 다음 각 호의 어느 하나에 해당하는 사람에 한하여 인정된다.

1. 해당 국회의원지역선거구 안에 주민등록이 되어 있는 사람
2. 주민등록표에 3개월 이상 계속하여 올라 있고 해당 국회의원지역선거구 안에 주민등록이 되어 있는 사람

② 19세 이상으로서 제37조제1항에 따른 선거인명부작성기준일 현재 다음 각 호의 어느 하나에 해당하는 사람은 그 구역에서 선거하는 지방자치단체의 의회의원 및 장의 선거권이 있다.

1. 해당 지방자치단체의 관할 구역에 주민등록이 되어 있는 사람
2. 주민등록표에 3개월 이상 계속하여 올라 있고 해당 지방자치단체의 관할구역에 주민등록이 되어 있는 사람

3. 영주의 체류자격 취득일 후 3년이 경과한 외국인으로서 같은 법 제34조에 따라 해당 지방자치단체의 외국인등록대장에 올라 있는 사람

제16조(피선거권)

① 선거일 현재 5년 이상 국내에 거주하고 있는 40세 이상의 국민은 대통령의 피선거권이 있다. 이 경우 공무로 외국에 파견된 기간과 국내에 주소를두고 일정기간 외국에 체류한 기간은 국내거주기간으로 본다.

② 25세 이상의 국민은 국회의원의 피선거권이 있다.

③ 선거일 현재 계속하여 60일 이상(公務로 外國에 派遣되어 選擧日전 60日후에 귀국한 者는 選擧人名簿作成基準日부터 계속하여 選擧日까지) 해당 지방자치단체의 관할구역에 주민등록이 되어 있는 주민으로서 25세 이상의 국민은 그 지방의회의원 및 지방자치단체의 장의 피선거권이 있다. 이 경우 60일의 기간은 그 지방자치단체의 설치·폐지·분할·합병 또는 구역변경(제28조 각 호의 어느 하나에 따른 구역변경을 포함한다)에 의하여 중단되지 아니한다.

④ 제3항 전단의 경우에 지방자치단체의 사무소 소재지가 다른 지방자치단체의 관할 구역에 있어 해당 지방자치단체의 장의 주민등록이 다른 지방자치단체의 관할 구역에 있게 된 때에는 해당 지방자치단체의 관할 구역에 주민등록이 되어 있는 것으로 본다.

선거권자와 피선거권자

	선거권자	피선거권자
대통령	19세 이상 국민	5년 이상 국내거주 40세 이상 국민
국회의원	19세 이상 국민 주민등록자, 선거구역 안에 거소(3개월 이상)	25세 이상 국민
지방자치단체 및 의원	19세 이상 국민 주민등록자, 선거구역 안에 거소(3개월 이상) ※ 외국인, 영주체류자격 취득일 후 3년 경과한 외국인	60일 이상 주민등록자 25세 이상 국민

제17조(연령산정기준) 선거권자와 피선거권자의 연령은 선거일 현재로 산정한다.

제18조(선거권이 없는 자)	제19조(피선거권이 없는 자)
① 선거일 현재 다음 각 호의 어느 하나에 해당하는 사람은 선거권이 없다. 1. 금치산선고를 받은 자 2. 1년 이상의 징역 또는 금고의 형의 선고를 받고 그 집행이 종료되지 아니하거나 그 집행을 받지 아니하기로 확정되지 아니한 사람. 다만, 그 형의 집행유예를 선고받고 유예기간 중에 있는 사람은 제외한다.	선거일 현재 다음 각 호의 어느 하나에 해당하는 자는 피선거권이 없다. 1. 제18조(選擧權이 없는 者)제1항제1호·제3호 또는 제4호에 해당하는 자 2. 금고 이상의 형의 선고를 받고 그 형이 실효되지 아니한 자 3. 법원의 판결 또는 다른 법률에 의하여 피선거권이 정지되거나 상실된 자

3. 선거범, 「정치자금법」 제45조(정치자금부정수수죄) 및 제49조(선거비용관련 위반행위에 관한 벌칙)에 규정된 죄를 범한 자 또는 대통령·국회의원·지방의회의원·지방자치단체의 장으로서 그 재임중의 직무와 관련하여 「형법」(「특정범죄가중처벌 등에 관한 법률」 제2조에 의하여 가중처벌되는 경우를 포함한다) 제129조(수뢰, 사전수뢰) 내지 제132조(알선수뢰)·「특정범죄가중처벌 등에 관한 법률」 제3조(알선수재)에 규정된 죄를 범한 자로서, 100만원이상의 벌금형의 선고를 받고 그 형이 확정된 후 5년 또는 형의 집행유예의 선고를 받고 그 형이 확정된 후 10년을 경과하지 아니하거나 징역형의 선고를 받고 그 집행을 받지 아니하기로 확정된 후 또는 그 형의 집행이 종료되거나 면제된 후 10년을 경과하지 아니한 자(刑이 失效된 者도 포함한다) 4. 법원의 판결 또는 다른 법률에 의하여 선거권이 정지 또는 상실된 자 ② 제1항제3호에서 "선거범"이라 함은 제16장 벌칙에 규정된 죄와 「국민투표법」 위반의 죄를 범한 자를 말한다. ③ 「형법」 제38조에도 불구하고 제1항제3호에 규정된 죄와 다른 죄의 경합범에 대하여는 이를 분리 선고하고, 선거사무장·선거사무소의 회계책임자(선거사무소의 회계책임자로 선임·신고되지 아니한 사람으로서 후보자와 통모(通謀)하여 해당 후보자의 선거비용으로 지출한 금액이 선거비용제한액의 3분의 1 이상에 해당하는 사람을 포함한다) 또는 후보자(후보자가 되려는 사람을 포함한다)의 직계존비속 및 배우자에게 제263조 및 제265조에 규정된 죄와 이 조 제1항제3호에 규정된 죄의 경합범으로 징역형 또는 300만원 이상의 벌금형을 선고하는 때(선거사무장, 선거사무소의 회계책임자에 대하여는 선임·신고되기 전의 행위로 인한 경우를 포함한다)에는 이를 분리 선고하여야 한다.	4. 「국회법」 제166조(국회 회의 방해죄)의 죄를 범한 자로서 다음 각 목의 어느 하나에 해당하는 자(형이 실효된 자를 포함한다) 가. 500만원 이상의 벌금형의 선고를 받고 그 형이 확정된 후 5년이 경과되지 아니한 자 나. 형의 집행유예의 선고를 받고 그 형이 확정된 후 10년이 경과되지 아니한 자 다. 징역형의 선고를 받고 그 집행을 받지 아니하기로 확정된 후 또는 그 형의 집행이 종료되거나 면제된 후 10년이 경과되지 아니한 자 5. 제230조제6항의 죄를 범한 자로서 벌금형의 선고를 받고 그 형이 확정된 후 10년을 경과하지 아니한 자(형이 실효된 자도 포함한다)

제3장 선거구역과 의원정수

제21조(국회의 의원정수)

① 국회의 의원정수는 지역구국회의원과 비례대표국회의원을 합하여 300명으로 한다.

② 하나의 국회의원지역선거구에서 선출할 국회의원의 정수는 1인으로 한다.

제4장 선거기간과 선거일

		대통령	국회의원	지방의회의원및 지방자치단체장
선거기간		23일	14일	14일
선거운동기간		22일	13일	13일
선거일 (임기 만료에 의한 선거)		임기만료일전70일 이후 첫 번째 수요일	임기만료일 전50일 이후 첫 번째 수요일	임기만료일 전30일 이후 첫 번째 수요일
재·보궐	선거실시	선거의 실시 사유가 확정된때부터 60일 이내에 실시	선거의실시사유가확정된때부터60일이내에실시	선거의 실시 사유가 확정된 때부터 60일 이내에 실시
	공고	선거일 전 50일까지 공고	선거일전20일까지공고	선거일 전 20일까지 공고

제7장 선거운동

제53조(공무원 등의 입후보)

① 다음 각 호의 어느 하나에 해당하는 사람으로서 후보자가 되려는 사람은 선거일 전 90일까지 그 직을 그만두어야 한다. 다만, 대통령선거와 국회의원선거에 있어서 국회의원이 그 직을 가지고 입후보하는 경우와 지방의회의원선거와 지방자치단체의 장의 선거에 있어서 당해 지방자치단체의 의회의원이나 장이 그 직을 가지고 입후보하는 경우에는 그러하지 아니하다.

1. 「국가공무원법」 제2조(公務員의 구분)에 규정된 국가공무원과 「지방공무원법」 제2조(公務員의 区分)에 규정된 지방공무원. 다만, 「정당법」 제22조(발기인 및 당원의 자격)제1항제1호 단서의 규정에 의하여 정당의 당원이 될 수 있는 공무원(政務職公務員을 제외한다)은 그러하지 아니하다.
2. 각급선거관리위원회위원 또는 교육위원회의 교육위원
3. 다른 법령의 규정에 의하여 공무원의 신분을 가진 자
4. 「공공기관의 운영에 관한 법률」 제4조제1항제3호에 해당하는 기관 중 정부가 100분의 50 이상의 지분을 가지고 있는 기관(한국은행을 포함한다)의 상근 임원
5. 「농업협동조합법」·「수산업협동조합법」·「산림조합법」·「엽연초생산협동조합법」에 의하여 설립된 조합의 상근 임원과 이들 조합의 중앙회장
6. 「지방공기업법」 제2조(適用範囲)에 규정된 지방공사와 지방공단의 상근 임원
7. 「정당법」 제22조제1항제2호의 규정에 의하여 정당의 당원이 될 수 없는 사립학교교원
8. 중앙선거관리위원회규칙으로 정하는 언론인
9. 특별법에 의하여 설립된 국민운동단체로서 국가 또는 지방자치단체의 출연 또는 보조를 받는 단체(바르게살기운동협의회·새마을운동협의회·한국자유총연맹을 말하며, 시·도조직 및 구·시·군조직을 포함한다)의 대표자

② 제1항 본문에도 불구하고 다음 각 호의 어느 하나에 해당하는 경우에는 선거일 전 30일까지 그 직을 그만두어야 한다.

1. 비례대표국회의원선거나 비례대표지방의회의원선거에 입후보하는 경우

2. 보궐선거등에 입후보하는 경우
3. 국회의원이 지방자치단체의 장의 선거에 입후보하는 경우
4. 지방의회의원이 다른 지방자치단체의 의회의원이나 장의 선거에 입후보하는 경우

제56조(기탁금)

① 후보자등록을 신청하는 자는 등록신청 시에 후보자 1명마다 다음 각 호의 기탁금을 중앙선거관리위원회규칙으로 정하는 바에 따라 관할선거구선거관리위원회에 납부하여야 한다. 이 경우 예비후보자가 해당 선거의 같은 선거구에 후보자등록을 신청하는 때에는 제60조의2제2항에 따라 납부한 기탁금을 제외한 나머지 금액을 납부하여야 한다.

1. 대통령선거는 3억원
2. 국회의원선거는 1천500만원
3. 시·도의회의원선거는 300만원
4. 시·도지사선거는 5천만원
5. 자치구·시·군의 장 선거는 1천만원
6. 자치구·시·군의원선거는 200만원

② 제1항의 기탁금은 체납처분이나 강제집행의 대상이 되지 아니한다.

③ 제261조에 따른 과태료 및 제271조에 따른 불법시설물 등에 대한 대집행비용은 제1항의 기탁금(제60조의2제2항의 기탁금을 포함한다)에서 부담한다.

제57조(기탁금의 반환 등)

① 관할선거구선거관리위원회는 다음 각 호의 구분에 따른 금액을 선거일 후 30일 이내에 기탁자에게 반환한다. 이 경우 반환하지 아니하는 기탁금은 국가 또는 지방자치단체에 귀속한다.

1. 대통령선거, 지역구국회의원선거, 지역구지방의회의원선거 및 지방자치단체의 장선거
   가. 후보자가 당선되거나 사망한 경우와 유효투표총수의 100분의 15 이상을 득표한 경우에는 기탁금 전액
   나. 후보자가 유효투표총수의 100분의 10 이상 100분의 15 미만을 득표한 경우에는 기탁금의 100분의 50에 해당하는 금액
   다. 예비후보자가 사망하거나 제57조의2제2항 본문에 따라 후보자로 등록될 수 없는 경우에는 제60조의2제2항에 따라 납부한 기탁금 전액
2. 비례대표국회의원선거 및 비례대표지방의회의원선거

당해 후보자명부에 올라 있는 후보자중 당선인이 있는 때에는 기탁금 전액. 다만, 제189조 및 제190조의2에 따른 당선인의 결정 전에 사퇴하거나 등록이 무효로 된 후보자의 기탁금은 제외한다.

② 제56조제3항에 따라 기탁금에서 부담하여야 할 비용은 제1항에 따라 기탁금을 반환하는 때에 공제하되, 그 부담비용이 반환할 기탁금을 넘는 사람은 그 차액을, 기탁금 전액이 국가 또는 지방자치단체에 귀속되는 사람은 그 부담비용 전액을 해당 선거구선거관리위원회의 고지에 따라 그 고지를 받은 날부터 10일 이내에 납부하여야 한다.

③ 관할선거구선거관리위원회는 제2항의 납부기한까지 해당자가 그 금액을 납부하지 아니한 때에는 관할세무서장에게 징수를 위탁하고, 관할세무서장은 국세 체납처분의 예에 따라 이를 징수하여 국가 또는 해당 지방자치단체에 납입하여야 한다. 이 경우 제271조에 따른 불법시설물 등에 대한 대집행비용은 우선 해당 선거관리위

원회가 지출한 후 관할세무서장에게 그 징수를 위탁할 수 있다.
⑤ 기탁금의 반환 및 귀속 기타 필요한 사항은 중앙선거관리위원회규칙으로 정한다.

제58조(정의 등)

① 이 법에서 "선거운동"이라 함은 당선되거나 되게 하거나 되지 못하게 하기 위한 행위를 말한다. 다만, 다음 각 호의 어느 하나에 해당하는 행위는 선거운동으로 보지 아니한다.
  1. 선거에 관한 단순한 의견개진 및 의사표시
  2. 입후보와 선거운동을 위한 준비행위
  3. 정당의 후보자 추천에 관한 단순한 지지·반대의 의견개진 및 의사표시
  4. 통상적인 정당활동
  6. 설날·추석 등 명절 및 석가탄신일·기독탄신일 등에 하는 의례적인 인사말을 문자메시지로 전송하는 행위

② 누구든지 자유롭게 선거운동을 할 수 있다. 그러나 이 법 또는 다른 법률의 규정에 의하여 금지 또는 제한되는 경우에는 그러하지 아니하다.

제59조(선거운동기간)

선거운동은 선거기간개시일부터 선거일 전일까지에 한하여 할 수 있다. 다만, 다음 각 호의 어느 하나에 해당하는 경우에는 그러하지 아니하다.
  1. 예비후보자 등이 선거운동을 하는 경우
  2. 선거일이 아닌 때에 문자(문자 외의 음성·화상·동영상 등은 제외한다)메시지를 전송하는 방법으로 선거운동을 하는 경우. 이 경우 컴퓨터 및 컴퓨터 이용기술을 활용한 자동 동보통신의 방법으로 전송할 수 있는 자는 후보자와 예비후보자에 한하되, 그 횟수는 5회(후보자의 경우 예비후보자로서 전송한 횟수를 포함한다)를 넘을 수 없으며, 매회 전송하는 때마다 중앙선거관리위원회규칙에 따라 신고한 1개의 전화번호만을 사용하여야 한다.
  3. 선거일이 아닌 때에 인터넷 홈페이지 또는 그 게시판·대화방 등에 글이나 동영상 등을 게시하거나 전자우편(컴퓨터 이용자끼리 네트워크를 통하여 문자·음성·화상 또는 동영상 등의 정보를 주고받는 통신시스템을 말한다. 이하 같다)을 전송하는 방법으로 선거운동을 하는 경우. 이 경우 전자우편 전송대행업체에 위탁하여 전자우편을 전송할 수 있는 사람은 후보자와 예비후보자에 한한다.

제60조의2(예비후보자등록)

① 예비후보자가 되려는 사람(비례대표국회의원선거 및 비례대표지방의회의원선거는 제외한다)은 다음 각 호에서 정하는 날(그 날후에 실시사유가 확정된 보궐선거등에 있어서는 그 선거의 실시사유가 확정된 때)부터 관할선거구선거관리위원회에 예비후보자등록을 서면으로 신청하여야 한다.
  1. 대통령선거
     선거일 전 240일
  2. 지역구국회의원선거 및 시·도지사선거
     선거일 전 120일
  3. 지역구시·도의회의원선거, 자치구·시의 지역구의회의원 및 장의 선거
     선거기간개시일 전 90일

4. 군의 지역구의회의원 및 장의 선거
선거기간개시일 전 60일

② 제1항에 따라 예비후보자등록을 신청하는 사람은 다음 각 호의 서류를 제출하여야 하며, 제56조제1항 각 호에 따른 해당 선거 기탁금의 100분의 20에 해당하는 금액을 중앙선거관리위원회규칙으로 정하는 바에 따라 관할선거구선거관리위원회에 기탁금으로 납부하여야 한다.

⑧ 예비후보자의 전과기록조회 및 회보에 관하여는 제49조제10항을 준용한다. 이 경우 "선거기간개시일 전 150일"은 "선거기간개시일 전 150일(대통령선거의 경우 예비후보자등록신청개시일 전 60일을 말한다)"로 본다.

예비후보자 등록 등

	대통령 선거	시·도지사 선거	국회의원 선거	시도 의원선거	구청장,시장 선거	구의원,시의원 선거	군수 선거	군의원 선거
예비후보자 등록기간	선거일전 240일	선거일전120일		선거일전90일			선거일전60일	
선거사무소의 설치	선거일전 240일	선거일전120일		선거일전60일				
선거 사무 관계자의 선임	10인이내	5인이내	3인이내	2인이내	3인이내	2인이내	3인이내	2인이내

제85조(공무원 등의 선거관여 등 금지)

① 공무원 등 법령에 따라 정치적 중립을 지켜야 하는 자는 직무와 관련하여 또는 지위를 이용하여 선거에 부당한 영향력을 행사하는 등 선거에 영향을 미치는 행위를 할 수 없다.

② 공무원은 그 지위를 이용하여 선거운동을 할 수 없다. 이 경우 공무원이 그 소속직원이나 제53조제1항제4호부터 제6호까지에 규정된 기관 등의 임직원 또는 「공직자윤리법」 제17조에 따른 취업제한기관의 임·직원을 대상으로 한 선거운동은 그 지위를 이용하여 하는 선거운동으로 본다.

③ 누구든지 교육적·종교적 또는 직업적인 기관·단체 등의 조직내에서의 직무상 행위를 이용하여 그 구성원에 대하여 선거운동을 하거나 하게 하거나, 계열화나 하도급 등 거래상 특수한 지위를 이용하여 기업조직·기업체 또는 그 구성원에 대하여 선거운동을 하거나 하게 할 수 없다.

④ 누구든지 교육적인 특수관계에 있는 선거권이 없는 자에 대하여 교육상의 행위를 이용하여 선거운동을 할 수 없다.

제86조(공무원 등의 선거에 영향을 미치는 행위금지)

① 공무원(國會議員과 그 補佐官·秘書官·秘書 및 地方議會議員을 제외한다), 선상투표신고를 한 선원이 승선하고 있는 선박의 선장, 제53조제1항제4호 및 제6호에 규정된 기관 등의 상근 임·직원, 통·리·반의 장, 주민자치위원회위원과 예비군 중대장급 이상의 간부, 특별법에 의하여 설립된 국민운동단체로서 국가나 지방자치단체의 출연 또는 보조를 받는 단체(바르게살기運動協議會·새마을運動協議會·韓國自由總聯盟을 말한다)의 상근 임·직원 및 이들 단체 등(市·道組織 및 區·市·郡組織을 포함한다)의 대표자는 다음 각 호의 어느 하나에 해당하는 행위를 하여서는 아니 된다.

1. 소속직원 또는 선거구민에게 교육 기타 명목여하를 불문하고 특정 정당이나 후보자(候補者가 되고자 하는

者를 포함한다. 이하 이 項에서 같다)의 업적을 홍보하는 행위
2. 지위를 이용하여 선거운동의 기획에 참여하거나 그 기획의 실시에 관여하는 행위
3. 정당 또는 후보자에 대한 선거권자의 지지도를 조사하거나 이를 발표하는 행위
5. 선거기간중 국가 또는 지방자치단체의 예산으로 시행하는 사업중 즉시 공사를 진행하지 아니할 사업의 기공식을 거행하는 행위
6. 선거기간중 정상적 업무외의 출장을 하는 행위
7. 선거기간중 휴가기간에 그 업무와 관련된 기관이나 시설을 방문하는 행위

② 지방자치단체의 장(제4호의 경우 소속 공무원을 포함한다)은 선거일전 60일(선거일전 60일후에 실시사유가 확정된 보궐선거등에 있어서는 선거의 실시사유가 확정된 때)부터 선거일까지 다음 각 호의 어느 하나에 해당하는 행위를 하여서는 아니 된다.
2. 정당의 정강·정책과 주의·주장을 선거구민을 대상으로 홍보·선전하는 행위. 다만, 당해 지방자치단체의 장의 선거에 예비후보자 또는 후보자가 되는 경우에는 그러하지 아니하다.
3. 창당대회·합당대회·개편대회 및 후보자선출대회를 제외하고는 정당이 개최하는 시국강연회, 정견·정책발표회, 당원연수·단합대회 등 일체의 정치행사에 참석하거나 선거대책기구, 선거사무소, 선거연락소를 방문하는 행위. 다만, 해당 지방자치단체의 장선거에 예비후보자 또는 후보자가 된 경우와 당원으로서 소속 정당이 당원만을 대상으로 개최하는 정당의 공개행사에 의례적으로 방문하는 경우에는 그러하지 아니하다.
4. 다음 각 목의 1을 제외하고는 교양강좌, 사업설명회, 공청회, 직능단체모임, 체육대회, 경로행사, 민원상담 기타 각종 행사를 개최하거나 후원하는 행위
가. 법령에 의하여 개최하거나 후원하도록 규정된 행사를 개최·후원하는 행위
나. 특정일·특정시기에 개최하지 아니하면 그 목적을 달성할 수 없는 행사
다. 천재·지변 기타 재해의 구호·복구를 위한 행위
라. 직업지원교육 또는 유상(有償)으로 실시하는 교양강좌를 개최·후원하는 행위 또는 주민자치센터가 개최하는 교양강좌를 후원하는 행위. 다만, 종전의 범위를 넘는 새로운 강좌를 개설하거나 수강생을 증원하거나 장소를 이전하여 실시하는 주민자치센터의 교양강좌를 후원하는 행위를 제외한다.
마. 집단민원 또는 긴급한 민원이 발생하였을 때 이를 해결하기 위한 행위
바. 가목 내지 마목에 준하는 행위로서 중앙선거관리위원회규칙으로 정하는 행위
5. 통·리·반장의 회의에 참석하는 행위. 다만, 천재·지변 기타 재해가 있거나 집단민원 또는 긴급한 민원이 발생하였을 때에는 그러하지 아니하다.

⑤ 지방자치단체의 장(소속 공무원을 포함한다)은 다음 각 호의 어느 하나에 해당하는 경우를 제외하고는 지방자치단체의 사업계획·추진실적 그 밖에 지방자치단체의 활동상황을 알리기 위한 홍보물(弘報紙·소식지·刊行物·施設物·錄音物·錄畵物 그 밖의 홍보물 및 新聞·放送을 이용하여 행하는 경우를 포함한다)을 분기별로 1종 1회를 초과하여 발행·배부 또는 방송하여서는 아니되며 당해 지방자치단체의 장의 선거의 선거일전 180일(補闕選擧 등에 있어서는 그 選擧의 실시사유가 확정된 때, 이하 제6항에서 같다)부터 선거일까지는 홍보물을 발행·배부 또는 방송할 수 없다.
1. 법령에 의하여 발행·배부 또는 방송하도록 규정된 홍보물을 발행·배부 또는 방송하는 행위
2. 특정사업을 추진하기 위하여 그 사업과 이해관계가 있는 자나 관계주민의 동의를 얻기 위한 행위
3. 집단민원 또는 긴급한 민원이 발생하였을 때 이를 해결하기 위한 행위

⑥ 지방자치단체의 장은 당해 지방자치단체의 장의 선거의 선거일전 180일부터 선거일까지 주민자치센터가 개최

하는 교양강좌에 참석할 수 없으며, 근무시간중에 공공기관이 아닌 단체 등이 주최하는 행사(해당 지방자치단체의 청사에서 개최하는 행사를 포함한다)에는 참석할 수 없다. 다만, 제2항제3호에 따라 참석 또는 방문할 수 있는 행사의 경우에는 그러하지 아니하다.

⑦ 지방자치단체의 장은 소관 사무나 그 밖의 명목 여하를 불문하고 방송·신문·잡지나 그 밖의 광고에 출연할 수 없다.

제102조(야간연설 등의 제한)

① 이 법의 규정에 의한 연설·대담과 대담·토론회(放送施設을 이용하는 경우를 제외한다)는 오후 11시부터 다음날 오전 6시까지는 개최할 수 없으며, 공개장소에서의 연설·대담은 오후 10시부터 다음날 오전 7시까지는 이를 할 수 없다.

다만, 공개장소에서의 연설·대담에 있어서 휴대용 확성장치만을 사용하는 경우에는 오전 6시부터 오후 11시까지 할 수 있다.

② 제79조에 따른 공개장소에서의 연설·대담을 하는 경우 오후 9시부터 다음 날 오전 7시까지 같은 조 제10항에 따른 녹음기와 녹화기(비디오 및 오디오 기기를 포함한다)를 사용할 수 없다.

제108조(여론조사의 결과공표금지 등)

① 누구든지 선거일 전 6일부터 선거일의 투표마감시각까지 선거에 관하여 정당에 대한 지지도나 당선인을 예상하게 하는 여론조사(의 경위와 그 결과를 공표하거나 인용하여 보도할 수 없다.

② 누구든지 선거일전 60일(선거일전 60일 후에 실시사유가 확정된 보궐선거등에서는 그 선거의 실시사유가 확정된 때)부터 선거일까지 선거에 관한 여론조사를 투표용지와 유사한 모형에 의한 방법을 사용하거나 후보자(候補者가 되고자 하는 者를 포함한다. 이하 이 條에서 같다) 또는 정당(創黨準備委員會를 포함한다. 이하 이 條에서 같다)의 명의로 선거에 관한 여론조사를 할 수 없다. 다만, 제57조의2제2항에 따른 여론조사는 그러하지 아니하다.

③ 다음 각 호의 어느 하나에 해당하는 자를 제외하고는 누구든지 선거에 관한 여론조사(공표·보도를 목적으로 하지 아니하는 여론조사를 포함한다)를 실시하려면 여론조사의 목적, 표본의 크기, 조사지역·일시·방법, 전체 설문내용 등 선거여론조사기준으로 정한 사항을 여론조사 개시일 전 2일까지 관할 선거관리위원회에 서면으로 신고하여야 한다.

1. 제3자로부터 여론조사를 의뢰받은 여론조사 기관·단체(제3자의 의뢰 없이 직접 하는 경우는 제외한다)
2. 정당[창당준비위원회와 「정당법」 제38조(정책연구소의 설치·운영)에 따른 정책연구소를 포함한다]
3. 「방송법」 제2조(용어의 정의)에 따른 방송사업자
4. 전국 또는 시·도를 보급지역으로 하는 「신문 등의 진흥에 관한 법률」 제2조(정의)에 따른 신문사업자 및 「잡지 등 정기간행물의 진흥에 관한 법률」 제2조(정의)에 따른 정기간행물사업자
5. 「뉴스통신 진흥에 관한 법률」 제2조(정의)에 따른 뉴스통신사업자
6. 제3호부터 제5호까지의 사업자가 관리·운영하는 인터넷언론사
7. 전년도 말 기준 직전 3개월 간의 일일 평균 이용자 수 10만명 이상인 인터넷언론사

④ 관할 선거관리위원회는 제3항에 따른 신고 내용이 선거여론조사기준을 충족하지 못한다고 판단되는 때에는 여론조사실시 전까지 보완할 것을 요구할 수 있다. 이 경우 보완요구에 이의가 있는 때에는 관할 선거여론조사공정심의위원회에 서면으로 이의신청을 할 수 있다.

⑤ 누구든지 선거에 관한 여론조사를 하는 경우에는 피조사자에게 여론조사 기관·단체의 명칭과 전화번호를 밝

혀야 하고, 해당 조사대상의 전계층을 대표할 수 있도록 피조사자를 선정하여야 하며, 다음 각 호의 어느 하나에 해당하는 행위를 하여서는 아니 된다.

1. 특정 정당 또는 후보자에게 편향되도록 하는 어휘나 문장을 사용하여 질문하는 행위
2. 피조사자에게 응답을 강요하거나 조사자의 의도에 따라 응답을 유도하는 방법으로 질문하거나, 피조사자의 의사를 왜곡하는 행위
3. 오락 기타 사행성을 조장할 수 있는 방법으로 조사하는 행위
4. 피조사자의 성명이나 성명을 유추할 수 있는 내용을 공개하는 행위

⑥ 누구든지 선거에 관한 여론조사의 결과를 공표 또는 보도하는 때에는 선거여론조사기준으로 정한 사항을 함께 공표 또는 보도하여야 하며, 선거에 관한 여론조사를 실시한 기관 · 단체는 조사설계서 · 피조사자선정 · 표본추출 · 질문지작성 · 결과분석 등 조사의 신뢰성과 객관성의 입증에 필요한 자료와 수집된 설문지 및 결과분석 자료 등 해당 여론조사와 관련있는 자료일체를 해당 선거의 선거일 후 6개월까지 보관하여야 한다.

⑦ 선거에 관한 여론조사 결과를 공표 · 보도하려는 때에는 그 결과의 공표 · 보도 전에 해당 여론조사를 실시한 기관 · 단체가 선거여론조사기준으로 정한 사항을 중앙선거여론조사공정심의위원회 홈페이지에 등록하여야 한다. 이 경우 여론조사 기관 · 단체가 제3자로부터 의뢰를 받아 여론조사를 실시한 때에는 해당 여론조사를 의뢰한 자는 여론조사를 실시한 기관 · 단체에 해당 여론조사 결과의 공표 · 보도 예정일시를 통보하여야 하며, 여론조사를 실시한 기관 · 단체는 통보받은 공표 · 보도 예정일시 전에 해당 사항을 등록하여야 한다.

⑧ 누구든지 다음 각 호의 어느 하나에 해당하는 행위를 하여서는 아니 된다.

1. 제7항에 따라 중앙선거여론조사공정심의위원회 홈페이지에 등록되지 아니한 선거에 관한 여론조사 결과를 공표 또는 보도하는 행위
2. 선거여론조사기준을 따르지 아니하고 공표 또는 보도를 목적으로 선거에 관한 여론조사를 하거나 그 결과를 공표 또는 보도하는 행위

⑨ 다음 각 호의 어느 하나에 해당하는 때에는 해당 여론조사를 실시한 기관 · 단체에 제6항에 따라 보관 중인 여론조사와 관련된 자료의 제출을 요구할 수 있으며, 그 요구를 받은 기관 · 단체는 지체 없이 이에 따라야 한다.

1. 관할 선거구선거관리위원회가 공표 또는 보도된 여론조사와 관련하여 이 법을 위반하였다고 인정할 만한 상당한 이유가 있다고 판단되는 때
2. 선거여론조사공정심의위원회가 공표 또는 보도된 여론조사결과의 객관성 · 신뢰성에 대하여 정당 또는 후보자로부터 서면으로 이의신청을 받거나 제8조의8제7항제2호에 따른 심의를 위하여 필요하다고 판단되는 때

⑩ 누구든지 야간(오후 10시부터 다음 날 오전 7시까지를 말한다)에는 전화를 이용하여 선거에 관한 여론조사를 실시할 수 없다.

⑪ 누구든지 다음 각 호의 어느 하나에 해당하는 행위를 하여서는 아니 된다.

1. 제57조의2제1항에 따른 당내경선을 위한 여론조사의 결과에 영향을 미치게 하기 위하여 다수의 선거구민을 대상으로 성별 · 연령 등을 거짓으로 응답하도록 지시 · 권유 · 유도하는 행위
2. 선거에 관한 여론조사의 결과에 영향을 미치게 하기 위하여 둘 이상의 전화번호를 착신 전환 등의 조치를 하여 같은 사람이 두 차례 이상 응답하거나 이를 지시 · 권유 · 유도하는 행위

제109조(서신 · 전보 등에 의한 선거운동의 금지)

① 누구든지 선거기간 중 이 법에 규정되지 아니한 방법으로 선거권자에게 서신 · 전보 · 모사전송 그 밖에 전기통신의 방법을 이용하여 선거운동을 할 수 없다.

② 전화를 이용한 선거운동은 야간(오후 11시부터 다음 날 오전 6시까지를 말한다)에는 이를 할 수 없다.

제111조(의정활동 보고)

① 국회의원 또는 지방의회의원은 보고회 등 집회, 보고서(인쇄물, 녹음·녹화물 및 전산자료 복사본을 포함한다), 인터넷, 문자메시지, 송·수화자 간 직접 통화방식의 전화 또는 축사·인사말(게재하는 경우를 포함한다)을 통하여 의정활동(선거구활동·일정고지, 그 밖에 업적의 弘報에 필요한 사항을 포함한다)을 선거구민(行政區域 또는 選擧區域의 변경으로 새로 編入된 區域의 선거구민을 포함한다. 이하 이 조에서 같다)에게 보고할 수 있다. 다만, 대통령선거·국회의원선거·지방의회의원선거 및 지방자치단체의 장선거의 선거일전 90일부터 선거일까지 직무상의 행위 그 밖에 명목여하를 불문하고 의정활동을 인터넷 홈페이지 또는 그 게시판·대화방 등에 게시하거나 전자우편·문자메시지로 전송하는 외의 방법으로 의정활동을 보고할 수 없다.

제10장 투표

제164조(투표소 등의 질서유지)

① 투표관리관 또는 투표사무원은 투표소의 질서가 심히 문란하여 공정한 투표가 실시될 수 없다고 인정하는 때에는 투표소의 질서를 유지하기 위하여 정복을 한 경찰공무원 또는 경찰관서장에게 원조를 요구할 수 있다.
② 원조요구를 받은 경찰공무원 또는 경찰관서장은 즉시 이에 따라야 한다.
③ 요구에에 의하여 투표소안에 들어간 경찰공무원 또는 경찰관서장은 투표관리관의 지시를 받아야 하며, 질서가 회복되거나 투표관리관의 요구가 있는 때에는 즉시 투표소안에서 퇴거하여야 한다.

제166조(투표소내외에서의 소란언동금지 등)

① 투표소안에서 또는 투표소로부터 100미터안에서 소란한 언동을 하거나 특정 정당이나 후보자를 지지 또는 반대하는 언동을 하는 자가 있는 때에는 투표관리관 또는 투표사무원은 이를 제지하고, 그 명령에 불응하는 때에는 투표소 또는 그 제한거리 밖으로 퇴거하게 할 수 있다.
② 퇴거당한 선거인은 최후에 투표하게 한다. 다만, 투표관리관은 투표소의 질서를 문란하게 할 우려가 없다고 인정하는 때에는 그 전에라도 투표하게 할 수 있다.

제166조의2(투표지 등의 촬영행위 금지)

① 누구든지 기표소 안에서 투표지를 촬영하여서는 아니 된다.
② 투표관리관 또는 사전투표관리관은 선거인이 기표소 안에서 투표지를 촬영한 경우 해당 선거인으로부터 그 촬영물을 회수하고 투표록에 그 사유를 기록한다.

제268조(공소시효)

① 이 법에 규정한 죄의 공소시효는 당해 선거일후 6개월(선거일후에 행하여진 범죄는 그 행위가 있는 날부터 6개월)을 경과함으로써 완성한다. 다만, 범인이 도피한 때나 범인이 공범 또는 범죄의 증명에 필요한 참고인을 도피시킨 때에는 그 기간은 3년으로 한다.
② 선상투표와 관련하여 선박에서 범한 이 법에 규정된 죄의 공소시효는 범인이 국내에 들어온 날부터 6개월을 경과함으로써 완성된다.
③ 공무원이 직무와 관련하여 또는 지위를 이용하여 범한 이 법에 규정된 죄의 공소시효는 해당 선거일 후 10년(선거일 후에 행하여진 범죄는 그 행위가 있는 날부터 10년)을 경과함으로써 완성된다.

노동조합 및 노동관계조정법

제1장 총칙

제1조(목적)

이 법은 헌법에 의한 근로자의 단결권·단체교섭권 및 단체행동권을 보장하여 근로조건의 유지·개선과 근로자의 경제적·사회적 지위의 향상을 도모하고, 노동관계를 공정하게 조정하여 노동쟁의를 예방·해결함으로써 산업평화의 유지와 국민경제의 발전에 이바지함을 목적으로 한다.

제2조(정의) 이 법에서 사용하는 용어의 정의는 다음과 같다.

근로자	직업의 종류를 불문하고 임금·급료 기타 이에 준하는 수입에 의하여 생활하는 자를 말한다.
사용자	사업주, 사업의 경영담당자 또는 그 사업의 근로자에 관한 사항에 대하여 사업주를 위하여 행동하는 자를 말한다.
사용자단체	노동관계에 관하여 그 구성원인 사용자에 대하여 조정 또는 규제할 수 있는 권한을 가진 사용자의 단체를 말한다.
노동조합	근로자가 주체가 되어 자주적으로 단결하여 근로조건의 유지·개선 기타 근로자의 경제적·사회적 지위의 향상을 도모함을 목적으로 조직하는 단체 또는 그 연합단체를 말한다. 다만, 다음 각목의 1에 해당하는 경우에는 노동조합으로 보지 아니한다. 가. 사용자 또는 항상 그의 이익을 대표하여 행동하는 자의 참가를 허용하는 경우 나. 경비의 주된 부분을 사용자로부터 원조받는 경우 다. 공제·수양 기타 복리사업만을 목적으로 하는 경우 라. 근로자가 아닌 자의 가입을 허용하는 경우. 다만, 해고된 자가 노동위원회에 부당노동행위의 구제신청을 한 경우에는 중앙노동위원회의 재심판정이 있을 때까지는 근로자가 아닌 자로 해석하여서는 아니 된다. 마. 주로 정치운동을 목적으로 하는 경우
노동쟁의	노동조합과 사용자 또는 사용자단체(이하 "노동관계 당사자"라 한다)간에 임금·근로시간·복지·해고 기타 대우등 근로조건의 결정에 관한 주장의 불일치로 인하여 발생한 분쟁상태를 말한다. 이 경우 주장의 불일치라 함은 당사자간에 합의를 위한 노력을 계속하여도 더이상 자주적 교섭에 의한 합의의 여지가 없는 경우를 말한다.
쟁의행위	파업·태업·직장폐쇄 기타 노동관계 당사자가 그 주장을 관철할 목적으로 행하는 행위와 이에 대항하는 행위로서 업무의 정상적인 운영을 저해하는 행위를 말한다.

제3조(손해배상 청구의 제한)

사용자는 이 법에 의한 단체교섭 또는 쟁의행위로 인하여 손해를 입은 경우에 노동조합 또는 근로자에 대하여 그 배상을 청구할 수 없다.

제2장 노동조합

제1절 통칙

제5조(노동조합의 조직·가입)

근로자는 자유로이 노동조합을 조직하거나 이에 가입할 수 있다. 다만, 공무원과 교원에 대하여는 따로 법률로 정한다.

제2절 노동조합의 설립

제10조(설립의 신고)

① 노동조합을 설립하고자 하는 자는 다음 각호의 사항을 기재한 신고서에 제11조의 규정에 의한 규약을 첨부하여 연합단체인 노동조합과 2 이상의 특별시·광역시·특별자치시·도·특별자치도에 걸치는 단위노동조합은 고용노동부장관에게, 2 이상의 시·군·구(자치구를 말한다)에 걸치는 단위노동조합은 특별시장·광역시장·도지사에게, 그 외의 노동조합은 특별자치시장·특별자치도지사·시장·군수·구청장(자치구의 구청장을 말한다. 이하 제12조제1항에서 같다)에게 제출하여야 한다.

1. 명칭
2. 주된 사무소의 소재지
3. 조합원수
4. 임원의 성명과 주소
5. 소속된 연합단체가 있는 경우에는 그 명칭
6. 연합단체인 노동조합에 있어서는 그 구성노동단체의 명칭, 조합원수, 주된 사무소의 소재지 및 임원의 성명·주소

제12조(신고증의 교부)

① 고용노동부장관, 특별시장·광역시장·특별자치시장·도지사·특별자치도지사 또는 시장·군수·구청장은 제10조제1항의 규정에 의한 설립신고서를 접수한 때에는 제2항 전단 및 제3항의 경우를 제외하고는 3일 이내에 신고증을 교부하여야 한다.

② 행정관청은 설립신고서 또는 규약이 기재사항의 누락등으로 보완이 필요한 경우에는 대통령령이 정하는 바에 따라 20일 이내의 기간을 정하여 보완을 요구하여야 한다. 이 경우 보완된 설립신고서 또는 규약을 접수한 때에는 3일 이내에 신고증을 교부하여야 한다.

제13조(변경사항의 신고등)

① 노동조합은 설립신고된 사항중 다음 각호의 1에 해당하는 사항에 변경이 있는 때에는 그 날부터 30일 이내에 행정관청에게 변경신고를 하여야 한다.

1. 명칭
2. 주된 사무소의 소재지
3. 대표자의 성명
4. 소속된 연합단체의 명칭

② 노동조합은 매년 1월 31일까지 다음 각호의 사항을 행정관청에게 통보하여야 한다. 다만, 제1항의 규정에 의

하여 전년도에 변경신고된 사항은 그러하지 아니하다.

1. 전년도에 규약의 변경이 있는 경우에는 변경된 규약내용
2. 전년도에 임원의 변경이 있는 경우에는 변경된 임원의 성명
3. 전년도 12월 31일 현재의 조합원수(연합단체인 노동조합에 있어서는 구성단체별 조합원수)

제4절 노동조합의 해산

제28조(해산사유)

① 노동조합은 다음 각호의 1에 해당하는 경우에는 해산한다.

1. 규약에서 정한 해산사유가 발생한 경우
2. 합병 또는 분할로 소멸한 경우
3. 총회 또는 대의원회의 해산결의가 있는 경우
4. 노동조합의 임원이 없고 노동조합으로서의 활동을 1년 이상 하지 아니한 것으로 인정되는 경우로서 행정관청이 노동위원회의 의결을 얻은 경우

② 제1항제1호 내지 제3호의 사유로 노동조합이 해산한 때에는 그 대표자는 해산한 날부터 15일 이내에 행정관청에게 이를 신고하여야 한다.

제5장 노동쟁의의 조정

제2절 조정

제53조(조정의 개시)

① 노동위원회는 관계 당사자의 일방이 노동쟁의의 조정을 신청한 때에는 지체없이 조정을 개시하여야 하며 관계 당사자 쌍방은 이에 성실히 임하여야 한다.

② 노동위원회는 제1항의 규정에 따른 조정신청 전이라도 원활한 조정을 위하여 교섭을 주선하는 등 관계 당사자의 자주적인 분쟁 해결을 지원할 수 있다.

제54조(조정기간)

① 조정은 제53조의 규정에 의한 조정의 신청이 있은 날부터 일반사업에 있어서는 10일, 공익사업에 있어서는 15일 이내에 종료하여야 한다.

② 제1항의 규정에 의한 조정기간은 관계 당사자간의 합의로 일반사업에 있어서는 10일, 공익사업에 있어서는 15일 이내에서 연장할 수 있다.

제59조(출석금지)

조정위원회의 위원장 또는 단독조정인은 관계 당사자와 참고인외의 자의 출석을 금할 수 있다.

제3절 중재

제62조(중재의 개시)

노동위원회는 다음 각 호의 어느 하나에 해당하는 때에는 중재를 행한다.

1. 관계 당사자의 쌍방이 함께 중재를 신청한 때

2. 관계 당사자의 일방이 단체협약에 의하여 중재를 신청한 때

제63조(중재시의 쟁의행위의 금지)

노동쟁의가 중재에 회부된 때에는 그 날부터 15일간은 쟁의행위를 할 수 없다.

제68조(중재재정)

① 중재재정은 서면으로 작성하여 이를 행하며 그 서면에는 효력발생 기일을 명시하여야 한다.
② 제 중재재정의 해석 또는 이행방법에 관하여 관계 당사자간에 의견의 불일치가 있는 때에는 당해 중재위원회의 해석에 따르며 그 해석은 중재재정과 동일한 효력을 가진다.

제69조(중재재정등의 확정)

① 관계 당사자는 지방노동위원회 또는 특별노동위원회의 중재재정이 위법이거나 월권에 의한 것이라고 인정하는 경우에는 그 중재재정서의 송달을 받은 날부터 10일 이내에 중앙노동위원회에 그 재심을 신청할 수 있다.
② 관계 당사자는 중앙노동위원회의 중재재정이나 제1항의 규정에 의한 재심결정이 위법이거나 월권에 의한 것이라고 인정하는 경우에는 행정소송법 제20조의 규정에 불구하고 그 중재재정서 또는 재심결정서의 송달을 받은 날부터 15일 이내에 행정소송을 제기할 수 있다.
③ 제1항 및 제2항에 규정된 기간내에 재심을 신청하지 아니하거나 행정소송을 제기하지 아니한 때에는 그 중재재정 또는 재심결정은 확정된다.
④ 제3항의 규정에 의하여 중재재정이나 재심결정이 확정된 때에는 관계 당사자는 이에 따라야 한다.

제5절 긴급조정

제76조(긴급조정의 결정)

① 고용노동부장관은 쟁의행위가 공익사업에 관한 것이거나 그 규모가 크거나 그 성질이 특별한 것으로서 현저히 국민경제를 해하거나 국민의 일상생활을 위태롭게 할 위험이 현존하는 때에는 긴급조정의 결정을 할 수 있다.
② 고용노동부장관은 긴급조정의 결정을 하고자 할 때에는 미리 중앙노동위원회 위원장의 의견을 들어야 한다.
③ 고용노동부장관은 제1항 및 제2항의 규정에 의하여 긴급조정을 결정한 때에는 지체없이 그 이유를 붙여 이를 공표함과 동시에 중앙노동위원회와 관계 당사자에게 각각 통고하여야 한다.

제77조(긴급조정시의 쟁의행위 중지)

관계 당사자는 제76조제3항의 규정에 의한 긴급조정의 결정이 공표된 때에는 즉시 쟁의행위를 중지하여야 하며, 공표일부터 30일이 경과하지 아니하면 쟁의행위를 재개할 수 없다.

제78조(중앙노동위원회의 조정)

중앙노동위원회는 제76조제3항의 규정에 의한 통고를 받은 때에는 지체없이 조정을 개시하여야 한다.

제79조(중앙노동위원회의 중재회부 결정권)

① 중앙노동위원회의 위원장은 제78조의 규정에 의한 조정이 성립될 가망이 없다고 인정한 경우에는 공익위원의 의견을 들어 그 사건을 중재에 회부할 것인가의 여부를 결정하여야 한다.

② 제1항의 규정에 의한 결정은 제76조제3항의 규정에 의한 통고를 받은 날부터 15일 이내에 하여야 한다.

제80조(중앙노동위원회의 중재) 중앙노동위원회는 당해 관계 당사자의 일방 또는 쌍방으로부터 중재신청이 있거나 제79조의 규정에 의한 중재회부의 결정을 한 때에는 지체없이 중재를 행하여야 한다.

제6장 부당노동행위

제82조(구제신청)

① 사용자의 부당노동행위로 인하여 그 권리를 침해당한 근로자 또는 노동조합은 노동위원회에 그 구제를 신청할 수 있다.

② 제1항의 규정에 의한 구제의 신청은 부당노동행위가 있은 날(계속하는 행위는 그 종료일)부터 3월 이내에 이를 행하여야 한다.

공무원의 노동조합 설립 및 운영 등에 관한 법률

제1조(목적)
이 법은 「대한민국헌법」 제33조제2항에 따른 공무원의 노동기본권을 보장하기 위하여 「노동조합 및 노동관계조정법」 제5조 단서에 따라 공무원의 노동조합 설립 및 운영 등에 관한 사항을 정함을 목적으로 한다.

제2조(정의)
이 법에서 "공무원"이란 「국가공무원법」 제2조 및 「지방공무원법」 제2조에서 규정하고 있는 공무원을 말한다. 다만, 「국가공무원법」 제66조제1항 단서 및 「지방공무원법」 제58조제1항 단서에 따른 사실상 노무에 종사하는 공무원과 「교원의 노동조합 설립 및 운영 등에 관한 법률」의 적용을 받는 교원인 공무원은 제외한다.

제3조(노동조합 활동의 보장 및 한계)
② 공무원은 노동조합 활동을 할 때 다른 법령에서 규정하는 공무원의 의무에 반하는 행위를 하여서는 아니 된다.

제4조(정치활동의 금지)
노동조합과 그 조합원은 정치활동을 하여서는 아니 된다.

제5조(노동조합의 설립)
① 공무원이 노동조합을 설립하려는 경우에는 국회·법원·헌법재판소·선거관리위원회·행정부·특별시·광역시·특별자치시·도·특별자치도·시·군·구(자치구를 말한다) 및 특별시·광역시·특별자치시·도·특별자치도의 교육청을 최소 단위로 한다.
② 노동조합을 설립하려는 사람은 고용노동부장관에게 설립신고서를 제출하여야 한다.

제6조(가입 범위)
① 노동조합에 가입할 수 있는 공무원의 범위는 다음 각 호와 같다.
1. 6급 이하의 일반직공무원 및 이에 상당하는 일반직공무원
2. 특정직공무원 중 6급 이하의 일반직공무원에 상당하는 외무행정·외교정보관리직 공무원
4. 6급 이하의 일반직공무원에 상당하는 별정직공무원

② 제1항에도 불구하고 다음 각 호의 어느 하나에 해당하는 공무원은 노동조합에 가입할 수 없다.
1. 다른 공무원에 대하여 지휘·감독권을 행사하거나 다른 공무원의 업무를 총괄하는 업무에 종사하는 공무원
2. 인사·보수에 관한 업무를 수행하는 공무원 등 노동조합과의 관계에서 행정기관의 입장에서 업무를 수행하는 공무원
3. 교정·수사 또는 그 밖에 이와 유사한 업무에 종사하는 공무원
4. 업무의 주된 내용이 노동관계의 조정·감독 등 노동조합의 조합원 지위를 가지고 수행하기에 적절하지 아니하다고 인정되는 업무에 종사하는 공무원

③ 공무원이 면직·파면 또는 해임되어 「노동조합 및 노동관계조정법」 제82조제1항에 따라 노동위원회에 부당노동행위의 구제신청을 한 경우에는 「노동위원회법」 제2조에 따른 중앙노동위원회(이하 "중앙노동위원회"라 한

다)의 재심판정이 있을 때까지는 노동조합원의 지위를 상실하는 것으로 보아서는 아니 된다.
④ 제2항에 따른 공무원의 범위는 대통령령으로 정한다.

제7조(노동조합 전임자의 지위)

① 공무원은 임용권자의 동의를 받아 노동조합의 업무에만 종사할 수 있다.
② 제1항에 따른 동의를 받아 노동조합의 업무에만 종사하는 사람[이하 "전임자"(專任者)라 한다]에 대하여는 그 기간 중 「국가공무원법」 제71조 또는 「지방공무원법」 제63조에 따라 휴직명령을 하여야 한다.
③ 국가와 지방자치단체는 전임자에게 그 전임기간 중 보수를 지급하여서는 아니 된다.
④ 국가와 지방자치단체는 공무원이 전임자임을 이유로 승급이나 그 밖에 신분과 관련하여 불리한 처우를 하여서는 아니 된다.

제8조(교섭 및 체결 권한 등)

① 노동조합의 대표자는 그 노동조합에 관한 사항 또는 조합원의 보수·복지, 그 밖의 근무조건에 관하여 국회사무총장·법원행정처장·헌법재판소사무처장·중앙선거관리위원회사무총장·인사혁신처장·특별시장·광역시장·특별자치시장·도지사·특별자치도지사·시장·군수·구청장 또는 특별시·광역시·특별자치시·도·특별자치도의 교육감 중 어느 하나에 해당하는 사람과 각각 교섭하고 단체협약을 체결할 권한을 가진다.
다만, 법령 등에 따라 국가나 지방자치단체가 그 권한으로 행하는 정책결정에 관한 사항, 임용권의 행사 등 그 기관의 관리·운영에 관한 사항으로서 근무조건과 직접 관련되지 아니하는 사항은 교섭의 대상이 될 수 없다.
② 정부교섭대표는 법령 등에 따라 스스로 관리하거나 결정할 수 있는 권한을 가진 사항에 대하여 노동조합이 교섭을 요구할 때에는 정당한 사유가 없으면 이에 응하여야 한다.
③ 정부교섭대표는 효율적인 교섭을 위하여 필요한 경우 다른 정부교섭대표와 공동으로 교섭하거나, 다른 정부교섭대표에게 교섭 및 단체협약 체결 권한을 위임할 수 있다.
④ 정부교섭대표는 효율적인 교섭을 위하여 필요한 경우 정부교섭대표가 아닌 관계 기관의 장으로 하여금 교섭에 참여하게 할 수 있고, 다른 기관의 장이 관리하거나 결정할 권한을 가진 사항에 대하여는 해당 기관의 장에게 교섭 및 단체협약 체결 권한을 위임할 수 있다.
⑤ 제2항부터 제4항까지의 규정에 따라 정부교섭대표 또는 다른 기관의 장이 단체교섭을 하는 경우 소속 공무원으로 하여금 교섭 및 단체협약 체결을 하게 할 수 있다.

제11조(쟁의행위의 금지)

노동조합과 그 조합원은 파업, 태업 또는 그 밖에 업무의 정상적인 운영을 방해하는 일체의 행위를 하여서는 아니 된다.

제12조(조정신청 등)

① 제8조에 따른 단체교섭이 결렬(決裂)된 경우에는 당사자 어느 한쪽 또는 양쪽은 중앙노동위원회에 조정(調停)을 신청할 수 있다.
② 중앙노동위원회는 제1항에 따라 당사자 어느 한쪽 또는 양쪽이 조정을 신청하면 지체 없이 조정을 시작하여야 한다. 이 경우 당사자 양쪽은 조정에 성실하게 임하여야 한다.
③ 중앙노동위원회는 조정안을 작성하여 관계 당사자에게 제시하고 수락을 권고하는 동시에 그 조정안에 이유를

붙여 공표할 수 있다. 이 경우 필요하면 신문 또는 방송에 보도 등 협조를 요청할 수 있다.

④ 조정은 제1항에 따른 조정신청을 받은 날부터 30일 이내에 마쳐야 한다. 다만, 당사자들이 합의한 경우에는 30일 이내의 범위에서 조정기간을 연장할 수 있다.

제13조(중재의 개시 등)

중앙노동위원회는 다음 각 호의 어느 하나에 해당하는 경우에는 지체 없이 중재(仲裁)를 한다.

1. 단체교섭이 결렬되어 관계 당사자 양쪽이 함께 중재를 신청한 경우
2. 조정이 이루어지지 아니하여 제14조에 따른 공무원 노동관계 조정위원회 전원회의에서 중재 회부를 결정한 경우

제14조(공무원 노동관계 조정위원회의 구성)

① 단체교섭이 결렬된 경우 이를 조정·중재하기 위하여 중앙노동위원회에 공무원 노동관계 조정위원회를 둔다.

② 위원회는 공무원 노동관계의 조정·중재를 전담하는 7명 이내의 공익위원으로 구성한다.

③ 공익위원은 공무원 문제 또는 노동 문제에 관한 지식과 경험을 갖춘 사람 또는 사회적 덕망이 있는 사람 중에서 중앙노동위원회 위원장의 추천과 고용노동부장관의 제청으로 대통령이 위촉한다.

제16조(중재재정의 확정 등)

① 관계 당사자는 중앙노동위원회의 중재재정이 위법하거나 월권(越權)에 의한 것이라고 인정하는 경우에는 중재재정서를 송달받은 날부터 15일 이내에 중앙노동위원회 위원장을 피고로 하여 행정소송을 제기할 수 있다.

② 제1항의 기간 이내에 행정소송을 제기하지 아니하면 그 중재재정은 확정된다.

③ 제2항에 따라 중재재정이 확정되면 관계 당사자는 이에 따라야 한다.

④ 중앙노동위원회의 중재재정은 제1항에 따른 행정소송의 제기에 의하여 그 효력이 정지되지 아니한다.

⑤ 제2항에 따라 확정된 중재재정의 내용은 제10조에 따른 단체협약과 같은 효력을 가진다.

⑥ 중앙노동위원회는 필요한 경우 확정된 중재재정의 내용을 국회, 지방의회, 지방자치단체의 장 등에게 통보할 수 있다.

경비업법

제1장 총칙

제1조(목적)
이 법은 경비업의 육성 및 발전과 그 체계적 관리에 관하여 필요한 사항을 정함으로써 경비업의 건전한 운영에 이바지함을 목적으로 한다.

제2조(정의) 이 법에서 사용하는 용어의 정의는 다음과 같다.

경비업	다음 각목의 1에 해당하는 업무(이하 "경비업무"라 한다)의 전부 또는 일부를 도급받아 행하는 영업을 말한다. 가. 시설경비업무 : 경비를 필요로 하는 시설 및 장소(이하 "경비대상시설"이라 한다)에서의 도난·화재 그 밖의 혼잡 등으로 인한 위험발생을 방지하는 업무 나. 호송경비업무 : 운반중에 있는 현금·유가증권·귀금속·상품 그 밖의 물건에 대하여 도난·화재 등 위험발생을 방지하는 업무 다. 신변보호업무 : 사람의 생명이나 신체에 대한 위해의 발생을 방지하고 그 신변을 보호하는 업무 라. 기계경비업무 : 경비대상시설에 설치한 기기에 의하여 감지·송신된 정보를 그 경비대상시설외의 장소에 설치한 관제시설의 기기로 수신하여 도난·화재 등 위험발생을 방지하는 업무 마. 특수경비업무 : 공항(항공기를 포함한다) 등 대통령령이 정하는 국가중요시설(이하 "국가중요시설"이라 한다)의 경비 및 도난·화재 그 밖의 위험발생을 방지하는 업무
경비지도사	경비원을 지도·감독 및 교육하는 자를 말하며 일반경비지도사와 기계경비지도사로 구분
경비원	제4조제1항의 규정에 의하여 경비업의 허가를 받은 법인(이하 "경비업자"라 한다)이 채용한 고용인으로서 다음 각목의 1에 해당하는 자를 말한다. 가. 일반경비원 : 제1호 가목 내지 라목의 경비업무를 수행하는 자 나. 특수경비원 : 제1호 마목의 경비업무를 수행하는 자
무기	인명 또는 신체에 위해를 가할 수 있도록 제작된 권총·소총 등
집단민원 현장	가. 「노동조합 및 노동관계조정법」에 따라 노동관계 당사자가 노동쟁의 조정신청을 한 사업장 또는 쟁의행위가 발생한 사업장 나. 「도시 및 주거환경정비법」에 따른 정비사업과 관련하여 이해대립이 있어 다툼이 있는 장소 다. 특정 시설물의 설치와 관련하여 민원이 있는 장소 라. 주주총회와 관련하여 이해대립이 있어 다툼이 있는 장소 마. 건물·토지 등 부동산 및 동산에 대한 소유권·운영권·관리권·점유권 등 법적 권리에 대한 이해대립이 있어 다툼이 있는 장소 바. 100명 이상의 사람이 모이는 국제·문화·예술·체육 행사장 사. 「행정대집행법」에 따라 대집행을 하는 장소

제3조(법인) 경비업은 법인이 아니면 이를 영위할 수 없다.

제2장 경비업의 허가 등

제4조(경비업의 허가)

① 경비업을 영위하고자 하는 법인은 도급받아 행하고자 하는 경비업무를 특정하여 그 법인의 주사무소의 소재지를 관할하는 지방경찰청장의 허가를 받아야 한다. 도급받아 행하고자 하는 경비업무를 변경하는 경우에도 또한 같다.

② 제1항에 따른 허가를 받고자 하는 법인은 다음 각 호의 요건을 갖추어야 한다.

1. 대통령령으로 정하는 1억원 이상의 자본금의 보유
2. 다음 각 목의 경비인력 요건
   가. 시설경비업무: 경비원 20명 이상 및 경비지도사 1명 이상
   나. 시설경비업무 외의 경비업무: 대통령령으로 정하는 경비 인력
3. 제2호의 경비인력을 교육할 수 있는 교육장을 포함하여 대통령령으로 정하는 시설과 장비의 보유
4. 그 밖에 경비업무 수행을 위하여 대통령령으로 정하는 사항

③ 제1항의 규정에 의하여 경비업의 허가를 받은 법인은 다음 각호의 1에 해당하는 때에는 지방경찰청장에게 신고하여야 한다.

1. 영업을 폐업하거나 휴업한 때
2. 법인의 명칭이나 대표자·임원을 변경한 때
3. 법인의 주사무소나 출장소를 신설·이전 또는 폐지한 때
4. 기계경비업무의 수행을 위한 관제시설을 신설·이전 또는 폐지한 때
5. 특수경비업무를 개시하거나 종료한 때
6. 그 밖에 대통령령이 정하는 중요사항을 변경한 때

④ 제1항 및 제3항의 규정에 의한 허가 또는 신고의 절차, 신고의 기한 등 허가 및 신고에 관하여 필요한 사항은 대통령령으로 정한다.

제6조(허가의 유효기간 등) ① 제4조제1항의 규정에 의한 경비업 허가의 유효기간은 허가받은 날부터 5년으로 한다.

② 제1항의 규정에 의한 유효기간이 만료된 후 계속하여 경비업을 하고자 하는 법인은 행정자치부령이 정하는 바에 의하여 갱신허가를 받아야 한다.

제7조(경비업자의 의무) ① 경비업자는 경비대상시설의 소유자 또는 관리자(이하 "시설주"라 한다)의 관리권의 범위안에서 경비업무를 수행하여야 하며, 다른 사람의 자유와 권리를 침해하거나 그의 정당한 활동에 간섭하여서는 아니 된다.

② 경비업자는 경비업무를 성실하게 수행하여야 하고, 도급을 의뢰받은 경비업무가 위법 또는 부당한 것일 때에는 이를 거부하여야 한다.

③ 경비업자는 불공정한 계약으로 경비원의 권익을 침해하거나 경비업의 건전한 육성과 발전을 해치는 행위를 하여서는 아니 된다.

④ 경비업자의 임·직원이거나 임·직원이었던 자는 다른 법률에 특별한 규정이 있는 경우를 제외하고는 그 직무상 알게 된 비밀을 누설하거나 다른 사람에게 제공하여 이용하도록 하는 등 부당한 목적을 위하여 사용하여서

는 아니 된다.

⑤ 경비업자는 허가받은 경비업무외의 업무에 경비원을 종사하게 하여서는 아니 된다.

⑥ 경비업자는 집단민원현장에 경비원을 배치하는 때에는 경비지도사를 선임하고 그 장소에 배치하여 행정자치부령으로 정하는 바에 따라 경비원을 지도·감독하게 하여야 한다.

⑦ 특수경비업무를 수행하는 경비업자(이하 "특수경비업자"라 한다)는 제4조제3항제5호의 규정에 의한 특수경비업무의 개시신고를 하는 때에는 국가중요시설에 대한 특수경비업무의 수행이 중단되는 경우 시설주의 동의를 얻어 다른 특수경비업자중에서 경비업무를 대행할 자(이하 "경비대행업자"라 한다)를 지정하여 허가관청에 신고하여야 한다. 경비대행업자의 지정을 변경하는 경우에도 또한 같다.

⑧ 특수경비업자는 국가중요시설에 대한 특수경비업무를 중단하게 되는 경우에는 미리 이를 제7항의 규정에 의한 경비대행업자에게 통보하여야 하며, 경비대행업자는 통보받은 즉시 그 경비업무를 인수하여야 한다. 이 경우 제7항의 규정은 경비대행업자에 대하여 이를 준용한다.

⑨ 특수경비업자는 이 법에 의한 경비업과 경비장비의 제조·설비·판매업, 네트워크를 활용한 정보산업, 시설물유지관리업 및 경비원 교육업 등 대통령령이 정하는 경비관련업외의 영업을 하여서는 아니 된다.

제7조의2(경비업무 도급인 등의 의무) ① 누구든지 제4조제1항에 따른 허가를 받지 아니한 자에게 경비업무를 도급하여서는 아니 된다.

② 누구든지 집단민원현장에 경비인력을 20명 이상 배치하려고 할 때에는 그 경비인력을 직접 고용하여서는 아니 되고, 경비업자에게 경비업무를 도급하여야 한다. 다만, 시설주 등이 집단민원현장 발생 3개월 전까지 직접 고용하여 경비업무를 수행하는 피고용인의 경우에는 그러하지 아니하다.

③ 제1항 및 제2항에 따라 경비업무를 도급하는 자는 그 경비업무를 수급한 경비업자의 경비원 채용 시 무자격자나 부적격자 등을 채용하도록 관여하거나 영향력을 행사해서는 아니 된다.

④ 제3항에 따른 무자격자 및 부적격자의 구체적인 범위 등은 대통령령으로 정한다.

제3장 기계경비업무

제8조(대응체제) 기계경비업무를 수행하는 경비업자(이하 "기계경비업자"라 한다)는 경비대상시설에 관한 경보를 수신한 때에는 신속하게 그 사실을 확인하는 등 필요한 대응조치를 취하여야 하며, 이를 위한 대응체제를 갖추어야 한다.

제9조(오경보의 방지 등) ① 기계경비업자는 경비계약을 체결하는 때에는 오경보를 막기 위하여 계약상대방에게 기기사용요령 및 기계경비운영체계 등에 관하여 설명하여야 하며, 각종 기기가 오작동되지 아니하도록 관리하여야 한다.

② 기계경비업자는 대응조치 등 업무의 원활한 운영과 개선을 위하여 대통령령이 정하는 바에 따라 관련 서류를 작성·비치하여야 한다.

제4장 경비지도사 및 경비원

제10조(경비지도사 및 경비원의 결격사유) ① 다음 각호의 1에 해당하는 자는 경비지도사 또는 일반경비원이 될 수 없다.

1. 만 18세 미만인 자, 피성년후견인, 피한정후견인
2. 파산선고를 받고 복권되지 아니한 자
3. 금고 이상의 실형의 선고를 받고 그 집행이 종료(집행이 종료된 것으로 보는 경우를 포함한다)되거나 집행이 면제된 날부터 5년이 지나지 아니한 자
4. 금고 이상의 형의 집행유예선고를 받고 그 유예기간중에 있는 자
5. 다음 각 목의 어느 하나에 해당하는 죄를 범하여 벌금형을 선고받은 날부터 10년이 지나지 아니하거나 금고 이상의 형을 선고받고 그 집행이 종료된(종료된 것으로 보는 경우를 포함한다) 날 또는 집행이 유예·면제된 날부터 10년이 지나지 아니한 자
   가. 「형법」 제114조의 죄
   나. 「폭력행위 등 처벌에 관한 법률」 제4조의 죄
   다. 「형법」 제297조, 제297조의2, 제298조부터 제301조까지, 제301조의2, 제302조, 제303조, 제305조, 제305조의2의 죄
   라. 「성폭력범죄의 처벌 등에 관한 특례법」 제3조부터 제11조까지 및 제15조(제3조부터 제9조까지의 미수범만 해당한다)의 죄
   마. 「아동·청소년의 성보호에 관한 법률」 제7조 및 제8조의 죄
   바. 다목부터 마목까지의 죄로서 다른 법률에 따라 가중처벌되는 죄
6. 다음 각 목의 어느 하나에 해당하는 죄를 범하여 벌금형을 선고받은 날부터 5년이 지나지 아니하거나 금고 이상의 형을 선고받고 그 집행이 유예된 날부터 5년이 지나지 아니한 자
   가. 「형법」 제329조부터 제331조까지, 제331조의2 및 제332조부터 제343조까지의 죄
   나 가목의 죄로서 다른 법률에 따라 가중처벌되는 죄
7. 제5호 다목부터 바목까지의 어느 하나에 해당하는 죄를 범하여 치료감호를 선고받고 그 집행이 종료된 날 또는 집행이 면제된 날부터 10년이 지나지 아니한 자 또는 제6호 각 목의 어느 하나에 해당하는 죄를 범하여 치료감호를 선고받고 그 집행이 면제된 날부터 5년이 지나지 아니한 자
8. 이 법이나 이 법에 따른 명령을 위반하여 벌금형을 선고받은 날부터 5년이 지나지 아니하거나 금고 이상의 형을 선고받고 그 집행이 유예된 날부터 5년이 지나지 아니한 자

② 다음 각 호의 어느 하나에 해당하는 자는 특수경비원이 될 수 없다.
1. 만 18세 미만 또는 만 60세 이상인 자, 피성년후견인, 피한정후견인
2. 제1항제2호부터 제8호까지의 어느 하나에 해당하는 자
3. 금고 이상의 형의 선고유예를 받고 그 유예기간중에 있는 자
4. 행정자치부령이 정하는 신체조건에 미달되는 자

③ 경비업자는 제1항 각호 또는 제2항 각호의 결격사유에 해당하는 자를 경비지도사 또는 경비원으로 채용 또는 근무하게 하여서는 아니 된다.

제11조(경비지도사의 시험 등) ① 경비지도사는 제10조제1항 각호의 1에 해당하지 아니하는 자로서 경찰청장이 시행하는 경비지도사시험에 합격하고 행정자치부령이 정하는 교육을 받은 자이어야 한다.

② 경찰청장은 제1항의 규정에 의한 교육을 받은 자에게 행정자치부령이 정하는 바에 따라 경비지도사자격증을 교부하여야 한다.

③ 경비지도사시험의 시험과목, 시험공고, 시험의 일부가 면제되는 자의 범위 그 밖에 경비지도사시험에 관하여 필요한 사항은 대통령령으로 정한다.

제12조(경비지도사의 선임 등) ① 경비업자는 대통령령이 정하는 바에 따라 경비지도사를 선임하여야 한다.
② 제1항의 규정에 의하여 선임된 경비지도사의 직무는 다음과 같다.
1. 경비원의 지도·감독·교육에 관한 계획의 수립·실시 및 그 기록의 유지
2. 경비현장에 배치된 경비원에 대한 순회점검 및 감독
3. 경찰기관 및 소방기관과의 연락방법에 대한 지도
4. 집단민원현장에 배치된 경비원에 대한 지도·감독
5. 그 밖에 대통령령이 정하는 직무

③ 선임된 경비지도사는 제2항 각호의 규정에 의한 직무를 대통령령이 정하는 바에 따라 성실하게 수행하여야 한다.

제13조(경비원의 교육 등) ① 경비업자는 경비업무를 적정하게 실시하기 위하여 경비원으로 하여금 대통령령으로 정하는 바에 따라 경비원 신임교육 및 직무교육을 받게 하여야 한다. 다만, 경비업자는 대통령령으로 정하는 경력 또는 자격을 갖춘 일반경비원을 신임교육 대상에서 제외할 수 있다.
② 경비원이 되려는 사람은 대통령령으로 정하는 교육기관에서 미리 일반경비원 신임교육을 받을 수 있다.
③ 특수경비업자는 대통령령으로 정하는 바에 따라 특수경비원으로 하여금 특수경비원 신임교육과 정기적인 직무교육을 받게 하여야 하고, 특수경비원 신임교육을 받지 아니한 자를 특수경비업무에 종사하게 하여서는 아니 된다.
④ 제3항에 의한 특수경비원의 교육시 관할경찰서 소속 경찰공무원이 교육기관에 입회하여 대통령령이 정하는 바에 따라 지도·감독하여야 한다.

제14조(특수경비원의 직무 및 무기사용 등) ① 특수경비업자는 특수경비원으로 하여금 배치된 경비구역안에서 관할 경찰서장 및 공항경찰대장 등 국가중요시설의 경비책임자(이하 "관할 경찰관서장"이라 한다)와 국가중요시설의 시설주의 감독을 받아 시설을 경비하고 도난·화재 그 밖의 위험의 발생을 방지하는 업무를 수행하게 하여야 한다.
② 특수경비원은 국가중요시설에 대한 경비업무 수행중 국가중요시설의 정상적인 운영을 해치는 장해를 일으켜서는 아니 된다.
③ 지방경찰청장은 국가중요시설에 대한 경비업무의 수행을 위하여 필요하다고 인정하는 때에는 시설주의 신청에 의하여 무기를 구입한다. 이 경우 시설주는 그 무기의 구입대금을 지불하고, 구입한 무기를 국가에 기부채납하여야 한다.
④ 지방경찰청장은 국가중요시설에 대한 경비업무의 수행을 위하여 필요하다고 인정하는 때에는 관할경찰관서장으로 하여금 시설주의 신청에 의하여 시설주로부터 국가에 기부채납된 무기를 대여하게 하고, 시설주는 이를 특수경비원으로 하여금 휴대하게 할 수 있다. 이 경우 특수경비원은 정당한 사유없이 무기를 소지하고 배치된 경비구역을 벗어나서는 아니 된다.
⑤ 시설주가 제4항의 규정에 의하여 대여받은 무기에 대하여 시설주 및 관할 경찰관서장은 무기의 관리책임을 지고, 관할 경찰관서장은 시설주 및 특수경비원의 무기관리상황을 대통령령이 정하는 바에 따라 지도·감독하여야 한다.

⑥ 관할 경찰관서장은 무기의 적정한 관리를 위하여 제4항의 규정에 의하여 무기를 대여받은 시설주에 대하여 필요한 명령을 발할 수 있다.
⑦ 시설주로부터 무기의 관리를 위하여 지정받은 책임자(이하 "관리책임자"라 한다)는 다음 각호에 의하여 이를 관리하여야 한다.
1. 무기출납부 및 무기장비운영카드를 비치·기록하여야 한다.
2. 무기는 관리책임자가 직접 지급·회수하여야 한다.
⑧ 특수경비원은 국가중요시설의 경비를 위하여 무기를 사용하지 아니하고는 다른 수단이 없다고 인정되는 때에는 필요한 한도안에서 무기를 사용할 수 있다. 다만, 다음 각호의 1에 해당하는 때를 제외하고는 사람에게 위해를 끼쳐서는 아니 된다.
1. 무기 또는 폭발물을 소지하고 국가중요시설에 침입한 자가 특수경비원으로부터 3회 이상 투기(投棄) 또는 투항(投降)을 요구받고도 이에 불응하면서 계속 항거하는 경우 이를 억제하기 위하여 무기를 사용하지 아니하고는 다른 수단이 없다고 인정되는 때
2. 국가중요시설에 침입한 무장간첩이 특수경비원으로부터 투항(投降)을 요구받고도 이에 불응한 때
⑨ 특수경비원의 무기휴대, 무기종류, 그 사용기준 및 안전검사의 기준 등에 관하여 필요한 사항은 대통령령으로 정한다.

제15조(특수경비원의 의무) ① 특수경비원은 직무를 수행함에 있어 시설주·관할 경찰관서장 및 소속상사의 직무상 명령에 복종하여야 한다.
② 특수경비원은 소속상사의 허가 또는 정당한 사유없이 경비구역을 벗어나서는 아니 된다.
③ 특수경비원은 파업·태업 그 밖에 경비업무의 정상적인 운영을 저해하는 일체의 쟁의행위를 하여서는 아니 된다.
④ 특수경비원이 무기를 휴대하고 경비업무를 수행하는 때에는 다음 각호의 1에 정하는 무기의 안전사용수칙을 지켜야 한다.
1. 특수경비원은 사람을 향하여 권총 또는 소총을 발사하고자 하는 때에는 미리 구두 또는 공포탄에 의한 사격으로 상대방에게 경고하여야 한다. 다만, 다음 각목의 1에 해당하는 경우로서 부득이한 때에는 경고하지 아니할 수 있다.
가. 특수경비원을 급습하거나 타인의 생명·신체에 대한 중대한 위험을 야기하는 범행이 목전에 실행되고 있는 등 상황이 급박하여 경고할 시간적 여유가 없는 경우
나. 인질·간첩 또는 테러사건에 있어서 은밀히 작전을 수행하는 경우
2. 특수경비원은 무기를 사용하는 경우에 있어서 범죄와 무관한 다중의 생명·신체에 위해를 가할 우려가 있는 때에는 이를 사용하여서는 아니 된다. 다만, 무기를 사용하지 아니하고는 타인 또는 특수경비원의 생명·신체에 대한 중대한 위협을 방지할 수 없다고 인정되는 때에는 필요한 최소한의 범위 안에서 이를 사용할 수 있다.
3. 특수경비원은 총기 또는 폭발물을 가지고 대항하는 경우를 제외하고는 14세 미만의 자 또는 임산부에 대하여는 권총 또는 소총을 발사하여서는 아니 된다.

제15조의2(경비원 등의 의무) ① 경비원은 직무를 수행함에 있어 타인에게 위력을 과시하거나 물리력을 행사하는 등 경비업무의 범위를 벗어난 행위를 하여서는 아니 된다.

② 누구든지 경비원으로 하여금 경비업무의 범위를 벗어난 행위를 하게 하여서는 아니 된다.

제16조(경비원의 복장 등) ① 경비업자는 경찰공무원 또는 군인의 제복과 색상 및 디자인 등이 명확히 구별되는 소속 경비원의 복장을 정하고 이를 확인할 수 있는 사진을 첨부하여 주된 사무소를 관할하는 지방경찰청장에게 행정자치부령으로 정하는 바에 따라 신고하여야 한다.

② 경비업자는 경비업무 수행 시 경비원에게 소속 경비업체를 표시한 이름표를 부착하도록 하고, 제1항에 따라 신고된 동일한 복장을 착용하게 하여야 하며, 복장에 소속 회사를 오인할 수 있는 표시를 하거나 다른 회사의 복장을 착용하게 하여서는 아니 된다. 다만, 집단민원현장이 아닌 곳에서 신변보호업무를 수행하는 경우 또는 경비업무의 성격상 부득이한 사유가 있어 관할 경찰관서장이 허용하는 경우에는 그러하지 아니하다.

③ 지방경찰청장은 제1항에 따라 제출받은 사진을 검토한 후 경비업자에게 복장 변경 등에 대한 시정명령을 할 수 있다.

④ 제3항에 따른 시정명령을 받은 경비업자는 이를 이행하여야 하고, 지방경찰청장에게 행정자치부령으로 정하는 바에 따라 이행보고를 하여야 한다.

⑤ 그 밖에 경비원의 복장 등에 필요한 사항은 행정자치부령으로 정한다.

제16조의2(경비원의 장비 등) ① 경비원이 휴대할 수 있는 장비의 종류는 경적·단봉·분사기 등 행정자치부령으로 정하되, 근무 중에만 이를 휴대할 수 있다.

② 경비업자가 경비원으로 하여금 분사기를 휴대하여 직무를 수행하게 하는 경우에는 「총포·도검·화약류 등 단속법」에 따라 미리 분사기의 소지허가를 받아야 한다.

③ 누구든지 제1항의 장비를 임의로 개조하여 통상의 용법과 달리 사용함으로써 다른 사람의 생명·신체에 위해를 가하여서는 아니 된다.

④ 경비원은 경비업무를 위하여 필요하다고 인정되는 상당한 이유가 있을 때에는 필요한 최소한도에서 제1항의 장비를 사용할 수 있다.

⑤ 그 밖에 경비원의 장비 등에 관하여 필요한 사항은 행정자치부령으로 정한다.

제16조의3(출동차량 등) ① 경비업자는 출동차량 등의 도색 및 표지를 경찰차량 및 군차량과 명확히 구별될 수 있게 하여야 한다.

② 경비업자는 출동차량 등의 도색 및 표지를 정하고 이를 확인할 수 있는 사진을 첨부하여 주된 사무소를 관할하는 지방경찰청장에게 행정자치부령으로 정하는 바에 따라 신고하여야 한다. 〈개정 2014.11.19.〉

③ 지방경찰청장은 제2항에 따라 제출받은 사진을 검토한 후 경비업자에게 도색 및 표지 변경 등에 대한 시정명령을 할 수 있다.

④ 제3항에 따른 시정명령을 받은 경비업자는 이를 이행하여야 하고, 지방경찰청장에게 행정자치부령으로 정하는 바에 따라 이행보고를 하여야 한다.

⑤ 그 밖에 출동차량 등에 필요한 사항은 행정자치부령으로 정한다.

제17조(결격사유 확인을 위한 범죄경력조회 등) ① 경찰청장, 지방경찰청장 또는 관할 경찰관서장은 직권으로 또는 제2항에 따른 범죄경력조회 요청이 있는 경우에는 경비업자의 임원, 경비지도사 또는 경비원이 제5조제3호·제4호, 제10조제1항제3호부터 제8호까지 또는 같은 조 제2항제2호·제3호에 따른 결격사유에 해당하는지를 확인하기 위하여 「형의 실효 등에 관한 법률」 제6조에 따른 범죄경력조회를 할 수 있다.

② 경비업자는 선출·선임·채용 또는 배치하려는 임원, 경비지도사 또는 경비원이 제5조제3호·제4호, 제10조제1항제3호부터 제8호까지 또는 같은 조 제2항제2호·제3호에 따른 결격사유에 해당하는지를 확인하기 위하여 주된 사무소, 출장소 또는 배치장소를 관할하는 지방경찰청장 또는 경찰관서장에게 「형의 실효 등에 관한 법률」 제6조에 따른 범죄경력조회를 요청할 수 있다.

③ 제2항에 따른 범죄경력조회 요청을 받은 지방경찰청장 또는 관할 경찰관서장은 경비업자에게 그 결과를 통보할 때에는 경비업자의 임원, 경비지도사 또는 경비원이 제5조제3호·제4호, 제10조제1항제3호부터 제8호까지 또는 같은 조 제2항제2호·제3호에 따른 결격사유에 해당하는지 여부만을 통보하여야 한다.

④ 지방경찰청장 또는 관할 경찰관서장은 경비업자의 임원, 경비지도사 또는 경비원이 제5조 각 호, 제10조제1항 각 호 또는 제2항 각 호의 결격사유에 해당하는 사실을 알게 되거나 이 법 또는 이 법에 따른 명령을 위반한 때에는 경비업자에게 그 사실을 통보하여야 한다.

제18조(경비원의 명부와 배치허가 등) ① 경비업자는 행정자치부령이 정하는 바에 따라 경비원의 명부를 작성·비치하여야 한다. 다만, 집단민원현장에 배치되는 일반경비원의 명부는 그 경비원이 배치되는 장소에도 작성·비치하여야 한다.

② 경비업자가 경비원을 배치하거나 배치를 폐지한 경우에는 행정자치부령이 정하는 바에 따라 관할 경찰관서장에게 신고하여야 한다. 다만, 다음 제1호의 경우에는 경비원을 배치하기 48시간 전까지 행정자치부령으로 정하는 바에 따라 배치허가를 신청하고, 관할 경찰관서장의 배치허가를 받은 후에 경비원을 배치하여야 하며(제2호 및 제3호의 경우에는 경비원을 배치하기 전까지 신고하여야 한다), 이 경우 관할 경찰관서장은 배치허가를 함에 있어 필요한 조건을 붙일 수 있다.

1. 제2조제1호가목에 따른 시설경비업무 또는 같은 호 다목에 따른 신변보호업무 중 집단민원현장에 배치된 일반경비원
2. 집단민원현장이 아닌 곳에서 제2조제1호 다목의 규정에 의한 신변보호업무를 수행하는 일반경비원
3. 특수경비원

③ 관할 경찰관서장은 제2항 각 호 외의 부분 단서에 따른 배치허가 신청을 받은 경우 다음 각 호의 사유에 해당하는 때에는 배치허가를 하여서는 아니 된다. 이 경우 관할 경찰관서장은 다음 각 호의 사유를 확인하기 위하여 소속 경찰관으로 하여금 그 배치장소를 방문하여 조사하게 할 수 있다.

1. 제15조의2제1항 및 제2항을 위반하여 경비업무의 범위를 벗어난 행위를 할 우려가 있는 경우
2. 경비원 중 제10조제1항 또는 제2항에 해당하는 결격자나 제13조에 따른 신임교육을 받지 아니한 사람이 대통령령으로 정하는 기준 이상으로 포함되어 있는 경우
3. 제24조에 따라 경비원의 복장·장비 등에 대하여 내려진 필요한 명령을 이행하지 아니하는 경우

④ 제2항 각 호 외의 부분 단서에 따른 배치허가 신청을 받은 관할 경찰관서장은 배치되는 경비원 중 제10조제1항 또는 제2항에 해당하는 결격자가 있는 경우에는 그 사람을 제외하고 배치허가를 하여야 한다.

⑤ 경비업자는 경비원을 배치하여 경비업무를 수행하게 하는 때에는 행정자치부령으로 정하는 바에 따라 배치된 경비원의 인적사항과 배치일시·배치장소 등 근무상황을 기록하여 보관하여야 한다.

⑥ 경비업자는 다음 각 호의 어느 하나에 해당하는 죄를 범하여 벌금형을 선고받고 5년이 지나지 아니하거나 금고 이상의 형을 선고받고 그 집행이 유예된 날부터 5년이 지나지 아니한 자를 집단민원현장에 일반경비원으로 배치하여서는 아니 된다.

1. 「형법」 제257조부터 제262조까지, 제264조, 제276조부터 제281조까지의 죄, 제284조의 죄, 제285조의 죄, 제320조의 죄, 제324조제2항의 죄, 제350조의2의 죄, 제351조의 죄(제350조, 제350조의2의 상습범으

로 한정한다), 제369조제1항의 죄

2. 「폭력행위 등 처벌에 관한 법률」 제2조 또는 제3조의 죄

⑦ 경비업자는 제1항에 따른 경비원 명부에 없는 자를 경비업무에 종사하게 하여서는 아니 되고, 제2항에 따라 경비원을 배치하는 경우에는 제13조에 따른 신임교육을 이수한 자를 배치하여야 한다.

⑧ 관할 경찰관서장은 경비업자가 다음 각 호의 어느 하나에 해당하는 때에는 배치폐지를 명할 수 있다.

1. 제2항 각 호 외의 부분 단서를 위반하여 배치허가를 받지 아니하고 경비원을 배치하거나 경비원 명단 및 배치일시·배치장소 등 배치허가 신청의 내용을 거짓으로 한 때
2. 제6항의 결격사유에 해당하는 자를 집단민원현장에 일반경비원으로 배치한 때
3. 제7항을 위반하여 신임교육을 이수하지 아니한 자를 제2항 각 호의 경비원으로 배치한 때
4. 경비업자 또는 경비원이 위력이나 흉기 또는 그 밖의 위험한 물건을 사용하여 집단적 폭력사태를 일으킨 때
5. 경비업자가 제2항 각 호 외의 부분 본문을 위반하여 신고하지 아니하고 일반경비원을 배치한 때

제5장 행정처분 등

제19조(경비업 허가의 취소 등) ① 허가관청은 경비업자가 다음 각 호의 어느 하나에 해당하는 때에는 그 허가를 취소하여야 한다.

1. 허위 그 밖의 부정한 방법으로 허가를 받은 때
2. 제7조제5항의 규정에 위반하여 허가받은 경비업무외의 업무에 경비원을 종사하게 한 때
3. 제7조제9항의 규정에 위반하여 경비업 및 경비관련업외의 영업을 한 때
4. 정당한 사유없이 허가를 받은 날부터 1년 이내에 경비 도급실적이 없거나 계속하여 1년 이상 휴업한 때
5. 정당한 사유없이 최종 도급계약 종료일의 다음 날부터 1년 이내에 경비 도급실적이 없을 때
6. 영업정지처분을 받고 계속하여 영업을 한 때
7. 제15조의2제2항을 위반하여 소속 경비원으로 하여금 경비업무의 범위를 벗어난 행위를 하게 한 때
8. 제18조제8항에 따른 관할 경찰관서장의 배치폐지 명령에 따르지 아니한 때

② 허가관청은 경비업자가 다음 각 호의 어느 하나에 해당하는 때에는 대통령령으로 정하는 행정처분의 기준에 따라 그 허가를 취소하거나 6개월 이내의 기간을 정하여 영업의 전부 또는 일부에 대하여 영업정지를 명할 수 있다.

1. 제4조제1항 후단을 위반하여 지방경찰청장의 허가 없이 경비업무를 변경한 때
2. 제7조제2항을 위반하여 도급을 의뢰받은 경비업무가 위법한 것임에도 이를 거부하지 아니한 때
3. 제7조제6항을 위반하여 경비지도사를 집단민원현장에 선임·배치하지 아니한 때
4. 제8조를 위반하여 경비대상 시설에 관한 경보 대응체제를 갖추지 아니한 때
5. 제9조제2항을 위반하여 관련 서류를 작성·비치하지 아니한 때
6. 제10조제3항을 위반하여 결격사유에 해당하는 경비원을 배치하거나 결격사유에 해당하는 경비지도사를 선임·배치한 때
7. 제12조제1항을 위반하여 경비지도사를 선임한 때
8. 제13조를 위반하여 경비원으로 하여금 교육을 받게 하지 아니한 때
9. 제16조에 따른 경비원의 복장 등에 관한 규정을 위반한 때

10. 제16조의2에 따른 경비원의 장비 등에 관한 규정을 위반한 때
11. 제16조의3에 따른 경비원의 출동차량 등에 관한 규정을 위반한 때
12. 제18조제1항 단서를 위반하여 집단민원현장에 일반경비원 명부를 작성·비치하지 아니한 때
13. 제18조제2항 각 호 외의 부분 단서를 위반하여 배치허가를 받지 아니하고 경비원을 배치하거나 경비원 명단 및 배치일시·배치장소 등 배치허가 신청의 내용을 거짓으로 한 때
14. 제18조제6항을 위반하여 결격사유에 해당하는 일반경비원을 집단민원현장에 배치한 때
15. 제24조에 따른 감독상 명령에 따르지 아니한 때
16. 제26조를 위반하여 손해를 배상하지 아니한 때

③ 허가관청은 제1항 및 제2항에 의하여 허가취소 또는 영업정지처분을 하는 때에는 경비업자가 허가받은 경비업무중 허가취소 또는 영업정지사유에 해당되는 경비업무에 한하여 처분을 하여야 한다. 다만, 제1항제2호 및 제7호에 해당하여 허가취소를 하는 때에는 그러하지 아니하다.

제20조(경비지도사자격의 취소 등) ① 경찰청장은 경비지도사가 다음 각호의 1에 해당하는 때에는 그 자격을 취소하여야 한다.

1. 제10조제1항 각호의 결격사유에 해당하게 된 때
2. 허위 그 밖의 부정한 방법으로 경비지도사자격증을 교부받은 때
3. 경비지도사자격증을 다른 사람에게 빌려주거나 양도한 때
4. 자격정지 기간 중에 경비지도사로 선임되어 활동한 때

② 경찰청장은 경비지도사가 다음 각호의 1에 해당하는 때에는 대통령령이 정하는 바에 따라 1년의 범위 내에서 그 자격을 정지시킬 수 있다.

1. 제12조제3항의 규정에 위반하여 직무를 성실하게 수행하지 아니한 때
2. 제24조의 규정에 의한 경찰청장 또는 지방경찰청장의 명령을 위반한 때

③ 경찰청장은 제1항의 규정에 의하여 경비지도사의 자격을 취소한 때에는 경비지도사자격증을 회수하여야 하고, 제2항의 규정에 의하여 경비지도사의 자격을 정지한 때에는 그 정지기간동안 경비지도사자격증을 회수하여 보관하여야 한다.

제21조(청문) 경찰청장 또는 지방경찰청장은 다음 각호의 1에 해당하는 처분을 하고자 하는 경우에는 청문을 실시하여야 한다.

1. 제19조의 규정에 의한 경비업 허가의 취소 또는 영업정지
2. 제20조제1항 또는 제2항의 규정에 의한 경비지도사자격의 취소 또는 정지

제7장 보칙

제24조(감독) ① 경찰청장 또는 지방경찰청장은 경비업무의 적정한 수행을 위하여 경비업자 및 경비지도사를 지도·감독하며 필요한 명령을 할 수 있다.

② 지방경찰청장 또는 관할 경찰관서장은 소속 경찰공무원으로 하여금 관할구역안에 있는 경비업자의 주사무소 및 출장소와 경비원배치장소에 출입하여 근무상황 및 교육훈련상황 등을 감독하며 필요한 명령을 하게 할 수 있다. 이 경우 출입하는 경찰공무원은 그 권한을 표시하는 증표를 관계인에게 내보여야 한다.

③ 지방경찰청장 또는 관할 경찰관서장은 경비업자 또는 배치된 경비원이 이 법이나 이 법에 따른 명령, 「폭력행위 등 처벌에 관한 법률」을 위반하는 행위를 하는 경우 그 위반행위의 중지를 명할 수 있다.
④ 지방경찰청장 또는 관할 경찰관서장은 경비업무 장소가 집단민원현장으로 판단되는 경우에는 그 때부터 48시간 이내에 경비업자에게 경비원 배치 허가를 받을 것을 고지하여야 한다.
제25조(보안지도·점검 등) 지방경찰청장은 대통령령이 정하는 바에 따라 특수경비업자에 대하여 보안지도·점검을 실시하여야 하고, 필요한 경우 관계기관에 보안측정을 요청하여야 한다.

제26조(손해배상 등) ① 경비업자는 경비원이 업무수행중 고의 또는 과실로 경비대상에 손해가 발생하는 것을 방지하지 못한 때에는 그 손해를 배상하여야 한다.
② 경비업자는 경비원이 업무수행중 고의 또는 과실로 제3자에게 손해를 입힌 경우에는 이를 배상하여야 한다.

제27조(위임 및 위탁) ① 이 법에 의한 경찰청장의 권한은 대통령령이 정하는 바에 따라 그 일부를 지방경찰청장에게 위임할 수 있다.
② 경찰청장은 제11조의 규정에 의한 경비지도사의 시험 및 교육에 관한 업무를 대통령령이 정하는 바에 따라 관계전문기관 또는 단체에 위탁할 수 있다.

제27조의2(수수료) 이 법에 따른 경비업의 허가를 받거나 허가증을 재교부 받고자 하는 자는 대통령령이 정하는 바에 따라 수수료를 납부하여야 한다.
[본조신설 2005.5.31.]

제8장 벌칙

제28조(벌칙) ① 제14조제2항의 규정에 위반하여 국가중요시설의 정상적인 운영을 해치는 장해를 일으킨 특수경비원은 7년 이하의 징역 또는 5천만원 이하의 벌금에 처한다.
② 다음 각 호의 어느 하나에 해당하는 자는 3년 이하의 징역 또는 3천만원 이하의 벌금에 처한다.
1. 제4조제1항의 규정에 의한 허가를 받지 아니하고 경비업을 영위한 자
2. 제7조제4항의 규정에 위반하여 직무상 알게 된 비밀을 누설하거나 부당한 목적을 위하여 사용한 자
3. 제7조제8항의 규정에 위반하여 경비업무의 중단을 통보하지 아니하거나 경비업무를 즉시 인수하지 아니한 특수경비업자 또는 경비대행업자
4. 집단민원현장에 경비원을 배치하면서 제7조의2제1항을 위반하여 제4조제1항에 따른 허가를 받지 아니한 자에게 경비업무를 도급한 자
5. 제7조의2제2항을 위반하여 집단민원현장에 20명 이상의 경비인력을 배치하면서 그 경비인력을 직접 고용한 자
6. 제7조의2제3항을 위반하여 경비업자의 경비원 채용 시 무자격자나 부적격자 등을 채용하도록 관여하거나 영향력을 행사한 도급인
7. 과실로 인하여 제14조제2항의 규정에 위반하여 국가중요시설의 정상적인 운영을 해치는 장해를 일으킨 특수경비원
8. 특수경비원으로서 경비구역 안에서 시설물의 절도, 손괴, 위험물의 폭발 등의 사유로 인한 위급사태가 발생

한 때에 제15조제1항 또는 제2항의 규정에 위반한 자

9. 제15조의2제2항의 규정을 위반하여 경비원에게 경비업무의 범위를 벗어난 행위를 하게 한 자

③ 제14조제4항 후단의 규정에 위반하여 정당한 사유없이 무기를 소지하고 배치된 경비구역을 벗어난 특수경비원은 2년 이하의 징역 또는 2천만원 이하의 벌금에 처한다.

④ 다음 각 호의 어느 하나에 해당하는 자는 1년 이하의 징역 또는 1천만원 이하의 벌금에 처한다.

1. 제14조제7항의 규정에 위반한 관리책임자
2. 제15조제3항의 규정에 위반하여 쟁의행위를 한 특수경비원
3. 제15조의2제1항을 위반하여 경비업무의 범위를 벗어난 행위를 한 경비원
4. 제16조의2제1항에서 정한 장비 외에 흉기 또는 그 밖의 위험한 물건을 휴대하고 경비업무를 수행한 경비원 또는 경비원에게 이를 휴대하고 경비업무를 수행하게 한 자
5. 제18조제8항을 위반하여 경찰관서장의 배치폐지 명령을 따르지 아니한 자
6. 제24조제3항에 따른 지방경찰청장 또는 관할 경찰관서장의 중지명령에 따르지 아니한 자

제29조(형의 가중처벌) ① 특수경비원이 무기를 휴대하고 경비업무를 수행중에 제14조제8항의 규정 및 제15조제4항의 규정에 의한 무기의 안전수칙을 위반하여 「형법」 제258조의2제1항(제257조제1항의 죄로 한정한다)·제2항(제258조제1항·제2항의 죄로 한정한다), 제259조제1항, 제260조제1항, 제262조, 제268조, 제276조제1항, 제277조제1항, 제281조제1항, 제283조제1항, 제324조제2항, 제350조의2 및 제366조의 죄를 범한 때에는 그 죄에 정한 형의 2분의 1까지 가중처벌한다.

② 경비원이 경비업무 수행 중에 제16조의2제1항에서 정한 장비 외에 흉기 또는 그 밖의 위험한 물건을 휴대하고 「형법」 제258조의2제1항(제257조제1항의 죄로 한정한다)·제2항(제258조제1항·제2항의 죄로 한정한다), 제259조제1항, 제261조, 제262조, 제268조, 제276조제1항, 제277조제1항, 제281조제1항, 제283조제1항, 제324조제2항, 제350조의2 및 제366조의 죄를 범한 때에는 그 죄에 정한 형의 2분의 1까지 가중처벌한다.

제30조(양벌규정) 법인의 대표자나 법인 또는 개인의 대리인, 사용인, 그 밖의 종업원이 그 법인 또는 개인의 업무에 관하여 제28조의 위반행위를 하면 그 행위자를 벌하는 외에 그 법인 또는 개인에게도 해당 조문의 벌금형을 과(科)한다. 다만, 법인 또는 개인이 그 위반행위를 방지하기 위하여 해당 업무에 관하여 상당한 주의와 감독을 게을리하지 아니한 경우에는 그러하지 아니하다.

제31조(과태료) ① 다음 각 호의 어느 하나에 해당하는 경비업자에게는 3천만원 이하의 과태료를 부과한다.

1. 제16조제1항을 위반하여 경비원의 복장에 관한 신고를 하지 아니하고 집단민원현장에 경비원을 배치한 자
2. 제16조제2항을 위반하여 이름표를 부착하게 하지 아니하거나, 신고된 동일 복장을 착용하게 하지 아니하고 집단민원현장에 경비원을 배치한 자
3. 제18조제1항 단서를 위반하여 집단민원현장에 일반경비원을 배치하면서 경비원의 명부를 배치장소에 작성·비치하지 아니한 자
4. 제18조제2항 각 호 외의 부분 단서를 위반하여 배치허가를 받지 아니하고 경비원을 배치하거나 경비원 명단 및 배치일시·배치장소 등 배치허가 신청의 내용을 거짓으로 한 자
5. 제18조제7항을 위반하여 제13조에 따른 신임교육을 이수하지 아니한 자를 제18조제2항 각 호의 경비원으로 배치한 자

② 다음 각 호의 어느 하나에 해당하는 경비업자 또는 시설주에게는 500만원 이하의 과태료를 부과한다.

1. 제4조제3항 또는 제18조제2항의 규정에 위반하여 신고를 하지 아니한 자
2. 제7조제7항의 규정에 위반하여 경비대행업자 지정신고를 하지 아니한 자
3. 제9조제1항의 규정에 위반하여 설명의무를 이행하지 아니한 자
4. 제12조제1항의 규정에 위반하여 경비지도사를 선임하지 아니한 자
5. 제14조제6항의 규정에 의한 감독상 필요한 명령을 정당한 이유없이 이행하지 아니한 자
6. 제10조제3항을 위반하여 결격사유에 해당하는 경비원을 배치하이거나 결격사유에 해당하는 경비지도사를 선임·배치한 자
7. 제16조제1항의 복장 등에 관한 신고규정을 위반하여 신고를 하지 아니한 자
8. 제16조제2항을 위반하여 이름표를 부착하게 하지 아니하거나, 신고된 동일 복장을 착용하게 하지 아니하고 경비원을 경비업무에 배치한 자
9. 제18조제1항 본문을 위반하여 명부를 작성·비치하지 아니한 자
10. 제18조제5항을 위반하여 경비원의 근무상황을 기록하여 보관하지 아니한 자

③ 제1항 및 제2항의 규정에 의한 과태료는 대통령령이 정하는 바에 의하여 지방경찰청장 또는 경찰관서장이 부과·징수한다.

청원경찰법

제1조(목적)

이 법은 청원경찰의 직무·임용·배치·보수·사회보장 및 그 밖에 필요한 사항을 규정함으로써 청원경찰의 원활한 운영을 목적으로 한다.

제2조(정의)

이 법에서 "청원경찰"이란 다음 각 호의 어느 하나에 해당하는 기관의 장 또는 시설·사업장 등의 경영자가 경비{이하 "청원경찰경비"(請願警察經費)라 한다}를 부담할 것을 조건으로 경찰의 배치를 신청하는 경우 그 기관·시설 또는 사업장 등의 경비(警備)를 담당하게 하기 위하여 배치하는 경찰을 말한다.

1. 국가기관 또는 공공단체와 그 관리하에 있는 중요 시설 또는 사업장
2. 국내 주재(駐在) 외국기관
3. 그 밖에 행정자치부령으로 정하는 중요 시설, 사업장 또는 장소

제3조(청원경찰의 직무)

청원경찰은 제4조제2항에 따라 청원경찰의 배치 결정을 받은 자{이하 "청원주"(請願主)라 한다}와 배치된 기관·시설 또는 사업장 등의 구역을 관할하는 경찰서장의 감독을 받아 그 경비구역만의 경비를 목적으로 필요한 범위에서 「경찰관 직무집행법」에 따른 경찰관의 직무를 수행한다.

제4조(청원경찰의 배치)

① 청원경찰을 배치받으려는 자는 대통령령으로 정하는 바에 따라 관할 지방경찰청장에게 청원경찰 배치를 신청하여야 한다.
② 지방경찰청장은 제1항의 청원경찰 배치 신청을 받으면 지체 없이 그 배치 여부를 결정하여 신청인에게 알려야 한다.
③ 지방경찰청장은 청원경찰 배치가 필요하다고 인정하는 기관의 장 또는 시설·사업장의 경영자에게 청원경찰을 배치할 것을 요청할 수 있다.

제5조(청원경찰의 임용 등)

① 청원경찰은 청원주가 임용하되, 임용을 할 때에는 미리 지방경찰청장의 승인을 받아야 한다.
② 「국가공무원법」 제33조 각 호의 어느 하나의 결격사유에 해당하는 사람은 청원경찰로 임용될 수 없다.
③ 청원경찰의 임용자격·임용방법·교육 및 보수에 관하여는 대통령령으로 정한다.
④ 청원경찰의 복무에 관하여는 「국가공무원법」 제57조, 제58조제1항, 제60조, 제66조제1항 및 「경찰공무원법」 제18조를 준용한다.

제5조의2(청원경찰의 징계) ① 청원주는 청원경찰이 다음 각 호의 어느 하나에 해당하는 때에는 대통령령으로 정하는 징계절차를 거쳐 징계처분을 하여야 한다.

1. 직무상의 의무를 위반하거나 직무를 태만히 한 때
2. 품위를 손상하는 행위를 한 때

② 청원경찰에 대한 징계의 종류는 파면, 해임, 정직, 감봉 및 견책으로 구분한다.
③ 청원경찰의 징계에 관하여 그 밖에 필요한 사항은 대통령령으로 정한다.

제6조(청원경찰경비)
① 청원주는 다음 각 호의 청원경찰경비를 부담하여야 한다.
   1. 청원경찰에게 지급할 봉급과 각종 수당
   2. 청원경찰의 피복비
   3. 청원경찰의 교육비
   4. 제7조에 따른 보상금 및 제7조의2에 따른 퇴직금
② 국가기관 또는 지방자치단체에 근무하는 청원경찰의 보수는 다음 각 호의 구분에 따라 같은 재직기간에 해당하는 경찰공무원의 보수를 감안하여 대통령령으로 정한다.
   1. 재직기간 15년 미만: 순경
   2. 재직기간 15년 이상 23년 미만: 경장
   3. 재직기간 23년 이상 30년 미만: 경사
   4. 재직기간 30년 이상: 경위
③ 청원주의 제1항제1호에 따른 봉급·수당의 최저부담기준액(국가기관 또는 지방자치단체에 근무하는 청원경찰의 봉급·수당은 제외한다)과 같은 항 제2호 및 제3호에 따른 비용의 부담기준액은 경찰청장이 정하여 고시(告示)한다.

제8조(제복 착용과 무기 휴대) ① 청원경찰은 근무 중 제복을 착용하여야 한다.
② 지방경찰청장은 청원경찰이 직무를 수행하기 위하여 필요하다고 인정하면 청원주의 신청을 받아 관할 경찰서장으로 하여금 청원경찰에게 무기를 대여하여 지니게 할 수 있다.
③ 청원경찰의 복제(服制)와 무기 휴대에 필요한 사항은 대통령령으로 정한다.
[전문개정 2010.2.4.]

제9조의3(감독)
① 청원주는 항상 소속 청원경찰의 근무 상황을 감독하고, 근무 수행에 필요한 교육을 하여야 한다.
② 지방경찰청장은 청원경찰의 효율적인 운영을 위하여 청원주를 지도하며 감독상 필요한 명령을 할 수 있다.

제10조(직권남용 금지 등)
① 청원경찰이 직무를 수행할 때 직권을 남용하여 국민에게 해를 끼친 경우에는 6개월 이하의 징역이나 금고에 처한다.
② 청원경찰 업무에 종사하는 사람은 「형법」이나 그 밖의 법령에 따른 벌칙을 적용할 때에는 공무원으로 본다.

제10조의2(청원경찰의 불법행위에 대한 배상책임)
청원경찰(국가기관이나 지방자치단체에 근무하는 청원경찰은 제외한다)의 직무상 불법행위에 대한 배상책임에 관하여는 「민법」의 규정을 따른다.
[전문개정 2010.2.4.]

제10조의5(배치의 폐지 등)

① 청원주는 청원경찰이 배치된 시설이 폐쇄되거나 축소되어 청원경찰의 배치를 폐지하거나 배치인원을 감축할 필요가 있다고 인정하면 청원경찰의 배치를 폐지하거나 배치인원을 감축할 수 있다. 다만, 청원주는 다음 각 호의 어느 하나에 해당하는 경우에는 청원경찰의 배치를 폐지하거나 배치인원을 감축할 수 없다.

1. 청원경찰을 대체할 목적으로 「경비업법」에 따른 특수경비원을 배치하는 경우
2. 청원경찰이 배치된 기관·시설 또는 사업장 등이 배치인원의 변동사유 없이 다른 곳으로 이전하는 경우

제10조의6(당연 퇴직) 청원경찰이 다음 각 호의 어느 하나에 해당할 때에는 당연 퇴직된다.

1. 제5조제2항에 따른 임용결격사유에 해당될 때
2. 제10조의5에 따라 청원경찰의 배치가 폐지되었을 때
3. 나이가 60세가 되었을 때. 다만, 그 날이 1월부터 6월 사이에 있으면 6월 30일에, 7월부터 12월 사이에 있으면 12월 31일에 각각 당연 퇴직된다.

출입국 관리법

제1장 총칙

제1조(목적)

이 법은 대한민국에 입국하거나 대한민국에서 출국하는 모든 국민 및 외국인의 출입국관리를 통한 안전한 국경관리와 대한민국에 체류하는 외국인의 체류관리 및 난민(難民)의 인정절차 등에 관한 사항을 규정함을 목적으로 한다.

제2조(정의)

국민	대한민국의 국민을 말한다.
외국인	대한민국의 국적을 가지지 아니한 사람을 말한다.
난민	「난민법」 제2조제1호에 따른 난민을 말한다.
여권	대한민국정부·외국정부 또는 권한 있는 국제기구에서 발급한 여권 또는 난민여행증명서나 그 밖에 여권을 갈음하는 증명서로서 대한민국정부가 유효하다고 인정하는 것을 말한다.
선원신분증명서	대한민국정부나 외국정부가 발급한 문서로서 선원임을 증명하는 것을 말한다.
출입국항	출국하거나 입국할 수 있는 대한민국의 항구·공항과 그 밖의 장소로서 대통령령으로 정하는 곳을 말한다.
재외공관의 장	외국에 주재하는 대한민국의 대사(大使), 공사(公使), 총영사(總領事), 영사(領事) 또는 영사업무를 수행하는 기관의 장을 말한다.
선박등	대한민국과 대한민국 밖의 지역 사이에서 사람이나 물건을 수송하는 선박, 항공기, 기차, 자동차, 그 밖의 교통기관을 말한다.
승무원	선박등에서 그 업무를 수행하는 사람을 말한다.
운수업자	선박등을 이용하여 사업을 운영하는 자와 그를 위하여 통상 그 사업에 속하는 거래를 대리하는 자를 말한다.
보호	출입국관리공무원이 제46조제1항 각 호에 따른 강제퇴거 대상에 해당된다고 의심할 만한 상당한 이유가 있는 사람을 출국시키기 위하여 외국인보호실, 외국인보호소 또는 그 밖에 법무부장관이 지정하는 장소에 인치(引致)하고 수용하는 집행활동을 말한다.
외국인보호실	이 법에 따라 외국인을 보호할 목적으로 지방출입국·외국인관서에 설치한 장소를 말한다.
외국인보호소	지방출입국·외국인관서 중 이 법에 따라 외국인을 보호할 목적으로 설치한 시설로서 대통령령으로 정하는 곳을 말한다.
출입국사범	제93조의2, 제93조의3, 제94조부터 제99조까지, 제99조의2, 제99조의3 및 제100조에 규정된 죄를 범하였다고 인정되는 자를 말한다.

제2장 국민의 출입국

제3조(국민의 출국)

① 대한민국에서 대한민국 밖의 지역으로 출국(이하 "출국"이라 한다)하려는 국민은 유효한 여권을 가지고 출국하는 출입국항에서 출입국관리공무원의 출국심사를 받아야 한다. 다만, 부득이한 사유로 출입국항으로 출국할 수 없을 때에는 관할 지방출입국·외국인관서의 장의 허가를 받아 출입국항이 아닌 장소에서 출입국관리공무원의 출국심사를 받은 후 출국할 수 있다.

제4조(출국의 금지)

① 법무부장관은 다음 각 호의 어느 하나에 해당하는 국민에 대하여는 6개월 이내의 기간을 정하여 출국을 금지할 수 있다.

1. 형사재판에 계속(係屬) 중인 사람
2. 징역형이나 금고형의 집행이 끝나지 아니한 사람
3. 대통령령으로 정하는 금액 이상의 벌금(1천만원)이나 추징금(2천만원)을 내지 아니한 사람
4. 대통령령으로 정하는 금액(5천만원) 이상의 국세·관세 또는 지방세를 정당한 사유 없이 그 납부기한까지 내지 아니한 사람
5. 그 밖에 제1호부터 제4호까지의 규정에 준하는 사람으로서 대한민국의 이익이나 공공의 안전 또는 경제질서를 해칠 우려가 있어 그 출국이 적당하지 아니하다고 법무부령으로 정하는 사람

② 법무부장관은 범죄 수사를 위하여 출국이 적당하지 아니하다고 인정되는 사람에 대하여는 1개월 이내의 기간을 정하여 출국을 금지할 수 있다. 다만, 다음 각 호에 해당하는 사람은 그 호에서 정한 기간으로 한다.

1. 소재를 알 수 없어 기소중지결정이 된 사람 또는 도주 등 특별한 사유가 있어 수사진행이 어려운 사람: 3개월 이내
2. 기소중지결정이 된 경우로서 체포영장 또는 구속영장이 발부된 사람: 영장 유효기간 이내

 # 제6조의2(출국금지 대상자)

① 법 제4조제1항제5호에서 "법무부령으로 정하는 사람"이란 다음 각 호의 어느 하나에 해당하는 사람을 말한다.

1. 「병역법」 제65조제5항에 따라 보충역 편입처분이나 공익근무요원소집의 해제처분이 취소된 사람
2. 거짓이나 그 밖의 부정한 방법으로 병역면제·제2국민역·보충역의 처분을 받고 그 처분이 취소된 사람
3. 「병역법 시행령」 제128조제4항에 따라 징병검사·입영 등의 연기처분이 취소된 사람
4. 종전 「병역법」(2004. 12. 31. 법률 제7272호로 개정되기 전의 것을 말한다) 제65조제4항에 따라 병역면제 처분이 취소된 사람. 다만, 영주귀국의 신고를 한 사람은 제외한다.
5. 「병역법」 제76조제1항 각 호 또는 제3항에 해당하는 병역의무불이행자
6. 「병역법」 제86조를 위반하여 병역의무 기피·감면 목적으로 도망가거나 행방을 감춘 사람
7. 2억원 이상의 국세를 포탈한 혐의로 세무조사를 받고 있는 사람
8. 20억원 이상의 허위 세금계산서 또는 계산서를 발행한 혐의로 세무조사를 받고 있는 사람
9. 영 제98조에 따른 출입국항에서 타인 명의의 여권 또는 위조·변조여권 등으로 출입국하려고 한 사람
10. 3천만원 이상의 공금횡령(橫領) 또는 금품수수(收受) 등의 혐의로 감사원의 감사를 받고 있는 사람
11. 그 밖에 출국 시 국가안보 또는 외교관계를 현저하게 해칠 염려가 있다고 법무부장관이 인정하는 사람

② 법 제4조제2항제1호에서 도주 등 특별한 사유가 있어 수사 진행이 어려운 사람은 도주 등으로 체포영장 또는 구속영장이 발부되거나 지명수배된 사람으로 한다.

출국금지	출국정지	사유
6개월 이내	3개월 이내	㉠ 형사재판에 계속(係屬) 중인 사람 ㉡ 징역형이나 금고형의 집행이 끝나지 아니한 사람 ㉢ 1천만 원 이상의 벌금 또는 2천만 원 이상의 추징금을 납부하지 않는 자 ㉣ 5천만 원 이상의 국세, 관세 또는 지방세를 정당한 사유 없이 그 납부기한까지 내지 아니한 사람 ㉤ 그 밖에 ㉠부터 ㉣까지의 규정에 준하는 사람으로서 대한민국의 이익이나 공공의 안전 또는 경제질서를 해칠 우려가 있어 그 출국이 정당하지 아니하다고 법무부령으로 정하는 사람 · 2억 원 이상의 국세포탈혐의로 세무조사를 받고 있는 자 · 20억 원 이상의 허위 세금계산서 또는 계산서를 발행한 혐의로 세무조사를 받고 있는 자 · 그 밖에 법무부 장관이 그 출국이 국가안보 또는 외교관계를 현저하게 해할 염려가 있다고 인정하는 자
1개월이내	10일이내	범죄수사를 위하여 출국이 적당하지 아니하다고 인정되는 사람
3개월이내	1개월이내	도주등 특별한 사유가 있어 수사진행이 어려운 사람
3개월이내		소재를 알 수 없어 기소중지결정이 된 사람
영장 유효기간 이내		기소중지결정이 된 경우로서 체포영자 또는 구속영장이 발부된 외국인

제4조의2(출국금지기간의 연장)

① 법무부장관은 출국금지기간을 초과하여 계속 출국을 금지할 필요가 있다고 인정하는 경우에는 그 기간을 연장할 수 있다.

② 제4조제3항에 따라 출국금지를 요청한 기관의 장은 출국금지기간을 초과하여 계속 출국을 금지할 필요가 있을 때에는 출국금지기간이 끝나기 3일 전까지 법무부장관에게 출국금지기간을 연장하여 줄 것을 요청하여야 한다.

제4조의4(출국금지결정 등의 통지)

① 법무부장관은 제4조제1항 또는 제2항에 따라 출국을 금지하거나 제4조의2제1항에 따라 출국금지기간을 연장하였을 때에는 즉시 당사자에게 그 사유와 기간 등을 밝혀 서면으로 통지하여야 한다.

② 법무부장관은 제4조의3제1항에 따라 출국금지를 해제하였을 때에는 이를 즉시 당사자에게 통지하여야 한다.

③ 법무부장관은 제1항에도 불구하고 다음 각 호의 어느 하나에 해당하는 경우에는 제1항의 통지를 하지 아니할 수 있다.

1. 대한민국의 안전 또는 공공의 이익에 중대하고 명백한 위해(危害)를 끼칠 우려가 있다고 인정되는 경우
2. 범죄수사에 중대하고 명백한 장애가 생길 우려가 있다고 인정되는 경우. 다만, 연장기간을 포함한 총 출국금지기간이 3개월을 넘는 때에는 당사자에게 통지하여야 한다.
3. 출국이 금지된 사람이 있는 곳을 알 수 없는 경우

제4조의5(출국금지결정 등에 대한 이의신청)

① 제4조제1항 또는 제2항에 따라 출국이 금지되거나 제4조의2제1항에 따라 출국금지기간이 연장된 사람은 출국금지결정이나 출국금지기간 연장의 통지를 받은 날 또는 그 사실을 안 날부터 10일 이내에 법무부장관에게 출국금지결정이나 출국금지기간 연장결정에 대한 이의를 신청할 수 있다.

② 법무부장관은 제1항에 따른 이의신청을 받으면 그 날부터 15일 이내에 이의신청의 타당성 여부를 결정하여야 한다. 다만, 부득이한 사유가 있으면 15일의 범위에서 한 차례만 그 기간을 연장할 수 있다.

제4조의6(긴급출국금지)

① 수사기관은 범죄 피의자로서 사형·무기 또는 장기 3년 이상의 징역이나 금고에 해당하는 죄를 범하였다고 의심할 만한 상당한 이유가 있고, 다음 각 호의 어느 하나에 해당하는 사유가 있으며, 긴급한 필요가 있는 때에는 제4조제3항에도 불구하고 출국심사를 하는 출입국관리공무원에게 출국금지를 요청할 수 있다.

1. 피의자가 증거를 인멸할 염려가 있는 때
2. 피의자가 도망하거나 도망할 우려가 있는 때

③ 수사기관은 제1항에 따라 긴급출국금지를 요청한 때로부터 6시간 이내에 법무부장관에게 긴급출국금지 승인을 요청하여야 한다. 이 경우 검사의 수사지휘서 및 범죄사실의 요지, 긴급출국금지의 사유 등을 기재한 긴급출국금지보고서를 첨부하여야 한다.

④ 법무부장관은 수사기관이 제3항에 따른 긴급출국금지 승인 요청을 하지 아니한 때에는 제1항의 수사기관 요청에 따른 출국금지를 해제하여야 한다. 수사기관이 긴급출국금지 승인을 요청한 때로부터 12시간 이내에 법무부장관으로부터 긴급출국금지 승인을 받지 못한 경우에도 또한 같다.

⑤ 제4항에 따라 출국금지가 해제된 경우에 수사기관은 동일한 범죄사실에 관하여 다시 긴급출국금지 요청을 할 수 없다.

제3장 외국인의 입국 및 상륙

제1절 외국인의 입국

제7조(외국인의 입국)

① 외국인이 입국할 때에는 유효한 여권과 법무부장관이 발급한 사증(査證)을 가지고 있어야 한다.

② 다음 각 호의 어느 하나에 해당하는 외국인은 제1항에도 불구하고 사증 없이 입국할 수 있다.

1. 재입국허가를 받은 사람 또는 재입국허가가 면제된 사람으로서 그 허가 또는 면제받은 기간이 끝나기 전에 입국하는 사람
2. 대한민국과 사증면제협정을 체결한 국가의 국민으로서 그 협정에 따라 면제대상이 되는 사람
3. 국제친선, 관광 또는 대한민국의 이익 등을 위하여 입국하는 사람으로서 대통령령으로 정하는 바에 따라 따로 입국허가를 받은 사람
4. 난민여행증명서를 발급받고 출국한 후 그 유효기간이 끝나기 전에 입국하는 사람

③ 법무부장관은 공공질서의 유지나 국가이익에 필요하다고 인정하면 제2항제2호에 해당하는 사람에 대하여 사증면제협정의 적용을 일시 정지할 수 있다.

④ 대한민국과 수교(修交)하지 아니한 국가나 법무부장관이 외교부장관과 협의하여 지정한 국가의 국민은 제1항에도 불구하고 대통령령으로 정하는 바에 따라 재외공관의 장이나 지방출입국·외국인관서의 장이 발급한 외

국인입국허가서를 가지고 입국할 수 있다.

제8조(사증)

① 제7조에 따른 사증은 1회만 입국할 수 있는 단수사증(單數査證)과 2회 이상 입국할 수 있는 복수사증(複數査證)으로 구분한다.

제10조(체류자격)

① 입국하려는 외국인은 대통령령으로 정하는 체류자격을 가져야 한다.
② 1회에 부여할 수 있는 체류자격별 체류기간의 상한은 법무부령으로 정한다.

체류자격 (기호)	체류자격에 해당하는 자 또는 활동범위	1회에 부여하는 체류기간의 상한
일시취재 (C-1)	일시적인 취재 또는 보도활동을 하려는 자	90일
교수 (E-1)	고등교육법에 의한 자격요건을 갖춘 외국인으로서 전문대학 이상의 교육기관 또는 이에 준하는 기관에서 전문분야의 교육 또는 연구지도활동에 종사하고자 하는 자	5년
회화지도 (E-2)	법무부장관이 정하는 자격요건을 갖춘 외국인으로서 외국어전문학원, 초등학교 이상의 교육기관 및 부설어학연구소, 방송사 및 기업체부설 어학연수원 기타 이에 준하는 기관 또는 단체에서 외국어 회화지도에 종사하고자 하는 자	2년
연구 (E-3)	대한민국내의 공·사기관으로부터 초청되어 각종 연구소에서 자연과학분야의 연구 또는 산업상의 고도기술의 연구개발에 종사하고자 하는 자[교수(E-1)자격에 해당하는 자는 제외]	5년
기술지도 (E-4)	자연과학분야의 전문지식 또는 산업상의 특수한 분야에 속하는 기술을 제공하기 위하여 대한민국내의 공·사기관으로부터 초청되어 종사하고자 하는 자	5년
예술흥행 (E-6)	수익이 따르는 음악, 미술, 문학 등의 예술활동과 수익을 목적으로 하는 연예, 연주, 연극, 운동경기, 광고, 패션모델 기타 이에 준하는 활동을 하고자 하는 자	2년
방문취업 (H-2)	체류자격에 해당하는 사람: 재외동포출입국과 법적지위에 관한 법률 제2조 제2호에 따른 외국국적동포에 해당하고, 다음의 어느 하나에 해당하는 만 25세 이상인 사람 중에서 나목의 활동범위 내에서 체류하려는 사람으로서 법무부장관이 인정하는 사람[다만, 재외동포(F-4)자격에 해당하는 사람은 제외]	3년

제11조(입국의 금지 등)

① 법무부장관은 다음 각 호의 어느 하나에 해당하는 외국인에 대하여는 입국을 금지할 수 있다.
1. 감염병환자, 마약류중독자, 그 밖에 공중위생상 위해를 끼칠 염려가 있다고 인정되는 사람
2. 「총포·도검·화약류 등의 안전관리에 관한 법률」에서 정하는 총포·도검·화약류 등을 위법하게 가지고 입국하려는 사람
3. 대한민국의 이익이나 공공의 안전을 해치는 행동을 할 염려가 있다고 인정할 만한 상당한 이유가 있는 사람
4. 경제질서 또는 사회질서를 해치거나 선량한 풍속을 해치는 행동을 할 염려가 있다고 인정할 만한 상당한

이유가 있는 사람
5. 사리 분별력이 없고 국내에서 체류활동을 보조할 사람이 없는 정신장애인, 국내체류비용을 부담할 능력이 없는 사람, 그 밖에 구호(救護)가 필요한 사람
6. 강제퇴거명령을 받고 출국한 후 5년이 지나지 아니한 사람
7. 1910년 8월 29일부터 1945년 8월 15일까지 사이에 다음 각 목의 어느 하나에 해당하는 정부의 지시를 받거나 그 정부와 연계하여 인종, 민족, 종교, 국적, 정치적 견해 등을 이유로 사람을 학살·학대하는 일에 관여한 사람
   가. 일본 정부
   나. 일본 정부와 동맹 관계에 있던 정부
   다. 일본 정부의 우월한 힘이 미치던 정부
8. 제1호부터 제7호까지의 규정에 준하는 사람으로서 법무부장관이 그 입국이 적당하지 아니하다고 인정하는 사람

② 법무부장관은 입국하려는 외국인의 본국(本國)이 제1항 각 호 외의 사유로 국민의 입국을 거부할 때에는 그와 동일한 사유로 그 외국인의 입국을 거부할 수 있다.

제12조(입국심사)

① 외국인이 입국하려는 경우에는 입국하는 출입국항에서 출입국관리공무원의 입국심사를 받아야 한다.
③ 출입국관리공무원은 입국심사를 할 때에 다음 각 호의 요건을 갖추었는지를 심사하여 입국을 허가한다.
1. 여권과 사증이 유효할 것. 다만, 사증은 이 법에서 요구하는 경우만을 말한다.
2. 입국목적이 체류자격에 맞을 것
3. 체류기간이 법무부령으로 정하는 바에 따라 정하여졌을 것
4. 제11조에 따른 입국의 금지 또는 거부의 대상이 아닐 것

제2절 외국인의 상륙

제14조(승무원의 상륙허가)

① 출입국관리공무원은 다음 각 호의 어느 하나에 해당하는 외국인승무원에 대하여 선박등의 장 또는 운수업자나 본인이 신청하면 15일의 범위에서 승무원의 상륙을 허가할 수 있다. 다만, 제11조제1항 각 호의 어느 하나에 해당하는 외국인승무원에 대하여는 그러하지 아니하다.
1. 승선 중인 선박등이 대한민국의 출입국항에 정박하고 있는 동안 휴양 등의 목적으로 상륙하려는 외국인승무원
2. 대한민국의 출입국항에 입항할 예정이거나 정박 중인 선박등으로 옮겨 타려는 외국인승무원

② 출입국관리공무원은 제1항에 따른 신청을 받으면 다음 각 호의 서류를 확인하여야 한다. 다만, 외국과의 협정 등에서 선원신분증명서로 여권을 대신할 수 있도록 하는 경우에는 선원신분증명서의 확인으로 여권의 확인을 대신할 수 있다.
1. 제1항제1호에 해당하는 외국인승무원이 선원인 경우에는 선원신분증명서
2. 제1항제2호에 해당하는 외국인승무원이 선원인 경우에는 여권 및 대통령령으로 정하는 서류. 다만, 제7조제2항제3호에 해당하는 사람인 경우에는 여권
3. 그 밖의 외국인승무원의 경우에는 여권

③ 출입국관리공무원은 제1항에 따른 허가를 할 때에는 승무원 상륙허가서를 발급하여야 한다. 이 경우 승무원 상륙허가서에는 상륙허가의 기간, 행동지역의 제한 등 필요한 조건을 붙일 수 있다.

⑤ 지방출입국·외국인관서의 장은 승무원 상륙허가를 받은 외국인승무원에 대하여 필요하다고 인정하면 그 상륙허가의 기간을 연장할 수 있다.

⑥ 제3항에 따라 발급받은 승무원 상륙허가서는 그 선박등이 최종 출항할 때까지 국내의 다른 출입국항에서도 계속 사용할 수 있다.

제14조의2(관광상륙허가)

① 출입국관리공무원은 관광을 목적으로 대한민국과 외국 해상을 국제적으로 순회(巡廻)하여 운항하는 여객운송선박 중 법무부령으로 정하는 선박에 승선한 외국인승객에 대하여 그 선박의 장 또는 운수업자가 상륙허가를 신청하면 3일의 범위에서 승객의 관광상륙을 허가할 수 있다. 다만, 제11조제1항 각 호의 어느 하나에 해당하는 외국인승객에 대하여는 그러하지 아니하다.

② 출입국관리공무원은 제1항에 따른 상륙허가 신청을 받으면 다음 각 호의 서류를 확인하여야 한다.

1. 외국인승객의 여권
2. 외국인승객의 명부
3. 그 밖에 법무부령으로 정하는 서류

③ 제1항에 따른 관광상륙허가의 허가서 및 상륙허가기간의 연장에 관하여는 제14조제3항 및 제5항을 준용한다. 이 경우 "승무원 상륙허가서"는 "관광상륙허가서"로, "승무원 상륙허가"는 "관광상륙허가"로, "외국인승무원"은 "외국인승객"으로 본다.

제15조(긴급상륙허가)

① 출입국관리공무원은 선박등에 타고 있는 외국인(승무원을 포함한다)이 질병이나 그 밖의 사고로 긴급히 상륙할 필요가 있다고 인정되면 그 선박등의 장이나 운수업자의 신청을 받아 30일의 범위에서 긴급상륙을 허가할 수 있다.

제16조(재난상륙허가)

① 지방출입국·외국인관서의 장은 조난을 당한 선박등에 타고 있는 외국인(승무원을 포함한다)을 긴급히 구조할 필요가 있다고 인정하면 그 선박등의 장, 운수업자, 「수상에서의 수색·구조 등에 관한 법률」에 따른 구호업무 집행자 또는 그 외국인을 구조한 선박등의 장의 신청에 의하여 30일의 범위에서 재난상륙허가를 할 수 있다.

제16조의2(난민 임시상륙허가)

① 지방출입국·외국인관서의 장은 선박등에 타고 있는 외국인이 「난민법」 제2조제1호에 규정된 이유나 그 밖에 이에 준하는 이유로 그 생명·신체 또는 신체의 자유를 침해받을 공포가 있는 영역에서 도피하여 곧바로 대한민국에 비호(庇護)를 신청하는 경우 그 외국인을 상륙시킬 만한 상당한 이유가 있다고 인정되면 법무부장관의 승인을 받아 90일의 범위에서 난민 임시상륙허가를 할 수 있다. 이 경우 법무부장관은 외교부장관과 협의하여야 한다.

② 제1항의 경우에는 제14조제3항 및 제5항을 준용한다. 이 경우 "승무원 상륙허가서"는 "난민 임시상륙허가서"로, "승무원 상륙허가"는 "난민 임시상륙허가"로 본다.

③ 제1항에 따라 비호를 신청한 외국인의 지문 및 얼굴에 관한 정보의 제공 등에 관하여는 제12조의2를 준용한다.

	내용	상륙기간	허가권자
승무원의 상륙 (제14조)	**출입국관리공무원**은 아래에 해당하는 외국인 승무원에 대하여 선박 등의 장 또는 운수업자나 본인이 신청하면 **15일의 범위**에서 승무원의 상륙을 허가할 수 있다.	15일	출입국관리 공무원
관광 상륙 (제14의2)	**출입국관리공무원**은 관광을 목적으로 대한민국과 외국 해상을 국제적으로 순회(巡廻)하여 운항하는 여객운송선박 중 선박에 승선한 외국인 승객에 대하여 그 선박의 장 또는 운수업자가 상륙허가를 신청하면 **3일의 범**위에서 승객의 관광상륙을 허가할 수 있다.	3일	출입국관리 공무원
긴급상륙 (제15조)	**출입국관리공무원**은 선박 등에 타고 있는 외국인(승무원을 포함)이 질병이나 그 밖의 사고로 신급히 상륙할 필요가 있다고 인정되면 그 선박 등의 장이나 운수업자의 신청을 받아 **30일의 범위**에서 긴급상륙을 허가할 수 있다.	30일	출입국관리 공무원
재난상륙 (제16조)	**지방출입국·외국인관서의 장**은 조난을 당한 선박 등에 타고 있는 외국인(승무원을 포함)을 긴급히 구조할 필요가 있다고 인정하면 그 선박 등의 장. 운수업자, 수난구호법에 따른 구호업무 진행자 또는 그 외국인을 구조한 선박 등의 장의 신청에 의하여 **30일의 범위**에서 재난상륙허가를 할 수 있다.	30일	지방출입국· 외국인관서 의 장
난민임시상륙 (제16조의2)	**지방출입국·외국인관서의 장**은 선박 등에 타고 있는 외국인이 생명·신체 또는 신체의 자유를 침해받을 공포가 있는 영역에서 도피하여 곧바로 대한민국에 비호(庇護)를 신청하는 경우 그 외국인을 상륙시킬 만한 상당한 이유가 있다고 인정되면 법무부장관의 승인을 받아 **90일의 범위**에서 난민 임시상륙허가를 할 수 있다. 이 경우 법무부장관은 외교부장관과 협의하여야 한다.	90일	지방출입국· 외국인관서 의 장

제4장 외국인의 체류와 출국

제1절 외국인의 체류

제17조(외국인의 체류 및 활동범위)

① 외국인은 그 체류자격과 체류기간의 범위에서 대한민국에 체류할 수 있다.

② 대한민국에 체류하는 외국인은 이 법 또는 다른 법률에서 정하는 경우를 제외하고는 정치활동을 하여서는 아니 된다.

③ 법무부장관은 대한민국에 체류하는 외국인이 정치활동을 하였을 때에는 그 외국인에게 서면으로 그 활동의 중지명령이나 그 밖에 필요한 명령을 할 수 있다.

제18조(외국인 고용의 제한)

① 외국인이 대한민국에서 취업하려면 대통령령으로 정하는 바에 따라 취업활동을 할 수 있는 체류자격을 받아야

한다.

② 제1항에 따른 체류자격을 가진 외국인은 지정된 근무처가 아닌 곳에서 근무하여서는 아니 된다.

③ 누구든지 제1항에 따른 체류자격을 가지지 아니한 사람을 고용하여서는 아니 된다.

④ 누구든지 제1항에 따른 체류자격을 가지지 아니한 사람의 고용을 알선하거나 권유하여서는 아니 된다.

⑤ 누구든지 제1항에 따른 체류자격을 가지지 아니한 사람의 고용을 알선할 목적으로 그를 자기 지배하에 두는 행위를 하여서는 아니 된다.

제19조(외국인을 고용한 자 등의 신고의무)

① 제18조제1항에 따라 취업활동을 할 수 있는 체류자격을 가지고 있는 외국인을 고용한 자는 다음 각 호의 어느 하나에 해당하는 사유가 발생하면 그 사실을 안 날부터 15일 이내에 지방출입국·외국인관서의 장에게 신고하여야 한다.

1. 외국인을 해고하거나 외국인이 퇴직 또는 사망한 경우
2. 고용된 외국인의 소재를 알 수 없게 된 경우
3. 고용계약의 중요한 내용을 변경한 경우

제20조(체류자격 외 활동)

대한민국에 체류하는 외국인이 그 체류자격에 해당하는 활동과 함께 다른 체류자격에 해당하는 활동을 하려면 미리 법무부장관의 체류자격 외 활동허가를 받아야 한다.

제21조(근무처의 변경·추가)

① 대한민국에 체류하는 외국인이 그 체류자격의 범위에서 그의 근무처를 변경하거나 추가하려면 미리 법무부장관의 허가를 받아야 한다. 다만, 전문적인 지식·기술 또는 기능을 가진 사람으로서 대통령령으로 정하는 사람은 근무처를 변경하거나 추가한 날부터 15일 이내에 법무부장관에게 신고하여야 한다.

제22조(활동범위의 제한)

법무부장관은 공공의 안녕질서나 대한민국의 중요한 이익을 위하여 필요하다고 인정하면 대한민국에 체류하는 외국인에 대하여 거소(居所) 또는 활동의 범위를 제한하거나 그 밖에 필요한 준수사항을 정할 수 있다.

제23조(체류자격 부여)

대한민국에서 출생하여 제10조에 따른 체류자격을 가지지 못하고 체류하게 되는 외국인은 그가 출생한 날부터 90일 이내에, 대한민국에서 체류 중 대한민국의 국적을 상실하거나 이탈하는 등 그 밖의 사유로 제10조에 따른 체류자격을 가지지 못하고 체류하게 되는 외국인은 그 사유가 발생한 날부터 30일 이내에 대통령령으로 정하는 바에 따라 체류자격을 받아야 한다.

제24조(체류자격 변경허가) ① 대한민국에 체류하는 외국인이 그 체류자격과 다른 체류자격에 해당하는 활동을 하려면 미리 법무부장관의 체류자격 변경허가를 받아야 한다.

② 제31조제1항 각 호의 어느 하나에 해당하는 사람으로서 그 신분이 변경되어 체류자격을 변경하려는 사람은 신분이 변경된 날부터 30일 이내에 법무부장관의 체류자격 변경허가를 받아야 한다.

제25조(체류기간 연장허가)

외국인이 체류기간을 초과하여 계속 체류하려면 대통령령으로 정하는 바에 따라 체류기간이 끝나기 전에 법무부장관의 체류기간 연장허가를 받아야 한다.

제25조의2(결혼이민자에 대한 특칙)

① 법무부장관은 「가정폭력범죄의 처벌 등에 관한 특례법」 제2조제1호의 가정폭력을 이유로 법원의 재판, 수사기관의 수사 또는 그 밖의 법률에 따른 권리구제 절차가 진행 중인 대한민국 국민의 배우자인 외국인이 체류기간 연장허가를 신청한 경우에는 그 권리구제 절차가 종료할 때까지 체류기간 연장을 허가할 수 있다.

② 법무부장관은 제1항에 따른 체류 연장기간 만료 이후에도 피해 회복 등을 위하여 필요하다고 인정하는 경우 체류기간 연장허가를 할 수 있다.

제27조(여권등의 휴대 및 제시)

① 대한민국에 체류하는 외국인은 항상 여권·선원신분증명서·외국인입국허가서·외국인등록증 또는 상륙허가서(이하 "여권등"이라 한다)를 지니고 있어야 한다. 다만, 17세 미만인 외국인의 경우에는 그러하지 아니하다.

제2절 외국인의 출국

제30조(재입국허가)

① 법무부장관은 제31조에 따라 외국인등록을 하거나 그 등록이 면제된 외국인이 체류기간 내에 출국하였다가 재입국하려는 경우 그의 신청을 받아 재입국을 허가할 수 있다. 다만, 제10조제1항에 따른 외국인의 체류자격 중 대한민국에 영주(永住)할 수 있는 체류자격을 가진 사람과 재입국허가를 면제하여야 할 상당한 이유가 있는 사람으로서 법무부령으로 정하는 사람에 대하여는 재입국허가를 면제할 수 있다.

② 제1항에 따른 재입국허가는 한 차례만 재입국할 수 있는 단수재입국허가와 2회 이상 재입국할 수 있는 복수재입국허가로 구분한다.

③ 외국인이 질병이나 그 밖의 부득이한 사유로 제1항에 따라 허가받은 기간 내에 재입국할 수 없는 경우에는 그 기간이 끝나기 전에 법무부장관의 재입국허가기간 연장허가를 받아야 한다.

제5장 외국인의 등록 및 사회통합 프로그램

제1절 외국인의 등록

제31조(외국인등록)

① 외국인이 입국한 날부터 90일을 초과하여 대한민국에 체류하려면 대통령령으로 정하는 바에 따라 입국한 날부터 90일 이내에 그의 체류지를 관할하는 지방출입국·외국인관서의 장에게 외국인등록을 하여야 한다. 다만, 다음 각 호의 어느 하나에 해당하는 외국인의 경우에는 그러하지 아니하다.

1. 주한외국공관(대사관과 영사관을 포함한다)과 국제기구의 직원 및 그의 가족
2. 대한민국정부와의 협정에 따라 외교관 또는 영사와 유사한 특권 및 면제를 누리는 사람과 그의 가족
3. 대한민국정부가 초청한 사람 등으로서 법무부령으로 정하는 사람

② 제1항에도 불구하고 같은 항 각 호의 어느 하나에 해당하는 외국인은 본인이 원하는 경우 체류기간 내에 외국인등록을 할 수 있다.

③ 제23조에 따라 체류자격을 받는 사람으로서 그 날부터 90일을 초과하여 체류하게 되는 사람은 제1항 각 호 외의 부분 본문에도 불구하고 체류자격을 받는 때에 외국인등록을 하여야 한다.
④ 제24조에 따라 체류자격 변경허가를 받는 사람으로서 입국한 날부터 90일을 초과하여 체류하게 되는 사람은 제1항 각 호 외의 부분 본문에도 불구하고 체류자격 변경허가를 받는 때에 외국인등록을 하여야 한다.
⑤ 지방출입국·외국인관서의 장은 제1항부터 제4항까지의 규정에 따라 외국인등록을 한 사람에게는 대통령령으로 정하는 방법에 따라 개인별로 고유한 등록번호(이하 "외국인등록번호"라 한다)를 부여하여야 한다.

제33조(외국인등록증의 발급)
① 제31조에 따라 외국인등록을 받은 지방출입국·외국인관서의 장은 대통령령으로 정하는 바에 따라 그 외국인에게 외국인등록증을 발급하여야 한다. 다만, 그 외국인이 17세 미만인 경우에는 발급하지 아니할 수 있다.
② 제1항 단서에 따라 외국인등록증을 발급받지 아니한 외국인이 17세가 된 때에는 90일 이내에 체류지 관할 지방출입국·외국인관서의 장에게 외국인등록증 발급신청을 하여야 한다.

제35조(외국인등록사항의 변경신고)
제31조에 따라 등록을 한 외국인은 다음 각 호의 어느 하나에 해당하는 사항이 변경되었을 때에는 대통령령으로 정하는 바에 따라 14일 이내에 체류지 관할 지방출입국·외국인관서의 장에게 외국인등록사항 변경신고를 하여야 한다.
1. 성명, 성별, 생년월일 및 국적
2. 여권의 번호, 발급일자 및 유효기간

제36조(체류지 변경의 신고)
① 등록을 한 외국인이 체류지를 변경하였을 때에는 대통령령으로 정하는 바에 따라 전입한 날부터 14일 이내에 새로운 체류지의 시·군·구 또는 읍·면·동의 장이나 그 체류지를 관할하는 지방출입국·외국인관서의 장에게 전입신고를 하여야 한다.
② 외국인이 제1항에 따른 신고를 할 때에는 외국인등록증을 제출하여야 한다. 이 경우 시·군·구 또는 읍·면·동의 장이나 지방출입국·외국인관서의 장은 그 외국인등록증에 체류지 변경사항을 적은 후 돌려주어야 한다.
③ 제1항에 따라 전입신고를 받은 지방출입국·외국인관서의 장은 지체 없이 새로운 체류지의 시·군·구 또는 읍·면·동의 장에게 체류지 변경 사실을 통보하여야 한다.
④ 제1항에 따라 직접 전입신고를 받거나 제3항에 따라 지방출입국·외국인관서의 장으로부터 체류지 변경통보를 받은 시·군·구 또는 읍·면·동의 장은 지체 없이 종전 체류지의 시·군·구 또는 읍·면·동의 장에게 체류지 변경신고서 사본을 첨부하여 외국인등록표의 이송을 요청하여야 한다.
⑤ 제4항에 따라 외국인등록표 이송을 요청받은 종전 체류지의 시·군·구 또는 읍·면·동의 장은 이송을 요청받은 날부터 3일 이내에 새로운 체류지의 시·군·구 또는 읍·면·동의 장에게 외국인등록표를 이송하여야 한다.
⑥ 제5항에 따라 외국인등록표를 이송받은 시·군·구 또는 읍·면·동의 장은 신고인의 외국인등록표를 정리하고 제34조제2항에 따라 관리하여야 한다.
⑦ 제1항에 따라 전입신고를 받은 시·군·구 또는 읍·면·동의 장이나 지방출입국·외국인관서의 장은 대통령령으로 정하는 바에 따라 그 사실을 지체 없이 종전 체류지를 관할하는 지방출입국·외국인관서의 장에게 통보하여야 한다.

제37조(외국인등록증의 반납 등)

① 등록을 한 외국인이 출국할 때에는 출입국관리공무원에게 외국인등록증을 반납하여야 한다. 다만, 다음 각 호의 어느 하나에 해당하는 경우에는 그러하지 아니하다.

1. 재입국허가를 받고 일시 출국하였다가 그 허가기간 내에 다시 입국하려는 경우
2. 복수사증 소지자나 재입국허가 면제대상 국가의 국민으로서 일시 출국하였다가 허가된 체류기간 내에 다시 입국하려는 경우
3. 난민여행증명서를 발급받고 일시 출국하였다가 그 유효기간 내에 다시 입국하려는 경우

② 제31조에 따라 등록을 한 외국인이 국민이 되거나 사망한 경우 또는 제31조제1항 각 호의 어느 하나에 해당하게 된 경우(같은 조 제2항에 따라 외국인등록을 한 경우는 제외한다)에는 대통령령으로 정하는 바에 따라 외국인등록증을 반납하여야 한다.

③ 지방출입국·외국인관서의 장은 제1항이나 제2항에 따라 외국인등록증을 반납받으면 대통령령으로 정하는 바에 따라 그 사실을 지체 없이 체류지의 시·군 또는 구의 장에게 통보하여야 한다.

④ 지방출입국·외국인관서의 장은 대한민국의 이익을 위하여 필요하다고 인정하면 제1항 각 호의 어느 하나에 해당하는 외국인의 외국인등록증을 일시 보관할 수 있다.

⑤ 제4항의 경우 그 외국인이 허가된 기간 내에 다시 입국하였을 때에는 14일 이내에 지방출입국·외국인관서의 장으로부터 외국인등록증을 돌려받아야 하고, 그 허가받은 기간 내에 다시 입국하지 아니하였을 때에는 제1항에 따라 외국인등록증을 반납한 것으로 본다.

제6장 강제퇴거 등

제1절 강제퇴거의 대상자

제46조(강제퇴거의 대상자)

① 지방출입국·외국인관서의 장은 이 장에 규정된 절차에 따라 다음 각 호의 어느 하나에 해당하는 외국인을 대한민국 밖으로 강제퇴거시킬 수 있다.

1. 제7조를 위반한 사람
2. 제7조의2를 위반한 외국인 또는 같은 조에 규정된 허위초청 등의 행위로 입국한 외국인
3. 제11조제1항 각 호의 어느 하나에 해당하는 입국금지 사유가 입국 후에 발견되거나 발생한 사람
4. 제12조제1항·제2항 또는 제12조의3을 위반한 사람
5. 제13조제2항에 따라 지방출입국·외국인관서의 장이 붙인 허가조건을 위반한 사람
6. 제14조제1항, 제14조의2제1항, 제15조제1항, 제16조제1항 또는 제16조의2제1항에 따른 허가를 받지 아니하고 상륙한 사람
7. 제14조제3항(제14조의2제3항에 따라 준용되는 경우를 포함한다), 제15조제2항, 제16조제2항 또는 제16조의2제2항에 따라 지방출입국·외국인관서의 장 또는 출입국관리공무원이 붙인 허가조건을 위반한 사람
8. 제17조제1항·제2항, 제18조, 제20조, 제23조, 제24조 또는 제25조를 위반한 사람
9. 제21조제1항 본문을 위반하여 허가를 받지 아니하고 근무처를 변경·추가하거나 같은 조 제2항을 위반하여 외국인을 고용·알선한 사람
10. 제22조에 따라 법무부장관이 정한 거소 또는 활동범위의 제한이나 그 밖의 준수사항을 위반한 사람

    10의2. 제26조를 위반한 외국인

11. 제28조제1항 및 제2항을 위반하여 출국하려고 한 사람
12. 제31조에 따른 외국인등록 의무를 위반한 사람
    12의2. 제33조의2를 위반한 외국인
13. 금고 이상의 형을 선고받고 석방된 사람
14. 그 밖에 제1호부터 제10호까지, 제10호의2, 제11호, 제12호, 제12호의2 또는 제13호에 준하는 사람으로서 법무부령으로 정하는 사람

② 제10조제1항에 따른 체류자격 중 대한민국에 영주할 수 있는 체류자격을 가진 사람은 제1항에도 불구하고 대한민국 밖으로 강제퇴거되지 아니한다. 다만, 다음 각 호의 어느 하나에 해당하는 사람은 그러하지 아니하다.
1. 「형법」 제2편제1장 내란의 죄 또는 제2장 외환의 죄를 범한 사람
2. 5년 이상의 징역 또는 금고의 형을 선고받고 석방된 사람 중 법무부령으로 정하는 사람
3. 제12조의3제1항 또는 제2항을 위반하거나 이를 교사(敎唆) 또는 방조(幇助)한 사람

제7조를 위반한 사람	유효한 여권 또는 사증없이 입국한 자
2. 제7조의2를 위반한 외국인 또는 같은 조에 규정된 허위초청 등의 행위로 입국한 외국인	허위초청 등의 행위에 따라 입국한 자
3. 제11조제1항 각 호의 어느 하나에 해당하는 입국금지사유가 입국 후에 발견되거나 발생한 사람	입국금지사유가 입국 후에 발견되거나 발생한 자
4. 제12조제1항·제2항 또는 제12조의3을 위반한 사람	입국심사, 선박제공금지 제공 위반
5. 제13조제2항에 따라 사무소장이나 출장소장이 붙인 허가조건을 위반한 사람	조건부 입국허가 위반
6. 제14조제1항, 제14조의2제1항, 제15조제1항, 제16조제1항 또는 제16조의2제1항에 따른 허가를 받지 아니하고 상륙한 사람	상륙허가 없이 상륙한 자
7. 제14조제3항, 제16조제2항 또는 제16조의2제2항에 따라 사무소장·출장소장 또는 출입국관리공무원이 붙인 허가조건을 위반한 사람	상륙허가 조건을 위반한 자
8. 제17조제1항·제2항, 제18조, 제20조, 제23조, 제24조 또는 제25조를 위반한 사람	체류자격 외의 활동을 하거나 체류기간이 경과한 자 정치활동 제한규정 위반
9. 제21조제1항 본문을 위반하여 허가를 받지 아니하고 근무처를 변경·추가하거나 같은 조 제2항을 위반하여 외국인을 고용·알선한 사람	근무처의 변경·추가 위반
10. 제22조에 따라 법무부장관이 정한 거소 또는 활동범위의 제한이나 그 밖의 준수사항을 위반한 사람	외국인이 거소, 활동범위의 제한 그 밖의 준수사항을 위반한 자
11. 제28조제1항 및 제2항을 위반하여 출국하려고 한 사람	출국심사규정위반 출국
12. 제31조에 따른 외국인등록 의무를 위반한 사람 ▸ 외국인이 입국한 날로부터 90일을 초과하여 체류하려면 출입국관리소장에게 외국인의 등록을 하여야 하며 위반하면 강제퇴거의 대상자가 된다.	외국인등록 등 준수사항을 위반한 자

13. 금고 이상의 형을 선고받고 석방된 사람 ▸ 벌금 이상의 형을 선고받고 석방된 자(X)	대한민국 법률에 따라 금고 이상의 형의 선고를 받고 석방된 자
14. 그 밖에 제1호부터 제10호까지, 제10호의2, 제11호, 제12호, 제12호의2 또는 제13호에 준하는 사람으로서 법무부령으로 정하는 사람	

제2절 조사

제47조(조사)

출입국관리공무원은 제46조제1항 각 호의 어느 하나에 해당된다고 의심되는 외국인(이하 "용의자"라 한다)에 대하여는 그 사실을 조사할 수 있다.

제48조(용의자에 대한 출석요구 및 신문)

① 출입국관리공무원은 제47조에 따른 조사에 필요하면 용의자의 출석을 요구하여 신문(訊問)할 수 있다.
② 출입국관리공무원이 제1항에 따라 신문을 할 때에는 다른 출입국관리공무원을 참여하게 하여야 한다.
③ 제1항에 따른 신문을 할 때에는 용의자가 한 진술은 조서(調書)에 적어야 한다.
④ 출입국관리공무원은 제3항에 따른 조서를 용의자에게 읽어 주거나 열람하게 한 후 오기(誤記)가 있고 없음을 물어야 하고, 용의자가 그 내용에 대한 추가·삭제 또는 변경을 청구하면 그 진술을 조서에 적어야 한다.
⑤ 조서에는 용의자로 하여금 간인(間印)한 후 서명 또는 기명날인(記名捺印)하게 하고, 용의자가 서명 또는 기명날인할 수 없거나 이를 거부할 때에는 그 사실을 조서에 적어야 한다.
⑥ 국어가 통하지 아니하는 사람이나 청각장애인 또는 언어장애인의 진술은 통역인에게 통역하게 하여야 한다. 다만, 청각장애인이나 언어장애인에게는 문자로 묻거나 진술하게 할 수 있다.
⑦ 용의자의 진술 중 국어가 아닌 문자나 부호가 있으면 이를 번역하게 하여야 한다.

제4절 심사 및 이의신청

제58조(심사결정)

지방출입국·외국인관서의 장은 출입국관리공무원이 용의자에 대한 조사를 마치면 지체 없이 용의자가 제46조제1항 각 호의 어느 하나에 해당하는지를 심사하여 결정하여야 한다.

제59조(심사 후의 절차)

① 지방출입국·외국인관서의 장은 심사 결과 용의자가 제46조제1항 각 호의 어느 하나에 해당하지 아니한다고 인정하면 지체 없이 용의자에게 그 뜻을 알려야 하고, 용의자가 보호되어 있으면 즉시 보호를 해제하여야 한다.
② 지방출입국·외국인관서의 장은 심사 결과 용의자가 제46조제1항 각 호의 어느 하나에 해당한다고 인정되면 강제퇴거명령을 할 수 있다.
③ 지방출입국·외국인관서의 장은 제2항에 따라 강제퇴거명령을 하는 때에는 강제퇴거명령서를 용의자에게 발급하여야 한다.
④ 지방출입국·외국인관서의 장은 강제퇴거명령서를 발급하는 경우 법무부장관에게 이의신청을 할 수 있다는 사실을 용의자에게 알려야 한다.

제60조(이의신청)

① 용의자는 강제퇴거명령에 대하여 이의신청을 하려면 강제퇴거명령서를 받은 날부터 7일 이내에 지방출입국·외국인관서의 장을 거쳐 법무부장관에게 이의신청서를 제출하여야 한다.

제5절 강제퇴거명령서의 집행

제62조(강제퇴거명령서의 집행)

① 강제퇴거명령서는 출입국관리공무원이 집행한다.

② 지방출입국·외국인관서의 장은 사법경찰관리에게 강제퇴거명령서의 집행을 의뢰할 수 있다.

제64조(송환국)

① 강제퇴거명령을 받은 사람은 국적이나 시민권을 가진 국가로 송환된다.

② 제1항에 따른 국가로 송환할 수 없는 경우에는 다음 각 호의 어느 하나에 해당하는 국가로 송환할 수 있다.

1. 대한민국에 입국하기 전에 거주한 국가
2. 출생지가 있는 국가
3. 대한민국에 입국하기 위하여 선박등에 탔던 항(港)이 속하는 국가
4. 제1호부터 제3호까지에서 규정한 국가 외에 본인이 송환되기를 희망하는 국가

제7절 출국권고 등

제67조(출국권고)

① 지방출입국·외국인관서의 장은 대한민국에 체류하는 외국인이 다음 각 호의 어느 하나에 해당하면 그 외국인에게 자진하여 출국할 것을 권고할 수 있다.

1. 제17조와 제20조를 위반한 사람으로서 그 위반 정도가 가벼운 경우
2. 제1호에서 규정한 경우 외에 이 법 또는 이 법에 따른 명령을 위반한 사람으로서 법무부장관이 그 출국을 권고할 필요가 있다고 인정하는 경우

제68조(출국명령)

① 지방출입국·외국인관서의 장은 다음 각 호의 어느 하나에 해당하는 외국인에게는 출국명령을 할 수 있다.

1. 제46조제1항 각 호의 어느 하나에 해당한다고 인정되나 자기비용으로 자진하여 출국하려는 사람
2. 제67조에 따른 출국권고를 받고도 이행하지 아니한 사람
3. 제89조에 따라 각종 허가 등이 취소된 사람
4. 제100조제1항부터 제3항까지의 규정에 따른 과태료 처분 후 출국조치하는 것이 타당하다고 인정되는 사람
5. 제102조제1항에 따른 통고처분(通告処分) 후 출국조치하는 것이 타당하다고 인정되는 사람

② 지방출입국·외국인관서의 장은 제1항에 따라 출국명령을 할 때에는 출국명령서를 발급하여야 한다

③ 제2항에 따른 출국명령서를 발급할 때에는 법무부령으로 정하는 바에 따라 출국기한을 정하고 주거의 제한이나 그 밖에 필요한 조건을 붙일 수 있다.

④ 지방출입국·외국인관서의 장은 출국명령을 받고도 지정한 기한까지 출국하지 아니하거나 제3항에 따라 붙인 조건을 위반한 사람에게는 지체 없이 강제퇴거명령서를 발급하여야 한다.

제76조의5(난민여행증명서)

① 법무부장관은 「난민법」에 따른 난민인정자가 출국하려고 할 때에는 그의 신청에 의하여 대통령령으로 정하는 바에 따라 난민여행증명서를 발급하여야 한다. 다만, 그의 출국이 대한민국의 안전을 해칠 우려가 있다고 인정될 때에는 그러하지 아니하다.

② 제1항에 따른 난민여행증명서의 유효기간은 3년으로 한다.

③ 제1항에 따라 난민여행증명서를 발급받은 사람은 그 증명서의 유효기간 만료일까지 횟수에 제한 없이 대한민국에서 출국하거나 대한민국으로 입국할 수 있다. 이 경우 입국할 때에는 제30조에 따른 재입국허가를 받지 아니하여도 된다.

④ 법무부장관은 제3항의 경우 특히 필요하다고 인정되면 3개월 이상 1년 미만의 범위에서 입국할 수 있는 기간을 제한할 수 있다.

⑤ 법무부장관은 제1항에 따라 난민여행증명서를 발급받고 출국한 사람이 질병이나 그 밖의 부득이한 사유로 그 증명서의 유효기간 내에 재입국할 수 없는 경우에는 그의 신청을 받아 6개월을 초과하지 아니하는 범위에서 그 유효기간의 연장을 허가할 수 있다.

제11장 고발과 통고처분

제1절 고발

제101조(고발)

① 출입국사범에 관한 사건은 지방출입국·외국인관서의 장의 고발이 없으면 공소(公訴)를 제기할 수 없다.

② 출입국관리공무원 외의 수사기관이 제1항에 해당하는 사건을 입건(立件)하였을 때에는 지체 없이 관할 지방출입국·외국인관서의 장에게 인계하여야 한다.

 # 내국인 또는 외국인에 대한 조사사항

내국인	출국금지
외국인	㉠ 입국금지 ㉡ 출국정지 ㉢ 강제퇴거 ㉣ 보호조치 및 일시보호 ㉤ 출국권고 ㉥ 출국명령
내국인 또는 외국인	㉠ 통고처분 ㉡ 고발조치

제2절 통고처분

제102조(통고처분)

① 지방출입국·외국인관서의 장은 출입국사범에 대한 조사 결과 범죄의 확증을 얻었을 때에는 그 이유를 명확하게 적어 서면으로 벌금에 상당하는 금액(이하 "범칙금"이라 한다)을 지정한 곳에 낼 것을 통고할 수 있다.

③ 지방출입국·외국인관서의 장은 조사 결과 범죄의 정상이 금고 이상의 형에 해당할 것으로 인정되면 즉시 고발하여야 한다.

제105조(통고처분의 불이행과 고발)

① 출입국사범은 통고서를 송달받으면 15일 이내에 범칙금을 내야 한다.

② 지방출입국·외국인관서의 장은 출입국사범이 제1항에 따른 기간에 범칙금을 내지 아니하면 고발하여야 한다. 다만, 고발하기 전에 범칙금을 낸 경우에는 그러하지 아니하다.

③ 출입국사범에 대하여 강제퇴거명령서를 발급한 경우에는 제2항 본문에도 불구하고 고발하지 아니한다.

제106조(일사부재리)

출입국사범이 통고한 대로 범칙금을 내면 동일한 사건에 대하여 다시 처벌받지 아니한다.

여권법

제1장 총칙

제1조(목적)

이 법은 여권(旅券)의 발급, 효력과 그 밖에 여권에 관하여 필요한 사항을 규정함을 목적으로 한다.

제2조(여권의 소지)

외국을 여행하려는 국민은 이 법에 따라 발급된 여권을 소지하여야 한다.

제3조(발급권자)

여권은 외교부장관이 발급한다.

제2장 여권의 종류 및 유효기간

제4조(여권의 종류)

① 여권의 종류는 일반여권·관용여권과 외교관여권으로 하되, 이를 각각 1회에 한하여 외국여행을 할 수 있는 여권(이하 "단수여권"이라 한다)과 유효기간 만료일까지 횟수에 제한 없이 외국여행을 할 수 있는 여권(이하 "복수여권"이라 한다)으로 구분할 수 있다.

② 관용여권과 외교관여권의 발급대상자는 대통령령으로 정한다.

제5조(여권의 유효기간)

① 제4조에 따른 여권의 종류별 유효기간은 다음 각 호와 같다.

1. 일반여권 : 10년 이내
2. 관용여권 : 5년 이내
3. 외교관여권 : 5년 이내

② 여권의 종류별 유효기간의 설정 등에 필요한 사항은 대통령령으로 정한다.

제6조(단수여권의 발급)

① 외교부장관은 다음 각 호의 어느 하나에 해당하는 경우에는 1년 이내의 유효기간이 설정된 단수여권을 발급할 수 있다.

1. 여권발급 신청인이 요청하는 경우
2. 제12조제4항에 따라 여권을 발급하는 경우
3. 「병역법」에 따라 국외여행의 허가를 받아야 하는 사람으로서 대통령령으로 정하는 사람에게 여권을 발급하는 경우
4. 제11조제2항의 확인기간 내에 유학생의 학사일정에 따른 출국 등 부득이한 사유로 국외여행을 하여야 할 필요가 있다고 인정되는 사람에게 여권을 발급하는 경우

② 단수여권의 발급에 관한 세부사항은 대통령령으로 정한다.

제9조(여권의 발급 신청)

① 여권을 발급받으려는 사람은 제8조의 정보를 제공하면서 외교부장관에게 여권의 발급을 신청하여야 한다. 다만, 지문을 채취할 수 없는 부득이한 사정이 있는 등 대통령령으로 정하는 경우에는 지문을 제공하지 아니할 수 있다.

② 제1항에 따른 여권의 발급 신청은 본인이 직접 하여야 한다. 다만, 외교부령으로 정하는 사람에 대하여는 대리인으로 하여금 신청하게 할 수 있다.

제11조(여권의 재발급)

① 여권을 발급받은 사람은 다음 각 호의 어느 하나에 해당하면 외교부장관에게 여권의 재발급을 신청할 수 있다.

1. 제7조제1항 각 호의 정보의 정정이나 변경이 필요한 경우
2. 발급받은 여권을 잃어버린 경우
3. 발급받은 여권이 헐어 못쓰게 된 경우

② 외교부장관은 다음 각 호의 어느 하나에 해당하는 경우에는 여권의 재발급 전에 여권을 잃어버리게 된 경위 등을 관계 기관을 통하여 확인할 수 있다. 이 경우 확인기간은 특별한 사유가 없는 한 재발급 신청일부터 30일 이내로 한다.

1. 여권의 재발급 신청일 전 5년 이내에 2회 이상 여권을 잃어버린 사람이 같은 사유로 여권의 재발급을 신청하는 경우
2. 여권을 잃어버리게 된 경위를 정확하게 기재하지 아니하거나 그 경위를 의심할만한 상당한 이유가 있는 경우

③ 여권의 재발급에 필요한 사항은 대통령령으로 정한다.

제12조(여권의 발급 등의 거부·제한)

① 외교부장관은 다음 각 호의 어느 하나에 해당하는 사람에 대하여는 여권의 발급 또는 재발급을 거부할 수 있다.

1. 장기 2년 이상의 형(刑)에 해당하는 죄를 범하고 기소(起訴)되어 있는 사람 또는 장기 3년 이상의 형에 해당하는 죄를 범하고 국외로 도피하여 기소중지된 사람
2. 제24조부터 제26조까지에 규정된 죄를 범하여 형을 선고받고 그 집행이 종료되지 아니하거나 집행을 받지 아니하기로 확정되지 아니한 사람
3. 제2호 외의 죄를 범하여 금고 이상의 형을 선고받고 그 집행이 종료되지 아니하거나 그 집행을 받지 아니하기로 확정되지 아니한 사람
4. 국외에서 대한민국의 안전보장·질서유지나 통일·외교정책에 중대한 침해를 야기할 우려가 있는 경우로서 다음 각 목의 어느 하나에 해당하는 사람
   가. 출국할 경우 테러 등으로 생명이나 신체의 안전이 침해될 위험이 큰 사람
   나. 「보안관찰법」 제4조에 따라 보안관찰처분을 받고 그 기간 중에 있으면서 같은 법 제22조에 따라 경고를 받은 사람

② 외교부장관은 제1항제4호에 해당하는 사람인지의 여부를 판단하려고 할 때에는 미리 법무부장관과 협의하고 제18조에 따른 여권정책심의위원회의 심의를 거쳐야 한다.

③ 외교부장관은 다음 각 호의 어느 하나에 해당하는 사람에 대하여는 그 사실이 있는 날부터 1년 이상 3년 이하의 기간 동안 여권의 발급 또는 재발급을 제한할 수 있다.

1. 제1항제2호에서 규정하는 죄를 범하여 그 형의 집행을 종료하거나 그 형의 집행을 받지 아니하기로 확정된 사람
2. 외국에서의 위법한 행위 등으로 국위(国威)를 크게 손상시킨 사실이 재외공관 또는 관계 행정기관으로부터 통보된 사람

④ 외교부장관은 제1항이나 제3항에 따라 여권의 발급 또는 재발급이 거부되거나 제한된 사람에 대하여 긴급한 인도적 사유 등 대통령령으로 정하는 사유가 있는 경우에는 해당 사유에 따른 여행목적에만 사용할 수 있는 여권을 발급할 수 있다.

제13조(여권의 효력상실)

① 여권은 다음 각 호의 어느 하나에 해당하는 때에는 그 효력을 잃는다.

1. 여권의 유효기간이 끝난 때
2. 여권이 발급된 날부터 6개월이 지날 때까지 신청인이 그 여권을 받아가지 아니한 때
3. 여권을 잃어버려 그 명의인이 대통령령으로 정하는 바에 따라 재발급을 신청한 때
4. 여권의 발급 또는 재발급을 신청하기 위하여 반납된 여권의 경우에는 신청한 여권이 발급되거나 재발급된 때
5. 발급된 여권이 변조된 때
6. 여권이 다른 사람에게 양도되거나 대여되어 행사된 때
7. 여권의 발급이나 재발급을 받은 사람이 외국국적을 취득하여 「국적법」에 따라 국적을 상실한 때
8. 제19조에 따라 여권의 반납명령을 받고도 지정한 반납기간 내에 정당한 사유 없이 여권을 반납하지 아니한 때
9. 단수여권의 경우에는 여권의 명의인이 귀국한 때

제14조(여권을 갈음하는 증명서)

① 외교부장관은 국외 체류 중에 여권을 잃어버린 사람으로서 여권의 발급을 기다릴 시간적 여유가 없는 사람 등 대통령령으로 정하는 사람에게 여행목적지가 기재된 여권을 갈음하는 증명서(이하 "여행증명서"라 한다)를 발급할 수 있다.

② 여행증명서의 유효기간은 1년 이내로 하되, 그 여행증명서의 발급 목적을 이루면 그 효력을 잃는다.

제16조(여권의 부정한 발급·행사 등의 금지)

누구든지 다음 각 호에 해당하는 행위를 하여서는 아니 된다.

1. 여권의 발급이나 재발급을 받기 위하여 제출한 서류에 거짓된 사실을 적거나 그 밖의 부정한 방법으로 여권의 발급·재발급을 받는 행위나 이를 알선하는 행위
2. 다른 사람 명의의 여권을 사용하는 행위
3. 사용하게 할 목적으로 여권을 다른 사람에게 양도·대여하거나 이를 알선하는 행위
4. 사용할 목적으로 다른 사람 명의의 여권을 양도받거나 대여받는 행위
5. 채무이행의 담보로 여권을 제공하거나 제공받는 행위

국제형사사법공조법

제1장 총칙

제1조(목적)
이 법은 형사사건의 수사 또는 재판과 관련하여 외국의 요청에 따라 실시하는 공조(共助) 및 외국에 대하여 요청하는 공조의 범위와 절차 등을 정함으로써 범죄를 진압하고 예방하는 데에 국제적인 협력을 증진함을 목적으로 한다.

제2조(정의) 이 법에서 사용하는 용어의 뜻은 다음과 같다.

공조	대한민국과 외국 간에 형사사건의 수사 또는 재판에 필요한 협조를 제공하거나 제공받는 것을 말한다.
공조조약	대한민국과 외국 간에 체결된 공조에 관한 조약·협정 등을 말한다.
요청국	대한민국에 공조를 요청한 국가를 말한다.
공조범죄	공조의 대상이 되어 있는 범죄를 말한다.

제3조(공조조약과의 관계)
공조에 관하여 공조조약에 이 법과 다른 규정이 있는 경우에는 그 규정에 따른다.

제4조(상호주의)
공조조약이 체결되어 있지 아니한 경우에도 동일하거나 유사한 사항에 관하여 대한민국의 공조요청에 따른다는 요청국의 보증이 있는 경우에는 이 법을 적용한다.

제6조(공조의 제한) 다음 각 호의 어느 하나에 해당하는 경우에는 공조를 하지 아니할 수 있다.

1. 대한민국의 주권, 국가안전보장, 안녕질서 또는 미풍양속을 해칠 우려가 있는 경우
2. 인종, 국적, 성별, 종교, 사회적 신분 또는 특정 사회단체에 속한다는 사실이나 정치적 견해를 달리한다는 이유로 처벌되거나 형사상 불리한 처분을 받을 우려가 있다고 인정되는 경우
3. 공조범죄가 정치적 성격을 지닌 범죄이거나, 공조요청이 정치적 성격을 지닌 다른 범죄에 대한 수사 또는 재판을 할 목적으로 한 것이라고 인정되는 경우
4. 공조범죄가 대한민국의 법률에 의하여는 범죄를 구성하지 아니하거나 공소를 제기할 수 없는 범죄인 경우
5. 이 법에 요청국이 보증하도록 규정되어 있음에도 불구하고 요청국의 보증이 없는 경우

제7조(공조의 연기)
대한민국에서 수사가 진행 중이거나 재판에 계속(係屬)된 범죄에 대하여 외국의 공조요청이 있는 경우에는 그 수사 또는 재판 절차가 끝날 때까지 공조를 연기할 수 있다.

제9조(요청국에서의 협조)

① 요청국으로부터 공조범죄와 관계있는 사람 등에 대하여 수사 또는 재판 절차에 협조하도록 요청받은 경우에는, 그 요청된 당사자가 서면으로 동의하는 경우에만 요청국에서 협조하게 할 수 있다.

② 제1항의 경우 협조요청의 당사자에 대하여는 그 이전에 한 행위로 요청국에서 기소되거나 처벌받지 아니하고 자유를 제한당하지 아니한다는 요청국의 보증이 있어야 한다.

③ 교정시설(矯正施設)에서 형을 받고 있는 사람(이하 "수형자"라 한다)이 제1항에 따른 요청의 당사자인 경우 그 수형자에 대하여는 제2항에도 불구하고 대한민국의 요구대로 계속 구금되며 구금 상태로 대한민국으로 송환된다는 요청국의 보증이 있어야 한다. 이 경우 요청국에서 구금한 기간은 대한민국에서 집행할 구금 일수에 포함한다.

제14조(외교부장관의 조치)

외교부장관은 요청국으로부터 형사사건의 수사에 관한 공조요청을 받았을 때에는 공조요청서에 관계 자료 및 의견을 첨부하여 법무부장관에게 송부하여야 한다.

제15조(법무부장관의 조치)

① 공조요청서를 받은 법무부장관은 공조요청에 응하는 것이 타당하다고 인정하는 경우에는 제2항의 경우를 제외하고는 다음 각 호의 어느 하나의 조치를 하여야 한다.

1. 공조를 위하여 적절하다고 인정되는 지방검찰청 검사장(이하 "검사장"이라 한다)에게 관계 자료를 송부하고 공조에 필요한 조치를 하도록 명하는 것
2. 제9조제3항의 경우에는 수형자가 수용되어 있는 교정시설의 장에게 수형자의 이송에 필요한 조치를 명하는 것

② 법무부장관은 공조요청이 법원 또는 검사가 보관하는 소송서류의 제공에 관한 것일 경우에는 그 서류를 보관하고 있는 법원 또는 검사에게 공조요청서를 송부하여야 한다.

③ 법무부장관은 이 법 또는 공조조약에 따라 공조할 수 없거나 공조하지 아니하는 것이 타당하다고 인정하는 경우 또는 공조를 연기하려는 경우에는 외교부장관과 협의하여야 한다.

제22조(법무부장관의 공조 자료 송부 등)

① 법무부장관은 제21조에 따른 공조 자료 등을 받거나 보고받았을 때에는 공조에 필요한 자료를 외교부장관에게 송부하여야 한다.

② 법무부장관은 제1항에 따라 자료를 송부할 때에는 그 자료 등의 사용·반환 또는 기밀 유지 등에 관하여 요청국이 지켜야 할 준수사항을 정하여, 그 이행에 대한 보증을 요구하도록 외교부장관에게 요청할 수 있다.

③ 외교부장관은 법무부장관으로부터 제2항에 따른 요청을 받았을 때에는 적절한 조치를 한 후 그 결과를 법무부장관에게 통지하여야 한다.

제5장 외국에 대한 수사에 관한 공조요청

제29조(검사의 공조요청)

검사는 외국에 수사에 관한 공조요청을 하려면 법무부장관에게 공조요청서를 송부하여야 하고, 사법경찰관은 검

사에게 신청하여 법무부장관에게 공조요청서를 송부하여야 한다.

제30조(법무부장관의 조치)

제29조에 따른 공조요청서를 받은 법무부장관은 외국에 공조요청하는 것이 타당하다고 인정하는 경우에는 그 공조요청서를 외교부장관에게 송부하여야 한다. 다만, 긴급한 조치가 필요한 경우나 특별한 사정이 있는 경우에는 외교부장관의 동의를 받아 공조요청서를 직접 외국에 송부할 수 있다.

제31조(외교부장관의 조치)

외교부장관은 법무부장관으로부터 제30조에 따른 공조요청서를 받았을 때에는 이를 외국에 송부하여야 한다. 다만, 외교 관계상 공조요청하는 것이 타당하지 아니하다고 인정하는 경우에는 이에 관하여 법무부장관과 협의하여야 한다.

황색수배서 (가출인수배서=Yellow Notice)	**가출인의 소재확인** 또는 기억상실자 등의 신원확인을 할 목적으로 발행하는 수배서이다.
녹색수배서 (국제경고 수배서=Green Notice)	상습적으로 범행하였거나 범행할 가능성이 있는 **국제범죄자의 동향을 파악**하여 사전에 그 범행을 방지할 목적으로 발행하는 수배서이다.
청색수배서 (국제정보 조회수배서=Blue Notice)	일반 형법을 위반하여 체포영장이 발부되어 **피수배자의 신원과 소재확인을 목적**으로 수배자의 도피처가 명확한 경우에 한하여 발행하는 수배서이다.
오렌지 수배서 (안전경보=Orange Notice)	2004년 **폭발물, 테러범 등**에 대하여 경보하기 위하여 발행하는 수배서이다.
적색수배서 (국제체포 수배서=Red Notice)	가장 중요한 수배서로서 일반형법을 위반하여 체포영장이 발부된 범죄인에 대하여 **범죄인 인도를 목적**으로 하는 경우에 발행하는 수배서이다.
장물수배서 (Stolen Notice)	**도난당하였거나** 불법 취득한 것으로 보이는 물건에 대해 수배를 하는 것을 말한다.
흑색수배서 (변사자수배서=Black Notice)	**사망자의 신원을 확인**할 수 없거나 또는 사망자가 가명을 사용하였을 경우 정확한 신원을 파악할 목적으로 발행하는 수배서이다.
자주색 수배서 (범죄수법 수배서=Modus Operandi)	각국에서 범인들이 사용한 **새로운 범죄수법 등**을 회원국에 배포할 때 발행하는 수배서이다.

국제형사재판소 관할 범죄의 처벌 등에 관한 법률

제1장 총칙

제1조(목적)

이 법은 인간의 존엄과 가치를 존중하고 국제사회의 정의를 실현하기 위하여 「국제형사재판소에 관한 로마규정」에 따른 국제형사재판소의 관할 범죄를 처벌하고 대한민국과 국제형사재판소 간의 협력에 관한 절차를 정함을 목적으로 한다.

제2조(정의) 이 법에서 사용하는 용어의 뜻은 다음과 같다.

1. "집단살해죄등"이란 제8조부터 제14조까지의 죄를 말한다.
2. "국제형사재판소"란 1998년 7월 17일 이탈리아 로마에서 개최된 국제연합 전권외교회의에서 채택되어 2002년 7월 1일 발효된 「국제형사재판소에 관한 로마규정」(이하 "국제형사재판소규정"이라 한다)에 따라 설립된 재판소를 말한다.
3. "제네바협약"이란 「육전에 있어서의 군대의 부상자 및 병자의 상태 개선에 관한 1949년 8월 12일자 제네바협약」(제1협약), 「해상에 있어서의 군대의 부상자, 병자 및 조난자의 상태 개선에 관한 1949년 8월 12일자 제네바협약」(제2협약), 「포로의 대우에 관한 1949년 8월 12일자 제네바협약」(제3협약) 및 「전시에 있어서의 민간인의 보호에 관한 1949년 8월 12일자 제네바협약」(제4협약)을 말한다.
4. "외국인"이란 대한민국의 국적을 가지지 아니한 사람을 말한다.
5. "노예화"란 사람에 대한 소유권에 부속되는 모든 권한의 행사를 말하며, 사람 특히 여성과 아동을 거래하는 과정에서 그러한 권한을 행사하는 것을 포함한다.
6. "강제임신"이란 주민의 민족적 구성에 영향을 미치거나 다른 중대한 국제법 위반을 실행할 의도로 강제로 임신시키거나 강제로 임신하게 된 여성을 정당한 사유 없이 불법적으로 감금하여 그 임신 상태를 유지하도록 하는 것을 말한다.
7. "인도(人道)에 관한 국제법규에 따라 보호되는 사람"이란 다음 각 목의 어느 하나에 해당하는 사람을 말한다.
   가. 국제적 무력충돌의 경우에 제네바협약 및 「1949년 8월 12일자 제네바협약에 대한 추가 및 국제적 무력충돌의 희생자 보호에 관한 의정서」(제1의정서)에 따라 보호되는 부상자, 병자, 조난자, 포로 또는 민간인
   나. 비국제적 무력충돌의 경우에 부상자, 병자, 조난자 또는 적대행위에 직접 참여하지 아니한 사람으로서 무력충돌 당사자의 지배하에 있는 사람
   다. 국제적 무력충돌 또는 비국제적 무력충돌의 경우에 항복하거나 전투 능력을 잃은 적대 당사자 군대의 구성원이나 전투원

제3조(적용범위)

① 이 법은 대한민국 영역 안에서 이 법으로 정한 죄를 범한 내국인과 외국인에게 적용한다.

② 이 법은 대한민국 영역 밖에서 이 법으로 정한 죄를 범한 내국인에게 적용한다.

③ 이 법은 대한민국 영역 밖에 있는 대한민국의 선박 또는 항공기 안에서 이 법으로 정한 죄를 범한 외국인에게 적용한다.
④ 이 법은 대한민국 영역 밖에서 대한민국 또는 대한민국 국민에 대하여 이 법으로 정한 죄를 범한 외국인에게 적용한다.
⑤ 이 법은 대한민국 영역 밖에서 집단살해죄등을 범하고 대한민국영역 안에 있는 외국인에게 적용한다.

제4조(상급자의 명령에 따른 행위) ① 정부 또는 상급자의 명령에 복종할 법적 의무가 있는 사람이 그 명령에 따른 자기의 행위가 불법임을 알지 못하고 집단살해죄등을 범한 경우에는 명령이 명백한 불법이 아니고 그 오인(誤認)에 정당한 이유가 있을 때에만 처벌하지 아니한다.
② 제1항의 경우에 제8조 또는 제9조의 죄를 범하도록 하는 명령은 명백히 불법인 것으로 본다.

제5조(지휘관과 그 밖의 상급자의 책임) 군대의 지휘관(지휘관의 권한을 사실상 행사하는 사람을 포함한다. 이하 같다) 또는 단체·기관의 상급자(상급자의 권한을 사실상 행사하는 사람을 포함한다. 이하 같다)가 실효적인 지휘와 통제하에 있는 부하 또는 하급자가 집단살해죄등을 범하고 있거나 범하려는 것을 알고도 이를 방지하기 위하여 필요한 상당한 조치를 하지 아니하였을 때에는 그 집단살해죄등을 범한 사람을 처벌하는 외에 그 지휘관 또는 상급자도 각 해당 조문에서 정한 형으로 처벌한다.

제6조(시효의 적용 배제) 집단살해죄등에 대하여는 「형사소송법」 제249조부터 제253조까지 및 「군사법원법」 제291조부터 제295조까지의 규정에 따른 공소시효와 「형법」 제77조부터 제80조까지의 규정에 따른 형의 시효에 관한 규정을 적용하지 아니한다.

제7조(면소의 판결) 집단살해죄등의 피고사건에 관하여 이미 국제형사재판소에서 유죄 또는 무죄의 확정판결이 있은 경우에는 판결로써 면소(免訴)를 선고하여야 한다.

제2장 국제형사재판소 관할 범죄의 처벌

제8조(집단살해죄) ① 국민적·인종적·민족적 또는 종교적 집단 자체를 전부 또는 일부 파괴할 목적으로 그 집단의 구성원을 살해한 사람은 사형, 무기 또는 7년 이상의 징역에 처한다.
② 제1항과 같은 목적으로 다음 각 호의 어느 하나에 해당하는 행위를 한 사람은 무기 또는 5년 이상의 징역에 처한다.
1. 제1항의 집단의 구성원에 대하여 중대한 신체적 또는 정신적 위해(危害)를 끼치는 행위
2. 신체의 파괴를 불러일으키기 위하여 계획된 생활조건을 제1항의 집단에 고의적으로 부과하는 행위
3. 제1항의 집단 내 출생을 방지하기 위한 조치를 부과하는 행위
4. 제1항의 집단의 아동을 강제로 다른 집단으로 이주하도록 하는 행위
③ 제2항 각 호의 어느 하나에 해당하는 행위를 하여 사람을 사망에 이르게 한 사람은 제1항에서 정한 형에 처한다.
④ 제1항 또는 제2항의 죄를 선동한 사람은 5년 이상의 유기징역에 처한다.
⑤ 제1항 또는 제2항에 규정된 죄의 미수범은 처벌한다.

제9조(인도에 반한 죄) ① 민간인 주민을 공격하려는 국가 또는 단체·기관의 정책과 관련하여 민간인 주민에 대한 광범위하거나 체계적인 공격으로 사람을 살해한 사람은 사형, 무기 또는 7년 이상의 징역에 처한다.

② 민간인 주민을 공격하려는 국가 또는 단체·기관의 정책과 관련하여 민간인 주민에 대한 광범위하거나 체계적인 공격으로 다음 각 호의 어느 하나에 해당하는 행위를 한 사람은 무기 또는 5년 이상의 징역에 처한다.

1. 식량과 의약품에 대한 주민의 접근을 박탈하는 등 일부 주민의 말살을 불러올 생활조건을 고의적으로 부과하는 행위
2. 사람을 노예화하는 행위
3. 국제법규를 위반하여 강제로 주민을 그 적법한 주거지에서 추방하거나 이주하도록 하는 행위
4. 국제법규를 위반하여 사람을 감금하거나 그 밖의 방법으로 신체적 자유를 박탈하는 행위
5. 자기의 구금 또는 통제하에 있는 사람에게 정당한 이유 없이 중대한 신체적 또는 정신적 고통을 주어 고문하는 행위
6. 강간, 성적 노예화, 강제매춘, 강제임신, 강제불임 또는 이와 유사한 중대한 성적 폭력 행위
7. 정치적·인종적·국민적·민족적·문화적·종교적 사유, 성별 또는 그 밖의 국제법규에 따라 인정되지 아니하는 사유로 집단 또는 집합체 구성원의 기본적 인권을 박탈하거나 제한하는 행위
8. 사람을 장기간 법의 보호로부터 배제시킬 목적으로 국가 또는 정치단체의 허가·지원 또는 묵인하에 이루어지는 다음 각 목의 어느 하나에 해당하는 행위
   가. 사람을 체포·감금·약취 또는 유인(이하 "체포등"이라 한다)한 후 그 사람에 대한 체포등의 사실, 인적 사항, 생존 여부 및 소재지 등에 대한 정보 제공을 거부하거나 거짓 정보를 제공하는 행위
   나. 가목에 규정된 정보를 제공할 의무가 있는 사람이 정보 제공을 거부하거나 거짓 정보를 제공하는 행위
9. 제1호부터 제8호까지의 행위 외의 방법으로 사람의 신체와 정신에 중대한 고통이나 손상을 주는 행위

③ 인종집단의 구성원으로서 다른 인종집단을 조직적으로 억압하고 지배하는 체제를 유지할 목적으로 제1항 또는 제2항에 따른 행위를 한 사람은 각 항에서 정한 형으로 처벌한다.

④ 제2항 각 호의 어느 하나에 해당하는 행위 또는 제3항의 행위(제2항 각 호의 어느 하나에 해당하는 행위로 한정한다)를 하여 사람을 사망에 이르게 한 사람은 제1항에서 정한 형에 처한다.

⑤ 제1항부터 제3항까지에 규정된 죄의 미수범은 처벌한다.

제10조(사람에 대한 전쟁범죄)

① 국제적 무력충돌 또는 비국제적 무력충돌(폭동이나 국지적이고 산발적인 폭력행위와 같은 국내적 소요나 긴장 상태는 제외한다. 이하 같다)과 관련하여 인도에 관한 국제법규에 따라 보호되는 사람을 살해한 사람은 사형, 무기 또는 7년 이상의 징역에 처한다.

② 국제적 무력충돌 또는 비국제적 무력충돌과 관련하여 다음 각 호의 어느 하나에 해당하는 행위를 한 사람은 무기 또는 5년 이상의 징역에 처한다.

1. 인도에 관한 국제법규에 따라 보호되는 사람을 인질로 잡는 행위
2. 인도에 관한 국제법규에 따라 보호되는 사람에게 고문이나 신체의 절단 등으로 신체 또는 건강에 중대한 고통이나 손상을 주는 행위
3. 인도에 관한 국제법규에 따라 보호되는 사람을 강간, 강제매춘, 성적 노예화, 강제임신 또는 강제불임의 대상으로 삼는 행위

③ 국제적 무력충돌 또는 비국제적 무력충돌과 관련하여 다음 각 호의 어느 하나에 해당하는 행위를 한 사람은

3년 이상의 유기징역에 처한다.

1. 인도에 관한 국제법규에 따라 보호되는 사람을 국제법규를 위반하여 주거지로부터 추방하거나 이송하는 행위
2. 공정한 정식재판에 의하지 아니하고 인도에 관한 국제법규에 따라 보호되는 사람에게 형을 부과하거나 집행하는 행위
3. 치료의 목적 등 정당한 사유 없이 인도에 관한 국제법규에 따라 보호되는 사람을 그의 자발적이고 명시적인 사전 동의 없이 생명·신체에 중대한 위해를 끼칠 수 있는 의학적·과학적 실험의 대상으로 삼는 행위
4. 조건 없이 항복하거나 전투능력을 잃은 군대의 구성원이나 전투원에게 상해(傷害)를 입히는 행위
5. 15세 미만인 사람을 군대 또는 무장집단에 징집 또는 모병의 방법으로 참여하도록 하거나 적대행위에 참여하도록 하는 행위

④ 국제적 무력충돌 또는 비국제적 무력충돌과 관련하여 인도에 관한 국제법규에 따라 보호되는 사람을 중대하게 모욕하거나 품위를 떨어뜨리는 처우를 한 사람은 1년 이상의 유기징역에 처한다.

⑤ 국제적 무력충돌과 관련하여 다음 각 호의 어느 하나에 해당하는 행위를 한 사람은 3년 이상의 유기징역에 처한다.

1. 정당한 사유 없이 인도에 관한 국제법규에 따라 보호되는 사람을 감금하는 행위
2. 자국의 주민 일부를 점령지역으로 이주시키는 행위
3. 인도에 관한 국제법규에 따라 보호되는 사람으로 하여금 강제로 적국의 군대에 복무하도록 하는 행위
4. 적국의 국민을 강제로 자신의 국가에 대한 전쟁 수행에 참여하도록 하는 행위

⑥ 제2항·제3항 또는 제5항의 죄를 범하여 사람을 사망에 이르게 한 사람은 사형, 무기 또는 7년 이상의 징역에 처한다.

⑦ 제1항부터 제5항까지에 규정된 죄의 미수범은 처벌한다.

[전문개정 2011.4.12.]

제11조(재산 및 권리에 대한 전쟁범죄) ① 국제적 무력충돌 또는 비국제적 무력충돌과 관련하여 적국 또는 적대 당사자의 재산을 약탈하거나 무력충돌의 필요상 불가피하지 아니한데도 적국 또는 적대 당사자의 재산을 국제법규를 위반하여 광범위하게 파괴·징발하거나 압수한 사람은 무기 또는 3년 이상의 징역에 처한다.

② 국제적 무력충돌과 관련하여 국제법규를 위반하여 적국의 국민 전부 또는 다수의 권리나 소송행위가 법정에서 폐지·정지되거나 허용되지 아니한다고 선언한 사람은 3년 이상의 유기징역에 처한다.

③ 제1항 또는 제2항에 규정된 죄의 미수범은 처벌한다.

제12조(인도적 활동이나 식별표장 등에 관한 전쟁범죄)

① 국제적 무력충돌 또는 비국제적 무력충돌과 관련하여 다음 각 호의 어느 하나에 해당하는 행위를 한 사람은 3년 이상의 유기징역에 처한다.

1. 국제연합헌장에 따른 인도적 원조나 평화유지임무와 관련된 요원·시설·자재·부대 또는 차량이 무력충돌에 관한 국제법에 따라 민간인 또는 민간 대상물에 부여되는 보호를 받을 자격이 있는데도 그들을 고의적으로 공격하는 행위
2. 제네바협약에 규정된 식별표장(識別表裝)을 정당하게 사용하는 건물, 장비, 의무부대, 의무부대의 수송수단 또는 요원을 공격하는 행위

② 국제적 무력충돌 또는 비국제적 무력충돌과 관련하여 제네바협약에 규정된 식별표장·휴전기(休戰旗), 적이나 국제연합의 깃발·군사표지 또는 제복을 부정한 방법으로 사용하여 사람을 사망에 이르게 하거나 사람의 신체에 중대한 손상을 입힌 사람은 다음의 구분에 따라 처벌한다.

1. 사람을 사망에 이르게 한 사람은 사형, 무기 또는 7년 이상의 징역에 처한다.
2. 사람의 신체에 중대한 손상을 입힌 사람은 무기 또는 5년 이상의 징역에 처한다.

③ 제1항 또는 제2항에 규정된 죄의 미수범은 처벌한다.

제13조(금지된 방법에 의한 전쟁범죄)

① 국제적 무력충돌 또는 비국제적 무력충돌과 관련하여 다음 각 호의 어느 하나에 해당하는 행위를 한 사람은 무기 또는 3년 이상의 징역에 처한다.

1. 민간인 주민을 공격의 대상으로 삼거나 적대행위에 직접 참여하지 아니한 민간인 주민을 공격의 대상으로 삼는 행위
2. 군사목표물이 아닌 민간 대상물로서 종교·교육·예술·과학 또는 자선 목적의 건물, 역사적 기념물, 병원, 병자 및 부상자를 수용하는 장소, 무방비 상태의 마을·거주지·건물 또는 위험한 물리력을 포함하고 있는 댐 등 시설물을 공격하는 행위
3. 군사작전상 필요에 비하여 지나치게 민간인의 신체·생명 또는 민간 대상물에 중대한 위해를 끼치는 것이 명백한 공격 행위
4. 특정한 대상에 대한 군사작전을 막을 목적으로 인도에 관한 국제법규에 따라 보호되는 사람을 방어수단으로 이용하는 행위
5. 인도에 관한 국제법규를 위반하여 민간인들의 생존에 필수적인 물품을 박탈하거나 그 물품의 공급을 방해함으로써 기아(飢餓)를 전투수단으로 사용하는 행위
6. 군대의 지휘관으로서 예외 없이 적군을 살해할 것을 협박하거나 지시하는 행위
7. 국제법상 금지되는 배신행위로 적군 또는 상대방 전투원을 살해하거나 상해를 입히는 행위

② 제1항제1호부터 제6호까지의 죄를 범하여 인도에 관한 국제법규에 따라 보호되는 사람을 사망 또는 상해에 이르게 한 사람은 다음의 구분에 따라 처벌한다.

1. 사망에 이르게 한 사람은 사형, 무기 또는 7년 이상의 징역에 처한다.
2. 중대한 상해에 이르게 한 사람은 무기 또는 5년 이상의 징역에 처한다.

③ 국제적 무력충돌 또는 비국제적 무력충돌과 관련하여 자연환경에 군사작전상 필요한 것보다 지나치게 광범위하고 장기간의 중대한 훼손을 가하는 것이 명백한 공격 행위를 한 사람은 3년 이상의 유기징역에 처한다.

④ 제1항 또는 제3항에 규정된 죄의 미수범은 처벌한다.

제14조(금지된 무기를 사용한 전쟁범죄)

① 국제적 무력충돌 또는 비국제적 무력충돌과 관련하여 다음 각 호의 어느 하나에 해당하는 무기를 사용한 사람은 무기 또는 5년 이상의 징역에 처한다.

1. 독물(毒物) 또는 유독무기(有毒武器)
2. 생물무기 또는 화학무기
3. 인체 내에서 쉽게 팽창하거나 펼쳐지는 총탄

② 제1항의 죄를 범하여 사람의 생명·신체 또는 재산을 침해한 사람은 사형, 무기 또는 7년 이상의 징역에 처

한다.

③ 제1항에 규정된 죄의 미수범은 처벌한다.

제15조(지휘관 등의 직무태만죄) ① 군대의 지휘관 또는 단체·기관의 상급자로서 직무를 게을리하거나 유기(遺棄)하여 실효적인 지휘와 통제하에 있는 부하가 집단살해죄등을 범하는 것을 방지하거나 제지하지 못한 사람은 7년 이하의 징역에 처한다.

② 과실로 제1항의 행위에 이른 사람은 5년 이하의 징역에 처한다.

③ 군대의 지휘관 또는 단체·기관의 상급자로서 집단살해죄등을 범한 실효적인 지휘와 통제하에 있는 부하 또는 하급자를 수사기관에 알리지 아니한 사람은 5년 이하의 징역에 처한다.

제16조(사법방해죄) ① 국제형사재판소에서 수사 또는 재판 중인 사건과 관련하여 다음 각 호의 어느 하나에 해당하는 사람은 5년 이하의 징역 또는 1천500만원 이하의 벌금에 처하거나 이를 병과(倂科)할 수 있다.

1. 거짓 증거를 제출한 사람
2. 폭행 또는 협박으로 참고인 또는 증인의 출석·진술 또는 증거의 수집·제출을 방해한 사람
3. 참고인 또는 증인의 출석·진술 또는 증거의 수집·제출을 방해하기 위하여 그에게 금품이나 그 밖의 재산상 이익을 약속·제공하거나 제공의 의사를 표시한 사람
4. 제3호의 금품이나 그 밖의 재산상 이익을 수수(收受)·요구하거나 약속한 참고인 또는 증인

② 제1항은 국제형사재판소의 청구 또는 요청에 의하여 대한민국 내에서 진행되는 절차에 대하여도 적용된다.

③ 제1항의 사건과 관련하여 「형법」 제152조, 제154조 또는 제155조제1항부터 제3항까지의 규정이나 「특정범죄 가중처벌 등에 관한 법률」 제5조의9에 따른 행위를 한 사람은 각 해당 규정에서 정한 형으로 처벌한다. 이 경우 「형법」 제155조제4항은 적용하지 아니한다.

④ 제1항의 사건과 관련하여 국제형사재판소 직원에게 「형법」 제136조, 제137조 또는 제144조에 따른 행위를 한 사람은 각 해당 규정에서 정한 형으로 처벌한다. 이 경우 국제형사재판소 직원은 각 해당 규정에 따른 공무원으로 본다.

⑤ 제1항의 사건과 관련하여 국제형사재판소 직원에게 「형법」 제133조의 행위를 한 사람은 같은 조에서 정한 형으로 처벌한다. 이 경우 국제형사재판소 직원은 해당 조문에 따른 공무원으로 본다.

⑥ 이 조에서 "국제형사재판소 직원"이란 재판관, 소추관, 부소추관, 사무국장 및 사무차장을 포함하여 국제형사재판소규정에 따라 국제형사재판소의 사무를 담당하는 사람을 말한다.

제17조(친고죄·반의사불벌죄의 배제) 집단살해죄등은 고소가 없거나 피해자의 명시적 의사에 반하여도 공소를 제기할 수 있다.

제18조(국제형사재판소규정 범죄구성요건의 고려) 제8조부터 제14조까지의 적용과 관련하여 필요할 때에는 국제형사재판소규정 제9조에 따라 2002년 9월 9일 국제형사재판소규정 당사국총회에서 채택된 범죄구성요건을 고려할 수 있다.

제3장 국제형사재판소와의 협력

제19조(「범죄인 인도법」의 준용) ① 대한민국과 국제형사재판소 간의 범죄인 인도에 관하여는 「범죄인 인도법」을 준용한다. 다만, 국제형사재판소규정에 「범죄인 인도법」과 다른 규정이 있는 경우에는 그 규정에 따른다.

② 제1항의 경우 「범죄인 인도법」 중 "청구국"은 "국제형사재판소"로, "인도조약"은 "국제형사재판소규정"으로 본다.

제20조(「국제형사사법 공조법」의 준용) ① 국제형사재판소의 형사사건 수사 또는 재판과 관련하여 국제형사재판소의 요청에 따라 실시하는 공조 및 국제형사재판소에 대하여 요청하는 공조에 관하여는 「국제형사사법 공조법」을 준용한다. 다만, 국제형사재판소규정에 「국제형사사법 공조법」과 다른 규정이 있는 경우에는 그 규정에 따른다.

② 제1항의 경우 「국제형사사법 공조법」 중 "외국"은 "국제형사재판소"로, "공조조약"은 "국제형사재판소규정"으로 본다.

통합방위법

제1장 총칙

제1조(목적)

이 법은 적(敵)의 침투·도발이나 그 위협에 대응하기 위하여 국가 총력전(總力戰)의 개념을 바탕으로 국가방위요소를 통합·운용하기 위한 통합방위 대책을 수립·시행하기 위하여 필요한 사항을 규정함을 목적으로 한다.

제2조(정의)

통합방위	적의 침투·도발이나 그 위협에 대응하기 위하여 각종 국가방위요소를 통합하고 지휘체계를 일원화하여 국가를 방위하는 것
국가방위 요소	통합방위작전의 수행에 필요한 다음 각 목의 방위전력(防衛戰力) 또는 그 지원 요소를 말한다. 가. 「국군조직법」 제2조에 따른 국군 나. 국민안전처·경찰청 및 그 소속 기관과 「제주특별자치도 설치 및 국제자유도시 조성을 위한 특별법」에 따른 자치경찰기구 다. 국가기관 및 지방자치단체(가목과 나목의 경우는 제외한다) 라. 「예비군법」 제1조에 따른 예비군 마. 「민방위기본법」 제17조에 따른 민방위대 바. 제6조에 따라 통합방위협의회를 두는 직장
통합방위 사태	적의 침투·도발이나 그 위협에 대응하여 제6호부터 제8호까지의 구분에 따라 선포하는 단계별 사태
통합방위 작전	통합방위사태가 선포된 지역에서 제15조에 따라 통합방위본부장, 지역군사령관, 함대사령관 또는 지방경찰청장(이하 "작전지휘관"이라 한다)이 국가방위요소를 통합하여 지휘·통제하는 방위작전
"지역군 사령관	통합방위작전 관할구역에 있는 군부대의 여단장급(旅團長級) 이상 지휘관 중에서 통합방위본부장이 정하는 사람
갑종사태	일정한 조직체계를 갖춘 적의 대규모 병력 침투 또는 대량살상무기(大量殺傷武器) 공격 등의 도발로 발생한 비상사태로서 통합방위본부장 또는 지역군사령관의 지휘·통제 하에 통합방위작전을 수행하여야 할 사태
을종사태	일부 또는 여러 지역에서 적이 침투·도발하여 단기간 내에 치안이 회복되기 어려워 지역군사령관의 지휘·통제 하에 통합방위작전을 수행하여야 할 사태
병종사태	적의 침투·도발 위협이 예상되거나 소규모의 적이 침투하였을 때에 지방경찰청장, 지역군사령관 또는 함대사령관의 지휘·통제 하에 통합방위작전을 수행하여 단기간 내에 치안이 회복될 수 있는 사태
침투	적이 특정 임무를 수행하기 위하여 대한민국 영역을 침범한 상태
도발	적이 특정 임무를 수행하기 위하여 대한민국 국민 또는 영역에 위해(危害)를 가하는 모든 행위
위협	대한민국을 침투·도발할 것으로 예상되는 적의 침투·도발 능력과 기도(企圖)가 드러난 상태

방호	적의 각종 도발과 위협으로부터 인원·시설 및 장비의 피해를 방지하고 모든 기능을 정상적으로 유지할 수 있도록 보호하는 작전 활동
국가중요 시설	공공기관, 공항·항만, 주요 산업시설 등 적에 의하여 점령 또는 파괴되거나 기능이 마비될 경우 국가안보와 국민생활에 심각한 영향을 주게 되는 시설

제2장 통합방위기구 운용

제4조(중앙 통합방위협의회)

① 국무총리 소속으로 중앙 통합방위협의회(이하 "중앙협의회"라 한다)를 둔다.

② 중앙협의회의 의장은 국무총리가 되고, 위원은 기획재정부장관, 교육부장관, 미래창조과학부장관, 외교부장관, 통일부장관, 법무부장관, 국방부장관, 행정자치부장관, 문화체육관광부장관, 농림축산식품부장관, 산업통상자원부장관, 보건복지부장관, 환경부장관, 고용노동부장관, 여성가족부장관, 국토교통부장관, 해양수산부장관, 국민안전처장관, 국무조정실장, 법제처장, 국가보훈처장, 식품의약품안전처장, 국가정보원장 및 통합방위본부장과 그 밖에 대통령령으로 정하는 사람이 된다.

③ 중앙협의회에 간사 1명을 두고, 간사는 통합방위본부의 부본부장이 된다.

제5조(지역 통합방위협의회)

① 특별시장·광역시장·특별자치시장·도지사·특별자치도지사(이하 "시·도지사"라 한다) 소속으로 특별시·광역시·특별자치시·도·특별자치도 통합방위협의회(이하 "시·도 협의회"라 한다)를 두고, 그 의장은 시·도지사가 된다.

② 시장·군수·구청장(자치구의 구청장을 말한다. 이하 같다) 소속으로 시·군·구 통합방위협의회를 두고, 그 의장은 시장·군수·구청장이 된다.

③ 시·도 협의회와 시·군·구 통합방위협의회(이하 "지역협의회"라 한다)는 다음 각 호의 사항을 심의한다. 다만, 제1호 및 제3호의 사항은 시·도 협의회에 한한다.

1. 적이 침투하거나 숨어서 활동하기 쉬운 지역(이하 "취약지역"이라 한다)의 선정 또는 해제
2. 통합방위 대비책
3. 을종사태 및 병종사태의 선포 또는 해제
4. 통합방위작전·훈련의 지원 대책
5. 국가방위요소의 효율적 육성·운용 및 지원 대책

④ 지역협의회의 구성 및 운영 등에 필요한 사항은 대통령령으로 정하는 기준에 따라 조례로 정한다.

제6조(직장 통합방위협의회)

① 직장에는 직장 통합방위협의회(이하 "직장협의회"라 한다)를 두고, 그 의장은 직장의 장이 된다.

② 직장협의회를 두어야 하는 직장의 범위와 직장협의회의 운영 등에 필요한 사항은 대통령령으로 정한다.

제7조(협의회의 통합·운영)

중앙협의회, 지역협의회 및 직장협의회는 대통령령으로 정하는 기준에 따라 각각 다음 각 호의 기구와 통합·운영할 수 있다.

1. 「예비군법」 제14조의3제2항에 따른 방위협의회
2. 「민방위기본법」 제6조 또는 제7조에 따른 중앙민방위협의회 또는 지역민방위협의회

제8조(통합방위본부)

① 합동참모본부에 통합방위본부를 둔다.
② 통합방위본부에는 본부장과 부본부장 1명씩을 두되, 통합방위본부장은 합동참모의장이 되고 부본부장은 합동참모본부 합동작전본부장이 된다.

제9조(통합방위 지원본부)

① 시·도지사 소속으로 시·도 통합방위 지원본부를 두고, 시장·군수·구청장·읍장·면장·동장 소속으로 시·군·구·읍·면·동 통합방위 지원본부를 둔다.
② 시·도 통합방위 지원본부와 시·군·구·읍·면·동 통합방위 지원본부(이하 "각 통합방위 지원본부"라 한다)는 관할지역별로 다음 각 호의 사무를 분장한다.
  1. 통합방위작전 및 훈련에 대한 지원계획의 수립·시행
  2. 통합방위 종합상황실의 설치·운영
  3. 국가방위요소의 육성·지원
  4. 통합방위 취약지역을 대상으로 한 주민신고 체제의 확립
  5. 그 밖에 대통령령 또는 조례로 정하는 사항

제10조(합동보도본부 등)

① 작전지휘관은 대통령령으로 정하는 바에 따라 언론기관의 취재 활동을 지원하여야 한다.
② 작전지휘관은 통합방위 진행 상황 및 대국민 협조사항 등을 알리기 위하여 필요하면 합동보도본부를 설치·운영할 수 있다.
③ 통합방위작전을 수행할 때에 병력 또는 장비의 이동·배치·성능이나 작전계획에 관련된 사항은 공개하지 아니한다. 다만, 통합방위작전의 수행에 지장을 주지 아니하는 범위에서 국민이나 지역 주민에게 알릴 필요가 있는 사항은 그러하지 아니하다.

제3장 경계태세 및 통합방위사태

제11조(경계태세)

① 대통령령으로 정하는 군부대의 장 및 경찰관서의 장(이하 이 조에서 "발령권자"라 한다)은 적의 침투·도발이나 그 위협이 예상될 경우 통합방위작전을 준비하기 위하여 경계태세를 발령할 수 있다.
② 제1항에 따라 경계태세가 발령된 때에는 해당 지역의 국가방위요소는 적의 침투·도발이나 그 위협에 대응하기 위하여 필요한 지휘·협조체계를 구축하여야 한다.
③ 발령권자는 경계태세 상황이 종료되거나 상급 지휘관의 지시가 있는 경우 경계태세를 해제하여야 하고, 제12조에 따라 통합방위사태가 선포된 때에는 경계태세는 해제된 것으로 본다.

제12조(통합방위사태의 선포)

① 통합방위사태는 갑종사태, 을종사태 또는 병종사태로 구분하여 선포한다.

② 제1항의 사태에 해당하는 상황이 발생하면 다음 각 호의 구분에 따라 해당하는 사람은 즉시 국무총리를 거쳐 대통령에게 통합방위사태의 선포를 건의하여야 한다.

1. 갑종사태에 해당하는 상황이 발생하였을 때 또는 둘 이상의 특별시 · 광역시 · 특별자치시 · 도 · 특별자치도(이하 "시 · 도"라 한다)에 걸쳐 을종사태에 해당하는 상황이 발생하였을 때: 국방부장관
2. 둘 이상의 시 · 도에 걸쳐 병종사태에 해당하는 상황이 발생하였을 때: 행정자치부장관 또는 국방부장관

③ 대통령은 제2항에 따른 건의를 받았을 때에는 중앙협의회와 국무회의의 심의를 거쳐 통합방위사태를 선포할 수 있다.

④ 지방경찰청장, 지역군사령관 또는 함대사령관은 을종사태나 병종사태에 해당하는 상황이 발생한 때에는 즉시 시 · 도지사에게 통합방위사태의 선포를 건의하여야 한다.

⑤ 시 · 도지사는 제4항에 따른 건의를 받은 때에는 시 · 도 협의회의 심의를 거쳐 을종사태 또는 병종사태를 선포할 수 있다.

⑥ 시 · 도지사는 제5항에 따라 을종사태 또는 병종사태를 선포한 때에는 지체 없이 행정자치부장관 및 국방부장관과 국무총리를 거쳐 대통령에게 그 사실을 보고하여야 한다.

⑦ 제3항이나 제5항에 따라 통합방위사태를 선포할 때에는 그 이유, 종류, 선포 일시, 구역 및 작전지휘관에 관한 사항을 공고하여야 한다.

⑧ 시 · 도지사가 통합방위사태를 선포한 지역에 대하여 대통령이 통합방위사태를 선포한 때에는 그 때부터 시 · 도지사가 선포한 통합방위사태는 효력을 상실한다.

제13조(국회 또는 시 · 도의회에 대한 통고 등)

① 대통령은 통합방위사태를 선포한 때에는 지체 없이 그 사실을 국회에 통고하여야 한다.

② 시 · 도지사는 통합방위사태를 선포한 때에는 지체 없이 그 사실을 시 · 도의회에 통고하여야 한다.

③ 대통령 또는 시 · 도지사는 제1항이나 제2항에 따른 통고를 할 때에 국회 또는 시 · 도의회가 폐회 중이면 그 소집을 요구하여야 한다.

제14조(통합방위사태의 해제)

① 대통령은 통합방위사태가 평상 상태로 회복되거나 국회가 해제를 요구하면 지체 없이 그 통합방위사태를 해제하고 그 사실을 공고하여야 한다.

② 대통령은 제1항에 따라 통합방위사태를 해제하려면 중앙협의회와 국무회의의 심의를 거쳐야 한다. 다만, 국회가 해제를 요구한 경우에는 그러하지 아니한다.

③ 국방부장관 또는 행정자치부장관은 통합방위사태가 평상 상태로 회복된 때에는 국무총리를 거쳐 대통령에게 통합방위사태의 해제를 건의하여야 한다.

④ 시 · 도지사는 통합방위사태가 평상 상태로 회복되거나 시 · 도의회에서 해제를 요구하면 지체 없이 통합방위사태를 해제하고 그 사실을 공고하여야 한다. 이 경우 시 · 도지사는 그 통합방위사태의 해제사실을 행정자치부장관 및 국방부장관과 국무총리를 거쳐 대통령에게 보고하여야 한다.

⑤ 시 · 도지사는 제4항 전단에 따라 통합방위사태를 해제하려면 시 · 도 협의회의 심의를 거쳐야 한다. 다만, 시 · 도의회가 해제를 요구하였을 때에는 그러하지 아니한다.

⑥ 지방경찰청장, 지역군사령관 또는 함대사령관은 통합방위사태가 평상 상태로 회복된 때에는 시 · 도지사에게

통합방위사태의 해제를 건의하여야 한다.

제4장 통합방위작전 및 훈련

제15조(통합방위작전)

① 통합방위작전의 관할구역은 다음 각 호와 같이 구분한다.

1. 지상 관할구역: 특정경비지역, 군관할지역 및 경찰관할지역
2. 해상 관할구역: 특정경비해역 및 일반경비해역
3. 공중 관할구역: 비행금지공역(空域) 및 일반공역

② 지방경찰청장, 지역군사령관 또는 함대사령관은 통합방위사태가 선포된 때에는 즉시 다음 각 호의 구분에 따라 통합방위작전(공군작전사령관의 경우에는 통합방위 지원작전)을 신속하게 수행하여야 한다. 다만, 을종사태가 선포된 경우에는 지역군사령관이 통합방위작전을 수행하고, 갑종사태가 선포된 경우에는 통합방위본부장 또는 지역군사령관이 통합방위작전을 수행한다.

1. 경찰관할지역: 지방경찰청장
2. 특정경비지역 및 군관할지역: 지역군사령관
3. 특정경비해역 및 일반경비해역: 함대사령관
4. 비행금지공역 및 일반공역: 공군작전사령관

③ 통합방위사태가 선포된 때에는 해당 지역의 모든 국가방위요소는 대통령령으로 정하는 바에 따라 통합방위작전을 효율적으로 수행하기 위하여 필요한 지휘·협조체계를 구축하여야 한다.

④ 제1항부터 제3항까지에서 규정한 사항 외에 통합방위작전 관할구역의 세부 범위 및 통합방위작전의 시행 등에 필요한 사항은 실무위원회의 심의를 거쳐 통합방위본부장이 정한다.

⑤ 통합방위작전의 임무를 수행하는 사람은 그 작전지역에서 대통령령으로 정하는 바에 따라 임무 수행에 필요한 검문을 할 수 있다.

제16조(통제구역 등)

① 시·도지사 또는 시장·군수·구청장은 다음 각 호의 어느 하나에 해당하면 대통령령으로 정하는 바에 따라 인명·신체에 대한 위해를 방지하기 위하여 필요한 통제구역을 설정하고, 통합방위작전 또는 경계태세 발령에 따른 군·경 합동작전에 관련되지 아니한 사람에 대하여는 출입을 금지·제한하거나 그 통제구역으로부터 퇴거할 것을 명할 수 있다.

1. 통합방위사태가 선포된 경우
2. 적의 침투·도발 징후가 확실하여 경계태세 1급이 발령된 경우

제17조(대피명령)

① 시·도지사 또는 시장·군수·구청장은 통합방위사태가 선포된 때에는 인명·신체에 대한 위해를 방지하기 위하여 즉시 작전지역에 있는 주민이나 체류 중인 사람에게 대피할 것을 명할 수 있다.

제18조(검문소의 운용)

① 지방경찰청장, 지방해양경비안전본부장, 지역군사령관 및 함대사령관은 관할구역 중에서 적의 침투가 예상되

는 곳 등에 검문소를 설치·운용할 수 있다. 다만, 지방해양경비안전본부장이 검문소를 설치하는 경우에는 미리 관할 함대사령관과 협의하여야 한다.

제5장 국가중요시설 및 취약지역 관리

제21조(국가중요시설의 경비·보안 및 방호)

① 국가중요시설의 관리자(소유자를 포함한다. 이하 같다)는 경비·보안 및 방호책임을 지며, 통합방위사태에 대비하여 자체방호계획을 수립하여야 한다. 이 경우 국가중요시설의 관리자는 자체방호계획을 수립하기 위하여 필요하면 지방경찰청장 또는 지역군사령관에게 협조를 요청할 수 있다.

② 지방경찰청장 또는 지역군사령관은 통합방위사태에 대비하여 국가중요시설에 대한 방호지원계획을 수립·시행하여야 한다.

③ 국가중요시설의 평시 경비·보안활동에 대한 지도·감독은 관계 행정기관의 장과 국가정보원장이 수행한다.

④ 국가중요시설은 국방부장관이 관계 행정기관의 장 및 국가정보원장과 협의하여 지정한다.

⑤ 국가중요시설의 자체방호, 방호지원계획, 그 밖에 필요한 사항은 대통령령으로 정한다.

제22조(취약지역의 선정 및 관리 등)

① 시·도지사는 다음 각 호의 어느 하나에 해당하는 지역을 대통령령으로 정하는 바에 따라 연 1회 분석하여 시·도 협의회의 심의를 거쳐 취약지역으로 선정하거나 선정된 취약지역을 해제할 수 있다. 이 경우 선정하거나 해제한 결과를 통합방위본부장에게 통보하여야 한다.

1. 교통·통신시설이 낙후되어 즉각적인 통합방위작전이 어려운 오지(奧地) 또는 벽지(僻地)
2. 간첩이나 무장공비가 침투한 사실이 있거나 이들이 숨어서 활동하기 쉬운 지역
3. 적이 저공(低空) 침투하거나 저속 항공기가 착륙하기 쉬운 탁 트인 곳 또는 호수
4. 그 밖에 대통령령으로 정하는 지역

② 제1항에도 불구하고 통합방위본부장은 둘 이상의 시·도에 걸쳐 있거나 국가적인 통합방위 대비책이 필요한 지역을 실무위원회의 심의를 거쳐 취약지역으로 선정하거나 선정된 취약지역을 해제할 수 있다. 이 경우 선정하거나 해제한 결과를 관할 시·도지사에게 통보하여야 한다.

③ 시·도지사는 제1항과 제2항에 따라 선정된 취약지역에 장애물을 설치하는 등 취약지역의 통합방위를 위하여 필요한 대비책을 마련하여야 한다.

④ 지역군사령관은 취약지역 중 방호 활동이 필요하다고 인정되는 해안 또는 강안(江岸)에 철책 등 차단시설을 설치하고 대통령령으로 정하는 바에 따라 민간인의 출입을 제한할 수 있다.

남북교류협력에 관한 법률

제1조(목적)

이 법은 군사분계선 이남지역과 그 이북지역 간의 상호 교류와 협력을 촉진하기 위하여 필요한 사항을 규정함으로써 한반도의 평화와 통일에 이바지하는 것을 목적으로 한다.

제2조(정의)

출입장소	군사분계선 이북지역(이하 "북한"이라 한다)으로 가거나 북한으로부터 들어올 수 있는 군사분계선 이남지역(이하 "남한"이라 한다)의 항구, 비행장, 그 밖의 장소로서 대통령령으로 정하는 곳
교역	남한과 북한 간의 물품, 대통령령으로 정하는 용역 및 전자적 형태의 무체물(이하 "물품등"이라 한다)의 반출·반입
반출·반입	매매, 교환, 임대차, 사용대차, 증여, 사용 등을 목적으로 하는 남한과 북한 간의 물품등의 이동(단순히 제3국을 거치는 물품등의 이동을 포함한다. 이하 같다)
협력사업	남한과 북한의 주민(법인·단체를 포함한다)이 공동으로 하는 문화, 관광, 보건의료, 체육, 학술, 경제 등에 관한 모든 활동

제3조(다른 법률과의 관계)

남한과 북한의 왕래·접촉·교역·협력사업 및 통신 역무(役務)의 제공 등 남한과 북한 간의 상호 교류와 협력(이하 "남북교류·협력"이라 한다)을 목적으로 하는 행위에 관하여는 이 법률의 목적 범위에서 다른 법률에 우선하여 이 법을 적용한다.

제4조(남북교류협력 추진협의회의 설치)

남북교류·협력에 관한 정책을 협의·조정하고, 중요 사항을 심의·의결하기 위하여 통일부에 남북교류협력 추진협의회(이하 "협의회"라 한다)를 둔다.

제5조(협의회의 구성)

① 협의회는 위원장 1명을 포함한 18명 이내의 위원으로 구성한다.
② 위원장은 통일부장관이 되며, 협의회의 업무를 총괄한다.
③ 위원은 다음 각 호의 어느 하나에 해당하는 사람 중에서 국무총리가 임명하거나 위촉한다. 이 경우 위원 중 3명 이상은 제2호에 해당하는 사람으로 한다.
  1. 차관 또는 차관급 공무원
  2. 남북교류·협력에 관한 전문지식과 경험을 갖춘 민간전문가
④ 위원장이 부득이한 사유로 직무를 수행할 수 없을 때에는 위원장이 미리 지정한 위원이 직무를 대행한다.
⑤ 제3항제1호에 해당하는 위원이 회의에 출석하지 못할 부득이한 사유가 있을 때에는 대통령령으로 정하는 바에 따라 그가 소속된 기관의 다른 공무원으로 하여금 회의에 대리출석하여 그의 권한을 대행하게 할 수 있다.
⑥ 협의회에는 위원장이 지명하는 간사 1명을 둔다.

제6조(협의회의 기능) 협의회는 다음 각 호의 사항을 심의·의결한다.

1. 남북교류·협력에 관한 정책의 협의·조정 및 기본원칙의 수립
2. 남북교류·협력에 관한 승인이나 그 취소 등에 관한 중요 사항의 협의·조정
3. 제14조에 따른 반출·반입 승인대상 물품등의 공고에 관한 사항
4. 협력사업에 대한 총괄·조정
5. 남북교류·협력 촉진을 위한 지원
6. 관계 부처 간의 협조가 필요한 남북교류·협력과 관련된 중요 사항
7. 그 밖에 위원장이 회의에 부치는 사항

제7조(협의회의 회의와 운영)

① 협의회의 회의는 위원장이 소집한다.

② 협의회의 회의는 재적위원 과반수의 출석과 출석위원 과반수의 찬성으로 의결한다.

③ 그 밖에 협의회의 운영에 필요한 사항은 대통령령으로 정한다.

제9조(남북한 방문)

① 남한의 주민이 북한을 방문하거나 북한의 주민이 남한을 방문하려면 대통령령으로 정하는 바에 따라 통일부장관의 방문승인을 받아야 하며, 통일부장관이 발급한 증명서(이하 "방문증명서"라 한다)를 소지하여야 한다.

② 방문증명서는 유효기간을 정하여 북한방문증명서와 남한방문증명서로 나누어 발급하며, 다음 각 호와 같이 구분한다.

1. 한 차례만 사용할 수 있는 방문증명서
2. 유효기간이 끝날 때까지 여러 차례 사용할 수 있는 방문증명서(이하 "복수방문증명서"라 한다)

③ 복수방문증명서의 유효기간은 5년 이내로 하며, 5년의 범위에서 연장할 수 있다.

④ 통일부장관은 방문승인을 하는 경우 대통령령으로 정하는 범위에서 북한 또는 남한에 머무를 수 있는 방문기간(이하 "방문기간"이라 한다)을 부여하여야 하고, 남북교류·협력의 원활한 추진을 위하여 대통령령으로 정하는 바에 따라 북한방문결과보고서 제출 등 조건을 붙일 수 있다.

⑤ 방문승인을 받은 사람은 방문기간 내에 한 차례에 한하여 북한 또는 남한을 방문할 수 있다.

⑥ 복수방문증명서를 발급받은 사람 중 외국을 거치지 아니하고 북한 또는 남한을 직접 방문하는 사람 등 대통령령으로 정하는 사람은 제5항에도 불구하고 방문기간 내에 횟수에 제한없이 북한 또는 남한을 방문할 수 있다. 다만, 방문기간 내에라도 방문 목적이나 경로를 달리하여 방문할 경우에는 통일부장관의 방문승인을 별도로 받아야 한다.

⑦ 통일부장관은 제1항 및 제6항 단서에 따라 방문승인을 받은 사람이 다음 각 호의 어느 하나에 해당하는 경우에는 그 승인을 취소할 수 있다. 다만 제1호의 경우에는 그 승인을 취소하여야 한다.

1. 거짓이나 그 밖의 부정한 방법으로 방문승인을 받은 경우
2. 제4항에 따른 조건을 위반한 경우
3. 남북교류·협력을 해칠 명백한 우려가 있는 경우
4. 국가안전보장, 질서유지 또는 공공복리를 해칠 명백한 우려가 있는 경우

⑧ 다음 각 호의 어느 하나에 해당하는 사람(이하 "재외국민"이라 한다)이 외국에서 북한을 왕래할 때에는 통일부장관이나 재외공관(在外公館)의 장에게 신고하여야 한다. 다만, 외국을 거치지 아니하고 남한과 북한을 직접

왕래할 때에는 제1항에 따라 발급된 방문증명서를 소지하여야 한다.
1. 외국정부로부터 영주권을 취득하였거나 이에 준하는 장기체류허가를 받은 사람
2. 외국에 소재하는 외국법인 등에 취업하여 업무수행의 목적으로 북한을 방문하는 사람

⑨ 제8항에 따른 신고절차 등에 관하여 필요한 사항은 대통령령으로 정한다.

제9조의2(남북한 주민 접촉)

① 남한의 주민이 북한의 주민과 회합·통신, 그 밖의 방법으로 접촉하려면 통일부장관에게 미리 신고하여야 한다. 다만, 대통령령으로 정하는 부득이한 사유에 해당하는 경우에는 접촉한 후에 신고할 수 있다.
② 방문증명서를 발급받은 사람이 그 방문 목적의 범위에서 당연히 인정되는 접촉을 하는 경우 등 대통령령으로 정하는 경우에 해당하면 제1항의 접촉신고를 한 것으로 본다.
③ 통일부장관은 제1항 본문에 따라 접촉에 관한 신고를 받은 때에는 남북교류·협력을 해칠 명백한 우려가 있거나 국가안전보장, 질서유지 또는 공공복리를 해칠 명백한 우려가 있는 경우에만 신고의 수리(受理)를 거부할 수 있다.
④ 제1항 본문에 따른 접촉신고를 받은 통일부장관은 남북교류·협력의 원활한 추진을 위하여 대통령령으로 정하는 바에 따라 북한주민접촉결과보고서 제출 등 조건을 붙이거나, 3년 이내의 유효기간을 정하여 수리할 수 있다. 다만, 대통령령으로 정하는 가족인 북한주민과의 접촉을 목적으로 하는 경우에는 5년 이내의 유효기간을 정할 수 있다.
⑤ 통일부장관은 필요하다고 인정할 경우 제4항에 따른 유효기간을 3년의 범위에서 연장할 수 있다.

제10조(외국 거주 동포의 출입 보장)

외국 국적을 보유하지 아니하고 대한민국의 여권(旅券)을 소지하지 아니한 외국 거주 동포가 남한을 왕래하려면 「여권법」 제14조제1항에 따른 여행증명서를 소지하여야 한다.

제11조(남북한 방문에 대한 심사)

북한을 직접 방문하는 남한주민과 남한을 직접 방문하는 북한주민은 출입장소에서 대통령령으로 정하는 바에 따라 심사를 받아야 한다.

제12조(남북한 거래의 원칙)

남한과 북한 간의 거래는 국가 간의 거래가 아닌 민족내부의 거래로 본다.

제13조(반출·반입의 승인)

① 물품등을 반출하거나 반입하려는 자는 대통령령으로 정하는 바에 따라 그 물품등의 품목, 거래형태 및 대금결제 방법 등에 관하여 통일부장관의 승인을 받아야 한다. 승인을 받은 사항 중 대통령령으로 정하는 주요 내용을 변경할 때에도 또한 같다.
② 통일부장관은 제1항의 승인 또는 변경승인을 할 때에는 중요하다고 인정되는 사항은 미리 관계 행정기관의 장과 협의하여야 한다.
③ 통일부장관은 제1항에 따라 반출이나 반입을 승인하는 경우 남북교류·협력의 원활한 추진을 위하여 대통령령으로 정하는 바에 따라 반출·반입의 목적 등 조건을 붙이거나, 승인의 유효기간을 정할 수 있다.
④ 통일부장관은 제1항에 따라 반출이나 반입을 승인할 때에는 물품등의 품목, 거래형태 및 대금결제 방법 등에

관하여 일정한 범위를 정하여 포괄적으로 승인할 수 있다.

⑤ 통일부장관은 제1항에 따라 물품등의 반출이나 반입을 승인받은 자(이하 "교역당사자"라 한다)가 다음 각 호의 어느 하나에 해당하는 경우에는 그 승인을 취소할 수 있다. 다만, 제1호의 경우에는 그 승인을 취소하여야 한다.

1. 거짓이나 그 밖의 부정한 방법으로 반출이나 반입을 승인받은 경우
2. 제3항에 따른 조건을 위반한 경우
3. 제14조에 따라 공고된 사항을 위반한 경우
4. 제15조제1항에 따른 조정명령을 따르지 아니한 경우
5. 제15조제3항에 따른 보고를 하지 아니하거나 거짓으로 보고한 경우
6. 남북교류·협력을 해칠 명백한 우려가 있는 경우
7. 국가안전보장, 질서유지 또는 공공복리를 해칠 명백한 우려가 있는 경우

제14조(반출·반입 승인대상 물품등의 공고)

통일부장관은 물품등의 반출이나 반입에 관하여 협의회의 의결을 거쳐 다음 각 호의 사항을 미리 공고하여야 한다. 공고한 사항을 변경할 때에도 또한 같다.

1. 반출이나 반입에 관한 승인이 필요한 물품등 또는 금지 물품등의 구분
2. 반출이나 반입에 관한 승인이 필요한 물품등에 관한 제한 내용 및 승인 절차

제15조(교역에 관한 조정명령 등)

① 통일부장관은 다음 각 호의 어느 하나에 해당하는 경우에는 교역당사자에게 반출하거나 반입하는 물품등의 가격·수량·품질, 그 밖의 거래조건 등에 관하여 필요한 조정(調整)을 명할 수 있다. 다만, 중요하다고 인정되는 사항은 미리 관계 행정기관의 장과 협의하여야 한다.

1. 조약이나 일반적으로 승인된 국제법규 또는 「남북관계 발전에 관한 법률」에 따라 체결·발효된 남북합의서의 이행을 위하여 필요한 경우
2. 국제 평화 및 안전유지를 위한 국제적 합의에 이바지할 필요가 있는 경우
3. 이 법 또는 관련 법령을 위반한 경우
4. 반출 또는 반입 시 공정한 경쟁을 해칠 우려가 있는 경우
5. 신용을 손상하는 행위를 방지하기 위하여 필요한 경우

② 통일부장관은 제1항에 따라 조정을 명하는 경우에는 그 목적달성에 필요한 정도를 넘지 아니하도록 하여야 한다.

③ 통일부장관은 교역당사자에게 물품등의 반출·반입 실적 등 대통령령으로 정하는 교역에 관한 사항을 보고하게 할 수 있다.

제17조(협력사업의 승인 등)

① 협력사업을 하려는 자는 협력사업마다 다음 각 호의 요건을 모두 갖추어 통일부장관의 승인을 받아야 한다. 승인을 받은 협력사업의 내용을 변경할 때에도 또한 같다.

1. 협력사업의 내용이 실현 가능하고 구체적일 것
2. 협력사업으로 인하여 남한과 북한 간에 분쟁을 일으킬 사유가 없을 것

3. 이미 시행되고 있는 협력사업과 심각한 경쟁을 하게 될 가능성이 없을 것
4. 협력사업을 하려는 분야의 사업실적이 있거나 협력사업을 추진할 만한 자본·기술·경험 등을 갖추고 있을 것
5. 국가안전보장, 질서유지 또는 공공복리를 해칠 명백한 우려가 없을 것

② 통일부장관은 제1항의 협력사업의 승인을 하려면 미리 관계 행정기관의 장과 협의하여야 하며, 변경승인을 하려면 중요하다고 인정되는 경우에 한하여 미리 관계 행정기관의 장과 협의하여야 한다.

③ 통일부장관은 제1항에 따라 협력사업의 승인을 하는 경우 남북교류·협력의 원활한 추진을 위하여 대통령령으로 정하는 바에 따라 사업범위 등 조건을 붙이거나 승인의 유효기간을 정할 수 있다.

④ 통일부장관은 제1항에 따라 협력사업의 승인을 받은 자가 다음 각 호의 어느 하나에 해당하면 관계 행정기관의 장과 협의하여 6개월 이내의 기간을 정하여 협력사업의 정지를 명하거나 그 승인을 취소할 수 있다. 다만, 제1호 및 제5호의 경우에는 그 승인을 취소하여야 한다.

1. 거짓이나 그 밖의 부정한 방법으로 협력사업의 승인을 받은 경우
2. 제1항 각 호의 요건을 갖추지 못하게 된 경우
3. 제1항 각 호 외의 부분 후단에 따른 변경승인을 받지 아니하고 협력사업의 내용을 변경한 경우
4. 제3항에 따른 조건을 위반한 경우
5. 협력사업 정지기간 중에 협력사업을 한 경우
6. 제18조제1항에 따른 조정명령을 따르지 아니한 경우
7. 제18조제3항에 따른 보고를 하지 아니하거나 거짓으로 보고한 경우
8. 제25조의4제1항에 따른 조사를 정당한 사유 없이 거부·기피하거나 방해한 경우
9. 협력사업의 승인을 받고 최근 3년간 계속하여 협력사업의 실적이 없는 경우
10. 협력사업의 시행 중 남북교류·협력을 해칠 명백한 우려가 있는 행위를 한 경우
11. 국가안전보장, 질서유지 또는 공공복리를 해칠 명백한 우려가 있는 경우

⑤ 통일부장관은 제4항에 따라 협력사업의 정지를 명하거나 승인을 취소하려면 청문을 실시하여야 한다.

⑥ 제1항부터 제4항까지의 규정에 따른 승인, 협력사업 정지, 승인취소의 절차 등에 관하여 필요한 사항은 대통령령으로 정한다.

제17조의2(협력사업의 신고)

① 소액투자 등 대통령령으로 정하는 협력사업을 하려는 자는 제17조제1항에도 불구하고 같은 항 제2호와 제5호의 요건을 갖추어 대통령령으로 정하는 바에 따라 통일부장관에게 신고하고 협력사업을 할 수 있다. 신고한 협력사업의 내용을 변경할 때에도 또한 같다.

② 제1항에 따른 신고를 받은 통일부장관은 남북교류·협력의 원활한 추진을 위하여 대통령령으로 정하는 바에 따라 사업범위 등 조건을 붙이거나 유효기간을 정하여 수리할 수 있다.

제18조(협력사업에 관한 조정명령 등)

① 통일부장관은 다음 각 호의 어느 하나에 해당하는 경우에는 협력사업을 하는 자에게 협력사업의 내용·조건 또는 승인의 유효기간 등에 관하여 필요한 조정을 명할 수 있다. 다만, 중요하다고 인정되는 사항은 미리 관계 행정기관의 장과 협의하여야 한다.

1. 조약이나 일반적으로 승인된 국제법규 또는 「남북관계 발전에 관한 법률」에 따라 체결·발효된 남북합의서

의 이행을 위하여 필요한 경우

2. 국제평화 및 안전유지를 위한 국제적 합의에 이바지할 필요가 있는 경우
3. 이 법 또는 관련 법령을 위반한 경우
4. 협력사업의 공정한 경쟁을 해칠 우려가 있는 경우
5. 신용을 손상하는 행위를 방지하기 위하여 필요한 경우

② 통일부장관은 제1항에 따라 조정을 명하는 경우에는 그 목적 달성에 필요한 정도를 넘지 아니하도록 하여야 한다.

③ 통일부장관은 협력사업을 하는 자에게 북한측 상대자와의 사업 약정 또는 계약의 체결 등 대통령령으로 정하는 협력사업의 시행 내용을 보고하게 할 수 있다.

제20조(수송장비의 운행)

① 남한과 북한 간에 선박·항공기·철도차량 또는 자동차 등(이하 "수송장비"라 한다)을 운행하려는 자는 통일부장관의 승인을 받아야 한다.

② 통일부장관은 제1항에 따라 수송장비의 운행을 승인하는 경우 남북교류·협력의 원활한 추진을 위하여 대통령령으로 정하는 바에 따라 운행노선 등 조건을 붙이거나, 5년 이내의 유효기간을 정할 수 있다.

③ 통일부장관은 제1항에 따라 운행 승인을 받은 자가 다음 각 호의 어느 하나에 해당하면 그 승인을 취소할 수 있다. 다만, 제1호의 경우에는 그 승인을 취소하여야 한다.

1. 거짓이나 그 밖의 부정한 방법으로 운행 승인을 받은 경우
2. 제2항에 따른 조건을 위반한 경우
3. 남북교류·협력을 해칠 명백한 우려가 있는 경우
4. 국가안전보장, 질서유지 또는 공공복리를 해칠 명백한 우려가 있는 경우

④ 제1항에 따른 승인의 기준 및 절차와 제2항에 따른 유효기간의 설정 등에 관하여 필요한 사항은 대통령령으로 정한다.

제23조(검역 등)

① 북한에서 오는 수송장비와 화물 및 사람은 검역조사(檢疫調査)를 받아야 한다.

제24조(남북교류·협력의 지원)

정부는 남북교류·협력을 증진시키기 위하여 필요하다고 인정하면 이 법에 따라 행하는 남북교류·협력을 위한 사업을 시행하는 자에게 보조금을 지급하거나 그 밖에 필요한 지원을 할 수 있다.

제25조(협조 요청)

① 통일부장관은 남북교류·협력을 증진시키고 관련 정책을 수립하기 위하여 필요하다고 인정하면 관계 행정기관의 장에게 남북한 간에 이동하는 인원, 물품등 및 수송장비에 대한 통계자료 등 정보의 제공을 요청할 수 있다. 이 경우 관계 행정기관의 장은 이에 협조하여야 한다.

② 통일부장관은 남북교류·협력을 증진시키고 관련 정책을 수립하기 위하여 필요하다고 인정하면 관계 전문가와 남북교류·협력의 경험이 있는 자에게 의견의 진술 등 필요한 협조를 요청할 수 있다.

제25조의2(업무의 위탁)

① 통일부장관은 대통령령으로 정하는 바에 따라 다음 각 호의 업무 중 일부를 제24조에 따른 지원을 받은 자 또는 관련 법인·단체에 위탁할 수 있다.

1. 정부와 북한 당국 간에 합의한 사업의 추진
2. 남북교류·협력의 촉진을 위하여 필요한 업무
3. 그 밖에 이 법에 따른 통일부장관의 업무

② 통일부장관은 제1항에 따라 업무를 위탁받은 관련 법인·단체가 해당 업무를 원활하게 수행할 수 있도록 필요한 지원을 할 수 있다.

제25조의3(남북교류·협력의 전자적 처리기반 구축)

① 통일부장관은 남북교류·협력을 증진시키고 관련 정책을 수립하기 위하여 남한과 북한을 이동하는 인원, 물품 등, 수송장비 등의 통계유지와 정보의 수집·분석을 위한 전자적 관리체제를 개발·운영하여야 한다.

제25조의4(지도·감독 등) ① 통일부장관은 남북교류·협력의 원활한 추진을 위하여 협력사업을 하는 자, 이 법에 따른 보조금을 받거나 그 밖에 필요한 지원을 받은 자에 대하여 지도·감독을 하며, 필요한 경우 사업운영 상황에 대하여 조사를 할 수 있다.

② 통일부장관은 제1항의 조사를 위하여 관계 행정기관의 장에게 인원 지원이나 그 밖의 필요한 협조를 요청할 수 있다.

③ 통일부장관은 제1항에 따른 조사 결과 위법 또는 부당한 사실을 발견한 경우에는 그 시정을 명하거나 그 밖에 필요한 조치를 할 수 있다.

제26조(다른 법률의 준용)

① 교역에 관하여 이 법에 특별히 규정되지 아니한 사항에 대하여는 대통령령으로 정하는 바에 따라 「대외무역법」 등 무역에 관한 법률을 준용한다.

② 물품등의 반출이나 반입과 관련된 조세에 대하여는 대통령령으로 정하는 바에 따라 조세의 부과·징수·감면 및 환급 등에 관한 법률을 준용한다. 다만, 원산지가 북한인 물품등을 반입할 때에는 「관세법」에 따른 과세 규정과 다른 법률에 따른 수입부과금(輸入賦課金)에 관한 규정은 준용하지 아니한다.

③ 남한과 북한 간의 투자, 물품등의 반출이나 반입, 그 밖에 경제에 관한 협력사업과 이에 따르는 거래에 대하여는 대통령령으로 정하는 바에 따라 다음 각 호의 법률을 준용한다.

1. 「외국환거래법」
2. 「외국인투자 촉진법」
3. 「한국수출입은행법」
4. 「무역보험법」
5. 「대외경제협력기금법」
6. 「법인세법」
7. 「소득세법」
8. 「조세특례제한법」
9. 「수출용원재료에 대한 관세 등 환급에 관한 특례법」

10. 그 밖에 대통령령으로 정하는 법률

④ 제1항부터 제3항까지의 규정에도 불구하고 관계 행정기관의 장은 협의회의 의결을 거쳐 그 특례를 정할 수 있다.

제26조의2(벌칙 적용 시의 공무원 의제) 협의회의 위원 중 공무원이 아닌 위원과 제25조의2제1항에 따라 위탁한 업무에 종사하는 법인이나 단체의 임직원은 그 직무와 관련하여 「형법」과 그 밖의 법률에 따른 벌칙을 적용할 때에는 공무원으로 본다.

제29조(형의 감경 등)

제27조제1항 또는 제27조제2항제2호 및 제3호의 죄를 범한 자가 자수하면 그 형을 감경(減輕)하거나 면제할 수 있다.

제30조(북한주민 의제) 이 법(제9조제1항과 제11조는 제외한다)을 적용할 때 북한의 노선에 따라 활동하는 국외단체의 구성원은 북한의 주민으로 본다.

북한이탈주민의 보호 및 정착지원에 관한 법률

제1조(목적) 이 법은 군사분계선 이북지역에서 벗어나 대한민국의 보호를 받으려는 군사분계선 이북지역의 주민이 정치, 경제, 사회, 문화 등 모든 생활 영역에서 신속히 적응·정착하는 데 필요한 보호 및 지원에 관한 사항을 규정함을 목적으로 한다.

제2조(정의) 이 법에서 사용하는 용어의 뜻은 다음과 같다.

북한이탈주민	군사분계선 이북지역(이하 "북한"이라 한다)에 주소, 직계가족, 배우자, 직장 등을 두고 있는 사람으로서 북한을 벗어난 후 외국 국적을 취득하지 아니한 사람을 말한다.
보호대상자	이 법에 따라 보호 및 지원을 받는 북한이탈주민을 말한다.
정착지원시설	보호대상자의 보호 및 정착지원을 위하여 제10조제1항에 따라 설치·운영하는 시설을 말한다.
보호금품	이 법에 따라 보호대상자에게 지급하거나 빌려주는 금전 또는 물품을 말한다.

제3조(적용범위) 이 법은 대한민국의 보호를 받으려는 의사를 표시한 북한이탈주민에 대하여 적용한다.

제4조(기본원칙)

① 대한민국은 보호대상자를 인도주의에 입각하여 특별히 보호한다.
② 대한민국은 외국에 체류하고 있는 북한이탈주민의 보호 및 지원 등을 위하여 외교적 노력을 다하여야 한다.
③ 보호대상자는 대한민국의 자유민주적 법질서에 적응하여 건강하고 문화적인 생활을 할 수 있도록 노력하여야 한다.
④ 통일부장관은 북한이탈주민에 대한 보호 및 지원 등을 위하여 북한이탈주민의 실태를 파악하고, 그 결과를 정책에 반영하여야 한다.

제4조의2(국가의 책무)

국가는 보호대상자의 성공적인 정착을 위하여 보호대상자의 보호·교육·취업·주거·의료 및 생활보호 등의 지원을 지속적으로 추진하고 이에 필요한 재원을 안정적으로 확보하기 위하여 노력하여야 한다.

제4조의3(기본계획 및 시행계획)

① 통일부장관은 제6조에 따른 북한이탈주민 대책협의회의 심의를 거쳐 보호대상자의 보호 및 정착지원에 관한 기본계획을 3년마다 수립·시행하여야 한다.
② 기본계획에는 다음 각 호의 사항이 포함되어야 한다.
  1. 보호대상자의 보호 및 정착에 필요한 교육에 관한 사항
  2. 보호대상자의 직업훈련, 고용촉진 및 고용유지에 관한 사항
  3. 보호대상자에 대한 정착지원시설의 설치·운영 및 주거지원에 관한 사항
  4. 보호대상자에 대한 의료지원 및 생활보호 등에 관한 사항
  5. 보호대상자의 사회통합 및 인식개선에 관한 사항

제5조(보호기준 등)

① 보호대상자에 대한 보호 및 지원 기준은 나이, 세대 구성, 학력, 경력, 자활 능력, 건강 상태 및 재산 등을 고려하여 합리적으로 정하여야 한다.

② 이 법에 따른 보호 및 정착지원은 원칙적으로 개인을 단위로 하되, 필요하다고 인정하는 경우에는 대통령령으로 정하는 바에 따라 세대를 단위로 할 수 있다.

③ 보호대상자를 정착지원시설에서 보호하는 기간은 1년 이내로 하고, 거주지에서 보호하는 기간은 5년으로 한다. 다만, 특별한 사유가 있는 경우에는 제6조에 따른 북한이탈주민 대책협의회의 심의를 거쳐 그 기간을 단축하거나 연장할 수 있다.

제6조(북한이탈주민 대책협의회)

① 북한이탈주민에 관한 정책을 협의·조정하고 보호대상자의 보호 및 정착지원에 관한 다음 각 호의 사항을 심의하기 위하여 통일부에 북한이탈주민 대책협의회를 둔다.

1. 제5조제3항 단서에 따른 보호 및 정착지원 기간의 단축 또는 연장에 관한 사항

   1의2. 제4조의3에 따른 기본계획 및 시행계획의 수립·시행에 관한 사항

2. 제8조제1항 본문에 따른 보호 여부의 결정에 관한 사항
3. 제17조의2제2항에 따른 취업보호의 중지 또는 종료에 관한 사항
4. 제27조제1항에 따른 보호 및 정착지원의 중지 또는 종료에 관한 사항
5. 제32조제2항 전단에 따른 시정 등의 조치에 관한 사항
6. 그 밖에 보호대상자의 보호 및 정착지원에 관하여 대통령령으로 정하는 사항

② 협의회는 위원장 1명을 포함한 25명 이내의 위원으로 구성한다.

③ 위원장은 통일부차관이 되며, 협의회의 업무를 총괄한다.

제7조(보호신청 등)

① 북한이탈주민으로서 이 법에 따른 보호를 받으려는 사람은 재외공관이나 그 밖의 행정기관의 장(각급 군부대의 장을 포함한다. 이하 "재외공관장등"이라 한다)에게 보호를 직접 신청하여야 한다. 다만, 보호를 직접 신청하지 아니할 수 있는 대통령령으로 정하는 사유가 있는 경우에는 그러하지 아니하다.

② 제1항 본문에 따른 보호신청을 받은 재외공관장등은 지체 없이 그 사실을 소속 중앙행정기관의 장을 거쳐 통일부장관과 국가정보원장에게 통보하여야 한다.

③ 제2항에 따라 통보를 받은 국가정보원장은 임시 보호나 그 밖의 필요한 조치를 한 후 지체 없이 그 결과를 통일부장관에게 통보하여야 한다.

제8조(보호 결정 등)

① 통일부장관은 제7조제3항에 따른 통보를 받으면 협의회의 심의를 거쳐 보호 여부를 결정한다. 다만, 국가안전보장에 현저한 영향을 줄 우려가 있는 사람에 대하여는 국가정보원장이 그 보호 여부를 결정하고, 그 결과를 지체 없이 통일부장관과 보호신청자에게 통보하거나 알려야 한다.

② 제1항 본문에 따라 보호 여부를 결정한 통일부장관은 그 결과를 지체 없이 관련 중앙행정기관의 장을 거쳐 재외공관장등에게 통보하여야 하고, 통보를 받은 재외공관장등은 이를 보호신청자에게 즉시 알려야 한다.

제9조(보호 결정의 기준)

① 제8조제1항 본문에 따라 보호 여부를 결정할 때 다음 각 호의 어느 하나에 해당하는 사람은 보호대상자로 결정하지 아니할 수 있다.

1. 항공기 납치, 마약거래, 테러, 집단살해 등 국제형사범죄자
2. 살인 등 중대한 비정치적 범죄자
3. 위장탈출 혐의자
4. 체류국(滯留国)에 10년 이상 생활 근거지를 두고 있는 사람
5. 국내 입국 후 1년이 지나서 보호신청한 사람
6. 그 밖에 보호대상자로 정하는 것이 부적당하다고 대통령령으로 정하는 사람

② 제1항제4호 및 제5호의 경우 북한이탈주민에게 대통령령으로 정하는 부득이한 사정이 있는 경우에는 그러하지 아니하다.

제10조(정착지원시설의 설치)

① 통일부장관은 보호대상자에 대한 보호 및 정착지원을 위하여 정착지원시설을 설치·운영한다. 다만, 제8조제1항 단서에 따라 국가정보원장이 보호하기로 결정한 사람을 위하여는 국가정보원장이 별도의 정착지원시설을 설치·운영할 수 있다.

② 통일부장관 또는 국가정보원장은 정착지원시설을 설치하는 경우 보호대상자의 건강하고 쾌적한 생활과 적응활동이 이루어질 수 있도록 숙박시설과 그 밖의 필요한 시설을 갖추어야 한다.

제13조(학력 인정)

보호대상자는 대통령령으로 정하는 바에 따라 북한이나 외국에서 이수한 학교 교육의 과정에 상응하는 학력을 인정받을 수 있다.

제14조(자격 인정)

① 보호대상자는 관계 법령에서 정하는 바에 따라 북한이나 외국에서 취득한 자격에 상응하는 자격 또는 그 자격의 일부를 인정받을 수 있다.

② 통일부장관은 자격 인정 신청자에게 대통령령으로 정하는 바에 따라 자격 인정을 위하여 필요한 보수교육 또는 재교육을 실시할 수 있다.

제15조(사회적응교육 등)

① 통일부장관은 보호대상자가 대한민국에 정착하는 데 필요한 기본교육을 실시하여야 한다.

제15조의2(지역적응센터의 지정)

① 통일부장관은 제15조제2항의 거주지 적응교육과 북한이탈주민의 특성을 고려한 심리 및 진로상담·생활정보제공·취업서비스 안내 및 사회서비스 안내 등을 종합적으로 실시하도록 전문성 있는 기관·단체·시설을 보호대상자의 거주지를 관할하는 지방자치단체의 장(이하 "지방자치단체장"이라 한다)과 협의하여 지역적응센터로 지정·운영할 수 있다.

② 통일부장관은 지역적응센터의 운영에 필요한 경비를 예산의 범위에서 별도로 지원할 수 있다.

第16조(직업훈련)

① 통일부장관은 직업훈련을 희망하는 보호대상자 또는 보호대상자이었던 사람에 대하여 대통령령으로 정하는 바에 따라 직업훈련을 실시할 수 있다.

② 제1항에 따른 직업훈련의 실시기간은 대상자의 직무능력 등을 고려하여 3개월 이상이 되도록 노력하여야 한다.

第17조(취업보호 등)

① 통일부장관은 보호대상자가 정착지원시설로부터 그의 거주지로 전입한 후 대통령령으로 정하는 바에 따라 최초로 취업한 날부터 3년간 취업보호를 실시한다. 다만, 사회적 취약계층, 장기근속자 등 취업보호 기간을 연장할 필요가 있는 경우로서 대통령령으로 정하는 사유에 해당하는 경우에는 1년의 범위에서 취업보호 기간을 연장할 수 있다.

② 제1항에 따른 취업보호 기간은 실제 취업일수를 기준으로 하여 정한다.

③ 통일부장관은 제1항에 따른 보호대상자(이하 "취업보호대상자"라 한다)를 고용한 사업주에 대하여는 대통령령으로 정하는 바에 따라 그 취업보호대상자 임금의 2분의 1의 범위에서 고용지원금을 지급할 수 있다.

④ 사업주가 취업보호대상자를 고용할 때에는 그 취업보호대상자가 북한을 벗어나기 전의 직위, 담당 직무 및 경력 등을 고려하여야 한다.

⑤ 통일부장관은 취업보호대상자의 고용과 관련하여 모범이 되는 사업주에 대하여는 대통령령으로 정하는 바에 따라 생산품 우선 구매 등의 지원을 할 수 있다.

第17조의2(취업보호의 제한)

① 통일부장관은 취업보호대상자가 다음 각 호의 어느 하나에 해당하는 경우에는 제17조제1항에도 불구하고 대통령령으로 정하는 바에 따라 일정 기간 취업보호를 제한할 수 있다.

1. 취업한 후 정당한 사유 없이 대통령령으로 정하는 기간 동안 근무하지 아니하고 자의로 퇴직한 경우
2. 근무태만, 직무유기 또는 부정행위 등의 사유로 징계에 의하여 면직된 경우

② 통일부장관은 취업보호대상자가 거짓이나 그 밖의 부정한 방법으로 사업주로 하여금 제17조제3항의 고용지원금을 받게 한 때에는 협의회의 심의를 거쳐 취업보호를 중지하거나 종료할 수 있다.

③ 통일부장관은 제2항에 따라 취업보호를 중지하거나 종료한 때에는 그 사유를 구체적으로 밝혀 해당 취업보호대상자에게 알려야 한다.

④ 통일부장관은 사업주가 거짓이나 그 밖의 부정한 방법으로 제17조제3항에 따른 고용지원금을 받은 경우 대통령령으로 정하는 바에 따라 그 지급을 제한하거나, 이미 지급받은 금액을 반환하도록 명할 수 있다.

第17조의3(영농 정착지원)

통일부장관은 대통령령으로 정하는 바에 따라 영농(營農)을 희망하는 보호대상자에게 영농 교육훈련, 농업현장 실습 및 영농자금 지원 등 영농 정착을 위한 지원을 할 수 있다.

第17조의4(세제혜택)

국가 및 지방자치단체는 북한이탈주민을 채용하는 기업에 대하여 예산의 범위에서 재정지원을 하거나 조세 관계

법률에서 정하는 바에 따라 세금을 감면할 수 있다.

제18조(특별임용)

① 북한에서의 자격이나 경력이 있는 사람 등 북한이탈주민으로서 공무원으로 채용하는 것이 필요하다고 인정되는 사람에 대하여는 「국가공무원법」 제28조제2항 및 「지방공무원법」 제27조제2항에도 불구하고 북한을 벗어나기 전의 자격·경력 등을 고려하여 국가공무원 또는 지방공무원으로 특별임용할 수 있다.

② 북한의 군인이었던 보호대상자가 국군에 편입되기를 희망하면 북한을 벗어나기 전의 계급, 직책 및 경력 등을 고려하여 국군으로 특별임용할 수 있다.

제20조(주거지원 등)

① 통일부장관은 보호대상자에게 대통령령으로 정하는 바에 따라 주거지원을 할 수 있다.

② 제1항에 따라 주거지원을 받는 보호대상자는 그 주민등록 전입신고를 한 날부터 2년간 통일부장관의 허가를 받지 아니하고는 임대차계약을 해지하거나 그 주거지원에 따라 취득하게 된 소유권, 전세권 또는 임차권을 양도하거나 저당권을 설정할 수 없다.

③ 제2항에 따른 소유권등의 등기신청은 보호대상자를 대리하여 통일부장관이 한다. 이 경우 소유권등은 양도나 저당권 설정이 금지된다는 사실을 그 등기신청서에 기록하여야 한다.

④ 통일부장관은 보호대상자에게 대통령령으로 정하는 바에 따라 가정과 같은 주거 여건과 보호를 제공하는 공동생활시설을 이용하는 데 필요한 지원을 할 수 있다.

⑤ 국가와 지방자치단체는 보호대상자의 주거생활 안정을 위하여 주택 확보에 적극 노력하여야 한다.

제21조(정착금 등의 지급)

① 통일부장관은 보호대상자의 정착 여건 및 생계유지 능력 등을 고려하여 정착금이나 그에 상응하는 가액의 물품을 지급할 수 있다.

② 통일부장관은 보호대상자가 제공한 정보나 가지고 온 장비(재화를 포함한다)의 활용 가치에 따라 등급을 정하여 보로금(報勞金)을 지급할 수 있다.

④ 제1항에 따른 정착금은 양도하거나 담보로 제공할 수 없고, 압류할 수 없다.

제22조(거주지 보호)

① 통일부장관은 보호대상자가 정착지원시설로부터 그의 거주지로 전입한 후 정착하여 스스로 생활하는 데 장애가 되는 사항을 해결하거나 그 밖에 자립·정착에 필요한 보호를 할 수 있다.

② 통일부장관은 제1항에 따른 보호 업무를 행정자치부장관과 협의하여 지방자치단체장에게 위임할 수 있다.

③ 통일부장관은 보호대상자에 대하여 실태파악을 위한 조사를 실시하여야 한다. 이 경우 실태조사에는 다음 각 호의 사항이 포함되어야 한다.

1. 취학 여부 등 교육현황
2. 취업직종·근로형태·근속기간·임금수준·근로조건 등 취업현황
3. 주거현황
4. 의료지원 및 생활보호 현황
5. 그 밖에 거주지 보호를 위하여 통일부장관이 필요하다고 인정하는 사항

④ 통일부장관은 제3항에 따른 실태조사를 실시하기 위하여 관계 중앙행정기관의 장, 지방자치단체의 장 또는

「공공기관의 운영에 관한 법률」에 따른 공공기관의 장에게 관련 자료의 제출 등 협조를 요청할 수 있다. 이 경우 자료의 제출 등 협조를 요청받은 관계 중앙행정기관의 장 등은 특별한 사유가 없으면 이에 협조하여야 한다.

제23조(보고 의무)
지방자치단체장은 대통령령으로 정하는 바에 따라 반기(半期)마다 보호대상자의 정착 실태 등을 파악하여 행정자치부장관을 거쳐 통일부장관에게 보고하여야 한다.

제24조(교육지원)
① 통일부장관은 대통령령으로 정하는 바에 따라 보호대상자의 나이, 수학능력(修學能力), 그 밖의 교육 여건 등을 고려하여 보호대상자가 교육을 받을 수 있도록 필요한 지원을 할 수 있다.
② 통일부장관은 예산의 범위에서 대통령령으로 정하는 바에 따라 북한이탈주민을 대상으로 초·중등교육을 실시하는 학교의 운영에 필요한 경비를 지원할 수 있다.
③ 통일부장관은 교육부장관과 협의하여 보호대상자의 교육을 위한 전문인력을 확보하고, 보호대상자의 학력 진단·평가, 교육정보관리, 교육, 연수 및 학습활동의 지원 등 보호대상자의 교육지원과 지도를 위하여 노력하여야 한다.

제25조(의료급여 등)
① 통일부장관은 보호대상자와 그 가족에게 「의료급여법」에서 정하는 바에 따라 의료급여를 실시할 수 있다.
② 통일부장관은 「국민건강보험법」의 적용대상인 보호대상자의 경제적 능력 등을 고려하여 「국민건강보험법」 제69조에 따라 부담하여야 하는 보험료의 일부를 지원할 수 있다.

제26조(생활보호)
제11조에 따른 보호가 종료된 사람 중 생활이 어려운 사람에게는 본인이 지방자치단체장에게 신청하는 경우에 「국민기초생활 보장법」 제5조에도 불구하고 5년의 범위에서 같은 법 제7조부터 제15조까지의 규정에 따른 보호를 할 수 있다.

제26조의3(생업 지원)
국가와 지방자치단체, 그 밖의 공공단체는 소관 공공시설에 편의사업 또는 편의시설의 설치를 허가하거나 위탁하는 경우 이 법에 따른 보호대상자의 신청이 있을 때에는 대통령령으로 정하는 바에 따라 이를 우선적으로 고려하여야 한다.

제26조의4(자금의 대여 등) 보호대상자는 「근로자복지기본법」 제17조에 따른 생활안정자금 지원 및 「국민기초생활 보장법」 제15조에 따른 금품의 지급 또는 대여시 대상자 선정 및 지원 상한액 등에 있어 특별한 지원을 받을 수 있다.

제29조(비용 부담)

① 이 법에 따른 보호 및 정착지원에 드는 비용은 국가가 부담한다.

② 국가는 제22조제2항에 따른 보호 업무의 비용을 매년 해당 지방자치단체에 지급하며, 그 부족액을 추가로 지급하거나 초과액을 환수하여야 한다.

제32조(이의신청)

① 이 법에 따른 보호 및 지원에 관한 처분에 이의가 있는 보호대상자는 그 처분의 통지를 받은 날부터 90일 이내에 통일부장관에게 서면으로 이의신청을 할 수 있다.

국적법

제1조(목적) 이 법은 대한민국의 국민이 되는 요건을 정함을 목적으로 한다.

제2조(출생에 의한 국적 취득)
① 다음 각 호의 어느 하나에 해당하는 자는 출생과 동시에 대한민국 국적(國籍)을 취득한다.
1. 출생 당시에 부(父)또는 모(母)가 대한민국의 국민인 자
2. 출생하기 전에 부가 사망한 경우에는 그 사망 당시에 부가 대한민국의 국민이었던 자
3. 부모가 모두 분명하지 아니한 경우나 국적이 없는 경우에는 대한민국에서 출생한 자

② 대한민국에서 발견된 기아(棄兒)는 대한민국에서 출생한 것으로 추정한다.

제3조(인지에 의한 국적 취득)
① 대한민국의 국민이 아닌 자(이하 "외국인"이라 한다)로서 대한민국의 국민인 부 또는 모에 의하여 인지(認知)된 자가 다음 각 호의 요건을 모두 갖추면 법무부장관에게 신고함으로써 대한민국 국적을 취득할 수 있다.
1. 대한민국의 「민법」상 미성년일 것
2. 출생 당시에 부 또는 모가 대한민국의 국민이었을 것

② 제1항에 따라 신고한 자는 그 신고를 한 때에 대한민국 국적을 취득한다.

제4조(귀화에 의한 국적 취득)
① 대한민국 국적을 취득한 사실이 없는 외국인은 법무부장관의 귀화허가(歸化許可)를 받아 대한민국 국적을 취득할 수 있다.
② 법무부장관은 귀하허가 신청을 받으면 제5조부터 제7조까지의 귀화 요건을 갖추었는지를 심사한 후 그 요건을 갖춘 자에게만 귀화를 허가한다.
③ 제1항에 따라 귀화허가를 받은 자는 법무부장관이 그 허가를 한 때에 대한민국 국적을 취득한다.

제5조(일반귀화 요건)	제6조(간이귀화 요건)	제7조(특별귀화 요건)
외국인이 귀화허가를 받기 위하여서는 제6조나 제7조에 해당하는 경우 외에는 다음 각 호의 요건을 갖추어야 한다. 1. 5년 이상 계속하여 대한민국에 주소가 있을 것 2. 대한민국의 「민법」상 성년일 것 3. 품행이 단정할 것 4. 자신의 자산(資産)이나 기능(技能)에 의하거나 생계를 같이하는 가족에 의존하여 생계를 유지할 능력이 있을 것	① 다음 각 호의 어느 하나에 해당하는 외국인으로서 대한민국에 3년 이상 계속하여 주소가 있는 자는 제5조 제1호의 요건을 갖추지 아니하여도 귀화허가를 받을 수 있다. 1. 부 또는 모가 대한민국의 국민이었던 자 2. 대한민국에서 출생한 자로서 부 또는 모가 대한민국에서 출생한 자 3. 대한민국 국민의 양자(養子)로서 입양 당시 대한민국의 「민법」상 성년이었던 자	① 다음 각 호의 어느 하나에 해당하는 외국인으로서 대한민국에 주소가 있는 자는 제5조제1호·제2호 또는 제4호의 요건을 갖추지 아니하여도 귀화허가를 받을 수 있다. 〈개정 2010.5.4.〉 1. 부 또는 모가 대한민국의 국민인 자. 다만, 양자로서 대한민국의 「민법」상 성년이 된 후에 입양된 자는 제외한다. 2. 대한민국에 특별한 공로가 있는 자

5. 국어능력과 대한민국의 풍습에 대한 이해 등 대한민국 국민으로서의 기본 소양(素養)을 갖추고 있을 것	② 배우자가 대한민국의 국민인 외국인으로서 다음 각 호의 어느 하나에 해당하는 자는 제5조제1호의 요건을 갖추지 아니하여도 귀화허가를 받을 수 있다. 1. 그 배우자와 혼인한 상태로 대한민국에 2년 이상 계속하여 주소가 있는 자 2. 그 배우자와 혼인한 후 3년이 지나고 혼인한 상태로 대한민국에 1년 이상 계속하여 주소가 있는 자 3. 제1호나 제2호의 기간을 채우지 못하였으나, 그 배우자와 혼인한 상태로 대한민국에 주소를 두고 있던 중 그 배우자의 사망이나 실종 또는 그 밖에 자신에게 책임이 없는 사유로 정상적인 혼인 생활을 할 수 없었던 자로서 제1호나 제2호의 잔여기간을 채웠고 법무부장관이 상당(相當)하다고 인정하는 자 4. 제1호나 제2호의 요건을 충족하지 못하였으나, 그 배우자와의 혼인에 따라 출생한 미성년의 자(子)를 양육하고 있거나 양육하여야 할 자로서 제1호나 제2호의 기간을 채웠고 법무부장관이 상당하다고 인정하는 자	3. 과학·경제·문화·체육 등 특정 분야에서 매우 우수한 능력을 보유한 자로서 대한민국의 국익에 기여할 것으로 인정되는 자 ② 제1항제2호 및 제3호에 해당하는 자를 정하는 기준 및 절차는 대통령령으로 정한다.

제8조(수반 취득)

① 외국인의 자(子)로서 대한민국의 「민법」상 미성년인 자는 부 또는 모가 귀화허가를 신청할 때 함께 국적 취득을 신청할 수 있다.

② 제1항에 따라 국적 취득을 신청한 자는 법무부장관이 부 또는 모에게 귀화를 허가한 때에 함께 대한민국 국적을 취득한다.

제9조(국적회복에 의한 국적 취득)

① 대한민국의 국민이었던 외국인은 법무부장관의 국적회복허가(國籍回復許可)를 받아 대한민국 국적을 취득할 수 있다.

② 법무부장관은 국적회복허가 신청을 받으면 심사한 후 다음 각 호의 어느 하나에 해당하는 자에게는 국적회복을 허가하지 아니한다.

1. 국가나 사회에 위해(危害)를 끼친 사실이 있는 자
2. 품행이 단정하지 못한 자
3. 병역을 기피할 목적으로 대한민국 국적을 상실하였거나 이탈하였던 자
4. 국가안전보장·질서유지 또는 공공복리를 위하여 법무부장관이 국적회복을 허가하는 것이 적당하지 아니하다고 인정하는 자

③ 제1항에 따라 국적회복허가를 받은 자는 법무부장관이 허가를 한 때에 대한민국 국적을 취득한다.

제10조(국적 취득자의 외국 국적 포기 의무)

① 대한민국 국적을 취득한 외국인으로서 외국 국적을 가지고 있는 자는 대한민국 국적을 취득한 날부터 1년 내에 그 외국 국적을 포기하여야 한다.

② 제1항에도 불구하고 다음 각 호의 어느 하나에 해당하는 자는 대한민국 국적을 취득한 날부터 1년 내에 외국 국적을 포기하거나 법무부장관이 정하는 바에 따라 대한민국에서 외국 국적을 행사하지 아니하겠다는 뜻을 법무부장관에게 서약하여야 한다.

1. 귀화허가를 받은 때에 제6조제2항제1호·제2호 또는 제7조제1항제2호·제3호의 어느 하나에 해당하는 사유가 있는 자
2. 제9조에 따라 국적회복허가를 받은 자로서 제7조제1항제2호 또는 제3호에 해당한다고 법무부장관이 인정하는 자
3. 대한민국의 「민법」상 성년이 되기 전에 외국인에게 입양된 후 외국 국적을 취득하고 외국에서 계속 거주하다가 제9조에 따라 국적회복허가를 받은 자
4. 외국에서 거주하다가 영주할 목적으로 만 65세 이후에 입국하여 제9조에 따라 국적회복허가를 받은 자
5. 본인의 뜻에도 불구하고 외국의 법률 및 제도로 인하여 제1항을 이행하기 어려운 자로서 대통령령으로 정하는 자

③ 제1항 또는 제2항을 이행하지 아니한 자는 그 기간이 지난 때에 대한민국 국적을 상실(喪失)한다.

제11조(국적의 재취득) ① 제10조제3항에 따라 대한민국 국적을 상실한 자가 그 후 1년 내에 그 외국 국적을 포기하면 법무부장관에게 신고함으로써 대한민국 국적을 재취득할 수 있다.

② 제1항에 따라 신고한 자는 그 신고를 한 때에 대한민국 국적을 취득한다.

제11조의2(복수국적자의 법적 지위 등)

① 출생이나 그 밖에 이 법에 따라 대한민국 국적과 외국 국적을 함께 가지게 된 자[이하 "복수국적자"(複數國籍者)라 한다]는 대한민국의 법령 적용에서 대한민국 국민으로만 처우한다.

② 복수국적자가 관계 법령에 따라 외국 국적을 보유한 상태에서 직무를 수행할 수 없는 분야에 종사하려는 경우에는 외국 국적을 포기하여야 한다.

③ 중앙행정기관의 장이 복수국적자를 외국인과 동일하게 처우하는 내용으로 법령을 제정 또는 개정하려는 경우에는 미리 법무부장관과 협의하여야 한다.

제12조(복수국적자의 국적선택의무)

① 만 20세가 되기 전에 복수국적자가 된 자는 만 22세가 되기 전까지, 만 20세가 된 후에 복수국적자가 된 자는

그 때부터 2년 내에 제13조와 제14조에 따라 하나의 국적을 선택하여야 한다. 다만, 제10조제2항에 따라 법무부장관에게 대한민국에서 외국 국적을 행사하지 아니하겠다는 뜻을 서약한 복수국적자는 제외한다.

② 제1항 본문에도 불구하고 「병역법」 제8조에 따라 병역준비역에 편입된 자는 편입된 때부터 3개월 이내에 하나의 국적을 선택하거나 제3항 각 호의 어느 하나에 해당하는 때부터 2년 이내에 하나의 국적을 선택하여야 한다. 다만, 제13조에 따라 대한민국 국적을 선택하려는 경우에는 제3항 각 호의 어느 하나에 해당하기 전에도 할 수 있다.

③ 직계존속(直系尊屬)이 외국에서 영주(永住)할 목적 없이 체류한 상태에서 출생한 자는 병역의무의 이행과 관련하여 다음 각 호의 어느 하나에 해당하는 경우에만 제14조에 따른 국적이탈신고를 할 수 있다.

1. 현역·상근예비역 또는 보충역으로 복무를 마치거나 마친 것으로 보게 되는 경우
2. 전시근로역에 편입된 경우
3. 병역면제처분을 받은 경우

제13조(대한민국 국적의 선택 절차)

① 복수국적자로서 제12조제1항 본문에 규정된 기간 내에 대한민국 국적을 선택하려는 자는 외국 국적을 포기하거나 법무부장관이 정하는 바에 따라 대한민국에서 외국 국적을 행사하지 아니하겠다는 뜻을 서약하고 법무부장관에게 대한민국 국적을 선택한다는 뜻을 신고할 수 있다.

② 복수국적자로서 제12조제1항 본문에 규정된 기간 후에 대한민국 국적을 선택하려는 자는 외국 국적을 포기한 경우에만 법무부장관에게 대한민국 국적을 선택한다는 뜻을 신고할 수 있다. 다만, 제12조제3항제1호의 경우에 해당하는 자는 그 경우에 해당하는 때부터 2년 이내에는 제1항에서 정한 방식으로 대한민국 국적을 선택한다는 뜻을 신고할 수 있다.

③ 제1항 및 제2항 단서에도 불구하고 출생 당시에 모가 자녀에게 외국 국적을 취득하게 할 목적으로 외국에서 체류 중이었던 사실이 인정되는 자는 외국 국적을 포기한 경우에만 대한민국 국적을 선택한다는 뜻을 신고할 수 있다.

④ 제1항부터 제3항까지의 규정에 따른 신고의 수리(受理) 요건, 신고 절차, 그 밖에 필요한 사항은 대통령령으로 정한다.

제14조(대한민국 국적의 이탈 요건 및 절차)

① 복수국적자로서 외국 국적을 선택하려는 자는 외국에 주소가 있는 경우에만 주소지 관할 재외공관의 장을 거쳐 법무부장관에게 대한민국 국적을 이탈한다는 뜻을 신고할 수 있다. 다만, 제12조제2항 본문 또는 같은 조 제3항에 해당하는 자는 그 기간 이내에 또는 해당 사유가 발생한 때부터만 신고할 수 있다.

② 제1항에 따라 국적 이탈의 신고를 한 자는 법무부장관이 신고를 수리한 때에 대한민국 국적을 상실한다.

제14조의2(복수국적자에 대한 국적선택명령)

① 법무부장관은 복수국적자로서 제12조제1항 또는 제2항에서 정한 기간 내에 국적을 선택하지 아니한 자에게 1년 내에 하나의 국적을 선택할 것을 명하여야 한다.

② 법무부장관은 복수국적자로서 제10조제2항, 제13조제1항 또는 같은 조 제2항 단서에 따라 대한민국에서 외국 국적을 행사하지 아니하겠다는 뜻을 서약한 자가 그 뜻에 현저히 반하는 행위를 한 경우에는 6개월 내에 하나의 국적을 선택할 것을 명할 수 있다.

③ 제1항 또는 제2항에 따라 국적선택의 명령을 받은 자가 대한민국 국적을 선택하려면 외국 국적을 포기하여야

한다.

④ 제1항 또는 제2항에 따라 국적선택의 명령을 받고도 이를 따르지 아니한 자는 그 기간이 지난 때에 대한민국 국적을 상실한다.

제18조(국적상실자의 권리 변동)

① 대한민국 국적을 상실한 자는 국적을 상실한 때부터 대한민국의 국민만이 누릴 수 있는 권리를 누릴 수 없다.

② 제1항에 해당하는 권리 중 대한민국의 국민이었을 때 취득한 것으로서 양도(讓渡)할 수 있는 것은 그 권리와 관련된 법령에서 따로 정한 바가 없으면 3년 내에 대한민국의 국민에게 양도하여야 한다.

제19조(법정대리인이 하는 신고 등) 이 법에 규정된 신청이나 신고와 관련하여 그 신청이나 신고를 하려는 자가 15세 미만이면 법정대리인이 대신하여 이를 행한다.

저자 프로필

유 재 두

현 목원대학교 경찰법학과 교수
숭실대학교 법학과 학사
동국대학교 대학원 경찰행정학과 석사
동국대학교 대학원 경찰행정학과 박사
한국공안행정학과 이사
한국범죄심리학회 이사

도서출판 그린

경찰법령 요해

1판1쇄 발행	2016년 12월 30일
편저자	유재두
발행처	도서출판 **그린**
발행인	윤 덕 우
출판등록	제8-161호(1995. 5. 3.)
주소	서울특별시 서대문구 연희로5길 50(연희동) (우) 03716
전화	02)333-2574, 2575
Fax	02)333-2561
E-mail	greenpress@greenpress.co.kr
Homepage	http://www.greenpress.co.kr

정가 : 29,000원

ISBN 978-89-5727-253-4 (93350)